晚清官场的洋大人

第 1 部 外交篇

李书纬 著

广东人民出版社

· 广州 ·

图书在版编目（CIP）数据

晚清官场的洋大人 / 李书纬著 . — 广州：广东人民出版社，
2019.6（2023.7 重印）
ISBN 978-7-218-13344-7

Ⅰ . ①晚… Ⅱ . ①李… Ⅲ . ①中国历史—清后期—通俗读物
Ⅳ . ① K252.09

中国版本图书馆 CIP 数据核字 (2018) 第 299468 号

WANQING GUANCHANG DE YANGDAREN
晚清官场的洋大人
李书纬 著

出 版 人：肖风华

策 划 方：时光机图书工作室
责任编辑：钱飞遥
责任技编：吴彦斌
出版发行：广东人民出版社
地　　址：广州市越秀区大沙头四马路 10 号（邮政编码：510199）
电　　话：（020）85716809（总编室）
传　　真：（020）83289585
网　　址：http://www.gdpph.com
印　　刷：三河市华东印刷有限公司
开　　本：890 毫米 ×1240 毫米　1/32
印　　张：34.25　　字　数：885 千
版　　次：2019 年 6 月第 1 版
印　　次：2023 年 7 月第 2 次印刷
定　　价：98.00 元（全二册）

如发现印装质量问题，影响阅读，请与出版社（020-87712513）联系调换。
售书热线：（020）87717307

自　序

　　在这本书里，我想让读者真切地走进晚清那宏大的历史现场，感悟那动荡、纠结、妥协而又渴望强大起来的王朝。

　　之所以说晚清是中国历史上最纠结的王朝，是因为王朝中的大多数人都惬意地抱持着"天朝上国"的自大感，还在延续着千年迷梦的时候，突然有一个早晨，一个叫"坚船利炮"的劲敌，轰然的洞开了天朝的大门。两次鸦片战争以及后来的中法战争、甲午战争、八国联军侵华战争等诸多的事件，大清王朝都是以失败而告终的，签订了一系列的不平等条约，既割地又赔款的，颜面丧失殆尽。

　　战争的失败，外交上的屈辱妥协，因而自第一次鸦片战争后，林则徐、魏源等一批有识之士就提出了"师夷长技以制夷"自强中国的呼声。第二次鸦片战争中，英法联军一把火焚烧了"万园之园"的圆明园，更成为帝国永远的痛。

这是怎么了？噩梦中惊悚而醒的晚清士大夫们惊呼：天朝可是"世界的中心""世界的老大"啊！曾几何时，当英国人提出，希望与中国开展贸易、外交、政治、文化等方面的往来，可自大的清皇帝和官场大老爷们自感，中国什么都有，什么都是优越的，不需要与外人"互通有无"。

当列强的愿望难以实现，便凶相毕露地动用了"洋枪洋炮"。战争的失败，当中国人面对被掠夺、被奴役、被屠杀、被动外交的局面之时，延续千年的虚骄感短时间内是难以被洋枪洋炮征服的。但大清却不得不同近代资本主义先进的生产力打交道，强烈的华夏正统优越感、被动挨打的挫折感，便使大清王朝形成了惯性的纠结心态。

但是，一次次的失败，被动挨打，面对国家、民族存亡绝续的严峻现实，大清帝国又不得不有所反思，也试图寻找一条顺应世界现代化潮流的强国之路。因此，积极地开展外交，学习强国先进的科学技术、军事、文化，引进先进文明就成为必然的趋势。

第二次鸦片战争后，总理衙门的设立。就有纠结、被动的成分。但在这种矛盾纠结的背后，也有积极进取的成分，总理衙门的设立，清廷以国家自强为目标的洋务运动的开展，以此为分水岭，开始了外交接轨，在心态上仍然是纠结的，但较之道光朝与咸丰帝的闭关锁国有了很大的进步。

开展外交、开展洋务运动，大清就像一个懵懂的小学生，军事、科学技术、外交、教育，很多方面都要向外国学习。从此，在大清帝国的官场舞台上活跃着一群洋人，他们来自英、美、德、俄、法等国。这些人中有传教士、商人、外交人员、军官以及中国洋务运动、新政改革等历史进程中雇佣的各种来华人员，他们的活动涉及中国的政治、军事、经济、文化、外交等各个领域，在固步自封的王朝时代以"中国官员"的身份成为一个具有影响力的群体，我们把他们称之为"洋大人"。

在洋务运动之前，已经有海关税务司的洋人以局内人的身份活跃于中国官场，但对中国的影响力并不大，而到了19世纪60年代，自清廷祺祥政变后，以慈禧太后、恭亲王奕䜣为首的统治集团要推行洋务运动以及镇压太平天国的需要，出现了洋大人在中国官场日益增多，并对王朝统治产生影响的局面。

晚清引进洋员，既是西方列强侵略中国、既得利益占有过程中的附属产物，又是近代中国人求强求富的必然举措，应该说也是中国传统农业社会走向近代化的必由之路，在总体上适应了中国近代化的内在需求。

在大清朝野普遍把外国人视为"蛮夷"的时代，洋大人在大清官场所处的境遇是尴尬的，他们既被王朝委以官职，又常常有所提防和限制。在当时，许多人把与洋人接触视为很危险的事情，认为西方都是"蛮夷之邦"，在民间甚至有谣言说，外国人会把中国人的皮剥下"安在狗身上"，然后在大街上展览，这种以讹传讹的观念对人们的思想观念影响颇深，以至于在当代，根深蒂固的思想观念还对洋人存在一种偏见，一种负面影响。至此，便有了洋大人们在传统与近代文明之间尝试着改变中国或者愤然离开的诸多趣事。

老实说，在当时，大多数洋员受雇于中国的各个领域，他们还是能够躬行职守，为中国的近代化事业尽心尽力的。因此，如何帮助人们树立正确的历史观，在历史原因成为消极因素的环境中挖掘积极的因素就显得尤为重要。

虽然活跃在晚清官场的洋大人不在少数，但由于史料的局限性，关于他们的记述并不多。因而，要在历史史料中剥茧抽丝，寻找他们的影子就显得相当困难，但洋员作为一个特殊的群体，他们对中国新式事业的建立和发展、社会文明的进步、人们思想观念的启迪和转变，无疑又功不可没。同时，积极地帮助人们了解和认识晚清官场中的洋员，也是帮助人们树立正确的历史观，而不是唯心的历史观的需要。正所谓"欲知大道，必先为史"，让正确的历史说话，涵养智识，这也是中国与世界对话的基础。

在对洋员服务晚清王朝这一段历史的研究中，作者产生一种感慨，错误的历史不是公正的历史，直到今天，这种错误的遗产仍在继续。因此，作者想，如何打破传统的历史观，让读者更多的看到晚清洋员在服务清廷中真实的一面，纠正错误的遗产，让客观还原真相。

历史是一面很好的镜子，对历史的歪曲甚或遗忘都是在割裂传统、割裂文明，掩盖历史真相更是对文明的背叛。《晚清官场的洋大人》以重塑历史真相为依归，全方位展现洋大人在中国近代化历程中最真实、最贴近时代的一面，就是要告诉读者：白就是白，黑就是黑，廓清真相，以正视听，历史才能成为推动人类社会文明进步的镜鉴。

本书以"借师助剿"为开端，洋大人在帮助清廷镇压太平军后，常胜军、常安军、常捷军这些中外混合编队先后解散，担任指挥和训练的人一般都返回了该国军队，但又有如戈登、德克碑、日意格、马格里这样的人，或改籍或易服，置身清朝官场，推动了清朝的近代化变革。

清朝中央和地方在各个领域不断聘用洋人进入官场，也"忽如一夜春风来，千树万树梨花开"。当然，晚清洋大人的出现也是顺应了中国早期近代化运动"洋务自强"的兴起应运而生的。从力图维持王朝统治秩序到睁眼看世界的变化，也使得纠结的清廷在合作中有了"请进来、走出去"的开端。如派遣留学生出国学习、聘请外国人来华担任教练教习，等等。

今天，我们要"实现中华民族伟大复兴的中国梦"的时代命题，就要做一个学习型大国，敬畏历史，捍卫真相，坚守记忆，让历史的灵魂成为我们走向世界文明的导航,这既是时代赋予的神圣责任,也是复兴中国梦的精神密码。

李书纬

2017 年 9 月 20 日

于北京平西王府

目 录

引子

北京城闯进的不速之客

　　1860 年夏天，无论是在列强攫取利益的"天堂"上海，还是天朝的政治中心北京，都被这个多雨的时节浸淫着。确切的时间应该是在 7 月下旬，哗哗的大雨一天接一天地下着。湿漉漉的空气和着雨水，给人一种沉重的窒息感。水天交接中，猛烈的狂风召唤着乌云，连续不断的大雨并没有停的迹象。

　　然而，倒霉的天气却丝毫没能阻挡从大西洋深处驶来的英法联军舰队。此时，在上海洋面上集结的联军轮船已经多达 157 艘，官兵近两万人。这支舰队到中国的海面上逞威，是怀着复仇的意志而来，目的是要求长江通商、内地游历、公使驻京、扩大口岸城市开埠。咸丰皇帝认为这些要求违背体制朝纲，自是不肯答应，因而，双方只能以战争的形式来解决。

　　在 157 艘轮船中，有一艘邮轮像狼群里的一只鬣狗，格外引人注目。这就是曾经搭载过英国驻华公使额尔金的"伐列塔"号邮轮。早在1860年初，额尔金再一次来到中国出任驻华公使之时，他的使命就是与清廷谈判，要求清廷就清军1859年在大沽口打击英法联军造成的损失作出赔偿并签订新的通商条约。而这次英法联军在中国洋面上的集结，既是一种报复行动，又是对额尔金逼迫清廷就范的战略配合。"伐列塔"号邮轮上搭乘着一支有百十余人组成的英国皇家工兵队，领头的是一个叫戈登的青年军官，时年27岁，曾经是查姆度军官学校的一名教官。当他听说英国政府正在招募出征中国的远征军，便欣然报名，前往中国。具有讽刺意味的是，在参与打击清军之后，戈登后来竟然成为帮助清军镇压太平军的骨干分子。

清廷向来排斥外国人，这一点从乾隆皇帝时就表现得十分突出，原因当然是不想与外国人过多交流往来，担心西方的风气影响天朝统治，即便是贸易也仅限于广州"一口通商"，后来的嘉庆、道光、咸丰皇帝也一概奉行"闭关锁国"的对外政策。这样一个排斥洋人的王朝，后来却因为洋务改革、镇压太平天国运动，要雇佣洋人维护自己的统治，这不能不说是晚清王朝的一道奇景。

而这些洋雇员，起初大多对清廷抱有恶感，后来成为常胜军统领的戈登便是如此。戈登一开始就对太平军抱有好感，他在写给家人的信中曾经说："据报道，叛军（太平军）离租界约英十五哩（英里），租界上现有强大的海军、第四十四联队和海军炮队在保卫。他们不怕本地人或叛军再来捣乱。《泰晤士报》必定会发表一个传教士何默斯先生所写的通讯。你必须注意读一下，因为这些通讯会告诉公众，叛党所信奉的是什么样的宗教，以及我们对于他们误解到什么程度。"[1] 从戈登的信中可以看出，他和许多虔诚的基督徒一样，认为洪秀全所领导的太平天国与他们有着相同的信仰，这成

---

[1] ［英］伯纳特·M.艾伦：《戈登在中国》，孙梁编译，上海古籍出版社1995年版，第6页。

为他同情太平天国的动因。

毫无疑问，在发动战争宣传机器的鼓动下，英、法两国的青年抱着对清朝的坏印象，加入政府组织的远征军，跨海越洋来到中国后，即开始了对清军的报复性行动。

之所以说英法联军把这次远征视为对清廷的报复性行动，因为在这之前，列强因不满足于第一次鸦片战争后所签订的一系列不平等条约，要求修改条约，但遭到清廷的反对，列强便不断地挑起事端。

1856年，英国以"亚罗"号事件为借口，联合法国共同对付清廷，战败的清廷不得已又签订了丧权辱国的《天津条约》。但英法两国仍不满意，认为条约只不过是多开放了两个口岸（台南、潮州），并没有答应开放长江、批准内地游历、批准公使驻京等要求，因而在1859年6月借进京换约之际悍然侵犯大沽口，意图进犯北京，但遭到了大沽口守军的顽强抵抗，联军大败，这引起英国政府的极大震动。英国的好战分子们大感意外，英国陆军大臣给首相巴麦尊的信中写道："这是从中国来的很坏的消息。战争的再起，比我所预期的更早了。"印度事务大臣伍德则给枢密院长的信中写道："现有新的对华战争的新纠纷，约翰勋爵和密勒·基卜生对此将何以自处？我们不能容忍被那些中国人打退。"[1]

大沽口之战的失败，作为首相的巴麦尊更是暴跳如雷，他说，"我们要派一支陆海军去攻击并占领北京，把皇帝从那里赶出去，让我们的全权使节驻扎在那里"[2]，"我们一定要用各种办法迫使中国人悔恨这种暴行"，"如果我们避免坚决的做法，我们就会陷于屈辱。"[3]

在这些战争贩子的叫嚣下，1859年9月，英国政府举行了四

1　蒋孟引：《第二次鸦片战争》，生活·读书·新知三联书店1965年版，第160页。
2　刘培华：《近代中外关系史》上卷，北京大学出版社1986年版，第170页。
3　《巴麦尊给罗塞尔的信》，1859年9月21日，见《罗塞尔文书》。

次紧急内阁会议，在巴麦尊的策划下，决定再次扩大侵华战争。同伦敦一样，巴黎也煽起了新的战争狂热。1859 年 11 月，英、法两国政府分别再次任命额尔金、葛罗为全权代表，前往中国，代替卜鲁斯和布尔布隆继续与中国交涉，而另一方面，他们开始为发动一场战争作积极的准备。

1860 年 3 月，额尔金向清廷发出照会，指责 1859 年 6 月清军在大沽口的抵抗，并指责清廷拒绝"公使驻京"等问题违背了国与国的外交原则，要求"立即无条件地接受"四项条件：

一、大沽之战，应该向联军作"一种最大的和令人满意的道歉"；二、在北京交换《天津条约》批准书，使节们可以乘坐本国轮船前往天津；三、《天津条约》的有关条款都要完全地得以实行，特别是对联军的赔偿问题；四、大沽之战后发生的事件另外赔偿。

为迫使清廷就范，1860 年的夏天，英法联军不断地向中国海面上集结。

面对英法联军的到来，咸丰帝希望通过议和化解危机。但是，英国公使额尔金认为，若不先给清廷以巨大的军事打击，任何谈判都不会成功，显然，两国公使已经寄希望通过战争来索取更多利益了。

7 月 28 日，英法联军避开防守严密的大沽口，兵进北塘，宣称要从北塘登陆进京换约。并于 8 月 1 日成功登陆。联军从北塘登陆后，立即从后方包抄大沽炮台，大沽炮台在激战后陷落。另一边，作为前敌总指挥的僧格林沁，起初虽然积极抗战，但他率领的军队与联军的装备相比简直是判若天渊，不可避免地迅速溃败，让英法联军乘胜直逼天津城下。8 月 24 日，英法联军进占天津，当即宣布将天津置于军事管制之下。

天津失守后，咸丰帝任命桂良、恒福为钦差大臣，恒祺为帮办大臣，到天津与列强谈判。咸丰帝派出的这个谈判代表团，都是有议和经验的，都与西方人打过交道。桂良曾经是《天津条约》的全权谈判代表，恒福在直隶任上与洋人多有接触，恒祺曾经在广州任海关监督，这样一个熟悉西方国家的外交组合，显示了咸丰帝急于达成议和的心态。

桂良等人到天津后，与英、法两国公使交涉。两国公使拒绝会谈，要清廷先答允所提各条款，否则带兵北上。这些条款是：一、赔偿兵费；二、进京换约；三、天津通商。关于赔偿兵费，额尔金变本加厉地将赔款数额增加到 800 万两。

这样的要求，咸丰帝当然不能答应。9 月 8 日，他又任命怡亲王载垣为钦差大臣，与桂良、恒福、恒祺一起继续与英、法公使交涉，要求他们据理驳斥英人的要求，希望取得一个理想的结果。关于赔偿兵费一事，咸丰帝在谕旨中有如下指示：如果列强要求支付现银，断然不能同意。对于进京换约之事，"务令该夷先将兵船马队全行退出海口，并不准多带从人，方准来京。桂良拟令恒祺、崇厚伴送夷酋巴夏礼先行进京之处，著不准行。即将来准其进京换约，亦不得任令该夷酋随带护卫，带领兵将。"[1]

载垣被派遣之时，英法联军已经兵进北京东郊的通州，英、法两国公使要求将谈判地点从天津移至通州。9 月 17 日，载垣等人奉旨屈从英、法的各项要求，达成停战签约的协议，战事眼看就要结束。谁知第二天，时任英国使团中文秘书的巴夏礼节外生枝，又提出了要亲见皇帝面递国书的要求，皇帝盖玺的条约批准书亦须当场交给英国使节。

外国公使进京觐见是咸丰帝忌讳的事情，载垣、桂良等人自然明白，当即表示"关系国体，万难应允"，双方为此争执了一天，没有取得任何进展。载垣等人没办法，上奏章向咸丰帝作了汇报，咸丰帝看了奏章，谕军机大臣"国体所存，万难允许"，又把几千

---

1 蒋孟引：《第二次鸦片战争》，第 197 页。

年的跪拜礼制抬了出来，"如欲亲递国书，必须按照中国礼节，拜跪如仪，方可允行。"他下定决心，"设该夷固执前说，不知悔悟，惟有与之决战。"[1] 咸丰帝还让僧格林沁做好战备，如果英法联军兵过张家湾，就应当全力抗击，不再考虑议和的事情。

僧格林沁接到战备的谕令后，巴夏礼又向载垣、僧格林沁提出蛮横要求，要求将张家湾的清军全行撤退。张家湾是咸丰帝的底线，现在巴夏礼提出这么无理的要求，载垣怎能答应？僧格林沁刚在大沽吃了败仗，心里正在搓火，自然也是不肯答应。

巴夏礼的狂悖要求，在谈判与战场一线的载垣、僧格林沁都是难以接受的。因此，僧格林沁一气之下就将巴夏礼扣押了起来，当时被扣押的还有英国翻译洛奇以及随员26名，法国人13名。

扣押巴夏礼，载垣也十分支持。他上奏咸丰帝说："该夷巴夏礼善能用兵，各夷均听其指使，现已就擒，该夷兵心必乱，乘此剿办，谅可必操胜算。"[2]

以为扣押了巴夏礼即可在军事上获胜，载垣认为这是"擒贼先擒王"的兵家之道。但是，他想得太简单了。英法联军作出了强硬的反击，此后的战事清军更是一败涂地。没办法的情况下，他便让关在北京刑部北监的巴夏礼写"退兵书"，而巴夏礼所写的"退兵书"又让他们瞠目，"该书只写英文，不写汉文"。而当时偌大个北京城，竟找不到一个懂英文的人。这件事也充分暴露了清廷在外交上的弊病。

古话说，两国交兵，不斩来使，这应该说是外交关系中不成文的原则，可是大清国的主帅因为谈判不成，竟然扣押了谈判对手，这个打破外交规则的举动使得英法联军更加疯狂，战局愈发不可逆转，在巴夏礼被扣押的当天，英法联军迅速向张家湾发起攻击，清

1 徐立亭：《咸丰同治帝》，吉林文史出版社1993年版，第132页。
2 刘华明等著：《慈禧全传》，印刷工业出版社2001年版，第51页。

军纷纷溃退，通州很快便被联军占领。

9月21日，英法联军由通州向北京进发，由此八里桥大战爆发。八里桥是通往北京的要道，联军希望以此进入北京，使大清国皇上彻底屈服。咸丰帝忧心京城的安危，要僧格林沁坚决抵抗。八里桥之战清军全体将士虽然拼死抵抗，但血肉之躯怎能抵挡英法联军的近代化枪炮。结果自然是清军全线溃败，伤亡惨重，英法联军兵临北京城下。

八里桥之战，清军惨败。这一战也使得清军的实力虚弱、作战指挥等方面的问题完完全全地暴露出来，再一次告诉了大清的最高统治者，落后是要挨打的。

可是咸丰帝并没有被打醒。这一刻，他如惊弓之鸟，在思考着自己的命运。就在八里桥惨败的当晚，咸丰帝得此噩耗，慌忙召集群臣召开宫廷秘密会议，讨论该何去何从。早在英军占领天津之时，僧格林沁曾经上了一封密折，请咸丰帝"巡幸木兰"。"木兰"是热河行宫附近的皇家狩猎场所。他的意思是，在战事处于被动的局面时，请咸丰帝前往热河行宫避难。

僧格林沁实际上是在劝说咸丰帝逃跑，但是，"逃跑"一词太难听了。那样，咸丰帝在全国人民面前将情何以堪？所以，僧格林沁给皇上找了个好借口。

咸丰帝看了僧格林沁的奏折，他当然也想逃跑。既然咸丰帝执意要"巡幸木兰"，亲王们必须要考虑的问题是：一旦皇上离开京师，全国的形势会发生什么变化。天下士子百姓会怎样看待这个问题。从社稷江山出发，亲王们大都希望咸丰帝留守京师，与百姓一起共守时艰。这样的意见，咸丰帝很不高兴，但也没有说话，只是把他们的奏折扣压起来。

9月21日晚上，咸丰帝得到报告，英法联军已向京师逼进。他在慌乱中下了一道谕旨，以"办理和局不善"为名，撤去载垣、穆荫钦差大臣职务，授恭亲王奕䜣为钦差大臣，"督办和局"。咸丰帝在给恭亲王的朱谕中说："现在抚局难成，人所共晓，派汝出名与该夷照会，不过暂缓一步。将来往返面商，自有恒祺、蓝蔚雯等，汝不值与该酋见面。若抚仍不成，即在军营后路督剿；若实在不支，即全身而退，速赴行在。"[1] 当时，咸丰帝又谕令僧格林沁，让他立即树立白旗，宣示英法联军，停止进兵，等待议和。

咸丰帝公然要求僧格林沁向联军挂白旗投降，可见真是被严峻的形势吓怕了，"巡幸木兰"的心情也更加迫切。

此时，作为贵妃的叶赫那拉氏（即后来的慈禧太后）倒是头脑很清醒，特地前来劝阻，要咸丰帝以江山社稷为重。据当时的史料记载："当皇上之将行也，贵妃力阻，言皇上在京，可以震慑一切；圣驾若行，宗庙无主，恐为夷人踏毁。昔周室东迁，天子蒙尘，永为后世之羞，今若遽弃京城而去，辱莫甚焉。"[2] 但咸丰帝还是带着近臣、亲信和他的妃嫔、儿子悄悄地逃离了京城。咸丰帝离开北京城后，英法联军的先遣部队已经逼至朝阳门外，京城岌岌可危。但是自英法联军先头部队于9月25日兵至朝阳门外，一连十天，联军并没有往前推进。

到了10月5日这天，联军开始大量搬运云梯、炮弹，看来新一轮的进攻准备开始了。10月6日，英法联军在北京安定门、德胜门外不费吹灰之力地击败了把守在这里的清军。法国军队并迅速攻进了被称为"万园之园"的圆明园。

圆明园被占领后，英法联军进行了疯狂的抢掠，但即便如此，事情并没有结束。僧格林沁扣押了巴夏礼，这件事让额尔金十分恼火，他扬言报复。额尔金决定给咸丰帝一个惨痛的教训。额尔金原本打算烧毁紫禁城皇宫，但是，他担心一旦烧毁了皇宫，清朝皇帝

---

1 《筹办夷务始末（咸丰朝）》（七），第2334页。
2 徐立亭：《咸丰同治帝》，第136页。

将颜面尽失，有可能会因此失去政权，那么英国从清朝得到的利益也将会失去。于是他选择了圆明园。当他把火烧圆明园的想法告诉法国公使葛罗时，抢劫圆明园最疯狂的法国人却感到此举有失法国"文明"而予以拒绝。这样，火烧圆明园就成为英国强盗的单方面行径。

10月18日，额尔金也说不清这是他第几次来到圆明园了。此刻的圆明园已被洗掠一空，一片狼藉。他在给妻子的信中说："劫掠和蹂躏这样一个地方，已够坏了，但更坏得多的是破毁。原来总值一百万镑的财产，我敢说五万镑也不值了。法国兵用尽一切方法撕毁最美丽的丝绸，打碎碧玉饰物和瓷器等等。战争是可憎的事，越看越痛恨。"[1]

额尔金虽然知道这是一种罪恶，可是为掩盖他们的丑行，不致留下"抢掠"的证据，他在18日这天下达了一个更为荒唐的命令，让戈登所在的工兵队数百名士兵放火焚烧了圆明园。

对火烧圆明园的暴行，英军一名随军牧师马卡吉这样记述："命令发下后，不久就看见重重烟雾，由树木中蜿蜒曲折，升腾上来"，圆明园的上空"一缕一缕的烟，聚成一团一团的烟，又集合为弥天乌黑的一大团，万万千千的火焰，往外爆发出来，烟青云黑，遮蔽天日。所有庙宇、宫殿、古远建筑，轮奂辉煌，举国仰为神圣庄严之物，和其中历代收藏，富有皇家风味，精美华丽，足资纪念的物品，都一齐付之一炬，化为劫灰了。"[2]

圆明园的大火持续了三天三夜，熊熊的大火中，英军看到哪里没有燃烧的，又继续架火燃烧，使得名冠中西的"万园之园"成为一座书写着累累血恨的废墟。

1　《额尔金寄妻书》1860年10月7日。见[英]额尔金：《额尔金勋爵的信件和日记选》，汪洪章、陈以侃译，中西书局2011年版，第361页。

2　中国史学会编：《中国近代史资料丛刊：第二次鸦片战争》（第二册），上海人民出版社1978年版，第418、419页。

戈登所在的工兵队对圆明园进行洗劫、焚烧行动，是他们对清廷的一个报复性行动。戈登自己在日记里写道：据报道，我们的五名军官，其中包括跟我一起在亚洲旅行的德诺曼，已被清军俘虏了；额尔金勋爵说，如果他们遭到虐待，他将下令夷平北京。[1]

当然，也许戈登的记述有些夸张。但这种情绪却进一步鼓动了联军士兵的斗志，使得他们对洗劫、焚烧变得无所顾忌。老实说，洗劫圆明园之前，戈登对圆明园充满了崇拜之情。10月8日，戈登曾与他的工兵队士兵们一起去观看被法国军队占领的圆明园。当时，他们还没有接到进入圆明园的命令，还一度对这座被视为传奇的皇家名园被糟蹋深感惋惜。戈登曾经在日记中写道：

> 你很难想象这座园林如何壮观，也无法设想法军把这个地方踩蹋到何等骇人的地步。皇帝龙座所在的宫殿一律镶着雕塑精巧的乌木。殿上陈设各式各样的大镜子、钟表和装着木偶的八音盒，还有形形色色精美的瓷器、堆积如山的五彩丝绸与刺绣。这里的豪华与文明的气象完全跟你在温莎宫中所见的一模一样。此地有精雕的象牙屏风、珊瑚屏风、大量珍宝，等等，而法国人却以狂暴无比的手段把这一切摧残了……他们用无数大车运走了大批丝绸，可是还留下了不少。他们还劫去了大量御藏的书籍和文件，其中包括布鲁斯的最后通牒以及清皇帝不愿接见夷人的诏谕。此外还有一部御藏的记载二千年事迹的中国史。[2]

然而十天之后，额尔金对戈登所在的工兵队发出了焚毁圆明园的指令。此刻，戈登在执行命令成为一名纵火犯之时，他也许不会

1 [英]伯纳特·M.艾伦：《戈登在中国》，第10页。
2 [英]伯纳特·M.艾伦：《戈登在中国》，第12页。

想到，他将在后来的"借师助剿"的"合作政策"下进入大清官场，成为清廷的雇员。那一刻，看着那被洗劫一空的皇家宫闱，那一草一木、亭台楼阁似乎仍然写意着皇家的尊荣、气派，动与静交融的美轮美奂。但他们还是点燃了火把，那一刻戈登感到内心有一种疼痛，也有一丝遗憾，但他的顶头上司沃尔斯利却说："我深信，焚毁圆明园的举动大大地促成了事变的最后解决，并且加强了我们大使的地位。"[1]

经历这一事件，清廷被迫释放了扣押的俘虏，其中一名被扣押者曾经得意扬扬地说：尽管恭亲王从不提及焚毁圆明园之事，我们却有理由相信，中国当局十分痛切地感到，这是针对皇帝和他们自己的惩罚。

圆明园的被焚毁，清廷上下万分痛心，咸丰帝为此病势加重，列强竟然残暴到如此地步，他感到自己苦苦支撑的这个"天"有崩塌的危险。他心中默默地念着：真是奇耻大辱啊，奇耻大辱。

虚弱已极的咸丰帝一时站立不住，口吐鲜血，昏倒在地，在随行太医一通手忙脚乱的救治后，他总算苏醒过来。在苏醒的那一刻，咸丰帝躺在床上，泪水大颗大颗地落下来，他意识到，属于自己的时代已经快要结束了。

恭亲王奕䜣代表清廷于 1860 年 10 月 24 日、25 日向英法侵略者分别交换了《天津条约》，并另订立了中英、中法《继增条约》（即《北京条约》）。

中英、中法《北京条约》的主要内容如下：一、对英、法赔款都增至 800 万两；二、增开天津为商埠；三、割香港岛对岸九龙司地方一处（即九龙半岛南端界限街以南的地区）给英国；四、准许华人出国到英、法属地做工；五、准许传教士在华租房置地。

1　[英]加内特·沃尔斯利：《1860 年对华战争纪实》，江先发译，中华书局 2013 年版，第 61 页。

从此，清廷允许外国公使驻京，外国人在口岸城市更可以肆无忌惮的横行。通过这项条约所建立的中英"友好"关系一直延续了四十年。列强感到维持这样一个逆来顺受的政权，更符合他们的利益。因而，当太平天国对大清王朝造成严重威胁之时，列强为维护自己在开放口岸的利益，便以大清"雇佣军"的形式，参与"借师助剿"，联合镇压太平天国。

第一章

试水"借师助剿"

1. 上海危急

1861 年上海发生的危机，清廷被迫同意"借师助剿"可以视为晚清帝国与列强开展妥协外交的历史见证。

1861 年，英法联军占据京师的危难局面在恭亲王奕䜣等人的外交交涉下，虽然签订了丧权辱国的条约，但总算摆脱了危机，保住了朝廷的地位。可是，让刚刚垂帘听政的两宫皇太后感到头疼的是，江南的危急形势并没有结束，与天朝皇帝叫板的太平天国经历了一场内讧之后，却以更加凌厉的攻势威胁着大清的江山。

从 11 月到次年的 2 月，短短的三个月间，两江官员就不断地上奏折，条陈江南的危急形势。慈禧太后虽然年轻，但是她也明白，洪秀全领导的太平天国自金田起义后，对大清造成的冲击是震惊中外的。特别是随着陈玉成、李秀成等青年将领的崛起，太平天国在

1860年又迎来了一个兴盛时期。1861年春夏之交，太平军再度逼近武昌。当年底，太平军又乘胜攻克宁波、杭州，上海也岌岌可危。

根据《南京条约》，上海成为开放口岸，列强纷纷在此开辟租界地，使得上海迅速成为中外贸易与外交广泛接触的重要地点；再者，上海处于长江口，在战略地位上有重要性，从而使曾经"一口通商"的广州失去了原有的优越性。道光帝在世时，很少关注上海，一来是因为他反对与外国通商，二来当时的上海还很小，是一座"既小又不重要的城市"。而到了同治初年，清廷被迫对外开放，上海的面貌与之前已不可同日而语，清廷也认识到了列强盘踞的上海在军事、外交与经贸事务中已经扮演着十分重要的角色。清廷上下虽然很反感洋人在上海的各种活动，但迫于条约规定再加上吃过洋枪洋炮的苦头，不能不心有忌惮。

当面对太平军攻破苏杭所形成的危急形势，不管是慈禧太后还是恭亲王奕䜣都明白，上海的地位极为重要，绝不能拱手让给太平天国。而当时上海的英文报刊《北华捷报》也曾在报道中说：上海是对外贸易的心脏，其他港口则不过是血管。这说明上海的贸易港地位在列强的心目中也是非常重要。

对于这样一座城市，即便是太平天国的领导者也充满渴望。对于太平天国来说，在上海的对外贸易中，武器、弹药、轮船都是极具吸引力的，太平军正需要通过贸易来补充自己的军备。

再者，上海的战略地位也很难让太平天国忽视。太平天国忠王李秀成认为，不占领上海，那么驻守在上海的清军和外国军队就会对太平天国占领的苏州甚至南京是一种巨大的威胁。因为苏州对保卫南京所具有的战略地位是显而易见的，如果太平军不能控制苏州、上海，那么南京的水上交通的货物供应就有可能被清廷切断。在太平天国看来，控制上海、苏州甚至之间的水陆交通就显得特别重要，正如《十九世纪中国的常胜军：外国雇佣兵与清帝国官员》一书中所说的：

> 有城墙的城市作为合法政府的象征与行政中心，对太平
> 天国反叛者一向是重要的。在江苏东部，由于与纵横于长江
> 三角洲的运河交通网相连，这些城市更具有特殊意义。这些
> 运河的宽度10—100英尺不等，有时扩展为湖泊。狭长的小
> 径作为拉纤路常伴随着主河道延伸，运河上小桥处处可见。
> 有城墙的城市就建于两条或多条运河的交汇处，其规模取决
> 于运河的宽窄与深浅。占领这些城市有利于控制附近水道，
> 因此这样的交汇点具有明显的战略价值。[1]

基于这样的认识，后起的太平天国青年将领李秀成、李世贤所
部仅用半年时间便于1861年10月占领了苏、杭等地，包括浙江省
内的大部分府县，使之形成拱卫太平天国首都南京的重要基地。

但是，李秀成所部所取得这些战果是在未遇到像华尔、戈登这
样的洋枪队强敌，并未与清军进行大规模的激战，歼敌不多的情况
下获得的，这些战绩无法弥补安庆会战失利所造成的重大损失，也
无法抵消李秀成擅离西线所犯下的战略性错误。虽然如此，李秀成
部在攻克杭州后，士气正盛，认为再度攻打上海的时机已经成熟。
他率先向侵略者宣告：

> 忠王躬率大军，分五路进攻上海，……故先此通告各国
> 人民：毋与满奴同处，则城破之日，犹得瓦全；若夜郎自大，
> 隐助满奴，夜郎自大，则大军一至，玉石俱焚，虽悔无及矣。[2]

---

1 [美]史密斯：《十九世纪中国的常胜军：外国雇佣兵与清帝国官员》，汝企和译，
中国社会科学出版社2003年版，第8、9页。

2 茅家琦：《太平天国与列强》，广西人民出版社1992年版，第263页。

太平军要攻打上海，形势万分紧张。早在 1860 年夏天，太平军进攻常州之时，上海绅民已经感到了日益严峻的危机，纷纷向上海道台吴煦求救。吴煦告知绅民，要他们实行武装自卫，并认为举办团练是保卫他们生命财产的唯一途径。

上海《北华捷报》报道说，在太平军兵进苏杭之时，有大批清军逃亡上海，上海地方已经接到命令，要他们拘捕并惩办携带赃物的逃兵，而对未带赃物的逃兵则须令其回总部，两江总督何桂清希望改编这些溃兵。但此时，何桂清也从常州逃到了上海，上海一时成为江苏地方官员的避难地。

江苏官员逃往上海避难，而上海百姓对上海的安危却感到忧虑。据《北华捷报》报道，住在这座城市的居民，由于不相信这些官员有维持秩序的能力，已经成批地逃往乡村地区。"这种情形在距离上海三十英里的松江府表现得尤为显著。根据上海道台吴煦的请求，英国炮舰'猎师'号与法国炮舰'机枪'号已奉命开往黄浦江上游，停泊于通往松江城的乡区。这两艘炮舰驶往松江的次日，本报从进入该城访问的人方面获悉，外国兵舰的到临，并不足以阻止松江居民的撤退，他们仍将家属和家具陆续搬走。松江府城内的商店大都闭市，连外国人在该城出现，也不能吸引一批群众。当时天正落雨，我们看到坐在船上的老年人，他们在露天的地方为雨所淋湿，表现出那种垂头丧气的样子，令人极其难受。这些人中的绝大多数，系向金山及乍浦与吴淞之间其他若干小城镇逃去。"[1]

为稳定民心，上海道台吴煦发布安民告示说："查本月十七日（6月6日），两江总督太子太保何（何桂清）莅沪时，曾有龙船及其他船只二十余艘随同保护，各船均经由吴淞进入黄浦江。本道深恐

---

1 上海社会科学院历史研究所编译：《太平军在上海》，上海人民出版社 1983 年版，第 88 页。

居住浦江沿岸百姓不明究竟，或者过分相信流言，致生恐慌，殊属不幸。英法两国既允与（中国官员）合作，并派精兵至水陆各要隘布防，本地区安宁可以有所凭借。此事似宜为众所周知，本道因特知照黄浦江沿岸人等，务各协同中外军事当局采取一致行动，以便从事极端审慎之部署，而保本区之安宁。尔等幸勿轻信无稽谣言，不得无故自相惊扰。其各懍遵！"[1]

慌乱的局面持续到七月，上海县城变得更混乱，租界区也陷入极度恐慌之中。据《北华捷报》报道，7月17日，上海租界出现了一次不寻常的大恐慌。这次恐慌以惊人的速度蔓延到租界各个部分以及上海县城。这天差不多在十一点钟的时候，有人喊着长毛（太平军）已到上海，全城随之陷入极度恐慌之中。华人的店铺全都闭市，商店老板忙将值钱的东西从家里搬出，不知撤退到什么地方去。街上可以看到六至八人的一队队妇女，她们手携手急急忙忙地向着避难的地方乱跑；码头上和洋行内的苦力放下他们的活不干，也开始逃跑，有的赶到码头用大价钱雇船，要船夫把他们渡到美国租界那边去。英国领事馆旁边的大桥上差不多堵塞住了，因为大家都涌在那里要过桥。所有的民船都停在江中心，无论岸上怎样饵以重金，皆遭其拒绝。惊慌情形极为可怕，经过多少钟点才平静下来。我们听到在一家茶坊，有很多妇女急于跳水，企图自杀。有一女二男上吊而死，另一人从楼窗跳下，跌碎了腿骨。据说，城内也有一些自杀的事情。本报就我们获得的有关叛军的情报，已经找出这次恐慌发生的原因。[2]

到了1861年底，上海的形势已经到了几近失控地步。此时，太平军也不断地在上海周围及嘉定、南翔进行骚扰活动，并向闵行、浦东一带推进，使得大批的中国人纷纷跑到租界区寻求保护。吴熙

1　上海社会科学院历史研究所编译：《太平军在上海》，第91页。
2　上海社会科学院历史研究所编译：《太平军在上海》，第119页。

对此局势更感到不安，便向英国领事馆申请求助。

众所周知，当时的上海，不仅是清王朝图谋反击太平军苏杭根据地的主要桥头堡，更是外国侵略者借助通商贸易、将中国变为殖民地的据点。因而，当李秀成占领青浦、松江，逼近上海外围之时，触动最为强烈的是英、美、法三国。西方列强迅速做出反应，并声称要以武力"保卫"上海。[1]

此时，列强在上海的军力还很弱，只有1000名印度人组成的警卫队和几百名法军、一小支舰队、半个炮兵队以及一小股义勇军，此外还有被上海地方雇佣的华尔洋枪队，面对李秀成的十万大军，并没有胜算的把握。

2. 该不该"借师助剿"

太平天国起事之初，西方列强乐见其成。特别是那些在华的传教士和外国商人，对太平天国表现出了浓厚的兴趣。太平军毕竟是打着"上帝"的名义的，这让西方传教士感到，这是"上帝的手插入到这个大运动中，这是无可怀疑的。"如果太平天国胜利了，这将是"伟大的宗教运动"的胜利，将是一场"伟大的道德奇迹"，是"文明的曙光"。

1861年太平军第一次意欲进攻上海以及1862年初第二次兵围上海的举动，成为列强与清廷联合起来的直接诱因。西方急于攫取侵略利益与清廷迫切希望稳定政权的心态，在利益上有着一致性，这成为他们勾结起来的基础。但是这一点，太平天国的领导人却没有看清楚。太平军摧毁了清军的江南大营，解除了天京之困，还占领了浙江省城杭州。不管是洪秀全还是李秀成都被这种胜利鼓舞着，丝毫没有思考进军上海可能带来的危机，更没有一个清晰的判断，在太平天国任职的英人呤唎对此看得明白，"曾向忠王及许多其他

---

1 刘仁坤：《太平天国兴亡》，哈尔滨出版社2000年版，第249页。

首领一再提出忠告，说明外国人一旦发动战争的危险性……可是，可怜的太平天国人们似乎被迷住一般，始终坚决不信并无兄弟之谊的所谓'外国兄弟'会怀有这种毫无理由的残暴的意图，他们醒悟得太晚，大局已经不可收拾了"。李秀成确实醒悟得太晚了，一年多以前进军上海的惨痛教训，并未使他聪明起来。

早在1861年3月，英国驻东印度及中国舰队司令何伯就曾向太平天国发出照会，要求太平军不准进入上海、吴淞30英里范围之内，很显然，侵略者担心太平天国进军上海，破坏他们根据条约攫取的既得利益。但太平天国的领导人考虑到当时的危难形势，提出以当年底为限，期满再行进军上海。当年底，英国方面再次派人到南京，要求太平天国军队不进军上海的承诺展期，这遭到了太平天国方面的拒绝。太平军于1862年1月7日向上海进军，兵分五路：一路由慕王谭绍光、纳王部永宽率领，自杭州出发，经嘉兴、乍浦，1月11日占金山卫，交孝天安朱衣点镇守；14日攻占南桥（今奉贤）交享天安黄玉福镇守；16日攻占奉贤（今奉贤奉城镇），17日占南汇、18日占川沙、20日占高桥，抵吴淞口东岸。21日太平军占周浦镇，23日在白莲泾口遍插旗帜，与上海仅隔一黄浦江。江苏巡抚薛焕急忙调百余艘海船排列在黄浦江西岸，架炮轰击太平军，以阻止他们渡江。

薛焕阻挡得了慕王谭绍光、纳王部永宽的军队，但却无法阻挡太平军从另一边向上海逼来。五路大军中，有一路是李秀成之子李容发率领的，他率军自杭州出发，经嘉兴、乍浦、金山卫、张堰，1月14日攻占南桥后，前出至叶榭，由南面威逼上海。一路由逢天义刘肇均率领，由青浦出发，一部经由黄渡、纪王庙、南翔、大场到江湾；另部经嘉定、罗店、月浦到吴淞，从西北面威逼上海；一路从苏州出发，由六王宗李明成率领，经青浦、泗泾，从西南面威逼上海。一路由霖天豫李某率领船队，由湖州方向经盛泽，于1

月下旬进抵松江城西之泖河关王庙，截至 1862 年 1 月底，五路太平军的前锋分别抵达吴淞、泗泾、松江、南桥、高桥，对上海形成多路包围的态势。[1]

太平军第二次进逼上海。上海的百姓、士绅较之前表现得更加恐慌。江苏巡抚薛焕在向朝廷奏陈上海危急形势的同时，也建议朝廷与西方合作"借师助剿"，共同镇压太平天国。

关于"借师助剿"的提法，早在 1853 年已有人提出。当年，太平军攻克安庆、南京后，在上海爆发的小刀会起义也是风生水起，上海的形势当时已十分危急，江浙有官员就提出过"借师助剿"的主张。

1854 年，时任松江府海防同知的吴煦阐述了他对"借师助剿"的认识："今者事已燃眉，箭在弦上，只以一言为决，允则乐为我用，不允伊自为用，其权只在允否，其咎不在请兵……苟利于国，死生以之，又何归咎之足虑耶。"吴煦认为，借师于列强是解决上海危机的最好方法。[2]

不过，当时咸丰帝对"借师助剿"并不支持。道光帝与列强的交手连连败北，被迫签订屈辱条约，这些事件使咸丰帝继位后对洋人十分忌惮。另一方面，列强在太平天国运动爆发后，在很长一段时间内都采取观望态度，与清廷并未"同心同德"。但随着太平军青年将领陈玉成、李玉成这股子新生力量的崛起，形势发生的新变化，咸丰帝对"借师助剿"虽然没有明确表示支持，但也默认地方官与西方的"合作"了。

1860 年初，太平天国军队以"围魏救赵"的战略决策，向杭州发起了猛烈的攻势。3 月 19 日，太平军攻破杭州城，浙江巡抚罗遵殿自杀。李秀成进攻杭州果然引起江南大营极大惊慌。江南大

1　张一文：《太平天国军事史》，广西人民出版社 1994 年版，第 167 页。
2　周元春：《晚清督抚与"借师助剿"关系》，《文史月刊》2012 年第 11 期。

营钦差大臣和春"兼办浙江军务",负有防守杭州的责任;同时江南大营的军饷很大一部分是由浙江供应的,为了军饷,他也必须保卫杭州。3月10日起,江南大营先后拨出一万三千多人赴援杭州,天京外围清军兵力大减。李秀成发现江南大营的清兵已到杭州附近,3月24日主动撤出杭州,退到安徽建平。在建平,他会合各路将领商议进攻江南大营的计划。包括李秀成、陈玉成、杨辅清等将领在内,太平军分兵五路,于5月2日开始猛攻江南大营。5月5日,江南大营崩溃,和春等向东败退。

江南大营攻破后,太平军继续向东追击。5月19日打到丹阳,26日和春逃到浒墅关,"悔恨交集","以烧酒吞服洋烟"毙命。李秀成率领太平军连克常州、无锡等城,6月2日占领苏州府城,清江苏巡抚徐有壬毙命,清军投降者达五六万人之多。同日克江团。6月15日,太平军占领昆山,17日克太仓,23日克嘉定,30日攻青浦,7月1日克复松江,进抵上海郊外。[1]

上海的危急形势使得清军在"借师助剿"问题上开始了初步的尝试。

1860年3月,主政上海的道员吴煦背着朝廷,与英、法代表在上海私自达成了"协守上海"的秘密约定。这个协定咸丰帝和朝廷中枢都并不知情。根据秘密协定,从这年初夏开始,英法军队开始在上海城乡布防。

这个举动等于打下了大清国"借师助剿"的楔子。咸丰帝得知后很生气,总理衙门也很吃惊。6月2日,太平军攻克苏州,形势危急。吴煦大着胆子向两江总督何桂清、浙抚王有龄和江苏巡抚薛焕提出让英法军队协助守卫上海,必要的时候,"协守上海"的做法可以深入到内地。

何桂清觉得吴煦的建议可行,但他也知道,咸丰帝担心引狼入

---

[1] 茅家琦:《太平天国对外关系史》,第195、196页。

室，一直反对借师洋人。何桂清感到责任重大而犹豫不决，到6月25日才向咸丰帝上折奏报。奏报中说，现在江南的很多地方都被太平军占据了，江苏已经没有兵将可以阻挡。"值此逆焰猖狂"之际，如果列强与太平军乘机勾结，"该夷志在牟利，不顾顺逆，万一不为我用，转为贼用，一经与贼勾连，贼与夷串成一气，势必水陆分扰，南北皆危。"[1]

何桂清把形势说得很严峻，希望咸丰帝能够答应这个建议。他还向咸丰帝说明了三点：一、苏抚徐有壬已经给英夷发出了"借师助剿"的照会，目前正在接洽之中；二、薛焕作为江苏行政长官，也参与了此事；三、苏州官绅百姓认为"借夷"可行。

咸丰帝看了奏折，感到有些尴尬，也很生气。他不同意"借师助剿"，认为徐有壬向英法借兵防守苏州之事荒谬之极，断不可行。咸丰帝还斥责何桂清擅自与夷人"勾结"商谈"借夷"事，实在不配做"清朝臣子"。

因为咸丰帝的反对，上海方面不敢再提"借夷"之事，但是暗地里的行动并没有终止。何桂清受到清廷的斥责后，他一边发布安民告示，说清军正从福建、浙江、湖广和安徽等地陆续调来，希望百姓回到他们的商店，各安生业。另一边，他又向英、法、美三国驻上海领事表示，希望他们派出军队帮助抵御太平军，恢复上海秩序。

何桂清先是拜访了在上海的英国驻华公使卜鲁斯，希望英国进兵上海、苏州；随后，他又拜访了美国驻华公使华若翰，希望美国能说服英法两国放弃前嫌进行合作。何桂清的要求对美、英、法都具有诱惑性，很快便有兵舰向上海集结。据《北华捷报》报道，集结在上海的外国兵船有：英国的船舰"科罗曼德尔"号、"游弋者"号、"狂暴"号、"茶隼"号、"猎师"号、"山鹬"号、"格拉

1　中国史学会编：《中国近代史资料丛刊：第二次鸦片战争》（第四卷），第378、379页。

那达"号及运输舰"奥克塔维亚"号等等;至于进驻上海与吴淞的法国海军部队则有"阿朗普拉"号、"龙骑兵"号、"丢夏乐"号、"勇敢"号(在船坞内)、"香港"号、"建州"号、"罗瓦刀"号、"玛纳"号、"梅耳瑟"号、"机枪"号、"普雷金刀"号、"声誉"号、"撒翁"号、"复仇"号。此外,法国还有船舰"吉希特"号、"日本人"号、"斯威尔塔那"号与"帕萨纳迪克"号。美国则有"哈特福德"号与"撒基瑠"号两船在上海。[1]

实际上,这些军舰集结上海的目的,是准备为 1859 年英法军队在大沽口的战败而采取报复行动,但是何桂清却期望列强能够放弃前嫌而助剿太平军。

据 1860 年 6 月 30 日的《北华捷报》报道,上海地方与列强已使其军队开抵上海。一报道说,印度兵 600 人已经进入上海,他们显然是在增援为保护租界而留驻在上海的英国军队,于 6 月 23 日乘由"泽诺比亚"号轮船拖带的"伊斯坎德王"号军舰抵沪。在中国官员的煽动下,英法军队各 300 人自 26 日奉命携带野战炮若干门,开抵距离上海约八英里苏州河沿线地方布防。

关于列强军队向上海集结,《北华捷报》的另一则报道认为,美国是为了保护条约港的利益而来,而英法则纯粹是中国的交战国。6 月 16 日的报道说, "'哈特福德'号是在上海认为有被叛军袭击危险的时候开到本港的,而美国与中国政府之间则订有友好条约。至于英法两国所处的地位,无论用什么逻辑来解释,都不得不把它们看成交战国。然而英法两国之所以派兵驻防上海城墙以外和租界内各地方,并借以保卫上海与安定人心,是遵照中国当局的请求而做的;美国人则继续充当旁观者"。

事实的确如此,列强一面向上海派出军队布防,防范太平军;另一面在京津与清军的作战并没有停止。

---

1 上海社会科学院历史研究所编译:《太平军在上海》,第 96 页。

1860年10月，英法联军攻陷北京，咸丰帝逃命热河。原先列强的枪炮只在沿海逞凶，现在却公然闯进金銮殿里闹腾，咸丰帝对"借师助剿"更忌惮了。1861年1月24日，在热河的咸丰帝下谕："借师助剿"有很多不利因素，流弊很多，地方不可因要剿灭贼匪而留下遗患。一旦"借夷"，日后洋人提出非理要求，朕担心拒绝过甚，而又生出别的事端，"惟有告以中国兵力足敷剿办，将来如有相资之日，再当借助，以示羁縻。"何桂清也因此获罪，被革职拿问，后被判斩刑。

1861年2月，英国侵华舰队司令何伯及英国外交官巴夏礼驾舰从上海驶入太平天国控制区。他们照会太平天国，声称已获得自由航行长江的权利，要求太平天国不要干涉持护照的英国船只，并要求太平天国军队不进入上海及其他开放口岸三十英里范围以内地区。英国声称，他们可以保证清军不从这些地方进攻太平天国，这样做是为了保护商业利益。洪秀全也担心列强与清军联合，同意了英船可以航行长江的要求，此举使得侵略者认为太平天国是可以利诱的。当年冬天，何伯与巴夏礼来到天京拜见洪秀全，提出帮助太平天国"打倒清朝，平分中国"，希望以此获取在中国的巨大利益，但是，这个提议遭到洪秀全的拒绝。

列强在太平天国碰了壁，又把希望寄托在清廷方面。此时，咸丰帝已经病逝，朝局发生了新的变化。

1861年11月间，两宫皇太后与恭亲王奕䜣联合起来一举铲除了肃顺集团，取得了"祺祥政变"的决定性胜利，掌握了大清王朝的最高统治权力。两宫皇太后中的慈安太后，不喜欢管理朝政上的事情，朝中的大权从此实际上操纵在慈禧太后手里。慈禧有着很大的权力欲望，政变后她就设想着如何把权力集中到自己的手里。

政变成功的当天，慈禧太后亲信、统领重兵的胜保上《请皇太后亲理大政并简近支亲王辅政折》，奏称新皇年幼，"非皇太后亲理万机，召对群臣，无以通下情而正国体；非另简近支亲王佐理庶务，尽心匡弼，不足以振纲纪而顺人心。"继胜保之后，大学士贾植、大学士周祖培、户部尚书沈兆霖、刑部尚书赵光也上了类似的奏折，说"为今计之，正宜皇太后敷中宫之德化，操出治之威权，使臣工有所禀承，命令有所咨决，不居垂帘之虚名，而收听政之实效。"

按照祖制，由两宫皇太后垂帘听政也是符合常理的。慈禧太后让御史杨秉璋等人拟定垂帘章程，可是，她看了章程后并不满意。

慈禧心里有什么盘算，没有人清楚。胜保等人虽然上了奏折，希望两宫皇太后垂帘听政，却又不知道该怎样实行。看到臣工们束手无策，慈禧太后不耐烦了，索性以年幼的同治皇帝的名义给出了答案。

慈禧太后发了两道懿旨，第一道懿旨中说，新皇年幼，尚不能亲理政务，今后一切政务都要仰仗两宫皇太后亲躬裁制，"嗣后，各直省及各路军管折报应行降旨各件，于呈递两宫皇太后慈览，发交议政王、军机大臣后，该王、大臣等悉心详议，于当日召见时恭请谕旨，再行缮拟，于次日恭呈母后皇太后、圣母皇太后阅定颁发；应行批答各件，该王、大臣查照旧章，敬谨缮拟呈递后，一并于次日发下；其紧要军务事件，仍于递到时立即办理，以昭慎重。"

要垂帘听政得有权力不是？于是，慈禧太后又以年幼的同治帝的名义发了第二道谕旨，大意同第一道懿旨差不多，不过更加强调了今后所有大权都要掌握在太后手里。

根据两道懿旨的精神，臣工们又先后进行了几次讨论，围绕如何垂帘听政制定章程。11月19日，此时距同治帝的登基大典刚刚过去半个月，王公大臣推举礼亲王世铎领衔上奏，将议定的八条章程呈上。这个章程体现了慈禧太后的意志：召见臣工、大员简放、庆贺表彰、军事调度等等一切大权都在慈禧太后之手，奕䜣以及军机大臣们仅有议政的权力而已。慈禧太后看了世铎领衔呈奏的这个具有集权性质的垂帘章程，很是满意，当即发了懿旨，令照此执行。然后又以同治帝名义发了谕旨："据王、大臣等所议，详加披阅，援据典章，斟酌妥善，著即依议行。垂帘之举，本非意所乐为。惟以时事多难，该王、大臣等不能无所禀承，是以姑允所请，以期措施各当，共济艰难，一俟皇帝典学有成，即行归政，王、大臣仍当届时具奏，悉归旧制。"

1861 年 12 月 2 日，慈禧太后正式垂帘。从此以后，慈禧太后再也不想从权力的舞台上下来了，她为此甚至不惜一次次大动杀机。她知道，从这一刻起，要稳定人心，控制大局，对内对外都必须有大的动作。

慈禧太后与恭亲王奕䜣关系密切。她知道，要内清祸乱，外平边患，恭亲王奕䜣是可以借重的力量。而恭亲王在奏请设立总理衙门之时曾经说过，外患尚不是大清最大的隐忧，最可能影响到朝廷根基的就是内乱了。

江南危急，江浙两省官绅以联名上奏的形式，于 1862 年 1 月 31 日向朝廷提出了"借师助剿"的建议。经历了两次鸦片战争，慈禧明白，大清想要继续维持闭关政策不仅是不可能的，而且也是不必要的了。基于平定内患的需要，稳固手中的政权，对外关系要开始进入一个新的阶段。

3. 华尔与洋枪队

清廷要"借师助剿"镇压太平军，那么，这个"师"怎么借呢？实际上，在李秀成 1860 年第一次准备攻打上海之时，江南地方官就在思考这个问题。当时，两江总督何桂清认为应该联合英国舰队一举歼灭太平军，而负责督理江海关兼任上海道台的吴煦和苏松粮道（专管地方粮务的官）杨坊则主张用洋枪队赶走太平军。洋枪队由美国人华尔领导，此时正驻扎在上海，成员也大多是外国人，最初虽然只有几百人，但武器精良，很有作战能力。这支队伍实际上是吴煦与杨坊等上海地方官招募的雇佣军，应该说具有官方性质，只不过朝廷还不知情罢了。1862 年，太平军五路大军第二次向上海进逼之时，洋枪队已经与太平军霖天豫李某所率的船队发生过正面冲突，洋枪队的拦截使得太平军船队难以抵近上海。

西方在清廷与太平天国之间，一直采取的是"中立"的姿态，也不愿意撕破"面纱"参与到某一方的军事援助上来。英国驻华公使约翰·包令曾经颁布了一个强制性政策，宣布英国在清廷与太平天国之间的中立政策，要求在华的英国人不得通过服兵役、被招募、雇佣或者提供武器以及其他物资等方式，来支援清廷或太平军的任何一方。对于违反此项法令者，将处以 5000 美元的罚金，并监禁两年。美国政府也持相同的态度。

英美两国虽然反对他们的国民加入中国的雇佣军，但在政策的执行上并不严格。当时列强虽然拥有治外法权，但是对他们的侨民约束却比较松弛。比如说美国，当时虽然可以在中国"审判"自己的侨民，清朝中央或地方都没有这个权力，但实际上，美国在口岸城市或租界内并没有自己的监狱，这使得美国一边审判他们的"罪犯"，一边又将那些罪责较轻的人予以释放，只有罪行较大的犯人才会被关在英国人设在租界的监狱里或者美国驻华领事馆内。

再者，像西班牙、丹麦、挪威这样的小国，他们对本国侨民在华参与雇佣军持纵容态度，这种情况就为雇佣军组织的悄然发展提供了机会。美国人华尔就是这样成为了"洋枪队"的头目。

关于华尔其人，他 1831 年出生于美国马萨诸塞州的勒姆城，由于其家族是船主和水手世家，他在海上和船上度过了童年的大部分时光。16 岁那年进入佛蒙特州的挪利友大学学习，由于不喜欢按部就班的读书生活，不及两年便离开了学校，先后在墨西哥、法国投军，开始了军旅生活。他对中国产生浓厚的兴趣，该归因于他的父亲所指挥的"戈娄沃"号轮船经常由纽约航行到中国,让他感受到了上海那种不同于纽约的生活。1851年太平天国运动兴起,华尔认为此时的中国充满了机会。当时,上海已经出现了用于镇压海盗的雇佣兵组织,因为1850年代在上海、广州、福建等海面上经常有反清组织和一些海盗出没,这严重影响了上海作为口岸城市的贸易秩序。为此有一个叫高夫的美国船长为了保护美国的船队,便发起了雇佣兵组织。当时,由于西班牙等国并不反对菲律宾人参加在华的雇佣军事活动,所以高夫发起的这个组织多是由菲律宾人和华人组成,也有少量的美国人,但他们大都是雇佣兵的指挥人员。高夫组织的雇佣兵具有官方的背景,既受雇于美国公使馆在上海成立的"捕盗局",在资金上又受益于外商和上海商绅的资助,这就是上海"洋枪队"的雏形。

华尔与上海"洋枪队"的因缘际会是因为他的"海盗生涯"。1852年华尔签约在"黄金猎手"号轮船上任大副,当时该船把一些移民送到墨西哥特万特佩克湾,在这里,他与威廉·沃克开始合作。威廉·沃克是一个喜欢冒险的美国人,又是一个声名贯耳的大海盗。此人虽然拥有宾夕法尼亚大学文凭,且又在报社做过编辑,但骨子里却是一个征服欲很强的人。1849年,他开始做编辑、记者时,就幻想可以征服拉丁美洲的广大地区,在这里建立一个由美国人统治的国家。怀着这样的梦想,威廉·沃克在1853年开始率领一支只有五六十人的小团队,很快便占领了拉巴斯和索诺拉州,并宣布北下加利福尼亚共和国独立,威廉·沃克自任国家元首,并干起了海盗的营生。威廉·沃克的行径并没有得到美国人的支持,因为在当时美国军事实力尚不足且又刚刚经历了美墨战争,虽然通过战争获取了墨西哥的大片领土,但自身也代价惨重。战争的创伤还未愈合,使得美国政府不得不宣称,威廉·沃克的行径是掠夺和强盗行为。

华尔与沃克合作可能还不到一年，也遭到本国政府的放逐，后来他为此感到后悔。但他内心那种成为海盗的冲动却强烈得无法抗拒，正如沃克的一个伙伴詹姆斯·贾米森所说："当时正值陆路、海路冒险的烈焰在人们胸中点燃之时。"沃克手下的另一个人也写道，有些人"头长得非常结实，手脚短小，肌肉坚硬似铁，动作总是灵敏而果断，他们似乎永无休止地活动着，一刻不停地在甲板上奔忙"，他写的很可能就是华尔。在别人眼里，这些人的语言是"一种放肆情绪与难以置信的渎神言词的混合物"，他们也是"西方诸国的精英——甚至在那里，他们那种天不怕、地不怕的勇敢精神也受到赞美"。这些海盗是与众不同的人，华尔就是其中的一员。[1]

大约在"索诺拉共和国"崩溃前，华尔就不再为沃克效力，但是与这位"海盗之王"的短暂共事，似乎给塞勒姆冒险家华尔留下了不可磨灭的印象。这个船主家的少爷不再安分于平淡的生活，他渴望战争，渴望掠夺，更渴望与威廉·沃克合作时那种惊心动魄的海盗生活。

1857年，华尔再度来华，在"羚羊"号轮船上任大副。在这艘轮船上服役的华尔经常会遇到海盗的洗劫，但曾经的海盗经历使他常常能冷静对待，因而也获得了在险境中勇敢、沉着的好名声。

1860年，华尔到高夫的"孔子"号缉盗船上从事缉盗工作，从这时候起，华尔实际上已经成为"洋枪队"的一名成员。但是，按照当时西方政府的政策，美国人是不允许参与雇佣军活动的，高夫虽然有美国官方的背景，"孔子"号缉盗船也以"捕盗局"为名义、以维护上海贸易秩序作为由头来组织，但仍然遭到了清廷和美国方面的抗拒，因而这限制了高夫所领导的"捕盗局"的发展，其雇佣兵成员也不过百十余人。

1860年后，当太平天国重新崛起、上海面临严重威胁时，各

---

[1] [美]史密斯：《十九世纪中国的常胜军：外国雇佣兵与清帝国官员》，第28页。

国领事馆与清朝上海官员在恐慌中从高夫所组织的"捕盗局"得到了灵感：组织一支具有外国雇佣军背景的队伍来对抗太平军岂不是很好！

1860年春，吴煦、杨坊便积极寻找"富有军事知识的人"作为他们组建雇佣军的代理人，二人的想法很得高夫的支持。他通过英国商人查理斯·彼·希尔，将既做过海盗又从事过缉盗工作的华尔介绍给了杨坊。华尔当时在"孔子"号缉盗船上工作，但他并不满足于"捕盗局"的小打小闹，内心深处还幻想着与威廉·沃克合作时的惊涛骇浪。因此当高夫和英国商人查理斯·彼·希尔将他介绍给吴煦、杨坊的时候，华尔便与这两位上海官员一拍即合。当年6月，以华尔为首的"洋枪队"便以一种新的形式出现了。

华尔组织的"洋枪队"，不同于高夫的"洋枪队"，后者是在"捕盗局"名义下，专以"缉盗"为名，虽然有一定的官方背景，并得到上海官员的默认，但却不参与到清军或太平军任何一方的军事行动中。而华尔所领导的"洋枪队"的主要目的则是镇压可能威胁到上海的太平军，并保护在上海的外国侨民。因为得到上海地方官吴煦和杨坊以及高夫的支持，洋枪队发展得很快。

起初，华尔担心兵源问题，他曾经考虑过招募华人参加队伍，但是又对中国人的作战能力表示怀疑。面对太平军威胁上海的危急，他也来不及训练中国人运用西方的先进武器和战术经验。

不过，当时的上海是冒险家和梦想家的乐园。这里到处是外国流浪汉和一些被解雇的海员以及英法联军中的逃兵，还有一些从苏、杭溃败逃到上海的清军，他们都为开埠后的上海纸醉金迷的生活陶醉着，只要许给他们优厚的条件，他们都会被梦幻般的前景、优厚的报酬或者战利品所诱惑。如此一来，洋枪队的兵源便不成问题。

但是，招募外国人加入洋枪队会引起什么后果，这是华尔甚至上海地方官吴煦、杨坊都必须要正视的问题。虽然高夫甘冒违抗美国政府禁令的风险,将自己的"洋枪队"成员划归华尔领导,但洋枪队的组建如何既不招致西方列强的反对,又不引起清廷的排斥,却是一个问题。

西班牙、挪威、丹麦对本国人在中国参与军事活动是持默认态度的,西班牙也不反对其控制的菲律宾人参与到雇佣军中来。因此,华尔招募的洋枪队成员大多都是菲律宾人,其次便是少量的中国人和美国人。华尔曾经承诺"一旦收复反叛者占领的任何城镇或坚固阵地,就付给他们大量的但不固定的酬金"[1],如此一来,很多在上海的外国人被利益所诱惑,完全不顾因为违背"中立"原则而可能遭到监禁、处罚的危险,纷纷涌入队伍中来。但这支队伍的成员,大都是一些只有贪婪本性而并无执行力的人,纪律涣散,士兵开小差也是家常便饭。

洋枪队的成立初期,要稳定军心,发展壮大,重要的一环是资金的注入与管理。对于资金问题,吴煦和杨坊对华尔可谓大力支持,既赋予洋枪队"官方"身份,在资金的筹措上也是不遗余力,多种渠道给予支持。杨坊主要通过上海的士绅、买办为华尔提供资金,也通过自己的产业经营来为华尔提供资金,将筹措来的资金通过自己在外国租界的"泰记行"来进行财政支出的管理、资金的安排等等。中外商绅为了自保,他们纷纷出钱出物支持华尔,希望洋枪队能抵御太平军,保卫上海安宁。

另一方面,高夫希望华尔组建的洋枪队在镇压太平军的同时,也成为"捕盗局"名义下的先遣队角色。因此他大力支持华尔筹措资金,把"捕盗局"的关税收入的一部分交给华尔,这便也成为洋枪队资金的一项来源。

虽然洋枪队有着中西方多渠道的资金来源,但它长期运作所需要的资金还是让吴煦、杨坊甚至高夫感受到沉重的压力,因而他们

---

1 《北华捷报》1861年6月8日。

对华尔更寄予厚望，希望这支队伍能在镇压太平军以及打击海盗方面发挥重要作用。虽然他们也知道，把赌注押在一个曾经做过海盗的人身上是一种冒险的投资，但他们还是不惜钱财，不但向华尔提供西方的大炮和滑膛枪，而且还提供现代化武器，如夏普连发步枪和考尔特转轮手枪等等。

面对巨额的投入，吴煦与杨坊对军需或者军饷想采取拖延的方式，但华尔在这个问题上不愿迁就，因为这会严重影响军心和战斗力。最终，华尔成为胜利者。华尔成功的关键还在于他与杨坊的密切合作。1862年春，他娶杨坊的女儿杨常梅为妻。华尔毕竟是一个经历复杂的人，在与杨坊的接触中，他以张扬的个性、奋发和勇敢以及精明老练、熟谙中国人情世故而赢得杨氏父女的信任。吴煦在评价华尔与杨坊的关系时说，杨坊"本系保荐华尔，彼此极为相得"[1]，关系很是和谐。华尔也对杨坊产生影响，使其常常表现出赞赏、忠诚的情感。当代西方一位学者在描述两人的关系时也写道："在华尔领导洋枪队时，杨不想扣留军饷，就像他不想跳进黄浦江一样。"[2]

吴煦、杨坊对洋枪队的发展投入了大量的精力，使得队伍不断发展壮大。但洋枪队自成立后到1861年并未发挥出实际的作战效果，与太平军的作战也只是小打小闹。这支军队最终还是在西方和清廷的反对中迅速解散。

华尔领导的洋枪队军纪涣散，且又缺乏训练，但当时的江苏巡抚薛焕、上海道台吴煦等江南地方官急需洋枪队作战，在缺乏实战经验又准备不足的情况下就把他们派上了战场。这样一支纪律涣散且士兵经常喝得酩酊大醉的队伍，与具有丰富作战经验的太平军对

1　静吾、仲丁编：《吴煦档案中的太平天国史料选辑》，生活·读书·新知三联书店1958年版，第129页。

2　[美]史密斯：《十九世纪中国的常胜军：外国雇佣兵与清帝国官员》，第34页。

抗,当然没有胜利的把握。华尔能做的,主要是靠突袭的方式和西方武器的优势去取胜。他的战术通常是夺取一个没有防备的城门,制造大规模的混乱,然后趁惊慌失措的太平军尚未组织起防御时,把他们从另一个城门赶出去。但甚至连这些起码的战术所要求的配合,华尔也无法组织起来。[1] 这说明华尔本人和他的军队在作战方面尚未成熟。但因为太平军在 1860 年 6 月中下旬分别占领了太仓和嘉定,上海道台吴煦要求华尔立即配合薛焕的勇字军进攻这两座城市。华尔率领的这群乌合之众在广福林仅训练了三个星期就开始出征,结果只能是彻底的失败。虽然薛焕的勇字军成功夺回了太仓和嘉定,但华尔的火枪队其实并未发挥作用,在接下来松江的战事中,更是如此。

1860 年,太平军第一次进攻上海。不到一周的时间,松江就落入太平军的手里,吴煦要求洋枪队立即进行收复松江的行动。华尔率领他的军队便开始了首次进攻松江的行动。

洋枪队当时才组建不到一个月,队员尚未有统一的着装,有的是整洁的英、法、美各国海军人员和水兵的军服,有的是破烂的便服。华尔则穿着一套奇特的军装,这套军装是他自己设计的,表现了他自高自大、爱好表现的个性。在战场上,他总是穿着这套军装。这位年轻的指挥官还有一个特点——上战场不带武器,而是拿一根短而轻的藤杖指挥作战。后来,他的继任者戈登也步其后尘,在战场上总是一副潇洒自如的模样。

松江是一座筑有城墙、防守坚固的城市,位于上海西南,临近黄浦江。华尔率领的洋枪队是 7 月初前往松江的,四艘轮船载着华尔和 300 多名士兵,直抵距离松江四英里的地方。他们在那里下船,而后步行到城墙脚下,计划在黎明时用云梯攀登几丈高的城墙进行偷袭。

---

1 [美]史密斯:《十九世纪中国的常胜军:外国雇佣兵与清帝国官员》,第 37 页。

　　但是在这次行动中，华尔的士兵却带了很多美酒。他们在城墙脚下痛饮、歌唱，甚至相互吵嘴和打架，这些荒唐的举动惊动了城内的太平军。太平军很快便云集到城垛后，一边听着这些荒腔走调的歌唱和打骂，一边做好了防御准备。

　　等到云梯竖起，华尔所率领的那群醉鬼们借着酒劲沿梯而上，立即遭到城头太平军猛烈的射击，不到十分钟便纷纷退下。火枪队的300多名士兵中，近百人当即被击毙，还有100多人受伤。无疑，这是一次惨败，还成为上海外侨茶余饭后的谈资。为一雪前耻，华尔回到上海后，立即对那些残兵败将进行了整顿，并招募了新兵。

　　7月16日，华尔率领招募的新兵和残存的老兵，再一次对松江发起了进攻。这一次，华尔得到了数百名清军的协助，在7月17日晨以突袭的方式收复了松江，获得了第一次胜利。但是胜利的余温尚未散去，华尔在8月进攻青浦的战斗中再一次遭遇了失败。

　　8月1日，华尔计划与清军将领李恒嵩在广福林会师，进攻青浦。李恒嵩所率领的清军也是一群军纪涣散、怯懦无能的乌合之众。因而华尔在战斗中身负重伤，他的部队也伤亡惨重。

　　华尔被一粒子弹从左下腭打进，再从左颊穿出，虽然没有生命危险，但使得他暂时变得发声困难，只能通过书面发布命令。华尔一边在上海就医治疗，一边让部下招募新兵，以补充缺额。十天后，华尔带伤重返青浦准备再与太平军作战，但遭到了李秀成的伏击，再一次失败。华尔带着残部赶回松江，但李秀成又乘胜追击，并一举夺回了松江。

　　太平军夺回松江，彻底暴露了华尔早期作战的无所作为，在松江仅有的一次胜利，也是在松江太平军兵力十分薄弱的情况下取得的。[1]因为据当时逃到上海的苏州知府吴云说，在7月中旬的松江

　　1　北京太平天国历史研究会编：《太平天国史译丛》第三辑，雍家源译，中华书局1985年版，第50—57页。

之战中，华尔之所以能够取得一次胜利，是因为太平军守军大部分
不在城里，留在松江城的都是一些老弱病残，他们甚至没有用心去
关城门，等于让华尔捡了个大便宜。[1]

虽然洋枪队在早期作战中不堪一击，但英国驻上海领事密迪乐
还是对他们与太平军作战而心存忧虑，担心太平天国方面指责西方
破坏"中立"原则。密迪乐给英国新任驻华公使卜鲁斯写了封信，
并分别给美国、西班牙驻上海领事写了封信，表达了自己的担忧。
密迪乐在信中说，太平军希望避免触犯外国人，但他们可能无法把
洋枪队和英国正规军区别开来，他担心华尔部队的不断活动会导致
太平军认为西方破坏了"中立"原则，从而发起报复行动。

密迪乐对洋枪队的担心，当然是害怕因此而影响太平天国对《天
津条约》《北京条约》的承认，这也是驻华公使卜鲁斯所担心的。
本来根据额尔金与太平天国的接触，太平军已承诺在 1861 年底之
前不进攻上海。洋枪队的举动会不会使太平军改变承诺？虽然卜鲁
斯还没正式走马上任，但他还是以外交官的身份拜会了江苏巡抚薛
焕，要求取缔华尔的队伍。

卜鲁斯要求薛焕解散洋枪队，上海的外商以及华商对此都持反
对态度，毕竟这关系到他们的切身利益。在他们看来，洋枪队的存
在能为他们保一方平安。

对于卜鲁斯的要求，美国与西班牙领事也不甚认同。他们认为，
华尔的军事行动保护了西方国家在上海的利益，特别是英国的商业
贸易利益，但卜鲁斯仍然坚持要求取缔洋枪队。为此他还多方活动，
制造洋枪队是一群乌合之众的印象。

再者，华尔每一次战败都要招募新兵，他每每以丰厚的待遇、
冒险的兴奋和刺激感来诱惑英法联军的士兵，使他们从船舰上逃跑，
加入火枪队。华尔的这种行为引起了英法联军及驻上海当局的不满，

---

1 吴云：《二罍轩尺牍》，台北文海出版社 1968 年版，第 11 页。

于是对洋枪队极尽污蔑之能事。

就在卜鲁斯拜会薛焕一个月后，《北华捷报》报道了洋枪队的成员曾在上海参与抢劫的事件。该报还评论说，"难道不能说服西班牙领事命令他们这些西班牙臣民回国吗？我们确信各签约国的人们会帮助他。这帮人（洋枪队）由于受到上海道台雇用就可以无视一切法律，这实在是一种耻辱。"[1]

卜鲁斯坚持要求取缔洋枪队，让薛焕很不满，心中暗骂卜鲁斯是一个"固执"而吹毛求疵的人。作为华尔的直接支持者，吴煦也明白英国人是担心英方利益在太平天国那里得不到承认，并且担心洋枪队的行为有可能引发太平军对上海的猛烈攻击。因而，上海地方对外宣传外国人是"中国人为翦灭海盗而雇的"[2]，希望能回避西方国家的立场问题。

尽管薛焕、吴煦以及上海商绅百般努力，但在卜鲁斯的压力之下，清廷与美国方面只得妥协。1860年8月至10月间，英法联军攻占津京，如惊弓之鸟的咸丰帝很担心雇佣"夷勇"问题再引狼入室；而西方与清廷关系急剧恶化，英国也不想让洋枪队为清廷所用。面对复杂的形势，清廷急于回避对华尔的雇佣军所负的直接责任，只得表示，华尔的军队从事的是商业活动，他们的行为与清廷毫不相干。

在清廷做出表态的同时，美国驻上海领事施密威良先是指责美国人高夫支持华尔组建洋枪队；在9月24日，施密威良又照会上海地方官吴煦，指控美国"哈特福德"号船上的两名逃兵被华尔所雇佣，直奔松江"与叛军作战"。他责备吴煦说，洋枪队的这种行为直接违背了中立法。

9月25日，吴煦回信说，他没有雇佣过美国士兵，也从未派

1 《北华捷报》1860年7月21日。
2 [美]史密斯：《十九世纪中国的常胜军：外国雇佣兵与清帝国官员》，第36页。

外国人到松江去。当然，他的反驳并不完全真实。但到这个时候，洋枪队似乎已经没有存在的必要了。因此，9月27日，薛焕命令吴煦写信给施密威良，告诉他"中国人以前为消灭海盗雇佣的外国人现已全部解雇了"。[1]信上补充说，除外国海关人员外，中国政府中没有雇佣任何外国人。一个月后，《北华捷报》的报道证实了吴煦的说法。报道说，洋枪队已经解散，但华尔的一些士兵仍然滞留在杨坊那里，他们还希望能再次被上海地方所雇佣。

那么，华尔所领导的洋枪队真如《北华捷报》所报道的那样已经解散了吗？事实是，因为洋枪队作战不力，恨铁不成钢的华尔不仅狠狠地训斥了士兵们，还要身先士卒指挥作战，结果在1860年8月的青浦战斗中身负重伤。再者，英国驻华公使卜鲁斯向各方施压，要求解散洋枪队，高夫与希尔便将华尔保护起来，给他找了一个秘密住处；杨坊还派人照料他。所以这给外界一种印象，洋枪队已经解散，首领华尔也不知所踪。但华尔的一位密友奥古斯都·阿·海士声称，华尔曾在8月末协助击退了进攻上海的李秀成部队；也有报道说华尔在1860年底曾到国外进行治疗，但对于他的确切行踪，几乎没有可靠的细节报道。[2]

1861年4月，华尔又重新出现，此时他的伤情已经痊愈。在身受重伤的日子里，华尔无时不在思考该如何重新组建队伍，他也认识到加强对士兵的训练、提高军队素质和作战能力的重要性。于是，他又从在上海重新招募士兵加入洋枪队。

华尔的出现立即引起了英国驻上海当局的注意。卜鲁斯得知华尔要重新组织队伍，他迫切的希望抓捕华尔并永远地取缔洋枪队。为此，卜鲁斯要求江苏巡抚薛焕予以配合，但薛焕只是假意应承。

---

1 台北"中央研究院"近代史研究所编：《中美关系史料（咸丰朝）》，台北1968年版，第367页。

2 [美]史密斯：《十九世纪中国的常胜军：外国雇佣兵与清帝国官员》，第39页。

英国驻东印度及中国舰队司令何伯对薛焕感到厌恶和不耐烦，何伯还指责华尔的军队在上海劫掠，认为这极大地危害着上海的治安，要求他们立即停止。另外，对于华尔引诱英国水兵叛逃，他也无法容忍，认为华尔犯了破坏"中立"原则的罪行。虽然进入1861年，英国的"中立"政策在松动，不公开宣布而实际已经在参与到中国的内战中，但对何伯来说，这是另外一回事。于是，他于4月24日亲自率领一队水兵，分乘英国海军快艇四艘，直奔松江而去。由于太平军对英国承诺到1861年底不进攻上海，他们主动退出后，松江就成为了华尔的大本营。

何伯带着水兵到了松江府城门方才停下，他要求华尔军队不作抵抗并允许他们入城。华尔并不想发生冲突，便下令士兵大开城门，准许何伯一行入城。何伯入城后，即要求华尔军队列队接受检查，果然发现有29名英国逃兵和2名美国逃兵。何伯不由分说，便下令将这些人带走。

当何伯和他的水兵押着英、美逃兵登上"切萨比克"号军舰准备返航的时候，华尔匆匆地追赶而来，要求何伯支持他的整军计划，这无疑是自投罗网，何伯不由分说便令人给他戴上了镣铐。

华尔被捕后，吴煦和杨坊显得十分惊慌，而华尔则显得十分的冷静。他要求美国公民的待遇，在美国领事面前受审。根据清廷与列强签订的条约，美国人与英国人在中国享受有领事裁判权，依据这一特权，英国与美国的任何犯人都享有在本国领事面前接受本国的法律审判的权利。

据此，华尔于5月21日在上海美国领事馆里接受审判。当天，华尔被几名英国水兵押着沿黄浦江走过一条弄堂，便到了美国领事馆。那时候的美国还不强大，所以驻上海领事馆也很简陋。

在美国驻上海总领事施密威良的办公室里，何伯的一名上尉副官在美国总领事面前高声宣读对华尔的起诉书，起诉书中说，华尔犯了"非法战争行为，破坏美国对清军与太平军内战所宣布的中立"的罪行。[1]

起诉书中还说，罪犯华尔"违反美国合法当局所宣布的中立，存心作恶，明知故犯地诱惑英国军舰'色提斯'号的一名普通水兵约翰·斯密以及其他许多人擅离职守，并用非法手段引诱他们参加军事行动"。

在审判华尔时，吴煦与杨坊并不在场，但是他们聘请了几名懂英语的代表旁听。何伯的上尉副官宣读完起诉书后，施密威良就问华尔，对于这些指控是否认罪。可是这时候，华尔却站起来说："我要提出法院管辖权的问题。我已加入大清国籍，我是大清帝国的臣民。"[2]

这时，审判室内出现了片刻的寂静，迅而变得喧闹、情绪亢奋起来，何伯不相信华尔的说法，美国总领事施密威良也不予置信，要华尔拿出证据来。

华尔在被捕之前，已经考虑到英美当局的"中立"法则会对他组建洋枪队造成障碍，他甚至有被抓捕的风险，所以很有先见之明地向上海地方官提交了加入中国国籍的申请。对于华尔声称自己是中国人，薛焕、吴煦和杨坊也千方百计的予以证明。面对华尔可能要被起诉、审判，进而可能面对西方的质疑、斥责，这件事情捅到朝廷那里甚至有可能顶戴不保，他们便极力为华尔提供有关中国国籍的证据。在临时法庭上，华尔故意拖延时间，一会儿说自己是墨西哥人，一会儿又说自己是西班牙人，一会儿又说自己是取得了中国国籍的人。

眼看审讯中各方僵持不下，这时候，吴煦与杨坊派出的代表却突然站起来，拿出一份事先准备好的文件，递给现场的翻译人员，

1 北京太平天国历史研究会编：《太平天国史译丛》第三辑，第73页。
2 北京太平天国历史研究会编：《太平天国史译丛》第三辑，第74页。

文件的大意是，"江苏巡抚薛焕奉两江总督转来北京军机处来文，关于华尔声请放弃美国籍加入大清国籍一事，已奏明皇上批准。结束语是：圣上朱批'准如所请'"。[1]

这份文件显然是伪造的，因为虽然确有华尔加入大清国籍的记录，但记录的时间是1862年5月17日，距华尔接受这次审判几乎晚一年时间，但华尔与薛焕、吴煦、杨坊的相互配合，使得卜鲁斯与美国领事无计可施。于是，美国总领事施密威良最终接受了中方代表提交的证明文书，宣布恢复华尔自由。

后来，何伯又继续对华尔实施秘密逮捕和扣押，目的是胁迫他立即解散洋枪队。何伯对华尔说，只要他愿意发誓立即解散他的部队，不再引诱英国水手或士兵加入洋枪队，他就会立即得到释放。但华尔拒绝了解散洋枪队的要求，两人无法达成协议。

华尔毕竟是中、英、美三国都重视的人物，也没有充分的理由可以长期拘押他，假如江苏地方以及美国方面都要求释放华尔，何伯还真找不出拒绝的理由。但是，他不愿意让华尔继续统领洋枪队，认为这随时可能招引太平军进攻上海。

怎么办呢？何伯做出了一个大胆的决定，他打算立即攻占松江，解散华尔洋枪队。在江苏和上海地方干预前，他必须立即行动，而且还得防范华尔的得力助手法尔思德与白齐文为了报复而投靠太平军。说实在的，太平军当然愿意出重金招纳他们，这一点何伯心知肚明。

但是，何伯扣押华尔一事和打算攻占松江的计划被吴煦、杨坊知道了，他们马上通知法尔思德与白齐文做好防范。

何伯一心想攻打洋枪队，对被扣押的华尔疏于看管，这给他逃跑提供了机会。在他再次被拘捕的第三天夜里，这个泅水能手利用放风的机会，从"切萨比克"号跳到了水里，得以逃脱，安然回到

[1] 北京太平天国历史研究会编：《太平天国史译丛》第三辑，第74页。

了队伍。从此，华尔所领导的洋枪队像一只不死鸟，在历经劫难后凤凰涅槃，浴火重生。

从 1860 年 6 月到 1861 年 6 月，华尔成立洋枪队的这一年时间里，他的命运是充满波折和戏剧性的，但是这些经历也使华尔不断地反思。华尔做过海盗，也有一段时期的从军经历，曾经效力于法国外籍军团，参加过克里米亚战争。这些经历都让他在反思中得到一些有价值的启示：如军事管理、招募新兵、内部组织、指挥系统、后勤、训练和纪律等。从洋枪队的早期发展中，华尔及其支持者逐渐地意识到：没有清廷的认可与西方的支持，这支洋人组成的雇佣兵队伍注定要失败，这是最重要的教训。

此时，华尔的副手白齐文给他介绍了法国军官买忒勒在宁波训练的一支华人炮兵小分队的情况。这支队伍虽然也有外国人，但主体却是中国人，当时上海的报纸也说，这是"以欧洲方式完美训练"的一支中国军队。这支小分队隶属于江苏副总兵李恒嵩的军队，也有着官方背景。

华尔听白齐文介绍了买忒勒炮兵小分队的情况后，便有了重新组建洋枪队的想法。当他将这一想法告诉老丈人杨坊和上海道台吴煦的时候，两人对华尔的想法表示全力支持，并向江苏巡抚薛焕作了汇报。薛焕正为李恒嵩的江苏兵勇作战能力差、不能使用西方新式武器而头疼，听此建议便也欣然答应。薛焕命令李恒嵩暂时与华尔合作，从此李恒嵩也成为华尔新洋枪队的一员。

有了薛焕、吴煦、杨坊等人的支持，华尔也给自己的老对头何伯写了封信，重申今后不再收容英军逃兵进入洋枪队，并请求能够与何伯进行一次平等会谈，会谈的内容当然是关于华尔的军事计划。[1]

出乎华尔意料的是，何伯不但答应了会谈的要求，还保证华尔、

---

[1] 北京太平天国历史研究会编：《太平天国史译丛》第三辑，第 79 页。

法尔思德、白齐文由松江来上海，再由上海返回松江的旅程一定是安全的。华尔随即带领法尔思德、白齐文前往会谈，何伯的参谋人员也参加了这次会谈。在会谈中，何伯对华尔重新组建洋枪队并进行军事训练表示欢迎，因为此时英国已经由"中立"原则转变为对清廷的积极支持，英国政府中有很大一批人认为应该帮助清廷镇压太平军，保护条约港利益。因此，何伯也转变了与华尔的关系。

1861 年 6 月，吴煦在松江找了一个比较隐秘的地方专门为新洋枪队所用。华尔、李恒嵩负责训练那些不能熟悉使用西方武器的各种地方军，训练他们使用西方大炮、轻武器和西方战术，并首次将他们编入新洋枪队的行列。据华尔的一位军官讲，在华尔开始招募新兵后的一个月内，这位美国指挥官就有了"150 多名卓越的军事征服者，每个人都能完成正规军生活中的全部日常任务，严格服从他的命令，他们的军服、装备和训练都以欧洲士兵为模式，达到完美的和谐"。[1]

1861 年的夏天，华尔依照计划有条不紊地进行军队的组织、训练和装备。在训练的过程中，吴煦和杨坊急切地希望新洋枪队能立即投入到镇压太平军的行动中来，为此，华尔不止一次地和他们发生争吵。华尔吸取前车之鉴，未做好准备之前，他宁可辞职，也不愿在时机不成熟前贸然行动，重蹈失败的覆辙。

经过几个月的艰苦训练，1861 年 9 月中旬，华尔邀请吴煦和杨坊等人参观洋枪队的一次军事演习，检阅部队的训练情况。吴煦、杨坊看了这次演习，认为洋枪队已完全具备与太平军作战的条件，要求华尔立即对太平军发动进攻。但华尔坚持必须等到来年一月才能做好一切作战准备，时机不成熟不能采取行动，如果轻举妄动将会遭受百分之五十的伤亡损失。[2]

1　[美] 史密斯：《十九世纪中国的常胜军：外国雇佣兵与清帝国官员》，第 44 页。
2　北京太平天国历史研究会编：《太平天国史译丛》第三辑，第 80 页。

华尔的这番表态表明，他已从最初的轻率鲁莽变得谨慎、持重。青浦、松江之战的一次次失败已使他清醒过来，不再是那个只知冒险而无谋略的人了。1861 年 10 月，华尔训练的这支以华人为主的新洋枪队已发展到四五百人的规模；到了 1862 年 1 月，已经拥有约 1000 名训练有素、装备齐全的中国士兵。在经历了几次较小规模的作战检验后，华尔宣告这支军队已具备进攻的实力。

果然，此后华尔军不断取得胜利。1862 年 1 月 12 日，华尔手下的一支小分队为阻截太平军进入上海，在吴淞一处坚固的阵地上进行了战斗，最终洋枪队以少胜多，凭借先进武器，阻击了一大批太平军。一周后，华尔与清军合作，在广福林再次击败数千太平军。太平军感到要成功进入上海，洋枪队这颗钉子必须拔除，于是在 2 月上旬，派重兵进攻华尔指挥部。华尔一面请求清军支援，一面部署洋枪队奋力抵抗，再次打了个大胜仗，把太平军从他们在迎旗浜、陈山、天马山和松江附近其他地方的营地上赶走。作为对这一系列挫折的回应，太平军直接进攻松江，结果却被华尔新配备的大炮击退，这种大炮显示出"巨大威力，击毙击伤约 2300 名"太平军。[1]

华尔击退太平军后，又乘胜追击到广福林附近，在这里俘虏太平军士兵 700 余人，并缴获大量船只和装备，解除了太平军的威胁，洋枪队驻地、上海门户——松江也暂时得以安全。1862 年初，华尔率领洋枪队虽然取得了几次胜利，但这次面对太平军五路大军几十万人的大兵压境，那些胜利显得很微不足道。2 月间，太平军占领上海浦东，进入上海城指日可待；与此同时，江苏南部的其他地区也被太平军控制，对上海形成的威慑进一步加剧。在上海的外国人与上海绅商愈发感到惊恐不安。虽然说英、法等国组织的 1500 人的军队以及 1 万多人的清军队伍，都声称可以保卫上海，但吴煦还要求华尔派出卫队来保护道台衙门。这时，不管是上海的地方官

1　《北华捷报》1862 年 2 月 15 日。

或是外国侨民都期待着清廷与列强能联手击退太平军。

4. "干涉政策"与"中外会防局"

1862 年初，太平军第二次围攻上海，攻势凌厉，使得上海地方官、士绅、外国侨民都渴望寻求更强有力的军事手段进行反击，以解除太平军带来的威胁。

在太平军进攻上海之前，咸丰帝因为对洋人的忌惮，始终不同意"借师助剿"。鸦片战争后，江南成为列强既得利益的所在地，特别是上海。清廷担心太平军攻入上海，列强更不希望让太平军控制上海。在太平军承诺不进军上海的期限届满，五路大军兵临上海之际，英国驻华公使卜鲁斯派公使馆参赞巴夏礼拜会江苏巡抚薛焕，希望他奏请总理衙门，说明当前上海的危急形势，希望清廷批准"借师助剿"。

对于西方列强来说，要帮助清廷镇压太平天国，还需要一个合适的借口，毕竟英国对天平天国曾经做出承诺，在清廷与太平天国之间保持"中立"。虽然这一"中立"政策在 1861 年夏季已经出现松动的迹象，但毕竟太平天国的承诺不进攻上海的期限尚未到期，英国也不好悍然撕破脸皮。但是，英国驻华公使卜鲁斯担心上海和宁波可能将成为太平军控制的热点区域，便向恭亲王奕䜣建议中外共保通商口岸。为此，卜鲁斯照会恭亲王奕䜣并说："我必须再一次向亲王殿下说明立即采取措施，防卫宁波和上海的必要性。"

恭亲王当时虽然对卜鲁斯的建议很感兴趣，但正值咸丰帝病重，朝权掌握在肃顺集团手里。后来经历了咸丰帝病逝以及祺祥政变，慈禧太后与恭亲王奕䜣掌握了朝权，他才对卜鲁斯提出的中外共保通商口岸的建议予以答复，表示对这个建议感到满意，并已令有关督抚认真执行。

1861 年底，太平天国不进攻上海和吴淞周围三十英里以内地区的期限已满，英国要求展期的愿望难以实现。面对太平军进逼上海的紧急形势，英国为实现其"干涉政策"，便迫不及待为"借师助剿"寻找借口了，这个借口仍然是以外交讹诈的形式开始的。

1861年12月27日，英国驻东印度及中国舰队司令何伯指示在南京江面上巡弋的"狐狸"号舰长宾汉给太平天国发了一份语气强硬的照会，谴责太平天国破坏了与英国的友好关系。照会中主要有四点：第一、太平天国曾在占领区内抢劫了英国侨民，必须作出赔偿；第二、悬挂英国国旗的中国船只与英国轮船一样不应受到太平天国的检查，理应自由地航行在长江上，也不受任何其他侵扰；第三、太平天国并没有认真执行不进入上海、吴淞三十英里以内的承诺，太平天国应督促自己的将士遵守这一承诺；第四、太平天国同时应该保证，不进入九江、汉口两处三十英里以内地区，不得侵扰镇江、焦山。[1]

太平天国方面当然知道这四点指控是侵略者为准备开战寻找的理由和借口，面对如此厚颜无耻的外交讹诈，他们十分义愤和清醒，如果继续向列强让步只能刺激他们更大的贪欲，提出更多的非理要求。于是，洪秀全让承袭赞王爵位的蒙时雍出面复照宾汉，对四点要求一一进行了反驳。

太平天国的辩驳，何伯根本听不进去，而是于1862年1月5日狂妄地发出了战争叫嚣，声称定会让太平天国变得驯服。1月7日，太平军水陆并进向上海进发，第二次攻打上海。英国与清军联合镇压太平军的行动也从此开始。

当时，何伯立即制定了具体的作战计划：第一，加强与华尔洋枪队的合作，不再排斥和干涉洋枪队对太平军的打击；第二，主张联军应该亲自行动，攻取嘉定、青浦、松江这些地区后转交给清军守卫。

---

1 茅家琦：《太平天国与列强》，第217、218页。

何伯的作战计划通过海军部转交给英国外交部的时候，外交大臣罗塞尔对计划表示完全赞同，要求英法联军与清军合作，"从太平军手中夺取上海四周的乡村"。

从何伯的作战计划与英国方面的答复看，英国人此时的干涉目标和范围是有限的，并不意味着就要全面挑起与太平天国的战争，进攻的范围仅是上海三十英里以内地区及附近郊县，干涉的目的也主要是维护自己在华攫取的条约权利，并不是无条件的支持清廷。正如时任英国驻上海领事巴夏礼所言，他们防卫上海不是为了清帝国的利益，而是为了自己的利益。对他们说来，哪个朝廷统治中国是不重要的。驻华公使卜鲁斯也承认，"我们支持清政府，这是出于利益的动机而不是出于感情的动机。"[1]

虽然英国军方和外交部支持何伯对太平军动武，但实际上英国国内对太平天国持两种态度：一种认为，为了条约利益，应该予以镇压；一种则反对镇压太平军，且这种声音还是很强大的。大多数人认为，英国一旦介入中国的内战，无可避免将影响英国对中国的出口贸易；同时商人们还认为，太平天国与清廷的对外政策实际上没有多大的区别，他们不同情太平天国，但对清廷也没有什么好印象，认为一个闭关锁国的王朝，并不能使中英贸易得以扩大。

对此，英国首相巴麦尊为何伯等主张武装干涉的人辩解说，"我们干涉了别的国家，给这些国家带来了巨大的利益。……我们干涉了中国事务，为什么呢？因为我们的条约权利受到了威胁，我们的国家利益处于岌岌可危之境"。[2]

正是因为如此，英国开始了有限的干涉活动，既然干涉是有限的，又要达到镇压太平军的目的，正如何伯所建议的，他们便把目光瞄在洋枪队和华尔身上。

---

1 简又文：《太平天国典制通考》，第110页。
2 [英]呤唎：《太平天国革命亲历记》，第612、613页。

本来，英国对洋枪队不予重视，以为其军队成分复杂、素质低劣，一小批亡命徒成不了大的气候。但洋枪队经过多次战斗磨炼，战斗力大为加强。这支雇佣军比清军装备精良，一律洋枪洋炮，是一支近代化武装，成为清朝保卫上海的主力，与这样一支战斗力不断提升的军队合作，正可以达到打击太平军的目的。

英国不愿进犯内地，决意大力支持和协助洋枪队，配合夺取江浙腹地，实现自己的侵略目的。

1862 年 2 月 22 日，何伯致函卜鲁斯，提出英法联军一旦攻陷嘉定、松江、青浦等县，即转交洋枪队与法军守御。卜鲁斯看得更远，主张帮助清朝组织武装队伍，支持它们攻打太平军，保卫列强的利益。他说：

从华尔所组织和领导的中国军队，我看到一种军事组织的雏形。这种军事组织对于处在混乱状态中的中国，可以证明是很有用的。如果清政府采取这种改革，它将得救；如果它不采取这种改革，我们在主要港口组织这种武装，将保持这些港口在任何情况下，不致遭到破坏。[1]

这样，何伯与华尔的合作变得更名正言顺，镇压太平军的行动也更顺利。

在清廷批准"借师助剿"之前，上海地方官、中外商绅已经与西方在上海的防御方面开展合作，并在"中外会防"的问题上取得了一致看法。1862 年 1 月 3 日，上海纳税外人筹商防卫会议召开，会议成立"中外会防局"，推选由詹姆斯·霍格、杰·普·塔特、依·姆·史密斯、爱德华·韦伯和爱德华·金能亨五人组成"防务委员会"，来处理上海防守的复杂问题。

根据当天的会议决议，五人组成的"防务委员会"与上海道台吴煦一起迅速制定出针对太平军进攻上海的应急计划。至于这项应

1　茅家琦主编：《太平天国通史》下册，南京大学出版社 1991 年版，第 21 页。

急计划所要产生的费用，五人防务委员会都认为应该由清廷承担。早在太平军第一次进攻上海之时，卜鲁斯就曾经提出过成立这个组织的想法，但因为英国方面不愿破坏"中立"原则，并没有响应。现在形势发生新的变化，太平军五路大军压境，而上海一带虽然有4万清兵驻守，但大多是从苏南溃败下来的残兵败将，战斗力不强，难以防守上海，因此卜鲁斯再次认为迫切需要成立一个清廷名义下的、由中方提供资金和支持的防务组织，这个组织就是"中外会防公所"，也称为"中外会防局"。

"中外会防局"既然是由中方提供资金，因此江苏巡抚薛焕提出建议，"中外会防局"既然是为了庇护中外绅商、上海市民、外国侨民而设，又有着起用专业作战人员的目的，那么这个组织就应该与朝廷或地方设立的其他"总局"相仿，归属于中方的领导。

薛焕的这个建议，得到了中外各方的认同，此后洋枪队及当时在上海镇压太平军的外国军队的给养，便由这个组织提供。虽然这个组织在运行中因为贪污、腐败与中西方的政见不同而遭到非难，但在镇压太平军的问题上，它的确发挥了一定的作用。

"中外会防局"成立后，会防局经理应宝时、吴云、潘曾玮、顾文彬与西方代表联合致函英国驻东印度及中国舰队司令何伯，要求增兵上海。他们是在1月15日的第三次防务会议上做出这项决定的，会后的第二天，会防局西方代表霍格、塔特、韦伯以会防局的名义致函何伯称，"上海纳税外人在英国领事馆举行会议，通过一项决议：授权中外会防局请求海军司令，在当前紧张之际，加强租界的防卫力量"。

信中还说："驻扎在此地的一小支志愿战斗部队，每夜执行着保卫市内防线的任务，在目前形势下，他们远不足以承担防御太平军的任务。……这是清楚的：女王政府的政策是保卫上海城和上海租界不受太平军或其他叛军的攻击。"

根据中外会防局的要求，2月13日，英国海军司令何伯、陆军上校穆迪、法国海军少将卜罗德、陆军上校戴诺格、法国领事爱棠会商上海防务，决定："美国及英国租界内由英军防守，法国租界、上海县城及董家渡近郊由法军防守，但北门及其附近城墙则由英军防守。"

当时在上海的英军有600多人，法军900人，而在这之前的2月12日，英国陆军统帅米歇尔将军及其随员"带着女王政府第九十九联队的一个连及其一队炮兵乘'珍珠号'军舰前来上海"。米歇尔将军率领的这支队伍原本目的是用于对付北方的清军，现在形势发生了新变化，这支队伍也南下开始了镇压太平军的行动。

这些驻扎在上海的英法联军统一接受何伯的指挥。2月21日，何伯向英法联军发布命令，悍然向驻上海高桥镇的太平军慕王谭绍光、纳王部永宽、忠二殿下李士贵等部发动了进攻，并进行了疯狂的大屠杀。此后，英国外交大臣罗塞尔还专门致函英国海军部，要求加大何伯的权力。

罗塞尔在信中说，"鉴于宁波的被占和传闻太平军欲进攻上海，女王政府给何伯海军中将以指令，授以更广泛的权力，看来是适宜的。即使没有随之发生因其他城市被太平军占据而出现的暴行，宁波的陷落已经使一切商业瘫痪，已经赶走了全部或一大部分的和平居民，已经破坏了一片很大的地区。人道和商务的利益同样要求有无数土著居民的上海城和港口不遭受同样的命运。英国的利益同样要求尽可能给其他条约口岸以同样的保护。因此，我将女王的命令通知诸位阁下，应即训令何伯中将尽皇家海军力量之所及，防守上海并保护不在叛军手中的其他通商口岸。"[1]

会防局成立后，上海地方官认为不应该局限物资援助这样的小打小闹，上海地方官、士绅甚至江苏巡抚薛焕都希望西方扩大大军

---

[1] 茅家琦：《太平天国对外关系史》，第250—252页。

事援助的规模。既然要"借师助剿",中外会防局的作用就不仅不能局限于支持保卫上海和郊区的外国军队,还在于收复被太平军控制的宁波、苏州、南京等地。因此,中外会防局为鼓励外国军队打击太平军,对每次战斗或者夺取重镇的联军都予以一定程度的奖励和犒赏。

江苏巡抚薛焕与吴煦等上海官员曾经联名上奏两宫皇太后与恭亲王奕䜣,要求增加外援"协助官军,保卫上海,克服宁波,次及江宁、苏州等地。"因为,太平军有"数十万之众,凶焰方张",而上海地方只有依靠外国侵略军才能尽克失地,恢复江苏地盘,避免落入太平军囊中。他们认为,洋兵战斗力远胜清军,"与其以饷养兵,不如以饷豢夷"[1]。

在这份联名奏折中,前翰林院编修殷兆镛的名字也赫然在列。殷兆镛在1858—1860年第二次鸦片战争期间曾要求砍哈里·巴夏礼的头,现在面对上海严峻的危急形势,他却要向巴夏礼求援。尽管这让殷兆镛感到尴尬,但他仍被冯桂芬"时代变了"的观点所说服,终于在奏章上签了名。

这份很有说服力的奏折首先强调了上海所面临的严峻形势、浙江近来的军事灾难,继而引用历史上借助外军平叛的事例,如汉代利用匈奴、唐代利用回纥平叛之事,继而又指出《天津条约》《北京条约》签订后,中西矛盾缓和,通过增加外援正可以改善中西关系。在"借师助剿"的问题上,两宫皇太后与恭亲王奕䜣虽然比咸丰帝的态度更开放,但他们对列强也是有疑虑的。不过,薛焕等人的联名奏折陈述了增加外援的意义,并附奏了法国协助清军击败吴淞太平军的情况以及中外会防局正在筹备守护之事,还特别提到了华尔所率领的洋枪队在上海抗击中所起的作用。朝廷看了这样的奏报,也很为这种成效所鼓舞,所以同意先在上海作为试点。在清廷

---

1 茅家琦主编:《太平天国通史》下册,第16页。

发布了中外联合筹防的上谕之后，恭亲王奕䜣一面让总理衙门与英法公使筹商，一面又让薛焕与英法驻上海领事交涉。

共同筹防上海的上谕说，上海是中外贸易的要冲，理应由中西双方共同保卫。谕令还说，在清军援军抵达上海之前，借用外国军队援助也是情非得已的权宜之计。

从这个上谕来看，清廷对列强仍然抱有疑虑，因而要求上海地方使用外国人的同时，不仅要控制外国人，而且要防止他们因中国军力不足而趁机要索。而英国因其国内政策的不一致，在援助问题上各方态度不一，也制约着"借师助剿"的扩大，但这却给了其他列强在中国竞夺利益提供了机会。尤其是法国，不甘心英国在华势力居于领导地位，也很想利用中国的内乱浑水摸鱼，从中获利。1862 年，列强的竞争白热化，当时，"阿思本舰队事件"就是明显的例证。

阿思本舰队事件的起因是这样的。清廷设立总理衙门后，曾国藩向恭亲王奕䜣上了一个条陈，主张从外国购买船炮，装备一支掌握外国技术的海军。曾国藩还建议，中国不仅要购买外国船炮，而且还要学会制造，购船买炮是"应计之策"，不仅花费大量钱财，而且容易受制于人。

奕䜣很欣赏曾国藩的主张，自总理衙门成立以来，他一直渴望有所作为。看到条陈后，奕䜣立即将此事禀报了慈禧太后。在奕䜣的推荐下，曾国藩从此走上了洋务运动的前台。当年冬天，曾国藩着手在安庆设立安庆军械所，这是中国第一座近代化兵工厂。曾国藩希望以此为契机，让全国各地仿行"渐推渐广，以为中国自强之本"。

一年后，曾国藩的门生李鸿章在上海也办起了制造军火的洋炮局。虽然在性质上都是军工厂，但曾国藩用的都是中国人，而李鸿章却很注重使用西方的技术人才。李鸿章的父亲与曾国藩有同年关系，因为这层关系，他在1845年师事曾国藩，并得到曾的赏识。李鸿章回忆说，跟随"曾国藩讨论军事数年，见其选将练兵，艰苦经营"，学到了很多有用的东西。他曾经很感恩地对曾国藩说："鸿章侍函丈最久，于时事微有通晓"。因而，李鸿章在很大程度上延续了"自强"衣钵，在思想和行动上都具有"中体西用""以夷制夷"的功利色彩。

李鸿章曾经在给慈禧太后的奏章中说："中国文武制度，事事远出于西人之上，独火器万不能及。"[1]大清在火器方面确实远不如西方，洋务派因此很想购置西方军备。恭亲王奕䜣等人最初准备从俄国引进一批武器，后来识破了俄国垄断中国军事技术近代化的阴谋，及时拒绝了这批武器的购买，而将目光转向英、法、美等国的军事装备和技术，并实施和推广了第一项近代化的练兵计划。他们一度筹划组建一支海轮船队，虽然后来夭折了，但却为近代化海军的组建提供了宝贵经验。洋务派组建近代海军，除了他们感到西方火器之不能及外，重要的是在镇压太平天国的过程中，西式舰船的优越性得到了充分的体现。同治元年（1862年）初，奕䜣以总理衙门的名义，致函各参战省份的巡抚、将军和总督与总税务司英国人赫德，命其议定向英国购买轮船一事，此事成为后来"阿思本舰队事件"的发端。议定之后，由赫德致信正在英国养病的前任总税务司李泰国办理此事。

赫德是英国北爱尔兰人，他自19岁起先后在英国驻宁波、广州领事馆担任翻译，逐渐成了一个中国通。第二次鸦片战争中，广州也设立了海关，赫德受英国政府之命到海关工作。当时的大清海关有些荒唐，而且主要领导都是外国人。当时的海关税务司由英国人李泰国担任，副税务司就是赫德。英法联军进攻北京时，海关税务司李泰国认为清朝会灭亡，不愿自己遭殃，便以养病为由请假回

---

1 田海林：《中国近代思想史》，山东大学出版社1999年版，第122页。

到了英国。这样，海关税务司的实际工作便落在了赫德手里。

赫德从恭亲王奕䜣那里得知，大清国准备向英国购买轮船，奕
䜣为此还找赫德商量。赫德给回国的李泰国写了封信，说明了大清
总理衙门购买舰船的计划和设想。赫德在信中还强调，总理衙门
"指令我以最快速度筹集和使用这笔款子"，并随信附上第一批大
约31000英镑的汇票。最后，他再次强调："恭亲王殿下渴望舰队
的到达，该舰队的结构他已批准。出于种种你们可以理解的原因，
迅速地派遣已购得的船只极其重要"。[1]

恭亲王奕䜣向赫德征询购买英国轮船的意见，赫德提出了这样
的建议：购买炮舰6艘、巡洋舰3艘，组成类似在上海的"常胜军"
那样的军队。赫德认为，清军军队数量很多，能作战的却不多；筹
拨的军饷数量很大，但贪污盛行，发到士兵手里的钱不多。大清军
队有名无实，军威不振，以致盗贼、内乱四起，"事坏至此，上下
交争利，而国危矣；兵饷不肯实发，兵勇不肯实打，官员不肯实报。
但有一实事，不致日益加乱。本司目击时艰，可惜可怜！既有所知，
不容缄默。……用兵之道，贵精不贵多，兵饷不足，兵必不行出力。
器械不利，兵虽出力，亦不能取胜。以五十万无好器械而又不肯出
力之兵，不如有一万饷足器利之兵"[2]。

基于这样的现实，赫德建议购买炮舰、巡洋舰和先进的武器装
备，组成一支精锐的舰队。舰队成立后，应聘请外国人担任顾问、
军事技术人员甚至指挥官等等。赫德还认为，舰队成立后，应该负
责打击海盗，保护关税，镇压走私活动；解除所有沿海商人的重型
武器，消除海上的一切犯罪活动；镇压长江沿岸的扰乱行为；保护
所有港口不受起义者扰乱；阻止起义军越过长江，占领南京。一言

---

1 王宏斌：《赫德爵士传：大清海关洋总管》，文化艺术出版社2000年版，第55页。
2 台北"中央研究院"近代史研究所编：《海防档·购买船炮》（一），台北艺文印
书馆1957年版，第11—15页。

以蔽之，就是镇压太平军与海盗，制止走私活动，恢复社会秩序，恢复大清王朝的统治秩序。

赫德的建议，得到了奕䜣的支持。他让赫德给李泰国写信，委托他购买船炮装备清军。可是，李泰国却产生了另外一种想法。他认为应该组建一支听命于英国的舰队，舰队的最高指挥官最好也由英国人担任，这将是英国日后控制中国的绝好机会。

李泰国认为，控制并使中国驯服，这让大清"和西方列强的关系建立在一种新的而且更健全的基础之上"[1]。英国应全面公开插手中国的内政，乃至不惜采取强制手段，使之更符合英国的远东利益。他甚至认为自己"应该是（大清）帝国政府的领导人物"，"应当充任海军大臣，而且是唯一的海军大臣"。

李泰国拿着赫德给他的信函和恭亲王奕䜣的训令，于1862年4月15日来到英国外交部阐明了自己的想法，希望得到外交部的支持。他以冠冕堂皇的理由恳请英国政府批准他的建议，让英国人可以随时接受中国政府的雇佣。另外，李泰国认为舰队的最高指挥官应该是英国人，为此他还鼓励自己的朋友——英国海军上校阿思本到中国担任这支新舰队的最高指挥官。

更为荒唐的是，李泰国的行动竟然背着清政府，没做任何请示就以中国政府全权代表的身份，与阿思本签订了聘用合同，这就是所谓的"阿思本合同"。合同的大概内容如下：

（一）阿思本同意管带欧华海军，为期四年，并言明无其他欧洲充任之总管带；（二）阿思本充任管带时对于欧洲制造之船只，以及由欧洲人充当船上官兵之中国船只，不拘为皇帝所雇佣，或在皇帝授权下为当地行会所雇佣，均应有完全指挥之权；（三）李泰国将自中国皇帝方面为阿思本获取充任

1　[美]马士：《中华帝国对外关系史》第二卷，商务印书馆1963年版，第41页。

欧华海军管带时一切行动所必需之权限的授予；（四）阿思本承担依照李泰国径行传达之皇帝一切谕旨行事；阿思本并约定对于经由其他途径传达之任何谕旨可置而不理；（五）李泰国方面约定对于任何谕旨，其合理程度不为其本人认为满意时，将拒绝居间传达。[1]

这样的合同使得李泰国的野心完全暴露无遗，不要说中国不会答应，就连赫德也感到吃惊。1862 年 6 月 29 日，薛焕向恭亲王奕䜣汇报了此事："据赫德称，……统兵武官姓名阿思本，所有舵炮水手看火人等均由该员雇募。"[2]

按照李泰国的做法，中国人自己花钱组建的舰队，却不受中国人节制、调遣，最高指挥权还掌握在英国人手里，即便清廷再昏庸、无能，也断然不会答应，而且这还有可能将中英两国引入纠纷。赫德担心李泰国的所作所为会使总理衙门对自己产生误解，从而使自己在海关税务司的工作陷入僵局，如果再任由李泰国胡作非为下去，自己的声誉也会受到影响。赫德知道李泰国与阿思本签订合同的消息后，就给李泰国写了一封长信，指责他的急躁、冒进和不切实际的行动。

"阿思本舰队事件"很快被西方其他列强得知，认为这是英国想独霸中国的殖民主义底牌。阿思本舰队一旦成立，其他列强将难以在中国海军的计划中再分一杯羹。因此，这个阴谋被曝光后，就遭到法国强烈反对。法国人也明白，作为大清帝国的首张海军订单，谁能喝到这碗头啖汤，谁就能在中国的海防力量中发挥更大的影响力，从而将势力扩张到东亚。

1　王宏斌：《赫德爵士传：大清海关洋总管》，第 57 页。
2　中国史学会编：《中国近代史资料丛刊：洋务运动》（第二册），上海人民出版社1961 年版，第 237、238 页。

像"阿思本舰队事件"这样的事例还有很多，而英国国内政策的不确定性，又加剧了其他列强对在华利益的竞夺。这使得在华的英国官员不得不采取灵活的决策，这很有些像清廷给上海官员"不为遥制"的上谕，既然清廷与英国在镇压太平军的问题上并没有逾越上海雷池一步，双方都很想尽可能地发挥华尔洋枪队的作用。

如前所述，英国驻东印度及中国舰队司令何伯在处理太平军、洋枪队与清廷的关系中，一度与太平军达成一项互不干涉的协定，从而试图压制洋枪队。但是，1862年太平军五路大军进攻上海时，何伯一改之前压制华尔的态度，开始纵容甚至公然支持华尔对太平军的打击。何伯叫嚣说，"叛军一旦进入我们势力所及的范围，就出击并战胜……（他们）"[1]。

当时，何伯在给英国王室成员、海军大臣萨默塞特公爵的信中说，容忍太平军劫掠离他们这样近的农村对英法来讲是一种"耻辱"，这明确地表明了他希望打击太平军的愿望。但是，英国国内虽然对"中立"政策在动摇，但仍然有一些当权派持反对态度，何伯要等到英国在华的陆军统帅米歇尔将军与指挥法国海军的卜罗德上将到上海会商后，才能做出决定。

何伯感到，要打击太平军，华尔洋枪队的力量不容忽视，况且，何伯当时已经"答应清政府帮助华尔手下受过训练的华人部队"进攻位于黄浦江口附近、由叛军控制的高桥镇。动摇的"中立"政策虽然还有着极大的不确定性，但何伯已经有了与华尔合作的迫切愿望。中外会防局的成立，更使何伯感到与华尔的合作不但具有击败太平军的条件，而且还不至于招致太平军和他国的指责。

何伯与华尔的合作是在"中外会防局"名义下进行的，依据吴煦的建议，何伯提供装备和少量作战人员与华尔洋枪队共同作战。这些军事行动表面上不会看出是英军采取了主动，何伯只要提供一

1　[美]史密斯：《十九世纪中国的常胜军：外国雇佣兵与清帝国官员》，第56页。

些装备，由中外会防局交给华尔，不需要投入大量的兵力就能打击敌人，这对何伯来说何乐而不为？在华尔方面，英国人的压制一直使华尔感到苦恼，而现在出于对付共同的敌人展开了合作，来自英国对洋枪队的压制便不复存在。但华尔对何伯的合作是否真诚持有疑虑，因为英国人在许多问题上并不够真诚。其实，何伯对于双方的合作中也有一种担忧。华尔桀骜不驯，难以驾驭，这使得何伯对他也存有戒心。

虽然何伯与华尔互存疑虑，但在 2 月中旬的一次军事行动合作却是真诚的。1862 年 2 月 16 日，何伯与华尔乔装成猎人，对浦东半岛附近的高桥镇进行了秘密侦察，目的是偷袭这里的太平军。经过侦察，华尔与何伯在 2 月 21 日派出近千人的队伍对太平军发起了袭击，顺利占领了高桥镇。

这一仗，华尔身先士卒，使得试图凭借外围工事固守的太平军后撤。这一仗使何伯感到，如果洋枪队加以认真利用，在镇压太平军的行动中将大有可为。江苏巡抚的薛焕对这次胜利也是万分高兴，他在给清廷的奏折中对此战进行了绘声绘色的描述：

> 浦东贼踪遍地，距沪城只一浦之隔，其大股盘踞高桥镇，意欲断我吴淞要隘，叠被官军分起进剿，均未得手。臣饬华尔带常胜军来沪……是役也，华尔与英、法两国提督所带兵勇不过一千五百余人，而敌悍贼二三万之众，攻破贼垒六座，炮台五十余处，杀贼三千数百名，生擒五百余名。并据所获逃勇供称：贼首吉庆元受伤坠马而毙。"[1]

薛焕对华尔的英勇作战大书特书，显然是希望清廷能够重视华尔的作用。

---

[1] 《筹办夷务始末（同治朝）》（第一册），第 153—155 页。

这次行动后，何伯给驻华公使卜鲁斯写了封信，希望他代为向国内陈情，何伯给卜鲁斯的信中提出了希望将太平军从上海30英里范围内赶走的想法，并指出在他的战略规划里，华尔将通过中外会防局承担主要军事任务，而联军只需要提供有限的战斗和军备援助就可以了。

卜鲁斯看了信后，认为这个战略计划是可行的，中外会防局的确是一个很好的机构，可以避免太平军和他国对英国的指责，也正好符合英国不把援助扩大到上海之外的想法。但是，卜鲁斯要求攻克的城市应由清军来守卫，这样不会落人口实。基于此，华尔洋枪队在中外会防局名义下，在防御上海的外围战中开始越来越多地发挥作用。

1861年底到1862年初，华尔所率领的洋枪队在与太平军的作战中取得几次胜利，江苏巡抚薛焕与上海地方官吴煦很希望清廷承认并重视华尔的这种作用。1862年2月，清廷同意以上海为试点，接受有限的外国援助，薛焕认为应该向朝廷奏报说明华尔及其军队的情况，而华尔与何伯合作在上海浦东半岛高桥镇所取得的胜利，都使薛焕感到向朝廷奏报华尔情况的时机已经成熟。

该怎样向朝廷说明华尔的情况，薛焕可谓费了一番心思，他的目的是要清廷正式承认华尔洋枪队的合法性。因此，他在奏章上强调了两个因素作为强心针：一、华尔部在关键时刻的战斗力；二、华尔对清帝国事业的顺从和忠诚。[1]

薛焕给予了华尔很高的评价，说华尔是一个军事知识过硬、具有丰富临战经验和英勇无畏的人，并说他具有责任感，对朝廷也是忠贞不渝。

总之，薛焕把华尔描绘成了一个屡建功勋、对大清又忠贞不二的人，并向朝廷指出："华尔已向道台府与英公使馆申请，要求成

---

[1] [美]史密斯：《十九世纪中国的常胜军：外国雇佣兵与清帝国官员》，第60页。

为中国臣民并改变'服色',抑制他真心实意'向化'的忠诚似不妥。"[1]对于这样一个忠勇之人,朝廷怎么可以不引为重视呢?但是,对于华尔是迫于压力和逃避美国领事的审判才加入中国籍这一点,薛焕避重就轻,没有提及。

薛焕抑制不住对华尔部队的热情,建议朝廷将洋枪队的名字钦赐为"常胜军",并再次在奏折中阐述了这支部队在战斗中表现是多么的出色,希望朝廷授予华尔四品顶戴花翎,继续任命他训练松江的中国军队。薛焕认为,赐名洋枪队为"常胜军",并将其纳入清朝的军队体系之中,将有助于改变清朝的军事颓势,而赐予华尔官职和荣誉则有助于激励华尔"为慕义立功者劝"。[2]不久,他得到朝廷的批复:"江苏巡抚薛焕奏闻,得旨赏给四品顶戴、花翎,仍令在松江教习兵勇,并著传旨嘉奖。嗣是,洋枪队兵勇甚得力,名常胜军,即以华尔管带,归吴煦暨道员杨坊督率。"[3]

薛焕在朝廷尚未同意"借师助剿"之时就雇佣华尔来镇压太平军,为避免朝廷的降罪,他便以"愿伍中国臣民,更易中国服色""倾心向化之成""慕义立功"[4]等词语赞颂华尔,同时也以此为自己的行为辩解。清廷看了薛焕的奏折,对华尔的"归顺"和希望加入中国籍感到满意,并赞扬"美国人华尔为中国教演洋枪,并与迎旗浜、天马山等处协剿贼匪获胜,向慕华风,诚心助顺,实堪嘉尚"。[5]

此后,不管是薛焕还是李鸿章任江苏巡抚时期,清廷都多次表彰了华尔的忠诚和其军队的勇猛战斗力。在清廷看来,华尔倾心"向化"的愿望符合朝廷体制,历史上不乏外夷或外族愿意归顺朝廷的事例,清廷显然想利用这种价值。另外,华尔成为中国臣民,在列

---

1 [美]费正清:《中国的世界秩序》,杜继东译,中国社会科学出版社2010年版,第270页。

2 《筹办夷务始末(同治朝)》(第一册),第139页。

3 佚名:《蕉窗雨话》卷四,时务图书馆1914年版。

4 《筹办夷务始末(同治朝)》(第一册),第139页。

5 《筹办夷务始末(同治朝)》(第一册),第140页。

强合以谋我的时代，可以阻止美国利用华尔的美国国籍来插手洋枪
队事务，更是笼络华尔的需要。

3月16日，薛焕再一次上奏章要求对华尔进行奖赏，不同的是，
这一次奏章中还提到了华尔的副手白齐文。白齐文也是一名美国人，
他在镇压太平军的行动中积极与上海地方官配合，多次冲锋陷阵；
白齐文也多次向吴煦、杨坊表示希望加入中国籍，成为中国臣民为
朝廷效力。

薛焕这次希望朝廷授予华尔与白齐文三品顶戴花翎，因为在这
之前的3月1日和3月14日，华尔与白齐文所率领的洋枪队在何
伯的配合下，在萧塘、泗泾的战事中都发挥了积极的作用，减轻了
太平军对上海和松江的压力。特别是泗泾战役中，华尔大显身手。
因而，薛焕在奏章中除了要求授予华尔三品顶戴花翎，还要求授予
他参将的名义官衔。

3月28日，清廷收到薛焕的奏章后，认为如果继续提高华尔
和白齐文的官阶，增加他们的荣誉，是可以更好地控制他们，让他
们更好地为朝廷效力。在这个奏折中，薛焕指出英国海军司令何伯
与法国海军上将卜罗德在同华尔的合作中，目睹了华尔在战斗中所
表现出来的勇敢、果断以及丰富的作战经验，对他很欣赏；美国驻
华公使蒲安臣和其他外国公使都对华尔成为中国臣民的决定以及战
绩有所了解，既然华尔是中国国籍，那么西方就无法过多插手军队
的事务。

要更好地利用华尔，薛焕还认为不仅仅在于提高官衔、增加荣
誉，更为重要的是给予物质上的奖励。因为在他看来，西方人都是
趋利的，额外的予以奖励"则华尔喜如过望，必更欢欣鼓舞，以图
报称等情"。事实上，自从1860年常胜军组建后，吴煦和杨坊除
了定期支付给华尔巨额的军饷外，对于常胜军每攻克一座城镇，从
太平军手里夺取一个地方都会对华尔大加犒赏，而华尔对于这些犒

赏也从来没有拒绝。薛焕还补充说,华尔"历次当先杀贼,实为一时罕见之人。当此用人之际,未敢拘泥成格,不揣冒昧,据情代陈"。[1]

恭亲王奕䜣明白到,华尔同朝廷中的那些官员别无二致,都有贪婪的一面,因而同意了薛焕的奏请,在授予官衔、荣誉的同时,也给予物质的犒赏。即使李鸿章代替薛焕担任江苏巡抚后,做法也大致相同。华尔每收复一地就会得到赏银 2 万两,而收复青浦后华尔又额外得到赏银 1 万两。通过授衔、赠予荣誉、给予物质奖励等一系列手段,华尔被李鸿章牢牢控制着,成为镇压太平军的一支不可或缺的有生力量。

清朝自入关以来,随着统治的逐渐汉化,朝廷对儒家传统的忠诚文化非常认同。在大清朝野谈"夷"色变的大背景下,华尔作为一名"外夷",虽然在镇压太平军的行动中屡有战功,但要判断其是否忠诚,还真有些困难。为此,清廷还专门给薛焕下了一道谕旨,让他"确切查明,华尔实系在道员吴煦及美国领事处禀明,愿伍中国臣民,更易中国服色;如将来美国无所籍口,即一面将此旨在沪宣示,一面据实驰奏。现饬令总理各国事务衙门先向英、法各国使臣驻京者预先设法讲说明确"。[2]

在清廷看来,即使华尔是个洋鬼子,但既然他成为中国臣民、接受中国朝廷授予的官衔和荣誉,那么就应该用忠孝文化来驯服他,使他更好地为朝廷效力。清廷还考虑到,既然要控制华尔,就要将其纳入官方的管理轨道。江苏巡抚是管理洋枪队的关键人物,毕竟华尔与江苏巡抚交集较多;再者,江苏巡抚作为江苏省的最高行政长官,他除掌握全省的行政权外,还掌握着全省的军权。因而,朝廷谕令薛焕将洋枪队纳入江苏的官方管理轨道,并对薛焕提出的将洋枪队更名为"常胜军"也予以照准,从此后,常胜军经清廷批准

1　《筹办夷务始末(同治朝)》(第一册),第 175 页。
2　《筹办夷务始末(同治朝)》(第一册),第 141、142 页。

正式获得官方身份。

华尔进入清廷的管理体制后，他的直接上司是吴煦，在李鸿章出任江苏巡抚之前，薛焕已任命吴煦为常胜军督带，并委任杨坊与华尔共同作为常胜军的指挥官，这成为中西方联合领导军队的一个新的里程碑。

在清廷积极控制常胜军的同时，列强也试图插手军队的事务。华尔在西方人的眼里彼时成了英雄的化身。过去他为了免遭起诉放弃美国国籍，引起许多在华美国人的反感，但他在镇压太平军的行动中屡建功勋，现在上海租界里的美国人不得不承认，华尔是整个东亚美国侨民中最伟大的人物。

华尔在上海外国租界万众瞩目，也引起了美国驻华公使蒲安臣的关注。1862 年 3 月 7 日，蒲安臣向美国国务卿西华德提交了有关华尔情况的报告。报告说，"华尔是常胜军的领导人，他是一个美国人，华尔正在指导中国人使用西方武器，他拥有 2000 名经过训练的华人，并以他极为特殊的方法指挥这支部队在近期数次战斗中取胜。"[1] 蒲安臣认为华尔是"忠实的美国人，尽管他已归顺于中国，但他首先希望的是他本国在中国事务里拥有充分的权力。"

蒲安臣在往后也不断向国务卿西华德补充报告华尔的情况，如3 月末他写道："何伯中将告诉我，他对华尔上校在高桥率领的华人的勇气感到惊讶。许多人认为他们优于印度兵，若指挥得当，他们不仅能保卫自己，而且能胜任进攻性战争。"[2]

蒲安臣对华尔的关注使得二人迅速建立起友好的私人关系。他们经常通信联络，讨论美国南北战争，以及镇压太平天国等问题，甚至对当时上海局势进行讨论。华尔在给蒲安臣的一封信中写道，如果他能在上海为蒲安臣作签事的话，蒲安臣"只消暗示一下，事

1 《蒲安臣致西华德的信》1862 年 3 月 7 日，《美国内阁对华急件集》。
2 《蒲安臣致西华德的信》1862 年 3 月 22 日，《美国内阁对华急件集》。

情就会完成了。"[1]

英国还希望加强对华尔军队的影响力。常胜军大多都不是正式军人,没有受到美国方面的影响;在镇压太平军的行动中,华尔也很好地维护了各国在上海的利益,这都是可以利用和笼络的理由。

但是,在何伯看来,华尔常胜军的动力和防御力量还远远没有发挥,这就需要英国给予更多的支持和援助。因而,华尔在高桥镇取得胜利数周后,何伯就给驻华公使卜鲁斯和英国国内写信,信中赞扬华尔在维护条约港利益上所作的功绩,还特别提到常胜军的管理者是清朝政府,不像罗伯逊"天津方案"中有英国政府的影子,容易引起清朝的戒备。对于常胜军这样一支军队,加强与它的援助与合作,不会引起太平天国对英国的指责。

何伯写信后不久,英国陆军统帅米歇尔将军于2月28日也致信驻华公使卜鲁斯,说明他对华尔常胜军的了解情况。米歇尔认为1000名华尔常胜军就完全可以对付数千名太平军,他还向这位英国领事提出:"(镇压太平军的)最好方法莫过于由中国政府移交给这位军官(华尔)约8000—10000人或帮他征募到这样多的人,而且到最后将由他率领的人数可能还不止于此。"[2]

几天后,何伯则给英国海军部大臣写了封信,信中表达了与米歇尔同样的观点:华尔军队"越是具有中国"特色就"越是有利于清政府实现自强,舍此中国将永无宁日。中国人与其他外国人对雇用像英、法这样在华有巨大影响的强国的官员自然会产生戒心,而军队若具有中国特色就可以避免引起戒备",但这也等于否定了罗伯逊的"天津方案"。他进而又说,英国政府应该插手华尔军队事务,如果华尔军队有了英国政府的支持,在很短的时间里就可以"占领苏州并扫清包括丝绸产地的全省,而且能够使附近一带乡村变得

---

1 [美]史密斯:《十九世纪中国的常胜军:外国雇佣兵与清帝国官员》,第73页。

2 [美]史密斯:《十九世纪中国的常胜军:外国雇佣兵与清帝国官员》,第71页。

安定，以致外国军队没有必要再去占领上海"。

驻华公使卜鲁斯也认为何伯与米歇尔的建议比罗伯逊的方案更具有操作性，并可以避免他国与清廷的反对，因而很快作出反应。3月19日，卜鲁斯给何伯回信说："正如你所建议的，我已向中国政府力陈加强华尔上校部队的必要性……并同意华尔上校的军队在江苏成为一个将得到支持和扩编的核心力量。"

3月26日，卜鲁斯又给英国外交大臣罗塞尔写信说："在华尔先生组织和领导的中国军队内部，我看到了或许是中国疯狂时代最有价值的军事组织的核心与创始。"罗塞尔同意卜鲁斯的看法，既然华尔常胜军在中国是最有利用价值的军队，那么就应该支持这支军队。罗塞尔还表示，清朝政府应"以华尔可能要求的军需物装备其部队，并……尽全力扩编其部队至1万人。"[1]

何伯建议政府插手华尔军务，与此同时他不断地加大对华尔的支持。在之前的合作中，何伯已经多次向华尔提供了榴弹炮、滑膛枪、军服、弹药及其他军需物资或将这些军需品从广州和印度以成本价格甚至更低的价格卖给他们。在给海军部大臣萨默塞特公爵去信后，何伯更加大了对华尔的支持，甚至将自己军队的几名优秀军官推荐给华尔使用，帮助华尔军队训练和掌握使用火炮的技艺，并亲自训练"火神"号英国轮船上约200名华尔的士兵以提高他们的战斗力。何伯甚至授权他们具有稽查海上军火走私的权力，要求将截获的走私武器都移交给"中国军队内华尔司令所部"；何伯还对华尔说，常胜军具有"搜查他认为有走私武器嫌疑的全部英国船只"的权力。[2]

何伯的热情使华尔十分感动，二人的私人友谊更加深厚。华尔多次向何伯表示，必将配合英国的军事行动。何伯还成功地促使太

1 [美]史密斯：《十九世纪中国的常胜军：外国雇佣兵与清帝国官员》，第72页。
2 [美]史密斯：《十九世纪中国的常胜军：外国雇佣兵与清帝国官员》，第74页。

平军释放了一名被俘虏的华尔军队的军官，这名军官就是华尔的得力助手爱德华·法尔思德，他是在 1862 年 6 月被太平军俘虏的。在解救法尔思德的问题上，华尔主张给太平军以猛烈的打击，促使太平军放人，但是何伯却想与清军俘获的太平军将领陈玉成作为交换条件。然而陈玉成被俘后，很快便被杀害，何伯与华尔只好改变初衷，命"弗拉摩"号英国船博赞克特海军上尉用轻武器、弹药、雷管、鸦片换回法尔思德。

这次救出法尔思德如同何伯为常胜军所作的许多事一样，也是他本人亲自完成的，没有依靠英国在华陆军新统帅查理斯·士迪佛立的帮助。士迪佛立与其前任米歇尔将军不同，他对华尔部队毫无热情——这或许是他以英国的天津训练方案标准来衡量常胜军的缘故，因为罗伯逊的天津训练方案他是极力支持的。

士迪佛立对华尔的冷淡还有一个原因，是他更想依靠自己的力量来打击太平军，所以他到任后，很快便使何伯黯然失色，并与华尔的合作大为减少。士迪佛立是 1862 年 3 月底抵达上海的，他率2000 名英军而来，使本来复杂的上海局势更加混乱。士迪佛立傲慢自负，他雄心勃勃的坚持要用自己的军队打击太平军，不管清廷是否愿意，他在镇压太平军的范围上迅速扩大。此时法国人训练的中国军队以及常胜军正在配合清军作战，士迪佛立的到来立即打破了不把战事扩大到上海之外的方案，而是变成了以上海为中心，把战事推进到 30 英里半径以外的作战计划。

根据这一计划，进入 5 月，士迪佛立领导的英军与清军、常胜军三方联合不断取得战果。5 月 1 日，中外联军攻占了嘉定，12 日又攻占了青浦，17 日占领了南桥，20 日收复了柘林。这些战斗全部以重炮火网开道，很快便占了先机获得成功，这也证明了在西方的近代化武器面前，清军的传统作战方式不值一提。虽然如此，清军对常胜军和联军攻克的阵地也进行了接管和防守，也有效地牵制住战区周围的太平军的反攻。

中外联军以上海为中心扩大对太平军的打击规模，很快引起了来自清廷的反思。从清廷的立场看，以上海为中心将战事扩展到30英里作战半径之外，固然改善了江苏东部的危急形势，但清廷感到要维护自己的利益，不能只依赖联军的力量，清军也要有所作为。幸好李鸿章率领的约6500人的淮军已于5月初抵达上海，清军才能在该条约港稳住了阵脚。

这里要说一说李鸿章带去的6500名淮军。当太平军第二次逼近上海之时，上海的百姓、士绅都非常害怕，不断地向两江总督曾国藩求救，于是曾国藩就命令李鸿章招募的淮军到上海一带驻扎，并向朝廷推荐其代理江苏巡抚。上海百姓、士绅原本对李鸿章和淮军抱有很大希望，可是当淮军初进上海之时，他们在目睹淮军的着装、军纪后不免有些失望：淮军士兵自由散漫，还时常脏话连篇，这样一支军队怎么能打得过如日中天的太平军呢？！

而对李鸿章来说，真正的压力来自西方的挑战。曾国藩令李鸿章招募淮军，最初的动机也不过是像保安团一样，保卫一方平安，根本没有想到把它培养成一支正儿八经的作战部队。但是，李鸿章一到上海，淮军就接到指示投入到镇压太平军的行动中去。这背后的压力实在太大！

5月20日，清廷给李鸿章发了一道谕令，希望收复太仓的行动中不要外国人参与。这无非是想在外国人面前树立自信，让外国人看看清军的战斗力，不再轻视他们。再者，清廷担心随着列强对太平军打击的不断深入，他们会提出更多的非理要求；而对于华尔是否忠诚可靠，清廷仍怀有疑虑。5月20日颁布的诏令道出了清廷的复杂心情：

此次英、法二国将士会克青浦，自可乘胜进攻。惟英法二国剿贼，流弊滋多，即华尔亦有不受羁勒之意。……李鸿章于沪上布置周妥，仍须赴镇。[1]

诏令上说华尔不受羁勒，也并非空穴来风。代理江苏巡抚李鸿章初到上海之时，华尔对这位新来的上司并没有表现出多少尊敬。李鸿章带着 6500 名淮军来到上海，按照惯例，作为下属的华尔应该到府拜见，可是华尔却一直没有动静，尴尬的李鸿章只好自我解嘲说，华尔"总是众中矫矫，虽至今不薙发，并未至敝处一谒，与外国人何暇争此利过节耶？"及至见过华尔，他虽讥之为"蠢然一物"，但却决定"全神笼络"之。[2]

有些时候，愿望固然美好，但现实却令人倍感苦恼。清廷想让李鸿章独自率军收复太仓，但 5 月中旬以后，李秀成所部近 10 万人却进行了猛烈的反攻，陈炳文、郜永宽、谭绍光等部先后攻入宝山、嘉定、青浦等地区，刚刚占领的地方立足未稳又被太平军夺回；李庆琛所率的清军被击溃，青浦被包围，高傲不可一世的英国陆军统帅士迪佛立也被迫率领他的几千英军撤离嘉定。面对如此困境，华尔本想率军救援青浦，但太平军向华尔司令部发动了袭击，使得华尔自顾不暇，救援青浦的努力受挫；但华尔的得力干将法尔思德凭借英勇、果断，守住了被围困的城池。太平军袭击华尔司令部因遭到华尔与联军的共同抵抗而没有成功，但是经此反击，士迪佛立初到上海那种快速扩大作战规模以消灭太平军的热乎劲像被人兜头浇了一盆凉水，没有了最初的那种热情。5 月 31 日，士迪佛立给国内写了这样一封信："我认为目前形势下我所指挥的部队〔约 2500 人〕仅能守住上海城本身。"[3]

1　《筹办夷务始末（同治朝）》（第一册），第 218、219 页。
2　苑书义：《李鸿章传》，人民出版社 1991 年版，第 74 页。
3　[美]史密斯：《十九世纪中国的常胜军：外国雇佣兵与清帝国官员》，第 77 页。

从士迪佛立给国内的信来看，他失去了起初那种作战勇气，打算退缩。士迪佛立退缩的理由是：马上就要进入夏季了，酷暑的季节容易爆发疫病，将给军队带来损失，这是不利于作战的；再者，中外联军攻占嘉定、青浦后，李秀成加紧了对这些地方以及华尔常胜军大本营松江的反扑。

形势发生的新变化，士迪佛立要转攻为守，初到上海的李鸿章不得不率领淮军担当起防卫上海的重任，并与华尔一起防御，希望能减轻彼此的压力。与此同时，与华尔私交甚笃的何伯也向常胜军补充了近 200 名兵员。虽然经此努力，但面对太平军人多势众的凌厉攻势，松江仍有随时被攻陷的可能。然而，正因为李鸿章与华尔的联合，使得太平军围困华尔司令部的计划没有成功，并使得太平军撤离泗泾、广福林、唐桥等重镇，李秀成的反攻大打折扣，并没能获得全胜。

李秀成部围困上海而不能获得全胜，他认为并非是因为李鸿章与华尔的联合抵抗，而是由于太平军中枢系统存在问题。太平天国后期的腐败所带来的腐朽衰落局面自不必说，而在清廷决定"借师助剿"之时，曾国藩所领导的湘军已经继江南大营之后再度对南京形成围困之势，乱了方寸的洪秀全便令李秀成返回南京解除威胁，但李秀成当时已对南京局势失去信心。

李秀成本来一心一意想保住他苦心经营的苏州基地，可是面对洪秀全的急令，他又不能不顾全这位天王的脸面。撤离松江，李秀成是犹豫不决的。

李秀成认为松江是控制上海的战略要地，华尔这些"洋鬼子"之所以选择了这里，就是因为松江是上海的根，也是让常胜军得以进退自如的避难所。李秀成明白，夺取松江关乎太平军的胜败大局，所以，他接到洪秀全的命令后并没有立即前往南京。

在李秀成为不能夺取松江而耿耿于怀的七八月间，英国新任上海陆军统帅士迪佛立与海军舰队司令何伯还在为进攻太平军是否明智而争论不休。与此同时，李鸿章却与华尔展开了更紧密的合作：7月17日，他们收复了金山卫，从而清除了浦东半岛上的太平军；7月29日华尔攻占浏河；8月10日，华尔和李的联合部队在激战后重新占领青浦。

常胜军接连取得的这些胜利，李鸿章却在给朝廷的奏章中将其据为己有。《北华捷报》报道说，李鸿章上奏是自己将叛军主力击退，使松江解围，上海赖以转危为安。朝廷的诏书盛赞巡抚之弟李鹤章以及其他中国指挥官的英勇，而对获得这些功业的华尔却只字未提。[1]

李秀成在救援南京与撤离松江问题上犹豫不决，使得他迟疑了十多天才前往南京，湘军得以成功合围。在暑热和疫病困扰着湘军的不利条件下，曾国荃仍能成功围困南京，这不能不说是李秀成的战略失误。李秀成希望通过袭击松江进而控制上海的企图，也造成了英国政府不再坚持所谓的"中立"原则，即便是驻华公使卜鲁斯这样一位试图用不明确的方式来维系"中立"原则的人，在面对太平军进逼上海、利益受到威胁的时刻，也对"借师助剿"武力干涉采取妥协态度，并且也导致了英法为竞夺利益，纷纷在上海建立常胜军式军队的局面。

5. 常胜军的"继承者们"

1862年9月，华尔战死。自英王陈玉成被清军杀害后，太平天国的形势更是急转直下，陈玉成牺牲后，洪秀全诏命李秀成接统陈玉成兵团余部。但扶王陈得才等人远在河南陕西，"过南不得"，无法越过敌占区，与李秀成合兵一处，李秀成便请陈得才秘密来到

---

1 北京太平天国历史研究会编：《太平天国史译丛》第三辑，第117页。

苏州，"当面订分，令其上去招足人马，廿四个月回来解救京城"[1]。

陈得才与李秀成约定 24 个月后回援南京，可是南京的形势却不等人。进入 8 月，常胜军攻克青浦后，标志着太平军从上海地区撤退的开始，太平军不得不将主力撤至苏州，太平天国在长江三角洲地区的活动空间日益局促。

9 月，华尔在进攻浙江慈溪的战斗中被太平军击毙的消息传来，清廷和西方都在为选择一个什么样的继任者而绞尽脑汁。在华尔去世之前，英法等国为了争夺在华利益，一边笼络华尔，一边又试图组建由其他外国人训练的中国军队。在华尔前往青浦作战之前，英国海军上校丢乐德克就已经开始着手组建军队。随后，法国人勒伯勒东与宁波海关税务司日意格也要求组建类似常胜军这样的军队。英国人担心法国步其后尘，从而影响英国在条约港的利益，因此何伯给英国驻华公使卜鲁斯的信中写道："目的不应是在该地（宁波）建立英、法、中等若干独立的军团，而应该是将该地所有的受训者都归入上校华尔的军队并得到北京政府的认可。海军上校丢乐德克所训军队也应全部隶属该军。"何伯还建议卜鲁斯和法国公使布尔布隆"应与中国政府就此问题达成明确协议，从那里（北京）获权在宁波组建华尔上校的军队……和明文禁止在该地建立无论是英国还是法国的其他任何军队"。[2]

事实上，何伯在给卜鲁斯写信要求的同时，受勒伯勒东、日意格在宁波活动的影响，他已经转变态度开始支持丢乐德克自己组建中国军队。中外联军从太平军手里夺取宁波后，宁波混乱的局势给何伯提供了借口。他先是要求李鸿章、华尔调集 600 名士兵到宁波来维持秩序，在李鸿章与华尔同意"暂借"常胜军到宁波后，何伯便授意丢乐德克着手组建由英国人指挥、由外国人训练的中国军队。

1　张一文：《太平天国军事史》，第 182 页。
2　《何伯致卜鲁斯的信》1862 年 6 月 14 日，《英国外交部的一般信件》。

这支被称为"常安军"的队伍以英国领事馆雇员郑同春（又名郑阿福）率领的约300名"绿头勇"为核心，中国士兵最终差不多有1000人，分为六个步兵连（每连150人）和约100人的一个炮兵连，由大概12名英国海军陆战队军官领导。

何伯曾经设想把这支维护英国在宁波利益的军队归属于常胜军名下，这种名义上的归属当然为了是避免清廷或他国反对。何伯在5月31日给英国海军大臣萨默塞特写信说，宁波被收复后，基于英国经济利益的考虑，宁波也应像上海一样需要有一支由外国人指挥、不少于2500人的军队，并建议指挥官由英国人担任。英国海军部对何伯的建议很是赞同，驻华公使卜鲁斯也支持在宁波组建由英国人指挥的中国军队，但是这个计划遭到浙江巡抚左宗棠和法国方面的反对。

在华尔去世之前，士迪佛立一直主张建立由英国人指挥训练的中国军队，他认为常胜军不可能成为一支中国军队近代化改革的核心，因而对常胜军的存在并不以为然。但在华尔去世后，英国人感到在华尔军队中安排符合英国利益的继任者是更好的做法，原本对常胜军并不热心的英国陆军司令士迪佛立也突然对常胜军变得热情起来。

士迪佛立曾在上海拜会刚刚履新的江苏巡抚李鸿章，希望他说服清廷支持英国组建常胜军模式的中国军队的计划。此时的李鸿章的重心是镇压太平军，在他看来，利用外国人组建军队可以打击太平军，因而他向恩师曾国藩写信求助。李鸿章在信中说，他已决定命令中外会防局从薛焕军中挑选二三千人与外国军队一齐驻扎、受训，其目的仅仅是为共同作战。[1]

李鸿章给曾国藩写信之时，局势正对清军不利。5月中旬，清军在太仓被太平军击败，李秀成乘胜对清军进行反攻，而这也为士

1 [美]史密斯：《十九世纪中国的常胜军：外国雇佣兵与清帝国官员》，第84页。

迪佛立迫使李鸿章做出进一步军事承诺找到了借口。尽管李鸿章竭力回避太仓之败所造成的影响，但面对士迪佛立的大肆渲染，他不得不对士迪佛立做出承诺，同意英国组建中国军队以保护宁波的安全。为此，李鸿章还与士迪佛立达成了一项协议，协议提出，中方保证调拨 2000 名清军士兵归士迪佛立训练，并前往由士迪佛立指定的战略要地。

这个协议签订的第二天，英国方面继续向上海地方施加压力，英国驻上海领事馆在 5 月 29 日给吴煦发出了一封措辞强硬的信，要求吴煦支持士迪佛立的方案，支持由外国人训练有 2000 名士兵的中国军队。

5 月 30 日，士迪佛立向驻华公使卜鲁斯写信说明了他与李鸿章签订协议的情况，并希望卜鲁斯通过外交途径向清廷施压，"我最强烈地要求你敦促中国政府调拨 3000 人归我支配和训练"，又说"李鸿章对调入供我使用颇为勉强"。第二天，何伯也给国内写信，希望英国政府向清廷施加压力，要求清廷授权士迪佛立"迅即建立和训练一支 6000 人的中国军队"。[1] 到了 1863 年，士迪佛立竟然提出要求调拨 10000 人的中国官兵供其训练、指挥。

卜鲁斯看到士迪佛立的求助信后，于 6 月 28 日致信恭亲王奕䜣，信中很有些逼迫意味地说，如果不采取措施调拨士兵给士迪佛立，接受训练以加强当地防卫，那么英国方面就撤走帮助镇压太平军的英军或用海关收入充当军饷。

面对胁迫，恭亲王奕䜣先是上奏，说"伊国提督何伯、总兵士迪佛立，俱有愿在上海练兵之意"，"臣等查该国照会内称，要在中国自为尽力等情，其中即隐讽中国不肯尽力之意。现在青浦等处该国将兵撤退，是否力已渐形馁弱，抑或别有意见，均难逆料。若不藉此羁縻，使之乐为尽力，诚恐彼势果不支，或致为发逆所诱，

---

1 [美]史密斯：《十九世纪中国的常胜军：外国雇佣兵与清帝国官员》，第 85 页。

关系更非浅鲜"。[1]恭亲王又给李鸿章写信，要他接受英国人的要求，调拨清军给士迪佛立训练；同时，恭亲王在给卜鲁斯的复信中，对李鸿章迟迟不愿调拨军队之事进行了解释，说李鸿章未能尽力改革上海的中国军队与调兵去受训是因为庞大的经费难以支撑，故而拖延了这件事情。

恭亲王奕䜣在给卜鲁斯的照会中说，"江苏练兵，实于大局有裨。当经本衙门行文江苏巡抚，酌量情形，与贵国斯（士迪佛立）总兵商办"。但是"练兵必先筹饷，现在饷项能否敷支，必应由苏抚核明，不至半途而废，方为妥善"，筹划练兵之事"务使粮饷充足，训练久而收实效，庶不负贵大臣之美意"。[2]

事实上，李鸿章踌躇的原因有两方面，一方面是不想让外国势力过多的介入地方，从而影响自己的军政大权；另一方面是担心西方借此逐渐蚕食朝廷对军队的控制权。尽管如此，李鸿章在恭亲王奕䜣的来信催促和英国方面的施压之下，只好同意调拨薛焕军队中的一些士兵交由士迪佛立训练。对此，李鸿章向总理衙门恳求，希望这次调拨 600 名士兵后不要再向英国扩大调兵员额，以免英国人过多的干预中国军队事务。继英国之后，法国也提出了要求调拨军队供法国军官训练的要求，清廷也只好答应。

李鸿章分别向英、法调拨军队后，两国于 1862 年下半年开始在上海训练军队，法国方面由买试勒部下庞发负责指挥训练；英国方面由质贝与金思立中尉负责指挥训练。训练中，士迪佛立与法国方面都要求增加受训员额，否则难以保护条约港，但遭到了恭亲王奕䜣与李鸿章的拒绝。为避免外国人蚕食朝廷对军队的控制权，恭亲王奕䜣与李鸿章设法限制英法指挥官的权力，只赋予他们训练军队的权力，而对于军饷的发放、士兵的奖惩都由李鸿章与上海地方

1　《筹办夷务始末（同治朝）》（第一册），第 274 页。
2　《筹办夷务始末（同治朝）》（第一册），第 276、277 页。

做主，西方教官无权过问。士迪佛立与何伯希望改变这种局面，但同样遭到了恭亲王奕䜣与李鸿章的反对。

但是，在清廷与西方为常胜军的命运以及该由谁来领导常胜军的同时，常胜军陷入了士气低落的六个月。在此期间，不论是清廷或是西方都在思考着一个共同的问题，那就是该由谁来领导常胜军？

在常胜军内部，为了争夺最高指挥权，高级军官们进行着激烈的权力斗争。华尔去世时，白齐文率领约 3000 名士兵驻在松江，法尔思德则在浙江指挥着约 1500 人的军队。华尔死后，"头七"还没过，白齐文就写信给驻上海的美国领事乔治·西华，希望美国方面支持由他来担任常胜军的统领，信中很有些强硬要求的意味说："我有幸通知您：由于陆军少将华尔去世，这支屯于松江、宁波的清军已移交给我，我将作为高级军官在本省当局指挥下行动。"[1]可见，白齐文认为自己接管了常胜军的最高指挥权。

基于利益的竞夺，列强都渴望由自己国家的人来接管常胜军，即便是一直无意与太平军作战的俄国也突然对常胜军的最高指挥权产生了浓厚的兴趣。但华尔去世后，清廷很希望将常胜军变成真正意义上的中国军队，可以由朝廷完全控制，不再由外国插手。不管是慈禧太后还是恭亲王奕䜣，甚至主政江苏的李鸿章都认为，最高指挥权的问题绝不是一个领导者的身份问题，而是中国人管理自己军队的权利问题；但是，孱弱的清廷也明白，在选择常胜军继任者的问题上，也不能不顾及西方的态度，毕竟镇压太平军、训练军队、洋务改革等等还需要它们的帮助。尤其是上海作为开埠口岸，外国人在军事、外交、通商等政策都拥有特殊的发言权，在 1863 年初，英国陆军中将士迪佛立就很直白地向上海地方表示："就（上海）

1　[美]史密斯：《十九世纪中国的常胜军：外国雇佣兵与清帝国官员》，第 133 页。

防务……必须采取什么步骤而言，我们是最好的判断者。"[1]

在选择继任者的问题上，英国驻上海总领事麦华陀向士迪佛立提议任命一位英国军官。士迪佛立认为这一建议很好，在何伯离职期间临时代理指挥英国舰队的海军上校包雷斯也表示同意。然而，由于这个建议涉及国家政策的重要问题，必须获得英国最高当局的批准，所以士迪佛立在9月25日发公函给英国驻华公使卜鲁斯，卜鲁斯又呈文给陆军部的德·葛雷伯爵向他说明此事。

在收到英国政府的训令前，不管是士迪佛立还是卜鲁斯，都不能违背国内政策采取行动。何伯返沪后，对任命英国军官的措施表示异议，但他并未提出正式抗议。在英国政府的指示到达之前，常胜军统领暂由白齐文代理。白齐文是美国南方人，从洋枪队成立后一直是华尔的副手，何伯也属意他是合适人选。

士迪佛立向国内报告后，并要求卜鲁斯向清廷表明：英国政府希望英国人担任常胜军统领。这一举动遭到了白齐文的反对，他给士迪佛立写了一封态度傲慢的信，表明英国不应插手常胜军事务，自己才是常胜军最合适的领导者。

那么，李鸿章与上海地方官又是什么态度呢？面对这样一支成分复杂、由多国人员组成的中国军队，李鸿章也意识到，只有外国人来做统领才能真正控制这支军队。李鸿章向列强表示，如果由外国人来担任常胜军统领，这个人必须像华尔一样对大清忠诚，听命于朝廷和地方官员的领导，并像华尔一样有能力、有远见，愿意投身于中国的事业，也愿意像华尔那样"概受中国节制，并受中国官职，如有过失，照中国例办理"。[2]

随后，清廷也表明了相同的态度并多次申明，由外国人来指挥常胜军是可以的，但是这个人必须像华尔那样申请中国国籍，成为

---

1 《士迪佛立致麦华陀的信》1863年1月1日，见《英国外交部的一般书信》。
2 静吾、仲丁编：《吴煦档案中的太平天国史料选辑》，第137页。

中国臣民，并接受中国政府的领导。清廷在批复恭亲王奕䜣、李鸿章的奏章中也说：

> （外国人带兵）必须如华尔之呈请，归入中国版图，愿受节制，方可予以权柄。薛焕、李鸿章亦著按照此意，与在沪领事等官商办。总之，此事大局所关，或令英、法二国之人接带此军，或乃归中国将弁及白齐文统带，仅令英、法二国合力帮助之处，务当妥筹酌办，不可稍有拘泥，致误海防大局。[1]

基于这样的表态，常胜军统领仍由外国人来接任似乎确定无疑。华尔的老搭档白齐文应该是合乎条件的人选，华尔在世时他与法尔思德就是华尔的左膀右臂，且此人与华尔一样已经加入了中国籍，成为中国臣民，早已得到朝廷封赏的官衔和荣誉。但清廷对白齐文的态度又有保留，认为此人在忠诚度上不及华尔。另一方面，英国陆军中将士迪佛立与上海总领事麦华陀都要求由英国人来指挥常胜军，但是作为英国驻东印度及中国舰队司令的何伯却支持白齐文做常胜军的统领。10 月 1 日，刚从日本旅行归来的何伯向李鸿章表示，白齐文有清朝政府的委任，又同华尔一样娶了中国妻子，还曾表示"已永远放弃自己的祖国并打算为在华的事业贡献余生"[2]，是最适合的人选。

李鸿章对此回应道，必须派自己的幕僚英国人马格里到白齐文的身边工作，才放心让白齐文担任常胜军统领。马格里有个中文名字叫"马清臣"，以此表示他对清朝的忠贞。他出生于苏格兰，爱丁堡大学医科博士毕业，1858 年作为军医随英国侵略军来华。第

1 《筹办夷务始末（同治朝）》（第一册），第 380 页。
2 [美] 史密斯：《十九世纪中国的常胜军：外国雇佣兵与清帝国官员》，第 134 页。

二次鸦片战争结束后，他到华尔的常胜军任职，并成为李鸿章部淮军的一名教官，很快得到了李鸿章的赏识和信任。

李鸿章让马格里到白齐文身边工作，监督白齐文的工作。当白齐文成为常胜军统领之后，马格里则成为白齐文的军事秘书。何伯的建议得到了美国驻华公使蒲安臣的支持。基于此，薛焕与李鸿章联合向朝廷上奏说，"臣鸿章前据英国提督何伯面保华尔部将白齐文材勇可任，毋庸由英国派员接管，切毋庸令法尔思德会带等语，已经陈奏在案"。白齐文、法尔思德都是美国人，白齐文又经上海道台吴煦极力保荐，"复经英国提督何伯推诚相属，此外又骤无可任之人，只得暂交接管"。[1]

10月中旬，白齐文正式走马上任，他一就任就与太平军进行了一场战斗。此时，李鸿章趁李秀成西援南京之际，联合常胜军与一部分淮军于10月24日又收复了嘉定。当时留守上海前线的太平天国慕王谭绍光从苏州、杭州、嘉兴调集太平军进行反攻，与白齐文相战于吴淞江沿岸黄渡、四江口一带。战斗中，白齐文虽然表现英勇，但在李鸿章眼里，白齐文的平庸表现以及毫无节制的个人行为使常胜军陷入了混乱，要改变这种局面，必须加强常胜军内部英国人的势力。在收复嘉定后，何伯立即任命陆军上尉约翰·奥伦、陆军中尉斯德特到常胜军中任职。与此同时，士迪佛立也表示要提供几名教官到常胜军中服役，并让陆军中尉凯恩到常胜军中长期任职。

卜鲁斯和李鸿章都同意了这样的安排，但这引起了白齐文的不满。11月6日，白齐文给何伯写信抱怨说，士迪佛立将军在"提供……部分炮兵团和步兵团的训练，和批准数名军官归我指挥"后，"似乎惟恐自己走得太远"，他在信中还说，"应该这样来理解，那些军官仅可用于操练而不能用来对敌作战"。在白齐文看来，英国人

1 《筹办夷务始末（同治朝）》（第一册），第465页。

在常胜军中安排的军官都是中看不中用的花架子罢了，他在信中又反感地说道："显然，如果根本没有这些人，我的处境倒更好些"。[1]

白齐文表示反对后，士迪佛立改变了让英国教官临时服役的想法，但过后不久却又表示，在常胜军内任职的任何英国人都不得逾越 30 英里作战半径的范围，这显然是把常胜军又限制在上海为中心 30 英里的作战半径之内。这个做法使白齐文感到被要挟，最终也只好妥协。按照士迪佛立原来所说的，接受了几名英国教官到常胜军中服役。

11 月 20 日，士迪佛立写信给驻华公使卜鲁斯说，"我感到满意的是……我派给他（白齐文）协助组织军队的军官和教官数周内将给军队带来巨大变化。"什么变化呢？士迪佛立在信中又意味深长地说，"一旦指挥官的位置空缺"，必须派一名英国人去指挥常胜军。显然，士迪佛立仍然坚持着由英国人来指挥常胜军的想法。这种坚持，最终改变了常胜军的命运。

白齐文任常胜军统领之时，李秀成回援南京，与驻扎在南京外围的曾国荃部进行了 40 余天的对峙。当时已是 10 月，经历了暑热和疫病的曾国荃军队战斗力已被严重削弱，基于这样的形势，曾国藩同意了李鸿章在一个多月前给他信中提出的要常胜军帮助攻打南京的建议。但是，问题随之而来。士迪佛立以及接替何伯的库珀中将都反对让常胜军攻打南京，驻宁波的丢乐德克更是不顾李鸿章的责备，坚决反对让在宁波的常胜军去执行这项任务。士迪佛立与库珀认为，让常胜军去攻打南京，会削弱上海的防务，因此下令在常胜军中的英国人不得超越上海 30 英里半径范围内作战。

同时，曾国藩催促常胜军尽快前往南京，白齐文却开出了巨额的军费清单要求吴煦与杨坊支付，双方开始了相互扯皮。吴煦与杨坊认为，日常的军费已经付给，现在又再索要，实在过于奢侈、贪

1　[美] 史密斯：《十九世纪中国的常胜军：外国雇佣兵与清帝国官员》，第 136 页。

婪；而白齐文则认为常胜军从上海到南京近三百里的路程，之前的军费肯定不够用，在军费问题上斤斤计较实在吝啬。

趁着这个机会，士迪佛立致信英国驻华公使卜鲁斯，"中国政府给我来函表示对白齐文上校的不满，并说倘若南京远征的归途中他被撤去指挥之职，就要求我派一位胜任的军官去指挥该军。我答复说，虽有一名胜任的军官，但未经您的许可我不能让他任指挥官。"[1] 士迪佛立说的这名能够胜任常胜军统领的军官就是查尔斯·戈登。

军费问题上存在的分歧，使得常胜军与上海地方形成了僵局。上海地方甚至认为，白齐文之所以贪婪索要军费，是因为他的账目本身存在问题。因而，吴煦和杨坊表态，如果白齐文不率军前往南京，不接受上海地方清查账目，那么上海地方就不会再提供军饷；而白齐文仍然坚持，如果不提供额外的军费，就不会出征南京。得知此情的李鸿章对白齐文的行为非常气恼，在曾国藩急若星火的催促中，他只好向曾国藩说明情况，说白齐文是一个顽固不化"靠不住的怪人"。[2]

12月底，杨坊前往常胜军驻地松江视察，并调查常胜军的财务问题。杨坊到时，常胜军内部正发生骚乱，起因是白齐文生活奢侈，将军费挪作他用，使得常胜军士兵三个月没有发出军饷，于是士兵们在松江练兵场上抗议白齐文欠饷。面对此情，白齐文不得不向士兵们保证两三天内搞清账目，补发欠饷。正好杨坊到来，白齐文便要求先行支付前往南京的军费，并说军费关乎军队的生存问题，白齐文说得很冠冕堂皇，但遭到了杨坊的拒绝。于是二人发生了争执，白齐文动手打了杨坊，并夺走了杨坊随身带来的四万两银票，这就是让李鸿章和清廷感到震惊的"杨坊被打事件"。

1 《士迪佛立致卜鲁斯的信》1862年12月12日，见《英国外交部一般信件》。
2 [美]史密斯：《十九世纪中国的常胜军：外国雇佣兵与清帝国官员》，第139页。

这一事件也宣告了常胜军出征南京计划付之东流。当时因清军收复嘉定而对苏州造成威胁，迫使李秀成令陈炳文、谭绍光等部太平军再次进攻上海周边地区，并同淮军程学启、黄翼升、郭松林、刘铭传部进行了数次激战，虽然太平军遭到了失败，但李秀成部太平军对上海的威胁给白齐文提供了借口。

白齐文担心遭到清朝地方的逮捕，以太平军逼近为借口命亲兵在松江城头瞭望。被撤职后，他最终跑到上海租界区。之后，他决定前往北京总理衙门面见恭亲王奕䜣为自己申诉。美国驻华公使蒲安臣也向清廷施压，希望不要撤去白齐文的职务。恭亲王就此事曾写信询问李鸿章的意见，李鸿章说，他拒绝重新启用这样一个胆敢殴打上司的野蛮之人。

杨坊被打，白齐文固然有很大责任，但白齐文的被免职却并非偶然，而是中英之间的谋划结果。其一，李鸿章与上海地方官一开始就对白齐文能否胜任常胜军统领持有疑虑，在给朝廷的奏折里他就说："臣查法尔思得现往宁波防剿，臣向未见其人，白齐文亦初见面，均未悉其底蕴。既据何伯推诚相属，自应照准。此后果听调遣，以希得力与否，再由臣随时察看，据实奏闻"[1]；其二，华尔去世后，士迪佛立与上海总领事麦华陀就已经产生了让英国人担任常胜军统领的动议；其三，白齐文任常胜军统领得到美国公使蒲安臣的支持，不施展阴谋而直接罢免白齐文有些困难；其四，中国人逐渐相信常胜军最好掌握在一位即使不对清廷负责也要对英国负责的外国指挥官手中。此外，计划中的帮助曾国藩攻打南京提供了一个改变现状的绝好机会。[2]

白齐文被撤职后，常胜军内出现了权力真空。李鸿章借此机会以吴煦、杨坊"不能实力钤制，办理不善"为由，奏请朝廷将二人

---

1 《筹办夷务始末（同治朝）》（第一册），第426页。
2 ［美］史密斯：《十九世纪中国的常胜军：外国雇佣兵与清帝国官员》，第140、141页。

革去职务，实际上这是李鸿章为了更好地控制常胜军而采取的揽权举动。

李鸿章借杨坊被殴打事件为契机，提出对常胜军进行整顿。他同士迪佛立等相商，由中国和英国各派官员协同管理常胜军，并签订了中英《统带常胜军协议》。士迪佛立对中英《统带常胜军协议》提出了 13 款内容，但经李鸿章修改勘正增加到 16 款。协议签订后，李鸿章向总理衙门做了奏报备案。

在这一协议签订之前，李鸿章与士迪佛立在常胜军的兵权归属与军费开支等问题上进行了一些争论。

士迪佛立企图由英国人独握兵权，而李鸿章则坚持中英分享。士迪佛立起初不愿意让中方官员会同管带，提出"现在常胜军暂交哈伦管带，随后奏明交戈登管带，即为中国武官"。而李鸿章则坚持所荐指挥官必须像华尔那样接受军饷、荣誉和官职，其奖惩和调配由中国全权裁夺。经过一番争执，李鸿章与士迪佛立最终达成妥协：士迪佛立同意任命的常胜军统领归江苏巡抚节制调遣，而李鸿章则答应放弃英国统领官"如有过失照中国例办理"的要求。李鸿章还推荐李恒嵩会同管带常胜军，成为常胜军的副统领。

对于常胜军的管理章程问题，士迪佛立主张"所有营中章程规矩均须听管带官主意"，但遭到了李鸿章的反对，士迪佛立之后妥协，最后双方达成协议："所有营中章程规矩均须听会同管带官（李恒嵩）主意。"[1]

对于出外作战问题，士迪佛立主张"凡常胜军出队，须先与英、法两国商定"这一条款也遭到了李鸿章的反对，认为此款"亦断难行"，如果需要出外作战，告知英方就可以了。最后双方都作了让步，协议规定：

1　苑书义：《李鸿章传》，第 76 页。

　　凡常胜军出队，如远在百里以外攻打城池，须预先与英、法两国商量；至临警调度及附近有贼派出队伍，不必拘定。[1]

　　关于兵额问题，英国方面是希望把常胜军打造成一支庞大的武装力量为己所用，目的当然是保卫西方在上海的利益，因而士迪佛立提出，常胜军人数不能少于5000人，内有2000人必须驻防松江，不得调往他处。士迪佛立还对李鸿章说，这个军队"是协助防卫（上海）30英里半径的地方实际所必需的"。这个要求又遭到了李鸿章的反对。李鸿章同意发展常胜军，目的是利用常胜军来剿灭太平军，但他担心常胜军在发展中实力壮大而危及自身利益，又担忧常胜军人数过多，军费开支巨大而影响到淮军的扩充。因此，他主张常胜军应裁汰那些老弱病残，使队伍精壮；他还认为随着太平军不断被打击，上海已经不需要太多的常胜军来防卫，"发匪自上海百里以外日见退去，已无需更多兵力保卫上海矣"。双方经过协商，最终协议："常胜军以三千为度，如将来关税短绌，饷银无出，尚可裁减。"[2]

　　当时军费拮据，也是李鸿章限制常胜军兵额的一个原因。吴煦认为，洋人领导的常胜军为太平军所忌惮，"与其以饷养兵，不如以饷养夷。"但是我们知道，李鸿章更希望减少常胜军的饷银来发展壮大他视为嫡系的淮军，他认为这才是军事"自强"的需要。在与士迪佛立的谈判中，李鸿章坚持要求将常胜军裁汰到3000人，减少杂役人数和口粮，减除病房及日用房费等虚浮款项。这样的要求，士迪佛立开始持拒绝态度，但见李鸿章态度坚决，他只好妥协。

　　围绕着兵权、兵额、规章制度、军费等问题，李鸿章逐渐把常胜军控制在自己手里。通过《统带常胜军协议》，李鸿章把每月支

1　静吾、仲丁编：《吴煦档案中的太平天国史料选辑》，第137页。

2　静吾、仲丁编：《吴煦档案中的太平天国史料选辑》，第138页。

付给常胜军 7.8 万两饷银减少到 4 万两，并获取了对常胜军的调配节制之权，而且一改过去"华夷两商自行经理"模式为中英两国军事合作形式。

常胜军从"私营"转变为"公营"，说白了就是英国抛弃伪装的"中立"原则而赤裸裸地与清廷合作，维护其条约港利益，公然走向了镇压太平军的道路。根据《统带常胜军协议》，待英国政府批准后，由戈登正式出任常胜军统领，而李鸿章也说"戈登接手，似较讲理，其应敌亦较奋迅，如能由我操纵，即月縻四五万金，犹为有辞。"[1]他既要借助戈登常胜军镇压太平军，又要防止其危害自身特权。但后来事实证明，李鸿章实难"操纵"常胜军。[2]

1862 年底白齐文被撤换，通过一纸协议，戈登将被任命为常胜军统领，成为该军的最高指挥官。戈登是英国现役人员，他的任职在获得英国政府的允准之前，将由奥伦上尉暂时代理统领一职。希望英国能在上海扩大影响力的士迪佛立此刻被一种胜利的喜悦包围着，他憧憬着奥伦上尉与戈登上任后，能给常胜军带来一个美好的前景。

戈登上任之前，同为英国人的奥伦暂代职权，但是，他暂代常胜军期间，却面临着相当多的困难。要了解奥伦代理常胜军统领期间所面临的困难，清楚地理解常胜军在驻地和战场上所取得的成败、常胜军与官场之间的关系，就有必要对这一时期的情况作一回顾。在白齐文被撤职，奥伦领导常胜军之时，李鸿章就忙向其下达了进攻太仓的命令。1863 年 2 月中旬，奥伦在太仓遭受了一次惨败。

太仓是太平天国苏福省东部战略要地，面对淮军与常胜军联合进攻，城内军心不稳，士兵中有投敌的倾向。李秀成得此消息后，急派英勇善战的女婿会王蔡元隆前往救援，蔡元隆先粉碎了太平军

1　《李文忠公全集·朋僚函稿》卷三，台北文海出版社 1965 年版，第 10 页。
2　苑书义：《李鸿章传》，第 78 页。

内部将士要献城投降的阴谋，稳定了军心，然后又鼓舞士气加强防守。

奥伦率常胜军于2月13日从松江出发，两天后便抵达太仓城外，即令炮兵将大炮部署在太仓西城墙外约200米的地方。奥伦深知太仓战役对自己地位的重要性，自己头衔上的"代理"二字能否去掉就在此一举。他决心一战成名，相信凭着常胜军的先进火炮，攻克太仓城不在话下。为了鼓励士兵，奥伦这个温文尔雅的人竟然打破华尔后期不准士兵抢掠的行为准则，对士兵们放话说，攻破太仓城后，允许士兵们抢掠两天。但是，奥伦的鼓动并未达到目的。

当奥伦在淮军的配合下，凭借强大的火力轰塌太仓城墙，眼看就要进入太仓城的时候，蔡元隆率领一队精骑呼啸而出，左冲又杀，他的身先士卒也使太平军斗志昂扬，很快便转败为胜，不仅打败了奥伦，更夺得了常胜军的几门大炮。

据《北华捷报》一段关于太仓之败的报道披露，常胜军所经历的困难并不是由于缺乏组织管理，而完全是由于奥伦指挥才干的贫乏：

> 草率的侦察、拙劣的火力部署、鲁莽的撤退以致损失两门发射32磅炮弹的大炮。该军在许多方面同李恒嵩等人所部清军一样作战勇猛。[1]

英国军官托马斯·利斯特则评价说，与华尔相比，奥伦"不相信战术"，且不能够很好地团结士兵。利斯特认为，华尔虽然不是职业军事家，但太仓之战如果由其指挥，绝不会出现惨败的局面。常胜军的一位德国籍军官后来对这次战败也总结到：

1　《北华捷报》1863年3月10日。

该军一向具有的斗志不见了。军队行动迟缓，军官们各自思考或相互谈论着近来发生的事情。每个人都认为只是由于他们统帅的拙劣指挥他们才丧失那么多老伙伴，因为这支部队从未遭受过如此大的损失和惨败。黄昏时分，再也看不到这儿一群那儿一伙围着火堆讲故事或唱歌的士兵——这曾使营地生活如此欢快——每个人都上床就寝，沉思着近来的事情。

奥伦的能力不足使李鸿章大为不满，要求撤换，并要求戈登尽快赴任。

1863 年 3 月 23 日，戈登正式走马上任，但常胜军却有人聚众鼓噪，反对戈登到营。江苏总兵程学启立即率一队人马前往松江营地平息骚乱，支持戈登就职，他下令如果有人不服戈登指挥，横生枝节，将受到严厉惩处。程学启陈兵以待，使得常胜军中的骚乱分子乖乖就范，也使戈登心存感激，二人还按照中国人结交的传统换了帖子，拜了把子。如果不是后来程学启杀降以及在昆山发生的误会，二人的关系会一直友好下去。

第二章

常胜军的"戈登时代"

1. 常胜军里的"新班长"

1863 年 3 月下旬，戈登就任常胜军统领之时，被撤了职的白齐文正在京城里奔走，他先是拜会了英国驻华公使卜鲁斯以及美国驻华公使蒲安臣。华尔在世时，卜鲁斯是常胜军的坚定支持者，白齐文拜会他们，当然也是希望得到他们的支持，代为向总理衙门说情。

卜鲁斯对白齐文的支持，当然是仍然不愿意破坏英国一些政客心目中的"中立"原则；再者，他也是受了白齐文花言巧语的蒙蔽，认为白齐文可能遭到了不公正的待遇。他进而认为：白齐文要求清廷予以批准他复职的要求是合理的，但是没有得到清廷的公正对待，那么他们也可以对任何为清帝国效劳的英国人采取同样的方式。何况，即将任命接替白齐文职务的军官是一个英国人，如果他拒绝支持这个美国人的复职要求，显然会招人话柄。

因而，卜鲁斯向总理衙门表明，"本公使对白齐文副将有资格充当他所担任的领队职务一点，有很高的评价"，白齐文"英勇、诚实、态度谦和，衷心愿意为清帝国政府效劳，他把清帝国视同自己祖国一样"[1]，他为中国人服务甚佳，雇用他不会激起更多的外国竞争。公使馆官员威妥玛用下面的话来解释卜鲁斯对戈登的态度：

> （卜鲁斯公使）支持白齐文不仅是为了他个人的缘故（虽然他对他非常赞赏），更多的是出于支持一项原则，即一位对这个（中国）政府尽责的外国人，不能在理由不充分的情况下随意被抛弃。[2]

美国驻华公使蒲安臣在给恭亲王奕䜣的信件中也用类似的语言描述白齐文。蒲安臣认为白齐文是不应该受到责备的，因为他作战英勇，没有前科。

卜鲁斯与蒲安臣向清廷施加压力，毋庸置疑要遭到清廷的拒绝。不管是恭亲王奕䜣或是江苏巡抚李鸿章，他们的理由都很充分：白齐文于1862年就主动申请成为中国臣民，加入中国籍，他的申请现在就存放在上海道台衙门里。白齐文申请加入中国国籍的时候，明确表示愿意服从中国官方的领导，受中国法律的约束，况且在杨坊被打事件发生之前，白齐文也曾经被朝廷授予官衔和荣誉。作为中国臣民，白齐文不遵守规章制度，殴打地方官并抢夺公款的行为理所当然应该受到清朝法律的处罚。

对总理衙门的说法，卜鲁斯和蒲安臣则辩解说，白齐文是受到上海地方的欺骗以及无法忍受地方政策的反复无常，才采取行动的维护自己的权益。在卜鲁斯与蒲安臣的压力之下，恭亲王只好把案

1　北京太平天国历史研究会编：《太平天国史译丛》第三辑，第232页。

2　[美]史密斯：《十九世纪中国的常胜军：外国雇佣兵与清帝国官员》，第148页。

卷重新发回江苏，要李鸿章斟酌处理。恭亲王转发给李鸿章的朝廷
谕令中说：

> "前因管带常胜军之白齐文不遵调遣，将道员杨坊殴伤，
> 并抢劫饷银四万余元。当经将白齐文革去三品顶戴，交李鸿
> 章严拏，按照中国制度办理。兹据总理各国事务衙门奏称：
> 美国公使蒲安臣为白齐文表功辩诬，白齐文潜逃来京，该衙
> 门王大臣未经传见，亦未接其折件。英国公使复为缓颊，美
> 国公使亦代为认罪。现饬白齐文仍行回沪，听候李鸿章办理
> 各等语。白齐文劫饷殴官，不遵调遣，律以中国军法，其罪万
> 无可逭。而英美公使在京饶舌，若遽允其所请，则封疆大吏
> 无复操纵之权，自应照总理衙门所议，由李鸿章酌量办理。
> 现在白齐文赴沪，该抚即欲稍宽其罪，必当使所犯各罪一一
> 认伏，然后量为施恩。则白齐文既畏该抚之威，又感不杀之
> 恩，且遇有交涉事件，中国官员或偶伤犯外国人，设各国饶舌，
> 亦可援此案以自解。李鸿章虑事明决，著于白齐文到后，体
> 察目前军情并久远大局，妥筹办理。"[1]

恭亲王奕䜣下达谕令，劝说李鸿章同意白齐文复职，这个举动
使卜鲁斯感到满意，认为自己获得了成功。1863 年 4 月 12 日，卜
鲁斯颇为得意地致函英国外交大臣罗塞尔说：驻北京的"外国代表
们"共同"对中国施加了难以抵抗的精神压力。"[2]

但是，李鸿章并没有遵照恭亲王奕䜣的劝谕，因为自 3 月 23
日戈登任职以来，他的表现令李鸿章十分满意。5 月初，戈登已经
攻占了福山港，协助突破了常熟之围，收复了太仓，这使得李鸿章

1　《筹办夷务始末（同治朝）》（第二册），第 628 页。
2　[美]史密斯：《十九世纪中国的常胜军：外国雇佣兵与清帝国官员》，第 149 页。

感到应该支持戈登干下去。但是面对这样一位权倾朝野的亲王，李鸿章没有直通通地拒绝而是委婉地写了封回信，宣称自己没有收到朝廷为白齐文复职的谕令，并大诉苦水，说卜鲁斯这样一位距离事件发生地如此遥远的外交官，却如此深入地干涉常胜军之事，为白齐文说情，实在令人难以理解。同时，李鸿章还给在上海的英国当局写信表达了相同的观点。此时，李鸿章急于完全摆脱白齐文而不是要惩处他，因此他给曾国藩的信中说，如果花几万两白银能让白齐文回美国，这些钱就用得其所了。

英国驻上海领事馆也支持戈登任常胜军指挥官，上海副领事马卡姆向卜鲁斯表明，白齐文复职不会对常胜军带来好处，只会使军队再度发生骚乱和兵变，并危害到中外双方，甚至会造成常胜军全体英国军官辞职。马卡姆说，这些英国军官对恢复常胜军的实力是有能力和水平的。接替士迪佛立职务的伯朗将军也反对白齐文复职，他随时准备好在战场上与戈登合作。

白齐文申诉复职无望，但他回到上海后，竟然大模大样地对李鸿章提出要求复职，李鸿章自己玩痞子手段有一套，想不到遇见一个比他更流氓的人物，不禁勃然大怒，命手下把白齐文从衙门轰了出去。

后来，恼羞成怒的白齐文竟然带领自己的亲兵投靠了太平军李秀成的队伍。1863 年夏，卜鲁斯给英国外交大臣罗塞尔写信说，白齐文加入叛军这一不应有的事态发展，是清廷的软弱、愚蠢以及上海地方官搞阴谋虐待白齐文造成的结果。上海地方受到伯朗将军的怂恿而不听从总理衙门的劝告，从而造成了白齐文投靠太平军。然而，随着戈登在常胜军中越发地表现出英勇善战和卓越的指挥能力，卜鲁斯也逐渐接受了白齐文"不可能"复职的现实。

白齐文复职无望，而自华尔去世后到 1863 年 3 月底前，常胜军一直缺乏强有力的领导，而当戈登出任统领之时，常胜军得以活力再现。

戈登与华尔虽然属于不同类型的人，但在军事作风上却有着一致性，二人都渴望在战争中寻找刺激和成就感。戈登与华尔都参加过克里米亚战争，也都在中国见识了第二次鸦片战争。所不同的是，在第二次鸦片战争中，戈登参与对清军作战，并成为焚毁圆明园的帮凶，而华尔在清廷与中外商绅的雇佣下为上海的防御而战。但不管怎么说，他们都有战争经历，这为他们管理常胜军、镇压太平军的行动提供了经验。华尔已成为过去，成为一段历史，而戈登将要带领常胜军走进一个崭新的开始。

我们知道，第二次鸦片战争爆发后，戈登是怀着对清廷的恶感，自愿到中国服役，在与清军的作战中，他成为侵略者的帮凶。本来，他对太平军有着好感和同情，但是当听说太平军的屠城劣迹后，他很快便对太平军产生了坏印象，认为他们"冷酷而残忍"，这也使他对英国国内一些政客抱持"中立"原则和有限的干预政策不满。

这种在心中潜藏的情绪，也使得他对常胜军统领之位有所觊觎，希望有一番作为；再者，奥伦在太仓之战的失败使英国的形象黯然失色，他也想通过自己统领常胜军来表明英帝国不仅海军舰队作战出色，而且有优秀的陆军军官。此外，基于英国国家利益的考虑，戈登也想通过就任常胜军统领，把中国军队引入到军事改革中去，他希望像西方传教士那样，把西方的军事知识引入中国，并得到清廷认可和地方官员的接受。在追求名望之外，戈登还渴望获得建树，英国驻上海领事巴夏礼评价戈登说他是"一个优秀、杰出、慷慨的伙伴"。[1]

巴夏礼的评价不虚，因为在戈登任职后，他已经把自己与中国的命运紧密地连接在一起了。对于当时的形势，他曾经说：

1　[英]斯坦利·莱恩－普尔、弗雷德里克·维克多·狄更斯：《巴夏礼在中国》，金莹译，广西师范大学出版社2008年版，第302页。

  我已见过大量满清军官，可以说他们最感痛苦的事就是被迫在松江军队里充当副职人员……（他们）为使军队秩序井然可以做任何事情——甚至放弃他们热爱的军旗和长矛——我非常愿意帮助他训练和组织军队。[1]

  从根本上说，戈登希望常胜军能成为在中央政府资助与指挥下的现代化"中国国家军队"的核心，成为改革中国军队的样板。戈登认为，只要对清廷和清朝官员多加引导，他们就会接受西方的军队组织方式和训练方法。戈登的观点得到了英国外交官威妥玛的共鸣，1863 年 7 月，威妥玛在给戈登的信中写道：

  如果你不能夺取更多地方或是叛乱者继续严重困扰政府，我不会感到遗憾，只有在这一时刻……（中国）政府才能看到像在海关那样在体系上与西方取得一致的必要性。他们需要的不是我们的军队而是我们的智慧，我将乐于看到你不仅仅负责军队编制和下达命令。

  正是怀着这样的复杂情感，戈登积极而热衷于常胜军统领这个高位，他接替奥伦后，在日记中曾经这样写道："我可以说如果我不接任指挥，我相信……该军就会瓦解，叛乱还将痛苦地延续多年。"

  新任常胜军统领戈登将面临两个紧迫的任务，一是对常胜军进行改革；二是继续接过联合清军镇压太平军的重任。但对李鸿章来说，镇压太平军才是燃眉之急。

  戈登刚刚接任常胜军统领，李鸿章就立即要求他出兵福山港，进攻这里的太平军。福山港在长江三角洲区域，离常熟很近。1862

1　[美]史密斯：《十九世纪中国的常胜军：外国雇佣兵与清帝国官员》，第 158 页。

年秋天，当英军镇压上海周围的太平军时，福山港与常熟仍被太平军占领着，然而 1863 年 1 月 16、17 日，正值春节之际，常熟太平军守将骆国忠在杀死太平天国的一些将领和士兵后，反戈投靠了清军，并于 1 月 19 日袭占了福山港。这两个地方对太平军来说都至关重要的，因为这里控制着从长江直达太平军占领的重镇苏州的水道，清军占领了这里就能阻止西方军火商人向太平军走私军火。

当时，走私交易相当活跃。骆国忠投靠清军之时，李秀成已由南京来到苏州，他闻讯后立即与慕王谭绍光等将领商量讨伐常熟叛军，企图一举夺回该城；同时李秀成又派自己的女婿蔡元隆守卫太仓，以防再生变乱。此时，早已通敌的太仓守将钱寿仁旋即率2000 部众出城降于李鸿章，并改名周寿昌。经此变乱，李秀成还是很快率劲旅夺回了福山港，但在常熟遭到了清军的顽强抵抗，李秀成用从福山港截获的两门大炮向常熟城垣猛烈轰击。常熟危急，李鸿章知道太仓仍在太平军手中，淮军无法从陆路救援常熟，李鸿章便调集戈登率常胜军从水路救援，戈登同意后首先设法配备更多的炮队，包括一门发射 32 磅重弹的大炮。然后，他用两只轮船载运枪炮和一个步兵团，3 月 31 日从松江开拔，顺黄浦江而下，驶过上海，进入长江口，于 4 月 2 日驶入福山港附近的内河。第二天，他登岸侦察地势，发现福山港的河道两岸有两处太平军防守的栅寨，距离河岸十余里的样子，河岸西边有些废墟可以掩护炮位。他吩咐用船把 32 磅重弹炮一直运到该处，这一措施使他部下的中国士兵大为惊恐，他们以为叛军随时会冲出城来，把大炮掳去。

当晚，戈登下令把所有的大炮都设置在废墟内，到 4 日清晨七时，下令猛轰。被废墟遮蔽的那门 32 磅大炮的火力最厉害，不到三刻钟栅寨便被炸得千疮百孔了。于是，戈登命令部队开始冲锋，可是当常胜军逼近寨子时，太平军却闻风而逃，寨子不攻自破。随后，太平军虽然又进行了反攻，却不能成功。拔掉了这两处寨子，驶往福山港与常熟之间的河道变得畅通无阻。尽管前面还有几处太平军的堡垒，但被拔了两处寨子的太平军并不敢坚守，所以戈登所率领的队伍平安地进入了常熟，解了常熟之围。

戈登领导常胜军第一仗就取得了大胜利，使得军队士气大振，原来那些不怎么服气的士兵也都死心塌地服从于他的指挥了。戈登在 4 月 18 日的家书中说："我的部下士气旺盛，愿意赴汤蹈火。我认为，在我担任指挥后的短期内，他们已获得了信心。"

常胜军虽然经历了一次大胜仗，但戈登必须要面对的一个问题是白齐文在京的申诉、复位之争。当时，英国驻华公使卜鲁斯与美国驻华公使蒲安臣都支持白齐文复位，希望戈登辞去统领职务。就在戈登常熟解围凯旋后，卜鲁斯还给士迪佛立写信说，对于白齐文的被解职，他和蒲安臣认为是李鸿章妒忌"华尔部队"的功劳，故意为难白齐文，才造成了白齐文愤而殴打杨坊并抢夺军需款的事件，所以，他与蒲安臣都认为白齐文应该复职。4 月 10 日，卜鲁斯在给士迪佛立的公函中说，"我将感到很高兴，如果你愿意运用你的权势申述这些意见，向戈登少校解释清楚，这个措施并非对他和白齐文将军比较优劣后采取的，而是为了遵循一般的政策，使中国政府所聘的外国军官均能得到公平待遇，无论属于什么国籍"。[1]

第二天，卜鲁斯又给英国驻上海总领事麦华陀写信说：白齐文将军已跟几位中国特使南下，重新担任"华尔部队"的统领。

如前所述，卜鲁斯与蒲安臣都要求让白齐文复职，甚至通过恭亲王奕䜣向李鸿章施压，从这个情况看来，戈登的官运很可能昙花一现。但是，李鸿章这次表现出了少有的坚持。李鸿章认为自己完全有权治理归他管辖的军队，即使朝廷派特使来协理此事，也并非企图削弱他的大权，而是容许他以自己认为最妥善的办法处理。

对于这一事件，李鸿章写信向恭亲王奕䜣委婉地表明态度，又

1　[英]伯纳特·M.艾伦：《戈登在中国》，第 52 页。

给新任英国驻上海陆军司令伯朗将军和上海总领事麦华陀各写了一封措辞强硬的信，信中说戈登已经就职，且已在短短的一个月内显示出卓越的组织能力和指挥才干，而白齐文任职期间的表现鲁莽而无能，他不会妥协让白齐文复职而失去一个有才干的指挥官，使常胜军再一次陷入混乱。

伯朗接替士迪佛立后，也目睹了戈登在许多方面的出色表现，包括他带领士兵与太平军作战的指挥若定以及良好的组织协调能力，因而他收到李鸿章的信后，也支持李鸿章的决定，并向驻华公使卜鲁斯报告说明戈登任职以来的情况，表示他不会敦促李鸿章让白齐文复职。

这样，戈登在常胜军中的领导地位被完全确立。李鸿章为稳妥起见，趁着戈登攻入福山港，向朝廷报捷并请旨授予戈登总兵官衔。李鸿章在奏折中说，"英国兵官戈登甫经接带常胜军，经臣以常、昭围急，福山兵单，谕令往助"，戈登即"星夜带队驰往，与诸将士和衷筹商，并力攻克"，"戈登既为中国带兵，似应循照成案，请旨暂假以中国总兵职任"。[1]

4月27日，清廷对李鸿章的奏折作出批复：授予戈登临时的总兵官衔，委任他管理常胜军。意味深长的是，这份从军机处发出的诏令并没有要求戈登成为中国臣民或者改穿清朝官服。

2. 戈登的多事之秋

戈登被朝廷授予总兵之后不久，常胜军再次与太平军发生了交战。原来，常胜军在常熟帮助清军解围后，围攻常熟七十余天的太平军不得已于4月6日撤围常熟。李鸿章又饬令淮军加紧进攻太仓，并派人入城策反，李秀成的女婿蔡元隆将计就计，约定4月26日"献城"。李鸿章之弟李鹤章率领1500人前往受降，刚抵城边，太平

---

1 《筹办夷务始末（同治朝）》（第二册），第654页。

军伏兵骤起发动袭击，清军大多数被歼，李鹤章也受了伤，幸而死里逃生。李鸿章非常气恼，遂让戈登率军前往报复。

对于清军来说，太仓是个不吉祥的城市，那里的叛军守将接连耍弄两次诡计。心生恨意的李鸿章决计让戈登拿下太仓，老实说戈登心里也没有底，但太仓的重要性他也是知道的。

太仓位于长江口南岸，这是一座风景秀丽的水乡之城，有着"太仓园林甲东南"的美誉。太仓四周筑有城垣，外面河汊纵横，轻易不能入城。戈登接到李鸿章的命令后知道责任重大，他仔细地看了地图，便率军从松江出发，直奔太仓而去。

4月28日，戈登率军抵达太仓南面的一段内河，再行二三里就是太仓了，这一次他几乎率领常胜军倾巢而动，势必要给太仓以应有的打击。常胜军这次仍然率炮艇开道，每艘炮艇上又都载有五十名士兵，炮艇后面则是几艘兵船，载有士兵和武器以及必备的军需，此外，"海生"号轮船也随军出征。

5月1日凌晨，常胜军对守卫太仓的太平军发动进攻。攻势同进攻福山港的战役相似，太平军同往常一样在城墙附近筑起高高的栅栏，以阻挡敌人的进攻，戈登遂采用了三面夹击的战术。在常胜军的三面夹击之下，太仓城很快被攻破，西门城墙被轰裂十余丈，常胜军蜂拥入城，太平军巷战不利，便从南门突围而出，太仓随之陷落。[1]

太仓之战，作为指挥官的戈登再一次表现了他卓越的应变和指挥能力，面对强敌，他始终站在前哨。当战事结束后，他用铅笔给远在英国的母亲写了一封信，汇报了这次战斗情况："我已攻克太仓，军士损伤不大，感谢上帝，我安然无恙。"

不久后，他见到一位朋友时说："这实在是一场惊天动地的苦战，我决不希望再经历这样的战斗了。叛军打起仗来勇猛无比，简

---

[1] 张一文：《太平天国军事史》，第203页。

直是拼命。"[1]

常胜军攻陷太仓城后，旋即将防务移交给清军，李鸿章此时又向戈登发出了进攻昆山的指令。昆山之战，李鸿章采纳了戈登的建议，常胜军于5月30日攻占正仪镇，然后回师，围攻昆山城，昆山守军见后路被截，第二天即有数千人突围西走，淮军、常胜军跟踪追击，太平军损失甚重，昆山失陷。[2]

经历了太仓、昆山两次大胜利，戈登的形象在常胜军中迅速提升。但是正当军队沉浸在胜利的喜悦之时，却发生了戈登不得不提出辞职，准备离开常胜军的风波。前番因为白齐文要求复职，就几乎出现戈登被解职的尴尬局面，现在事隔多月，戈登率领常胜军又不断取得大胜利，为什么还会出现这样的事呢？

原来，在昆山胜利的第二天，即6月1日，海关总税务司李泰国从英国回到北京，就他提出的阿思本舰队建议，希望得到驻华公使卜鲁斯的支持。阿思本舰队合同严重损害中国的利益而遭到清廷上下的反对，但清廷毕竟花了银子。于是，在舰队前往中国的途中，双方展开了谈判。

1863年春天，李泰国在大清朝野的反对声中从伦敦启程赶往法国，在马赛登轮踏上了前往中国的行程。由于"阿思本合同"，他不能不对总理衙门的反对做出反应。他于5月抵达上海，6月来到北京。

在前往中国的路途之中，李泰国还对自己的计划抱有希望，他希望通过压力能使清廷就范，丝毫没有考虑到因为他的自负、傲慢甚至膨胀的野心，使得他的形象一落千丈，他也因此处处碰壁。他一到北京就要求拜见恭亲王奕䜣，但是奕䜣拒绝接见。无奈之下，李泰国先拜见了驻华公使卜鲁斯，向他表明自己的建议很符合英国

---

1 [英]伯纳特·M.艾伦：《戈登在中国》，第59页。
2 张一文：《太平天国军事史》，第204页。

的利益。他认为必须由朝廷来管辖他和阿思本正在筹划的舰队，而不能让地方督抚管理，如果像常胜军那样将存在很多问题。卜鲁斯对白齐文不能复职正气不顺，因而完全赞同李泰国的主张：无论是阿思本舰队还是像常胜军这样的军队都应该由朝廷直接管理。但是这存在一个问题，戈登已成为江苏巡抚李鸿章的麾下，这让卜鲁斯感到为难。李泰国认为，"让一个（英国）绅士在一个亚洲蛮子指挥下行动的想法，荒谬绝伦"。[1] 他还建议，必须解除戈登的职务以便将来由清廷直接任命、直接管理常胜军统领。卜鲁斯同意了李泰国的这个建议。

6月5日，卜鲁斯照会恭亲王奕䜣，表示必须禁止英国女王陛下的陆军军官参加超出保卫英国侨民利益之外的军事行动，因此希望常胜军统领戈登以及随他在上海作战的英国军官，不得越过划定的三十英里范围作战。[2]

6月6日，中外双方在总理衙门就李泰国的建议召开联席会议，会议进行得很不顺利。李泰国与卜鲁斯事先已达成一致意见，坚持舰队最高指挥官由英国人阿思本指挥，但总理衙门则坚决反对，使得这次会议无果而终。会后，卜鲁斯又给奕䜣写了封信，措辞相当强硬："一、为保护那些规定的约束，帝国政府必须把海关税收作为有保证的经常性偿还力加以控制；二、这些力量应在帝国政府的直接领导下，受它领导，对它负责。这些力量应与地方官员保持一致行动，但不受他们控制。"[3]

奕䜣则反驳说，是否同意英国军官为中国效劳，当然是英国公使的职权范围，不同意也没关系；但如果同意，则英国军官由谁指挥、饷银从何开支，这就是大清自己决定的事了。

1　[英]李泰国：《我们在中国的利益》（*Our Intereste in China*）英文版，第17页。

2　[英]伯纳特·M. 艾伦：《戈登在中国》，第64页。

3　王宏斌：《赫德爵士传：大清海关洋总管》，第59页。

卜鲁斯与李泰国碰了个软钉子，并不甘心。6月11日，卜鲁斯又向驻上海的陆军司令伯朗将军发出指示，首先责备他支持李鸿章不让白齐文复职，接着说：

> 鉴于女王政府颁布款令的一般语调以及中国政局当前的形势，不宜允许英国军官越过禁区界线，指挥中国军队向叛军作战……。
>
> 我更认为，除非中国军队经过正规组织和训练，并脱离各省督抚的羁勒，它不会获得真正的永久的功绩，因而担任统领的英国军官很快就会陷入困境，这样既妨碍他作为军人的荣誉，又有损英国军官的英名。
>
> 所以，在目前情况下，我决不能负责批准任何英国军官受清朝委任在上海和三十英里禁区之外作战。[1]

与此同时，卜鲁斯也向戈登本人发出了同样的指示，就在卜鲁斯向伯朗和戈登发出指示不久，英国外交大臣罗塞尔向卜鲁斯发来一份公文，答复之前有关在上海的两个英国中尉的地位问题，并要求在华所有英国军人都必须遵守不超越上海半径30英里禁区的训令。卜鲁斯看到这个训令，宛如得到了尚方宝剑，再次向伯朗与戈登发出了公函，引证外交大臣罗塞尔的指示说：

> 罗塞尔勋爵的指示以及政府首长在最近讨论中国问题时的措词，使我更加确信，不宜准许英国军官受各省督抚聘任，在协议的禁区外指挥清军同太平军交战。我必须重申这一立场，无论如何我不能分担责任来批准有关的英国军官受聘在禁区外参战，不管在宁波或上海。

1　[英]李泰国：《我们在中国的利益》（*Our Intereste in China*）英文版，第40页。

戈登接到英国驻北京公使的这些指示后即回文声明，由于他是经政府咨询枢密院后颁布敕令而担任统领的，所以他不能挂冠，除非卜鲁斯爵士明确指令他这样做。[1]

于是李泰国再次向卜鲁斯建议，希望他向戈登发出训令，要求戈登放弃江苏巡抚李鸿章麾下的总兵之职，担任由清廷直接任命的常胜军统领。但是，卜鲁斯并没有发出这样的训令，因为士迪佛立在任时寄给陆军部的呈文这时候已经转达给了罗塞尔，呈文要求澄清戈登在常胜军中的地位以及与英国的关系，对于这一问题，外交大臣罗塞尔曾经在 4 月 23 日发出这样的训令：

> 关于英国军官参加中国军队事宜，女皇政府仅能规定如下：经过女王特许，愿领半薪的英国军官可以在中国任何地区作战，但保持原有职位的军官不得越过三十哩（100 华里）禁区。

由于戈登到常胜军任职属于自愿牺牲军职而领半薪的性质，因而完全有资格接受中国政府或地方的任用，派到中国任何地区作战。因此，卜鲁斯接到罗塞尔的训令后，非但没有要求戈登向李鸿章辞职，反而支持他继续担任常胜军统领之职。

虽然如此，戈登心里还是有些纠结，他不知道清廷和李鸿章的态度。此时他觉得还是与李鸿章保持一定的距离好些，于是，他主动向李鸿章递交了辞职信，说明了自己所面临的处境，要求辞去统领之职。

接任常胜军统领后，戈登已在士兵们心目中树立了形象，建立了威信，因而当他提出要辞职，一部分拥戴他的士兵极力挽留。但

---

1 ［英］伯纳特·M.艾伦：《戈登在中国》，第 67 页。

是，士兵们反对戈登辞职的要求却被一小撮破坏分子利用了，戈登果断惩处了带头的班长后，立即将司令部从松江迁到了昆山。很多士兵听说戈登可能要辞职，士气都很低落，在6月份发饷后有一半的士兵开了小差，他们大多都是松江人或者是上海人。戈登没有办法，便将昆山之战中抓获的太平军俘虏补充到军队中去。

正所谓一波未平一波又起，戈登刚刚平息了哗变，却又与淮军总兵程学启发生了矛盾。事实上，二人在5月就产生了嫌隙。当时，程学启让戈登率军直接进攻昆山，但遭到了戈登的反对，而戈登向李鸿章提出了先攻打正仪镇的建议，结果大获全胜，并趁势攻陷了昆山，这使得戈登在李鸿章的心目中进一步增加了好感。但戈登的功勋却使程学启非常忌妒，两人之间有了嫌隙。后来因为一件事，使得二人的关系雪上加霜。

事情是这样的，常胜军副统领李恒嵩住在苏州阳澄湖畔，有一次遭到太平军的洗劫，戈登得此消息后立即派一队亲兵前往救援，并赶走了太平军，可是就在他们赶走太平军护着李恒嵩的家眷往司令部方向赶的时候，却突然有人朝他们放枪。待他们走得更近时，发现是程学启的部下用来复枪和火炮朝他们射击，戈登部下当时就被打死二人，伤者有十余人。事后，程学启谎称认错了人，说误认为是太平军前来才发生了枪击事件。事实上，当时戈登的亲兵打着清军的旗帜，程学启的说法难以让人信服。戈登得知亲兵被袭击后，认为这一事件绝非偶然，便给李鸿章写了封信提出抗议，要求惩办程学启；同时，戈登乘坐"海生"号轮船并带着一支队伍前往苏州近郊临时大营，准备质问程学启。

戈登和程学启都是李鸿章的部下，在镇压太平军的用人之际，李鸿章不可能也不好偏袒谁，便只好充当和事佬派人调解。调解人马格里本来是白齐文的军事秘书，白齐文被解职后他便到了李鸿章的幕府，一面致力于操练淮军，一面充当李鸿章与外国人之间的媒介。他还负责筹备枪炮厂事宜，为李鸿章制造武器和弹药，成为李鸿章十分器重的人物。

马格里追上了去质问程学启的戈登，说明来意，说巡抚大人希望二人和解。既然李鸿章说话了，戈登也不可能不给面子，到了程学启大营，责问了几句，程学启也一再表示歉意，戈登便只好作罢。

戈登与程学启的矛盾刚刚化解，他却又与自己的上司李鸿章发生了争执。因为李鸿章的一个决定，很可能将切断戈登军队的生命线。

每年的6月和7月是江南之地最为暑热的时节，不要说打仗，就是坐着不动也会热汗淋漓，这时候太平军的活动相对较少，加上戈登率领的常胜军与清军在太仓、昆山取得胜利，使得这个时节的军事活动大为减少，更使得昆山出现了少有的安宁。

安宁而少了战争气味的氛围使驻扎在上海的英国外交官放下戒心，感到没必要再驻大军于上海，于是抽调一部分军队离开，只留下千余名印度殖民军。这个决定使得戈登所领导的常胜军担子更重了，既要防御苏州的太平军来犯，还要做好上海的防御。如此一来，也使得常胜军的军费骤增。但是，李鸿章在此时非但不增加军费和军需，反而百般拖后腿，即便是正常的军饷发放也拖延起来。另外，李鸿章不只是对常胜军如此，对于已订立合同的制造厂、承租船只的各厂也是一味敷衍延付，这也给戈登的军事活动造成困难。军队作战贵在神速，如果没有足够的船只，要在水乡密布的河道上快速运兵便无从谈起，戈登为此多次向李鸿章提意见但毫无结果，所以戈登愤而再次提出辞职。

戈登向李鸿章再次提出辞职，仍然是没有获得批准，当然是因为镇压太平军的需要。继太仓、昆山取得胜利后，李鸿章已在筹划进攻苏州。他分析当时的形势说：苏、常为金陵根本，物产丰富，太平军必死守力争；江南水多，进攻不易；加之淮军兵力仅4万人，分布于自常熟至金山卫绵延数百里地区之内。

据此，李鸿章决定采取"规取远势，以剪苏州枝叶，而后图其根本"的作战方针，并于7月初拟订了三路进攻的计划：中路从昆山直趋苏州，由总兵程学启部担任；北路从常熟进攻江阴、无锡，由同知李鹤章、总兵刘铭传部担任；南路经柳淀湖攻吴江、平望入太湖，切断浙江太平军的支援，由总兵李朝斌率所部水师担任。提督黄翼升则率水师往来策应，常胜军则在昆山专备各路后援。[1]

戈登对进攻苏州的想法是，吸取昆山的经验，凭借占领昆山和运河边炮台的优势，切断南北两面的通道，然后下令炮艇轰击西邻的太湖。如此一来，就可以顺利地攻陷苏州。因为他知道，据守在苏州的太平军有5万之众，如果清军从正面攻击，不一定能立时取胜，况且他尝到了昆山从侧面攻击的甜头，因此向李鸿章提出建议。但是，戈登的建议遭到了李鸿章的拒绝，李鸿章还警告他，如果不执行命令，就不拨付给他这次作战所需要的军费；此外，李鸿章还拒绝支付每月饷银。再者，李鸿章的这个决定得到了两江总督曾国藩的支持。依据李鸿章的作战计划，让戈登为各路后援，可以有力而机敏地打击太平军，为此曾国藩也向李鸿章暗示，如果戈登的部队逗留观望便不发军饷，以此促使戈登执行李鸿章的命令。

戈登深思熟虑的作战计划没有得到李鸿章的批准，本来心里就窝着气，现在李鸿章又表示不执行命令就不发军需，并拒绝发放正常的军饷，更是气不打一处来，这也成为他决定辞职的一个理由。事实上，李鸿章不发军饷，也并非故意拖欠，实在是筹款甚艰。杀降事件前夕，李鸿章在1863年11月8日《复乔藩台》中提到"自本年复秋以来，日窘一日，无可搜括"。11月19日《复浙江抚台曾》，"敝处分布太广，添募愈多，水陆将七万人，每月仅放半饷"。甚

---

1 张一文：《太平天国军事史》，第204页。

至自嘲"已作债帅,只好债多不愁"。[1]淮军和常胜军同样冒枪林弹雨,两军饷银差距甚大已属不公,若在淮军欠饷的情况下,仅为常胜军发饷也不合情理。

大战在即,李鸿章是不可能批准戈登辞职的。戈登虽然带着情绪,但还是很好地执行了李鸿章的命令。即使条件艰难,李鸿章还是给常胜军补发了足够的军需给养,所以戈登也决定在批准离任前尽力完成使命,攻克据点,交给李鸿章管理。

在攻克据点时要避免剧烈的战斗,就必须严守机密。因此戈登下令于7月26日晚上从昆山开拔,在夜里带领部队沿着运河行军。但是在出发前的几小时,军队再一次爆发了内乱,而且跟上回一样,闹事的主谋又是炮兵军官。这次内乱的原因是一个炮兵队长被免职,这批军官恫吓戈登,如不及早让那个队长复职,他们决不开拔。戈登则威胁他们,如不出发,一律除名。尽管如此,大队出动时,这些军官都不应卯。戈登由于刚提交辞呈,大概觉得难以再执行上次军队哗变时那样严厉的惩罚,只好自行带队启程,希望他们能幡然悔改。

戈登这样做也是给他们留有余地,虽然他知道抛下这些炮兵军官出征应敌是在冒很大的风险,但是以他对这些炮兵队的了解,他相信这些人不会做得太过分。果然,当戈登率领常胜军于黑夜中航行了几个小时后,在一个村寨安营休息时,那些闹事的炮兵军官给戈登送来了一封信,表示他们已经出发,很快就可以归队。

既然闹兵变的几个炮兵军官给戈登送来书信,表示愿重新归队,戈登设想的进攻计划便不受阻碍。他让部队作了休整,于第二天拂晓即7月27日从这个村落出发向十几里外的太平军据点夹浦进攻。夹浦是浙北重镇,东面临近太湖,北面地接宜兴,南同雉城镇交接,地理位置得天独厚,属于兵家必争之地。戈登先让炮艇对夹浦据点

---

1 费志杰:《李鸿章苏州杀降事件还原》,《清史研究》2012年第4期。

进行了轰击，乘其不备，很快便拿下了这个据点，算是出师得利。

攻克夹浦后，戈登让士兵们加强了这里的防御工事，以防太平军卷土重来，果然，驻守在吴江的太平军听说常胜军攻打夹浦，兵分两路回援，一路直攻九里湖清军大营，一路增援夹浦，驻守在苏州的太平军也从葑门、觅渡桥驰援，但因戈登早有防范，双方激战四个小时，终因火力悬殊，救援没有成功。

28 日晨，清军又兵分三路向吴江进击，沿途攻下同里，戈登则与程学启部一起在黎明时炮击吴江。吴江位于运河西岸，地处江苏、浙江、上海三地交界，交通位置十分优越。谁都明白，控制了吴江，就等于扼住了进出苏州西南的通道，太平军自然也看到了这一点，因而在吴江周围筑起了很多的寨子，这令进攻吴江变得困难。但给戈登可乘之机的是，常胜军到来之前，正赶上太平军换防，原来的驻军已退守苏州，新从南京开来的部队刚完成交接，对这一带地形还不熟悉。戈登了解到这一情况，抓住太平军战略要点防守空虚的弱点，顺利地占领了北面的四座寨子，吴江外围尽失。29 日，戈登与程学启率兵悉数压城，吴江守将率部开城投降。苏州、嘉兴太平军先后三次反攻吴江，曾一度夺回同里镇，但终究没能夺回吴江城。[1]

吴江太平军守将开城投降后，戈登与程学启接收俘虏 4000 余人，戈登允许程学启接收 1500 人，其余的编入到常胜军中去。戈登要求程学启要善待这些俘虏，不能随意杀俘。

收复吴江城等于是不费一枪一弹，戈登内心非常喜悦，但他并没有被胜利冲昏头脑。此后的两天里，戈登和程学启回到夹浦，在通向苏州的地区进行侦察，偶然遇到小股太平军，略为交锋后发现太平军队伍中有几个洋人，带着最新式的来福枪，枪法极准。戈登预料到，不出几天太平军将大举反扑，企图重占夹浦与吴江，当即

---

1 茅家琦主编：《太平天国通史》下册，第 74 页。

要求程学启派重兵镇守这两处地方。

程学启接受了戈登的建议，回去后即部署守卫吴江事宜，但是，程学启回去后为了震慑俘虏的太平军，竟然杀了十余名俘虏。程学启擅自杀降的行为，戈登认为这也不是清朝中央所乐见的，他决定找李鸿章说明此事。可就在准备动身前往上海时，他收到了驻华公使卜鲁斯寄来的一份公函，公函说，英国政府已经授予戈登全权，同意他带领部队与太平军作战：

> 阁下，自从我致函统辖华尔部队的勃朗准将后，又接到女皇陛下政府最近的敕令。准此，我认为：对于率领该队作战之英国军官并无异议，唯一的条件是必须领半薪，并受中国政府委任。我希望你能继续作战，迫使叛党放弃苏州以及运河沿线。如不能完成此任务，则上海尚有被犯之虞。我殷切地期望你，而不是任何别人，指挥中国军队。因为你统带的部队将给叛党莫大的威胁，而不会危及政府或压迫民众。[1]

戈登收到这份公函后，放弃了找李鸿章的打算，也决定收回辞职的请求，并写信向李鸿章作了说明。而且，戈登在收到卜鲁斯寄来公函当天晚上得到的一个惊人消息，蒲安臣与卜鲁斯支持的白齐文投靠了太平军，这样卜鲁斯肯定不会再支持白齐文了。实际上，在此之前马格里就曾经写信告诫戈登说：

> 我已进一步探询白齐文的动静，并得到确切的情报。他的确在为某军招兵，据说他已招到三百人，预定在昨天离开上海。募兵入伍时每人可得七十五两饷银，并获得保证，不必为以后的饷银担忧，因为白齐文对于金钱是满不在乎的。

1　[英]伯纳特·M.艾伦：《戈登在中国》，第74、75页。

有人告诉我，他还故意放出烟幕，说他招兵买马是为了在北方建立军队。据说，一向放在他门口的十二磅榴弹炮已经不见了。如果这一切都非子虚，那么，租界内的状况简直不堪设想，领事们显然没有尽责。

当然，白齐文在常胜军中也是有众多耳目的，他也听到了一些不利于他的传言。白齐文给戈登写信为自己辩驳："你可能听到了许多关于我的谣言，都是无稽之谈，决不要轻信。我将和勒德兰一起来跟你细谈，再见。"[1]

信中说的并不十分清楚，而且也不能使人放心。但戈登对于嫉恨他的人向来宽容，所以并不怀疑白齐文的这番保证，当然也并没有戒备白齐文的举动。而此间，戈登给李鸿章写了封信，保证白齐文不会试图做出有利于太平军的行动。但白齐文投靠太平军的传言，还是动摇了常胜军军官们的思想情绪。

出乎戈登意料的是，白齐文最终还是投靠了太平军。戈登立即感到事态的严重性。

在上海的外国人甚至上海地方官、各界士绅都有一种严重的危机感，担心白齐文率军攻打上海。在上海的英军上校霍胡向伯朗将军报当时上海人心惶惶的情景，他在报告里说：

> 白齐文已在上海招募外侨，带领人马投奔叛军……白齐文募兵的条件是作战一月，先付饷银；根据别的情报，他还允许募兵毫无约束地洗劫任何攻克的城市，甚至包括上海。对于上海来说，即使在目前守军减弱的情况下，这种威胁也是枉费心机。可是据传，戈登少校的部下都和白齐文狼狈为奸，令人吃惊地叛变了，这就使我们不得不认真看待上述谣

---

1 北京太平天国历史研究会编：《太平天国史译丛》第三辑，第249页。

传……抚台说，已得到报告：戈登少校于昆山的大本营已被守军献给叛党。如果此讯属实，那就不堪设想——戈登少校沦为阶下囚，攻城的炮兵连牺牲，叛军即将进攻此地。[1]

当时伯朗人在香港，他感到形势危急不得不权宜行事，因此迅速做出两个决定：一是授权英国军官加入戈登的军队，不再局限于英国政府规定的领半薪的条件限制；二是清军可以直接雇佣英国军官，帮助镇压太平军，在上海半径30英里禁区之外也可以参与作战。同时，他还派出200名印度士兵组成卫队去守卫昆山。这对戈登来说无疑是很大的帮助，因为他担心由于白齐文投靠太平军而使昆山再落敌手。

伯朗的这两个决定破例被英国方面批准了，并认为在这个危机时刻，伯朗临危决断，采取了两个很有必要的措施。

白齐文投靠太平军之时偷走了常胜军的"基奥·捷奥"号汽船，带走了200多名士兵，大大增强了太平军的力量，并在心理上给他们很大鼓舞。李鸿章也有相似的想法，特别是这个美国人带走了包括大炮和一艘汽船在内的西方新式武器。[2]

白齐文投靠太平军，戈登立即做了太平军可能来偷袭的防御部署。他先把几门重炮运往太仓，防止太平军再来偷袭，同时又对新攻克的夹浦也做了防御安排。幸好，白齐文在投靠太平军后并没有立即攻打太仓、夹浦和吴江这些地方。实际上只要白齐文参与进攻，这些地方就很容易攻下来，因为此时这些地方都是由淮军总兵程学启来负责防守。当时，白齐文也想在太平天国筹建一支洋枪队，他正在忙于这项工作。[3]白齐文与太平军错过了最佳反攻的机会，使

1 [英]伯纳特·M.艾伦：《戈登在中国》，第78页。
2 [美]史密斯：《十九世纪中国的雇佣军：外国雇佣兵与清帝国官员》，第176页。
3 北京太平天国历史研究会编：《太平天国史译丛》第三辑，第256页。

得戈登能及时返回昆山布局防御，这也使得白齐文后来的进攻并没有成功。

戈登积极守住太仓、夹浦与吴江这些地方后，等于免除了太平军可能再一次带来的威胁。但是当时的形势并不稳定，因为戈登并不知道白齐文会不会与太平军一起攻打上海，在局势并不明朗的情况下，暂时还是保持守势为好。他认为这样做还有一个好处：李泰国主导的阿思本舰队在阿思本的带领下即将抵达上海，如果条件允许的情况下，可以利用这支舰队在打击太平军中发挥作用。

9月间，中国购买的八艘军舰先后抵达上海。戈登也建议让这些军舰组成中国舰队的核心与样板。在攻打太平军的行动中，他很希望这支舰队也发挥效力，所以对阿思本的到来，戈登充满期待。

9月3日，阿思本给戈登带口信说他已抵达上海，亟须一见，交谈了解当前形势。

此时，伯朗将军基于白齐文投靠太平军的新变化，则劝说阿思本立即与戈登会师，合兵一处，向太平军发动进攻。但是，阿思本到中国后发现李泰国原来对他的承诺清廷并没有答应，他很不开心。因为在中英阿思本舰队的谈判中，经过几次针锋相对的谈判，英国方面不得不同意在阿思本之上设立一位中国"总统"，即舰队最高指挥官由中国人担任，由曾国藩和李鸿章推荐人选；而阿思本则担任"帮同总统"（副总司令）。双方达成了五条协议，对舰队的维持费用等方面做了详细安排。

阿思本表示反对在他之上还有一个中国人，在这件事没有解决之前，他不便参与镇压太平军的行动，除非中国政府同意他所拟定的组织与统领舰队的一切条件。不久后，阿思本专门就此事赴京交涉，他在赴京前给戈登写了封信，表明了他不愿像戈登那样受地方政府的控制雇佣与管理："我将在北京促成我们对陆海军的联合指挥，控制一切在华的欧洲军人，并设法取得经费，开列正式的预算表——但是决不能听命于抚台、道台以及诸如此类的人。"[1]

阿思本不愿意有一个中国地方官做自己的上司,同样,曾国藩、李鸿章这样的大员对在他们的辖地出现并可能长期在此工作的外国人也同样怀有戒心。就说李鸿章吧,他生怕一个外国人在自己的辖地不听指挥,而且还可能分享自己的军权,干预地方军政。因此在阿思本前往北京理论期间,他敦促戈登赶快率军配合各路大军攻打苏州。可是这一次戈登却没有妥协。本来戈登就不赞成李鸿章三路大军准备进攻苏州的计划,自白齐文投靠太平军后,他认为贸然的进攻苏州更是一种冒险。

自7月以来,李鸿章的淮军取得节节胜利。7月上旬,北路李鹤章、刘铭传部分三路进攻江阴,太平军护王陈坤书部在江阴、常熟之交的顾山、北涵、长径一带节节阻击。7月15日,陈坤书率万余人至华墅,另由广王李恺顺率领一部沿江至后塍,分守长泾。16日进至泗港、沙山,逼近杨库(今杨舍)。李鹤章从常熟率军前往救援,太平军见援军强大,不战自退。到了8月下旬,淮军又乘胜进军江阴,于9月13日水陆并进,分攻江阴各城门,江阴也很快被清军占领。淮军占领江阴后,刘铭传驻扎在青阳镇,准备集中力量向无锡发起进攻,以配合中路、南路清军合击苏州。[2]

在中路,程学启率水陆13营攻克吴江、陷同里,使得苏州南路援绝。但面对苏南形势的日益恶化,李秀成果断从南京返回苏州,使得淮军的进攻严重受挫。此时的苏州外围还有许多战略要冲,戈登认为,除非先设法拔除这些要冲,否则进攻苏州城只能是徒劳无功。9月28日,戈登决定先拿下距离苏州很近的一个战略要点宝带桥,在新驻扎的外跨塘大营里,他召集自己的部下以及程学启留下的几名清军将领商讨进攻宝带桥方案,决定偷袭宝带桥。当天晚

---

1 [英]伯纳特·M.艾伦:《戈登在中国》,第82页。
2 张一文:《太平天国军事史》,第204、205页。

上，戈登集合常胜军两个团 1000 人和程学启部下的千余名士兵，登上常胜军的炮艇向宝带桥进发，他们沿着内河顺流向南而去。当天夜里下着零星的小雨，乌云遮月，四周一片漆黑，幸好戈登临行前带着指南针，能够指明方向，他们便趁着这漆黑的雨夜向前移动。破晓时分，他们已抵达另一条内河口，向西边是宝带桥了，于是戈登率领的这支中外混合编队溯流而上，向宝带桥的太平军发起了猛烈的轰击。太平军可能没有想到敌人会来偷袭，秋雨霏绵，又是伸手不见五指的黑夜，因而毫无抵抗地便被戈登占领了宝带桥。太平军于 29 日下午进行了反攻，但反攻没有成功，不得不退守到苏州城内。

戈登拿下了宝带桥，又乘胜攻克了吴江城。宣告了李秀成"在苏州与洋兵开仗，连战数日，胜负未分，两不能进。后亲引军由阊门到马塘关桥，欲由外制，暂保省城"[1] 计划的失败。此时苏州的危机已迫在眉睫，而戈登回到宝带桥后开始了新的计划，像清廷那样设计纳降使苏州免于战火。尽管戈登彻头彻尾是个军人，但他希望通过纳降而不是武力获得苏州，因为这时候城内的白齐文、马惇、施密等洋将已经有了归顺戈登之意，他们投靠太平军后并没有想象的那样得到尊重。

实际上早在 10 月 8 日，白齐文就派自己最信任的心腹"高桥"号船长施密悄悄出城向戈登表达了愿意重新回归的意愿，戈登听了这个消息非常高兴。12 日，白齐文与戈登悄悄进行了一次会谈。会谈中，白齐文提出荒唐的建议，要求戈登与他会师共同北上，讨伐清廷，这个建议让戈登大为错愕，被他毫不犹豫地拒绝了。无奈，白齐文只好声称由于太平军对他很怠慢，他打算率领自己的队伍集体向戈登投降，只要戈登保证他们不被逮捕或者审问。戈登将这个情况向上海的各国领事做了通报，几天后，英国驻上海领事馆翻译

1　《李秀成自述》，见太平天国历史博物馆编：《太平天国文书汇编》，第 529 页。

官梅辉立带着一份公文来到宝带桥戈登的营帐，向白齐文以及他的部下说明英国领事的态度，英方将保证他们不受审判或者惩罚。10月14日，戈登致书忠王李秀成、慕王谭绍光，要求他们对于苏州城内的洋人勿予强留，勿加迫害，复将马谆等带去之枪械归还忠王，并赠以良马。慕王复书，应允善待洋人，并云："你处如有枪炮洋货，仍即照常来此交易"等语。[1] 这样，白齐文终于在旌旗招展、号角齐鸣中，由太平军卫队护送出城，向戈登投降了。戈登以十分隆重的军事仪式接待他，并让他乘坐自己心爱的"海生"号轮船驶往上海。

戈登接收白齐文的投降，展现了他的胸怀，也表现在他能克服中国当局的妒忌和猜疑所造成的困难。援救白齐文和其他走入歧途为太平军效劳的洋人，从而消弭了他们与叛军联合而引起的危机。由于我在以前的呈文内指责过上海我军军官的擅权，现在感到更有必要表扬戈登为公共利益而献身的高贵精神。[2]

戈登确实帮了英国政府很大的忙，因为对于当时英国执政者而言，摆在他们面前有很多棘手的问题。尽管美国北方在南北战争已占很大优势，英国与美国的关系也趋于缓和，但英国与日本却发生了冲突，当时日本发生"尊王攘夷"的倒幕逐洋运动，英国人查理逊被日本人杀害，使得两国矛盾加深，同时在欧洲也有两桩使人焦虑的事。

首先，英国可能陷入同俄国交战的危险，因为大多数英国人同情反抗俄罗斯暴君的波兰志士；其次，英国援助丹麦同普鲁士、奥地利斗争，危机也是一触即发。针对这种情况，驻华公使卜鲁斯曾经行文指示伯朗将军，在太平军与清军之间最好保持"中立"，避免卷入纠纷。他在公文中说："欧洲的局势十分紧急，女皇陛下政

1　茅家琦：《太平天国与列强》，第276页。

2　[英]伯纳特·M.艾伦：《戈登在中国》，第87页。

府亟需在中国摆脱纠葛。"白齐文向戈登投降解除了上海公共租界面临的威胁，使得英国国内和租界当局都大大松了一口气。

白齐文投降戈登后，被遣送到了上海，暂时关押到上海道台衙门里，美国驻上海领事得知此事后则要求将其引渡。为了避免在这一问题上发生争执，上海地方将其秘密押解到福州，但美国驻福州领事也要求将其引渡，也遭到了福州地方的断然拒绝，"白齐文即将解交江苏巡抚李鸿章核办，等事情完结才能将他驱逐出境"。为此，美国公使蒲安臣向恭亲王奕䜣施加压力，恭亲王奕䜣则照会蒲安臣说明了关押白齐文的原因：他殴打清朝官员，抢夺军饷后又叛变加入太平军，触犯的是清朝的法律，应按清帝国的刑律审讯。

蒲安臣只好一面向美国政府请示，一面要求清廷暂把白齐文关押数月，不要加以侮辱和伤害。老实说，不管是美国公使蒲安臣或者是美国驻上海领事卫三畏，都一样对白齐文反复无常的行为感到难以接受。对于白齐文可能受到江苏巡抚李鸿章的审判，卫三畏在给美国国务卿西华德的公文中写道：

> 我深信这个人的行为是西洋各国的盛名之累。据我所知，其他为清军服役的外国人都光明正大地行事。如果觉得不满，就辞职而去，而不是变得跟清军作对。一个美国人竟然表现出这样恶劣的姿态，真使我感到耻辱。[1]

但不管怎么说，白齐文及其部下的洋兵洋将们的集体归降，宣告了其对清廷对上海所带来的严重威胁的解除，戈登终于可以振作精神，全力对付苏州城的太平军了。白齐文的归降更给了戈登纳降的信心，他认为如果促成守卫苏州城的太平军不战而降，那将比通过战争获取胜利意义重大，况且他在10月13日向李秀成、谭绍光

1　北京太平天国历史研究会编：《太平天国史译丛》第三辑，第259、260页。

发出的照会中，二人并没有激烈的反应，戈登希望太平军投降，但是她也要考虑到如果劝降不成，那就只有攻城一途了。要攻城必须要设法拔掉苏州近郊的几个据点，因为在此之前李秀成已经从南京调来大军，增援苏州。戈登首先把目标放在宝带桥西面的五龙桥，五龙桥距离宝带桥三四里的样子，有太平军重兵把守，况且五龙桥直通太湖，战略地位不言而喻。戈登也感到要达到劝降的目的，必须先拔除这个据点。

为拔除五龙桥据点，戈登采取了声东击西、调虎离山之计。10月 20 日下午，戈登率领 700 余名常胜军士兵和炮队，乘"飞而复来"号轮船，并带有几艘炮艇，从宝带桥出发，仿佛是向昆山方向而去。当他们抵达三个星期前曾在夜里渡过的小湖时，忽然转向东南，渡过另一片沼泽，驶入向西通到夹浦的内河，当天晚上就在这条河里航行。夜间适逢倾盆大雨，戈登知道阴雨并不利于作战，但又考虑到这是太平军防守最松懈的时候，便不改主意地继续前进。他和士兵们在船中蛰伏了几小时，在拂晓前又转向西方，折入旁边一条小港，向北驶去，在清晨八时到达五龙桥。

戈登率常胜军士兵抵达五龙桥附近后，立即向五龙桥的太平军发起了猛烈炮击。五龙桥守军既遭到了正面的炮击，侧翼又遇到常胜军的进攻，只好放弃了五龙桥的堡寨，戈登毫发无损地占领了这里。

占领五龙桥后，戈登率一个团乘"海生"号于 10 月 31 日下午出发，在宽阔的阳澄湖上向东行驶，第二天凌晨，他们抵达目标所在地，乘着夜色开始袭击在运河两岸的寨子，这些寨子都是太平军防御工事。戈登首先决定攻打东岸的寨子，他让士兵们悄悄绕过去，截断太平军的退路，部署完毕后，便下令炮艇开炮。戈登原来认为太平军会两面夹攻，会通过河上的大桥退向西岸的寨子，但是太平军并没有这样做，而是坚守阵地顽强地抵抗。李秀成对太平军下了死命令，临阵脱逃是死罪，既然逃跑也是死，他们索性就拼力一搏。这条运河的支流太窄，"海生"号轮船无法驶入，戈登不得不率部强攻寨子。这次戈登仍然是身先士卒，面对太平军的枪林弹雨，高喊着向前冲锋，完全不顾子弹很可能射中自己的危险。果然，一颗子弹向戈登射来，这时候一个军官冲了过来挡在了戈登的前面，随后倒在血泊中。

　　这是一位名叫乔治·塔理的年轻上尉。就在戈登决定进攻蠡口的几天前，戈登发现了这名上尉写给上海一位太平军同情者的信，提供常胜军即将执行的作战计划的情报。戈登问他为什么要这样做，乔治·塔理辩解说，他认为该项情报无关紧要，仅仅打算把它送到上海，作为有趣的闲谈资料罢了，戈登则对乔治·塔理说："好吧，塔理，这次饶恕你的过失。不过有一个条件，为了表示你的忠诚，下次敢死队由你带头冲锋。"[1]

　　年轻的上尉听从了戈登的命令，不是作为一个告密者，而是作为一个英雄终结了自己的生命。戈登率兵攻破蠡口的寨子后，在11月初向西推进，进攻紧靠苏州城的黄埭。驻扎在黄埭的太平军也进行了激烈的抵抗，可是面对戈登密集的炮火，他们只能选择投降。这样，通向苏州城只剩大运河通道以及运河边上的几个据点了。

　　这条运河向西北奔流，形成了苏州与南京的交通线，是必经的要道，如果加以封锁，敌人就无法救援。但是，要切断这条通道需要缜密的计划，因为此时李秀成已经在无锡集结了两万大军，距离这里也就百十里的样子，随时可以来救援。李鸿章的兄弟李鹤章也以同样的兵力向这里挺进，尽管李鹤章的作战能力是不敢恭维的，但戈登还是决定让这支大军牵制李秀成的队伍，只有这样自己才能设法夺取运河边上最近的两个据点。

　　根据戈登的计划，如果常胜军能够攻克距离运河较远的望亭据

1　北京太平天国历史研究会编：《太平天国史译丛》第三辑，第262、263页。

点，便能阻止李秀成的部队东进；如果常胜军占据了距离运河较近的浒墅关据点，那么就可以阻止苏州城内太平军的反击。李鸿章与程学启认为可行，戈登便准备投入行动。可是在此时，他却接到了一个令人沮丧的消息，原来他十分倚重的"飞而复来"号轮船被劫持了。

"飞而复来"号此次是往上海运伤兵的，路过昆山时，也搭上了已经独立带队的马格里，他此行是前往上海向李鸿章要军饷的。"飞而复来"号在上海完成了使命，预定要搭载驻上海陆军司令伯朗一起返回的，因为新任的海关税务司赫德想拜会戈登，伯朗便作陪一同前往。可是他们在返回的途中遭到了太平军的拦截，轮船被劫持后驶往苏州，轮船上的一些武器装备和大炮也被太平军一同劫走。

"飞而复来"号被劫实际上是白齐文授意他的部下所为，白齐文自投降戈登后，被遣送上海反而遭到关押，后来在美国领事的要求下，他被李鸿章释放了出来。按照李鸿章与美国驻上海领事当局的约定，他本应该被遣送回美国，可是美国领事的不作为、纵容，使得白齐文仍然滞留在上海逍遥。他们劫夺了这艘轮船后，便一同前往苏州，打算给李秀成送去一个大大的礼物。

戈登得到消息后万分愤怒。白齐文这个美国人反复无常、言而无信，但事已至此，他不得不放弃了大规模联合作战以拔除运河边上两个据点的计划，也放弃了封锁运河通道、围困苏州城的想法，决定采用突击战术来拔除运河边上的浒墅关据点，同时派"海生"号去保卫从太湖通向苏州的据点，以便拦住"飞而复来"号，然后趁白齐文未到之前，迅雷不及掩耳地进攻苏州城关。

在此之前，戈登在上海购买了一艘小轮船"升得利"号，于11月19日乘坐这艘船与常胜军和部分清军共2000余人向浒墅关方面进发。当到达的时候，他们发现这个据点很难攻克。太平军在这里修筑了很多防御工事，其中有一座堡垒伫立在运河一侧，向铁铸铜浇的一般，很是坚固。戈登感到，据守在这里的太平军凭此坚固的防御工事，肯定要负隅顽抗，因而他采用了攻侧翼的包抄战术，并且使炮艇悄悄地开入运河，准备进行正面炮击。据守在浒墅关的太平军见两侧有包抄，正面有炮击，毫不抵抗地从后面逃跑了，戈登顺利地占领了浒墅关。

3. 苏州杀降风波

戈登占领浒墅关后，又乘胜拔除了望亭据点。这样除了一条山间小路，戈登已切断了所有通向苏州的要道，很快他也在山间小道派兵把守，这样使得所有进出苏州的道路完全断绝。戈登此举有两重用意：一是防止城里的太平军突围；二是防止常州方向的太平军前来支援。对于苏州城的太平军，戈登仍然希望不伤一兵一卒，通过劝降来获得苏州城。这样做当然戈登也明白，要想攻克苏州城绝非易事：苏州城四面环水，太平军"凭河筑长城，周围十余里，枪眼、炮台层层密布，长城内石垒、土营数十座，南自盘门，北至娄门（似为齐门），联络扼扎；墙内多穴地为屋，堆土覆板于其上，以备开花炮，布置极为严整。而娄门外石垒、长城，尤高且厚。[1]"可见苏州城的设防坚固严密。

据守苏州城的主帅是慕王谭绍光、副帅是纳王郜永宽，郜永宽已有归降之意，戈登便把劝降的重点放在了谭绍光身上。

在此之前，白齐文及其部向戈登表示愿意归降时，戈登曾和谭绍光通过信。他知道谭绍光对他的印象颇佳，因为他交还了白齐文等带来的船只和武器，并赠予慕王一匹骏马。但李鸿章听到戈登与太平军通函后深感不安，故即指示戈登：最好让程学启来对付这些狡诈的诸王。戈登对此置若罔闻，反而在占领浒墅关几天后，又

---

1 张一文：《太平天国军事史》，第206页。

照会谭绍光。戈登警告谭绍光，如欲和清廷妥协，这是最后一次机会。

谭绍光并没有接受戈登的劝告，而是更加积极地整军备战。11月27日，见劝降无望的戈登趁夜色向娄门外石垒发起偷袭行动，但是这一行动事前被谭绍光侦知，他亲率精兵进行抵抗。苏州战役中最艰险的一场大战就此开始。

谭绍光光脚赤膊指挥作战，他的部下个个作战英勇，戈登所率领的常胜军战败，死伤200多人，这也是戈登任常胜军统领以来的第一次惨败。经此失败，戈登把纳降的注意力放在郜永宽等人身上，希望以此对太平军进行诱降，以减少伤亡。

实际上，郜永宽和城中的七八个将领早有投降清军之意。11月28日，康王汪安钧作为代表，出城与程学启私会于阳澄湖，商谈投降事宜。[1]密谈中汪安钧透露，纳王及其他诸王都有归顺大清之意，这些人拥有三万人马，占了整个苏州城兵力的四分之三，如果归降可使苏州免于战火。汪安钧与程学启约定第二天让戈登佯攻苏州城，等待谭绍光出战时，即封闭城门拒绝谭绍光入城，郜永宽则趁势交出苏州。这样的约定使戈登万分高兴。当天夜里，戈登即召集常胜军携带大炮46门，会同法军德尔梅及淮军黄翼升、程学启、况文榜等部合力攻城，但是这一次攻城又出乎戈登预料，战斗极其激烈，难道是纳王诈降，食了前言吗？非也。在戈登召集人马时，李秀成也趁机打掉把守山间小路的常胜军，悄悄地进了城，执掌了苏州的指挥全权，因而当戈登攻城的时候，迎面对敌的已经不是谭绍光，而是李秀成了。

李秀成亲率三千精兵，战斗在第一线，极大地鼓舞了士气，戈登见李秀成如此英勇，身先士卒，事后不得不承认：忠王冲锋时身先士卒，锐不可当。但戈登也没有怯阵，他身边的一个军官后来叙述：戈登也始终站在战斗前列，"除了一刻不离手的短棒外，不带

1　茅家琦：《太平天国与列强》，第276页。

任何可怕的武器。"[1]

当天深夜，戈登再一次向守城的太平军发起了猛烈进攻："戈登督率洋弁，排列开花大小炮位，对准轰击。自辰至午，长城、坚垒土石乱飞，塌缺十余处……"

本来，戈登想通过与郜永宽的密谋，可以轻松取得苏州城，可是临阵换成了李秀成，使得常胜军和清军遭受重创，单是常胜军就有五六十名官兵阵亡。在这些送命的人中，大部分都是英国人。还有一些伤员，其中包括戈登的副官克根木。

理想中的内外联合，却换来的是再一次遭遇失败。

虽然太平军在苏州城保卫战中一再重创常胜军与淮军，但实际上太平军也损失惨重。在与清军对决中，太平军处于不断失利态势，根据地不断地缩小，李秀成苦心经营的苏州即便能够坚守一段时间，但始终逃避不了失败的命运，这也使李秀成感到，"最好的军事行动，这就是放弃所有容易受到威胁的地方退往内地，因为英军无法到内地去……作战，清军也无法在内地阻遏太平军的军事行动"。[2]

经历了与常胜军及淮军的几次较量，李秀成也感受到了中外联合力量的强大压力，这使他有了放弃江苏、浙江根据地，转战到像广西这样的清廷统治力量薄弱的地区去闹革命的想法。因而在击败戈登常胜军后的第二天晚上，李秀成召集谭绍光、郜永宽等将领召开会议。李秀成提议放弃苏州和南京，将全部太平军转移到广西地区，继续与清军对抗，或许有转圜的余地，但是洪秀全坚持保卫南京，在苏州的谭绍光反对放弃苏州，主张坚守苏州，抵抗到底。郜永宽等其他诸王因为都有投降的心思，也不同意李秀成的意见。

李秀成知道，既然苏州城内大多数将领出现了反叛之心，防守苏州是注定要失败的，于是他在12月1日当夜率部离开了苏州城。

---

1 [英]伯纳特·M.艾伦：《戈登在中国》，第98页。

2 [英]吟唎：《太平天国革命亲历记》，第568页。

李秀成明白，他一旦离开苏州城，郜永宽等人就有可能出现叛变，谭绍光必有杀身之祸。所以他与谭绍光握手分别时，禁不住悲恸而哭。正如他在《自述》中所描述的那样，"闲时与郜永宽、汪花斑、周文嘉、汪安钧、张大洲、汪有为、范启发等谈及云：'现今我主上蒙尘，其势不久，尔是两湖之人，此事由尔便，尔我不必相害'……我为渠长，渠为我下，不敢明言。我观其行动，知其有他心，故而明说"。

李秀成作为享有崇高威望的太平军统帅，完全有能力也应该拨乱反正把叛徒一网打尽，他也说过，"我不严其法，久知生死之期近矣"。但是他的主张得不到洪秀全的同意，谭绍光等忠士也反对他的战略转移主张，面对如此局面，他怀着矛盾的心情放纵了叛徒，从而使局面更加江河日下。李秀成与谭绍光作别时也没有提及叛徒可能采取的行动，而是任由事态发展下去而一走了之，他的这种不负责任的行为最终使苏州局势无可逆转。

李秀成离开苏州后，郜永宽的谋叛活动更加猖獗，即前往程学启营帐要求谈判，并请戈登一同会见。在程学启所乘坐的炮艇上，郜永宽向戈登、程学启表示可以向清军投降，但戈登与程学启须保证不伤害他及他的部下。郜永宽还建议，在戈登佯装攻城时，他本人及部下都头戴白头巾，以此和慕王的部下相鉴别。但戈登认为这一计划并不理想，他不能保证常胜军进城后能分辨出哪些太平军是敌是友，万一慕王的部下也戴白头巾怎么办。

戈登声称他们只有三条路可走：第一，退出苏州，转移部队；第二，誓死决战到底；第三，投降并献出一个城门表明忠诚。戈登竭力劝告纳王跟清军妥协，因为太平天国已日暮途穷了。他告诉纳王，他希望促使清军和叛军言归于好，并说叛乱爆发以来，清军将士已经痛改前非，而且害怕外国政府干涉，不敢再像以前那样滥施暴虐了。[1]

戈登所讲的滥施暴虐，当然是指在攻打吴江时程学启杀害吴江战俘的事情，他说完这番话便起身告辞了。郜永宽得到人身安全的承诺后，即加紧了叛投李鸿章的步伐。这次谈判后，戈登曾经向伯朗将军汇报谈判情况，他说："清军当局与叛军谈判的态度无可非议，占领常熟的清军严格遵守诺言，所以那里的清军大营中时常有归顺的叛军将领。因此我毫不怀疑他们对此地投降的诸王也会恪守信义。"但是令戈登没有想到的是，后来李鸿章、程学启还是做了背信弃义的事情。

当时的局势是，苏州城内虽然有守军十余万人，但大多都是老弱病残，约有三分之一的精锐部队还控制在纳王郜永宽手里，虽然郜永宽的品级在慕王谭绍光之下，可他比慕王掌握了更大的实力。太平天国军队存在的最大的缺点就是各个将领都自行其是，拥有独立的指挥权。李秀成离开后，尽管谭绍光是苏州城内的最高长官，但是他指挥不了在城内的诸王。纳王郜永宽等人有反叛之心，谭绍光虽然早有耳闻，但是一来他没有真凭实据；二来他的实力不及纳王等人强大。怎么办呢？谭绍光只好召集诸王共议局势。

12月4日下午2点，"所有首领在慕王府聚集，用餐后，进行了祈祷，走入一间大厅，各人穿上朝服，戴上朝冠，慕王入座，开始发言。他说到他们的困难，详述广西人和广东人的忠心。其他诸王反唇相答，争论越来越激烈，康王站起身来，脱去朝服。慕王问他要干什么，这时康王蓦地抽出匕首，刺入慕王颈项。慕王立即倒在座位前面的台案上，其他各王抓住了他，在门口把他的头砍下来了"。[2]

纳王郜永宽等人用一个包裹把谭绍光的头颅包起来，作为投诚

1 [英]伯纳特·M.艾伦：《戈登在中国》，第100页。
2 [英]呤唎：《太平天国革命亲历记》，第569、570页。

的礼物献给了李鸿章，同时打开齐门让清军入城。此时慕王的部将得知头领被杀，纷纷起来反抗，但诸王早有准备，一时间出现慕王部众人头落地、血雨腥风的悲惨景象。

郜永宽等诸王叛投后，李鸿章为他们举行了隆重的欢迎宴会，但实际上是一场血腥的杀戮。12月6日，李鸿章在娄门外的临时军营召见了郜永宽、汪安钧、周文嘉、汪花斑等人。在宴会上，这些人悉数被杀。

纳王等人被杀后，苏州城再次出现了大屠杀的疯狂局面，苏州城内太平军大多数被清军所杀，仅在城中的双塔下的广场上，清军就屠杀太平军达三万余人，一时间血流成河，尸堆如山，苏州城附近的河中"弃满被斩首的太平军尸身。清朝官吏不得不雇用船夫，用篙钩把尸体推到城外的大河里去，以疏通河道"。

经历这次大屠杀，李鸿章被清廷封赏为太子少保头衔。得此荣誉，李鸿章得意洋洋地给在督师猛扑南京的曾国荃写信说，"苏垣幸克，因人成事。贪天之功，只自愧悚。乃承朝廷眷遇之厚，师友奖藉之殷，丑女簪花，对镜增恶。惟擒杀伪王六，伪天将五，皆忠逆部下悍党，稍可自娱"。

李鸿章带着"自娱"性质的杀降行为，固然得到了清廷的赏识，但也因此使他与戈登的关系陷入危机。

诸王被杀的消息很快传到戈登的耳朵里，他既震惊又愤怒。戈登先是从马格里处得知诸王被杀的消息，接着纳王郜永宽的叔父也在慌乱中求见戈登，他也是太平天国的官员，只不过地位低于纳王。他说纳王已经被李鸿章所杀，请求戈登护送纳王的眷属到他的家中避难。戈登听了马格里的报告本来就很惊讶，现在更对李鸿章不满了，他立即作出安排，亲自领着纳王的眷属穿过大街，来到纳王叔父的家中，并派兵将纳王的叔父以及纳王眷属保护起来。

戈登走进纳王叔父的院子时，那里挤满了很多在此避难的太平军，看着这些充满期待眼神，戈登越想越生气。耳听为虚，眼见为实，在运河对岸躺着几具残骸和砍下的头颅，戈登认出有一个就是纳王郜永宽的脑袋。他立即带着头颅，想找李鸿章问个清楚，讨个说法。戈登打算乘轮船直抵李鸿章大营，武力逮捕他，然后逼他弃印，并向清廷控诉李鸿章犯了滥杀无辜的奸诈罪行。万一李鸿章拒绝下台，那就不能保住戈登替他打下的江苏各城，因为戈登将把这些城池交还给太平军，以抵偿李鸿章的罪孽。或许这项计划未免狂妄，但他脑子里充满了对李鸿章的愤怒，因为他觉得自己的荣誉和大英帝国的荣誉都将扫地而尽。李鸿章的罪恶勾当必须暴露在光天化日之下，让全世界明白真相。

但是，当戈登抵达李鸿章营帐时，李鸿章已经在苏州城内举行隆重的入城大典了，对自己所犯的罪孽似乎没有丝毫的歉意，因而戈登一时难以讨要说法，只好无可奈何地回到自己的大营，写了一份具有控诉性质的公函给李鸿章，说明了自己对李鸿章的行为感到遗憾和愤慨。随后，戈登带着纳王的头颅及其幼子，乘轮船东下前往昆山与部下会合，并大有不给个说法就不参加下一阶段战斗的威胁意味。

李鸿章杀降的消息很快被传开来。12月16日，上海的领事馆官员代表在华势力签署了一项意见完全一致的决议，这份决议反映出所有外国侨民的看法，他们"极为愤慨地将江苏抚台近来的所作所为视为对人类本性的彻底背叛，这件事很可能使西方国家对清帝国事业失去同情，使迄今一直在帮助他们的豪侠军撤回援助"。[1]

在戈登与外国领事、侨民对李鸿章杀降表达愤慨的同时，中外的一些媒体很快报道了这一事件，但是起先的报道很有些歪曲事实。《泰晤士报》在1864年1月29日刊登了香港发出的电讯说：最近"迦大基"号从上海开来。据云，江苏巡抚向叛军将领建议，不必作无

1　[美]史密斯：《十九世纪中国的常胜军：外国雇佣兵与清帝国官员》，第178页。

谓牺牲，但他们拒绝投降。于是戈登获得抚台赦免叛将的保证后，亲自向他们担保，这才促成了归降。然而抚台食言，埋伏军兵，趁戈登出外时，下令大肆屠杀，不分男女老幼。戈登闻讯，立即召集少数部下，其中包括魏根斯坦亲王，闯进大营，只见一片令人憎恶的惨象。据亲王说，他们一齐开枪，接连装子弹，射击，清朝官员无一幸免。据云，戈登本人枪杀了三十五个清将领。他们直入抚台衙门，但是李鸿章早已料到有此一着，戒备森严，无法攻打。每个人都感到可恶之至，大家一致惋惜戈登未能抓住李鸿章，把他绞死。

后来，《泰晤士报》对这一事件又再次做了报道，后来的报道是该报驻上海记者发回的电讯，对事件进行了详实、准确的描述。

1月间，有一个叫史丹特的记者曾经访问戈登，后来在《包尔毛尔导报》上也做了绘声绘色的描述：尽管戈登现在仍然容易激动、性情暴躁，可是深知他的朋友却说，他已经克制得多了。他在年轻时常常怒火勃发，狂烈无比。譬如有一次，他曾手执左轮枪追逐李鸿章，夜以继日，挨户追踪，务必格杀而后甘心，因为李鸿章侮辱并屠杀了他曾担保安全的俘虏们。

诸多报纸都报道了戈登要找李鸿章算总账，虽然有些夸大其辞，但一个现实是，本来戈登对李鸿章就心存不满，现在借助太平军降将被杀这一事件爆发了。戈登盛怒之下，携枪寻李鸿章，欲严惩之。李鸿章避而不见，戈登即回昆山，要求李鸿章率军退出苏州，辞去江苏巡抚职务，先将印信交出以候清廷旨意，否则即发兵攻打淮军，并夺回所占各城交还太平军。

老实说，李鸿章还是很害怕戈登报复的。12月7日夜，李鸿章乘一顶官轿来到马格里的军营，希望马格里从中调解，并把戈登留给李鸿章的书信交给马格里翻译。马格里看了信，知道戈登字里行间表达了对李鸿章的不满，便对李鸿章说，这封信显然是在情绪十分激动的情况下写的，最好不要翻译。

李鸿章答道："既然如此，信就交你保管。"因此马格里保存了这封信，而李鸿章始终不知道其中的内容。然而他知道戈登对他非常恼怒，便请马格里到昆山去劝戈登平静些。[1]李鸿章向马格里说明，杀降实际上跟戈登没有关系，虽然纳王郜永宽与程学启谈判时戈登也在场，但后来关于归顺条件的谈判戈登并不在场。李鸿章声称，对于这件事自己担负一切责任。在与马格里的谈话中，李鸿章还申辩说，诛杀诸王也是情非得已，当时他本来打算宽赦诸王，给诸王官职的，可是诸王却提出了让他无法接受的条件，他们的举止表现出极凶暴的特征，当时连长发都没有剃掉。他们的叛降与其说是悔罪的叛逆者祈求宽恕，不如说是来此宣布条件，责令对方照办的一方的姿态。他们坚持守卫苏州的职责仍须交由他们承担，他们的士兵仍归他们指挥，并且宣称如果该项要求不能照办，他们不能归顺。[2]

李鸿章这番话显然难以令人信服，因为在太平天国降将归顺的第二天，大多数官兵都剃掉了长发。但马格里是个聪明人，他并不去深究李鸿章言语的真实成分，而是点了点头，表示会代为向戈登转达。

当夜，马格里找了一艘快船，由当地的船夫划着，沿运河东下向昆山方向划去。马格里抵达昆山的时候已是夜半时分，戈登已经睡去，马格里便没有前去打扰，决定第二天早晨拜见。第二天清晨，当马格里来到戈登的营帐时，戈登仍是余怒未消，案头上放着纳王郜永宽的头颅。显然在这样的情况下是难以心平气和商谈事情的，因而绝不谈李鸿章让他出面当说客的事情。吃过早饭后，戈登问马格里此行来意，马格里说，最好密谈一会儿，但戈登却说，大家都是朋友，没有什么可以保密的事情，因为当时营帐里坐着好几个人，

1　[英]伯纳特·M.艾伦：《戈登在中国》，第 114 页。
2　北京太平天国历史研究会编：《太平天国史译丛》第三辑，第 275 页。

都是戈登的好友，显然这些人也是来劝说要戈登冷静的。

戈登的态度使马格里显得有些尴尬，但他还是把昨晚李鸿章所说的话转告戈登，并请求他不要对李鸿章实施最后通牒，那样恐招致中国陷入更大的战乱，甚至引起中英外交关系的中断。马格里的劝说也得到了当时在场的葡萄牙驻上海领事亨利·邓特的支持。尽管众人极力劝说，但戈登当时犟脾气上来了，仍是充耳不闻，气咻咻地对马格里说：我不要听你那些软弱无力的劝告，并且当场立刻下令"海生"号准备出击，载运一批士兵开往苏州。

马格里担心戈登径赴李鸿章大营予以报复，因此派人骑马沿着运河疾驰，去报告李鸿章作好戒备。然而戈登三思后，也许认为朋友的忠告是明智的，并没有去报复李鸿章，仅仅到程学启守卫的寨子要求他交出纳王尸体，同时要求程学启释放已经捕获的纳王眷属。

12月10日，李鸿章也派自己的亲信潘曾玮拜访戈登，表达歉意。戈登接见了潘曾玮，由上海领事梅辉立做他们的翻译。梅辉立后来记述当时的会见情形：戈登严肃地告诉那位中国官员，他对李鸿章的举动感到无比憎恶，并且指出，这种行为将使舆论哗然；最后戈登声称，他决定跟李鸿章断绝来往。

在这次会见中，梅辉立向潘曾玮询问事情的真相，得知李鸿章起初对叛降的诸王和颜悦色，并告诉他们将在麾下担当的职务，命他们同程学启具体商谈。可他们与程学启商谈中刽子手突然闯入将诸王斩首，而关于此事的说法众说纷纭。根据梅辉立的记述，仿佛这一事件的发生，程学启才是真正的罪魁祸首。梅辉立是站在袒护李鸿章的立场上判断的，他认为李鸿章事先给诸王安排了职务，但程学启是一个忌妒心很强的人，他担心纳王部永宽取而代之，成为全军统领，况且程学启之前在7月份就有杀降的先例，当时他斩杀十余名俘虏，使得戈登万分恼怒，曾打算找李鸿章交涉。马格里后来在自己的著作中也说，程学启在临终前不久曾对自己坦言，是他下令斩杀了诸王，但不管怎么说，李鸿章作为程学启的上司，有着不可推脱的干系。如果没有李鸿章的默许或者纵容，程学启又怎么敢对诸王下手？毕竟程学启也是从太平军那里叛降过来的，出身微贱，做过苦力，要想获得李鸿章的赏识，只能做一个甘受驱使的走狗。李鸿章自从弟弟李鹤章在太仓中了蔡元隆的奸计后，对诸王是不信任的，认为他们都是奸诈险恶之人，因此他很担心在接下来无锡、常州甚至南京的战事中，他们难保不会像白齐文那样反复无常地反叛。而英国驻华公使卜鲁斯对整个事件进行研究分析后也认为：这次屠杀是对太平军奸计的复仇，并且说"这种报仇法是符合中国人习惯的"。

李鸿章的心腹潘曾玮离开昆山后，驻上海英国陆军司令伯朗将军也来到昆山了解事件的真相。伯朗一见到李鸿章就表现出极端愤懑的姿态，要求李鸿章"备文认错"，说这样可以缓和与戈登的矛盾，并提出戈登不应再受李鸿章的节制。对此，李鸿章则说，"此中国军政，与外国无干，不能为汝认错"。[1]

不仅是戈登对李鸿章充满愤懑，常胜军的全体官兵也是怒不可遏，在发饷和增加军需的问题上，大家已经对李鸿章很是不满，现在借势这一事件更是一发不可收拾，如果不是戈登加以阻止，官兵们早已群起攻击李鸿章了。伯朗将军感到，当常胜军的头领和士兵们都怒火中烧之时，这支部队是很难听命于李鸿章指挥的，他以此为借口，再次向李鸿章提出，由他来领导常胜军与戈登。事后，伯朗向驻华公使卜鲁斯报告了这一决定：戈登少校对于抚台卑鄙恶毒的行为感到义愤填膺、厌恶之至，无法用笔墨来形容。这样一来是不利于李鸿章来领导常胜军与戈登的，我决定由我暂时统领。我的这一措施得到了非常良好的效果。现在各级士兵都表示十分满意和信赖，部队中一切动摇的迹象都消失了。

1　苑书义：《李鸿章传》，第 88 页。

至于对李鸿章如何处理，伯朗向戈登表示，等待清廷和各国公使的决断，戈登同意了这个要求。此后的日子里他充满期待，几天后，戈登在自己的家书中写道：我毫不怀疑，抚台将被罢黜，甚至可能处决。他和程总兵是罪犯，中国人民是无辜的，因此任何可能支持叛乱的举动将会毁灭人民，而对抚台没有损害……[1]

在戈登静静地等待处理结果期间，伯朗与李鸿章进行了一次会晤，听取了李鸿章对这一事件的申述。自上一次二人的会谈后，伯朗“一怒而去”，李鸿章担心总理衙门“无力了此公案”，正有些焦头烂额，便放低了姿态，努力为自己的行为辩解。关于这次会谈的情形，伯朗在向卜鲁斯的报告中说：

> 我很快地看出：虽然抚台甘愿独自担当谋杀诸王与洗劫全城的责任，并使戈登少校不受任何责备，他却不能或不愿为自己的行动申辩或解释，因此我只得表示自己的意见和以后将采取的措施。我力求讲得直截了当。我表示，英国人民和全世界一切文明国家都将悲愤交集地谴责他的残暴与奸诈。我向他说明，他那些雷厉风行的高压手段是失策的，因为这样徒然使朋友们不知所措，而迫使叛军拼命反抗。况且这时我们很有把握，叛军即将投降而卸甲归乡。接着我告诉他：我坚持他必须遵守诺言，支付一个月的特饷，并且我有责任向我国驻北京公使呈报一切情况。在等候公使回文时，我已指示戈登少校暂时停止为清廷效劳，但仍须保卫苏州，并警告叛军不得侵犯，因为苏州如有危险，将影响上海的安全。最后，我毫不犹豫地表示：这种不幸的事件发生后，我国政府必定会停止向来给予清廷的援助，召回戈登少校及其

---

1 ［英］伯纳特·M.艾伦：《戈登在中国》，第119页。

部下所有的英国军官与士兵，从而解散他指挥的英华联军。[1]

伯朗在给卜鲁斯写这个报告之前，清廷已经得知苏州被攻克的消息。因为李鸿章给清廷写的简短的战报于 12 月 13 日送达北京，第二天清廷下达谕旨，封李鸿章为太子少保，并赏穿黄马褂，戈登也得到了封赏。清廷在给戈登奖赏的谕旨中说，"江苏省总兵戈登，带领所属洋枪队助剿，足见其洞悉机谋，精于作战之技能，竭其全力，终建殊勋，著即赏给该总兵头等功牌一枚，白银一万两"。[2]有了朝廷赏赐作铺垫，李鸿章认为这是与戈登缓和关系的好机会。

1864 年 1 月 1 日，李鸿章让自己的幕僚潘曾玮带着大批随从、礼盒以及皇帝赏赐的白银再一次来到了昆山。戈登以为李鸿章是派人前来表达歉意的，便出门迎接。可是，当戈登发现大队随从抬着打开盒子的礼品以及盛放着白银的箱子心里就不高兴了，认为是对他的侮辱。戈登让这些随从将箱子从哪里抬来的，还抬到哪里去，潘曾玮再三解释说这是皇帝的赏赐，他才勉强接受了赏赐的功牌，但对于礼金以及白银还有李鸿章赠送的旗子则让潘曾玮命人抬回去。但是潘曾玮并不死心，而是打开了黄缎包封的圣旨交给了戈登，再三说这是皇帝的赏赐。戈登接了圣旨，回到寓所后便在圣旨的背面写下如下的答复奏章："戈登外邦小臣，叨沐殊恩，感愧交道。自苏州克复之后，形势变更，自问无功可言，焉能滥膺上赏，虚麇帑项，仍交潘道暂存。"[3]戈登拒绝朝廷赏赐的行为令京师的大员们既吃惊又赞赏，他们每讲起戈登都不免要竖起大拇指。

戈登对于李鸿章渴望谅解的愿望并不接受，认为李鸿章的态度不够诚恳，这让两个人很着急。他们一个是海关总税务司赫德，另

1 [英]伯纳特·M.艾伦：《戈登在中国》，第 120 页。
2 北京太平天国历史研究会编：《太平天国史译丛》第三辑，第 277 页。
3 北京太平天国历史研究会编：《太平天国史译丛》第三辑，第 277 页。

一个是奉李鸿章之命筹建枪炮厂的马格里。

赫德处处替清廷着想，而且他了解中国国情，在阿思本舰队事件上由于他的积极活动，使得事情得以圆满解决，因此博得了清廷许多官员的好感，也使得他顺理成章地成为大清的海关总税务司。当时赫德在上海办公，恭亲王奕䜣得知李鸿章与戈登正在闹矛盾，知道这对下一步的军事行动十分不利，便让他帮助调解，赫德答应尽力而为。

对于戈登与李鸿章之间的矛盾，赫德认为戈登应该在前线继续作战，而不是待在昆山的司令部里，他曾经在日记里写下如下观点："我认为让戈登留在昆山不是好办法。因为，一、戈登的工作与英国出租他的目的，不是让他支持抚台本人以及保持该省的平静；二、支持公共事业及帝国事业；三、如果那项事业和这些原因存在，他们当然应该存在；四、中国人支付了常胜军的军费，它应当为他们服务……六、如果戈登不听抚台的命令，李鸿章将会弹劾他……七、我认为军队应继续尽可能多的镇压起义者，然后再将他们解散，并且这依赖于未来的改革。"[1]

作为李鸿章与戈登的调解人，赫德感到自己使命重大，他在日记中进一步写到，"我的意图是促使戈登重新出来工作，查明与抚台在苏州将诸王斩首行动有关的全部情况。此事必须绝对冷静沉着；它的解决将有非常重要的后果，无论哪一方面都要获得成功"[2]。

赫德的目标很明确，就是不希望戈登与李鸿章的矛盾加深。他对戈登有一种惺惺相惜的感觉。1月19日，赫德离开上海，开始了他的调解之旅。

赫德先是到了苏州，当时李鸿章已经把苏州的一所王府改为抚

1 [美]凯瑟琳·F·布鲁纳、费正清等编：《赫德日记：赫德与中国早期现代化》，中国海关出版社2005年版，第54、55页。
2 [美]凯瑟琳·F·布鲁纳、费正清等编：《赫德日记：赫德与中国早期现代化》，第68页。

台衙门，办公、居住都在这里。23日，李鸿章身着朝服接见了他，李鸿章表达了迫切希望与戈登和解的愿望；关于纳王部永宽等人被杀之事，李鸿章也不避讳，仍然坚持让马格里调解时的说法，表示愿承担一切责任；但李鸿章又表示，戈登应该理解，他之所以下令诛杀诸王，不单是因为诸王对他采取了威胁的态度，更重要的是为了避免生灵再遭涂炭，确保内战平息，不再出现反复。

在沿途所见田野荒芜、哀鸿遍野的景象后，赫德也感到李鸿章所言甚有道理。他从李鸿章处了解情况后便立即从苏州赶往昆山去拜见戈登，当时戈登正在外面巡视，所以过了三四天，他们才得以相见。虽然两人素昧平生，初次见面，但戈登为他举行了隆重的接待仪式，并请赫德检阅常胜军，以表示对他的欢迎。这时距离诸王被杀已经过去了一个多月，戈登的怒气渐消，能够从容地考虑此事件的前因后果，故而他比较愿意倾听赫德为李鸿章辩白，而不像诸王刚死的时候那样完全不顾马格里的申辩。

当然，李鸿章为了弥补自己的过错、缓和与戈登的关系，一改之前的态度，对常胜军的生活、军需、饷银等问题都作了周密的安排，除了补发饷银之外，还发了一定数额的抚恤金给那些在战斗中受伤或残废的士兵。经过这样的努力，戈登对李鸿章之前的看法也稍有改观，再加上赫德极力为李鸿章辩护，使得戈登同意与李鸿章缓和关系，并答应赫德一起去苏州拜见李鸿章。

2月1日，戈登与赫德在苏州的抚台衙门一同拜见了李鸿章，三人进行了气氛相对温和的谈话。戈登避免使用激烈的言辞，李鸿章开诚布公地表示处决诸王之事由他完全负责，赫德则在一旁打圆场。戈登对此感到满意，表示不再追究此事。

戈登与李鸿章关系的缓和，应该说赫德在其中发挥了重要作用。当然，戈登也明白，战场的发展形势也需要他与李鸿章缓和关系。自清军收复苏州后，很快也在无锡取得了胜利。李鸿章紧接着兵分两路，以李鹤章、刘铭传为西路军，主要目标是攻取常州；以程学启、李朝斌为南路军，进攻吴江北部的平望镇，并跨境进攻平望镇南部的浙江嘉兴和西部的湖州；同时命刘秉璋、潘鼎新部南下进攻嘉善等地，并进而配合程学启进攻嘉兴与湖州。此举一来是与浙江巡抚左宗棠争功，二来也可以确保苏州与松江的安全。

李鸿章发布命令后，各路大军很快便投入了战斗。但是，李鸿章在常州的战斗中很快便处于胶着状态。1863年12月19日，李鹤章部进入常州城东的擂鼓桥，当日刘铭传部也抵达常州城北的郑陆桥。这样，李鹤章与刘铭传便率部从东、北两个方向向常州城外的太平军营垒发起了进攻，从而拉开了攻夺常州城的大幕。12月24日，常州北门外的11座营垒被刘铭传攻破。第二天，城东门以及南门外的太平军营垒也被攻破。27日，李鹤章与刘铭传联兵一处，又攻取了常州北门外的大土城。此时，常州西门外的重要关隘如奔牛、罗墅湾、石桥湾已被太平军降将拱手献给清军，孟河汛也旋即陷落。1864年1月7日，李鹤章部攻破南门外德安桥营垒。章王林绍璋、忠二殿下李容发等应护王陈坤书之求，从句容、丹阳往援常州，1月5日—8日连续收复城西的石桥湾、罗墅湾、孟河汛等要地，溧阳、金坛、丹阳太平军各遣一部进入常州城内，协助陈坤书守城，太平军的配合作战有效地抵挡了清军的攻势，使围城的清军腹背受敌。李鸿章直下常州城的计划受挫。[1]

再者，列强之间的竞争也使戈登感到如果放弃与李鸿章的合作，那么就可能被其他列强趁机而入。当时的《香港日报》报道说，"假如英国政府拒绝给予清政府进一步的援助"，那么"法国无疑会大喜过望，因为这样一来他们就可以提供任何可能需要的物资，并按照满清官员所希望的任何方式去行动，以便镇压法国教士一贯敌视

---

[1] 茅家琦主编：《太平天国通史》下册，第80页。

的叛乱"。[1]

这时戈登也得到报告，常胜军中有一些人想投靠太平军。他深知，一旦自己与李鸿章处理不好关系而去职，军队中可能会有很多人反戈投靠太平军，届时形势将更加混乱。无论是出于维护中国的安宁，还是基于英国利益的考虑，戈登都感到有必要放弃前嫌，配合李鸿章立即行动。戈登与李鸿章会谈后回到昆山，决定不再等待英方的指示，而是向驻华公使卜鲁斯写了个报告："驱使我行动的理由如下：我已确定无疑地了解到，白齐文正在策划重返叛军；有300余名身份不明的欧洲人也准备一同前往；假如我离开该军，抚台不会再接受另一位英国军官，因此清政府可能安插进某个外国人，不然军就要交给华尔、白齐文这种人指挥，而对这种人常会干出什么事来我们永远无法确知。"戈登还在报告中写道，与李鸿章的再次合作，"由于我擅自采取的行动，我很可能受到（官方的）严厉指责。而且我完全清楚无论抚台干什么，北京当局都会支持他，但我仍决心冒这个险"。戈登还在信中向卜鲁斯提出建议："希望你能把这一事件搁置起来，并让我对自己在事件中的行动负责，我想这样做比迫使北京政府惩处或贬黜抚台更有益于我们同他们的友好关系。"[2]

戈登给卜鲁斯发出这份报告后，当天就要求赫德也写信给驻华公使卜鲁斯。赫德照办了，他在信中详细叙述了李鸿章为杀戮诸王所作的辩白，并且申述："戈登曾告诉他，关于苏州发生大屠杀的谣传乃是无稽之谈，叛军归降后，清军入城时确实大声喧哗，但很少杀人，甚至可以说秋毫无犯，除非某些清兵由于劫掠，被他们的伙伴砍头。"赫德在信中又说，戈登对于诸王被斩仍然觉得痛心，但李鸿章已同意颁布公告，完全卸脱戈登的责任。太平军叛将的被

1　《香港日报》1864年1月4日。
2　[美]史密斯：《十九世纪中国的常胜军：外国雇佣兵与清帝国官员》，第181、182页。

杀都是咎由自取，而李鸿章一直记着太仓的太平军于 1863 年 4 月降而复叛的事件教训，在那次事件中淮军受了不少损失，因此李鸿章杀降并非没有道理。李鸿章对降将的屠杀，就实际情况来说没有影响其他太平军的投降，担心似乎不必要。赫德还特别强调，是淮军将领程学启，而不是戈登，安排了太平军的投降；而在处死这些降将时，戈登已经前往昆山，即使李鸿章打算通知戈登，但时间急迫，也不容许他这样做。[1]

戈登与赫德分别给卜鲁斯写信后，戈登与李鸿章的合作很快开始

4. 溺毙者白齐文

曾经被李鸿章视为勇士的白齐文，再次投靠太平军后，并没有得到太平军的欢迎。虽然太平天国的局势正江河日下，但他们也忌讳这个反复无常的人。在李鸿章正与戈登闹矛盾的时刻，白齐文曾经向驻守常州的太平军守将献计诱捕戈登，但没有引起太平军的兴趣，白齐文只好消极地打发时光。

白齐文的追随者钟思也反对诱捕戈登，他认为戈登对他们这些投叛太平军的人并没有做得太过分。因而，他劝说白齐文也不要把事情做绝。这样，白齐文也很纠结，很有些消极情绪地打发着日子。后来钟思回忆："中午，我去看望白齐文，那时他正躺在一艘三十二磅重炮艇上睡觉。我问他是否需要我扶他上岸去，因为许多英国军官和士兵都在议论他的健康问题。他要我说出议论者的名字，我拒绝说出。过了不久，我跟另一位军官又去劝告他。当我再度拒绝说出议论者的姓名时，白齐文掏出他的四筒手枪，扳起击锤，从相距约九英寸的地方向我的头部射击。子弹打中我的右颊又向上穿入（这颗子弹迄今尚未取出）。我惊呼道：'你开枪打了你最好的

1　王宏斌：《赫德爵士传：大清海关洋总管》，第 72 页。

朋友！'他答道：'我知道我开枪打了你，天哪，我真想打死我自己'"。[1]

显然，白齐文的复叛既得不到太平军的重视甚至被猜疑，而上海当局方面也发出了对他进行通缉的指令。他在苏州投降之时，根据治外法权，李鸿章派人把他解押到美国领事馆。戈登向李鸿章和美国领事馆请求，只要白齐文离开中国就对他免除处分，白齐文也表示愿意离开中国。有一段时期，白齐文在上海还算老实，他静静地等待着准备回国的日期，可是当美国领事馆对他的防范渐趋松懈的时候，他又再次投奔太平军。

1865年，太平天国基本被镇压下去，只剩下一些残余势力在南方活动。白齐文感到自己的日子已到日暮途穷的地步，如丧家之犬的他也流落到厦门。有一天他喝得酩酊大醉，不小心说出了自己的身份，很不幸地落到了太平军同情者的手里。他被劝诱来到福建漳州，这里只有少数的太平军残部与同清军进行游击式的战斗，白齐文被要求帮助他们恢复奄奄一息的太平军斗争事业。[2]

根据《太平天国革命亲历记》一书中的记述，南京被曾国荃攻破后，"关于清朝方面声称天王已死、忠王已被擒就刑的说法最有力的根据就是自南京失陷后，无论在哪里都没有再听到他们的消息。可是另一方面，有人推测他们之中的一人正在内地率军作战，并于1864年10月至1865年5月，当侍王据有厦门附近的漳州期间进入了福建，配合侍王作战。这种推测的有力根据，就是侍王的行动似乎受到远在内地的上级的节制，而高于侍王品级的首领只有天王、幼天王、忠王、干王、已往四川数年的翼王和一直在朝中而不掌兵权的年轻的幼西王。大体说来，天王、幼天王、首相、总司令完全可能如敌人所说已经去世，可是这种判断却缺乏确实的证据，

----

1 北京太平天国历史研究会编：《太平天国史译丛》第三辑，第257页。
2 《北华捷报》1865年9月14日。

我们有充分理由可以推断，他们倘非全体，至少其中也有数人尚在人间领导着太平天国革命运动。"[1]

　　侍王李世贤是忠王李秀成的堂弟。1862年太平军占领宁波期间，李世贤曾在该处守卫，组建常安军的英国人丢乐德克舰长率英国海军将太平军驱出宁波。面对大军压境，李世贤曾给丢乐德克发出照会说，虽然英军受清军的蛊惑，但他并不因此仇恨英国人，因为他明白丢乐德克舰长是领了中国政府的赏金去攻打太平军收复宁波的。照会中还说，他对英国军人的勇敢和力量深为敬佩，他和太平天国的兄弟们一样很乐意与英国人友好，但是也希望英军能够遵守前诺，在交战双方之间遵守曾经所宣布的中立原则。如果太平军不能战胜清军，那么他也很愿意看到英国统治中国。只要驻守在厦门和漳州之间石尾的清军不封锁河道，切断他们和内地的交通，他们就不越过漳州一步去进攻距离二十英里的厦门；但如果清军封锁河道，切断交通，他就不得不攻取石尾。他决不进攻厦门，因为他不愿和外国人决裂。对于太平军占据漳州使厦门的商业受到的影响，他表示遗憾。他非常愿意和外国人通商，他一定会给予各种便利和保护。他愿意和他们进行以土产交换各种欧洲货物的贸易，鸦片亦不在禁例。他定出保护所有农民和商人的法律，村民已知道这项法律，他们在南郊一条大街上开设了日间市场，从天亮到日落，直至关闭城门之前，出售各种土产食品。[2]

　　虽得知白齐文人在厦门，李世贤万分高兴。白齐文见到占据漳州的侍王李世贤后，两个天涯沦落人很快便一拍即合，白齐文答应了李世贤的要求。在清军中任洋教习的司端里得知白齐文和英国人克令等三人意欲前往漳州投奔太平军，即报知厦门税务司派人追捕。1865年5月15日，白齐文等乘坐小船至离漳州十余里的镇门河下

1　[英]呤唎：《太平天国革命亲历记》下册，第653页。
2　[英]呤唎：《太平天国革命亲历记》下册，第655页。

暂住时被捕获，后被押解至福建提督营内讯问。白齐文对投奔太平军之事供认不讳，遂被押解至闽浙总督行辕处置。

他们被羁押在厦门知县的衙门里时，美国驻厦门领事得知这个消息却要求将白齐文引渡，厦门知县当然不能答应。他通过福建巡抚徐宗干告知正在署理两江总督的李鸿章，李鸿章即命人将白齐文押回苏州。徐宗干向美国驻厦门领事表明，白齐文即将交给署理两江总督李鸿章核办。[1]

白齐文将被解押到苏州的消息，也通过美国驻厦门领事传到美国驻华公使蒲安臣的耳朵。蒲安臣立即找到恭亲王奕䜣交涉。对于白齐文的反叛，恭亲王奕䜣当然是了解情况的，他向蒲安臣说明白齐文一案的经过，并表示白齐文触犯了大清的法律，应该按照大清的法律审判，可能将判予重罪，他会被"阵前立时就地正法"[2]。但是，该犯系由税务司盘获，既经解交中国地方官训明押禁，而英国照会又以该国同案被获之克令应交该国领事为言，并牵涉白齐文在内，自未便不向美国使臣明定其罪。[3]至于和他一起复叛的几名外国人，将分别交给各自的国家在华领事处理。蒲安臣是配合美国国务卿西华德提出"合作政策"的人，当然不能自毁形象地破坏其所推崇的"合作政策"，便将此案交由公使馆参赞卫三畏配合清朝地方官方处理。卫三畏是近代较早来华传教的传教士之一，1856年后长期担任美国驻华使团秘书和翻译，对中国的风土人情较为了解。

恭亲王奕䜣曾给卫三畏发出照会说，白齐文不听从上级调遣，还殴打上级，多次投奔叛军，蔑视中美两国的法律，这样一个反复无常的人不应再受到治外法权的保护，希望能将其按中国的律法处置，以平民怒。卫三畏接到恭亲王的照会后并没有立即答复，而是

---

1 北京太平天国历史研究会编：《太平天国史译丛》第三辑，第260页。
2 《筹办夷务始末（同治朝）》（第四册），第1392页。
3 《筹办夷务始末（同治朝）》（第四册），第1392页。

思考了整整一周才回复恭亲王:

> 本大臣查条约第十一条款内载，应归领事官惩办。惟思白齐文屡次藐视中、美两国律法，实属怙恶不悛，罪所难免。是以本大臣请将此人归在贵国拘留监内，谨饬地方官不得凌虐。羁留数月，一俟本大臣将白齐文始末原由……奏本恭请国政训示该如何办理此异常之案，再为照知，庶笃条约而慎刑名。[1]

卫三畏与中方交涉后，也感到事情有些棘手，便向美国国务卿西华德提交了详细报告，并提出了自己的建议。卫三畏在报告中说，白齐文在中国服役，先是投效清军，接着又投靠太平军，他的举动已经触犯中美两国的法律，按照哪国法律都应该将其治罪；但按照治外法权，如果将其交给美国驻中国领事的话，那么他有可能将再次逃过法律的制裁。因为中国镇压太平天国的行动已经结束，当时的证人大多已经离开中国，或者已经去世了。他这一次被清朝官员抓获，据说是因为他准备再一次投靠太平军。按照美国的法律虽然要惩罚那些投靠太平军的人，但是因为种种原因却并没有对他们予以应有的制裁。考虑到中美关系的大局，考虑到"合作政策"要在中国顺利推行，美国政府有必要给清朝政府一个明确的承诺，将尽可能地阻止美国人参加太平军这样的反派组织，即便是美国人为叛军提供军火或者其他军备，都应该受到严惩。

卫三畏在报告中还说，根据治外法权，美国人在中国会得到保护，但是白齐文的行径实在有损美国的国家声誉。他之所以屡次犯法，就是因为治外法权而得到了美国领事的保护。如果这一次他仍然得到保护，恐怕将对中美双方的关系更加不利。更为严重的问题

---

1 朱士嘉编：《十九世纪美国侵华档案史料选辑》，中华书局1959年版，第189、190页。

是，白齐文的行径也已经引起了其他西方国家的不满，他们的驻华官员也要求将白齐文交给中方并按照中国的法律处理。

卫三畏还表示，白齐文最初同华尔在中国征战时，曾经多次得到清政府的赏赐，他本人也表示自愿申请加入中国国籍。当然，清廷已经把他看做中国人，所以他的反叛行为才令清朝官员难以接受。[1]

最后，卫三畏也试图减轻这样做会带来的负面效果，他说：我不认为中国政府会以此为先例拒绝将犯罪的外国人交给领事审判……地方官员将其他几个被抓获的美国人交由厦门领事处理，总理衙门的官员表示他们很满意这样的做法……[2]

卫三畏以电报的形式将报告发给国务卿西华德后，他认为还应该获得自己的上司蒲安臣的支持。此时蒲安臣已经回国述职，因而他给蒲安臣写信阐述自己的做法。在给蒲安臣的信中，卫三畏直言不讳他对白齐文一案的态度：清廷按照他们的法律，处置一个曾经为他们服务、加入大清国籍后又反复背叛的人，并不违反中国与西方签订的条约规定。在给蒲安臣的信中，卫三畏也陈述了给国务卿西华德信中的那些观点，他还提到，白齐文第一次投靠太平军，后向戈登投降时，曾向清朝官方和戈登表示，如再反叛，将按中国的法律处置。[3]

然而卫三畏的信发出不久后，却发生了令人意外的事件，白齐文在被押回的途中溺水身亡。《太平天国革命亲历记》一书中写道：

美国驻厦门领事听到白齐文等被捕，立即根据条约的治

1　太平天国史博物馆编：《吴煦档案选编》第二辑，第311页。

2　Samuel Wells Williams to William Henry Seward, June 26,1865, United States Department of State: *Executive Documents Printed by order of the House of Representatives During the First Session of the 39th Congress*, 1865—1866, part2, p.454.

3　顾钧、宫泽真一主编：《美国耶鲁大学图书馆藏卫三畏未刊往来书信集》，第21册，广西师范大学出版社2012年版，第83页。

外法权条款要求引渡白齐文，他是具有充分的权利这样做的。但清朝官吏却拒绝履行自己的义务引渡这几个人。清朝官吏把他们解往内地，将他们紧紧捆住，投入江中，然后谎称解送这三个不幸的俘虏的船只在江中覆没，三人均告淹死。[1]

白齐文的死，于中美双方都是一种解脱。卫三畏在美国国务卿西华德报告中写道：美国国会法令曾经规定，在大清帝国服役的美国公民，如违反清国法律参加叛军，就被视为有罪。尽管白齐文有罪是确凿无疑的，但是在重要证人缺席或已死亡的情况下，要在美国法庭上来定他的罪是极端困难的。同时，要向清朝政府保证我们将尽力防止美国公民参加叛军，倘有这种事情发生，美国驻中国法庭将依法严惩，这是有必要正视的。

白齐文一案，因他的溺水身亡而不了了之。那么事情真如《太平天国革命亲历记》一书中所说的，是清廷官吏将其捆绑和投入江中溺毙吗？

需要说明的是，白齐文一案关系到领事裁判权。领事裁判权在中国的实行，始于1844年。当时中美正在进行《望厦条约》谈判，在中方代表耆英与和美国谈判代表顾盛正在积极谈判希望尽快签订条约的进程中，在广州发生了一件让两人都感到为难的事情。

1844年6月15日，也就是耆英到澳门的前两天，发生了美国人枪杀中国百姓徐亚满的事情。

事情是这样的：在美国使节团前往中国之前，备办的物品中有一个旗杆，是打算到澳门后设立使馆作为升旗之用。但是当顾盛到澳门后，由于葡萄牙当局的反对，升旗的打算泡汤了。顾盛没有办法，就把这个旗杆转给了美国驻广州领事，安在了领事馆的门前。旗杆的上端有一个箭头，是作为风信标用的，但是广州百姓却认为

1　[英]吟唎：《太平天国革命亲历记》，第674页。

这是个不吉利的东西。当时的广州正经历着严重的旱灾，百姓说这个风信标是个魔咒，因为它的存在广州才遭遇天灾。还有人说，这是中美发生战争的预兆，要求将这个"不吉利"的东西拆除。6月上旬，一伙广州百姓冲进领事馆，想强行将这个旗杆的绳索割断，但是领事馆用枪阻吓了百姓。第二天，百姓又冲进来，仍然要求拆除风信标，领事馆没有办法，便同意了这个要求。英国人拆除风信标后本以为万事大吉，但广州百姓对洋人一直心生厌恶，经历了鸦片战争，不管洋人做什么都无助于缓解民众的反感情绪。一周后，也就是6月15日，广州百姓袭击了几名美国人，这几个人在自卫时杀死了中国人徐亚满，使得事件迅速升级。耆英得到报告后，连连摇头，大呼麻烦。作为一名外交官，他知道外交的程序还是要走的，他发出了一个照会要求美方交出凶手。[1]徐亚满事件的发生给了顾盛一个启示，如果美国人在中国领土犯了事，应该由美国人自己审判，这就是治外法权的交涉。

顾盛闭口不谈徐亚满被杀，而是指责广州当局无力保护美国商民。他向耆英发出照会指出，中国暴民多次袭击、凌辱美国侨民，之前暴民要求拆除风信标一事就是如此，暴民甚至聚集起来殴打、驱赶外商，甚至用砖头、利器袭击美国商民。美国商民要保护生命安全，自卫是必然的。因此他希望广州当局"务须商量设法多派防御，杜息衅端，俾得安存。倘不能禁止滋扰等情，将恐两国和好势必中止。"[2]

耆英担心中美正在协商的条约因此而终止，使得中美之间引发其他纠纷的可能，于是他采取妥协的态度，在徐亚满事件上不作纠缠，同意由美国人审判，这就是中国近代领事裁判权的开始。

1 [美]泰勒·丹涅特：《美国人在东亚：十九世纪美国对中国、日本、朝鲜政策的批判的研究》，商务印书馆1959年版，第137页。
2 乔明顺：《中美关系第一页：1844年〈望厦条约〉签订的前前后后》，社会科学文献出版社1991年版，第130页。

白齐文案涉及领事裁判权,在处理上一着不慎将带来很大麻烦。因而当卫三畏最初要求将白齐文羁押起来不加伤害的时候,李鸿章满口答应,表示等待美国政府一同处理。

福建的地方官奉李鸿章之命羁押白齐文前往苏州,他们生怕太平军得知消息后设法营救,因而都是秘密进行。但是,白齐文这个倒霉的家伙为什么会溺毙? 清朝官方的报告说,在浙江兰溪县,由于江水突然泛滥,导致他们乘坐的渡船被洪水吞没,白齐文连同中国十余名押送人员一同被卷入水中淹死。

对于白齐文之死,恭亲王奕诉给卫三畏发出照会说,由于近来福建附近的太平军活动猖獗,人数又有增加之势,白齐文与太平军李世贤联系后,他们有再度合作的可能。为阻止叛乱活动的发展,因此福建官方派遣一队兵勇将其押往署理两江总督李鸿章处。一行人于 6 月 1 日离开福州,6 月 26 日达到浙江一个叫汇头滩的地方的时候,忽起洪水,致使白齐文等人和押送的兵勇全部落水。虽然浙江地方进行了搜救,但他们已经溺亡。现在白齐文的棺材仍然停放在兰溪县,这样做不知是否妥当。卫三畏看了恭亲王的照会,接受了清廷的说辞,当然也是无可挽回。他答复恭亲王说:"白齐文虽是怙恶不悛,仍属美国之人,兹蒙兰溪县捞尸妥为棺殓,斯诚厚意,可将棺枢送回宁波美国领事收葬可也。"[1]

事情发生后,美国驻上海总领事刘易是曾到出事地点查看。尽管在外国人中不断流传着白齐文之死是中国人的谋害,但刘易是到现场后并没有发现证据。白齐文这位美国冒险家的尸体被放在江边的岸滩上,尸体已经腐烂,散发出难闻的恶臭,刘易是草草地查看之后就认定了清朝官员的说法。

卫三畏也明白,审判白齐文是一个棘手的问题。如果美国放弃白齐文的审判权的话,那么无疑打破了领事裁判权的惯例,在今后

---

1 《筹办夷务始末(同治朝)》,第 1535、1536 页。

类似的事件中清廷将会更有说辞。于他而言，白齐文的溺亡从某种意义上来说，维护了西方在中国的治外法权这一特权。[1]

卫三畏在给美国国务卿西华德的报告中说，"有关本案的官方往来公文，根本没有谈到当北京高级官员听到白齐文企图再度参加太平军的消息时，他们的心灵是多么地惊慌。除此之外，谣传在他们的棺材中，人们注意到一块剥下来的皮，我找不到什么理由来设想他们所陈述的白齐文之死的情况是不真实的。假如他们真的有意把他淹死，他们为他们自己和美国政府省去了不少的麻烦。"[2]白齐文一案成为中美双方的一桩悬案。

恭亲王奕䜣认为卫三畏态度合作，因而表示赞赏，但是卫三畏也因此遭到西方在华官员的非议。美国驻上海总领事刘易是和英国驻华代理公使威妥玛认为卫三畏的态度助长了清朝违反条约精神的气焰。

事实上，早在卫三畏收到恭亲王照会之前，美国驻上海总领事刘易是就已经知道了白齐文被福州地方逮捕的事情，因为当时厦门领事曾向他说明此事。1865年6月9日，刘易是为此照会当地官员说，审判并惩罚白齐文没有确切的证据，他要求释放白齐文，将其交给美国官员。但是他的这个要求遭到了清廷的拒绝。刘易是的纵容态度也刺激了恭亲王和李鸿章等人，坚定了处置白齐文的决心。因为他们知道，即使美国方面同意审判白齐文，也会想方设法为其开脱。美国国务卿西华德认为福建地方和李鸿章的拒绝是对条约精神的蔑视，因而在白齐文被捕半个多月后，再次照会当地官员要求尽快将白齐文交由美方处置。刘易是表示，他将会就此事会向驻华

1　Samuel Wells Williams to Mr. Hunter, September 5,1865, United States Department of State: *Executive Documents Printed by order of the House of Representatives During the Second Session of the 38th Congress, 1866-1867*, vol.1,p.463.

2　北京太平天国历史研究会编：《太平天国史译丛》第三辑，第261页。

公使汇报这一情况。[1]但清朝地方仍拒绝交出白齐文,只是承诺会对白齐文加以保护,不会虐待。西华德也就只好作罢。

白齐文死后,卫三畏作为代表美国的外交官竟然接受了清廷的处理方式,刘易是很有些不满,便给卫三畏致信,委婉地表达了自己的看法。刘易是在信中指出,卫三畏对白齐文一案可能存在误解,所以才会接受清朝官方将白齐文羁押被你更准备用中国法律处置的建议。信中还说,驻华公使蒲安臣也存在这种误解,他在某种程度上也误导了卫三畏。在信中,刘易是详述了他所了解到的白齐文一案的详细状况,并说卫三畏的观点有几个"误解"。[2]

首先关于清朝官方所说的,1864年6月白齐文曾偷偷回到宁波一事,他到宁波干什么呢?没有证据证明是帮助太平军;第二个误解,卫三畏接受了清廷关于白齐文在苏州投降戈登后,复有投叛太平军的说法,现在没有确切的证据能证明这项指控;第三个误解,虽然白齐文可能声称加入了大清国籍,但是没有像华尔那样的官方证明,况且白齐文的美国国籍依然存在,因此事实上白齐文仍然是一个美国人,理应受到美国领事的保护。

除此而外,刘易是还在信中表达了对白齐文的同情。他认为白齐文自追随华尔投效常胜军后,作战非常勇敢,且多次身受重伤,但是清朝官方不知感恩,还用阴谋手段,以莫须有的罪名解除了白齐文的职务。另外,他如果能够早一点拿到清廷应该补偿给他的佣金的话,可能会很快地离开上海回到美国,在他遭受冷待而又拿不到自己应该得到的佣金,才在万般无奈的情况下走向了投靠太平军

1　George F. Seward to Ting Tau Tai, June 27, 1865, United States Department of State: *Executive Documents Printed by order of the House of Representatives, During the Second Session of the 38th Congress, 1866-1867*,vol.1, p.466.

2　George F. Seward to Samuel Wells Williams, August 2, 1865, United States Department of State: *Executive Documents Printed by order of the House of Representatives, During the Second Session of the 38th Congress, 1866—1867*, vol.1, pp.466-469.

的道路。[1]

英国驻华公使馆参赞威妥玛也对卫三畏表达了不满，他就此事向清廷发出抗议。当他得知与白齐文同行的一名英国罪犯克令也被溺死后，他即向恭亲王奕䜣发出照会，根据条约，中方无论何人抓获英国公民都应该立即交还给英国领事馆处理，中国擅自处理并决定惩办克令实属违约；克令途中淹死，逾数十日才通知驻扎在较远处的领事官，不知为何耽误这么久。

刘易是与威妥玛的态度无疑代表西方大多数人的态度，但清廷在对付反叛者的问题上态度坚决。尽管刘易是和威妥玛有点儿不依不饶的意味，但面对清廷的态度，也只好作罢。

5. 戈登的收官之战

戈登向李鸿章妥协，决定投入下一阶段的战斗。这一次，驻华公使卜鲁斯却一改以前他反对戈登出任常胜军统领时的态度，对戈登表现出积极的支持。

卜鲁斯相对来说是一个比较冷静的人，与戈登不时的鲁莽行为不同。英国外交大臣罗塞尔曾经称赞卜鲁斯很有外交家的典范，可以作为后辈学习的楷模。许多在华的英国侨民则认为，卜鲁斯在与各国公使的交往中过于温和，也许是因为这种性格，令他迁就美国驻华公使蒲安臣的主张，同意支持白齐文复职，要求戈登向李鸿章辞职的。

在戈登与李鸿章和解之前，戈登曾经致信卜鲁斯，希望他设法促使清廷审判李鸿章。对此卜鲁斯也向清廷提出了要求查明真相。但卜鲁斯向清廷施压时态度温和,事后他在给戈登的回信中解释说:

---

1 George F. Seward to Samuel Wells Williams, August 2, 1865, United States Department of State: *Executive Documents Printed by order of the House of Representatives, During the Second Session of the 38th Congress, 1866-1867*, vol.1, p.466.

"如果李鸿章打胜，清政府不会判定他犯罪；如果他被打败了，他将遭到严厉的处分。"可见卜鲁斯当时没有打算就这件事向清廷施加压力。英国驻天津领事吉必勋告诉戈登："卜鲁斯不久要回国，在你和抚台的纠纷上，他不会为你的正确做什么工作。"他又说："公使不是傻瓜，他不会在他离开中国以前搅起灰尘。"[1]

现在，戈登决定与李鸿章合作，他再一次给卜鲁斯写信，申明自己已经决定和李鸿章协力同心与太平军作战。卜鲁斯对此表示支持，他在给戈登的回信中说：

　　我已收到你在2月6日发出的呈文，其中陈述你重新同江苏巡抚李鸿章协力作战的理由。我已照会中国政府，说明我并不感到有责任干涉你采取的行动，而且我准许你这样做，乃是根据他们照会中的一项保证：即以后任何战役中如有外国军官参加，必定遵守外国通行的军法，他们并要求我摘录该项保证，附寄给你，作为你嗣后行动的准则，并使你了解双方协定的内容。中国当局向我竭力保证，必定遵守协议，并将训谕李鸿章奉行毋违。因此我不必再对你迫切指示：决不能让苏州发生之事重演。

卜鲁斯在给戈登的信中还说：

　　我完全赞许你的动机，它使你在发出上次公函后，立刻重新作战，不惜受到敌意的指摘。其实，你可以简约地说明权宜做主的理由，而在投入行动前把作出决定的责任诱诿别人。但是，你似乎感到自己是中国部队的统领，并且只有你完全熟悉这支部队的成员，如果指挥不当，即会引起骚扰。

1　茅家琦：《太平天国与列强》，第277、278页。

因而你觉得必须由自己作出决定，并担当一切责任。这种光
明磊落的大丈夫气概，使你有权利知道我对此事的坦率的意
见。我认为应该向你说明一切，因为这是你当之无愧的。我
同意你采取的措施，大半是由于我了解你在指挥中国军队时
一贯怀有的高尚动机、你对于经济问题的公平无私，以及你
基于人道主义而运用权势，拯救白齐文与他那些误入歧途的
部下，使他们能摆脱苏州叛军的羁绊。我深知你面对各种阻
力，遭受许多失望，而始终坚韧不拔，努力平定江苏的叛乱。
你设法使该省不再成为叛乱的战场，使苦难的人民重新安居
乐业，永享太平。由于这一切功绩，你为真正的人道精神以
及伟大的民族利益作出了贡献，这是你可以深信不疑而引以
自慰的。[1]

在卜鲁斯于3月12日给戈登回信之前，戈登已经与李鸿章展
开了合作。2月19日，戈登由昆山启程，与淮军郭松林部联手进
攻宜兴，这成为二人再次合作的开端。之后戈登又配合李鸿章攻取
溧阳、金坛、华墅等地，在这些战役中，戈登都扮演着急先锋的角色。
戈登与李鸿章重新合作后，当时太平军占领的区域以太湖为中
心，主要有两部分：其一、太湖之南，包括杭州、嘉兴府以及附近
城镇区域；其二、太湖之北，主要有南京、丹阳、金坛、句容等地。
要夺取这些地方，首要的是应该攻破两者之间的联系点宜兴和溧阳。
在戈登看来，只有攻破了宜兴和溧阳才能使太平军占领的这两大区
域相互孤立，有利于清军迅速决胜。据此戈登向李鸿章提议，太湖
之南的太平军由常捷军负责对付，太湖之北仍然由曾国藩之弟曾国
荃继续围困南京，自己则负责攻取两者之间的联系点宜兴和溧阳。[2]

1　[英]伯纳特·M.艾伦：《戈登在中国》，第128、129页。
2　北京太平天国历史研究会编：《太平天国史译丛》第三辑，第285页。

戈登与郭松林向宜兴和溧阳进发,但在进攻宜兴时遭到太平军将领黄呈忠的援军阻截,戈登、郭松林大败。戈登与郭松林整军再战,这一次戈登集中火力向宜兴城发起猛烈的炮击,激战中常胜军一名中尉战死。太平军首王范汝增见常胜军大炮轰击猛烈,难以坚守,连夜率太平军退出宜兴、荆溪城,撤退中戴王黄呈忠之子被戈登部将活捉。

3月4日,戈登率领常胜军由宜兴向溧阳进发。8日,太平军守将吴人杰等以所部15000人投降清军,戈登收编近千名降兵补充到常胜军。宜兴、溧阳既陷,戈登继续进犯金坛。3月15日到达金坛。[1]

当戈登在金坛城外三里之遥的地方安营扎寨的时候,程学启在率军攻打太湖南面的嘉兴战斗中,头部中了枪,不几天便死了。

3月21日,在进攻金坛的战事中,戈登也中了枪而不得不撤出战斗。戈登本来认为进攻金坛不是什么难事,这是一座小城,城外又没有防御的寨子,轻敌的心理使他认为金坛的防御可能很弱,总之,这座城给人一种死气沉沉的感觉。虽然如此,戈登还是命人进行了侦察,布置了炮位,准备在上午九时攻城。可就在戈登准备命令部下发炮时,李鸿章却派人带来了一个不好的消息。原来忠王李秀成的儿子带领一支约有七八千人的劲旅,冲出了李鸿章部下围困的常州,直抵福山港与常熟外围,准备占领这两个地方,并进而进攻昆山。听此消息,戈登虽然感到福山港与常熟可能会重新沦入敌手,但又认为这是李秀成的调虎离山之计,其目的是迫使他放弃围攻金坛,回援李鸿章。

戈登采取了按兵不动的策略,继续向金坛发起炮击,并在当天中午轰破了金坛城墙。然后,戈登立即令炮艇溯流而上,驶过护城河,沿城墙缺口登城,然而就在戈登指挥士兵向城里进击的时候,突然一队太平军蜂拥而上,猛烈射击,堵住了城墙缺口。戈登身边

---

[1] 茅家琦:《太平天国与列强》,第278页。

不断有人中枪倒地，自己腿上也中了一枪，但他仍然忍着伤痛指挥作战，直到流血过多而休克，被士兵们抬到炮艇上。

所幸，戈登只是受了皮肉伤，子弹从膝盖下面穿过，并没有伤到动脉和骨头。但戈登受伤的消息传出去，在中英两国之间都引起了关注。清廷特别颁下谕旨表示慰问，希望戈登早日康复；英国首相巴麦尊对戈登受伤之事也表现出相当的关注。在英国下院关于中国形势的辩论会上，巴麦尊特地提起戈登，完全放弃了之前戈登未经批准就重新与李鸿章合作的不好印象："我看到最近的战报时深感遗憾，因为得悉戈登少校受到挫折，并且受伤了——我希望他的伤势不太重。他是一位极其干练和卓越的军官，他对中国政府作出了伟大的贡献。"[1]

经此一劫，戈登不得不改变策略，下令停止攻打金坛城。再者，听了李鸿章派人来的报告，他不免对福山港、苏州、昆山这些地方感到担忧，万一有失危及上海，他将马上从金坛向溧阳撤退，率千人向无锡进发增援江阴和常熟，只让李恒嵩部留守。3月31日，戈登率步兵向华墅发起进攻，结果再一次遭受惨败。

按照戈登的计划，他率领的步兵应该与炮兵密切配合，然而由于炮兵未至，受了伤又求胜心切的戈登便做出了错误的决定，不等炮兵来到就鲁莽地进攻，结果遭到太平军陈承琦部骑兵的冲击，常胜军伤亡惨重，溃不成军。这一战常胜军死亡252人，受伤者62人，损失尉官8人及枪400支。这一战后，常胜军退至无锡附近一带。痛定思痛，戈登感到必须放弃求胜心切的想法，让部队暂时休整，等待自己的伤情好转后，再行作战。

过了一星期，戈登的伤口愈合得差不多了，他决定重新收集残兵，再次向华墅进攻。1864年4月6日，戈登对常胜军进行了扩编后，即向华墅急速调动。此时一个取胜的契机在召唤着他，自太平军华

1　[英]伯纳特·M.艾伦：《戈登在中国》，第135页。

墅守将陈承琦击败戈登后,实际上自身也很快处于异常危险的境地。因为清军的各路援军陆续抵达华墅的北面,越过一片山岭地带就是清军水师控制的长江;在东面,被郭松林的部队所控制,东南面就是戈登的常胜军;在南面和西面也有大队清军所把持,在西北面的江阴也已经被清军所占领。虽然说在江阴与华墅之间有一条通往丹阳的大道,这条大道也没有清军驻扎,但是清军早已将通往丹阳的桥梁拆除,目的就是防范太平军由此后退逃逸。[1]

这种对太平军异常不利的形势为戈登的进攻提供了信心。4月11日,戈登率军抵达华墅城外,发现太平军严阵以待,而此时他率领的常胜军经历了前番的惨败而变得异常胆怯。见此情景,戈登也变得谨小慎微起来,他特别注意观察周围的地形和太平军的情况。经观察发现,太平军可能认为戈登会从南面进攻,因而在南面做了严密的布防,但是戈登一面佯装向南面进攻,一面却带领他的精兵绕到北面,用大炮轰击,这是太平军防守最薄弱的一面。结果北面的营垒没有经过多少战斗便被常胜军攻下,太平军看到这种情形,知道固守华墅无望,便向后退却,希望撤退到常州城去。

戈登在追赶逃兵的过程中,得到江阴百姓的支援,村民们拿着各种武器来协助常胜军,锄头、鸟枪、镰刀、弓弩等,追击着逃散的太平军,他们所到之处被打得鬼哭狼嚎,毫无还手之力。正如《太平天国史译丛》中所记述的,即便是一支洋枪队,也无法抵抗这些无比愤怒的农民的攻击,因为他们的房屋已经被太平军烧毁,他们的亲属被肆无忌惮地杀害。有几名太平军首领和大批的士兵被俘获,当他们被问及是哪里人时,如果说是广东广西的太平军就立即被处决。经此围追堵截,大肆捕杀,只有1000余名太平军侥幸逃到了丹阳和常州。

华墅镇被清军控制时,李鸿章正在与常州的太平军交战,并处

---

1 北京太平天国历史研究会编:《太平天国史译丛》第三辑,第296页。

于胶着状态，战事进展并不顺利。守卫常州的护王陈坤书是太平军中最为骁勇善战的将领之一，从天王洪秀全揭竿而起就一路跟随南征北战，帮他打江山。陈坤书身材虽然不高大，但十分健壮，由于一只眼斜着，给人一种阴冷的感觉，士兵们都很惧怕他，私下里给他取了个"陈斜眼"的绰号。陈坤书本性阴冷，为了使他的部下对他唯命是从，他更是不择手段。守卫常州城，他声称要率领两万名像钢铁一样坚硬的士兵与清军战斗到底。在他的号召下，李鸿章虽积极进取常州，但却不能取胜。在戈登夺取华墅之时，李鸿章还吃了一个大败仗。

华墅被攻克后，李鸿章在常州与陈坤书相持已经有一个月，他一心想拿下常州，好向朝廷请功，可经历了一次次失败，他并不敢盲目的进取，只是等待戈登前来救援。

戈登是4月22日抵达常州的，当时他麾下有官兵4000余人。本来，戈登经过华墅一役仅剩3000余人，但他把华墅之战中俘虏过来的太平军士兵都编入到自己的队伍中了，使得队伍壮大，再加上他前往常州时带上了"海生"号轮船，这使李鸿章对攻克常州充满了信心。

戈登抵达常州后，李鸿章给他下达的首要任务是攻破常州城墙外四周一系列坚固的寨子。在此之前，李鸿章已经攻下西面的寨子。戈登接到命令后，采用其一贯的偷袭办法，轻松地拔除了常州城外南面运河两岸所有的寨子，接着通过仔细观察，划定了打开常州城缺口的位置。

戈登是这样计划的：他要求清军架设炮位轰击常州城墙的西南角，他率领的炮兵则轰击城墙的东南角，从两个不同的位置打开缺口。根据他的部署，清军与常胜军的炮兵部队在各自射击的角度200米外架设炮位。但是，架设炮位必须在夜间进行，因为在白天进行目标太明显，容易受到常州城太平军的射击。

4月25日,戈登和塔普少校正在监督清军的一个工兵队筑造一座炮台,两边都有清军的警戒步哨,后面还有还有掩护部队。当他们在夜间出现,替他放风的一名常胜军士兵以为是太平军出城偷袭,竟向戈登及其左右开枪;清军的警戒步哨和掩护部队听到枪声后,也向炮台方向开枪;常州太平军为半夜枪声所惊醒,也把大炮向戈登所处的方向射击。戈登及其左右同时受到三面的射击,虽然戈登得以侥幸逃命,但塔普少校却倒在血泊之中。塔普少校也是在第二次鸦片战争中来到中国的,参加过英法联军打击清军的行动。1862年,他为了参加常胜军而被特许解职,成为常胜军的一员。

经过这次事故,戈登很担心被太平军发现目标,便于4月26日向常州城一通乱轰,以分散太平军的注意力。在戈登的监督下,炮位于4月27日架设完成。当天,清军与常胜军即从两个不同的角度向常州城墙发起炮击。在炮火的掩护下,清军与常胜军在常州城外的护城河上架起了平底船浮桥,准备作为攻城之用。

戈登与清军约定,同时从不同的方向进攻。中午时分,在猛烈的炮击下,戈登部已在东南角打开了缺口,他即率领常胜军的两个步兵团作为冲锋队向缺口方向冲锋。可是当时太平军早已在城墙上布置了大量的兵力,陈坤书也亲临一线督战,使得戈登的冲锋并不能成功。在太平军英勇阻击下,常胜军只好后退。戈登又派两团士兵继续冲锋,带头的士兵攻进了缺口,可是士兵们未能紧随跟进,结果又被打退。

常州城内的太平军拼死抵抗,还有一个不容置疑的原因是李鸿章拒绝赦免他们中间的广东、广西两广地区的士兵,发布命令对这两个地区的士兵杀无赦。经历几次挫折,常胜军屡屡冲锋而不能,便决定改变进攻的方式。戈登命令他的工兵队挖掘壕沟,从他的大营一直挖到护城河边,沿河堆起壁垒,这样常胜军就可以顺利通过壕沟进入缺口。戈登要求清军也这样做。

　　就在这一工程正在进行的时候，海关总税务司赫德从上海来拜访李鸿章和戈登，建议采取分化纳降的办法削弱太平军的有生力量。李鸿章听取了赫德的建议，用大的纸张拼贴起来写成布告，宣称除护王陈坤书和广东、广西的太平军外，凡自愿弃城投降者，一律免死。布告的字写得很大，太平军将士从城头上就能看得很清楚，这个布告立时就起到了分化瓦解的作用，尽然陈坤书下达了严厉的命令，禁止逃跑，禁止投降，但每天都有数十名太平军士兵从轰开的缺口逃出来。

　　本来，太平天国局势的江河日下已使军心涣散，现在面对清军对常州城的分化瓦解之计，竟然半数人有归顺清军之意。5月5日，常州城的太平军悄然给戈登写信，表示如果当夜戈登派部队到两处城墙缺口，对两大城门发起佯攻，他们愿意反叛护王而集体献城投降。但是经历了蔡元隆诈降事件以及纳王叛降而李秀成却突然出现等事件，戈登变得格外小心，并没有接受常州官兵所提的条件。经历这次分化纳降，常州城太平军已是全无斗志。

　　1864年5月11日是太平军攻占常州城的四周年纪念日，李鸿章与戈登决定在这一天对常州城发动新的攻势，常胜军依靠猛烈的炮火很快就轰破了常州城。常州城陷落后，戈登立即给他的母亲写了封信，信中说："我将在5月13日回昆山总部，从此不再作战了。……叛军已被打垮，现在只有南京和丹阳没有攻下。"[1]

1　张富强：《李鸿章与常胜军关系新议》，《江海学刊》1990年第4期。

第三章

修约是个难题

1."利益均沾"下的隐忧

大清王朝发生的太平天国叛乱，军事实力孱弱的清廷不得不联合有着西方影子的常胜军对太平军进行疯狂的打击，这是大清向西方妥协的见证。

事实上，自第一次鸦片战争后，清廷的对外政策已经由闭关锁国纠结的走向屈从与妥协，但清廷也想维护自己的尊严和权利，便试图通过在华的外国人为自己挽回一点颜面，但很多的时候，这种努力又是徒劳的，第二次鸦片中，大清希望通过大清海关税务官员英国人李泰国影响英国改变强硬的外交立场，却遭遇了难以言说的无奈，就是晚清外交妥协与屈从最尴尬的一幕。

1855年进入大清海关的李泰国，进入海关之初，他将西方行之有效的诸如报关、结关、缉私等一整套的管理制度引进到大清海关，也增加了大清的财政收入。而且自他进入海关后，完全解决了外国税务监督的地位问题，从此后税务监督被视为大清的官员，虽然由外国推荐，但却由中国正式提名任命，税务监督的行动不再受外国领事的司法约束。

李泰国所做的努力，给清廷一种印象，李泰国是一个可以信赖的人。从咸丰帝到驻上海的地方官仿佛又从他身上看到了他的父亲——那个对华友好的英国传教士、驻华领事李太郭的影子。然而，1858 年中英《天津条约》的签订，这个被清廷视为自己人的洋大人却彻底毁掉了他在中国人心目中的好印象。

清廷被迫签订的《天津条约》发端于列强在第一次鸦片战争的修约诉求。1844 年，美国谈判代表顾盛与大清签订的《望厦条约》中有这样的规定，"至各口情形不一，所有贸易及海面各款恐不无稍有变通之处，应俟十二年后，两国派员公平酌办"。[1] 这就是说，随着商务等事情的变化，待十二年后再行商量妥办，这就为修约埋下了伏笔。

《望厦条约》的签订，正值鸦片战争的炮火停息不久，惊魂未定的大清君臣们战战兢兢地与列强谈判，签订了不对等条约，根本没有思考十二年后会怎么样。然而，条约签订后，列强们很希望清廷按照约款和规则行事：准许口岸传教、外国人入城贸易通商、在条约规定的口岸城市居住生活、兑现承诺给西方的特权等等。但是条约的签订，清廷是在被动的情况下进行的，也并没有打算好好地执行。

当时，最大的分歧是入城问题。根据条约，外国人可以在中国规定的口岸自由居住，所以他们便想冲破原有的商馆制度，入城居住，自由贸易。虽然鸦片战争英国是胜利者，美国、法国等欧美国家也趁火打劫获得了特权利益，但是要在中国通商口岸自由居住，

1　季压西、陈伟民：《来华外国人与近代不平等条约》，学苑出版社 2007 年版，第 441 页。

大清朝野上下还真有点不甘心，很不愿意让外人改变既有的秩序。特别是在被视为对外贸易窗口的口岸城市广州，这里的商民担心外国人入城，经商、居住会破坏他们既定的生活秩序，因而，反对外国人入城。

广州人民反对洋人入城，当时的告示、檄文流露出这样一些观点。1846年的一份《广东全省水陆乡村志士义民公檄》中说，英夷来自不开化的野蛮刁毒之乡，狼面兽心，他们觊觎我广州城不是一天两天了，他们要入城，不但强悍霸占我们的财产，而且还欺凌我们的百姓。但是贴告示者感到这样的说法未必站得住脚，就在檄文中加了一句"其害更有不可胜言者"[1]的夸大用语。

当时，还有人说，外商入城会抢了广州商民的生意，影响既有的商业秩序。1849年的《锦联堂公启》说："向来外夷数百年来，未闻入城，各国皆守分乐业，华夷并安。今英夷忽有此举，以致人情惶恐，客心疑惑。在粤之商，早决归计，远方之客，闻风不来，则货何处销售，更恐意外骚扰，又于何处寄顿，是以爰集同人，定议章程，暂停与夷人交易。"[2]

排斥外国人入城，1846年的《明伦堂绅士议论》则宣称："近来夷人猖狂……到处寻衅"，带着鸟枪以进村打雀为名，进村后鸡鸭牛羊一概打死，遇见妇女儿童，一概调戏欺凌。如此不近人情的蛮夷，如果让其入城，"将来扰害，更未有底止矣。所以我等百姓万不能容其入城也。"[3]

关于洋人入城，其实官方也是持抵制情绪的。当时从道光帝到地方官大都是反对外国人入城的。官方反对洋人入城的原因是什么呢？

1 [日]佐佐木正哉：《鸦片战争后之中英抗争》（资料篇），近代中国研究会（东京）1964年版，第270页。
2 茅海建：《关于广州反入城斗争的几个问题》，《近代史研究》1992年第6期。
3 [日]佐佐木正哉：《鸦片战争后之中英抗争》（资料篇），第274页。

从道光帝到清朝的官员们反对洋人入城，很大的成分仍然是维护天朝体制，"严夷夏之防"，担心洋人与华夏百姓居住一起，天长日久，民风大变，影响王朝统治。全民上下反对洋人入城，可是《南京条约》签订了，洋人要求入城，为了实现入城，在后来的《虎门条约》中又补充了条款。在璞鼎查看来，根据条约入城是名正言顺的事情，可是广州绅民还是不答应，这让积极签订条约的璞鼎查很是恼火。

璞鼎查感到恼火的还有一个原因，他感到自己被中国谈判代表、时为两广总督的耆英涮了。最初，他拿了《南京条约》英文文本找到耆英嚷嚷着要求入城。他的依据是条约第二款有这样的规定。耆英不懂英文，只好让英国人给他翻译。英国人翻译出来的入城条款大意是这样的：中国皇帝批准英国国民可以到广州、厦门、福州、宁波、上海的城市和乡镇，进行通商和贸易，并允许他们到这些城市居住。女王陛下将指派监督或领事官员到这些城市和乡镇驻扎。

听完英国翻译官的翻译，耆英不慌不忙地拿出《南京条约》的中文文本，让英国翻译官也念给璞鼎查听，翻译官看了《南京条约》中文版本的该条款，不由得面露暗色。原来中文版本的该条款是这样表述的："自今以后，大皇帝恩准大英帝国人民带同所属家眷，寄居大清沿海之广州、福州、厦门、宁波、上海等五处港口，贸易通商无碍。且大英帝国君主派设领事、管事等官住该五处城邑，专理商贾事宜。"[1]

显然，中文与英文文本在入城条款上发生了分歧。英文版本中说无论是英国国民还是领事都有居住五个通商口岸城市的权利，但汉文本却描述的是，英国商人只能在口岸的港口居住，领事可以驻扎在通商口岸的"城邑"。港口是在城外，英商当然不能进城，可是关于"城邑"的界定却没有说是城内或者城外。因此英商和领事

---

[1] 喻大华：《道光皇帝》，长江文艺出版社2009年版，第361页。

的入城问题都遭遇了中英文字差别带来的难题。

这也是为什么璞鼎查后来又要求补充《虎门条约》的一个原因。依据《虎门条约》，璞鼎查满心希望可以入城，因为他也是第一个提出要求入城的人。璞鼎查的要求，其实耆英也有些犯难。答应他吧，广州百姓就会群起而攻之的指责他。但是，现在毕竟有《虎门条约》在那摆着呢！不答应吧，英国人又整天苍蝇一般盯着自己，难以得到清静。

于是，耆英干脆给璞鼎查写了信。信中说：在城内城外本没有什么差别，可问题的关键是，广州的民风未化，虽经积极开导，但仍是愚顽不化。我跟巡抚商量了，让地方官接着开导，广州开关贸易后，咱再商量入城的事。"如有一语相欺，上帝鉴之"。耆英一番诚意且信誓旦旦的表白，璞鼎查也是没有办法了，也不好意思再强硬相逼了。

继璞鼎查之后，接替公使职位的德庇时也提出了进城的要求，广州地方官仍是拒绝。德庇时为此质问耆英，为什么中国仍然不准英国人进入广州？

当耆英将这个消息报告给道光帝的时候。他真有些左右为难。1845 年 12 月 21 日，他在给耆英的谕旨中说，恐怕实在不好答应英国人的要求，现在就是希望你保持清醒的头脑，想出解决问题的办法，其实可以告诉英国人，进城不进城都一样。考虑到中英双方贸易的大局，还请冷静等待。

道光帝把皮球推给了耆英，让他开动脑筋想出解决问题的办法。耆英能有什么好办法，事情就这么拖着。后来，两广总督先后换成了徐广缙和叶名琛，这两个人在反对外国人入城的问题上更是态度坚决。入城问题迟迟难以兑现，英法等国的公使们当然不能接受了，从 1853 年起开始酝酿着修约。当时太平天国运动势头正劲，对大清王朝造成了极大的冲击，列强便认为，这是向清廷提出修约要求的大好时机。

1853年5月20日，美国公使麦莲在给美国国务卿的报告中说："我十分准备利用目前事变的发展，为我国夺取利益。"

夺取什么样的利益呢？就是迫使中国答应：外国传教士在中国自由传教、内地和长江及其支流的开放，允许外国人在口岸居住、经商。为此，英法美等国都先后到太平天国控制的南京活动。希望从太平天国或者清廷那里得到他们想要的在条约之外攫取更多地利益。

但是，列强在太平天国的积极活动都以失败而告终，势头正盛的太平天国领导人没有答应各国公使的要求，不承认清廷与列强签订的条约所赋予给列强的特权。列强将外交砝码滑向大清，提出如果清廷准予修约，西方便不支持太平天国。既然要修约，英国政府对于修约内容提出了五个方面的主张：

其一、开放全部内地及沿海的城市，或至少准许在长江上自由航行，并开放镇江、南京、杭州和温州，准许外国商人自由出入贸易；

其二、鸦片贸易合法化；

其三、确认废除内地的子口税；

其四、外国使臣可以驻扎北京，或至少要求外国使臣能够与北京主要官员会晤，以及公文来往的权利；

其五、外国使节可以与中国各省总督直接会见等等。[1]

英国人提出要修约，实际上接替徐广缙担任两广总督的叶名琛在太平军占领南京之时，就感到英国可能有此意图。当时，他在给

---

1 [美]马士：《中华帝国对外关系史》第一卷，张汇文等译，商务印书馆1963年版，第767页。

咸丰帝的奏章中说，文咸企图"乘此内地匪扰兵分之际，从旁窥伺别有要求"，借口《南京条约》有"十二年后再行更易之议"[1]的条款，提出修约的要求。

当时的这个奏报咸丰帝并没有放在心上，也没有表态，叶名琛也就自作主张地不予理会。

对于修约要求，英国人仍然以入城为要挟条件。这一点上，新任公使包令比文咸表现得更为强烈。包令被任命为驻华公使时，英国外交大臣克拉伦登给他发出了这样的训令，要他密切关注中国正在进行的内战的情况，还要向中国提出修约的问题。既然入城是修约的重要要挟条件，包令很想创造出一个让叶名琛在广州城里接见他的机会。1854年春，包令被任命为驻华公使后，即致函叶名琛说希望到广州城内拜见。叶名琛答复说："现在管理数省军务，刻无暇晷，但是一俟稍有余暇，自当择定吉日接见阁下。"[2]叶名琛没有接见包令，包令便想对华发动军事挑衅。当他把这个想法报告给英国外交大臣克拉伦登时，克拉伦登制止了他这个想法，让他不要冒着可能遭到大清帝国报复的危险而采取单方面的行动，况且在英国海军还不足以对清军造成威慑的局面下，更应该谨慎。

克拉伦登的顾虑是有原因的，因为当时克里米亚战争正在进行，英国心有余而力不足。况且，当时英国海军还要遏制不断在太平洋上伸展势力的俄国海军。

克拉伦登的指令使包令不得不改变对华动武的想法，他又给叶名琛发了一个照会，表达希望得以进城会见的愿望。这一次叶名琛倒是同意接见了，但是叶名琛提出的接见地点不是在广州城内，而是在城外河边的一个仓库里。这在包令看来，简直是对外国使节的侮辱，他没加思考的就拒绝了。

1 《筹办夷务始末（咸丰朝）》第一册，中华书局1979年版，第8页。
2 《英国议会文件：1850—1855进入广州城通信汇编》，英文版，第15页。

159

同包令一样，美国公使麦莲与法国公使布尔布隆都希望进入广州城，得到叶名琛的接见，但他们都吃了闭门羹。

相同的遭遇，使他们联合了起来。三国公使商量对策，达成了一致意见，表示要共同协作，联合向大清帝国提出修约要求。叶名琛知道修约是大事，是必须要奏报咸丰帝寻求一个解决办法的。于是，叶名琛也向咸丰帝作了奏报。

当叶名琛再次将修约的情况报告给咸丰帝时，咸丰帝感到十分棘手，他也拿不出合适的对策。干脆，交由叶名琛全权办理算了。

但是叶名琛并不懂相关的法规。比如中英《虎门条约》所规定的最惠国待遇，按照国际法只是针对"英人"，并不包括政府，更何况修约不应在最惠国待遇之内。但是对于这些，叶名琛并不知情。他长期浸于传统学术，和众多的保守派一样，对西方世界充耳不闻。虽然对于列强他态度强硬，也不怕列强的恫吓，但他一味拒绝的做法，只能使事情向难以控制的方向发展。包令提出要修约，叶名琛给咸丰帝信心满满地打包票说："臣惟有相机开导，设法羁縻"。

在叶名琛给咸丰帝的报告中，他并没有说明"修约"是什么一回事，也许他压根也没弄明白修约是怎么一回事。这样，本来对外交之事一片空白的咸丰帝，因为叶名琛的信心满满也就根本没有把"修约"的事情放在心上。修约之事，叶名琛大包大揽，咸丰帝对他由于信任，自然很是放心，咸丰帝在下发给叶名琛谕旨中写道："叶名琛在粤有年，熟悉情况，谅必驾驭得当，无俟谆谆告诫也。"[1]

列强提出"修约"，与大清国产生最大的分歧是念念不忘"入城"，可以说是把"入城"与"修约"联系在一起了。"入城"关系到大清体制与"颜面"问题，咸丰帝不愿意的事情，叶名琛这个拒敌入城的楷模所采取的方式自然仍是拒绝。

修约要求屡屡遭到拒绝，让包令、美国公使麦莲、法国公使都

1　《筹办夷务始末（咸丰朝）》第一册，第271页。

不甘心，感到心中有股恶气憋着，散发不出来。他们决定北上对清廷进行武装恫吓，以此迫使不知天高地厚的中国皇帝就范。

咸丰帝会就范吗？答案是否定的。1854年10月间，英、美两国公使各自乘坐本国军舰北上，说是要与朝廷商量修约的事。当时，法公使布尔布隆说自己的坐舰出了点毛病，北上的事情你们先去吧，不过烦劳两位公使，将我国要求修约的照会一并代递。布尔布隆还真是个滑头，两边都不得罪，又可以达到自己的目的。

10月15日，英、美公使所乘的军舰先后抵达大沽口。既然敌人来了，咸丰帝不可能没有态度。他得到奏报后，就谕令直隶总督桂良赴津主持交涉，并告诫他不要轻易地就答应外夷的要求。双方进行了几次非正式的见面，然后才开始了正式的交涉。

在非正式的接触中，英美两国公使故伎重演，又打出太平天国的牌子，表示英国人是可以保持中立的。他还说，修约的问题如果被拒绝，那么他们将被迫与叛军谈判。真是赤裸裸的侵略者，时时刻刻都不忘向大清提出要挟。

外交上的较量就是这样，看谁打得牌响亮，出的牌能够压倒对方。虽然列强们并没有做好介入中国内战的准备，但是嗓门喊一喊却是无关紧要的，如果碰上个胆子小的，还真能使其就范。在这一点上，美英两国公使都充满信心。

麦莲在给美国国务卿的一份报告中说的很明白：中国南方的地方官希望西方帮助他们镇压太平天国，但是这样做未必能够给美国带来利益。如果答应他们的要求，那必须是"它成为引诱帝国当局达成协议的一个主要因素。"因此，麦莲对此次北上踌躇满志，以为咸丰帝会就范，答应美国的要求。作为麦莲翻译官的伯驾更是信心满满，他认为：清廷"遭受的国内压力，一定会促使它对外国采取更加开明的友好的政策。这种感觉也被在中国的有智力的外国人所接受"[1]。

这种心态的作祟，使得侵略者对清廷漫天要价。英国与美国公使狮子大开口地开列出二十九条修约要求，在 11 月 3 日的会谈中正式向清廷代表抛了出来。这些要求，英国提出了十八条，美国提出了十一条。主要内容是：英国派出公使准予驻京；英国人在中国内地、沿海口岸可以自由出入；开放中国内地和沿海各处，开天津卫贸易港口，派领事驻扎；鸦片贸易合法化；免征进出口内地税，准许外国人在中国各处购买土地；自由航行长江，每隔十二年为期继续修改现行条约等等。

在当时，英、美、法三国在中国都享有片面的最惠国待遇。《南京条约》签订时，英国女王就鼓吹要与各国利益均沾。在这种思想主导下，只要一国获得特权利益，别的国家很快也可以获得。

列强的非礼要求，咸丰帝能答应吗？当时，中方代表桂良、崇纶等将列强提出的要求如实奏报给了咸丰帝，桂良在给咸丰帝的密奏中说：列强的修约要求"是荒谬绝伦的和不适当的"。谈判时，他们咄咄逼人，看起来如果全部拒绝条约要求，他们肯定会不甘心，虽然不至于立即采取报复行动，但是太平军还没有剿灭，在此动荡的局面下双方不能保证两人不相互勾结，到那时局面将变得更加困难了。

看了桂良等人的奏折，咸丰帝也感到全然拒绝列强的要求，势必激起列强更大的不满，于是他在给桂良等人的上谕中说，对于列强提出的条约中一些条款需要修改之事，朕认为，对于百姓与夷人发生争执，条约中都有规定的。至于他们说的近来地方官在民夷争执中审案不公，可以让他们调查，促使地方秉公办理；对于"上海匪徒滋事，贸易维艰，如果夷商因此赔累，欲免欠税，朕抚驭中外，柔远为怀，原不准（难）稍从减免，但应如何核减之处，亦须由该

---

1 茅家琦主编：《太平天国通史》上册，第 636 页。

督抚查明酌办。至广东茶税，据称滥抽每担二钱，天津也无成案可考，必须由两广总督办理。以上三款，尚可允其查办，此外各款，概行指驳"[1]。

英、美公使提出了二十九条，咸丰帝只答应了三条，在无关紧要的问题上作了让步，而对主要条款，严旨一概拒绝。

于英、美公使来说，天津之行是来要求修约的，不是北上来旅游观赏风景的。咸丰帝只在枝节上的让步让他们非常失望，认为大清根本就不想修约，他们只得返回上海。英、美公使离开天津后，咸丰帝还有些得意，认为这是外交上的一次大胜利，却丝毫没有想到战争正在一步步地迫近。

1856 年，英、美、法三国公使又提出要求修约。但是，叶名琛与咸丰帝都不知道这一次列强提出修约已经不同于上一次了，这一次的"修约"要求，真真是让大清朝野领教了强权的能量。三国提出要求"修约"，当时已到大清海关任职的英国人李泰国不断制造"恐致生事"的临战气氛。当然，这种渲染并非空穴来风。由于叶名琛一再拒绝与各国公使会见，使得英、法、美三国公使对他产生了极度的厌恶情绪。特别是包令与法国公使，已经根本不愿与他谈判。但是，此时叶名琛根本没有想到战争已是冬天的干柴，只须一把火把它引燃了。

叶名琛坚持自己的态度，而当列强第二次提出"修约"之时，在澳门的法国新任驻华公使顾思正在向巴黎报告马神甫事件，要求武力干涉。顾思也是一个对华强硬派，他向法国政府汇报的马神甫事件是这样发生的：1856 年 2 月，法国传教士马赖在广西西林县与当地流氓一起勾结为非作歹，被当地官府处死。因为根据条约规定，外国人只能在五口通商传教，是不准擅自进入内地的。但是，马赖不仅违反了条约规定，而且还吸收当地的地痞流氓入教，马赖

---

1 茅家琦：《太平天国与列强》，第 150 页。

趁机吸收的地痞无赖达 200 多人，这些人入教后，"窜村妖言惑众，纠伙拜会，奸淫妇女，抢劫村寨"。这些举动，遭到了当地百姓的强烈不满。这些事传到了西林知县张鸣凤的耳朵里，张鸣凤依法处决了马赖。马赖被处决的消息数月后传到法国，当时法国正是拿破仑三世当政，对外积极推行侵略政策，这为他对华发动侵略战争找到了借口。

顾思向法国政府汇报马神父事件后，法国政府立即与英国政府联络，筹备联合侵华。要对中国动武，英国本来想利用马神父事件来发动战争的，但是又感到这个事件仍然不足以成为发动战争的借口。英国试图寻找更合适的理由。

既然是寻找借口，那肯定是借端生事。与列强来说，这是他们的拿手戏。1856 年 10 月 8 日，广东水师千总梁国定得到报告，说在广州江面上发现一艘鸦片走私船，便前往搜查。他们搜查的是一艘名叫"亚罗"号的商船，搜查中，梁国定逮捕了船上的 2 名海盗和 12 名中国水手。这个正常的海上稽查行动，英驻广州领事巴夏礼却趁机发难，说"亚罗"号在香港登记，就是英国船只，要求梁国定释放人犯，但遭到梁国定等人的拒绝。于是，巴夏礼给英国公使包令写报告，诬称中国水师官兵撕扯英国船只上的英国国旗，要求水师官兵立即放人放船。包令得到报告后，立即让英国驻广州代理领事巴夏礼致函两广总督叶名琛，要求赔礼道歉，放人放船并保证今后不发生此类事件。

巴夏礼威胁说，叶名琛必须在 48 小时作出答复，否则英国方面将采取军事行动。按说，这本是海上例行巡查的一件小事，但包令希望借此把事态扩大，从而对中国挑起战争，他说"亚罗"号事件就是"希望能在浑水中摸一些鱼"[1]。既然要浑水摸鱼，让叶名琛怎么也没有想到的是，巴夏礼悍然命令海军对沿江炮台开始发动

1　黄宇和：《两广总督叶名琛》，中华书局 1984 年版，第 172 页。

炮击。

战争就这么打起来了。1857年12月28日，英法联军突然向广州城发动进攻，叶名琛自然是毫无准备。较之上一次叶名琛应对英军的侵犯，这一次广州城更是被敌人轻轻松松地攻陷。

1858年1月5日，英法联军进入广州城，沿途未遇丝毫抵抗。叶名琛换上士兵的衣服，试图从总督府后花园翻墙逃跑，不料被巴夏礼带领的前往总督府搜查的100多名皇家海军士兵抓了个正着，一个士兵一把抓住了他的小辫子把他从墙上拽了下来。你说说，留着个大清的猪尾辫有什么好处，想逃跑都是那么的艰难。

叶名琛被捕后，很快他便被送往印度加尔各答接受英国人的改造去了。可是，这一刻的叶名琛不吃不喝不说话不劳动甚至不看英夷丑恶的嘴脸，他在慢慢地等死了。终于，他饿死在了英国人的监牢里。

广州发生的战事，于咸丰帝来说，他也是乐观的，没有把敌人放在眼里。起初，他完全听信了叶名琛的忽悠。

但是，广州城被攻陷后，英法联军大开杀戒。广州沦陷的第三天，由广州将军穆克德讷领衔，广东巡抚柏贵、副都统双禧和双龄、粤海关监督恒祺、广东布政使江国霖、按察使周起滨等高级官员集体上奏，向咸丰帝报告了广州城失陷的消息。

1858年1月27日，广州城失陷的奏折送到了咸丰帝的手里。此时，距离他收到叶名琛的奏折才不过十天的时间，咸丰帝以为广州方面又向他报告什么好消息，可是看了内容，没想到竟会出此等事情，头脑一下子懵了，用朱笔在该折尾写了几个大字：览奏实深诧异！

真是佞臣误国！此刻的咸丰帝是真正感到自己被叶名琛忽悠了。在此之前，他也曾经看过一些官员对广州情形的奏报，其中也有对叶名琛的弹劾，他都认为是不实之词而一一驳斥了。现在事情既然到了这步田地，咸丰帝还是要面对的。

广州城失陷，大脑逐渐清醒的咸丰帝连发谕旨，将叶名琛革职，任命黄宗汉为两广总督，并接受钦差大臣关防。黄没有到任前，由广东巡抚柏贵代理广东事务。可是咸丰帝哪里知道，此刻的柏贵在英国人的胁迫下也沦为不折不扣的汉奸了。看来，咸丰帝的一生也真够悲哀的，他至死都是在臣子们的忽悠声中度过的。

广州城被英法联军攻陷，美国、俄国此刻可谓是欢欣鼓舞。此时，美国对驻中国公使也作了人事变动，号称"中国通"的伯驾换成了好战分子烈威廉。烈威廉曾经是一名律师，他在1856年因帮助美国第15任总统布坎南成功竞选而得到重用。布坎南任命他为驻华公使后，他率领当时世界上最先进的军舰"明尼苏达"号来到了中国。对于英法联军的行动，烈威廉表示，英、法两国对广州的行动是正确的，美国将和他们采取一致的行动。

既然要采取一致行动，列强趁攻陷广州之际，于1858年2月，再次发出照会，提出修约要求，俄国公使则要求清廷割让黑龙江以北和乌苏里江以东地区等条件。并要求清廷在2月底前派出全权代表到上海谈判，否则就举兵北上天津谈判。

四国公使的要求，两江总督何桂清、江苏巡抚赵德辙收到照会后即向咸丰帝作了汇报。可是此时的咸丰帝仍然没有意识到列强的真实意图，他仍然没有改掉过去被叶名琛忽悠时的那种心态，认为列强不过是虚张声势，通过恫吓来迫使朝廷答应其贪得无厌的要求。因此，他拒绝派钦差前往上海与列强谈判。他要求何桂清复照英、美、法等国公使，设法把他们劝回广东，与黄宗汉交涉；俄国使臣与黑龙江将军奕山交涉。咸丰帝认为，由黄宗汉、奕山与外人谈判，所有的问题都可以解决。咸丰帝像当初信任叶名琛一样，又开始盲目乐观了。

咸丰帝仍然没有认识到侵略者的侵略本性。也使得他并没有做好天津的战备防御。

直到 3 月 21 日，咸丰帝才想起要抓紧防守。他给直隶总督谭廷襄下达谕令，要他在天津"于海口各要隘，不动声色，严密防范。如果夷船驶到，须先严禁沿海居民，毋得接济食物，私通贸易，使其不能久留。一面派委妥员与之理论，令其驶回广东，听候查办。"[1]谭廷襄接到命令，赶紧组织人员，集结军兵，积极布防，在大沽口炮台集结了军兵有 8000 人。

但是这个准备毕竟是在仓促进行的，并不能适应防御作战。虽然如此，咸丰帝仍然没有把列强放在眼里，因而对英、法两国公使要求的谈判，他并不积极回应。这让两国公使非常不满，便协商后于 3 月底率军北上。俄国与美国也极力鼓动，希望英、法两国尽快率兵北上。4 月 13 日，英法联合舰队先后到达天津大沽口外。他们到这里后，四国公使又联合发出照会要求清廷派全权代表在北京或天津谈判，并要求在 4 月底前做出答复，否则联军将攻占大沽炮台。

这一刻，咸丰帝才感到列强并不是虚张声势，他并不想与列强开战。咸丰帝是这么想的：在太平天国还没有镇压下去、国内局势还十分动荡不安的环境下，对外必须妥协；另外，天津离北京太近，列强一旦在天津开火，京城势必受到威胁。两江总督何桂清也认为不能轻易与列强开战，他上奏咸丰帝建议对列强只能"以柔制刚"。怎么个以柔制刚呢，也就是小恩小惠，看看能不能满足列强的要求。何桂清的建议立即博得咸丰帝的赞赏，认为"所奏实为明晰"。

咸丰帝虽然同意对列强"以柔克刚"，但是他对列强的要求又不肯全盘接受。这样，战争就无法避免。

四国公使发出的照会，让咸丰帝感受到了巨大的压力，他知道四国已经结成联合阵线，英法舰队又在天津的海面上虎视眈眈，他

___
1　《筹办夷务始末（咸丰朝）》第一册，第 667 页。

只好在谈判地点上作了退让，答应可以在天津进行谈判。并派出当时主管粮食的官员仓场侍郎崇纶与列强谈判。这个安排令列强十分不满，认为咸丰帝毫无诚意，一来崇纶职位太低；二来，一个粮食局局长怎么能够进行外交事务的谈判？于是拒绝与崇纶谈判，表示只愿同与他们本人级别相同、具有全权身份的官员进行谈判。

咸丰帝没办法，只好又派出了谭廷襄为谈判代表，但是，四国公使仍说谭廷襄不具全权身份，不愿与他进行谈判。四国公使如此几次拒绝谈判，咸丰帝认为这是列强借故刁难，他也要起任性的脾气来了，他提出了反要求。他要求谭廷襄告诉英、法两国公使，说："必须该两国将广东省交还，真心悔过，方能逐款定议。大皇帝谕令限期于四月底交还省城，如逾期不还，一交五月，当即兴兵攻打省城。"[1]

咸丰帝提出反要求且只答应减税一事，列强当然不干了，悍然决定炮轰大沽炮台，逼迫清廷就范。1858 年 5 月 20 日，英法联军闯进大沽口，攻击南北两岸炮台。俄、美两国为英法助威，也让自己的军舰驶进白河，直隶总督谭廷襄慌忙逃走。仅炮击了两个小时，大沽炮台就失陷了，英法联军乘胜直抵天津。如此危局，咸丰帝慌忙遵照了侵略者所提的条件，派出全权大臣与列强进行谈判。这样，一场艰难的《天津条约》谈判开场了。

2. 英国物色谈判代表

早在 1858 年 4 月中旬英法联军兵临大沽之时，咸丰帝要求谭廷襄一面做好防御，一面与敌交涉，而期待着修约的西方各国早已为此进行着积极的准备。4 月 24 日，额尔金照会直隶总督谭廷襄，要求他将自己写给文华殿大学士裕诚的信函尽快转交。额尔金在给裕诚的信中说，英帝国准备在大沽与由皇帝授权的大臣进行会谈。

---

1 《筹办夷务始末（咸丰朝）》第一册，第 21 页。

谭廷襄收到信后，即回复额尔金说，已将来函转交，朝廷谕令他（谭廷襄）会同仓场侍郎崇纶、内阁学士乌尔衮泰共同与英方会谈。接到复函的额尔金并不放心，他知道清廷在外交交涉上常常会多有变故，会做出一些借故拖延之事，因而他看了谭廷襄的信函后，便又来函询问谭廷襄是否有被皇帝授予的全权？是否能够独立行事，在需要做出决断时"便宜行事"。这次来信，谭廷襄并没有正面答复额尔金的问题，只是邀请额尔金于 5 月 1 日进行会晤。由于谭廷襄并没有回答是否有"便宜行事"的全权，遭到额尔金的拒绝。5 月 6 日，额尔金命李泰国和威妥玛出面与谭廷襄会谈。

修约大事，关系到英国的切身利益。考虑到中西方语言不通，在英法联军兵进大沽的时候，额尔金已在思考着遴选合适的翻译人员参与到即将进行的外交谈判中，为自己的国家增添一些有利的因素。

在当时，西方其他国家与中方谈判，由于没有译员，大都是由在华传教士来充当翻译的角色。额尔金不打算这样做，在他看来，传教士并不能很好地贯彻他的意志。翻译人选上的限制，使得选用人员也没有太大的空间。额尔金很看好那些在华领事馆的译员们，但是当时驻华领事馆里能够充任翻译的人员也不过八九人。巴夏礼、阿查立、麦华陀都有别的重任，无法投入到中西方修约问题的谈判中来。

英国驻上海领事馆代理译员密妥士倒是可以考虑的一个人选。当时他也没有什么大的事情，他的语言能力，额尔金也很为赞赏，但是额尔金的秘书俄理范对此人印象不好，况且领事馆方面也离不开译员，额尔金便只好作罢。

马儒翰的弟弟马理生也跟着他的哥哥学了一口流利的汉语，但是他身体欠佳，正在上海病养，自然也是难当重任。在宁波领事馆任翻译的密迪乐也通晓中英文字，他对中国也比较了解，熟悉官场情形，交往礼节。但这个人在服从上司的意志上做的不够，说的多，干得少，额尔金这个以自我为中心的人物，自然不愿意让不惟他马首是瞻的人来担当角色。

本来，额尔金可以考虑威妥玛的，但威妥玛此时已经从驻临江的英国驻华商务监督处调到刚刚组建的驻华公使团，充任使团的中文秘书，威妥玛推荐了李泰国。额尔金的私人秘书俄理范与李泰国也早就认识。于是他们共同推荐了李泰国。早在1858年的2月，俄理范就与李泰国有过合作。当时正逢中国一年一度的春节，按照传统的习俗，人们都在享受这一年中难得休闲和快乐，俄理范奉领事馆之命，向清廷发出照会，要求放行一支前往苏州的代表团。自一月间英法联军攻陷广州后，英国人想打破长期以来迟迟不能入城的现实，希望给中国一份照会，说明希望入城的现实。这支代表团前来苏州，希望将照会递交给江苏巡抚赵德辙。俄理范就是这只代表团的成员之一，他们出发前才向已成为大清海关税务监督的李泰国说明此事。

由于李泰国的通融，使得事情进展的很顺利，赵德辙接受了英方的照会，并允许代表团到苏州城做了数日郊游。这一次接触使俄理范发现李泰国在大清官场是一个很受欢迎的人物，由此也认为李泰国是一个中国通。

基于这样的好印象，当威妥玛推荐李泰国充当这次谈判的翻译时，俄理范也大加称赞。俄理范与威妥玛都向额尔金推荐已经成为大清高官的李泰国作为中英谈判的译员，额尔金特意给李泰国写了封信，信中说："倘若你能陪同我此次北上，我将感到分外满意。我认为，你熟悉中国海关工作，精通中文，一定能在这个重要关头，给我提供极大的具体帮助"。[1]

作为大清雇员的李泰国，要充当天津谈判中的译员角色，大清

---

1 季压西、陈伟民：《来华外国人与近代不平等条约》，第442页。

的官员们是什么态度呢？ 1858 年初英法联军攻陷广州后，又乘胜
北上，目的就是要清廷按照西方的意志修约。5 月 20 日，天津大
沽炮台两个小时就被列强占领了。之后，联军又未遇任何抵抗地进
占天津，这是咸丰帝万万没有想到的。

大沽是天津七十二沽的最后一沽，位于海河入海处，在明朝时
就是海防要地、京师门户。敌人攻占了大沽，京城还能有好吗？咸
丰帝虽然不懂军事，可在这一点上，也不是不知道。大沽失守，咸
丰帝顿时慌张起来了，他感到再也不能固守旧计了。

可怜的咸丰帝，没有想到该如何振作扭转局面，而是思考着该
如何向敌人做出妥协让步，才能摆脱洋鬼子们威胁京师的局面。

大沽失守后，英法联军占据了天津城，嚷嚷着要进入北京城。
慌乱的咸丰帝于 5 月 28 日谕令大学士桂良、礼部尚书花沙纳火速
赶往天津，与列强交涉。30 日，四国公使也先后抵达天津，并居
住在一处被他们强行征来的民宅里。

咸丰帝要桂良、花沙纳与列强谈判，他给桂良等人下达了"便
宜行事"的指令。在桂良、花沙纳前往天津之前，直隶总督谭廷襄
就奉命与英方进行了接触，但是却遭到了李泰国的羞辱。谭廷襄是
在英法联军兵进大沽之时与英方交涉的，当时英法联军虽然扬言要
攻占天津城，但是在情况不明的状况下并未贸然登岸，而是要中方
速派代表到天津交涉，扬言如果全权代表不赶快到来，天津将被毁
灭。[1]

谭廷襄接到谕令很是踌躇，他忐忑不安地思考着如何面对洋鬼
子们的咄咄逼人，他不懂外语，也知道整个大清鲜有会说鬼子话的。
老实说，一直视大清为华夏正统的谭廷襄对叽里咕噜的鬼子花很是
不屑，他认为那些听不懂的语言简直就是鸟语，可是要直面谈判，
又不得不信任翻译人员。当得知在中国海关任职的李泰国充当此次

---

[1] 蒋孟引：《第二次鸦片战争》，第 117 页。

谈判的译员，他很是期待。可以说，当时清廷的大多数官员对李泰国都是充满期待的，认为这是一个可以信赖的人。因而，经上海道台批准，李泰国欣然前往。

额尔金也想利用李泰国身份的特殊性，为英帝国谋取利益。在谈判之前，额尔金曾向各方介绍李泰国，"他在上海负责海关工作"。额尔金此举有着多重用意，希望李泰国身份不明，利用他与中国人的特殊关系，充当打探中方谈判态度的"消息灵通人士"。也正是这种安排，在后来的谈判中令清朝官场惊呆地发现，这个洋鬼子骨子里浓厚的殖民色彩。

额尔金北上谈判，虽然他是英国女王钦定的全权代表，但实际的谈判却操纵在李泰国和威妥玛手里，而这两个人中主事的就是李泰国。对于这样的安排，额尔金解释说，中国的钦差大臣们永远不会清楚地懂得他提出的要求的性质，他也无法感受到中国人处在一种什么样的状况，要有效地沟通，必须让中国人同完全了解他们、会说英国话的英国人与之打交道。这样，李泰国在天津天津条约的谈判中便成了"主其事"的重要角色。

李泰国一出场，直隶总督谭廷襄就感受到了李泰国的压力。咸丰帝让谭廷襄这个外交门外汉出面与敌修约议和，他在外交上还真是个门外汉，在毫无外交经验的情况下很被动地走上了中英交涉的谈判桌前。最初谭廷襄负责与敌交涉，按照中国传统的待客之道，一连数日在大沽口设下丰盛的宴席，招待这些驾着坚船利炮而来的洋鬼子们，希望他的诚意能使联军感动，一来显示天朝的怀柔远人的胸怀，二来希望通过议和，使联军尽速撤兵。

谭廷襄的这些举动，李泰国根本不放在眼里，他毕竟在大清官场多年，知道人情世故。在最初的接触中，谭廷襄感受到了李泰国的狡狯。谭廷襄在给咸丰帝的奏折中说，"（咸丰八年四月十四日，1858年5月26日）火轮船四只，直抵津关，在后尚有四只，相联而进……旋据英夷通事李泰国欲请府县往见。臣等以该夷业已到此，既未用武，自应仍示羁縻，当饬府县往见，据李泰国声称：'伊国所商之事，必须禀明上司，奏请大皇帝选派头品可以主持之大臣二员。迅速前来共议，先派之大臣，可不再见。否则仍欲进京，并即攻击郡城。两日以内听候回信，须见另行钦派谕旨，方肯相信'等语"。[1]

显然，谭廷襄不是头品大员，得不到英方的回应，就连李泰国、威妥玛这样的译员都不愿与其谈判。谭廷襄受到了羞辱，并没敢向咸丰帝奏明，只好说：李泰国此人，观察其情形，是个不甚讲道理的人，尤其是他虚张声势的做派，实在令人感到厌恶。

在天津条约的谈判中，一位参与谈判的知府同熙披露了当时谭廷襄与李泰国会谈时的情形：谈判之初，额尔金选派李泰国、威妥玛作为翻译和代表直接与中国议和，谭廷襄应约前往天津大沽炮台公所相见，见面时，李泰国与威妥玛态度傲慢，其情形实在令人错愕：

该通事先谒制军："系何官职？所办何事？"答："系总督，凡直隶通省事件皆归管理"。该通事声称："能否自作主张？我国事件能否办理？"当欲以"尔国有何事？我为总督，皆能作主，皆可代奏"。该国通事又称该国"派来钦差系全权大臣，可以便宜行事；中国总督既能做主，是否与我国钦差相同？"当又谕以"天朝制度与外邦不同，总须请旨遵行，不能专擅行事"。该通事又称："既不能便宜行事，所商之件，亦不必徒费唇舌！"，制军又谕以："尔国如有应商事件，亦应公使亲来相见，该通事不过彼此传宣而已，尔非公使，何能主张"。随约定二十八日听信，该通事临行又称，"二十八日之约，如不能便宜行事，勿徒后悔！"，似此危言

1　季压西、陈伟民：《来华外国人与不平等条约》，第443页。

恐吓而去。现据实奏闻。[1]

一个翻译官，在大多数人的眼里不过是彼此传话的人罢了，居然可以对大清堂堂的直隶总督说出如此狂悖的话。一个正在大清官场服务的人，为什么会对谭谭廷襄这么一位"同僚"做出如此举动呢？身处大清官场数年，李泰国深知中国官场情形。他明白，在大清的官场上，官小了说话不一定算数，要打交道就要同那些手眼通天的人物。跟清朝官员打交道多年，他发现很多事情费了一番口舌，到头来上头一纸谕令，决定了事情还会被推翻。在中英的外交交涉中，英国人最担心的是他们攫取的成果和条约内容不为大清皇帝所知悉。广州城陷后，英军在两广总督衙门搜到了很多条约文本，证实了他们的怀疑是正确的：中国皇帝很可能根本就没有看到条约，要不然这样重要的文本不放在北京，而是在总督衙门里。在他们看来，不明就里的大清皇帝没有看到条约文本，下面的官员又避重就轻，故而使得他们不能很好地执行条约。

根据额尔金的意志，所以李泰国与谭廷襄的交涉，只是一个翻译角色的李泰国坚持要与具有"便宜行事"全权的清廷最高级别官员谈判，此外公使驻京也成为李泰国坚持的条件。这个要求，谭廷襄无可奈何只好向朝廷奏明，应该按照英法的要求办理。

咸丰帝对这个要求起初并不买账，说中国向来没有这样的官衔，又怎么能设立"便宜行事"之名目。英法联军的要求遭到拒绝怎肯善罢甘休。占领大沽炮台的英法联军立即做出进攻天津城的决定，并在5月28日兵临天津城下，惊慌失措的咸丰帝当天急派恭亲王奕䜣的老丈人、东阁大学士桂良和时为户部右侍郎的花沙纳与敌交涉，并赋予了他们"便宜行事"的全权。

桂良和花沙纳接到谕令很不愿意前往，但是君命在身，由不得

1 中国史学会编：《中国近代史资料丛刊：第二次鸦片战争》第一册，上海人民出版社1978年版，第639页。

不前往天津。而就在咸丰帝派桂良、花沙纳与敌议和的同时，咸丰帝的五叔、惠亲王绵愉说话了，签订《南京条约》的耆英被降级候补待用，何不让他参与谈判？第一次鸦片战争后条约的议结，西方对他还是留下好印象的。也许他前去，事情会有所缓和。绵愉的提醒，还真让咸丰帝动起了心思。

在道光帝的时代，虽然耆英代表大清签订了丧权辱国的《南京条约》，但这并不影响他职位的升迁，到咸丰帝执政时，他和穆彰阿一样都是手握重权的人物了。

道光帝去世后，留给咸丰帝的可以说是一个内忧外患的江山。咸丰帝即位后，太平天国的迅速崛起，已经成为大清最大的隐忧。随时都有可能颠覆大清江山。而在外患面前，并没有因为与列强签订了一系列不平等条约而就天下太平。相反的，咸丰帝继位后，外患的危机更加深重。咸丰帝继位的当年，英国人不满足于第一次鸦片战争后所攫得的侵略权益，就蠢蠢欲动地想对中国发起新的武装进攻。1850 年 9 月 29 日，英国外交大臣巴麦尊曾经给英国女王的报告中这样写道：因为第一次鸦片战争没有得到我们想要的更多利益，"我们不得不进行另一次打击的时候正在迅速到来"[1]。第二年 10 月，巴麦尊又给驻华公使文咸发出密信，询问何时向中国动手最为有利。当时太平天国运动已成星火燎原之势，英国驻上海领事阿礼国认为这正是武装侵略中国的好时候，但是文咸接到信件认为，对华侵略的条件还不成熟。还不能贸然对华发动战争。

外患方面，咸丰帝最为头痛的一样也是英夷在入城问题上喋喋不休。他继位才几个月就收到一个照会，这个照会本来是给道光帝的。可是道光帝没看到就离开了人世。

咸丰帝是在 1850 年 6 月初收到两江总督陆建瀛的奏折和代为呈递的照会的。他仍然采用他老爸道光帝的老办法，拒绝与英国人

---

1 [英]考斯丁：《大不列颠与中国，1833—1860 年》，英国牛津 1937 年英文版，第 150 页。

谈判。他给陆建瀛下了一个命令，要他劝说文咸南下，有什么事情与两广总督徐广缙交涉就可以了。

也许是第一次鸦片战争中大清国被动挨打、签订屈辱条约的缘故，使咸丰帝对夷人产生了一个坏印象，认为他们都是蛮横无理的人，作为一个注重礼仪的君子，怎么可以与他们交往呢？咸丰帝不愿与外国人交往，这些蛮夷却厚着脸皮非要同中国打交道。咸丰帝没办法，便把这个棘手的问题交给让善于制"夷"的徐广缙来办理。咸丰帝似乎还不放心，随后又给徐广缙一道谕旨，要他坚持原则，"折其虚，破其要挟"[1]。

巴麦尊给清廷的照会中，对徐广缙大加指责，说了徐广缙很多的不是，要求英国公使直接进京谈判，"商订其事"，实际上想要挟皇上，惩办徐广缙。咸丰帝刚刚当政，很希望振作，因而把照会中所说的内容视为英方的"反间计"，是在陷害忠良徐广缙。而巴麦尊的照会指名道姓地要发给穆彰阿、耆英，对他们主持签订条约，大加称赞，说是维护中英关系的善举。这样的照会，真是犯了咸丰帝的大忌，本就想寻找机会，治两人的罪，这不是一个很好的机会嘛。可是，咸丰帝并没有动手。

咸丰帝虽然当时还没有动手惩办穆彰阿、耆英等人，但他拒绝与英国人谈判，很让驻华公使文咸老大不高兴。文咸不甘心，又派自己的翻译官麦华陀前往天津投递文书，希望咸丰帝改变态度。可是咸丰帝有指示，广州夷务交由徐广缙来处理，直隶总督便不敢自专。这样，一无所获的文咸不得不于7月间返回了香港。

咸丰帝拒绝文咸后，京城里又发生了这样一件事：一名天主教徒在京城被负责北京治安的步军统领衙门抓获，这个天主教徒叫丁光明，他手里拿着禀帖到耆英家门前投递，禀帖说传教士罗类思希望来府上拜会。丁光明被抓获后，很快被移交到刑部，而负责刑部

1　《筹办夷务始末（咸丰朝）》第一册，第12页。

的正是咸丰帝的老师杜受田，他要求耆英对此事作出解释。中美《望厦条约》签订后，道光帝多次颁布谕旨，外国传教士只能在上海、福州、广州、厦门、宁波传教，此番天主教徒却跑到了京城，声称要来府上拜会。这一下给耆英惹来了大麻烦，很有里通外国的嫌疑。事后，尽然耆英为自己开脱，把自己洗了个干干净净，但咸丰帝对他已是更加厌恶。

1850 年 12 月 1 日，咸丰帝终于对穆彰阿、耆英动手了。这天，他起得很早，破例未向自己的养母博尔济吉特氏请安，而是早早地来到朝堂之上。他首先颁下一道诏书慷慨激昂地历数了穆彰阿、耆英的罪行。

诏书说，穆彰阿身为朝廷重臣、一品大学士，深受皇恩，"不思其难其慎，同德同心，乃保位贪荣，妒贤病国。小忠小信，阴柔以售其奸。伪学伪才，揣摩以逢主意。"咸丰帝还说他排除异己，实在可恨。痛骂之后，再说罪责，是"伪言荧惑，使朕不知外事，其罪实在于此"。所谓的"伪言"，就是道光帝晚年和咸丰帝即位后都想起用林则徐，而穆彰阿却屡屡进言说"林则徐柔弱病躯，不堪录用"，"其心阴险，实不可问"[1]。

那么耆英又是什么罪名呢？咸丰帝说他帮助穆彰阿助纣为虐，狼狈为奸。特别是耆英在广州时压制百姓，仰英人鼻息，罔顾国家利益，"如进城之说，非明验乎？上乖天道，下逆人情，几至变生不测。赖我皇考洞悉其伪，速令来京，然不即予罢斥，亦必有待也。今年耆英于召对时，数言及英夷如何可畏，如何必应事周旋，欺朕不知其奸，欲常保禄位。是其丧尽天良，愈辩愈彰，直同狂吠，尤不足惜。"[2]

依据这些罪名，穆彰阿被革职，朝廷永不叙用；耆英则从一品

---

1 茅海建：《苦命天子：咸丰皇帝奕詝》，生活·新知·读书三联书店 2013 年版，第 45 页。
2 《清实录》第四十册，中华书局 1986 年版影印本，第 183 页。

大员降为五品顶戴，以六部员外郎回家候补，也等于是一撸到底了。咸丰帝的谕旨下达后，京城内外大小臣工，感到这是一种新气象的开端，认为这是皇上要振作的标志，无不齐声赞扬。似乎咸丰帝一扫天下晦气和阴霾，重振清王朝已是指日可待了。

穆彰阿的被罢斥，耆英的被降革，天朝从此真的就能改头换面，实现振兴吗？咸丰帝罢免穆彰阿、耆英，表达了其对外的新政策：他要以强硬的姿态，对待西方的索要多端。

对外强硬，重要的在于积极的防御以及武器的精良、军队的训练有素。如果做不到这些，那只能是虚张声势，吓人的纸老虎。咸丰帝当然也明白这一点。因此，在英国公使叫嚷着要北上谈判时，咸丰帝曾唬人地说："至沿海各处防堵，数年以来，想早已有备无患。"这样的话，咸丰帝既是对朝中的臣子们说的，也是对那些桀骜不驯的外夷说的。

不过，咸丰帝说这番话的时候显得很没有底气，他很担心英人再来寻衅，因而他又下旨："从前夷船由海入江，江、浙一带屡经失事（指鸦片战争），追溯前因，能勿早之为计……（各沿海督抚）各就紧要处所，悉心察看，预为筹防，断不可稍存大意。文武官员，总须慎选晓事得力者分布防堵，其一味卑谄懦弱者概应更换。"[1]

果然，列强还是又来中国寻衅了，以"修约"之名，干着强盗的勾当。英法联军兵临天津城下，随时都有可能进犯京师。咸丰帝也不能不考虑起用耆英了。

1858年6月2日，咸丰帝召见了耆英，对他面授机宜，要他充当谈判代表赴天津参与谈判。当日，耆英就被起用了。这个妥协派的代表人物，本来已被一撸到底回家安度晚年了，想不到天上掉馅饼，突然又被提升为正二品的侍郎衔。老头儿心里一下子乐开了花，乐颠颠地又奉命与列强交涉去了。

---

1 茅海建：《苦命天子：咸丰皇帝奕詝》，第49页。

被人骂的差事总还是要有人干的，咸丰帝起用耆英目的就是想通过他在《南京条约》时给西方留下的好印象，希望西方讲点情面，在谈判时挽回一些利益。在他作出这番安排之后，他在 6 月 3 日又下达了一道谕旨，命直隶总督谭廷襄主持"剿办"，让耆英负责"议抚"。

不用说，咸丰帝耍起了小聪明，他是让耆英与谭廷襄一个唱红脸一个唱白脸。显然，他把西方外交官都当成三岁小孩了。咸丰帝本来是想给列强们玩个心眼。谁知四国公使不吃这一套，反而也给耆英等人玩起了心眼。率先给耆英等人玩起心眼的是俄国公使普提雅廷与美国公使烈威廉，他们设下了一个圈套，表示如果中国皇帝答应俄国的条件，那么他们可以代向英、法说和。

为什么要代为说和呢？咸丰帝要耆英参与谈判，本来是希望英、法两国会照顾一下这老头儿昔日与英国驻华公使璞鼎查关系不错的情面。可谁知英、法两国公使一点也不给面子，却说耆英没有"便宜行事"的职权。因而，额尔金只派了李泰国和威妥玛接见。这两名翻译官虽然位低言轻，见到耆英时，却对他讥笑怒骂，百般羞辱。

耆英自从被贬职后已被冷落了八年，本来也希望通过自己先前多年办理"夷"务的老经验，凭着他当年与英、法等国使节的老交情，能够为大清挽回些什么，也可以得到咸丰帝的信任，从此东山再起。可是他万万没想到，一出场却遭到了一番羞辱。《南京条约》签订时，自己已经被国人骂为汉奸了，现在却又受到两个小小的翻译官的辱骂。耆英一生气，不谈了，使着性子离开天津返回了北京。耆英撒下桂良和花沙纳不管了，由他们随便与四国谈吧。耆英撂挑子而去，留下并无主见的桂良与花沙纳继续与英人交涉，从而使议和更处于被动局面。

3. 被羞辱的"外交能手"

1858年6月4日，当英国全权代表额尔金由150名身着猩红色制服的海军仪仗队护卫着与清廷谈判代表桂良、花沙纳进行会晤的时候，额尔金却说，中国代表没有携带关防敕书而拒绝会谈。从这天起，他把整个谈判事宜都交给他临时任命的秘书以及翻译官李泰国、威妥玛手里，直到签字那一刻，他才再次露面。

在前往天津帮助桂良、花沙纳议和之前，耆英对自己是充满信心的。他认为自己有驾驭洋人的能力。在第一次鸦片战争前后，英国人璞鼎查是何等的刁蛮专横，他通过建立"友情"的方式，使得璞鼎查在广州入城的问题上只好妥协，现在他仍然想通过这样的方式使额尔金就范。

耆英还在前往天津的路上，他就在设想着会见额尔金的种种场景。在他看来，只要晓之以理、动之以情，洋鬼子们还是讲道理的。而他全然不知，额尔金并没有会见中方代表的意图。而此时，桂良、花沙纳就议和的一些细节问题向李泰国咨询，二人已经在感受到了李泰国的专横。

6月5日，桂良、花沙纳在给额尔金的照会中说："览阅阁下政府于2月11日致大学士裕诚函中所包含各款，我们发现有几点我们不是十分清楚，特要求阁下派阁下政府的汉文副使李泰国于本月6日早晨约8点钟到我们这儿来，以为咨询并做出确切安排。据我们所知，李泰国已在上海多年，聪慧过人，汉语流利。"[1]

老实说，此时的桂良与花沙纳都是对李泰国寄予希望的，毕竟彼此都在大清朝的官场上混嘛。他们很希望通过李泰国使英国减少一些索求。额尔金则认为，李泰国能说一口流利的汉语，能够在桂良与花沙纳之间就一些条款上的认识和两国政府所面临的问题进行探讨，所以才让他发挥这一作用。再者李泰国在上海海关履行职责

1　张志勇：《李泰国与第二次鸦片战争》，《北方论丛》2015年第4期。

时，所表现的忠诚也深得清廷官员德新任。因此，额尔金同意桂良与花沙纳的要求，准许李泰国与他们沟通。[1]

6月6日，李泰国应约到桂良与花沙纳的行馆后，二人立即表现出很大的热情，先夸赞了李泰国在海关工作中所作出的功绩，李泰国则也学着大清官场老套的虚应办法，表示当尽力提供帮助。可是，桂良、花沙纳忘记了李泰国首先是一个英国人，再者又是受额尔金的委托，所以在接下来的谈判中，很让二人大跌眼镜。

桂良、花沙纳与李泰国的一番客套之后，很快便转入正题。二人让李泰国解释额尔金在2月11日给文华殿大学士裕诚的信函中的几点要求是什么意思，但李泰国发现这几款并没有不清楚之处。当提到"如果外国公使能够到北京"一句时，李泰国告之，这是必须让与的一点，并表示目前只有指派公使永久驻京，才能够阻止再次产生误会。对此，桂良、花沙纳的谈判助手卞宝书认为，皇帝绝不会同意外国公使驻京，没有什么可以诱使皇帝出让这一特权，如果英方坚持，就只有开战。

卞宝书本来是想在李泰国面前展现一下大清强硬的姿态的。可是，李泰国冷笑了一声，对卞宝书说，就在两天前，联军已经从南方往天津运输军队，如果清朝喜欢打仗，那就打好了，联军一定奉陪到底。卞宝书只好改变了态度，转而请求李泰国，希望他这位在海关任职的高官对额尔金施加影响，使其改变态度。

卞宝书又询问英方还有其他什么要求，李泰国将英方的要求简要归纳如下：一、公使驻京；二、赔偿战争费用，以及英国人在广东的损失；三、开放长江；四、允许英国臣民在护照制度下游历全国；五、允许基督教传教；六、成立委员会搜集资料并安排新的税率；七、中国政府配合镇压海盗；八、将来所有给中国当局的公文都使用英

---

1 *Correspondence Relative to the Earl of Elgin's Special Missions to China and Japan, 1857-1859*: London:HarrisonandSons，1859.p334.

文。李泰国补充说，除非第一条得到解决，否则谈论其他各条已无必要。李泰国认为，中国过去自认为是"天朝上国"，对于现存富强国家的无知，使其视非华人为不在文明之内的"夷狄"，这是一个巨大的错误，必须改正，必须从此与西方国家的习惯一致。李泰国相信，鉴于目前中国的状况，改善与列强的关系将会使中国受益匪浅，列强并不想夺取中国的领土。如果中国聪明的话，会使英国成为自己的朋友，也就不必害怕其他列强。[1]卞宝书很有些为难地说，中国也希望改善与各国的关系，但是公使驻京这个条件，恐怕是皇帝宁愿战争，也不肯接受的了。

6月6日的首次谈判中，桂良与卞宝书都认为，要皇帝同意外国公使驻京，这个要求一直都是咸丰帝反对的，认为违反了旧制。桂良和花沙纳自然不敢答应了。

对于此款，已经73岁高龄的桂良绝望地说，接受这一条件只能意味着他本人将身首异处。而拿着大清俸银的英国翻译李泰国却有一种很有理解桂良心情地说，你将会明白，这项条件对你们都大有好处，良药虽苦口，但后效甚佳。至于你是否掉脑袋，最好的解决办法是接受我们的条件。好像看来你为阻止我们向京城进军顶着的压力越大，你被免死的可能便越大；我的态度越强硬，就越能给你带来益处。[2]

李泰国在说完这番话的时候，李泰国对坐在他身边的另一位英国人用英语嘀咕了几句。大意是，中国人愿意战争那就让他们继续尝试大炮的威力吧。说这番话的时候，两人还会意地笑了一下。当天的谈判，没有任何进展。桂良在当天写给咸丰帝的奏折中说，（咸丰八年四月）二十五日，遣该国汉文副使李泰国前来，声言："必须允其进京驻扎，方能在津议事，否则仍直带兵入都。经委员（谈

1　张志勇：《李泰国与第二次鸦片战争》，《北方论丛》2015年第4期。
2　季压西、陈伟民：《来华外国人与不平等条约》，第445页。

判委员卞宝书）等开导再三，志在必行，万难转圜。"[1]

6月7日，李泰国再次拜访桂良，桂良首先很客气的表达了对他的帮助的感激之情。桂良很有些讨好意味地说，李泰国身在大清官场，是"我们的一员"，希望其能够尽力帮助，使中国摆脱目前的困难。随后桂良也表示了歉意，称在与英国的交往中，英方所应享受到权利与现实的对待有很大差别，这完全是中方的错。

桂良保证各省官员不会再有南方（指广州）那样的行为，并会采取措施保证这种行为不再发生。李泰国则指出，文华殿大学士裕诚故意违反所定条约，使英方对于中国的承诺失去信心。桂良辩解称，裕诚已是暮年，老朽昏聩，对于外国之事一无所知，不会那样做。而且根据中国的法律，作为一个部的负责人，没有人有权单独提出任何有关那一部的建议。桂良再次请求李泰国帮忙将公使驻京一款撤回，称允许各国人士自由进京将会给中国带来灾难。桂良进一步解释说，中方并不反对允许英国公使驻京，但反对四国公使都驻京。他已是73岁的老人了，如果不能根据皇帝意愿解决这一问题，难免遭到降级和惩罚。所以，桂良再次请求李泰国调停，至少目前双方可以取得妥协，取消该款。李泰国称如果桂良能够认真考虑各款，并将对于各款的意见告诉他，他会再次拜访，充分讨论所有问题。桂良立刻约定第二天四点再次会晤。[2]

6月8日，李泰国如约来到了中方谈判代表的行馆，桂良没有出面，卞宝书代为接待。卞宝书将事先拟好的一份备忘录递交给了李泰国，这份备忘录是受桂良之命起草的，实际上也是对英方所提要求的回应。但李泰国看了这份备忘录中把英国之前提出的所有条款都或多或少的都予以了否定。长江不能通商，对于自由进入内地

1 中国史学会编：《中国近代史资料丛刊：第二次鸦片战争》第三册，上海人民出版社1978年版，第369页。
2 张志勇：《李泰国与第二次鸦片战争》，《北方论丛》2015年第4期。

183

的要求，只是建议在沿海开放两个新的港口来代替。

李泰国看了备忘录不满地说，中国钦差纯粹是在敷衍。英方代表几次拜会中国钦差，也就所提问题进行了充分的讨论。现在中方的备忘录却坚持己见，实在不合情理，除非钦差大臣准备让步，否则实在没有谈下去的必要了。

卞宝书见李泰国态度强硬，也与之进行了针锋相对的辩论。但李泰国表示，不会再对公使驻京、广州赔款、觐见礼仪等问题作出回答。并要求中方在今后的官方信件中统一使用英语；允许基督教传教；配合镇压海盗；修改税率和海关问题；开放长江，允许持照进入内地五项要求作出明确的答复。

李泰国的坚持，卞宝书只好搬出了桂良亲自与李泰国会谈。李泰国将卞宝书起草的包含五条要求的备忘录拿给桂良看，并对他说，接受这些条款对中英双方都十分有利的。李泰国还说，相信钦差大臣会让他带走一个满意的答复，拖延下去对谁都没有好处。李泰国还颇有轻视意味地说，可以告诉贵钦差大臣的是，英法联军正在来天津的路上，如果大清不想接受一场战争的话，还是根据各方面的考虑，做出一个合适的答复吧。

面对李泰国的咄咄逼人，桂良则表示，他需要与同僚商议后才能做出答复。随后，桂良与花沙纳相商后，表示可以接受其中的六点要求。李泰国则说，希望中方以书面的方式告知，方便他报告额尔金爵士。

桂良没有答应的两点分别是公使驻京和礼仪问题。李泰国询问桂良，对这两点有什么看法。并说额尔金爵士一定会前往北京，并要求觐见大清皇帝，觐见礼仪也会按照西方礼制单膝跪拜；此外还希望大清能够为即将派驻北京的公使提供住房，方便办公居住。

李泰国的问话，公使驻京和礼仪问题，桂良没有回答，但是对于要求提供住房却连连称是，这等于默认了李泰国的要求。但时卞宝书则坚持认为，觐见大清皇帝一定要按照大清礼制双膝跪拜，否则，大清不能接受英方派驻公使进京的计划。

卞宝书的坚持，桂良也立即附和。表示无论在什么情况下，英国派出的使节觐见大清皇帝都要行双膝跪拜之礼。李泰国听此一言，见桂良的态度又回到了原点上，很不高兴。但还是压制着自己的情绪向桂良解释说，单膝跪拜是大不列颠帝国最恭敬的礼节。况且英国不是中国的附属国，不能行像藩属国使节觐见上国皇帝那样的礼制，英国公使不能施行有损本民族尊严的礼节。[1]

对于七、八两日的会晤，中英双方仍是各自自说自话。但桂良在给朝廷的奏折中并没有说其中的苦难，只是说："连日饬委员与该夷通事李泰国面议条款，随议随禀，斟酌轻重缓急，以定准驳。"[2]

在桂良的奏折上达咸丰帝的时刻，耆英已经抵达天津。他本来想着，凭自己的老面子。自以英国签订了《南京条约》，他又与美国和法国分别签订了《望厦条约》和《黄埔条约》。这些条约的签订，耆英还能够全身而退，这不仅与他谙熟官场之道有直接关系，也是因为他对当时夷务有一定的了解。在整个道光时代，只有他与英、美、法三国人都打过交道，也只有他与各国签订了一系列的条约。

耆英之所以能同夷人交涉成功，根本的原则就是妥协，满足其欲望。鸦片战争后，耆英在两广总督任上，在广州人民反对外国人进入广州城和反对外国人租地的斗争中，他就一味地屈从。1844年，他在总结自己的外交心得时，给道光帝的奏折中说："夷情变幻多端，非出一致，其所以抚靖羁縻之法，亦不得不移步换形。固在格之以诚，尤须驭之以术……有加以款接方可生其欣感者，并有付之

1　*Correspondence Relative to the Earl of Elgin's Special Missions to China and Japan, 1857-1859*: London:HarrisonandSons，1859. pp327–328.

2　中国史学会编：《中国近代史资料丛刊：第二次鸦片战争》第三册，第388页。

包荒（包容），不必深与计较方能于事有济者。"[1]

　　耆英的这份奏报，洋洋洒洒，可以说是晚清以来中西方体制、文化冲突最全面而深入的探讨。耆英的外交理念虽然也还朦胧，但已经与他的前任们以传统智术打交道大相区别。在晚清的官员中，耆英也是第一个用私交的方法来促进中西外交关系的人。1843年6月，在他到香港访问后，他通过翻译了解了"亲密的"一词的译音，便在书信中把璞鼎查称为自己"因地密特（intimate: 亲密的）朋友"，耆英膝下无子，他为了跟璞鼎查套近乎，便建议收养璞鼎查的儿子，并带他到北京去。当他得知这孩子先要在英国完成学业时，他回答说："很好，从今天起他就是我的养子弗里德里奇·耆英·璞鼎查了"。他甚至与璞鼎查互换老婆的照片，他给璞鼎查写的告辞信听起来像情书，他说，"一年多来，我俩均在致力于同一工作，且彼此了解对方都是一心为国的：既不为私利之动机所驱使，亦不被欺诈之盘算所左右，在商谈和处理事务中，彼此心心相印，我们之间无事不可相商；将来人们会说，我们身虽为二，心实为一……分袂在即，不知何年何地再能观面快晤，言念及此，令人酸恻！"[2]

　　正因如此，在第一次鸦片战争后，他与西人的交涉中，西方都对他颇有好感。1844年10月5日，法国特使拉萼尼在澳门给法国外交大臣基佐的信中，对耆英大加赞扬，说，"耆英具有贵族风范。他举止高贵，自童年时代就习惯于宫廷习俗，说话简洁又准确，用加略利（时为法国特使的翻译官）的话说，带有一种罕见的高雅，他也可以算是中国最娴熟的书法家之一。在其平静、威严的外表下，隐藏着丰富的感情，当谈话令他高兴或者触动心弦时，他的目光就

　　1　[美]徐中约：《中国近代史：1600—2000中国的奋斗》，计秋枫等译，世界图书出版公司2008年版，第156、157页。
　　2　[美]费正清、刘广京等编：《剑桥中国晚清史》上册，中国社会科学院历史研究所编译室译，中国社会科学出版社1985年版，第237页。

会变得炯炯有神，人们可以从他的前额看到某种非凡智慧的迹象"。[1]

现在，国难当头，咸丰帝启用了他，就是希望他动用他的老关系，利用过去外国人对他心存好感的优势，使西方能够做出让步。因而，在天津的谈判中，咸丰帝安排桂良、花沙纳前往天津之后，也要耆英立即前往，参与谈判。咸丰帝还为他们在谈判中所应发挥的角色，作了设想。

咸丰帝在桂良的谕旨中说，想必现在耆英已经抵达天津，该大臣到津后，应该立即晤见英、法、美三国公使，将朝廷的意思告知各国，妥为商定。对于英法的要求，如果桂良、花沙纳答应的条件，洋人仍不满意，耆英可以利用他对外国的熟悉的情形再行晤商；对于公使驻京问题，耆英应该设法使西人改变态度，取消这一条款，较为稳妥。"此时桂良作为第一次准驳。留耆英在后，以为完全此事之人。津郡情形，甚属危急，不得不通融办理也。"[2]

耆英的到来，桂良与花沙纳都很高兴，认为有这个外交能手事情就好办多了。在桂良 6 月 7 日的奏报中，咸丰帝得知耆英已经抵达天津，他对耆英更加期待，他在 6 月 9 日给耆英的谕令中重申了朝廷的态度，要他不必拘泥于桂良与英人商谈的结果，要利用他在西人中的好印象，设法开导。对于西人的要求，可以根据情况答应几条，但是对于长江通商、内地游历、公使驻京一定是不能答应，应该设法拒绝，但应注意不要使谈判破裂，到了难以收拾的地步。"至该夷情状，耆英素所深悉。天津逼近京畿，情形危急，不得不从权计议。惟如前二事之断难允准者，该夷必欲坚执，是本无议和之心。耆英不妨与英夷说破。看其有无转机，再行酌量通融筹办。于何事可行，何事不可行，耆英必有把握，朕亦不为遥制也。"[3]

1 季压西、陈伟民：《来华外国人与不平等条约》，第 452 页。

2 《筹办夷务始末（咸丰朝）》第三册，第 885、886 页。

3 《筹办夷务始末（咸丰朝）》第三册，第 895 页。

从皇上到满朝文武都对耆英充满期待，起初耆英也信心满满，那么事情的进展的到底如何呢？耆英到达天津后，于 6 月 9 日照会额尔金，要求近两天内对其进行拜会。耆英照会中只具侍郎衔，并无什么特殊权力，只说明是由皇帝派来办理洋务。额尔金拒绝会见耆英，因为他认为，耆英的插手只会使已在进行的谈判进程耽搁。即日，额尔金命李泰国与威妥玛拜访耆英，让耆英明白，他们的拜访仅仅是出于礼貌，额尔金很难与具有全权之外的任何人商谈有关问题。

此次会晤中，耆英极尽阿谀奉承之能事，希望能够博得李泰国与威妥玛的好感，但李泰国与威妥玛早已看透耆英的伎俩，不仅对其没有什么好感，而且还有厌恶之情。这在事后两人所写备忘录中可见一斑："耆英现年 72 岁，很明显已非常虚弱，走路甚至站立都很困难，并且已老眼昏花。从其表现来看，官场不得志，其重新被起用仅仅是因为他被认为能够为外国人接受，有哄骗他们的经验。他的谈话简直就是恭维与道德情感的喧哗，用一种恩赐与安抚的混合口吻讲出，可以说，这被早期与我们接触的清朝官员认为是真正'羁縻夷人'的方法。"[1]

耆英在额尔金那里吃了闭门羹，英方只派了两个翻译前来拜访，这让耆英大感挫折。而在咸丰帝方面，他和满朝文武还在期待着耆英把李泰国制服的好消息。6 月 12 日，桂良、花沙纳、耆英联名向咸丰帝上奏说，几经与英人李泰国交涉，发现此人非常狡狯、势利，常常能很快探知议和消息，臣桂良、花沙纳派委员卞宝书告知李泰国、威妥玛，说明朝廷派耆英会同臣等办理交涉事务，但李泰国、威妥玛早已窥破朝廷的想法，便不愿意与耆英会谈，并说耆英不是全权大臣，不能便宜行事，所以难以议商议和之事。"奴才等不揣冒昧，遣员告以'奉命来津，即可从权办理'。无如夷性多疑，牢

1　张志勇：《李泰国与第二次鸦片战争》，《北方论丛》2015 年第 4 期。

不可破。奴才耆英二十七日（6月8日）抵津，二十八日（6月9日）往各夷拜晤。俄、米（美）两酋尚肯见面；英、佛（法）两酋或以照会回覆，或以书信推脱，所有送来照会仍书奴才桂良、花沙纳两衔（而不书耆英衔）本日寅刻，承准军机大臣密寄奉上谕：'耆英与桂良、花沙纳同是钦差，几日颁给关防，一体钤用等因。钦此'。奴才等知照各酋，俾足见信，嗣后能否不再相疑，尚难预料……昨日（6月11日）该夷立逼应允，无理已极，婉言暂行推却。"[1]

三人的奏折上达咸丰帝手里，让他颇有点儿丈二和尚摸不着头脑。桂良等人具折汇报的一切，与咸丰帝所设想的相去甚远。尤其不能让他理解的是，为什么英法两国的最高级代表不能接见耆英这么一位昔日里曾被他们视为友善洋人的清廷官员呢？咸丰帝感到英法两国是在故意刁难，无非是想更多地索要一些条件罢了。因而，仍把希望寄托在耆英身上。又给三人发来谕令，让他们根据情形做出适当的让步。

咸丰帝的谕令大意是这样的：对于英人提出的要求，桂良、花沙纳应先行拒绝，不可轻易答应，仍应让耆英出面交涉。想必英夷仍是相信耆英的，他出面转圜英夷自当不会推脱，对于英夷提出的五口通商之外再开两个口岸。这样的要求实在有些贪得无厌，耆英可以告知英夷，可以选择福建和广州的任一地方开放口岸，如其仍不满足则允许福建、广东各开一新口岸，但是决不能答应在内江地面开辟口岸。"耆英素悉夷情，当知其利之所在，如与中国无甚伤碍，另有可令该夷获利之处，尽可酌量饵之，以免他患。"[2]

咸丰帝仍把希望寄托在耆英身上，可是当这个谕令发出后，却发生了连咸丰帝也感到意外的事情。6月17日，巡防王大臣惠亲王绵愉在视察僧格林沁的军营后回京的路上，僧格林沁的亲随送给

---

1 季压西、陈伟民：《来华外国人与近代不平等条约》，第453页。
2 《筹办夷务始末（咸丰朝）》第三册，第907页。

绵愉一封信，信是耆英让僧格林沁代为转交给惠亲王的，绵愉看了信，知道耆英正在从天津返回京城，他不禁为耆英的行为感到诧异。回到京师后，绵愉又把这封信让其他几位亲王看，都为耆英的行为感到不解，当此国家危难之际，正需要他帮助从中转圜的时刻，他却撂下挑子独自回京了。

王大臣们立即联名上奏，臣等本来认为耆英熟悉洋人情形，因而联名上奏建议派他到天津帮助议和。此人本属有罪之人，承蒙皇上恩典信任启用了他，那么此人就应该感恩戴德，尽心协助办理，然"讵意以夷情叵测，并未办有头绪，辄欲借词卸肩，未奉特旨，竟敢先自回京，其畏葸无能，辜恩误国之处，殊堪痛恨！臣等拟请敕下僧格林沁，将该员在营讯明后，即行正法，以昭炯戒。"[1]

老实说，耆英擅自离开天津不管不顾的回往京城，他也不是不知道这样做的后果。除了6月8日到天津后，要求会见额尔金等英法谈判代表而遭到拒绝外，实际上还有很深层次的原因。他本来想会见额尔金，额尔金却让李泰国、威妥玛两个层级很低的翻译官前往会见。这让他既不满又疑惑，他不明白，他这个曾经对西方妥协以示友好的人，为什么会遭到拒绝会晤呢？正当他怀着疑虑的心情于6月10日和6月12日两次会见美国谈判代表烈威廉时，他在烈威廉处竟然看到了自己过去与各国订立的条约中文印册，不禁感到更加疑惑，便问烈威廉，这些文件是从哪里来的。美国人便告诉他说，英国人攻破广州时，两广总督叶名琛被掳往印度，英军从叶名琛的衙门里将中国存放办理夷务的箱子取出，不但美国的文件在内，近年来耆英与朝廷的往来文书也都被英军搜去。

烈威廉借机又反过来问耆英，西方与中国订立的条约，条约文本本应是存放在北京的，可是为什么却存在了广东。耆英一时语塞，他找不到更好的借口和理由，只好说条约文本存放在广东，那是根

1　季压西、陈伟民：《来华外国人与近代不平等条约》，第453页。

据道光皇帝的命令存放的，目的是供必要时查阅之用。

过去办公的文件也被列强搜去，知道这个情况后，曾为两广总督的耆英心头立刻多了块心病，他知道这次交涉，将遭遇困难了。

6月11日，李泰国和威妥玛再一次来到了桂良、花沙纳、耆英他们居住的行馆，向他们发出强迫要求中方同意接受议和条款的照会，李泰国和威妥玛的态度相当坚决，耆英和桂良、花沙纳只好又一次陪着笑脸好言相劝。耆英拿出他当年的老伎俩，对李泰国、威妥玛阿谀奉承，时不时提一些自己当年曾经经接触过的外国人，说与他们有着很好的交情，很珍视这些友情。耆英还一个劲地追忆如璞鼎查等他熟悉的外国面孔，但是，也许是相隔近二十年了，或者是他确实已经老了，所说的人和他们的名字甚至行为特征往往对不上号。也许是老眼昏花了，他竟然荒唐地把李泰国认作是自己过去所认识的李太郭（李泰国父亲），还托李泰国问候自己的那些异国朋友，俨然一副与英国人交情甚深、私交甚笃的姿态。

李泰国根本听不下去耆英啰里八唆的自说自话，他突然在桂良、花沙纳、耆英面前打开耆英多年前写给道光帝的奏折旧稿。其中一份14年前的奏折中写道："以诚抚夷，不如以计谋制之，令夷照我谕行事，不让其探究个中原委。然夷性悍多疑。为消弭纠纷，适时可予详示，使之不得轻举妄动。若待之宽大，示以诚信，则夷感激圣恩尚属无碍。……夷人远僻，不知礼乐教化，不可一味讲求疏奏表文，文辞谦恭，晓之尊卑贵贱之详理。……夷人势必装聋作哑，助其傲慢。"[1]

李泰国打开的这份奏折，语气还算委婉缓和的，而另一份奏折言辞却对洋人相当的侮辱之能事。奏折说，他多年来与外国人多有接触，对这些不开化的蛮夷已经相当的了解。虽然各国情形不同，但是他们阴险、凶狠的本性却是相同的。耆英的这份奏折中，浓墨

---

1 季压西、陈伟民：《来华外国人与近代不平等条约》，第455页。

重彩地把英国人骂了个够，说英国人是最为狡猾险恶之徒，十分的
桀骜不逊，他们高兴的时候常常一副伪善的面孔，但是变脸的时候，
则同恶狼、鬣狗一样毫无人性。越是善待他们，他们就愈发的贪得
无厌；冷待他们，则像毒蛇和黄蜂一样恶行相向，"既智取术驭之
皆穷，亦理喻势禁之不可"。[1]

从李泰国把这些奏折带到耆英他们所居住的行馆来看，李泰国
对耆英的羞辱是蓄谋已久的，就是想给耆英难堪，让他放弃这种表
里不一的言行。对李泰国计划羞辱耆英的行径，俄国人似乎早有察
觉。曾经参加中俄《天津条约》谈判的俄国东正教第十三届驻北京
传教团修士大司祭巴拉第在此事发生前的一则日记里写道：

> 耆英秘密派了一个人来找我，请我给（普提雅廷）伯爵
> 写一封信，在信中把他作为我们在北京的好朋友介绍给伯爵
> （此前，他曾经两次到过我这儿），并希望自己能亲自把这封信
> 转交伯爵。耆英想通过这封信使伯爵信任他，并通过伯爵对
> 西方人施加影响。不用说，他产生了错觉。虽然如此，我仍
> 然利用这个机会，写信给伯爵，向他说明问题所在。我认为，
> 为了欧洲人和我们自己的事业，最好是叫裕诚这位天朝最受
> 宠信的大臣去天津谈判。这封信我当即给了耆英。……中国
> 政府把希望寄托在耆英处理外交事务的经验上真是个错误。
> 我在轮船上时，伯爵告诉我，英国人占领广州后，在总督衙
> 门的档案馆里找到了一大堆耆英紧急报告奏件，上面所写的
> 对他们（英国人）的评价和报告非常不好，无法想象让英国
> 人能再信任这位熟悉的外交官。[2]

1　中国史学会编：《中国近代史资料丛刊：鸦片战争》第三册，上海神州国光社1954年版，
第474、475页。
2　陈开科：《耆英与第二次鸦片战争中的中俄交涉》，《近代史研究》2009年第4期。

这位驻北京的俄国传教团的大司祭写了信，信中讲明认为耆英此次来天津的外交活动是一个错误，然后又交给耆英带给普提雅廷。可惜，耆英并不懂英文，还以为是巴拉第写给他的介绍信，这就是为什么耆英会见普提雅廷后，普提雅廷劝他小心英国人的原因。但是，李泰国对耆英的羞辱却达到了出人意料的结果。

作为当时的参与者之一的威妥玛对于此事记述说，"在出示耆英1845年的奏折后，钦差大臣就惊异万状"。而面对李泰国的当堂羞辱和报复，本来还抱着满腔热情的耆英意识感到无地自容，竟自当众落下泪来，桂良、花沙纳等其他在场清朝官员也面露尴尬之色。不仅耆英自知，而且桂良、花沙纳也明白，耆英这次的谈判使命就此终结了。

耆英匆匆给咸丰帝写了个奏折，说当年广州城被攻破时，总督衙门的许多文件都被英夷搜罗而去，这其中也包括给朝廷的许多奏折，"当年权宜之计，尽为该夷窥破。现欲令其就我范围，复然见信，诚恐万难措手"[1]。

耆英很有一种担心，担心英国人会对他进行更大的羞辱和报复。他写道，臣很担心英国人包藏祸心，趁交涉之际，拿当初臣给先帝的奏折来羞辱臣，"（奴才）不能不暂避凶锋，保全大局……夷性本属多疑，复加心怀怨恨，若奴才拘泥必与会晤，设有不虞，不但于大局无益，且恐速其决裂，难以收拾"[2]。

耆英的不安，李泰国和威妥玛都看在眼里。事后二人向额尔金作了汇报，额尔金为摆脱耆英的外交伎俩而暗自高兴。6月18日，额尔金在给英国外交部的电函中写到，"当他得知我们持有他在1850年自广州写给皇上的夸赞他驾驭和欺骗外国人的技巧的奏折

1　《筹办夷务始末（咸丰朝）》第三册，第946页。

2　季压西、陈伟民：《来华外国人与近代不平等条约》，第456页。

时，他是尴尬而不安的"。[1]

　　耆英遭受羞辱，使他意识到了自己继续参与谈判，不但于事无补，反而有可能事情发展到难以收拾的局面，所以他选择了回到北京。他没有得到咸丰帝的批准，就我行我素的离开了天津这个是非之地。然而他不知道自己这个本就有罪之人，命运将走向悲剧。

4. 威逼利诱下的谈判

　　耆英走后，桂良和花沙纳更是左右为难。他们手里没有兵，咸丰帝又不让他们屈辱求和。便只能任凭英、法外交官的羞辱、刁难。桂良、花沙纳在与英国人的交涉中，作为英国公使的额尔金于6月4日露了一次面，在桂良和花沙纳面前显示了他的专横之外，到《中英天津条约》签订之前，再也没有露面。英方一直由李泰国和威妥玛出面谈判，实际上，所有的谈判都由李泰国包办。这样的局面，俄国与美国公使便信誓旦旦地对桂良说，只要答应他们的要求，便可以从中调停。桂良和花沙纳也是谈判心切，便答应了俄国与美国公使的要求，分别与两国签订了条约。

　　中俄《天津条约》是在1858年6月13日签订的，桂良和花沙纳又于6月18日与美国公使签订了中美《天津条约》。这样，他们不费一刀一枪率先实现了他们的侵略目的。特别是俄国，还成功逼迫黑龙江将军奕山签订了《瑷珲条约》。这又是一个卖国条约，根据约定，将本属于中国黑龙江北岸的大片领土划为俄罗斯所有，将乌苏里江以东的广大地区划为中俄共管地带。在中俄《天津条约》中，清廷还答应给予俄国片面的无条件最惠国待遇。中俄《天津条约》中片面的最惠国待遇的规定，在中美《天津条约》中规定的更为周密更为明确。

　　1　*Correspondence Relative to the Earl of Elgin's Special Missions to China and Japan, 1857-1859*: London:HarrisonandSons，1859.p334.

中俄、中美签约，咸丰帝也是同意的，他本来乐观的认为：俄、美两国受到恩惠，必然会从中斡旋。俄国公使普提雅廷表面上答应，暗地里却鼓动英、法提出更多的要求，希望英、法勒索越多越好。墨迹未干的中俄、中美《天津条约》，皆有措辞严密的无限制最惠国条款，他知道，英、法两国强索来的利益，俄、美不用说都可以"一体均沾"。

咸丰帝知道上了俄国人的当，也是没有办法。而英国公使额尔金得知中国已经与美、俄签订了条约，不干了，便要求他派出的谈判代表李泰国对桂良和花沙纳施加更多的压力。

在李泰国的不断施压下，中英天津条约谈判速度加快，桂良、花沙纳在给咸丰帝的奏折中说，英夷百般晓谕，几已无术不施，"筋疲力尽，势难向犬羊之再为开导"。说白了，他们已经黔驴技穷了，对英夷的什么要求都一一答应，这一点从当时参加《天津条约》谈判的俄国传教团大司祭巴拉第的日记中可以一睹桂良、花沙纳与列强谈判时的情形：

6月16日到21日，（咸丰八年五月初六至十一日）……我们条约的中文本通过后，伯爵（俄国首席谈判代表普提雅廷）命令再抄一份，并建议中国全权大臣们在他们的公馆里一起签署这份文件……全权大臣们没读完就签了名，他们已如此习惯地不加反驳地签字画押，以至于可以让他们签署任何条约。他们到这儿来只是为了答应所有要求。现在是让中国政府方面做出妥协的黄金时期。[1] 看来，桂良和花沙纳的妥协也助长了李泰国的嚣张气焰。

桂良、花沙纳与李泰国的谈判中，二人最难以下决断的是公使驻京与内地通商问题。公使驻京是咸丰帝一直反对的，不用说仍然是体制问题，在君君臣臣、讲究上下尊卑的大清，人们的观念里，皇帝就是"天子"，是一种至高无上的象征，外国只有作为"藩属"，

---

[1] 季压西、陈伟民：《来华外国人与近代不平等条约》，第458页。

磕头称臣纳贡，根本没有西人所说的那种"公使驻京""亲递国书"两国平等的外交规则。在咸丰帝看来，公使驻京，违反祖宗成制，"为患最剧，断难允行"。

因此，在天津的谈判中，"公使驻京""亲递国书"问题就这么卡壳了。在这些问题上，桂良很希望英国方面能够做出让步。但是，李泰国却表示，只有同意公使驻京，才能谈条约的其他事项。这让桂良很为难，他因此向咸丰帝奏报情况。说老实话，面对艰难的谈判局面，桂良也想让咸丰帝做出让步，可是咸丰帝收到奏报后表示，一定要让英方签订条约，驻京问题不在条约中体现，至于公使进京拜见皇帝"应行中国礼节"。咸丰帝在给桂良作出这番表示的同时，又谕令驻守在通州的钦差大臣僧格林沁，要他加倍防守，一旦谈判破裂，有所防备。

看来，为了拒绝公使进京，咸丰帝不惜一战了。桂良没办法，只好对英国谈判代表表示了中方的态度：一、长江通商、内地游历允镇压太平天国之后再办理；二、赔偿军费由山东办理；三、进京约定缓期办理。

如此，李泰国当然不能接受。他对桂良说，"既然皇帝宁肯冒战争的风险，也不愿答应公使进京，那就让他试试战争吧，不过由于他最后必须屈服，则与其等到将来北京城里挤满了外国的军队的时候，倒不如现在就答应的好"。[1]

李泰国态度强硬，桂良再次向咸丰帝做了汇报。对于公使驻京这样的问题，咸丰帝本来是抱着不惜一战的态度也不肯答应的。可是，桂良在奏报时，对英夷入境可能带来的问题作了夸大，使得咸丰帝对公使驻京问题不得不由强硬变为暂时妥协。

6月19日，桂良向咸丰帝报告谈判的进展情况，表示：他已经初步答应准许外国人内地游历、长江通商，但是列强最痛恨中国

---

1 蒋孟引：《第二次鸦片战争》，第119页。

轻视他们，因而要求公使驻京为他们挽回颜面。英方此行的具体要求为："长远驻京，有事乃可随请随奏"；既然要派公使驻京，英方又提出，到明年交换条约正式文本时，即派公使团进京，人数为二三十人，费用自理；除宫禁要地外，公使在京可以自由出行，公使与大学士平等交往。

英国人的要求，桂良在奏报上很婉转地表示了自己的态度，他说："奴才等再四商酌，夷情反复无常，久则更恐别生枝节。倘能善为羁縻，即有数十夷人在京，尚易防范。且目前不往，暂将兵船退却，使我稍舒一步，再图设法布置，亦尚有措手之时。"[1]

桂良是这样想的，即便是咸丰帝不能接受"公使驻京"，但面对列强挑起的战争危机，也应该虚晃一枪，作为缓兵之计。但是，他的这一番劝说并没有打动咸丰帝。虽然如此，咸丰帝感到面对列强的咄咄逼人，一味地强硬也不是办法，他换了一种态度，说，英国若坚持要"公使驻京"，那只能按照"俄国成例"，以派出学生到中国学习的名义驻在京师。但不能以公使身份。到中国后须遵守中国的法度、礼制，只可专心学习技艺，不能参与政事。咸丰帝还说，即便是允许公使进京，也需定议："止能自上海起，由内地北来，由中国派官护送。一切供应，俱由中国办通，不必令其自备资斧。以后或三年一次，或五年一次来京，不必年年跋涉。"但是，咸丰帝此时并不知道，已经鉴订的中美《天津条约》中，已经包含了公使进京的一些规定。

咸丰帝仍不愿答应英国人的条件，李泰国不耐烦了。6月22日，他照会桂良说，如果再借故拖延，迟疑不决，那么就进军北京。6月25日，李泰国向桂良提交和约草案56款，并说，没有特殊情况，条约草案一个字都不能改。这哪是谈判，简直就是强逼强卖的霸王

---

1 茅海建：《近代的尺度：两次鸦片战争军事与外交》，生活·读书·新知三联书店2011年版，第182页。

条款。面对李泰国的咄咄逼人，桂良再一次希望俄国与美国公使能够从中斡旋，减少要求。此时，中国与法国的条约草案已经草成，虽然没有最后签字，但是已经答应了。因为对法国的条约中没有公使驻京的条款，俄国与美国公使便把公使驻京的条款寄托在中国与英国签订的条约上了。这样，桂良要求斡旋，便可知是一个什么样的情形了。

桂良希望俄国公使从中斡旋，他们说，此时干涉中国同英国的谈判，不仅得不到效果，而且会使事情向相反的方向发展。

桂良要求美俄调停，没有结果。英国人索要多端地提出 56 条条款，咸丰帝得到消息十分生气，他这一刻似乎也不怕敌人的洋枪洋炮了，决定与敌开战。中英之间的差距，桂良等人是知道的，他明白一旦开战，整个局势将不可收拾。他们把咸丰帝的谕旨抛到脑后，准备与英国签约。

26 日，李泰国再次逼迫桂良与花沙纳：如果再拖延回避，英国方面就认定中英条约谈判已经破裂，便只有调集军队前往北京，向清朝政府要求更多的权益。

李泰国这个大清海关的雇员竟然向他的雇主发出了战争叫嚣。当此困局，桂良又给咸丰帝上了道奏折，详细报告了谈判的情况，并为自己与英国人谈判的被动进行了辩解。桂良的奏折中说，"因值万分危急之时，不得已代该夷乞恩，原不过欲为退兵之计，及该夷必候旨允准，方肯退出海口"[1]，"此时英、法两国和约，万不可作为真凭实据，不过假此数纸，暂且退却海口兵船。将来倘欲背盟弃好，只须将奴才等治以办理不善之罪，即可作为废纸。"[2]

咸丰帝当日收到此折，感到列强再次动武是必然的了，下旨称："如其事机决裂，桂良等即当设法抽身，万不可轻蹈虎口，致伤国

---

1 季压西、陈伟民：《来华外国人与近代不平等条约》，第 458 页。

2 《筹办夷务始末（咸丰朝）》第三册，第 966 页。

体。"根据咸丰帝旨意，桂良本想抽身而退，可是额尔金出现了，整个谈判过程都找不到他的人影，要逼迫桂良签字画押了，他冒出来了，他就是那么的专横无礼。

6月26日傍晚，额尔金会晤了桂良、花沙纳，直言不讳地说，如不签约，就可发兵打进北京。桂良没办法，开战必败，且不说生灵再遭涂炭，列强趁机提出更多非理要求，却是必然的。他思前虑后，只有答应英国人提出的条件。这样，他不得不在当天晚上屈辱地与额尔金签订了丧权辱国的中英《天津条约》。

中英《天津条约》签订之后，他又于6月27日与法使葛罗签订了中法《天津条约》。条约签订之后，桂良再次上奏咸丰帝，申明千万不能与列强开战，并说明不能开战的原因："天时如此，人事如此，全局如此，只好姑为应允，催其速退兵船，以安人心，以全大局。"[1]

咸丰帝看到桂良的这道奏折之前，他还不知道中英《天津条约》已经签订，认为双方谈判有可能破裂，他仍然坚持不惜一战，也不能同意公使驻京等问题。可就在咸丰帝准备下谕旨的时候，桂良的奏折来了，他告诉咸丰帝中英《天津条约》已经签订，并说英、法两国要求援照1842年中英《南京条约》之先例，由皇帝在条约上朱批"依议"二字方肯退兵。奏折并附带了中英《天津条约》、中法《天津条约》的原件。

这一刻，咸丰帝感到任何的讨价还价或者拒绝都不可能了，只能拿起朱笔，在桂良进呈的中英《天津条约》、中法《天津条约》抄件上，分别写上了"依议"二字。条约的签订，咸丰帝的心中有一股子怒火在腾腾燃烧着，他要找个替罪羊泄愤。找谁呢？咸丰帝思来想去认为，《天津条约》之所以有这样的被动局面，是因为耆英的畏缩惧敌、推卸责任所致，在没有得到谕旨的情况下，却擅自

---

1 茅海建：《苦命天子：咸丰皇帝奕詝》，第186页。

回京，于是将他治罪下狱，本来咸丰帝是打算判他"绞监候"的，也就是等到来年秋天再正式处以绞刑。可是，咸丰帝十分信赖的宠臣肃顺说话了："今尚有办理夷务之臣，若皆相率效尤，畏葸潜奔，成何事体？"[1]

经过讨论，咸丰帝根据肃顺的意见，传旨令耆英自尽。在与列强签订的条约中，中俄《天津条约》有12款；中美《天津条约》有30款；中英《天津条约》有56款，并附有一专条；中法《天津条约》共有42款，另有补遗6款。在与四国签订的条约中，综合起来主要表现在这些方面：

一、建立中外来往的机构，也就是公使驻京，并要求拜见中国皇帝时用西方礼节；二、加大通商贸易的范围，增开牛庄、烟台、台湾府、淡水、潮州、琼州、镇江、南京等地为通商口岸。但是对于通商口岸这一条款，清廷又表示长江中、下游三埠若开通商口岸，须在太平天国平定后，再行妥办；三、外国人凭清廷颁发的"执照"可以到中国内地旅游、自由通商、传教等等；四、降低各种关税，减少商船船钞；五、战争赔款，赔偿英国银四百万两、法国银二百万两；六、对片面最惠国待遇、领事裁判权、协定关税、保护传教等项都作了详细的规定。

条约中规定的这些内容，对中国主权独立造成了极大地伤害。《天津条约》中，咸丰帝最为头痛的是公使驻京问题了，他认为这是对自己尊严的侮辱。作为一个天朝上国的皇帝，外国人前来觐见，却不行跪拜之礼，这样一来会不会在全国人民面前失去威信。在人民起义烽火风起云涌的当口，咸丰帝很希望树立起自己的威严。他一直认为，按照天朝惯例，只有朝贡国使臣才能入京，并且一切礼仪都是按照中华礼制。现在列强却公然要违犯这种礼制，这使他感

---

1 董守义：《中国第一次近代化运动的倡导者：恭亲王奕訢大传》，辽宁人民出版社1989年版，第63页。

到很无奈，但面对列强的咄咄逼人，他只能勉强答应，暂时承认。他希望有一天能够修改这些条约。

中英《天津条约》的签订，具有讽刺意味的是，文本虽然说是"此次订约，汉、英文字详细校对无论"，可事实上，条约不仅是英文本，连中文本也完全由英国人"自行译定，不能增改一字"，即便是桂良和花沙纳等谈判代表认为，文本中有一些话说得不太通顺，想做一点儿修饰，也遭到英方的拒绝。因此，条约签订后，桂良和花沙纳只好恳求咸丰帝，"至于其中委屈，尚有须面陈之处，皇上大度如天，似此犬羊性成，无礼已甚，谅蒙圣恩广宥，不与计较。总俟国家元气充足，再为声罪致讨，万全无弊之上策也。"[1]

对李泰国的专横，他国公使也认为过于粗暴。1858年7月3日，法使葛罗在给法国外交大臣的信中说，"我感到遗憾的是，额尔金勋爵认为，只有用粗暴的威胁才能就条约中的某些款项达成协议，这样做，中国人是永远不能忘怀的。现在我深信，要履行这些条款则将使非常困难的"。加拿大学者葛松评价李泰国的行为时说，（李泰国）"即使在1858年天津谈判中起了决定性的作用，但明显的事实是不论当时签订的《天津条约》还是当年后期在上海拟定的中英通商章程及税则，都未被清廷所接受，直到英法联军不得不重开战端，并于1860年占领北京为止。因此，他的影响是决定性的，那么，他将负错误引导双方之责"[2]。

5. 皇帝的面子大于一切

《天津条约》的谈判，大清上下本来希望李泰国这个在天朝打工的外国人能够帮助改变危机，使额尔金不至于那么咄咄逼人，索要多端，想不到李泰国却为虎作伥，不仅羞辱了耆英，还力逼桂良、

1　《筹办夷务始末（咸丰朝）》第三册，第1013页。
2　季压西、陈伟民：《来华外国人与近代不平等条约》，第459页。

花沙纳签订了丧权辱国的《天津条约》。

事实上，在整个修约谈判的进程中，清朝官员也在试图通过一些应对之策，努力想办法制服李泰国。在天津谈判的初期，与李泰国多有接触的两江总督何桂清曾经给在天津谈判的桂良写过这样一封信，告诉李泰国这个人的特点和性格。信中说，"李泰国在上海为司税多年，最好体面。一切言语文移，均不能不出通事之口，必得有人与之联络。"[1]

何桂清写这封信的用意是在告诉桂良，不要轻视李泰国这个人，他是一个很喜欢展现自己的人，在谈判中，要尽量对他客客气气。其实，何桂清并不知道，桂良等人以及天津的地方官对李泰国已经是非常客气的了，俨然敬若上宾，给足了他面子。李泰国要借马，作为到天津近郊闲游的代步工具，天津地方不敢怠慢，立即找来骏马两匹，作为李泰国和威妥玛的代步工具。在与桂良、花沙纳的谈判中，当地官员还给二人准备了轿子，方便他们与钦差会见。

大清上下希望通过努力，感动李泰国，设法控制他，使他能够为大清说话。户部侍郎宋晋曾向咸丰帝提出了一个在中国官场屡试不爽的妙计。什么妙计呢？其实也很简单，就是给他许以重利，通过贿赂，使此人不再从中作梗，从而使夷人按照大清的意志行事。年轻的咸丰帝听此一言，非常高兴，特意给桂良、花沙纳下旨说："据宋晋片奏……李泰国可隐饵以利各等语，著桂良等妥善酌量办理"[2]。

按照咸丰帝的旨意，桂良、花沙纳也确实这样做了，曾经向李泰国许诺，在谈判中如果他不再从中作梗，将给予优厚的酬谢。李泰国也确实动心了。英国有观察者评价说，绝望的中国人只好采用贿赂的方法，送给李泰国一匹马和一副马鞍。如此总算取得了一些

1　《筹办夷务始末（咸丰朝）》第三册，第 905、906 页。

2　《筹办夷务始末（咸丰朝）》第三册，第 928 页。

效果，这位英国译员在后来的谈判中能够耐住性子听钦差大臣把要表述的话讲完。但是，很快这种办法便失去了效力，桂良不得不在给咸丰帝的奏折中说了情况："英酋额尔金荣禄已极，尚无贪功之志，其所以如此为难者，皆其下威妥玛、李泰国辈为之。李泰国骄悍异常，虽前此唛以重利，仍于暗中陷害，万分可恶，若袭而杀之，恐立起兵祸，故未敢轻举耳。"[1] 在这次谈判中，俄国使节帮助调解的失败，桂良也怀疑是李泰国从中作梗所为。

耆英被赐死后，恭亲王奕訢对李泰国的种种恶行非常不满，他此时还没有接触夷务，对办理夷务的艰难还没有真正的体会。但是他看到自己的老丈人桂良办理交涉的艰难，认为李泰国此人应按律将其治罪正法：

　　臣闻英夷头目未曾与崇纶、谭廷襄见面，即桂良、花沙纳抵京后，亦仅相见一次。近日往来公所，咆哮要挟，皆系李泰国从中煽虐，为其谋主，俱可灼见。闻李泰国系广东民人，世为通使（事），市井无赖之徒，胆敢与钦差大臣亲面肆争，毫无畏惮。并耆英折内有"李泰国语言狂悖，极为可恶"之语。揆其情状，实堪发指！若不加以惩创，不特外夷觊觎，将来李泰国必至各处海口扬言自负，恐从此效尤者日众。拟请饬下桂良等，待其无礼肆闹时，立刻拿下，或当场正法，或解京治罪。并晓谕各夷，以该通使本系内地民人，不知法度，种种狂妄，形同叛逆，所以将其治罪，既足祓逆夷之醜（魄），且不啻去其腹心指臂，办理当易著手。[2]

从恭亲王的奏折中可以看出，这位年轻的亲王对李泰国的情况

1　中国史学会编：《中国近代史资料丛刊：第二次鸦片战争》第三册，第448页。
2　《筹办夷务始末（咸丰朝）》第三册，第952页。

并不了解，把他误当作一个会说英国话的广东民人，祖祖辈辈靠给外国人当翻译做职业。恭亲王认为，这种人一定是那种市井无赖之徒。看来，恭亲王并不了解外交斗争的复杂性，不了解清廷办理外交的弱点。但有一点可以肯定，他们对李泰国已经厌恶、仇视到极点了。由此也不难看出，后来恭亲王奕䜣为什么不留情面地接受李泰国的离职了。

咸丰帝看了他这个六弟的奏折，虽然没有明确表态，但也认定李泰国是一个搬弄是非、在这次谈判中起破坏作用的人物。他在下达的一份谕旨中说，此次交涉，恐系李泰国从中搬弄所为，额尔金与中国彼此语言不通，所以才造成了其任意妄为。对于恭亲王所说的杀掉李泰国的话，他也是要桂良酌情办理，给了他充分的自主权。桂良知道，李泰国此人是不能杀的，他担心因此而引起更大的祸端。

天朝中想杀掉李泰国的不止恭亲王一人，朝中大员、天津百姓想杀他的大有人在。本来，天津百姓对外国人并不了解，也谈不上反感。美国传教士卫三畏回忆说，"在天津，……联军首领额尔金勋爵和葛罗男爵……于5月30日黎明进城，另两国使节跟着，晚上全部到齐，没有发生不幸或抵抗。城里居民看到船舰和传闻的可怕人物，好奇心和恐惧使他们保持镇静有礼，他们满足于稠密的人群排在岸边、凝望、议论。大家都不懂对方的语言，这并没有阻止同市民不断交往，坐在他们的船上就更加融洽了。一个撑渡船的老人记得1816年阿美士德来访，他问了船上挂旗的意义，得到答复后，他感叹道：'只要你们听得懂我们说的话，就多么容易和好相处啊'。周围人群发出衷心赞同的回响"。[1]

额尔金等四国代表初到天津要求修约谈判，李泰国的表现很快便引起了天津百姓的反感。当时天津的一个百姓与外国人发生口角甚至斗殴，李泰国便帮助外国人说话，引起了天津百姓的不满，遂

---

[1] [美]卫三畏：《中国总论》第二册，陈俱译，上海古籍出版社2005年版，第1047页。

聚众把他抓了起来。中国谈判代表听说了这件事，担心误了谈判大局，赶紧派人前去解救，并把他送回英国人的轮船上。这件事也成为李泰国报复中国人的原因之一。

《天津条约》签订后，李泰国对自己的行为十分得意，他也因此受到英国政府的褒奖，后来还授予他一枚巴斯勋爵勋章。我们知道，《天津条约》是桂良、花沙纳在列强的胁迫、讹诈之下不得已而为之的结果。按照《中英天津条约》第二十六条规定："前在江宁立约第十条内定进、出口各货税，彼时欲综算税饷多寡，均以价值为率，每价百两，征税五两，大概核计，以为公当。旋因条内载列各货种式，多有价值渐减，而税饷定额不改，以致原定公平税则，今已较重。拟将旧则重修，允定此次立约加用印信之后，奏明钦派户部大员，即日前赴上海，会同英员，迅速商夺。俾俟本约奉到硃批，即可按照新章迅行措办。"

据此，李泰国在 1858 年 7 月 1 日建议桂良派江苏巡抚赵德辙与前上海道、现升为江苏按察使的薛焕办理商定税则事宜，桂良于7 月 8 日将此上奏清廷，并奏请按照李泰国的建议办理。[1]

1858 年 7 月 10 日到 12 日，咸丰帝两次下谕旨要桂良等人回京陛见。桂良本想着签订了《天津条约》，皇上的责骂、训斥是难免的，于是他接了谕旨，准备回京请训。

桂良、花沙纳设想着咸丰帝会大发雷霆，对他们一通大骂，甚至治罪。可是，咸丰帝并没有骂他，非但没骂，连一句指责的话都没有，相反的，咸丰帝与桂良、花沙纳、何桂清等人进行了一次密谈。

密谈的内容是什么呢？当时没有记录，而谈话的场合又相当保密，只能从相关人等后来的奏折、谕旨中来寻找蛛丝马迹。当时，密谈的内容大概是这样的：咸丰帝派桂良、花沙纳、何桂清为钦差大臣，前往上海与英国人进行关税问题的谈判。咸丰帝要求借这次

1　张志勇：《李泰国与第二次鸦片战争》，《北方论丛》2015 年第 4 期。

谈判之机，向英、法等国要求取消公使驻京、内地游历、长江通商、赔款付清之前联军仍然占据广州之"四事"。只要列强答应了这些要求，朝廷可以全免签约各国的关税！为使各国答应这样的要求，咸丰帝还设想了具体的操作办法：待桂良等谈判代表接见英、美、法、俄四国谈判代表时，桂良应首先宣布大清对各国全免关税，以此宣示大清国皇帝的恩典。咸丰帝心想，这样的恩典一旦宣布，列强会感恩图报，桂良就可以借此机会，提出将"四事"取消。

咸丰帝的想法很荒谬：当时清朝的海关年收入达白银数百万两之巨，这在当时财政来源并不多的时代，实在是不可或缺的一笔收入。况且，随着后来各口岸的陆续开放，这笔收入更达到了三千万两白银之多。咸丰帝竟然要以关税全免来实现取消"公使驻京"这样的在今天看来平常得不能再平常的小问题，来维护天朝所谓的颜面。对咸丰帝的这个决定，当时负责谈判的代表们担心事情泄密，在给咸丰帝汇报谈判情况时也以"第一要务"来隐喻此事。

当然，在礼仪至上的时代，咸丰帝为了维护自己的颜面，经济上受一些损失，在他看来是无关紧要的。君子讲究的是"礼"，只有小人才注重"利"呢。基于这样的观念，所以咸丰帝对取消"公使驻京"格外上心。咸丰帝的想法，桂良感到十分不妥。但是，他知道自己是待罪之身，皇上召见时没有指责，他已经感到诚惶诚恐了，所以他对咸丰帝的想法不敢公然的反驳，只是唯唯诺诺，点头称是。

咸丰帝见桂良、花沙纳没有反对，便于7月15日下了一道谕旨，派二人会同两江总督何桂清，"妥议通商税则事宜"。当日，咸丰帝又给何桂清发了一道谕旨。咸丰帝在给何桂清的谕旨中说："此次商定税则，系夷务一大转关，何桂清务须倍加慎密，不但严缉暗递消息之汉奸为要，即京员或有信函，尤不可稍为摇惑，议论多而实际少，惟静候内定办法，方能于大局有益也。"[1]谕旨中的"内定办法"指的是全免关税，"尤不可稍为摇惑"说明皇上对此事的态度，已经是不可动摇的了。与此同时，咸丰帝也给镶红旗汉军都统僧格林沁发了道谕旨，封他为钦差大臣，前往天津大沽，重建海防，以防不测。

僧格林沁接过朝廷的谕旨后，很不主张咸丰帝作出这样的决定。他向咸丰帝奏请，希望朝廷放弃这样的想法，主张调用全国之兵员，倾全国之力，整顿军队，与侵略者来一场大决战。即便是作为主和派的何桂清，也不认同咸丰帝的想法，他也给咸丰帝上了奏折说，"轻改条约，必起风澜，关税决不可免"[2]。当然，何桂清也有自己的想法，他还指望着从上海的关税中筹集镇压太平军的军费呢。

咸丰帝的态度，桂良、花沙纳虽然在陛见时不敢反驳，但是当二人磨磨蹭蹭前往上海路过常州时，联合何桂清在9月25日又上了一道折子，指出免税只不过是让商人得利，若以此来罢《天津条约》，势不可行。尤其是先宣布免税，再谈修改条约，很可能税是免了，而条约则改不成。因此要求暂缓发布"全免关税"的恩旨。

三人在给咸丰帝的奏折中，表示了反对关税全免，还不忘给自己的主子一点颜面。他们给咸丰帝卖了一个"空心汤圆"，说取消"公使驻京"之事，臣等自当尽力去办。

咸丰帝收到这个奏折后，很是生气，在三人的奏折后写了很长的一段批示：与卿等谈话之时，朕就表明，为筹划一个一劳永逸之计，所以才提出关税全免。如果要与列强喋喋不休，一一计较，又怎么会内定这样的方案？因此，他告诫桂良等人断不可更改原来商定的办法，现在又要另筹计划，搞得不好的话是会影响大局的。咸丰帝认为三人有可能是听信了他人所言，因而又在给何桂清的谕旨

1　中国史学会编：《中国近代史资料丛刊：第二次鸦片战争》第三册，第469页。

2　茅海建：《苦命天子：咸丰皇帝奕詝》，第193页。

中说："何桂清受朕厚恩，断不致别有他意，特恐属员虑及免税后，无可沾润，因而设词淆惑，亦事所必有。"在给何桂清的谕旨中，咸丰帝透露这样一种观点，那些反对免税的人可能是担心"免税后无可沾润"，即无法再中饱私囊，没油水可捞了，因而反对。

三人的奏折经咸丰帝朱批后，谕旨还在返回途中的时候，何桂清感到关税一事关系重大，他很有些不甘心地又于 9 月 27 日单独给咸丰帝上了道奏折，这一次，他谈了全免关税的严重后果，语句还相当的不客气，并称他将"会同桂良等，将第一紧要事件，设法办理"[1]。

10 月 9 日，三人到了上海，再次上奏，要求不提免税，指出关税全免只不过使外商获得更多的利益罢了，以此迫使列强取消"公使驻京"等事，恐列强不会答应。咸丰帝看他们在关税问题上喋喋不休，就批示道，如果不提关税全免就能使列强妥协，固然是很好的事情，但是咸丰帝要三人用脑袋担保。这等于是对三人说了狠话，可是三人并不知趣，又于 12 日第三次联名上奏，内容仍然是反对免税，并说即便是免税，列强也未必见得会感恩戴德。三人还向咸丰帝保证，设法让列强同意取消公使驻京问题；至于其他问题，慢慢想办法解决。咸丰帝看三人坚持己见，便松了口，改变了态度。10 月 21 日，咸丰帝看到奏折后，在给三人的谕旨中不再提免税之事，但又对三人说，如果桂良等人能将公使驻京等"四事""全行消弭"，他才会不宣布免税之事，如果做不到这些，桂良等人应该考虑给自己定什么罪。

由于当时的通讯工具传输慢，桂良、花沙纳、何桂清等人在 12 日联名上奏后，也许是担心皇上不能改变态度，在 10 月 17 日再一次联名上奏，这是第四次上奏了，这次话说得更有力度，从十个方面阐述了关税全免带来的危害，并称"第一要事关系过大，无

---

1 茅海建：《近代的尺度：两次鸦片战争军事与外交》，第 198 页。

论如何为难，总须设法处置"。[1] 这一份奏折于 10 月 27 日到达北京，咸丰帝看了之后终于改变了态度，放弃了他的"内定办法"获得一劳永逸之计的方案，仅在该折上朱批："览，钦此。"

咸丰帝改变了态度，当然他也不忘给桂良一个甜头。他将桂良从东阁大学士提升为文华殿大学士，希望通过这个特别的奖励，使他与英国人的谈判中能有超凡的表现。

桂良能改变局面吗？列强的目的就是在华索取更多的利益，因而这也使得谈判一开始就进展得很不顺利。特别是英国公使额尔金仍然是处处掣肘，百般刁难。

在桂良、花沙纳等人抵达上海之后，要求与其谈判。但是，额尔金又开始了他的老把戏，不肯见面。《天津条约》签订后，广东百姓对侵略军的反抗时有发生，额尔金认为应该改变这种局面，于是他说在谈判之前，他应先弄明白一些情况。两广总督黄宗汉与三绅（指太常寺卿龙元僖、刑部侍郎罗惇衍、工科给事中苏廷魁）为什么要办团练？这个事情不能很好地答复，就无法开展谈判。额尔金不满地说，这些人办团练就办团练吧，可偏偏与英军作对。他对黄宗汉等人恨之入骨。

额尔金要讨个说法，桂良答复说，黄宗汉与三绅的活动，都在他们签订《天津条约》之前；黄宗汉与三绅都是文人，弄不起什么大浪，可以让皇上发布一个文告，就说中英两国已经宣布和平，要他们停止他们的活动。如此答复，额尔金自然不能满意，他蛮横地说，英国不能满足于单纯的文件或宣言，除了黄宗汉革职和撤销三绅的兵权外，其他任何办法都不能接受。

额尔金咄咄逼人，咸丰帝得到奏报后，不得不将黄宗汉调离广东，对外宣称黄宗汉已被撤职，而对于太常寺卿龙元僖、刑部侍郎罗惇衍、工科给事中苏廷魁则分别撤销了兵权。如此，额尔金才心

1　中国史学会编：《中国近代史资料丛刊：第二次鸦片战争》第三册，第 541 页。

满意足地答应谈判。

谈判之前，额尔金又发出照会表示，《天津条约》是一字也不能更改的。而桂良等人此行的重要目的是希望修改《天津条约》，取消公使驻京、内地游历、长江通商、赔款付清前占据广州等"四事"。可是额尔金的态度让桂良等人感到十分为难，为此桂良只好向额尔金抛出了谈判底线，他们这次来上海只争公使驻京一事，并说明了公使驻京"对中国的害处有许多方面，非我们言语所尽能表达，使中国政府在中国人民眼中失去威信"[1]。

桂良的解释，额尔金也有自己的盘算。虽然说公使驻京是西方各国的一个惯例，但让一个外国公使驻在充满敌意的北京城里，并不见得是什么挣脸面的事情。既然公使驻京，也不是外国人与中国外交关系的上策。于是，他给桂良卖了个顺水人情。但是，额尔金的每一个举动都是那么的刁钻。他在 10 月 30 日，给桂良写了封信，说清廷如能严格遵守《天津条约》、1859 年英国公使到京换约如能得到适当的接待，他将提请英国政府考虑这一要求。英国公使可以不常驻北京，但是可以定期或有事的时候能够随时前往北京。但是，额尔金坚持一条，因为之前虽然在天津签订了《天津条约》，但咸丰皇帝还未正式批准承认。因此，额尔金要求《天津条约》的批准书必须在北京互换。

额尔金表示公使可以暂住他地，有事可以进京暂住，并要求条约批准书在北京互换。虽然说只是咸丰帝给他们发一个"暂住证"的问题，但这个表态距离咸丰帝取消"公使驻京"的要求有很大距离，而且还要等到英国政府的批准，不用说，这又是英国人开出的一个空头支票。

额尔金当然知道咸丰帝在"公使驻京"这类问题上不会让步。

1　王绍坊：《中国外交史：鸦片战争至辛亥革命时期（1840—1911）》，河南人民出版社 1988 年版，第 86 页。

他说1859年公使到京换约如果中国能够接待，即可以向政府提请改约之事，桂良当然也知道，咸丰帝不会让步。如此一来，额尔金就等于封住了桂良的口，桂良也不好意思再提修改条约的事。

额尔金巧妙地拒绝了清廷的要求，而咸丰帝对改约的事又催问得急，桂良不敢直接回答，因而每次都是模棱两可，含混其词。桂良既没有说出公使不驻京的前提条件，也没有将额尔金的信件上呈。这样，咸丰帝的愿望没能实现，而未能达到目的的桂良、花沙纳、何桂清等人只能专力于通商章程的谈判。

通商章程的谈判进展得非常顺利，由于桂良、花沙纳等人对修改条约仍充满希望，因而一而再地答应他们的要求。当然，这一次谈判进展的顺利还有一个原因，就是李泰国的积极协助。《天津条约》的谈判中，李泰国已经引起清廷的不满，朝廷中很多人认为他不适合继续在海关任职，李泰国也许是认识到自己作为大清海关监督，理应维护自己在海关的权利。因而在上海的改订税则以及通商章程谈判中，他一改前态。

上海的中国官员在给咸丰帝的奏报中说，李泰国在上海的谈判中"则驯服如初，为我所用"，协商办理改订税则与通商章程事宜，"连议三日，惟李泰国不知从中挑剔，其阿斯藩、威妥玛两夷，语多傲慢，坚持定见，矢口不移"。李泰国甚至还积极成为中西方的调解人，用他自己的话说，"我一门心思在中国和西方列强之间充任调解人"。为此，桂良等人对他大加夸赞，"间亦肯将各夷奸计，暗递消息"，凡是中国方面在交涉中遇到的难题，就请他帮助从中调停。如此，李泰国顺利保住了他的江海关税务监督职位，并在后来经由江苏巡抚薛焕提名，两江总督何桂清发文，正式成为了第一任中国海关总税务司。

李泰国前后不一的变化，何桂清在给咸丰帝的奏折中解释说，这是他驾驭洋人有方所致。1858年7月25日，两江总督何桂清在奏折中说，李泰国本是一个英国翻译官，对中国文字语言甚为精通，但其"行为甚属诡谲，善于探听内地时事，间亦肯将各夷奸计，暗递消息。咸丰四年冬，江海关更换司税，该夷面求前抚臣吉尔杭阿照会该国公使，准其充当司税。该夷尚知感激，数年来关税较旺，未始非该夷严查偷漏之力。是以历任苏松太道无不加以颜色，驾驭而用。其现在之吁请钦派抚臣赵德辙督同薛焕查办税则者，因抚臣与薛焕恩信足以服之，不致以异类相视，彼即可据为奇功，夸示各夷也。"[1]

李泰国在海关税则和通商章程的谈判中积极调停，何桂清认为是他与上海地方官把握其性情的结果。他在奏折中说，"臣查上海之驾驭外夷也，向皆顺其性而驯之。如夷性嗜利，我矫之以廉；夷性尚气，我待之以礼；夷性狡诈，而外假诚信，我即示之以信"。[2]

对于中英商约谈判，桂良、何桂清等人认为，因为李泰国帮助调停，使得税则与通商章程的谈判进展顺利，而英国方面也认为李泰国在中英谈判中出力甚大。1858 年 11 月 6 日，阿斯藩与威妥玛在致额尔金的信中说："如你知道的那样，李泰国在我们与中方代表的会议中帮助了我们，我们必须声明，我们商谈能够有一个我们感到阁下一定会认为满意的结果，主要应归功于他作为一个翻译的技巧，他的经验与才智。"对此，额尔金则回复说："我完全同意你们所表达的有关李泰国在此关键时刻所提供的服务的价值的观点。"同日，额尔金在给默麦斯伯里的信中也说明了李泰国在中英谈判中所发挥的重要作用："特别是关于李泰国，我请求提醒阁下，他不是女王政府的领薪职员，我们在天津与上海谈判的胜利多亏他的机智与对中国人的道德影响，我感到很难用语言足够强烈地表达

1　中国史学会编：《中国近代史资料丛刊：第二次鸦片战争》第三册，第 473 页。
2　《筹办夷务始末（咸丰朝）》第三册，第 1132 页。

我的感激程度。" [1]

1　张志勇：《李泰国与第二次鸦片战争》，《北方论丛》2015 年第 4 期。

第四章

又是无法回避的修约大事

1. 大清需要蒲安臣

1858 年《天津条约》的签订，清廷并不愿接受西方强加给的条款，因而并不认真的履行，如此也导致了 1860 年英法联军攻进北京城，火烧圆明园的悲剧，清廷被迫与西方签订《北京条约》。经此劫难，清廷在与西方的接触中变得乖顺起来。咸丰帝病逝后，慈禧太后联合恭亲王奕訢发动了祺祥政变，一举铲除了当权的肃顺集团。垂帘听政的慈禧太后与摄政的恭亲王奕訢感到，在艰难的形势面前，再也不能抱持咸丰帝在世时一味排外的政策，而应该学会与西方打交道了。

当然，经历了第二次鸦片战争，西方列强虽然通过条约获得了它们想要的各种权益。但是，列强的侵略政策也遭到了中国人民的坚决反抗，它们的损失也很大。同时，由于侵略政策激起了中国民众的反抗斗志和排外心理，也不利于它们扩大在中国的商品市场。

根据《天津条约》的规定，中外应互派使节。从1861年起，英、法、美、俄四国政府先后实现了公使常驻北京。但是，清廷却没有向外国派出使节。因此，列强也不断地向清廷提出建议，施加压力，希望清廷尽快向外派遣使节。英国人在这方面表现的特别积极，时任中国海关总税务司的英国人赫德每次到总理衙门总要谈论这件事。

1865年，赫德向清廷呈递《局外旁观论》。1866年，英国公使阿礼国又向总理衙门提交了《新议略论》劝说清廷向外派遣使节。虽然如此，清廷仍然认为，向外国派遣使节似乎并无必要，因而以各种理由搪塞。

虽然大清国迟迟不愿派出使节出使西方，但不管是西方还是大清国，都知道改变过去的关系是必然的趋势。对此英国驻广州领事罗伯逊说了这样的话："事实上中国的前途是很黑暗的，除非外边给它强有力的援助，这座房子就会倒坍下来，而我们最好的利益也就此埋入废墟"[1]。

列强们清楚地知道，在发动了一次次的侵华战争之后，大清国已是颜面扫地。但要维持特权利益，列强并不希望大清国倒台，只是希望大清能够变乖。当时，对清廷来说，更紧迫的问题是来自太平天国的巨大威胁，而太平天国对列强的侵略也是持坚决反对态度的。在这样的情况下，列强们决定采取新的对华政策，况且《北京条约》的签订，清朝似乎已经变得很乖顺了。因此，列强们推出了所谓的共同扶持大清的"合作政策"。

列强们推出扶持大清的"合作政策"还有一重用意是改变中国人对外国的坏印象。毕竟此前发生了火烧圆明园、签订不平等条约等事件，使得外国人在中国人的心目中成为恶魔的化身。要改变这种印象，他们开始处处乔装改变自己的形象，甚至把自己装扮成可

1　[美]费正清、刘广京等编：《剑桥中国晚清史》上册，第462页。

信赖的朋友，美国是侵略中国的最大帮凶，当时的美国国务卿西华德感到，要改变美国在中国人心目中的形象，必须以一种"善义"的形象示人。为此，1862年3月，西华德给当时新任驻华公使蒲安臣发出了这样的训令：

> 在中国，对于一切重大问题要协商合作；在维护我们的条约权利所必需的范围内保卫条约口岸，在纯粹的行政方面，并在世界性的基础之上，支持在外国人管理下的那个海关，赞助中国政府在维持秩序方面的努力。在条约口岸内，既不要求，也不占用租界，不用任何方式干涉中国政府对于它自己的人民的管辖，也永不威胁中华帝国的领土完整。[1]

西华德的这个训令从字面上看似很美好，也充满了友善，而实际上西华德攫取的目光不只是瞄向了大清，而是整个太平洋区域。他在给蒲安臣发出训令的同时，还给他发了一封密函，内中说，"美国政治及经济行动之更大的舞台，是太平洋区域"，要夺取太平洋霸权，中国就成为它侵略活动的主要目标。但是，当时在世界各国中真正称为"老大"的是英国，且已在中国占有优势，其他国家也正在进行争夺，而美国既无足够的力量和英国争霸，又受国内南北战争的牵制，不能和他国一起进行竞夺。怎么办呢？为了防止英国在中国进一步取得独占的优势和各国在中国实行瓜分，老奸巨猾的西华德抛出了迷惑大清王朝以及与美国争食的强国的"合作政策"，最终的目的仍然是控制已经腐烂到骨子里的清廷。西华德提出"合作政策"还有一重用意，即希望各列强在中国放弃单方面的武力行动，以联合外交的力量来向中国施加压力，借此保证美国的侵略利益不被各列强排挤。

1　[美]马士：《中华帝国对外关系史》第二卷，第470页。

在这种合作政策下，中外之间像两个秉性、做派均异的人，要努力避免纷争，只好在不断地争吵和分歧中艰难前行。在这种貌似"和平"的氛围中，转眼之间到了1867年。此时距离1858年《天津条约》的签订基本上已经十个年头，按照约定，双方又到了修约的期限。

回想过去，中外双方因为修约，以致到了大动干戈的地步。现在，距离再一次修约之期的日渐迫近，一度被动挨打的清廷感到，依靠自己的军事力量已经无法抵御外侵，还是应该积极地配合修约。清廷知道，修约问题还是必须要认真面对的，但是又很担心西方各国利用修约的机会再次提出一些不合理的要求。

清廷的担心自有它的道理。回想十余年前的修约，欧洲诸国可谓"索要多端"多次提出一些不合理的要求，而今列强更是希望借修约之际，进一步扩大他们在中国的"权益"，增加贸易、扩展口岸等等。欧洲诸国的不断增长的贪婪诉求，使清廷想起第二次鸦片战争爆发前后一言不合列强就大动干戈的局面，不能不心有余悸。因而，面对又一次迫在眉睫的修约之期，清廷急需遣使笼络各国。

要派员出使西方，有两个问题是清廷倍感头疼的：一个是使臣的遴选；二个是中外礼仪纠葛。对于人员的遴选，慈禧太后和恭亲王奕䜣都知道，无论是总理衙门官员还是同文馆师生，都不是合适人选。虽说自总理衙门成立后恭亲王所领导的这一机构也在不断地尝试者与洋人接触，办理一些外交事宜，但他属下的官员都不懂外语，也没有走出过国门半步，自然难以胜任。尽管同文馆设立后也在不断的培育外语人才，但馆中学生根本没有办理外交的经验，自然也是难以胜任。"若不得其人，贸然前往，或致狎而见辱，转致贻羞域外，误我事机。"[1]

对于修约，清廷还有一层担心。担心欧洲各国借修约之名，提

---

[1] 《筹办夷务始末（同治朝）》第五册，卷五十，中华书局2008年版，第2111页。

出新法问题，借端生事，干涉大清内政。关于新法，1866 年 2 月，英国驻华公使阿礼国向总理衙门呈送照会，内附英国公使馆参赞威妥玛的《新议略论》一文，建议清廷改革弊制，实行新政。如果不这样做，中国有可能再次陷入列强的干预制裁政策。

事实上，此时西方已经开始要求清廷在各通商口岸以外的地方开办铁路和电报事业，这些都是清廷"立意要坚予拒绝的"。

此外，还有一个中外存在巨大分歧的国体问题。在大清看来，影响大清国体的因素有二：一个是宗法体制，一个是天朝礼仪。这些都是要维护的，因而这些都让大清朝廷倍感头痛。当然，面对西方列强的咄咄逼人，清廷也知道一成不变是不可能的，改变天朝体制以"俯顺夷情"并非清王朝的本意，对它而言，既存国体又服远人是最理想的处理方式。随着条约关系的建立和发展，中外之间的交往不断扩大，清王朝的国体危机进一步深化。

清廷看重国体，在礼制问题上表现的尤为突出。在中国历史上，使节拜见皇帝都是要按照大清礼制行跪拜之礼的，但西方在觐见清朝皇帝时却不愿遵循这一礼制，认为是对西方的侮辱，这一问题便成为中西方观念冲突的一个焦点。在清王朝看来，中外交涉中的仪礼，尤其是外国使臣觐见天朝君主是否跪拜，"最关中国国体"。这也是为什么道光帝、咸丰帝都反对接见外国人的原因。清王朝已经把君主尊严视为"国体"的最高规范，但是这一观念与西方以资产阶级平等精神为内核的仪礼观格格不入，中外之间也因此发生了不可调和的争辩。1858 年中英《天津条约》条款中，除公使驻京之外，还相应规定："英国自主之邦与中国平等，大英钦差大臣作为代国秉权大员，觐大清皇上时，遇有碍于国体之礼，是不可行"。[1]

这一条约规定，为列强拒绝跪拜提供了法律依据，触动了天朝最敏感的国体问题。虽然咸丰帝被迫接受了这一条约，但并不愿执

---

1 王铁崖编：《中外旧约章汇编》第一册，生活·读书·新知三联书店 1957 年版，第 96 页。

行，时刻想着如何补救，要求桂良等继续交涉。他病逝后，虽然慈禧太后和恭亲王奕䜣在公使驻京等问题上做了妥协，但跪拜礼仪一直是中外双方绕不开的障碍。

清王朝要外国使节觐见中国皇帝行跪拜仪礼，但对中国使节觐见外国元首该行什么样的礼仪，却没有明文规定，因而清廷既想派员赴西方试探修约问题的态度，又想绕开礼仪纠葛，很担心西方借此改变中国礼制。

清廷在遴选出使人选问题上的困难，还有一个因素是人们的观念问题。当时在人们的传言中，海外是一个蛮夷遍地的世界，那里的人都长着一身红毛，大清国的子民因此称那里的人为"红毛人"。至于到西方走一走看一看，了解西方的风土人情，更被看作是入虎狼之穴，视作畏途。

1866年春，在中国出任海关总税务司的英国人赫德，作为当时的大龄晚婚青年要回国结婚，特地到总理衙门请假六个月。临行前，他对奕䜣说，中国可以派出一个考察团随他到西方各国游历一番，也了解一下西方的政情和社会状况，为中国的发展提供借鉴。

赫德的建议，奕䜣听后感到非常可行，认为很有利于洋务事业的推动。因而，一次临朝时他向两宫皇太后禀报了此事。但是，在讨论派谁去的问题上，朝臣们竟然互相推脱，没人愿意前往，大家都认为到西方去十分危险，担心性命之忧。这个说家中有八十岁老母需要赡养，那个说家中有八个月的幼儿需要照看，还有人说家中小妾怀孕八个月了，正待临产。总而言之，谁也不愿意前往，慈禧太后也不能强逼搞摊派吧，最后，奕䜣到同文馆找那些接受西学的学生商量，问谁愿意前往，同文馆里的学生也是默不作声，没人愿意去，大家都对漂洋过海远行心存恐惧。即便是几个同文馆里毕业、到总理衙门帮办外交的几个人也不愿意前往。

这样的局面让奕䜣很是尴尬，也就在这时，一位63岁的老人站了出来，他就是斌椿。赫德到中国后，斌椿曾经给他做了几年中文教师并兼办文案。在与赫德的接触中，他对西方事务有所了解，也产生了兴趣。他见无人愿意前往，便站了出来。说他虽然年老，但为解燃眉之急，慨然愿意前往。既然没有人愿意前去，斌椿又自告奋勇，奕䜣十分高兴，便同意了他的请求。于是，斌椿带领三位同文馆学生和他的儿子一行五人组成了中国最早的出洋考察团，开始了西洋各国的游历。

经过近四个月对英国、法国、美国等十余个国家的游历，斌椿一行开阔了眼界。在游历中，斌椿发现西方近代的科学技术、物质文明都是值得中国学习的。火车、轮船、电报、电梯、活字印刷、铁路隧道、蒸汽机、起重机、传真照片及一般摄影、显微镜及幻灯、大纺纱厂和兵工厂的生产情况等，这些对于老大帝国的中国都是前所未见的新鲜事物，这也使彬椿认识到奕䜣为什么要提出"自强"学习西方的先进技术。

这次游历中，斌椿一行还参观了埃及大金字塔和古太阳神庙，观看了欧洲博览会和芭蕾舞剧；特别是在英国，白金汉宫的雄伟、大英博物馆的文明、国家议院、报社、高等学院、植物园，法国的凡尔赛宫、拿破仑大帝的凯旋门等等，所有这些都使斌椿一行感受到了与中国儒家传统文化迥然不同的西方文明。

斌椿回国后，将出国考察的所观所感写成《乘槎笔记》和《诗集》，考察团员张德彝著成《航海述奇》。斌椿一行通过东西文化的对比感到，当工业化潮流带动西方各国纷纷进入现代文明生活的时候——火车奔驰、轮船畅通、电线高架、通讯便利等等，中国人所沉醉的田园诗般静谧的自然经济生活与西方的近代文明相比，实在是太落后了！

大清子民不愿到西方世界里去，斌椿的欧美之行还只是一次游历性质的参观考察，不能视为正式的外交活动，而派出使节就不同了，要派出官员与外国官方交涉，甚至觐见外国元首，如此重大的事件，会不会改变关系国体的礼制问题，自然让清廷感到棘手。可是当时由于外国传教势力和商业势力不断扩大，也使得人民的排外情绪日益高涨，各地接连发生教案事件。清廷既要应付西方各国日益增长的利益诉求，又要缓和国内动荡不安的民族情绪，避免西方利用人民的排外事件进行武装干涉。感到变被动为主动，将本国的情况以及如西方所希望的那样"尽快进步"，应该派使到西方去。

遣使的困难，恭亲王在给朝廷的奏折中说，"遣使一节，本系必应举行之事，止因一时乏人堪膺此选。且中外交涉，不无为难之处，是以明知必应举行，而不敢竟请举行。尚待各处公商，以期事臻妥协。惟近来中国之虚实，外国不无洞悉；外国之情伪，中国一概茫然。其中隔阂之由，总因彼有使来，我无使往，以致遇有该使倔强任性，不合情理之事，仅能正言折服，而不能向其本国一加诘责，默为转移。此臣等所耿耿于心，而无时稍释者也"[1]。奕訢还有一种猜测，中国长期以来不与各国驻华公使的上级部门接触，各国公使是否滥用外交职权，是否假传指令都不得而知，但他又明白，出使西方远涉重洋，国人多不愿意前往，再者，中西之间，"语言文字，尚未通晓，仍须倚翻译，未免为难。况为守兼优、才堪专对者，本难其选，若不得其人，贸然前往，或致狎而见侮，转足贻羞域。"[2]

在恭亲王的忧虑之中，总理衙门饬令各省将军、督抚就各国可能在修约中提出的问题，特别是遣使问题征求意见。大多数官员都认为派遣使节是必要的，但是怎么个派法又都没有一个主张。转眼间到了1867年11月，美国驻华公使蒲安臣任职届满，清廷感到此人是对中国友好的人，便为他举行了隆重的欢送宴会。

在为蒲安臣举行的宴会上，蒲安臣表示"嗣后遇有与各国不平

---

1 《筹办夷务始末（同治朝）》第六册，卷五十一，第2159页。
2 《筹办夷务始末（同治朝）》第五册，卷五十，第2119页。

之事，伊必十分出力，即如中国派伊为使相同"。他还对恭亲王奕䜣说，"前次离开北京时，他曾被要求，若有机会，为遣散李泰国——阿思本舰队事件作若干解释；那么，他是否可利用这次离京之机，为总理衙门效力一二？"[1]

蒲安臣的话，也可能是他的客套话，但是恭亲王奕䜣却动起了心思，他灵机一动，既然蒲安臣有这样的话，何不请西方人代为出使各国呢？这样既可以达到遣使出洋的实效，又能避免中外礼仪的纠葛。

在恭亲王奕䜣奏请朝廷意图请美国人蒲安臣作为中国使节出使西方的奏折上达朝廷之后，奕䜣又在自己家里宴请了蒲安臣，表明中国有可能聘请他以中国特使的身份出使西方。

据应邀参加宴席、实际是充当蒲安臣与恭亲王二人翻译的丁韪良回忆，这次宴会气氛融洽，奕䜣、文祥等在交谈中，用一种非正式的态度试探蒲安臣是否愿意充任中国特使出使西方。谈话中，奕䜣、文祥先是谈了中西方存在的误解。蒲安臣则表示，他愿意帮助中国消除误解。

作为当时在场的当事人丁韪良在《花甲记忆》中写道，"这方面有许多事要做。"亲王问道："你经过欧洲吗？"蒲安臣先生说是，亲王于是请他向巴黎和伦敦，尤其是后者的宫廷转达良好的意愿。总理衙门大臣文祥详细说明了要作出何种性质的传达，然后补充道："简而言之，你将是我们的公使。"亲王插话道："如果一名公使能为两个国家服务，我们将很高兴请你做我们的使者。"这句半开玩笑的话就是蒲安臣使团的萌芽。蒲安臣闻听此言，他脑海中突然闪现一种迷人的景象，他认为以他的能力，成为第一个把东方的古老帝国介绍给西方世界的人具有无可抗拒的魅力。这也许会

1　卢汉超：《中国第一客卿：鹭宾·赫德传》，上海社会科学院出版社2009年版，第85页。

延误他的政治生涯，但难道这不也会有助于提高他的声望吗？ [1]

这次宴会结束后，蒲安臣没有回美国公使馆，而是径直来到了海关总署拜见了总税务司赫德，就此事征求赫德意见。结果，赫德"不仅赞同恭亲王的愿望，而且，凭着他特有的敏捷的智谋，准备作出一种努力将此事付诸实行"。 [2]

在选派使节出使西方的问题上，恭亲王曾设想由中国派出使团，聘请赫德作为随行顾问，赫德出于多种原因的考量，并未接受这一建议，但对中国派出使节出使西方问题却一直表现出浓厚的关注之情。蒲安臣倡导的"合作政策"，赫德是这一政策的积极支持者，他的《局外旁观论》实际上体现了"合作政策"的主旨精神，见解上的一致也使赫德与蒲安臣成为很好的朋友。由于蒲安臣反对李泰国在中国问题上的专断做法，蒲安臣曾积极促成赫德成为大清海关总税务司，这一点，也使赫德对蒲安臣充满感激之情。但赫德赞成蒲安臣代表中国出使西方，不只是感恩图报，更重要的因素在于，蒲安臣是缓和中西关系这一使命的理想人选，加上有美国这样一个强国的影响，蒲安臣的这次出使活动也一定能为西方谋取利益。

11月9日，赫德来到了总理衙门。他在日记里写道："我自从1861年到达北京以后，就曾向总理衙门力陈走向西方人理解的'进步'一词的方向，并且我所谈论的，几乎没有任何一点能再比在每个条约国家的王廷建立常驻使节的需要更为强调、更为频繁的了……第一步，我于1866年劝请总理衙门派遣斌老爷（斌椿）同我一起前往欧洲，在当年之末，当我回到北京以后，我又促请另外进一步的行动。于是，在事实上向海外派遣代表的问题，竟成为我在每次前往总理衙门时一定要讨论的事情了。有一次，谭大人（指

1　[美] 丁韪良：《花甲记忆：一个美国传教士眼中的晚清帝国》，沈弘等译，广西师范大学出版社2004年版，第254页。

2　卢汉超：《中国第一客卿：鹭宾·赫德传》，第86页。

谭廷襄）曾告诉我，在一两星期之内，将有一项决定要通知我，表示中国政府将要立即依照我的建议行事了。文大人（即文祥）并说，如果我能抽出时间离开北京，即考虑派我偕同中国的官员前往。关于这个官员的人选，他们似乎首先要决定……几天之后，在总理衙门的宴会中，柏卓安告诉我，总理衙门已经在考虑派蒲安臣为前往各条约国家的代表，并问我对这个问题的看法。我当即说这种想法应当予以支持，第二天，我前往总理衙门极力表示赞同。"[1]

清廷准备派遣蒲安臣代表中国出使西方，在北京的外国使节们立即表现出了惊讶之情。他们纷纷议论说，中国政府为什么要采取这种行动？这个天真的决定是谁作出的？蒲安臣有权代表中国吗？这种猜疑也很快出现在上海的《北华捷报》上：

> 这一决定……乍一听来……当时使我们不能相信。中国人的头脑不能于宴会后的一念之间而有突然的奋发和即时的行动，特别是像委托一个代表前往海外的曾被一度蔑视的那些政府的这样重大事件。我们可以肯定地说，无论发表的如何突然，蒲安臣的任命是经过长期的和缜密的考虑的。我们的记者说，"此事是同赫德商议之后才提出的"。我们相信，这个计划出自赫德的头脑。[2]

在赫德积极活动下，恭亲王奕䜣以送行为名，多次亲往美国公使馆，就委任蒲安臣代表中国出使西方问题进行了积极的晤谈。而蒲安臣因为有赫德的暗示，也表示当不辱使命。

在取得蒲安臣的同意和赫德的支持之后，奕䜣正式向朝廷上奏："请派蒲安臣权充办理中外交涉事务使臣。"奏折中赞扬前美国公

1　[美]马士：《中华帝国对外关系史》第二卷，第207、208页。
2　[美]马士：《中华帝国对外关系史》第二卷，第207页。

使蒲安臣"其人处事和平,能知中外大体,遇有中国为难不便之事,极肯排难解纷"。而且说明由于中外礼仪不同,"用中国人为使臣,诚不免于为难;用外国人为使臣,则概不为难……请旨钦派蒲安臣权充办理中外交涉事务大臣"[1]。

慈禧太后看到奕䜣的奏章,也认为这是一个好办法。这样既可以规避中西方政治制度、礼仪等方面的差异,又可以利用蒲安臣的西人身份,拉近与西方诸国的距离。因而,很快便同意了奕䜣的奏请。

慈禧太后同意恭亲王奕䜣的意见,使得蒲安臣摇身一变,成了大清皇帝的钦差,率领中国外交使团的"办理中外交涉事务大臣"。也由此,晚清中国开始了第一次派遣使节出使西方的历史。

2. "合作政策"开创契机

蒲安臣之所以能够获得清廷的信任,成为代表中国出使西方的使节,一个重要的原因就是他自出任驻华公使以来,在与清廷官员的交往中,赢得了清廷上下的好感。当然,这与其推行的"合作政策"以及成长经历、价值观有着密切的联系。

蒲安臣生于1820年,他曾经是美国的律师,在外交方面是不可多得的人才,1856年6月2日,他以废奴主义者的姿态,发表了题为《马萨诸塞州的抗辩》的著名演说。他精彩的演说,赢得了美国解放黑人的欢迎。1860年,他鼎力帮助林肯竞选总统,而自己却失去了国会众议院议员的资格。林肯当选总统后,为感谢他的助选之功,弥补他的损失,任命他为美国驻奥地利公使。

蒲安臣踌躇满志地来到奥地利,但是在这里他却遭到排斥。奥地利人以蒲安臣曾在美国发表演说支持匈牙利民族革命领袖科苏特为由,反对他出任美国驻奥地利公使,这使蒲安臣陷入了尴尬的境

---

1 梁碧莹:《艰难的外交:晚清中国驻美公使研究》,天津古籍出版社2004年版,第102页。

地。美国总统林肯再次伸出援助之手，任命他为美国驻华公使，转赴中国。这个任命从此改变了他的命运，使他与中国结下了不解之缘。在中国任职期间，这个无论面对国内的黑奴制度还是国外的民族压迫都十分好斗的牛仔议员，竟然成为最受清廷欢迎的外国人。

在美国的驻华官员中，蒲安臣也是第一任驻京公使。他来中国之前，中美双方虽然已经开展了外交关系，但是，早期的美国对华政策的着重点还主要在商务方面，外交往来并没有引起美国的重视，以致"美国驻华公使在缔约（《中美望厦条约》）后的十年内没有从华盛顿得到过具体指示……"。[1]

当然，美国政府这样做，也是当时国内环境使然。19 世纪 60 年代的美国虽然已经崛起，但与英、法这些的强大帝国相比，实力上还有很大的不足。因而，在外交政策上，还只是追随英法等强国，可以说很有点英法强国"小兄弟"的意味。但是，美国很想获得相同的特权，在商贸、外交政策上便采取了英法等国不同的做法极力宣扬对华的"友好""和善"。美国学者孔华润曾形象地说这种外交政策是"狮子一吼，猎物到手；豺狼微笑，拾起骨头"[2]。

美国对中国外交、商贸政策的从属地位，使得美国政府对派出的驻华外交官也并不太重视，一般由在华商人临时充任，薪水微薄，甚至于没有薪水。最初设立在上海的公使馆也只有一间简陋的民房，作为美国外交官居住和办公的地方。由于政府很少过问，这个时期美国对华外交政策个人色彩很浓，有很大的随意性。特别是在第二次鸦片战争之前，中国给美国的印象是，中国这个近乎英国半殖民地的国家就像一个异教徒，落后、愚昧、不开化，因而美国人当时也不愿出使这个落后的国家。

1843 年，美国政府本来打算派遣原驻英公使易维利出使中国，

1 [美]孔华润：《美国对中国的反应》，张静尔译，复旦大学出版社 1989 年版，第 13 页。
2 [美]孔华润：《美国对中国的反应》，第 17 页。

但易维利断然拒绝了这一使命，美国政府只好改派顾盛前往中国。另外，此前美国众议院外交委员会主席约翰·尼西·亚当斯也拒绝出使中国。他甚至认为像中国这样的落后国家，没有必要向其派驻全权公使，只要派一名有权谈判条约的委员就可以了。

19世纪50年代以后，美国的不断崛起，其商品也开始源源不断地涌向中国市场，美国的对华贸易也一跃成为仅次于英国的对华贸易大国。发展中的美国，起初是一个注重商业利益的国家，军事发展不足，与英法等强国相比，缺乏维护和扩大在华权益的武力后盾，对参与远离本土的殖民掠夺心有余而力不足。面对英法等国对中国的殖民掠夺与竞争，美国预感到其商品和利益参与到中国竞争的机会正越来越小，甚至有被挤出中国的危险。如此，美国政府所设想的"太平洋商业帝国主义"宏图有可能化为泡影。

蒲安臣驻华之时，又恰逢美国爆发南北战争，美国政府更无力参与到对中国的竞夺了。怎么办呢？因而美国国务卿适时地推出了其所谓的"合作政策"。根据"合作政策"，西华德要求蒲安臣到中国后，积极与英法公使"协商合作"。蒲安臣到中国之时，备受争议的公使驻京问题在咸丰帝逃亡热河期间，实际上已经形成事实。

1861年3月25日，法国公使布尔布隆先来到了北京。继他之后，英国新任驻华公使卜鲁斯也到了北京，他取代了额尔金，更是强硬地要求驻节北京。虽然咸丰帝不愿接受"公使驻京"这个有损大清颜面的问题，可是英法公使到京后，赖着不走，也使得咸丰帝迟迟不愿回銮，咸丰帝去世后，慈禧太后与恭亲王奕訢接受了公使驻京这个现实，也使得列强看到了与大清合作的可能性。而各国公使的相继驻京则为合作政策提供了便利。

蒲安臣是继法、英、俄之后第四位驻京的外国公使，他到北京后，即拜访了英、法、俄三国驻华公使，向他们兜售美国的"合作政策"，希望各国在对华问题上，彼此相互协作。

蒲安臣的建议，应该说是符合西方各国的利益的。卜鲁斯第一个站出来表示赞同。第二次鸦片战争的结果英国是最大的赢家，它通过火烧圆明园，彻底驯服了清朝皇帝。通过条约的形式，使它们获得了巨大的利益。正如他们的贸易部副部长路易斯·马特莱所说的那样，中国政府已经做出了比他们有义务给予的更多的特权割让，甚至已超过符合他们真正利益所能割让的特权。[1]

要维护英国在中国的既得利益，英国人感到应该推行一种政策，设法使中国人驯服。实际上，总理衙门的设立，就使英国看到了在中国推行"合作政策"的基础，在签订《北京条约》之时，英国政府就已经意识到了强硬的对华政策可能会削弱大清国的统治威信，并进而危及英国的在华利益。因此，在英国国内，反对对中国实行扩张主义，也成为一种呼声。

《北华捷报》曾这样报道说：事先没有为了防止战争尽一些努力就再次把这个国家投入一场对华战争的人将会发现，对付鞑靼人的军队比对付义愤的英国公众更容易。英国将不会再容忍这些对华战争的不断复发，从管理英国在华权益的那些人的角度看，不论出于何种考虑，推行比此前的政策更具有调和意味但同样坚定的政策，同时对本国舆论和中国人的情感做出某些让步，这种做法是一项明智的决策。[2]

蒲安臣要西方"彼此协作"，"批发"它们的"合作政策"。第二次鸦片战争后，法国、俄国也像闯进鱼塘里的两只鳄鱼，一阵狂噬之后，也急于改变自身的丑恶形象。新任法国公使柏尔德密也对蒲安臣表示，愿与美国进行密切的合作。他当然明白，依靠法国自身的力量还不能足够的完成在华的扩张。因而，当法国在上海的

1　[英]伯尔考维茨著：《中国通与英国外交部》，江载华等译，商务印书馆1959年版，第33页。
2　何文贤：《文明的冲突与整合：同治中兴时期中外关系重建》，厦门大学出版社2006年版，第49页。

租界同公共租界分离时，法国驻华公使宣布：法国反对"寻求独占势力的胜利"，并要求法国驻上海领事在整顿法国租界时，要与驻华各国领事合作。法国放弃自身在中国的单方面行动，当然很大的成分是希望利用各国联合起来的合作方式来促进在华利益。所以，当美国公使蒲安臣找到法国新任驻华公使柏尔德密谈到合作政策时，柏尔德密的反应是："立刻看到抛开一切妨忌在每一对华重要问题上实行合作所将产生的好处。"也正是通过这种所谓的合作，使得法国借助西方联合起来的压力，迫使大清答应了法国在上海设立租借地。[1]

《北京条约》签订后，俄国虽然有进一步侵占中国领土的野心，但是俄国刚从 1858 年中俄《瑷珲条约》中割取了中国东北和西北边疆 100 多万平方公里的广袤土地，需要一段时间来巩固其侵略成果，还不可能发起新的侵略行动，因而对美国提出的政策也表示赞同。事实上，英法联军攻进北京，逼迫清廷签订屈辱条约，俄国利用中西方的敌对，把自己打扮成中西方的朋友，以"居间调停"为借口为俄国捞取好处，就可以视为"合作政策"的实施。这也被俄国看成是一个可以与西方合作的例子。

因此，当美国提出合作政策之时，俄国驻华公使巴留捷克对蒲安臣表示，赞赏美国提出的这一政策，俄国政府没有侵犯中国领土的意图。他称赞合作政策是一个"把西方文明像接枝一样接在东方文明之上的政策"[2]。因而，愿意与各国通力合作，在中国实施促使中国进一步半殖民地化的政策。

相同的利益，使得列强在"合作政策"上很快便勾结在一起了。为推行"合作政策"，蒲安臣还请求美国政府将驻留在中国的一支小舰队调回美国，成为唯一一个没有武力作后盾的西方列强。因此，

---

1 [美]克莱德：《美国对华政策选读》，生活·读书·新知三联书店 1956 年版，第 63 页。
2 [美]马士：《中华帝国对外关系史》第二卷，第 125 页。

蒲安臣在华推行的各项政策措施及其做法，可以视为他个人理想主义思想的表现。

老实说，来华之前，蒲安臣对中国并不了解，但在国内的道听途说中，他知道中国是一个文化落后、国民思想僵化的国度。但是到中国后，通过对清廷洋务派的接触，对中国社会的观察，蒲安臣又逐渐认识到西方对中国人的一些看法和认识是片面的、错误的。如"西方人普遍认为中国人是野蛮人，若想纳入西方的文明之内，按照当时流行的说法，你必须扼住中国人的脖子"，"中国人只听枪炮的招呼"。即使一个西方的小孩子也可以"教训中国人，任何一个欧洲国家均可随意征服中国"。[1]

西方社会对中国的偏见，蒲安臣认为，西方应该改变这种错误认识。西方对中国的炮舰政策，通过武力恫吓迫使中国人接受西方的一切，这种强权性质的做法虽然能够一时是中国屈服，但却不能真正的成功。西方社会对待中国人的态度，就像美国人对待黑人奴隶一样，存在着种族歧视和社会偏见。蒲安臣认为中西方应该加深了解，通过合作，使中国逐渐改变，"他们（中国人）的文化多么古老，他们又是多么骄傲，他们对我们一向多么无知，而他们现在仍然对我们了解甚少，从而难以产生一种变革的愿望"[2]。为此，他主张在华推行"合作政策"，且身体力行。

蒲安臣推行"合作政策"，他努力把自己扮演成"仲裁者"的角色。他到任后曾向总理衙门建议，"如果发生了你们认为不可能与任何外国使节达成和约之事，那么对中国来说比较稳妥的办法就是把该问题提交给第三方来仲裁，而美国愿意按条约条款规定就存

1　李定一：《中美早期外交史》，北京大学出版社 1997 年版，第 367 页。

2　[美]欧内斯特·梅、小詹姆斯·汤姆逊：《美中关系史论》，齐文颖等译，中国社会科学出版社 1991 年版，第 85 页。

在的问题充当你们的调解者"[1]。

由美国政府与蒲安臣倡导、推行的"合作政策",可谓维护美国在华利益的一种手段。当蒲安臣来到中国后,他也要求英法等国理解清廷在办理外交上的困难,加强彼此合作。当然,他也像海关总税务司赫德一样,希望大清能够推进改革,促使中国融入西方文明。

为使中国人真正的感受到"合作政策"的友善形象,蒲安臣在华期间也确实做了几件有利于改善中西关系的事情。在常胜军将领白齐文的叛逃事件中,蒲安臣曾同意清廷审判白齐文,本来清廷是打算根据外交豁免权交给美国处理白齐文的,蒲安臣的让步使总理衙门对他产生了好感。

1862年8月,法国驻宁波领事埃丹向中国提出在甬江北岸建立法租界的要求,试图独占宁波租界,蒲安臣得知此事后,即向法国方面提出抗议,也要求清廷不要接受这个要求,最终,法国公使只好改变了初衷。1863年,中英之间闹的沸沸扬扬的"阿思本舰队事件",蒲安臣又积极帮助中国,指责李泰国的行为,与赫德一起促使英国政府归还了清廷购买船舰的费用。1866年,美国商船"谢尔曼将军"号前往朝鲜准备开展贸易,但在其口岸不幸失事,不明就里的朝鲜居民将船上船员杀死。这一事件发生后,蒲安臣碍于朝鲜是中国的属国,便向总理衙门询问"谢尔曼将军"号事件,但是总理衙门表态拒绝为对朝鲜的行为承担责任。蒲安臣本着"合作政策",并不想使事态扩大,他一面给美国亚洲舰队司令、海军上将贝尔写信,建议由自己亲赴朝鲜调查此事,随后又给美国政府写了个报告,说明了自己的态度和想法。同时,因为他担心"不仅法国会威胁朝鲜,而且美国海军亚洲舰队司令也会因'谢尔曼将军'号

1 ［美］Jules Davids,ed. *American Diplomatic and Public Papers:the United States and China,1861—1893*,VOL.I,Schollolary Resources Inc.1979.p38.

事件采取报复行为（因为此前法国曾借口传教士被杀武力侵犯过朝鲜，欲意再犯时，被蒲安臣劝止）"。蒲安臣希望前往处理此事，虽然并未成行，但他处理这一事件的态度，再一次赢得了清廷的好感。所以，当面临再一次修约之期来临之时，蒲安臣既然表示愿意为中国帮忙，总理衙门便想到了请他出使帮助斡旋修约之事，改善中西关系。恭亲王奕䜣在奏折中称："今蒲安臣意欲立名，毅然以此自任，其情洵非虚妄"。[1]

清廷的委托，对于即将离任驻华公使的蒲安臣来说，是自己重新投入政治生活，再塑外交辉煌的一个新的开端，他认为这是一个千载难逢的扬名的好机会。所以，他咨询赫德后，毅然接受了这个任命。

一个美国人要代表大清出使西方，那么美国政府是什么态度呢？蒲安臣接受清廷的任命，事先并没有征求美国政府的意见，所以美国政府也不知道这件事。但是，蒲安臣接受这项任命本来就包含着他的政治理想和外交理念，因而在出使之前给美国国务卿西华德写了一封信，说自己是"为了我们国家的利益及文明之故，遂接受了此项任命。"[2]

蒲安臣所说的美国国家利益当然指的是在各国竞夺在华利益的进程中，如何维护美国的经济利益和提升美国的外交影响力。西华德看了蒲安臣的信后，当然也认为这是扩大在华影响和扩展经济利益的大好时机，因而给予了热情的支持。接替蒲安臣成为驻华代办的卫三畏说："美国政府将完全支持中国所采取的步骤。中国挑选最年轻国家的使节作为特使，把一个古老帝国的外交上介绍给他国，这表明了他们对信任我们是和平的使者，也显示了他们在促进最佳

---

1 《筹办夷务始末（同治朝）》第六册，卷五十一，第 2159 页。

2 Mr. Barlingame to Mr. Seward, Dee, 17th 1867, *U.S.Foregn Realations 1868*, pp. 494–495.

利益方面希望同我们合作。"[1]

看来，践行"合作政策"是美国政府赞成蒲安臣代表中国出使
欧美的重要因素。蒲安臣驻华公使任期届满，"合作政策"能否推
行成为一个问题。如果"合作政策"得不到继续推行，列强各国极
有可能继续采用炮舰政策对华实施掠夺；再者，支持美国政府提出
的"合作政策"的英国驻华公使卜鲁斯此时也已经离开中国，再加
上蒲安臣的即将离去，使得"合作政策"能否执行变得危机重重。
蒲安臣感到，要消除各国可能对中国的新一轮掠夺，进而影响美国
的在华利益，他需要通过代中国出使西方之际，向西方各国政府游
说，赢得各国对"合作政策"的继续支持，从而变成西方对中国的
共同政策。

蒲安臣还寄希望此行能使西方对中国产生影响，此时洋务运动
正在开展。他希望通过此行，影响中国的洋务派，加深中国的改革，
促使中国按照西方的模式实现"现代化"。"他希望这个伟大民族
向西方文明光辉的旗帜伸出他的双手的日子不久就会降临"。[2]但
是中国的改革，他认为西方应该采取扶持的态度，而不是胁迫。

在驻华公使任上，蒲安臣与中国洋务派多有接触，1862年，
蒲安臣"到北京刚刚安顿下来，他就发现他自己同情恭亲王和文
祥……当他还在北京时，他就越来越相信恭亲王及其同僚真心改
革……蒲安臣相信，只要假以时日，中国靠自己的力量会引入铁路
和其他革新。然而，如果西方强迫她这样做，就会起到有利于恭亲
王和文祥的反对者的作用"。[3]

蒲安臣呼吁西方各国要有耐心，不要过多的逼迫、干预清廷，
要给中国一个适应改革的空间，引导中国适应西方的模式。正因如

1　Frederick Williams, *Allson Burlingame and First Chinese Mission to Foreign Powers*, New York, 1992, p45.

2　[美] 马士：《中华帝国对外关系史》第二卷，第212、213页。

3　[美] 欧内斯特·梅、小詹姆斯·汤姆逊：《美中关系史论》，第86页。

此，他支持在同文馆任教的丁韪良把西方的法律、科学等著作译成中文，介绍给中国，使清廷了解西方世界，了解先进的教育、法律与文化。

希望中国按照西方的模式进行改革，蒲安臣在驻华公使任上还多次向美国政府建议，把中国在英法战争中的赔款，投资中国，建立几所学校，把美国的文明介绍到中国，但是他的建议当时并没有得到美国政府的响应。借这次出使之际，他希望他的建议能够得到实现。正如他率领使团到美国后在美国的演讲所说的那样，"中华帝国过去数年来的伟大进步，世界上任何一地均不能与之相提并论。她的贸易已经扩张，税制已改良，海陆军均改组，并建立一所大学以教授近代科学及外国语文。这些工作是她在十分艰苦中完成的"。经历了两次鸦片战争，中国的开明人士已经发现他们自身的落伍。蒲安臣说，"她（中国）发觉她已经落伍，她发觉她必须与西方发生关系，她自省不能再延误，必须向西方亲善……她现在便说出，'请西方将你们的小麦、木材、煤炭、银子以及任何地方的物品供应我们，我们将量力而购之。我们将以大量的茶叶、生丝、自由劳工等输出。'她告诉你们，她准备将你们的文化嫁接在它的古老文明上面……她告诉你们，她愿意和你们通商，向你们买、向你们卖，帮助你们扫除贸易上的障碍。她欢迎你们的商人，她欢迎你们的传教士。她告诉你们的传教士，把光芒闪耀的十字架竖立在每一个峰峦和溪谷。"[1]

蒲安臣希望中国在西方特别是在美国的影响和支持下，按照西方的模式自愿地进行改革，尽量地不是胁迫性质，把中国改造成为一个对西方友好、特别是对美国友好的"现代化"国家。怀着这样的理想和愿望，蒲安臣接受使命，开始了近代中国走向西方的第一次外交之旅。

---

[1] [美]泰勒·丹涅特：《美国人在东亚》，第312、313页。

3. 首航美国

清廷任命蒲安臣为出使西方的"办理中外交涉事务大臣"后，考虑到维护大清王朝所谓的面子，又任命了两名级别不太高的总理衙门章京，即记名海关道志刚和礼部郎中孙家谷，"赏加二品顶戴"，也以同样的名义，会同蒲安臣办理中外交涉事务。同时，总理衙门也考虑到国际关系的平衡，不得罪英法等国，又特地聘请英国驻华使馆翻译柏卓安和法籍海关职员德善分别担任"左协理"和"右协理"。此外，使团还包括中国随员、译员（大部分是同文馆学生）等共 30 多人。

做了这些安排之后，清廷本来是不打算颁授蒲安臣国书的，但作为使团左协理的柏卓安根据西方外交公使出使他国的外交规则，向总理衙门建议说，西方各国互派公使，向来是以国书为凭，没有国书，对于办理外交事宜恐多有不便，希望总理衙门奏请清廷授予使团出使西方的国书。恭亲王奕䜣听了柏卓安的建议，认为这个建议甚好，可以规避缔约各国对中国的疑虑，便奏请朝廷颁发了国书，总理衙门由柏卓安转给了蒲安臣，并嘱咐这些国书没有必要亲自呈递给各国政府首脑。柏卓安拿到国书后，将此书翻译成英文，方便在呈递国书时使用。国书的内容如下：

> 中国与外国都是国际大家庭的一员，我们真诚地希望为中国和与它国之间建立友谊关系和良好的理解奠定坚实、长久的基础。……我们特意邀请有能力和外交经验的美国卸任驻华公使为"办理中外交涉事务大臣"。此人深谙中外关系，也善于处理于两国有共同利益的所有事务，对这样一个人作为我们的外交使者充满了信心。我们还派遣有着二品顶戴的高官志刚和孙家谷一同随蒲安臣出使（首都名称），……希

望（各国）友好地接待，给予他们充分的信任，这将促使我们的友好关系将持久的发展下去，通过这次出使使我们之间永享和平与宁静，我们相信这样的安排将令各国满意。[1]

国书的颁授，标志着中国向近代外交迈出了新的一步。驻华代办卫三畏对此评价说，"此国书使得这个代表着古老国家出使西方的新使团的权威性和真实性更加完善，……如此，将会使中国与外国的往来更加的巩固和发展"。[2]

除了颁授国书外，清廷还做了一件十分具有象征意义的事情——设计了中国有史以来第一面国旗。样式为黄底蓝镶边，中绘一龙，长三尺，宽两尺。作为中国象征的黄龙旗飘扬在欧美各国，意味着中国第一次以主权国家面目出现在国际社会之中。在中国近代外交史上，这成为中国主权的象征。

蒲安臣被任命为清廷"办理各国中外交涉事务大臣"，但总理衙门对他的信任也并不是无条件和无保留的，多国人员的组合就是一个例证。另外，出于对蒲安臣的权力的限制，总理衙门还做了一些细节上的规定，规定了八条训令。在顾及大清尊严的礼仪问题上，总理衙门提出：可以"概免"向（西方人）行礼的情况，尽量免除。谈判中，如果必须按照西方各国进行的礼仪，而且无法推托者，一定要严正申明，这是西方之礼，与中国国情不符。"将来在美国及别国如有欲照泰西之例优待者，贵大臣不能固却，即亦不为遥制"，但"务须向各国预为言明，此系泰西之礼，与中国体制不同。因中国无论何时，国体总不应改，不必援照办理，不得不预为声明"[3]；

1　Frederick Wells Williams, *Anson Burlingame and the First Chinese Mission to Foreign Powers*, p100–101.

2　Frederick Wells Williams, *Anson Burlingame and the First Chinese Mission to Foreign Powers*, p103.

3　《筹办夷务始末（同治朝）》第六册，卷五十四，第 2249 页。

总而言之，一切有违中国国体礼仪之事，可以不举行的一概不举行，"以昭肃敬各国之意"。[1]

但是，蒲安臣毕竟是西方人，有着西方人的行为方式和性格。清廷拟定的训令，对他没能起到约束作用。本来，根据训令，清廷要求使团不要将国书直接呈递给西方国家政府首脑，免得他们以后要求直接递国书给清朝皇帝。但蒲安臣一到美国，就接受了约翰逊总统的接见，亲递国书。

虽然出国之前，奕䜣主持的总理衙门在礼制问题上对蒲安臣做了种种限定，但是他一到美国就把总理衙门的规定抛到了脑后，一概按西方的礼仪自行其事。

出使西方，被任命为清廷"办理各国中外交涉事务大臣"后，蒲安臣深感使命重大。他清楚，作为代表清廷的一名外交官，要改变西方对中国的印象，出访的第一站必须获得成功。因此，他将此行的第一站选在了他最有把握的美国。

蒲安臣把外交使团出访的第一站定在美国是做了充分的考虑的，这其中既有美国是自己的祖国，有着故土亲情的情结外，这一选择更是他外交智慧的体现。在蒲安臣看来，完成了与美国的外交活动，即意味着为西方各国作出了范式。

在国际间的外交活动中，外交关系本身就是一种利益博弈，这一点蒲安臣十分清楚。鸦片战争以来，西方各国对中国习以为常的做法就是在修约中不断提出各种苛刻条件，甚至一再加码。

现在，清廷希望此次修约，西方各国不再"索要多端"，不要干涉中国内政。蒲安臣要完成这些外交使命，力劝欧美各国不惜修约干涉中国内政就显得十分重要。蒲安臣感到这次外交活动如果出师不利，将会对整个出访活动蒙上阴影。

首访美国，蒲安臣是这么想的：如果能够与美国方面达成谅解

1　《筹办夷务始末（同治朝）》第六册，卷五十四，第2250页。

或协议，这将是一个极为重要而良好的开端，并且可以利用美国的态度去影响英、法、德、俄等欧洲国家的立场，无疑将对此次出访起到积极有益的铺垫作用。

带着这样的设想，蒲安臣使团于1868年2月25日从上海出发。惊天动地的锣鼓声和着龙舞的表演，使得这天的上海虹口港热闹非凡。此刻，恭亲王奕䜣派出的代表和上海的地方官们正在为即将出使欧美的外交使团举行隆重的欢送仪式。铿锵的锣鼓与舞乐翩跹的氛围中，"斯达哥里"号轮船一声长鸣，缓缓离开了码头，向着太平洋的彼岸驶去。经过三个多月的漫长路程，于6月2日抵达美国首都华盛顿。

在漫长的海上航行中，蒲安臣和他的助手们一直深刻讨论着有关使团和如何使出访获以成功的问题，而没有考虑他自己的私事。使团一行在4月1日到达了美国旧金山。整个城市都来码头欢迎这个新的中国公使，旧金山当局也向他表示了盛情欢迎。而且直到8月离开美国，使团在美国的行程都"不断地受到热情欢迎"[1]。

进入美国以后，蒲安臣充分发挥自己的演讲天赋，从旧金山到华盛顿，所到之处都发表具有激情洋溢的演说。他讲中国的古老文明，讲自己代表中国出访的目的和意义，他的话题总是那么的清新而具有煽动性，因而所到之处，他都掀起一股"蒲安臣旋风"。

蒲安臣在旧金山热情洋溢的演讲，反响十分强烈。当地官员也积极呼应。加利福尼亚州州长在欢迎宴会上称赞他的同胞蒲安臣是"最年轻的一个政府（美国）的儿子和最古老的一个政府（中国）的代表"。蒲安臣则不无炫耀地说，他代表大清出使西方，将促使中国走上和平与进步的道路。他相信中国这个伟大民族向西方文明光辉的旗帜伸出双手的日子即将来临。

1　Frederick Wells Williams, *Anson Burlingame and the First Chinese Mission to Foreign Powers*, p117.

应该说，蒲安臣发表演说，很大成分包含着他对这次出访活动取得成果的期望。但是他有时候也脱离现实，他的演说天马行空，令随行的清廷官员目瞪口呆。1868 年 6 月 23 日在纽约的演讲中，蒲安臣呼吁列强各国应公平的对待中国：

> 对她公平，我们将会看到苦难的中国人民将会走向幸福。……让她按照自己的方式发展，让她保持尊严和独立，让她按照她自己的时间……发起改革，引入先进文明。……她所要求的是你们善待她的人民像对待你们自己的人民一样。她只希望你们公平对待。她不仅愿意和你们公平贸易，也愿意与各国交流思想。她愿意给你们以她所认为的精神文明事物，来换取你们的物质文明。让她自行其是，贸易将会更加繁荣；……那些成队的汽轮，将会成倍的增加货物；让她自行其是，你们自己的线路、纽约的荣耀——太平洋电缆以及其他你们想要建立的其他线路都会快速的发展。对中国公平和公正，世界的前景将会一片光明。[1]

蒲安臣这次富有诱惑性的演讲，他通过展示中国愿意接受西方文明的同时，也向美国人告知，中国人民渴望独立自主、不受外来强权势力压迫的愿望。演讲中，他陈述了晚清中国自洋务运动以来所取得的进步，外交上正与西方接轨；也陈述了中国正面临着内忧外患的困境。蒲安臣在中国耳闻目睹，知道洋务改革面临保守势力的强大阻力，他告知美国社会，中国洋务派是如何克服苦难、如何在困难中与西方发生联系的。演讲中，蒲安臣还批评了西方一些人认为中国抱定一成不变、毫无进步的错误观点，说这次派他代表中

1　*Banquet to His Excellency Anson Burlingame, and His Associates of The Chinese Embassy*, New York: Sun Book and Job Printing House, 1868. pp.11–18.

国与西方接触就是一种进步的表现。为了改变美国人对中国人的偏见，蒲安臣还从古代文明、人口、文化、风土人情等诸多方面讲述了中国是一个优秀的国家，她有着伟大的智慧，也希望与西方合作。蒲安臣的演讲，言语之间都包含着对中国的热情，也充满了对中国进步，中国与世界融合的期待。因而，他的这次演讲，对推进外交、推进中西融合无疑具有进步意义。

然而，这次演讲后，随同的副使志刚却发表了与蒲安臣的基调完全相反的演说。他说："存中国之体面，无忘中国历代圣贤流传之教。五伦不可紊，五常不可离。"[1]这个论调与蒲安臣宣称的向西方文明伸出双手的演说，含意相去甚远，甚至背道而驰。

在蒲安臣使团出使西方的活动中，还有一个让清廷大跌眼镜的情况是，蒲安臣打破了一直被视为禁忌的礼仪之争。

1868年6月初，蒲安臣使团途经巴拿马抵达美国首都华盛顿，按照当时国际惯例，外交使团要亲递国书，并受到美国总统约翰逊的接见。与约翰逊的会见该采取什么样的礼节呢？陪同的清廷官员为此绞尽脑汁，想象着种种接见时的礼仪场景。

6月6日，蒲安臣率领大清外交使团来到了白宫。在这里，蒲安臣一行受到了美国总统约翰逊的接见，并亲递了国书。这次接见活动，蒲安臣这位拓荒者的后裔，习惯自由、不受约束的外交活动家，主动地向约翰逊介绍了中国使团的成员们，换取了美国总统友善地与他们一一握手。这个使得出使的清廷官员们大费周折、绞尽脑汁思考的礼仪问题，居然被简单而象征着平等自由的握手礼仪所取代了。

西方世界的"握手"礼仪，陪同蒲安臣的清廷官员虽然不能认同，但递交国书之后美国政府举行了盛大的招待宴会宴请中国使团，丰盛、隆重的宴会使得出使的大清官员再一次感到了体面和满足。

---

[1] 志刚：《初使泰西记》，岳麓书社1985年版，第108—110页。

　　蒲安臣这次出使活动，不经意间的简单握手礼对中国传统礼制造成的冲击是无可避免的。这反映了中国礼仪走向现代化的开端，虽然这个过程有些漫长而艰难，但这个第一次，毕竟使朝廷在五年后改变了视为"尊严"的礼制态度。

　　后来的1873年2月，同治帝亲政，西方外交使团来到中国也希望中国皇帝一句西方外交惯例亲自接见使者，这个要求使大清朝廷感到中西方之间根本存在的"礼仪"问题实在是难以回避。西方使节想打破大清的跪拜礼，怎么办呢？他们采用联合照会的办法向总理衙门提出，如果同治皇帝举行亲政典礼之时，同治皇帝不亲自接见外国使节、不亲自接受国书，仍然要求外国使节行跪拜礼，那既是外国使节的失职，也是对西方的侮辱。按照国际惯例，一国使臣进入某国后，该国最高领导人不亲自接见外国使节并接受国书，显然就是不友好的意思表示。西方各国使节还发出威胁说："盖品级崇重使臣赍有国书，进入他国，系两邦各睦之证；他国不见，系和睦不极之据。"[1]各国使节还专门提到《万国公法》："兹在泰西各国，向为例准，应有优待之处。觐见之礼，最为崇巨。准否施行，有汉译之《万国公法》一书可稽。"[2]而"现在各国因条约中尚有未尽守之处，中国形似格据远人"。当然，各国公使也表示知道中国的困难，但要排除疑虑"见使之举……要在迅速"，觐见大清皇帝，"自不能无改行之议，各国使节，一视中国，并无必讨有异外国之心"[3]。

　　西方使节的要求，大清国总理衙门仍然坚持天朝礼制不可破，提出如要觐见皇帝，必行跪拜之礼，但又为外国驻华使节严拒，于是中外双方开始了为期四个月的有关礼仪的激烈争执。

1　《筹办夷务始末（同治朝）》第九册，卷八十九，第3605页。
2　汪林茂：《中外关系史上的重要突破和转折：1873年外使向清帝面递国书交涉事件简论》，2008年第3期。
3　《筹办夷务始末（同治朝）》第九册，卷八十九，第3607页。

争论的结果，西方各国和日本使节的要求终于得逞。1873年6月29日，在中南海紫光阁，这个经常接见藩属国使节的地方，同治皇帝接见了西方和日本的使节。接见过程中，使节们未行跪拜礼，而以五鞠躬的方式代替，总共进行了约半个小时。需要提及的是，一向推崇中国文化的日本，此时对中国礼制也采取了坚决的抵制。这次觐见中，骄横的日本使节只行了三鞠躬之礼。

这次接见，一改跪拜为鞠躬礼，这种礼仪的变化标志着"天朝"礼制的崩溃。这个转变，在传统礼制延续了几千年，"君君臣臣"视为"纲常"的中国，许多人还不愿接受这个现实，但它还是发生了。

说到这里，我们仍回到蒲安臣在美国的举动。蒲安臣在美国按照西方礼节拜见了美国总统，并递交了国书。恭亲王得知后，也知道山高皇帝远，且蒲安臣又是外国人，行为上难免"出格"，因而只好摇头作罢。

慈禧太后与恭亲王奕䜣受命蒲安臣领队中国外交使团出使西方，尽然他的言行与中国传统观念是那么格格不入，但这并不影响他此次的出访行程和安排。随行的清廷官员也清楚，蒲安臣天马行空的演说，不过是一种手段，希望借此去迎合美国民众的要求和欲望，博得美国社会各界的好感与认同，从而最终影响美国政府在对华政策上的决策。

在1868年蒲安臣使团的出使活动中，最具意义的是《蒲安臣条约》的签订。当时，在蒲安臣使团抵达美国后的一个多月中，蒲安臣与美国国务卿西华德就《天津条约》的续增问题进行了多次磋商。由于西华德与蒲安臣均系对华"合作政策"的决定性人物，两人在对华政策上基本是一致的，这也是促成《蒲安臣条约》签订的一个动因。

再者，西华德也了解到英国政府要与清廷修约的决心，他对蒲安臣率领的这支外交使团访问美国暗中窃喜。根据清廷与西方签订的条约中规定的利益均沾原则，如果清廷与英国修约，完成棘手的关税和过境税谈判，那么，美国也可以享受这一特权。刚刚经历了南北战争创伤，还没有能力对外实施商贸、经济扩张的美国便把过境税和关税问题留给英国谈判，但西华德也认为《中美天津条约》需要修改。经与蒲安臣的多次磋商，7月28日，蒲安臣代表大清与美国国务卿西华德签订了《中美续增条约》，史称《蒲安臣条约》。这个条约被梁启超称为是自1840年以来中国与列强所签订的第一份平等条约。

说这是一份平等条约，首先在形式上它是对等的，这是中国首次以主权国家的身份而不是以战败国身份签订条约；其次，这份条约在内容上基本是平等的。这主要反映在第三、四、五、六、七款上。第三款是双方互设领事官前往驻扎；第四款则指出中美两国人民都有宗教信仰自由；第五款则说明允许双方国民自由来往、贸易和定居；第七款指出双方都可以在对方国家设立学堂。

当然，《蒲安臣条约》也存在明显的不足。比如说第六条中规定"大清国与大美国切念人民前往各国，或愿常住入籍，或随时来往，总听其自便，不得禁阻为是。现在两国人民互相来往，或游历，或贸易，或久居，得以自由，方有利益"[1]。从字面上看，这的确是晚清中国所签署的最平等的条约。清廷上下尤其对美国在条约中声明不干涉中国内政这一点很是满意，认为这照顾到了大清的颜面。美国则通过这一条约将骗招华工合法化，解决了内战后和修建太平洋铁路劳动力紧缺的问题，因此也有学者戏称此条约为"廉价劳动力条约"。《蒲安臣条约》签订后，大批的华工被骗进美国，为美国西部开发做出的贡献是巨大的。但是，在美华工却没有任何地位可言，经济上常常遭到盘剥，在社会上受到歧视。不仅如此，在美华工还要常常遭受"排华"的厄运。

1　王铁崖编：《中外旧约章汇编》第一册，第262页。

《蒲安臣条约》有弊有利，但总体而言对中国开展近代外交是有利的。中国使团美国之行，清廷的官员们亲眼目睹华工在美国的生存状况，也认识到了加强外交关系、保护华人的重要性。志刚在日记中说，金山"中国人已有十数万众，中国若不设官，一恐其滋事，无人弹压；一恐其久无统属，悉变为外国下等之人"[1]。因而对于这一条约，志刚也是认同的。

另外，"蒲安臣条约"的签订，对中国的文化教育也是有利的，它加强了中国与美国教育文化交流。根据条约，清廷派遣了第一批留学生。

其实，我们还可以这样认为，《蒲安臣条约》的签订，既是美国国务卿西华德对蒲安臣的支持，也是其对华"合作政策"的延续。

为什么这么说呢？因为西华德提出的对华"合作政策"，在《蒲安臣条约》中首次将维护国家的主权和领土完整，写入其中，成为国际外交中的行为公约，也成为西华德与恭亲王在自己国家的政治体制内炫耀政绩的资本。这一政策此后也成为美国一个多世纪对华政策的主旋律。

《蒲安臣条约》的签订，蒲安臣认为这是他出使西方的一大重要文明成果。在8月间他出席波士顿举行的一个晚宴上，他肯定了这一成果：

> 《蒲安臣条约》宣布了对中国领土和领海中立权的尊重，反对各种治外法权的主张，……遏制了列强推行的租借地主义主张。……中国人从来不曾放弃它的领土主权，过去不曾放弃，今后也不可能放弃……根据条约，中国也被视为同其他国家一样具有平等的国际地位。改变了西方认为的中国不是基督教国家不能跻身国际之列的偏见。……中国已经置身

1　梁碧莹：《艰难的外交：晚清中国驻美公使研究》，第105页。

于平等中，她的国民也将享有与其他最惠国公民一样的待遇，中国人将与英国人、法国人、俄国人、普鲁士人（德国）以及一起国家的人并肩而立。此外，这个条约也赋予了中国平等的外交地位，他们的权利将得到保护。……这个条约鼓励那些严肃、勤奋的人们自由移民到美国。有了这些劳动力，美国太平洋铁路将快速推进，修过内华达山的顶峰，我们的毛纺厂也因为拥有大量的劳动力而得以盈利，加利福尼亚比它的金子还要宝贵的农田也会被他们耕种获得收获。我很高兴地看到，美国人正在实行平等的外交原则。[1]

蒲安臣认为《蒲安臣条约》的签订，为中国的改革开创了和平的外交环境。蒲安臣相信这个在他看来具有平等意义的条约地签订，将通行全世界。使团中国成员也相信，他们对西方文明的追求将很有信心，对中国与各国的外交往来很有信心因此他们对其要访问的国家没有要求应该受到怎样的尊重，而是相信这一条约代表了西方文明的精神。

4. 蒲安臣外交的成败得失

《蒲安臣条约》的签订是在蒲安臣的主导下进行的，虽然整个过程他有些专刚独断，但陪同的清廷官员没有反对。因为被列强蹂躏的现实环境中，在他们看来这个条约相应还算公允。

继与美国签订条约之后，蒲安臣使团于8月30日又踏上赴英、德、俄等欧洲国家的行程。9月19日，蒲安臣一行抵达英国，最初遭遇了冷遇，英国女王和外务部拒绝接见，主要是对中国存有偏见。直到10月1日，蒲安臣一行才拜访了英国外交大臣司丹立。

---

1 Frederick Wells Williams, *Anson Burlingame and the First Chinese Mission to Foreign Powers*, p148–152.

一个月后，司丹立告知蒲安臣，女王"游幸外出初归，料理要事毕，即定接收国书日期"。[1]又过了 20 天，蒲安臣一行才在司丹立的带领下，来到温莎宫拜见了英国女王。

英国女王最初冷遇中国使团是有深刻原因的：一方面，英国在中国是最大利益国，贸易在中国也占主导地位，但是随着美国独立后的日益强大，在中国与英国的商业竞争也逐渐加大，虽然还不能达到抗衡的地步，但英国已经感到他的经济优势正在逐渐丧失，因此英国对美国有一种敌视心态。此番由蒲安臣作为中国特使，这让英国既嫉妒又疑虑，特别是美国与中国刚刚签订的条约，在英国看来挑战了其"在远东殖民政策的合理性以及其在东方地位的理论基础"[2]；另一方面，此时英国正在进行内阁大选，英国政府认为对于中国的外交政策问题需要在大选后才能确定，因而英国官方对中国使团的到来并不关注；还有一个原因是，使团访问英国之际，恰好中国国内发生了排斥洋教的"扬州教案"，英国政府以此为借口，认为中国政府并无与西方建立和睦外交的真心。

针对这种局面，蒲安臣努力向英国政府表明，他出使的目的表达了中国政府派出使团的友好和善意。他宣称："第一消除西方列强可能具有的一种印象，不能认为中国政府的内这位能够外交是倒退的；第二，不要轻率地或者不友好地采取强权行动，使中国与西方的关系走向倒退。因为强权政策的威胁口气和强暴态度——或即使算是偏见，都将打击中国人民的情感。"[3]

蒲安臣的积极努力，又恰逢英国新的政府组阁完成。英国新首相克拉伦登感到，在与中国修约的问题上"不应该推迟做出决定的

1　志刚：《初使泰西记》，第 300 页。

2　Frederick Wells Williams, *Anson Burlingame and the First Chinese Mission to Foreign Powers*, p163.

3　[美]马士：《中华帝国对外关系史》第二卷，第 215 页。

必要性"1,因而在 12 月 28 日致函蒲安臣,表示过去巴麦尊首相的对华政策将终止,过去一个时期英国驻华公使卜鲁斯和蒲安臣推行的"合作政策"原则将继续建立。克拉伦登信的内容大致是这样的:

> 英国政府完全支持中国政府与任何外国建立友好关系。我向你们保证,英国不会不顾及中国臣民情感地对中国与各国建立外交关系或往来有任何的干涉和破坏,致使中国政府作出急迫的、甚至超出安全限度的决定。但英国政府也希望中国政府能忠实地遵守既定的条约;……英国政府真诚地希望中国能以一种友好的精神对待英国以及其他国家;……当然,英国政府也希望中国人民能以一种友好的态度,最大限度地保护居住在中国领土上的英国臣民。……为补救那些对英国臣民做过的不好行为,英国政府更愿意向清朝中央而不是地方表明态度,这也是维护中国的利益。……我相信我们的态度以及对待中国的友好感情可以使中国消除疑虑。……在华所有的英国臣民一定要按照我所解释给你们的精神和目标来做;英国政府也忠告本国侨民,在中国也要尊重的法律,尊重中国人民的风俗和感情。2

需要说明的是,克拉伦登给蒲安臣的信,表明了英国政府对华的新政策,概括起来有四点:一是表明英国政府并不想给中国施压,进行不友善的外交压力;二是要求中国政府遵守缔结的条约,保护英国在中国的官员和侨民;三是对于英国国民在中国受到的伤害、经济和财产上受到的损失,清朝政府应该予以赔偿;四是英国驻华

1　Frederick Wells Williams, *Anson Burlingame and the First Chinese Mission to Foreign Powers*, p177.

2　Frederick Wells Williams, *Anson Burlingame and the First Chinese Mission to Foreign Powers*, p173–176.

官员也会按照条约精神办事。

应该说，克拉伦登这一政策较巴麦尊时代的强硬政策有所改善，有力地指导了中英之间的修约谈判，避免了过去按照英国商人的意见来修订条约的弊端；更重要的是，他鼓励了清廷更加积极地开展与西方的外交事务，也鼓励了清廷的反侵略和反对签订不平等条约的决心和勇气。

蒲安臣使团访问英国不久，发生了英国驻中国台湾淡水领事吉必勋擅自调兵船向台湾地方官勒索白银之事。清廷得知此事后，即根据中英双边关系协定，照会英政府，提出抗议。英国政府亦遵照两国协定及其外交部有关声明，令吉必勋将所勒索银两归还台湾地方，并要求吉必勋向台湾地方官赔礼道歉，不久英政府又将吉必勋革职。这对于两次鸦片战争曾武力征服中国、且国力正盛的大英帝国来说，能够依照两国关系协定和声明行事是颇为不易的。

蒲安臣使团在访问英国之后，又动身前往法国访问。1869 年 1 月 2 日，蒲安臣使团抵达法国，此时的法国正处于战争的笼罩之下。当时的英法两国是友好盟国，法国在远东政策上都积极迎合英国。既然英国已经接受了蒲安臣的修约缓进政策，法国也不好向中国提出过多的要求，再说当时的普鲁士与法国的战争一触即发，法国政府也感到与中国政府过多的纠缠并非上策，因而向英国政府表示，在对待中国的问题上，法国政府与英国女王陛下政府所采取的政策是一致的。

1 月 24 日，法国皇帝拿破仑三世接见了蒲安臣使团，蒲安臣向拿破仑三世呈递了国书。接见中，蒲安臣向法方说明了他此行的使命，代中国向各国表明中国的期望，照例又是一番激情的演说，但拿破仑三世反应并不强烈。蒲安臣使团在法国呆的时间达八个多月之久，但并没有像在美国那样取得向在《蒲安臣条约》那样的成果，也没有得到像英国新首相克拉伦登那样的承诺。

使团在法国的八个多月时间里，中国成员志刚等人积极地与法国各界进行了广泛的接触，还与驻法国的英、美、意、俄等国的官员和各层人士进行了交流。法国之行，中国成员不仅沟通与各国人民的友谊，也开阔了视野，改变了外国人对中国人的看法，赢得了各国人民的信任，在外交上争得了主动。

法国之行后，蒲安臣使团又先后访问了瑞典、丹麦、荷兰三国。在这三个国家，蒲安臣使团都受到了该国政府、王室和一些高级官员的热情接待，三国国王均表示，愿意与中国共享和平，加强外交往来，但在实际问题上和法国一样并没有取得什么实质性的外交成果。当然，中国与这几个国家也没有什么外交纠葛。访问这三国国家时，蒲安臣原本计划前往比利时呈递国书的，但在荷兰时他得知，比利时国王正在伦敦访问，觉得不便在比利时等候，于是决定改变行程，改道北行访问普鲁士（此时的德国还没有统一除奥地利帝国以外的日耳曼各邦国建立德意志帝国）和俄国。

蒲安臣一行于 1869 年 11 月访问普鲁士。蒲安臣夫人回忆，使团在普鲁士受到了"最正式、最壮观的接待"。美国驻普鲁士公使、蒲安臣的老朋友乔治·班克罗夫特回忆蒲安臣使团访问普鲁士的情景说，"蒲安臣先生和他的中国助理大臣受到朝廷最热情的接待和异乎寻常的礼遇。自从我到普鲁士以来，还未见到哪一个外交使团受到这样的欢迎和礼遇。"[1]

普普士和美国一样也是一个刚刚崛起的资本主义国家，此时的普鲁士在与奥地利的战争中取得了胜利，并不想与法国发生战争考虑到国内外环境，在对待中国问题上，普鲁士选择了追随美国和英国的对华政策。而且，美国新任国务卿汉密尔领·费什在蒲安臣使团到达普鲁士之前曾向美国驻普公使乔治·班克罗夫特寄去了一份关于美中关系的文件。文件阐明了美国对中国的外交政策，也希望

1　闵锐武：《蒲安臣使团研究》，中国文史出版社 2002 年版，第 118 页。

普鲁士在远东政策上与美国保持一致。本来，在这一政策上，普鲁士就有支持美国之意，看到班克罗夫特转给普鲁士首相俾斯麦的文件，俾斯麦决定支持美国的对华政策。

因而，蒲安臣使团在普鲁士不仅受到了热情接待，俾斯麦还安排使团中国成员参观了普鲁士的一些企业、学校等等。

在普鲁士，1870年1月间，蒲安臣与普鲁士首相俾斯麦举行了多次会谈。会谈中，俾斯麦表态：中国需要一个强大的中央政府，使团得到了英美等国的广泛支持，而普鲁士需要与这些国家保持良好关系。俾斯麦说："疆域辽阔、人口众多的（中华）帝国需要一个得到尊重、具有权威和力量的中央政府。"

谈判期间，蒲安臣曾经给俾斯麦呈递了一封信，阐明了中国政府的外交态度，极力表明中国希望与西方"合作"。蒲安臣通过此信，希望赢得俾斯麦对中国的支持和同情，他在信中写道："中国政府不是希望订立新条约，而是要求公平执行旧条约。……条约体系既不明智也不安全：也许一时方便，但最终必定损害始作俑者的利益。它侵犯了中国主权，也违背了国际法，因为国际法不是根据某些国家的利益。条约体系通过与地方当局交涉削弱和贬低了中国的中央政府，并且与那些反复无常、本身就想挑起战争的人交涉至关重要的战争问题。……我向阁下保证，中国政府会珍视西方列国的仁义态度并加以回报。……对于阁下昨天的慷慨之词，我代表中国向您表示感谢，并希望您能将它们记录在案，以增添中国的信心，激励中国进步。"[1]

蒲安臣的信，得到了俾斯麦的积极回应。他在回复蒲安臣的信中写道："按照国际法建立的这种交往将使双方互利互惠。……北日耳曼联邦和国王陛下将继续执行符合民意的政策。我们相信，两国的交往符合普鲁士的利益，也有利于中国的稳定。这就是说，疆

---

[1] 闵锐武：《蒲安臣使团研究》，第122—125页。

域辽阔、人口众多的（中华）帝国是一个需要得到尊重、具有权威和力量的中央政府。……北日耳曼联邦决定，在中国遇有危机时予以支持。因为它的削弱，无论是广度还是强度，后果都是难以估量的，而这显然不利于中西方的经济贸易和文化交流"。[1]

俾斯麦的积极回应，使得双方的谈判进展顺利。蒲安臣也感到达到了预期的目标。离开德国后，他给好友丁韪良写了一封信。据丁韪良回忆："蒲安臣在伦敦写给我的一封信中，表示有信心取得最后成功。他最后的通讯是一封经过西伯利亚发来的电报，通过我写给总理衙门，报告在柏林受到良好接待：'与普鲁士谈判完毕。俾斯麦热情宣布支持中国！现在去俄国！'"[2]

访问普鲁士之后，蒲安臣使团是于1870年2月到访俄国的。在俄国首都圣彼得堡，使团得到沙皇亚历山大二世的接见。当时，中俄在西北和黑龙江流域关系十分紧张，沙皇在会见中故意与蒲安臣大谈无关痛痒的美俄关系，而对中俄关系刻意避而不谈，令蒲安臣感觉交流十分艰难。

正在蒲安臣试图努力改变沙皇态度之时，蒲安臣却突然病倒而且一病不起。蒲安臣病后的工作进展，随行的中国官员做了如下记述：

> 病势日加，犹日阅新闻纸，以俄国之事为忧。盖蒲使长于海面商政，而至俄国，则与中国毗连陆地将万数千里，而又各处情形办法非一，恐办法稍差，失颜于中国；措语未当，贻笑于俄人。乃日夜焦急，致病势有加无已。[3]

1　Frederick Wells Williams, *Anson Burlingame and the First Chinese Mission to Foreign Powers*, pp.247–248.

2　[美]丁韪良：《花甲记忆：一个美国传教士眼中的晚清帝国》，第256页。

3　志刚：《初使泰西记》，第330页。

最终，蒲安臣病逝在中国钦差大臣任上。他去世后，使团仍继续访问比利时、意大利和西班牙，最后于 1870 年 8 月结束了访问，启程回到中国。

从 1868 年 2 月 25 日到 1870 年 10 月，在两年多的时间里，蒲安臣使团访问了美、英、法、普、俄等与中国有条约关系的国家，积极开展外交活动，取得了一定的外交成果。最值得提及的仍然是《中美天津条约续增条约八条》，即《蒲安臣条约》。

尽管这一条约是蒲安臣没有事先征得清廷同意而越权签订的，仍值得称道的是，此约却是晚清中国第一次在列强环伺的局面下，以一个平等国家的身份同西方国家签订的条约。条约"完全脱离了商业竞争的气氛，是在没有压力之下自由决定的，是由美国国务卿按照驻华公使在身边所告诉他的写法写成的"，"几乎所有这些条款都是以蒲安臣任美国驻北京公使六年的经验历史为背景"[1]。条约的签订既是蒲安臣理想主义外交理念的写照，又是美国推行"合作政策"的价值体现。

之所以说《蒲安臣条约》的签订体现了蒲安臣的理想主义外交理念，对蒲安臣来说，在他的政治生涯中，他深受资产阶级自由、民主、平等思想的浸染，认为美国在世界各国中是最理想、最公正的国家，是国际外交关系的标准和楷模。蒲安臣认为，像美国这样一个国家，要维护自身的形象，同时也维护美国的利益，有义务帮助那些弱小的国家和民族，帮助他们开展外交、进行改革等等。

基于这样的理想，蒲安臣还认为，在美国的帮助下，中国通过与世界各国建立外交关系，按照西方的模式进行改革，发展成为美国式的"现代化"国家，世界各国还是乐于接纳这样一个国家的。因此，在他的外交行动中，他用自己的方式，向美国社会和西方介绍中国，促使西方了解中国、关注和接纳中国。

---

1 ［美］泰勒·丹涅特：《美国人在东亚》，第 324 页。

在美国的半年时光里，是蒲安臣和使团最活跃的时期，他利用他善于外交、善于演讲的优势，向美国社会介绍了中国的古代文明和风土人情，让美国民众知道中国是一个伟大的国家，也阐明中国正在遭遇困难。他的努力终于取得一定的成效，既提高了中国人在美国的形象，使美国社会对中国表现出了一种关注之情。

在美国，蒲安臣成功签订《蒲安臣条约》，其中值得称道的一个核心问题是移民问题，这也是美国社会关注中国的一个标志。关于移民问题，条约中指出，中美两国政府都有保障两国人民自由往来或入籍、保障两国人民的合法权利。在这一条约签订之前，虽然已经有大量的华工在西方参与社会建设和各种劳动，但清廷同西方列强签订的任何条约，对华人在海外的居留、经商、务工等方面都没有相应的保护和应当享受的权利等条款。而《蒲安臣条约》才正式提出了两国应该互惠移民、应该对他们的权力进行保护等等，彰显了移民问题的进步。条约中还规定，禁止贩卖华工、保护华工不受迫害，等等。

当然，美国政府承诺愿意改善移民问题，也是因为南北战争后美国社会百废待兴，西部的大开发，太平洋铁路的修建，都需要大量的劳动力，而此时美国的劳动力严重短缺，西华德便把眼光放在海外移民上。当时美国西海岸各州已经开始排华，但美国政府仍希望从中国得到更多的廉价劳动力，加快西部的开发。与此同时，清廷却危机重重，小农和手工业者大量破产失业，出现了大量的剩余劳动力，而清廷又严格控制本国臣民迁移海外，于是，西方人开始拐骗华工，去美国做工。在这样的情况下，也需要保护华工人身与合法权利。

《蒲安臣条约》的签订，宣布了拐骗华工的行为属于非法，应当予以遏制。当然，这一条约的签订，美国政府也是想通过官方允许的渠道达到清廷允许侨民赴美的务工、移民的合法性目的，通过条约获取大量的廉价劳动力，以满足美国社会的发展和建设。对于条约中的移民问题，美国学者孔华润认为，美国国务卿西华德对移民问题的关注，有两个方面的目的：一是"他把中国移民作为他把中国和列强各国平等对待的政策的一部分"；二是西华德试图"通过这一纸条约把他本人对歧视移民的观点订为国法。只要中国人一旦经条约规定享有最惠国待遇，诸如已在加利福尼亚州出现的歧视性地方立法就违反了宪法"。[1]

的确，条约的签订，改变了清廷长期以来禁止臣民移民海外的旧制，此后许多华人开始远赴美国，从事一些繁重的、低下的、美国人不屑于做的各种工作。华工在恶劣的工作中，以低廉的工资、血汗、不平等的待遇，为美国社会和西部发展、建设贡献着自己的生命和青春。当然，他们的努力也赢得了美国社会一些人的承认和赞叹，曾经反对雇用华工的美国加利福尼亚州州长利兰·斯坦福在一次给美国总统约翰逊的报告中说，"没有他们（华工），要在国会法案所要求的期限内完成这个伟大的国家工程的西段是不可能的"[2]。

随着大量的华工进入美国，美国政府出于政治的考虑，自19世纪70年代开始在全国范围内大肆排华，迫害华工，使得《蒲安臣条约》开始变味。到了1880年9月，美国总统海斯干脆派出代表再度修约，将限制华工进入美国纳入条约之中，也使得条约中曾经提出的保护在美华工曾为一纸空谈。对美国政府倒行逆施的举动，美国一位学者在回忆华人移民的遭遇时颇为遗憾地说，"美国对待华人的历史，是美国人不能引以为荣的事情"[3]。

美国人悍然破坏《蒲安臣条约》的举动，虽然清廷被动接受，

---

1 [美]孔华润：《美国对中国的反应》，第30、31页。
2 邓蜀生：《美国历史与美国人》，人民出版社1993年版，第224页。
3 邓蜀生：《美国历史与美国人》，第221页。

但是很让中国人民反感，也激起了在美华工的不满和愤恨。中国第一任驻美公使陈兰彬、副使容闳对美国人违背蒲安臣条约以及迫害华工的做法，曾多次向美国政府提出严正抗议和交涉。

还需要说明的是，《蒲安臣条约》的签订虽然包含着蒲安臣理想主义的外交理念，但这一条约的制订，一个明显的不足是，美国政府仍然包含着其维护其侵略利益的成分。条约的制订，不管是美国政府还是蒲安臣，虽然标榜要在中美关系上为各国树立榜样，以公正的姿态处理中美关系，但是美国人并不肯放弃其在华特权。条约签订后，由于清廷的软弱，西方在许多权利上并没有兑现。从这个层面上看，美国外交存在着趋利性和投机性。

美国如此，西方他国在与中国的修约和后来的执行中，更是不忘其侵略和掠夺本性。蒲安臣出使各国，各国都向蒲安臣使团表明一个前提，就是要求清廷必须遵守已经签订的不平等条约，保障它们已获得的各种权益，这个要求自然会遭到中国人民的反对。虽然，蒲安臣在出访活动中，也宣讲希望西方各国接受美国政府的"合作政策"，尊重中国的主权和独立，用非武力的方式与中国开展外交和经贸、文化交流活动。本来，中国传统的观念就有一定的排外性，而西方也并不愿放弃其侵略本性。对此，美国学者丹涅特如是说，"无论我们怎样设法掩饰……我们在中国的地位乃是以武力、赤裸裸的武力所造成的，任何促进或维护这个地位的明智政策，仍非凭靠某种或明或暗的武力不能期其发生效果"。丹涅特还说，"其他各国自然也是一样，想要在中国获得同样地位，就必须使用同样方法。欲求为合作政策建立一个巩固的基础，那些已经在中国立定脚跟的各国就有必要放弃通过战争和条约所获得的特权利益。可是没有一国愿意这样的放弃"[1]。如此，可以说蒲安臣与美国签订的条约以及在欧洲国家的外交活动，他希望的理想外交也只能是空中楼

1　[美]泰勒·丹涅特：《美国人在东亚》，第331页。

阁，一厢情愿而已。

5. 功亏一篑的中英修约

在蒲安臣使团前往西方积极地开展外交活动的同时，中英之间的修约谈判也在积极的进行。1868 年 1 月间，蒲安臣使团前往欧美之前，作为使团成员的柏卓安受英国驻华公使阿礼国的委托，向总理衙门递交了一个《修约节略》，也就是一个类似大纲性质的文件，建议由海关总税务司赫德会同熟悉财政和行政管理、外交事务的中国高级官员与英国公使馆派出的代表进行修约问题的初步磋商。

柏卓安所提交的《修约节略》，提出了五个方面的问题予以商办。这五个方面的内容是：

> 一是凡有商人欲将洋货运入内地售卖，于未动身之先，令其在所进之口完纳半税，其经过关卡，无论何项税饷，一概免征。洋商欲运内地货出口，内地一切税饷，不能令其完纳，俟到所出之口完纳半税。此二款半税经海关征收，俟至所定之结，随时分解省库备用；二是条约所定之税则内，有货物十余种，定税较重，既于贸易有亏亦于国帑无益，拟行重新删改；三是凡有洋商将其自有或洋货，或内地货，出入内地者，无论蓬浆篙橹等船以及火轮小河船，准其随意驾用，在内地往来。用船之先，在海关报明领票，并出具甘结，以防弊端；四是长江之内，自镇江起，至汉口止，由海关拣选码头数处，以便洋船在彼停泊，并上下货物；五是如在海口，洋商欲行呈请设立官栈，于货物纳税之前，先将货物送入官栈，俟完税以后将货物交本商领回，亦可准其设立。[1]

---

1 《筹办夷务始末（同治朝）》第七册，卷六十三，第 2552 页。

恭亲王奕䜣看到这个节略后，表示同意这一建议。并于 1 月 19 日发文照会驻华公使阿礼国，清廷同意英国方面提出的指定总税务司赫德与两个总理衙门章京（协助处理文书等事的文职官员）与英国公使指定的英国参赞会商修约要事。随后，阿礼国指派英国驻华公使馆参赞傅雷斯与赫德及总理衙门官员磋商，双方并成立了中英修约委员会。

从 3 月 3 日磋商代表的派出到 5 月初，中英修约委员会就修约问题的五点内容进行了七次会议。会议之前，阿礼国曾向傅雷斯下达指示，对于修约问题，由傅雷斯向中方代表提出要求，再由赫德和总理衙门官员向恭亲王奕䜣汇报，中英委员会并不对修约问题作出决断。中英委员会进行到第六次会议时，傅雷斯对英国方面所提要求做了一个归纳总结，共五项：即厘金和内地运输、关税、运输设施、长江码头和关栈；五项内容共二十九款具体到地方对洋商厘税的征收；口岸地界征收范围；地方应该保护贸易；华船装载洋货进口，也应该按照洋船一体纳税；各种货品的征收比例；应该定一通商律例，作为解决中外商民纠纷的依据等等，不一而足。

虽然，中英委员会并不对修约问题作出决断，但赫德作为大清海关总税务司、总理衙门的"外交顾问"、中英委员会的重要成员，当然对修约磋商中双方提出的各种问题，具有指导性的发言权。在中英委员会的会议上，他可以对某些问题和建议提出支持或者反对意见。在 1868 年 4 月 28 日的第五次会议上，赫德对傅雷斯提出的进口的外国粮食复出时免税的建议表示支持，他还在会议上建议对用于外国战争和商人轮船的进口煤免税，并表示反对中国国产煤减税。[1]在会议中，对于中英各方中的任何一方不理解或有疑问的问题，

1　"Minute of the Fifth Meeting of the Commission, April 21, 1868", *British Documents on Foreign Affairs: Reports and Papers from the Foreign Office Confidential Print*, Part I, Series E, Vol.20, p222.

赫德也积极予以解释，第五次会议时，阿礼国给傅雷斯的发出的指示说，如果中国汉口请愿者关于纳税的建议不能被接受，非常希望赫德代表委员会讲明原因，或提供一个能够对此进行解释的简明备忘录。[1]

在中英委员会会议期间，赫德还以调停者的身份与驻华公使阿礼国书信往来，或者二人相互拜访，商讨修约中的一些问题。作为清廷的雇员，赫德必须从清廷的角度来思考问题。在中英修约之前，赫德曾在 1865 年向总理衙门呈递《局外旁观论》，建议清廷进行改革，而洋务运动的开展，也使赫德感到，向清廷提出一些改革建议是能够帮助中国发展的。尽然中国的发展和进步很缓慢，赫德与阿礼国都对这种缓慢的发展感到不满，但是赫德毕竟在中国官场多年，了解中国的政治生态和人们的守旧思想，知道清廷为了维护其封建体制和统治，不愿接受激烈的变革。因而他也认为中国的事情应该慢慢来，要求中国进行激烈的变革，只能是对中国有害无益。因此，他认为，中英修约谈判，英国应该考虑中国的国情，在处理英国与中国有关的问题上，英国应该保持耐心。

早在 1867 年 11 月 22 日，赫德就修约问题曾经给阿礼国写信说，中国问题需要英国不断地鼓励和等待才能得到解决。

受赫德的影响，阿礼国认为对中国问题保持耐心是明智之举。1868 年 4 月 26 日，在第五次会议前，赫德拜访阿礼国，就修约问题进行商谈。赫德询问阿礼国对英国人到中国内地居住和英轮内陆航行的看法。阿礼国则说，并不希望向中国提出特别的要求，英国希望在中国获得贸易自由，将英国的商品运到中国销售，并从中国购买原料和商品，而至于英国人在中国的居住、航行、修建铁路问题并不是主要的。

听了阿礼国的这番话，赫德则说，如果中国与英国所修订的条

---

[1] 张志勇：《赫德与晚清中英外交》，上海书店出版社 2012 年版，第 25 页。

约中包含居住和航行的条款，任何其他有约国根据最惠国待遇无需任何安排都可以享有，但考虑到不被他国"利益均沾"所利用，建议英国在获取居住和航行等特权时，可以约定该条款的实际效用，这样，他国就不能够利用该条款，如果要给该条款以实际效用，英国最好设计一个该条款的生效条件，即中国愿意遵守该条件时该条款才会生效。

阿礼国接受了赫德的建议，随后，阿礼国指示傅雷斯参考赫德的建议，将其纳入备忘录里。此次修约，赫德建议英国不要对中国提出过多的要求，他在 5 月 29 日给阿礼国的信中说："英国利益与其他国家的利益不同，因为英国利益的繁荣也需要中国利益的繁荣。"[1]

但是，作为一个受中国雇佣的洋大人，赫德也不能免俗地要维护其母国的利益，因此，他又常常从英国的角度来思考中英的修约问题。赫德在 5 月 29 日给阿礼国的信中阐述了对过境制度的看法时，就兼顾到了英国的利益，他认为允许随意支付过境税是一个错误，这种随意性使得清廷的官员可以随意向凡是没有缴纳此税的货物征收高税。如果规定所有进口货物应该缴纳7.5%而不是5%的税，然后它们应该被免除所有其他税厘，他相信结果会比现在好。[2]

赫德所阐述的意见，显然维护的是英国的利益。总理衙门接到傅雷斯所归纳的五项二十九款修约内容，先是征询了赫德的意见，然后在 6 月 5 日的中英委员会上口头向傅雷斯传达了中方的态度。表示同意所有关于减税的条款，同意开放温州、大同、芜湖和安庆为商埠，但是拒绝讨论内地航行、内地居住与洋盐进口；对于煤铁等矿，中国人决定自行开采，可以引进外国设备。

1　"Mr. Hart to Sir R. Alcock, May 29, 1868", Kenneth Bourne etc. ed, *British Documents on Foreign Affairs: Reports and Papers from the Foreign Office Confidential Print*, Part I, Series E, Vol.20,p275.

2　张志勇：《赫德与晚清中英外交》，第 26 页。

这个口头答复，赫德认为总理衙门的想法很明显是想通过同意增开商埠而拒绝内地航行和居住，清廷不愿意提到修筑铁路和架设电缆，更不愿接受改变跪拜礼的觐见仪式。当赫德等人将这个口头通知告知傅雷斯的时候，赫德认为，这次的修约谈判是在和平的氛围中进行的，阿礼国对总理衙门的决定应该是满意的。

总理衙门的意见，阿礼国认为，清廷应该增加鸦片税以换取清廷同意在口岸三十里地界内，所有出口土货、进口洋货都不完纳厘捐各税。对此要求，总理衙门大臣文祥认为，如果阿礼国强迫中方接受这些要求，那么中方将坚决拒绝；如果阿礼国能够体谅中国的难处，撤回这些要求，总理衙门将不提出对案，也不会让阿礼国为难。

对此，赫德又从中进行了调停。6月12日，赫德与文祥进行协商后，于第二天致函阿礼国说，外国人有外国人的要求，中国人有中国人的难处，如果英国方面强迫中国接受所提条款，只会把中国推向泥潭。赫德还建议，对于中国拒绝的那些要求，英国可以搁置，等待他国在与中国的修约中提出。

6月27日，中英委员会再次召开会议，赫德与中方委员向傅雷斯提交了一个书面答复，并阐明了中方的态度。总理衙门表示拒绝接受英方所提出的要求地方保护外商贸易；解禁洋盐进口；准许外商洋船洋货进入内地码头；准许洋商在内地盖房造物等要求。对于英方提出的茶叶出口按值百抽五的税率纳税；长江之内，吴淞、汉口等内地码头，外船经到海关申领海关通行执照后，可以停靠，以便上下货物等条款可以协商。

总理衙门的书面答复，赫德从维护清廷的统治与英国的长远利益出发，他认为英方应该接受清廷的答复意见。6月29日，赫德致函阿礼国，有序地对中方的答复进行了复述，摆出了同意的和否定的各项内容，提出了许多为什么接受这些结果，目前不进一步逼迫中国会有益和得策的理由。

7月1日，赫德给阿礼国写了一封信，指出中方的承诺实际上将使英国获得收获。看了赫德的信，阿礼国当天即予以了答复，对赫德的前两封信、对赫德所说表示认同，认为达到了基本的目标。但阿礼国也指出，中国还没能完全接受英国所提的要求，双方在厘金问题、过境制度、内地航行与居住等问题上还存在严重的分歧。这些问题上的分歧，是中英两个民族的矛盾和两种社会制度之间的矛盾，所以英方不会仅仅因为赫德的调停而善罢甘休。阿礼国在厘金问题上非常坚决，他认为纠正任意的和不负责任的征税，这是所有进步的轴心。所以他坚持认为清廷应该纠正对外国商品任意征收厘金的行为，英方在其他各点都可作出让步，但是在这一点上是无法退让的。因此，他于7月12日致函赫德，请其去见文祥，向其解释英方在取消对外国商品和中国出口商品免征厘金问题上的立场。[1]

根据阿礼国的要求，赫德于7月13日拿着条约稿到总理衙门与文祥进行会谈，向其阐释并发挥了英方在厘金问题上的看法。赫德与文祥谈话的成果可以从7月14日傅雷斯致阿礼国的信中看出："昨天赫德拿着条约到总理衙门去了，结果今天中国委员就完全承认了你对厘金问题的看法，并承认根据《南京条约》证明它是非法的……解决在内地确定哪些是外国商品这一困难的办法好像就是已提议的划定三十里的范围；赫德认为，如果你愿意答应建议女王陛下的政府同意下一次修约前的十年内对厘金困难的安排，现在这一点就会被同意。"[2]

当天，阿礼国就给傅雷斯写了封回信，表示很高兴看到中英之间的磋商取得成果，清廷承认，即清廷承诺不对运往内地的洋货，

1　"Sir R. Alcock to Mr. Hart, July 12, 1868", Kenneth Bourne etc. ed., *British Documents on Foreign Affairs: Reports and Papers from the Foreign Office Confidential Print*, Part I, Series E, Vol.20, p282.

2　张志勇：《赫德与晚清中英外交》，第31页。

在缴纳进口与过境税后，进入它口不再重复征税。在英国看来，这是一个原则问题，如此可以改变海关各口的重复征税。阿礼国给傅雷斯写的这封信，他也要求傅雷斯转给赫德看，"使他确切地知道你在什么样的指示下行动，不必向他作任何保留。他会更好地知道如何制定自己的方针，知道如果有机会，向总理衙门提出什么样的劝告或建议"[1]。

赫德看了阿礼国给傅雷斯的信后，于15日来到了总理衙门与文祥进行了长谈。那天的天气很热，文祥让身边的办事官员给赫德切了个西瓜解暑，他们一边吃着西瓜，一边交谈。谈话中，文祥虽然承认重复征税不可取，但对英国提出的清廷海关各口三十里范围内概不完纳厘捐各税的要求表示不能接受，认为对洋货进口征收厘捐很有必要。

显然，中英双方在这一问题上仍存在分歧。第二天，中英委员会又进行了一次会谈。会议上，傅雷斯告知赫德和总理衙门官员，英国方面坚持认为三十里范围内是处理厘金困难的最可行办法。

总理衙门则表示，中国可以承认运输持有内地税单的外国商品，无论在中国人手中，还是在外国人手中，都应一样对待。一旦国家情形允许，就同意三十里范围的要求，而增加鸦片税则被认为是部分补偿。为了使阿礼国接受总理衙门已作出的让步，赫德于7月17日致函阿礼国，站在总理衙门的立场上全面阐述了对于厘金问题的看法。虽然赫德的此种观点遭到了阿礼国的反驳，但阿礼国却决定在此问题上作出让步，7月23日阿礼国致函赫德称："我愿意不用进一步会谈，接受总理衙门所争取的原则：有权对所有在中国土地上中国人手中的产品或商品征收地方税，如果这些产品或

1　"Sir R. Alcock to Mr. Fraser, July 14, 1868", Kenneth Bourne and D. Cameron Watt, *British Documents on Foreign Affairs: Reports and Papers from the Foreign Office Confidential Print*, Part I, Series E, Vol.20, pp.283–284.

商品没有内地税单，或到达目的地，进入消费之后。"[1]

针对双方在厘金问题上存在的分歧，赫德一边要积极劝说阿礼国，同时也希望总理衙能够作出更多的让步。7月24日，赫德再一次来到了总理衙门。这一次，与他共商厘金问题的有文祥、谭廷襄和董恂三位大臣。他向三人说了阿礼国信中的内容和观点。表示中国方面应该在厘金问题上注意三点：其一、不允许对外国商品征收额外税，除非本国产品也同样征收额外税；其二、额外税一定不能是由地方征收，而必须具有帝国性质；其三、对于外国商品征收的特税必须与外国代表在北京协商，必须公布，让所有人都知道。

对于厘金问题，赫德也对文祥等人说，阿礼国的要求有一定的合理性。对赫德的意见，文祥等人都有些踌躇，不知道该怎么办才好，因而他对赫德说，能否寻找一个合理的解决方法。赫德思考了一会儿，提出了一个方案：所有外国进口商品，一到达即立刻一起支付进口和过境税，此后他们就免除所有进一步的征税，无论在谁手中都免除所有进一步的征税。[2]

赫德与总理衙门官员会商后，即写信将他与文祥等人的谈话内容及方案告知了阿礼国，在给阿礼国的信中，赫德表述了自己的看法："我认为，这一方案可以在条约口岸和外国人所去的大市场得到充分实施；从港口到内陆各地，内地税单将继续发放，使货物在运输过程中免于被征税；在被运往的市场，也可以保证免税。但是一旦从那一市场被零售，当经过这儿和那儿的关卡时，商品可能必须缴纳普通的地方税。然而，这样的地方税，不能证明是一种沉重的或抑制性的税，因为在零售给小商贩或消费者后，商品或货物很少遇到收税关卡。所以，总体上来说，我认为这个方案是十分可行

1　张志勇：《赫德与晚清中英外交》，第33页。
2　"Mr. Hart to Sir R. Alcock, July 25, 1868"，Kenneth Bourne and D. Cameron Watt, *British Documents on Foreign Affairs: Reports and Papers from the Foreign Office Confidential Print*, Part I, Series E, Vol.20, pp.294-295.

的。"总理衙门的计划与7月23日阿礼国致赫德函中的计划非常相似，赫德在信中对此表示惊奇。这也说明中英双方在这一问题上基本达成共识。8月1日，总理衙门将有关厘金和过境税的正式方案通知了阿礼国。至此，在赫德的调停下，中英双方就此问题达成妥协。[1]

对于中英之间内地居住与内陆航行问题上的分歧，赫德也积极调停。在6月中旬，赫德就劝说阿礼国放弃这两点要求，改为英国可以在中国内陆租赁关栈，人员和轮船可以去条约中没有规定的内地。根据赫德的建议，阿礼国表示可以做出让步。如此，中英修约的磋商似乎可以接近尾声了，阿礼国虽然有些不满意，甚至于抱怨赫德有些偏向中国了。

抱怨归抱怨，正当阿礼国准备接受修约结果之时，却发生了"扬州教案"。1868年9月，发生在扬州的反洋教斗争，也是中国人民反对外国侵略的一次排外事件。当时，扬州万余群众焚毁了当地英国教堂。这就是轰动一时的"扬州教案"。这一事件，英国侵略者使用了炮舰政策，派军舰四艘到南京，向两江总督曾国藩提出最后通牒。这一次，清廷再一次做出妥协，作为负责交涉的曾国藩完全屈服，答允将扬州知府和知县撤职，赔偿教堂损失，并在教堂界址内竖碑，严禁侵犯。[2]

这一事件发生后，阿礼国趁机向中方提出了内地居住、内陆航行以及准许英国人在中国开矿等问题。这些问题，当然再次遭到清廷的拒绝，而阿礼国则坚持己见。双方僵持之际，作为中英委员会中重要成员的赫德，再一次扮演调停者的角色。他一面让阿礼国做些让步，一面也让总理衙门做出妥协。他说，双方的摊牌都要考虑对方的诉求，这样事情才不至于困难。

1　张志勇：《赫德与晚清中英外交》，第33页。
2　李书纬：《晚清外交七十年：同光中兴之与狼共舞》，东方出版社2018年版，第69页。

11月21日，赫德对阿礼国提出的内地居住、航行、开矿等三点要求与总理衙门官员进行磋商。他提出三点建议希望总理衙门予以考虑：一是由九江海关为潘阳湖提供一艘拖船；二是外国人如果接受中国法律约束，可以在内地居住；三是由海关在基隆开采煤矿。

三点建议，当时恭亲王奕䜣和总理衙门官员都没有答复，表示会向朝廷奏明此事。但是此后，总理衙门并没有奏明朝廷，赫德只好又于12月初给总理衙门写了一个建议节略，就内地居住、内陆航行、开矿、从大沽到天津修铁路等问题向英国做出让步。他说，修筑铁路问题，阿礼国并没有提出，如果朝廷在这个问题上也做出让步，那将是中国的巨大进步。

12月3日，赫德专门就他提出的这个建议节略到总理衙门与文祥等人商讨，文祥看了节略对赫德说，中国不能接受外国人在治外法权下的内地居住。文祥说这话的时候，眼神中充满了希望赫德能够理解的神情，他还希望赫德向阿礼国做出解释：对于中国来说，如果在同意外国人在内地居住、内陆航行、开矿、修筑铁路，那么对中国是非常危险的事情；对于赫德建议的由九江海关为潘阳湖提供一艘拖船问题，文祥表示可以接受这一建议；至于修筑铁路，总理衙门拒绝在此点上做出让步，中国人需要修铁路的时候，自己会修建。

12月7日，总理衙门致函阿礼国，表示对内河航行与开挖矿藏两项作出如赫德所说的让步。因为总理衙门在此问题上态度比较坚决，同时阿礼国也是迫于其他驻华公使对于修约的意见才再次提出这一要求，所以阿礼国接受了总理衙门对此三问题所作决定。至此，内陆居住与航行问题也在赫德的调停下顺利解决了。此外，阿礼国还曾提出简化关税的问题，赫德为其提供了有关数据，并就此与总理衙门进行了讨论，但是由于这一计划缺乏可行性，为总理衙门所拒绝。经过赫德的调停，中英双方都做出了让步，这有利于中英双方最终就修约问题达成协议。赫德在中英修约过程中的"调停"，尽管是以牺牲中国的权益为代价，但还可以说他这是为了维护英国的利益与清廷的统治而进行的，而在其调停之外，他的有些活动就只能说是完全为了维护英国及他自己的利益了。[1]

赫德的调停，中英双方的让步，使得在修约的有关问题上，中英两国逐渐趋于一致。12 月 7 日当天，阿礼国将会谈的有关情况向国内作了汇报，等待女王政府做出决定。但是，女王政府接到报告后，不知道是因为什么原因，迟迟没答复，直到 1869 年 7 月英国政府才向阿礼国发来关于修约问题的指示。

英国政府要求阿礼国尽力使中国把去年同意的让步以协议的形式确定下来，但不能算作修约，并保留修约的权利，直到同治皇帝长大成人。对于双方讨论的过境税和内地居住问题，英国方面同意赫德观点，让双方都做出让步。

据此，阿礼国起草了建议中方重开谈判的节略，并交给赫德看。对于内地居住问题，赫德认为中方不会接受，认为阿礼国不能在基本上已经达成共识的基础上使谈判再次出现反复，阿礼国只好表示可以将节略再重新修改，然后交给赫德看。

对于修约，清廷希望在 1868 年协商的基调上尽快以条约的形式确立起来，但是阿礼国仍然有些犹豫，希望在内地居住问题和觐见问题上，使清廷做出让步。他为此拜访了赫德，表示不希望赫德作为一个英国人而过多的偏向中国；对于修约问题，他认为清廷应该同意中国皇帝按照西方的礼仪接受觐见。他将谈判情况汇报给英国政府，希望政府做出决定。

直到 1869 年的 8 月 31 日，阿礼国将重新修改的节略交给赫德和总理衙门看，声称根据女王陛下政府的意见，对于中英之间去年协商的成果，只能作为暂行章程，不能算作修约，等待将来法德等

1　张志勇：《赫德与晚清中英外交》，第 37 页。

国与中国修约时，再行一同办理。如果中国一定要把此次磋商作为修约的基本内容，那么中国皇帝应该接受觐见及华工到海外做工之条件，并将内地居住、开矿等问题一并确立，方可修约。

赫德看了阿礼国的节略内容，即来到总理衙门商谈修约之事，此时，总理衙门也已经收到阿礼国的节略。总理衙门大臣文祥询问赫德，对阿礼国的节略怎么看，赫德回答说阿礼国的节略要么是一个临时性安排，如果这样阿礼国不再多要求什么，也是可以理解的；要么是一个正式修约，但是阿礼国又希望中国接受他提出的问题。

文祥对赫德这种模棱两可的回答有些疑惑，他用一种很诚恳的眼神看着赫德说，希望中英双方尽快有一个修约文本，那样就可以成为其他各国的修约范本。文祥希望通过赫德使阿礼国作出让步，为他国作出表率；至于阿礼国所提的觐见和内地居住、内地航行等问题，这是大清的底线，不能碰触。文祥还问，大清很希望尽快修约，应该怎么办。赫德又说，中英双方应该尽快召开一次会议，总理衙门应该向阿礼国说明，修约必须是正式的，觐见问题不能碰，先看看阿礼国到底是什么态度，然后再做出决定。听此一言，文祥则充满期待的又对赫德说，在修约问题上，总理衙门真诚的希望总税务司能够鼎力相助。

总理衙门的殷殷期待，赫德作为大清的雇员，也感到不能无所作为，虽然他兼顾到英国利益，但是他在中英之间也努力使事情有所转圜。赫德与总理衙门会商后，即给阿礼国写了封信，表示希望中英双方再开会议。

9月12日，英国驻华公使馆代理汉文参赞雅托马受阿礼国的委托，特意拜访赫德。雅托马向赫德表示，在总理衙门未对阿礼国的节略做出答复之前，中英委员会不适宜再开会议。对于总理衙门反对的"觐见"和内地居住问题，英国方面可以撤回这些问题，但要在修筑铁路和架设电报电线方面作出让步。雅托马的话虽然代表着阿礼国的意见，但赫德还是于第二天拜访了阿礼国。二人在谈话中，阿礼国向赫德解释，提出"觐见"问题，主要是为了使中方在其他问题上作出让步，如果中国接受其他问题，撤回"觐见"问题并不困难。[1]

赫德了解了中英双方的各自底线后，他积极周旋，组织开会磋商。赫德等对于前期所议各条又重新一一面定。1869 年 10 月 23 日，中英双方在前期谈判的基础上签订了《新修条约》。其主要内容有：从英国输入的商品在进口时交纳 5% 的关税和 2.5% 的子口税后，在通商口岸省份免于征税；英国商人进入内地购买土货出口，远赴海口的沿途交纳各项税厘；开放温州、芜湖为通商口岸，准许英国人自备中国式样的船只在各口岸航行。英国同意在其领土上派驻中国领事；允许中国政府增加鸦片进口税等等。

阿礼国对此次修约所取得的成果非常满意，为了使英国外交部接受这一条约，他要求赫德对送交英国外交部的条约文本作了详细注释。通过《新修条约》，英国又从中国夺取了更多的权益，英国政府认为这一条约各款比《天津条约》更能促进英国的利益。但是英国商人却对此条约极度不满，因为它没有包含他们曾强烈要求的铁路、电线、内地居住与航行等问题。[2]

遗憾的是，这个经过近两年谈判的条约却以失败而告终。1870年 7 月，英国女王政府宣布不批准中英《新修条约》。为什么会出现这样的局面呢？一来是遭到了各国公使的反对。条约签字后，英国方面便向各国驻京公式做了通报，希望获得全体驻京外国代表的认可。但各国公使均表示代表本国拒绝承认这项条约，承担义务，声明条约无效。要求履行《天津条约》，坚持继续开放琼州口岸，

---

1 张志勇：《赫德与晚清中英外交》，第 44 页。
2 张志勇：《赫德与 1868—1869 年的中英修约》，见《中国社会科学院近代史研究所青年学术论坛卷》（2005 年卷），社会科学文献出版社 2006 年版。

诬蔑同时交纳进口税和子口税的规定是把无限制的市政捐税强加给英国货物的恶意措施，并怀疑清廷是否有能力防止对已交过双重捐税的进口货物再非法征收内地捐税。更反对对鸦片加税。二来是英国商人感到自己的利益遭到减弱，因而一致反对。并指责条约毫无用处：增开的商埠太少；也没有取得筑路开矿、内地设栈及内陆航行等权利；香港商人尤其反对委派中国领事驻扎香港，等等。英国商人坚持要中国履行 1858 年的条约，认为那是中国的义务。1870年 6 月，英国副外交大臣哈蒙德写信给阿礼国的继任者威妥玛说，英国政府不批准条约，并不妨碍你"努力诱导中国政府采取自动的单方面的行动以实行这个条约中规定的一些措施"。亦即试探有无可能诱使中国方面自动让与条约中所包含的可以增进通商关系的特权。[1]

条约遭到扼杀，赫德万分惋惜，他说，"由于修订条约的关系才把我留在这里……我这个中间人，经受着一切的责难"。尽管如此，英国政府却辩解说英国商人们顽固地反对公正地解释《天津条约》的意见，忽视了《天津条约》起草人对那些条款的说明。赫德还说，"条约不能掺杂按照条约规定进行贸易的人根据自己的利益和臆想而对它所作的解释"[2]

事实上这个条约提出的同时交纳进口税和运往内地的子口税的办法比《天津条约》的办法要好得多，因为它针对货物而不管货主是谁，保证了货物在有通商口岸的省份可以免交任何形式的贸易税；"它所建议的修改出口子口税单手续同样有利于出口商不再比条约规定交纳更多的捐税，确保各省级主管当局享有所有符合规定的税收，并且消除了所谓的外国人把出口子口税单和运照卖给中国人，

1　[英]伯尔考维茨：《中国通和英国外交部》，第 108 页。
2　[英]魏尔特：《赫德与中国海关》上册，李秀凤等译，厦门大学出版社 1993 年版，第 509 页。

为绝对不能运往国外的地产商品作掩护的公众言传。"[1]英国从新约中所获甚多，条约议订之时，阿礼国试图把作为各国都能接受的一个范本，但是条约还是没能获得各国的认可，英国政府没有批准给了希望签订平等条约的中国政府沉重一击。但是面对条约中的利益，即便是激进的英国老议员狄尔克也不得不承认，条约中"中国所让与的比贸易部认为可以要求的更多"[2]。

条约没有获得通过，积极向中国要索的阿礼国也很委屈地说，"以前从来没有哪一个国家或西方政府对外贸给予如此慷慨的特权。"曾在海关任职的魏尔特则认为，赫德在这个条约中所付出的努力，他希望这个条约"成为中英关系史上显著的里程碑——即第一个不强行使用武力制定的条约作出了贡献"[3]。谈判结束后，赫德也说这一条约没有一个字谈到铁路和电讯,这是令人惋惜的事情。1875年，"马嘉理事件"的发生，使英国有了借口解决这些争执问题的条件，以至于软弱的清廷终于在此后的《烟台条约》中兑现了英国的部分要求。

---

1 ［英］魏尔特：《赫德与中国海关》上册，第 509 页。
2 ［英］伯尔考维茨：《中国通和英国外交部》，第 83 页。
3 ［英］魏尔特：《赫德与中国海关》上册，第 506 页。

第五章

赫德与"滇案"

1. 大清的新危机

1876 年，中英《烟台条约》的签订，赫德再一次以调停人的角色出现。从 1875 年"马嘉理事件"的发生到 1876 年《烟台条约》签订，赫德作为清廷委托的调停人，他一方面劝说清廷接受英方的条件，一方面借机提出有利于扩充海关权力的建议。在调停的过程中，赫德受清廷的指派，同李鸿章一起赴烟台同英国谈判代表威妥玛谈判。赫德作为中方倚重的调停人，还充当了中英交涉结果执行者和翻译官的多重身份。调停中，赫德在保护英国利益上与威妥玛达成了一致，但是一些具体的细节问题上，二人产生了分歧，二人的分歧使得威妥玛并不欢迎赫德作为执行者的身份出现。如此，赫德只能作为中英双方的外交顾问，做出有限的调停。

马嘉理事件的发生是有深刻原因的。我们知道，1868 年到

1869 年的修约谈判，英国政府感到并没有满足自己的利益，因而并没有批准条约；但是英国殖民者很想实现它们的经济利益，便通过经济扩张的方式来实现殖民掠夺。1875 年发生的"马嘉理事件"就是这种现象的一个缩影。

马嘉理事件的发生，使得刚刚二次垂帘听政的慈禧太后又陷入忧虑之中，她很担心英国人会借机生事，那样大清又要陷入列强强索的泥潭之中。

本来，同治帝亲政才一年的光景，皇宫里却传出了一个坏消息：懋勤殿传旨说因同治帝到西苑游玩受凉不能再到弘德殿学习了，起初慈禧太后还以为是同治帝偷懒。可是，经太医诊治，太医们也不敢说什么病。过了几天，同治皇帝竟然不能起床了，他命军机大臣李鸿藻代批答奏章。这说明病情发展较快，已不能亲自阅批奏折了。

对于同治帝的病，民间都传说是得了花柳病，但是如果让外界得知，堂堂的天子得了这种病，那实在是有失体统。于是，慈禧太后要统一口径，这样关于同治的病对外传出的消息是"发疹"，即得了天花。关于同治帝得天花之说，大清宗室的德龄公主后来在她的著作中也表示了怀疑，她说："又隔了一天，更可怕的消息传来了，说是皇上正在出天花，并且出得非常旺。但即使是这样，似乎也还没有什么重大的危险可说。因为同治的身体一向是十分壮健的，论到天花这一种病症也绝非就是绝症，只要医治得合法，调护得适宜，要治好也是很有可能的，至多不过使同治那样一个美少年变为麻脸而已。"[1]

同治皇帝的病，他的另一位老师翁同龢在日记中也有记述："同治十三年十一月初二日（12 月 10 日）……圣恭有天花之喜，余等入至内务府大臣所坐处，托案上人请安，送天喜，易花衣，以红绢

---

1 德龄：《瀛台泣血记》，云南人民出版社 1980 年版，第 38 页。

悬于当胸","昨日治疹,申刻始定天花也。"[1]

不管是天花还是花柳病,同治帝已经病得无法处理朝政倒是真的,这样的局面下出现的权力真空是慈禧太后不能坐视的。这对一个国家也是最危险的。同治帝的病看来短时间内难以治好,政治经验丰富的慈禧太后不能再在后台,敛权的本能也使她不能坐视大权旁落。

怎么办呢?慈禧太后导演了一出戏。1874年12月16日,两宫皇太后在同治帝龙床前召见了朝廷军机处及御前的主要大臣。《翁同龢日记》记道:"巳正叫起,先至养心殿东暖阁。先于中间供佛处向上三叩首,入见又三叩首。两宫皇太后俱在御榻上持烛,令诸臣上前瞻仰。上舒臂令观,微语曰:'谁来此?'伏见天颜温晬,偃卧向外,花极稠密,目光微露。"[2]这是第一次召见。两宫太后有目的地让军机大臣和御前大臣细看在御榻上的同治帝。同治帝伸出胳膊,让大家看。大臣们目睹后得出的结论是同治帝的病不是短期内可以治愈的。这样,慈禧太后又实现了垂帘听政。

1875年1月12日,同治帝的病严重得已经让太医们束手无策了,这天晚上,便结束了年仅19岁的生命。

同治帝年纪轻轻就崩逝了,留下大清王朝怎么办?虽然说,慈禧太后又再一次实现了垂帘听政,但名义上国一日不可无君,选定接班人的重任就落在慈禧太后身上。

同治帝虽然在17岁那年结了婚,据说有一个孩子,孩子还在嘉顺皇后的肚子里,就被慈禧太后害死了。这样,没有子嗣的同治帝的接班人该是谁呢?

慈禧太后选中了她妹妹的儿子载湉。年幼的载湉(也就是后来的光绪皇帝)可能是先天的禀赋不足,又患过贫血病,总是一副无

1 翁同龢:《翁同龢日记》第二册,陈义杰点校,中华书局1989年版,第761页。
2 徐立亭:《咸丰同治帝》,第408页。

精打采的样子，但他毕竟是慈禧太后的亲妹妹（醇亲王福晋）的亲生儿子。慈禧太后最初对这个领养入宫的新"儿子"也是十分的溺爱，对他的生活、读书等各个方面表现出无微不至的关怀。

慈禧太后对光绪的溺爱也许是做给人看的，在涉及权力的问题上，她却又做出一些让人感到匪夷所思的举动。比如在光绪继位的问题上，慈禧太后安排光绪的登基时间很令人费解，光绪的登基是在半夜。这是一个令人预感到不祥的登基仪式。光绪皇帝即位那一刻，他哇哇大哭，也许是对这样的安排不满意，或者是预感到自己的人生将要遭遇苦难。正如所预感的，慈禧太后在夜半为光绪皇帝完成登基仪式后，她就理所当然的又开始了垂帘听政的政治生涯。

作为一个皇帝，半夜登基可谓史无前例，对于这个荒唐的安排，虽然朝中的一些大臣满腹怨言，但也不敢多说什么。但四岁的光绪皇帝自继位那一刻，可谓诸事不利。

果然，小皇帝登基后不久恭亲王奕訢却慌慌地向慈禧太后奏报了英国驻华公使翻译官马嘉理在云南被杀的消息。堂堂的驻华公使馆翻译为什么会在云南被杀呢？原来，在光绪帝继位的当口，他擅自带领一支英军由缅甸闯入云南，开枪打死中国居民，引起了当地百姓的愤懑，最终马嘉理被杀，这就是轰动中外的"马嘉理事件"。

早在中英修约谈判时，英国商人不断发出呼吁，要求英帝国进一步向清廷施加压力，开放更多的市场，攫取更多的利益。虽然经过近两年的交涉，中英双方在北京签订了《新修条约》。但是，《新修条约》英国政府并不满意，所以新约没有得到批准，然而此后英国政府希望在中国实现政治、经济扩张的野心却更加剧烈。这个条约签订后，中英双方就英国人提出的打开西南大门问题，由于西南各族人民的反对，中英双方一直未列入正式的谈判议程。

虽然如此，英国急于打开西南大门的野心，随着时间的推移，终于以武装冲突的形式爆发出来。英国早在征服印度及占领缅甸南部之后，就企图寻找一条由缅甸经云南通往中国内地的道路。1858
年，英国退伍军官斯普莱曾建议修筑一条由仰光到云南思茅的铁路。
1863 年，又有人提出开辟一条从缅甸八莫到中国云南的道路。

　　这个建议当然引起了英国政府的兴趣，从 1867 年英国就开始
派人从缅甸往云南方向勘探，并进入中国境内腾冲。

　　1869 年，英国政府委托英国商人古柏对云南进行实地考察和
研究，并设法寻找一条从上海沿长江水陆兼程，前往云南、西藏、
四川交界的重镇巴塘，计划向西经里麻出境到达印度阿萨密的道
路。但被中国西藏地方政府发现后扣留，并令其返回。古柏的计划
虽然失败了，但是，他把这次行程写了一篇游记《从中国到印度之
游记——湖北高原》，文中提出打开中国西南门户可以为大英帝国
带来更为广泛和巨大的利益。他写道："开通西康商路之关系，其
重要可知，盖此路一面可连通八莫——大理铁路以控制云南，一面
又可打通四川与扬子江上游，使英国商业之势力范围取得联络，同
时又可垄断西藏之政治经济也。"[1]古柏在文中还建议，要想方设
法诱使清廷开辟重庆为商埠，通过八莫至大理的铁路或打通巴塘至
阿萨密的商路，就可以从中国西部商业中心重庆很方便地攫取农产
品及矿产品。

　　古柏的建议，当然是要对中国西南进行侵略，实现英国在亚洲
殖民主义扩张的战略意图。古柏的设想是夺取缅甸和云南，控制四
川和西藏，使整个长江流域成为英国的势力范围，并使之同英国在
印度和缅甸的殖民地连成一片，建立英帝国从印度河、恒河到长江，
横跨整个亚洲的殖民主义霸权。而开辟从印度、缅甸进入云南的道
路以夺取云南，是执行这个庞大战略计划的关键。古柏的建议引起
英国及印度政府的高度重视，被称为"英帝国向外发展史上之一重

1　李根源辑：《永昌府文征》第四册，云南美术出版社 2001 年版，第 1071 页。

要文件"[1]。

英国商会联合会对此专门召开了一次特别会议，讨论通过了一项上书英国女王的建议。建议提出英国商界对开辟由缅甸通往云南的商路的关心。建议书中说：

> 虽然大不列颠和中国有了很长时间的通商关系，但比起中国疆土的广大和人口众多，英国货物仅向该帝国输出极其有限的数量，因为这些货物只通过中国极为辽阔的海岸线上的通商口岸输入。[2]

建议书虽然没有直接说应该打开中国的西南门户，但是建议书指出，向中国输送商品途径只有海岸线一途，是微不足道的，他们渴望着政府通过更多的途径来扩展在中国的商路，实现他们的"中国之梦"。开辟西南后门当然在这种梦想之中。

一年后的欧洲经济危机，使英国人的这种梦想变得更加迫不急待。当时英国国内的工商业一片萧条，商品卖不出去，价格一路下滑，而危机却使得竞争变得更加残酷激烈。这使英国工商界感到，要渡过经济危机，"远东便具有特别的意义了"。

梦想的驱使，使英国官方再次做出了行动。1873 年 5 月 26 日，英印殖民政府给英国驻华公使威妥玛写了一封信，就打开中国西南门户提出了征询。信中说："有无希望诱使中国政府开放云南，发展贸易？"威妥玛汇报了当时清廷的态度和自己的判断，他说："经过多年谈判，此刻在许多省份里，要求遵照条约规定，在内地贸易，施行一次付清子口税制度，所遇困难之大，一如往昔。……

1　于乃仁、于希谦编：《马嘉理事件始末》，德宏民族出版社 1992 年版，第 16、17 页。
2　[英]伯尔考维次：《中国通与英国外交部》，第 148 页。

西部和西南边境依旧是谨慎地关闭着"。[1]威妥玛的回答无疑是告诉英国政府，打开中国西南门户会面临很多困难。

一直关注着中英关系的英国前任驻华公使阿礼国在公开场合也道出了打开西南门户所面临的困难。他在《泰晤士报》上发表文章称："障碍是难以胜过的，而且不能以无武力作后盾的外交克服"。阿礼国向英国政府释放一种信号，不通过武力手段，很难使清廷同意实现这一愿望。

威妥玛、阿礼国这些强权分子的主张并没有得到英国政府的赞同，原因很简单：条件还不成熟，因为以贸易通商为借口而大打出手毕竟名不正言不顺，师出无名。所以，英国还不想通过武力手段来解决，怎么办呢？7月23日，英国驻缅甸曼德勒政务官建议政府成立一个调查团，经过八莫进入云南，进行调查。此举既是为通商探路，实际上也是为武装介入进行必要的军事准备。还是那句话，知己知彼嘛！英属缅甸事务长官接受了这个建议。

根据建议，1874年4月18日，英国内阁印度部大臣沙士勃侯爵发出训令，决定组织人员由印度经缅甸进入云南进行商路的勘察，以"探查队"的名义组成，进入中国云南的勘查人员要携带武器，以备可能发生的不测。这样，一支命名为"新华西探路队"的军事武装很快组建起来了。这支探路队实际上也被称为远征军，队长由英国军官柏郎上校担任。经过近一个多月的准备，1874年6月13日，印度总督向印度外交部汇报了探路队的准备情况，并报告说探路队11月份就可以成行，并要求外交部通知清廷，要求总理衙门颁发入境通行证，准与通行；并告知通行的路线是由曼德勒到八莫，然后到腾越和大理。随后，英国外交部将这一消息通知了英国驻华公使威妥玛。威妥玛即表示，"可以想办法使这个探路队凭护照进

1　王绳祖：《中英关系史论丛》，人民出版社1981年版，第81页。

入中国边疆"[1]。

威妥玛既然作出了这番表示，他又知道要求清廷颁发探路队的通行证肯定会遭到拒绝,怎么办呢? 威妥玛再次使用了欺骗的手段。7 月 16 日，威妥玛让公使馆参赞梅辉立来到总理衙门，接见他的是总理衙门官员成林,梅辉立向成林表示印度总督将派三四名官员，经曼德勒越过滇缅边界来中国旅游，旅游的目的地还没有确定，既可能是到北京也可能是到上海或者其他的什么地方，要求总理衙门在英国使馆填写的护照上加盖印章，准予放行。并表示，英国驻华使馆将派出一名翻译官前往云南迎接，也请总理衙门批准。梅辉立前往总理衙门之前，威妥玛告诫他，如果总理衙门提出质疑，一定不要告知真实目的的。

梅辉立之说，总理衙门果然提出了疑问。既然是印度总督派人到中国旅游，为什么不经过交通便利的上海，反而要经过偏僻且充满危险的滇缅边境来中国呢? 不怕路上遇见虎狼豺豹吗? 山林中的瘴气弥漫，难道外国人不怕被毒死吗? 虽然总理衙门的官员满腹狐疑，但知道英国人比较强横，还是答应了他们的要求，在护照上盖了章。完成这个手续后，至于派人前往云南迎接探路队的人选，威妥玛选定了公使馆翻译官马嘉理前往云南迎接。马嘉理是 1867 年来华进入使馆工作的，对中国的风土人情较为了解。

1874 年初秋，由英印政治官员、商务官员、医务官员、军官、士兵共一百余人组成的探路队上路了，他们还携带新式武器，完全是一支侵略部队。此刻，印度总督才对外宣称：探路队"主要目的是勘查各个商业路线，确定哪些是开发旧时商业路线所遇到的障碍和改进这些路线的方法；并对于最好的交通运输工具、各种商业捐税、保护商人安全实际可行的办法，以及经营商务似乎最适宜的代理机关等等，提出报告。探路队队员负责尽量搜集旅途经过各地的

---

1 ［英］伯尔考维次：《中国通与英国外交部》，第 150 页。

情况、资源、历史、地理和商务的情报，以及他们有机会和办法可以观察到的一般事物或科学兴趣的资料。"[1]当然，这些英国国内还不知情。

在探路队前往云南之时，马嘉理也于 8 月底带领十多名护从从上海出发，前往云南。当他 9 月 8 日离开汉口，准备从镇远舍舟登岸时，当地百姓虽然不知道他此行的真实目的，但感到这位洋大人深入内地，肯定不怀好意，便阻止他登岸，马嘉理没办法，只好求助当地知府保护。夜间，他在地方官的保护下，弃船登岸，悄悄地向昆明溜去，等到当地百姓第二天来寻他时，发现人已不知所踪，一怒之下烧毁了他乘坐的船只。

马嘉理经过三个多月的行程，于 11 月 16 日来到昆明城下。进入昆明城中，他有一种感觉，昆明城的百姓把他当作一个来自外星或者其他球体的异类了。边城昆明百姓很少见到洋人的，人们像观猴子一样，对他上下打量。这个满头"黄羊毛"的家伙到昆明来干什么呢？大家议论纷纷。

毕竟马嘉理的使命不是什么光明正大的事情，12 月中旬，他沿迤西道路来到腾越，在叠水河游览时偷偷地绘制地图，被当地百姓发现了，将他团团围住，提出抗议。马嘉理当然知道众怒难犯，赶紧狼狈逃去。随后的 1875 年元月初，他在边境重镇蛮允见到了已经卸任都司、候补参将之职的李珍国。李珍国设宴款待了他，并派人将他护送到了八莫。在这里，马嘉理与探路队汇合。

马嘉理感到总算安全了，沿途之上，大清子民虽然对他和他的护从队伍多有抵触情绪，但是因为有总理衙门的护照，沿途地方官还是对他好吃好喝招待着。他曾在自己的日记里得意地描述大清地方官员热情招待他的场景："此番旅行，感觉舒适，很像王侯巡幸一样，感谢总督的款待和他对于所接待的英员那种崇高的特有的责

---

1 王绳祖：《中英关系史论丛》，第 87 页。

任感。"[1]

但是，马嘉理高兴得太早了。他不知道，作为侵略者，因为他们的不义行动，使得一场风暴正在到来。

1875年1月17日，马嘉理与探路队会合后，即开始向云南边境进发。"探路队"到云南"游历"的消息，在边境德宏和腾冲迅速传开，这立即引起这些地方各族人民群众的警觉。认为英人的到来，肯定不怀什么好意，可能由此侵略云南。

正在滇西百姓感到惶惑之际，从缅甸又传来这样的消息："……英兵据漾贡（仰光），通航新街（八莫）谋缅急，马嘉理即衔其使臣命，更为由缅入滇计。"[2] 这个传言使人们认为，马嘉理带领的"探路队""游历"的真实动机被揭穿，由此引燃了滇西各族人民反对英国殖民主义势力入侵的爱国运动。

需要说明的是，总理衙门对英国所谓的派"三、四名游历官员"虽然持有疑虑，但在没有凭据的情况之下，也不好得罪。况且，洋人一向专横跋扈，总理衙门便让沿途地方官"量为照料"，又要"预伐有谋"。

有总理衙门颁发的护照，探路队进入滇西相当顺利。因为驻守在这里的清军慑于总理衙门的命令，不敢对探路队加以阻止。这样的局面理所当然的引起了滇西各族人民的反对，并自发的在边境最前线采取了布防行动，形成了"同心协力，自南甸、干崖、陇川、猛卯边檄数百里而遥，严密布防"的局面。

在自发的布防行动中，最值得提及的是蛮允人民。蛮允是从八莫前往南甸及腾越的必经之地，是进行军事防御的重心。英国人所谓的"探路队"即将入侵的消息传来，蛮允各族群众十分愤慨，居住在这里的景颇族爱国志士腊都与而通凹两人，立即动员部族百姓

1　于乃仁、于希谦编：《马嘉理事件始末》，第26页。
2　于乃仁、于希谦编：《马嘉理事件始末》，第29页。

及附近山民投入了边境布防。

在滇西边境人民的布防行动中，腾越十八连与七位土司的土练武装也投入到了布防行动中。十八练与土司武装联合起来表示："合厅齐团，相约七土司联为一起，使外匪无从得入"，一旦英国探路队深入境内，这两只团练武装就联合起来，共同作战。

土司是少数民族的职官名，也就是部族头领的官称。当时的腾越与德宏共设置了十个土司。其中南甸、盈红、瑞丽、户撒、腾撒、盏达、陇川七地归腾越管辖，称为"腾越七土司"。十八练则有些类似于今天的民兵组织。不过十八练不只是少数民族才有，而在汉族也有这样的团练武装。当时十八练是由大的村镇组织起来的，忙时他们是农民，闲时则进行军事训练。

滇西各族人民的积极备战，英国"探路队"也不是一无所知，他们也在搜集着各种有利于自己的情报。

他们搜集到的情报是，从八莫前往腾越的道路有三条：第一条称为北路，由八莫途经蛮允、南甸至腾越；第二条称为中路，经火焰山、盏达至腾越；第三条称为南路，经拱硐、南坎、猛卯的滚弄、遮放到达腾越。

探路队原计划从南路入境，但是当柏郎与马嘉理率领队伍抵达撒洼底时，遭到了景颇族人民的反击，使得探路队行李遭受损失。经此冲突，柏郎感到景颇族人都是刁民，对入侵者有恶感，就决定避其锋芒，决定放弃南路，改由北路前往腾越。1875年2月6日，柏郎上校率领探路队从八莫出发前往腾越，16日，当探路队从山路到达缅王设立的第四号驿站房时，柏郎得到消息说，有400名中国人正在前往蛮允途中，准备袭击探路队。探路队便避开了蛮允，并派马嘉理带领一路人马前往探路。

2月19日，马嘉理带领的一路人马先行进入蛮允镇，在傣族佛寺住宿休息，等待与柏郎所率领的一路人马会合。等了一天，没有消息。21日清早，马嘉理便率领所带人马从原路返回，离开蛮允镇，路上却碰上了爱国志士腊都、而通凹等人率领部族群众在边境沿线巡逻。腊都等人发现马嘉理后，即要求马嘉理立即出境，但遭到了马嘉理的蛮横拒绝，非但如此，马嘉理还开枪打死一名景颇族群众，这一下惹了众怒，人们一哄而上打死了马嘉理及几名士兵，并将他们的尸体投入附近的户宋河中，马嘉理其余人马落荒而逃。

腊都部众与马嘉理的相遇，使他相信探路队已经深入云南边境。击毙马嘉理后，他立即率领部众带上长矛、大刀、弓箭、火枪等准备阻击柏朗所率领的另一队人马。本来，柏郎率军深入中国境内人生地不熟，心中就十分害怕，当他得知马嘉理已被击毙，内心更是悚然。22日，柏郎率领的人马与腊都部众在蚌洗山遭遇，双方展开激战，约2000余名景颇族群众闻讯赶来，对柏郎及其人马形成了三面合围。景颇族百姓高喊"我等非打缅人，仅杀番鬼"[1]。在巨大的声势之下，柏郎狼狈逃命。柏郎率残兵从云南边境逃回缅甸后，"新华西探路队"宣告解散。

"新华西探路队"的解散，使得英国人精心策划了数十年的打通八莫路计划宣告失败。而英国翻译官马嘉理被击毙，使得英国人怒火中烧，由此清廷与英国也开始了艰难的外交交涉。

2. 站在英国一边的"调停"

马嘉理事件发生后，清廷在外交的交涉上一开始就是被动的，主要是因为其对条约规定的误判。危难局面，总理衙门也寄望于赫德能够积极调停。

马嘉理被杀的消息，英国政府是在3月初从英印总督的电报中得知的。对马嘉理被杀事件，英国当局心知肚明"探路队"到中缅边境的真实目的。知道他们违反了国际间公认的法律准则。所以最

---

1 于乃仁、于希谦编：《马嘉理事件始末》，第45页。

初的几天，他们在外交交涉上，态度是低调的，当英国下院对这一事件提出质询时，英国首相狄斯累利没有作任何声明，外交大臣德比也一样保持低调的姿态。他只是给驻华公使威妥玛发电报说："应立即要求中国政府严格调查上述事实，并将处理这事的适当步骤报告我。同时，记住印度政府派柏郎率探路队往滇的目的。"[1]

3月13日，根据德比的指令，威妥玛照会总理衙门说，"云南腾越厅一大员前调兵勇三千人，将本国官员等狙杀。……查前来攻击兵勇等之统领，即南甸首员李之亲侄"。两天后，威妥玛又给总理衙门发了个照会说，此事英国方面"一经集议后，即咨会本大臣查照办理，故暂时无他所言"[2]。

总理衙门见到照会时对整个事件还不知情，还认为马嘉理是去迎接印度总督派到中国"游历"的"三四名官员"出了事。

根据清廷与西方签订的条约规定：外国人进入中国境内"游历"，必须持有官方颁发的通行证，途径各地，均需经过地方查验方可放行，"倘有不法情事，亦载明就近交领事官办理。沿途只可拘禁，不可凌虐。如非体面有身家之人，概不许给与执照"[3]这一规定，显然是为保护外国人生命安全而提出的，前提条件是适用于外国人在中国游历的情况。但是，英国探路队到中国的图谋是打开西南门户，属于非法入境，已经对中国国家安全构成威胁。马嘉理虽然持有中国护照并具有外交官的身份，但其从事的也是非法活动；英国驻华公使虽然以"三四名官员到中国游历"的谎言骗取了总理衙门，并让马嘉理前往云南迎接，实际上是作为内应和向导。他的这些行为，当然不能按照有关条约中所规定的，要求清廷为他的人身安全提供保护。况且，当马嘉理与云南景颇族爱国群众相遇时，腊都部

1　王绳祖：《中英关系史论丛》，第109页。

2　于乃仁、于希谦编：《马嘉理事件始末》，第52页。

3　于乃仁、于希谦编：《马嘉理事件始末》，第53页。

众曾经劝说要他离开中国国境，他非但不听劝告，反而先开枪打死中国百姓。这样的恶行，怎么能荒唐的要求中国政府保护呢？

既然认为英国人到中国境内是游历，对于马嘉理的死，总理衙门在这一点上便没有据理力争，也可能是没有意识到这一点；在英国政府向总理衙门提出要求清廷承担责任时，一开始就示弱地承认马嘉理在云南属于"遇害"，并担心事情闹大，承诺将"严拿匪徒，按律惩办"，这使得英国人由理屈变成有理的一方，获得了外交交涉的主动权。

总理衙门的表态，英国驻华公使威妥玛都感到好笑。他在给英国外务大臣德比的信中汇报说："如果不是中国官方毫不犹豫的承认马嘉理遇害，我们到目前为止只有若干缅人的信札和供词作为控诉狙杀的证件。而且详细审查这个问题，犹如在英国审查这类问题。我不由地感到困惑不安的，是向中国政府坚持好似无可争辩的一个故事。而在'老贝列'（伦敦中央刑事法院），它可能被认为只是没有充分证据所支持的说法。"[1]

总理衙门对于马嘉理事件一开始就失策，还有一个原因是因为当时署理云贵总督的云南巡抚岑毓英没能及时将事件的真实情况上报中央。事发一个月后，岑毓英虽然给总理衙门寄来了一个报告，说："……上年十二月内，有洋人五六十名，驮运军火，由新关入内地，途遇边民劫抢退回。如洋人等来至腾越，当饬地方官照料，但恐渠劫等被边民'劫抢'互相杀伤，地方官鞭长莫及。"[2]但岑毓英的报告并没有提到马嘉理被击毙之事。

总理衙门从岑毓英的报告中察觉到，岑毓英对马嘉理事件是知道的，但是没有告知，只是闪烁其辞的提及。岑毓英为什么不敢将马嘉理被击毙的事件告诉总理衙门呢？当然是因为朝廷三令五申的

1 王绳祖：《中英关系史论丛》，第103页。
2 于乃仁、于希谦编：《马嘉理事件始末》，第54页。

要求保护洋人有关，现在洋人却在自己的辖地被杀了，岑毓英担心朝廷怪罪，所以，他才隐瞒事实，隐约其辞。

正是因为清廷对滇案了解的被动，才使英国人在外交交涉时步步紧逼。相反的，清廷的被动，执掌大清海关税务司的英国人赫德却对这一事件表现出相当的关注。当他得知马嘉理在云南被杀的消息，立即给自己的助手金登干发电报，要他密切关注英国国内的态度，金登干的答复是，英国政府在收到威妥玛的报告之前不能决定行动步骤。[1]这以后，金登干不断将英国国内关于马嘉理事件的有关讯息及时向赫德报告，为其判断提供依据；赫德也在等待着机会，准备随时插手中英之间关于马嘉理事件的交涉。

威妥玛在3月13日接到英国外交大臣德比的电报之后，就与第二天拜访了赫德，他希望赫德能就马嘉理被杀一事给他提出一些建议。威妥玛对赫德说，他将竭尽所能通过此案从中方获得尽量多的特权，以便改善将来两国的关系。

马嘉理与赫德多有接触，二人可谓很好的朋友，对于他的被杀，赫德从情感上不能接受。得此消息后的赫德既震惊又愤怒。他在3月15日的日记中写道，对于马嘉理被杀之事，英国要避免类似事件的发生，从清廷那里获得最好的保证就是通过此事向清廷索取更多地补偿。如果按照他自己的意愿，他将希望英国政府诉诸武力，让中国人为此付出代价。[2]

威妥玛这次拜访赫德后，他在1875年3月19日正式向总理衙门提出六条要求：一、中国和英印政府派员前行调查，并派出代表到云南陪审；二、英印政府可再派探路队入滇；三、赔款十五万两；四、中英立即商定办法，落实1858年《天津条约》所规定的优待

1 张志勇：《赫德与中英滇案交涉》，见《中国社会科学院近代史研究所青年学术论坛卷》（2006年卷），社会科学文献出版社2007年版，第89页。
2 张志勇：《赫德与晚清中英外交》，第51页。

外国公使条款；五、商订办法，免除英商正税及半税以外的各种负担；六，解决中英间历年未结之"悬案"。[1]

威妥玛提出的要求，明眼人一看就知道无理而荒唐，前三条与"马嘉理事件"是有关的，可后边的显然挨不上边，是额外的讹诈，这也暴露了英国急于扩大侵略利益的野心。威妥玛提出这六条要求后，于22日再一次拜访了赫德，拜见中他对赫德说，希望他转告总理衙门，如果清廷不接受他的六条要求，他将离开北京，中断中英之间的关系。威妥玛还说，他所提要求并不是想报复中国，而是希望通过这些要求，使中英关系走向一个好的新的开端。赫德则对威妥玛说，提出要求是可以的，但是希望改善关系的想法对中国并不能奏效，要使清廷屈服，最好的办法就是向清廷索取大量的补偿，让其从中吸取教训。

赫德毕竟是任职海关的大清高官，他虽然在马嘉理被杀事件上对清廷不满，但是他也不能不做出调停的样子。威妥玛拜访他后，他即来到总理衙门说了威妥玛的态度，表示对这一件事感到震惊，也希望从中调停，但是威妥玛态度坚决，大有使中英关系破裂的可能。

马嘉理事件，这无疑又是一个烫手的山芋。让谁来处理这个棘手的事件呢？恭亲王本来收到威妥玛的照会，对六条要求不知如何处理。现在听了赫德的话，心里很慌张，他立即将此事报告了慈禧太后。他在给慈禧太后的奏折中说："英、法两国注意滇中，现辟陆路通商之径，渐肆蚕食之眸，匪伊朝夕"。显然，英国人在请求总理衙门办理"游历"护照时，恭亲王奕䜣已经有所疑问，认为事情绝非"游历那么简单"，很可能是洋人急于在中国扩张利益。但是，他又把握不准，事情到底是一个什么情况，现在，马嘉理事件的发生，他在给慈禧太后的奏折中，详细陈述了当时威妥玛要求颁

1 董丛林：《李鸿章的外交生涯》，团结出版社2008年版，第48页。

发"三四名官员"到云南"游历"的护照的经过。指出："惟此案如果确实所戕系该国官员，非寻常人可比……统权大局，深察外情，大则由此开衅，遂彼进机；小则归到通商，偿其积愿。而在我应筹之策，总以弥此两层、固吾疆圉为要著。"[1] 既然事情的原因还不能够完全确定，英国人又过于强硬，奕䜣认为"滇案"的谈判方针应该大事化小，小事化了，避免直接冲突，引发战争。当然，如果英国人到云南真的是开通商路，还是要设法拒绝的。慈禧太后根据奕䜣的建议，要求云贵总督刘岳昭立即回任，协同云南巡抚岑毓英调查"滇案"，给出一个确切的结果，报告朝廷。

正是因为这样，在事件尚没有完全调查清楚之前，总理衙门又担心威妥玛喋喋不休的把事情闹大，因而承认马嘉理在云南属于"被害"，并表示同意赔偿英国人在这一事件中遭受的损失。但是，对于威妥玛提出的六条要求，清廷表示不能接受。

得到朝廷的谕示，恭亲王奕䜣立即函告威妥玛，表示已将滇案事件奏明朝廷，将派云贵总督刘岳昭和云南巡抚岑毓英会同查办。

"滇案"交涉，威妥玛在提出六点要求之时，也积极地寻求各国的支持，并表示要向清廷提出更多要求。但是，各国公使并不支持威妥玛这样做，因为各国都担心，威妥玛提出的要求危及到他们国家的在华利益。这样，威妥玛只好表示要求总理衙门就英使馆官员马嘉理被害一事进行详细调查，但重申要派人协同调查，并表示要重新派出探路队前往云南。

威妥玛的要求被总理衙门根据朝廷的谕示予以反对，恭亲王奕䜣是这样判断的，他认为在"滇案"未查明真相之前，英国人是绝对不会贸然派人再到云南的，因此也表示不能为英国人签发由缅甸进入云南的通行证。但恭亲王表示可以赔偿英国人在云南被抢的行李等物件，按照等价进行赔偿。

1　于乃仁、于希谦编：《马嘉理事件始末》，第57页。

威妥玛六点要求遭到拒绝,这样的答复令威妥玛当然不能满意。但是他也友所退让。3月24日,威妥玛致函恭亲王奕䜣,将自己的要求减少为三条:一是候英国派员协同清廷审讯人员到滇后,共同提讯肇事者,并由总理衙门将护照盖印后发给英国协同审判人员;二是照上年成案,继续给英国人发放护照,方便英国遣员往滇;三是将十万两赔银先交于英国公使馆,如果本案核定后,如此项银款不收,即行交还中国。[1]

给恭亲王奕䜣发出这封信函之前,威妥玛就这些内容又与赫德进行了商谈,赫德认为这些要求达不到威慑清廷的效果。他对威妥玛说,应该向清廷索取一大笔赔款,只有数额大了才能起到惩罚的效果。[2]

此间,赫德除了积极鼓动威妥玛向清廷提出更多要求外,还密切关注着英国国内的动向。3月23日,赫德给他在伦敦的代理人金登干写了封信,希望他了解国内政府对滇案的态度,是外交交涉还是发动战争。对此,金登干通过了解回复赫德说,英国政府在收到威妥玛的报告之前还不能做出决定行动的步骤。[3]当时,赫德也通过他在英国的朋友了解到,英国首相狄斯累利在议会曾经对马嘉理被杀事件作了发言,表示马嘉理被杀是"国家的灾难"。他已经要求威妥玛督促中国彻查此事,并解释中国皇帝在边境的统治权是否有疑问。

在中英最初的交涉中,可以说赫德一边支持威妥玛向清廷提出更多地条件,作为对清廷的惩罚,一方面又不断地将自己的想法告知清廷官员,希望以此制造紧张气氛和压力,迫使总理衙门就范。马嘉理事件发生后,他曾对在海关工作的华人官员谢隐庄说,威妥

1 王彦威、王亮编:《清季外交史料》王敬立校,书目文献出版社1987年版。第一册,卷一,第13、14页,总第26页。
2 张志勇:《赫德与晚清中英外交》,第52页。
3 陈霞飞主编:《中国海关密档:赫德、金登干函电汇编1874—1907》第八卷,第36页。

玛要求再多补偿也不过分，在其他国家不会发生这样的事情，中国的举动，很可能将成为国际社会的局外人。赫德对谢隐庄这样说，就是希望他感到危机感，通过他转告给清廷官员。

3月26日，被新任命为陕西巡抚的曾国荃在前往西安就任前曾经拜访赫德，询问滇案的情况。赫德对曾国荃说，马嘉理的死不能仅仅惩办凶手就算完事，不管威妥玛所要多么多的补偿，英国人都会认为非常少，而且英国首相狄斯累利已将这一事件定性为"国家灾难"，英国政府肯定会对这一事件有所动作。

赫德并非危言耸听，威妥玛甚至不依不饶地要求总理衙门在3月29日以前接受英国所提条件，否则将断绝中英两国的外交关系，撤回外交人员。威妥玛为了使他的通牒产生效力，还向其他国家公使表示，中英两国即将开战。

这些恫吓果然取得了效果，3月29日，总理衙门表示接受威妥玛后来提出的三条要求的前两条，并表示可以向马嘉里的家属赔银三万两。但是，这一次威妥玛却拒绝接受总理衙门的妥协，表示将就此事向本国政府请示。

赫德对于威妥玛拒绝接受清廷的妥协表示赞赏，他甚至认为威妥玛不惜断交的通牒能够起到震慑清廷的作用。29日当天，赫德再到英国公使馆拜见了威妥玛。赫德对威妥玛说，出于某些原因，他希望总理衙门能够屈服，从而解决这个事情；而出于另一些原因，他又希望总理衙门不要妥协。因为如此，威妥玛就会获得外国的同情和支持，此前还没有人能够有这样好的机会来解决中英间悬而未决的问题。[1]

威妥玛不愿接受总理衙门的妥协，他于4月3日离开公使馆跑到了上海，他要通过电报向英国外交部汇报就"滇案"的交涉情况，请示下一步的行动；再者，他要会见从印度来到上海的柏郎上校。

---

1 张志勇：《赫德与晚清中英外交》，第54页。

柏郎是滇案的当事人，他想通过柏郎了解滇案的情况，目的都是对中国施压。

离开北京之前，威妥玛来到海关总署向赫德告别。威妥玛向赫德谈了自己对口岸地区免厘等商业问题的看法，赫德则表示支持威妥玛提出的洋货在口岸地区免厘的建议。

这次谈话后，威妥玛即动身前往上海，他一到上海，就给国内发了电报。威妥玛在给英国外交部的电报中说明了大清总理衙门虽然不太同意赔款，但是态度还是比较软弱的，因为清廷害怕打仗。他的电报中说："我们怎么说或怎么做都好，中国政府没有丝毫把握首先发动军事行动。"[1]

威妥玛在上海滞留了一个多月的时间，他听柏郎上校叙述了滇案的发生经过，并让威妥玛看了他带来的相关文件，但是威妥玛看后很失望，因为这些文件没有证据表明中国官方与滇案有关。

美国副领事毕德格得到这样的消息后，很担心中英两国开战，影响到美国的利益，他慌忙跑到天津，到北洋大臣李鸿章的衙门劝说，希望清廷答应威妥玛的要求；并散布流言说，英国很多商人都希望英国政府打开中国西南门户，现在马嘉理被杀，正是向中国出兵的好时机。

毕德格还说，他离开北京到天津之前就听说，威妥玛正在与俄国公使密商，共同出兵中国，英军出兵云南，俄国则由伊犁向内地进攻。如此，大清帝国便首尾不能相应。

此刻，各国公使也纷纷劝说恭亲王奕䜣答应英国人的要求。外国人的流言也很快在天朝都城产生了影响，北京百姓人心惶惶，毕竟经历了1860年英法联军攻进北京城，老百姓还是很害怕打仗的。此刻总理衙门的大多数官员也被流言吓倒了。奕䜣感到，如果不做出让步，看来战争是真的要发生了。于是要求云南方面切实调查事

1　王绳祖：《中英关系史论丛》，第116页。

件，惩办肇事者。

毕德格在天津劝说李鸿章之时，赫德因为受总理衙门之命与李鸿章商讨购买炮舰之事也来到了天津，并与李鸿章也谈了滇案问题。赫德说，英国希望在云南通商，是一种广泛的诉求。李鸿章则表示，可以将这个愿望向总理衙门汇报，促成朝廷同意云南通商，但是英国商品进入云南后要像中国商品一样遇卡抽厘，因为厘金是云南的一项重要财源。这个话题赫德并没有正面回答，而是仍然把话题转向滇案上来。他对李鸿章说，云南发生的马嘉理被杀一案，如果肇事者是中国官员所为，事情会很麻烦，没有人会容忍这件事，即便是他本人也不会善罢甘休。[1]

听了这样的话，李鸿章很是惊讶，他对一个受雇于中国的洋员完全站在英国立场上的言论也有些不解。李鸿章说，"你可是我们的总税务司啊"。赫德则说，"是的，但是我更是一个英国人"。赫德还表示，英国的要求就是希望避免类似的事件再度发生。

二人的谈话，李鸿章也向总理衙门作了汇报，这使总理衙门更有一种担心，担心英国如果采取报复行动会是局面难以收拾。因而，再次谕示云南方面认真查办。

早在4月14日，岑毓英接到军机处传来的上谕时，知道朝廷的命令不可违。他便派开化镇总兵杨玉科、迤西道陈席珍等人前往德宏、腾冲一带，调查曾经袭击"探路队"的景颇族爱国志士。他们带兵途经保山时，约上了永昌知府朱百梅一同前往查办。

现在再次接到总理衙门的谕令，云南方面感到无论如何都应该有一个查办结果。5月27日，杨玉科、陈席珍、朱百梅等人来到盏达土司所辖地区后，他们捏造了一个所谓的查办结果。当然，这个结果是岑毓英授意的。6月20日，岑毓英将这个查办结果奏报清廷。他在奏折说，根据永昌知府朱百梅和他的助手吴启亮的禀报，

1　张志勇：《赫德与晚清中英外交》，第55页。

得知英国人在野人山被抢的事件，但为什么被抢，报告并没有说明。

老实说，马嘉理被杀的事件，已经卸任的李珍国也是参与其事的。但是，岑毓英出于与李的私人交情，同时也是为避免清廷在这个问题上扯上关系，他便极力为李珍国开脱。

岑毓英的奏折中还说："前署腾越镇左营都司副将衔候补参将李珍国……所带兵勇，已于同治十二年五月克复腾越后一概遣散。该员深知大体，前遇马嘉理于途，尚知优加款待，必不致妄生事端。是否边民冒名嫁祸，抑滋事即系该员旧部勇丁，均未可知。"[1]

岑毓英将这个查办结果向朝廷奏报之时，又发生了一件事。英印政府派官员出使缅甸时，发现李珍国也在缅甸，并被缅甸国王奉为贵宾。这个情形让英国官员大感诧异，问明原因，缅甸国王回答说："李珍国亦中国派来的使臣，带有光绪皇帝登极的文书，所以作为贵宾接待"。而更让英国官员感到气恼的是，李珍国在缅甸竟然劝说缅甸国王，不要派出卫队保护英国人由缅甸进入云南。英国官员将这个情况立即给威妥玛发电报。威妥玛又向总理衙门发出了照会，表示抗议，直言李珍国就是唆使边民击毙马嘉理的人，要求予以惩办。但是这个照会总理衙门没有答复，因为恭亲王也不知道详细情况，就把威妥玛的照会转给了岑毓英。

李珍国到缅甸，本来是岑毓英的安排，他既然想为李珍国开脱，但又必须查办"有罪"的人，他就把李珍国缅甸之行说成是"熟悉赴缅路径"作为理由加以解释。至于英国人指责李珍国是"滇案"唆使之人，岑毓英在 7 月 14 日又给总理衙门和慈禧太后各上了一道奏折，说是杨玉科、朱百梅等人的调查根据。奏折主要有五点：

第一点，说明了探路队到云南的可能情况，"马洋官到缅甸约同印度新来洋官洋兵于正月初间同伙来滇"，听说他们来云南是为通商探路，但是又听说，洋兵打算占据腾城，这样腾城绅民人心惶

---

[1] 于乃仁、于希谦编：《马嘉理事件始末》，第 61 页。

惶；第二点，说明抢劫洋人的是那些景颇族边民；第三点，承认腾越十八练与七土司土练联合齐团防堵目的是防范外国人。其中谈到：自从马嘉理到云南后，腾冲百姓就传言说，洋人来通商实际上是占领腾冲。腾冲百姓听到这样的消息无不惊慌，因而召开会议商议应对之策。奏折并提到腾越一些商绅曾写过两封信给李珍国；第四点，奏折中说，腾越厅的清朝正规军并未出动参加狙击柏郎率领的"探路队"，十八练与七土司土练亦未曾越过所谓的"土司辖境"参加反击英军的战斗；其五，关于"滇案"的责任，岑毓英认为马嘉理的死与华民无关，系"野人"所杀，指的是景颇族爱国志士。马嘉理"雇其骡马驮运什物，慢藏诲盗，祸由自取"，"而失事在土司边地，该土司固不能辞责，则腾越官绅亦不得置身事外。"[1]

看到岑毓英这个奏折，总理衙门才知道被威妥玛骗了：之前所谓的"游历"只不过是借口和幌子罢了，马嘉理从缅甸迎接来的并不是什么游历者，而是荷枪实弹的"洋官洋兵"。得到这样的奏报，总理衙门感到之前马嘉理"被害"的说法是一种误判。一些懂得国际法的官员感到应该与英方重新交涉。但是，总理衙门不这么看，面对一直处于被动的交涉局面，他们认为只有将错就错迅速了结此案，使洋人不再横生事端。因而，对于岑毓英奏折中所说的将责任归咎到腾越边民表示赞同，认为这等于给洋人也有了交待。因而，慈禧太后给岑毓英发出了上谕：无论事件的查办多么困难，都要将凶犯"严拿务获解省"。等到英国观审团到后，旁观问询明确，"从严惩办，以期弭此衅端"。

得此谕令，岑毓英立即部署抓捕行动。前后共进行了两次抓捕，两次抓捕或杀害爱国志士达60余人。

在整个抓捕行动中，吴启亮表现的很卖力；李珍国因为岑毓英的袒护，很有些戴罪立功意味地加入到抓捕行动中。既然有朝廷的

---

1 于乃仁、于希谦编：《马嘉理事件始末》，第63页。

谕令，他们认为，只要拿这些人治了罪，朝廷会很高兴的，希望通过对滇案的处理使自己加官晋级，因而不惜牺牲景颇族百姓的生命。

可是，威妥玛不这么看，赫德也不这么看。他们认为，滇案的发生，云南地方官员有很大的责任，指责他们袒护地方百姓。因而，在抓捕景颇族爱国志士后，清廷迫于英国人的压力也为吴启亮、李珍国等人准备好了囚车，就连岑毓英也被问罪，这让他们感到尴尬不已。威妥玛此举，当然是想向清廷提出更多的要求。

在威妥玛和赫德的压力下，总理衙门当然担心谈判破裂，慈禧太后也十分害怕，于是他们想到了李鸿章。李鸿章毕竟是北洋大臣，与洋人多有交道，让他出面也许能够转变局面。况且，威妥玛由沪返京路经天津时，主动找李鸿章商办，企图借助李鸿章迫使清廷屈服。

慈禧太后要把交涉的重任交给李鸿章去处理马嘉理事件。慈禧太后要李鸿章设法了解威妥玛的意图，倘若威妥玛提出无理要求，就由李鸿章与丁日昌"相机而行，力顾大局，俾免决裂"[1]。于是，一场由赫德调停、威妥玛与李鸿章之间进行的滇案谈判开始了。

3. 与英国人唱双簧

威妥玛得知慈禧太后要李鸿章处理滇案，当然是高兴了。在此之前李鸿章就日本侵犯台湾、吞并琉球交涉中的妥协退让，以致日本不断地变本加厉提出非理条件，威妥玛当然是知道的。因而他也乐意接受这样一个谈判对手。

那么，对于滇案，李鸿章是什么态度呢？慈禧太后让他与英国人交涉，他通过对案情的了解，认为柏朗由缅甸带兵擅入云南边境，此举违反了国际公法，属于违法行为。如果与威妥玛交涉，可以先

1　雷颐：《在理与力之间：李鸿章与秘鲁华工案和英国马嘉理案》，《寻根》2005 年第 6 期。

引用《万国公法》第四卷中的有关条款与之据理力争[1]，这样事情或许会有所转圜。

但是，李鸿章又很怕英国人利用马嘉理事件把事情闹大。最初，他的态度还有些责备英国人的意思，认为英国驻华公使只讲一面之词，对总理衙门隐瞒其进入云南的真相，并且英国探路队进入云南也没有告知云贵总督。

可是，威妥玛与李鸿章交涉是一种盛气凌人的态度。他在天津一反曾给总理衙门提交《新议略论》建议清廷改革内政时的伪善，蛮横地要求清廷惩办云南地方官，并提出了更为苛刻的条件。

威妥玛与李鸿章谈判，是由其助手梅辉立先到天津打前站的。7月底，梅辉立先与李鸿章进行了一次试探性的谈话，二人的谈话很凌乱，什么李鸿章的哥哥李瀚章对于滇案态度很不友善；说英国人违反《万国公法》都是无稽之谈，等等。总之，二人的谈话，没有一个实质的结果。

8月3日，按照约定的时间，威妥玛来天津李鸿章府上会晤，但是守门的人开门迟了一会儿，威妥玛感到这是一种怠慢，很生气地返回了，只有梅辉立进来"略与解说"，并约定在天津领事馆谈判。

李鸿章与威妥玛在8月8日和13日进行了两次会谈。8日的会谈，李鸿章自视常常办理洋务，懂得国际法。他指出，英国人派遣一大批武装人员以欺骗的形式进入中国境内，这本身就是违反中国法律及国际公法的侵略行为，因此他在与威妥玛的交涉中很婉转地向威妥玛提出了滇案发生的真正原因。李鸿章说："闻系该处百姓因谣传有许多洋兵入界，大家齐团保卫本境。"况且，所谓的"游历"不过是骗取总理衙门颁发通行证罢了，李鸿章认为责任在英国方面。但是，朝廷为中英和好大局，才委曲求全同意对景颇族爱国者提出起诉，并答应了英国人派人来"观审"。

1 郑洁：《李鸿章的外交之道》，陕西师范大学出版社2002年版，第35页。

威妥玛听此一言，勃然大怒。他当即咆哮道："将马翻译官等杀害，柏副将等阻击，尚说保卫本境，所保有在？"[1]并厉声说，现在讨论这些毫无意义，英国政府所希望的是为死难者伸冤。

本来李鸿章的话就是试探性的，没有多少底气，现在听到威妥玛如此声色俱厉，顿时害怕起来，不敢再坚持自己的意见。况且，滇案的处理，在此前总理衙门与云南督抚的一些愚蠢做法，早已使事情进入被动局面。威妥玛还为此责问李鸿章，滇案发生了半年，查办也已经有几个月了，却没有一个结果，实在让人匪夷所思。他又对李鸿章说："中国所办之事，越办越不是，就像一个小孩子活到十五六岁，倒变成一岁了"；总理衙门"向来遇事总云从容商办，究是一件不办。今日骗我，明日敷衍我，以后我断不受骗了，中国办事那一件是照条约的！如今若没有一个改变的实据，和局就要裂了。"[2]

威妥玛说这番话虽然向李鸿章表达了不满，但是他也明白，滇案的处理还是应该注意策略的，如果一味地把矛头指向总理衙门，指向在云南的下级官员，并不能使清廷作出较大的让步。因此当李鸿章问道："我看新闻纸及你的照会着重在李四大爷（指李珍国）身上"，威妥玛则表示："李四也不算什么，腾越厅文武也不算什么"。但是说这番话的时候，威妥玛又表示，希望到北京去交涉。这当然是给李鸿章压力，并且故伎重演地表示要出动武力。

威妥玛为什么说要在北京交涉呢？他的理由是地方官都没有一个外交规矩。他说清廷的官员外交交涉不符合规制，实际上是希望清廷做出更大的让步。因为这毕竟是一个体制的问题，"不但云南一事，内外各处官与官、商与民交涉各样规矩情形，俱要认真整顿，改变办法，如果没有一个成事的把握、改变的凭据，那时候我只好

---

1 于乃仁、于希谦编：《马嘉理事件始末》，第67页。
2 董丛林：《李鸿章的外交生涯》，第49页。

出京，把云南事交给印度节度大臣办理，各口通商事交与水师提督办理，英商税饷概不准完纳。"[1]威妥玛在摆出这番强硬姿态后，李鸿章一时没有了主意。威妥玛看出李鸿章是有些害怕了，就在 8 月 13 日的会晤中，重新提出了七点要求。

这个七条要求，不同于三月间的六条要求，更多的是外交讹诈。第一，要求优待驻京公使，就是皇帝接见英国公使。如果因为皇帝小，两宫皇太后垂帘听政，不能接见，那就应当对外国驻京公使予以优待："即如京中、各省有外国官员在彼，亦可与中国各大员来往，并非商议公事。其洋务仍归总理衙门办理，不过是格外显出朋友交情，将就外国规矩，照条约共敦和好之意"。第二，整顿商务，中国政府必须根据条约通令各口岸一律遵守。第三，对于英国派出到印度"观审"的官员，要保证其安全。第四，将来印度再派探路队员，云南地方官要安全护送。第五，请恭亲王奕䜣"即刻奏明朝廷，降旨问岑抚台此案何以现过六个月之久，并无详细情形奏报"，相关情形应该及时通告英国方面知悉。第六，中国要派一名钦差大臣到英国公开赔礼道歉；第七，"派钦差到英国的上谕必须刻在京报"。[2]

这七条要求，实际上威妥玛在前往上海时就发电报征询了国内的意见，并要求派遣印度军队攻打云南，以制造紧张气氛，迫使清廷就范。

威妥码的七条意见，赫德是持支持态度的，当他得知威妥玛向李鸿章提出七条要求时，赫德在 8 月 10 日给威妥玛写了一封信，建议他在天津向李鸿章施加压力，以此实现在北京解决。

赫德的建议，威妥玛 14 日回信说，他将派公使馆汉文参赞梅辉立与总理衙门交涉；鉴于李鸿章的态度，他本人将不打算同李鸿

---

1 吴汝纶编:《李文忠公全集·译署函稿》卷三,台北文海出版社1965年版,第32、33页。
2 于乃仁、于希谦编:《马嘉理事件始末》,第68页。

章再进行谈判；至于北京，在英国政府不再受到戏弄的情况下，才会到北京进行谈判。当天，赫德即给威妥玛发了回电，重复阐述了他对于滇案的观点，认为滇案应该在"地方准备，中央解决"[1]。

8 月 16 日，威妥玛还委派梅辉立到海关总署向赫德介绍了中英滇案的交涉情况。梅辉立传达了威妥玛对李鸿章不满的态度，也认为总理衙门在处理滇案的态度上轻描淡写，表示威妥玛将在一星期后前往烟台与英国海军舰长见面，商讨应对滇案的办法。在总理衙门没有改变对英国的戏弄态度之前，他既不会与李鸿章谈判，也不会前往北京谈判，所以派梅辉立向他通报情况，并请他代为向中方说明。

两天后，威妥玛还亲自给赫德发来了两封长信，再次重申了他的态度，并表示将委派梅辉立与中方讨论他在天津时向李鸿章提出的七个条件。

此时，威妥玛希望赫德向中方施压，接受他提出的条件，而总理衙门也认为赫德作为大清海关的总税务司，理应帮助大清解决危机。赫德在 18 日收到威妥玛的信后，并没有告知总理衙门而是告知在天津的李鸿章，威妥玛正准备与英国海军舰舰长接触，有可能出动兵力。

威妥玛的外交讹诈与赫德的恫吓，很快起到了效果，李鸿章听说威妥玛准备动武，改变了腔调。他在 8 月 24 日给总理衙门汇报说："中外交涉，先论事理之曲直，此案其曲在我，百喙何辞？威使气焰如此张大，断非敷衍徇饰所能了事。"[2]

李鸿章为什么会说这番毫无原则的话呢？还是那句老话，他是很害怕打仗的，他认为要避免战端，与敌人议和，就必须在权益方面作出让步。因而，他在报告中又说："语云：'毒蛇螫手，壮夫

1　张志勇：《赫德与晚清中英外交》，第 56 页。
2　吴汝纶编：《李文忠公全集·朋僚函稿》卷十五，第 22 页。

断腕',不断腕则毒螫不能消也。"所谓"断腕消毒",就是在不伤害天朝尊严的前提下,对英国侵略者的无理要求"酌量允行",以防中英"绝交动兵"。

李鸿章8月24日发出的奏报,使慈禧太后与恭亲王奕訢都很恐慌,害怕英国人真的动武,便决定作出让步,同意派遣当时为兵部侍郎的郭嵩焘为赴英使臣,答应责问岑毓英之罪。

同时,奕訢召见了赫德,希望他能够提出好的建议和解决办法。但是赫德却说,他不能向总理衙门建议任何行动,威妥玛所提条件要比来自英国的任何官员所提的要求都要轻,"英国女王在议会休会的讲话中提到马嘉理被杀害是在中国领土上,这一暴行已成为细心查询的主题,英国将不遗余力地确保惩办那些幕后指挥者和执行者"[1]。

赫德还对恭亲王奕訢说,马嘉理被杀,不单单是他作为一个英国人这么看,即便是一个中国人也会这么看:一、持有护照,柏郎一行应该受到保护,不应该受到攻击;二、英国听到柏郎一行受到攻击,一名英国官员被杀,自然非常生气;三、英国说此事必须彻底调查,任何中国人也会这么说。[2]

奕訢本来希望赫德能够帮助转变危机,想不到他竟然说出这样的话。当奕訢从赫德的口里得知,威妥玛正前往烟台,准备与英国海军舰队接触并对中国采取行动,也不禁害怕起来。奕訢对赫德说,他本人也很认同赫德看法,中国方面将会彻查此事。

试图让赫德帮助调解危机不成,更让恭亲王奕訢没有想到的是,赫德一方面向总理衙门施压,一方面给威妥玛写信建议他向中国提出更多要求。他认为威妥玛应该在商业方面为英国提出特权。作为一名公使,更应该在外交上获得在华盛顿或巴黎一样的待遇。赫德

---

1 陈霞飞主编:《中国海关密档:赫德、金登干函电汇编1874—1907》第八卷,第53页。

2 张志勇:《赫德与晚清中英外交》,第58页。

还说，当前的情况下，威妥玛提出要求，清廷是会非常认真的对待的。

8月28日，赫德再次写信给威妥玛，表示总理衙门很害怕战争，当前情况下不应该与李鸿章谈判，李鸿章也不是解决滇案的合适人选。他建议威妥玛也没必要在李鸿章面前咆哮威胁，而是应该应该回到北京，向总理衙门提出更多的实际利益。

从赫德信中，威妥玛感到：不管是手握朝廷大权的慈禧太后，还是总理衙门的奕诉，以及李鸿章都是很害怕打仗的。

既然清廷害怕动武，威妥玛就更有要挟的条件了。8月30日，威妥玛第三次拜见了李鸿章，表示要前往总理衙门交涉，这也算是向李鸿章辞行吧。随后的9月，威妥玛返回北京，便直接来到总理衙门交涉。由于威妥玛在对清廷的讹诈过程中，一直无视他国的干涉，引起了各国公使的不满。当然，各国为了自己的利益，也试图设法牵制威妥玛的讹诈。但威妥玛自认为英国的力量是强大的，在武力恫吓的同时，又进一步请求本国政府出动军队，对清廷施压。1876年春，英国政府命令英印海军上将兰伯特率领四艘军舰由印度来华，一时间形势更加紧张。

面对赫德半真半假的恫吓以及威妥玛的要索，清廷迫于压力，不断地做出让步。此刻，奉命查办滇案的岑毓英也将涉案的景颇族爱国志士抓起来了，只等洋人来云南"观审"了。令岑毓英、吴启亮等人没想到的是，朝廷对他们是不满意的，因而岑毓英也成为有罪之人。责备他的上谕说："英国翻译官马嘉理被戕一案，情节甚重，岑毓英职任地方，自应将详细情由迅即查明以昭信谳，乃时阅半年之久未能确查具奏，实属不成事体。"[1]

英国公使威妥玛不断地指责云南地方官，这样，朝廷再让李鸿章与威妥玛交涉的同时，不得不另派人选到云南处理滇案。自1875年6月23日威妥玛提出派使馆人员到云南"观审"之时，朝

---

1 于乃仁、于希谦编：《马嘉理事件始末》，第70页。

廷就决定任命李鸿章之兄、时任湖广总督的李瀚章为钦差大臣前往云南着手滇案的会审事宜。

威妥玛得此消息后，立即派格维讷参赞前往湖北了解动向，因为，格维讷是他准备派往云南的"观审"之人。

对于"滇案"，李瀚章也认为，英国人没经过中国方面的批准就擅自率军进入中国境内，这本身就是违法性质。因此，当格维讷来向他了解动向时，李瀚章说，"柏副将同来之人数颇多，与护照内所在员数不符"；李瀚章还表示，他只负责查办马嘉理被害一事，至于柏郎副将在云南是否被攻击，并不知情。这样的回答，格维讷当然不高兴，他向威妥玛汇报了情形，威妥玛立即照会总理衙门，认为李瀚章的态度很不友好，对此总理衙门解释说："湖广李总督会见格参赞时，尚未接到本衙门抄寄各件"，所以他不了解云南的情形。

李瀚章奉命滇案会审，实际上他有一层顾虑。知道滇案处理起来非常棘手，担心弄不好朝廷怪罪下来，所以他接受这个任命后，很有些不情不愿。对于前往云南也是借故拖延，总理衙门催促了他几次就是不肯动身。8月中旬，总理衙门急了，警告他说："倘李瀚章等再任意迟延，或稍涉含糊，更生枝节，该督等岂能当此重咎耶？"[1]朝廷动了怒，李瀚章知道胳膊拗不过大腿，只好于8月25日动身前往云南。同时，朝廷感到李瀚章推迟不愿前往云南，也知道滇案会审相当棘手，便加派了刑部侍郎薛焕为他的副手，帮助他一起"查办滇案"。

处理滇案，李瀚章知道是个头痛事，令他头痛的有三个方面的问题亟待解决：第一，英国公使威妥玛一直对总理衙门、李鸿章等人提出，滇案的发生是有清朝的正规军队参加，面对此种指责，总理衙门和李鸿章都急于让天朝军队在事件的发生中撇清关系；其二，

---

1 于乃仁、于希谦编：《马嘉理事件始末》，第72页。

威妥玛把滇案的责任指向了岑毓英和云南地方官，并要求朝廷下诏书责备他们的失职，虽然朝廷已经下达了谕令，但是真相尚有待查明；其三，滇案的责任到底应该怎样确定，这也正是中英交涉的重点，英国女王甚至为此提出"不惜用一切的力量来达到惩罚"。在这种武力要挟下，慈禧太后都害怕的事情，他不能不感到头痛。

基于这些，滇案的如何审讯以及定论能否为英国人所接受，不致出现决裂的场面，是李瀚章此行的重要使命。

二人到云南后，凡事都同岑毓英商议，1875 年底之前给朝廷上的奏折，也是三人联名会奏。但这样的情形很快让威妥玛知道了，他感到很不理解，认为滇案的发生岑毓英有不可开脱的责任，现在竟然与李瀚章、薛焕共同处理此案，于是立即向总理衙门提出了抗议，认为清廷派出的处理滇案钦差很不妥当，抗议照会说："缘思指为办理不善各员之中，岑署总督亦居其一，既于事前失防，又于事后迁延……李总督奉命查办之件，岂非关系岑署总督举止？何仅岑署总督麾下属员也？乃身系此项情事之员，而会合奉命查究大臣，将己身事端核议入奏，此诚素所罕闻。"[1]

当然，威妥玛的这个抗议，仍然是向清廷施加压力，要求追究岑毓英在滇案中的责任。英国人抗议了，朝廷只好下旨要求岑毓英不得再参与滇案。实际上，李瀚章前往云南之时，总理衙门也做了两手准备，如果英国人对岑毓英指责得厉害，还是要调查岑毓英是否卷入了滇案的，并让李瀚章秘密调查。只是李瀚章初到云南，岑毓英又过于强势，一直未曾对岑毓英进行秘密调查。现在既然朝廷迫于压力要求岑毓英不得再参与滇案，李瀚章也就有机会调查岑毓英了。他为此物色了一个人选——即湖南绥靖镇总兵李胜，让他秘密调查岑毓英。李瀚章认为，李胜是一个能吃苦、办事缜密的人，让他担当此任还是比较靠谱的。李胜得到命令后，即打扮成边民模

1　于乃仁、于希谦编：《马嘉理事件始末》，第75页。

样深入腾越厅蛮允一带，密查细访，了解当地正规军是否介入了阻击柏郎、枪杀马嘉理的行动。但是经过调查，并没有发现清军参与其事，马嘉理究竟是被何人击毙，都没有一个明确的结果。

李瀚章当然也不想调查的结果对清军不利，他又对被关押的景颇族爱国志士以及李珍国、吴启亮、蒋宗汉等人挨个儿进行了提讯，希望能够追查到主使之人。但是令李瀚章感到奇怪的是，当问到景颇族爱国志士时，他们都表示马嘉理系被自己所杀，没有什么人指使。这些人被关在狱中，与外界隔绝，不可能有串供的机会，为什么会异口同声地做出一种回答？

在提审李珍国、吴启亮等人时，李瀚章虽然苦口婆心地开导他们，不要有所顾虑，不要代人受过。但李珍国、吴启亮等人一口咬定，没有受什么人指使，也不承认他们曾经组织乡团阻截英国探路队。经过这样的审讯，一无所获的李瀚章得出一个结论，英国人所谓的清军主使边民的说法纯属子虚乌有。他为此给慈禧太后和总理衙门汇报说，关于英国人认为的滇案有主使之人的说法，臣不敢认为绝对没有，但也没有证据来证明必有这样的事情。

这样的调查结果，当然不是威妥玛所希望看到的。得知此情后，威妥玛要李鸿章转告他的哥哥李瀚章，一定要追查出幕后主使之人，并说英国方面已经获得了足够的证据，只是现在还不方便公开。如此虚张声势让李鸿章都感到为难了，但是他还是给自己的哥哥李瀚章写了封信说明英国方面的要求。李瀚章看了回信道，如果确有其事，请威妥玛把所获凭据寄来昆明，他要据此调查。"若竟系确凿，则质之犯众，自可俯首无词。"威妥玛只不过是虚张声势罢了，当然拿不出证据，李瀚章要求他拿出证据，他只好不作回答。

经过一段时间的审讯和调查，李瀚章认为清军并没有参与滇案。有了这样的结果，李瀚章感到"会审"的时机已经成熟，只要英国人无法在大清官员身上做文章，牺牲几个景颇族爱国人士对他来说也是无关紧要的，这一点，他与岑毓英的态度是一致的。

此后，李瀚章与他的搭档薛焕则等待着威妥玛派出的"观审"人员前往云南。这个过程中，赫德与威妥玛则继续商讨如何向中国提出条件。

9 月初，在威妥玛动身转到烟台回京之时，赫德在 9 月 3 日给威妥玛写了封信，信中认为，在滇案的谈判中可能会涉及子口税和口岸地区免厘问题，希望他也把此作为滇案会谈的一项内容；另外赫德还向威妥玛建议，希望要求清廷更多的开放口岸。老实说，此时的英国因为在华设立领事馆需要更多的经费，英国政府对于要求中国更多的开放口岸表现得并不积极，这从数年前中英的修约谈判中也可见一斑。但是，建议中国多开口岸对赫德却是十分有利的，这不仅意味着海关权力的扩大，收入的增多，还意味着自己影响力的增强。对于威妥玛感到经费的困难，他向威妥玛提出了一个设立领事馆的设想，希望以此消除他对经费问题的顾虑。

9 月 4 日，赫德再次给威妥玛的信中专门谈了设立领事馆的问题。建议只在天津、南京、汉口、福州和广州（这些地方都有总督）设立领事馆，而在其他港口和地方只设立商业领事代理。赫德认为这样做，可以消除增加领事费用的困难。9 月 5 日，赫德再次给威妥玛写信，仍是谈设立领事问题，他为威妥玛起草了一个备忘录。建议设立五个领事区（天津、汉口、南宁、福州和广州），经费估计在 25000 英镑。为节约经费，可以考虑雇佣英国商人为代理领事。如果在各口岸都设立领事，则不利于领事事务的扩展，也使得中国不愿意开放。[1]

在英国观审人员尚未抵达云南之前，滇案的毫无进展，使得各国驻华公使比以往更迫切的想知道滇案的进展情况。9 月 10 日，赫德应法国驻华公使罗淑亚之邀来到法国公使馆，见面中，罗淑亚

1　张志勇：《赫德与晚清中英外交》，第 59 页。

给赫德阅看了三封电报：一、印度向缅甸派遣近两万名士兵，并正准备派出更多的部队；二、英国对于威妥玛在李鸿章府邸受到羞辱非常震惊；三、英国报纸正在建议采取武力措施。

二人的谈话中，罗淑亚对赫德说，如果威妥玛离开北京，他和德国、俄国和美国公使将留下，阻止中国做出任何违反国际法的事情，并帮助中英议和。在罗淑亚对滇案的进展表现出关注之情的同时，英国政府和威妥玛实际上比他国更渴望滇案取得进展，希望中国能够做出更大的让步。因而，英国政府和威妥玛一方面希望从赫德那儿了解到清廷的动向，另一方面也希望赫德把英国的要求和态度传达给清廷，更重要的是向中国表达英国处理滇案不惜撤使断交的态度。

为达到以撤使迫使清廷就范这一目的，英国公使馆故技重使，特意在9月10日也约见赫德到馆叙话。赫德到英国公使馆时，看到傅雷斯的夫人正在打点行装，给赫德制造一种英国正准备撤使的印象，以此通过赫德向总理衙门表明，如果威妥玛的要求得不到满足，那么英国撤使很快就将成为事实。谈话中，梅辉立询问赫德：清廷方面对滇案的最新消息，总理衙门是否准备对英国提出的任何商业问题作出让步。赫德告诉梅辉立，总理衙门大臣文祥已经表示等威妥玛来京后将安排口岸地区免厘和云南通商事务。但是梅辉立却说，英国关心的不是这些，而是希望真正的全面开放。[1]

英国方面在赫德面前所表现出来的姿态，赫德在第二天即来到总理衙门，将在英国公使馆的所见所闻向总理衙门做了传达。赫德说，显然，现在英国方面所提出的要求与3月份相比，已经明显增多了，如果现在滇案还得不到解决，英方将可能提出更多的要求。如果要求被拒绝，威妥玛撤使离京，那么局面将难以收拾。威妥玛的要求并不算太多，他也很迫切地希望解决滇案，如果因他的离开，

---

1 张志勇：《赫德与晚清中英外交》，第60页。

换来一个新的人员，交涉能发展到什么样的地步，实在难以预料。

对于赫德所言，恭亲王表示，总理衙门正在商讨威妥玛的要求，但是对于公使与各部大员的互访问题，总理衙门不能要求中国官员违背自己的意愿而去接受公使的拜访。赫德去总理衙门说明情况后，威妥玛也于 12 日回到北京。他决定就滇案问题直接与总理衙门交涉。

威妥玛在回京的当天即拜访了赫德，重申了自己对滇案的态度。他老调重弹地说，马嘉理被杀，柏郎探险队受到攻击，中国在对待外国人的问题上令人生厌的排外性，这些问题一个比一个严重，所以中国必须向英国表明，他们是希望与西方改善关系，希望保持友好关系的。英国不准备再向中国要求什么，因为要求的再多，但在执行的措施上往往又收效甚微，也给他国一种感觉，英国的要求是通过强力夺取的。

说到这里，威妥玛话锋一转，中国必须自己说他们准备做什么，而英国只能给他暗示一下方向：在商业关系上，可以基于以前没有给过的，或者在公使地位上，允许他们做以前不允许做的。这两个问题都需要中方来进行研究，如果中方不能给英国一个满意的答案，那么他将在 9 月 28 日撤离使馆。

赫德与威妥玛的这次谈话之后，威妥玛又于 16 日派梅辉立前往总理衙门探询中方的态度。梅辉立主要询问了四个问题，归根结底是询问同治皇帝、慈禧太后、恭亲王奕诉等朝廷的决策者们是否会接见威妥玛。

这些问题，都遭到了总理衙门否定性的回答。一个堂堂的大英帝国公使，大清国的头头脑脑们却拒绝接见，令威妥玛很不开心，决定向总理衙门发出照会撤使断交。也许，威妥玛与清廷交涉的情况，他并没有向他国公使通报，各国公使对威妥玛此举非常不满。此番威妥玛遭遇闭门羹，赫德猜测可能与他国公使从中作梗有关，因而他建议威妥玛将相关情况通报各国公使，寻求支持。

9月19日，威妥玛再一次拜访了赫德。他对赫德说他将再次电告英国政府撤使断交的必要性，清廷既没有在滇案上给予一个满意的答复，也没有改善公使地位和商业关系，所以他决定撤离使馆，并将北京、牛庄和天津的所有英国公民撤走，这样英国政府就可以采取自由行动了。当然，采取措施之前，他也会向各国公使说明。威妥玛还对赫德说，向中国发出的撤使断交照会已经译成中文，随时可以发给总理衙门。[1]

对此，赫德则向威妥玛表明，他非常支持威妥玛对清廷采取强硬态度。撤使照会一旦发出，英国方面就不要再与中国谈论任何问题，因为任何希望解决滇案的迹象都会使清廷认为英国是在做出让步。

9月20日，威妥玛派人向总理衙门发出了准备撤使的照会，并没有说断交之事，但接到照会的总理衙门官员很是慌张。9月21日，恭亲王奕䜣和总理衙门的大臣们去公使馆拜访了威妥玛，威妥玛与总理衙门大臣商定翌日派汉文参赞梅辉立赴总理衙门，并应邀请总税务司赫德参加。9月22日梅辉立与赫德按时去了总理衙门，但外国公使与中国高官交往以及商务问题的讨论都没取得进展，威妥玛对此十分不满。英方有关通商各事宜的要求主要包含在其所携带的节略中，总理衙门让赫德翻译，并令其对此发表意见。9月29日奕䜣照会威妥玛称，货税问题应单独考虑，不应与滇案联系起来，前几日赫德已受命仔细详尽地考虑这一问题。中缅边境贸易问题，滇案了结后再处理。威妥玛对此照会十分不满，9月30日再次照会奕䜣，表示英国方面将撤使断交。

但是威妥玛的撤使断交只是迫使总理衙门让步的一种手段而已，此时他并没有从英国政府那里得到允许其断交的指示，所以他

---

1 张志勇：《赫德与晚清中英外交》，第62页。

并没有真正下决心撤使断交。10 月 1 日，威妥玛写好断交照会，称他将立刻撤使，并令天津与牛庄的英国领事告知各该口的英国商民，必须在河道冰封前撤离，其因撤离而造成的损失将由中国承担。但此照会并没有在写好的当天发出，而是等到第二天才将其与 10 月 2 日的照会一起交给了奕䜣。[1] 威妥玛发出撤使断交照会，他的心情是复杂的，他不想要这个结果，而总理衙门也担心因此而造成不可收拾的局面。于是，此后的中英交涉，威妥玛和总理衙门都把希望寄托在赫德身上。

4. "滇案"顾问的商务报告

10 月 2 日，总理衙门收到威妥玛正式的撤使断交照会。严重的危机面前，总理衙门决定进一步向威妥玛妥协。当天，总理衙门大臣文祥召来了赫德，希望他提交一个对于大清来说是可行的、又能为各缔约国所接受的有关货税问题方案。对于总理衙门的要求，赫德表示可以尽力而为，但是他又说现在威妥玛已向总理衙门发出撤使断交的照会，他不知道这种努力是否会起到作用。这使恭亲王奕䜣感到困惑，赫德进而又说，他可以先拜访一下威妥玛，看其态度再做决定。

10 月 3 日，赫德拜会威妥玛时，谈了自己与文祥的会晤情况。威妥玛让其转告总理衙门，他已知道赫德开始着手研究他之前提到的货税问题方案，并将会继续关注此事。威妥玛还让赫德转达：只有清廷降旨让各省注意保护外国人的利益，才有利于改善中英的外交关系。同时威妥玛还要求，总理衙门应该发出两个正式照会：一个使其确信总理衙门真正想让赫德研究拟定货税问题的方案；一个是关于清廷同意威妥玛所提的方式考虑云南边境贸易。

1　张志勇：《赫德与中英滇案交涉》，见《中国社会科学院近代史研究所青年学术论坛卷》（2006 年卷），第 88 页。

威妥玛的要求，赫德立即向总理衙门作了汇报。总理衙门表示，威妥玛所提两个照会可以接受，并可以让其先看照会草稿，但是也要求威妥玛将答复的照会也应让总理衙门过目后再正式发出；对于威妥玛所提的让朝廷降旨各省问题，则没有答复。这使威妥玛认为自己的要求没有得到满足，便在 10 月 5 日一大早拜会了赫德，他给赫德一个便笺和一个备忘录。便笺很详细地重复了他之前提出的要求，备忘录则回顾了滇案的发生经过及谈判进程，再次强调了其提出的两个照会与朝廷降旨各省的要求。威妥玛对赫德说，他可以做出让步，即他看到这三个文件后，他就会复照总理衙门，在滇案了结之前，不讨论中缅边贸和货税问题。[1]

5 日当天，赫德即将总理衙门拟写的两个照会草稿交给了威妥玛。对于威妥玛所提要求朝廷降旨问题，恭亲王奕䜣也做了答复，表示已奏请皇上和两宫皇太后，降旨申述条约所提供缔约国的保护问题。

对总理衙门的照会草稿，威妥玛是满意的。第二天，总理衙门正式发出关于货税问题的照会声称：关于条约口岸货税整顿问题，总理衙门在 9 月 21 日函请总税务司赫德到总理衙门阐述其有关此问题的观点，此后总理衙门交给他一份草拟的备忘录。现在总理衙门进一步给予他官方指示，希望他在此备忘录基础上准备一份详尽的报告。在考虑了这份报告后，总理衙门会就此问题与英国驻华公使讨论。[2]

威妥玛看了这样的照会，心里很高兴。他复照说，可以接受总理衙门照会中所做出的承诺。当然，总理衙门的承诺满足了他有关此问题的要求。

1　张志勇：《赫德与中英滇案交涉》，见《中国社会科学院近代史研究所青年学术论坛卷》（2006 年卷），第 91 页。
2　张志勇：《赫德与中英滇案交涉》，见《中国社会科学院近代史研究所青年学术论坛卷》（2006 年卷），第 92 页。

　　既然威妥玛的要求得到了满足，撤使断交的危机便得以化解。恭亲王奕䜣对赫德在其中所起到的作用是满意的，虽然他认为赫德只是传递信息的角色，但他在朝廷的奏折中说，"复经赫德往来传述辩论各节"[1]，使事情有所转圜。

　　威妥玛也认为赫德在其中发挥了重要作用。他在向英国外务大臣汇报滇案的电稿中说，总理衙门在货税问题上做出让步，海关总税务司赫德给予了很大帮助："据我所知，只要他感觉到某一计划对中国和外国都有益，他就会力劝总理衙门采纳这一计划。中国正在取得的进步无疑应归于多种原因，但是我敢毫不犹豫地说，在外国人中，没有人对于中国的进步做出过赫德那样大的贡献。"[2]

　　从滇案发生到 1875 年 10 月，中英滇案第一次危机的化解，可以说赫德完全是站在英国立场上的，他希望威妥玛能够离京撤使，借机迫使总理衙门答应英国在商业上的众多要求，这一点是非常明确的。但是我们知道，威妥玛在撤使断交的问题上关系到英国利益的大局，所以他的态度并不坚决，只是作为威胁总理衙门的一个手段，而到了威妥玛真的撤使断交的时候，赫德也开始发挥其调停的作用。事实上，赫德作为把持大清海关的一名洋高官，他也不希望中英关系恶化，他支持甚至鼓动威妥玛向清廷索取条件，目的也是为英国获得更多的利益。对此，英国方面也非常感激赫德的举动。英国外交大臣德比在给威妥玛的信中，请他告知赫德，英国政府非常感谢他为保持中英友好关系而作出的努力。[3]

　　在解决中英滇案的第一次危机时，清廷曾经答应威妥玛所提的整顿货税的要求，总理衙门即指示由赫德来拟定解决该问题的详细

　　1 王彦威、王亮编：《清季外交史料》第一册，王敬立校，卷四，第 8 页。
　　2 张志勇：《赫德与中英滇案交涉》，见《中国社会科学院近代史研究所青年学术论坛卷》（2006 年卷），第 93 页。
　　3 "The Earl of Derby to Mr. Wade, December 23, 1875",Correspondence respecting the Attack on the Indian Expedition to western China, and the murder of Mr. Margary,p106.

报告。

总理衙门在写给赫德指示函中说,"现议整顿通商各口货物征抽事宜,前于八月二十三日曾由本衙门与总税务司面议办理要领,并于本月初五日将应议节略意见面交总税务司,应再札行总税务司,遵照前次面谈及节略所开各层,通盘筹画,详细拟议。总期与中国有益无损,于各关卡并地方均办得动办得到,将来不至窒碍难行,最为紧要。"[1]

接到总理衙门的指令,赫德从 10 月底开始着手拟写报告,他毕竟在中国官场多年,熟悉商务情况,他将多年来他所考虑的有关中外关系的一些问题都写进了报告。经过一个多月的努力,11 月 7 日完成了英文初稿,之后他又对英文稿进行了多次修改,直到 12 月 15 日才最终定稿。随后,赫德命译员将商务报告翻译成中文。对于这个报告,赫德在给金登干的信中写道,"我提出了一些概括性的建议,我曾经考虑过这份报告,所以现在'把它一挥而就',没有'定形',读起来'枯燥无味'。然而他会引起许多具体问题的讨论"。[2]

1876 年 1 月 25 日,赫德将完成的《整顿通商各口抽征事宜遵议节略》呈递给了总理衙门。这个报告分为引论、商务、讼件、政务、末论五个部分,其内容远远超出了通商各口征抽事宜。而最核心的是商务、讼件、政务三个方面。

对此节略中的商务、讼件、政务三大项,赫德在附文中予以了解释,并说明为什么要针对这三大项,目的就是要化解中外商务纠纷。对于商务"以现在所行而言,实分人不分事,致彼此不得不设法竞侵其利。今所拟则分事不分人,可使中外一律行之,不致彼此各有不平而生嫉妒";对于讼件问题,"亦系分人不分事,并无会

1　张志勇:《赫德与晚清中英外交》,第 71 页。
2　陈霞飞主编:《中国海关密档:赫德、金登干函电汇编 1874—1907》第一卷,第 342 页。

同之定章。今所拟不第有会同章程，且设拟以专条要规，使中外通同一律，不致各有屈抑"；对于政务，"不第涉于偏歧，且无彼此相求相应之谊，以致未能允孚。今所拟则以相求相应为要，使中外得其平乃孚人意，是三大项所拟各节，果得彼此允行，则即于地方可谓办得懂，关卡可谓办得到，可谓取益防损，庶大局不无小利也"。[1]

这个报告，赫德花费了大量心血，也希望总理衙门能够接受。他在1月26日给金登干的信中说，"10月份以来，我格外繁忙，但由于我昨天向总理衙门交上了我的报告——我曾允诺威妥玛爵士写的有关云南事件的报告，我又可以松一口气了。那份报告我笔迹潦草，整整用了三十张大页的纸；而且，我还得不断从头到尾地翻看，使它既充实又简明，既论点明确又不觉唐突失礼，要使该文件不仅在中国人面前、而且在所有各缔约国面前都拿得出手。此外我还得亲自把它译成中文，所以你就可以理解我在这文件脱手时该是怎样如释重负了。这文件占用了我这么多时间，我只得干脆让其他工作和所有的通信都'听其自然'了。"[2]

尽管赫德为拟写的商务报告付出了很大的努力，也花费了大量的时间，但是中英之间对这个报告都不满意。特别是总理衙门，一直没有与威妥玛讨论此报告，并且当威妥玛要求阅看时，他得到的答复是，此报告很长，需要进行研究，并须咨询各省督抚。威妥玛意识到赫德所拟节略大多都不可行。所以双方并未就商务问题进行谈判。这样，双方实际上仍然处于僵持状态。

转眼之间，英国人派出的以英国驻华使馆参赞格维讷为代表的"观审"人员于1876年3月抵达昆明，由中英双方组成的"会审团"开始了"会审"的闹剧。

1　张志勇：《赫德与晚清中英外交》，第72页。
2　陈霞飞主编：《中国海关密档：赫德、金登干函电汇编1874—1907》第一卷，第345、346页。

3月19日是李瀚章安排的会审"罪犯"的日子，这天昆明城内从总督衙门到臬司衙门途中，军兵林立，到处布满了岗哨。这样做当然是担心有人来搞破坏。在臬司按察使的大堂上，李瀚章、薛焕等中方官员以及英国"观审"人员端坐其上。李瀚章一声令下：提犯人！景颇族爱国志士腊都、而通凹等人带着枷具被军兵推了上来，这些爱国者虽然与洋人在语言交流上存在障碍，但是当他们看到所谓的观审人员端坐在大清的衙门大堂之上，比手画脚地对他们进行审问，顿时怒火中烧，在大堂上就骂了起来，并作出砍杀洋人的姿势。腊都等人还痛骂李瀚章、岑毓英、薛焕都是洋人的走狗。这样的场面使得大堂一片混乱，李瀚章、薛焕等人也无法制止。虽然如此，李瀚章、薛焕等人还是判定景颇族爱国志士有罪。

原来，在开始审问之前，李瀚章等人已经安排人员以欺骗的手段，让景颇族爱国志士在事先写好的供状上按了手印，把他们说成是"见财起意，拦路抢劫洋人"。对于这样的"审问"结果，李瀚章问英国"观审"人员，是否满意，有什么意见？观审人员当时也没有看出什么问题，并没有做出回答。

李瀚章、薛焕等人见英国"观审"人员没有表达意见，便于3月底又复审了一次，这一次英国人又没有表达意见。既然英国人没有表达意见，李瀚章、薛焕等人巴不得早早结案，于是他们赶写了一个"滇案会审"结论，于4月20日上奏慈禧太后与总理衙门。结论无疑是偏向洋人的。李瀚章、薛焕通过调查明明知道柏郎率领的"探路队"侵略动机和景颇族人民的爱国壮举，但是二人在审理此案时迫于压力，并不敢仗义执言，使事件的真相大白于天下，而是屈从于洋人的压力、朝廷的妥协，歪曲事实，制造冤假错案。两人采取岑毓英的做法，坚持诬陷景颇族爱国志士，虽然李珍国等人也参与其事，但为了避免英国人指责地方官参与其事，故意为其开脱。他在给慈禧太后与总理衙门的奏折中这样陈述：百姓们往往会因为一时的激愤，愤而引发外事纠纷，致使自身招致重罪而浑然不觉，这实在是令人感到怜悯的事情。此案中，腾越一些有名望的乡绅与李珍国之间的来往信件的确有阻止洋人进入云南的意图，若按此查办，不单单是李珍国要获得重罪，恐怕腾越的一些乡绅也要遭到诛连。"于国体民情两有关碍。……只得以绅团系防内患非御外侮为词"[1]。

在提交的"会审结论"中，李瀚章等人还向朝廷提出了四点建议：第一，否认两次边境防御战的反侵略性质。对英国人解释马嘉理被击毙是因为景颇族山民问其要"过山礼"，因此发生冲突。蚌洗山阻击战解释为当地居民见洋人带了很多物品便实施了抢劫；第二，坚持岑毓英对滇案的结论，对英人表明腾越厅正规军及十八练武装均未越过所谓的"土司辖境"，阻截英人，免得英国人以此为借口，作为与大清军事冲突的理由；第三，可以承认李珍国负有主使之责；第四，对有关人员的处置办法，建议对景颇族腊都等人判处死刑，李珍国也应该有所惩处，"予以应得之罪"，以此避免英国人的纠缠。对于吴启亮、蒋宗汉等人，因为没有尽到保护洋人的职责，暂行革职处分。岑毓英也应受到处理滇案拖延的"责备"。[2]

如此结论，清廷却发布上谕予以肯定。但是对于这个结果，昆明百姓是反对的，当他们听说"会审"结果后，纷纷表达不满，特别是当他们听说李瀚章等人为防止发生不测准备将景颇族腊都、而通凹等人秘密处死的消息后，群情义愤。"会审"后的第二天，昆明城大街小巷突然贴出了很多的"揭帖"（也就是类似于现在的大字报），揭帖上说，"滇案会审"弄虚作假，制造冤假错案，诬陷景颇族爱国人士。帖子一经贴出，立即引来很多人前来围观。但是，李瀚章害怕事情败露，激起更大的民愤，到时候不好收场，便让地

1　于乃仁、于希谦编：《马嘉理事件始末》，第78页。

2　于乃仁、于希谦编：《马嘉理事件始末》，第79、80页。

方官带上兵丁，发现帖子立即撕掉，并驱赶围观的人群。

云南百姓的抗议，并没能挽救回腊都、而通凹等人的性命，他们还是很快被秘密处决了。而作为滇案会审的当事人，李瀚章被任命为四川总督赴任去了。岑毓英本来是被洋人和朝廷责备的人，恰逢母亲病逝，便离职回广西丁忧去了。

总理衙门同意英国人"观审"以及李瀚章等人"滇案会审"制造冤假错案，目的都是想大事化小小事化了，避免与英国冲突，可是却引起了民众的不满。英国驻华公使威妥玛对滇案的处理也不甚满意，认为没有达到"审究明晰、众供确凿，……折服彼方之心，不至有所借口"的目的。如此，也使威妥玛看到清廷存在的一个问题，就是希望尽快的处理结案，这让威妥玛感到可以向清廷提出更多的条件。

慈禧太后与总理衙门在 1875 年 7 月底给李鸿章下达谕令，要他与威妥玛交涉滇案，在当时也实在是迫不得已。总理衙门和威妥玛谈了几次都谈崩了，慈禧太后与恭亲王奕䜣选择李鸿章来交涉，这当然也有些临危受命的性质。可是，李鸿章的主和思想是中外皆知的，他曾经挖苦主战的醇亲王奕譞说，"醇邸好大喜功"，并很有些大不以为然地说："鄙人从诸大夫后，焦头烂额，与为调停，难遽合拍。大约决裂十之八九，幸而无事。厘金暗裁、口岸多添以后，国事欲不可为，不过苟延岁月耳！设如袁筱午狂论，藉以报仇雪耻，决一死战，则大黄芒硝一剂立毙。弟手握疆符，心忧国计，所不敢出此也。"[1] 看来，李鸿章避战求和的心态是与恭亲王相通的，这也是恭亲王主张李鸿章交涉滇案的一个原因。

恭亲王让李鸿章交涉滇案，还有这样一种动机：1875 年 7 月，奥斯曼帝国西北部的斯拉夫人在黑塞哥维那爆发了反抗土耳其封建专制的农民起义，起义使巴尔干半岛陷入了严重危机，巴尔干的紧

---

1 窦宗一：《李鸿章年（日）谱》，台北文海出版社 1980 年版，第 4865 页。

张局势，欧洲各大国特别是英、俄、奥匈等国为了自身的利益，纷纷卷入其中。英、俄等强国都试图向巴尔干扩张、扩大自己的势力，甚至不惜有爆发战争的风险。恭亲王认为利用英国卷入巴尔干危机的有利时机，让李鸿章与威妥玛尽力周旋，能拖延就拖延，以图对英讨价还价争取有利地位。这种思想主导下使得谈判进展缓慢，并时而出现僵局，这让威妥玛非常不满。李鸿章在天津的谈判，可以说一直处于胶着状态，期间清廷虽然多有妥协，但始终不能让英国人满意。

不过，威妥玛在与总理衙门、李鸿章的谈判进程中，使他发现，外交诈会起到很好的作用。现在既然对 1876 年三四月间滇案会审的结果不满意，他先是提出了一个令清廷不愿接受的要求，将岑毓英押解进京审问。这让威妥玛洋洋自得，他认为这样对于大英帝国来说，无疑将又是一张外交王牌。

岑毓英毕竟是一省督抚，属于位高权重的封疆大吏，威妥玛的这个要求并不见得真的要将岑毓英押解进京审问，但是这却被认为是中英之间外交的角力。果然，当威妥玛向总理衙门提出这个要求后，总理衙门表示很为难，这毕竟关系到大清的颜面。

对威妥玛提出的问题，赫德也认为，朝廷是无论如何不会答应的，他说，威妥玛"所提要求之中，没有比这一条更使中国政府深恶痛绝了。为什么？因为任何别的要求都不会像这一条那样，迫使政府在全国人民面前出面说，洋人是应受尊敬的人，也没有别的要求像这一条那样更不易隐藏和暗中解决了。作为一个英国人，我想威妥玛不可能再想出更好的要求。并且我愿意让他坚持这一要求；但作为海关税务司，我知道中国宁愿干别的什么，朝廷宁可垮台，也不愿不战而同意这一要求。"[1]

除此之外，威妥玛还提出要慈禧太后亲自接见他，并当面向他

---

[1] 王宏斌：《赫德爵士传：大清海关洋总管》，第 146 页。

道歉或由部院大臣赴英使馆向他宣读道歉上谕。把颜面看得高于一切的大清怎么可能答应呢？于是，威妥玛又趁势提出八点要求：其一，总理衙门应上奏朝廷，追溯马嘉理与柏郎被阻击事件的经过。英国人并不是要求清国惩办滇案会审那几个人，而是要通过这件事保证将来应该怎么做。威妥玛的意思当然是为再次派出探路队员作渲染；其二，清国要将滇案处理的有关谕旨和官员的奏稿以官方告示的形式张贴全国各城镇，在两年之内，英国可以派出人员检查各地的张贴情形；其三，今后凡是发生与英国人生命财产有关的案件，英国人都有权利观审；其四，清国应该派出官员会同英国方面调查云南边界的贸易情况，并拟定贸易章程；其五，清廷同意英国在五年之内向云南及四川重庆等地派驻领事，并对这些地区的商业贸易进行考察；其六，清廷应承诺在洋货进口，上缴子口税后，不论华人还是洋商都免交通过税，允许外国船只进入沿海、内地各通商口岸，并同意在这些口岸设立海关税务司；第七，对于滇案的处理，清国应派遣使节到英国正式道歉，道歉国书需经过英国审阅；第八，对英国的赔偿应该包括对马嘉理以及跟随人员家属的抚恤，柏郎等人行李的损失，也应作出赔偿，具体赔偿数额应由英国政府决定。[1]

这八点要求，是在原来七点要求的基础上提出来的。威妥玛感到清廷必然会拒绝。因而又不失时机地予以压力。他先是让助手梅辉立到总理衙门表明态度：如果清国政府能够接受这八条要求，英国就同意了结"滇案"，否则坚持要求将岑毓英押解进京审问。如果这些要求得不到解决，英国方面有权单方面对中国做出动武的权利，这分明是赤裸裸的变相要挟。对于八点要求中的赔款问题，梅辉立说："无论索偿数千，或少至数万，或多至数百万、数千万，中国必当应允，无可商量。"

如此霸道的要求，总理衙门没有答应。威妥玛竟然发出照会，

1　于乃仁、于希谦编：《马嘉理事件始末》，第 101 页。

宣布将前有的一切协议意向全部推翻，并决定撤使断交。又是撤使断交的伎俩，总理衙门的大臣们商议以后，认为对于威妥玛所提各条，除了第五条不能答应，第六条不能全允外，其他各条尚可以接受。但威妥玛对总理衙门仅接受八条要求中的六条并不满意，遂又提出了划定口界与正子并交两款，总理衙门于 6 月 7 日表示除划定口界外其他各条都可答应。[1]

这样，英方所提八条要求，总理衙门基本上等于完全接受，但威妥玛仍不满意，又派梅辉立于 7 日当天来到总理衙门，要求总理衙门接受划定口界一款，但仍然遭到拒绝。此外，威妥玛还要求其所要求的第一条中的奏折在上奏前要先交给他阅看，这当然又遭到总理衙门的拒绝。威妥玛表示将在 6 月 15 日再次撤使离京。

见此情形，总理衙门忙令赫德来见，将以上各情告之。赫德借机建议清廷开放北海、温州、芜湖三处，总理衙门未允。次日总理衙门又与赫德商论，但只允添温州一口。赫德遂于是日拜访威妥玛，答应将其第一条要求中的奏折抄本提前给其阅看，并答应商讨商务问题。此次拜访的结果是，威妥玛于 6 月 9 日向总理衙门提出两种选择：要么同意其全部要求，要么将岑毓英提京审讯。如果两者都不接受，他就要将此案转交给英国政府。此时赫德劝告总理衙门大大方方地接受威妥玛的这些条件，同时也劝导威妥玛在索取尽可能多的好处的同时，要作出让步。但是总理衙门并没有满足威妥玛的要求，威妥玛于 6 月 10 日起草了一份照会，要求颁旨将岑毓英提京，如拒绝，将立刻撤使。为了使自己的照会起到威慑作用，他将此照会给赫德阅看，并要他将其内容告知总理衙门。[2]

威妥玛离京之前的 14 日，两次致函赫德，请他到总理衙门帮

1　王彦威、王亮编：《清季外交史料》第一册，王敬立校，卷六，第 8、9 页。

2　张志勇：《赫德与中英滇案交涉》，见《中国社会科学院近代史研究所青年学术论坛卷》（2006 年卷），第 98 页。

助转告，他希望总理衙门能够接受他的建议。他委托赫德向总理衙门表明，如果总理衙门能够接受他的八点要求，并邀请所有缔约国讨论和解决商约问题，之后开放宜昌和其他口岸，他将建议其政府接受这一安排，了结滇案。

赫德接受了威妥玛的委托，于14日上午11时拜见了恭亲王奕䜣，告诉他威妥玛的建议和要求，奕䜣表示不能接受。威妥玛遂于6月15日离京赴沪。

对这个局面，奕䜣心中很慌乱，忙向慈禧太后奏明了情况，慈禧太后也是没有主意，于是便召开了御前会议，讨论该如何解决。

朝中大臣反复讨论，很多人担心威妥玛前往上海，会要求国内出兵再与大清开战。讨论的结果，清廷在三个方面着手准备：一是让李鸿章在天津设法挽留威妥玛，与其继续谈判。因为威妥玛前往上海要途经天津；二是恭亲王奕䜣请海关总税务司赫德出面斡旋；三是做好战备。

威妥玛在6月15日出京赴沪途经天津之时，李鸿章与他再次相见。因为有总理衙门设法挽留的指令，李鸿章在威妥玛面前一副恭谨的姿态，但威妥玛说滇案无可商量，李鸿章进而软语趋就说，威大人何必要那么坚持呢？从中英两国友谊的大局看，滇案如果不尽快了结，万一造成难以收拾的局面，是两国都不愿意看到的。因此上说，滇案交涉无论如何是不能破裂的。威大人既然来到天津，我们为什么不趁此时机商讨一个让两国都满意的办法呢？但是任凭李鸿章怎么软磨硬泡，威妥玛态度坚决，就是拒谈，李鸿章只好又以一种哀求的语气说："我之办事你所素知，若肯相商，断不令你为难受气，如何？且我系奉旨会商，你不受商，我如何复命？"威妥玛回答说："我是外国使臣，非大皇帝所属，我自有不肯就商缘故，此与中堂无干。"[1]第二天，李鸿章再次央求威妥玛商谈，但

---

1 董丛林：《李鸿章的外交生涯》，第54页。

威妥玛仍是拒绝。

李鸿章挽留威妥玛不成,总理衙门只好寄望于赫德从中斡旋了。说老实话,赫德积极插手滇案有两个目的:一为伸展巩固自己的权力;二为英国的经济侵略服务。对于威妥玛提出的八条要求,赫德趁机再次提出增开口岸的建议,他说如果朝廷同意开放北海、温州、芜湖三处通商,或许事情会有所转机。但是这样的建议恭亲王未敢表态。赫德又说,可以派遣使臣赴英国理论。大清朝廷中很多人是反对出使外国的,深知此情的奕䜣当即予以拒绝。赫德又毛遂自荐,表示愿到上海与威妥玛面商。

1876 年 7 月 2 日,赫德又向总理衙门提出,解决滇案必须满足七个条件。主要是:朝廷批准中国人领取外国进口商品的子口税票,并与外国人一样交纳子口半税;朝廷允许中国人购买外国商品时,交纳子口半税并领取子口税票;大清各口岸对外国商品征收的厘金应改为固定的从价税,如果将来要取消或减少,应该提前通知;中外商人都可以领取中国出口商品的税票,在内地购买的出口商品,在运往口岸装船时按照子口税的有关规定征税;在各口岸及其邻近地方设立国家邮局,由总税务司代为管理;朝廷批准设立国家造币厂,也由总税务司代为掌管。[1]

显然,这些要求有很多都是赫德为自己谋取权利的,但清廷急于了结滇案,便答应了这些要求。赫德遂于 7 月 6 日踏上了启程赴津的行程。

5. 上海调停与李鸿章"和平"外交

在赫德启程赴津的同时,威妥玛已经到了上海。受总理衙门的指示,他将赴上海与威妥玛会谈。总理衙门让赫德到上海,一方面

1 张志勇:《赫德与中英滇案交涉》,见《中国社会科学院近代史研究所青年学术论坛卷》(2006 年卷),第 98、99 页。

是希望他就滇案交涉继续从中调停，二来是要他与威妥玛就商务问题进行会商。

前往上海之前，赫德先在天津就滇案交涉及商务问题与李鸿章进行了商谈。总理衙门希望他劝说威妥玛能够改变态度。赫德则说，劝说威妥玛只有一二分的把握，如果威妥玛仍然拒绝商谈，那么希望总理衙门速派大员前往伦敦，与英国外交部设法交涉。赫德甚至保证说，如果总理衙门打算派人前往，他即电告金登干和英国外交部，无论威妥玛打算采取什么样的态度，都希望英国政府在中国钦差到达伦敦后，英国了解实在情形后再做决定。[1]

与李鸿章的这次商谈后，赫德即于 7 月 11 日登轮前往上海。此时，威妥玛正在上海向国内汇报交涉滇案的情况，他在给英国外交大臣德比的电报中说：根据了解，对于滇案，"中国政府是准备提出条件，据我的意见，这对于女王陛下政府的接受或无不便"。但是，如果谈判再次破裂，那么"女王陛下政府就可以指定条件"[2]。但是，威妥玛在发出这封电报后，国内向他发出了尽快了结滇案的指示。德比在给威妥玛的回电中说："非常盼望云南问题从速了结。"[3]

英国政府为什么会态度大转弯地做出这样的决定呢？因为此时英国与俄国为争夺巴尔干半岛及近东的霸权较 1875 年之时变得更为激烈。1876 年 5 月，俄、德、奥三国签订《柏林备忘录》，要求停止土耳其内战，但英国为了维持自己在土耳其的利益，反对这个备忘录。此时，在巴尔干半岛接连发生塞尔维亚、蒙特尼格罗等国积极对土耳其宣战并发生土耳其苏丹被废黜等事件。巴尔干半岛发生危机后，欧洲各大国军舰齐集君士坦丁堡附近海面，英、俄之间颇有由外交角力升级到军事冲突的态势，这使得英国政府根本无

1　张志勇：《赫德与晚清中英外交》，第 89 页。
2　[美] 马士：《中华帝国对外关系史》第二卷，第 329 页。
3　王绳祖：《中英关系史论丛》，第 141 页。

暇顾及马嘉理案这样的小事件，更不希望在这个时刻与中国发生战争。

此刻，各国公使也在关注着"滇案"的谈判进展情况。也希望大清与英国"和平"解决滇案，都不希望发生军事冲突。威妥玛的一再加码，各国公使当然也不希望英国的勒索威胁到本国的在华利益，也联合向威妥玛施加压力。早在 1875 年底，俄、美、德、法四国公使就采取联合行动，照会总理衙门，表示四国拒绝听任自己的利益由别人支配而不和他们商量，反对英国公使单方面同清廷谈判与西方各国利益攸关的权益问题。

各国公使的关注，英国国内及国际形势的新变化，使英国人急于了结滇案。但从威妥玛提出八点要求到离京赴沪，这期间他既拒绝了总理衙门，也拒绝了李鸿章要求谈判的苦苦哀求。现在，国内要他尽快了结滇案，威妥玛还真感到有些为难。

赫德抵达上海，使威妥玛看到了恢复和谈的希望。在随后的几天里，二人互相拜访，赫德先向威妥玛转达了总理衙门希望尽快了结滇案，并说总理衙门已经委托他为中国的谈判代表。虽然威妥玛受英国政府之命此时也急于结束滇案，但是对于中方派赫德为谈判代表，威妥玛并不感兴趣，他反应冷淡，说让一个英国人代表中国来交涉滇案甚为不妥。

这样的说法让赫德甚为尴尬，很有些下不来台。但既然有总理衙门的任命，赫德很有锲而不舍的精神，反复开导威妥玛，应该采取灵活的态度接受谈判。此时的威妥玛虽然拒绝与赫德谈判，但他又对赫德说，他特别关心的是云南边境贸易与货税问题。这使赫德感到，威妥玛还是希望展开谈判的，因而，他作出让步说，威妥玛可以不与他谈判，因为他来上海之前总理衙门已经告诉他，准备派两江总督沈葆桢到上海谈判。威妥玛回答说，沈葆桢来亦甚好但要有专办此事全权。

关于谈判的地点，威妥玛建议到烟台举行。理由是上海太热，他要到烟台后避暑。至于谈判的人选，威妥玛虽然同意与沈葆桢谈判，但是他又认为："烟台非南洋所属，是李中堂北洋辖境，此案情形亦熟，若就近商办，亦无不可。"[1]

显然，威妥玛是指名道姓要与善于妥协的李鸿章谈判。赫德和威妥玛密商后，于1876年7月16日、17日连续两次给李鸿章发出密信，故意以神秘的口吻，转告了威妥玛提出的要求，并表示这是和平解决滇案的最后机会。赫德说，威妥玛大概一个星期之后就会前往烟台，大清应该趁此机会派一位具有全权便宜行事大臣前往烟台会商，时间定于1876年8月1日到2日；朝廷派出大员必须有朝廷的授予的全权，有解决"滇案"的新主意，建议这一重任最好由北洋大臣李鸿章担任。

英国方面指名道姓地要李鸿章出面交涉，当然是看重李鸿章具有妥协性的一面。赫德在给李鸿章的密信中把李鸿章大大夸奖了一番，说威妥玛很看好李鸿章的和气大方。赫德在密信中说，威妥玛提出了增加芜湖为通商口岸的新要求，并表示只要答应了这些条件，就可以了结滇案。密信中还欺骗李鸿章说："西国情形现为土耳其事，日有变动，英国朝廷愿趁此机会叫别国看明白，该国力量既能在西洋做主，又可在东方用兵，随意办事。"[2]

赫德在给李鸿章的第二封密信中，对谎言又陈述了一遍，总而言之希望李鸿章转奏朝廷，在谈判中做出较大让步，争取了结滇案。

李鸿章收到这两封密信，当然不知道其中有很大的谎言成分，他认为能够快速了结滇案，避免战争，化解了危机，也不失为大功一件。他听信了赫德的谎言，连忙给慈禧太后与总理衙门上了两道

1　张志勇：《赫德与中英滇案交涉》，见《中国社会科学院近代史研究所青年学术论坛卷》（2006年卷），第100、101页。

2　丁名楠等：《帝国主义侵华史》第一卷，第250页。

奏折，报告了赫德所说的内容，并陈述了自己的意见认为中英力量悬殊，主战是不可取的。西洋各国军事、财力都十分雄厚，可谓"所向无敌"，又说明了大清王朝的情形，自平定太平天国与捻军后，国力虚耗，根本经不起战争了。李鸿章建议慈禧太后"扩怀柔之大度，屏悠谬之浮言，委曲求全，力持定见，天下幸甚，大局幸甚"[1]，作出让步来了结滇案。

李鸿章想用妥协的方式来尽快了结滇案，赫德是最清楚的，他曾经这样说："今天，最急于和解和求和的中国人，莫过于瓦瓦苏尔和克虏伯的战友和朋友——李鸿章本人了，他知道他会受到何种打击，他也知道一次战败会使他失掉所有高官厚禄，一场败仗会夺去他所有的一切。"[2]

因而，为使滇案尽快了结，赫德建议总理衙门赋予李鸿章全权，到烟台与威妥玛谈判，并劝清廷应尽力退让。赫德说，英国为显示自己的实力，正准备对东西方同时用兵，总理衙门应该尽快结束滇案。赫德希望以此使清廷就范，因此他也电告金登干密切关注着欧洲的形势。

7月15日，赫德致电金登干："中国事务取决于欧洲形势，大战可能吗？谁会帮助谁？英国外交部愿意以赔款和平解决，还是可能对华作战？今天7月15日即寄来大概的回答。"[3]

赫德的这封电报，金登干7月22日才收到。好在此前金登干已在关注着欧洲局势，他在7月中下旬到8月5日连续发来欧洲形势的电报。

7月15日的电报说："土耳其电讯相矛盾，双方都获胜，双方又都失败。德比勋爵通知代表，英国将不干涉；俄、奥两国已同

1　王彦威、王亮编：《清季外交史料》第一册，王敬立校，卷六，第23页，总第118页。
2　董丛林：《李鸿章的外交生涯》，第56页。
3　陈霞飞主编：《中国海关密档：赫德、金登干函电汇编1874—1907》第八卷，第82页。

意保持中立。欧洲战争几乎是不可能的。"

7月23日发来的电报说，"您7月15日电刚收到。德比说，由土耳其目前局势导致大战是极不可能的事。奥国将不会破坏和平，俄国没有钱，德国不感兴趣，法、意两国希望平静。德比的中立政策受到国内外赞许。英国从不过分炫耀，也不会放弃对中国的各种要求，仅赔款是不够的，经各邻国的通道恐怕难定。此间公众一无所知。"

7月25日的电报又说："土耳其战争消息相矛盾，但形势有利于土耳其人。欧洲不会干涉，但时机成熟时可能出面调停，对此，德比认为为时不远了。滕特登勋爵告诉阿礼国说，在收到格维讷的报告和威妥玛的意见之前，他们不能够肯定决定怎么办。"

8月5日，金登干又发电说，"土耳其战争在继续，结局难料。8月1日议会讨论香港问题，殖民部次官说，关于任命中国领事问题未最后作出安排，但政府正在考虑是否能以比常驻领事更符合香港立法的方式取得所期望的结局。外交部次官说，格维讷的报告尚未收到。"[1]

在赫德关注欧洲局势的同时，害怕打仗的清廷已根据赫德的建议作出决定。7月28日，清廷发布上谕，任命李鸿章为全权大臣，命他前往烟台与威妥玛再度交涉。这个决定令赫德感到满意，他在8月12日，给金登干的电报中写道："李鸿章任特命钦差，在烟台会见威妥玛，我上海之行至此尚属成功，进一步结果难料。正返回烟台。"[2]

李鸿章接到上谕，即准备动身赴烟台与威妥玛谈判。他事先向总理衙门请示：先前威妥玛与他的会晤中多次谈到"滇案"岑毓英

1　陈霞飞主编：《中国海关密档：赫德、金登干函电汇编1874—1907》第八卷，第82—84页。

2　陈霞飞主编：《中国海关密档：赫德、金登干函电汇编1874—1907》第八卷，第85页。

提京受审问题，他以轰动京城的杨乃武与小白菜一案作为例子，他说因为一件民间诉讼案，浙江的一些地方官被押解进京受审，得到了应有的处罚，滇案也应如此。李鸿章表示担心"滇案不提京不能了结"。

当然，这都是威妥玛的要挟条件。他清楚，"若因此而大减厘税，多添口岸，加赔兵费"，那对于英国是非常有意义的事情；他也清楚，清廷断然不会因为滇案的交涉失败而导致兵端再开，扰乱国家大局。

威妥玛对清廷的心态可谓了然于胸，因而他提出将岑毓英押解进京审问。但是李鸿章也看出了威妥玛此刻的心思，他建议慈禧太后同意威妥玛的这一要求，说如果将岑毓英押解进京当面与威妥玛对质，如果威妥玛的确拿出证据来，那么岑毓英就按律治罪，属于自作自受；如果没有证据，就拒绝威妥玛在这一问题上喋喋不休的要挟。慈禧太后此刻也看出威妥玛要求将岑毓英押解进京审问不过是想达到要挟的目的，但是她也明白滇案是在极不公正的情况下进行的，可以说有着很大的弄虚作假成分。如果一旦将岑毓英押解进京，她也不敢保证对质会不会再弄虚作假，弄出不利于大清的事件来；如果威妥玛买通朝廷中一些亲西方的官员，那后果也是不堪设想的，到那时谁能保证威妥玛不会提出更多的非理要求？

慈禧太后想到这里，认为还是不要将岑毓英押解进京为上策，况且她也不想因为此事就去问一名封疆大吏的罪，那样朝廷的颜面何在？她看了李鸿章的奏折，权衡再三，发出了这样的指示："滇案提京一节，事多窒碍，且该使特借此为案外要挟之计，非必注意于此。总之该使诡谲性成，非常情所能逆料，李鸿章惟当临机审断，权衡缓急轻重情形，妥筹办理，以维大局。"[1]

慈禧太后还表示，可以在威妥玛原来提出的 20 万两白银的基

1　王彦威、王亮编：《清季外交史料》第一册，王敬立校，卷六，第 33 页，总第 123 页。

础上，再增加一些赔款，或在驻京使节的优待上做出一些让步。

在慈禧太后向李鸿章下达谕旨时，威妥玛、赫德已经先后动身前往烟台。8 月 14 日，威妥玛到达烟台。李鸿章于 8 月 18 日也抵达烟台。出于维护英帝国利益的目的，赫德对烟台将举行的会谈寄予厚望，但是他也有一些担心，担心威妥玛一再加码地提出非理要求，使谈判再陷僵局。

此时，赫德与威妥玛的关系已经变得较为冷淡。威妥玛到上海之前可以说二人的关系是密切的，赫德在滇案交涉的前两次撤使危机中都站在英国的立场上扮演着调停人的角色，到上海时他还幻想着威妥玛能够好好地与他会谈，这样也可以促使总理衙门做出让步，尽快了结滇案。但是让他尴尬的是，威妥玛并不愿意与他会谈。现在二人更因为镇江逗船案问题意见不一，矛盾进一步加深。威妥玛第二次撤使离京，一再声称将岑毓英提解进京是解决滇案的唯一办法。赫德当然知道这只是威妥玛的一种策略，他不同意威妥玛这样做，认为威妥玛应该通过与李鸿章谈判来解决滇案，以便争取实际的利益。[1]

二人的分歧中，赫德也知道威妥玛并不是真的想将岑毓英提解进京。但赫德还是决定趁两江总督沈葆桢巡视长江的机会，与上海道台冯俊光一起向其建议请他向总理衙门奏明，将岑毓英提解进京，以促成滇案的解决。如果该项建议被接纳，赫德还建议清廷派出使臣常驻英国以维护中国的利益。

赫德的建议并没有被沈葆桢采纳。但从此后，赫德已经有了撇开威妥玛来处理滇案的想法了。赫德之所以决定这么做，他也认为威妥玛正在强势的梅辉立的影响之下，也在撇开他而处理滇案。如此等等，使得赫德与威妥玛的关系日趋冷淡。

8 月 17 日，当赫德到达烟台登岸时，遇到了也已达到的威妥玛，

1　张志勇：《赫德与晚清中英外交》，第 95 页。

两人只是礼貌性的握了握手就擦肩而过。第二天，赫德本来打算去威妥玛的寓所拜访他的，但是威妥玛却避而不见。这使赫德对威妥玛更加不满。

8 月 19 日，赫德在拜访李鸿章时说："威使因新关近事，颇与龃龉，此来未得晤谈。"赫德与威妥玛出现矛盾，以至于赫德想让在国内的金登干设法活动，让女王政府派出特别使团取代威妥玛进行谈判。

赫德的建议，李鸿章没有同意。因为他知道在烟台的会谈也引起了俄、法、美、德、奥等国公使的关注，他们齐聚在这里，都在关注着谈判动向。在李鸿章前往天津之前，美国、德国公使就通过外交人员向李鸿章表达了这样一种态度：他们在外交上将支持中国了结"滇案"，谅英国人不敢动武。李鸿章到烟台后，各国公使都表示，如果谈判进行的不顺利，各国愿意从中调停，只差拍着胸脯给李鸿章下保证了。而威妥玛见到李鸿章后当然要虚张声势了，他对李鸿章后说，滇案属于中英之间的事情，不容他国过问。[1]

然而，这次赫德与李鸿章的会面，却使赫德与威妥玛的矛盾表面化了，非但没有原先为了英国利益的互访，威妥玛甚至明显地开始回避同赫德碰面了，即使见面威妥玛也不愿意同赫德说话。赫德认为威妥玛之所以如此，是因为他与李鸿章的谈话，包括他所说如果威妥玛不能在烟台就范就遣使赴英理论，被许钤身泄露给了威妥玛。

二人的矛盾渐趋恶化，赫德在给金登干的信中写道："人们告诉我，驻伦敦各国代表们致函外交部询问形势，并批评威妥玛的言行和要求，英国或许派特别使团赴华。查明此事，并请推动报纸建议和鼓吹派特别使团。威妥玛的观点是狭隘和偏见的，他的态度可能导致战争，而特别使团则将促进平和解决。我与威妥玛关系越来

1　于乃仁、于希谦编：《马嘉理事件始末》，第 110、111 页。

越冷淡。他的首席顾问现在是那位好战的汉文参赞梅辉立，帕克是梅的榜样。"[1]

两个本是共同维护英国利益的人，因为分歧和矛盾，威妥玛决定由自己独立处理滇案。这更让赫德不满。

8月21日，赫德再访李鸿章，鼓动他到英国谈判，并表示自己可以一同前往，协助谈判。赫德说，"有信与威，亦未见覆，二十余年交情忽尔反面，殊不可解，此事竟难帮助。顷得金登干伦敦电报，云英廷专候格维讷回国再定办法，计数日内必到。威使既云此间即商有眉目，须咨报本国作主，是虽成议，仍难结案。不如赶派钦差至英国理论，较可得力。英廷诸臣断不至如威使之矫强，我愿告奋勇，随星使前去帮忙。"[2]

李鸿章再次拒绝了赫德的建议，但也认为，再经数轮会谈，如威妥玛执意要提岑毓英到京，此处无可商办，就只有遣使赴英交涉一途了。当天，赫德连续给金登干发了两封电报，令其在报纸上发表，但要求不许公布他和金登干的名字。

两封电报的其中一封说，军机大臣李鸿章要求英公使向他书面提出对去职巡抚岑毓英的指控及其犯罪的证据，结果公使馆翻译进谒军机大臣说写出书面文件要用很长时间，然后暗示说，如果太后能接受英公使的单独觐见，则可放弃对去职巡抚的指控。8月20日英海军司令进行了恐吓，公使拜会军机大臣，未谈此事。照以前做法发表。[3]

赫德发给金登干的另一封电报又说，"军机大臣李鸿章任特命钦差在烟台会晤英国公使谈判云南问题，今天会晤了威妥玛公使。公使要求只有将去职的云南巡抚岑毓英和其他官员及士绅押到北京

1　陈霞飞主编：《中国海关密档：赫德、金登干函电汇编1874—1907》第八卷，第86页。

2　张志勇：《赫德与中英滇案交涉》，见《中国社会科学院近代史研究所青年学术论坛卷》（2006年卷），第104页。

3　陈霞飞主编：《中国海关密档：赫德、金登干函电汇编1874—1907》第八卷，第86页。

审问才能得到满意解决。军机大臣回答说，如果能为采取这一行动摆出足够的理由，证明他们确实有罪，才可能把他们解到北京；如果仅仅出于怀疑和无根据的指控，则无权使用该手段，尤其是怀有继续保持和平关系愿望的中国政府，没有理由不相信专程派往云南调查的帝国钦差的最后报告。俄、法、奥、美、西等国公使均在烟台。"[1]

此后，李鸿章与威妥玛开始了正式会谈。一开始，威妥玛就故伎重演，采取他的老办法，要求将岑毓英押解进京审问，并追究岑毓英的责任。此时李鸿章由于有慈禧太后的谕旨，在这个问题上宁可多赔款，肯定是不能让步的。因此对于威妥玛的要求，李鸿章表示如果要提岑毓英到京受审，就必须拿出岑的指示文札信据或确切见证进行验证，方可以请旨定夺，如果没有真凭实据的就要提审督抚大员，这在各国都没有先例。但是，威妥玛坚持自己的意见，表示"要求将全案人证提京复讯，若不允行，他事无可商办。"

李鸿章明明知道威妥玛是在要挟，为英国增加筹码，但是没有办法，只好以奏折的形式向慈禧太后说明情况，希望朝廷作出更多的让步，并请求各国公使从中斡旋。

李鸿章在给慈禧太后与总理衙门的奏报中重申，滇案不能决裂。奏折中说，如果滇案谈判破裂，不仅遭殃的是云南百姓，"通商各口先自岌岌莫保，南北兵力皆单，已有之轮船炮台断不足以御大敌。加以关卡闭市，饷源一竭，万事瓦解。彼时贻忧君父，如鸿章辈虽万死何可塞责"[2]。

妥协的李鸿章显然又是在给总理衙门施加压力了，意思是说，中英谈判一旦决裂，所造成的后果，总理衙门也是承担不起的。

李鸿章给总理衙门写这封信，在他看来也是情非得已。他后来

1　陈霞飞主编：《中国海关密档：赫德、金登干函电汇编1874—1907》第八卷，第87页。
2　吴汝纶编：《李文忠公全集·译署函稿》卷三，第47页。

说："鄙意初欲认真办案，此外通商各节，许与理处，庶抽薪止沸，不致为所挟持。无如内外胶执偏护之见，竟将决裂。迨赴烟就议，事已不可为矣。徒以庙堂忧系，时局艰危，不得不隐忍以图息事。"[1]

李鸿章要息事宁人，慈禧太后与总理衙门看了李鸿章有点危言耸听的信，也很是惊慌，要他全权办理。在威妥玛的要挟面前，李鸿章也知道赫德与威妥玛的矛盾，他也充分地利用了二人的矛盾，表示对赫德是很信任的，希望赫德在中英交涉上多出谋划策。事实上，在李鸿章来烟台之前，津海关税务司马福臣就对李鸿章说，在烟台要多征询赫德的意见。因而，在烟台的交涉中，赫德与李鸿章多次晤谈中英滇案交涉问题。8月29日，两人共同制定了解决中英滇案的方案，李鸿章向赫德表示他将会按照方案行事，根据方案，李鸿章在当天即拜访了威妥玛，但威妥玛的态度仍然十分强硬，对于方案中所说的优待外国公使和一些商务问题，都不满意。威妥玛不满意当然是希望在他提出的八项要求的基础上向中方索取更多特权。

8月30日，李鸿章利用万寿圣节的机会，设宴招待各国公使，请他们代为调停。各国公使表示，英国如果没有确切证据不可要求将大臣押解进京受审。8月31日一大早，德国公使又专门拜会了威妥玛，表示如果没有确切证据不要过分给予压力，造成李鸿章陷入困境，"以致日后不可能反过来把我们当作可敬重的同盟者加以保护"[2]。

威妥玛既然是虚张声势，国内又催促得急，各国公使又向他施压，他也知道凡事都应该有个缓和，现在各国公使都代为调停了，威妥玛向李鸿章表示另提解决滇案的办法。二人还商定，由威妥玛

1　吕昭义：《英属印度与中国西南边疆（1774—1911）》，中国社会科学出版社1996年版，第119页。
2　[德]施麦克尔：《十九世纪的德国与中国》，乔松译，生活·读书·新知三联书店1963年版，第126页。

将需要商办的事情写成概略，作为双方协商的凭据。威妥玛的思路是可以将滇案善后、优待公使、通商等方面的协商来代替提审岑毓英的要求。[1]

此时，尽管威妥玛与赫德的矛盾已经公开化，但赫德毕竟是大清海关的总税务司，威妥玛在许多商务问题的交涉上还绕不开赫德。这样赫德在充当大清外交顾问的同时，威妥玛只好在商务问题上继续向赫德请教，这使得赫德在中英之间又作了有限的调停。

9月1日，威妥玛给赫德写了一封信，问他可否与其见面就商务问题进行商讨。因为他要向李鸿章提出条件，如果李鸿章接受，他就可以建议英国政府接受，从而了解滇案。赫德本想拒绝威妥玛的请求，因为他不想再夹在总理衙门与威妥玛之间。但是考虑再三，他还是在第二天接受了威妥玛的拜访，二人共同商讨了将向李鸿章提交的商务问题。

2日当天，威妥玛将商定之信送交李鸿章，翌日李鸿章回复一信。此时赫德因为与威妥玛的矛盾，已不能再充当中英间的"调停者"了，而只能充当李鸿章的外交顾问了。9月3日晚，李鸿章邀赫德来他的行馆赴宴。席间，赫德告诉李鸿章，他日前与威妥玛讨论了商务问题。赫德告诫李鸿章，与威妥玛商讨税厘、增添口岸问题都是可以通融的。9月4日威妥玛持所要求各款的英文草稿与李鸿章商论，其所要求各条大大超出了原来的八条，李鸿章对于议定口界的要求坚决拒绝，对于其他问题只是略作辩论，其中洋药税厘等问题还需与赫德妥商。9月11日，威妥玛还提出了一个新要求：英属印度明年派人进藏探路，中方应予以配合，并予以签证，这一要求李鸿章也答应了。1876年9月13日，李鸿章与威妥玛正式签

1　张志勇：《赫德与中英滇案交涉》，见《中国社会科学院近代史研究所青年学术论坛卷》（2006年卷），第109页。

订了《烟台条约》。[1]

《烟台条约》是对英国政府奉行的"仁慈的不干涉政策"的最好注解。条约主要有三部分：其一是被害人员的赔偿及滇案处理经费共 20 万两白银，并派出专使前往英国道歉；其二，扩大了通商口岸特权和领事裁判权，增开宜昌、芜湖、温州、北海为通商口岸；其三、同意缅甸与云南边界通商、允准英国人进入西藏，等等。

威妥玛利用要挟、欺骗等手段迫使清王朝答应了条约内容，获取了更多的特权，中国在没有遭受战争失败的情况下却接受了不平等条约，这不能不说是中国近代对外关系史上一个莫大的耻辱。

6.促成郭嵩焘出使英国

《烟台条约》的签订，众所周知，李鸿章都是在妥协、软弱的状态下进行的。他很怕洋人动武，对敌人的恫吓与讹诈也不去分析了解。作为一名外交官，他不能够洞察形势，又不能够作出正确判断，列强提出什么就是什么。在马嘉理事件的交涉过程中，威妥玛曾经提出要清廷派一名专使到英国赔礼道歉，李鸿章当即答应了。因为之前总理衙门已经同意，所以《烟台条约》签订时，将此也写进条约的内容之中。

要派专使到英国，代表清廷赔礼道歉，派谁去呢？李鸿章想到了郭嵩焘。因为郭嵩焘也是一个洋务派人物，二人可谓是老熟人了。

郭嵩焘是 1818 年生人，家乡在湖南湘阴，祖上很有些田产，在当地是闻名的地主家庭。1835 年，他考中秀才，后进入湘学重镇岳麓书院读书。在这里，郭嵩焘深受岳麓书院经世致用的湘学传统影响，结识了同在这里读书的曾国藩、刘蓉等名士，并与他们结为挚友。

1847 年，郭嵩焘参加了朝廷举办的会试。这是他第五次参加

---

1 张志勇：《赫德与晚清中英外交》，第 103 页。

这种最高等级的考试，前几次他都名落孙山，这一次他终于考中了进士，从此走进了仕途。他先是在翰林院做了几年寒酸的编修官，因为曾国藩对他这个人比较了解，在曾的邀请下，他在太平天国运动爆发后，进入曾国藩幕府参赞军务。

郭嵩焘在翰林院任编修时，偶然的机会，曾给咸丰帝临时讲过课，咸丰帝对他有所了解，便在1858年派他到烟台海口帮助整顿海口税务。郭嵩焘在帮助整顿海关税务时，有这样一个感受，就是中国缺少对外交涉的外交人才。1859年2月，他上书咸丰帝，建议朝廷培养专门的外交人才，当时咸丰帝没有予以答复。总理衙门成立后，郭嵩焘有感于近20年来夷务（外事）工作一再出现的怪现象，沉痛地向恭亲王建言，其实中国人完全可以理直气壮地与外国人划定章程，与他们平等相处，不应该怕他们。但如果不了解外国的情况，一味用蛮力，反而会使夷乱加剧。他的建议，奕䜣虽然没有答复，但洋务派们却感到这是一个在外交上有见地的人。

李鸿章与郭嵩焘二人在曾国藩幕府时就已经彼此了解了。不同的是，李鸿章是一个八面玲珑的人，而郭嵩焘却很有点文人的气质，与当时污秽不堪的官场习气格格不入，这就造成了二人在官场中人生际遇的天壤之别。虽然如此，作为一个积极支持洋务的新派人物，他的洋务见识还是令曾国藩、李鸿章刮目相看。1875年5月，日本兵犯台湾，朝廷急需懂洋务和军事的新式人才，恭亲王奕䜣、李鸿章推荐了他，郭嵩焘得到了两宫皇太后的召见，这也是他第一次被朝廷召见。召见之前，奕䜣让他到军机处小坐，并向军机处官员推荐说，此人洋务非常精通。从军机处出来后，他又觐见了两宫皇太后。这次召见，郭嵩焘很有一种受宠若惊的感觉，随后，他被两宫皇太后任命为福建按察使。他接任后，即写了《条陈海防事宜》上奏，认为把西方强盛归结于船坚炮利是非常错误的，中国如果单纯学习西方兵学"末技"，"如是以求自强，恐适足以自敝"。只有学习西方的政治和经济，"先通商贾之气，以立循用西方之基"，即发展中国的工商业才是出路。郭嵩焘一奏成名，声震朝野。

要派人到英国赔礼道歉，李鸿章向朝廷推荐了郭嵩焘的同时，作为中英关系调解人的赫德，也希望道歉使常驻英国，成为驻英公使。因为派驻公使，是近代国际外交的通例，但是要清廷接受这一建议，却经历了一个艰难的过程。

事实上，赫德1861年第一次进京时就建议清廷按照条约精神，向缔约国派出公使，设立使馆。为了使总理衙门了解相关知识，赫德还为总理衙门翻译了《惠顿国际法》关于使馆的权利部分。

后来，赫德多次向总理衙门提议设立驻外使馆。1865年，赫德在《局外旁观论》中说，"派委大臣驻扎外国，于中国有大益处。在京所住之大臣，若请办有理之事，中国自应照办；若请办无理之事，中国若无大臣驻其本国，难以不照办。"他认为，向国外派驻代表最为重要，这件事本身就是一个进步，它会成为一根纽带，将中国与西方紧密地联结在一起，使其确定无疑地按照西方的模式进行改革，而不能再向后倒退。[1]

但是，因为观念的原因，清廷并不愿意派出使臣出使国外，也不愿在外国设立使馆。1866年斌椿使团借赫德回国度假之际到欧美游历考察，老实说大清的官员并不愿前往，总理衙门没办法只好派出了一位与外国人多有接触的老者前往。1868年，清廷面对与西方日益临近的修约之期，派出美国人蒲安臣作为中国的特使，都是这种不愿意与西方接触的观念体现。

虽然如此，赫德等西方在华人员对总理衙门的劝说还是取得一定的效果，总理衙门也逐渐认识到了派使设馆的重要性。

1858年，在天津谈判时，美国代表就曾向直隶总督谭廷襄建议中国应派领事常驻美国以保护华工，但被谭廷襄以中国没有向国

1 张志勇：《赫德与晚清中英外交》，第109页。

外派遣官员的习惯为由拒绝了。

1867 年 9 月，当赫德再次向已经成为总理衙门大臣的谭廷襄提议向国外派使设馆时，谭廷襄回答说，"我完全理解你提出的建议，我们也明白按照你所说的去做就会成功；事实是，我们正在讨论这个问题，很快就会采取行动。"[1]

决定派蒲安臣代表中国出使欧美，总理衙门对于西方修约中可能遇到的问题征询各省督抚意见。对于遣使问题，总理衙门说，"遣使一节，亦关紧要，未可视为缓图。就应如何，亦希公商酌定。"[2]此后在各省奏复总理衙门的奏折中，对于派使设馆，只有两个人反对，其他人都认为应办，还有人认为是中外关系的急务。看来，此时的大清官员对派使设馆的观念正在转变。

向外国派使设馆，时为江苏巡抚的丁日昌在观念上较为超前。1875 年滇案发生后，丁日昌感到，派使设馆将为当务之急的大事。5 月 3 日，他拜访海关总税务司赫德，提出了中英结盟的设想，他认为英国和中国应该成为亲密的朋友。这样，一方面可以共同对付俄国；二来如果中国强大而稳定，英国将会从中获益。5 月 29 日，赫德回访了丁日昌，丁日昌告诉赫德，他已经将他中英结盟的设想告诉了文祥，但是文祥对此持怀疑态度，没有看到它的重要性。丁日昌认为应该派一名大臣前往英国，并表示自己愿意前往，并问赫德是否可以与他一同去。赫德回称自己脱不开身。沈葆桢被任命为两江总督之后，赫德开始认真考虑丁日昌是否会去欧洲，并认为如果得到北京的支持，能够为中国和英国做出贡献的话，他自己可以设法陪同他前往。[3]此后，赫德在与总理衙门商谈滇案问题时，多次向总理衙门提出派使设馆的建议。

1 张志勇：《赫德与晚清中英外交》，第 111 页。
2 《筹办夷务始末（同治朝）》第六册，卷五十，2112 页。
3 张志勇：《赫德与晚清中英外交》，第 109 页。

虽然丁日昌与赫德关于中英结盟的想法没能实现，但是根据赫德建议，清廷向国外派使设馆事宜却开始纳入筹备的轨道。1875年6月17日，总理衙门奏请，"饬下王公大臣等，保举熟悉洋情边防之员，兼备出使简用"，并将陈兰彬等九位可以录用官员的履历奏上，当日奉旨依议。而正在总理衙门积极筹备向外派驻公使之际，与中方交涉马嘉理案的英国公使威妥玛要求清廷派遣使臣代表中国到英国道歉，这加速了清廷向外派驻公使的步伐。8月28日，总理衙门奏请简派出驻英国正使一员，副使一员。赫德提前了解到郭嵩焘将成为中国驻英公使，许钤身将成为副使，赫德非常赞同清廷指派郭嵩焘为中国驻英公使，认为派一个臬台作为公使，表明清廷对这一职位非常重视，但是他认为许钤身不适合被派到英国。9月27日清廷正式谕派候补侍郎郭嵩焘、候补道许钤身为出使英国钦差大臣。[1]

郭嵩焘被任命为驻英公使后，李鸿章立即给郭嵩焘写了封信，并要他火速北上，说明因"威使调集兵船多只，恫吓要挟，所求各事，势难尽允。且滇案正文尤无妥结之法，即我以为妥，彼仍必多方吹求。惟赖明公到津后会商开导设法挽回，俾无决裂，大局之幸。"[2]要他尽快参与处理滇案交涉。

郭嵩焘一向自视甚高，看到朝廷在滇案这个棘手的中外事件上对自己寄以重望，甚为激动，星夜兼程北上于11月末赶到北京。

郭嵩焘进京后，按惯例应当尽快向两宫皇太后请安，但此时同治帝新丧。吏部尚书协办大学士宝鋆给他提建议说，皇帝刚去世，太后正在悲痛之中，最好等皇帝葬礼百日后再去请安。但是郭嵩焘的同年、协办大学士兵部尚书沈桂芬却认为，郭嵩焘既然已经进京，当应趁太后悲痛之时前去请安，更显得人情事理。听了这些建议，

1　张志勇：《赫德与晚清中英外交》，第115、116页。
2　曾永玲：《郭嵩焘大传》，辽宁人民出版社1989年版，第212页。

郭嵩焘认为，请安还是应该早些好。

1876年元旦刚过，郭嵩焘先到九卿朝房报了到，然后到军机处拜见了恭亲王奕䜣等人。拜见时，恭亲王说郭嵩焘乃南书房旧人，不必拘以礼节，并问了郭嵩焘的一些情况，仍然夸赞郭嵩焘是一个懂洋务的人，还对宝鋆和沈桂芬说，此人洋务实在精透。[1]

随后，郭嵩焘在六阿附的引领下，拜见了两宫皇太后和刚刚入宫的光绪帝。郭嵩焘代表大清出使西方这一破天荒的大事便定下来了。

向西方派出公使，毕竟是前所未有之举，该怎么前往？到英国后又该怎么办？什么时候去？郭嵩焘征询总理衙门意见，但总理衙门此时也没有个准确安排，只是估计大概要到滇案结束时才方便前往，这样笼统的答案，让郭嵩焘还真是一头雾水。在他刚进京之时，他曾经拜访过总税务司赫德，向他请教出使英国的意见，赫德认为，应该早一些动身前往英国，即便滇案一时难以了结，但是出使英国并非完全是为了滇案，重要的是以中国公使的身份出使英国，英国有了中国公使，更方便处理两国事务。赫德还说，英国对华并无领土野心，只求双方互惠。郭嵩焘想从赫德处探听英国方面对于滇案的看法，赫德说，现在英方最大的不满是中国处理该案之敷衍塞责，以及拖延与不公。[2]

对于出使英国，郭嵩焘还询问赫德什么时候前往较为合适。起初，赫德认为应该在滇案结束前前往英国，郭嵩焘非常赞成赫德意见。但是，赫德对郭嵩焘出使英国又有一种疑问，会不会只是到英国道歉，然后就回来。对此，总理衙门给予了坚定的回答，郭嵩焘是驻英公使，要常驻英国。

在赫德的关注中，向英国派使又发生了新的变化。1876年10

---

1 汪荣祖：《走向世界的挫折：郭嵩焘与道咸同光时代》，中华书局2006年版，第158页。
2 汪荣祖：《走向世界的挫折：郭嵩焘与道咸同光时代》，第166页。

月7日，从上海返回北京途径天津的赫德接到总理衙门来信得知，告诉他说，许钤身将不再去英国，而改任驻日公使，将派刘锡鸿与郭嵩焘一同出使英国。这正是赫德所期待的，不知道什么原因，他对有些保守的许钤身总有一种说不清道不明的抵触情绪。

清廷做出这个人事变动后，郭嵩焘即在等待着出使的日期。11月9日，赫德给郭嵩焘写了一封信，祝贺他成为驻英公使，并请郭嵩焘代为转交他写给金登干的一封信，当然，也要求金登干在郭嵩焘使团抵英后予以协助。

1876年12月，郭嵩焘使团踏上了出使英国的行程。出使之前，郭嵩焘本想回老家看看，为此他还请示了恭亲王奕䜣，奕䜣也同意了。但是，还没回家呢，英国驻华使馆等得不耐烦了，质问恭亲王中国使臣什么时候动身？为此，10月25日，郭嵩焘又拜访了威妥玛，威妥玛责备郭嵩焘是在借故拖延。说早一天到达英国就说明了中国在道歉问题上的诚意。在威妥玛的威逼下，郭嵩焘只好放弃了回湘之念，答允数日后离京，由海道直接赴英。

第二天，威妥玛又到总理衙门见沈桂芬、董恂等，说郭嵩焘如迟迟不肯出国，还想在上海、香港停留，甚至还想回湖南一趟的话，那就是误期出使，违反了条约规定。他叫嚣说，在郭嵩焘未到英国道歉之前，滇案不能视为了结。沈桂芬知道洋人惹不起，连连保证郭嵩焘决不耽搁，也不会回湖南，"如有必要，可立即成行"。

当天，威妥玛又询问郭嵩焘具体的出使日期，奕䜣答复说，郭嵩焘一定由上海启程前往英国，但是威妥玛认为中方是在故意拖延，又于29日来到总理衙门询问郭嵩焘到上海的具体时间。他说："如中国政府有任何规避条约意向，渠将立即宣布条约无效。"[1]总理衙门官员回答，应该在两三天的样子。威妥玛即答："本人将去上海，目睹使臣启程"。面对威妥玛的紧逼，郭嵩焘只得匆匆赶赴上海。

1　曾永玲：《郭嵩焘大传》，第225页。

11 月下旬，郭嵩焘及使团成员先后抵达上海，英国公使威妥玛早已在这里等候。12 月 2 日晚，郭嵩焘偕如夫人梁氏、副使刘锡鸿、参赞黎庶昌、翻译德明、凤仪及英国人马格里，还有随行英文翻译爱尔兰人禧在明及随员、跟役等 30 余人，冒着雨踏上了前往英国的轮船。

使团在前往英国的途中，赫德也在关注着郭嵩焘一行到英国后的生活。1876 年 11 月 17 日，赫德函告金登干，驻英公使郭嵩焘一行准备启程，将于元月抵达英国。要帮助他租赁一套临时性住房。"驻英国使臣郭大人，偕副使刘大人、两名使馆秘书（二秘和三秘）、四名随员、四名译员、两名医生、六名军人（中士级的低级军官，充当勤务兵），还有他的夫人（或者不如说夫人之一）和三名女仆，以及约四十人左右的使团男仆，上星期由此启程。他可能由上海乘 12 月 8 日的邮船出发，将近元月底抵达伦敦。假如他和他的随行人员去住饭店，开支将是十分惊人的，而他又非如此不可。除非你能为他找到住房暂住一两个月，到他找到合适的馆址永久住下为止。我将打电报要你留意这样的住房，并且认定你肯定会找得到的，我在电报之外又补上此信（信将比郭先到），使你能更充分地了解他需要什么样的临时住房。"[1]

赫德在给金登干的信中还说："关于永久性的使馆，最终会建起一所衙门的。同时，郭想建在所有其他公使集中的地区。如果其他使节住在乡间，他也住在那里；但如果他们都在城里，他也要在城里。要舒适，一所乡村住宅可能是最好的；但为了观光和学习，城里的房子较好。所以，努力安顿他住在城里。他到伦敦之后，带他和一名译员乘马车转一下，告诉他其他使节住在什么地方；然后，请他说他想在什么地区找一所或几所房子；此后，尽你所能尽快给

1 陈霞飞主编：《中国海关密档：赫德、金登干函电汇编 1874—1907》第一卷，第 460 页。

他找一所好房子。"[1]

郭嵩焘一行经过 50 多天的行程，抵达伦敦。作为首任公使，郭嵩焘毕竟在外交礼节和交涉上还处于空白的状态，所以他一到英国首先遇到的是觐见的尴尬。郭嵩焘到英国的第四天，他照会英国外交部，提出拜见英国女王，呈递国书的约期。呈递国书，总理衙门也没有经验，在这个外交程式上，大清忽略了两个问题：一是国书中没有列出副使刘锡鸿的名字，二是没有说明道歉钦差也肩负着驻英公使的重任。威妥玛当时虽然看出了这些问题，但是却没有指出，显然有让中国使节出丑的心态。

按照西方外交惯例，副使刘锡鸿不能觐见。经过一番交涉，英王才准予接见。郭嵩焘出使英国，西方人在上海创办的《字林报》这样报道："天朝亲善大使之莅临地上联合王国，未若预期之轰动。当其于苏士阿姆敦上岸时，并无来自伦敦之记者，仅由麻斯曼撰一报道送登《斯坦达报》。此后各报不时刊载有关中国使馆与先生及其随员行动消息，全出马格里安排。"报上登有中国使臣肖像的版面"又登载其他市井琐闻，殊为失礼"。英国社会对中国公使的轻蔑，由此可见一斑。至于那个负责协助郭嵩焘外交的马格里，更是骄横专擅。郭嵩焘不懂英语，对外发表谈话常须经马格里转致。他对此事不放心，嘱咐凤仪、德明，凡马格里翻译与自己原文不符时，应立即纠正。这二位同文馆培养的高才生，熟谙英语，本来很容易监视马格里。但不知出于什么原因，他们有时明明听出马格里歪曲了郭嵩焘的原意，却默不作声。致使有些事"马格里编造无数言语"，而郭嵩要讲的话，"竟无一语及之"。等到报纸刊登出来，已成事实，发现了也无法挽回，郭嵩焘气得直跺脚，但也没有办法。[2]

这种尴尬的局面也使郭嵩焘感到自己作为大清国的第一任驻英

1 陈霞飞主编：《中国海关密档：赫德、金登干函电汇编1874—1907》第一卷，第461页。
2 曾永玲：《郭嵩焘大传》，第237、238页。

公使，一举一动代表着大清的形象，必须尽快学习西方外交。因而他处处留心，但作为一个传统体制根深蒂固的帝国，此番在英国驻节，文化和种族上的差异也常常遭到英国人的耻笑。郭嵩焘到英国后，英国一家杂志《盆奇》发表了一幅漫画，画中将郭嵩焘画成了一只拖着长辫的猴子，与英国对眼相视。这些情况都使郭嵩焘感受到了弱国外交的艰难。

郭嵩焘毕竟是大清第一任驻英公使，也意味着中国真正意义上的走出国门，遭遇困难是可想而知的。因而，赫德也电告金登干尽力予以协助。"郭起初想要海关的人当翻译，但有人使他改变了主意。现在他出去只带中国人和一个名叫马格里的人。此人离开金陵机器局之后，李鸿章想给他安排一个职位。很有可能，郭将需要外国译员，而在英国的一些会讲汉语的人（霍尔特、道格思、星察理、佩恩、李泰国等等）会试图尽力抓住他。我们必须先下手，并且防止：1、他落入坏人的掌握中；2、从海关来源以外招用与使馆有关的外国雇员阶层的形成。因此我授权你立即把屠迈伦和佘德或贾雄格叫到伦敦来（最好是佘德，如果能找到他的话），派屠迈伦到巴黎去迎接郭，并陪伴他一直到他住进伦敦的住所，还把屠迈伦留在你手边，直到郭完全安顿下来适应了伦敦的节奏。这样做，你便可以防止郭被迫去抓外人或被外人抓到手的偶然性和必然性了，但郭可能会担心我们干涉他的事，所以不要过分明显地把屠迈伦推到他身边；你只把屠留在手边，让他偶尔去看望郭一下，并以不太介入的态度去为他做各种事情。我要你如此行事，不只是要防范冒险的外人，而且还要使郭摆脱外交部和威妥玛等方面。"[1]

虽然，赫德对郭嵩焘的帮助有私利的成分，但是在赫德与金登干的帮助之下，驻英使馆逐渐走向轨道。

---

1 陈霞飞主编：《中国海关密档：赫德、金登干函电汇编1874—1907》第一卷，第462页。

第六章

中法海战前后的外交转圜

1. 暗潮涌动的越南问题

1875年，当大清正为滇案的交涉焦头烂额之时，法国人却发来了让大清更为难堪的照会。照会说法国已与越南签订了新的《西贡条约》，要求清廷承认这一条约，实际上是图谋把越南纳入到自己的控制之下。

法国控制越南，实际上真实的目的是想把侵略势力扩展到中国的西南边境。中越之间在地缘、政治体制、文化、民族关系上都有很大的认同，有着千年的历史关系传承，这使法国感到控制越南，可以成为进一步向中国伸展利益的跳板。1860年，中法《北京条约》订立后，法国便急不可耐地采取行动，先是调集侵华军队进攻越南；又于1862年逼迫越南订立第一次《西贡条约》，割南部边和、嘉定、定祥三省，并许法人航行湄公河。1863年，柬埔寨被法国侵略者强置于保护之下。1867 年，法国又以"越王阴谋背信，使我们（法国）不得不将下交趾支那的西部三省，并入我们的领土"[1]。理由虽然说得冠冕堂皇，但结果却使法国武力吞并了越南南部的永隆、河仙、安江三省。

但法国侵略者并没有因此而满足，此后又通过武装入侵，外交胁迫，迫使越南于 1874 年 3 月 15 日同法国侵略者签订了第二个《西贡条约》。这个条约签订后，越南名义上独立自主，但外交上却由法国做主，实际上已经把越南视为自己的附庸国了。除此之外，法方还否认越南与中国的历史关系，条约签订后，法方让中国承认，但遭到了清廷的反对。

清廷不承认《西贡条约》，起初法国也并没有采取极端的行径，当时的法国刚刚在与普鲁士的交战中吃了败仗，割让了领土并支付战争赔款，还没有能力为越南问题和大清撕破脸。1875 年，法国政府把这个条约照会给清廷要求予以承认，并训令驻华公使罗淑亚不提"保护权"问题，而以要求中国同意红河通商为主。从 1875 年到 1877 年，中法之间还只是为越南问题不断地引发口水战：清廷屡次向法方表明中国对越南负有"宗主"保护责任，不能承认法越之间签订的条约；至于开放云南通商一事，则断然拒绝。在此期间，越南照旧遣使前来往中国，法国也不加阻止。这样，由于双方对问题都采取含糊的态度，问题便暂时隐伏未发。

法国觊觎越南，经过普法战争后完成了统一的普鲁士建立了德意志帝国。德国很支持法国侵犯越南。毕竟普法战争让法国人饱尝了割地赔款的耻辱，德国政府很担心吃了亏的法国人伺机报复，认为支持法国侵略越南是转移其视线的好机会，因而积极鼓动法国向东方扩张。

---

[1] 中国近代经济史资料丛刊编辑委员会主编：《中国海关与中法战争》，中华书局1983 年版，第 11 页。

1878 年的柏林会议上，德国首相俾斯麦告知法国代表，德国将回击法国收复欧洲失地的任何企图，但乐意支持法国在海外扩张，因而法国从 1878 年起便加紧了在越南的行动。1879 年 6 月，法国驻越南海防港领事土尔克公开叫嚣说："法国必须占领东京（北圻）……因为它是一个理想的军事基地，由于有了这个基地，一旦欧洲各强国企图瓜分中国时，我们将是一些最先在中国腹地的人。"[1]

到 1880 年，法国已在河内和海防港驻扎了军队，并在红河沿岸建立了一些要塞。越南为了抗拒法国的推进，加强了同中国的联系，它不顾法国的反对，继续向清廷进贡，让法方感到头痛的是，曾为反清义士的刘永福创立"黑旗军"，深入越南，英勇抗法，更使法人感到焦头烂额。

在 1874 年法越签订《西贡条约》之前，刘永福所率领的黑旗军就与法军展开了斗争。对于《西贡条约》，法国人认为，这意味着已经在越南北圻建立了"保护制"。对此，法国海军殖民部长蒙塔那克曾经在给法国外交部长德加斯的信中谈到这一条约："我们目前的介入是为保护国制度作准备，以后保护国制度一定要明确地建立起来并得到公认。……安南王国今日已经孱弱不堪，它也承认自己已无力使其臣民对它俯首听命，因此它不得不接受一个大国的保护。我们在交趾支那所取得的权利，不允许听从除了我们之外的其他势力来对嗣德帝（越南国王阮福时）施加影响。……我们为在这个国家奠定法国统治的基础已经付出很多代价，因此，我们应当继续我们的事业。要做到既不冒进又永不偏离目标，尤其是我们不能走回头路，致使前功尽弃。"[2]

法国人建立的所谓"保护制"，要当越南人的"大哥"，已经深入到越南的黑旗军首领刘永福是抵制的。条约签订后，刘永福曾

1　董丛林：《李鸿章的外交生涯》，第 60 页。
2　廖宗麟：《中法战争史》，天津古籍出版社 2002 年版，第 75 页。

经给法国轮船"红河"号船长乔治写了一封信，信中说："我得对你说，既然现在法国与安南王已有一项条约，你们就能把你们买到的货物托付给中国人，他们可以自由地沿河到保胜，只是我不同意欧洲人的轮船和外国人到那里。假若中国商人偶然在途中遭到抢劫，我将负责赔偿他们的损失。但是，我还要重复一遍：如果欧洲船或欧洲人要来保胜的话，我声明我将以武力阻止他们，我们要看看谁能压倒谁。"[1]

对于法国人胁迫越南人签订的第二个《西贡条约》，越南方面实际上相当抵触，认为签订这个条约是上了法国人的当。1883年，主动前往越南帮助刘永福抗法的唐景崧在与越南官员阮文祥交谈时，阮文祥言语间流露出对这一条约的不满。

唐景崧问，听说法国人签订《西贡条约》，实际上是想把越南变成法国的附庸国，难道这个用意贵国不知道吗？

阮文祥回答说，法国人蓄谋已久了。但是，越南不会接受这个条约，下官观察到法国人以保护为名，实际上在侵吞越南的利益。阮文祥还说，关于《西贡条约》，已经向国王说明此事，不要批准这一条约。

后来，唐景崧又会见了越南的另一位执政官员陈叔仞，他也表达了相同的观点。

谈话中，唐景崧问："贵国与法立约，其第二款有并非遵服何国之语。在贵廷之意，以为如此措辞，则系自主之国，可与彼族平行。然措辞失当，遂使彼族得以借口。嗣后于此等语言文字，诸宜审慎。我皇帝天容地涵，未加责问。但恐贵国授人以矛，陷己之盾矣。"

陈叔仞说："此是立约之辰为他所赚，国王久已谴责。惟天朝包涵之量，不屑责问，而下国已自心愧矣。但已错过。……事已错

1 廖宗麟：《中法战争史》，第76页。

过，知悔则已晚矣，惟祈怜之恕之"。[1]

法国胁迫越南签订第二个《西贡条约》，清廷也是不承认的。但是，朝廷中也有一些人主张对法国人妥协，这些人中有恭亲王奕䜣和北洋大臣李鸿章。他们的理由很简单：经历了日本兵犯台湾、吞并琉球，大清国正在努力筹划海军建设，在海军建设和海防计划还没有完成以前就挑战法国，实在不是明智之举。

当时，中英之间因"马嘉理事件"也处于僵持局面，奕䜣与李鸿章认为，中国既然没有能力废止法国与越南的协议，又没有实力把法国从越南赶出去，对于法国是不能轻言开战的，以免酿成大祸。况且，第二次鸦片战争英法联军给大清带来的伤痛，使奕䜣、李鸿章等一些官员对法国仍是深为忌惮的。那么面对法国在越南的不断扩张，大清该怎么办呢？奕䜣、李鸿章主张对法国人妥协，通过外交交涉解决争端。

恭亲王奕䜣与李鸿章主张与法国谈判，他们的软弱之举遭到了朝廷中一些人的反对。嘲笑他们为失败主义。这些人中有自称为清流党的张之洞和张佩纶，还有恭亲王的弟弟醇亲王奕譞。

张之洞指责这些反对妥协的人说，一味姑息，只能会纵容敌人提出更多的非理要求；醇亲王在越南问题上跳得最高，也喊得最响亮。他说朝廷在越南问题上坚持立场，那么日本在朝鲜、俄国在满洲、英国在缅甸就不敢贸然行动。醇亲王还说，战争的胜负主要取决于人在勇敢与美德方面的素质，而非取决于武器，人的精神决定胜负。醇亲王嘲笑李鸿章说，法国人的贪欲是妇孺皆知的，窃虑李中堂为法，难道李中堂不清楚吗？想必是李中堂被法国人吓怕了，使得李中堂又来愚弄朝廷，使朝廷在越南问题上向法国人屈服。[2]

1 廖宗麟：《中法战争史》，第 77 页。

2 Lloyd E.Eastman, "Ch'ing-i and Chinese Policy Formation During the Nineteenth Century," *the Journal of Asian Studies*, XXIV: 4; pp.604–605.

张之洞、醇亲王等人还说李鸿章就是宋朝的大汉奸秦桧，是一个丧权辱国的无耻之徒。听到这样的声音，李鸿章很无奈，他对恭亲王奕䜣抱怨说："不当事之徒草率妄言，仆不胜其忧……彼等轻议政事，继之臧否人物，大多言语欺凌不堪。"[1]

虽然说大清的朝臣们对《西贡条约》的态度争论不已，比较扯皮，但在天朝尊严面前，没有一个人敢承认《西贡条约》。

大清与越南对《西贡条约》都不承认，对于条约的执行，就不能很好的履行了。在越南方面，仍然是反对法国侵略势力进入河内、海阳和东京地区的，他们不断制造困难，阻止法方实施条约上的有关条款；除此而外，中越之间的宗藩关系仍然得到履行，越南方面仍然不断派出使团向清廷朝贡。

既然中越都不能接受《西贡条约》，法国强逼的成果便成为一纸空文，最初，法国和清廷都希望通过谈判来解决。在1883年之前的谈判是总理衙门授权李鸿章谈判的，作为妥协派的李鸿章，在对待这个问题上也是想大事化小、小事化了。对于法越签订的《西贡条约》，李鸿章与恭亲王都认为是可以承认的。

李鸿章奉命是与时任法国驻华公使宝海交涉的，交涉的过程当然是极尽妥协之能事，双方达成了三项内容：其一，进驻越南的大清军队退回到中国境内，或在中越边境若干里之处驻扎，法国声明没有侵犯中国领土的意图；其二，中国在保胜设通商口岸；其三，中法双方在滇桂界外与红河中间划界，界北归中国保护，界南归法国保护。[2]这就是被史家所称的"李宝协议"。

但是，这些条件并没能使法国殖民扩张侵略分子感到满意。1883年2月，法国政府换成了更加贪婪的茹费理内阁。茹费理一上台就推翻了这个初步协议，并召回驻华公使宝海，另派驻日公使

1 徐中约：《近代中国史：1600—2000 中国的奋斗》，第 260 页。
2 王绍坊：《中国外交史：鸦片战争至辛亥革命时期（1840—1911）》，第 182、183 页。

脱利古为驻华公使，要他继续就越南问题与清廷交涉。

当年 6 月，脱利古到上海与李鸿章重开谈判，他对李鸿章说，中国不要再管越南的事情了，不得"视越为属国"。这样的要求李鸿章竟然也答应了。不仅如此，他给恭亲王报告交涉情况，说得很冠冕堂皇：现在军队驻扎在越南，这是要埋下中法冲突的隐患的。如果法越相争，战争很可能就会爆发，那样就会连累到大清。所以在交涉中，他同意"华不必明认属国，法不必明认保护"。但是对脱利古所要求的"中国不得帮助越南和承认法国在北越的地位"这两点，李鸿章则不敢明确表态。毕竟这时候朝廷中反对派的声音还是很强大的，李鸿章也担心自己成为众矢之的。因而，谈判没有取得结果。

虽然如此，朝中还是出现了指责恭亲王和李鸿章的声音。1883年 7 月，慈禧命令醇亲王奕譞会同办理法越事宜，这表面上是给主战派一个交代，实际上摆明了是对奕䜣的打击，支持奕譞向奕䜣夺权，而此举也可说是其后来罢免全体军机大臣的前奏。

1883 年 8 月，法军继续扩大侵略，继占领了河内之后向越南中部进发，目标是越南首都顺化。法军直逼京师，越南国王十分慌张，不得已和法国签订了《顺化条约》，承认法国对越南具有保护权。这个条约完全暴露了法国灭亡越南的野心。条约签订后，越南人民纷纷起来抵抗法军，大清朝野听说这个消息后更是十分震动，沿边将领都请求出兵抗法。如此局面，法国侵略者再次耍起了外交欺诈的伎俩。面对大清和越南人民的激烈反对，9 月 15 日，法国提出一个解决越南问题方案：建议在北越与中国边境划定一个中立区，中法两国都不得占领，开放中国云南蛮耗为商埠，大清军队从北圻完全撤出，清廷承认《顺化条约》。

这个方案当然是让人难以接受的。况且，此刻朝廷中主战的声浪十分高涨。9 月 24 日，慈禧太后专门召开了御前会议。当时，翁同龢说，"总以战备宜速，而讲（和）局亦未可中绝。应持者力持，应斡旋者斡旋"[1]，主张外交、备战两条途径应对。当天的御前会议上，十二岁的光绪帝第一次表达了自己的观点，他很认同翁同龢的观点，并表达了主战的倾向。这次御前会议后，翁同龢又向光绪帝说了李鸿章在与法国人的谈判中不顾法军侵占越南、只想与法国谈判代表脱利古议定划界通商之事，光绪帝听了，"亦令总署坚持不许也"，鲜明地表明反对对法妥协的立场。既然还是个孩子的光绪帝都反对妥协，总理衙门便提出了以河内为界，界北由大清保护的方案。这个方案，法方表示拒绝。交涉又终无结果。

交涉不能取得成功，在主战派的鼓动下，只有交战一途了。一个明显的动向是，慈禧太后令总理衙门对刘永福进行奖励，并令对刘军"军火器械，尤应多为筹援"。1883年11月初，清廷又明令两广"军政当局，如法军来犯，即予抗击"。12月中，法军进攻驻守在越南山西的清军，清军被迫实行抵抗。这样便开始了中法战争的第一阶段。

对于中法战争，我们可以把它划分为两个阶段。第一阶段是1883年12月到1884年的陆上作战阶段，作战区域主要在越南北部和红河三角洲一带；第二阶段是1884年到1885年3月的海陆作战阶段，战争在中国境内和越南境内进行。

在第一阶段，让大清朝野产生震动的有两大战役，一个是1883年12月的山西之战和次年3月的北宁之战，这也成为慈禧太后对恭亲王奕䜣下手的借口。

就说北宁之战吧，自从1884年3月7日法军由河内出发渡过红河，短短几天便攻克了北宁，驻守在这里的清军仓皇而走，越南太原省的大部分地区、谅山、郎甲等地先后被法军占领。败讯传来，云贵总督岑毓英率领的滇军也是不战而退，将滇军撤退到中越边境

---

1 孙孝恩、丁琪：《光绪传》，人民出版社1997年版，第64页。

的河口、保胜一带，如此一来，又使兴化、临洮、宣化也沦为敌手。

北宁之败，再一次说明了大清军事上的虚弱。得到清军败退消息的慈禧太后既震惊又愤怒，堂堂天朝军队经过洋务改革，怎么还是如此的不堪一击呢？她自然要有所表态。

慈禧太后以北宁之战恭亲王所用非人，又不能很好地执行朝廷的谕令，将其一路到底，逐出总理衙门。

1884年4月8日，清廷下达谕旨说，恭亲王奕䜣等人"始尚小心匡弼，继则委蛇保荣。近年爵禄日崇，因徇日甚，每于朝廷振作求治之意，谬执成见，不肯实力奉行。屡经言者论列，或目为壅蔽，或劾其萎靡，或谓簠簋不饬，或谓昧于知人。本朝家法綦严，若谓其如前代之窃权乱政，不惟居心所不敢，亦实法律所不容。只以上数端，贻误已非浅鲜，若不改图，专务姑息，何以仰副列圣之伟烈贻谋，将来皇帝亲政，又安能诸臻上理？"[1]因此，免去奕䜣、宝鋆、李鸿藻、翁同龢等人在总理衙门和军机处的一切职务，并说恭亲王身体不好，回家养病去吧，朝中的事情就不劳恭亲王爷费心了。

慈禧太后借山西、北宁战败之事将恭亲王一撸到底后，军机处和总理衙门出现了权力真空。怎么办呢？慈禧找醇亲王奕譞商议，奕譞本来就对总理衙门和军机处的权力虎视眈眈，但是，他因为是光绪帝生父的身份，不便入主军机处，他便举荐了礼亲王世铎担任领班军机大臣。

世铎实际上也是一个草包，军机首揆由其担任，不过是充当奕譞的傀儡而已。同时，在改组军机处的第二日，慈禧又发布上谕："军机处遇有紧要事件，著会同醇亲王奕譞商办，俟皇帝亲政后再降谕旨。"[2]这样一来，就为醇亲王奕譞后来的参政铺平了道路。

那么，奕譞进入权力中枢后，对法国采取强硬态度了吗？相较

1 萧一山：《清代通史》下卷，中华书局1986年版，第922、923页。
2 孙孝恩、丁琪：《光绪传》，第72页。

而言，奕譞所领导的军机处和总理衙门比其前任在对法态度上较为强硬，一些措施如拒绝对法赔款，对法宣战，也推动了中法战争的胜利，对后来的外交还是起到了一定的影响。

慈禧太后借北宁之败将恭亲王等人一撸到底，而后的清廷对法国入侵越仍战和不定。可以说，从 1882 年驻法公使曾纪泽奉命与法国外交部交涉到后来的李鸿章与法国驻华公使宝海谈判，再到中法战争第一阶段的北宁之败，中法和谈都是在徘徊不定、充满迷茫的状态中前行的。这一点，在海关任职的赫德与德璀琳都看在眼里，也在密切地关注着事态的动向。

1883 年 7 月 5 日，海关总税务司赫德在给金登干的信中写道："我看不出我们将怎样了结这件事，也不了解决定问题的权力究竟在谁那里。正像我前些日子电告你的那样，'厨子太多煮坏了汤'。总理衙门既不肯自己来处理，又不肯给李（在上海）或曾（在巴黎）'全权'，以确保或鼓励他们设法解决问题。……七爷（皇帝的父亲）全力主战，他的势力很大，并且日益增长，六爷（恭亲王）只好退到后面不作声。恭亲王既然保持沉默，李和其他有见识的人也就没有支持者，因此这个庞大帝国的利益，就完全掌握在愚昧骄矜的文人手中，而无法控制他们。给他们放手去搞是教训他们的唯一方法。但是在现在这紧要关头，和越南这样一个事件上，使他们接受教训，可能对整个国家是个可怕的灾难。"[1]

在战和不定的局势面前，清廷也很寄望于列强的调停，但现实并不是那么乐观。奉命在法国交涉的曾纪泽曾电告总理衙门说，各缔约国将不会承认法国在越南的保护国地位，也不会承认法国对越南的吞并。然而在现实的利益面前，英、德、美、俄等国为着自己的利益并不真正站在中国一方，它们宁愿牺牲中国而维护欧洲强国

---

[1] 陈霞飞主编：《中国海关密档：赫德、金登干函电汇编 1874—1907》第三卷，第 304、305 页。

在远东的共同利益。

就拿英国来说，英国通过不平等条约在中国获得了巨大的特权利益，它看重的是对华贸易受不受战争的影响、英国的经济利益受不受损失，因此英国人并不愿意看到中法冲突无限期地纠缠下去。但是，对于这场战争，英国人也不愿意中国在战争获胜，那样将鼓励中国人的反侵略斗志，从而削弱英国在中国的特权利益。

基于"欧洲的共同利益"和自身利益的考虑，英国在中法战争期间进行的调停是胁迫性的，一再压迫清廷接受法国的无理要求。同时，英国还要求法国对中国的战争不应该危害到英国的利益，而应该将军事活动限制在长江以南。那么，对于这场战争，德国又是什么态度呢？我们知道，在19世纪70年代初，德国与法国毕竟发生过战争，为了不使法国对德国进行报复，俾斯麦对法国在越南的殖民扩张采取了默认、纵容的态度。在俾斯麦看来，这样做有两方面的效果：一是，法国在远东的殖民扩张，必然使英国、俄国等殖民国家感到，法国危害了它们的利益，使其陷于孤立，从而导致法国的力量在欧洲削弱；二是，德国默认和纵容法国在东南亚的扩张，可以换取法国同意德国对他国的殖民扩张。赫德评价这种欧洲强国维护他们的公共利益时说，"虽然德国愿意看到法国被事件缠住了，但无论是它还是英、美都不会派出一兵一卒来帮助中国"。[1]

赫德对中法战争的态度，与本国的意见是一致的，既是维护英国商业利益的需要，也是巩固其海关权力的需要。他希望中法战事通过谈判终结，他的愿望是，希望法国在迫使中国满足其利益的基础上缔结条约。当然，李鸿章也希望尽快结束战争，缔结条约。在这一点，李鸿章、赫德的态度是一致的。他们都知道，战争持续下去，李鸿章将会失势。李鸿章毕竟是洋务派的代表人物，又是主张对外

1　陈霞飞主编：《中国海关密档：赫德、金登干函电汇编1874—1907》第三卷，第304、305页。

妥协的地方实力派大员，李鸿章对于列强的在华利益意义重大。这使赫德感到，中法交涉中，如果主战派取得胜利，李鸿章失了势，那对于西方和他把持的海关，都是不利的，因此积极推动谈判和制止战争以挽救李鸿章和海关是至关重要的。那么，同样作为海关主要人物的德璀琳对中法战争与中法和谈又是一种什么态度呢？

2. 李鸿章眼前红人德璀琳

中法和谈一开始，德国人德璀琳就在密切地关注着事态的进展。他和赫德为了各自的国家和自身的利益，甚至不惜明争暗斗，相互拆台，从而上演了海关里的两个具有影响力的洋员争夺外交调停主导权的多幕戏。

德璀琳从关注到参与中法和谈的过程，可以分为三个阶段。他回欧洲度假时为第一阶段，这一个阶段正值李鸿章与法国驻华公使宝海交涉，德璀琳在欧洲为李鸿章搜集法国方面的情报；第二个阶段是他返回中国后，遇到法国海军舰长福禄诺，促成了"李福协议"的签订。第三个阶段则是"李福协议"签订之后，直到《中法和约》（即《中法会订越南条约十条》）的正式签订。在这三个阶段中，德璀琳都积极活动，为李鸿章谈判发挥了重要作用，他个人的声望也由此达到高峰。

在第一个阶段中，1883年当中法战争爆发的消息传来，正在德国度假的德璀琳立即放下正在英国进行的鸦片专卖计划，只身赶往法国了解情况。随后又从巴黎返回伦敦，然后匆匆赴德，寻求列强各国对中国的支持。德璀琳这样做是否受李鸿章的指派，没有相关的史料印证，也无从得知。但是，赫德在伦敦的代理人曾写信汇报情况说，德璀琳经常同清廷驻法官员马建忠通过电报联系，而马建忠曾经是李鸿章的幕僚，又是好友。从这个层面讲，可以推断，德璀琳频繁穿梭于欧洲各国，可以说是为李鸿章搜集情报，寻求各国对中国的外交支持。

受聘于北洋海军的德国人汉纳根在给父亲的信中，曾提到德璀琳往返于欧洲的情况："我昨天在德璀琳处，他希望详细了解法国政府的计划，并且告诉我下述情况：法国人首先要争取占领东京（越南北圻）……占领东京之后，他们将向中国提出最后通牒，以此向中国要求尽可能高的战争赔款。如果遭到拒绝，进攻广州的战斗就将开始。他们相信仅凭海军就能够占领广州，使用很少的地面力量就可以强占主要的炮台……然后以将广州夷为平地来威胁当地居民，勒索税收。"[1]

汉纳根在给父亲的信中还提到，德璀琳在欧洲还了解到，法国人将进攻中国的海南岛和台湾。当然，这些消息也将通过德璀琳传达给李鸿章。此时，英国以保持中立的姿态，召回在北洋海军任总教习的琅威理，德璀琳也抓住这个机会，通过大清驻德公使李凤苞推荐德国人式百龄代替琅威理为北洋海军的总教习。

德璀琳的这些举动，自然引起了同样想在中法和谈中发挥影响力的赫德的注意。赫德要金登干密切关注德璀琳的行踪，金登干也努力这样做了。1883年6月8日，金登干在写给赫德的信中说，"德璀琳刚刚从巴黎来这里，他在巴黎住在'大饭店'。但他觉得那里不舒服，那里显然布置了人来监视他，并怀疑他是间谍，因此他来这里。不过，打算几天后再回那里去。他希望到达时见到宝海先生。他说他从最高当局那里得知脱利古先生有全权来与李（鸿章）友好地解决这事件，并就中国对安南的宗主权达成一项妥协。""我不知道在这件事上德璀琳自己干些什么，或他是否按照李的指示办事，我还不知道。但他几乎每天都与马建忠电报联系。"[2]

1　张畅：《华洋之间：德璀琳与近代中国——兼论近代来华侨民》，南开大学2007年博士学位论文，第105页。

2　陈霞飞主编：《中国海关密档：赫德、金登干函电汇编1874—1907》第三卷，第286页。

6月15日，金登干在给赫德的信中再次写道，"德璀琳11日他把驻巴黎的唐景星给他的来电拿给我看，电报催他立即返回巴黎，因为有与东京（越南北圻）有关的要事"，"德璀琳说他唯一的目的是努力防止战争，并说让您知道他（德璀琳）所获悉的关于李与脱利古谈判的情况可能是可取的。因此他将把他所知道的情况告诉我，由我按照我愿意的方式给您写信或发电。我说您或许已从吉罗福和总理衙门得知正在进行的全部情况，但德璀琳似乎认为不见得"。[1]

6月22日，金登干又给赫德写信说，"我想德璀琳之离开巴黎（如果他真的离开过）是因为他发现巴黎对他来说可能太热了，并且在目前情况下，他最好退出舞台"。[2]

通过金登干的频繁来信，赫德知道德璀琳在中法和谈之时频繁活动，但是德璀琳是什么动机和立场尚不得而知。他有一种担心，两个都试图为本国利益服务的人，李鸿章信任的德璀琳将在中法交涉中发挥作用。他在给金登干的信中这样猜测："德璀琳究竟是在这里捣乱以让俾斯麦占便宜呢，还是在帮法国侵夺东京（你知道他是埃克斯拉查佩勒人）？或是帮助中国方面不惜任何代价避免战争呢，或是为了他自己而排挤曾侯？或者仅仅是为了他自己对外交或秘密活动的爱好呢？"[3]

猜测归猜测，一个根本的问题是，赫德对德璀琳的活动大为不满。他很害怕因为德璀琳的缘故，德国影响力超过英国。赫德曾经对金登干说过他内心的真实想法："关于德璀琳，我知道他对中国很忠诚，这就是我放手让他大干的原因。不过他很喜欢他所强调的'内线外交'和总理衙门的策略，而且很自然地偏爱德国，这种偏

1　陈霞飞主编：《中国海关密档：赫德、金登干函电汇编1874—1907》第三卷，第292页。

2　陈霞飞主编：《中国海关密档：赫德、金登干函电汇编1874—1907》第三卷，第298页。

3　陈霞飞主编：《中国海关密档：赫德、金登干函电汇编1874—1907》第三卷，第529、530页。

爱有时是无意识的，而另一些时候则是有意识的。而且他完全有权对此让步，可是衡量一下英国和德国目前在中国的利益以及将来在东方的利益后，我丝毫无意对之给予大力支持。我必须在天津安置一个强有力的人，我倾向于安排一个英国人"。[1]

怀着这样的想法，赫德本想把德璀琳从天津调离，让他远远地离开李鸿章，不再产生影响。1884 年 2 月，德璀琳休假期满准备启程返回中国，他本来打算先回天津，可是他还在香港接到了赫德的命令，令他到广州海关任职。德璀琳一看这个命令就明白了，赫德是在排挤自己，他感到了前景的暗淡。然而，此时他在香港与法国海军舰队司令福禄诺的相遇，却使他的命运再度出现转机。

德璀琳与福禄诺的相遇，使得他在此后的李福谈判中开始发挥作用。虽然此前李鸿章与宝海谈判，签订了"李宝协议"。但是法国政府对此并不感到满意，遂不承认"李宝协议"。

法方抛弃了"李宝协议"后，虽然局势骤然紧张，但在李鸿章的努力下，双方并没有放弃谈判的努力。1883 年 6 月，法国新内阁改派脱利古为驻华公使，取代了宝海。他到中国后，中法之间在上海又进行了多次会谈。可是由于法方不断提出无理要求，清廷不得不态度强硬起来，使得谈判破裂，双方都开始增兵备战。

在李鸿章与脱利古谈判期间，曾纪泽则在法国继续与其外交部交涉，但是由于曾纪泽的强硬态度，交涉同样没有成功，但这却引起了李鸿章对曾纪泽更加不满。对于中法交涉，说实在话，李鸿章是不愿意与他人平分秋色的。在上海与脱利古会谈之初，就曾建议清廷特简"洞达时务之大臣驰往法国"，以取代曾纪泽，被清廷拒绝。曾纪泽也在极力争夺对法交涉全权而排斥李鸿章。当李、脱上海谈判中断的时候，曾氏乘机向法国方面强调："李鸿章实际上并未负有任何正式的使命"，法国政府"只可真正地与总理衙门或有

---

1 陈霞飞主编:《中国海关密档: 赫德、金登干函电汇编1874—1907》第三卷，第130页。

谈判必要的全权的我商议"[1]。

本来，曾纪泽在法国态度强硬，引起法方不满，现在李鸿章与曾纪泽在外交谈判上态度不一，这就为曾纪泽被撤换埋下了伏笔。特别是曾纪泽在给德国报纸的信函中，公开将中国军队在越南山西的败绩与普法战争中法国皇帝被掳、法军覆没的色当一役相对比。法国朝野认为这是对法兰西的极大羞辱，因而掀起了驱逐曾纪泽的喧嚣。

"李宝协议"被抛弃后，李鸿章继而又与脱利古谈判，仍是毫无进展，而后的北宁之败为法国进一步提出要求、并驱逐曾纪泽提供了条件。北宁之败后不久，法国海军"伏尔他"号军舰舰长、水师总兵福禄诺给李鸿章写了一封信，让海关总税务司赫德代为转交。福禄诺在信中提出了四项议和条件：一是中法订立"南省通商章程并税关规则"；二是承认法国保护越南，但措词可以"顾全中国体面，不致中国朝贡之邦，少失天朝应有威权"；三是驻法公使曾纪泽"办事未妥"，宜迅速撤换；四是"如果与法国实心敦睦"，早日议和，兵费可以"极力相让"。

福禄诺在信中提出议和条件的同时，还不忘在信里外交恐吓："中国南边三省素有内匪，现既与法国交界，法国如肯接济乱党，中国之边疆必永无肃清之日矣。"

福禄诺信的末尾说，关于中法谈判所提条款均系自己的个人意见，并没有向法国政府报告，也未得到任何批示。

试想一下，国际关系中，任何一个外交官的一言一行，都代表着本国的利益乃至形象，福禄诺作为临时启用的外交官，之前他名不见经传的不过是一名军方的团级干部罢了，他之所以敢如此张狂，当然是代表着法国政府高层中一些人的意见。

果然后来，李鸿章邀请福禄诺到天津谈判，福禄诺向其政府和

---

1 苑书义：《李鸿章传》，人民出版社1991年版，第264页。

外交部请示意见。需要说明的是，他虽然级别不高，但却与法国新任总理茹费理有着很好的私人关系。茹费理对他自然很是信任，便指示外交部按福禄诺的意见办。

这些情况，作为大清参与外交的重要官员李鸿章自然不知，他看了福禄诺的信函后，先是被这种外交讹诈吓住了，也是想息事宁人，尽早从法越矛盾的漩涡中摆脱出来。

当然，这里还有一个深层次的原因，就是当时中日两国为朝鲜问题而矛盾冲突不断。李鸿章认为，应该集中更多的力量来对付日本的咄咄逼人，他在给总理衙门的报告中阐述了这种观念："似将来此事收束，亦祇能办到如此地步（若此时与议，似兵费可免，边界可商；若待彼深入，或更用兵船攻夺沿海地方，恐并此亦办不到）。与其兵连祸结，日久不解，待至中国饷源匮绝，兵心民心摇动，或更生他变，似不若随机因应，早图收束之有裨全局矣。"[1]

正在李鸿章希望尽快结束中法谈判之际，当他得知德璀琳见到了福禄诺，又得知二人是好朋友，立即感到德璀琳将可能在谈判中发挥重要作用。德璀琳与福禄诺是1880年在天津认识的，那时福禄诺正指挥一艘法国军舰在天津过冬，中法战争也还没有爆发。正急于训练他的北洋海军的李鸿章，便想通过德璀琳向福禄诺表明，李鸿章想聘请他为北洋海军的教习。尽管这个要求没有被福禄诺接受。然而，德璀琳和福禄诺二人在交往中却建立了很好的友谊。

现在二人在香港相见，很有些老友重逢的意味，福禄诺特意邀请德璀琳登上"伏尔他"号军舰一同前往广州。在前往广州的路上，德璀琳与福禄诺谈了中法战争的形势与和谈解决的前景。这次谈话，福禄诺向国内做了汇报，德璀琳也向他的老朋友李鸿章做了汇报。他在给李鸿章的信中说，愿意为结束中法之间的冲突做些事情。德

---

1 中国史学会编：《中国近代史资料丛刊：中法战争》第五册，上海人民出版社1957年版，第306页。

璀琳在信中还说，"就目前形势来看，作为总督和法国的朋友，他对双方的利益了解得都很清楚，他将寻找解决目前困境的方法并结束当前使法国蒙受巨大损失的冲突……"[1]。

德璀琳想调和中法冲突，李鸿章正有此意；福禄诺也知道德璀琳与李鸿章的关系，也是欣然接受。但是此时福禄诺还没有被授予法国方面的全权，于是二人便开始了私人间的洽谈。

福禄诺先将他所知道的法国政府的态度告诉德璀琳，法国政府要求：清军立刻从越南全境撤出；承认法国与越南签订的条约；赔偿法国军费，如果清廷拒绝的话，法军将占领中国的一个岛屿或者港口作为抵押；将曾纪泽从巴黎召回作为谈判的先决条件。这些要求也证实了之前德璀琳在欧洲获取的情报是准确的。

3月31日，德璀琳和福禄诺抵达广州。本来，德璀琳是应该在这里就任的，可是他另有盘算，就是希望通过李鸿章重回天津。他在广州给李鸿章发了个电报，汇报了他与福禄诺进行商谈的经过，再次表明了希望为中法和谈做些事情的愿望。李鸿章接到德璀琳的电报后，立即向总理衙门做了汇报，告知总理衙门法国海军军官准备与他商谈中法越南纠纷之时，因为德璀琳是福禄诺的好朋友，所以李鸿章在奏报中也表示希望德璀琳也参与谈判。

此时，在广州的德璀琳利用拜会两广总督张树声的机会，也向他陈述了从福禄诺那里了解到的情况，并说法国人可能准备进攻广州。张树声也不想让广州再遭受战火蹂躏，慌忙给李鸿章打电报，要他奏明朝廷，尽快召回德璀琳参与谈判。清廷接受了李鸿章的奏请，同意德璀琳协同李鸿章与福禄诺进行谈判。于是，李鸿章给德璀琳发电，要他速回天津。

4月7日，德璀琳从广州即刻北上天津，这个举动使赫德始料未及，他预感到德璀琳可能发挥作用，在给金登干的信中写道，"法国海军司令非正式地通过他提出条件。是不是法军司令以为德璀琳对李个人有很大影响（这是德璀琳的解释），或者他觉得这些条件通过一个德国人提出，就会显得更有力量？因为这样看上去仿佛为德国所支持（这多少是我的看法）。"[1]

不管怎么说，这是德璀琳的胜利，他借助中法和谈摆脱了赫德为他预设的暗淡前途。在德璀琳的人生中，他似乎总能公私兼顾，一方面他参与中法和谈既是为李鸿章服务，也是为尽早结束中法冲突而做出努力，当然也达到了摆脱在炎热的南方口岸度过他人生的灰暗时光。他终于得以回到天津，继续对李鸿章产生影响。

德璀琳回到天津后，他与李鸿章就和谈事进行了商谈。然后，李鸿章给总理衙门写了一个奏函，并附上了福禄诺提出的议和条件。李鸿章说，"似将来此事收束，亦只能办到如此地步。若此时与议，似兵费可免，边界可商；若待彼深入，或更用兵船攻夺沿海地方，恐并此亦办不到。与其兵连祸结，日久不解，待至中国饷源匮绝，兵心民心动摇，或更生他变，似不若随机应因，早图收束之有裨全局。"[2]

看到李鸿章这样的奏函，正为局势感到焦虑不安的慈禧太后和醇亲王奕譞便决定重启谈判了。

1884 年 4 月 28 日，总理衙门根据李鸿章的电奏，撤换了驻法公使曾纪泽，由许景澄为出使法、德、义、奥等国大臣。

清廷要李鸿章全权负责与法国人谈判，怎么谈判、谈判中应该注意哪些事项，也不能由着李鸿章的性子胡来，毕竟朝中主战派的声音也是很强烈的。因而，朝廷在撤换曾纪泽两天后，专门召开了一个御前会议，已经 14 岁的光绪帝也在座。召开会议的目的就是讨论李鸿章应该如何与法国人谈判。

1　陈霞飞主编：《中国海关密档：赫德、金登干函电汇编1874—1907》第三卷，第523页。
2　刘培华：《近代中外关系史》上册，北京大学出版社1986年版，第318页。

会议中，兵部尚书彭玉麟认为，李鸿章应该根据国际法与法国人据理力争，他说："查万国公法，有可节取者，在战分义与不义一节，如兴不义，伤害天理，不独可以理喻，并可以力止等情，深与齐人伐燕之义暗合，亦足以征万法之公也。"[1]

彭玉麟最后还信誓旦旦地对慈禧太后保证说，如果李鸿章交涉不成，那么大清根据国际公法与法国人交战，也是符合公理的。两江总督左宗棠也认为，彭玉麟的说法很有道理，他对李鸿章的妥协外交表达不满，主张中法在越南划界而治，北圻、南圻分属中法保护；如果法国不答应，大清还是应该以战而争取主动的。

这次会议根据大臣们的意见，总理衙门制定了几条应该注意的事项：第一，越南为中国传统藩属，关系到大清尊严，这一点一定要维护，断不能因为现在法越签订有《西贡条约》与《顺化条约》而就"致更成宪"；第二点，关于通商之事，如果是在越南境内，是没有什么紧要的，"如欲深入云南内地，处处通行，将来流弊必多，亟应预为杜绝"；第三点，刘永福黑旗军，抗法固然为法人所恨，有助于伸张大清士气，但也不能任其为所欲为，助长骄矜之气，将来难以控制；第四点，法人侵占越南，本就违背公理，现又提出赔偿兵费，"不特情理所必无，亦与各国公法显背"。[2]

这四条关系到中法谈判的大局，因此慈禧太后以光绪帝名义谕令李鸿章在这些问题上一定要据理力争。

按说，根据这些原则李鸿章只要坚持底线就可以了，但是他被对手的讹诈吓怕了，因而在谈判中处于不利地位。在清廷就和谈商讨应对方法之际，德璀琳受李鸿章的委托前往烟台迎接法国谈判代表福禄诺并奉命与之谈一些事情。至于谈什么事情，赫德在给金登干的信中猜测可能是商务事宜。

1 中国史学会编：《中国近代史资料丛刊：中法战争》第五册，第379页。
2 王彦威、王亮编：《清季外交史料》第一册，卷四十，王敬立校，第27页。

4月27日，赫德给金登干的信中写道，"明天德璀琳将去烟台会晤福禄诺，并和他商定一些事情，所以在两个星期左右就可能达成一项办法。德璀琳给我来了两封短信，除了说召回曾侯是必不可少的条件外，没提什么别的"。[1]

赫德猜测，法国人将会提出一些令人难以接受的条件，他甚至认为这也可能是李鸿章为什么让德璀琳帮助的原因：

> 海军方面的条件必然是非常高的，也一定比茹费理所认为能满意地解决争端而肯同意的条件为苛。也许这些海军军官们正在暗笑法国竟这样地利用了一个德国人，暗笑中国因为一个德国人公然站在法国这边而受到恐吓，或者暗笑中国因为信任一个德国人，而为他所欺，以为法国海军所提出的是能得到的最好条件。因此我想要知道：一、茹费理是否要求撤回曾侯？二、他是否坚持要赔款？三、什么条件他真能接受？如果我能够确知茹费理关于这二点的意图，我可以在这里暗中插手，或者是支持德璀琳的谈判（如果这是最好的办法的话），或者是推翻它们（如果法海军是在擅自行事，我确信是这样）！如果你能电告召回曾纪泽和赔款并非必不可少的条件，和茹费理认为如何即能满意，我将电告你向法方提议发电报授权谢满禄进行谈判，而在一两个星期内在这里解决问题，也许这样可以使中国能得到比天津谈判更好的条件。当然也有可能（像借外债那样，北京政府宁可让各地方政府出高利息去借，而不愿自己出面用较低的利息去借）北京政府宁愿让李出头谈判，接受比较苛刻的条件，而不肯自己出面，按比较容易接受的条件解决问题。但茹费理也可能已对法海军的方案给予支持，因而使德璀琳的谈判成为和

---

[1] 陈霞飞主编：《中国海关密档：赫德、金登干函电汇编1874—1907》第三卷，第529页。

平解决的唯一途径。我的目的是帮助中国，那就是说，或者是支持德璀琳，或者是推翻法海军的计划。[1]

显然，在德璀琳参与到中法谈判之时，赫德也在关注着事情的进展，并试图插手。但是李鸿章并不希望他插手。这样，这一阶段的中法谈判在德璀琳的协助下，在李鸿章与福禄诺之间开始进行。

5月5日，福禄诺在德璀琳的陪同下抵达天津，准备与李鸿章展开谈判，这天晚上，德璀琳拜见了李鸿章，向其汇报了与福禄诺一路同行了解到的情况，德璀琳说："该国众议均以兵费必须索赔，福意欲稍减让，该税司屡阻不可。盖闻其密计，法提督孤拔、利士比等遍查中国沿海防务，闽、粤、江、浙罅隙颇多，若乘此夏令越南暑瘴之际，移调水陆来扰，必可随意攻夺一二口岸，为要索巨款得地步，其意尚不在此也。"[2]

果然，法国人提出的索赔兵费不过是欲盖弥彰罢了。5月6日，谈判一开始福禄诺便咄咄逼人地提交了一个条约草案。草案共三款，其中第一款中说："法国约定尊重保护中国南省毗连北圻之疆界，以防阻一切之侵略。"

如此条款，李鸿章问，这对中国有什么好处呢？福禄诺说，如果将来他国与中国开战，法国虽然不能暗地里与中国订立盟约，但保证订立条约后，不再侵犯中国。

李鸿章听了福禄诺这样的解释，很是高兴，认为这样可以一劳永逸地解决问题，但是他忘了，这一条规给大清留下了很大的流弊，这为法国将来觊觎中国云南提供了借口。

第二款中说："中国既得法国正式保障其南境之安全，当自北

1　陈霞飞主编：《中国海关密档：赫德、金登干函电汇编1874—1907》第三卷，第529、530页。

2　廖宗麟：《中法战争史》，第379、380页。

圻将其所有军队撤退，并尊重法越间已订未订各约。"

这一款又是"尊重"，实际上是强逼清廷承认《法越条约》，要求大清放弃对越南的宗主权地位，措辞虽然委婉，但李鸿章还是一眼看明白了，这是在绞尽脑汁逼中国就范。然而，对于这一条款，李鸿章是这么想的，法越之间建立所谓的"保护"关系，对中国并没有什么妨害，朝廷虽然表示要维护对越南的宗主权地位，维护天朝尊严，但是并没有积极表示，因而，对于福禄诺提出的第二款，李鸿章表示接受。

但是，李鸿章也认为天朝的脸面还是很重要的，因而，他对福禄诺说，《法越条约》中第一条有"大南国（越南）有与任何国交通，必由大法国掌管，其事不论何国，即如大清国，亦不得预及南国之政。"[1]这一条违背大清体制尊严是必须要删改的，因为他也明白，从慈禧太后到朝中的大佬们，甚至他李鸿章，大家都承担不起放弃宗主权地位辱没体制的罪名，特别是以条约的形式固定下来。

根据李鸿章的建议，福禄诺将这一条款作了附加，增添了"法国政府约定与越再议新约不插入伤碍体面字样，该约将以前法越所立关于北圻各约一律取消"[2]的新条款，这样的更改，使李鸿章感到满意。

第三款就是要求大清赔偿军费问题，因为谈判前朝廷有交待，关系到大局，李鸿章不敢接受。这一条款本来就不是交待的重点，福禄诺知道在这一点上的僵持，也不是法国方面的交涉初衷，因而又向李鸿章表示："万不得已，只可另添一款如下：'因感中国和商之意，及办理此约李大臣热烈之忱，法国不向中国要求赔款，中国亦应于其与北圻接壤之边地许法越与华自由贸易无阻，并约定将

1　台北故宫博物院编：《清光绪朝中法交涉史料》卷六，台北文海出版社1967年版，第33页。

2　邵循正：《中法越南关系始末》，河北教育出版社2002年版，第157页。

来订立通商专约，中国方面须格外通融，使法国得到可能内最大之利益。"

这样的条款，李鸿章征询了德璀琳的意见。德璀琳坦率地说："现在中国面前有两条路可走，一条就是不放弃越南，在越南问题上与法国争利；还有一条就是放弃越南，体面的结束战争。"既然大清不想放弃越南，对于福禄诺的提出广东、云南通商的要求，还是可以谈判的。

根据德璀琳这个意见，李鸿章便派德璀琳以及曾经留学法国的马建忠继续与福禄诺商议订立条约，他则于6日晚就交涉的情况以电报的形式向慈禧太后和总理衙门作了汇报。电文中，李鸿章避重就轻，说谈判相当顺利，与朝廷谕旨尚不违背，法国人只求商务有益，并没有在兵费问题上过多纠缠。

慈禧太后看了李鸿章的电报，长出了一口气，认为李鸿章办事还是牢靠的。5月8日，她发布上谕说，李鸿章办理外交还是能够维护朝廷大局的。至于朝中主战派对他的指责，慈禧太后又说，李鸿章办理外交虽然有不当的地方，但他办理海防有年，"尚无十分把握，不免予人指摘之端，朝廷实事求是，现经责成该署督与法人讲解，总以办理是否得宜定其功过，并不以人言为转移"[1]。最后，慈禧太后又对李鸿章说了一通劝勉的话，要他戒骄戒躁，"益存戒惧之念"。

此时，福禄诺也就谈判内容向法国政府作了汇报，并请求赋予他签约全权。茹费理看了电文后，即电告福禄诺，政府同意授予他全权，但要他了解李鸿章是否具备签约全权。

李鸿章虽然是首席谈判代表，但他十分清楚，签订条约，搞不好是要惹祸上身的。既然法方要了解他是否具备签约全权，他便又给总理衙门作了汇报，他并没有直接要权，他希望的是朝廷主动赋

1　台北故宫博物院编：《清光绪朝中法交涉史料》卷十五，第12页。

予他全权，那样捅了篓子，朝廷也不好怪罪于他，这正是他的聪明和狡猾之处。他把条约条文和法国人要大清派出具备签约全权大臣的要求电告了总理衙门，并作了说明：

> 伏查四月初十日密谕各节内：（一）越南职贡照旧一节，已隐括于第四款……内。据福禄诺云，法已派驻京新使巴德诺往越，如蒙准行，伊可电达外部令巴使与越王另议，将甲戌及上年约内违碍中国属邦语义，尽行删除，不肯明认为中国属邦也。（二）通商一节已包括在第三款……之内，既云边界，必不准深入云南内地明矣。（三）至刘永福一节，彼未提及，我自不应深论。盖刘永福本系越将，前守山西，及协剿北宁，均被大创，法人视之蔑如，似在无足轻重之列。将来若派使会议及此，再与酌定安置之法，亦未为晚。[1]

老实说，李鸿章这个电报，没有完全说实话，而有敷衍慈禧太后和总理衙门的嫌疑，目的当然是希望尽快从中法交涉的漩涡中摆脱出来。条约第二款中有"尊重法越已定或未订立条约"，这明摆着是要大清承认放弃对越南的宗主权，这是中文的版本，而法文的版本是不过问"法月已定或未定的条约"。在条约的第四款中说，法方为尊重大清体面，承诺不再条约中明言否认中越的宗藩关系，但是却提出了越南不得再向大清朝贡，而中文版本却隐去了这一节。至于通商一款，朝廷有交待，只能许以在越南境内互市，李鸿章虽然口气强硬，但还是答应了可以在云南、广东两地通商，这一点在给朝廷的电文中并没有言明。电文中大书特书的就是法国人放弃了兵费索赔一项，这一点表面上看似李鸿章取得了胜利，但是通商乃至随后的通商地领事权都使法人所获甚多。

1 邵循正：《中法越南关系始末》，第160、161页。

慈禧太后与总理衙门看了李鸿章的电文后，认为还算说的过去，因而下谕旨又说："与国体无伤，事可允行"，并赋予李鸿章签约全权。但是，李鸿章接到谕旨后，他又有些后悔了，前番电文没有说实话，事情总是要大白于天下的，到那时朝廷追究下来，又该如何交待，想到这里，他当然害怕。

5月10日，李鸿章接到朝廷谕旨的当天，他为即将签订条约感到不安，便想反悔，不想签字。他又派德璀琳会见了福禄诺，提出条约内文尚不成熟，还有许多需要修改的地方，希望能与福禄诺重开谈判。而5月11日就是签字的日子，现在李鸿章却提出这样的要求，这让福禄诺非常气恼，无论如何不能接受。但是德璀琳毕竟是一个外国人，也与他有一定交情，也知道他不过是一个传话的人，便不好当面表示态度，他给李鸿章写了一封信，要德璀琳代为转交。

福禄诺在给李鸿章的信中说，自己已向国内报告，准予5月11日签约，并声明草约已经议定，"不能改易一语，无可再商。"信中，福禄诺仍然玩起了列强一贯外交诡诈的伎俩，说李鸿章如果不肯签约或者延期签约，他将在三天之后离开天津，之后一旦发生战端，则不是他和李鸿章所能左右的了。

李鸿章收到德璀琳转来的福禄诺写给他的信，知道法国方面态度相当坚决。德璀琳也劝他应该接受条约，不值得使谈判破裂，使中法之间再陷入冲突。这样，感到无可奈何的李鸿章只好不情不愿地于5月11日下午与福禄诺签订了条约，这就是《中法简明条款》。条约的签订，李鸿章认为与德璀琳的积极调停、帮助有很大关系。他在签约的当天，向朝廷汇报了签约的情况，并为德璀琳请功。6月5日，清廷颁下谕旨，授予德璀琳双龙三等第一宝星，以示对他从中转圜的奖励。

3. 无可奈何的赫德

《中法简明条款》的签订，看似在德璀琳的调停和帮助下获得了成功，也让各国感到和平的曙光正在来临。赫德在给金登干的信中写道，"中法争端是解决了，条件是所能希望中最易行的，简单地说，就是承认现状，这正是'谁能抢就抢，谁能抢到手就算是他的'！这条约是我所见到的最奇特的一种。字面上看到的全不是真的，真正的意义在字面上是一点也找不到的，它读起来倒像是李对法所得胜利的一个公告，而不是中国失败的记录。它让与法国的比法的议会的议案所要的还多。我认为它给了法国一张在安南的空白支票，而且是走向法国的中国保护国的第一步！（条约的第一款规定法国将保护中国在安南的边境不受任何侵犯，第二款说中国承认顺化越廷与法国已订的或将订的所有条约，第三款说法国为了表示对李的明智的尊敬不索取赔款！）我高兴我们将得到和平，但我不赞成这条约，我认为德璀琳的活动虽然是成功了，但这是令人遗憾的！"[1]

赫德所言可谓切中要害。那么，赫德是在为中国感到惋惜鸣不平吗？虽然，他话语间对德璀琳的成功调停有更多的嫉妒成分。中法争端的"解决"是如此的轻而易举，交涉的过程也完全排斥了他，李鸿章在德璀琳的协助下两三个小时就谈妥了如此重要的问题，这不能不使赫德感到嫉妒和一种被冷落之感。他没想到德璀琳作为自己的一个属员，当然也是自己的竞争对手，竟然有这么大的能量。德璀琳自《烟台条约》与李鸿章结识以来，很得李鸿章的信任，也一直与李鸿章保持密切联系，这种关系也进而削弱了赫德对清廷的影响。面对这样一个具有强大竞争力的下属和对手，他的嫉妒也许发自内心的一种本能。

5月28日，德璀琳在天津谈判后到京与赫德见面。谈话间他

1　陈霞飞主编:《中国海关密档: 赫德、金登干函电汇编1874—1907》第三卷, 第541页。

向赫德有声有色的叙述了他促成中法签订合约的经过：他如何在 3
月间去香港，如何在哪里见到法国海军舰长福禄诺，后者如何邀他
密谈中法局势，他又如何带着福禄诺致李鸿章的密信急速赴津，到
天津后又如何促成了福禄诺与李鸿章签订《中法简明条款》。德璀
琳说得眉飞色舞，赫德听得垂头丧气，这使赫德越发地感到自己被
冷遇了，瞧着德璀琳因陈述故事而显得精神焕发的脸，赫德不禁暗
自思忖："每个人都有他得意的时候，我的得意日子也许快完了吧"。[1]

　　然而，一个现实的问题是，虽然德璀琳促成了《中法简明条款》
的签订，但这并不意味着这个条约将付诸实施。条款上存在的一些
分歧，很快使中法之间又发生了一场冲突，这也使赫德这个一直关
注着中法和谈的人，有了机会参与到中国和谈的行动中来。

　　李鸿章与福禄诺签定的《中法简明条款》共五款，第一款：中
国南界毗连北圻，法国约明无论遇何机会并或有他人侵犯情事，均
应保全护助；第二款：中国南界既经法国与以实在凭据，不虞有侵
占滋扰之事，中国约明将所驻北圻各防营即行调回边界，并于法越
所有已定与未定各条约，均概置不理；第三款：法国既感中国和商
之意，并敬李大臣力顾大局之诚，情愿不向中国索偿赔费。中国亦
宜许以毗连越南北圻之边界，所有法越与内地货物听凭运销，并约
明日后遣其使臣议定详细商约税则，务须格外和衷，期于法国商务
极为有益；第四款：法国约明现与越南议定条约之内，决不插入伤
碍中国体面字样，并将以前与越南所立各条约关涉东京者尽行销废；
第五款：此约既经彼此签押，两国即派全权大臣，限三月后，悉照
以上所定各节，会议详细条款。再，此约缮中法文各两份，在天津
签押盖印，各执一份为据，应按公法通例，以法文为正。[2]

　　对于这一条约的签订，李鸿章轻描淡写地把法国侵略者所追求

1　卢汉超：《中国第一客卿：鹭宾·赫德传》，第 124 页。
2　中国史学会编：《中国近代史资料丛刊：中法战争》第七册，第 420 页。

的两项主要侵略目的都说成是于中国无害的事，更大放厥词地发挥他的投降主义理论，说什么"凡事虑敌之要挟，不如行之于敌未要挟之先，谓之意自我出也；畏敌之决裂，不如先示以我无决裂之志，俾其计无所施也"[1]。

说句白话，李鸿章就是要采用主动的方式去迎合侵略者的贪欲。什么"国体"，什么尊严，于他而言都可以忽略不计。

还别说，李鸿章的脸皮还真够厚的，后来条约的签订，他说成是自己与法国人交涉索取的成果。说福禄诺原议仅三款，是他与之"再四推敲，酌改数次，始能办到如此地步，实已舌敝唇焦"。

短短几天，谈判便宣告完成，老实说，法国人也是很急迫的。那么，福禄诺为什么急于与李鸿章签订《中法简明条款》呢？在他看来，条约最重要的是第二款了。后来，福禄诺在议院听证会上曾经这样解释说：签署了这一条款，就标志着清廷最终放弃了它对越南的宗主权，以后，这一宗主权就成为纯粹的历史回忆而已。如果把这一点与允许大清在越南驻军的"李宝协议"相比较，那么就可以衡量出，由于签署这一条款，法国在几小时之内走过了多么长的历程，这是巨大的一步。这一宗主权曾在外国报刊和各国大使馆中被经常地提到，把它视为不可逾越的障碍。现在问题已不复存在了，再也没有人谈到，再也没有人想到此事，它已被人遗忘了。以至后来无论发生什么事情，也没有一个人再拿中国的宗主权作为反对法国的理由了。

《中法简明条款》的签订，大清对越南宗主权地位的被颠覆，法国堂而皇之的成为越南的保护国。按说法国人应该心满意足了，可是条约签订后第三天，法国人又变卦了。症结仍然是第二款。既然白纸黑字的说明要大清军队撤回中越边界，法国方面便很想尽快实现这一条款。但是遗留的问题是，双方并没有规定明确的时间表，

---

1 王绍坊：《中国外交史：鸦片战争至辛亥革命时期（1840—1911）》，第 186 页。

清廷当然想在这个问题上装糊涂。可是，5月14日，福禄诺接到国内的电报，茹费理指示他与李鸿章重新交涉，中国军队应立即从越南撤出。

接到这样的命令，福禄诺也有些为难。毕竟条约才刚刚签订，墨迹还没干呢。为了撤军时间问题要重开谈判，而他曾经对李鸿强硬表态："不能改易一语，无可再商。"现在不是自打嘴巴吗？但是总理有指示，即便私交再好，他也不能不按照指示办。

5月17日，福禄诺一改往日骄横的做派，亲自到李鸿章府上拜会。一番寒暄客套之后，福禄诺厚着脸皮说明了来意，希望就简明条款第二款进行修改。怎么修改呢？福禄诺当然有所准备，他把事先写好的修改内容交给李鸿章看。内容是："该国应保护北圻全境。提督米禄拟二十日后即派法兵或越兵前往高平、谅山；四十日后前往保胜至红河两岸。无论何处，宜调置法兵或越兵前往攻击黑旗或其他匪党，中国兵营宜限时退出。"[1]

李鸿章很有些大多数中国人的礼仪之道，"伸手不打笑脸人"。既然福禄诺礼恭来访，他也不好意思恶语相向。他当时没有表态，只是东扯葫芦西扯瓢的说了一些无关紧要的话题。事后他感到急着上奏章不妥，闹不好朝廷怪罪自己办事不力，又拖了近一个月的时间。到6月16日，李鸿章给总理衙门上了《论边兵退守》的报告，报告说在《中法简明条款》签订之前，法国谈判代表福禄诺已经发现两个遗留问题，即撤军的时间表和黑旗军的问题，希望将这两个问题补充在条款之内，并说他已经同福禄诺进行了交涉。

法国人这个违反外交惯例的举动，大清王朝的头头脑脑们是什么态度呢？本心而论，从慈禧太后、总理衙门甚至李鸿章这样的妥协派，都是希望在撤军问题上采取"拖"字诀的。就说李鸿章吧，在中法谈判前，他很想早日脱身，所以妥协；但是一味妥协，迁就

1　中国史学会编：《中国近代史资料丛刊：中法战争》第四册，第100页。

法人，他又担心朝廷怪罪，内心又是矛盾的。况且，在越南问题上，一旦撤军，大清就真的处于被动地位了。这一点他在交涉之初就看得明白，也想采用变通之法改变局面，他给总理衙门提建议说："查桂军退扎谅山、滇军退扎馆司、保胜，皆近边界。此约倘蒙许可，只须密饬边军屯扎原处，勿再进攻生事，便能相安，亦不背约。"[1]

《中法简明条款》虽然已经签订，虽然没有规定明确的撤军时间表，但李鸿章又认为福禄诺所提要求是合理的，他后来在给潘鼎新的信中说："原约调回边界，福酋临行又请限期撤兵，鄙固未允，然不得谓非照约行事也。"既然有这样的想法，李鸿章就不会坚决明确地加以拒绝，而用清朝官场惯用的"含糊应对"办法，既不应允，也不驳回，想敷衍过去了事。5月18日，李鸿章致函潘鼎新谈及他与福禄诺交涉此事情形："法人日催照约办理第二款，中国将所驻北圻各防营调回边界。初以为桂军退谅山、滇军退馆司、保胜，均离边界不远，但扎原处即可相安。而法外部虑我军不尽调回，或有寻衅生事，该国现扎越南水陆各军即不便抽撤，昨令福酋来告：何日全调回本境，该国即派兵前往高、原、谅山等处设防；届时若华军未回，当限以十二时后退出，否则难免攻击之事云云。鸿答以两国和局既定，只可委婉商办，不能逞强，俟我通知边境带兵大员酌办。惟谅山距粤界仅数十里，我军驻扎，何碍尔事，断不可冒失，致彼此误会。"[2] 由此可见，李鸿章的心态是矛盾的。

矛盾的心态使李鸿章既未明确拒绝，又未向福禄诺表明撤军的时间表，李鸿章本想就这么拖着，可是6月23日发生了一件事：法军突然向谅山挺进，与驻守在这里的清军发生了冲突，这就是"观音桥事件"，也称"北黎事件"，使得中法之间再次处于战与赫德风口浪尖。

1　中国史学会主编：《中国近代史资料丛刊：中法战争》第五册，第351页。
2　廖宗麟：《中法战争史》，第383—388页。

观音桥事件的发生，冲突的结果"法军死二十二人，伤六十八人"[1]，虽然法军被中国军队击退，但负责与法方谈判的李鸿章却很慌乱，一方面他害怕战争又起，另一方面他面对国内主战派的弹劾，处境尴尬。而此时，挑起观音桥事件的法方却倒打一耙，说中国挑衅，破坏《中法简明条款》，要求中国"火速"撤军并于《京报》声明，并再次提出兵费问题，要求至少赔偿兵费二亿五千万法郎。

《简明条款》最初交涉之时，法国人不过是想通过外交讹诈，让清廷在通商和撤军问题上做出让步罢了。现在，清廷在撤军问题上的拖延，使法国人通过观音桥事件狮子大开口地重提索赔问题。

观音桥事件后，法国方面换成了驻烟台领事利士比与李鸿章交涉。之前因为《中法简明条款》遗留问题，福禄诺引起法国国内的不满而被召回国。

面对讹诈，慌了手脚的清廷想起了为中法战事常来总理衙门喋喋不休的赫德，总理衙门特意在 6 月末召见了赫德，对于中法之间发生新的冲突，希望他能够帮助转圜。

7 月 1 日，赫德先是来到法国驻华使馆了解情况，在法国公使馆与代理公使谢满禄谈了数小时，然后前往总理衙门汇报情况。吴廷芬、张荫桓接见了他。当时，赫德在总理衙门向吴廷芬、张荫桓汇报了他与谢满禄的谈话情况："我因谅山事，今日到法馆见谢大人（谢满禄）细问交战情况，据谢云，'确系中国理短，缘《简明条约》内末后载明以法文为正。此约既已批准画押，彼此均应遵守。第二款系中国兵立刻调回边界内，且福总兵（福禄诺）未画押之先，接法廷电嘱，须中国撤兵定有准期，方可画押。李中堂（李鸿章）允以五月十二日撤高平、谅山之兵，五月二十九日撤老挝之兵，始行彼此画押。所以在越之法兵到期前往谅山并无错处'。不料华兵开仗，况约内第二款'概置不理'字样，法文是中国不驳之意。第

1　刘培华：《近代中外关系史》上册，第 322 页。

四款'不插入伤碍中国体面'字样，法文是不载入中国位分字样，均与汉文条约不同"。[1]

赫德在向总理衙门汇报他的谈话记录中还说，"约内既允法文为正，不照法文，即是背约。闻谢言，福总兵约于闰月十三日可到法国，法廷一闻详细，必将着水师官来华动手，那时便难办了。我问：谢有何法解释？谢云：'若今日或明日，总署给我照会，说中国照约以法文为正，立即发电撤兵，我可以电报本国，本国或肯答应予我以解和此事之权。我与总署商议了事，不至再提赔偿的话，并请谕旨不以谅山之役为法之错。中国先行退兵，以后界务由两国会议大臣商办。此旨亦须明白照会我，以便我即发电，趁福总兵来到之先，事便易了'。我所以来告，《简明条约》本声明以法文为正，法文与汉文有异，可归咎翻译之错，中国亦不算失体，未知中国肯如此办否？分界仍须详议，中国退兵并不吃亏"[2]。

赫德在向总理衙门说明了他与谢满禄的谈话内容的同时，也发表了一些个人的建议。他很希望中国按照法国的意思办，并说中国目前退兵并不吃亏，因为将来分界时仍须详议，还可以再讨价还价。并建议清廷以《中法简明条款》法文文本的意思立即发表撤军声明。那样，法国方面可以不再提赔偿兵费的事。并说如果清军撤兵，谢满禄也将此意正式照会总理衙门。赫德的建议遭到总理衙门驳回，"称中文不能不算"。谢满禄也不客气地复照称：他在6月间向中国提出的"拟请赔补之处，均奉本国之命，本署大臣所不能更改丝毫者也"。[3]

在赫德跃跃欲试从中调停的同时，暂时代理驻法公使的李凤苞也与法国方面展开了积极的交涉。7月5日，李凤苞致电总理衙门说，

1　卢汉超：《中国第一客卿：鹭宾·赫德传》，第125页。
2　卢汉超：《中国第一客卿：鹭宾·赫德传》，第126页。
3　廖宗麟：《中法战争史》，第406页。

375

茹费理曾与驻法使馆参赞陈季同晤谈，称："中国分党争权，背约之机已见"，准备派军舰前往中国帮助巴德诺索赔。因为此时法国已经任命巴德诺为新任驻华公使。

情况紧急，当天陈季同向李凤苞作了汇报后，李凤苞即前往拜会了茹费理，李凤苞分析了观音桥之战的来龙去脉，进行了辩驳。但是，茹费理却把观音桥之战的责任全部推给了清廷，蛮横地说，责任在中国，要求中国赔偿，这样的交涉便没有取得成功。

李凤苞在法国交涉没有结果，而身为法国驻华代办的谢满禄却更会变本加厉地向清廷施加压力。7 月 12 日，谢满禄以最后通牒的形式再次照会总理衙门，要求答应他们提出的条件，限期照办，否则法国便"自取押款，并自取赔款"[1]。所谓"自取赔款"，就是法国远东舰队司令孤拔率领军舰前往福州和基隆，准备占领这两个沿海口岸并在此征收关税。

当然，此刻的李鸿章与德璀琳也在做着积极补救的努力，希望寻找挽救的机会，德璀琳通过以前在海关的同事葛德立在巴黎进行活动。10 月间，法国方面提出了一个新的方案，主要是：要求中国方面立刻从越南撤离，法国部队则停止移动；执行《中法简明条款》并签署贸易协定；法国占领基隆直至条约得到完全执行，在一定时间内以基隆和淡水的煤矿和海关收入作为抵押，抵押时间由第三方仲裁。

面对如此苛刻的条件，李鸿章害怕自己出面会招致政敌的批判，因此他让德璀琳和盛宣怀出面与赫德一起继续与法国方面进行协调交涉，自己则躲到后面，以避免朝廷对自己的指责。不过法国的方案被清廷拒绝，德璀琳的努力再次失败。此后，赫德则完全主导了中法谈判的主导权。

面对中法谈判，赫德很希望清廷在最大程度上作出让步，以便

1　董丛林：《李鸿章的外交生涯》，第 78 页。

使他的斡旋能够获得成功。当然，他希望清廷妥协，也与法国借观音桥事件咄咄逼人有很大关系。在赫德奉命进行斡旋之时，法国舰队已经开进福建闽江口，法国新任公使巴德诺在上海声称，如果清廷不接受法方提出的要求，法国将执行谢满禄 7 月 12 日在北京提出的最后通牒，及法国以武力占领沿海一二港口作为赔款的"抵押品"。[1]

此间还有一件让清廷尴尬的事。根据法国政府的任命，法国新任公使巴德诺在 1884 年 7 月 9 日已经达到中国，可是他到中国既不呈递国书，也不到北京交涉，而是滞留在上海。这显然是在制造僵局，总理衙门没办法，只好求助于赫德。让赫德前往上海进行斡旋，充当中法和谈的调解人。赫德在前往上海的路上，他想起七年前，也是盛夏时节，他尾随威妥玛一路追到了上海，"相机挽回"因马嘉理案引起的中英外交争端，使英国从《烟台条约》中获利不少。赫德心中暗暗希望能够通过与巴德诺的共同努力，使他这次介入的交涉再次获得成功。

7 月 14 日，赫德在上海两次会晤巴德诺，寻找打破僵局的办法。7 月 16 日，赫德将巴德诺的要求报知清廷：所有法国军需等费，必须由中国赔偿。中国如果不答应，则法国方面按照本国末议（即哀的昧敦）之文，占据中国某处地段为质，除了加大军事行动外，对于法国采取军事行动期间增加的费用，中国也要悉数赔偿，并将中法需要交涉的事宜全行议妥。

法方为什么这样嚣张地利用"观音桥事件"这样细小的冲突来勒逼中国赔款呢？原来是福禄诺从中国返回法国时，曾向法国政府作了一个极端贬低中国国力的报告："中华帝国财政上已遭到极大危机，因急办无价值的军备上的开销，海关的存款已尽，商务已告停顿；中国银号在破产后都关了门；国营的大公司，开平的煤矿及

1　卢汉超：《中国第一客卿：鹭宾·赫德传》，第 126 页。

招商局，均完全破产，政府不能弥补二百万银两的借款；全国各省的半数，均遭受水灾及饥馑摧残；南方发生武装的暴动，反对官吏特别征收税款的办法。"[1]

福禄诺的报告，给法国的激进分子们这样一种感觉，大清是不堪一击的，只要出动少量兵力就可以让清朝的军队投降，所以才像打了鸡血针似的不惜借"观音桥事件"来挑起事端。

这样，法国则一面继续向清廷勒索赔款，一面做扩大战争的准备，以迫使清廷就范。此刻的李鸿章虽然被指责，但他仍然把希望寄托于外交的努力。他在 7 月中旬又给朝廷上了一道奏折，怂恿朝廷接受法国人提出的赔款议和条件，说战端再开，形势难料，"战后亦必赔偿，为数甚巨"[2]。

这个奏折使得慈禧太后更六神无主了，总理衙门的官员们也不知所措。1884 年 7 月 16 日的《申报》报道了总理衙门的忙乱情形：总理衙门的官员们每日里为战与和之事已经无计可施了，根据从北京传出来的消息，清廷的意思"如法仍照前订草约，情愿不索兵费，则可重订约章，或竟将谅山守卒先行撤退；如果坚要赔款，则我国惟有以兵戎相见。"[3] 从这个报道也可以看出，清廷在慌乱之中已经认识到战端可能又要重启了。

根据赫德与李鸿章各自所说的情况，醇亲王奕譞指示总理衙门作出这样的答复：一是表示可以撤军；二是撤军的时间表，清廷将派两江总督曾国荃前往上海与巴德诺商谈。

交涉中法越南问题，朝廷本来是授予李鸿章全权的，但《简明条款》的签订，朝廷中斥责李鸿章的声音很大，特别是左宗棠等主战派认为李鸿章丧权辱国。如此情形，慈禧太后、醇亲王奕譞为了

---

1 廖宗麟：《中法战争史》，第 412 页。
2 董丛林：《李鸿章的外交生涯》，第 78 页。
3 廖宗麟：《中法战争史》，第 408 页。

避嫌，也不可能让他出面，况且曾国荃也是一个主战派人物，这等于堵住了主战派的嘴。

曾国荃能改变局面吗？作为曾国藩的亲弟弟，一个舞刀弄枪的人，外交谈判实在是赶鸭子上架，况且，他在交际场合很不善言谈。李鸿章知道他的这些缺点，竟然建议他相机行事，"无论曲直，求恩赏数十万以恤伤亡将士，似尚无伤国体"[1]。曾国荃作为一个武将，实在是没有多少心机，他竟然认为李鸿章的建议有一定道理，听从了他的建议。

听了李鸿章的建议，曾国荃也很希望尽快有个了结，他和赫德一样认为，可以接受法国人提出的赔款要求。在正式谈判之前，赫德就向总理衙门提出建议：第一，清廷先承诺赔款；第二，赔款数目由与中国定有条约的三个国家商定，这三国由中法两国各请一国，再加上由所请两国公请一国组成；第三，曾国荃所有谈判中的计划和办法都应与他事先"商量"。[2]

对于赔款之议，清廷一直是持反对态度的，认为观音桥事变中，中国事本理直，不愿向法人赔款，对赫德所提"偿款万不能免，而名目可不拘定"的主张也不以为然，还搬出德璀琳向赫德施压："德税务司在津襄办定约，中外称其能事，若总税务司不能据理力争，致法人强中国以必不能从之事，一旦开衅，该总税务司平日声名，必因此顿减"。[3]

听到这样的话，赫德既尴尬又无奈，很有些黔驴技穷的意味，但他还是与曾国荃协商，把"赔款"改成给法国伤亡军队的"抚恤"，由曾国荃答应给法方"抚恤"银50万两（合350万法郎）。巴德诺以为数太少斥为"笑柄"，清廷听说此事后，严厉斥责曾国荃等

1　苑书义：《李鸿章传》，第272页。

2　卢汉超：《中国第一客卿：鹭宾·赫德传》，第126页。

3　王彦威、王亮编：《清季外交史料》，王敬立校，第一册，卷四十二，第13页，总第760页。

人。法国则一面坚持勒索赔款，一面诉诸武力。

谈判陷此僵局，让慈禧太后和掌控总理衙门的醇亲王奕譞都感到左右为难。受命帮助斡旋的赫德也感到精疲力尽，他于 7 月 26 日在上海给金登干打电报说，"我在此亦费尽心力，但绝无成功之望"。[1] 赫德斡旋的失败，还因为当时英法两国在海外殖民地的问题上矛盾重重，特别是埃及的宗主权问题，使得两国几乎到了撕破脸皮的地步。这样的局面，也为赫德的斡旋蒙上了一层阴影。

上海谈判破裂之后，赫德怀着无奈的心情回到了北京，他因此也对法国怨气重重。7 月 30 日，他在给金登干的信中写道：

> 在过去几周，我工作极为紧张，烦恼焦虑，以致身心交瘁，但是仍然一事无成。法国不肯放弃赔款，而中国坚决不肯偿付赔款。停战期限今天已期满，孤拔明天就要开始行动。正义全在我们这边，而目前法国在实力上占优势。如果我们最后是胜利者，我不会感觉奇怪，但这次战争所能造成的灾难将是巨大的，在中国的外国人也将由于战争而免不了遭受危险和损失。偿付赔款而避免战争是得策的，我正是为了实现这目标而辩论和活动，但我的同情却属于中国的主战派，他们决心不为威吓和侮辱所屈服。[2]

而此时，法国要求清廷赔偿没有达到目的，便决定使用战争的手段了。8 月 5 日，法舰开始袭击基隆。得到战报的慈禧太后赶忙召见奕譞，她说到中法局势，竟然先自落下泪来："不愿再经咸丰故事，但亦不愿大清江山由我而失，由我示弱。"

奕譞见眼前这个专权的女人竟然向他哭诉，感到应该给他奠定

1　中华国近代经济史资料丛刊编辑委员会主编：《中国海关与中法战争》，第 47 页。
2　陈霞飞主编：《中国海关密档：赫德、金登干函电汇编1874—1907》第三卷，第 584 页。

信心，就说："堂堂天朝，兵多人多，是可以同法夷打仗的。"慈禧又说："要打就打到底。"

与醇亲王会面后，慈禧又召见御前大臣、军机处、总理衙门、六部九卿和翰詹科道官员一起商量办法，说"和亦后悔，不和亦后悔。和就示弱，不和会割地赔款而且损伤不少，或许引起内乱而且亦赔不起"[1]。

李鸿章在电报中认为应该接受条件，不然战后敌人会索要更多的赔款，左宗棠当即表示了反对，认为中国不能永远屈服于洋人，与其赔款不如拿赔款作军费。

慈禧太后接受了左宗棠的建议，认为关键时刻还是要靠左宗棠这匹老马来扭转局面，便含着泪把左宗棠夸奖了一番，然后宣布退朝。慈禧太后接受左宗棠的建议，准备与法国开战。李鸿章很担心大清再次战败，局面难以收拾。他回到天津后，于8月23日致电总理衙门大臣张荫桓，要他在枢廷活动，"设法回天"。不料就在当天，法国舰队在马江突袭福建水师，炮轰船厂。8月26日清廷下诏对法宣战。

清廷宣布对法作战，慈禧太后此时果断的支持了战争。清廷敢于向法国人宣战，这是令法国人没有想到的。因为在这场索赔与反索赔的斗争中，法国政府过高估计自己的军事力量，过低估计大清王朝及中国人民反对外国侵略和讹诈的精神与决心，结果碰了个大钉子。大清宣了战，战争的走向会是什么样子呢？慈禧太后心里没底，法国人心里也没有底。

在中法战争的隆隆炮声中，赫德仍在关注着局势的进展，他对于法国挑起战争的行为开始感到愤恨，以至于他不免也发出诅咒了："中国拒付赔款的决心，法国的缺乏耐性，并且采用威胁和战争手段，这些使我的调解企图从开始就没有希望，而最后趋于失败。至

---

1 苑书义：《李鸿章传》，第 272 页。

于法国在基隆、福州的行径,我只能称之为一连串恶毒的、不必要的、不公正的、毒辣的屠杀! 我深信老天将给他们以报应。"他继续谴责法国的野蛮侵略行径,赞佩中国士兵的英勇,并说, "法国政府的行动很愚蠢, 法国海军的行为太残酷狠毒。法国在福州虽然取得了一次所谓的胜利,但那天真正的荣誉应当归于可怜的战败者,他们虽没有策略足以抵御敌人配合得很好的进攻,但他们奋战到底,并且和燃烧着的、满被枪弹洞穿的舰船同归于尽! "赫德还说:"我的错误是错估了中国的持久力量。这里确实还没有丝毫的惊恐和动摇的迹象,相反,作战的决心倒是日益增强。"[1] 此刻,赫德对法国人充满了憎恨之情,当然有利益的成分,在他看来,正是法国的要索,使得他的斡旋不能成功。赫德在这种愤愤的情绪中,也在寻找着重新介入斡旋的机会。

4. 金登干与"枪手外交"

到了 1884 年冬天, 时局的变化, 令发誓要与法人决战的慈禧太后再次变得六神无主了。

慈禧太后为什么会六神无主呢? 当时, 朝鲜发生了"甲申政变", 觊觎朝鲜的日本侵略者有与法国联合的意图,面对腹背受敌的威胁,慈禧太后又产生了与敌人和谈的愿望。

要和谈,总理衙门再次希望英国人赫德从中斡旋,希望通过"洋外交"来扭转局面。这一次,赫德这个"枪手"又要替大清进行"外交考试"了。

老实说, 在前几次的中法外交调停中, 赫德都没有取得成功。北宁之战发生之前, 赫德认为中越之间的宗藩关系是虚弱的, 大清没有必要为此与法国闹矛盾,因而劝说清廷不应该因此而让自己的臣民做出重大牺牲。但清廷认为宗藩关系是千年体制,关系到天朝

1　王宏斌:《赫德爵士传: 大清海关洋总管》, 第 227、228 页。

颜面，没有听从赫德的劝说。"观音桥事件"发生后，法国再次提出赔款问题，赫德急于扩大自己的影响力，甚至站在法国一边，希望中国就范，但清廷坚持"不允偿款"的原则，法国也对赔偿数额太小感到不满，使得赫德调停再次失败。现在中法再次开战，赫德自然很希望逮着这个机会来表现自己。

说到这里，需要说说中法宣战后的战争形势。宣战之初，战争是有利于大清的。在台湾，刘铭传率领的清军在沪尾大败法军，使其终不能前进一步；在越南，滇、桂两路清军以优势兵力也阻挡着法军的进击。如此局面，法国政府自然很担心因此而动摇自己的殖民统治，到嘴的肥鸭怎么甘心让别人拿去？再者，远程作战的困难和法国国内政局的不稳定，使他们很想尽快结束这场战争。谈判当然是一个主要途径。10月间，法国驻天津领事官林椿根据法国政府的意思炮制了一个谈判纲领，通过赫德转达给总理衙门。

纲领有四点：一是要求将驻守在越南北圻的军队调回边界，法国军舰则不再袭扰中国沿海；二是明确撤军时间表，明晰通商条款；三是在台湾淡水、基隆的法军暂不撤回，待清廷批准条约后，再行撤出；四是法国可以不在条约中提索赔兵费问题，但法国需要帮助大清管理在淡水的煤矿、海关若干年。

既然林椿找到了赫德，希望他从中斡旋，赫德便很希望清廷能够接受这个纲领。怎么办呢？他采取一贯的哄骗、恫吓手段，希望总理衙门能够就范。

10月27日，赫德与自己的属下德璀琳一起来到了总理衙门，一见面就骇人听闻地说：听说这次法国进兵台湾，来华的兵舰有四十多艘，"内有铁甲九艘，上等大铁甲一艘，吃水浅之兵舰十四艘。一国之师船聚集如此之多，恐前此中华海面得未曾有"。说到这里，赫德又很煞有其事地描述一个结果：听说现在的战局是台北一带都已经被法军占领，刘铭传的军队已经败退到内山了吧。

当然，赫德在对总理衙门官员进行吓阻之后，话锋一转又说，现在对大清有一线生机。是什么呢？赫德故意卖了个关子，说他本人得到确切消息，知道法国总理已经批准林椿拟定的纲领。因为法国国内的政局变化，法国军队不可能长期与大清军队作战，希望中法早日完成谈判。

末了，赫德还以一种很担忧的口气说，如果中国仍然坚持不肯接受纲领，恐怕大清将要失去整个台湾，到那时恐怕数千万两黄金也不一定能将台湾赎回，"不特中国沿海七省之屏障，一旦恐有不测，从此无安枕之时，兼且各国必谓中国自知理短，269人论断也"。[1]

赫德的这番危言耸听，当时总理衙门的主要官员张荫桓等人都没有表态，即便是醇亲王这样的大佬也没有表态，奕譞只是说会奏明朝廷说明此事。当然，他也想听听慈禧太后的意见。

沪尾大捷的士气正浓，不用说，慈禧太后也被一种精神鼓舞着，在谈判条件上不愿意向法人过多妥协，而赫德却是不甘心的。10月29日，赫德与德璀琳再次来到总理衙门打听消息，希望慈禧太后能够改变主意，接受法国人提出的条款。但是，这一次总理衙门直截了当地表明了态度：说法国人提出的四条距离大清所期望的太远，特别是第四条，法国要求管理台湾淡水、基隆的煤矿甚至海关税收若干年，这实在是明火执仗的抢劫，大清不会接受。

总理衙门拒绝接受法国人提出的新条款。赫德明白，清廷现在是因为前方战事顺利，士气正盛，要让其改变态度是很难的，怎么办呢？外交调停不成，总得给自己一个台阶下吧，他居然荒唐地说出一套理论，来吓唬大清的官员："倘法人大败，势更不妥。缘法人向来是此脾气，败了越要战，反致不肯和。"这就变成法方战胜中国固然要赔款，法国被中国打败了也要让予经济利益的荒谬逻辑。但总理衙门没有因此而被吓住，反而针锋相对地答以："中国亦不

1 中国史学会编：《中国近代史资料丛刊：中法战争》第六册，第6页。

能相让，亦不怕他，虽打仗无把握，亦要打到底。"[1]

这个立场使赫德感到自己的调停可能又要失败了。他很不甘心，回到住所思前想后又给总理衙门写了封信，仍然是希望清廷能够接受林椿提出的纲领。赫德在信中还说得十分诚恳，言外之意似乎是在替中国着想。赫德在信中说，根据了解到的情况，法国在越南问题上也有难处，如果中国不能在条款上作出让步，法国虽然在战争中处于劣势，但肯定也不会善罢甘休，现在只有趁中国在军事上尚处于有利地位之际和平解决"实为得机"。

赫德派人把这封信送到总理衙门的第四天，他又有些急不可耐的再一次来到总理衙门，这一次是他自己来的，乘坐一顶绿呢小轿，目的仍然是催问总理衙门对林椿提出条款到底作何态度。不用说，总理衙门又是反对。这次，赫德做了两手准备，他在遭到拒绝后，又拿出了一个新方案，说是他和德璀琳根据中法的实际情况提出的，主要是希望中法两国围绕两个方面协商："一、一面由法国饬在华各水军不再进扰，一面由两国将津约（指《中法简明条款》）按照原意另行妥议办理；二、一面由中国将新约各节办妥，并将北圻各兵调回边界内，一面由法国将基隆、淡水各兵调回。至法国可否允从照办，自难预言。"[2]这已不含中国让予法国经济利益的条款，但总理衙门仍然没有答应。

赫德见大清软硬不吃，便试探地询问总理衙门，打算怎么解决。这样以来，总理衙门便提出了议和的八条主张：

一、《中法简明条款》本已作为废纸。今既修好，仍准商议，惟界务、商务尚须酌改，总期彼此有益。二、滇、粤边外中国驻兵，业已多年，将来勘定南界，由谅山至保胜一带划一直线，华兵驻守，以此为限。三、线界之外，法越通商听其自便；线界之内，中国择

1 中国史学会编：《中国近代史资料丛刊：中法战争》第六册，第17页。
2 廖宗麟：《中法战争史》，第765、766页。

地设关及一切通商事宜，将来派员详细定议，总期于两国均有裨益。四、环球与国只能通商立约，不能预其内政。嗣后法国在越南通商，亦不干预其政令。至越南照旧贡献于中国，法国不得阻止，以合至理。五、法国应派公正大臣与中国驻法大臣商议，或文移详议，或同来中国商办。六、中法文字不同，翻译恐涉歧误。此次立约，中国应以中国文字为主，法国应派通晓中国文字之员，详慎翻译，并令书押，以昭慎重。七、现既议和，中国入越之兵，暂扎不进，法军退出基隆，泊船待议；俟和议就绪，两国定期撤兵。至台湾封口之说，有碍各国商务，应由法国自行撤去。倘以占据基隆为要挟之计，和议即难开办。八、两国构兵，中国既费巨款，复添备保护在华法人之费，业经数月。马江之战，法人先期攻我水师，致损华船多只，理应计数索偿。今已弃怨修好，中国亦可免索此项巨款。倘法国有不允之条，应先赔中国以上各费，再明定和战之局。[1]

对于这个新八条，赫德充满希望，认为已给了法国实际利益，中国只是徒留虚名，法国人是应该接受的。他评论说："中国愿意和平，但不肯'丢脸'以取得和平。不幸的是，这里所认为'丢脸'的倒并不是丧失事物本身，而是丢掉它的名义。在提交法国的提案内，中国事实上已把法国所要的东西（越南北圻）给了法国，却又像鸵鸟一样把头埋在沙里，满足于法国不阻安南进贡和距离中国不远的疆界。我希望茹费理先生能按这个方案收场，但我怕他办不到，因为法国人在这一点上和中国人一样，同全世界相比，他们在许多事情上看重名义甚于实际，或者说他们不会满足于取得事物本身，而且还要取得它的名义。"[2]

果然，法国也为了颜面，拒绝清廷提出的八条主张。这样一来，中法之间的议和谈判再次陷入僵局，此后双方都在观望着作战的最

1 邵循正：《中法越南关系始末》，第 239 页。
2 王宏斌：《赫德爵士传：大清海关洋总管》，第 231、232 页。

终结果，这样的局面使赫德感到，他的外交调停又要失败了。

中法战争到了1885年初，一个事件的发生，给赫德提供了机会。当时，中法两国军队在越南及台湾的战事进行得很激烈，法国试图使自己外交和战争都处于有利地位，悍然宣布封锁台湾海面，英、美等国对这个举动并不当回事，因为中国海关本来就是被他们控制着，照常航行自由。但是中国船只就不行了，在自己的海面上却被外国人控制着。

1月7日，负责在中国台湾海面供应各灯塔给养的大清海关巡船"飞虎"号在台湾海面像往常一样执行工作，却遭到了法国军队的扣押。事发当天，赫德致函总理衙门表示愿意调停此事，并提出解决方法。当天，赫德在没有得到总理衙门答复的情况下，便指令金登干前往法国交涉。赫德给金登干的电令说，"如果灯塔供应船之事能使你与茹费理会晤，你应趁机利用，向他解释说，我主张和平，曾多方试图解决，我已劝导总理衙门说出中国的真正的目的，接受英国的调停，并同意附加条款等等……如果茹费理能接受，我就有办法安排。"[1]

金登干是1月24日抵达巴黎的，虽然事先没有经过总理衙门的同意。但既然要交涉，他还是以大清谈判代表的身份于第二天拜见了茹费理。金登干与茹费理的这次会见都谈了些什么呢？当然是围绕着《简明条款》和林椿提出的新条款进行，相关内容金登干在1月25日给赫德的电报中都做了情况说明。

会见中，茹费理说，《简明条款》与林椿提出的新条款存在很大差距，法国认为"威望体面"绝不能被清廷视为是含有宗主权之意。至于清廷提出的越南驻军问题，将来勘定南界后，仍然保持驻军；由谅山至保胜一带划一直线以此为界的说法，法国完全不能接受。此间，北越战场上的形势又发生了不利于清廷的变化，清军被

---

1 陈霞飞主编：《中国海关密档：赫德、金登干函电汇编1874—1907》第八卷，第376页。

法军连连逼退。慈禧太后与总理衙门只是对原来要求的"朝贡"和划界两事再行让步，并正式授权赫德与金登干的外交调停，并让赫德转告金登干，朝廷同意在八条主张的基础上谈判。这样赫德与金登干开始名副其实的成为大清的谈判代表。

1月31日，赫德电告金登干："目前的谈判，完全在我手里，我要求保守秘密，并不受干预，我自守机密，总理衙门也如此。皇帝已有旨，令津、沪、闽、粤各方停止谈判，以免妨碍我的行动。"赫德还告诉金登干说，"总理衙门答应178电内调和办法的一部分，不争朝贡，但要在中国边境外划一条界线，线内仍由安南当局治理，法国人不得进入此线。换而言之，中国不希望扩张边境或并吞安南土地，但是要划定一条法国人停止前进的线。"[1]

清廷的让步，使得茹费理对赫德产生好感，他让金登干转达他的看法："我对赫德爵士给我的希望感觉满意。我同意只通过一个唯一的居间人，即他自己，并对每一件事保持极度的秘密，直到我们能恢复公开谈判为止。"[2]

既然清廷授权赫德与金登干为谈判代表，二人不可能完全按照清廷的意志行事。虽然谈判过程中也进行了讨价还价，但更多的是妥协，再加上赫德通过李鸿章等妥协派积极说服，使得慈禧太后也表现出了希望在《简明条款》的基础上尽快与法国人和解的愿望。慈禧太后表示："仍愿忠实履行谈判已取得的协议"。

为此，赫德在2月28日至3月1日电告金登干说，现在主战派已经不敢再上奏，"中国政府真诚希望和平，批准条约，宣布媾和。商订详细条约并切实履行的谕旨，将为全国所遵从。"[3]

赫德还让金登干向茹费理转达清廷经过御前会议讨论的有关议

1 陈霞飞主编：《中国海关密档：赫德、金登干函电汇编1874—1907》第八卷，第384页。
2 廖宗麟：《中法战争史》，第771页。
3 中国近代经济史资料丛刊编辑委员会主编：《中国海关与中法战争》，第83页。

和条件，称："皇帝批准以下四款方案：第一款：中国方面允准1884年5月《天津草约》(《中法简明条款》)，法国方面允在津约规定外别无要求；第二款：双方同意尽命令能发出和收到的速度在各处停止敌对行动，法国应允停止台湾封锁；第三款：法国应允派公使北上，即到天津或北京，商订详细条约，双方规定撤兵日期；第四款：中国海关驻伦敦办事处税务司，二品衔，法国荣誉军团骑士金登干受命为专使，代中国与法方所派代表签订本草约，作为初步协议或(谈判)起点。"[1]这些条件已与法国的要求基本一致。

可以想象，一场以妥协为基调的外交谈判会是一种什么样的情形。从赫德得到清廷的授权到4月初，短短的一个月时间里，中法之间便完成了谈判。4月4日，金登干代表中国在巴黎签订议和草约。

草约签订后，金登干立即向赫德作了汇报。赫德惊喜万分，连说："好极了，好极了！办的不错。"[2]

但是，草约签订后，法国国内又发生了新的变化，1885年4月6日，法国新内阁成立，亨利·布里松任总理，佛莱新讷主持外交政务。对于金登干与法方议定的巴黎议和草案，新内阁认为，稻米条款存在问题。中法之战进行当中，法国当局曾宣布稻米为违禁物品，不能输送往中国北方，以这种手段向清廷施加压力。3月底时，赫德曾给金登干发电报，谈到"禁阻军用禁制品"时，表示法国将大米作为违禁物品的举动不合时宜，这必定会引起中国人民的反抗情绪。解释说明书上关于"米"一款，是这样论述的："在停火期间，法国军舰得继续禁阻运输战时禁制品——包括米在内"。对这一款，总理衙门不满意，要求在行文上进行修改。但佛莱新讷坚持说明书上的阐述，总理衙门便默认了这一条款。条约签字后，米的问题将随停火问题一起结束。

---

1 廖宗麟：《中法战争史》，第772页。

2 董海樱：《金登干与中法议和》，《中山大学学刊》第十六卷，1995年第四期，第42页。

新的问题出现了，怎么办？草约毕竟是金登干在法国跑前跑后签订的，现在法国人却又借故刁难，法国总统格利维甚至在议会上发表演说："我们要求中国尊重我们的条约权利和《天津条约》所允让的权利，如谈判能达到此目的，当然很好，否则我们决心不改变远征的原议，诉之武力。我们有责任与我们英勇的军队取得一致行动。"[1]法国人再次出尔反尔，金登干很不甘心自己辛苦签订的条约再被法国抛弃，他于4月11日拜会了佛莱新讷。

金登干对佛莱新讷说，条约草案是茹费理政府与大清协商的结果，希望新的政府能够履行这一条约。佛莱新讷则表示，新内阁会尊重草约的精神，"采取温和办法，以酬答中国政府的善意"[2]，但是希望在此基础上重开谈判。

这次会见中，佛莱新讷提出了谈判的新程序。由驻华公使巴德诺、法国外交部政务司副司长戈可当作为法方的谈判代表与中方的代表谈判，条约的拟定由戈可当草拟，然后交给赫德和清廷进行磋商。巴德诺在中国起谈判作用，金登干代表中国可以在巴黎与戈可当协商草约内容；草约的最终签字，中方的代表则应是李鸿章，法方代表是巴德诺。

佛莱新讷还说，李鸿章与巴德诺虽然不直接进行谈判，但这样做的目的是为了增强谈判的灵活性。

金登干会见佛莱新讷后，即将会见的情形与结果电告了赫德。法人要重开谈判，总理衙门没办法，也只好表示同意，并表示如果在巴黎不能交涉成功，可以移到天津谈判。并让赫德转告金登干，谈判中一定要尽量维护天朝体面与尊严，"凡是你认为北京方面不能接受的，应在巴黎努力防止"[3]。

1 王宏斌：《赫德爵士传：大清海关洋总管》，第236页。
2 中国近代经济史资料丛刊编辑委员会主编：《中国海关与中法战争》，第106页。
3 陈霞飞主编：《中国海关密档：赫德、金登干函电汇编1874—1907》第三卷，第93页。

根据会谈程序，金登干与戈可当于 4 月 23 日开始在巴黎拟定新的条约草案，草案共十款。第一款：关于中越边境安全保障问题；第二款：中国承认法越订立的任何款项；第三款：中法各派官员勘定边境；第四款：涉及中越法人员过货手续办理事宜；第五款：规定中越边境商业贸易权益的范围，给予法国一定的特殊优惠；第六款：规定越南与中国云南、两广陆路通商税则，不逾三分之二；第七款：中越边境修筑铁路；第八款：此项条约以十年为期，届满再续；第九款：法兵从台湾全部撤出；第十款：中法两国以前订立条约章程，现应一体遵守。本约内各款，如有疑议应以法文为准。[1]总理衙门对十款提出删增修改意见。对其中的第二款、第十款意见最大。

这里涉及两个敏感的问题：第一个是中国对越南的宗主权问题；第二个是条约文字的效用问题。总理衙门提出在第二款增加"中越可照旧往来，中国如责越方失礼，法国不持异议"，其实这是暗示：中国与越南的宗主关系是不受任何外来因素影响的，中越事务，法国最好不要过问。总理衙门拟将第十款中条约"以法文为准"，改为"本约中、法文意义容有不同，将另附准确英译约款，以备参证。"[2]

总理衙门的要求，戈可当当即表示反对，说第二款、第十款万不能改。双方在这两个条款上眼看要僵持起来，赫德想出来一个折中的方案，建议双方以维护大清威望体面为基点各自退让。这个建议使总理衙门感到可以挽回一些面子，便同意了。

此后，金登干与赫德在这两个问题上往返来电，商讨种种方案，在文字上精于推敲，最后修正如下："本约订立以后，法国承允越南与中国交往不致有碍中国威望体面。"事实上大清得到的仅是虚名，而法国得到的却是实利。

1 董海樱：《金登干与中法议和》，《中山大学学刊》第十六卷，1995 年第四期，第48页。
2 中国近代经济史资料丛刊编辑委员会主编：《中国海关与中法战争》，第 118 页。

关于条约文本文字效用问题，法国一贯坚持要以法文为准，总理衙门不同意。这个问题至关重大。谅山事件的发生，就是起因于双方对各自条约文本理解有分歧，最后法国在第十款问题上让步，不再重提"法文为准"。[1]

1885年6月9日，《中法会订越南条约十条》签订，中国承认"法国与越南自立之条约章程，或已定者，或续立者，现时并日后均听办理"；越南境内听任法国"自行弭乱安抚"，中国"不派兵前赴北圻"，不干预法越间已定和将定之约，从而使法国取得了对越南的"保护权"；中越边界地区向法国开放通商，指定保胜以上、谅山以北两处为通商处所，法国在此享有和其他通商各口相同的权利，所运货物进出云南、广西边界纳税"照现在通行税则较减"[2]，从而使法国取得了在我国西南通商的特权。条约中，中国放弃了对越南的宗主权地位，从而使越南完全沦为法国的殖民地，中国的西南边境也被法国打开了大门，成为法国殖民主义向中国扩张的通道。

5. 勘界谈判中的"赫德影子"

中法战争结束后，双方按照《中法会订越南条约十条》进行了中法越南边界问题的勘定工作。作为中法和谈的重要斡旋者和参与者。赫德对于勘界工作十分关注，但虽然不置身前台，但也积极参与，从而留下了他影响清廷的"影子"。他先是建议派赫政等四位海关税务司作为法语翻译参与到勘界活动中来，然后又多次向总理衙门呈递节略或致函劝说，甚至继续采用他一贯的恫吓手段，迫使清廷履行条约。赫德认为应该将"勘界"与"改正"分割开来，勘界应以原界为界先行勘定。据此，赫德多次要清廷向中方勘界人员

1　董海樱：《金登干与中法议和》，《中山大学学刊》第十六卷，1995年第四期，第43、44页。

2　苑书义：《李鸿章传》，第276页。

施压，早日了结勘界事宜，以免再生枝节。

赫德很担心中法再度爆发冲突，在条约签订后的当天，他在给金登干的信中就说，"他们在 9 日签字了。皇帝也于 11 日批准，但巴德诺却装腔作势说批准手续不全，因为未曾颁发上谕等等。他们的译员们真可恶，他们拼命想法子来阻挠，他们与他们的首脑非但不肯使事情顺手，反而夸大他们所能找到的任何小岔子，要不是我决心把事情办好，有好几次是可以气得放手不干了。昨天当巴德诺来电挑剔说批准手续不合的时候，真想回电说：'滚你的蛋！'以发泄我自己心里的感情。"从这些话语中既可以看出赫德对于法国代表的厌恶情绪，也可以了解到赫德在谈判中所起的主导作用。随便翻阅一下《中国海关密档》，就可以发现正式的和约实际是由赫德操纵金登干在巴黎完成的，经王大臣允许后，由直隶总督会同法国巴德诺在天津画押完成。

《中法会订越南条约十条》的签订，李鸿章成为朝野之中众口指责之人，李鸿章为此颇有些委屈地说，"进和议者二赤（即赫德），我不过随同画诺而已。"赫德认为，中法签订条约是必然的，即便是这样也难以保证中法不再度发生战争，他在给金登干的信中这样写道，"再者，这同一的总理先生，上星期电令孤拔开始行动，后来又电令取消，第二封电报却先到了，因此没有酿成祸害。但是，如果第一电先到的话，孤拔必定行动而不理第二电报。那么，天哪！太后必定说：'谈判有什么用，打吧！'中国如果真能打到底，它会赢的！但不幸的是，我所能据以行事的是中国一定不会打到底，因此我必须用任何方法把它拖住。"[1]

出于对中法条约再出反复的担忧，当然也是维护自己在中法谈判中努力周旋而取得的"成果"，赫德便在中法越南勘界的行动中，常常插手进来，为勘界问题提出一些意见，甚至要求清廷按照法国

---

[1] 王宏斌：《赫德爵士传：大清海关洋总管》，第 235、236 页。

的意图行事。

在过去，中国与诸多邻国的地界常常是模糊不清的，既不明确也不固定，历史上的边界地图有时候也相互矛盾。随着近代殖民地争夺的日趋激烈，以往不甚追究的边界问题在清廷与各国的交往中也变得突出起来。中法战争不败而败，法国取代中国成为越南的宗主国。《中法会订越南条约十条》第三款规定：自本约画押后的六个月内，中法两国应派员会同勘定中国与北圻边界。倘若界限处难于辨认，应就地设立标记。"若因立标处所，或因北圻现在之界，稍有改正，以期两国公同有益。如彼此意见不合，应各请示于本国"[1]。

条约所示，中法又开始了中越边界谈判和勘定，两国对勘界问题都很重视，都派出了勘界大员。1885年8月，清廷谕令邓承修、周德润分赴广东、云南与法方商办中越勘界事宜。当月，清廷连发上谕，著派内阁学士周德润前往云南，会同岑毓英、张凯嵩办理中越勘界事宜。岑毓英是近代历史名人，他出身壮家，却自称为汉人后代，并通过编撰族谱、营建祖墓等途径，极力打造"汉裔"身份，而且他崇尚汉文化，对西南边境也十分熟悉，所以清廷要他协同周德润等人办理中越勘界事宜。上谕要求邓承修前往两广，会同张之洞、倪文蔚、李秉衡办理中越勘界事宜。

9月上旬，邓承修前往广东之前，慈禧太后特意召见了他，嘱咐他尽心办好此事。邓承修先是到了广州与张之洞、倪文蔚会合，他们在广州讨论了勘界的相关事宜，制定了详细的勘界计划。而在法国方面，则成立了一个勘界委员会，委任法国领事官员布尔西埃·浦里燮为主席、武官狄塞尔等六人为委员。双方经过讨论决定，勘界会议在中方驻地镇南关和法方驻地同登交替举行。在中法双方开始勘界的同时，总理衙门还任命李鸿章为全权大臣，与法国特使

1 王铁崖编：《中外旧约章汇编》第一册，第466—469页。

戈可当在天津谈判中越通商章程。

勘界作为《中法会订越南条约十条》的一项遗留问题，赫德高度关注。当他得知总理衙门正在派大员前往西南勘界，即于 9 月 11 日来到总理衙门，声称北圻勘界之事，总理衙门曾经要求派一谙熟法语之人随同前往，现在考虑到他（赫德）亲自前往，因为各种原因，实有不便，所以他建议在海关税务司遴选四人饬令跟随前往。赫德当时推荐了赫政与江汉关二等帮办美国人哈巴安等四人。

赫德的建议得到了总理衙门的批准，四人遂分别跟随邓承修、周德润分赴广东、云南。当然，赫德派赫政和几名海关洋员作为翻译官也是有用意的，他希望通过这些人及时了解到勘界的各种情况。他派出的这些人也全程参与了勘界行动。

对于勘界事宜，在正式谈判之前，赫德还在 12 月 16 日给总理衙门写了一个大致的节略。节略开篇具有恫吓性质地说，中法之间有些问题是很难预料的，条约虽然已经签订，但法国人并不会心甘情愿地撤兵，试图寻找挑衅的借口。中国要做的就是不给法国人制造借口的机会，赫德此番危言耸听，当然是要求清廷遵守条约，按照条约规定尽快勘界。他在节略中云：

> 守约之要，则为两端：一则分界务须照新约明文办理；一则边界商务章程须照新约明文商议，若中国于此稍有违易，则法必执此为柄，而寻衅有词也。现在外间议论甚多，有云自议和之后，朝廷渐渐以战为是，以和为非；又有云朝廷所派邓周两大臣办理界务，即系主战之人，若法国无力，即可照原议定局；若法国有力，则同心之人即可变为主和为是之人；又云两大臣经粤东时，因张制军为主战之人，已在彼有改约之见；又云在京商议通商章程，彼有较新约所允以少为贵各等语。其外论之真假虽不可知，然既如此，而法又当此

无借口之时，则中国所宜慎持者，守新约也。[1]

我们知道，清廷是很害怕打仗的，因而，这个节略也为总理衙门所接受，竟然成了清廷指示李鸿章与法方进行商约谈判以及中越粤、滇勘界的指导原则。

根据赫德节略的指导思想，中法就中越边境开始勘界。由于边界界限的模糊不清，以及中越边境山川形势复杂，这次勘界耗时五年之久。勘界之初，双方存在很大分歧。当时，法方所绘界图，与中国所持界图及原有边界多有出入，从而产生了"原界"和"新界"相互矛盾的问题，这给勘界工作增加了难度，法国也以此要求按照法国的界图勘界。对此，清廷内部却没有一个统一的意见，负责勘界的邓承修、周德润、李秉衡、张之洞等人主张对法强硬，据理力争，坚决不让。但是，李鸿章和总理衙门的几位大臣，也许是受了赫德的恫吓，认为对于法国的要求，应该妥协，稍事迁就，这样就可以避免法方挑起事端。

但是在这种态度不一的矛盾中，清廷又表示，勘界之事关系重大。条约所云或双方现有界线未能有改正者，当应多挣一分是一分。邓承修、周德润接到谕令即分赴广东、云南开始勘界的筹备工作。邓承修与其他协同勘界的官员经过商议后，决定以谅山之北，驱驴之南，东到陆平、那阳，西至芃封，以河为界；再由那阳，东至钦州，由芃封，西至保乐不能以河为界者，改以山为界。据此，双方在1886年1月中旬进行了第一次勘定边界会谈。

当邓承修将这个商议结果告诉法方勘界委员会主席浦里燮时，他回答说，中国朝廷谕令所言，"'稍有'二字，……不过于初边界址略为更改，不能说道谅山及东西如许之地。"对此疑问，邓承修说，相比法国"保护"整个北圻来说，所更正的区区之地就是"稍

1　中国近代经济史资料丛刊编辑委员会主编：《中国海关与中法战争》，第204、205页。

有"。浦里燮则又无理狡辩说："既要更正，是两界交错者都可更正"。邓承修又说："约内只言北圻现在之界可改正，并未言中国之界亦可改正。据尔说，则直背约矣！"……浦里燮又说："'或因'二字，是该有才有，也可有，也可以不有。"邓承修说："约内本有，不得说无有"。浦里燮坚持在"稍有"二字上不肯让步，邓承修则在"改正"二字上极力辩驳。浦云："如此非我等所能作主，必须照约请示本国"[1]。浦里燮要求"就现在之界勘定，先立标记"，邓承修认为："即立标，即无可改正。"争执中，狄塞尔提议："两边各委一人，来日披图，勘视再议"[2]。如此，中法两方在第一轮的会谈中，围绕着中越边界如何勘定问题，进行了激烈的争论，但是并没有取得进展。

法国希望清廷按照他们的意志行事，在谈判中祭出了老伎俩，继续以武力相威胁。同时，法国军队先是占领了同登哨所，紧接着向北挺进，形成一种大兵压境的局面，大有不接受法方的要求绝不罢休的态势。

法国人的举动，作为主战派的邓承修看得明白，知道这是欧洲人在两国分界中惯用的以兵力相威胁的伎俩，如果因此而向法方妥协，那么在以后的勘界行动中，大清将势必被动。张之洞也认同邓承修的观点。认为自古以来，两国争夺边界，无不借助于武力相威胁，不一定非要发生战争，通过武力要挟达到目的就可以了。因而，张之洞主张对于法方的要挟，针锋相对，不为武力要挟所左右。但清廷害怕事情闹大，没有接受张之洞的建议，而在这样的局面中，法国外交部为迫使清廷就范，却加紧了胁迫的步伐。说中国勘界大臣违背新约。法外交部要求清廷接受法国提供的界图勘界。1886 年 1

1　中国史学会编：《中国近代史资料丛刊：中法战争》第七册，第 31、32 页。

2　萧德浩、吴国强编：《邓承修勘界资料汇编·邓承修勘界日记》，广西人民出版社 1990 年版，第 152 页。

月25日，负责与李鸿章进行商约谈判的法使戈可当照会总理衙门，如果中国若固执己见，那么法国方面将视中国违背新约，中止谈判。

眼看中法就勘界问题要僵持下来，赫德再次把手插进来。他的干预从其1月16日致金登干的函中可窥一斑：

> 戈可当在天津没有取得大的进展。他从法国带出来的条约，包括许多他不希望有的东西，那都是几个巴黎的人认为加进去可以再从中国身上捞点什么。这些新东西并不是《天津条约》（此指李鸿章与法方在天津正式签订的《中法会订越南条约十条》）所规定或原有的，中国当然拒不同意。中国这样做并非抱有恶意也不是背信弃义。但谈判的人迫于满途荆棘，不得不牺牲一些合理的办法，才能满足巴黎等待成功的馋狼们。因此，我很担心我们的朋友戈可当（他是个好小伙子，我定当竭力相助）一定过得很不愉快，他也没有希望早一点办妥。法国的勘界人员正在制造一些形式上的离奇难题，以致真正的勘界工作还无法开始。我劝告总理衙门谨慎从事。衙门已答应严令天津谈判代表和勘界委员，凡前约所曾允许、提出、以及打算到的，都可以允给法国，而且要绝对避免流露出总想要少给的意思。[1]

此时，赫德不仅关注者勘界之事，中英对缅甸问题、雇聘琅威理到北洋海军等事都让他忙得不亦乐乎。对勘界问题，他在1月24日又致函金登干："邓承修坚持要将谅山划在中国界内，天津谈判也进行得极迟缓，看来我必须要费此事来化除这些阻难，以使事情不致决裂了。不幸是决裂似已箭在弦上，因为我怕邓承修所奉朝廷指示不够具体，可能指示他'相机尽力而为，但应只抓住要点，

---

[1] 陈霞飞主编：《中国海关密档：赫德、金登干函电汇编1874—1907》第四卷，第277页。

稳操胜算。'"[1]

面对法国的咄咄逼人和赫德的斡旋,总理衙门作出了让步。1月底,总理衙门照会戈可当,指出新约有"若因立标处所,或因北圻现在之界,稍有改正,以期两国公同有益,如彼此意见不合,应各请示于本国","通商处所在中国边界者。一应指定两处,一在保胜以上,一在谅山以北,法国商人均可在此居住,应得利益、应遵章程,均与通商各口无异。中国应在此设关收税,法国亦得在此设立领事官,其领事官应得权利,与法国在通商各口之领事官无异。"[2]依照原约,大清是可以在保胜、谅山设关收税的,这样才与原约相符。但考虑到勘界大事早日完成,中方愿意放弃谅山城,但仍要求以北圻之高平省城、七潢县、先安州等地,仍归中国版图。但是法国方面仍然认为,中国的要求违背新约,仍然坚持先勘明北圻现有地界,设立标记。中方态度的松动,赫德却说,"如果法国人真正机灵的话,现在倒是他们乘机捡便宜的时候"[3]。

总理衙门态度上的妥协,使得赫德感到进一步催促早日勘定边界正是时候。他在2月初给总理衙门发了个《论勘订越界并促早日办结》的函:

> 至分界一端,其事尚无头绪,缘在彼中法大臣各执己见。法国大臣以为此事宜分三层,先应指明约前中越已有之地界;次方可参核指明更正;三则彼此如有意见不同而各执其说者,乃可各详本国定夺。中国大臣以为约内既有更正之议,似可勿庸先指明已有之地界。是一位不肯先为指明已有之界,一位不肯先言更正之议,则事遂致中栖。虽可谓所拟各为守约。

---

1 陈霞飞主编:《中国海关密档:赫德、金登干函电汇编1874—1907》第四卷,第280页。

2 王铁崖编:《中外旧约章汇编》第一册,第467、468页。

3 中华国近代经济史资料丛刊编辑委员会主编:《中国海关与缅藏问题》,中华书局1983年版,第61页。

然如此中栖，而约允之件究未见行。[1]

赫德的函中，还有对法国人的行为辩护的成分，希望以此使总理衙门向中方勘界人员施压，按法国提供的截图作为勘界依据。并说，"约前以何地界一层，若云当时并无勘定之界，只有从中国出关往南者有到某处方知己入越南，而从越南往北者有到某处方知己入中国，其往某处中间之地，并无人称为中国地，亦无人称为越南地，而中越亦未尝争其地。若如此云，虽未能知确否，然恐不便如此言之。缘此言一出，彼必立谓既非中国地即系越南地矣"。总而言之，"盖此事愈早愈妙，早完一日，早安一日。"[2]中法如果在此事上纠缠不清，恐怕拖延下去又要生出别的事端。

赫德的建议取得了一定效果，虽然清廷承认邓承修等勘界大员守定"改正"二字，辩论甚是，但又嘱托二大臣，应该根据情况相机进退，尽速了结勘界之事，免得法国人借端生事。

看来，赫德既有恫吓又有偏袒法国性质的函再次产生了效果。2 月 11 日，他在给金登干的信中很得意地说，"中法勘界委员发生争执几乎决裂，但是我想办法取得皇帝谕旨，严令中国委员不得再制造麻烦，一场纠纷就此结束。如再争下去，战事可能重开，幸运的是，我在这里而且能够说话。"[3]说到这里，赫德还未自己未能就任驻华公使而感到遗憾。他在想，如果自己在驻华公使人上，也许在中国事务上将发挥更大的作用。

清廷不想因为勘界而惹出事端，所以要求邓承修等人按约速了，这等于捆绑了中方勘界人员的手脚，正当的诉求无法提出，以至于后来，法国也动不动就用清廷的谕旨向勘界人员施压。

---

1 郭廷以、王聿均编：《中法越南交涉档》，台北"中央研究院"近代史研究所 1959 年版，第 3362 页。

2 郭廷以、王聿均编：《中法越南交涉档》，第 3362、3363 页。

3 陈霞飞主编：《中国海关密档：赫德、金登干函电汇编 1874—1907》第四卷，第 291 页。

1886 年 2 月 13 日起，中法双方进入第二轮勘界谈判。浦里燮开门见山地说，既然大清皇帝有谕旨，勘界就应遵旨行事。邓承修则表示，朝廷旨意自然应当尊重，但约文也不能违背，法方坚持先勘原界、再商改正的要求是错误的。"若如汝所云，朝廷将我治罪，已不能允"[1]。邓承修和浦里燮都坚持自己的态度。

2 月 14 日，邓承修怀着对法国要求不满的心情，致电总理衙门，说明了法国先勘原界、再商改正带来的弊端，希望朝廷改变妥协的态度，但是朝廷并没有答复邓承修这个奏电。在这种争执中，双方又进行了第三次会谈，法国方面承诺，可以将文渊、海宁、保乐让与中国，但对中国要求的新安、牧马这些要害之地，法国则表示坚决不让。甚至威胁说，如果中国不能接受，终止谈判甚至接着打战都悉听尊便。

邓承修感到这样争执下去，也不会有什么结果，便稍作让步，派王之春、李兴锐于 22 日前去与法方代表谈判。临行之前，邓承修再三叮嘱，一定要多争牧马以东的肥沃土地，放弃新安以北的荒山大障。邓承修令二人交涉就"文渊以西照旧界展宽三十里，东十五里"[2]问题。因为之前，狄塞尔承诺就这一问题与谱里燮商议后，再行答复。但李兴锐在谈判中却擅自将东界展宽十里，邓承修得知此情，万分焦急，认为如果法方在沿边修筑炮台，而火炮射程又在十里开外，则中国边地正好在法炮的射程之内。邓承修一夜无眠，他于第二天早晨匆匆令赫政以王之春、李兴锐口吻写信给法国代表，询问所说的西界三十里，东界十五里是否已经浦里燮批准，以便转达邓大臣。信中故意把东界十里写成十五里，企图以翻译错误为由来挽回李兴锐的擅作主张带来的损失，并让王之春再次向法方表明

1　萧德浩、吴国强编：《邓承修勘界资料汇编·邓承修勘界日记》，第 154 页。

2　沈云龙主编：《近代中国史资料丛刊第十二辑：语冰阁奏议》（中法越南勘界电稿）卷二，台北文海出版社 1967 年版，第 6 页，总第 435 页。

中国要求。

然而，邓承修没有想到，法方这时候已经全然毁诺，并将原来所说的将文渊、海宁、保乐三地让给中国的承诺也全然否认。邓承修无奈只好向李鸿章电稿了此是。电文中说，前日再派王之春到文渊与狄塞尔会晤，商议"经狄使臣以海宁、文渊、保乐三地答以可商，本月十五日狄使臣到南乐，王、李两道台接见商议，狄使臣仍以文渊、海宁、保乐三处可商……本月十九日王、李两道台又到文渊，遂议以东自海宁起沿老界至芤封后稍移老界出十五里，自芤封后起沿老界西至保乐稍移老界出三十五里。合计海宁、文渊、保乐三处为改正地方，约明自驱驴到高平之道不再内"[1]。但是，狄塞尔却断然否认有这样的承诺，说改界问题已不可再商。

李鸿章得知法国方面推翻前议，便电示邓承修不要做过多的争执，要他按照朝廷的谕旨，先勘原界，约同法国勘界委员迅速会勘，刻不容缓。此间，赫德又再次致函总理衙门：

> 中法已将越南之事熟商，并将所议立约互为换订，是大局已定矣。其余应办未办之事，衡以大局，只不过万万中之一毫厘耳。无论如何，在此中加意办理，而与大局则纤毫无补。两国派大臣前往会同分界，其应办之事，自系将现在之界址，指认明确为要；而中国大臣分内应办之要事，即系不使法有逾中国省分界地耳。能得如此，则其本分即可谓尽之矣。此外，若能将边界某某处不便当之界址，改为便当界址，固更可见好；然先须勘现界，后乃可顾及边界之便当不便当。而此改正之事，则系两商两愿之事。并非在我愿如此，便有一定必得者，其允否则在法国。大局势面既已如此，勘界时何必若

1　沈云龙主编：《近代中国史资料丛刊第一辑：语冰阁奏议》（中法越南勘界电稿）卷二，第7页，总第437页。

是徒滋饶舌。不若再请饬其速为按照前谕，即时将此尾末小
了结清楚，不致因为时既久，令人生有他疑，却无丝毫稗益
于在我也。[1]

赫德的意思是说，既然中法已经签订了停战条约，并进行了互
换，中法越南事等于是尘埃落定了。勘界问题不过是小事罢了，只
要将现有界址，指认明确即可。并再次建议总理衙门告知邓承修等
勘界大员，要把"勘界"与"改正"分开来办。只有先行遵照法国
的意思勘界，才知道边界正确与否。当然改与不改，决定权仍在法
国手里。

显然，赫德是再一次逼迫清廷让步，希望清廷按照法国的意图
迅速勘界。赫德在给总理衙门的函中还说。中法越南边界"无须彼
此亲履其地，只彼此视绘图议分亦可；若其间有必须眼同分辨之处，
再择指互勘"。总而言之，无论是按图勘界或是亲履其地，都应该
按法国的意见办。先勘界，发现问题须改正之处，再行商议。

赫德的说法，很让张之洞感到不满，但他也是无可奈何。2 月
18 日，张之洞致电邓承修说，赫德以欺蒙恫吓的手段愚弄总理衙门，
本督当力助邓公，虽"苦口续陈，（然，总理衙门）终日为赫蔽，
此关天意，惟有痛哭流涕而已。……边事茫茫，恐从此中华不振，
岂惟两粤之忧！"[2]

2 月 24 日，与李鸿章谈判通商章程的法国驻华公使戈可当也
向总理衙门发来照会说，邓承修在勘界中的行为实属违背条约，并
表示法国不会接受中国的主张。压力面前，总理衙门只好再次表示，
将催促邓承修等勘界大员尽速勘界。面对压力，邓承修万分焦虑，

---

1 郭廷以、王聿均编：《中法越南交涉档》第 3377、3378 页。
2 沈云龙主编：《近代中国史资料丛刊第一辑：语冰阁奏议》（中法越南勘界电稿）
卷二，第 14 页，总第 444 页。

他在 25 日致电张之洞，告诉他分界会谈的详细情况，"戈吓于外，赫蔽于内，以伸其必不可得地之说。恐久而议论益滋，界务益坏"。在这种艰难的局面中，更让邓承修难以招架的是李兴锐对他的密告。

正当中外双方都把指责的矛头指向邓承修时，作为中方谈判代表的李兴锐向总理衙门密告说，"邓公于重大界务，前不遵旨，后不迎机议结，谬欲一切拖到秋后，弗顾彼族反复要挟之端，边防狼狈，失据之患，忠谋苦口，始终刚愎。近日锐与王道极力斡旋，反以谲计掣肘，事败垂成"[1]。

清廷收到李兴锐的密电，即电告邓承修不要因小失大，误了大局。两天后，军机处再次发来电谕："邓承修等仍约会法使履勘原界，所争新界，暂置不论，谅可奉到。法人于此事极愿速了，机不可失。著邓承修等迅遵前旨，催其会勘，不准稍涉延宕。倘彼因瘴求去，议立草约，必须声明，两国因春深瘴起，商允秋后再勘，以免别滋藉口。切勿固执己见，贻误大局，自干重咎"[2]。

趁清廷两次给邓承修下达谕旨之际，法国驻华公使更是加大了对清廷施压，扬言勘界之意不成就停止谈判，法国不排除使用武力的可能。这样的威胁，在软弱的清廷那里再一次发生了效力，要求邓承修速勘原界。这个结果，与中方谈判的法国代表狄塞尔致信浦里燮说，"这个结果能直截了当地揭穿邓妄想损害我们来贪图立功的阴谋，这行为，应向你祝贺！现在李鸿章将再次嘱邓就地勘察边境线。倘他们在这方面前来向你提出要求，你一定要站在有利的地位上接受他们要求。我有理由相信，邓在朝廷面前将处于最困难的处境，你绝不能助他摆脱困境"[3]。

果然，在 3 月 5 日，李鸿章再次致电邓承修，要他尽速勘界，并说，

1 中国史学会编：《中国近代史资料丛刊：中法战争》第七册，第 45 页。
2 中国史学会编：《中国近代史资料丛刊：中法战争》第七册，第 47 页。
3 黄国安、萧德浩、杨立冰编：《近代中越关系史资料选编》（中），广西人民出版社 1988 年版，第 490 页。

戈可当"已电浦通融商办，戈意半月后瘴发，可先勘原界一二段再说；或就不关紧要处会勘一段，先立文据，余俟秋后再勘"。[1]

3月11日，清廷再发谕旨说，"先勘原界，机宜所系，前谕已详。乃该大臣等并不遵旨办理，固执己见，托病迁延。昨邓承修电称：'即重罪亦复何辞，并少垂明察'等语，已属负气；本日李秉衡电奏各节，尤为执谬"。"饰词规避，始终执拗，殊属大负委任！"清廷很有些惩办邓承修语气地说，如不遵旨，"交部严加议处，仍遵前旨，速即履勘，倘再玩延，致误大局，着英治罪成案具在。试问该大臣等能当此重咎乎！"[2]

在清廷的屡屡斥责勒令之下，邓承修、李秉衡只得"先勘原界"，放弃"改正"之说，即刻照会法使速即勘界。邓承修等勘界大员被迫改变态度，达到目的的浦里燮当然万分高兴，他在给国内的报告中写道，"如果从其坚定的言辞看，这道上谕应该说很具有强制性和恫吓性。这位可怜的钦差大臣见到这个上谕，马上给我来信，要求我马上恢复我们的会谈，并声称已作好了与我们同行的准备。"[3]3月20日，双方具体商定会勘事宜。从一月初到此时，历经两个多月的谈判，最后还是回归到赫德设定的先勘原界，然后稍有改正，这两项事情完成后，再勘立界碑的方案。

从3月下旬，中法双方开始会勘桂越边界，到4月13日，"仅由镇南关起，勘至平而关止，东西不过三百余里，适值春深瘴盛，难再履勘，故先就此逐段绘图立约，浦理燮旋因病回国，遂暂停议。"当天，邓承修、李兴锐、王之春与浦里燮再次会谈，签订了会勘桂越边界所订的划界议定书共四节，合称《桂越勘界节录》。"另约

1 中国史学会编：《中国近代史资料丛刊：中法战争》第七册，第47页。
2 中国史学会编：《中国近代史资料丛刊：中法战争》第七册，第49、50页。
3 萧德浩、黄铮：《中越边界历史资料选编》下册，社会科学文献出版社1993年版，第754页。

议中历十月初一（10月27日）前到海宁，从广东界起勘"[1]。

从1886年11月到1887年2月，中法又就中越边界粤越段进行了会谈，前后会议磋商近20次。依据赫德提出的依据条约先勘原界尽速了结的指导思想，再加上在桂越段勘界时的经验教训，这一次法方派来了狄隆为主要代表，中方仍然是邓承修等人。他们赶到广东后，先议勘东界，狄隆指出，白龙尾、江平等地虽然不属于越南，中国军队也常年派兵来此巡哨，但此地的归属却属于争议之地。因而，"彼此争执，久而未定"[2]。

狄隆很希望借此迫使清廷在商务问题上赋予法国更多的特权，并表示如此法国也将在中越边界问题上稍作让步。为达到目的，狄隆说，奉法国议院准令，法国愿意将"所有白龙尾及江平、黄竹一带地方，并云南边界前归另议之南丹山以北，西至狗头寨至清水河一带地方，均归中国管辖。"[3]。

对此，作为勘界代表的邓承修认为，白龙尾等地本来就是中国的领土，拥有无可争议的主权，不肯在商务问题上作出让步，坚持两广总督曾告诫他的：粤越分界"自应以会典、通志及通志所载图说为主"。但法方为迫使清廷就范，不断地通过多种途径向清廷施压，并以军事占领争议之地的手段来增加谈判筹码。

面对军事施压和外交讹诈，邓承修和李兴锐曾向法方提出抗议。但总理衙门和李鸿章担心纠缠下去影响中法关系，甚至再次造成中法争端。因而，电令邓承修在勘界问题速勘速了，免生枝节。电令要求，中越勘界，除中国现界不得让步外，其余都可以和平相商，即时定议，也不必向朝廷请示。凡越界前为中国所有，而今已被越南占领的，不必强争。

1　（清）李兴锐著，廖一中、罗真容整理：《李兴锐日记》中华书局1987年版，第128—130页。
2　中国近代经济史资料丛刊编辑委员会主编：《中国海关与中法战争》，第209页。
3　中国近代经济史资料丛刊编辑委员会主编：《中国海关与中法战争》，第209页。

根据这个指示，双方制定了勘界的议定办法，有三点：第一，两广未经辨认定妥之界，此次就图辨认，系彼此互对所绘之图是否相对；第二，如图式相对，彼此意见相合，彼此即将图说画押，如同在界上辨认；第三，如照此办法，而图式有意见不合之处，两边使臣即亲到界上履勘定界，如因边界梗阻，当时不能履勘，应各请示本国，其将来如何勘定，应于何时勘定，应由两国商订。以上节略三条，两国大臣各存中、法文各一份，至约内"稍有改正"一节，俟两广边界辨认完竣，再商改正。[1]

法国新任公使恭思当也向清廷施压，总理衙门的再次妥协，使得粤越段的勘界工作进展相对加快，并于 1887 年 3 月签订《粤越边界勘界界录》。

我们知道，对于勘界工作，清廷在派出了邓承修等人前往两广办理勘界工作外，还要周德润等人前往云南办理勘界事宜。1886 年 4 月 13 日，浦里燮等与中方代表邓承修为代表的中国勘界委员会勘了隘店隘至平而关这段边界外，因为"春瘴日重"，约定秋末再行会勘。1884 年 4 月 15 日夜，法国勘界委员回到同登，然后南下返回河内。本来，法国政府授权他们前往日本等待干季的来临，以便继续会勘，只有卜义内回国述职。就在他们准备动身前往日本之时，法国政府却给他们发来了一个相反的命令，要他们赶往红河上游，办理中越边界滇越段的会勘事宜。法国方面派出的界务会勘使臣狄隆、狄塞尔一行，由于北圻越南义军和中国不愿回国的清军余部（俗称"游勇"，包括黑旗军）的节节抵抗，直到 1886 年的 7 月中旬才抵达河口，与中方使臣周德润等会晤，开始了中越边界滇越段的谈判。

滇越段的勘界，也是按照赫德提出的先勘原界，然后再作改正的建议。周德润等人来到云南后，先与岑毓英会商后，便与法国谈

---

1 郭廷以、王聿均编：《中法越南交涉档》，第 3710 页。

判代表狄隆进行了会谈，决定按图勘界。期间，也有一些不合的意见，大小赌咒河猛梭、猛赖两段各请示本国另行商议外，将滇越边界划分为五段勘立。并于 1886 年 10 月订立《滇越边界勘界节略》。

1887 年 6 月 26 日，总理衙门大臣奕劻、孙毓汶与法国公使恭思当就《滇越边界勘界节略》以及勘界中存在的一些问题，进行了会谈，签订了《续议界务专条》。6 月 30 日的上谕对此作了说明："滇省界务，周德润与法使狄隆会勘时，意见未合，归入请示者两段。此次定议，经总理衙门与周德润按图面商，据称猛梭、猛赖一段，荒远瘴疠，弃之不足惜，岑毓英所见相同。至我所必争者，南丹山以北，马白关以南，其中山川险峻，田畴沃美，如能划归中国，即可固我疆圉，亦可兼收地利。当经总理各国事务王大臣，与法使恭思当反复辩论，将猛梭、猛赖一段准归越界；其南丹山以北，西至狗头寨，东至清水河一带地方，均归中国管辖。……所有各该处界址，应照约按图，由地方官会同驻越之法员申划清楚，设立界碑"。[1]

但是，《续议界务专条》的签订，还遗留一个问题，那就是桂越边界的修正，这个问题只有等待日后实地勘界设碑时予以解决。在整个中法越南勘界的谈判与签订节略过程中，赫德虽然没有直接参加，但在不断地插手、建议、干涉和法国的恫吓下，清廷不断地向法方让步，最终法方按照自己的意愿勘定了中法越南边界。

1　中国史学会编：《中国近代史资料丛刊：中法战争》第七册，第 47 页。

第七章

甲午与瓜分潮中的"中国牌"

1. 朝鲜问题的旁观者

1894 年，甲午战争爆发，作为业余外交家的赫德虽然也在关注着整个事件的发展，但他对这一事件的影响却是微小的。为什么一个一贯喜欢在中国的外交、内政事务中指手画脚的人物，却突然对甲午战争的爆发表现出旁观者的姿态？这是有多重原因的：一方面，此时的赫德在大清的官场上已经为官近四十年了，他作为英国侵华代理人和清朝命官所表现出来的双重性格已经完全成熟了，他越来越感到他的行动应该维护自己的利益、巩固自己的地位；另一方面，在日本侵略朝鲜的进程中，英国也在关注着自己在远东的侵略利益。此时的赫德便无声胜有声了。

日本侵略朝鲜，也是试图侵略中国的一个行动步骤。1879 年日本吞并琉球之后，清廷更为头疼的是朝鲜危机的发生。朝鲜与琉球一样都是中国藩属，都与日本隔海相望，作为天朝最忠实的粉丝，朝鲜在朝贡体系中有着举足轻重的地位，也历来得到天朝的重视。当然，除了朝鲜恭顺的表现外，还因为朝鲜在地理位置上，与中国东北有着唇齿相依的战略关系。日本完成对琉球的吞并后，朝鲜的危机不言自明，况且此刻，美国、俄国等列强也在觊觎着朝鲜。

朝鲜所面临的严峻局势，自日本单方面宣布废琉球为冲绳县后，清廷就下达指令：一方面让李鸿章积极与日本交涉，一方面又谕令福州船政大臣沈葆桢等人积极筹划东部沿海海防。并让恭亲王奕䜣、李鸿章等人商议保全朝鲜之策。

日本对朝鲜的觊觎，实际上在明治维新之时就开始了。1868 年，日本政府派对马藩主去朝鲜递送国书，以"修好"为名，试图打开朝鲜的门户。此后，随着明治维新而迅速崛起的日本，在亚洲称霸的野心更加膨胀。

1882 年 8 月 30 日，日本逼迫朝鲜签订《仁川条约》，除勒索赔款 55 万元外，并取得在朝鲜京城驻兵的权利，此后，侵略与扩张的野心逐年升级。1884 年 12 月 4 日，日本支持朝鲜开化党金玉均等人发动了朝鲜兵变，是为"甲申政变"。事变中，开化党诛杀守旧派大臣，使得朝鲜王室陷入极大的混乱和恐慌。

政变发生后，朝鲜王室赶紧派人向大清驻朝军队求援。于是，提督吴兆有、帮办袁世凯率兵联合朝军入宫保护国王。并帮助镇压了开化党人，激进分子金玉均等则流亡日本。事后，李鸿章接到关于清军粉碎甲申政变的报告，对袁世凯等为恢复守旧派政权、巩固中国的"宗主国"地位所采取的措施表示满意，但是，李鸿章又担心日本人借此生事，他又奏请朝廷派吉林边防督办吴大澂等人前往朝鲜查办，"立意不与日人开衅"。日本乘机要挟，派外务大臣井上馨作为全权大使赴汉城，迫使朝鲜于1885 年 1 月签订《汉城条约》。根据该条约，遭受日本胁迫的朝鲜反而要向侵略者谢罪赔款。

日本方面还指责朝鲜政变时，袁世凯打击了开化党，要求清廷惩办袁世凯。并建议说，中日应该同时从朝鲜撤军，此举也是为日本名正言顺地干预朝鲜事务创造条件。

日本的要求，清廷虽然没有明确拒绝，但并没有惩办袁世凯，然而双方讨价还价却达成了《中日天津会议专条》。这个协议规定中日两国在四个月内同时从朝鲜撤军；以后如果需要再向朝鲜派兵，中国需要先告知日本。这个条约的签订，大清国与朝鲜的宗藩关系被根本动摇。

《中日天津会议专条》签订后，日本并没有就此罢休，其目的和野心是排除中国，把朝鲜置于日本的管理之下。日本政府的图谋，袁世凯看得明白。他知道日本人是想藉此削弱中朝关系，要改革这种局面，不如趁朝鲜"民心尚知感服中朝，即特派大员，设立监国，统率重兵，内治外交均代为理，则此机不可失"[1]。袁世凯的建议，李鸿章很是赞赏，他认为这是加强控制朝鲜内政外交、巩固中朝"宗藩关系"的好办法。

可是，日本驻华公使榎本武扬在天津面见李鸿章时还提出要清廷释放大院君李昰应回朝鲜的要求。李昰应自"壬午军乱"后，被清廷软禁在直隶保定府，此番日本提出释放李昰应，有着利用李昰应与闵妃之间的矛盾来削弱中朝关系的目的；另外，日本也想阻挠闵妃一党投靠俄国的活动。李鸿章没有看破日本人的这个诡计，他把袁世凯与日本驻华公使的建议都上奏了朝廷。根据他的奏报，清廷把软禁在保定的李昰应送回朝鲜，企图利用李昰应钳制朝鲜宫廷；并任命袁世凯为"钦命驻扎朝鲜总理交涉通商事宜"，代替原驻朝商务委员陈树棠。李鸿章推崇袁世凯"才识开展，明敏忠亮"，堪任斯职，并特意在其头衔上增加"交涉"两字，以表示袁世凯有

1　故宫博物院文献馆编：《清光绪朝中日交涉史料》，故宫博物院 1932 年版，卷六，第 19 页。

帮助朝鲜办理外交、通商事务的权力。[1]

1885 年 11 月，袁世凯走马上任，在汉城成立公署，随员有唐绍仪、刘永庆等二十余人。

清廷向朝鲜派出了"监国"，名义上是驻韩总理交涉通商事宜大臣。袁世凯奉朝廷之命，成了朝鲜"监国"，有了这个新名号，于他个人而言可谓如鱼得水。他本来就是一个强势之人，凭着"监国"这个名号，从 1885 年到 1894 年离开朝鲜，近十年间，他对朝鲜的内政外交可谓无不干预。袁世凯这样做，当然是想维护和加强中朝之间的"宗藩关系"，但是由于他的强势性格，也好心办坏事地引起了朝鲜王室的不满。

1886 年，朝鲜国王在美国驻朝公使福久等人的怂恿下，也想抛开中国，反对中国的干预政策，准备派出王益自为驻日办理公使、朴定阳为驻美全权公使、赵臣熙为驻欧全权代表。由于朝鲜采取了先斩后奏的办法，事后才告知袁世凯，这让袁世凯非常恼怒认为派使出国有损"宗主国"体面，千方百计地阻挠破坏，先提出必须报请清廷批准再派，后又加上种种限制条件。

朝鲜的举动，清廷也认为根据国际公法只有独立自主的主权国家才有资格进行外交活动，像朝鲜这样的藩属国并没有外交之权。此举完全是列强图谋削弱中国对朝鲜的宗主权地位，对外宣示朝鲜有摆脱清廷的意图。清廷感到如果任由此事发展，中朝的宗藩关系将会就此结束。清廷要袁世凯阻止朝鲜的这些举动，不要受列强的蛊惑。袁世凯接到指示，要求朝鲜国王惩办朴定阳。在袁世凯的压力下，赵臣熙赴欧事也未成行。

清廷与袁世凯作出这番举动，还有一个因素，是得到了英国的支持。当时，英、俄矛盾日趋尖锐，在朝鲜问题上也反映出来。俄国于 1884 年和 1888 年强迫朝鲜政府签订水路和陆路通商条约，大

---

1 苑书义：《李鸿章传》，第 293 页。

肆伸张在朝鲜的政治经济势力，又不断派军舰侵入朝鲜东北海岸，企图染指永兴湾。英国恐俄国夺取朝鲜，危及它在远东的利益，遂极力怂恿清廷维持其"宗主"地位，借以抵制俄国。

英国表面上支持清廷维持在朝鲜的"宗主国"地位，但暗中也支持日本在朝鲜的利益扩张。此时的英国政府感到日益强大的日本有可能成为英国在东方镇压民族运动和反对俄国的同盟者，因而更暗中支持日本。但是，袁世凯根本没有看清国际形势，他对英国表面上的"友好"得意忘形，沾沾自喜。只是一味地顽固坚持封建的"宗藩关系"，认为凭借自己的能力完全可以控制朝鲜的局势。

后来，日本军国主义分子趁机发动战争言论，"征韩论"甚嚣尘上，袁世凯仍错误地认为，"详审在韩倭人情形及近日韩、倭往来各节，并倭国时势，应不至遽有兵端。"[1]

日本试图侵略朝鲜，也是想遏制俄国向朝鲜的扩张。自其得知俄国政府于1891年开始修建西伯利亚铁路乌苏里的一段，此段铁路修成后，将使俄国在中国东北和朝鲜伸展权利更为便捷。因此，日本认为要改变局面，发动侵朝战争，以实现完全控制朝鲜的目标，已成为刻不容缓的事。当然，侵占朝鲜，最核心的目标，还是把战火引向中国。

既然要侵占朝鲜，进而侵略中国。日本迫切需要找一个名正言顺的理由和借口，为其侵略行为张目。1894年，朝鲜开化党主要领导人金玉均被杀事件便成为日本政府寻衅的借口。

金玉均被暗杀，是因为他在1894年3月准备回国进行颠覆朝鲜王朝的活动，但行动被泄密，在他途径上海的时候，被朝鲜人暗杀。金玉均被杀之时，朝鲜正发生东学道农民起义，起义的烽火从1894年1月到当年4月短短的几个月间，便席卷全国，极大地冲击着朝鲜的王朝统治。这个局面对于急于侵略朝鲜的日本来说是可

1　李宗一：《袁世凯传》，中华书局1980年版，第28—30页。

以利用的，于是日本军方组织了一个"天佑侠"的组织，打着民间团体的旗号，以帮助东学道为名，企图把朝鲜的内部矛盾扩大为反清的斗争，为日本提出干涉寻找借口，无力镇压的朝鲜王朝便希望借助清朝的军队镇压。而袁世凯也有这种想法，但顾虑到日本会乘机干涉，所以迟迟没有请示清廷出兵。

袁世凯明白，如果中国派兵了，日本肯定也可能派兵。老实说，朝鲜当局和清廷一样并不希望日本派兵，知道日本人的狼子野心。但是起义烽火遍及全国，使朝鲜王朝不得不请求清廷派兵帮助平叛。

1894 年 5 月末，朝鲜全州被东学道起义军攻克，严重的形势迫使朝鲜再次请求袁世凯出兵镇压。对于朝鲜要求清廷派兵，起初袁世凯认为东学党起义不足为虑，他想观察一段时间再说。全州被东学道占领后，形势发展已对朝鲜王朝非常不利，朝鲜国王"以兵少，不能加派，切不可恃为词，议求华遣兵"[1]。袁世凯便赶忙给李鸿章作了汇报，建议朝廷援助朝鲜。

当然，袁世凯的态度由观望到要求朝廷出兵的转变也是有原因的：其一，从当时的宗藩制度来看，朝鲜的叛乱是他们的内政，不到万不得已，清朝是不能出兵的，但是朝鲜国王的请求，则又代表着天朝上国的体面；其次，从当时日本与西方列强都觊觎朝鲜的形势来看，如果清廷坚持不出兵，则西方有可能以帮助"平叛"为名趁机出兵，那样将置中国于尴尬的境地。以袁世凯的精明，他不可能没有看到这一点。但是，出兵朝鲜，袁世凯最担心的就是日本也出兵，因为根据中日条约规定，中国应先告知日本，袁世凯很担心日本以此也要求出兵。为此，他也在积极地关注着日本的动向，甚至还得到过日本不出兵的口头保证。

日本希望中国出兵，目的是为日本也出兵寻找借口。因为，日

1　王彦威、王亮编：《清季外交史料》，王敬立校，第二册，卷九十，第 29 页，总第 1602 页。

本已经料到朝鲜当局或将请援于中国，准备乘中国出兵之机，向中国实行挑衅。日本驻朝代理公使杉村一再假意对袁表示，日本盼中国帮助朝鲜戡乱，并说日本政府"必无他意"，以怂恿中国出兵。袁世凯因此认为日本"重在商民，似无他意"[1]。

朝鲜发生的内乱，得到消息的李鸿章计划让直隶提督叶志超带领千余精兵乘商轮速往朝鲜，一面根据《中日天津条约》（《中日天津会议专条》）的相关规定，让新任驻日公使汪凤藻照会日本外务省，告知中国打算出兵朝鲜的计划。李鸿章还将这些计划致电总理衙门，希望代为向光绪帝呈奏。

1894 年的 6 月 3 日，光绪帝得到李鸿章的奏函，感到这是伸张中国威信的好机会，便向李鸿章下达了谕旨。光绪帝的谕旨中说，这次朝鲜国内发生乱匪叛乱，朝廷决定派兵助剿，但地势、敌情都不甚了解，因此必须想出万全之策，切不可轻敌，方有必胜把握，朝廷决定"派出兵两千五百名，是否足敷剿办？如须厚集兵力，即著酌量添调，克期续发，以期一鼓荡平，用慰绥靖藩服至意"[2]。

光绪帝希望派出军队帮助朝鲜助剿，扫平叛乱。对于派兵一事，又给李鸿章相当的灵活机动之权。

李鸿章接到谕旨后认为，既然日本已经明确表示不会向朝鲜派兵，并表示支持中国出兵，外交上似乎已经没有什么困难，于是他做出如下决定：一方面，他让太原镇总兵聂士成、直隶提督叶志超先后派兵约 2450 余人奔赴朝鲜帮助平叛；另一方面，李鸿章又电令驻日公使汪凤藻，要他根据 1885 年《中日天津会议专条》的规定通知日本说明出兵朝鲜的原因，希望打消日本人的顾虑。

李凤藻接到电报即照会日本外务大臣陆奥宗光。照会试图向日本表明，中国出兵是应朝鲜的请求，也是派兵护商之举，实属情非

1　戚其章：《甲午战争史》，上海人民出版社 2005 年版，第 14 页。
2　苑书义：《李鸿章传》，第 296 页。

得已。可是，当汪凤藻将照会传达给陆奥宗光的时候，日本方面就照会中的"属邦"二字大做文章。陆奥宗光对汪凤藻说，为什么照会中出现"保护属邦"这样的字眼。他表示，日本从来没有承认朝鲜是中国的属邦，并要求中国更改。汪凤藻当场拒绝，这样，日本方面便表示不接受这个照会。

李鸿章本想通过主动告知日本，打消日本人的顾虑。想不到事情却出现这样的波折。当汪凤藻将此情况报告给李鸿章的时候，李鸿章这一次到表现得很坚决，称中国保护属邦旧例天下各国都知道，日本既然不承认朝鲜为中国属邦，那么中国只能依照自己的惯例行事。而李鸿章不知道，在他得到光绪帝的谕旨之前，日本就已经在6月5日下午向朝鲜出兵了。出兵的理由是以护送大鸟圭介公使返任，派海军陆战队三四百人先行于6月10日入驻朝鲜京城。日本随后又续派大军前往朝鲜，到6月16日日军先期抵达朝鲜4500人左右，人数远远超过清军。这些措施说明了日本的挑衅决心是何等的巨大。

日本在做好军事部署之后，外交上也开始步步紧逼了。在大鸟圭介与日本海军陆战队驶往朝鲜的途中，日本才将出兵朝鲜的决定正式照会清廷。这是一个典型的先斩后奏，在形式上给清廷以措手不及。日本驻天津领事荒川己次于6月7日拿着日本外务省的电报来见李鸿章，电报中说："韩事多警，日本已派兵往保护使署领事及商民。"[1]

李鸿章看了电报既惊诧又不满。他对荒川己次说："汉城、仁、釜各口现俱安静，中国派兵专剿内地土匪，并不至汉及通商务口。汝国似不必派兵，致人惊疑。"[2]他还表示，如果日本已以官商之名派出军队，兵员的人数断不可多，日兵入朝，非朝鲜所请，一定

1　戚其章：《甲午战争史》，第23页。
2　《李文忠公全集·电稿》，卷十五，第35页。

不能纵兵深入，引发中国军队与日兵冲突。

随后，李鸿章又将日本的电报呈报给了总理衙门。总理衙门当然不能接受日方所提的要求。于9日复照日本外务省，驳斥了他们的这一单方面举动。但是，日本侵略朝鲜的野心已定，很有些"理直气壮"地说明了自己出兵朝鲜的理由，日本外务省在12日照会总理衙门的电文中说："此次我国派兵朝鲜，是凭《济物浦条约》而于为之，遵照《天津条约》（指《中日天津会议专条》）办理在案。其应几多调派，我政府不得不自行定夺。其应如何行动，非所掣肘。"[1]

就在中日都向朝鲜派兵期间，朝鲜政府与东学道达成了全州和议。这样，平叛就失去了意义。随后，朝鲜政府要求中日两国都撤兵。于是，中日之间在撤兵问题上展开了谈判。

根据日本政府避免与第三国发生重大外交纠纷的方针，1894年6月16日，大鸟圭介和袁世凯达成了中日共同撤兵的谅解。但是，所谓的谅解对清廷毫无益处，而日本已经决意要侵略朝鲜，所谓的谈判过程却为日本部署兵力、做好战争准备提供了时间。

此时，日本非但没有撤军的动向，反而以帮助朝鲜，镇压东学道为借口，继续增兵。对于这一借口，日本外务大臣陆奥宗光私下里竟然狂悖地说，这次增兵，就是要使中日关系破裂。同时，日本政府训令大鸟圭介，派员赴朝鲜各地调查实况，"而此调查务令缓慢，须作成故含与和平状态相反之报告"[2]，为日本拒绝撤兵提出的借口寻找依据。日本既然要有借口，当然不会让借口那么的不值一驳。6月22日，陆奥宗光代表日本政府作出了一个令清廷错愕的决定，宣称日本决不会在朝鲜撤兵，并发出了对中国的"第一次绝交书"。

此后，中国驻仁川的北洋水师总兵林泰曾和袁世凯先后向李鸿

1　戚其章：《甲午战争史》，第23页。
2　王绍坊：《中国外交史：鸦片战争至辛亥革命时期（1840—1911）》，第213页。

章电告日本增兵的动向。当时，进入汉城的日军人数有450余人，同时，大量的军备物资向汉城运集。这个动作，林泰曾带领一名翻译官曾经前往日本驻仁川领事馆，探询日本为什么突然向汉城增兵，并试图阻止日本的这种举动。但是日本领事却将增兵的理由推向中国，说中国向汉城增派了6000名士兵。大鸟圭介公使得到这个消息后，才增兵进汉。

中国向汉城增兵之说，李鸿章向大鸟圭介作了说明，中国增兵之事，纯属子虚乌有。事实上，中国看到朝鲜政府与东学道达成了全州和议，就停止了增兵计划，但是日本人不管这一套，依然增兵不止。看到日本不断增兵的局面，朝鲜国王也十分慌张，就请求袁世凯再次给李鸿章写了求援信，说汉城危在旦夕，请派重兵。

1894年7月23日，日军以要求朝鲜进行"内政改革"，而其答复不能令人满意为由，冲进朝鲜王宫，劫持了国王李熙，胁迫李熙的父亲李昰应出来执政。按照既定的步骤，李昰应被迫"委任"日军驱逐清军。日本军队冲击朝鲜王宫后，仅仅相隔两天，也就是7月25日，日本海军便以朝鲜国王"委任""驱逐"的名义突然偷袭在朝鲜牙山口外丰岛附近的中国军舰，一场战争就以这样的方式展开了。

在甲午战争爆发之前，英国所奉行的远东政策是希望维持现状，即维护英国在远东的优势地位，竭力防止出现危及英国竞争利益的竞争者。但是，当时俄国、美国、法国都在觊觎着朝鲜，试图在朝鲜获得政治和商贸特权。在日本加紧侵略朝鲜之时，西方各国为维护自己在远东的利益，纷纷与朝鲜建立了商约关系，美国是率先与朝鲜建立商约关系的西方国家。

美国与朝鲜签订商约后，列强在远东的利益竞夺中，把俄国视为头号劲敌的英国为抵制它的竞争对手，也希望与朝鲜建立商约关系。朝鲜逐渐与各国建立商约关系。在朝鲜开港设关之事也是迫在

眉睫，但朝鲜和大清一样也是缺乏洋务人才。1882年10月，朝鲜
国王呈文大清总理衙门，请求"代聘贤明练达之士，迨兹东来，随
事指导"。总理衙门便征询李鸿章和总税务司赫德的意见。经过商
议，最终挑选了在中国海关工作过的德国人穆麟德担任朝鲜海关的
总税务司，在制度上参照中国海关的制度。从此后，与英国的远东
政策相一致的，赫德把更多的目光关注到朝鲜的事务中来。

朝鲜海关建立之时，赫德在给金登干的信中曾经说，"朝鲜不
能再给世界添麻烦了，从个人来说，朝鲜正在给我添麻烦（私人的），
中国正征求我在朝鲜设立海关的意见。这也是中国海关的有益的发
展，因为朝鲜海关虽然由朝鲜当地官员管理，但却直属于宗主国的
总税务司！当然，这意味着更多的工作，不变的报酬，不过这倒有
令人感兴趣的东西。"[1]

然而，让大清上下失望的是，穆麟德在担任朝鲜海关总税务司
期间，不单代表朝鲜与俄国签订《朝鲜密约》，而且煽动朝鲜投靠
俄国，这自然引起了西方各国（特别是英国）和日本的不满，在各
方压力之下，朝鲜国王解除了穆麟德的职务。

这一事件的发生，赫德在给总理衙门的信函中说，"伏念朝鲜
自通商以来，时有他人窥伺牟利，设法煽惑。税务司为上国所派驻
扎属国之员，于一切不虞之事即能就近稽察，以防闲于未然。其驻
扎该处，于保卫屏障不无裨益。纵使将各关所领之薪俸，由上国全出，
亦未为虚靡也。"[2]

赫德此言，虽然有巩固中国宗主国权益的成分，但更大的因素
是增加自己的权力。此后，赫德又推荐了正在海关工作的美国人墨
贤理。赫德给墨贤理下达了一项指令，即尽快实现朝鲜海关与中国
海关的联合，由赫德自己兼任朝鲜海关总税务司，这就是所谓的"朝

---

1 陈霞飞主编：《中国海关密档：赫德、金登干函电汇编1874—1907》第三卷，第152页。
2 陈诗启：《中国近代海关史（晚清部分）》，人民出版社1993年版，第351页。

中海关联合计划"。他对墨贤理说，"请沉着地记好这个可能，希望我们不久能说肯定，即朝、中海关的联合"，赫德说，这样的联合更有利于巩固中朝的关系。赫德的这项计划得到在朝鲜的袁世凯的支持。

1885 年 4 月，英俄为争夺在朝鲜的利益一度剑拔弩张、针锋相对。在英俄的利益角逐中，英国认为承认中国对朝鲜的宗主国地位，利用中国的力量是维持在朝鲜利益的好办法。心领神会的赫德更加强了中国海关对朝鲜的控制。赫德告诫墨贤理说，"不要太急，梨没有成熟以前，不要摇树的枝叶。"次年 12 月 4 日，赫德又指示墨贤理："你现在的位置，以及我和朝鲜海关的关系，其有同一基础——那就是朝鲜的从属地位和昭告全世界，说中国是朝鲜宗主国的必要性，这点不要忘记。"赫德的这一系列举措既满足了清廷力图维持对朝鲜的宗主国地位的愿望，又实现了英国的意图，为遏制俄国在远东的扩张加固了一道"安全阀"。[1]

进入 19 世纪 90 年代，除了列强各国对朝鲜虎视眈眈外，日本对朝鲜的觊觎更是日甚一日。这使英国感到，如果避免冲突，又维护英国的远东利益十分必要。此时，赫德已经感到了事情的复杂性。

1890 年日本首相山县有朋在议会讲演时，公开说朝鲜是日本的利益线。美国驻朝鲜公使推荐李仙得为朝鲜内务署协办，并贷款 200 万美元，借以鼓励其独立。总理衙门认为这件事比较棘手，令赫德妥善解决。赫德敏锐地觉察到了问题的复杂性："朝鲜又生了新的纠纷，前美国驻厦门领事、1872—1873 年间曾为日本人占领台湾领路的李仙得现在到汉城，背后有日本的支持，目的在赶走德尼和史纳机，并且破坏朝鲜与中国的关系。看来这个玩火的家伙要在朝鲜点燃战火了！昨日总理衙门要我认真处理这件事，但已经到了时候，恐怕很不容易了。"赫德也认为不好对付，感到了事情的

1　王宇博：《甲午战争期间赫德与英国远东政策》，《江苏社会科学》2000 年 05 期。

艰难程度："李仙得为（朝鲜）内务署协办，他的意图当然要胁迫朝鲜脱离中国，倾向日本。总理衙门要我去干预，但我不愿意下手，因为这件事看来又将费很多时间，惹许多麻烦。"[1]

面对中日在朝鲜问题上日益尖锐的角逐，赫德也不是不想插手，他感到凭自己的力量是有限的，他很希望英国政府能够插手，那样也是维护英国利益的需要。当1894年朝鲜爆发东学党起义的时候，赫德很有些忧虑地说："看来今年恐怕是多事的一年。"赫德担心这势必破坏中国与朝鲜的宗主关系，进而削弱英国对朝鲜的控制和造成远东现状的改变。中日关系的恶化，赫德的心情是矛盾的，他既为中国的命运担忧，又希望自己的母国在这种纷争中获得利益，他说，"中日局势严重，已接近战争边缘。日本在这场新战争中，料将勇猛进攻，它有成功的可能。""俄国已在朝鲜边境增兵，在海参崴集中舰队，等'梨子熟了落在手里'，好捡便宜。"

不论是出于对自己母国在华巨大利益的考虑，还是出于在大清官场的个人情感，赫德都希望中国对日本强硬，"如果战争能拖延下来。中国的资源、人力和它经得起磨难的本领，必能胜过日本的勇猛和它的训练、组织能力。"同时，赫德也希望"英国应以实力出头干涉，外交毫无用处，现在机不可失，如不动手，将来局势可能全部改观"[2]。赫德希望英国不惜与日本发生战争来保护远东的利益，但是更希望通过外交的手段来解决问题，建议英国应该尽快派一个"老成持重、说话有力的公使"出使日本，就朝鲜问题与日本交涉。赫德还向英国政府推荐了驻华公使馆代办宝克乐担此重任。总而言之，在甲午战争爆发之前，赫德打出的是"中国牌"——尊重中国在朝鲜的宗主国地位，来维护英国在远东的利益。

1　王宏斌：《赫德爵士传：大清海关洋总管》，第300、301页。

2　王宇博：《甲午战争期间赫德与英国远东政策》，《江苏社会科学》2000年第5期。

2. 赫德调停中日冲突的尝试

在甲午战争爆发之前，作为大清朝廷命官的英国人赫德希望英国政府通过外交干涉，甚至不惜动用武力来干涉中日在朝鲜问题上行将爆发的冲突。事实上，软弱的清廷也很希望列强能够出面调停，使局面转危为安。对此，赫德看的明白：

> 局势并无好转，我担心其难度同我在1885年所经历过的一样——总理衙门的打算是过于相信外国的干预，并且过于认为日本愿意谈判，这样便使我们陷入另一僵局——总理衙门坚持日本撤兵后才谈判，日本坚持谈判解决后才撤兵。与此同时，更多日本军队涌入朝鲜，增强了他们的阵地，并以真正专横的手段硬逼着朝鲜国王独立和改革内政；另一方面，中国正在集结军用物资，到如今才发现多么无准备，根本不足以应付当前事件因而感到惶恐。日本大概要在朝鲜以逸待劳，那么中国只有把它驱逐出去。日本可以投入六万训练有素的精兵作战，他们的每个人都是渴望求得荣誉的斗士；而中国至多只能纠集到三万左右初经训练的苦力，另跟着双倍多的"勇"字军，这伙人只会抢掠，只要来复枪弹射向他们，炮弹在他们附近爆炸，他们就要仓皇逃窜。[1]

朝鲜面临的一触即发的危难形势，清廷中有两派力量。光绪帝为首的"主战派"主张对日作战。但是，仍想对朝政施加影响的慈禧太后却反对对日作战。能影响外交大局并把持北洋海军大权的李鸿章也不想与日本开战，况且避战求和是他一贯的方针，这样不仅可以保存自己的实力，又可以通过谈判捞取政治资本。虽然，战争爆发之初，慈禧太后并没有公开对日作出妥协的懿旨，但"皇太后

---

[1] 王宏斌：《赫德爵士传：大清海关洋总管》，第301页。

谕不准有示弱语"的背后,却是"亦主战,不准借外债"。[1] 打仗是要花银子的,这就是要把主战派限定在一定的范围之内。

慈禧太后的态度无疑给了奉行妥协外交政策的李鸿章一剂定心丸。尽管光绪帝的上谕要他做好战备,但他却是拖延观望,并不去做积极准备。前方将士要求占领重要地区,做到有备无患,而李鸿章则斥责这些将士,要他们按兵不动,不要无端生事。李鸿章认为,对于日本人只要不首先寻衅,不主动开战,谅日本人也不会违背国际惯例,与中国动手。他认为,根据国际公例,谁先动手,谁就首先在国际上失去了公理的支持。

李鸿章幻想着日本人会尊重"万国公例",他的这个想法很荒唐。要知道敌人一旦挑衅,战争随时都有大规模爆发的可能,他竟然还指望日本能够遵守"万国公例"。李鸿章不想打仗,他还把希望寄托在列强的调停上,希望英、法、德、俄等国公使能够劝说日本撤军。他先是让英国公使欧格讷出面调停,接着又请俄国公使喀西尼劝说日本撤兵。为促成俄国公使的调停,他竟然谎称:"英国已表示愿充调停者,但中国认为俄国在此次事件中有优先权。"[2]喀西尼向李鸿章表示,俄国与朝鲜是近邻,断不能容忍倭人妄行干预。这个表态让李鸿章对俄国寄予很大希望。

事实上,俄国所关心的只是自己在东亚的侵略利益。出面调停中日冲突固然是提高俄国威望的极好机会,但俄国感到对日本强硬,只会把日本推到俄国的对立面,是日本与英国联结在一起,况且俄国正投入精力建设西伯利亚铁路,还没有力量向远东投入更多的财力和兵力。俄国也感到,中日之战在所难免,胜负难料,坐山观虎斗地静待战争结局也符合俄国的扩张利益。俄国外交大臣吉尔斯如

1 冯元魁:《光绪帝》,吉林文史出版社 1993 年版,第 148 页。
2 张蓉初译:《红档杂志:有关中国交涉史料选译》,生活·读书·新知三联书店1957 年版,第 15 页。

此解释他们的调停做法："帝国政府所遵循的目标是，不为远东敌对双方任何一国的一面之词所乘，也不被他们牵累而对此局势有偏袒的看法，类似的行动方式，不仅有失我们的尊严，甚至可以限制我们将来行动的自由"[1]。

李鸿章对俄国调停寄予很大希望，而俄国却一副观望、和稀泥的做派。到了6月底，对日本竟然变成了态度友好的劝说，此间俄日双方在圣彼得堡进行了多次外交接触，根本不提让日本撤兵的事。可是为了自己的利益，俄国又表示日本不应该强行改变朝鲜的独立地位。几次接触，日本人也是把准了俄国人的脉搏，俄国并不是真的要干涉朝鲜问题，而是想维护其在朝鲜的利益。如此调停，使得日本在行为上变得更加大胆起来，对于俄国人的调停变得委婉客气起来。日本政府在7月2日发给俄国的照会拒绝了从朝鲜撤军的"劝告"，但用词十分委婉地说，向朝鲜派遣军队，实属形势的不得已，并无侵吞领土之意，到了该国内乱平定，当然会将军队撤回，"帝国政府对于俄国政府友谊的劝告，深表谢意。同时，希望俄国政府本两国政府间现存之信义及友谊，对此保证给予充分信任。"[2]

这个答复实际上也是日本在向俄国作出一种承诺，表示将来俄国有插手朝鲜的权利，目的是希望俄国在日本侵略中朝的问题上作壁上观，不要干涉。俄国对日本的这个承诺很是满意，但为了提醒日本不要侵犯俄国的利益，俄国又给日本发了一个照会，表示："未悉日本政府对朝鲜究欲提出何种要求，不论任何要求，如果违背朝鲜以独立政府资格与各国间所缔结之条约时，俄国政府决不能认为有效。为了避免将来不必要的纠纷，兹从友谊上再提请日本政府注意"[3]。看来，只要日本不撕掉"朝鲜独立"的"帽徽"，俄国就

1 戴逸等著：《甲午战争与东亚政治》，中国社会科学出版社1994年版，第110页。
2 [日]陆奥宗光：《蹇蹇录》，伊舍石译，商务印书馆1963年版，第39、40页。
3 戴逸等著：《甲午战争与东亚政治》，第111页。

不会用强力阻止日本发动侵略战争。

李鸿章所期待的俄国调停，却变成了见不得光的俄日交易。俄国人的作壁上观，使得中日开战迫在眉睫。

俄国人的虚假调停，李鸿章并不死心，他甚至以出卖利益作为诱饵，希望俄国能够真的干涉，他向喀西尼建议，由中、日、俄三国共同改革朝鲜内政，答应俄国可以和中日享受同等权利。喀西尼在7月3日向国内作了汇报："为了报答我国的效劳，中国正式承认俄国具有与中、日两国共同解决朝鲜内部组织的权利。李鸿章请求我国协助，俾使日本同意与俄、中两国共同解决朝鲜的改革问题"。喀西尼还向国内表示：李鸿章的建议，"对于我国及日本均属有利，它将保证朝鲜秩序今后得以维持，将摈除中国在朝鲜的优越势力"[1]，希望政府能够接受这项建议。

俄国对这个建议并不感兴趣，认为在西伯利亚铁路未完工以前，俄国还不能打破远东的现状，也不能得罪日本，免得日本与英国结盟。况且日本在口头上已经作出对朝鲜"决无侵略领土之意"的外交保证，出于保护俄长远的利益，俄国没有接受李鸿章的建议。

虽然如此，俄国又表现出很支持清廷的姿态，表示将全力支持中国，避免使得李鸿章太失落。喀西尼向李鸿章表明，俄国政府"对中国持有最友好的态度，并将竭尽一切以支持中国的和平愿望"[2]。

如此，李鸿章感到让俄国人帮助调停的愿望只能是画饼充饥，他本来想丢掉希望列强帮助化解危机的幻想。可是，喀西尼与日本暗中勾结之时，英国担心俄国在中日的纠纷中获得利益，一改消极的态度，对调停中日矛盾变得热心起来。这使妥协的李鸿章仿佛又抓到了一根救命稻草，他竟然异想天开对英国驻天津领事提出，请英国"速令水师提督带十余铁快舰迳赴横滨，与驻使同赴日外署，

1 孙克复编著：《甲午中日战争外交史》，辽宁大学出版社1989年版，第48页。
2 孙克复编著：《甲午中日战争外交史》，第47页。

责其以重兵压韩无礼，扰乱东方商务，与英大有关系，勒令撤兵再议善后，谅倭必遵"[1]。

李鸿章这个引狼入室的建议，他自认为很高明，实际上很荒唐。不用说，英国人不愿直接跟日本人对着干。年轻的光绪帝听说李鸿章对英国人提出这样不靠谱的建议，更是恼火，斥责他此举非但示弱于敌，而且还后患无穷。

李鸿章挨了骂，只好放弃这一想法，当然，英国表示愿意从中调停，也不是真的想调停。而是担心俄国与日本走得太近，因为英国当时忌俄远甚于忌日，所以英国的调停目的在于防俄。英国不愿逼迫日本撤兵，而是提出了朝鲜由中日共管，共同"整理朝鲜内政，同保该国土地勿令他人占据"[2]的建议。这样的调停让李鸿章相当失望，日本方面也不满意。因为日本侵略朝鲜的决心已下，对于英国的调停，日本不便公然拒绝，于是竟提出极端无理的条件，以促成决裂，表示"假定中国政府为改革朝鲜内政，即选派共同委员，但对于日本政府业已独立着手之事项，中国应不容置喙"，并限清廷于五日内答复。否则，"日本政府不能与之应酬，且中国此时若增派军队于朝鲜，则日本政府即认为威吓之处置"[3]。日本此举就是希望中国无法接受日方条件，造成两国关系决裂。

可是，对日本的要求，李鸿章竟然提出了五方面的让步条件：其一、允许以后中日都派兵赴朝帮助平乱；其二、中日皆可派员对朝鲜的内政、军事、财政等进行商办改革，但仅能劝告朝鲜国王照行，不能强迫；其三、中日两国协同保护朝鲜领土安全；其四、在朝鲜通商问题上，中日两国都享有权利，但不加入"政治上"三个字，朝鲜有重大活动，日本不能与中国并行；其五、撤兵事件于谈

1 刘培华：《近代中外关系史》上册，第378页。
2 刘培华：《近代中外关系史》上册，第379页。
3 孙克复编著：《甲午中日战争外交史》，第54页。

判之初规定，不提出"属邦"问题。

李鸿章的妥协让步，日本却提出了更为苛刻的要求，中国必须接受日本业已单独和朝鲜订立的关于"内政改革"的二十五条，而且关于朝鲜内政的改革，必须迫使朝鲜国王遵守；坚持政治上和中国享有同一权利，遇朝鲜大典，两国必须平行。

日本试图让清廷放弃在朝鲜的"宗主权"地位，并进而控制朝鲜。这样的要求使英国公使欧格讷感到日本是铁了心要发动一场战争，知道调停不会有任何的结果，因而也决定放弃调停。对于可能发生的战争，英国政府在1894年7月23日向日本发出照会，要求不要在英国利益中心的上海及附近区域作战。日本接受了英国的要求，于是，英国的调停也宣告结束。

俄英既都已退出调停，决定不干涉日本对朝鲜的侵略行动，其他国家更无此意。即便是美国，也只敷衍性地于1894年7月9日对日本提出所谓"友谊的劝告"。至于德法两国，表面上它们对日本也曾提出"劝告"，但两国驻日公使暗地里都向日本外交大臣陆奥宗光表示："欲使中国觉醒古来迷梦，决不可不加以打击"[1]，怂恿日本采取行动。国际干涉的可能既已证明全不存在，日本这时在朝鲜外交上也已使尽了一切挑衅手段，最后就是使用赤裸裸的暴力了。

不过在战争发生之前，执意要妥协的李鸿章自己还有单独对日外交行动的惊人之举。在英国调停失败之前，李鸿章曾经先后派出自己的幕僚伍廷芳、罗丰禄与日本驻天津领事荒川已次密谈，希望中日双方就朝鲜问题忠诚谈判，和睦解决。李鸿章还希望派出代表到日本与首相伊藤博文谈判，要求日本政府保证在秘密特使到达东京前，在朝鲜的日本军队不要采取敌对行动，并要求日方对这一倡

---

1 中国史学会编：《中国近代史资料丛刊：中日战争》第七册，新知识出版社1956年版，第155页。

议立即答复。

日本政府对李鸿章的倡议,反应十分的冷淡,竟在7月下旬发起不宣而战的挑衅行动。8月1日,清廷只好仓促与日本宣战。

需要说明的是,清廷虽然不情不愿地对日宣战了,可是,消极的应战态度,再一次使清廷饱尝了战败的苦果。两国军队在朝鲜境内的战斗进行了不到两个月的时间。从9月13日起,日军向集中在平壤的中国守军发起进攻,中国士兵勇猛应战,个别将领如左宝贵奋战至死;但是由于主将叶志超的懦怯无能,加以将领间意见分歧,不服调度,经过仅仅两天的战斗,清军便败了下来,主将叶志超也仓皇逃回到国内。

在朝鲜的战事中,9月17日北洋舰队在安东县大东沟海域与日舰发生遭遇战,这一战使清军完全处于被动地位。中国军舰沉没五艘,日舰无一沉没,由此也暴露出了大清海军指挥系统的存在问题。清廷如能接受教训,力事整顿,鼓舞士气,战事前途决不致一败涂地。但指挥战事的李鸿章却因自己的政治资本北洋海陆军受到了损折而大发牢骚,说什么"以北洋一隅之力,搏倭人全国之师,自知不逮"[1],从此在军事上采取了避战自保的方针,在外交上则加紧了求和活动。

大东沟海战遭受失败的消息传来,清廷中的帝党与后党因此又打起了嘴仗。朝廷中反对李鸿章的声音很大,说什么的都有。作为军机大臣的李鸿藻与光绪帝的老师翁同龢指责李鸿章"有心贻误",认为李鸿章是故意贻误战机。光绪帝对李鸿章一味妥协、投降的态度早就心生不满,因而,没有请示慈禧太后就匆匆下旨。谕旨有两层意思:一、"拔去三眼花翎,褫去黄马褂";二、"交部严加议处"[2]。

---

1 中国史学会编:《中国近代史资料丛刊:中日战争》第三册,第112页。
2 戚其章:《甲午战争国际关系史》,人民出版社1994年版,第257页。

　　光绪帝降谕惩处李鸿章，这让李鸿章很不满。但他又知道，胳膊拗不过大腿，表面上接受朝廷的惩处，但却对其领导的北洋舰队在大东沟海战的失败极力辩解，说这次出兵朝鲜，日本以数倍的兵力与北洋舰队作战，敌人前赴后继，所以不支，"固由众寡之不敌，亦由器械之相悬，并非战阵之不力也。"[1]

　　李鸿章的这番解释，立即遭到了主战派更猛烈的抨击，说他"因循贻误于前，诿卸于后"。主战派认为，不从重处罚李鸿章就不能平民愤，就无法挽回连连失败的局面。在主战派的指责声中，慈禧太后的态度则让李鸿章吃了一粒定心丸。慈禧太后对他温言安抚，说他办理军务也是有很多难处，这一点朝廷还是明白的。虽经失败，慈禧太后仍令李鸿章统筹兼顾，指挥北洋水师，以示对他的谅解。

　　实际上，慈禧太后安抚李鸿章是由自己的目的和打算的。朝鲜战场上的失利，反对抗战的慈禧太后更坚定了议和的决心。与日本议和，在她看来，必须倚重于李鸿章这样的有外交"经验"的人，慈禧太后为此还启用了被她几度打压的恭亲王奕䜣，让奕䜣重新回到了总理衙门帮助议和。

　　战事的进展不利，赫德也希望清廷能够与日本和谈，更希望英国能够出面调停。当战争将要爆发之时，赫德对国际形势和清廷的状况做了认真的分析："各大国正在着手劝日本撤兵谈判，因为他们不希望战争；但是日本非常自负和任性，它知道各国中没有一个国家想要给它一次纳瓦里诺岛事件（1827 年 10 月 20 日）。"对于中日爆发的战争，日本不愿接受各国的劝告，"大有宁愿对各国一战，而决不屈从的架势！俄国人在天津挑逗一番，过了两星期它又推卸了。……俄国现在朝鲜边境派了部队，在海参崴集结舰队，等着梨子熟了。如果各国不强迫日本先撤兵后谈判，中国只有作战或含垢忍辱不战认输。中国如果有勇气顶得住，它就能在三四年内

　　1　《李文忠公全集·奏稿》，第七十八卷，第 61、62 页。

打赢，但是我担心它首战被挫就要认输屈服，接受日本的条件，向日本赔款！所有国家都向中国确保同情，并说日本这样破坏和平全属错误。同时它们也说日本希望朝鲜得到真正的改革，这件事是非常需要的。也就是说，它们反对日本的做法，但赞成它的目的；它们所以同情中国的唯一原因，只是害怕战争给它们自己造成损害而已。"[1] 既然是这样，赫德认为清廷尽早借助于各国的调停与日本议和是最好的选择。

尽然在战争爆发之前，各国的调是的失败的，但赫德仍然希望清廷和各国继续努力。他也关注着战争的走向。当清廷的"操江"号饷械船和租用英国的"高升"号运兵船等舰船在丰岛海面遭到日本军舰的袭击。"操江"号被俘获、英国的"高升"号被击沉，造成了700余名士兵遇难，这一事件的发生，清廷接到战报后，却仍然不愿宣战，这使赫德感到清廷是真的软弱。他对这一事件评论道：

> 我们对于日本人对付运输船的这种做法不禁大为惊愕。而且"高升号"也引起了一个特别问题，它是英国籍船只，刚刚被中国政府租用，得到了英国领事馆和公使馆的同意，现在中日两国尚未宣战，日本的这一行动应如何评断？这件事应该由中国政府去交涉呢，还是应该由英国去处理？如果英国觉得非处理这个问题不可，中国的处境就比较有利；但如果英国不管，我们的日子就非常不好过了。中国在一两天内大概不会讲话，等着看英国怎么办，同时也在等着看英、俄、德是否联合劝说或迫使日本放下战争火炬。但在一两天内如果等不到有指望的结果，中国就要自己行动了。

但是，英国并不想因为"高升号事件"把自己牵扯其中，只是

---

1 陈霞飞主编：《中国海关密档：赫德、金登干函电汇编1874—1907》第六卷，第87页。

抗议、要求赔款了事。清廷希望借此与英国人捆绑在一起的愿望落了空，只好与日宣战。战争将走向何方，赫德不得而知，他只是期待着中日双方尽快开战，一决高下："单靠愤怒的群众抵抗有什么用？……如今在一千个中国人中有九百九十九人肯定大中国可以打垮小日本，只有千分之一的人想法相反。我认为除了让中国与对方快点解决外，我插嘴也是无益的！"[1]

中日战争的发生，赫德还有一种担心，中国百姓借此发生严重的排外事件，那将损害英国的在华利益。他说，"由李鸿章统率的驻扎在天津一带的鲁莽部队，听说两艘运输船被击沉，上面所载的他们的伙伴们全部淹死，（中国人）一定怒火中烧，很可能会进攻日本在天津的领事馆等等，这一行动最终会在租界内造成抢劫和一场屠杀。我们在北京也仿佛在老鼠笼里听任中国人的支配……倘若发生骚动，我不相信我们会有多少人能够逃脱。"赫德还说，"我应该为中国人说句公道话：我们公平合理对待他们时，他们也会同样相待——当然受他们的困难的限制。"[2]

到了当年9月，大清与日本宣战仅仅一个月过去，战事已对大清相当不利。赫德已经感到了危机四伏：

> 战争骇人地向毫无准备的我们袭来，李鸿章所吹嘘的舰队、要塞、枪炮和人力，都已证明远非一般所期待的那样厉害。当前的困难是军火，南洋水师每门大炮只有25发炮弹，而北洋水师的克虏伯火炮没有炮弹，阿姆斯特朗的火炮又无火药！汉纳根已受命为北洋防务催办弹药，他正为弹药大声疾呼。天津兵工厂十天前收到了催造炮弹的命令，但迄今什么也没有造出来！他需要有足够打一场几个钟头之久的大海

1 陈霞飞主编：《中国海关密档：赫德、金登干函电汇编1874—1907》第六卷，第94页。
2 王宏斌：《赫德爵士传：大清海洋总管》，第305页。

战的炮弹，现在还没有到手，更糟糕的是看来永远弄不到了！中国人让琅威理走掉，他们把海军弄得一团糟……现在牛奶已经泼翻了，我们正准备新罐子，不幸的是这头牛是一头爱踢的牛！[1]

赫德很担心日本会在10月初登陆，于10月底进攻北京，他让海关内带家属的职员调走，让单身的人来代替工作，防止可能发生的不测。此时赫德希望英国政府能够干预的心情也更加强烈。

9月23日，赫德受到总理衙门的召见，希望他帮助斡旋，请西方出面调停。赫德在当天给金登干的信中写道："总理衙门要我下午去，有'要事'要办，但是我真不愿意在这个时刻给硬拖进去，因为一个人在这个当口能干什么？日本人的野心越来越大，他们现在口口声声要统治中国，而且拒绝外国的一切干预。所以，一方面是中国无能战之兵，另一方面是强敌不愿息兵言和，要我教给中国如何打胜仗或如勿谈判成功，真是谈何容易。"[2]

虽然，赫德感到问题相当棘手，但他在30日还是给与他有着良好关系的英国政客伦道尔写了封信，探询英国政府的态度：

> 形势极为险恶！皇太后寿诞庆典已取消……从一开始各国在战争爆发前的外交干预就已经把中国置于极端不利的地位。现在《泰晤士报》发表文章主张英国保持善意的中立，预示着英日联盟，中国人对此颇多评论，中俄联盟可能实现。面对这种形势，英国政府是否将有所行动？时间紧迫！如果英国政府不采取行动阻止日军登陆，中国将被迫无保留地投入俄国怀抱。我认为英国应以实力进行干预，外交手段毫无

1 陈霞飞主编：《中国海关密档：赫德、金登干函电汇编1874—1907》第六卷，第112页。
2 陈霞飞主编：《中国海关密档：赫德、金登干函电汇编1874—1907》第六卷，第124页。

用处，而且应马上干预。机不可失，时不再来，未来的一切均将改观。有可能采取行动否？请答复。[1]

当天，赫德在给金登干的信中也写道，"外交手段欺骗了中国，使它未能派去军队，以致日本一开战就占了优势。现在是一个行动的机会，如果英国肯采取行动，中国将永远是它的朋友；倘若无行动，俄国将拿去这笔赌注了……我一点也不敢恭维英国的对华政策，它永远是不冷不热的政策。据此，它有时受到重视，有时不受重视。如果中国走向俄国一边，东方的命运就要发生变化了。"[2]

总理衙门希望赫德能够出面调停，赫德对过去总理衙门没有听取他的改革建议以致造成如此局面颇有微词。但危难局面下清廷希望议和的心情是迫切的，10月6日，总理衙门大臣孙毓汶和徐用仪亲自来到海关总署拜见了赫德，他们谈了两个多小时。当天他们谈话的过程，令赫德很有些临危受命的感觉：

现已到了危急关头，而且是最后一刻了，因此我的上司又来找我。幸亏我有在困难时总是保持欢快，而在太平时则比较谨慎的习性，否则我们的多次考验和中国人的办事方法早就把我害死了。……这个政府现在认识了当前的局势，看出了那位大总督（李鸿章）怎样贻误了建立陆军与海军的机会。但他们还须把眼睛睁大些，认识到廉洁也是朝廷本身应遵守的原则，例如，最近十年来，每年都给海军衙门拨去一笔巨款，现在还应当剩下3600万两。可是你瞧！他们说连一个制钱也没有了，都拿给慈禧太后任意支用去满足她的那些

---

1 中国近代经济史资料丛刊编辑委员会主编：《中国海关与中日战争》，科学出版社1961年版，第58页。

2 陈霞飞主编：《中国海关密档：赫德、金登干函电汇编1874—1907》第六卷，第129页。

无谓的糜费了！昨天孙和徐（指军机大臣孙毓汶和徐用仪）同我从下午4点谈到6点，几乎要痛哭流涕，愿意接受任何好的建议，答应今后去办种种事情。他们说一星期前无人敢于提出和议，而两个月前只敢讲宣战，却无人敢讲别的话。即使在目前，如果求和的消息被人知道，北京那帮既不了解实情又不把责任和职守放在心上却专门喜欢高谈阔论的人们，仍然会攻击政府的，因此，他们问我怎么办。他两人补充说，身负重任的政府现在已经知道再打下去是没有把握的，而早日解决才是最好的办法。[1]

总理衙门的苦苦哀求，颇有一种"救苦救难，舍我其谁"得意之感的赫德从10月5日到15日频繁的给国内发电，告知中日战争的状况，询问政府对中日战争的态度。赫德的电报使英国政府感到如果放任中日战争无休止的进行下去，英国在远东的利益真的将要受到损害，决定出面干预。但是英国政府也知道，既然战火烧到了中国境内，日本肯定是想从中国得到一些丰厚的条件，更想知道，中国求和的底线是什么，是否愿意赔款和割让台湾。赫德回电说："割让台湾完全不可能，赔款几乎同样是办不到的。真不幸，英国政府竟然想得出来。"[2]

赫德向英国政府表示，中国愿意接受终止与朝鲜的宗藩关系，并在中日战争结束后，接受西方提出的改革建议。一向喜欢通过战争威胁来达到其侵略目的的英国政府知道，要和谈，与日本讲什么道义是行不通的，只有承诺给日本政府更多的条件。英国方面给赫德回电说，"以朝鲜独立为唯一条件，谈判是无望的；提出发动战争的道义问题也无用，必须完全面对既成的事实！迄今为止同各国

1　陈霞飞主编：《中国海关密档：赫德、金登干函电汇编1874—1907》第六卷，第132页。
2　陈霞飞主编：《中国海关密档：赫德、金登干函电汇编1874—1907》第八卷，第763页。

的磋商进行顺利，但日本提出了很高的要求，除非中国马上同意英国所提出的朝鲜独立和赔款建议，否则必将危及当前的有利谈判时机。"[1]

伦敦发来的电报，让赫德颇为不满，他认为英国政府没有替中国着想。他在 10 月 12 日给金登干发电报说了他的感触：

> 人们认为《泰晤士报》是代表英国政府的，因此它的文章倾向于疏远中国人而帮助日本人。英国很有意愿同日本人取得充分的谅解。我相信中国宁可打下去，而不肯赔款，而且如果中国当真决心打到底，它最终是可以取胜的。可是战争将延续多年，要造成巨大直接损失，并且往往会为不受欢迎的政策造成机会。中国舆论认为用朝鲜独立换取和平，代价太大。胜利者可以勒索赔款，但这样做合理吗？[2]

赫德甚至认为英国建议中国向日本赔款是一个很不靠谱的建议，时机不成熟，又未经授权，是一个错误而拙劣的策略。

对于赔款问题，赫德在收到英国国内的回电后，曾到总理衙门做了试探，询问是否能够接受赔款问题，令他想不到的是，清廷竟然表示可以原则上接受赔款之议。"昨天我向一位大臣试探，虽然赔款令人憎恶，但这个主张并未遭到断然拒绝。我们未敢建议赔款，但是如果数目并非不合理且中国为了谋得和平也可能只得同意赔款。假定赔款原则可以接受，是否可将数额留交五大国去确定？"[3]

基于此，赫德又询问英国，在赔款的问题上，列强是否同意一致合作？要求将赔款条件限定在一定的范围之内。英国的答复是，

1　王宏斌：《赫德爵士传：大清海关总管》，第 310 页。
2　陈霞飞主编：《中国海关密档：赫德、金登干函电汇编 1874—1907》第八卷，第 764 页。
3　陈霞飞主编：《中国海关密档：赫德、金登干函电汇编 1874—1907》第八卷，第 765 页。

一些大国不希望向日本施加压力。

得不到列强向日本施压的保证，赫德很为大清捏了一把汗，也为清廷的一味妥协、软弱感到无可奈何，他认为，既然列强不愿意向日本施压，清廷就应该做好长期作战的准备。但是，清廷经历了平壤、大东沟的惨败后，全无斗志，求和之心更甚。这些都是赫德能够感触到的：

> 这里的事看上去很糟。大小官吏毫无斗志，沮丧情绪正逐渐在所有人心里滋长，前途的确非常不妙。如果日本人不肯接过"橄榄枝"，我简直不知道我们将怎样了此一局。我在尽我们之所能促成谈判的同时，还每天劝告总理衙门等，现在要比过去更加紧备战。他们说已经都照办了，但是既没有指挥人才，兵员又没有充分武装起来，只凭人多能顶什么事？他们想把琅威理找回来，他们还想买来复枪，等等，但他们还是中国人的老样子，一切事都拖到最后一刻才肯动手办，到那时除了交好运或特殊的天意，什么也无法解救他们！这真是令人心碎的事。[1]

赫德批评中国官员的腐败无能与软弱妥协，也想到了日本吞并中国之后的世界格局的重大变化：

> 如果结果是日本打赢了，把中国拿在手里，它可以成为世界上最大的帝国，并且也许会是人们从未遇到过的最进取、最强大的帝国！我毫不怀疑各国的政客们已经感到仿徨不安了。他们是支持老朽的中国，再试着使它恢复兴旺和实力，从而疏远未来的帝国日本，还是偏袒日本从此在它友好羽翼

1　陈霞飞主编：《中国海关密档：赫德、金登干函电汇编1874—1907》第六卷，第146页。

之下接受庇护呢？[1]

既然清廷已经丧失了斗志，赫德仍把希望寄托在议和上。10月下旬，赫德为总理衙门草拟了一个照会稿，希望清廷再做努力，希望各国帮助斡旋。赫德在当天致函金登干说，"我适才为中国草拟了一件照会稿，请求各有约国家调停。我认为没有人出头来拦阻日本是一个耻辱。中国并没有触犯任何人，它没有任何过失，从来不喜欢战争而宁愿忍受牺牲。它只是个老大的病夫，度过了若干世纪的太平岁月，无形中消失了活力，现在正当它慢慢复苏的时候，却被这短小精悍武备精良的日本人扑倒在地，难道真没有人肯把他拉开吗？"[2]

赫德希望各国调停，尽快结束战争。那么他真的愿意把日本侵略者从中国这块肥肉旁拉开吗？他的心情是矛盾的，毫不讳言地说，他有着很大的私利成分。在中国四十年的生涯和在清廷中得到的高官厚禄，使赫德的个人利益已与清朝紧密相连，他不愿意看到任何于此不利的变动，他也谴责任何独霸的、吞没性的、向英国在华势力挑战的野心。赫德和英国、中国的关系，仿佛是一个倒置而倾斜的三角体，最高点是英国的利益，其次是清朝的利益，把这两者联成一体的则是赫德个人的利益。[3]

赫德这时想到了海关的前途，也想到了自己的命运，他要用表面上的乐天知命来掩盖内心的惊慌："至于我们自己，是我们自己离开还是被人家消灭？我指的是海关业务！就个人来讲，我们很安全，我们只是在日本军队进来之前人心惊慌、治安混乱的两三天里有危险，到那时我们必须提防……我现在的情绪很好，我的头脑正

1　陈霞飞主编：《中国海关密档：赫德、金登干函电汇编1874—1907》第六卷，第146页。
2　陈霞飞主编：《中国海关密档：赫德、金登干函电汇编1874—1907》第六卷，第149页。
3　卢汉超：《中国第一客卿：鹭宾·赫德传》，第166页。

常，精神甚佳。幸亏我是那种前景越暗淡就越发自得其乐的人。事实上，在中国人看来恐怕我在大厦将倾倒时过于神色自若，过于安祥自在了，但惊慌、沮丧、激动又有何用？最好还是像平时那样活下去吧！"[1]赫德的这种情感里更多的是包含着失意和无奈。在他的生活里，他常常会不自主地发出一声叹息。

3. "旁观"中日议和

清廷希望列强各国甚至是海关总税务司赫德帮助出面调停，但是所有的斡旋活动都没有成功。面对日益严峻的京畿威胁，光绪帝为首的主战派本来是想抗战到底的。可是，进入1895年，战事的全面恶化迫使他不得不改变主战的态度。

当时，日本拒绝西方各国的调停，并拒绝接见李鸿章派出的谈判代表，在谈判的价码上也不肯开口。因为日本的目的是要清廷彻底屈服，日本陆军部希望夺取辽东半岛；海军部要并吞台湾、澎湖；财政部提出索要白银十亿两的庞大赔款数字；改进和革新党叫嚷：必须有瓜分中国四百州的决心，将广东、山东、江苏、福建都纳入日本的版图；自由党声言，应迫使清廷割让辽东以及台湾，并要求缔结中日通商条约，特权应在欧洲诸国之上。一片蝉噪蛙鸣声充分暴露了日本侵略者的贪婪野心，正如陆奥宗光所说的那样："中国的割让唯欲其大，发扬帝国的光辉唯欲其多"。[2]

要实现贪欲，日本知道必须借助于扩大战争成果和狡狯的外交两种手段。在外交方针上，日本政府认为只有通过战争获取更多的胜利，外交上才能使清廷更屈从。因此，对于停战与媾和的条件，陆奥宗光又说："我国绝不泄露要求的条件，将问题严格局限在中日两国之间，使第三国在事前绝无插足的余地"，"媾和条约方案

---

1 王宏斌：《赫德爵士传：大清海关洋总管》，第311页。
2 [日]陆奥宗光：《蹇蹇录》，伊舍石译，第116页。

也深藏未露，在时机尚未成熟时，决不轻易示人"[1]。

日本人拒绝外国调停，这使李鸿章感到只有朝廷派出代表直接向日本议和一途了。1895 年 1 月，李鸿章奏请朝廷派张荫桓、邵友濂东行，前往日本协商议和之事。

在前往日本之前，二人在奕䜣带引下先后觐见了光绪和慈禧太后。此刻，光绪帝在慈禧太后的压力下，也同意派人到日本了解日本的真实口气。1 月 1 日的觐见中，光绪帝特降谕旨说："张荫桓、邵友濂现已派为全权大臣，前往日本会商事件。所有应设各节，凡日本所请，均著随时电奏，候旨遵行。其与国体有碍，及中国力有未逮之事，该大臣不得擅行允许。懔之！慎之！"[2]

光绪帝的这道谕旨，说明他对日本方面的态度并不了解。奉命前往日本的张荫桓也是如此，他在离京前给光绪帝上了一道奏折说："惟此行原无把握，为时久暂，自难预定。如能仰托皇上福威，敌人就范，则臣归期可速，经费可节，随使各员亦有劳可录。俟到差后，察看情形再行具奏，以慰宸廑。"[3]

对敌情的不了解，决定了张荫桓等人前往东京议和的必然流产。张荫桓、邵友濂到日本后，日本首相伊藤博文与外相陆奥宗光故意刁难，说什么清廷派出的谈判代表级别太低，所给予的权限不够，不能和谈，并指名道姓要恭亲王奕䜣和李鸿章亲自出面参加谈判。日本政府认定了这两个妥协派的大头目，既然不愿与张、邵议和，还不允许二人在日本停留。

2 月 12 日晚上，日本外务省派人来向张、邵二人发出了照会，实际上是一个通牒，要求二人立即返回中国。这样的待客之道，让二人很无颜面。张、邵等于被驱逐了，这与清廷来说也是一件颜面

1　[日]陆奥宗光：《蹇蹇录》，伊舍石译，第 117 页。

2　《张荫桓致翁同和函》，《近代史资料》1962 年第 3 期。

3　戚其章：《甲午战争史》，第 383 页。

尽失的外交事件。

在张荫桓、邵友濂被驱逐之前，李鸿章在1月9日得到日本计划侵犯山东的消息。这个消息是英国驻华公使电告李鸿章的。电文说，日本不愿停战，已计划从山东登陆，李鸿章将这个消息告知清廷，引起清廷的极大恐慌，便于13日电令李鸿章悉心筹措，做好防范。当天，李鸿章即电告丁汝昌称："查倭如犯威，必以陆队由后路上岸抄截，而以兵船游弋口外牵制我师。彼时兵轮当如何布置迎击，水陆相依，庶无疏失，望与洋弁等悉心妥筹，详细电复，以凭核奏。"[1]

1895年1月20日，日军2.5万人由大山岩指挥，在25艘军舰的掩护下，在山东半岛荣成湾登陆。清军在漫长的海岸线上，分散防守，"零星屯戍，不足成军"，且装备很差，大都是老旧的土枪和少量的前膛来复枪。日军登陆后，未遇到有力的抵抗，便占领了荣成，分路向威海卫进扑。威海卫是北洋海军营筑多年的军港，北洋舰队的大本营。黄海大战后幸存下来的舰船全在这里停泊，1895年2月初，日军攻取了威海卫陆上的北帮炮台和南帮炮台，把北洋舰队合围在军港内。最终北洋海军船舰被日舰各个击破，北洋海军覆灭。这使清廷在外交上更处于被动局面。

2月11日，清廷被迫任命李鸿章为议和全权大臣前往日本谈判。由于此前日方旁敲侧击地提出要奕䜣、李鸿章出面和谈，以"郑重其事"，所以清廷接受了这个要求。光绪帝在谕旨中说："日本来文，隐有所指，朝廷深维至计，此时全权之任，亦更无出该大臣之右者。李鸿章著赏还翎顶，开复革留处分，并赏还黄马褂，作为头等全权大臣，与日本商定和约"[2]。

光绪帝解除对李鸿章的所有处分，固然有情非得已的成分，但慈禧太后为其开脱，甚至让他迅速到京"请训"，实际上是为李鸿

---

1 《李文忠公全集·电稿》卷十九，第25页。
2 《李文忠公全集·奏稿》卷七十九，第46页。

章前往日本交涉议和铺平道路。请训本是朝廷派出官员到国外或者地方行使某项重要使命前的一种惯例，李鸿章的这次赴京请训可以视为赴日外交交涉的交待谈话。但是，慈禧太后让李鸿章到京"请训"，却有着自己的政治盘算：一方面是继续笼络李鸿章，让其成为唯自己马首是瞻的人；另一方面是让其尽心实施妥协外交。为使李鸿章专心于此任，慈禧太后还让光绪帝颁发谕令让云贵总督王文韶代理李鸿章留下的直隶总督兼北洋大臣空缺。

慈禧太后让李鸿章走上议和的前台，自己却称病躲了起来，她对外宣称："今日强起，肝气作疼，左体不舒，筋起作块"[1]。其实，这是慈禧太后与李鸿章合谋算计光绪帝的一种政治手段，企图以此来逼迫光绪帝投入由她设下的陷阱，让光绪帝亲自给李鸿章下达训令，以便日后把卖国的罪名加在光绪帝身上。

但是，李鸿章不管这些，他心里有着自己的盘算。他一手打造的北洋舰队，花去了几十年的心血，投入的银两更是不计其数。现在面对蕞尔小国的日本却是那么的不堪一击。大清国的失败，他有很大责任。北洋舰队覆灭后，李鸿章更是臭名远扬，屡受全国人民的谩骂，在朝廷中更是饱受指责。当然，他一贯坚持妥协政策，对这些早已习以为常，而他最关心的是自己的地位，能不能保住自己的乌纱帽。

现在，慈禧太后带有笼络性质的委以他谈判重任，也使他感到只有亲自出面签订和约，终止战争，才有可能继续保持自己的地位。但是，李鸿章也是一个老奸巨猾之徒，他知道此去日本责任重大，日本人要求大清割地赔款是必然的，这些问题最容易引起民众的反对，势必落下千古骂名。他认为议和之事必须事前得到慈禧、光绪的授权，王公大臣们的赞同，列强的支持，才能进行谈判，签订包括割地在内的丧权条约。因此，他接到任命后积极活动，竭力排除

---

1 孙孝恩、丁琪：《光绪传》，第 240 页。

各种障碍。2月22日是李鸿章应召请训的日子，他先拜见了恭亲王奕䜣，然后二人一同觐见光绪帝。当时帝师翁同龢、军机大臣孙毓汶、徐用仪、庆亲王奕劻等人也都在场。在养心殿，李鸿章先说了对皇上"逾格之恩"的感恩戴德，然后转入前往日本议和这个话题。

日本人可能要求割地，李鸿章故意借外界所传"中国须割地"之说："割地之说不敢承担，假如占地索银，亦属难措，户部恐无此款"[1]，但恐日本占据中国土地索取巨额赔偿。李鸿章所言实际上是日本政府于2月17日通过美国驻华公使田贝已向清廷承认议和先决条件，不但要清廷确认朝鲜"独立"和赔偿军费，并要求割让土地。

清廷要李鸿章出面与日本议和，他仍把希望寄托在列强能够出面干涉上，为此积极到英、美、法、德、俄各国使馆活动，希望各国能够干预，但各国均"无切实相助语"。李鸿章还电驻外大使龚照瑗、许景澄等人与英、法、俄、德四国联络，寻求外交帮助。

在拜访英国公使欧格讷时，李鸿章提出了一个"中英同盟密约"草案。草案有四条，一是中英建立联盟，英国保证中国领土的完整，中国应在英国与另一国交战时，帮助英国；二是中国军队的改革征询英国的意见；三是中国准备给予英国开设矿务、铁路以及通商口岸的特权；四是考虑新增口岸，对英通商。[2]

对李鸿章这一卖国方案，欧格讷未敢表态。英国当时的政策是笼络日本，制衡俄国，不可能因为中国而将日本推到俄国人的怀抱，所以"中英同盟密约"没有获得英国人的认同。在李鸿章拜访各国公使的活动中，美、俄、法等国仍然持观望态度。这样，寻求外交支援无果的李鸿章于2月25日与恭亲王一起又觐见光绪帝，作了

1　孙克复编著：《甲午中日战争外交史》，第151页。
2　戚其章：《甲午战争国际关系史》，第348页。

汇报。光绪帝听后，感慨地说，看来割地是很难避免了，奕訢也连连颔首称是，以表示对李鸿章的支持。3月3日，奕訢联合军机处上奏光绪帝："请给李鸿章以商让土地之权"[1]，光绪帝只好拟定谕旨，大意是，地虽可割，但要权衡利害轻重，根据情势的发展变化作出判断。

光绪帝的这番表态，让李鸿章给利用了。他把这句话当尚方宝剑，为自己以后的谈判留下回旋余地。3月6日，李鸿章又拜访了德国驻华公使绅珂，也向他说明了日本要求割地赔款的谈判内容。

德国考虑的是自己的利益，希望在中国夺取一个港口作为基地，深恐日本的割地要求引起各国首先是英俄瓜分中国的秘密安排，而把自己排斥在外。所以，绅珂在李鸿章拜访的当天，向日本发出了语气相当温和的照会，算是对日本的"劝告"："中国要求欧洲列强干涉，列强中某些国家已决定干涉并为此联合起来，它们要求中国作为它们干涉代价的愈多，留下给日本的便愈少；因此为日本计，相较之下，直接合理的解决最为有利。根据我们（指德国）今所获的报告，日本对割让中国大陆上领土的要求尤其易于惹起干涉。"[2] 这种不疼不痒的"劝告"，令日本政府很不以为然，继续执行其既定的方针。

李鸿章再次希望各国调停，但俄国也不愿得罪日本，甚至各国都劝说中国接受日本的条件，尽快结束这场战争。

在李鸿章拜访各国公使希望得到外交帮助的同时，日本政府也试图通过外交努力，希望得到各国的谅解。同英、俄的心态一样，日本也害怕英俄合作，因而在此期间陆奥宗光多次向俄国驻日公使希特罗渥保证，日本尊重俄国在朝鲜的权利，希望俄国不要涉足中

1　窦宗一编：《李鸿章年（日）谱》，第5064页。
2　孙瑞芹译：《德国外交文件有关中国交涉史料选译》第一卷，商务印书馆1960年版，第12、13页。

日战争；对于英国，日本也保证说，不必担心中国被瓦解，在开放全中国通商的问题上，日本将给予英国更优越的条件。这一保证使英国偏袒日本的态度更为露骨，英国报纸甚至赤裸裸地说："只要日本有节制地利用它的胜利，我们便没有理由同它争吵"，"在未来的许多年里，日本不会对我们有害，我们无需反对它在太平洋上的海军力量。无疑的，它会威胁和震惊俄国，但这不关我们的事。倘若高兴地话，让日本和俄国去一争胜负吧。"[1]

外国调停不成，各国都作壁上观，李鸿章只好率团前往日本议和。

自日军跨过鸭绿江侵入中国境内到李鸿章赴日谈判，赫德更加关注着事态的发展状况。但是，面对日本侵略者凶焰争胜，欲壑难填；列强在所谓的调停中各怀鬼胎，勾心斗角；清廷又腐败无能一味妥。如此局面，赫德既有一种危机感，又有一种对议和无从下手之感。

1894年11月上旬，当日军占领大连湾炮台把目标瞄向旅顺之时。赫德这样感慨的说道：

中国依旧无所准备，它的最好的军队已被击垮，正像孙大人（指孙毓汶）几天前对我说的："箱盖子揭开了，里面却是空的。"他指的是所有用于购置武器、军舰，修筑要塞、扩大兵员的经费都付诸流水了。这件事情上的每一步骤都暴露出一些新的丧心病狂的行径，尽管令人难以置信，但有些身份极高的人物却从每一次灾难中赚了大钱……总理衙门今天还抱住一切会顺利解决的想法，认为他们不需要做什么事，总会度过难关的！这真正可悲！我认为日本攻下旅顺后可能愿意谈判。如果答应给它朝鲜、台湾和赔款，它就可以不再

1　[英]伯尔考维茨：《中国通与英国外交部》，第213页。

向前进军。但是如果拒绝的话，它将在春天进攻北京，以后怎样，活着的人都能看到！[1]

赫德既为中国担忧，又希望中国振作，在他复杂的情感里还有着这样一种意念：中国这条沉睡的巨龙，太需要外力使他惊醒了。它按照西方的要求，开放的步子太慢了。它的无能到了可恶的地步——这个老大帝国根深蒂固的慵懒拖沓、麻木，有时候倒成了它抵制西方影响的一件韧性的武器。赫德很希望中日战争像一剂猛药，使清朝这个积郁已久的病躯之身在沉痛的打击中醒来。

在平壤战役之前，赫德已经有了希望通过沉痛的战争打击，迫使中国觉醒，实现进步的想法：

> 在时机到来的时刻，我很可能要"插手"安排调解，因为我们越早结束战争越好！这是个存亡攸关的大问题，关系到东方的文明。我虽然一直认为中国本身肯定会以健康的方式通过革命的过程，尽管步伐缓慢，在较远的将来会走出一条路来的，但我相信若是它被日本打败，倒可以把进步的车轮从古旧的泥淖中拔出来，让中国摆脱束缚，朝着正确的方向前进；另一方面，中国如果取胜，就会把进步拖后几个世纪！日本人在近三十年里所做的事值得高度赞扬，他们在朝鲜所推行的改革也引起我们极大的同情和得到我们的祝愿。[2]

11月21日，日本轻松占领旅顺。赫德又重复了他希望通过中日战争使中国觉醒的言论。"如果我们躲过了这场灾难，我所害怕

1　王宏斌：《赫德爵士传：大清海关洋总管》，第312页。
2　陈霞飞主编：《中国海关密档：赫德、金登干函电汇编1874—1907》第六卷，第108页。

的是这个老大帝国仍将酣睡。中国不是一个喜欢战争的国家，它的悠久的历史和文化，它的种种特性，都倾向于和平，而这个粗暴的世界却偏要打扰它。但是这正是医治和平的种种病态的唯一方法！"[1]

赫德站在自己的立场上，老实说，他并不希望看到日本在远东称王称霸。他也知道，日本不狠狠地教训中国，这条睡龙就不会觉醒。赫德也诅咒日本的狂妄，特别是随着战争的发展，日本多次拒绝外国调停，这更使赫德感到一种咄咄逼人的攻势可能危及他的地位和权力。在这种复杂的情感中，他更有愁白了"少年头"的况味。

12 月间，赫德一面与欧洲军火商联系购买军舰枪支、筹措外债和设法聘用琅威理等人，一面又有些疑惑，不知这样"搞来搞去，于事何补"。他担心日本人一旦攻占北京，则必将控制包括海关在内的所有政府机关，届时可能将他赶跑，到那时他和英国在中国的利益也将化为乌有。[2] 赫德在给金登干的信中表露了他的担忧和无奈：

> 一星期前，通过美国调停和平有望，但日本人改变了主意，他们说，"叫中国派它自己的人来同我们谈判"，而中国不肯，现在的事情是一决雌雄。如果他们听从我的劝告，……那么我们的机会就会好得多。如今它的军队被击溃了，各地招募的兵员既无训练又无斗志，而官员们结帮自保，老百姓愿意臣服于任何皇帝，使得野心勃勃的敌人可以不费力地实现其征服欲望。就正义而言，日本人根本没有任何正义——也许只有这种正义即由他们认定别的干了错事的国家必须改正。我本人不相信单凭正义可以成事，正像我不相信

---

1 陈霞飞主编：《中国海关密档：赫德、金登干函电汇编 1874—1907》第六卷，第 176 页。
2 卢汉超：《中国第一客卿：鹭宾·赫德传》，第 170 页。

只用一根筷子能吃饭一样，我们所需要的是第二根筷子——
实力。但是中国人现在感到应该以外柔内刚的办法处理，因
为他们认为正义在自己一边，并希望这种正义最终要比日本
越打越重的铁拳实力更强有力。我想日本人将试图打到这里。
如果他们成功了，他们将占领这些政府建筑物，很可能把我
本人撵走或囚禁起来。他们所想到的就是征服，他们将推翻
一切。[1]

在悲观失望的情绪中，赫德仿佛感到，北京的天气乌云密布，
巨大的狂风随时都可以把这个帝国都城摧毁。但是失望、莫可名状
的情绪又使人感到痛苦。他在负载的情感中，仍然期待着各国能够
出面调停。他希望西方的斡旋能够成功。他"相信公理定能战胜强
权"。虽然列强出于维护自己的利益，再次进行了斡旋，但调停最
终还是失败了。大清只好亲自到日本议和了。

1895年1月初，清廷派遣张荫桓和邵友濂赴日议和。赫德料定，
他们此去将非常艰难。他们敢于接受日本的条件吗？他们如果接受
了将遭受唾骂，如果不接受，日本就会发起向北京的进攻。赫德担
忧地说，"人们希望议和成功，但我担心现在是用赔款、割地去买
来和平。中国竟然把这场仗打得如此糟糕，使人气恼。现在仍很难
说，继续打下去是否会好一些，我们可能有所改进，敌人可能实力
消耗殆尽。假如由我掌权的话，我必定坚持打下去，可惜我没有这
个权力；我也不敢劝这个政府这样干，因为打下去有可能造成它的
毁灭。如果中国人从此认真地进行改革，将来一定会好得多。但是
我恐怕，除非攻占了北京，他们大概不会理解改革的必要性，也不
会理解缺少的是什么样的素质，并设法达到要求。"[2]

---

1 中国近代经济史资料丛刊编辑委员会主编：《中国海关与中日战争》，第78页。
2 陈霞飞主编：《中国海关密档：赫德、金登干函电汇编1874—1907》第六卷，第213页。

果然，张荫桓、邵友濂在日本受到了羞辱，清廷只好派李鸿章前往日本谈判。那么，要李鸿章为全权代表赴日本谈判，又会是一种什么样的情形呢？赫德认为，"那个必须在和约上签字的人（李鸿章）面临的是一个极招人埋怨的任务，全国人民要咒骂他和政府，起码是轻蔑他们！外国人只能提出议和的意见，并暗示如果他们的利益受到影响将要出头干涉，这一点只能非常加以审慎地利用。我担心列强，或其中的某些国家为了保护自己的利益，不肯让日本和中国自行解决，也许会出面强制召开国际会议，或者乐于见到中国被打垮，借此一方面保留了为以后搜取其他权利的发言权，另一方面也可分沾这个未留下遗嘱的死者的财产。我的建议是让两个当事国自己解决问题。但是李鸿章最近几天脑海里装了过多的建议，以致他或许把人们的意见搅成一锅粥，思想混乱无所适从了！他像我一样，年轻时交上好运，就此扶摇直上，位极人臣，其实我再说一遍，他像我一样，不过是一个普通人，只是因为身居高位使他声名显赫而已。当他接待外国人时仿佛应付自如，但揭去他的这张皮，他还是中国佬，同其他官僚同样是无能之辈。德璀琳很崇拜他，我却不那样看待他。"[1]

赫德料定李鸿章必定是要去签订屈辱条约的。果然，随着三月间日军分三路进犯，几天之内，牛庄、营口和田庄台皆被占领，辽东半岛陷落，大清败局已定，李鸿章到日本后也是被动的议和。

3 月 23 日，5000 名日军在战舰的掩护下，在澎湖登陆，清军起而抵抗，不到一天，日军便占领了澎湖。在 3 月 24 日的第三次会谈上，伊藤博文提及此事，让李鸿章万分紧张。他知道，大清已经没有谈判条件了，手里没有可以使对方让步的牌；他失去了方寸，竟然大骂清廷中的那些主战派，指责他们不了解国外形势，把局势弄得不可收拾。李鸿章说，"中央之达官显贵不能洞察中外形势，

1 陈霞飞主编：《中国海关密档：赫德、金登干函电汇编 1874—1907》第六卷，第 244 页。

排斥敝人意见，以致不幸造成今日之局面"。[1]

战事的继续推进，使李鸿章很有一种担心，担心清廷因此崩溃，因而表现得更加软弱。正当他一筹莫展之际，却发生了一个意外；第三次谈判结束后，李鸿章无奈地乘轿返回引接寺行馆，可到行馆门口的时候，突然冲出一个年轻人举枪朝他射击，子弹射中他的左颊。当时现场一片混乱，原来这是一位名叫小山丰太郎的极端仇华分子，他希望中日战争一直打下去，不愿意看到两国议和。受了枪伤的李鸿章当时就昏厥过去了，过了一个多小时，他醒过来了。不过这一次他倒还镇静，看着被鲜血染红的衣服，抚摸着被处理过的伤口，长叹一声："此血可以报国矣。"

李鸿章遇刺令日本政府也异常吃惊，伊藤博文担心因此误了议和之事，他说："该犯以和为非，应将本大臣枪击，不应戕害中国使臣。盖议和一事，所有条款，专靠本大臣定夺，非靠中国成行使臣也。"[2] 随即与陆奥宗光一道前往行馆看望李鸿章，一再地表示歉意。

李鸿章被刺伤的时刻，赫德尚不知情。但是，面对江河日下的战局和日本的狮子大开口，甚至列强各国都想趁火打劫，却使赫德更为忧虑，"我们不知道会出现什么局面。日本要求占据山海关、大沽、天津等地，作为答应停火的条件，这使人反感而不能接受的，我们害怕这预示要恢复和平，条件将极为苛刻。英国除了讲得好听以外，一无作为；但是讲好听的话目前于事无补，而且这几乎同女王选派英格斯为海军随从参谋一样被人看做是毫无意义。因此，如果我讲过的老预言成为事实：俄国把它的手伸进了中国，这是不必惊讶的！"[3]

---

1 戴逸等著：《甲午战争与东亚政治》，第159页。
2 孙克复编著：《甲午中日战争外交史》，第190页。
3 陈霞飞主编：《中国海关密档：赫德、金登干函电汇编1874—1907》第六卷，第261页。

李鸿章被刺后，日本政府一方面积极给李鸿章疗伤，另一方面立即开始审判凶手。受此事件影响，日方接受了李鸿章提出的签订停战协定的要求，并提出了议和条件。日方提出的合约内容主要有四个方面：一、中国认明朝鲜国确为完全无缺之独立自主；二、中国将盛京省南部地方、台湾全岛及澎湖列岛永远让与日本国；三、中国赔偿日本军费库平银二万万两；四、中国已开通商口岸之外，更开顺天府、沙市、湘潭、重庆、梧州、苏州、杭州七处为通商口岸，日本国臣民运进中国各口货物减税，免除厘金，并得在中国制造一切货物。

苛刻的要求，听到消息的赫德万分惊异，他评论道，"议和条件已到，要求异常苛刻！全世界将为日本喝彩，而中国将不寒而栗。我担心一些冠冕堂皇的条款所包藏的祸心，会将另一些看上去好像是包含着什么好处的条款消除掉。"这里所说的包含着好处的条款大概是指开放通商口岸等，这些条款在日本看来是自己的需要，也是各国的需要，"皆各国多年愿望不可得者"。[1]

在赫德看来，日本人提出的这些要求实在是太苛刻了，即使是所谓的开放通商口岸等条款也潜藏着进一步的侵略野心。但李鸿章还是在《马关条约》上签了字。《马关条约》确认朝鲜"独立"，承认朝鲜与中国脱离宗藩关系，承认朝鲜为日本的附属国；中国割让辽东半岛、台湾及附属岛屿；赔偿日本军费库平银二万万两，在七年内付清；《马关条约》经两国皇帝批准互换后，重新谈判新的通商行船和陆路通商章程；增加开放沙市、重庆、苏州、杭州为通商口岸；日本可以派驻领事到各通商口岸等等。

《马关条约》签订后，朝野上下对李鸿章的指责、非议之声一时甚嚣尘上，自知罪孽深重的李鸿章此时倒是会图清静。1895年4月18日，他从马关登船回国。他到天津后，说自己有病不能上朝，

1 王宏斌：《赫德爵士传：大清海关洋总管》，第318页。

让伍廷芳将《马关条约》的文本送到总理衙门。老实说，甲午战争的失败，李鸿章负有很大责任，因为他的妥协政策、惧敌思想、临战指挥失当都是导致战争失败的原因，所以才被动地签订了丧权辱国的《马关条约》。即便是李鸿章躲着，但还是遭到朝中大臣们的弹劾。

条约的签订，此时的赫德认为自己的优势将失去。但面对侵略者的强大，他也赞同李鸿章对日本的屈从，也为自己和英国政府在这场艰难的议和谈判中并无作为而感到遗憾。凭着多年的经验和政治敏感度，他觉察到战后列强蜂拥而上抢夺中国的可能性，觉察到了英国维持多年的优势行将失去，至少它没有甲午之前的那种赫赫声势了，在侵华的列强各国中无可置疑的领先地位也可能要被颠覆。这种颓势将影响到海关，影响到自己在海关的地位，这样的情况下，赫德很希望清廷里那些头头脑脑们能够听取他的建议，那样他将仍然发挥他的作用。赫德在给金登干的信中写道：

> 和约已签字，李已回国，但我怕的是革新很可能又是一纸空文。很多要求革新的中国人今天感到惋惜的是日本没有打到这里，因为他们说总的看来中国并不认为自己会打败，因此它将同以前那样我行我素。赔款借债大概会使海关立足于中国到下个世纪中叶，如果中国能维持完整到那么久的话。除非银价上升，否则这海关生涯除了工作的兴趣和生活过得去之外，将很少有诱人的魅力。中国如不认真着手革新，我就没有必要在这里久留下去了。我相信，如果我提出要求，他们是会把海军交给我的。为什么他们不在十或二十年前这样办呢？如今为时太晚了，这是对我而不是对中国而言！[1]

---

1 陈霞飞主编：《中国海关密档：赫德、金登干函电汇编1874—1907》第六卷，第273页。

赫德很有一种挂冠归里的想法，但他更多的是不舍，更多的是对权力的迷恋。他知道有很多人觊觎着自己这个职位，特别是甲午之后，那些觊觎的人更加急不可耐。在这种局面中，他所预感的列强借甲午之战的"东风"疯狂瓜分中国的狂潮还是很快发生了。后来，赫德不得不为自己、为了英国的利益而投入一场保位之战。

4. 德璀琳的外交插曲

在赫德以一种旁观者的姿态对甲午战争的进展以及以后的议和表现出关注之情的时候，同为大清国海关高级官员的德璀琳也在积极地关注这一场突如其来的战争。

甲午之战，中国大败，这不仅对大清国和列强各国产生重大影响，也使德璀琳的价值观发生深刻变化。甲午之战，可以说是德璀琳在华事业的一个转折点。从此以后，德璀琳从一个比较忠心地为李鸿章与清廷服务的洋大人蜕变为一个彻底为自己谋取利益的在华外国侨民。鲜为人知的是，在甲午战争的进程中，他曾经代表李鸿章秘密赴日，试探日本的议和条件。

众所周知，德璀琳在天津海关的生涯中，一度可以说是李鸿章深为信赖和倚重的人，所以是他成为李鸿章秘密特使的一个原因。

德璀琳赴日时，列强各国正在为着各自的利益，进行第二次的外交斡旋。而此时，日军已经渡过鸭绿江，把战争的烽火转移到中国境内。1894年11月间，中国辽东一些城镇的相继被日军攻克。慈禧太后的求和愿望更加强烈，恭亲王奕䜣在慈禧的授意下，请求列强出面调停。此时，英国的调停已宣告失败，这使清廷感到很是担忧。当时的美国公使田贝曾经这样描述恭亲王奕䜣的狼狈情形："恭亲王号泣地说：'难道就没有办法可以停止这一可怕的战争吗。'"[1]

---

1 关捷：《奕䜣在甲午战争期间外交活动考察》，《满族研究》2009年第1期。

战争的形势正如美国驻华公使田贝所期望的，中国遭受了不断地失败。美国根据这种形势，认为是该出面调停了，战争如果再持续下去，将影响到美国的在华利益。应该乘日本军事胜利的势头，诱使清廷进行谈判，早日结束战争，因而也开始了第二次斡旋。美国国务卿格莱锡告诉日本驻美国公使栗野："日本应当结束战争了。如果日本连续打中国，把中国打垮，英法德俄等强国将以维持秩序为名，瓜分中国。"[1]

11 月 6 日，美国国务卿格莱锡指示驻日公使谭恩向日本政府发出照会，表达美国对中日战争的关切：

> 若战争延长，无法节制日本海陆军进攻时，与东方局势有利害关系的欧洲列强，难免不向日本提出不利于日本将来安宁和幸福之要求，以促成战争的结束。美国总统对日本一向怀有最深笃的善意。若为东方和平，在不损害中日两国双方的名誉下尽力调停时，未悉日本政府是否同意，请予答复。[2]

此时的日本又是什么态度呢？日本认为战争所取得的胜利还远远不够向中国提出条件，还没有达成议和的时机，但又感到中日两国的战争不能无限期的进行下去，议和时机迟早会成熟，"那时对于第三国的公然调停虽无必要，但若有某一国从中周旋，特别是能成为一个互相交换意见的中介是非常便利的，而担当这个中介的当然没有比美国更为合适的了"。[3]

为此，日本方面答复谭恩时表示，虽然目前的议和时机还不成熟。日本政府给美国开出了空头支票，画了一个圆圆的大饼：表示

1　戴逸等著：《甲午战争与东亚政治》，第 134 页。
2　陆奥宗光：《蹇蹇录》，伊舍石译，第 113 页。
3　戴逸等著：《甲午战争与东亚政治》，第 134 页。

将来条件成熟，而美国又愿意提供"便利"，日本政府"深愿倚赖美国政府的厚谊"。

不用说，日本因谈判时机不成熟，不愿和谈。但是，日本也并没有把议和的大门关死。事实上，在美国方面进行第二次斡旋之时，张荫桓曾到天津向李鸿章建议，派人到日本进行试探，看看日本会提出什么议和条件。

派谁去呢？在此之前，德璀琳已被总理衙门召到北京，也希望他帮助斡旋解决当前的危机。当时，光绪帝还是希望坚持抗战的，因此总理衙门希望德璀琳与汉纳根一起组建一支由 2500 名外国军官训练的 10 万人的中国军队，准备与日作战。但是这项计划显然远水解不了近渴。既然日本方面表示大清可以先提出议和，他的使命立即发生了变化。

李鸿章与总理衙门的官员们商议，要派员赴日试探，一定要派出一个洋人才是上策，深得李鸿章信赖的德璀琳曾推荐前德国驻华公使巴兰德代表大清去日本进行试探。随后，李鸿章也通过赫德、德璀琳、金登干向巴兰德发出了邀请，但是巴兰德接到邀请信，以身体有病不适合前往为由推辞了。

怎么办呢？李鸿章很想了解日本在议和问题上的态度，会提出什么条件。他在 1894 年 7 月间派伍廷芳等人前往日本试探，遭到日方的冷遇。李鸿章感到派一个外国人前往，既可以造成一种外国参与调停的感觉，又能够对日本施加影响。

李鸿章想到了德璀琳，他在给总理衙门的奏函中说，"曾闻倭人之意，非不愿款，但欲中国自与商办，而不愿西人干预；目下彼方志得气盈，若遽由我特派大员往商，转虑为彼轻视。鸿章与樵野（张荫桓）等再三斟酌，惟有拣择洋员之忠实可信者前往，既易得彼中情伪，又无形迹之疑。"

基于此行的重要性和秘密性质，清廷还是很慎重的。但是，李鸿章为德璀琳打了包票。"津海关税务司德璀琳，在津供差二十余年，忠于为我……若令其前往查酌办理，或能相机转圜。否则，暂令停战，以待徐商，亦解目前之急。如以为可，拟由钧处迅速请旨派往，以重事权。"[1] 当然，李鸿章也认为，在英、美等国调停难以有所成效的情况下，派德国人德璀琳前往，也许能柳暗花明，有所转圜。

李鸿章的建议得到了总理衙门的批准。11月22日，德璀琳偕英人泰勒和立嘉，从大沽乘德国商船"礼裕"号东渡。出发之前，德璀琳说，此去要名正言顺，应该由官方授予官职，最好是一个头品顶戴的官衔，这样日本人也不敢轻视。李鸿章接受了德璀琳的要求，但没有向总理衙门汇报，擅自授予德璀琳一个具有权宜性质的头品顶戴官衔。

事后，李鸿章才致书奕䜣和奕劻说明此事。对于李鸿章的越权行为，帝师翁同龢深为不满，叹道："可诧也！"但是木已成舟，自是无可奈何。德璀琳此行携带照会及李鸿章致伊藤博文的私函各一件，照会说："照得我大清成例，与各国交际，素尚平安，现与贵国小有龃龉，以干戈而易玉帛，未免涂炭生灵。今拟商彼此暂饬海陆两路罢战。本大臣奏奉谕旨……遵即令头品顶戴德璀琳立即驰赴东京，赍送照会。应若何调停，复我平安旧例之处，应请贵总理大臣与德璀琳筹商，言归于好。为此照会，请烦查照施行。"李鸿章私函的内容与照会大同小异，但用语更为恳切，给伊藤博文的私信中说："和局中辍，战祸繁兴，两国生灵同罹兵燹，每一念及，良用惋惜！本大臣日夜苦思，冀得善策，俾水陆之战一切暂时停止。""请问贵国命意之所在与夫停止战务重订和约事宜。"[2]

李鸿章给伊藤博文的私信向日本表达这样一种信息，在停战与

1 《李鸿章全集·译署函稿》，时代文艺出版社1998年版，第4993、4994页。
2 戚其章：《甲午战争史》，第288页。

议和的问题上希望听取日方的意见。但是，在德璀琳衔命东渡的第三天，即 11 月 24 日，李鸿章却收到伦敦的来电："日本已许美国调停，美总统已派驻北京公使一员、驻东京公使一员，彼此通电办理。又美国愿与中国居间调停，日本甚为感谢，惟中国必须先行派员前往请和，以后之事自然顺适。"[1]

显然，在美国的斡旋中，日本虽然不愿意他国的插手，但也向美国表明了，如果中国提出和谈，也是可以坐下来的谈的。李鸿章立即将这个消息转报总理衙门。27 日，田贝接美国驻日公使谭恩电称："所言中国说和大意，不允。如中国派头等全权大臣与日所派大臣聚会，方能讲和停战。"谭恩的电报证实了伦敦给李鸿章的来电所言不虚，这使渴望尽快开展议和的恭亲王奕䜣、李鸿章等都感到兴奋。

事情发生新的变化，也使总理衙门感到派德璀琳赴日是多余的。虽然此事是秘密进行的，但纸里终究包不住火，消息还是泄漏了。中外皆知德璀琳已经赴日。德璀琳尚在赴日的途中。田贝得此消息，大为不满，要求总理衙门勿令德璀琳前往，如已抵日亦不可开谈，否则他将撒手不管。奕䜣等人深恐在此关键时刻开罪美国，而且日本已允讲和，感到派德璀琳赴日已无必要，便由孙毓汶、徐用仪致书李鸿章："既经美国出为调停，自较遣人往说为得体，且一切与田使面商较慎密。"但总理衙门给李鸿章发出信函的时刻，德璀琳已经到日本了。

此时，清廷希望德璀琳和美国的斡旋都能取得效果。对此，赫德也在关注着。他在 11 月 25 日给金登干的信中写道："德璀琳已去日访晤伊藤，希望取得和平，而日本已经说过可以通过美国驻北京或东京的公使来接触。这两个途径是互不相容，抑或是相辅相成，还有待分晓。日本不喜欢欧洲的干预，如果面临干预，日本是否还

1　[日]桥本海关：《清日战争实记》，山东画报出版社 2017 年版，第 466 页。

是强横地提出苛刻的条件，或者会宽宏大量地喊'罢手'而握手言和，也有待分晓。"[1]

德璀琳抵达日本登岸后，即访兵库县知事周布公平，说明自己乃为讲和而来，并要求面见伊藤博文，呈交李鸿章的手书。11月27日，周布公平将此事电告陆奥宗光。陆奥即致电在广岛的伊藤博文："德璀琳请求面会贵大臣之缘由，据敝人推断，该人携带所谓李鸿章之书函，亦大抵与近来清国政府向外国所声明者相同。无论如何，其条件必为我政府所难以同意。"电发后，陆奥感到意犹未足，再致一电详细地说明自己的观点：

> 有关德璀琳事，经过较全面地考虑后，我认为，无论您或日本政府接待他，还是接受李鸿章的信件，都是不恰当的。在目前情况下，除非中国政府预先发出通知，并派出合适的、有资格的全权代表，否则是不能与中国政府官员进行接触的。如果德璀琳带着任何受我们鼓励的迹象回到中国，则要导致德璀琳本人或赫德被任命为将来谈判的全权代表。而任命外国人为全权代表，无论如何都必须拒绝。因为这样做不仅不合适，而且可能给列国一个间接干涉的机会。因此，我坚持认为，您不要接见他或接受李鸿章的信，而应签署命令，让德璀琳在限定时间内离开日本。[2]

伊藤博文与陆奥宗光在对待德璀琳来访的问题上，二人的态度老实说并不一致，伊藤博文并不主张一味的拒绝，而应该进行有限的接触。他看到陆奥宗光的电文后陷入了思考，他比较慎重地认为，

---

1 陈霞飞主编：《中国海关密档：赫德、金登干函电汇编 1874—1907》第六卷，第175、176页。

2 戚其章：《甲午战争史》，第289页。

中国在连败之后"不仅无一人维持政府，且瓦解亦迫在旦夕。实际上，北京已面临无政府状态，李鸿章不能离开天津"。因此，他认为："德璀琳一行若提出条件，仅为同我会面而听从我之意图，则不能不决心改变其陷入无政府之状态。"可见，他是主张有条件地会见德璀琳的。正在两人相持不下的时候，德国驻日公使哥特斯米德在 11 月 28 日上午发给陆奥宗光的一个电报，却使他在这场争论中占了上风。陆奥宗光接到电报后，立即致电伊藤博文："德国公使刚刚打来电话说，他已收到德璀琳的电话，间接地建议接见德璀琳一行。我惟恐接见德璀琳一行，将是外国干涉的开始。因此，我要特别重申我原来的建议。"[1]

陆奥宗光口气强硬，态度很坚决，伊藤博文只好接受了他的意见。当天，在伊藤博文的指示下，伊东已代治让兵库县知事周布公平出面，正式通知德璀琳：

> （一）台端乃非经正当手续的使节，因此不能和台端会面。（二）今两国正在交战，倘有事商议，中国须通过正当手续，派遣具有能充分发挥实效之资格人前来。（三）即使带有李鸿章的书翰（书信），而欲以此举作为派遣正式使节的准备工作，亦必须是中国官吏，而且有权力、能完全代表中国政府的人。[2]

对周布公平的口头通知，德璀琳这样回答："本日接恭亲王电，日本政府已承诺美国政府仲裁，本人已无须在日本逗留。恭亲王的电报乃二十六日天津德国领事致神户德国领事者。因此，本人必须

1 戚其章：《甲午战争史》，第 290 页。
2 中国史学会编：《中国近代史资料丛刊·中日战争》第一册，新知识出版社 1956 年版，第 258 页。

立即返回。况且李鸿章的书函，业已于本日邮寄伊藤伯爵。"[1] 如此，德璀琳虽然没能完成使命，却也未使自己及所代表的李鸿章在日人面前失去尊严和体面。

11月29日，德璀琳一行仍由神户返回天津。德璀琳赴日来也匆匆，去也匆匆，没有发挥自己的作用。对此，日本曾有人评论说："德璀琳冒然而来，怅然而返，世人皆以为奇。"[2] 从观察整个甲午战争的发生以及进程中清廷的所作所为就会发现，日人所说的"皆以为奇"实质上并不感到奇怪。

对于德璀琳的东渡，戚其章认为这只是"清廷派出正式议和代表之前的一段插曲"。事实上，清廷派德璀琳前往日本有着更深层次的原因：一方面，清廷虽然希望议和，但是却没有人愿意前往，因为议和是一件极其艰难的事，有了中法战争谈判的前车之鉴，没有人愿意再遭受指责。正因为如此，不管是李鸿章和总理衙门都很害怕到日本谈判，认为那样容易受到胁迫，所以派一个外国人前往试探，认为这样可以知进退，较为灵活地知道对手的态度；另一方面，在俄、英、美等国都斡旋难以取得效果的情况下，李鸿章认为派德璀琳这样一个在大清官场任职的洋大人赴日，日本既不会过于为难，也给日本人一种德国及其他强国有可能对中日战争准备干预的印象；再一方面，派一个受雇于朝廷的外国人出面，很有些当年蒲安臣率使团赴西方谈判的效果，这样多少可以保存朝廷的一些颜面。本来，颜面对清廷来说是最为看重的东西。日本本为弹丸小国，曾经视中国为上国。大清的子民们也把日本视为"倭人""倭寇"，在清朝的官员们看来，派出大清的官员赴日与骄气正盛的"倭人"议和就是扫了颜面的事情。果然，日本坚持要李鸿章赴日议和，也

1　戚其章主编：《中国近代史资料丛刊续编：中日战争》第九册，中华书局1994年版，第474页。

2　中国史学会编：《中国近代史资料丛刊：中日战争》第一册，第259页。

是争的颜面问题，这样，从李鸿章到总理衙门派出德璀琳前往试探，就认为是可以挽回颜面。

德璀琳的日本之行无果而终，清廷只好派出大清官员前往议和日本议和。

5. 大贷款行动与海关保位之战

中日议和，李鸿章被迫在日本签订《马关条约》，消息传来，令德璀琳、赫德等为清廷服务的洋员大为失望，也使列强更加深刻地认识到了清廷的腐朽和无能，进而也掀起了瓜分中国的狂潮。列强在中国的利益竞夺中，作为总税务司的赫德既出于巩固自己地位的需要，也为自己的国家谋取利益，自《马关条约》签订的那一刻，开始了一场为利益而作的保位之战。

《马关条约》签订后，引起国内的一片反对之声。人民纷纷要求毁约再战，特别是在台湾，条约签订后的第三天，台湾土庶百姓"奔走相告，聚哭于市中，且以继日，哭声达于四野"，并表示了"桑梓之地，义与存亡"[1]的决心。

与此同时，朝廷中弹劾、参奏李鸿章父子以及反对批准条约的奏折，从《马关条约》签订那一刻起，就雪片一样飞向光绪帝的案头。4月17日当天，翰林院代奏编修丁立筠、华辉、沈曾桐的奏折，吏科掌印给事中余联沅也上奏光绪帝与慈禧太后，说日本要索太甚，万难允许，请朝廷不要答应日本人的要求。第二天，在前线指挥作战的钦差大臣、前两江总督刘坤一也电奏光绪帝与慈禧太后，认为"和约后患不堪，战而不胜尚可撑持"[2]。此后，光绪帝、慈禧太后几乎每天都要收到几份类似的奏章，山东巡抚李秉衡、翰林院侍读学士文廷式、福州将军庆裕都先后上奏折，反对朝廷批准和约，

1 王绍坊：《中国外交史：鸦片战争至辛亥革命时期（1840—1911）》，第236页。
2 茅海建：《"公车上书"补证考》，《近代史研究》2005年第3期。

李秉衡说得很直接："端不允割地，请决意主战"。[1]

按说，李鸿章签订卖国条约，光绪帝也是点了头的，他本来无奈地想批准条约，但面对朝臣连接不断的废约奏章，一时犹豫不定。条约规定，从签字之日到批准换约，期限为 20 天，届时如果两国政府不批准和约，不用告知即视为此约废止。这个时间空间为光绪帝思考决策提供了余地。

是战是和，光绪帝在犹豫徘徊的情绪中，美国政府也向清廷施加压力。美国与日本暗中达成的利益使它希望清廷尽快批准条约。李鸿章签订条约的第三天，日本天皇就迫不及待地批准了条约，并任命内阁书记官伊东已代治为全权换约大臣。当天，伊藤博文在广岛向李鸿章发出日本已将和约批准完毕的电报："日本国皇帝陛下业已批准条约。所批准者为日本文、中文及附带条款与附图。故希清国皇帝陛下亦同样对此加以批准，以至批准交换时不发生错误。"[2]

日本快速批约的举动，美国方面立即表示支持。美国国务卿格莱锡电令驻华大使田贝，要他向清廷施加压力并警告中国，如果清廷不能批准条约，日本肯定会发动更猛烈的战争，那结果将使中国损失更多的领土。这时，被李鸿章派往北京对和约进行"申辩并催促批准"的美籍顾问科士达更是大显身手。科士达虽然是李鸿章的外交顾问，但他同海关税务司赫德一样，骨子里仍然是为本国服务。这一次他为了执行美国政府所谓"劝告"中国"从速"批准条约的意图和李鸿章的"委托"，到北京后，一再"请求同军机处举行关于皇帝批准条约事的会议"[3]。

与美国不同，俄、德、法三国感到，《马关条约》的签订，将严重的威胁到自己的在华利益。早在 3 月间，俄、德、法等国还在

1　中国史学会编:《中国近代史资料丛刊: 中日战争》第四册，新知识出版社 1956 年版，第 91 页。

2　孙克复编著:《甲午中日战争外交史》，第 304 页。

3　孙克复编著:《甲午中日战争外交史》，第 305 页。

中日议和的问题上采取观望态度,可是随着日本要求清廷割让台湾、辽东半岛议题的渐趋明朗,俄国、德国很快也回过味来。

就在《马关条约》签字的同一天,一向认为干涉中日战争不符合"本国利益"的俄国,正式向德、法两国提议对日进行干涉。

三国要干涉中日议和,日本方面十分惊慌,到嘴的肥肉自然不愿再吐出来。便在4月29日召开会议商讨对策,首相伊藤博文提出了拒绝劝告,即使增加敌国也在所不惜;将辽东问题提交国际会议处理;完全接受三国的劝告,以恩惠的方式将辽东归还中国三种方案。会议是在睦仁天皇的主持下进行的,陆奥宗光因为身体有病没能参加,虽然当时讨论认为应该将辽东问题交给国际会议处理,但陆奥宗光在会后看了这三种方案,他建议将三国干涉与《马关条约》分开处理,也就是说可以向俄、德、法三国让步,但对中国绝不让步。基于此,日方指令日本驻俄公使试探俄国政府:中日媾和条约已经天皇批准,放弃辽东半岛实难办到,希俄国政府重新考虑其对日本的劝告,以敦和好;日占辽东"绝不致危及俄国远东之利益,而实与日本国之利益相一致;关于朝鲜独立问题,日本国政府定不难使俄国得到满足"。[1]

俄国对这个试探不为所动,俄国新任外交大臣罗拔诺夫表示,日本的请求不能成为促使俄国撤销劝告的理由,所以不予接受。

三国的干涉,日本虽然舍不得到嘴的肥肉,但是日本经历侵华战争的消耗,国库空虚,军备缺乏,已经没有能力与俄、德、法三国抗衡。日本试图联合英、美对抗三国的干涉,但英、美只关心自己的利益,并不愿把自己拖入战争的泥潭,日本政府只好于5月1日向三国表示愿意对《马关条约》作两方面的修改:一是,除金州厅外"全部放弃对辽东半岛之永久占领权",但与中国商议后"当

1 中国社会科学院近代史研究所:《沙俄侵华史》第四卷,上册,中国社会科学出版社2007年版,第20页。

以相当款项作为放弃领土之报酬";二是,日本政府在中国确实履行和约规定的义务以前,日本"有占领上述土地以作担保之权利。"[1]

这个表态,三国并不同意,仍然坚持要日本完全放弃对辽东半岛的占领,表示日本政府的答复不能令人满意。

此时,三国在军事上也作了一些部署。俄国政府命令停泊在日本各港口的所有舰艇,在24小时内作好随时起锚出港的准备,在神户和烟台集中了军舰进行示威。德皇也下令在中国沿海的舰队司令将军舰集中于华北港湾,与俄国舰队取得联系。俄国代理海军大臣契哈乞夫声称:"俄国的东方舰队是强大的,士气是高昂的。无须进行大规模作战,便可切断日本的海上联系。"[2]

在三国的干涉下,日本只好放弃占领辽东半岛,但内心却是"意存要挟,索望其奢",并不是真的想归还。最初提出赎辽代价为一万万两,企图以如此巨额的偿金,迫使中国望而却步,达到长期占领又使三国无话可说的目的,但这个伎俩被俄国识破,俄国与德、法合谋后,向日本提出"还辽大纲",主要有三条:第一,"日本依三国忠告,放弃中国大陆领土所要求的赔款必须作适度的调整";第二为"部分之金钱义务了结后,尽可能地速从中国大陆撤退";第三,"我们认为,日本尊重通过台湾海峡航行的完全自由是澎湖列岛占领的当然结果,我们也希望日本不转让该岛给任何第三国。"[3]

三国拟定的大纲,几经磋磨。日本终于同意不再割占辽东,但仍然坚持占领台湾,要清廷在批准《马关条约》的基础上,另行支付赎辽费3000万两白银。

三国干涉还辽,目的就是想向中国索取更多的利益。因此,当三国干涉正在进行中,《马关条约》还没有互换,俄、法、德三国

1 戚其章:《甲午战争史》,第432页。

2 [日]藤村道生:《日清战争》,米庆余译,上海译文出版社1981年版,第174页。

3 孙瑞芹译:《德国外交文件有关中国交涉史料选译》第一卷,第58、59页。

便在思考向中国索酬的问题。对中国索酬活动最积极的是俄国和法国。

清廷对日赔款，依据条约规定，要赔付日本二亿两库平银，这笔巨大的赔款要分八次支付，期间还要每年按照五厘的利率给日本支付利息。但是，中、日双方又磋商约定：如果中国能够在三年内全额支付赔款，则免付利息。这就是说，清廷若提前完成支付赔款，就可以节省高达一千万两之巨的利息支出，且被日军占领的威海卫也可早日收回。

因此，《马关条约》互换后，清廷非常着急，光绪帝为此下谕旨说，现在和议已定，当务之急是筹措战争赔款。但是要筹钱，对内忧外患的大清来说不是想筹就能筹得来的。大清国钱袋里没有银子，民间资本筹措也很困难。当时社会上普遍有一种担心，担心朝廷会因此而大肆向百姓搜刮。《字林沪报》就以《赔款数宜取于官》为题表达了这种担忧："今和议已成矣，允偿彼兵费三十京两，嘻，此三十京两又将取之于民矣。于（余）则谓不宜取之于民宜取之于官。"[1]

自鸦片战争以来，清廷不断向外赔款，财政紧张是众所周知的事情，实在没有多余银子可拿了。既然清廷财政困难，民间筹措也无法实现，看来只有向外国借贷一途了。这个办法李鸿章在日本议和时，伊藤博文就考虑清廷可能无力支付，因而向李鸿章建议，可以考虑向列强借贷，一次性赔付，这样可以减轻许多压力，并说借外国款可以分三四十年还，期长利轻，这对大清来说是可以承担的，不独日本感到清廷难以承担巨额赔款，图谋在中日战争中获取利益的俄国也早有预料。

《马关条约》签订后，罗拔诺夫就向驻俄公使许景澄表示，有意向中国提供借款，但是听说中国"欲向不肯合劝之英国商借，颇

觉诧异，特请代达国家，应先商俄国，方见交谊"[1]，清廷当时对三国干涉寄望正殷，对三国都不敢得罪，因此建议由三国分担借款。但俄国坚持独揽，并说"俄、法一气无庸虑；德国一边，可另想法"。[2]并态度强硬地说，与他国银行分借，万万办不到，如果是那样就不要向俄国借款了。

俄国人如此表态，当然是列强之间在华利益竞夺的需要，各国都想扩大自己的在华利益，列强之间已经不满足于商品贸易为主要途径的经济扩张，把资本输出也视为利益掠夺的一种途径。

清廷向日本赔款，英国首先向清廷承诺，可以向清廷提供借款，并在海关总税务司赫德的努力下，做了大量的工作，赫德甚至向总理衙门打包票说，没有伦敦市场的合作，贷款总数就无法确定。除英、俄之外，德国在借款问题上也有着强烈愿望。

列强各国在借款问题上争先恐后都想分一杯羹的同时，赫德也在关注着对华借款这件与英国以及自身利益休戚相关的大事。

在中国官场近四十年的生涯里，赫德凭着他的地位和能力，对清廷财政状况的了解胜过任何一个外国人。因此，当战争还在激烈进行时，赫德已开始了为英国银行争取借款给清廷的行动。当时，面对中日的战争争端，英国不愿插手帮助解困，使得英国政府的形象、势力、声望在清廷那里正在日趋低落。赫德感到，通过英国银行帮助清廷获得战争贷款的方式，也是巩固英国优势的一种方式。

1894 年 9 月，赫德同英国汇丰银行商谈一笔 1000 万两的借款，并很快与银行方面草签了一份合同。合同指出，清廷向汇丰银行借款 1000 万两，年息七厘，按九八折扣支付，以海关税作担保，期限为 20 年。这笔借款由汇丰银行经办并以银两支付，正逢财政困难的清廷于 11 月 4 日批准了这项借款。

1 王彦威、王亮编：《清季外交史料》，王敬立校，第二册，卷一一一，第 11 页。
2 丁名楠等：《帝国主义侵华史》第二卷，人民出版社 1992 年版，第 17 页。

这项借款刚一落定，赫德又利用自己对大清军费开支的了解，在 1895 年 1 月 26 日从汇丰银行兜到了另一笔 300 万英镑的借款。甲午战争中在借款问题上小试牛刀，令赫德信心满满。当《马关条约》签订的消息传到北京，赫德感到大显身手的时机到了。而当他正准备为英国争取借款优先权的时候，干涉还辽的三国成了他强大的竞争对手。

向中国提供借款，俄、法、德、英等国都有这个愿望。一直想吃独食的俄国并不想让他国参与。但是，俄国却没有那么大的财力，只好拉上法国，希望共同出资，这当然得利益共享了。

俄国拉上法国向中国提供借款，把德国排除在外，这让德国人很生气。"还辽"是三国共同努力向日本施压的结果，现在到了向清廷索取利益的时候了，俄国却想排除德国。德国怎肯善罢甘休，一改"还辽"时的态度，主动向日本人示好，与俄国对抗。

向清廷提供借款，德国知道自己被俄国排除在外，便联合英国共同向俄国施压。这时候，英国便很江湖地站出来说，向中国提供借款应该各国联合起来，共同承担。

对这个建议，俄国与法国根本不予理会。再者，当时朝廷中的许多人经历了甲午之痛，很倾向于联俄制日。驻俄公使许景澄认为可以利用借款之机巩固中俄友谊。但是，光绪帝和慈禧太后有一种担心，如果如许景澄所言，倾向于向俄借款，他国会不会认为中国厚此薄彼，引发不满。对此，许景澄又建议朝廷"先以息借办法，询彼何策，并酌留德法地步。英银行所商，拟请缓定，以免嫌衅"[1]。

根据许景澄的建议，光绪帝于《马关条约》换约的第二天发布上谕令恭亲王奕䜣、庆亲王奕劻、户部尚书翁同龢、兵部尚书孙毓汶、步兵统领荣禄、吏部左侍郎徐用仪、户部左侍郎张荫桓等人协同办理筹款事宜。并谕令许景澄在俄国就借款问题与俄外部商谈，总理

---

1 王彦威、王亮编：《清季外交史料》，王敬立校，第二册，卷一一一，第11页。

衙门的电示大意是，先期借款5000万两，息5厘以内，没有折扣。对于抵押问题，总理衙门要许景澄也向俄外部说明，中国向外国借款，向来都是由税关出票、户部盖印，按期偿还，现在向俄国借款，也应按此惯例进行。

考虑到干涉还辽也有德、法努力的结果，为避免不必要的外交纷争，清廷还要求恭亲王奕䜣、庆亲王奕劻等人与德、法协商，也向两国商借。明确表示，"现德法亦愿借款，拟俟俄款要求，再与酌订。"[1]

看来，清廷把借款视作对三国干涉还辽的酬谢，当然也希望通过此举使三国在对日干涉中更进一步帮助中国减少战争损失。清廷向外国借款，把英国排除在外，重点考虑俄国，因为清廷中的大多数人都希望通过借款实现中俄结盟，联俄制日。但是，俄国不这么想，对华提供借款，俄方坚持与法合作，反对中国向英、德等国商借。对于清廷提出先借5000万两的意向，俄国认为这是清廷也试图向他国商借，根本没有体现联俄制日的诚意。对于借款的抵押问题，罗拔诺夫则对许景澄表示，希望以大清海关做抵押，此举当然是想打破英国对中国海关管理权的把持。

罗拔诺夫的要求，许景澄很担心引起英、德的不满，特别是干涉还辽"有功"的德国，为此他提出一个满足德、俄两国利益诉求的方案：将山海关至珲春的铁路借款权给予德国，则可以满足德国的借款要求，而将第一、二批对日偿款全部从俄国借贷，这样"似于邦交、边防两便。"许景澄的建议，总理衙门认为并不可行。对于罗拔诺夫提出的以海关做抵押的说法，也认为"此端万不可开，不可不慎之于始。所有此次借款，应如何订立合同，以防流弊之处，并著详慎妥办"。

对华借款，既然俄国人有联合法国的意图，清廷也顺水推舟地

1　王彦威、王亮编：《清季外交史料》，王敬立校，第二册，卷一一二，第9页。

同意法国提供借款，从而也达到法国制约俄国的目的。

清廷在借款行动中选择了俄、法，而把英国排除在外，这让把持海关的赫德倍感失落。他于5月14日给其驻伦敦秘书金登干发了封电报："传说俄国政府愿提供借款作赔偿之用，利息五厘，照票面发行，这似乎难以置信。"[1]

赫德实际上是担心俄国人以此介入大清海关，不仅冲击到自己的权力、地位，更将对英国不利，因而，他给金登干发电，要他报告政府，希望政府通过外交途径向清廷与俄国施压。为此，英国首相兼外务大臣金伯利（即索尔兹伯里）给英国驻俄大使拉塞尔斯发了电报，要他对俄施压。金伯利的电文中称，政府已经知晓清廷与俄国正在达成一项以中国海关做抵押的借款协定，这将严重的冲击英帝国的利益，"因此，您须立即去拜见外交大臣。你应让罗拔诺夫亲王明白，我国政府知道正在发生的事情，但言不必多；您应当说明，任何企图把英国排斥在货款谈判之外的行为都会引起英国舆论的哗然。"[2]

金伯利给拉塞尔斯发电后，也给英国驻华公使欧格讷发了一封内容大致相似的电报，要求欧格讷与总理衙门交涉，并说，借款问题，清廷应该对英帝国保持信任和坦诚。

虽然英国人明白，干涉还辽，英国作壁上观，而且还站在日本人这一边，已使清廷朝野对英国产生了反感，正如赫德所说的那样："三个大国，特别是俄国给中国人帮了这样大的忙，已使中国人的眼中再也看不见别的了。英国只好暂时远远地退居下风。"[3]

清廷向西方借款，是需要提供担保的，在西方各国看来，最可靠的就是中国的关税，因为它在外国税务司的掌控之下，连大清皇

---

1 陈霞飞主编：《中国海关密档：赫德、金登干函电汇编1874—1907》第九卷，第864页。
2 戚其章主编：《中国近代史资料丛刊续编：中日战争》第十一册，第885页。
3 陈霞飞主编：《中国海关密档：赫德、金登干函电汇编1874—1907》第六卷，第867页。

帝的谕旨也没有这一点可靠。甲午战争中的两笔借款，赫德花费了不少口舌，最后答应以海关税收作为担保，才算成功取得。而《马关条约》规定的赔款数额要远远超出这两笔借款，自然各国都把担保瞄向了关税，而由关税担保引发的由谁来掌控海关，也就是说由谁来出任海关总税务司的问题便更加的突出了。

赫德在《马关条约》批准之时就已感到他的地位受到了动摇和威胁。当时，赫德本来希望独揽对华借款，借以维护自己和英国的利益的，可是，俄法向清廷施压强行提供借款，使得他的这种愿望变得不可能。他便很希望趁俄法与清廷就借款事频频接触之际，英国政府能够设法加强他的影响：

> 总理衙门已同法国签约把江洪的一小块地方割让给法国，置欧格讷抗议此一行动违反《缅甸条约》第五款之规定于不顾，因此同英国的关系有点紧张。我怕英国除这件事之外还要向中国索赔"高升"号沉没的损失，如果英国这样办，我怎么还能干下去？法学家们自然支持这一索赔，但我此刻想不出还有比这样做更不礼貌或不合适的了。[1]

到了1895年7月6日，许景澄代表清廷与俄、法签订《四厘借款合同》，形势愈发对赫德不利了。根据合同规定，俄法向清廷借款四万万法郎，约合白银一万万两，利息是年息四厘。这么大数额的借款，负债累累的大清拿什么还呢？合同规定，以大清海关税收作为担保，从1896年3月起开始还款，分36年还清。在这个合同之外，俄、法同清廷还分别签订了一个声明文件，提出如果清廷不能如期偿还本息，则由俄国政府帮助垫付，但清廷需同意将海关之外的其他款项作为承担。这就进了罗拔诺夫所设想的让中国依赖

---

[1] 陈霞飞主编：《中国海关密档：赫德、金登干函电汇编1874—1907》第六卷，第315页。

俄国的圈套。声明文件中还有一项重要规定："中国声明，无论何国何故，决不许其办理照看税人等项权利。如中国经允他国此种权利，亦准俄国均沾。"[1]

俄法完成了借款，而英德也试图向清廷借款却无眉目，更为要命的是，俄法借款合同中还规定，除非发生战争，清廷在六个月内不得续借外债。眼见着俄法两国在清廷面前取得优势，赫德很希望英国政府通过在中国发生的几起教案事件向清廷施压，进而加强自己的地位。他说："俄、法两国都在为所欲为，不容他人立足。只要我还留在海关，他们就不会触动我本人和海关。一旦我离去，他们就要采取行动，任命我的继任者并通过控制此人控制海关。我原以为英国会就这几起对传教士的可怖暴行发动突然一击，取得在中国问题上最重要的地位，以英国所能引起的恐惧感，把那些获得中国感恩戴德的然而是自私的敌人加以驱逐，但是迄今一无所为，目前恐怕再无机会了。前景不妙，这是无可否认的！"[2]

赫德认为英国政府在中日战争和借款行动的对华政策是被动的，他这样评论道：

> 英国在这场竞赛中越来越泄劲。俄、法两国正一把连一把地用力拉紧绳索，我们很快就会感到被紧紧地捆住了……目前英国的政策很令人生气，它的建设性远抵不上它的破坏性，而且不冷不热的，以致行之无益。我的路途到处都是困难，我看不到多大希望能在工作上有所建树，也看不到有多大希望能不招致引起这方面或那方面的损失而离开这里。[3]

1　王铁崖编：《中外旧约章汇编》第一册，第630页。
2　陈霞飞主编：《中国海关密档：赫德、金登干函电汇编1874—1907》第六卷，第337页。
3　王宏斌：《赫德爵士传：大清海关总管》，第327页。

被动局面中，赫德迎来了一个契机。1895 年 10 月，俄、德、法三国与日本商定的中国补偿"赎辽费"3000 万两，日军于中国清偿该款之日起三个月内撤离辽东半岛。清廷从俄法获得借款后，即向日本支付了第一期的赔偿款。至此，三国干涉还辽成功。这个成功使得清廷对俄国十分信任，出现了希望联俄抗日的倾向。而这个情形深深地刺激了英国。

10 月底，英国派出新任驻华公使窦纳乐，取代欧格讷到京赴任。赫德虽然与欧格讷是很好的朋友，但是他仍然为英国政府的这个人事变动叫好，认为这个变动是"耐人寻味的"。新任公使窦纳乐是一个军人，是一个很强势的英国殖民者，赫德认为，窦纳乐的到来将为英国赢得利益，"英国在华有真正的利害关系，而且一贯自命为中国的无私朋友，可是到了紧要关头却站在一边"，[1] 三国干涉还辽，英国却无动于衷，这使英国处于很不利的地位。"窦纳乐的任命很值得寻味。我们这些把中国人当做受过教育的文明人看待而连遭挫败的人，现在应该让这个精于以对待黑人的方法而对东方一无所知的人来试试。"[2]

窦纳乐的到来，与赫德紧密合作，二人试图为英国争取另一笔对华贷款，以抗衡俄国正在增长的优势。根据条约规定，二亿两的赔款限七年内分八次偿还，第一、二次偿还额均为 5000 万两，规定分别于订约后的 1895 年 9 月以前及 1896 年 3 月偿还。第一次俄法借款还给日本后，到 1896 年春，第二笔 5000 万两的赔款又要到期。而这时候，清廷却已将俄法的借款用罄，清廷不得不再次举借外债，这个情况，赫德与窦纳乐积极努力，希望争取这笔借款，"以缓和财政控制，分割政治上的统治"[3]。

1　卢汉超：《中国第一客卿：鹭宾·赫德传》，第 174 页。
2　陈霞飞主编：《中国海关密档：赫德、金登干函电汇编 1874—1907》第六卷，第 411 页。
3　中国近代经济史资料丛刊编辑委员会主编：《中国海关与中日战争》，第 205 页。

俄、法为向大清借款再次向清廷活动，并以低利息作为诱饵。赫德得知后很担心俄国再次捷足先登，便积极活动，他给英国政府发电说，"如中国接受（法国低利贷款），则英国将来对华交涉上将失去重要把柄。为此建议英国出面担保，提供低利贷款，可望在政治上获得优势，如容俄法联合继续下去，则他们得利，英国吃亏，以后并将造成同盟和军事上的优势，为害是无穷的"，"如俄法控制借款和海关，中国就需听命于他们而不肯听取我们的话了！"[1]

赫德把俄法借款一旦获得成功对英国带来的危害说的很重。果然，借向清廷承诺提供第二笔借款之际，法国逼迫清廷签订了《续议商务专条附章》和《续议界务专条附章》。根据这两个条约，法国不仅取得了在中国云南及广西中越边境开埠、设领、免税通商等特权，还通过这个边界章程使中国丧失了一些领土；同时又规定，"将来在云南、广西、广东开矿时，可先向法国厂商及矿师人员商办，……至越南铁路……接至中国境内。"[2] 这样，法国利用借款之际，迅速获得了巨大利益，获得了自越南同登至中国广西龙州的铁路建造与经营权。

对俄法通过借款索取在华特权的举动，清廷是很反感的，但是在1896年春清廷仍然对赫德表现出冷淡态度。3月6日，当赫德到总理衙门表明，英国政府希望向大清提供借款，总理衙门的官员们态度是很冷淡的。可是当他离开总理衙门后，事情却起了变化。总理衙门的官员又于当天拜访了赫德，与他商谈借款的事情。

为什么会突然出现这个变化呢？因为法国方面在2月间所提的一些要求很让清廷忌讳，为了平衡各国在华势力，总理衙门又转向了外表平和、办事稳妥的赫德。绝处逢生的转变让赫德喜出望外，当即搬出他的全部计划，第二天就谈妥了借款事宜。事后，总理衙

1　卢汉超：《中国第一客卿：鹭宾·赫德传》，第174页。
2　黄月波等编：《中外条约汇编》，商务印书馆1936年版，第120页。

门照会法国驻华公使施阿兰，说借款已定，可不必与法方谈判了。但是，施阿兰并没有放弃法国的诉求，因而清廷不得不同意了法国在桂、粤、滇三省的特权。

赫德与清廷成功达成的借款被称为"英德借款"，由英国的汇丰银行拉拢俄法借款时被抛在一边的德国银行一起承借，借额为1600万英镑，年息五厘，九四折扣，期限20年，同样以关税做抵押，并附有借款为清偿前维持海关行政完整的条例，即仍然保持英国人为海关总税务司的现状。[1]

英德借款的成功，维护了赫德的地位，从而抵制了俄、法对于总税务司位置的攘夺。赫德高兴地说："借款合同已签字，海关得以保全，我在总理衙门的地位也令人满意。"[2]

英、德第一次成功向清廷提供借款贷款，使赫德稳定了自己的地位。法国自然不甘心英国人对海关权力的独占，驻华公使施阿兰不断向清廷总理衙门施压，要求派法国代表在海关总署任职，以达到海关权力的平衡。并说中国海关最少要接受六个法国人在海关内班任职。这些人可以经过总理衙门任命，而不能经过赫德的任命。在法国提出这些要求的同时，俄国人也提出，要求在海关中任命十名或十二名俄国人当帮办。俄、法两国甚至还提出，成立混合委员会，共同管理海关。

面对俄法两国对海关大权的觊觎，赫德则坚持自己的老主意，无论对方怎么叫嚣，他就是坚定不辞职，不让步，继续在海关里干下去。他在给金登干的信中说，"我是不喜欢辞职的想法的！我由于坚持和努力，好像已经达到了可以使全部十八行省都能看到我的高度，这就使我具有没有任何人能够希望立即取得的声望"。在这种坚持中，赫德也有敌手的力量是强大的隐忧。因而，他很害怕别

---

1 卢汉超：《中国第一客卿：鹭宾·赫德传》，第174页。
2 陈霞飞主编：《中国海关密档：赫德、金登干函电汇编1874—1907》第九卷，第19页。

人把他从苦心经营的海关帝国权力宝座上拽下来："因为梨长得越熟，落下来时会越好吃！我一想起自己好像是给别人锅里烧开水的燃料就感到反感；然而，用较长远的人类观点，而不用国籍的观点来看，我应该高兴成为一个在行动上促成人类进步的因素，但是血和肉有时会反抗的，一旦引起了一个人的憎恶，哲学的药就变得令人作呕而难以下咽了。当无休止的折磨和忧虑不停地冲击我时，使我不时想到这就是捆绑伊克西翁的永远旋转的地狱车轮和锁住普罗米修斯的山崖！在遥远的将来这一切将再转为顺利，因为外国的统治只能以建成一个比过去强大的中国而告终。因此我们应该做我们能做的工作，而且要甘愿去做。"[1] 赫德把自己比作善良、无私的普罗米修斯，他认为外国人控制海关终会使中国进步。

俄法借款、英德借款以及之前清廷在甲午战争中的借款，已经达到 3400 万英镑，如果全部用于对日赔款，本来已是相差不多。但这些借款因各银行回扣费用，清廷又往往要将这些借款挪作他用，到 1897 年初所付之数只合赔款总额的五分之三，而借款却已所剩无几。如此，清廷不得不再次考虑向外国借贷了。要借款，海关关税作担保仍然是争执的热点，赫德又为自己的地位担忧了：

> 下一场斗争是争夺我的职位，等斗争结束，"总税务司"就成为一桩往事了。如果我年轻一些，我要坚持干下去；然而我已是 63 岁，而且老年的病痛正慢慢上身，我看不出干下去有什么好处！我现在正对另一个方向施展一条小小的妙计，如能成功，前途大概会是另一番光景；但是我先不说明，且待它的发展。[2]

1　王宏斌：《赫德爵士传：大清海关洋总管》，第 331 页。

2　陈霞飞主编：《中国海关密档：赫德、金登干函电汇编 1874—1907》第六卷，第 763 页。

赫德虽然嘴上说自己老了，大有一种看破红尘的意味，可是内心里仍然是对权力充满着不舍和迷恋，千方百计地设法巩固自己的地位。11月9日，当金登干报告说："上海来电称，法、俄政府正逼迫中国用俄国人继您充任总税务司，因为俄、法两国目前对中国的债权地位，正如同您被派为总税务司时英、法两国的地位一样。"

赫德闻此大有一种灭顶之灾恐惧。他颇为忧虑地说："借款情况不佳，法国和俄国对中国都很蛮横。俄国先是反对开放大连湾，接着又反对整个借款，认为抵消了俄国占据的均势……那天我在总理衙门谈到我要离去时，他们都笑我。我猜想，他们将设法要我多留些日子。但是这么做有什么用呢？我们是身在激流中，前面就是尼亚加拉大瀑布！"

1898年初，沙俄继德国之后强占了旅顺和大连，清廷中亲俄派受到朝野的攻击，不少人主张联络英国抵制沙俄。经过一阵犹豫之后，清廷最终选择了英、德集团，英国终于夺得又一次对清廷的贷款权。贷款额仍为1600万镑，折合白银12200万两，年息4.5厘，以各地常关税收和盐厘为担保，45年还清。英、德续借款合同再一次对英国占有总税务司的位置作了明确规定："此次借款未付还时，中国总理海关事务应照现今办理之法办理。"[1]

急于向日本偿款赔款的清廷，接受了这一规定。在得到总理衙门大臣的应允后，窦纳乐还备文照会清廷，"以便存查"。1898年2月10日，总理衙门在复照中对此作了确认：

> 查口岸通商以来，商务、税收渐渐增加。英商纳税几达外国所纳全数十分之八，是以聘用英员赫德为总税务司。该税务司熟悉商务，办事公平，精干理智，诚实可靠，中国国家倚畀正殷，如请离职，中国必设法挽留，但如定要回国，

---

1 王宏斌：《赫德爵士传：大清海关洋总管》，第332、333页。

> 中国国家察看各口贸易情形，查明英商为数属多，当令该税
> 务司推荐能力相称之人，查核委派接办海关事务。[1]

第二次英德续借款的成功，使赫德的地位再一次得到保证，且如帝王般在他年老退隐之时具有指定继承人的权利。在英国亲华势力的庇护下，赫德在度过了一段备受攻击的岁月后，终于重又稳固了他的海关大权，可以继续为英国的利益服务。对赫德来说，两次英德借款的成功成就了他在甲午之后列强利益纷争中保位之战的胜利。

6. 李鸿章访俄的智囊团

清廷在甲午战争失败后，朝廷中的一些人倒向了亲俄的一边，希望联俄以达到抗日的目的，向俄、法借款，就是清廷希望与俄国结盟的体现。甲午战争爆发之前，清廷本来是想同英国结盟的，认为英国是靠得住的朋友，并且在华拥有很大的利益。可是事非人愿，甲午战争爆发后，英国人的态度开始发生变化，竟然偏袒日本的侵华行径。《马关条约》签订后，俄、德、法干涉日本割占辽东，英国却拒绝参加。这些举动，不要说清廷的主战派们很反感，大骂英国佬表里不一，奸诈成性，即便慈禧太后、李鸿章这些妥协派也对英国十分失望。

既然英国人靠不住，那就寻找一个靠得住的"大哥"，凭着俄国带头发动三国干涉，辽东半岛得以暂时归还中国，大清上下对俄国的好印象，一时间朝廷中联俄的声音十分高涨。李鸿章原是主张联俄比较积极的一位，此时他更主张联俄。张之洞、刘坤一本来是主张联英的，现在也积极主张联俄。清廷中大多数官员希望联俄抗日。1896年俄国沙皇尼古拉二世的加冕庆典为清廷提供了契机，

---

1 卢汉超：《中国第一客卿：鹭宾·赫德传》，第180、181页。

清廷派李鸿章前往俄国参加庆典，并顺访欧美各国。深受李鸿章信赖的津海关税务司德璀琳更成为李鸿章的随员，为这次出访增添了神秘成分。

清廷要联俄，俄国是什么态度呢？对于正急于向中国扩张，在中国获取更多特权的俄国来说，这就给了获取利益的机会。

在此之前，俄国主导成立的华俄道胜银行除了通过提供借款控制中国外，接踵而至的贪欲便是攫取中国铁路利权。当然，这也是进一步控制中国的需要。从 1891 年开始到甲午战争结束，俄国人已将向远东扩展的西伯利亚大铁路修筑到外贝加尔临近中国的地方。俄国很想使这条铁路穿过中国东北抵达海参崴。正如俄国财政大臣微德所言，"所拟联接外贝加尔省与海参崴的铁路不仅有经济意义，而且有政治的及战略的意义"，"俄国就能在任何时间内，在最短的路线上，把自己的军事力量运到海参崴及集中于满洲、黄海海岸及离中国首都的近距离处"，这样就可以"大大增加俄国不仅在中国并且在远东的威信和影响"。[1]

1895 年 10 月 14 日，俄国驻华公使喀西尼根据其外交部的指令，向总理衙门发出照会，提出西伯利亚铁路将与"满洲地方兴造铁路相接"。并以此为由，表示俄国准备派人到中国东北"内地查勘"，要求予以"照料"。至此，俄国便公开暴露出要使其西伯利亚铁路穿过中国东北的扩张企图。

总理衙门将这个照会上报光绪帝后，光绪帝表示反对。10 月 19 日，光绪帝让总理衙门电谕许景澄："俄派员四起分赴东三省勘路，虽以与我接路为辞，实有借地修路之势。此事原委，许景澄曾经函述，谅已了然。现在俄外部何以不与该大臣面商，遽欲兴办？至中国办法，惟有自造铁路，在中俄交界与彼相接，方无流弊。等

1　张蓉初译：《红档杂志：有关中国交涉史料选译》，生活·读书·新知三联书店1957 年版，第 168 页。

许景澄即将此意先与俄外部说明，总期勿损己权，勿伤交谊。"[1]

光绪帝虽然也不反对联俄，但他坚持"勿损己权，勿伤交谊"的原则，却是郑重的。光绪帝不想因为这件事损伤中俄"交谊"，而把希望寄托在驻俄公使许景澄身上。就在他致电许景澄十余天后，许景澄从圣彼得堡传来消息，次年5月俄皇举行加冕典礼，邀请中国派员参加。清廷恰于11月8日签订了《辽南条约》，中国正式收回辽东，所以光绪帝、慈禧太后对俄的贺礼更不能怠慢。12月28日光绪帝降谕任命正在欧洲的布政使王之春为专使，并备以国书和厚礼，令其届时前往"致贺"。

按说，老沙皇在1894年11月去世后，皇太子尼古拉二世登基，清廷已经派王之春为专使于1895年2月间在俄国对老沙皇进行了哀悼，对新沙皇登基进行了祝贺，王之春也于1895年7月顺利回到北京。可为什么俄国再次提出要清廷派官员前往俄国参加沙皇加冕典礼呢？正可谓醉翁之意不在酒，俄国对清廷派人对沙皇加冕致贺却另有打算，希望通过李鸿章等亲俄派获得在中国东北的扩张利益，把中东铁路修筑到中国境内。因此，当俄使喀西尼得知光绪帝再次任命王之春为专使后，大为不满，表示皇帝加冕乃俄国最盛大的庆典，参加这一仪式的人必是国中乃至列国最有声望之人，王之春人微言轻，不足与担当此任，"可胜任者，独李中堂耳"[2]。俄国希望清廷派李鸿章为专使，御史胡孚宸也出来帮腔，上奏声称俄君加冕"宜派李鸿章前往"致贺，喀西尼之言的用心一目了然。但是，要再通过李鸿章来损害中国，已深受其害的光绪帝当然不愿使之重演。同时，在一些正义感的朝臣中也难以接受，因此，改派李鸿章赴俄问题便在清廷统治集团的核心中卡住了。

俄国人属意李鸿章，清廷中的大多数人甚至光绪帝都认为不妥，

1 王彦威、王亮编：《清季外交史料》，王敬立校，第二册，卷一一八，第2、3页。
2 苑书义：《李鸿章传》，第332页。

俄国驻华公使喀西尼便设法贿赂慈禧太后身边的大太监李莲英，让他设法说服慈禧太后，改派李鸿章为特使，并赋予具有办理还辽报酬的全权。李莲英拿人钱财，替人办事，在慈禧太后面前说改派李鸿章为使的种种好处，慈禧太后还真给说动了，要求光绪帝改派李鸿章为专使。

"亲爸爸"说话了，光绪帝就是一百个不满意，又有什么可说的呢？到1896年2月10日，光绪帝无奈，"宣懿旨，命李鸿章出使俄国，以邵友濂为副"。并授予李鸿章钦差头等出使大臣的头衔，还赏给其子李经述三品卿衔作为随员。随后在李鸿章的奏请下，又把已受到举国指责的李经方也拉入该使团中。于是，这个光怪陆离的"李记"使团又被装扮起来了。行前，由于李鸿章使俄的消息传开，后经英、法等国的要求，又命李在归途中顺访欧美各国。

清廷很希望与俄结盟，这构成了李鸿章使俄的主要目的。可以说，这个任务还是蛮艰巨的，李鸿章当然也明白。这次出使参加沙皇的加冕典礼，英美德法得知清廷派出了李鸿章，便也很希望李鸿章能够顺访他们的国家。李鸿章在他们的眼里是一个卓越的外交人才，当然这实际上与他的外交妥协有很大关系。

英美等国希望李鸿章访问他们的国家，还只是对李鸿章访问俄国眼热，对于李鸿章会与俄国政府谈些什么还不得而知。都想从李鸿章那里了解中俄之间葫芦里到底卖的什么药。但是，这些国家的邀请，却使李鸿章感到肩上的担子更重了，在他与俄国立约结盟外，在顺访英法美等国家中，如何为清廷"挽回利权"也是不能不思考的问题，比如与这些国家商谈增加进口洋税等等。

李鸿章的这次出访，队伍比较庞大，有四五十人之多，有随员、供奉、武弁、杂役等等。

在李鸿章的使团中，还有几名外国人，是因海关总税务司赫德与俄国驻华公使喀西尼的推荐而加入的。赫德是总理衙门信任的人，李鸿章要出使的事情他是知道的。他对李鸿章说，这次李中堂带团远赴外洋，虽然有熟悉洋情的中国官员随同。但建议还是带几名生长在外国的、对中外情形都了解的人为好，以备顾问。喀西尼也说，"酌带俄员现充税务司者就地照料，更昭妥协"[1]。

老实说，赫德、喀西尼的这些建议很有些为本国政府服务的成分，目的是安插本国人员，以便随时了解李鸿章的动向，为各自的对华政策提供信息。虽然说在既往的外交使团中，已有派外国人加入的例子，蒲安臣使团如此，郭嵩焘使团也是如此。但李鸿章知道，让外国人加入，必须要朝廷同意才行。因而，在这个使团成立之前，他给光绪帝上了一道折子，先说了一通恭维的话，说朝廷这次派他前往俄国致贺并顺访德、法、美等国，说明朝廷很重视中外邦交，是前所未有的壮举，但是要完成这次使命，责任重大，应该慎选一些精通西学、能识大体、品行端正的人一同前往。

李鸿章的这个请求，光绪帝同意了。这样，李鸿章的赴俄使团就有了五名外国人，出行之前，他们都受了皇上的册封，有了官衔，分别是五品衔副税司格罗特（或译磕乐德），俄国人，是俄国公使喀西尼的密友，并被喀西尼介绍给微德。二品衔税司德璀琳，德国人；三品衔税司穆意索，法国人；花翎头品顶戴税司赫政，英国人；三品衔税司杜维德，美国人。这五人都以参赞官的身份一同出访。

1896年3月28日，李鸿章一行自上海乘轮船出发。于4月27日到达黑海沿岸的敖德萨。在那里，俄国政府给予他最高礼节，配备了专门的卫队，"俄水陆提督暨地方文武接待甚恭"[2]。4月30日到达圣彼得堡，这时距沙皇加冕典礼还有二十多天。俄国出于自身想在中国获取特权的需要，尼古拉二世特命财政大臣微德（或译：维特）、外交大臣罗拔诺夫与李鸿章进行了试探性的秘密会谈。

1　朱寿朋编：《光绪朝东华录》第四册，中华书局1958年版，第3735页。
2　中国社会科学院近代史研究所：《沙俄侵华史》第四卷，上册，第37页。

在谈判中，微德首先大谈俄国在干涉日本退还辽东半岛事件中对中国的"帮助"和"功劳"，并假惺惺地向李鸿章保证："我们既然宣布了中国领土完整的原则。在将来我们也要遵守这个原则，但是，为了保持这个原则，我们必须在发生紧急情况时能够给中国以军事援助"。接着微德又提出一个先决条件，他说："俄国的兵力目前都集中于欧洲部分，在欧洲的俄国和符拉迪沃斯托克（海参崴）没有用铁路同中国连接起来之前，我们就不能进行这种援助。"[1]然后又装着十分惋惜的样子说，在中日甲午战争期间，俄国确实从符拉迪沃斯托克派遣一些军队，但是因为铁路运输行动过于迟缓，等到俄军开到吉林的时候，战争已经结束了。为此，微德提出："为维护中国领土的完整，必须有一条路线尽可能最短的铁路，这条路线将经过蒙古和满洲的北部而达符拉迪沃斯托克。"接着微德又进行利诱，说这条铁路将对俄国和中国都有极大的好处，带来很大的经济利益。狡猾的微德又怕李鸿章对日本有所顾忌，又欺骗说："日本对此铁路，亦必表示赞许，盖彼国亦可借此路与西欧各国联络。"[2]

微德的利诱，令李鸿章有些动心。为促使李鸿章接受建议，在5月4日李鸿章向沙皇递交国书后，尼古拉二世秘密接见了李鸿章，参加秘密接见的只有李鸿章和他的养子李经方二人。接见中，尼古拉二世对李鸿章说，俄国土地广袤，人口却很稀少，断然不会去做侵占别国领土的事情，接着又以关心中国的样子说："中俄交情最密，东省接路，实为将来调兵捷速，中国有事，亦便帮助，非仅利我。"[3]然后又虚伪地向李鸿章保证，将来英日难保不对中国借端生事，铁路修成后，俄国可以立即出兵援助。沙皇尼古拉二世的秘密接见，使李鸿章受宠若惊，但是，对于这个直接侵犯中国领土主权、后患

---

1 [俄]维特、[美]亚尔莫林斯基：《维特伯爵回忆录》，傅正译，商务印书馆1976年版，第69页。

2 穆景元：《日俄战争史》，辽宁大学出版社1993年版，第56页。

3 王彦威、王亮编：《清季外交史料》，王敬立校，第二册，卷一二一，第5页。

无穷的重大问题，仍不敢轻易答应。于是沙皇决定用重金贿赂，令微德用 300 万卢布巨款收买李鸿章，分三期付清（李鸿章这次实得 100 万卢布）。

本来，李鸿章想联俄，对俄人提出的"借地筑路"有些动心，他除了顾虑其他列强效仿外，还担心光绪帝不会同意，还会对他大加责骂，现在有俄人的重金贿赂，他还有什么可顾虑的呢？他给光绪帝发了一个电文，说了很多"借地筑路"的好处，他在电文中说，"俄方动机，纯欲与我成立友好关系。我若拒绝，彼必深憾，且将为我之害。"[1]

在俄国的诱骗和施压下，几经磋磨，终于在 1896 年 6 月 3 日，中俄《御敌互相援助条约》（史称《中俄密约》）正式签订。

《中俄密约》主要有三个方面的内容，其一、若日本对俄国东亚领土或对中国或朝鲜领土，实行侵占，中俄两国应互相援助；战时允准俄舰进入中国各口岸；其二、清廷同意由华俄道胜银行承办中东铁路并抵达海参崴。战时此铁路可以运兵、运粮、运军械。平时过境运兵、粮也可通过；其三、本条约自铁路合同批准日起有效期 15 年。[2]

密约签订后，李鸿章率领使团前往德、荷、比、法、英、美等国访问。在这些国家，李鸿章同样也遭到了强权勒索。出访中，各国对这位妥协派主要人物的招待都很隆重，以为正是兜揽军火生意、要索利权的好机会，特别是德国表现得极为热情，因为德国想从中国获得一个军港作为基地。1896 年 6 月 19 日，德国外交大臣马沙尔在和李鸿章的会谈中，当面提出了这个要求，也以德国愿意"保卫"中国的话来进行诱骗。李鸿章竟然也表示："出让这样一个基

1　王芸生：《六十年来中国与日本》第一卷，生活·读书·新知三联书店 1980 年版，第 110 页。

2　王绍坊：《中国外交史：鸦片战争至辛亥革命时期（1840—1911）》，第 256 页。

地的坏处，不如保持与德国友好的好处来得大"。不过，李鸿章想知道德国是否愿意更积极地支持中国，马沙尔表示肯定支持，并提出以租借方式获得港口的设想，李鸿章便表示"尽一切力量使这个谅解能达成"[1]。

妥协的李鸿章也在幻想着通过德国制衡他国的白日梦。欧美之行，除了联络邦交外，还有一项重要使命，就是商请列强同意提高中国海关的洋货进口税率。由于当时世界市场银价跌落严重，1858年原来以银计征的进口税则实际上已只是值百抽二、三，同时清廷还望各国同意取消对外人消费的烟酒等项货物免税的不合理规定。但各国只盼从李的手里取得好处，对李所提出的合理要求反应十分冷淡，并互相推诿。德法表示，只要英国同意，两国就同意商定。但是，英国首相金伯利说，须与香港上海英国商会商量，而美国则假惺惺地说，"各国若允，美无不从"[2]。如此，等于李鸿章的欧美使命宣告失败。

在俄国的访问，作为李鸿章信赖的德璀琳并没有在俄国停留，而是直接回到了德国。为什么呢？李鸿章此行的首要目的是参加沙皇加冕庆典，并签订《中俄密约》，关系两国机密，李鸿章当然不想让他国人知道，所以并不想让德璀琳等外籍洋员参与其事。当李鸿章结束对俄国的访问，于6月13日抵达德国边界时，德璀琳和汉纳根已到车站迎接。已回国的汉纳根以李鸿章私人助理的身份也成为使团的一名成员。在德期间，德璀琳与汉纳根二人负责李鸿章所有会谈的翻译工作。在德国，德方为了讨好这位曾经位高权重的特使，特意询问德璀琳、汉纳根二人，李鸿章都有什么喜好，好妥为安排。德璀琳在中国的官场生涯里，对李鸿章的秉性、喜好当然是多有了解的，因而，德璀琳想德方做了详细介绍，德方在李鸿

---

1 苑书义：《李鸿章传》，第344页。
2 王绍坊：《中国外交史：鸦片战争至辛亥革命时期（1840—1911）》，第258页。

章下榻的饭店里，根据李鸿章的好恶做了周到的安排，甚至连李鸿章常吸的雪茄、爱听的画眉鸟都一样不差的陈于室内。

6 月 14 日，德皇威廉二世接见李鸿章。李鸿章向其呈递国书，致答谢词，答谢德国帮助干涉还辽，整个接见过程都由德璀琳当场为李鸿章翻译。在之后的赴德皇宴、拜会德国首相和外交部以及参观活动中，德璀琳、汉纳根都陪同身边，二人均担任翻译和顾问的角色。李鸿章在德国的访问活动，汉纳根在给妻子的信中描述了他陪同李鸿章参观克虏伯兵工厂的片段："昨天晚上，来自杜塞尔多夫的上层人士和克虏伯兵工厂的高级军官参加了盛大的宴会。爸爸（汉纳根的岳父德璀琳）和我仍就按照惯例坐在总督的右边和左边，克虏伯先生也坐在我们这边。……爸爸和我在整个晚上的谈话中义不容辞的担当了总督大人的翻译。今天早上我们陪同总督参观了克虏伯兵工厂的生产铁轨和铸造大炮的车间，双方兴致都很高。"[1]

李鸿章在德国受到了热情的招待，特别是德国的军火商们给予他很高的礼遇。军火商们此举当然是想通过李鸿章获得军购订单。但是，李鸿章此行的目的并没有军购的安排。英国伦敦《中国报》嘲笑德国人此举完全是一厢情愿：

> 李中堂衔命使欧，其念念不忘者，惟在联络邦交，弥缝罅漏，非有订立盟约之责，亦无订购器械之权。乃行旌既至德都，德人款接之殷，若有情难自己者，中堂一一受之，亦甚兴高采烈。然德人之所以冀望者，非中堂之能允许者也。故当主宾款洽之际，中堂恒言，今幸亲见制造之美，回华而后，必将备细言之，凡有所需，必求诸德。味其言外，盖叮咛德人毋空费而叹失望也，吾实非开单购器而来也，而德人不悟

---

[1] 张畅：《华洋之间：德璀琳与近代中国——兼论近代来华侨民》，第 124 页。

也。[1]

李鸿章离开德国之时，德国军火商人仍充满期待，希望能够从李鸿章手里获取军火订单。李鸿章只好让德璀琳代自己安慰这些前来送行的军火商们，表示以后中国订购军火，一定从他们手中订购。

离开德国，前往欧洲他国，德璀琳此后也陪同李鸿章以随员的身份一同前往，直到李鸿章结束在英国的访问前往美国，德璀琳才又回到德国。

德璀琳复又回到德国，是肩负李鸿章的使命而来。我们知道，李鸿章使团访问欧美，有一项重要的使命就是商请列强同意海关加税一事，德国作为缔约国也在谈判之列，再者，德国此时借干涉还辽有功之名希望向清朝租借一个港湾作为海军基地。李鸿章便让德璀琳回到德国就这些问题继续交涉。

就这两个问题，德璀琳与德国外交部以及德皇威廉二世进行了会谈。关于关税问题，德璀琳提交了一份清廷希望修订关税的备忘录。这份备忘录在李鸿章使团出发前，由赫德拟定，并根据各自国家译成了对应的译本。德璀琳提供给德方的是德文本，其中解释了提高关税的原因和解决意见。

对于提高关税和德国人希望租借军港这两件事，实际上李鸿章在德国时已有过谈判。但德国外交部起初表示，只要英国同意，德国就愿意与中国商定。后来，德国方面以同意提高关税为条件，要求将胶州湾租借为军港，李鸿章当然不敢答应，便以没有获得谈判关税以外的授权而婉拒了德方的要求。这样，中德之间关于提高关税问题的谈判便搁置了起来，李鸿章很想让德璀琳帮助交涉这两个问题，便又让德璀琳重返德国。

1　蔡尔康、[美]林乐知编译：《李鸿章历聘欧美记》，湖南人民出版社 1982 年版，第 72 页。

虽然李鸿章让德璀琳出面斡旋，但是德璀琳只有李鸿章的一般委托，并没有取得代表清廷与德国外交部进行谈判的权力。但是德璀琳作为李鸿章信赖的人，作为他的母国的德国还是对德璀琳比较尊重的，愿意听取德璀琳在这些方面的建议。

1896年10月12日，德璀琳向德国外交部提交了一份自己撰写的计划书，这份计划书与清廷向德国提交的备忘录内容上有着很大的相似性。对于德国希望在中国获得一个港口作为军事基地的想法，德璀琳表示反对，认为德国政府这样做只会助长列强对中国的瓜分。

德璀琳认为，一旦出现瓜分狂潮，并不会对德国有多大的好处和帮助。因为与俄、法、英等国相比，德国还缺乏在东亚存在的军事力量，不太可能与其他国家得到同等待遇，因此他建议德国应当尽可能推迟这种瓜分，以便等待一个更有利的时机到来。德璀琳认为德国应当加强对华贸易，并且维持和加强清廷的统治。

德璀琳建议德国应在中国修建铁路，虽然清廷当时修建铁路只允许"官督商办"的形式，并且不允许外国入股。但是德璀琳认为，德国如果为修建铁路提供资金和技术支持，那么在修建和管理这条铁路的过程中，中国的新手就会逐渐被有经验的德国专业人员淘汰掉，从而实际控制这条铁路。为此，德璀琳认为应当成立一个对中国和欧洲同样有益的类似中国海关的铁路管理部门，也许叫做"铁路总局"。鉴于海关实际上是在英国人的控制下，因此德国应该拿到铁路的控制权。对德国自身利益来说，德璀琳认为，由提供修建铁路的资金、原材料和派遣管理技术人员带给德国的好处，将抵消由于提高关税而带来的弊端。

德璀琳还建议，为了维护清廷的统治，德国应当派遣更多的军事教官到中国训练新式军队。为了促成德国与中国的结盟，德璀琳希望德皇放弃从中国获取一块殖民地的企图；由德皇向中国皇帝递交一封信函，明确向中国示好，并授予中国皇帝一枚德国最高勋章和德皇的一张照片；与英国合作成立一个铁路卡特尔——辛迪加，以垄断中国的铁路建设计划。[1]

德璀琳希望通过他的计划，实现他在中国像赫德那样掌握权力，也为德国争得利益。由于李鸿章没有公开，他还不知道中俄已经签订《中俄密约》，两国已经结盟，所以他还在幻想，希望通过这个计划实现中德结盟。如果计划实现，他将成为对中国最有影响力的德国人，他自己也成为中德同盟最大的受益者。根据计划中所倡议的成立"铁路总局"的设想，他将成为第一任"总铁路司"，成为在中国的另一个赫德。德璀琳带着这种幻想向德皇递交计划书后，即于1896年11月14日启程返回中国，为他雄心勃勃的计划去做各种准备和努力。

德璀琳重返中国后，才知道李鸿章已经签订《中俄密约》，这宣告了他一厢情愿的中德结盟的愿望落空，而他提出的拿到铁路控制权，成为"总铁路司"的设想，因为遭到了列强各国与清廷官员的反对，也变得不可能。尽管在他看来，他的计划对中德两国都大有益处，可以促进中国向现代化迈进，也可以大幅度地提高德国的对华贸易（当然最为重要的一点，是德璀琳将获得权力）。但正如德国学者施密特所说，"在帝国主义时代，在距离列强（尤其是德国）可以不费一枪一炮就迫使中国割让土地仅剩一年半的时候，仅仅是为了使一个其弱势对所有人都有好处的国家强大起来就全动放弃自己的经济利益和殖民扩张，这样的要求势必显得荒唐可笑"。德国不愿意放弃自己的殖民利益，随着其侵占胶州湾后，列强在中国掀起瓜分狂潮，试图在这种纷乱的局面中寻找投机的德璀琳在中国的事业却在逐渐走向衰落。

1　张畅：《华洋之间：德璀琳与近代中国——兼论近代来华侨民》，第126页。

第八章

"助力"庚辛议和

1. 牵动"国际神经"的义和团

　　继德国强占胶州湾，俄国强租旅大，列强群涌而至的瓜分狂潮不仅遭到了中国人民的反对，就连为大清服务的洋大人们也为大清的前途命运担。在京师大学堂任总教习的丁韪良、把持海关税务司的赫德、在津海关经营多年的德璀琳都在为中国的命运担忧着。

　　作为海关总税务司的赫德为中国的前途担忧的心情尤为强烈，当然他还担忧自己的权力地位受到冲击。瓜分狂潮中，自己的母国英帝国更变本加厉地加入到瓜分行列中来，这都使他心中产生一种莫可名状的愤懑。连意大利这样的国家都可以对中国要索，他觉得中国实在是没有希望，便有了一种辞职归国的想法：

　　　　我开始认识到，当崩溃即将来临，好转的希望已趋幻灭的时候，人们会变得何等狂暴和邪恶。如果列强不插手中国的事务，她还能和以前一样，成为一个整体。但是，列强都在努力将她拉向某个方向，她将会越来越松散，乃至解体。尽管中国面临着许许多多令人担忧和生畏的问题，而政府还是在睡大觉，梦想一切老办法都是最好不过的，继续起劲地按老章程办事——只是毫无目标……我说，待在这里，眼看着他们让时间溜过去，不思改进，看着他们失掉可以走出泥潭、踏上康庄大道的许多良机，简直会令人发疯。中国政府对英国开始产生了恶感，香港用粗暴的手段处理扩充领土一事，激怒了每一个人！再加上要求总理衙门答应总税务司要由英国人来担任所产生的后果——使我遭了殃。[1]

因为英国政府在瓜分狂潮中的无耻行径，使得中国上下更对英国人产生了恶感，这对赫德的工作也造成了影响。对于列强的瓜分行动，赫德清楚：列强的瓜分行经虽然打乱了中国的改革，但并不会阻止中国的进步，中国人作为一个伟大民族，并不会因为这种贪婪而被消灭，中国终将会有一天会居于世界前列。赫德认为，一个世纪之后，只要中国的路走得正确，就会成为最强大的国家，而且是一个最少侵略性的大国。他对于中国人民的民族反抗精神和巨大的潜在能量有相当清醒的估计，预言任何一个国家，或者是联合的国际从长远的眼光来看，都不能统治中国。

在洋大人们的担忧中，1900 年的中国还是发生了一场震惊世界的大风暴，这就是让清廷和列强都大为震动的义和团运动。

义和团运动的发生与清廷准许德国人租借胶州湾息息相关，具有反侵略性质。义和团反抗外国侵略，是从山东冠县梨园屯开始的，当时还有些反洋教的色彩。冠县梨园屯位于直隶与山东交界处，这

1　王宏斌：《赫德爵士传：大清海关洋总管》，第 351 页。

里也是洋教比较盛行之地，第二次鸦片战争后，法国人就在此设有教堂。此后，德国人、英国人都在此设有教堂。这些教堂一样都是欺压人民，鱼肉百姓。深受其害的梨园屯及其"教堂林立"的周围地区人民自然要起来反抗。这也引起了当地政府的警惕，把这些地区看作"教中吃紧之区"，诬为"盗贼匪窝"，"拳教渊薮"。[1]

梨园屯人反抗洋教欺凌始于1886年，当年，德国人创办的教会看中了村中的玉皇庙，率领教民拆了庙宇，想建成教堂，这遭到了村民的反对。村民们在利益面前很容易团结起来，他们也不懂得什么法律，但玉皇庙却是他们生存与发展的精神寄托，虽然有些迷信，但百年千年祖祖辈辈都是这么过来的。现在，庙宇被外教拆了，村民们便推举生员王世昌、监生左建勋、武生阎得胜、贡生商东山、蒋老亮等为代表到冠县县衙申诉。但知县何世箴不敢得罪洋人，不与做主。王世昌等人便又告到东昌府，谁知东昌知府洪用舟也与洋人沆瀣一气，并判王世昌入狱，这使阎书勤等人感到，指望官府，不如号召百姓，武力护庙。

阎书勤、高元祥都是苦大仇深的农民出身，但平素喜好练练拳脚，又爱打抱不平，因而在村中很有威信。二人提出村民组织起来武力夺回庙产，当即就有16名村民响应。村民称誉阎书勤、高元祥和这首先报名的十六个人为"十八魁"。后来，响应的村民不断增多，这一具有自卫队性质的村民组织的名号震慑着洋教和聊城地方官。

冠县梨园屯人的反洋教斗争，遭到了洋教士和当地官府的镇压，但百姓并不屈服，他们主动联合在直隶、山东、河南三省交界的梅花拳首领赵三多一起抗争，从而使梨园屯的反教斗争走向了一个新的阶段。他们组成了"义和团"的团练组织，声势不断扩大。

义和团的发展状大，极大地对外国侵略势力造成冲击。列强们

---

1 李德征等编：《义和团运动史》，人民出版社1981年版，第64页。

要求清廷对义和团进行打击和镇压，但是，起初，清廷对义和团是采取纵容的态度的。在维新变法失败之前，山东地方官张汝梅曾经给光绪帝上了一道奏折，说正在山东、直隶交界处活跃的义和拳实际上是清朝咸丰、同治年间创立的乡团，建议清廷充分考虑"化私会为公举，改拳勇为民团"，适时决定"督饬地方官吏剀切劝谕，严密禁察，将拳民列诸乡团之内，听其自卫身家，守望相助"[1]。

张汝梅的想法是，将民间这种日益增长的反抗外国人的力量纳入到政府统一管理的轨道，利用这些力量来与外国侵略势力进行抗争。张汝梅的奏折上达朝廷的时候，光绪帝和慈禧太后并没有表明态度，但有一点可以肯定，对张汝梅的做法，他们是默认的，要不然义和拳也不可能得以迅速发展壮大。借助义和拳这样一种力量反对外国侵略，改"拳勇为民团"便成为山东地方对待义和拳、大刀会这些组织的招抚方针。以后，官方也将之称为"义和团"，这种力量的官方化，使得河北、直隶、奉天等地纷纷效仿，将这些组织改成民团，纳入到政府管理轨道。这种形式还有一个好处，很大程度上遏制了这些地区长期存在的秘密结社等不安定因素。毓贤继张汝梅执掌山东后，继续推行这一政策，他一方面禁止民间私立大刀会、义和拳等名目的拳会，一方面命令地方官员认真稽查，"凡属私团，概行归官督率办理"，以杜流弊。

列强要地方官镇压义和团，地方官却采取纵容态度，这当然使镇压义和团行动不能有所奏效。1899年2月，美国驻华公使康格来到总理衙门向庆亲王奕劻提出抗议，要求清廷出兵镇压山东义和团的仇教活动。随后，英、德、法公使也提出同样的要求。抗议归抗议，执政山东的毓贤仍然是消极的"执行"。

毓贤镇压义和团不力，令美、英、法、德等国公使非常不满。1899年12月，康格再次来到总理衙门，这一次康格很有些气急败坏。

1 故宫博物院明清档案部编《义和团档案史料》上册，中华书局1959年版，第15、16页。

他说，山东巡抚毓贤不能阻止义和团的排外活动，清国政府应该撤换他的巡抚之职，选派一个能够平定义和团的人去治理。

面对列强的要求，慈禧太后原本是这么想的：如果在废黜光绪帝的问题上西方能够支持她，义和团还是可以镇压的。慈禧太后先是在义和团的问题上采取了妥协态度，希望以此换取列强支持她发动戊戌政变后重掌大权的回报。慈禧太后于当月派袁世凯署理山东巡抚。12 月 30 日，在肥城发生了英国传教士卜鲁克斯被杀案，总理衙门立即命袁世凯尽速缉拿凶犯。袁世凯逮捕了多人，将其中二人处死，其余的也分别判刑；此外又赔银九千两和空地五亩，为教会建堂，再以银五百两竖立一座"纪念碑"。不但如此，慈禧太后和光绪帝还写信给英使对卜鲁克斯之死表示遗憾。

但是，慈禧太后投桃，列强没有报李。在废黜光绪帝的问题上，列强仍然表现出强烈的关切。慈禧对外释放消息说光绪病重，公使团派人频频探询病况，英使窦纳乐竟然警告说："假如光绪帝在这政局变化之际死了，将在西洋各国之间产生不利于中国的后果。"[1]

1900 年 1 月 24 日，是确立溥儁为皇位继承人的日子，清廷让李鸿章搞一下公关请各国公使入宫致贺，但遭到了公使们的婉言谢绝。非但如此，1900 年的春节刚过，列强的军舰们便集结北上，以示对慈禧太后废帝和镇压义和团行动不利的不满。

列强的举动，使得慈禧太后对他们的衔恨更深。她一改让袁世凯缉拿杀害传教士凶犯（义和团民）时的姿态，再次对义和团采取了纵容的态度。1900 年 1 月 11 日，她以光绪帝名义发了一个对义和团相对妥协的谕旨，谕旨要求各地督抚在对义和团进行镇压的时候，不可将那些集众习武者盲目地视为会匪，不要扩大打击面，若安分良民，或习技艺以卫身家，或联村众以互保闾里，是本着守望相助之义。各级各地官员若遇有民教冲突，万不可良莠不分，而应

1 王绍坊：《中国外交史：鸦片战争至辛亥革命时期（1840—1911）》，第 298 页。

持平办理。

这个谕旨使得列强感到慈禧太后在镇压义和团的态度并不积极，谕旨晓谕各省巡抚等地方官员对待民间秘密结社分子要温和对待，"首要的是不要惩罚一个无辜的人，不论他干过什么"[1]。

各国公使对这个模棱两可、含混不清的上谕很有些不满，认为是对义和团的包庇和纵容。公使们的担心是有道理的。当清廷在御史们的压力下发布上谕，强调"化大为小，化有为无"，各地有走向了分化安抚与打击并重的老路，本已开始消散的义和团再次蠢蠢欲动。并很快由"初起时专掠教民"，破坏教堂发展为排斥洋人，他们打着"扶清灭洋"的旗号，对洋人"任意抢掠，直掠至距省卅里。"[2]

面对烽火又起的社团力量，英国公使窦纳乐并不打算向清廷表达不满，他将此视为清廷不能有效地兑现曾经做出的严厉镇压义和团承诺的证据。

相比之下，德国公使克林德获知1月11日的上谕，情绪比较激昂，他让自己的属下葛尔士去总理衙门了解情况，总理衙门回答说，太后的第二道谕旨只意味着鼓舞各社会团体实行互助保护和作些体操锻炼，绝没有伤害和平的德国人的意图。然而，英国公使窦纳乐对这样的解释很不满意。他对公使们谈话时说："如果再伤害，我们真要发狂了，让他们也知道我们的厉害。"[3]

1月23日，法国驻华公使毕盛向美、德、法、英驻华公使提出建议，召开四国公使联合会议，商讨如何应对义和团对传教活动的破坏。因为法国传教活动在山东以及华北最为活跃，所以表现得

1 张海鹏主编，马勇著：《中国近代通史》第四卷《从戊戌维新到义和团1895—1900》，江苏人民出版社2006年版，第377页。

2 张海鹏主编，马勇著：《中国近代通史》第四卷《从戊戌维新到义和团1895—1900》，第403页。

3 [澳]骆惠敏编，刘桂梁译：《清末民初政情内幕：泰晤士报驻京记者、袁世凯政治顾问乔·厄·莫里循书信集》上册，知识出版社1986年版，第159页。

尤为积极。24 日的联合会议，四国公使并没有讨论出一个有效的结果。25 日，四国公使在英国公使馆继续会商，讨论的结果是：各国联合起来，共同向清廷施压，从而使清廷产生忌惮。

1 月 27 日，四国公使联合向总理衙门发出照会。照会说，清廷在 1 月 11 日发布的上谕其中一些措辞是不适当的，这造成了一种印象，即清朝对义和团与大刀会这样的排斥外国人的组织存在好感，对他们采取了纵容态度。这些组织从上谕中会得到鼓励，更加疯狂地对外国人以及基督教施加暴力。照会还说，这种行径对任何文明国家来说都是一种耻辱。照会还特别注明，因为义和团、大刀会这些组织打出的都是"灭洋"旗号，因此，强烈要求清朝政府发布一道措辞严厉的上谕，下令各地对这些组织进行全面的镇压与取缔。

对于清廷该如何发布措辞严厉的上谕，四国公使的照会把文字的大致内容也拟好了，就是要求清廷在上谕中清楚地说明，凡是加入这两个结社中任何一个或窝藏其任何成员者，均为触犯中国法律的刑事犯罪。[1]

四国公使的照会才刚刚发出，得知此情的意大利公使也立即给总理衙门发出了一个内容大致类似的照会。中国各地的排教活动，当然也波及到了意大利人，意大利公使很为此感到头痛。现在借此之际，很快便加入到四国公使的阵营，组成了五国公使联盟，共同向清廷施压。

总理衙门收到照会后，并没有立即作出答复。原因是 1 月 24 日宣布正式立储之事引起了国内不小的震荡，各地反对之声甚嚣尘上。总理衙门因为这种混乱而受到慈禧太后的责骂，事情便拖了下来。到了 2 月 21 日，五国公使见总理衙门没有作出答复，便又联合发出照会，要求总理衙门作出答复，并表示要与执掌总理衙门的

1　胡滨译:《英国蓝皮书有关义和团运动资料选译》,中华书局 1980 年版,第 12、13 页。

庆亲王奕劻会晤。

3月2日，英、美、德、意、法五国公使如约来到总理衙门，庆亲王奕劻早已等候在那里。一见面，英国公使窦纳乐就说，他代表五国公使表达对清廷镇压义和团、大刀会的一些看法，重申要求清廷再次发布严厉镇压义和团和大刀会的上谕，并要求谕旨全文必须在公开出版的官方公报上发表。德国公使克林德强调，清廷3月1日送来的上谕虽然提到要取缔义和团，但是没有提及取缔大刀会，而这两个秘密结社必须取缔是各国的一致要求。[1]

会晤中，各国公使都发表了自己的看法，庆亲王奕劻则一一解释。他说，我朝对民间结社所犯的罪行处理起来是认真的，上谕也要求有关督抚严格办理。至于上谕中没有提及大刀会，是因为朝廷把它视为与义和团的同一组织。

经过庆亲王的解释，各国公使当时表示接受该上谕有镇压义和团这些组织的意思表示。但对于清廷的诚意仍然表示怀疑。3月10日，五国公使再次组织起来，召开联合会议，要求清廷以更坚决的态度镇压义和团，如果不能接受这一要求或者形势没有得到根本改善，那么各国将为了其侨民的生命财产安全而采取必要的措施或者联合军事行动。这次会议半个月后，英国军舰"仙女"号和"快捷"号由上海驶抵大沽。4月6日，英、美、德、法四国公使奉其政府密令再次发出联合照会，限令清廷在两月以内"悉将义和团匪一律剿除，否则将派水陆各军，驰入山东直隶两省，代为剿平。"4月12日，俄、英、法、英等国军舰群集大沽口外海面，向中国炫耀武力。

列强故伎重演，派军舰向清廷施压。慈禧太后对此又气又恨，虽然想报复洋人，但感到国力不支，又采取了妥协的方针。4月13日，慈禧太后以光绪帝名义再发上谕，谕令直隶总督立即取缔义和团。

---

1 张海鹏主编，马勇著：《中国近代通史》第四卷《从戊戌维新到义和团1895—1900》，第406页。

第二天，这个上谕发布在了《京报》上，列强们看到这个上谕，很是满意，知道大清朝慈禧太后这个老太婆是害怕了。英国驻华公使窦纳乐不无得意地说，清廷终于开始表现出镇压这一反基督教团体的真正行动。虽然清廷向列强们表示了妥协，又开始转向镇压义和团，但在列强向中国派出军舰向中国示威期间，义和团势力却在京津之地呈现出更加迅猛的发展势头。如此一来，列强于 4 月 26 日再次联合照会总理衙门，要求清廷尽快办理，否则各国将自行派兵。

列强要调兵来，慈禧太后不能不回想到 1860 年英法联军攻占北京，火烧圆明园，她随咸丰帝逃亡热河的仓惶遭遇，至今仍心有余悸。况且，洋兵一来，京师之地恐又遭生灵涂炭。她不得不再次派出军队镇压义和团，可是清军再一次在作战中显示了混乱和无能。在 5 月 20 日的作战中，义和团一鼓作气，在直隶涞水把清军打得落花流水，真有点像太平天国故事的重演。经此一役，义和团的声势更加高涨，也使慈禧太后陷入进退维谷的矛盾之中。

义和团一举击败清军，列强们很恐慌地再次给总理衙门发来照会，提出镇压义和团的具体措施：

> 拘办拳民练团纠党传布揭帖；拳民聚会之处无论寺庙民居，将其住持屋主一并收监；将拘办拳民不力之员概行惩处；将为首焚杀之拳众一并正法；将纵拳之人尽行诛戮；直隶与邻省有拳团之处，地方官出示严禁。[1]

这个照会，列强要总理衙门立即作出答复。总理衙门收到照会表示会立即剿办并"严禁该会"，但列强各国对这个答复并不满意，实际上仍然想找借口调兵进北京。5 月 28 日，列强公使再次举行会议，一致"同意不失时机地调来卫队保卫各国使馆"。并照会总

1 王绍坊：《中国外交史：鸦片战争至辛亥革命时期（1840—1911）》，第 299 页。

理衙门，声称"奥、英、法、德、意、日、俄、美等国公使已决定调集特遣队立即前来北京，并要求提供运输便利"[1]。

看来这一次提出调兵的要求，不再是动嘴皮子功夫的恫吓，而是来真格的。庆亲王奕劻慌忙向慈禧太后做了奏报。对于西人的要求，认为妥协是上策的慈禧太后竟然答应了。这样，奕劻向各国公使作出答复，允许各国调入三百名士兵作为他们维护使馆的卫队。但是，这个卫队在6月初组成后，列强们却立即在沿海集结了二十多艘军舰，来镇压声势日益扩大的义和团运动。

义和团运动爆发之前，赫德看到列强掀起的瓜分狂潮就有中国可能爆发大规模排外运动的预感。果然，赫德的这种预感还是发生了：

> 这里的人们猜测，义和拳不久将找我们的麻烦。由于今年阴历闰八月，中国术士说，灾难即将临头。几个大国在警告中国，"如果你们不宣布义和拳为土匪，并把他们剿灭，我们就要自己动手，而且还要惩罚你们！"而另外一些大国，则不谈义和拳的事，还亲切地向中国提出保证说，"我们是你们的朋友，如果别的大国敢碰你们，我们就要进行干涉。"虽然这种干涉不过是想捞到一点便宜，但中国却把这当作了联盟和保护。这样，前一部分大国的要求，将不会起作用，一场冲突可能就在眼前。这些事都是非常烦人的，但都是明摆着的牌，而且各方面都确确实实地在"玩牌"。我看不出用什么办法能扭转局势，只好听其自然，希望情况能好转。[2]

赫德多么希望这样的事情不要发生，可是他并不能左右局势，

1 胡滨译：《英国蓝皮书有关义和团运动资料选译》，第89页。
2 陈霞飞主编：《中国海关密档：赫德、金登干函电汇编1874—1907》第七卷，第38页。

他也希望自己能够躲过灾难。他在积极地了解着可能发生的大事件的动向。可是京津的动向是，义和团这一排外组织越发活跃，赫德在给金登干的信中认为这一组织肯定有人操纵：

> 义和团很活跃，准备胡闹。如果我的妻子和孩子们都在这里，我一定马上把他们送到日本去。我想这个星期公使馆就会有外国兵来警卫，否则总有一天会有一次大骚乱。我担心6月1日即五月节，但是中国人说，我们的末日已经定在八月节，即9月8日（或10月8日，因为今年闰八月），如果推迟到那么晚，就根本不会实现，因为到那个时候，我们就一切准备好来对付他们了。各国公使馆认为危机是严重的，总理衙门却说，这只是一场儿戏，可以一笑置之。某些评论家说，义和团是具有深意的、有目的、有领导，如果不镇压，就会造成大流血、大灾难。中国的官吏们可能对义和团抱有不可告人的目的。他们明知道应当镇压，但是又要看看他们到底会怎样？传闻慈禧太后本人同情义和团。实际上，我们对官方的态度并不太清楚，只看见表面，不了解底细。我从来没有感到惊慌，但也随时采取预防措施。中国人总是认为很安全，但是在此时此地，随时都可能出事！[1]

在洋大人们担忧的局面中，列强于5月下旬以保护使馆为名，派兵进入京津地区，局势顿时紧张起来。各国公使都在为如何镇压义和团而进行积极的磋商，而清廷预感到列强将借镇压义和团之名再次进占北京，这个预感使慈禧太后左右为难，赫德也意识到了清廷正处于忧虑与尴尬之中："如果不镇压义和团，各国公使馆就要采取行动；如果准备镇压，这个狂热的爱国组织就要变为反对朝廷

---

1 陈霞飞主编：《中国海关密档：赫德、金登干函电汇编1874—1907》第七卷，第55页。

的运动!如何是好呢?由于今年闰八月,中国人不只准备发生不幸的事,而且还要推波助澜。"

赫德关注着难以预知的局势,谈了他过去曾做过的一些预言:"五十年来,我们一直喊狼来了,生活却仍像以前一模一样,但总有一天会大难临头。因为没有人知道将在什么时候发生,所以,很可能是没有准备,因而是被破坏得更彻底,造成的灾难更严重"。[1]

6月上旬,北京的外国侨民有如被夹住的老鼠,有种惶惶不可终日的恐惧感。赫德的这种感受尤为强烈:

> 上个星期极不寻常,有两三次似乎要出事。我们都做了准备,打算把海关和同文馆的人都集中到我的住宅里。我们有20支步枪,足以抵御暴民,保护我们的妇女和孩子们。但人们时而担心中国军队不会反对义和团,时而担心他会支持义和团,有时又怕在公使馆警卫部队开来时遭到武力反抗。因此,我们有如被夹住的老鼠,惶惶不可终日!……星期五的端午节总算平安地度过了,但是,中国人说八月节才是我们最危险的时候。从1854年以来,总是不断有些风声鹤唳,我都有点麻痹了。但是列强各国总不能继续不断地派遣保卫部队来,所以这次必须达成某些必要的谅解——可怜的中国!从情感上来说,可以为它说很多话,但是一谈到实际的政治,又能把它摆在什么地位呢?[2]

6月10日,惶恐和不安中的赫德致电给在广州任税务司的庆丕,要他通过当时任两广总督的李鸿章向慈禧太后求援,电文说,"各国使馆皆担心被攻,预料中国政府即使没有敌意,也毫无帮助。如

1 陈霞飞主编:《中国海关密档:赫德、金登干函电汇编1874—1907》第七卷,第58页。
2 王宏斌:《赫德爵士传:大清海关洋总管》,第354、355页。

发生意外，或形势没有迅速转机，肯定会发生外国大规模的联合干涉，帝国可能灭亡。以我的名义请求他（李鸿章）致电西太后，以确保使馆平安为要，不要管所有那些劝说采取敌对行动的大臣们。火急！"[1]

广州税务司庆丕接到赫德来电后，即马上拜会了李鸿章，面交了赫德的来电，李鸿章即刻按照赫德意见给慈禧太后发了电报，并要求庆丕随时向他报告消息。在赫德向李鸿章求救的同时，英国公使窦纳乐则向英国海军发出求援，要求派出军队进入北京，英国海军中将西摩尔立即率领2000多名联军士兵从天津出发向北京挺进。

此时的慈禧太后得知八国联军有可能挺进北京的时候，她的心里又发生了变化。她感到即便是妥协，列强还是有进兵北京的可能。况且，慈禧太后因在废立皇帝的问题上得不到各国的支持，各国反而向她施压，对列强各国产生的怒火仍未平息，她越发感到，这一牵动于心的悬案迟迟不能完全落实，其症结还在于列强的干预。

慈禧太后强烈的报复心再度燃烧起来了。就在西摩尔联军向北京挺进的当天，总理衙门做了重大人事调整，庆亲王奕劻被慈禧太后停职了，代替他执掌总理衙门的是端郡王载漪，启秀为总理衙门办事大臣，这些人都是极端排外分子。

就在慈禧太后对总理衙门进行人事调整的前几天，她曾经派刑部尚书赵舒翘出京"宣抚"团民，但是，她也没有想到，这个举动使得义和团认为朝廷是支持他们的，纷纷向北京城涌进。

义和团民涌进北京，理由是反对列强进兵京师。既然他们的旗号是"扶清灭洋"，因而，一到北京，就对在京的洋人一通打杀。当时，京师大学堂被停课，总教习丁韪良被迫躲进英国公使馆里。而赫德控制的海关总署也被义和团民付之一炬，赫德也被迫躲使馆里。

---

[1] 卢汉超：《中国第一客卿：鹭宾·赫德传》，第194页。

6月15日，进入北京城的义和团民围攻了外国使馆。第二天，日本使馆书记官杉山彬为清军董福祥部所杀。据说载漪抚摸着董的背，伸出大拇指赞曰："汝真好汉，各大帅能尽如尔胆量，洋人不足平矣！"搞得这个曾经被左宗棠所赏识的驴贩子、回民起义的被招安者很有些飘飘然。载漪等人的纵容，使得局面更加混乱。

显然，赫德的求救没有发生任何作用，而联军的报复行动也开始加剧了。6月17日，集结在大沽口军舰上的各国军队登陆攻占了大沽炮台。就在联军攻占大沽炮台两天后，清廷下达了驱逐在京外国人的决定。清廷给各国驻京公使送去了限全体使馆人员24小时内离京赴津的通知，同样的通知也送到了赫德的手里。

驱逐外国人的理由是，联军在大沽口"有意失和，首先开衅"。赫德接到这个通知，很为清廷的这个举动不满，他也为联军做了辩护。6月20日，赫德给总理衙门写了一封信函：

> 各国使臣前赴天津一事，均已领悉。总税务司不胜诧异。所称占据炮台之说，必有误会之处。大臣驻京，水师提督何能有此权柄？实系向所未闻之事。若不如此，速令各大臣出京，必有解悟复原之时。各国所调之兵，莫非为自为保卫襄助平定乱局起见，毫无碍及朝廷之意。总税务司帮办税务四十余年，向蒙推诚相爱，本应留驻京城，惟各国使臣全行离京，只留一人，反使中国作难，是以无法，只可同去而已。但关员各眷属均有四十余人，火车既停，又无车船可雇，实属无法设施。此难处中，未知贵衙门能否襄助料理？若允襄助，则不胜感激矣。四十年之情谊，讵料今竟已矣，实深惋谢（惜）。但愿此后国富民和，朝廷政务蒸蒸日上，是则私

衷切祝者耳。[1]

此时，赫德还在关注着海关总署工作中的关务卷宗、各口关产契据以及历年收藏的贵重书籍。他在信中叮嘱总理衙门派出官兵前往保护。因为一个星期前，他在海关总署内的房子已被愤怒的义和团焚毁，除赫德历年所记约 70 册日记被海关四等帮办桑德克抢出外，余物全部被付之一炬。

赫德的信函没有得到总理衙门的回应，在义和团围攻外国使馆的时刻，他和丁韪良等始终未能离开东交民巷。从他躲进英国使馆到八国联军攻进北京城，解救外国使馆，他在这里度过了他一生中最为难的八个星期。

2. 赫德读到了自己的讣告

赫德与丁韪良等洋大人躲进英国使馆后，二人常常面面相觑，思考着在中国的生活、工作、人际交往的点点滴滴。此刻的赫德，既为自己的命运担忧，也为中国的前途担忧，也使他静下心来思考着中国问题，他更希望了解到外边的动态。

义和团对列强所采取的过激行动，加剧了列强武装侵略的步伐。由于内外形势出现了日趋复杂的尖锐局面，慈禧太后也就不得不面对这种现实了。不过在复杂的局面中，她向来均以对自己统治地位的威胁程度来决定对策。

慈禧太后在洋人与义和团之间态度上的矛盾，也是因为朝中大臣对义和团的态度不一。她的亲信荣禄、吏部侍郎许景澄、总理衙门大臣袁昶、联元和封疆大吏李鸿章、刘坤一、袁世凯主张剿杀，当然是担心义和团坐大，局面难以收拾。而端郡王载漪、庄郡王载

1　中国近代经济史资料丛刊编辑委员会主编：《中国海关与义和团运动》，中华书局1983 年版，第 23 页。

勋、贝勒载濂、大学士徐桐、军机大臣刚毅以及刑部尚书赵舒翘等认为应该安抚，为朝廷所用。当然，这些人是因为列强干涉他们的废帝行动，干涉到他们的"家事"来了，掺杂着这种私心，使得他们对义和团极力支持。

义和团冲进北京城对外国人不容分说就是一通滥杀，老实说对慈禧太后是一种激励，她很解气，很有些赌徒性质地准备把宝押在义和团的身上。但是，她又知道利用义和团存在很大的风险，且不说义和团的尾大不掉是否会危及朝廷，但就列强而言，一旦像咸丰朝那样发动大规模的报复行动，那大清肯定是要遭受比1860年更为惨痛的劫难。

准备把宝押在义和团身上的慈禧太后，又使出她一贯的伎俩，她再次把光绪帝拉出来作为垫背的：如果义和团阻止外国人成功，则皆大欢喜；如果失败，洋人报复，那光绪帝作为谕令的发布者，就会成为"罪人"。从6月16日到6月19日，她连续召开了四次御前会议。朝臣们为是否应该利用义和团而打击外国侵略势力争论不休。慈禧太后在16日第一次御前会议上就一副假惺惺的姿态让光绪帝做主。

对于义和团，光绪帝是持剿灭态度的。在6月17日第二次御前会议，没有丝毫权力的光绪帝以大局为重，仍然谈了自己的观点，对山东、直隶纵容义和团的态度很是不满。光绪帝表态了，一些主张剿灭义和团的大臣，便趁势也发表自己的主张，翰林院侍读学士刘永亨官阶并不高，在当时的诸大臣中，他是站在后面的，这时候他由后排膝行而前，高声奏道：臣以为可让董福祥领兵驱逐拳匪！

刘永亨还没说完，端王载漪就伸出手指厉声喝道：好，此即失人心第一法！吓得刘永亨当即闭紧了嘴巴。此时，站在殿外的总理衙门大臣袁昶也说道，臣袁昶有奏。慈禧命李莲英传话，让袁入奏。袁说：义和团只不过是造反者，万不可恃，就令有邪术，自古及今，断无仗此成事者。太后反驳说："法术不足恃，岂人心也不足恃乎？今日中国积弱已极，所仗者人心耳，若并人心而失之，何以立国？"[1]

御前会议的结果，慈禧太后决定对八国联军宣战。荣禄很担心慈禧太后的决定会带来不好的结果，他认为支持义和团围攻使馆造成不可收拾的局面，更不应该鸡蛋碰石头地对外国宣战，而应保护外国使馆。但是荣禄的劝告，慈禧太后也听不进去。

慈禧太后战意已决，可谓覆水难收。6月21日，慈禧太后又召集她信得过的人召开了一次会议，毅然决然地以光绪帝名义正式发布了宣战谕令。

谕令中说：天朝"深仁厚泽，凡远人来中国者，列祖列宗罔不待以怀柔。迨道光、咸丰年间，俯准彼等互市，并乞在我国传教"，然而列强不思感恩，"一意拊循，彼乃益肆枭张，欺凌我国家，侵占我土地，蹂躏我民人，勒索我财物"，更为令人气愤的是，"昨日公然有杜士兰照会，令我退出大沽口炮台，归彼看管，否则以力袭取。危词恫吓，意在肆其披猖，震动畿辅。平日交邻之道，我未尝失礼于彼，彼自称教化之国，乃无礼横行，专恃兵坚器利，自取决裂如此乎！"列强的倒行逆施，人人忠愤，"朕今涕泣以告先庙，慷慨以誓师徒，与其苟且图存，贻羞万古，孰若大张挞伐，一决雌雄。"[2]

慈禧太后与列强宣战，其目的是希望西方对"太后训政"的承认，而不愿接受西方提出的"太后归政"。慈禧太后怀着不可告人的目的，被迫而"理直气壮"，投机心态使她对义和团寄予厚望，希望义和团能血战联军，为自己挽回面子。就在发布宣战诏书的同一天，清廷还"派左翼总兵英年，署右翼总兵载澜会同刚毅，办理

1　中国史学会编：《中国近代史资料丛刊：义和团》第一册，上海人民出版社1957年版，第47页。

2　故宫博物院明清档案部编：《义和团档案史料》上册，第162、163页。

义和团事宜";认为"此等义民,所在皆有,各省督抚如能召集成团,藉御外侮,必能得力"。[1]开战后,清廷又作样子地传旨嘉奖义和团,从而形成了中国军民并肩抵抗外国侵略者的战局。

后来,战事愈发对清廷不利,只好同列强议和,她还不断地询问奕劻和李鸿章,所议条款中"曾否见询,有无万不能行之事","应据实密奏"。[2]看来,慈禧太后最关心的使自己的权力和命运,"万万不能行之事"当然是"太后归政"之事,她已经为这个问题而忧心忡忡,寝食难安。

且不说,私欲主导下的宣战能不能完成抵御外侮的目的,但就当时义和团愚昧、盲目的现实情形也决定了这场战争的失败。

自慈禧太后宣布与列强开战后,战事的进展可分为两个阶段。从宣战前的6月20日到24日为第一阶段,从6月25日到8月14日为第二阶段。第一阶段是慈禧太后支持载漪等主战派围攻使馆,妄图实现西方对"太后训政"的承认。第二阶段是慈禧太后支持荣禄、奕劻等主和派对使馆明攻暗保,为他们向列强求和留有余地。

在第一阶段的战事中,载漪等人纠集的一些流氓无赖与义和团民、清军一起围攻使馆,但迫使敌人屈服的愿望并没能实现,当时,荣禄一手打造的大清武卫中军列阵使馆区东南两面,董福祥的甘军和义和团列阵使馆区的西北两面,日夜攻打。尽管董福祥的甘军和义和团在战斗中英勇作战,攻占和焚烧了比利时、奥地利、荷兰、意大利等四国使馆,一度造成"火势逼人,洋兵几不能守"的局势,但三、四天的激战,并未能攻破使馆,只不过迫使列强各自退守在使馆内罢了。造成这种胶着状态的有三个原因,一是侵略者依恃使馆区内坚固的建筑和工事,又凭借洋枪洋炮等新式武器,顽强对抗;二是围攻使馆区的清军统帅荣禄,在宣战后态度明朗地站到主和派

---

1 故宫博物院明清档案部编:《义和团档案史料》上册,第163页。
2 故宫博物院明清档案部编:《义和团档案史料》上册,第37页。

一边，他在吁请慈禧太后转战为和的同时，密嘱诸将"不可力攻"使馆，以留后路，又怂恿和支持武卫中军对进攻使馆的义和团"猛烈开火"，大大帮了侵略者的忙；三是攻打使馆的义和团民武器落后，又迷信刀枪不入，战斗中只顾肉搏冲锋，不知隐蔽自己，造成极大伤亡。

列强退守使馆后，战事进入第二阶段，但形势却更加对清军不利。从 6 月底到 7 月初，近千名俄军联合英、美海军向天津海河东岸贾家沽的北洋机器局发起进攻。驻守在这里的清军与义和团民奋力抵抗，也使俄、英，美联军造成了重大伤亡，死伤二百余人。但在联军武器装备的猛烈进攻下，这座华北最大的军工厂沦为敌手。

7 月 13 日，联军集合更多兵力大举进犯天津城，虽然义和团民奋力抵抗，驻守在天津的马玉昆部与何永盛部也凭城死守，但架不住敌人的猛攻，最终，天津城在 14 日失陷。天津沦陷后，联军又于 8 月 4 日集结二万余人兵分两路从运河两岸北犯北京，英、美、日三国军队担任左翼，沿河西岸推进，俄法等国则沿东岸推进。

此时，京、津间的义和团在慈禧太后的控制、瓦解和欺骗下，或者被消灭，或者被改编，或者散归原籍，力量急剧削弱。但是京、津间和北京城内清军为数仍然是不少的，各地派遣的"勤王师"，加上京津间的驻军大约有十万余人。按说，凭借数倍于敌的兵力，还是有可能抵御来犯之敌的。但是，自天津沦陷后，慈禧太后先前因为一己私利要与列强决战的勇气荡然无存，此刻她的态度已经不是抵抗，而是如何向侵略者求降。慈禧太后一边几次电催李鸿章北上与列强议和，一边又在联军推进北京时，旨令宋庆将"已派李鸿章为全权大臣与各国议结一切事宜，并电知各国外部先行停战"[1]的上谕告诉"各国前敌统兵大员，先行商议停战。"[2]企图以此乞

1　故宫博物院明清档案部编：《义和团档案史料》上册，第 466 页。

2　故宫博物院明清档案部编：《义和团档案史料》上册，第 472 页。

求联军停止进军。8 月上旬，已没有决战热情的慈禧太后，竟然荒唐地想着"出巡"避战，甚至向列强乞求议和。

众所周知，慈禧太后与列强宣战，是想以此排斥光绪帝，并不是真的想和列强决战到底。因而，她的宣战一开始就存在着妥协性。

当然，这种妥协性也是一种投机心理使然。宣战之始，她口口声声表示要与列强一决雌雄，并谕令各省督抚将义民召集成团，共同抵御外侮，甚至还发给义和团粮、米，下令悬赏洋人首级。在宣战的最初几天里，慈禧太后也装模作样地诵念义和团神咒，奖励有功人员，激励人心，但是在主战派要带领义和团民入宫声言要杀反对义和团的光绪帝、恭亲王奕䜣时，慈禧太后却大为震怒，认为义和团已威胁到她的安全。这一事件发生在 6 月 25 日，当天，慈禧太后就派荣禄前往使馆交涉要求议和，但是却遭到了列强的拒绝。

慈禧太后意欲妥协，善于投机的她，当然要为自己留有余地。这一点朝廷中的妥协派也看得明白。慈禧太后发布宣战谕令后，李鸿章、张之洞、刘坤一认为应设法为清廷挽回因宣战而造成的后果，他们先后致电伍廷芳、吕海寰等驻外公使，要他们向驻在国解释，清廷决无与各国开战的意思，战争的发生都是因义和团所为，要求各国不作为开衅论。对李鸿章等人的解释，列强各国表示，对他们之间并无"战争"状态，既然李鸿章之流为慈禧太后妥协留有余地，为议和开辟道路，那么慈禧太后怎么会让义和团诛杀他们呢？

慈禧太后为自己留有余地，在军事上也是如此。围攻使馆的行动中，义和团民之所以久攻不下，就在于清廷并不是真配合。在军事部署上，甘军董福祥为配合义和团进攻外国使馆，便向荣禄借用大炮，但是荣禄是主张对列强妥协之人，拒绝出借。董福祥便向慈禧太后告了荣禄的状，董福祥反而遭到慈禧太后的责骂，她很担心使馆被义和团攻下，造成难以挽回的局面，因而为自己留有余地。她在后来坦言："我若是真由他们尽意的闹，难道一个使馆有打不下来的道理？"[1]

宣战后，慈禧太后对列强妥协，在外交上更是为自己留有余地。战争开始后，她对东南督抚发起的"东南互保"持默认态度便是如此。宣战后，面对全国上下更加高涨的排外声势，她很担心矛盾激化，而下令各督抚、将军"查明各国洋商教士在通商各埠及各府州县者，仍按照条约，一体认真保护，不可稍有疏虞。"[2]

尽管如此，列强却无视慈禧太后的妥协，而是希望通过战争的主动，迫使清廷接受他们的条件，这更使清廷在战争中处于被动地位。

当战事进展到八月中旬，清军已经完全没有抵抗能力，在八国联军的隆隆的炮声中，慈禧太后与她的亲信们思考最多的就是退路问题。仅 8 月 14 日一天，她一连五次召集军机大臣商量对策。是投降还是选择像咸丰皇帝那样出逃，她恍如惊弓之鸟，没有了主意。14 日夜，当城外的枪炮声一阵阵传入宫中的时候，慈禧百赎莫回，她选择了出逃。

8 月 15 日凌晨，慈禧太后挟持着光绪帝，带着大阿哥溥儁，身后跟着刚毅等亲信仓皇逃出地安门，在颐和园稍事休息后，即经居庸关向太原方向逃去。

慈禧太后离开京城后，八国联军对京城进行了疯狂的烧杀淫掠，像 1860 年列强洗劫圆明园的场景一样，古老的都城再次陷人惨绝人寰的浩劫之中。

列强进入北京城后，不仅洗劫了紫禁城后、颐和园、三海等处，联军还鼓励士兵洗劫民宅。联军统帅瓦德西曾经直言不讳地说："联军占领北京之后，曾特许军队公开抢劫三日，后又以捕拿义和团搜查军械为名继续行抢。传教士、使馆官员也趁火打劫大发横财。于

---

1 中国史学会编：《中国近代史资料丛刊：义和团》第三册，第 438 页。

2 故宫博物院明清档案部编：《义和团档案史料》上册，第 328 页。

是，皇宫、官衙、王府、官邸、商店、当铺、钱庄、民户皆被洗劫
一空。"[1]

北京城被洗劫，对于慈禧太后来说，她当时也许可以想象得到。
她为自己留有余地，却没有得到列强的回报，作为丧家之犬的她却
管不了那么多了，她最关心的是洋人会把她怎样。逃到太原后，惊
魂未定的慈禧便迫不及待地派庆亲王奕劻、李鸿章为清廷的议和大
臣，卑躬屈膝地去找侵略者进行投降议和。由此，一贯妥协的李鸿
章又开始了他的议和之路。

在八国联军进攻京畿并占领北京的时段内，赫德在英国使馆内
希望了解到外面的动向，而外界特别是英国也在关心着这位在大清
官场经营四十年的洋大人。

当义和团开始围攻使馆的时候，赫德便设法向联军发出了这样
一封信件："各国人士被围困在使馆内。形势险恶。你们速来。"
这是东交民巷向外送出的第一封告急信，经德国公使馆二等秘书柏
尔送到德国驻天津领事馆，并由德国领事馆于6月29日向欧洲发
电告急，成为义和团围攻使馆初期欧洲列强获得消息的重要来源。[2]

列强得到消息后，即派西摩尔联军向北京挺进，可是在京津线
上被义和团和清军阻击，使得西摩尔联军前进受阻，接着又发生了
在天津的交战。在这期间，外国公使馆的被围困者天天翘首期盼联
军快来救援，却迟迟没有回音。当时在东交民巷使馆区里有将近
1300名欧洲人，其中400名是各国在6月初派来的武装人员。可是，
随着围攻事件的持续，这么多的人生存成为问题，粮食断绝，又没
有外界的消息，一时间外国使馆也陷入混乱之中。

老实说，义和团围攻使馆之前，赫德还是持乐观态度的，就在
他通过庆丕向李鸿章发出求救电的当天，赫德还充满信心地认为，

---

1 中国史学会编：《中国近代史资料丛刊：义和团》第三册，第31、32页。
2 卢汉超：《中国第一客卿：鹭宾·赫德传》，第196页。

北京的各国使馆有能力对付义和团这些只拿着长矛大刀、迷信刀枪不入的乌合之众：

> 咋天是关帝诞辰，中国人称之为"关老爷磨刀"，也就是"战争之神磨刀"！这里盛传义和团要在那一天发动攻击。前几天，他们在北京与保定府之间，距此60英里的涿州，聚集了一万人。我们是能够对付他们的，他们不过是手持长矛和大刀的暴民，但对付不了用克虏伯大炮、马克沁机枪和连发来复枪装备起来、有组织的北京野战军，人数达三万人！……这是一出中国闹剧，它很可能将以可耻的失败像悲剧一样地震动全世界。历史上还不曾发生过把全体外交使团都消灭掉的先例！[1]

赫德相信各国使团有能力对付义和团民，可是当成千上万的义和团民涌进北京城，面对愈发复杂的局面，赫德也不能不担心在京外国人的安危了。虽然他表面上保持相当的镇静，但内心的恐惧与别的洋人一样，有焦虑，有恐惧，又有对联军的期待，希望他们赶快到来。在联军没有到来之时，他只能嘲笑西摩尔是"看不见将军"。

京师大学堂总教习丁韪良在描述在英国公使馆里和赫德在一起的情景时这样写道，"我们面面相觑，想到我们终生为之服务的事业竟如此没有价值，彼此不禁怃然。这个尽心尽意管理海关税收，使之从300万增加到3000万的人，中国正试图虐杀他；而他们从我这里学了我执教了30年的国际法，外交使节的性命却仍未能得到保护"。[2]

丁韪良为赫德命运担忧，实际上也是为自己的命运担忧。但是，

---

1 陈霞飞主编：《中国海关密档：赫德、金登干函电汇编1874—1907》第七卷，第67页。
2 卢汉超：《中国第一客卿：鹭宾·赫德传》，第196页。

他忽略了一个事实，清廷并不想"虐杀"他们所信赖的这个对中西方都有影响的人物，而是在混乱的局面中，也试图对这位洋大人表达关切之意。

当时，清廷让外国人到天津集结，也有保护他们生命安全的意图，但是，赫德接到通知后并没能离开北京，而是躲进了东交民巷。从6月20日后，清廷和西方都不知道赫德下落，这使得中外双方都在关心着他的安危。

失去了与外交联系的赫德，引起了各方对其命运的猜测，认为其可能已不在人世。海关总署被义和团付之一炬，失去了头脑人物指示的各地海关的工作陷入了混乱。在上海的英国领事担心因赫德的下落不明，会引起列强对于总税务司位置的抢夺，建议南洋大臣暂时任命上海造册处税务司戴乐尔代理总税务司一职。

根据英国方面的建议，两江总督刘坤一任命戴乐尔为代理总税务司。7月中旬，戴乐尔将这个消息通知了金登干。他说："南洋大臣任命我临时执行总税务司职务。此项任命得到此地领事的支持。为维护海关的完整性，反对正式任命前的阴谋，你对此次任命之支持甚为重要。北京消息严重，但不确切。"[1]

从此时起，由于清廷不再支持义和团，清廷与东交民巷的外国使馆已有秘密通信，信件常常在深夜通过残破的围墙秘密传递。总理衙门在7月中下旬也不断地试图了解赫德的下落。当得知赫德还在英国使馆时，总理衙门频频给他致函，仅21日当天就发出了两次信函。

第一封信函询问赫德与裴士楷现居何处："嗣因各国水师占夺大沽炮台，首先开衅，各国洋兵又与兵勇施放枪炮，互相攻击，土匪亦乘机焚抢，并闻贵署亦被焚如，各堂深以阁下为念。惟匝月音信不通，无由探询。现在已与各馆通信，兹奉堂谕函询阁下现居何

---

1 陈霞飞主编：《中国海关密档：赫德、金登干函电汇编1874—1907》第九卷，第286页。

处，并裴副税司安否。务希阁下详为函复，以便转回堂宪，是所切盼。"[1]

第二封信函则向赫德告知了暂时委任戴乐尔为代理总税务司一事："南洋大臣电称，沪关造册处税司戴乐尔，以税司久无消息，各关不便无总权，该税司拟请帮令总理，并询正副总税务司实信，由道电禀前来，乞示复等因。现奉堂谕函达阁下，应如何作复，即希阁下酌夺，由本署转复可也。"[2]

收到总理衙门信函的第二天，赫德就作了回复，说了自己和使馆内的情况。赫德在回信中还说，总理衙门询问本人与裴士楷的情况，现将详情告知。自6月以来，海关、同文馆教习、在华使馆等男女老幼40余人都在英国使馆避难，"除邮政总办被炮伤故，及稽查各口账目税务司、副税务司二员受重伤外，其余均尚在英馆居住。惟总税务司与二、三人现患病症，起居未能照常。敝署并同文馆共十六处所，咸遭焚炬，其内公私各物全无一存。"[3] 对于让戴乐尔暂代总税务司一事，赫德知道当务之急也没有别的办法，也表示赞同。

总理衙门收到赫德的回函，得知赫德等人还在英国使馆避难，并无性命之忧，不过是身体有些不适罢了，便放下心来，于7月27日派人往英国使馆送去食物15车。并专门给赫德备了一份，即蔬菜一挑、西瓜十个、冰块两方、白面百斤。总理衙门附上信函说，"今年暑伏酷热甚于往年"，特送去食物、西瓜等，"聊佐清暑之需，即希阁下查收可也"。[4]

在清廷关注着赫德的命运的同时，各国也在试图探知赫德的消息。当6月间赫德在使馆向八国联军传递了消息后，便没有了他的

1　中国近代经济史资料丛刊编辑委员会主编：《中国海关与义和团运动》，第23页。
2　中国近代经济史资料丛刊编辑委员会主编：《中国海关与义和团运动》，第24页。
3　中国近代经济史资料丛刊编辑委员会主编：《中国海关与义和团运动》，第25页。
4　卢汉超：《中国第一客卿：鹭宾·赫德传》，第197页。

消息，一时间关于赫德在中国的命运传出各种谣言。7月间，英国驻上海的记者们不断向国内发回消息，报道义和团运动的情况。7月16日，《每日邮报》刊登《北京的大屠杀》一文，该文描述说，使馆被义和团围攻后，欧洲人的境遇异常惨烈：7月6日晚，在猛烈炮火的掩护下，中国人对欧洲人发动了一波又一波的攻击。第二天早上，公使馆中展开了激烈的肉搏战，最后欧洲人全部阵亡。该报道最后说："太阳完全升起的时候，剩下的一些欧洲人紧紧地站在一起，勇敢地迎接死亡。中国人伤亡惨重，但是他们前仆后继，最后终于以极大的优势取得了胜利，所有欧洲人都被用最野蛮的方式处死。"[1] 报道还说，赫德、英国驻华公使窦纳乐、《泰晤士报》记者莫里循已经在这场混乱的局面中遇难。

7月19日，《泰晤士报》以《可怖的事实——在西方经历中无与伦比的暴行》为题，也发表了北京使团被屠杀的消息，并由该报国际新闻部主任姬乐尔亲自撰写长篇社论，呼吁西方以牙还牙，用武力进行报复。《泰晤士报》还刊发了为驻华公使窦纳乐、大清总税务司赫德和莫理循三人撰写的长篇讣闻。在关于三人的讣闻中，《泰晤士报》对三人高度评价，说这三个人的名字将在欧洲光彩夺目。这使得英国国内认为三人已经死亡。

赫德作为影响中西的重要人物，他的死讯引起了西方舆论的一片哗然。一时间，英国的大小报纸纷纷刊载赫德的讣闻，赫德学生时代的故事逸事和一些信件也被公布出来，有关方面甚至准备于7月23日在伦敦圣保罗教堂举行追悼的安排。作为赫德最信赖的代理人金登干是不相信赫德已经死亡的传言的，他阻止了英国人要为赫德开追悼会的鲁莽举动。实际上，作为赫德的挚友和属下，金登干一直在牵挂着赫德的消息，他在7月13日曾试着给赫德写了封信，

1　[澳]西里尔·珀尔：《北京的莫理循》，檀东鍉、窦坤译，福建教育出版社2003年版，第183页。

信中说："昨晚我梦见您，看到您脸色很好，左胸前佩戴着各种勋章的绶带。内人坚信您平安无事。我曾打电报给安格联，问他南京的总督是否无法直接得到您的消息。他回电说，已经做了努力，但是毫无结果。"[1]

7 月 24 日，总理衙门电告英国方面，赫德在英国公使馆里安然无恙。得到这个消息，在上海的税务司安格联和金登干先后给赫德发来了慰问电，询问赫德的情况，希望保护好自己的安全。赫德在公使馆里性命无忧的消息也通过英国《晨邮报》传出，赫德的情况也为外界所知。

7 月 30 日，金登干在给赫德的慰问电中询问了他的身体状况，告诉他联军之所以迟到北京是因为在天津遭到义和团和清军的阻截。并问他在使馆是否受到"中国政府的保护"。[2]8 月 5 日，赫德致电金登干，要他速备两套秋装送来，他在给总理文案税务司杜德伟的信中说："我每样东西都丢了，只剩下两套夏装——想起不得不放弃的所有那些宝贝的（对我来说）而以后被火全部烧毁的东西，有时令我发狂！自然，人是终极要赤身离开这个世界的，但是这次的弄得精光未免有点太早了，天杀的！可是我同其他各位应当感谢的是——健康照常，性命保存，并且逃过了总屠杀的一切恐怖：感谢上帝！"[3]

赫德向外界发出这些信息，向外界说明他是安全的。8 月 14 日，随着联军攻入北京，东郊民巷的外国使馆区也宣告解围，摆脱了困境，赫德全无给总理衙门复函中所说的"现患病症，起居未能照常"的那种状态了。此后，他一边应英国《双周评论》等杂志的要求，撰写有关中国命运问题的文章，一边积极地投入到中外交涉活动和

1 陈霞飞主编：《中国海关密档：赫德、金登干函电汇编 1874—1907》第七卷，第 73 页。
2 [美]费正清等：《总税务司在北京》，英文版。
3 卢汉超：《中国第一客卿：鹭宾·赫德传》，第 198 页。

海关的重建工作中来。

3. 丁韪良的抢窃与"罢黜"慈禧之议

八国联军侵入北京后，特许军队公开抢劫三日。之后，更继以
明火执仗的私人抢劫，北京市民一夕三惊，苦不堪言。当时任《泰
晤士报》驻京记者的莫理循耳闻目睹了贪得无厌的强盗们掠夺中国
财富的罪恶行径。《北京的莫理循》一书中写道，各国列强都在"疯
狂地大肆"抢劫，但是俄国人和德国人的行径野蛮到了无以复加的
地步。有人对窦纳乐爵士谈起"俄国人所犯下的一系列罪行，多少
男子遭到他们的屠杀，多少女子遭到他们的蹂躏"。莫理循和一个
中国教师一起共进午餐时，那教师亲口对莫理循说，她姐姐遭到俄
国士兵的轮奸，她家中其他 7 个人在埋好细软，烧掉自己的房子后，
全都吞鸦片自杀了。"这种事在当时很常见。"[1]

在列强的疯狂抢掠的时刻，赫德在北京崇文门的高井庙设立了
总税务司临时公署，他通知戴乐尔，要他停止代理工作，并派裴士
楷到上海去接管临时总税务司署的档案，便开始了海关的重建工作。
此刻，他担心北京的局势并不能稳定，担心清朝军队会从各省调来，
围攻在京的八国联军。

8 月 17 日，使馆解围的第三天，也是各国军队烧杀抢掠最疯
狂的时刻，赫德给金登干发出了一封电报，希望他看后转交英国外
交部。赫德电文中说，"现在对我们既不保护，又不供给粮食。切
不可相信任何与上述相反的话。食品等尚可维持两周，但随时都可
能被屠杀。如再无救援，定遭大难，务必从速！6 月间有旨调各省
军队来京，因此援军仍可能被围，需再派第二支军队支援，以解救

---

1 [澳大利亚]西里尔·珀尔：《北京的莫理循》，檀东鍟、窦坤译，第 192 页。

所有同种白人。"[1]

在赫德、莫理循关注着北京的局势的时刻，身为京师大学堂总教习的丁韪良又在做着什么呢？这位曾经将国际法传入中国、对中国的教育事业有所贡献的"洋大人"，经历了被困英国使馆的艰难，对义和团对慈禧太后充满了恨意。作为传教士出身的人，他也以基督教的信念鼓舞着身边同样遭受危难的同伴们。

义和团围攻使馆到8月14日八国联军攻进北京城，东郊民巷的外国使馆解围。丁韪良因为毕竟在同文馆和后来设立的京师大学堂工作多年，在大清官场有一定人脉，对中国人也多有接触和了解，因而在此危难时刻，他充当了使馆的门卫工作，就是防止不明身份的中国人进入使馆。

对此，丁韪良还相当认真地履行着他的职责。被困在使馆的外国人对他充满了感激和敬佩之情。正如同样被围困在使馆的英国人艾伯特·波特所记述的那样：

> 丁韪良博士在使馆期间承担了危险的门卫职位，并赢得了他的不幸的同伴的感谢与感激。在一封私人信函中，一个人写道："我们所有的人都怀着感激的心情记得丁韪良博士过去是如何常常不辞劳苦地给我们饥饿的心灵带来他从他的荣誉的职位上得到的点滴消息。没有人比丁韪良博士更衷心和不知疲倦地从早到晚履行他的职责。他把大门变成了荣誉的地方，因为他给了它以荣誉"。[2]

美国驻华公使康格和他的夫人当时也被困英国使馆，康格的夫

---

1 陈霞飞主编：《中国海关密档：赫德、金登干函电汇编1874—1907》，第九卷，第289页。

2 Albert Porter："An American Mandarin"，The Outlook，1907年8月24日。

人在 1900 年 7 月 2 日的日记中写道："丁韪良博士同我们在一起。他每天早晨都起得很早去站他的门岗。他在那里的任务是盘问所有进入公使馆的中国人,检查他们的证件。除去吃他简单的食物外,他极少离开那里。"

美国公理会传教士明恩溥也是一个中国通,在中国传教多年,对中国的风土人情多有了解,因而他和丁韪良一起承担了使馆的门卫工作。明恩溥在《中国在动乱中》写道,当义和团排外运动发生后,他自己率领 70 多名美国人和数百中国教徒,从通州进京,住在孝顺胡同美以美会。6 月 9 日,何尔上尉率陆战队担负保卫,"把中国人编排起来,从事劳动,并给予军事操练以及参与其他与大家有关的事务。整个教会范围,均由传教士和中国人巡逻,比较重要的岗位留给陆战队……在美以美会所控制的长方形地区之内,有 15 到 20 户非基督徒家庭……我们奉武官和公使的命令,让这些住户搬走。胡同两头儿设了障碍栅,布置了严密的监视哨……凡认为敌人可能越墙的地方,都设了带刺的铁丝网。各院子的石板、瓦,都用来修了交叉的防御工事,防栅后挖了很深的战壕……我们把那座砖瓦造成的大礼拜堂改造成了一座堡垒,用木框和马口铁将门加固,窗子用砖石堵塞,留下了枪眼"。随着义和团排外运动的加剧,明恩溥和丁韪良、赫德一样都躲进了英国公使馆,领了毛瑟枪巡逻和作战,担负起了保卫使馆的工作。

此外,丁韪良和明恩溥在保卫使馆的行动中,还参与了枪杀义和团民的行动。并扮演着为列强提供搜集情报和传递消息的角色。8 月 7 日,康格的夫人在给其妹妹的家书中写道:"北京内外一片骚动。上谕已经送到各省要求派军队保护首都,但各省并未随便就予以答复,南方找了很多借口。我们是从《京报》中了解到这些的,丁韪良博士成功地弄到了三十份报纸。"[1]

---

1 王文兵:《丁韪良与中国》,外语教学与研究出版社 2008 年版,第 233 页。

在外国使馆被义和团围困的日子里，洋人们可以说士气是很低落的，不时传来的枪炮声，都会使他们露出惊惧、担忧之色。在这时候，丁韪良也常常和明恩溥一起分发明恩溥妻子抄写的《圣经》经文，借此来鼓舞士气。1900年7月15日，康格夫人在给自己妹妹的信中也讲述了丁韪良在使馆中以甚督教的信念鼓舞其他被围者的情形："当我们聚在一起分享我们贫乏的食物时，我们都站着，而丁韪良博士则举起手，一字一顿地请求上帝予我们以更多的恩赐、更多的耐心以及更多的感激，这确实是我们最需要的精神食物。"

富善牧师对丁韪良被困英国使馆的印象是：在北京被围的那一天以及第一声炮响中，我遇到了丁韪良博士。他看上去面容枯槁、憔悴不堪。在将50余年的生命忠实的献给中国之后，站立并面对着成千上万的毛瑟枪面前，确实是一场令人生异的经历。当我向他打招呼时，博士直起了身，似如一位老预言家般说道，"这是对异教的致命一击"。这就是关在公使馆围墙内的人们拥有的精神。[1]

虽然丁韪良以一种异乎寻常的精神和状态鼓舞着他的同伴们，但面对每天都有伤亡和流血的状况，他对义和团民的恨意与日俱增。当联军进入北京，开始疯狂的屠杀和抢掠的时候，丁韪良也投身其中，干起了强盗的角色。

丁韪良对当时的北京情况如是描写道，联军进入北京城，"有一大半居民放弃了他们的住所，向城外逃走了。由于他们仓皇逃跑，他们的衣橱里塞满了值钱的皮货，地板上撒满了最华丽的绸缎，有些地方满地都是银锭。多么诱惑人去抢劫啊！"[2]

当此之时联军纵容外国人抢劫，丁韪良便投身其中"干了一点小小的抢劫"，丁韪良把他的抢劫行为解释为帮助他的同伴们解决生活的困难：

---

1 王文兵：《丁韪良与中国》，第234页。
2 [美]丁韪良：《北京被围目击记》，英文版，第131页。

当我得知在城内邻近大学堂的地方有一家粮店无人看管。在那里堆放着相当数量的小麦、玉米和其他粮食。我们正急于为皈依者找到粮食，于是我们用骡车装走了不少于两百蒲式耳的粮食。……传教士因抢劫而受到如此之多的指责。我虽然只把一条羊毛毯占为己用，但我仍高兴地和他们一起分担受道德责难。我承认和他们一样有罪。[1]

丁韪良还记述了他与美国公理会都春圃传教士在一处王府抢劫的情况。他说："美国公理会驻扎在帝国的一处王府里，在联军都在疯狂抢劫的时刻，都春圃牧师发现王府附近的一些店铺无人看管，店铺里存放着大量的皮货、绸缎和很多值钱的东西。都春圃牧师便把这个情况汇报给了军队和使馆，军队便把这些东西拉去并公开拍卖。"[2]

参与抢劫还不是最主要的，出于对义和团和清廷的恨意，在外国使馆被围后，他就在思考着各种可能的报复行动。

早在6月18日义和团和清军对北京使馆区的围困刚刚开始的时候，他就预感到了中国事态的结局，并且草拟了一份上书各国使节的意见书，对事变后该如何"处理中国"做了设想，提出了"以华制华"的策略。他认为庚子事变必将在联军的炮口下平息，因而中国未来的命运取决于列强的态度。为此，他提出了以下四项"重建"方案：

一、将慈禧放逐并恢复光绪帝的合法权力；二、取消慈禧太后发动政变后颁布的一切法令。包括对她党羽的任命，

---

1 何大进：《晚清中美关系与社会变革》，江西人民出版社1998年版，第294页。
2 [美]丁韪良：《北京被围目击记》，英文版，第136、137页。

除经新政权批准者除外；三、恢复光绪帝的改革方案，经各国批准以后执行；四、各国应划定利益范围，并任命一名代表控制在其利益范围内各省政府的行动。[1]

在丁韪良看来，他的这个方案既可以保留清廷中开明人士的势力，并能够最大限度的将外国扶持的这个政权置于列强的控制之下，又可以避免社会动荡以后因国家权力的削弱而出现的失控状态。他强调说："对于中国来说，完全的独立既不可能也不可取，上述计划可以使现有的机器保持运转，避免无政府状态，有利进步，并可以获得中国人中最开明的人士的支持。另一种选择是推翻现在的王朝，正式瓜分帝国，这是一个包含长时期和剧烈冲突的过程。按照我建议的方案，各国有时间确定他们的政策，推行逐步的改革，这能获得比公开的武力吞并所希望获得的利益广泛得多。通过中国人来统治中国是容易的，用其他办法是不可能的。"[2]

后来，丁韪良将他的这个计划发表在《京津泰晤士报》上，并增加了一条"列强的联合委员会对于任何敌视他们的共同利益的举措拥有绝对的否决权"。这个计划其根本目的是就是在列强的监督下恢复光绪帝的权力以继续变法，并增强西方在中国的影响力。而扶植光绪帝，是作为战后重建的第一步。丁韪良认为，这样可以使中国朝着基督化方向向前迈进，使中国向西方靠近。方案的实施就意味着促进中国的"觉醒"，罢黜慈禧太后，恢复光绪帝的权力就意味着让中国放弃守旧的观念，使中国在觉醒的道路上走下去。丁韪良还认为他将是这个计划中对中国产生影响的人，"可能是第一个提出恢复光绪帝的权力并以此作为重建计划基础的人"。扶植光绪帝，丁韪良还认为西方应该对中国的内政外交进行监督，更应该

1 王文兵：《丁韪良与中国》，第234页。
2 何大进：《晚清中美关系与社会变革》，第296、297页。

对慈禧太后为首的保守派进行清算。

7月16日，在义和团围攻外国使馆处于胶着状态之时，丁韪良又写了一篇致基督教世界的《来自英国使馆的呼吁书》。这篇呼吁书与之前的建议方案有着一定的差别，更体现了对中国的报复、殖民情绪。他在呼吁书中先是描述了公使馆被围以及作战情况外，公然主张通过外国对中国的直接统治、瓜分而使中国基督化，使中国真正的与西方"接轨"。呼吁书中说：我们队伍中的死亡率是很大的，除非援军立即到达，否则我们必定会全部被消灭。我们的男子英勇作战，我们的妇女也表现了崇高的勇敢。希望这种可怕的牺牲不致成为白白的流血事件！我们是异教徒狂暴下的牺牲品。让基督教列强们把这个异教的帝国瓜分了，使中国跟着新世纪的到来而出现一个新秩序。"

丁韪良的呼吁书中还说："这场被围困的灾难已经使教义与国家间的界线消失，不但促成了基督教徒们之间的统一，而且使日本也加入到我们兄弟关系的行列。对于他们，被围困是走向基督教的一个步骤。"[1]

丁韪良的呼吁书当时并没有发表，可能是他还在思考，直到1907年才附入《觉醒中的中国》一书，这时候，丁韪良的这个所谓呼吁书才真正的公诸于世。丁韪良后来也坦言，他的这篇呼吁书中，主张列强全面统治中国的想法当时可能是幼稚的，一时冲动的不成熟想法，所以他很快就放弃了这种主张。

使馆解围后，与赫德一样恢复自由的丁韪良也试图重新开始工作，可是京师大学堂遭到破坏，校舍被占，图书设备被毁，办学难以维持，于8月3日被下令停办。使馆解围后，因为各种原因，京师大学堂并没有立即恢复开课，直到1902年才恢复开课。期间丁韪良无事可做，决定先回美国休息一段时日。

---

1 王文兵：《丁韪良与中国》，第234页。

1900 年 9 月 28 日，丁韪良准备返回美国，他途经上海，在上海的新天安堂（英侨礼拜堂）发表了一番演讲。他重申了他在 6 月间提出的建议方案，并就这个方案增添了一些新的内容，即："若能有一个由外国官员组成的强有力的委员会来指导这位年青的皇帝进行治理中国，和平与秩序就可以恢复。像目前这样的暴乱必须要采取预防的措施。为此目的，就必须解散中国军队，接收所有兵工厂或加以推毁。当你抓到了这只老虎以后，就必须拔掉它的牙齿，斩掉它的爪子。"[1] 丁韪良的这个演讲其意欲使西方殖民中国的丑陋面目完全暴露无遗。

丁韪良这个颇有为殖民者张目的演讲还着重分析了义和团发生的原因，认为西方和清廷对于义和团都过于纵容，导致了群情激昂。那么对于这一事件的发生，应该如何处理呢？丁韪良在这次演讲中的观点与使馆被围困期间的观点大致相同，但内容上更加详细具体。他认为，对于满族和汉族要区别对待，对于光绪帝与慈禧太后要区别对待，西方应派出顾问进入军机处监督改革，将罢黜与惩办慈禧太后作为联军撤兵的先决条件。

10 月 3 日，丁韪良的这个演讲刊登在上海第一家英文报纸《北华捷报》上。后来，江南制造局译员林乐知等人又将演说内容译成中文，登在《万国公报》上。林乐知刊登在《万国公报》的译文是这样说的：

> 中国将来的结局怎样，此事当分别满汉论之。因汉人可造，其将来大有可望也。又当分别两宫论之。……为今之计，当先请皇帝复辟。另举西使中之贤者一人，入军机处，赞襄新政，则中国可安，而后患可免矣。次当限制中国之军备，散其营伍，毁其制造各厂。所谓获虎者，必当其翼爪牙也，

1　《北华捷报》1900 年 10 月 3 日。

否则遗祸正无穷矣。……余深望西国政府，联络南省，整顿北省，须俟太后归政，罪魁严惩，方与退兵议和。万不可先退兵也。……基督教道，为文明教化之根源。议和时，当使中国与从教之华民与平民一体优待。[1]

显然，丁韪良的这些所谓的"意见"，是希望列强各国组成"联合委员会"，通过扶植光绪帝来达到殖民中国的目的，其设想的对中国的"改革计划"，也不过是试图把中国变成各帝国主义共管下的殖民地，而仅仅保留清朝政府的傀儡外壳而已。

1901年，丁韪良回到美国后，他又在美国《国家地理》杂志上刊登了《导致北京被围的原因》一文，再次讲述了他被困英国使馆的经过与原因，文中再次提出了要求清廷为中国本地基督徒提供补偿的建议方案：

是否要在北京重建政府是一个极为棘手的问题。在我看来，我认为年轻皇帝的复位是一个最佳方案，他在请伟大的列强的监督下有可能推行进步的措施，这样帝国的完整也就可以维持。欧洲的提出要求者之间可能的冲突也就可以避免。当然中国必须支付沉重的战争赔偿。这可以理解为不但各个外国的国家而且外国的个人将会得到赔偿，但是对于中国当地的基督徒的赔偿却没有做出任何的保证，这些基督徒的房子被烧亲戚被杀。外交以及军界人士已经共同认识到，没有这些本地基督徒的捐躯，公使馆的防卫是不可能的。尽管他们从事的是挖土工的微贱工作，只是修路障、挖壕沟以及对抗地道对付敌人，但他们的服务是共同的安全所不可缺少的。

我不能相信任何一个基督教国家会赞同将这些本地基督

---

1 王文兵：《丁韪良与中国》，第235页。

徒排除于赔偿条款之外的极小公平的做法。

国家间有序和有利交往的最大敌人是异教的黑暗。因此无论如何也不应对正寻求驱除这一黑暗传播科学以及宗教的传教实体加以限制。没有这些传教实体，我们的铁路和开矿事业就会不安全，我们就不能保证现在已经打翻于十字架的士兵面前的龙那个怪物不会再一次昂起它的头，并造成与最近令世界恐怖的灾难那样的另一次大灾难。[1]

后来，丁韪良在其《北京被围目击记》出版后，更提出了"以华治华"和在中国沿海占领并建立一个军事基地的建议：

假如我得在中国境内挑选任何地方，由中国割让给我们作为"立足点"而代替战争费用的赔偿，那最好是海南岛，这是位于香港与菲律宾之间的踏脚石。它只有西西里岛的一半大，但却同它一样富饶多产。如此，我们就有一个踏实的基地，使我们在有关中国前途的诸多重大问题上获取发言权。60 年前英国要求香港岛的目的并不只是掠夺土地，它所要的是一个根据地，一个转动世界的支点。对我们来说，为了取得海南岛而进行谈判，也不是越理非分的侵略。……美国应当像英国一样，不因惧怕发展而放弃它光荣的卓越地位。……我们将领土扩展到太平洋沿岸，并将我们的势力延伸到日本和中国，是由于自然的伸展。[2]

对于这些主张，丁韪良认为过去一个时期美国政府都缺乏在中国的政治影响力，借助义和团运动的发生，是展现美国影响的时候

---

1 王文兵：《丁韪良与中国》，第 236 页。
2 [美] 丁韪良：《北京被围目击记》，第 156、157 页。

了：

> 现在有一个很大的机会出现了，上帝不允许我们任其消
> 逝，而不加利用。在我看来，我们并不需要大块土地作为我
> 们的立足点。如果一个海南岛不够称心的话，再有一个大陆
> 上的海口就可满足我们的需要了。也就是说，有了一个作为
> 我们海军舰队的避风港，一个驻防阵地，使我们军队为了反
> 对某个贪欲的国家企图吞并中国时，或是为了镇压另一次像
> 我们现在所经历的这种世界的暴动时，有一个集结军队的地
> 方。[1]

丁韪良鼓励美国向中国进行殖民利益伸展，他认为这是一种自
然规律。他以"自然发展论"为这种殖民扩张作了辩解："我无法
对所谓帝国主义这一诋毁性的名称表示同情。但事物的自然发展规
律却是另外一回事。……我们把领土扩展到太平洋，把势力伸展到
日本和中国，是一种强者拯救弱者的发展规律。但是，到目前（美
国）在中国的扩张仍然很微不足道。但现在，一个大好机会的出现
在我们面前，上帝不允许我们错失良机而不去进取。"[2]

毋庸置疑，丁韪良的言论与主张是为美国的侵略利益服务的。
最值得提及的"是他提出的不瓜分、不使中国享有完全独立的这两
个原则，正是美国国务卿海约翰后来所遵循的道路。海约翰和丁韪
良之间有没有什么接触"[3]。现在，中国发生的排外运动，美国为
什么不抓住机会，谋求改善政治影响呢？

作为一个传教士，一个受雇于大清、口口声声希望中国进步的

---

1 何大进：《晚清中美关系与社会变革》，第300页。
2 [美]丁韪良：《北京被围目击记》，第157页。
3 史学双周刊社：《义和团运动史论丛》，生活·读书·新知三联书店1956年版，
第122页。

"洋大人"，在中国最为为难的时刻，本应为中国所想，帮助中国渡过危机，不应该为列强张目，提出所谓什么"善后主张"。可是，站在中西文明所发生的交锋和冲突角度来看，丁韪良作为一个传教士出身的人，肯定要为其传教事业服务；再者，在义和团这个被丁韪良视为"异教"的团体冲击外国使馆的时刻，他这个曾经之神于危难之中的"洋大人"，一种复仇的动力作祟，使得这个本不应该参与什么抢窃和提出善后主张的人，出于西方基督在中国传播乃至产生影响的目的，他还是成了帝国主义的帮凶。对于他的这种复仇行为，他是这么想的，"凡基督教人流血之处，皆当树立报仇之墓碑，以示不忘，而劝后人。因报仇乃公义之别名，非逞私见也。"

鼓励列强对中国进行报复性打击，丁韪良希望西方以这样一个故事为参照，他说："曾经听卫理公会的牧师讲述这样一个故事，有位恶名昭著的恶霸发誓如果下次来的话一定要终止牧师唱赞美诗和讲道。应该说这个恶霸的这个誓言是荒唐的，很欠考虑。他不知道牧师是一位很强大的拳击手。当牧师受到恶魔的攻击之时，他很快便把恶魔打倒在地。牧师跳下去骑在他的身上，并使劲地猛击，直到旁观者求情才让这位可怜的恶魔起来。"[1]

丁韪良进一步解释说，故事中这位牧师所做的就是他希望八国联军对中国要做的事，"我不反对基督教在帝国（中国）这片土地上建立，但这个帝国中一些很坏的人却给基督教带来黑暗。如果我们要像伟大的牧师那样，不使'恶魔站起来'攻击我们，我们就必须勇于同恶魔战斗，使得真正的光明不受任何阻碍的照进这个国家的各个角落。"[2]

作为复仇的象征，丁韪良在他的《北京被围目击记》中附了一张在使馆被困时期拿枪守卫的照片，他在该书前言中的一番幽默也

1 ［美］丁韪良：《北京被围目击记》，第143页。
2 ［美］丁韪良：《北京被围目击记》，第144页。

表达了他此时的愤怒。当时在纽约车站帮他提行李的小伙子见了他的这身装束问:"你必定是去什么地方打猎了?"丁韪良回答:"是,在亚洲,海那边。"那位小伙子问"打何种猎?"丁韪良回答:"打老虎。"[1]后来,丁韪良又感觉他的这种回答不甚正确,应该说打鼹狗更要合适一些。

丁韪良的行为固然代表着强权的利益,但反观义和团运动的发生,却展现了近代中西两种意识形态在接触中所遭遇的尴尬:中西两种意识形态如同传统与潮流,西方要中国接受潮流,而清廷的守旧派认为潮流悖逆体制和传统,于是冲突不可避免。强权性质地胁迫中国接受西方的一切要求,进而也发生义和团排外运动的发生。尽管从政治上看义和团运动是反帝爱国运动,具有反侵略的正义性,但从文化角度看,无疑是在挽救一个面临西方文明冲击下行将消亡的中国传统农业文明,而义和团运动的失败,则仿佛是为中国传统文明所唱的一支最后挽歌。正如《丁韪良与中国》一书中所说的那样,"义和团运动只是构成中国传统保守文化对基督教文明的最后挣扎或者说是回光返照,义和团运动本身只是对西方文化冲击的一种情绪化反应,而丁韪良在义和团运动中的举张也是如此,只是他皈依中国之路上的一个插曲,并非其主流路线。丁韪良真正需要面对的是新兴的中国的民族主义。他在随后的京师大学堂复校以及湖北岁月再一次体验到了中国民族主义的挑战。"[2]

4、庚辛议和的中间人

八国联军攻进北京城后,疯狂地抢掠和报复行动,使得中国人民再一次陷入水深火热的危难之中,而此刻挟持光绪帝逃往太原、后又逃往西安的慈禧太后万分惊恐,希望与列强议和的心情日趋强

1 王文兵:《丁韪良与中国》,第237页。
2 王文兵:《丁韪良与中国》,第238页。

烈。虽然，在宣战后没有坚持几天，慈禧太后就派荣禄前往使馆交涉要求议和，但却遭到了列强的拒绝。联军攻进北京城，一通烧杀抢掠，慈禧太后感到，不与列强议和，恐怕将难以收拾。

7月中旬，战事进行了二十多天，可局势已完全呈现出对大清不利的局面,急如热锅上蚂蚁的慈禧太后与敌议和的心态更加强烈,几次三番地给李鸿章发电，要他迅速进京。懿旨虽然没有明说，但也指出"事机紧迫"，李鸿章明白，太后这是急着要与列强议和呢。在朝廷催促李鸿章进京的同时，李鸿章还得到了调任直隶总督兼北洋大臣的谕令，有了这个前奏，重获甲午之前权力的李鸿章应该志得意满地进京复命了。但是，他并没有立即进京，而是首先来到了上海。为什么呢？因为当时端郡王载漪为首的顽固派推行"联拳灭洋"势头正盛，这使李鸿章感到贸然进京不但议和难以推动，而且可能有性命之忧。

慈禧太后宣战后，义和团扬言要"杀一龙二虎三百羊"，与洋人多有交往的李鸿章被认定为"二虎"之一，当然属于该杀之列。李鸿章到上海的第二天，即7月22日，他的儿子李经述从山东给他发来电报：天津失守，直督裕禄逃走，"溃勇、拳匪沿途抢劫，难民如蚁，津亡京何能支？大事去矣。伏望留身卫国，万勿冒险北上"[1]。

李鸿章在上海赖着不走,也是想迫使慈禧太后赋予他更多权力,也希望太后能够坚定议和决心。因为当时慈禧太后虽然倾向依靠李鸿章、庆亲王奕劻等人与列强交涉，但是由于端郡王载漪、军机大臣刚毅以及义和团的反对而犹豫不决，以致"送使不实,剿匪不办"。这样的局面，李鸿章当然不敢直接北上了。

李鸿章在上海停留，还有一重原因，是希望疏通外交管道。北京沦陷后，列强也明白，议和是必然的，但各国都希望拉拢一个靠

1　苑书义：《李鸿章传》，第383页。

得住的谈判代表，使本国在议和中赢得利益。在华势力最强的英、俄两国与德国很想瓜分中国，俄国积极拉拢李鸿章，很殷勤地表示要派军舰由上海护送李鸿章北上，但是英、德都反对亲俄的李鸿章出面议和。

朝廷要李鸿章和庆亲王奕劻出面与列强议和，李鸿章急需一个能够与列强说的上话的人。他想到了海关总税务司赫德。李鸿章明白，列强必然会提出难以想象的要求，让在中西方都有影响力的赫德出面帮助议和，也许事情会有所转圜。

8月13日，八国联军进入北京城的前一天，还滞留在上海拖延着不肯北上的李鸿章给慈禧太后上了个奏折，建议庆亲王奕劻先与各国驻京公使、总税务司赫德协商，试探列强对议和的态度，看看他们都会提出什么条件。但是，李鸿章这个奏折还没有送达清廷，北京已经沦陷，慈禧太后也狼狈逃窜。

八国联军进入北京城后，局势陷入混乱。慈禧太后和清廷的官员们更是感到，要使局势有所缓和，必须有在中西方都能说得上话的人来出面缓和关系。8月16日，总理衙门总办舒文致函刚从英国使馆里恢复自由的赫德，请其帮助议和。

舒文在给赫德的信中极力为慈禧太后开脱，把义和团运动的发生归结为民教相仇、朝中一些排外分子的纵容，才导致如此局面。"阁下久任中国，素受皇太后皇上恩礼优加，睹此情形，定思挽救，俾使宗社转危为安，京城生灵不致同归于尽。缘与执事同事多年，用敢告捷，以冀挽此大劫。至各国主见若何，和局应如何酌议，均望大力维持，并希赐复为荷。"[1]

赫德收到舒文的来函后，即于18日作了回复，表示可以在8月19日见面。赫德并在回函中提出了一些可能要在议和中面对的问题。赫德认为，"各国并无害国伤民之主见，如有大臣出头商办，

---

1 中国近代经济史资料丛刊编辑委员会主编：《中国海关与义和团运动》，第25、26页。

衙门写了一个申呈，建议清廷尽快下旨要庆亲王奕劻和李鸿章来京议和，尽早开议。赫德再次见到崑冈时，向他表示，鉴于中国的混乱局势，他可能在近期回国。崑冈正对赫德帮助议和充满期待，当然不希望他离开中国，所以好言劝阻，说赫德在中国四十余年，皇太后、皇上正在危难之际，危难局势，一切还有赖于他，万不可在此时离开。崑冈的挽留，令赫德不再提离开中国之事。

9月初，正在西逃的慈禧太后接到崑冈等人的奏折，迫切时局有所转圜的她立即以光绪帝的名义下了一道谕旨说，"罪在朕躬，悔何可及"，令李鸿章火速进京，与各国公使会商，速开和议，此行"不特安危系之，抑且存亡系之，旋乾转坤，匪异人任"[1]。

慈禧太后的一再催促，李鸿章认为北上时机业已成熟，决定启程北上，他原计划乘坐俄国的军舰从上海赴天津，但考虑到乘坐俄国军舰容易引起他国猜疑，便改乘招商局"安平"轮，由一艘俄国军舰护送赴津。慈禧太后给庆亲王奕劻和李鸿章发出谕旨的当天，她也命军机处给赫德颁了一道谕旨，希望赫德帮助议和，谕旨先对他在海关工作表达了感谢，并说，"现已派庆亲王即日回京，会同该总税务司与各国妥商一切。又寄全权大臣李鸿章谕旨一道。即由该总税务司向各国商借轮船，派员将谕旨送上海。俾李鸿章得以迅速来京，会同庆亲王商办事宜。该总税务司并将此事详细缘由，加函告知李鸿章可也。"[2]

清廷赋予了赫德帮助庆亲王奕劻和李鸿章议和的权利和义务。但是，赫德违背了慈禧太后对他的期待，在这次的中外议和中，他只是在清廷如何满足列强的要求方面进行"帮助"，而在维护清廷的利益甚至是清廷希望得到的颜面上都没有给予"帮助"。

庆亲王奕劻与李鸿章接到慈禧太后的谕旨即踏上了返京的行

1 苑书义：《李鸿章传》，第386页。
2 故宫博物院明清档案部编：《义和团档案史料》上册，第513页。

程。9月3日，奕劻先行回到北京，第二天即与赫德进行了会晤。奕劻对赫德说，这次进京奉朝廷旨意便宜行事，等到李鸿章到京后即可定期开议，并希望赫德尽力予以帮助。

对于议和，实际上赫德已经在庆亲王进京前作了大致的了解。8月30日，赫德曾致电金登干，要他帮助了解欧洲各国的态度：

> 我正在计划如何进行安排，现状极其紊乱，解围并未使我们处境改善，邮电不通，供应仍缺，对于平民更少顾及。抢劫、强奸和自杀经常发生。各国军事当局不知道他们来此地要做什么，各国公使们似乎没有计划，也没有奉到指示。除非能鼓励中国人运粮进城出售，全城的人都将挨饿。过分的要求将吓倒庆亲王，使每个人都满意也是困难的事。中国很有可能使各国援军遭到拿破仑在莫斯科的命运。欧洲的意见如何，维持清室还是瓜分大清帝国？什么是必不可少的条件？[1]

金登干接到电报后，急转交给了英国外交部，并电告赫德，列强仍然是想维持清朝的统治的，瓜分并不是上策："英国舆论主张维持光绪皇帝，给慈禧太后以个人安全，但反对英国政府承认她。至于俄国等则倾向于支持她。必要的条件包括惩办祸首、赔款、对今后的保证等等。"[2]

9月2日，赫德再次致电金登干，既然各国赞同维持清朝的统治，英国有什么计划，会提出什么方案。金登干的答复是，各国政府的主要态度是惩办祸首必须加以惩处，予以战争赔款。英国政府也赞成这样做。

---

1 陈霞飞主编：《中国海关密档》第九卷，第290页。
2 陈霞飞主编：《中国海关密档》第九卷，第291页。

赫德根据了解到的情况，在与庆亲王见面的时候，也提出了一个大致的节略，并提出了自己的一些看法。赫德认为，清廷不应推脱此次排外事件的责任，必须为此予以赔偿，而要了结此事有两种办法：一是交战到底，二是设法趁机说和。但是，从交战情形来看，交战到底的路子显然走不通，就是说和这件事也不是很容易办到。但赫德又说，事已至此，诚意的谈判，总有解决的希望。他希望奕劻能够按照他的思路进行谈判。

赫德说话间递给奕劻他写的节略稿，但是，庆亲王看了赫德的节略，并没有表态，他急于了解各国的态度，决定先拜访各国公使。既然庆亲王想拜见各国公使，赫德便建议他先给各国公使写信，看看他们的态度。赫德还致函公使团主席葛络干，建议他们见到庆亲王时，初次见面最好不谈公事，也不要提出要求，这样可以使庆亲王安心，可以使以后的议和更圆满。当然，赫德此举是希望发挥自己在调停中的作用，使列强也按照他的意志行事。

按照赫德的建议，奕劻给各国公使写信后，于9月6日拜见了各国公使，但是在拜见意大利公使时，意大利公使违背了承诺，提出了逮捕端郡王的要求。我们知道，在八国联军占领北京城后，事态的发展有三种走向，对此，赫德在应邀给西方媒体写的文章也作了详细的分析，认为有瓜分中国、改朝换代、继续支持清廷的统治三条路。赫德认为应该继续支持清廷的统治。当然，赫德此举是希望继续维持他在海关的权力。

9月8日，奕劻再次与赫德会面，奕劻告诉了赫德他拜访各使馆的经过，并对惩罚支持义和团的各级官员的要求表示出乎意料，说如果这是进行谈判的一个条件的话，恐怕还要等好长时间才能够开始谈判。赫德称他自己认为惩罚的问题最好以后再提，但是他知道列强会坚持这一要求的，奕劻要求赫德对此作出安排，不要使其阻挠或延误谈判。[1]

这次见面后，赫德又向奕劻提出两点建议：一是设法使中国官兵不再攻击八国联军；二是设法使慈禧太后与光绪皇帝尽快回銮。他认为这两点直接影响着和谈与保全大局。

这两点建议，庆亲王仍是没有答复，但是此间，继意大利之后，德国、英国也提出了惩办义和团的支持者的要求。为此，奕劻委托翰林院学士恽毓鼎拜访了赫德，告知了列强的要求，并表示庆亲王非常乐意看到义和团的支持者被惩罚，问赫德能否将这一要求写下来，这样，朝廷就会知道，这一要求来自外国代表，而不是庆亲王。

赫德答复说，可以这样做。他又说，据他所知，列强还没有将这一要求纳入谈判条件。这件事究竟应该如何答复还是等李鸿章进京后再说。恽毓鼎则说，李鸿章人可能还在上海，可能会不来北京，并问是否可以让奕劻先与各国谈判。赫德则回答，这样做肯定会给庆亲王带来困难。

在赫德与庆亲王的接触中，他一边给庆亲王提出建议，一边继续与金登干函电往来，关注着列强的态度。赫德始终认为，议和应该尽快进行，并接受列强提出的惩办祸首的要求，只有这样，议和才能快速推进打破僵局。拖延下去，将使战争扩大、商务停顿、外债停付。

惩办祸首，关键的问题是，慈禧太后怎么办？这也是清廷为难的地方，列强的态度也不统一。德国为了谈判，建议将慈禧太后、端王等祸首一起惩办，作为同清廷进行外交谈判的先决条件。当时德国宣称："只有惩办真正的祸首，才算赔罪。我们必须以这个惩罚作为一切继续谈判的先决条件。"[2] 德国的要求，英国表示支持。而俄、法等国则主张宽大慈禧太后，迅速与李鸿章开议。此刻，战

---

1 张志勇：《赫德与晚清中英外交》，第 246 页。
2 孙瑞芹译：《德国外交文件有关中国交涉史料选译》第二卷，第 122 页。

战兢兢的慈禧太后急令庆亲王奕劻，除了危及她自身的条件，什么都好与列强商量，这样的氛围下，清廷便答应惩办端郡王等罪魁祸首。

9月25日清廷发布上谕，宣布可以惩处载漪、载勋、刚毅、赵舒翘等王公与大臣。在慈禧太后发布上谕同意惩处载漪等人的同时，与列强勾结搞"东南互保"的李鸿章、张之洞、刘坤一等人也不断地向列强表明，义和团排外、清廷宣战都是载漪、刚毅这些人搞的，极力为慈禧太后开脱。这也使列强感到，李鸿章等人还是很忠实他们的主子的，对于这个传统思想根深蒂固的国家，如果惩办了慈禧太后，会不会造成王朝统治秩序的混乱甚至崩溃？如果是那样，清廷被新生势力所取代，那么各国几十年苦心经营的在华利益会不会成为泡影？列强不得不考虑，特别是英国很快改变了态度，公开表示："绝对不否认，如果把皇太后牵入这件事情以内，人们将冒着废弃中国整个国家组织的危险，这也是对于欧洲不利。"[1]

慈禧太后主动发布谕旨，表示愿意惩办罪魁祸首，等于向列强表明了姿态。列强也只好作出让步，不惩办慈禧太后，但慈禧太后与光绪帝必须尽快回銮，显示议和的诚意。9月26日，金登干从伦敦发来电报，表示各国均一致同意惩办罪魁祸首，认为这绝对必要，可以不惩办慈禧太后，但是要求慈禧太后尽快回銮，显示议和诚意。赫德得到这个消息，立即告诉了奕劻，要他告知清廷，不惩办罪魁祸首就意味着议和的艰难，要清廷作出让步。

列强与赫德都希望慈禧太后尽快回銮，但遭到了慈禧太后的拒绝。在八国联军还占领北京的情况下，她是不会也不敢回銮的。慈禧太后不愿回銮，使得列强各国并不愿意议和。为此，奕劻于10月5日再次拜见赫德，奕劻表示迟迟不能议和令他感到非常着急，他还说，李鸿章将于近日抵京，希望知道李鸿章抵京后如何谈判。

1　牟安世：《义和团抵抗列强瓜分史》，经济管理出版社1997年版，第447页。

赫德则回答说，他已经考虑了此事，并已经准备了一份备忘录，最好是通过信函来进行谈判，将条约草稿通过信函寄给各国公使，这样他们就可以有一个具体的草案来继续谈判。[1]

这次会面中，赫德再次提出回国的想法。奕劻则劝他不要有这样的想法，这次议和，很多事情都需要赫德的帮助。奕劻告诉赫德，慈禧太后正在去西安的路上，那里电报方便，如果谈判顺利，慈禧太后与皇上就可以回京。赫德则再次表示，慈禧太后与光绪皇帝在议和前回京意义非常重大，他们不回京，列强就会认为不必急于议和，这样就会产生耽搁，甚至发生难以想象的后果。赫德建议奕劻再给朝廷上奏，希望慈禧太后与光绪帝放弃疑虑尽快回京。赫德在这次会面后，还给大学士王文韶写了封信，请他帮助劝说太后与皇上尽快回銮，但是赫德的信发出后，如泥牛入海，没有取得任何的效果。王文韶也没有回信，赫德只好不再提这样的建议。

赫德感到，既然希望促使慈禧太后与光绪帝尽快回銮难以取得成果，可是与列强议和总是要面对的，尽管此刻列强对议和并不上心，但赫德明白，议和之事还是要积极促进的。在与奕劻见面后的第二天，赫德草拟了一个通行专约拟稿，拟稿有五条。内容是：

> 一、围攻使臣公馆，极犯万国公法之要条，为各国万不准行之事。中国一面自认此次之大误，并应许以后必不致再有如此之事；二、所有此次应行赔补之各事各款，中国自应认赔。一面由各国分派人员查明开单，送交，再行酌定商办；三、至日后贸易交涉一切事宜，应由各国择定如何办理。或照旧约，或另立专条，将旧约略为增改，或将旧约全行作废，另议新约，可即由中国照行，复将善后章程分别酌定办理；四、此次所定之专约，系中国与各国通行之大纲领。俟此大纲领

1　张志勇：《赫德与晚清中英外交》，第249、250页。

定妥后，各国大臣在总署各处所加之封条均可起去，一面由
办交涉之大臣照旧赴署办公。此外另由各国将此事详细与中
国分定某国之分约次第妥议。俟应赔之各事各款全行办妥，
或定有如何办理之法，即由各国陆续退兵；五、此次各国派兵，
专为保护使臣起见，并无他意。现既彼此开议和约，各国应
先行停战。[1]

这个拟稿对于中外议和中列强可能提出的要求进行了预先的设
想，认为可以通过悔过、赔款、签订商约来获得列强各国的谅解，
但是赫德的这个拟稿远远没有达到列强的期望，所以后来在议和中
这个拟稿内容并没有被列强所接受。

赫德拟写通行专约拟稿后，还起草了一个开启议和谈判的照会，
准备在李鸿章回京后，由奕劻和李鸿章递交给各国公使，开始开议
面商一切。赫德与奕劻都认为李鸿章到京后就可以开议了，因而，
他们把请求开议的照会和通行专约拟稿完成后，即期盼着李鸿章尽
快进京。

事实上，赫德、奕劻与列强的想法并不一致，由于列强之间关
于向清廷提出的要求无法达成共识，使得李鸿章抵京后，开议之事
仍变得遥遥无期。

此刻，李鸿章人在天津，他也为议和事的难以取得进展而忧虑
重重。9月18日，李鸿章乘"安平"轮抵达塘沽，第二天在俄军
的欢迎下进入天津。各国在华官兵都对俄国军方对李鸿章"如此尊
重感到奇怪"。一个德国军官甚至对俄国的这一举动表示不满，认
为李鸿章亲俄，议和时会倾向于赋予俄国更多的实际利益。但是，
对俄国的举动，李鸿章却是很无奈的，虽然如此，对于俄军的礼遇，
李鸿章也只好表示感谢，他在会晤俄国陆海军司令时，既对俄国从

---

1 中国近代经济史资料丛刊编辑委员会主编：《中国海关与义和团运动》，第37、38页。

北京部分撤军表示感谢，又力劝俄军暂缓进攻沈阳。因为，此时俄军正在图谋占领东三省。

俄国的"特殊礼遇"，李鸿章也知道必然会引起各国的不满和猜疑。因此，为洗刷各国对他"亲俄"的嫌疑。他在天津会见津海关官员、美国人杜德维时，询问赫德为什么没有遵照皇上的谕旨，"安排用军舰从上海接他到大沽"，而他本人已接到这样的谕旨。他表白说，如果赫德遵旨照办，"那么他也就不会由俄国军舰护送，因而引起他是亲俄派的流言了。"李鸿章还会见了他的老朋友德璀琳，德璀琳提醒他，瓦德西在谈判中将是一个主要人物。不久，瓦德西抵达天津，李鸿章急切地谋求与之会晤，但瓦德西却遵照德国政府指令，"对李氏之请求，每拒绝之"。借口"只管战事，不管交涉"。德国新任驻华公使穆默虽然在上海曾与李鸿章"来往两次"，但到津后，却拒绝与李鸿章晤谈。[1]

1900 年 10 月 5 日，李鸿章以全权代表身份由俄军护送，自天津乘船北上，于 11 日抵达北京。准备同列强进行议和谈判。但是，他到北京后，列强们仍然不愿与他议和。

当然，列强不愿议和，自有他们的打算。自 8 月中旬北京城沦陷后，德国人瓦德西成为联军统帅。瓦德西前往中国之前，德皇训令他到中国后，要把战争继续扩大化，作为对义和团杀死德国公使克林德的报复。根据这样的旨意，瓦德西到中国后，迅速扩大了侵华战争，10 月中旬，瓦德西派德、英、法、意军队从北京、天津分两路进攻保定。到第二年 4 月，联军共组织四十六起"讨伐队"（其中三十三起为德军）四处侵扰，西到直晋交界的娘子关、紫荆关，西北到张家口，南到直鲁界，焚烧掳掠，对当地人民犯下了滔天罪行。

列强不断地扩大战争，是希望向清廷索要更多的条件。到李鸿

---

1 苑书义：《李鸿章传》，第 388 页。

章进京之时，联军不仅抢占了天津、北京，还进占了秦皇岛和山海关，向南攻下了保定。

李鸿章希望与列强谈判，最初他到北京后，列强们不肯与他谈判，他采取两个策略。一是军队不准抵抗，他认为这是向列强表示愿意和谈的诚意。在瓦德西的指挥下，八国联军四处攻掠。李鸿章却说，与联军对抗，只能徒增困扰，因而，要求"礼迎"。这样，联军所到之处，出现了"优礼劳军，吏迎兵撤，示以无他"的闹剧。[1]

除此之外，李鸿章还积极活动。他采用"以夷制夷"的平衡外交，促使各国都争相拉拢他，希望李鸿章在议和中，站在他们的一方。这样，本来就支持李鸿章、奕劻的俄国人表示愿意议和后，其他各国也先后同意开启议和。

既然列强同意和谈，肯定要狮子大开口地漫天要价。早在10月4日，法国草拟了和谈的六点要求作为备忘录，准备在谈判时提出。这六点是：惩办主要罪犯；禁止向中国输入军火；对各国、各社团及个人的损失作出赔偿；在北京设立一支卫队永久保护使馆；拆毁大沽炮台；对天津至大沽途中的三个地方进行军事占领，保证各国前往北京时的道路畅通。[2]

当庆亲王奕劻、李鸿章与各国开始谈判时，法国提交了这个备忘录，李鸿章、庆亲王奕劻进行了商讨，在赫德提出的通行专约拟稿基础上提出了应对六条的和约草案。草案有五款：其一、清廷承认围攻使馆有错；其二、同意赔偿各国损失；其三、重新订立通商和往来条约；其四、清廷与各国分别订约，商定赔款后，各国军队应从北京城撤出；其五、和议谈判前应宣布停战。

六条合约草案于10月16日提交给各国公使的时候，各国认为

1　故宫博物院明清档案部编：《义和团档案史料》上册，第731页。
2　张海鹏主编，马勇著：《中国近代通史》第四卷《从戊戌维新到义和团1895—1900》，第521页。

李鸿章太不自量力，一个战败国的代表没有提要求的资格，只能接受他们提出的条款的份。各国虽然没有明确的拒绝六条合约草案，只是表示，只有在惩办了战争祸首之后，才能真正的开始议和，为此，李鸿章特意在 10 月 18 日拜会了赫德。李鸿章对赫德说，各国已经作出答复，表示 20 日前不能够与中国议和，议和的时间还不能确定下来，但是法国坚持一定要惩办祸首之后才能议和。对于这样的答复，李鸿章问赫德的意见，赫德回答说，各国政府希望提出的条件得到满足，各国公使已电告本国政府称中国政府已经提出条约草案，各国也希望尽快有个了结，他们不反对谈判，现在最好是静静地等待所有各国公使都来北京，那时开始谈判也不算晚。

赫德在说这番话的时候，其实他的内心也非常希望列强与中国尽快开始议和。他也为此不断地催促各国公使，但是，局势却不是他这样一个在大清官场服务的人能够左右得了的。在李鸿章拜会他之前，两江总督刘坤一曾转来各省督抚给赫德的电报，各省督抚在电报中表示，希望赫德帮助斡旋早开和议。对此，赫德很有些无奈地回电称："遵意诚然，业力催各使议和。惟非将祸首各王大臣加重治罪，恐搁和局。因前次议处旨意太轻，不足折服各国。今第一要着必皇上速回，届时各国迎待必礼，保无他虑；否则将敌视，和局更难办、无望。当日各使馆被兵攻，并且各处许多教士教民均遭匪焚杀，环球各国无不骇愤，致令大清天下颠危可虑。此事极紧要重大，贵大臣幸勿轻视，应即显示外人，有悔之意，从速议赔。"[1]

赫德先后对李鸿章、刘坤一作出答复后，又给金登干发了封电报，希望他帮助了解欧洲各国的具体态度，金登干便将各国可能提出的条件电告了赫德。赫德随即又告知了奕劻和李鸿章。金登干发来的电报认为，各国可能提出的条款有九条：

1　中国近代经济史资料丛刊编辑委员会主编：《中国海关与义和团运动》，第 80 页。

一、军火不准运销中华；二、公私两项赔款宜定明妥办；三、大沽炮台均须拆平；四、天津、北京既由津至京，沿途可以选择数处暂时留兵驻守；五、驻京使馆各国可以派兵驻守；六、前门以东，崇文门以西，长安街以南，应作为使馆租界；七、排斥洋教的地方应停止科考若干年；八、各国事务应只派大臣一员以专责成；九、各国驻京大臣认定的罪犯应如何治罪。[1]

这些可能提出的条款，在赫德看来，并不难办。他建议清廷要认真对待。他致函庆亲王奕劻："惟最要者系各国所索倘可照办，立即应允，无庸辩论。缘应允之一事，辩论必致有另索两事之累；俟开议时，可允者即刻应许，其难允者切勿当时辩论，只先云此层俟斟酌妥协再说可也。此节略不过系先行告知王爷、中堂，似有此数条事件，应请事前毋庸向外人谈及为妥。"[2]赫德意思很明确，清廷最好痛痛快快的答应，不要犹豫，也不应与各国辩论。这些条款不过是事先告知王爷和中堂罢了，如果一旦辩论空各国会提出更为苛刻的条件。

赫德的意见实际上也是各国的态度。10月26日，各国公使果然提出了如金登干发来电报中的条款内容。但是，这些内容，各国的态度并不一致，也是想看看清廷的态度。各国也很希望清廷能够接受这些内容，并以要求惩办祸首为条件向清廷施压。

10月27日，各国公使一致通牒，要求慈禧惩治载漪、载勋、载澜、溥静、毓贤、李秉衡、董福祥、刚毅、赵舒翘、英年等11个祸首。否则，议和便没有诚意。当然，这时候已逃到西安的慈禧太后也明白，要尽快结束战争，尽快回銮，只有答应列强的条件。因而，慈

1　张志勇：《赫德与晚清中英外交》，第255、256页。
2　中国近代经济史资料丛刊编辑委员会主编：《中国海关与义和团运动》，第39、40页。

禧太后逃亡到西安后，就一而再的给奕劻和李鸿章发电，只要列强仍愿维持清朝的政权，任何条件她都准备接受。此刻，慈禧太后仍然很担心列强会拿她开刀。

列强当然知道慈禧太后急于求和的心态，对于李鸿章提出的和约草案，他们专门召开联合会议讨论。关于惩处慈禧太后的问题，列强们感到慈禧太后还是一枚不能扔掉的棋子，便正式决定将她排除在惩处的名单之外。

既然列强们把慈禧太后从祸首的名单中剔除出去了，她也就没有顾虑了。慈禧太后答应了列强的要求。她的内心此刻五味杂陈，自己虽然不再有被列强打击报复的担忧，但逃亡的生活已使她吃尽了苦头，禁不住怀念起紫禁城的安逸生活。

为尽快结束谈判，慈禧太后在 11 月、12 月间多次发电催促。12 月 5 日的电报说：与列强议和"如有为难之处，不妨据实直陈，朝廷必能审时度势，酌夺办理，切勿迁延日久，致大局益难收束"[1]，充分流露了那种急于求和的心理。

有了慈禧太后的这番表态，李鸿章、奕劻这些妥协派在列强面前肯定是极尽顺从之能事。12 月 24 日，列强在法国提出的六点要求和李鸿章和约草案基础上提出了十二条"议和大纲"，其中增加的内容是：

其一、对于围攻使馆和杀害教士的罪魁，董福祥、毓贤等人应予以斩首；其二、清朝皇帝发布上谕，革除那些排外的官员；其三、赔偿总额通知海牙法庭，受雇于外国人的中国人的损失也应予以赔偿；其四、划定使馆区，中国人不得居住其内，保证"各国为它的使馆维持一支卫队的权利"；其五、外国可以将拆毁大沽炮台的适用范围扩大到大沽以外的别处炮台；其六、清廷颁布上谕，禁止其民加入排外会社，违者处以死刑。上谕在全国张贴二年，取消总理

---

[1] 王绍坊：《中国外交史：鸦片战争至辛亥革命时期（1840—1911）》，第 319 页。

各国事务衙门，任命外务部大臣，同中国朝廷的关系"应建立在切实基础上"。

在这个大纲基础上，德国与日本又分别提出，对德国驻华公使克林德、日本外交官杉山彬被杀之事应该追查当事人，并予以赔偿。

十二条大纲以照会的形式发给了庆亲王奕劻和李鸿章。二人看了照会，感到要求太苛刻了。两人都不敢表态，便给同在西安的荣禄发了电报，希望他在太后耳边吹吹风，权衡利弊，迅速做出决断。

12 月 27 日，慈禧太后发了回电，列强"所有十二条大纲，应即照允"。事实上，慈禧太后见到"大纲"中没有她所顾虑的"首祸当议己"这一款，已是"大喜过望"了。这样，在清廷和列强之间没有经过任何谈判，和约的内容便已基本确定，只剩下细节留待商讨了。细节谈判，中外双方又进行了激烈的交锋。

5. 又是战争赔款问题

合约细节的商讨，各国与清廷都希望赫德能够发挥作用。在 10 月 26 日，各国公使向清廷提出议和条款、惩办 11 名祸首，并要求予以讨论，取得一致意见时，庆亲王奕劻就拜会赫德，希望他参加这次讨论会。但这个要求被赫德拒绝了。赫德说他参加会议，会给各国一种感觉，英国的意味太浓了，会引起各国的反感。"不过会议进行的一切情况，各国公使都会让我知道，每一步他们都会和我磋商。奇怪的是，各种事情都要处理，忙得不可开交"。[1]

要赫德发挥作用，他当然是乐意的，他本来就希望各国和清廷按照他的意志行事，但是，他又为议和的迟迟难以推进感到不满：

> 各公使馆仍在继续讨论它们将提出的要求，所以谈判还未开始。这个要求上海会审公廨作某些改变，那个要求规定

---

[1] 陈霞飞主编：《中国海关密档：赫德、金登干函电汇编 1874—1907》第七卷，第 111 页。

皇帝接见各国公使应遵循的礼仪，等等。因此，宝贵的时间都浪费在无聊的事情上了。贸易情况愈来愈糟，税收随之减少，无力偿还债款，崩溃即在眼前。他们将护理总督廷雍（时为代理直隶总督）在保定府处决，并且占据了（抢掠了？）皇陵（西陵）——作为惩罚行动，可以认为还算恰当，但肯定是不策略。杀了廷雍，会激怒所有的官吏；占据西陵，皇帝会因此不回北京，因而也就无法很快恢复秩序。德国也又在发号施令，命令太后回北京，要庆亲王和李鸿章指示刘和张不得给西安的朝廷供应钱、粮和人力！所有这一切，都是令人失望的。[1]

现在，各国与清廷都希望赫德发挥作用，赫德也信心满满。他认为这样一来他将稳固他在海关的权力，在中西方增强自己的影响力。在各国向清廷提出十二条大纲之时，赫德在给金登干的信中就说："27 日，我将和他们（奕劻、李鸿章）见面，可能就有肯定的答复了。我认为，他们不会提出反对意见，只能完全接受，我还没有看到条件的文本，但我确信，其中没有管理委员会条款。如果真是如此，海关将会发展，我们也将出人头地！我真希望能年轻十年，因为我还想再多干十年的事情。但我担心，我最多只能为中国再干一年了。然而，我自信还能完成很多重要的工作，并且使进步的车轮在未来轨道上开始运转。"[2]

12 月 29 日，英国驻华公使窦纳乐拜访赫德，问他在细节讨论上有什么意见？奕劻、李鸿章什么时候开始讨论细节问题？窦纳乐希望赫德代为转达各国希望尽快商谈细节的这层意思。对于商谈细节，赫德建议说，当务之急应该是在惩凶和赔款问题上有一个结果，

1　陈霞飞主编：《中国海关密档：赫德、金登干函电汇编 1874—1907》第七卷，第 114 页。
2　陈霞飞主编：《中国海关密档：赫德、金登干函电汇编 1874—1907》第七卷，第 138 页。

这样就不会耽搁谈判。赫德认为，赔款问题是一个最重要的难题。这名外交官认同赫德看法，说在细节的谈判中，会注重赔款问题的讨论。

当天下午，赫德即来到总理衙门，说了窦纳乐拜访他的事情及各国将在赔款问题上进行谈判。奕劻没有正面回答，而是递给赫德一个已经拟好的照会，说准备将这个递交给公使团主席葛络干，告诉各国他和李鸿章已经将各国所提十二条大纲奏报给了皇上。奕劻就这个照会希望赫德提出意见，赫德看了之后，建议奕劻增加几个字，表明朝廷将会接受各国的要求，但是各国应该停止派军队到各地，这样人民才会安心，和平才会恢复。[1]

这个建议是奕劻没有想到的，他连连称赞。之后，奕劻又拿出了一个照会草稿，内容主要是针对各国所提条款的应对细节，以及满足这些条款的办法。赫德看了后说，他同意这个照会，但是向各国送出这个照会的结果将会在总体上耽搁问题的，所以这个照会应该晚一些时候发出。奕劻接受了赫德的建议。

12月30日，奕劻和李鸿章照会各国公使，告知各国，朝廷已允准十二条议和大纲，请各国确定会谈时间和地点，以便商讨细节问题，并请各国不要再派兵前往各州县城镇。[2] 这个照会等于向列强宣布了清廷接受各国提出的条件，但因"大纲"具体条款既未在照会中载明，也没有在谕旨中发布。各国公使担心将来引起歧义和争执，便要求奕劻和李鸿章在各国提供的议和大纲上签字画押。奕劻和李鸿章接受了这个要求。

1901年1月16日，奕劻与李鸿章在议和大纲上盖印画押，宣告了清廷接受列强提出的议和条件。这也意味着清廷期盼已久的议

---

1 张志勇：《赫德与晚清中英外交》，第257页。
2 天津社会科学院历史研究所编：《1901年美国对华外交档案》，齐鲁书社1983年版，第76页。

和谈判正式开启。

依据列强所提大纲，自 1901 年 1 月 22 日，庆亲王奕劻、李鸿章与列强各国开始了一些细节问题的谈判，战争赔款问题成为细节谈判的重中之重。列强各国、清廷的谈判代表奕劻和李鸿章引以为重，总税务司赫德也非常关注。

议和开始之前，赫德就开始关注赔款问题。战争赔款最需要考虑的是钱的问题。对于中日甲午战争后的清廷来说，此刻的财政已陷入严重的危机，海关税收被借款抵押，已经是入不敷出，清廷不得不增加田赋、盐课等各项税收。现在又要面对严峻的赔款问题，作为大清海关当家人的赫德不能不引为重视。1900 年 11 月 1 日，赫德在给金登干的信中写道，除了惩凶问题之外，"另一难题是赔款。我认为不会超过 5000 万英镑。但是，筹集这么一笔款，必使中国感到痛苦和困难，我一定尽一切努力设法使中国少赔款，少受损害。但是，我还不敢说列强是否能宽宏大量，他们可能要让他们的'国民'利用这次事件，在赔款之外生财有道。"[1]

既然赔款问题是一个重中之重的难题，各国也可能借机敲诈勒索。为此，在列强提出议和大纲后，赫德便开始与奕劻、李鸿章就可能的赔款数额、赔付办法不断地磋商，希望在各国提出赔款问题之前，想出应对的办法。

赫德对奕劻和李鸿章建议，此次赔款最好不要向外国借款，可以通过增加国内税收的办法来解决。赫德阐述了自己的意见，认为中国赔款必在四万万两左右，要偿还这么大一笔数目怎么办呢？赫德建议：

> 此次中国赔款，谅必较甲午年为多，或致加增一倍亦未可知，自应早为默计，俾免临时无法可施。总税务司实非欲

1　陈霞飞主编：《中国海关密档：赫德、金登干函电汇编 1874—1907》第七卷，第 112 页。

揽此多劳无益之举，若并未拟用，总税务司自可不必多言；设若仍拟委办，则须先有所请者。现在意中拟有两项办法，若此两项办法不能成功，与他人接办此事者并无妨碍，惟于事前多人纷纷商借，则与此两项办法实有阻滞，因恐临时再蹈前辙或致贻误大局。是以此事在中国若有人自投，愿为出借，请定合同，应请格外留心，暂时不必与商。若在外国有人自投商借，即请预告出使各大臣于未奉总署交出饬办之上谕以前，亦不必与商。如此办理，似不致将来有割地之患，亦不致有借词代管国政之累，不然时事将不知如何结局也。[1]

赫德的建议，是希望清廷对赔款问题早做准备，到时候按照自己预设的计划行事。作为掌控海关大权的人，他此刻比甲午战争中更担忧海关大权旁落，从而影响英国利益，当然，这也是他历次在中外交涉中的一贯做法。而对于奕劻与李鸿章而言，他们当然也知道赔款在议和中的重要地位，列强必然会在此问题上着力纠缠。所以，他们也希望赫德帮助出谋划策。

根据赫德的建议，李鸿章于1900年11月7日致函盛宣怀，请他电告各省，按照指查各界将进出款各项实数认真查明，迅速上报。赫德也将赔款估计告知会办商务大臣盛宣怀，嘱咐其切实真办，否则恐难保为外国所干预。[2]

在赫德开始帮助清廷在赔款问题上出谋划策的时候，列强还没有重视赔款问题，自议和大纲签订后，列强还在惩凶问题上与清廷争执，直到惩凶问题解决之后，列强才把目光聚焦在赔款问题上来，也不断地向赫德提出咨询。

---

1 中国近代经济史资料丛刊编辑委员会主编：《中国海关与义和团运动》，第41页。
2 陈旭麓等主编：《盛宣怀档案资料选辑之七》，上海人民出版社2001年版，第496、497页。

赔款问题，列强起初意见也不统一。并在此问题上发生了争吵。争吵的主题，一个是赔款的数额，另一个当然是拿什么支付的问题。在要求支付的数额上，俄国与德国可谓狮子大开口，当时，俄国正经历着财政和经济危机，为建造一支庞大的舰队、改善军队装备和赶修西伯利亚铁路，很需要一大笔款子。在东三省交涉屡次受挫之后，它要求赔款的数目激增。德国则希望通过获取赔款建造舰队，提出赔款总额应定为二十亿马克（约七亿两），扬言夺取中国海关。瓦德西甚至计划调动军舰进行恫吓，认为此举"将在讨论赔款时高度地发生作用"[1]。

德国此举，控制着大清海关的英国当然反对，很担心因赔款而造成列强共管大清海关的局面。美国出于国内政治局势和力图扩大在中国的商业利益，也很想尽快结束谈判，拿到赔款。日本是想用巨额赔款充实战备，以应付不可避免的对俄军事行动。法国采取一般地附合沙俄的立场。列强的不同态度，使得谈判桌上斗争此分彼合，纷纭杂出。[2]

中国连年对外赔款，旧债未清，新债又来，自然拿不出钱来。怎么办呢？俄国便主张列强共同作保，替清廷在国际金融市场上筹集外债。德国最初支持俄国的主张，曾劝诱中国驻德公使，要中国一次付清赔款，"一了百了"，免得长期纠缠不清。这个办法对英、美不利，英国反对尤为坚决。英国仍然是担心列强共管中国海关冲击自身利益，而且英国得到的赔款比额小，英国政府宣称不能接受"以我们的财政信用来担保总数如此之大、而属于我们的一份如此之小的一笔款项"，这不符合英帝国的利益。[3] 美国代表柔克义报告国务院说，他坚决拒绝美国参加担保联合贷款。针对俄国方案，

1　孙瑞芹译：《德国外交文件有关中国交涉史料选译》第二卷，第354页。

2　廖一中、李德征等编：《义和团运动史》，第421页。

3　丁名楠等：《帝国主义侵华史》第二卷，第151页。

英国提出中国发行债券，分年摊还的偿付办法。这一提议得到美国的支持，俄国被迫撤回原先的主张。

鉴于列强在赔款问题上存在重大分歧，各国公使便向赫德征询意见。1901 年 1 月 4 日，美国驻华公使康格拜访了赫德，询问赫德就中国向各国赔款问题的看法、中国能够支付的数额与赔款办法。继康格之后，英国驻华公使萨道义派出公使馆的一名参赞官也去拜访了赫德，询问的也是同样的问题。1 月 7 日，德国驻华公使穆默也前来拜访赫德，不用说，也是咨询赔款问题。

对于他们提出的这些问题，赫德回答说，最简单的办法就是告诉中国一个赔款数额。1 月 28 日，赫德专门回访了萨道义，就赔款问题进行了讨论，得出了一个一致意见，即：对于赔款，要减轻中国的压力，使中国能够顺利赔款，就需要分期赔款。他们都不主张中国向外国借款。萨道义认为中国应赔付总额为三千二百万英镑，分四十年来付清，并认为中国应该将盐课、常关、贡米作为担保，部分常关可以并入海关。赫德非常认同萨道义的这个看法，认为这是最好的赔款办法。[1]

赫德与萨道义这次讨论中国赔款问题的第二天，赫德看到了盛宣怀与海关工作的英国职员贺璧理关于中国收支情况的调查报告，这个报告发表在中国的报纸上。赫德看了这个报告很是沮丧，他更感到了中国在赔款问题上将很艰难。他立即命人将这个报告送给了萨道义，目的是希望萨道义在赔款问题上早日找到应对办法。

盛宣怀与贺璧理发表的中国收支情况报告，各国公使都看到了，这使得他们更感到了解决赔款问题迫在眉睫。本来他们在赔款问题上意见就不统一，现在更是莫衷一是。怎么办呢？各国感到，要寻找赔款问题的办法，必须成立一个组织，来共同应对。

1901 年 2 月 23 日，各国公使委托美、德、荷、比四国公使组

1　张志勇：《赫德与晚清中英外交》，第 260 页。

成赔款委员会，负责制定赔款原则。3月22日，又委托英、德、法、日四国公使组成赔款偿付委员会，负责研究赔款支付方式以及调查清廷可以用来赔款的财政收入状况。

赔款委员会成立后，各国公使又相继拜访了赫德。英国驻华公使萨道义于3月1日首先拜访了赫德，仍然是讨论中国赔款问题。萨道义问以盐课作担保是否会影响到中国的税收与改革，赫德回答，那是肯定的，所以应该在外国的监督下继续沿用中国的体制。

几天后，萨道义再次拜访赫德，咨询以盐课和海关税作担保能否使中国完成赔款义务，另外，如果控制中国的铁路事业，是否在赔款中有促进作用。赫德回答说，以铁路利权作为担保来促进中国赔款可能会引起麻烦，引起各国的不满，清廷也不会接受，这样会耽搁赔款问题的解决。

继萨道义拜访之后，法国驻华公使毕盛在3月间也拜访了赫德，也是希望就赔款问题提出意见，并希望赫德在3月25日举行的赔款委员会议上就赔款问题作出陈述。

因为此时，各国根据了解到的情况，以及征询各方意见，参照英、法、日三国提出的赔款分类草案及各国的赔款要求，已经于3月中旬拟定赔款的基本原则及大致范围。规定只有1900年义和团运动期间所受到的直接损失，才能够获得适当的赔偿。赔偿要求分为对政府的赔偿、对外国社团、公司、个人以及对外国人雇用的中国人的赔偿三大类。个人赔款利息不超过5厘，商业赔款利息不超过7厘，一切赔偿均自损失实际发生的日期计算。对于这几大原则，各国政府均表示原则接受。至于向清廷索赔的数目及方式，各国经过磋商，同意先由各国分别估算各自的损失和索赔数额，汇总后共同向中国提出。

英国政府起初基于控制中国财政的需要，反对向中国索取过多。而俄、日、德则很希望向中国狠狠地敲上一笔。德国和奥地利甚至想在中国获得一块地皮，作为赔款的补偿。各国争执最为激烈的是铁路利权，它们在这个问题上甚至争执得不可开交。赫德在给金登干的信中写道，"铁路问题在天津引起了激烈争吵。如果有一支步枪偶然走火，马上就成火上浇油之势！我认为英国已经到了忍让的极限，而现在爱好和平的女王已经过世，政府将采取更强硬立场，在国际上显示出更为坚定的态度。"[1]

面对激烈的争执，赫德认为，他和他所控制的海关必须发挥作用。他在给金登干的信中表达了这种期望：

> 公使团（柔克义、穆默、姚士登和克罗伯）正在讨论赔款原则，一旦他们把原则确定并使他们的同僚接受下来，他们就会同中国全权代表开始谈判这个问题。我们海关方面正在研究"方式方法"，但是在得知赔款总数之前，我们不知所措。我们的主要目标是避免外国控制的管理委员会接管，但是也有一些人要设法促成这样一个管理委员会——就是那些目前尚无在华利益而渴望开创一些在华利益的人。我不知结局如何，然而，我要竭力坚持下去，直到有个结局，因为我若退隐会使"洪水"泛滥。[2]

基于维护自己和海关权力的需要，也适应各国的情况，在各国咨询赔款问题办法的同时，赫德拟写了一个赔款节略，并在 25 日的赔款委员会会议上提交。

在赫德的这个节略中，他针对当时中国财政入不敷出的状况，就赔款数额、支付方式、赔款来源、如何监督四个方面作了具体的规划。

1　陈霞飞主编：《中国海关密档：赫德、金登干函电汇编 1874—1907》第七卷，第 170 页。

2　陈霞飞主编：《中国海关密档：赫德、金登干函电汇编 1874—1907》第七卷，第 171 页。

第一、"中国究竟能偿付多少？"中国无现金储备，不能用现款支付。所需款项只能用民间储蓄或者政府平常税款收入支付。而通过增税手段来增加的赔款开支，每年须小于二千万两。第二、"用什么方式支付赔款最为恰当？"赫德认为唯有"中国借款一次付清"或者"分期摊还"两种途径，前者必将付出高额佣金，很不经济。在若干年内摊付之法比较合算。第三、"什么税收最容易取得？"赫德认为，针对财源紧张、海关税被抵押的现状，只能增加田赋、厘金、盐课等项税收了。赫德还认为，为弥补白银赔款而带来的亏空，还可另酬新税或增加旧税来弥补，经赫德与中国官方数次商议，认为可以增添的税是：房捐、印花税和调整土产鸦片税。但这些征税与对外有关会引起反感，最好予以避免。恢复海关税则的关平银两价位。[1] 第四、"怎样监督才适当？"在这一部分里，赫德认为，将常关税合并到海关是最适当的办法。

在赫德提出节略的同时，英国驻华公使萨道义也提出了一份关于赔款问题的备忘录，其主要内容与赫德的节略如出一辙。此外，汇丰银行董事熙礼尔、华俄道声银行董事璞科第、德华银行董事卢普、中国前任驻朝鲜公使徐寿朋、户部侍郎那桐和直隶布政使周馥以及德、日等国公使也提出了各自的建议。

参照赫德的节略和各国公使、财团提出的建议，赔款偿付委员会认为，中国能够负担的赔款总额不超过 4.5 亿海关两（合 6750 万英镑）。赔款支付委员会建议根据这一总额，参照各国自己估算的损失及索赔要求，在各国之间按比例分配。

但是，按照各国自己的估算，按照比例分配，要想将数字控制在 4.5 亿海关两之内，则相当困难。因为俄、德等国想趁机要索。俄国提出的赔款总额为 1.3 亿两，比任何国家都多；德国竟然将索要总额增加到 4 亿马克，超出其因战争实际支出近一倍。

1　朱荣基编：《近代中国海关及其档案》，第 93—96 页。

本来，英国是不主张向中国索取过多的战争赔款的，同样不主张向中国过多索取的美国对萨道义的态度大加赞赏。然而到了 4 月间，英国政府感到，如果按照赔款委员会的建议，列强各国所应获得的赔款总额必须少于它们所要求的全部数额，这样先前所要求的赔款数额必须按比例减少。英国政府向谈判代表萨道义发布指令说：英国政府不反对减少赔款的总额，但假如是让其他国家对所有实际费用得到充分的赔偿，而英国仅得到一部分的话，那对英国来说显然是不合理的。因此，英国政府指示萨道义，必须注意不要从英国原来的要求中剔除那些被其他国家包含在要求之内的项目，诸如使馆卫队和属于陆海军的其他部队伤亡人员的赔款、公使馆及散布各地的领事馆建筑物破坏等损失，如果其他国家的要求中包含这些内容，那么英国也应该附加这些条件。[1]

所以，英国也参照其他国家的办法，将自己的索赔总额大幅度提升，以便将来万一各国必须按比例递减时不吃亏。5 月 7 日，各国提出的赔款总数达到 4.5 亿海关两。这个数字虽然没有超出偿付委员会提出的 4.5 亿两的负担能力，但仍然是强盗国家漫天要价导致的结果。

赔款总数尘埃落定，公使团在 5 月 9 日正式照会清廷："由于各国所支付的费用，而且由于团体和外国人以及那些因为替外国人服务而受难的中国人所受的损害，直到 7 月 1 日为止，列强所受损失的总额共为四亿五千万两，如果联军的占领延长到那个时期之后，这笔款项将大为增加。按照中国皇帝陛下所接受的联合照会的第六款规定，即'中国为了保证支付该赔款，将采取列强可接受的财政措施'。因此各国全权代表要求中国全权大臣正式保证他们承认这笔款项所负的责任，并且要求他们把中国为清偿这笔债务而打算采

---

1 张海鹏主编，马勇著：《中国近代通史》第四卷《从戊戌维新到义和团 1895—1900》，第 538 页。

取的财政措施通知各国全权代表。"[1]

公使团发出的这份照会,英俄两国是持保留意见的,他们表示:他们的政府不反对美国政府所建议的最后减少赔款要求的意见,因此这笔款项的提出可以说是对费用和损失的一项说明,而不是一项要求。

英俄两国公使为什么会这么说呢?因为在列强提出赔款数额之时,美国基于推行"门户开放"政策的需要,认为应该消减赔款数额。4.5亿两实际上已经超出清廷的支付能力,美国希望将赔款数额控制在4亿两之内。英国政府最初同意美国政府的建议,但在德国政府的外交压力下,英国转而不支持美国的建议,它能够做到的只是建议列强将军事行动的费用截至7月1日,此后所发生的费用不再向中国索取。列强最终同意了英国的这一建议。

当列强为赔款数额争吵不休的时候,清廷为了尽早结束联军对北京、直隶的军事占领,两宫尽早回銮,几乎未作任何抗争就接受了列强4.5亿两的索赔要求。[2]

4.5亿两的战争赔款,压力是巨大的,清廷希望列强在赔款的期限上有所宽限,也为如何赔付焦急,因而也不断地像赫德咨询,希望其帮助出谋划策,解决难题。

早在1901年2月清廷发布同意惩办11名祸首的谕令发布之时,赫德就赔款的偿付方式与庆亲王奕劻和李鸿章进行过商讨。赫德在2月25日撰写了一个赔款问题的备忘录,提交给奕劻和李鸿章。

对于赔款的如何赔付问题,赫德认为,只有两项办法:一为举借外债;一为分期还款。赫德反对前者,因为举借外债比分期还款费用多出五分之一,而分期还款时间可定五十年之久,还本带利每

---

1 胡滨译:《英国蓝皮书有关义和团运动资料选译》,第480—482页。

2 张海鹏主编,马勇著:《中国近代通史》第四卷《从戊戌维新到义和团1895—1900》,第538、539页。

年少则二千万两，多则也就三千万两。赫德之所以反对举借外债，还因为向各国大量借债会导致中国海关置于列强的共管，英国对于中国海关的独占鳌头优势将不复存在，自然也会威胁到赫德的总税务司地位。所以赫德与英国都是建议并支持分期偿付，而反对中国举借外债偿付的。[1]

对于赔款的偿还方法，赫德认为，大清盐课每年约有一千五百万两，常税由税务司经理，每年似可得五百万两以上，两项似已足二千万两之数。此外查有漕运改征折色，每年约可得银三百万两。由每年京饷八百万两之定数，似可提拨三百万两。若能修改税则，每年似可多得三四百万两之数。在这三项税收中，可以筹得一千万两，加以盐课、常关两项，足数三千万两。对于由此产生的亏空，赫德则认为可以通过撙节、加税、开征印花税来解决。[2]

但是，如果清廷将旧有之款项作为赔款抵押，将面临着如何填补亏空的难题。对此，赫德在4月22日又向清廷提出了整顿利源的建议。赫德的建议是整顿地丁钱粮，增收盐课和开征印花税。当日，赫德还提出了筹措抵偿的三项办法：一为挪移旧项进款；一为裁剪各项出款；一为另新筹各项进款。[3]

赫德的建议，奕劻和李鸿章认为是可行的，但是这却遭到了一些地方大员的反对，特别是南方的张之洞、刘坤一反对最为激烈。4月27日，张之洞致电在西安的慈禧太后："闻有人开议节略，欲将现有之盐课、常税、折漕，并另由部拨足三千万，以抵洋债。而令筹新法，以裕国用，十分可骇，万不可用。"[4]

面对分歧，奕劻、李鸿章在5月2日联名上奏说，"臣奕劻面询赫德，据称各使意见不一，有愿听摊还者，有愿索现银者。如付

---

1 张志勇：《赫德与晚清中英外交》，第263页。
2 中国近代经济史资料丛刊编辑委员会主编：《中国海关与义和团运动》，第45、46页。
3 中国近代经济史资料丛刊编辑委员会主编：《中国海关与义和团运动》，第50、51页。
4 故宫博物院明清档案部编：《义和团档案史料》下册，第1061页。

现银，必须借债，付四百五十兆之款，必须借六百兆方能敷用，以周息四厘计之，三十年须加息七百二十兆，答不合算。"[1]

李鸿章、奕劻还担心如果朝廷已赔款难以筹措推脱、拖延，则各国有可能会占领要地而自行筹措，如此则危害更大。建议朝廷先与户部、各省大员商议后定出办法，"总期能指有的款作抵，先办撤兵，是为要著。"李鸿章认为赫德的建议还是很有可取之处的，先筹措一些款项是各国现行退兵，即便是以后各国多行索要，与朝廷也不会有什么妨碍，"若俟会议时再行往覆筹商，各督抚意见不同，多烦商酌，恐议论未定，而赔费又增数千万矣。"[2]

赫德的建议是针对中国财政状况提出的，清廷虽然认为赫德的建议有不切实际的地方。但是筹款问题难以有别的办法了，也只好按照赫德的建议办理。5月5日，在西安的行在军机处致电奕劻和李鸿章："兹据户部覆称，各海关洋税历经借抵各项洋款无余。不得已只好将盐课、盐厘、漕折、漕项即各关常关全数被抵，实可得银二千万两。"[3]

清廷虽然不得已接受了赫德的筹款建议，但是，张之洞、刘坤一的疑虑仍在。5月6日，两江总督刘坤一也致电行在军机处："赫德觊觎盐务久矣，近密饬各税司考核盐务甚详；又多设学堂，专习华语，以备将来分布内地办事之用，蓄意其深，盐课厘作抵，势必归赫德征，既管鹾务，必须缉私，窃取兵柄，流弊极大，不可不防。"[4]

疑虑归疑虑，张之洞、刘坤一在清廷的被动接受面前，毕竟胳膊拗不过大腿，也只好不再反对。

此后，为筹措赔款，清廷也是不遗余力，甚至向赫德表示，希望提高海关关税，并要赫德将这个建议电告英国政府。赫德于6

1　张志勇：《赫德与晚清中英外交》，第264页。
2　《李鸿章全集》第八册，电稿卷三十六，第13页，总第4397页。
3　故宫博物院明清档案部编：《义和团档案史料》下册，第1091页。
4　张志勇：《赫德与晚清中英外交》，第265页。

日电告金登干，"许多意见在考虑之中，每个国家持不同意见，而中国人在英勇改良和无动于衷之间停步不前，墨守陈规。我们每年能收入一千四百万两银，但我们要求外交部允许增加关税三分之一，即进口税由原来实际百分之三增到四，这样我们可收入二千二百万。此外，我们要求列强接受按年度分期付款，贷款太昂贵！投资，我想银行已有代理权，星期一的电报说偿付而不是出卖"。[1]

英国政府接受了这个建议。两天后，金登干发来电报说，"外交部同意修改税则，达到按价抽百分之五：您的意思是否在五之上再加三分之一，例如某货按五应付六两银的税，加后就是八两，对吗？麻烦的是有些国家，如俄德，要求现付款！银行忘记它持有出售或转让等项的代理权！"[2]

对于赔款还有一个利息的偿付问题，这也是各国的要求，既然各国答应了可以分期付款。便有认为利息是必须要偿付的。5月23日，各国感到赔款数额以及偿付办法已经确定，便委托公使团主席葛络干询问如何配付利息的问题。对此，李鸿章委派总理衙门章京曾广铨拜见赫德，咨询意见。事实上，此时，各国已经将偿付利息的意见告知了赫德，他说，"英国政府已向德国政府建议，赔款利息头三年应该是3%，第四年是3.5%，第五年和其后是4%的偿债基金从第五年开始。"[3]

5月26日，赫德专门就利息的赔付问题拜访了李鸿章，向其说明了各国的意见。赫德建议说，可以在前三十年内首先付清本金，然后再在后二十年里付清利息。李鸿章接受了赫德的建议，他就此委托赫德帮助起草答复葛络干的关于赔付利息的照会。

1　陈霞飞主编：《中国海关密档：赫德、金登干函电汇编1874—1907》第九卷，第317页。
2　陈霞飞主编：《中国海关密档：赫德、金登干函电汇编1874—1907》第九卷，第317页。
3　陈霞飞主编：《中国海关密档：赫德、金登干函电汇编1874—1907》第七卷，第197页。

赫德接受了李鸿章的请求,很快便完成了照会的起草,并又给奕劻和李鸿章起草了一份关于为支付赔款筹集资金的备忘录。5月30日,李鸿章将照会递交公使团主席葛络干。照会中说,鉴于中国每年拿出一千五百万两,除了延长赔付期限别无他法,只能前一时期赔本,后一时期付利,本利仍由海关负责支付。

各国公使看了这个照会,拒绝了这个提议。清廷又提出了四十年内将本利均摊的赔付办法。对于这个建议,赫德又制订了一个赔付计划。赫德设想,如果定以每年付银二千一百万两,可以按照下列办法拨款:盐课厘一千万两,常税三百万两,江苏等十一省的货厘八百万两。按此拨款,第五十年即可将本息还清,计银一千零四十一兆九十九万八千七百二十两,但是这个计划又被拒绝。[1]

在列强屡屡拒绝清廷提出利息赔付办法的同时,各国公使按照自己的意愿向清廷提出了一个利息赔付办法。7月27日,德国公使穆默也拜会了赫德,他说,各国已经讨论了一个利息赔付的支付办法,但是不知道中国能否在1901年7月到12月这半年时间内支付半年的赔款利息九百万两。对此,赫德给予了否定的回答,赫德认为,这样做会使中国的财政瘫痪。对于将发给中国的照会,赫德建议增加一条规定,许可中国政府在三年内偿清头半年应付赔款的利息。各国接受了赫德这个建议,当天傍晚的时候,公使团主席葛络干向李鸿章发出了关于赔款问题的照会。

照会指出,各国要求赔款的最后总数为四亿五千万两,按1901年4月1日的汇率用金币支付,利息四厘,采取分期摊还方式,从1902年1月1日开始施行,持续偿还到1940年为止。中国在1902年1月1日,只需要偿还从1901年7月1日到1902年1月1日这半年间的四亿五千万海关两赔款总额的应付的利息就可以了。不过,为便于中国偿清这笔欠债,各国愿意在1902年至1905年的

---

1 中国近代经济史资料丛刊编辑委员会主编:《中国海关与义和团运动》,第53、54页。

三年期间分期偿还，条件是要支付复利。赔款担保为：将海关进口税率提高到切实值百抽五后所增收的关税余额、海关掌管的常关税和盐税。[1]

至此，赔款问题尘埃落定。此后赫德的任务就是帮助清廷按照该照会的要求去偿付赔款。1901 年 9 月 7 日，奕劻和李鸿章代表清廷与英、美、俄、法、德、意、日、奥、比、西、荷十一国代表签订了《辛丑和约》，宣告了庚辛议和谈判结束。

6. 中英商约中的"权益会办"

《辛丑条约》的签订，在清廷看来，赫德帮助甚大，起到了财政和外交顾问的作用。因而在 1901 年 12 月 11 日颁布上谕，赏加赫德太子太保衔。而这一条约是一个比《马关条约》还要屈辱的条约。根据条约第十一条之规定："大清国国家允定，将通商行船各条约内，诸国视为应行商改之处，及有关通商各地事宜，均行议商，以期妥善贸易。"[2] 据此，各国决定与清廷进行商约谈判，英国在中国有着巨大的经济利益，自然更为重视，率先与中国开展谈判。

商约谈判，应该说作为海关总税务司的赫德是很有发言权的，在《辛丑条约》的谈判中，赫德曾经参与了修改税则问题的谈判，税则作为商约的一个重要组成部分，也不能没有赫德的参与。但是，在此后的商约谈判中，清廷并没有赋予赫德实权，李鸿章在奏请朝廷选派议约人员时也将赫德排除在外。本来清廷想让他以"会办"的身份参与谈判，但是遭到张之洞等地方大员的反对。虽然赫德在既往的政务和外交活动中发挥的作用不容忽视，但是地方实力派的反对，他也只能以"权宜会办"这个有名无实的身份参与中英之间的商约谈判。

1　张志勇：《赫德与晚清中英外交》，第 268 页。
2　王铁崖编：《中外旧约章汇编》第一册，第 1007 页。

1901 年 9 月 24 日，英国驻华公使萨道义告诉赫德，英国外交部准备派遣由英国修约专使麻凯等组成使团到上海与清廷进行商约与税则问题的谈判。几天后，萨道义即照会由总理衙门改组而来的清廷外务部，英国委派总理印度事务大臣政务处麻凯为议约大臣等来华议约，同时请清廷选派议约人员。[1]

在既往清廷与列强的外交谈判中，虽然赫德屡屡以顾问的角色参与谈判。但是，张之洞、刘坤一都认为，赫德有偏袒列强的嫌疑，因而不主张赫德参与谈判，甚至此刻已是重病中的李鸿章也说，赫德不能出京参与谈判。

按说，从对业务的熟悉程度和修改税则的经验上看，赫德是当之无愧的理想人选。鸦片税厘并征就是赫德经办的。在义和团运动之前，赫德就在北京与盛宣怀办免厘加税，彻查了海关每年进出口收入，并详细计算出须加多少税才可以抵补裁厘的损失，加税的额度应该是多少，等等。只是因为义和团运动，与英国谈判裁厘加税的事才告吹。

但是，由于李鸿章、张之洞、刘坤一等人的反对，清廷只好在 10 月 1 日颁布上谕，著派与外国人打过许多交道的上海道台盛宣怀和曾任驻德公使和工部尚书的吕海寰为联合代表，还任命曾为代理总税务司的裴士楷、海关税务司贺璧理和戴乐尔为随员与英方代表谈判。

盛宣怀接到谕旨后，他立即想到了赫德，在过去的税则谈判中，他曾经与赫德一起会同谈判，知道他在商约问题上有一定的发言权，商约谈判离不开他的参与。10 月 14 日，盛宣怀给赫德发了一封电报："阁下主持权政数十年，凡中国利弊所在，靡不通筹熟计，窃念此次派员会议商约，弟必奏请朝廷派阁下会同办理。如我公近畿事繁，

---

1 中国近代经济史资料丛刊编辑委员会主编：《辛丑和约订立以后的商约谈判》，中华书局 1994 年版，第 1 页。

不暇来沪，转由尊意荐报能员，未尝不可。"¹盛宣怀的意思很明确，这次商约谈判，离不开赫德这位对商约和税则都非常了解的人参与其事，即使赫德不能参与，也希望他荐报能员。

随后，在维新变法失败后迅速崛起的袁世凯也致电盛宣怀，认为这次商约谈判应多请教赫德："至通商利弊，赫德知之最详，如请邸相推诚询商或请旨奖励数语，令其随办通商细目，似较在外悬拟者获益甚多。"²

盛宣怀、袁世凯认为赫德可用，盛宣怀还专门给清廷上了一道奏章，说："商约凡涉税事，仍会同赫德筹议，在沪时由赫派裴士楷帮同筹议。请旨饬下外务部传谕遵行。"³

盛宣怀的奏报通过外务部转奏西安行在，慈禧太后权衡再三，她与赫德也曾经有过几次接触，认为不能将之弃之一旁，应该让他发挥作用，便让外务部致函赫德："现在筹议商约，关系修改税则，极为重要。查从前洋药税厘并征，即已亥冬，军机处交片加税一事，均会同赫德筹议。此次商约，凡涉税事，拟仍会同赫德筹议。在沪时由赫德派裴士楷帮同筹议，以资得力。"⁴

清廷考虑到赫德在外交和商务上的影响力，最终决定派赫德会同盛宣怀参与商约谈判。但又考虑到张之洞、刘坤一等人反对激烈，清廷在使用赫德的问题上又加了限制：一是在会办这个职务前加了"权宜"二字，表明这个职务是临时性质和在有限范围的参与；二是会办职责定位在"凡涉税事"，也就是说只让他帮助会办税则问题；其三是权力做了转移，虽然名义上为会办，但是并不让他到上海参与谈判，而是仍然留在北京，而在上海则有赫德的妻弟裴士楷

1 盛宣怀：《愚斋存稿》（二），卷四十八，文海出版社1975年版，第1107页。
2 盛宣怀：《愚斋存稿》（二），卷四十九，第1116页。
3 中国第一历史档案馆编：《庚子事变清宫档案汇编》第十册，中国人民大学出版社2003年版，第757页。
4 中国近代经济史资料丛刊辑委员会主编《辛丑和约订立以后的商约谈判》，第6页。

帮同筹议，清廷授予赫德的实际职权相当于商约谈判的一个顾问。由于赫德的会办身份受到了种种限制，决定了他在此次修约谈判中无法发挥决定性的作用。但是，他有关商约谈判的意见仍然是不容忽视的。

决定让赫德在商约问题上给予帮助后，慈禧太后还在1902年2月底特意在乾清宫接受了赫德的觐见。接见时，慈禧太后对赫德在《辛丑条约》的谈判中"随同商办和约资赞助"之功，大加称赞，并赏赐了太子太保的荣誉官衔。并要他在商约谈判中予以帮助。

赫德对于慈禧太后赏加他太子少保衔感到颇为得意，认为这是外国人在中国获得的最高荣誉。对于商约谈判，他对朝廷中一些人的排挤颇为不满，但是有慈禧太后的委托，他还是决定在商约谈判中做一些努力。赫德在给金登干的信中描述了这次觐见时的情形：

> 觐见进行顺利，是否会有大的成效还要等着瞧。中国政界许多有顶戴的人是不愿意慈禧太后采纳我的意见的。但其他一些官员却认为如果她能听取我的意见，是最好不过的了。我自己则极力回避。我要离开这里，不管有什么吸引力，我也不想呆下去了。可是，在另一方面，如果能有机会做一些真正有用的事以结束我的工作，我不仅有兴趣，而且不会放过。……皇太后谈话的声音悦耳和娇柔，对我很恭维。我说很多人早就准备接替我的位子了，但是皇太后说，她就是要我。她还谈到英王的加冕典礼，她祝英王陛下万福。谈到乘火车旅行事，她笑道，她在想即使远游异国，她也会高兴！觐见时在座的只有皇帝陛下和庆亲王，气氛极为庄严肃穆。[1]

事实上，对于商约谈判，在义和团运动中，虽然税则谈判被迫

---

[1] 陈霞飞主编：《中国海关密档：赫德、金登干函电汇编1874—1907》第七卷，第328页。

停顿，但是此后赫德一直关注着这些事情。《辛丑条约》签订后，赫德就针对商约问题向清廷外务部表达了自己的意见。1901年10月8日，赫德就中英商约谈判问题致函奕劻，并在第二天开始为清廷草拟了一个修约节略。节略有六条：

一、修改税则之事已经定有切实值百抽五之新章，是否趁机推广至值百抽五或二十地步，要看内地厘卡是否裁撤作为依据。若裁撤，得使预计增收的税收数额不少于所撤厘金收入。此举要慎重。如不裁撤，则应增修子口税章程，撤厘与否，"向章均未定明，此时应即补议，以免日后饶舌"；二、"轮船行驶内河，此事向系他国在其内地不准行者，即请行于中国，更应妥定，不致与主权有碍"；三、针对近年来屡屡发生的排教事件，应该趁谈判商约之际，议添护教条款。"传教原为劝人行善，自无不可"，传教者进入内地后，除发给护照外，还要一体保护；四、根据领事裁判权的（不归中国管理之各条）规定，"若中国能于各通商口岸自行设立衙署，请各国领事用为审案公堂，并由中国派委员在座听审以资学习，并随时注写可用之律章"，如此不仅有利于解决纠纷，更可以使中国取信于各国；五、应该按照与德国签订的续约为蓝本，添加"一体均沾"条款，"即准一体均沾，则他国允从之专章，此国亦应一律遵守。"若他国人民今后在有约国享有优待的地方，按照一体均沾原则，中国人也可以享受这一特权；六、中国于各国所定条约，本属妥当，但是因为年深日久，肯定会存在一些争议之处，"可乘机将不妥之处商改，或将不能悦服各节一一声明立案，以期日后永远相安。""通商各事税则章程，华洋均应遵守一章，彼此不准两歧方为正办。"[1]

赫德提交给奕劻的节略六条，应该说也有维护中国利益的成分，可以说是对原来不平等条约的修正。后来，奕劻将这个节略转交给

---

[1] 中国近代经济史资料丛刊编辑委员会主编：《辛丑和约订立以后的商约谈判》，第3、4页。

盛宣怀后，节略中的第四、第五、第六条被盛宣怀采纳，成为中方要求同英方商议的内容。

此后，赫德还致函盛宣怀就谈判中需要做的工作、事项、以及商约问题提出意见。1902 年 1 月 1 日，赫德又为戴乐尔与贺璧理写了商约一号，共十个部分。但是商约的内容因为贺璧理与戴乐尔并没有转交给盛宣怀，所以具体的内容并不了解。

1902 年 1 月 10 日下午两点，中英商约谈判在盛宣怀的住宅里举行。中英双方全体议约人员出席。英国代表麻凯单方面提出了二十四条条款，要求中国讨论。二十四条款为：

> 1、外洋货物牌照宜注册及保护；2、准洋盐纳税进口；3、中国五谷运出外洋，或通商彼口运至此口，宜方便；4、开新通商口岸；5、矿物、铁路章程宜整顿；6、准洋人内地长远侨居贸易；7、长江上游、广东珠江宜整顿；8、中国邮政及电报宜整顿；9、出口货如丝、茶两种，宜减税；10、由此内地至彼内地货物宜免税，土药宜加税；11、银两平色宜一律；12、设海上律例，并设商律衙门；13、中国买股份未付足应付之股本，宜照章付足；14、土货出口三联单，镇江章程宜修改并推广；15、关栈宜推广；16、上海会审衙门宜整顿；17、内河行驶小轮章程宜修改；18、子口单宜设法按条约所定各款办理；19、通商口岸指定何处须免厘之处；20、完税存票宜整顿；21、常关在通商要口须归新关管理；22、轮船与民船所载货物收纳税项，应一律办理；23、沿海灯塔、河内浮标宜整顿；24、货物由彼埠运至此埠，通在一河者，或在该河分支者，进出口税宜不征收。[1]

---

1 王彦威、王亮编：《清季外交史料》第三册，王敬立校，卷一百五十，第 11、12 页，总第 2440 页。

麻凯提交的这个条款，盛宣怀拿不定主意，他便将此条款发电送交赫德审阅，希望他提出意见。赫德认为麻凯提出的这个条款并没有太多实质的东西，不过是想借机敲诈罢了。因此，赫德针对二十四条款起草了一个针对性的节略，呈递给外务部。

赫德认为，针对外洋货物牌号，此事甚小，可以商办；如果准许洋盐纳税进口，"则应由各国还允，倘有损于赔款，不为中国是问"；五谷出洋问题，丰年善价可以出洋，若遇灾年，外国应该接济运进。这一问题要做到有益无损；添开口岸也无不可，但要保持自主之权；关于矿物铁路整顿问题，应该留心，可以允许华民办理矿路，但要制定新的章程，"或准洋商买股，或准洋商开办"，都应按照章程办理；洋人在中国内地居住，应遵守中国法律，归中国政府管理，"若不定一切实章程，流弊无穷"；"长江上游及广东珠海云云。未知系何意见，只可当事者量准否"；邮政电报关系中国主权，坚持定见与各国理论；丝茶贸易，当以增加中国税收为宜；内地免税、土药加税，系中国自办之事，不应让他国干预；银两平色，"若能订办，未为不可，然不必载入某约内"；海上律例，商律衙门可以商议，但应该载明，"俟律例定妥，衙门开设后，即将不归管辖各条删除"；中国人买股份，当听民人自便；镇江三联单可以商定章程；关栈推广，上海会审衙门，都可以商办；内河行轮，关系重大，应根据各省各处情形，"洞悉损益，随地议定"；子口单宜按约问题，有何不按约之处，要对方说明；通商口岸免厘，应如何定章，"只可透论，再为斟酌定议"；完税存票不准耽搁；常关归新关，告知对方正在举办；轮船民船货物一律纳税，"须查明由何处来，往何处去为凭办"；灯塔为中国自办之事，不妥之处要对方陈明；官货物一河者不宜征税，系中国自办之事。[1]

1 张志勇：《赫德与晚清中英外交》，第278页。

　　赫德在提交这个应对节略的同时，还向外务部阐明了他对此次商约谈判的看法。赫德说，在麻凯提出的 24 条之外，还有一些可能要商谈的问题没有提及，"如修改税则未经提及，实系现时急需，不应缓办，且若允与何项利益定有允许之章，必须俟各国均允从此章，方可见诸施行。况以上系彼面所索者，中国谅比亦有要求，应以我所与者易我所求，不必先偏重彼面，随请随允。"赫德特别强调，这次商约谈判，没有权势相逼，凡是要和衷熟商，以期求益防损，不应急着议定商约。"应乘时将向来不妥之处改正，不留日后参差地步。"[1]

　　赫德提交给外务部的应对节略，可谓用心良苦，加上前述 6 条建言，体现了他此时维护中国权益的心情，因而赫德的意见也就成了以后中方代表谈判的指南。在此后的谈判中，赫德这个"权宜会办"继续发挥顾问角色的作用。外务部和盛宣怀也就英方所提要求、免厘加税、邮政条款、推广关栈、存票、推广镇江章程、内港行轮等问题上向其提出咨询。

　　在免厘加税问题上，英国政府的愿望是迫使清廷取消厘金，借此扩大贸易特权，获取更多的在华经济利益。1902 年 2 月 11 日，外务部将盛宣怀关于加厘免税的两电函寄赫德，询问赫德的意见。

　　赫德把厘金问题看作这次商约谈判中"大多问题依赖的最为重要的问题"。为什么这么说呢？因为赫德明白，在清廷的官员中，地方实力派张之洞、刘坤一等人虽然赞成整顿厘金，提高进口税，降低出口税，但是又担心厘金全免会导致外商竞相深入内地，冲击中国商人的生计和商利，并损害地方财政。

　　早在 1901 年 10 月，中英决定进行商约谈判之时，赫德就感到厘金问题将成为"大多数问题依赖的最为重要的问题"。赫德曾问戴乐尔："厘金要继续吗？如果废除厘金，那么用什么来代替才能

1　中国近代经济史资料丛刊编辑委员会主编《辛丑和约订立以后的商约谈判》，第6页。

真正弥补中央和各省政府的损失呢？"[1]事实上，在这个问题上盛宣怀与麻凯也正在唇枪舌战。赫德认为，免厘需要谨慎，首要条件是加征之数必须足抵所许裁免之数。在查明所许裁免者有何出项之前，不能卒行定约裁免。否则，裁免厘金，则有害贸易。[2]

商约谈判，盛宣怀虽然不及赫德经验丰富，但是在税则问题上也是多次与列强有接触的。对于免厘问题，盛宣怀提出了进口税要增加至值百抽十五，但是，盛宣怀的意见遭到了麻凯的拒绝。麻凯仅同意增加进口税一倍即值百抽十。

这样，中英双方在免厘问题上又没有谈拢，即便是在海关任职的裴士楷也认为麻凯有些贪婪，他很担心商约谈判就此失败，给赫德写信说，麻凯将中国增税两倍的要求减为一倍，中国将不会考虑完全裁厘了。[3]

面对分歧，盛宣怀要求裁撤的所有厘卡里不包括盐和鸦片的厘卡，麻凯则说免厘就是要裁撤所有厘卡。裴士楷见二人仍然争执不下，建议既然英商不愿将进口税加至值百抽十五，中国或愿将进口税加至值百抽十二五，将出口税加至值百抽七五，并将出口税所加之二五，按年递减，二十年后减除尽净。对于裴士楷所拟免厘加税方案，盛宣怀言须再加商酌，麻凯表示英国政府可能会答应。

根据裴士楷的建议，盛宣怀拟定了新的免厘加税方案，主要是：进口税值百抽十二五，出口税值百抽七五，完全裁厘。按照盛宣怀所拟加税方案，修改税则后，进口洋货和免税物切实值百抽五，每年多征抽三百万。[4]裴士楷作了一个大致估算，如果按每年进口洋货值一亿七千二百万两来算，进口税值百抽十二五，则可收

1　[英]魏尔特：《赫德与中国海关》下册，第434页。
2　中国近代经济史资料丛刊编辑委员会主编《辛丑和约订立以后的商约谈判》,第7页。
3　中国近代经济史资料丛刊编辑委员会主编：《辛丑和约订立以后的商约谈判》，第66、67页。
4　王尔敏、陈善伟编：《清末议定中外商约交涉》上册，香港中文大学出版社1993年版，第76页。

税二千一百五十万两，除去海关的进口税八百万两，每年也可多得税一千三百五十万两；土货出洋价值按每年两亿零六百万两计算，值百抽七五，每年可收出口税一千五百四十五万两，减去原来出口税八百万两，加税后可增收七百四十五万两[1]；加税后，土货由此口运至彼口及复进口可多收二百九十万两；再加上常关多收民船加税约一百万两，各项合计约二千四百八十五万两，其中扣去进口货和出口货所收子口半税七十八万两，每年可多收二千四百万两，减除各省报部行厘、坐厘各项总和一千七百万两，尚多七百万，将此七百万抵补各省各项厘金外销数目，亦必有盈无绌，况厘卡全撤，商民如释重负，再切实开办印花税、营业税等，每年约可收数百万以至千万两。[2]

但是，这个方案仍然遭到各方的否定。清廷坚持原来态度，给盛宣怀下达指令说："过境厘金全免而于产地销场酌量加收统捐一次，即畅行无阻"，但免厘加税额度必须"加数足抵免数"[3]。本来，麻凯就对盛宣怀的方案持否定态度，现在清廷这番态度，麻凯自然不能接受，他表示不能接受盛宣怀的任何加税建议。

1902年5月13日的免厘加税会议上，双方的分歧让麻凯大动肝火，进而开始向盛宣怀施加压力。会议之初，盛宣怀就免厘加税问题拟定了一个《免厘新章》。《免厘新章》要求英国必须同意将进口税加至值百抽十五，出口税值百抽七五，其进口货加税额度较盛宣怀之前的方案又提高2.5%，并且《免厘新章》只同意对进口货和出口货免除厘金，内销土货只免行厘，仍抽坐厘。[4]

麻凯看了这个《免厘新章》头摇得像拨浪鼓，连称不能接受，并表示如果中国在免厘问题上不肯让步，他将结束谈判回国。虽然

1 王尔敏、陈善伟编：《清末议定中外商约交涉》上册，第135页。
2 王尔敏、陈善伟编：《清末议定中外商约交涉》上册，第76页。
3 谢振治：《赫德与1902年中英商约谈判》，《经济与社会发展》2008年第6期。
4 王尔敏、陈善伟编：《清末议定中外商约交涉》上册，第78页。

这又是英国人的要挟伎俩，但盛宣怀明白，如果麻凯终止谈判，免厘加税问题留待各国与中国共同谈判，那么对中国危害更大，因此好言劝说麻凯不要回国。面对盛宣怀的劝说，麻凯则表示："除非照我原来提出的意见进行改革，并在通商口岸权利、内地居住、内港行轮和矿务铁路章程等问题上令我满意，我对于任何加税的建议都不能考虑。"麻凯还具有威胁意味地说，如果不能完成商约谈判，那么，英国只有按照《天津条约》第二十八款中规定的行事了。即：要求中国"公布货物在内地应纳税银实数以及路上经过厘卡的清单，并对领有子口税单的货物一律免征任何内地税捐"[1]。

　　面对胁迫，盛宣怀在 1902 年 6 月 27 日照会麻凯，阐述了中国对子口税的观点："进口洋货和出洋土货完纳子口税并领有子口税单后免除其他内地税捐的范围，只限于由进口口岸至到达地或由采购地至出口口岸之间……总之，子口税单伴随货物期间，该货可以免纳当地税捐。但土货领取税单以前，洋货缴销税单以后，有关货物就必须照纳当地一切应纳税捐。"盛宣怀批驳麻凯对于《天津条约》第二十八款的解释，引用了赫德《子口税论》一文中的观点。赫德在《子口税论》中引用当时 (1858 年) 英国外交大臣克拉伦登和驻华公使阿礼国对英国商界的答复。克拉伦登说："政府认为，洋货进入流通和消费过程以后，以及土货在洋商采购以前，中国可以在口岸或内地征收任何税捐。法律上并没有不许这样做的规定。"阿礼国说："不论在口岸或内地，货物一离洋商之手，就要同中国货物一样照完中国当局征收的任何税捐，这是英国政府对于各该条款的正式解释。"[2]盛宣怀的照会，有理有据，使得麻凯的胁迫态度有所收敛。

1　谢振治：《赫德与 1902 年中英商约谈判》，《经济与社会发展》2008 年第 6 期。
2　中国近代经济史资料丛刊编辑委员会主编：《辛丑和约订立以后的商约谈判》，第 14、15 页。

　　此后，麻凯又要求将增开商埠和免厘加税同时讨论，提出将北京、长沙、成都等十处增辟为通商口岸。对此要求，盛宣怀有电询赫德意见，赫德要盛宣怀向麻凯表明："与其由议约而开通商口岸，不若自开之商埠可留自主之权。"[1]麻凯不解如何自开，赫德遂以清廷得名义拟定了自开口岸的四项章程。大致内容是："凡船进出起下货物、报关遵验、纳税领单一切事宜，均照通商口岸新关一律办理，洋商租界船只泊界，均由地方官自定。各国商民同住一总租界，其界内各事应由地方官督同商会董事料理。其修筑码头、街道及巡街各事宜，均由地方官自行办理，俾不失自主之权。"通过艰难的谈判，最后达成："照江宁、天津条约办理，将湖南之长沙，四川之万县，安徽之安庆，广东之惠州、江门开为通商口岸。"但规定"凡各国人在各通商口岸居住者，须遵守该处工部局及巡捕章程，与居住各该处之华民无异。非得华官允准不能在该通商口岸之界内自设工部局及巡捕。"另外还规定，"如裁厘加税不实行的话，这些口岸——除江门外，英国不得索开。"[2]这个章程经往复交涉后，最终达成了1902年商约的签订，其核心是以免厘加税为核心的第八款。

　　免厘加税问题达成一致后，在赫德的建议下，邮政条款、推广关栈、存票、内港行轮章程等问题也很快达成一致。1902年9月5日，盛宣怀和麻凯代表各自的国家签订了《中英续议通商行船条约》，条约共十六款，在免厘、统一币制、增开通商口岸、广东开放"暂行停泊上下客货之处"与"上下搭客之处"等等达成一致。以这个条约为蓝本，美国、法国、德国等各强国也与中国签订了商约。

　　需要指出的是，中英商约谈判，赫德虽然没有直接到上海投身到与麻凯的直面谈判。但赫德从开始议约到商约的签订，整个过程都在关注、并提出建议，有力的推进了谈判的进行。他在开议前提出六条建言，针对麻凯的 24 条提出应对节略，再到提交给海关银两转换为金单位备忘录、免厘加税中的建议等等，无不显现赫德影子。

出于对维护自己和海关地位的利益出发，赫德也努力维护中国利益。也正是因为这样，在中英商约谈判中，他的建议常常遭到质疑，使得他在中外交涉的影响力大不如前。在庚子之后，随着袁世凯、盛宣怀等一批懂外交、懂实务的新生力量的崛起，清廷也对赫德不再那么看重。这一点赫德也看在眼里，他说，"税则修订方案有一个时候到了英国人手里；现在要看其他国家是否同意……因为有'最惠国'条款的关系，这将给别的国家的一切修订税则的工作带来一些困难。天津的临时政府已停止工作，中国总督袁世凯将于 8 月 15 日在那里恢复工作。两年来没有一个中国官吏敢在那里露面之后，这将是一个巨大变化。牛庄应该跟着这样做，到那时候各口岸将再次趋于正常。不知怎么地，中国似乎已不同于往昔，一切都已变了。"[1]此次商约中虽然也具有侵略性和不平等性，但责不全在赫德。

---

1 陈霞飞主编：《中国海关密档：赫德、金登干函电汇编 1874-1907》第七卷，第 389 页。

晚清官场的洋大人

第 2 部 改革篇

李书纬 著

SPM 南方传媒 ｜ 广东人民出版社
·广州·

图书在版编目（CIP）数据

晚清官场的洋大人 / 李书纬著 . — 广州：广东人民出版社，
2019.6（2023.7 重印）
ISBN 978-7-218-13344-7

Ⅰ.①晚… Ⅱ.①李… Ⅲ.①中国历史—清后期—通俗读物
Ⅳ.① K252.09

中国版本图书馆 CIP 数据核字 (2018) 第 299468 号

WANQING GUANCHANG DE YANGDAREN
晚清官场的洋大人
李书纬　著

出 版 人：肖风华

策 划 方：时光机图书工作室
责任编辑：钱飞遥
责任技编：吴彦斌
出版发行：广东人民出版社
地　　址：广州市越秀区大沙头四马路 10 号（邮政编码：510199）
电　　话：（020）85716809（总编室）
传　　真：（020）83289585
网　　址：http://www.gdpph.com
印　　刷：三河市华东印刷有限公司
开　　本：890 毫米 ×1240 毫米　1/32
印　　张：34.25　　字　　数：885 千
版　　次：2019 年 6 月第 1 版
印　　次：2023 年 7 月第 2 次印刷
定　　价：98.00 元（全二册）

如发现印装质量问题，影响阅读，请与出版社（020-87712513）联系调换。
售书热线：（020）87717307

目 录

第一章

"助剿"后的改革

1. 常胜军，散了的"宴席"

戈登率领的常胜军自攻陷常州后，不言再战的戈登面临着部队被解散的命运。一方面是太平军力量被瓦解，常胜军的作用已处于从属地位；另一个方面是由于英国军官为清廷服役的立场已经改变。

常胜军攻克常州后，除了协同清军攻打南京外，基本上没有什么任务了。虽然在这之前，李鸿章向曾国藩提议过，让戈登帮助攻打南京的太平军，但面对太平军日益败落的局势，曾国藩和他的弟弟曾国荃并不想让军功落入他人之手，因而反对常胜军的支援。另外，继常州之后，金坛也很快在清军的打击下宣告陷落。在太平军苟延残喘的丹阳，由于出现了类似苏州的叛降事件，守将被他们的士兵所杀，丹阳也于 5 月 13 日被清军收复。除了被清军包围的湖州和南京外，江南的其他地方都已沦入清军之手。

面对太平军势力严重萎缩的局面，既然南京和湖州都不需要戈登出兵援助，李鸿章便开始考虑常胜军的去留问题。

李鸿章明白，当时他培养的淮军正在装备近四万支的欧洲步枪，再加上他组建的炮兵队，他的军队完全有能力抵御太平军有可能发起的反扑，而保留常胜军却需要继续支付巨额的军饷和军需，而他的军队也同时面临着财源困难的问题。这样一来，常胜军的继续存在的确是一个很大的难题。李鸿章派丁日昌前往戈登处，商讨解散常胜军事宜。

在与戈登的谈话中，丁日昌向戈登说明了李鸿章的观点和看法。李鸿章要丁日昌向戈登表明，目前常胜军每月的开支很大，江苏方面实在穷于应付。况且按照英国内阁的决定，由于李鸿章在苏州杀降事件以及镇压太平天国的日益接近尾声，英国政府已经决定撤销准许戈登继续为大清帝国政府服务的命令，这意味着戈登也必须从常胜军中离职。

李鸿章要丁日昌向戈登表明，万一戈登离职，再选派一个新的常胜军统领，他很担心出现一个像白齐文那样的人物而难以控制，因此李鸿章建议解散常胜军。

解散常胜军是一等一的大事，戈登认为应该征询驻华公使卜鲁斯和英国驻上海陆军司令伯朗的意见，与他们磋商。但当时伯朗与卜鲁斯都在香港，听取他们的回信需要相当长的时间，于是戈登像作战时一样果断地作出决定，自己负责起来，不再与布鲁斯与伯朗磋商。

对于解散常胜军，戈登很认同李鸿章的想法。他经过深思熟虑，认为如果让常胜军继续存在下去，那是极端危险的，因为在这样一支中外混合的队伍里，新的统领保不齐会出现背叛朝廷、投靠太平军或者成为中国第三势力借重的力量，那样中国将旷日持久地陷入战争和混乱之中。因此戈登同意李鸿章的观点，并让丁日昌转告李鸿章，他同意解散常胜军。

对于解散常胜军，戈登认为应该说做就做，不能拖延，以免坐失良机。这一路来，戈登的军队也历经几次动荡，战斗中伤亡惨重，士气有些低落了。现在既然战事将停，他认为假如对将士们加发恩饷，妥善做出安排，将士们还是愿意离开的。反之，如果任由事情拖延下去，将士们无事可做，如果他们不能重新上战场，甚有可能会生出别的事端和变乱来。

李鸿章听了戈登的建议，表示答应对士兵和军官一律加发恩饷，李鸿章还通过海关总税务司赫德向戈登表明，他打算奖励戈登一笔巨款作为对其功绩的一种酬谢。对此，戈登像当初拒绝接受奖励他白银一万两一样向赫德表示，他不会接受这样的酬谢。这不由得使李鸿章对戈登心生敬意。

根据戈登的建议，常胜军在回到昆山后，李鸿章都为他们加发了恩饷。常胜军各步兵团上校和负伤的军官每人4000元鹰洋，德国人沙穆罗斐尔上校因为在攻打苏州时失去了双眼，得到了7000元鹰洋的奖金。至于未受伤的士兵，除了发一个月恩饷的奖金外，李鸿章根据他们的路途远近都加发了回乡的路费。

常胜军的恩饷是6月1日补发完毕的。奖金全部发放完毕后，外国官兵全部被送到上海等待回国，而中国士兵则各自返回自己的家乡，常胜军中的所有武器弹药都缴回到淮军的军需仓库。

当然，也根据戈登的建议，对于常胜军中少数优秀军官和士兵则补充到李鸿章的淮军中去。主要是炮队600名士兵，由罗荣光统带；常胜军士兵300人由李恒嵩统带。保留这些人员主要是为加强李鸿章的淮军训练和洋炮队的实力，至此宣告了常胜军的正式解散。

但是，当时的驻上海领事巴夏礼对解散常胜军持相当排斥态度。他认为出于对上海的安全考虑，要解散这样一支队伍至少应该跟他商量才能做出决定，还应知会驻华公使卜鲁斯，而不是由李鸿章与戈登先斩后奏地擅自做出决定。

事实上，在攻克常州后，戈登就给巴夏礼写了信，表达了解散常胜军的想法。对此戈登解释说，赫德认为要解散常胜军有些困难，"尽管他也认为要求其他官员参加是十分必要的。你可以考虑一下这件事情吗？如果在我解散了兵力之后，起义军还继续前进的话，我觉得自己是有责任的。所以，在这么做之前，我必须熟悉南京的情况和事态的发展。无论如何，一切将在9月份结束"。[1]

对戈登想要解散常胜军的想法，巴夏礼表示感到不解。他认为驻华公使卜鲁斯得此消息后也会极力反对，他在给戈登的回信中说，"你说在解散兵力的时候，会非常谨慎地行事"，"我恐怕不会赞成解散的决定，因为我相信一旦麻烦得以解决，大清帝国的人很难信守诺言。南京现在还没有到手，昨天从汉口来的一个朋友通知我，河南起义军的大部正准备穿过北方省市向南京进发。就中国目前的情况来看，事情会向什么方向发展还很难说。你已经为这件事出了很大力，但还有很事情需要解决，残存的起义军势力很可能会死灰复燃。如果他们联合起来，就会形成新的力量"。[2]

巴夏礼给戈登回信后，也立即给李鸿章写了封信，措辞相当激烈，抱怨不该才刚刚收复苏常之地就解散常胜军，这样上海可能会重遭太平军的反扑。巴夏礼在信中说，常胜军这支武装力量的组成，最初是为了保卫上海及其周边30英里的安全，让戈登负责这支力量就是这个目的，而且这是由李鸿章与士迪佛立将军签订协定确定下来的，因而戈登在1863年1月指挥了英国的军队。协定的取消不可以是单方面的，必须取得双方的同意，因此只要任何起义者手里还有武器，保护上海的目的就没有最终达到，这支力量就应当继

---

1 [英]斯坦利·莱恩·普尔、弗雷德里克·维克多·狄更斯：《巴夏礼在中国》，第316页。
2 [英]斯坦利·莱恩·普尔、弗雷德里克·维克多·狄更斯：《巴夏礼在中国》，第317页。

续存在。[1]

李鸿章收到巴夏礼的信后,于5月23日给巴夏礼复信,信中阐述了常胜军建立之经过和目的,现在战争即将告终,常胜军的存在实在没有多大意义;他率领的淮军已经有足够的实力来保卫上海。至于巴夏礼所说的解散常胜军是擅自决定,李鸿章在复信中则予以了解释:

> 裁撤常胜军之措施,系出自戈登总兵之深思熟虑,绝非本抚之密谋策划,彰彰明矣。然而该军久经戎行,本抚雅不愿未经预告而遽行裁撤,建议酌留炮兵队600名、步兵洋枪队300名、'海生'号轮船全班定员,相当于该军总额之三分之一。凡属遣散之外国军官,按其功绩之大小,给予优厚之酬劳;而对中国兵勇,亦同例发给适当之恩饷。因此裁撤之措施,经戈登与本抚秉公考虑商定,务求其妥善合理而切实可行"。[2]

对于巴夏礼所担心的上海的安全问题,李鸿章则在复信中说:

> 而今苏常一带敌氛已扫数廓清,刻下逆贼仅盘踞金陵、湖州两城,与上海相距数百英里,四乡且驻有头等劲旅,阁下大可不必为此而惴惴不安也。来函所提亟应采取措施,保障上海未来之安宁与平静,此点本抚早已考虑及之,并已付诸实施。若以为只有戈登之常胜军是可靠之力量,而成千上万的久经战阵的官军,则全不足恃,此种说法实属一偏之见。

1　[英]斯坦利·莱恩·普尔、弗雷德里克·维克多·狄更斯:《巴夏礼在中国》,第318页。

2　北京太平天国历史研究会编:《太平天国史译丛》第三辑,第308页。

戈登深知战况之内情，阁下不妨向其询问底蕴。同时本抚重
申，并无将该军全部裁撤之意。本抚将为维护常胜军之声誉
而保留适当之数额"。[1]

在给巴夏礼的复信中，李鸿章还重申了裁撤常胜军是因为英国
国内政策变化的情非得已。李鸿章说，"报载英国女皇陛下取消
1862年敕令之消息，禁止英国水师、陆军军官为大清国服役、担
任教练或统领等职务。假若该项消息属实，本抚认为贵国驻北京或
上海之军事与外交当局，不能不予以懔遵。只要戈登愿意将该军裁
减，本抚无法坚持以保留，强令英国军官统带之也。阁下所提各
项意见，本抚已给予极大之关注，良以所负责任綦重，又无人为之
分担，本抚深愿贵我两国对应运而生之事项，双方通力合作，本抚
绝不固执意见，致招危机。本抚认为，即已洞悉常胜军之内部情况
及当前叛乱之局势，似宜趁戈登总兵告退之时机，妥为安排该军之
裁减，敬希察照"。

巴夏礼看了李鸿章的复信，感到无话可说，只好给在香港的卜
鲁斯写了封信，希望卜鲁斯能够向清廷及李鸿章施压，阻止这一行
动。巴夏礼在给卜鲁斯写信之时，解散常胜军的行动正在进行。卜
鲁斯在写给巴夏礼的回信中申明，他会支持戈登的决定，他并准备
执行国会在3月4日发出的命令（命令表示撤回允许英国军官帮助
帝国政府的决定）。[2]

巴夏礼看了这样的答复，只好同意裁撤常胜军。常胜军解散后，
李鸿章于1864年6月14日给清廷上了一个奏章，谈了裁撤常胜军
的情况：

1　北京太平天国历史研究会编：《太平天国史译丛》第三辑，第310页。
2　[英]斯坦利·莱恩·普尔、弗雷德里克·维克多·狄更斯：《巴夏礼在中国》，第
317页。

常城克复，即将洋枪队调回昆山，派令丁日昌前往会商撤遣，戈登意甚欣悦。乃臣于十五日（同治三年四月十五日）根据巴夏礼申陈，以议裁常胜军一事必须知驻沪英官转禀驻京公使查核办理。并据赫德来函谓苏省虽已肃清，金陵、湖州两处贼窜可虞，引咸丰十年以前之事为戒，极言常胜军不可遽裁，譬喻百端，戈登似为所动。丁日昌等往复开导，忽迎忽拒，尚欲迎合巴、赫二人之议，留炮队六百名，枪队一千余名。丁日昌复探其情，谓之曰：尔在中国助剿功成回国，中外传名，不及此时裁撤，将来接带者倘如白齐文之类闹出事端，岂不为尔声名之累？巴夏礼、赫德系局外人，方以为常胜军为十分可靠，故不肯遽裁。尔何不将此军近日不能得力实情自与剖论，免得自己声名为他人所累。戈登深以为然，即于十七日夜驰赴上海。其时赫德已北上，遂与巴夏礼再三辩论，巴夏礼始得释然。惟以上海要地，请由臣酌派得力兵勇驻守，属戈登转达等情"。[1]

恭亲王奕䜣看了李鸿章的奏章，即以总理衙门的名义给驻华公使卜鲁斯发了一个照会，照会如李鸿章所言，申明了裁撤常胜军的原因，并对戈登自协助清军镇压太平军以来所取得的功绩予以肯定，表示已接受李鸿章所请，对戈登予以嘉奖。恭亲王的照会中，还附加了清廷嘉奖戈登的上谕，上谕说：

前因权授江苏省总兵戈登带队助剿，协克常州，降旨赏加提督衔并颁给旗帜、功牌，以示优异，仍俟将常胜军部署

---

1 茅家琦：《太平天国与列强》，第281、282页。

妥协，再由李鸿章奏请嘉奖。兹据李鸿章奏，戈登部署所带之常胜军甚属妥协，请旨嘉奖等语。戈登自上年春间会带常胜军，协同官兵攻克福山，解常熟之围。又克复太仓州、昆山、吴江各县及苏州省城。本年克复宜兴、溧阳县，并击退杨库窜贼，攻克常州府城，迭著劳绩。兹复将常胜军布置妥协，俾克经久利用，不但始终奋勇出力，且能深明中外和好大体，殊堪嘉尚。戈登著赏穿黄马褂，赏戴花翎，并颁给提督品级章服四袭，以示宠荣。[1]

人在香港的卜鲁斯接到恭亲王奕䜣关于裁撤常胜军、嘉奖戈登的照会并没有立即给奕䜣复照，而是给英国外交大臣罗塞尔写了个报告，也请求英国政府对戈登的功绩予以表彰，卜鲁斯在给罗塞尔的报告中说，"恭亲王殿下请求女皇陛下政府表彰戈登的功勋。该项行动出于清帝国政府的自动而采取的，戈登少校异常值得女皇陛下的嘉奖"。卜鲁斯为什么要答应恭亲王的请求，而对戈登进行奖赏呢？卜鲁斯在报告中补充说，"除了他所表现的作战技能和勇敢外，他的超越个人利害得失的大公无私精神，提高了英国民族特性在中国人心目中的地位。他不但谢绝任何金钱报酬，而且花费了比他的薪金更多的资财，以便帮助提高部下军官们的生活条件，并且减轻那些从压迫者奴役下解救出来的挨饿的平民百姓的痛苦。确实，那迫使他在苏州陷落后再度参加作战的感情，纯粹是出于人道主义的精神，他力图拯救那些屡遭此次残酷内战的苦难而被收复的各地区的平民百姓"。[2]

卜鲁斯的报告说得很冠冕堂皇，丝毫没有提及常胜军在英国的参与下，实际上也起着保护外国利益的作用，英国女王心知肚明。

---

1 《筹办夷务始末（同治朝）》（第三册），第 1105 页。
2 北京太平天国历史研究会编：《太平天国史译丛》第三辑，第 306 页。

8

那么英国国内接到卜鲁斯的报告,对于裁撤常胜军,奖励戈登是什么态度呢?女王政府接受了卜鲁斯的建议,对于裁撤常胜军一事也予以接受,因为英国政府不愿在这个问题上违背前说而损害英国的在华利益,女王政府再次下令,"不许英国军官在清政府的军队里服务"。这样,常胜军终于解散了。

常胜军解散后,遵照李鸿章的奏请,清廷对戈登的功绩予以了表彰,赐封他为提督荣誉军衔,并赏赐加穿黄马褂。黄马褂是戈登最为期待的荣誉,他谢绝了其他的一起赏赐,唯独对这件黄马褂情有独钟。对此荣誉,尽然中外议论纷纷,但戈登曾经得意地说,"中国人极力阻挠我获得它,但我说或者给我黄马褂,或者什么也别给,他们终于屈服了"。[1]

对于这件黄马褂的制作,恭亲王奕䜣认为将来戈登回到国内"必将极力夸耀,侈为美谈"。因而交由总理衙门亲自制作。黄马褂制成后,恭亲王奕䜣邀请驻华公使卜鲁斯观赏,"该使亦深为啧啧钦羡"。[2]得到黄马褂的戈登回到英国后还经常穿在身上,尽管他依然过着清贫的生活,但他仍然乐此不疲地沉浸在天朝所赏赐的这份独特的荣誉之中。

2. 作为军事改革顾问的戈登

常胜军解散后,戈登并没有立即离开中国,而是在李鸿章的慰留下,扮演了一个军事改革顾问的角色。李鸿章为什么这么做呢?在镇压太平军的行动中,李鸿章目睹了常胜军作战胜利的关键因素,一个是武器的先进,二是军队的训练有素,因而很希望戈登留下来帮助推动他蓄谋已久的军队改革。老实说,戈登自统领常胜军之始,即以一个军队领导者和改革者的身份出现在李鸿章的面前。

1　[美]史密斯:《十九世纪中国的常胜军:外国雇佣兵与清帝国官员》,第200页。
2　《筹办夷务始末(同治朝)》(第三册),第1187页。

1863 年 3 月末戈登继白齐文、奥伦之后成为常胜军的统领时，他所面临的是一支怒气冲冲、难于控制的军队。戈登到任后，开诚布公地向他们表明，他无意开除任何人，只要将士们表现良好，他就会设法精心维护他们的权益。

戈登用这种方式使得士兵们对他表现了暂时的接纳。随着福山港、常熟等战役的胜利，他在士兵们中间渐渐赢得了尊重。他曾经在给母亲的家书中写道，"我的部下……士气旺盛，愿意赴汤蹈火。我认为在我任指挥的短暂期间，他们已建立起信心。"[1] 戈登甚至公开宣称他要"迅速全面引进英国的制度"。

到了 5 月间，他更是自信地说，"对于现在这样管理军队"看不到有"任何困难或障碍，只需在执行职务的方式上做一些较小的变动"。

那么，戈登所讲的"英国的制度"，是什么呢？将其涵盖到戈登的改革中来，对这一含义做出明确的定义较为困难，但大概可以理解为英国军队的严格纪律和正规的管理方法，而不是固定的军事组织模式。戈登认为，华尔后期领导常胜军军纪和管理方法是严明的，但是到了白齐文和奥伦时代出现了明显的缺点，军纪涣散、缺乏合作的凝聚力，使得常胜军在这期间都处于不稳定、混乱的状态。他承认常胜军在一定程度上受制于江苏巡抚，但军饷的发放应该由清朝中央来管理，而不是李鸿章之流根据个人的好恶，反复无常地任意支配。他认为"阿思本事件"的当事人阿思本的建议很好，常胜军的指挥官也应该由清廷来任命，这些建议如果清廷能够采纳，将有助于使清军向中央集权化和军队的现代化方向发展。

关于军饷由谁来支付的问题，戈登并未着手急于解决，而是给李鸿章留下良好印象地努力削减军饷。比如说，每夺取一座城池或

---

1 ［英］伯纳特·M.艾伦：《戈登在中国》，第 51 页。

者战役中取得胜利,按华尔时代的惯例,江苏巡抚或上海地方都会给予一定额度的奖金作为犒赏。但是戈登自上任以来逐渐打破了这一惯例,不再收取赏金,并且戈登自上任后即开始着手整顿常胜军的财政管理制度,并尽可能地使之与西方的财政管理制度相一致。

戈登所做的这些改革很得李鸿章的赞赏,称赞他"恢复了军队的组织,组建各团队,使日常与非日常开销井井有条,他希望训练我们的军队并节省我们的钱财"。到 5 月初,戈登已颇为得意地写道:常胜军出现的新变化,李鸿章愿意保证他(戈登)将获得他(李)认为是"正当的要求"的一切。[1]

对于发饷的问题,戈登虽然未实现由清朝中央来发饷,但是他也进行了改革。华尔在世时,军饷是每半个月支付一次,戈登改为每个月支付一次。戈登的军需官也不是华尔时代的任人唯亲,而是由松江地方官贾益谦兼任,这是一位非常尽职、诚实可靠又很廉洁的人。再者,戈登任期内对于饷银都是用墨西哥元作为军饷,代替了原来的银两支付,这样做当然是尽可能地减少军队中的盘剥和滥用资金。

在军纪问题上,戈登也在努力进行改革。比如为了提高常胜军的战斗力,规定了禁止吸食鸦片,禁止营地士兵饮酒,违者即被开除。此外,还更改了华尔时代每攻取一地允许士兵们掠夺的恶习。规定,抢劫即被处死。戈登还试图建立比其前任时期更有效、更公正的纪律制度。他授权常胜军各团,制定了惩罚各团士兵一般过错的规章制度,只有大的过错才上报戈登,此举既规避了上海地方对常胜军事无巨细的过问,也使得各自拟定的军纪得以有效地执行。

但需要指出的是,在戈登时代,英国增强了对这支军队的影响力。虽然根据李鸿章与士迪佛立签订的《统带常胜军协议》,李恒

---

1 [美]史密斯:《十九世纪中国的常胜军:外国雇佣兵与清帝国官员》,第 161 页。

嵩与戈登共同拥有对这支军队的管理权，但这两个搭档与华尔时代的杨坊与华尔不同。杨坊掌管着军队的财权，对军队有着一定的影响力，但李恒嵩在管理方面的作用并不突出，说白了，戈登认为李恒嵩是个"有用的傀儡"。李恒嵩书写快信、带领军队，在清朝官员过问常胜军事务时，还充当缓和、酬应的角色，但他决不介入诸如纪律、军官任命之类的事。

增强英国的影响力，戈登很希望更多英国军官加入到常胜军中来，这种想法事实上也得到英国国内的支持。1863 年 1 月 9 日，英国内阁会议同意英国在华军官到常胜军中服役，但须辞去英国的军职而领取半薪。戈登很满意这样的安排，因为这减轻了他在军队管理与英国干预等方面的压力。1863 年 5 月 10 日，戈登在日记中写道："一天到晚我的时间完全耗费在各种工作上，因为除了领导军队，我还要指导军官、教育士兵、组织部队。但我们相处融洽，我身边的英国军官里有不少好助手。"

在加入常胜军的英国军官中，让戈登引以为傲的是他的助理军医莫菲特。莫菲特也是一名英国人，在第二次鸦片战争中来到中国。据戈登讲，莫菲特是一名出色的军医，他"极为熟悉自己的工作，除了鼓励外他什么也不需要，他的名字和医术将在江苏流芳百世"[1]莫菲特管理下的常胜军医务部门管理十分井然有序，不仅为常胜军官兵服务，对驻地的百姓也积极地提供医疗服务。

以此为蓝本，戈登也很想改变中国人对英国人的不良印象。因此戈登既要形成军队的核心凝聚力，又要放权管理，他开始注重英国人的加入，英国方面也乐于更多地援助常胜军，因为常胜军更多地代表着英国的利益。在戈登时代，英国在人数、物质方面的援助对常胜军在战斗和改革中起着重要影响，对此，士迪佛立和后来的

---

1 [美] 史密斯：《十九世纪中国的常胜军：外国雇佣兵与清帝国官员》，第 162 页。

伯朗都曾向李鸿章表示：英国在华部队将为戈登以及常胜军的战斗和城市协防提供援助。

戈登后来也承认，这一倡议对常胜军的帮助是有价值的。当时的《香港日报》甚至说："夺取苏州应该很大程度上归功于伯朗将军，正是因为他向常胜军提供了大炮和弹药，保持通讯联络畅通，将 30 英里半径区域划为战略要地并部署军队，使之成为作战的可靠基地。"[1]中外联合巨大的压力，才迫使苏州太平军向李鸿章投降。另外，在英国政府的批准下，从英军中选拔给戈登的攻城辎重队都对常胜军的胜利起到了重要作用。

戈登努力增加常胜军的英国影响力也使得英国外交官和海关官员不断地给予常胜军援助，这使得当李鸿章拨给常胜军的军需难以为继的时候，起到很好的缓和作用。比如说，英国驻上海总领事麦华陀让领事馆官员阿查立留在松江"在每月关饷时出面，……以便以个人名义……用自己的机智和口才"帮助中国政府。戈登增加英国人在常胜军中的影响力，也使得把持中国海关的赫德常常能够即时地帮助解决常胜军的一些需求，诸如提供翻译人员来帮助避免无法与清朝官员对话的困难。

在军队的管理中，戈登还有一个与华尔、白齐文、奥伦都不同的特点，就是对战场上的战俘也纳入自己的管理体系之中。因为战争带来的死伤以及士兵开小差造成了常胜军同当时清朝的其他军队一样出现高数字的流动率，这种情况下就有必要把那些战争中俘虏来的士兵纳入到自己的军队之中。

1863 年 5 月初的太仓之战，常胜军在这次战斗中遭受了很大的伤亡，死伤的人数占常胜军约 6%，战后戈登便将太仓俘获的近 700 名太平军编入到常胜军队伍中，为己所用，接下来在昆山、华

---

1 《香港日报》1864 年 11 月 15 日。

墅等战斗中都是如此。昆山之战后，由于大部分士兵丢下武器逃跑，加上伤亡的数字，以致常胜军兵力由3900人减少到1700人。对于那些逃兵，他们已经忘记了军人的第一天职是战斗，而被私利、抢劫的恶劣行径所左右，这是不利于军队的战斗的。因此戈登选择了放任那些逃兵离开，逃兵离开后，他请求李鸿章批准将昆山战役中所俘获的2000名太平军编入到自己的队伍中去。[1]

戈登把这些俘虏来的士兵纳入到自己的队伍中，并对他们予以优待，使得他们获得生命和尊重，而不是像李鸿章那样肆意杀降，也使得这些俘虏感恩戴德，在战斗中更愿意付出。1863年6月15日，戈登在给上海《每日航运商务新闻》的信函中曾经这样感怀地哀悼那些被俘虏的太平军士兵："上次战役中，我军俘虏了七百多名俘虏，现在都由我们雇用，其中有些甚至参加我们的队伍，自从被俘以来，一直跟叛军作战，只有一名例外。他企图引诱同伴们袭击哨兵，当场被击毙。如果设想本军士兵是不足取的，那就大错特错了。他们像任何国的士兵一样，在激烈的战斗中奋勇杀敌，但战斗一过，他们无拘无束地相互交往，好像未曾交过锋一样。……假若'观察家'和'目击者'以及他们的朋友'公慈'能够前来，探探他们的所见所闻，这就会比写出维多利亚主教所提及的那类报道要满意的多。"[2]

当然，在戈登对军队的改革中，他也像华尔后期那样重视中国人的加入，即士兵大都是中国人。军官为西方人这样一个模式。但戈登试图打造一支清一色的中国团队的努力，遗憾的是并没有取得有效的成果。造成这种局面的原因一来戈登并没有时间和精力全身心地投入他的这种尝试，当时戈登辟出一个团从士兵到军官全都是中国人，但是马格里在对他们进行训练时很快发现问题，这群中国

1 [美]马士：《中华帝国对外关系史》第二卷，第104页。
2 北京太平天国历史研究会编：《太平天国史译丛》第三辑，第242页。

14

人对这种模式并不热心。为此马格里劝说戈登不要再进行这种尝试，即便这些人由中国人自己指挥，即使他们"完美地掌握了……欧洲的技术"，但六个月的训练计划，这样短暂的训练时间训练出来的军队也只能是一群乌合之众；二来李鸿章认为常胜军体系下的清一色中国人团队仍有西方的影子，在军队建设中仍然要受到西方的影响和干预。现在，常胜军解散，但李鸿章从常胜军那里得到启示，组建洋枪、洋炮队，很多事情还要请教戈登，把戈登与马格里都视为淮军的"顾问"。对于常胜军的解散，英国驻上海领事巴夏礼反应激烈。在巴夏礼的鼓动下，戈登也大体同意他的观点，但是基于常胜军已经解散的现实，他并没有站出来反对李鸿章，而是对李鸿章尽量做到解疑释惑。正如戈登自己所言，"抚台甚至在最近遇到麻烦时常常就某些问题征求我的意见"。

李鸿章把戈登视为军队建设中释疑解惑的顾问，戈登也乐意这样做。但在对李鸿章军事建设的影响上，外籍官员中马格里要较戈登更为深刻。马格里与李鸿章之间常常会就外交事宜、军事改革、西方的一些新发明以及其他一些至关重要的事情，进行推心置腹的讨论，且一讨论就是若干小时。这可能是因为戈登的性格较为急躁，而马格里性格较为温和的缘故，所以李鸿章更乐意与马格里讨论有关问题。但即便如此，戈登并不嫉妒，他甚至坦白地承认，马格里在中国人面临许多困难时做了大量工作。然而这位英国指挥官不大愿意承认马格里在常胜军内部事务中所发挥的关键性作用。[1]

戈登一直希望通过自己的努力使自己的改革思想、战斗经验能够帮助到清军。比如说，在常胜军解散后，戈登立即随"小精灵"号船长史密斯来到正围困南京的曾国荃大营，戈登想"检查那里的实力，看望高地上的所有中国官兵，努力劝说他们让他带着自己的

---

1 [美]史密斯：《十九世纪中国的常胜军：外国雇佣兵与清帝国官员》，第206页。

攻城炮兵连……到南京来帮助他们攻克该城"。

戈登的愿望是美好的,但曾国荃婉言谢绝了戈登的援助建议,这使戈登有一种无奈。事后他抱怨说,曾国荃所率领的湘军宁可"用他们自己的方式作战而不愿接受任何变革。他们无视大炮的优势,认为靠他们自己就能攻克南京"。

戈登不相信曾国荃率领的湘军能做到这一点,但令人大跌眼镜的是,在戈登写下这段话不久,湘军用挖地道的传统方式竟然在1864年7月19日一举攻克了南京。

曾国荃甚至政坛大佬曾国藩之所以不接受戈登的援助,是不想与戈登分享已经唾手可得的军功。南京的胜利更使曾国荃感到西方武器和舰船在作战中固然有一定的作用,但也不是唯一的因素,这样的观点让戈登很是无奈,他也知道这是在中国,"应宽厚地对待清朝官员,有事要向他们解释清楚而不应强加给他们"[1],但他在谈话后离开时仍确信,既得利益、无知和忌妒严重阻碍着意义重大的军事改革。

曾国荃是如此,他的哥哥曾国藩也是如此,但李鸿章与曾氏兄弟在改革的观念上还是能够听进一些建议,但他仍然摆脱不了传统观念的窠臼。这一点戈登深有体会。

在同李鸿章的一年多直接接触中,戈登渐渐发现,对待中国的这些封建统治者所必须采取的态度和方式。他在给朋友的信中说:"我们所做的是强加给他们一种生活方式,并且强迫他们为这种生活付出很高的代价"。但"如果我们强迫中国人从事急剧的改革,他们必定以最执拗的顽强方法来对抗,而且在压力减退以后,又会恢复原状;而如果我们领导他们慢慢地改革,他们就会心悦诚服地听从支配"。"我现在很善于在向他们提出一种办法的时候,给予

1　樊百川:《淮军史》,四川人民出版社1994年版,第102页。

他们一定程度的接受或不接受的选择权，同时尽力避免提出与他们成见相冲突的办法。我已用这种方法领导他们改革了不少的事情"。"在我看来，改革必须是渐进的，最初还得是小规模的，并且必须由各省巡抚办理，而不是由北京政府那群顽固派来进行"。在"我所认识的中国人中，只有李鸿章比较热心改革"。"在我看来，李鸿章要算清帝国最杰出的人物，……在一般中国人中最具有进步的思想。因此，在李鸿章与其他满清官员竞争的时候，英国政府最好的政策是支持他"。[1]

正是这样，戈登不顾英国政府政策的限制，尽力地帮助李鸿章。在常胜军解散之时，李鸿章的洋枪队、洋炮队都建设得风生水起。李鸿章很想把那些从解散的常胜军中吸收过来的兵勇为自己所用，常胜军具有丰富的作战经验和过硬的使用新式武器的本领，如果让这些人训练自己的队伍，岂不是更好。再者，李鸿章在解散常胜军之时，反对解散的巴夏礼曾经到苏州拜访过李鸿章，对于解散常胜军之事，二人都作出了让步，会谈的结果：由戈登与巴夏礼出面帮助清军建立担负训练指导责任的军营，即后来的"凤凰山训练营"，使他们成为一个有纪律的实体，能担负起保卫上海、宁波等条约港的责任。这次会谈后，巴夏礼在给妻子的信中说明了此事："建立这一组织的第一步是成立指导委员会，英国军官应该教会中国军官欧洲军事训练和纪律的基本原则。李鸿章告诉我，如果能得到英国军官提供的帮助，他会建立这样的军营。我应当鼓励戈登来接受这项任务，他非常优秀，具有少见的敏感和特立独行精神。他去了南京考察那里的帝国军队的情况。尽管起义军已经撤离了附近地区，但我们并不能确定他们会不会再回来。李鸿章对他的军队胸有成竹，

1　樊百川：《淮军史》，第103页。

而我十分怀疑他们是否值得依靠。"[1]

巴夏礼写信征询戈登意见后,也在寻求驻华公使卜鲁斯和驻上海陆军司令伯朗将军的支持,他在 7 月 3 日的信中说, "我必须得到两位重量级人物的同意,这个礼拜天卜鲁斯先生和伯朗将军都来了上海。他们同意采取这样的方针,现在需要决定的是如何来执行。似乎只有少数军官有资格担负起这个重任。戈登自愿担起这一工作,他手下可能还有其他合适的官员,戈登看起来急于离开,他已经去了南京,接着准备去见曾国藩。在上海的时候,他一直和我在一起,他是一个贵族,但很敏感,特别有活力。他在这里的时候我们相处了很长时间。因为他是个害羞的人,我尽量一个人单独吃饭。我们闲谈中国的食物,我对我的工作很担忧,但还是认为他是个有用的人。现在是时候采取两个措施了,即成立裁判法庭和成立 3000 人的军营。这些都是大事情,因此,我的时间主要花在这上面。"[2]

当李鸿章向戈登说明这个计划时,戈登立即表示支持这个计划。在李鸿章的邀请下,戈登将那些解散的常胜军残留者召集起来,在青浦附近的凤凰山组织了一个"凤凰山训练营",这个训练营是当时许多由外国人训练的军队中得到清廷批准的训练营之一。当时由外国人训练的军队除了李鸿章的淮军外,还有清朝的八旗军和绿营兵,虽然说八旗军和绿营兵这时候所能发挥的作用已经很弱,但清廷并不想放弃他们,他们毕竟是王朝权力的象征。

有一点需要指出,不管是李鸿章的淮军还是清廷的八旗军和绿营兵,都是列强在华利益竞争而开展的项目;而在清廷方面,则希望通过对军队的近代化训练寻求自立的一种方式。凤凰山训练营就是在这样一种背景下设立的,既然列强想保护他们的在华利益,并

---

1 [英]斯坦利·莱恩·普尔、弗雷德里克·维克多·狄更斯:《巴夏礼在中国》,第319 页。

2 [英]斯坦利·莱恩·普尔、弗雷德里克·维克多·狄更斯:《巴夏礼在中国》,第319、320 页。

表现出十分的支持态度，特别是英国。

英国人对这个计划感兴趣的理由是多方面的，既有巴夏礼等人认为的常胜军解散后需要像戈登领导的常胜军这样一种军事力量来保卫上海，又有英国人制衡法国在条约港利益竞夺的设想。但是正是英国驻上海领事巴夏礼的态度，使李鸿章警惕起来。巴夏礼只希望凤凰山训练营存在的目的在于所训练的中国军队仅仅能够保卫上海，能制衡法国，增强英国在条约港的影响力就可以了，因为当时法国人还在上海附近保持着一个训练中国军队的小规模训练营（这些中国军队直到 1865 年中才归还给中国当局）。所以李鸿章责怪巴夏礼想"揽我兵权，耗我财力"。[1]

虽然如此，凤凰山训练营还是为其他几个外国人训练的项目提供了成功范例，英国公使很热心地表示愿意为这个计划提供一切可能的帮助，清廷总理衙门也保证凤凰山训练营将作为一个常设的机构得到运营。一位参与计划的英国军官曾这样写道：凤凰山将成为"中国的奥尔德肖特"。[2] 为使这个训练营得以正常运行，李鸿章与戈登协商后，专门从淮军中拨出 1300 名士兵充实到训练营中去，交由戈登进行军事训练。

对于凤凰山训练营，戈登努力迎合李鸿章的思想，尽管这遭到来自英方的压力。英方希望按照西方的意识形态来进行，戈登成为中西方之间的有效缓冲物。戈登知道中国的事情要一点一点去做，要潜移默化地去进行。在凤凰山训练营成立之前，李鸿章曾经提出保留一部分常胜军，其目的仅仅是利用这个炮团和一些外国军官来训练中国士兵更好地攻打残余的太平军，当时戈登草拟了迎合李鸿章思想的建立部队的条件。但是，戈登拟就的这些条件由于在中国军队内存在外国军官的多种情况，无法用统一的标准来界定，所以

1　[美]费正清、刘广京等编：《剑桥中国晚清史》下册，第 246 页。
2　[美]史密斯：《十九世纪中国的常胜军：外国雇佣兵与清帝国官员》，第 208 页。

条款便没有履行，到这个问题解决时，南京已被曾国荃率军以地道战的形式攻克了。不过这些条款却为后来限制外国干预凤凰山训练营提供了有用的蓝本。

1864 年 7 月，在李鸿章的支持下，凤凰山训练营正式开始运转。戈登任总教官，教习多为常胜军或中法联合编队的一些军官，士兵是从淮军中调拨过来的。戈登因为事务繁杂，只能"给这一训练计划比较多的照顾……而不愿担任指挥"。凤凰山训练营开始运转后，戈登曾经乐观地认为，这是中国军队走向现代化的开始，是实现军事变革的一个重要步骤，但是要完全实现目标尚需要大量的精力和时间。关于这一点，戈登也有切身的感受，他曾经在日记里写道，"在凤凰山训练营，中国人的训练非常枯燥，超出了我忍耐的限度，但这种努力是有效果的"，"从整体上看，士兵正在学会炮术。事实上全部方法对他们和清官员来讲都是新的。他们不明白当战鼓或印度手鼓的敲击节拍声向他们发出命令时，他们高声喊出这个命令是多么重要"。[1]

正如戈登所说的那样，凤凰山训练营在他的指导下，训练是有成效的。8 月底，戈登"轰轰烈烈地开展起"他的单兵、排、连和部分营的训练计划，而且可以颇为满意地讲他已有一两名"完美地"掌握了火炮技术的士兵。

当凤凰山训练营渐入正轨的时候，到中国已经五个年头、想回国看望自己母亲的戈登产生了挂冠归里的想法。当他做出这一决定时，也引起了李鸿章和巴夏礼的重视，选派新的总教习成为当务之急。按说，让谁去当这个训练营的总教习完全属于中国的内政，但英国驻上海领事表达了关切，戈登便促成了李鸿章与巴夏礼的谈判。谈判中，戈登建议，新的总教习到来后，训练营官兵在服装、军饷

1　[美]史密斯：《十九世纪中国的常胜军：外国雇佣兵与清帝国官员》，第 210 页。

和纪律等方面应尽可能地与清朝的其他军队相同。他认为，在凤凰山训练营的外国人应该只是教官而不是别的身份，而且他们应成为"充分地将这支军队维护好和支付军饷的保证人"。

这次谈判结束后，李鸿章不得不接受巴夏礼的提名任命英军的杰布中尉为凤凰山的新任总教习，在标明日期为 1864 年 11 月的一份协议中，巴夏礼接受了李鸿章的交换条件：即淮军将领潘鼎新应对中国官兵的任免、薪饷和装备享有完全的控制权；训练经费应从海关收入中拨款；杰布中尉的职责只限于训练和教课，包括监管也由中国人支付薪津的十五名外籍教官。对于这个协议，应该说巴夏礼与戈登都是比较满意的，戈登在给巴夏礼的信中写道："当然，李鸿章做了我们所要求的，然而是一种不愉快的方式做的。我希望能去沿海，赶上 11 月 29 日的邮船。有一件事情可以肯定，就是整件事留给你处理比较合适"。[1] 可是，杰布担任总教习后，很快被证明是一个不好的人选，他经常离营外出，而当他训练时他又按照英国步兵操典教条式地进行，毫不通融。虽然巴夏礼后来视察了凤凰山训练营，发现了杰布存在的问题，并提出了意见，但是杰布依然我行我素，并无改观。

1865 年 6 月，李鸿章奉清廷之命派步兵和炮兵到直隶边境阻止捻军的进犯。捻军是继太平天国之后的一支农民起义武装，虽然号称仁义之师，但在发展中不断地抢劫，骚扰华北和中原等地，特别是在河南的抢掠，助长了盗匪活动的气焰，使之更加猖獗。当然，他们的抢掠是因为不善于围攻有高大的城墙保护的城市，所以就满足于掠夺繁荣的集市和富裕的民宅。捻军不断发展壮大，也使得许多地方的盗匪也自称为"捻"，进行着更为频繁的抢掠活动。虽然捻军在发展壮大中从流动的打劫到也像太平军那样有意识地造反，

1　[英]斯坦利·莱恩·普尔、弗雷德里克·维克多·狄更斯：《巴夏礼在中国》，第320 页。

并给腐朽的清廷造成了一定震动和冲击，但随着太平天国的失败，清军开始对捻军全力镇压。1864 年，捻军失去在安徽北部的基地，"以掳掠为生"的生存方式以及散漫、纪律败坏等流寇主义倾向使得捻军沦为真正的流寇。这样，严重缺失民意基础的捻军在清廷的打击下只能悲剧地落下一个"土匪"式武装集团的恶名。

面对这样一个在华北地区四处流动作战的组织，担心危及王朝统治的清廷让李鸿章派兵对付强悍的捻军。虽然李鸿章派出了大量的淮军，但作战成绩并不理想，李鸿章便命令自己的属下潘鼎新从凤凰山训练营带领一整营，外加上在凤凰山受训的炮兵 1000 余人，北上配合清军担负起镇压捻军的重任。

按说，李鸿章的这一举动本属于中国内政，但是凤凰山训练营官兵镇压捻军的举动却遭到了驻上海领事巴夏礼的强烈抗议。巴夏礼坚持说，凤凰山训练营的使命是负责上海的防务。虽然李鸿章向巴夏礼做了妥协，同意以其他淮军取代凤凰山训练营的军队与捻军作战，但这一风波使李鸿章丧失了支持凤凰山训练营的热情，此后关于英国方面希望扩充凤凰山训练营的要求，一再被李鸿章驳回。

中英之间在凤凰山训练营问题上的分歧和矛盾，充分暴露了中西方利益点的差异。李鸿章命潘鼎新调用凤凰山训练营士兵镇压捻军事件发生一个月后，即以杰布不是一个合格的教官为由，要求英国将其调回。在英国被迫将杰布调回之际，李鸿章则示意丁日昌对凤凰山训练营立即做了人事安排，让戈登的老部下文滋坦利取代了杰布。文滋坦利是一个退役军官，他像杰布一样缺乏足够的权威；作为教官，他的授课和训练一样也不为官兵们所爱戴。巴夏礼坚持要求李鸿章应该任命一名英国现役军官，但遭到了总理衙门和李鸿章的反对，而作为驻华临时代理公使的威妥玛也不支持巴夏礼的这一要求。

中西方为了各自的利益在凤凰山训练营问题上的博弈，使得凤凰山训练营的处境在这之后每况愈下，士兵们平时很少进行实际的军事训练。不仅如此，凤凰山训练营的长官们还在发饷之日从各哨下级军官和士兵们的薪饷中克扣50元墨西哥鹰洋以中饱私囊；更为糟糕的是，由于军纪涣散，凤凰山训练营的许多士兵都染上了鸦片瘾。面对这样一群军纪涣散、桀骜不驯的士兵们，清廷不得不在1873年5月将凤凰山训练营撤销。虽然这期间遭到英国领事的抗议，但这个计划还是被停止执行。虽然如此，凤凰山训练营在前期的确训练出一大批淮军士兵使用现代化武器，这是戈登与李鸿章协心合作的结果。[1]

3. 戈登再度出山

1864年底戈登离华回到英国后，一直与李鸿章保持着书信来往，通过这种方式维系着他们在镇压太平军行动中逐渐建立起来的忠诚和友谊。在两人的书信中，李鸿章在1869年的一次回信预示着戈登将再一次接受清廷的召唤来到中国。当时李鸿章在给戈登的回信中说，朝廷"对外关系现已有更为令人满意的基础，因为每个国家都在关心它自己的事务。和平状态可能如你我同样十分希望的那样长期延续下去，不过一旦有必要诉诸武力，我在采取你所提出的预防措施之时仍殷切期待着你的帮助。"[2]

但是这个期待一等就是十年。当1880年中俄因为伊犁危机而很可能发生战争之际，李鸿章在给戈登的去信中说明了这一状况，戈登则在回信中说，非常乐于帮助李鸿章摆脱这种危机。

伊犁危机是俄国人在中国西北发动侵略的一个行动步骤。1871年2月21日，奉行扩张政策的沙皇亚历山大二世在他的皇宫里召开了一个特别会议，要求俄国军队做好强占中国伊犁的准备。当时，

1　[美]费正清、刘广京等编：《剑桥中国晚清史》下册，第246、247页。
2　[美]史密斯：《十九世纪中国的常胜军：外国雇佣兵与清帝国官员》，第213页。

被英国支持的中亚阿古柏势力已经占领了中国新疆吐鲁番盆地和乌鲁木齐，亚历山大二世感到软弱的大清无力收复失地，便认为这是向中国扩张的有利时机。经过积极准备，亚历山大二世在当年5月14日正式发出了占领伊犁的进军令。到7月4日，短短的一个多月，俄国军队便占领了伊犁。

俄国以阻止阿古柏势力为由，表示不允许任何势力和他国染指伊犁，并打算将伊犁地区长期据为己有，不断地排斥清朝对这一地区的统治与管理。而清廷希望通过外交途径来解决，1879年，清廷派出的谈判代表崇厚在俄国的胁迫下签定了丧权辱国的《中俄伊犁条约》，也就是通常所说的《里瓦几亚条约》，这个条约后面还附了一个新的《陆路通商章程》。

崇厚所签的《里瓦几亚条约》主要内容如下：大清国赔偿俄国代管伊犁期间的兵费500万卢布；伊犁西边霍尔果斯河以西、南面特克斯河流域和塔尔巴哈台地区斋桑湖以东的广大地区，划归俄国所有；此外，还准许俄国人设领事；俄人在中国蒙古进行贸易并且不必纳税等等。

当崇厚将这个条约的摘要寄到北京的时候，让恭亲王和总理衙门的大臣们大为吃惊，朝中的御史们更是议论纷纷，对崇厚一片指责之声。当时左宗棠率军西征阿古柏，连战连胜，阿古柏势力灰飞烟灭。而俄国还无理强占着伊犁地区拒不归还中国。面对交涉的困难，朝中的主战派们不断发出以军事手段收复伊犁的声音。一时间，中俄两国之间剑拔弩张，战云密布。

面对中俄战争的随时可能发生，一个现实的问题是在军事装备和军事改革上的不足，这些不足当然也影响着对俄作战能否取得决定性的胜利。虽然从第二次鸦片战争后开展洋务运动到此时已经进行了将近二十个年头，大清也得到了外国的一些先进武器，但清朝军队仍然缺乏系统性的指挥作战、战术经验，存在着军事训练、使用新装备人员不足的缺陷，也被新装备不足的难题所困扰。

伊犁危机发生之前，虽然李鸿章曾经信誓旦旦地说过，"一旦中国拥有两件东西——迫击炮和蒸汽船——西方人就不得不收回干预之手！"

然而，面对危机的发生，证明李鸿章的目光是短浅的，大清仍被缺乏相关的技术人员所困扰。李鸿章发现，不但在使用新武器方面，大清人才奇缺而且在训练甚至是指挥军队方面都存在问题，这种情况下很需要向戈登这样的具有系统的指挥作战能力又具有系统的战术训练的人来帮助清廷进行改革。实际上，凤凰山训练营这样的体系在戈登离开之前已经证明大清在外国人的帮助下改革是有成效的，但是大清的军事改革又是被动的。在十九世纪六七十年代，促使清廷接受外国参与的军事改革有两个因素：一个是"以夷制夷"的战略决策，就是通过外国人来制约外国人；另一个因素是外国人的利益竞争需要，这使他们不自觉地参与到中国的军事改革和援助中来。这一时期，赫德努力推荐英国人到中国军队中任教习，出任官职；美国公使蒲安臣推荐美国人到清军中任将领，无不是这种利益竞争的需要。

对此，英国驻华公使威妥玛在1880年初曾表达了为了英国利益而应加大对华军事参与的急切心情，他说，"如果前面没有法律障碍，明天即可授权赫德先生聘用我们军队的100名军官，并开始训练拥有1万名中国人的军队。赫德先生对此表示满意，他还以充分的正当理由证明，大规模地引进德国人或美国人担任这些职务将会严重危害我们的在华利益。"这个建议使人联想起1862年至1863年间英国人何伯、士迪佛立的建议，英国政府对此答复道："在和平时期不阻拦英国公民为中国服务，但战争一旦爆发，他们必须从'名单'中除名。"但是，这种所谓的除名从未真正实现过。

现在面对日益严峻的伊犁危机，清廷很需要外国人的帮助，赫德便不失时机地向李鸿章提出戈登是最适合到中国军队任职的人。由于有前番帮助镇压太平天国的经历，戈登在总理衙门和李鸿章的心目中印象深刻，李鸿章当时虽然在忙于筹建海防，但他仍向赫德释放了这样一种信息：鉴于戈登阁下在镇压太平天国运动中所立下的功绩，中国政府仍对他怀有崇高的敬意。威妥玛也出于英国制衡俄国的需要，向国内保证说，镇压太平天国之时，英国接受中国官方邀请戈登这位英雄为维护在长江利益的需要而冲锋陷阵。现在中俄危机的发生，戈登再度现身投入到战争的第一线亦是很自然的事。随后，赫德在总理衙门和李鸿章的授意下，给戈登拍了一个电报："我奉命请你来华，请前来亲自看看这大干一番真正有用的机会不可错过。一切工作条件职位可在此与你本人商定，使你满意。务必请6个月的假前来。"[1]戈登答复赫德在伦敦的代理人金登干说，"通知赫德：一遇机会戈登即去上海，至于条件戈登无所谓"。[2]

对于清廷邀请戈登前往中国，英国政府是什么态度呢？英国人当然明白，在列强利益竞争加剧的背景下，即便是戈登不接受邀请，也会有别的国家的军人接受邀请，与其是那样还不如批准戈登前往中国。但为避免引起他国的不满，英国政府宣称，戈登到中国后不得接受中国政府的雇佣，不得到军中任职。戈登也承诺说，"我不会在中国军队中服役，永远不会使英国政府为难。"可是，当英国批准戈登来到中国后，他一到天津见到时任直隶总督兼北洋大臣的李鸿章便说，一旦俄军进攻中国，他就会为中国而战。李鸿章又问他，能否不受英国政府的限制而自由活动，戈登则回答说，"我已辞职。英国不能控制我了。"这次会见之后，戈登在给国内的上司格兰特上校发了一个电报，说，"我将与李鸿章在一起，尽最大努力保持华、俄间的和平，因为战争对中国将是灾难性的，而我不会

---

1 陈霞飞主编：《中国海关密档赫德、金登干函电汇编1874—1907》第八卷，第212页。
2 王宏斌：《赫德爵士传：大清海关洋总管》，第202页。

使中国陷入困境。为行动自由起见，我辞职"。

在镇压太平天国时，李鸿章就对戈登产生了好印象，现在更感到他是一个忠诚而热爱中国的人，因而致函总理衙门，希望朝廷批准戈登加入中国国籍，聘用他为朝廷效力：

> 戈登说他已不再是英国军官，因此英国公使不能控制他了，他也不再担心俄国的嫉妒。为了楚材晋用，我须留他在此，并与他讨论全部有关问题，以便充分利用其经验与知识，……戈登忠贞不渝，不为金钱所动。过去他在江苏和埃及战功卓著，虽然他名声显赫，知仍勤俭如初，我与他最为意气相投。一旦情况紧急，他会鼎力相助的"。[1]

戈登要接受李鸿章的邀请，进入清军中，英国驻华公使威妥玛固然知道这将有利于增强英国对中国的影响力，但他也担心因此而引起他国的不满，特别是中俄因为伊犁危机，一旦爆发战争，戈登参加了战斗，他的英国身份势必会引起俄国的不满。因而威妥玛告诫戈登说，中俄战争一旦爆发，他就应该立即辞去在中国的任职，否则就应该放弃他的英国国籍。但戈登回答说，他现在就可以放弃英国国籍为中国而战。

1880 年 7 月 26 日，戈登写信告诉威妥玛："谈到国籍，我必须、而且事实上确实放弃它。折中办法不足取。" 戈登这个表态让威妥玛很错愕，但看到戈登这个坚定的表态，李鸿章则更加感动，他再一次致函总理衙门，说明戈登愿为中国而战，放弃英国国籍的坚定态度。戈登放弃了英国国籍将成为"中国人"，中国就更应该给予他较高的职务和待遇。

1　[美]史密斯：《十九世纪中国的常胜军：外国雇佣兵与清帝国官员》，第 215、216 页。

李鸿章在给总理衙门的信函中再一次历述了戈登在镇压太平天国运动中所立下的功绩以及他热爱中国愿意为中国而战的壮举，请求给予戈登特殊礼遇："鸿章以旧部立功之将愿隶华籍，不当与寻常外国人一例看待。"[1]

接到李鸿章的信函后，总理衙门特意召见戈登并进行了一次长谈。戈登于8月中旬进京，受到了恭亲王以及总理衙门官员们的热情招待。可是接见时，戈登并没有说出愿为中国而战的豪言壮语，而是规劝中国不要为了虚假的尊严或者面子而轻易与俄国开战，那样将给中国带来灾难。对此，赫德评价说，"他来到北京，对总理衙门的那些不赞成的人宣扬中国的弱点、俄国的势力以及需要和平"[2]，这成为他后来被清廷排斥的一个原因。

总理衙门后来告诉驻华公使威妥玛，戈登的来访实在令人感到失望，"不论他的军事才干有多出众，他对这个世界的认识似乎有限。他行为怪异"[3]。总理衙门所说的戈登对这个世界认识有限，当然是指他未能在中俄伊犁危机中提出令清廷感到满意的建议，但是主张对俄国妥协的李鸿章却不以为然。比如说，他主张履行崇厚与俄国签订的条约，反对主战派"废约不惜一战"的主张。李鸿章认为凭中国当前的实力与俄国开战，无异于以卵击石，像鸦片战争那样招致失败。当时，清廷要派驻英公使曾纪泽前往俄国交涉，李鸿章也是反对。当然他不能太直接地反对，他先把矛头对准左宗棠，泼了左宗棠西征的冷水，然后把话题转到条约的履行上。李鸿章在给总理衙门的信中说，左宗棠要率军进驻哈密，希望如此使俄国人感到害怕，进而同意修改条约。这实在是痴人说梦。左宗棠的军队长期西征，将士大多都有厌战心理，粮草又十分缺乏。让一支军心

1　吴汝纶编：《李文忠公全集·朋僚函稿》，第18页。
2　王宏斌：《赫德爵士传：大清海关洋总管》，第202页。
3　[美]史密斯：《十九世纪中国的常胜军：外国雇佣兵与清帝国官员》，第216页。

不稳、外强中干的军队与俄国人对抗，实在是拿鸡蛋碰石头。

戈登在与总理衙门的对话中所持的不要轻易与俄开战的观点，可能就是受了李鸿章的影响。因而，对于戈登在总理衙门所发表的观点，李鸿章再次致函总理衙门，除了继续夸赞戈登在镇压太平天国运动中所作出的功绩外，对于其发表的观点则轻描淡写地盖过：这位老朋友离开中国太久了，不知道中国的现实，所以才发表空谈。

中俄发生战争是符合英国的利益的，这更有利于中国更好的亲近英国。因而，对于戈登的观点，驻华公使威妥玛认为他的思想行为已经彻底失去平衡，"不再是十分健全的"了。赫德在给英国的金登干的信中也说，"我非常喜爱和尊敬他，因此我必须说他'头脑不清醒'，是由于宗教还是自负，还是大脑软化的原因，我就不知道了"。[1]

威妥玛与赫德说戈登"头脑不清醒"，并非言过其实。戈登因为在北京没有引起清廷的重视，竟然有了企图说服李鸿章"进军北京，承担起皇帝的保护人的责任"的荒唐想法。李鸿章当然不敢有这个惊人之举，老实说，李鸿章在官场是个妥协派，为着自己的利益得过且过，"进军北京"这样的忤逆之举，他绝对不敢。但戈登对李鸿章的规劝却让外国报界流传着李鸿章正与戈登密谋策划驱逐满人准备进京当皇帝的传闻，不管是李鸿章还是戈登都被这种传闻所困惑。

戈登进京与恭亲王会晤，他没有提出令清廷满意的建议，自然得不到清廷的重视，有种被冷落的感觉使刚到中国才不久的戈登很快便有了回归英国的打算。面对外国媒体上的传闻，他也明白，如果自己继续待在中国，流言一旦传到朝廷的耳朵里，势必定会对李鸿章不利，更对中国的局势不利，因而他觉得他最好的出路还是尽

---

1 王宏斌：《赫德爵士传：大清海关洋总管》，第 203 页。

快离开中国。

8月下旬，戈登再一次拜会了李鸿章，他对李鸿章说，我还是走吧，如果我不走，"将对中国不利，因为这将使美国、法国和德国政府感到不安，他们会派他们的军官来，而我并不希望这样"。

戈登怀着怅然的心情离开了中国。在走之前，他重复了一句话：一旦需要，愿为中国而战。这话当然是指中俄因为伊犁危机而可能爆发的战争了。走之前，戈登送给李鸿章一些关于政治、军事事务的材料，这都是戈登在华期间或作战中的经验体会以及观点等等。其中一份材料在李鸿章看来认为很有益处，这是一份由 20 条论点组成的备忘录，主要论及军事、外交、经济、交通和海关等等，李鸿章便把这份材料抄写后递给了总理衙门，希望引起重视。

在给李鸿章的材料中，还有一份是戈登发表在外国报刊上的论述，是对中国整体军事战略的建议，主要是：中国的首都应该远离海岸，那样才不易受到攻击；陆军的发展应该优先于海军，因为中国是一个防御性国家；同时，这份论述中还谈及了中国军事改革的具体措施，等等。

在戈登的这份论述中，开头讲到中国具有"传统悠久的军事组织（和）正规的军纪。要维持原状，它适合中国人"。然后他继续鼓吹中国应购买后膛炮和训练自己的军队，只有这样才能使中国军队真正强大起来。戈登以特有的方式论述中国的改革，在戈登看来，火箭应优先于大炮，海湾防御工事中应更重视简单的水雷而不是较复杂的武器装备。中国在沿海大量使用水雷和大炮，就可具有足够的防御力量而不必耗费巨资。既然中国的军队优势在陆军，就应该发挥陆军的作用，但不是与敌人进行大规模战争，而应该利用中国的地理形势进行游击战，因为游击战机动灵活，可以避免阵地战、被袭击或驱逐以及战略包围。"今天中国人出现在它（敌人）前面，明天出现在后面，后天在左面等等，直至敌人疲于奔命，战士与长官争吵而且患病。"戈登认为他的忠告没有一条需要中国人改变任何习惯做法。[1]

老实说，戈登的这份论述很大程度上是自相矛盾而又脱离实际的，所以他并没有引起总理衙门的重视。在戈登的主张中，极力鼓吹清廷应保持传统的军事管理办法，这样的建议显然不能适应洋务派们洋务自强的需要。

但不管怎么说，戈登对中国的关心、热情本身进一步给李鸿章留下了好印象。总理衙门除了认为他思想不切实际外，对他的坦率、正直、忠诚和真诚还是很欣赏的，上海《申报》甚至发表文章称赞戈登提出的军事观点是一种无私的奉献精神。

需要指出的是，戈登再一次来到中国虽然没有引起朝廷的重视，但他在北京出现后，他的观点还是对后来以外交途径解决中俄伊犁危机起到了一定的影响作用。用伊曼纽尔·徐教授的话来说，戈登的北京之行"有助于和平事业，促进了（曾纪泽）在俄国（最终成功的）谈判的开始"。[2]

4. 常捷军与左宗棠

1864年，在李鸿章解散常胜军，慰留戈登为军队改革顾问之时，在浙东战场的浙江巡抚左宗棠也加速了解散洋军队的步伐。

我们知道，在常胜军组建之时，列强为平衡在华利益，纷纷组建具有中国名义的洋枪队，在浙江战线上，左宗棠一直处于太平天国严重威胁的局面。当时太平军攻克了浙江乍浦镇及平湖县，随时都有进攻宁波的可能。太平军意欲占领属于开埠口岸的宁波当然引起了英法联军的恐慌，法国人想维护自己在宁波的利益当然不甘心了，便也想组建类似常胜军这样的军队。

1 《北华捷报》1880 年 9 月 11 日。
2 ［美］史密斯：《十九世纪中国的常胜军：外国雇佣兵与清帝国官员》，第218、219页。

在当时侵华的西方国家中，英国本是沿海开埠口岸和长江流域的最大获益者，作为最大竞争对手的法国自然不甘心，害怕英国垄断中国沿海市场，便主动地联结地方官，组建中外混合编队来维护他们的沿海利益。实际上，《北京条约》签订后，法国方面就表示"愿拨兵数千，由上海助剿长毛"，法国希望"助剿"太平天国来密切与清廷的关系，进而达到控制清廷，遏制英国在沿海、长江流域进一步扩张的目的。法国的这一企图，遭到英国的抵制与破坏，法国愿意"助剿"的问题便被搁置起来。其实这一时期英国人所保持的"中立"原则，是没有看到清廷与太平天国之间的明朗形势。当1862年初，太平军五路大军围困上海，英国感到自身利益受到挑战，便打破了谨慎的"中立"原则而参与到"借师助剿"支持打击太平军的行动中来。这样，法国闻风而动，一方面与英国组成联军共同打击太平军，另一方面谋求组建常胜军式的中外混合编队。因为在法国看来，"作为和英国同盟……我们并不认为，假如某个大国要另一大国在地球任何一处处于从属地位的话，这种联盟会长期维持下去。"勒伯勒东与宁波海关税务司日意格正是在这样的一种条件下开始与浙江地方合作的，从而也开始了左宗棠对常捷军既提防又利用的一段历史。

组建常捷军，左宗棠的骨子里是抵触的，但是浙江的形势又十分危急。当时的浙江与苏南同为太平天国后期的主要基地，为李秀成苦心经营的战略要地，因而李秀成在浙江也布有重兵。左宗棠进入浙江后，先攻克了开化，又于3月间克复了遂安县城，此时，他向清廷提出了"依傍徽郡，取道严州"的建议。左宗棠认为，李秀成之弟李世贤在金华、严州设有重兵，直接进攻金华并非善策，但此时李世贤却率大军出金华进攻衢州，左宗棠与李世贤在衢州一带交战达两个月之久，李世贤因攻不下衢州，便回军金华。左宗棠在解衢州之围后,改变了原来的用兵计划,制定了"先金华尔后严、处"[1]的用兵方略,从这一战略转变来看,左宗棠起初是因为兵力不足,不敢与李世贤交战于金华。关于这一点,他在给朝廷的奏折中也有说明,"臣以孤军转战而前,有守城之兵,即无调遣之兵;有攻城之兵,即无截剿援贼之兵;有攻剿一路之兵,即无牵制各路贼势之兵。又加之各将领从征日久,除伤亡外,有积劳致疾而殒者,有因事请假而归者。局势日宽,人才日乏,殊为可危。"[2]

实际上,左宗棠初入浙江不单单存在兵员少的问题,新官上任,摆在他面前的还有军务败坏和缺少饷银等问题。关于军务败坏,左宗棠说,"军令有所不能行,以守则逃,以战则败,恩不知感,威不知惧,局势愈益涣散,遂决裂而不可复支矣!臣奉命督办浙江军务,节制提镇,非就现存兵力严为挑汰、束以营制不可。"关于缺饷问题,左宗棠说,"臣军入浙以后,饷需茫然,兵勇即有饥溃之时,军火即有缺乏之虑。纵令竭力图维,何从措手?应否请旨敕下部臣,查明各省应协济浙江之款,闽省及各省奉旨拨解援浙军饷各款,赶紧径解广信府交臣后路粮台,以应急需。"

可见,初入浙江的左宗棠面对的是兵员少、无饷银可发、军务涣散这样一个局面。而当时有一个积极的动向是华尔洋枪队与上海地方的合作,在镇压太平军行动中风生水起,起着极大影响和作用。1862年2月,清廷被迫批准"借师助剿",在发布的上谕中说,"所有借师助剿,即……与英法两国迅速筹商,克日办理,但于剿贼有裨,朕必不为遥制。其事后如有必须酬谢之说,亦可酌量定议,以资联络"。此后,英法联军也瞅准了左宗棠兵力不足而只能在浙西作战的现实,悍然向浙东的太平军发动进攻。接着英法两国纷纷仿照美国人华尔组建常胜军那样组建中外混合军队,先是英国人丢乐

---

1 孙占元:《左宗棠评传》,南京大学出版社1995年版,第66页。

2 贺玎:《左宗棠与常捷军》,《衡阳师范学院学报》2001年第4期。

德克在宁波组建"常安军",以英国人为教练,募集官兵约千余人;接着是宁波海关税务司日意格与法国参将勒伯勒东也在宁波招募华勇 1000 人,后增加到 3000 人,组成"常捷军"。

常安军与常捷军的建立,在浙东沿海战场上与太平军作战,应该说极大地缓解了左宗棠兵力不足的难题,但是在接受这些合作的问题上,左宗棠不像薛焕、吴煦以及后来到江苏巡抚任上的李鸿章那样态度较为热情,他的态度是谨慎的。

1862 年 7 月,法国人组建常捷军之后,法国公使布尔布隆就照会总理衙门说,已让勒伯勒东辞去法国水师参将军职,专任中国军职——署理浙江总兵,"听浙江巡抚及宁波道节制"。

法国公使的照会通过总理衙门转奏清廷,清廷立即表示接受,并发布上谕声称,勒伯勒东署理浙江总兵一职,浙江及宁波地方接谕后,"即应由该省巡抚给付札凭,以一事权"。

但是,左宗棠接到清廷的上谕,并没有立即给勒伯勒东颁发札凭。在他看来,"沿海各郡,自五口既开之后,士民嗜利忘义,习尚日非。又自海上用兵以来,至今未睹战胜之利,于是妄自菲薄,争附洋人。其黠者且以通洋语、悉洋情猝致富贵,趋利如鹜,举国若狂。自洋将教练华兵之后,桀骜者多投入其中,挟洋人之势,横行乡井,官司莫敢诘治。近闻宁波提标兵丁之稍壮健者,且多弃伍籍而投洋将充勇丁,以图厚饷。此常胜一军所以增至四千五百人也。若不稍加裁禁,予以限制,则客日强而主日弱,费中土至艰之饷,而贻海疆积弱之忧,人心风俗日就颓靡,终恐非计。"[1] 左宗棠对勒伯勒东署理浙江总兵之事采取了冷处理的态度。

左宗棠知道,如果接受法国的要求与勒伯勒东合作,虽然可以助剿太平军,但是这其中有利也有弊,勒伯勒东助剿,会不会有一

---

1 孙占元:《左宗棠评传》,第 68 页。

天尾大不掉。

另外,在政治上,左宗棠认为延洋人领华兵会造成列强对中国主权的更大侵略。还在第一次鸦片战争后,左宗棠就感叹"泰西各国,轮船兵船直达天津,藩篱竟成虚设,星驰飚举,无足当之"。如果说以前对于泰西轮船兵船之先进他还是有所耳闻,对比之下,中国武器的落后令他深受刺激,凭着落后的船舶如何能防守中国绵延几万里海防?借助常捷军固然可以协助镇压太平天国,可是主弱客强,终非长久之计。

左宗棠感到借用洋人终非长久之计,可是慈禧太后"借师助剿"的决心一下,李鸿章先后与华尔、戈登的合作,常胜军屡屡攻克太平军占领的城池,尝到甜头的慈禧便再三下达谕旨催促尽快与外军联合。左宗棠没办法只好遵旨,但思想上仍然有很大的情绪。李鸿章在给新任宁绍台道史致谔的信中说:"此时专意仰仗西兵,亦迫于时势之万不得已。请丈静心忍耐,听客所为。⋯⋯洋人船坚炮利,固大可恃。"李鸿章依仗洋人的心理完全暴露无遗,左宗棠却持不同的态度,他告诫史致谔不要过分倚重洋兵洋将,让他们帮助镇压太平军有好处也有坏处:"洋兵于海上之战,最为得力;若入内港,则胜负参半;若舍船上岸,遇稍劲之贼,则更难着手。"他对于借洋兵助剿的既成事实虽无可奈何,但仍主张力加限制或及早遣撤。在给史致谔的信中他表示将向朝廷上奏折表明态度:"洋兵洋将费中国至艰之饷,而贻海疆积弱之忧;此时体加裁减,势固难行;然一任其逐渐增加,饷从何出?将来一有哗索之事,或遇调发之际,挟制多方,洋将且有所借口,以为诿卸之地,此宜早为之所者。"他还重申了过分倚重洋人军队所带来的危害:

> 十数年来,习见我军政之不修,将士之驽弱,务思驾而

上之；又审我为时局所缚，不能不降心相从。遂尔多方要
挟。……我不求彼之助，彼无可居之功，尚可相芘以安。否
则衅端日积，何以善其后乎？海上士大夫多不知兵，故宜妄
自菲薄，所思议无非得过且过之计。公宜图自强之策，勿为
所误。[1]

八九月间，常安军以及常捷军协助清军攻占了慈溪、余姚。并
准备向奉化等地发起进攻。常捷军在战斗中的表现，使英国驻宁波
领事夏福礼乐观地说，"无疑地，攻克余姚，将使宁波的形势趋于
完全稳定，将来克复绍兴，更会促进宁波的繁荣"。

这种镇压太平军所取得的新变化，使得矛盾中的左宗棠一改之
前犹豫的态度，决定接受勒伯勒东助剿，"惟是中外有能杀贼安民者，
无不爱而重之。推举而旌赏之"。与勒伯勒东合作后，常捷军的大
炮与军舰以巨大的威力使得左宗棠镇压太平军的行动如虎添翼。

左宗棠一面利用勒伯勒东镇压太平军，一面制定政策试图控制
他，采取了三个方面的措施：

第一，对勒伯勒东以诚相待。左宗棠要求部下"与外国人共事，
全在乎以诚信，若稍加粉饰，即为所笑"；第二，迁就洋人。对于
洋人贪利之恶习，他说："彼族利心颇重，可以将就者随宜了之亦
可耳"；第三，予以厚赏。常捷军参战之后，左宗棠为常捷军请功
九次，给他们"加倍恤赏"。如此三管齐下，怎不令左宗棠利用常
捷军剿办甚为得手？

可惜，勒伯勒东在 1863 年 1 月在绍兴的战事中受伤毙命，此
后的 2 月间，继任者买忒勒也受伤毙命，短短的两个月先后两位统
领相继战死。在派谁为常捷军统领的问题上，法国与左宗棠产生了

1　左景伊：《左宗棠传》，华夏出版社 1997 年版，第 109 页。

分歧。

也就在此时,发生了两起中外混合军队纵兵抢掠的事件,这让左宗棠感到对中外混合军队必须加以控制。

1863年1月17日至3月15日,被革职的宁绍道台张景渠勾引英国人组建的常安军围攻绍兴,城破后即纵兵大肆抢掠,且将抢来的赃物变价出售,强迫绍兴士民承买,分立数月票据,共银11万余两。这笔欠款后来成为侵略者拒不撤兵的借口,也成为左宗棠未能实现裁撤洋枪队的一个原因。左宗棠得报绍兴情况后极为愤慨,在写给史致谔的信中说:"绍郡士民,重困于洋人之滋扰。"并给总理衙门上书,揭露侵略者的暴行:

> ……乃洋勇入城,复搜刮在城米物,据为己有,勒派绅民变价,否则运而之他。官坤往与力争,几遭反噬。萧山贼遗财物,亦悉被席卷而去。其官军之先入城者,复被洋勇遍身搜索,兵勇皆积怒而未敢言。洋人在内地强横之状,实有不可以情理论者。上年冬间,宗棠曾以洋将、洋兵之害详告史致谔,嘱其勿事招致,以湮其源。无如甬、沪各绅富均视洋将为重,必欲求其助同防剿,以致自贻伊戚……此时兵力已敷分布,若更令其随同防剿,不惟与内地兵勇两不相安,且地方收复,残黎甫离兵燹,喘息仅属,蒿目心伤,何堪再受外师之扰?兼之洋将有功则益形骄慢,居之不疑,日后更多要挟。已饬史道乘我军声威正盛,将洋兵陆续遣撤。……此勇必须早撤,地方庶可安谧,饷需庶可节省。[1]

在常安军大肆抢劫之时,法国人组建的常捷军也参加了抢劫的

---

1 安静波:《晚清巨人传·左宗棠》,第186、187页。

行动。在围攻绍兴的战役中，常捷军第一、二任统领先后毙命，德克碑被临时任命为统领，新官上任的他对士兵们的行为很是睁一只眼闭一只眼。

当左宗棠将外军在绍兴城抢劫的行为报告给总理衙门，恭亲王也是大为恼怒，要求左宗棠予以严惩。但此时正是用人之际，左宗棠惩办德克碑也不能不有所忌惮。

这里需要说明的是，常捷军的统领在过去都是由法国任命，受左宗棠的节制，美其名曰仍是大清的军队，但法国出于自身的利益需要，很想把常捷军控制在自己手里，在人员的任命上便倾向于听命法国的人。左宗棠对此举并不买账，他也想把常捷军控制在自己手里，当初发给勒伯勒东札凭时，就确立了节制常捷军的原则：既须事权归一，又须力能控制。

现在借常捷军纵兵抢掠事件的发生，左宗棠感到必须把军队的控制权和任命权都控制在自己手里。当左宗棠将常捷军绍兴城纵兵强掠事件奏报总理衙门后，恭亲王即向法国驻华公使交涉，要求惩办德克碑。法国公使无奈，决定改派实德棱取代德克碑。

消息传来，德克碑很是慌张，统领的位置才坐了短短的个把月时间，可以说屁股还没暖热乎呢，就面临着被革职遭受处罚的危险。德克碑立即来到左宗棠在严州的军营，要求拜见。在任命新的统领的问题上，左宗棠也在权衡利弊，他听说法国人任命的实德棱也是个好利不讲理的人。在宁波的战斗中，实德棱曾经发生过强索旅费5000两银子的事，为此还和地方官争执不休，险些像白齐文那样大打出手。左宗棠感到让这样一个既有后台又蛮横不讲理的人物来协同作战，只能是让自己处于尴尬的境地。他感到如果接受法国人的任命的人，将来要赶走他比较困难，要裁撤就更是困难。既然德克碑前来求情，相比之下还是德克碑容易管束一些。于是他接见了德克碑。左宗棠表面上对德克碑严词以待，板着脸说："中国剿贼并不需要借助外力。"[1]

经过一番貌似严厉的谈话，左宗棠表示，要想保住统领职位，就需要听他的话，不许节外生枝，兵员不能增加。德克碑都一一表示接受，对自己在绍兴纵兵强掠的事情也承认了错误；并连发誓愿称愿意效忠左宗棠，接受他的辖制。左宗棠告知德克碑，既任中国总兵，就要遵照中国仪节，但准许他仍可以行脱帽握手礼。德克碑第二天来见时，果然将一把大络腮胡子剃掉了。左宗棠用洋将是不得已，他报知了总理衙门，又写信给史致谔，再次告知："洋将宜撤，弟早陈之。"这样，德克碑总算安稳地坐到了常捷军第三任统领的位置上。

勒伯勒东以及第二任统领买忒勒相继死后，经过一番训诫，左宗棠给相对容易驾驭的德克碑发了札凭，德克碑接受任命后也的确很好地执行了左宗棠的命令。

这时，太平军在浙江金华、宁绍两个战区已经先后被中外联军攻破，还剩下杭州、湖州两个战区。杭州战区西南以富阳为前沿，北端以余杭为依托。太平军自"金华、龙游、严郡、温、台等必陆续退守，兵屯富阳"。杭州守将汪海洋亲临富阳，组织坚守。李秀成为力保杭州，也从江苏调派听王陈炳文部驰援富阳，并命陈炳文统帅杭州战区太平军。

由于太平军在富阳加强了防守，使左宗棠进攻富阳的计划接连受挫。相持了五个多月之后，左宗棠见李鸿章的淮军联合英人戈登的常胜军已于8月27日进围太平天国的苏福省会苏州，而自己却连富阳也拿不下来，未免在朝廷面前丢脸，便给新上任的常捷军统领德克碑下令，要其立即"带洋炮并熟习洋枪队勇丁前赴富阳，为轰攻城垒之计"。常捷军在德克碑的带领下，很快便攻占了富阳。

---

1 左景伊：《左宗棠传》，第111页。

富阳既下，德克碑又协助左宗棠进攻杭州。1864 年 1 月 9 日，德克碑在清军的配合下，攻破杭州城外太平军石垒九座，进逼到杭州城西北。3 月 3 日，德克碑率常捷军会合提督高连升、总兵刘连升，又攻破望江门外三座营垒，直接进逼杭州城下，但被守城的太平军击退。经此失败，德克碑率常捷军于 3 月 9 日再攻杭州，又被击退。12 日，常捷军三攻杭州，又遭失利，将士伤亡颇多。20 日，常捷军第四次攻城，再一次受挫。

当时，德克碑虽然屡攻杭州城而不下，但杭州城已被围困达半年之久，很有些戈登攻打苏州城的翻版，杭州城内的太平军一样也是人心惶惶，军心不稳，试图反叛的大有人在。3 月 24 日，听王陈炳文族兄陈大桂与其弟陈炳孝赴清营与左宗棠议降，但遭到拒绝。但这一活动被时在余杭的康王汪海洋所知，汪海洋率众进入杭州城，斥责陈炳文，并斩杀了陈炳孝和唆使劝降的杭州举人朱汝霖等人，从而使陈炳文的投降活动有所收敛。经此事件，陈炳文不得不继续抵抗德克碑与清军的进攻。3 月 28 日，左宗棠下令让德克碑会同蒋益澧、高连升、刘清亮等第五次向杭州城发起进攻，德克碑用新式大炮轰塌城墙数处，给太平军防守造成巨大威胁。3 月 31 日夜，杭州守将陈炳文、邓光明撤出杭州，余杭守将汪海洋亦同时撤离，北走德清、武康，沿途遭到左军堵截，损失惨重，杭州陷落。左宗棠称赞德克碑"每次攻剿，极肯出力，杭城克复，实著劳绩"。

清廷以克复杭州有功，授予浙江总兵法将德克碑头等功牌，银万两，其后经左宗棠保奏加赏以提督衔。著名太平天国史学者简又文说："综观左军攻浙整两年，始奏收复省会杭州之功，然微法将德克碑所统之中法混合军以大炮为助，尚非太平军之敌也。"这段评论是有见地的。

湖州战斗是浙北地区、也是整个太平天国史上最后一次城市防御战。辅王杨辅清、堵王黄文金、佑王李元继等力守湖州，清军屡攻不下。左宗棠派提督高连升等由南面向湖州进攻，1864 年 4 月 9 日陷武康，10 日陷德清。12 日高连升进抵湖州府城附近。双方连续激战。南京失守后，7 月 29 日黄文金迎幼主入湖州。8 月 9 日，蒋益澧调洋将德克碑乘浅水轮船赴荻港，会同高连升等攻破荻港太平军营垒三座。8 月 14 日，淮军潘鼎新、丁寿昌等在洋将戴维生"海生"号汽船助战下，攻陷晟舍。战局日益不利，8 月 27 日黄文金、洪仁环保护幼主率部突围走江西。29 日，德克碑进入湖州城。[1]

德克碑率领常捷军所取得辉煌战果，更引起左宗棠的重视，但其取得战绩就索要报酬的做法也引起了左宗棠的不满。关于德克碑在镇压太平军时的军功以及与左宗棠的关系，时人杨叔怿《未能寡过斋诗初稿》曾经有所记述。杨叔怿当时是左宗棠军中的一名文官，常捷军帮助左宗棠收复绍兴后，左宗棠令其署理绍兴知府。杨叔怿在《未能寡过斋诗初稿》中说，"同治壬戌，随张翊伯（景蕖）都转，率夷酋德克碑等带领洋兵，克复绍郡。时浙江糜烂，浙东仅宁郡一隅为进兵地，左季高爵相（宗棠）远隔衢州，鞭长莫及。绍城报捷……"，"迨明年克复杭州，爵相仍藉重洋将，随同攻入杭垣"。杨叔怿文中还写道，克复绍城，洋将德克碑索赏十万元。[2]

从文中所载，可以看到攻克绍兴、杭州的主力军是德克碑所领导的常捷军，但从"克复绍城，洋将德克碑索赏十万元"的文字看来，德克碑虽然受左宗棠的控制，易于驾驭，但仍改不了像常胜军领导者华尔那样，打胜仗就要索取高额报酬。此举很让杨叔怿厌恶，他作《克复绍兴府城纪事诗》四首，其中后二首既有对德克碑的歌咏，又不乏讽刺意味：

"军容鹅鹳肃戎行，炮演开花细寸量。攻毒固应还以毒，自强

1 茅家琦：《太平天国与列强》，第 300、301 页。
2 中国人民政治协商会议福建省福州市委员会文史资料委员会编：《福州文史资料选辑》第二十二辑《船政文化篇》，第 70 页。

到底孰为强。先筹善后封遗谷，未厌夷情索厚偿。十万白金酬苦战，居然冠带习华装。"

"狡狯难驯德克碑，实日意格暗中师。遗民才幸开天眼，异类何堪括地皮。保我灾黎方有事，责之大义讵无知。天威震詟能恭顺，颁下功牌乐不支。"[1]

在诗中，杨叔怿以不满的语气，说德克碑是"夷首"，对他靠镇压太平军向朝廷无度索取犒赏十万元的举动感到厌恶，骂他"异类何堪括地皮"。诗中"炮演开花细寸量"则说明了常捷军武器和训练已经很先进了，已经熟练使用了西方威力巨大的"开花炮弹"了。

"十万白金酬苦战，居然冠带习华装。"说明德克碑为了巨额赏金不顾一切，讽刺了他唯利是图的狡狯嘴脸。这一点在再后来左宗棠创办的福州船政局中也有验证。

德克碑统领常捷军的时期，并不像华尔以及后来的戈登所领导的常胜军那样需要大规模作战。当时镇压太平军已经进入尾声，特别是南京被曾国荃攻破后，德克碑所领导的常捷军不再攻城略地，只是对太平军余部进行清剿，已经不需要发挥多大的作用了，这样到1864年底便宣告解散了。

镇压太平天国后，清廷的一些进步官僚考虑到被动挨打的现实，开始重新审视西力东侵、西学东渐的问题，促使仿造外国船炮的意识与初步实践活动开始活跃起来。早在第一次鸦片战争期间，林则徐就提出了仿造外国船舰的主张，代表了中国海防近代化的新思维。林则徐认识到中国的旧式师船已难以对付英国的新式舰船，于是决意加以仿造。他"检查旧籍，捐资仿造两船，底用铜包，篷如洋式"，开了中国仿造西式船舰之先例。林则徐认为："外海战船，宜分别筹办也。查洋面水战，系英夷长技，如英夷逃出虎门外，自非单薄

1　中国人民政治协商会议福建省福州市委员会文史资料委员会编：《福州文史资料选辑》第二十二辑《船政文化篇》，第71页。

之船所能追剿，应另制坚厚战船，以资战胜"。他的目的在于"师敌制敌"。

就左宗棠而言，常捷军在镇压太平军中使用火炮和轮船所发挥的作用，使他感到购买和仿制外国船炮可作为对内镇压人民起义和对外抵御列强侵略的有力工具。

早在 1863 年初，左宗棠就致函总理衙门说，将来应当拨出专门的经费，向外国学习仿制轮船的技术，这是保卫大清海疆的长远之计。当年底，左宗棠在给浙江宁绍道台史致谔的信中也谈到了自造轮船的重要性：

> 轮舟为海战利器，岛人每以此傲我，将来必须仿制，为防洋缉盗之用。中土智慧，岂逊于西人？如果留心仿造，自然愈推愈精。如宣城之历学，及近时粤东、扬州之制造钟表、枪炮，皆能得西法而渐进于精。意十年之后，彼人所恃以傲我者，我亦有以应之矣。李泰国之事，变买为雇洋人而不使华人得与其间，闻曾节相上书恭邸，言其不可，各国公使亦共斥之，乃得了结。然恭邸斥之者，恶其谬诈；而各国公使所以斥之者，一则忌其专利，一则不欲以利器假人也。毕竟沿海各郡长久之计，仍非仿制轮舟不可。欲仿制必得先买其船，访得覃思研求之人，一一拆看，摹拟既成，雇洋人驾驶而以华人试学之，乃可冀其有成。为此者始有费而终必享其利，始有所难而终必有所获。鄙见如是，仍乞留心。

仅仅过了半月，左宗棠再一次给史致谔写信，又是纵谈仿制轮船、保护海疆的宏观战略说

> 海上用兵以来，过犹不及，言之腐心。……大轮船总当刻意办理，由粗而精，不惜工本，无不成之事也。……吾辈办事，不逮太西，皆由苟安一念误之，今当引以为鉴。

怀着仿制外国轮船的梦想，左宗棠在积极倡导学习仿制外国轮船的同时，实际上已经开始了相关的仿制工作。1865年，左宗棠命工匠成功仿制了一艘小轮船，试航中，他邀请德克碑与日意格前来观看。这次试航应该是成功的，日意格德克碑在观看中连连称赞，认为这艘仿制的小轮船与西方轮船在性能上已经很接近了。左宗棠受此鼓舞，便与德克碑、日意格谈了他设立船政局、制造轮船，巩固海防的计划。谈话中，左宗棠还拿出了一份法国造船图册让德克碑、日意格看，还邀请两人将来请代为监造，"以西法传之中土"，德克碑与日意格都接受了这一邀请。常捷军解散后，德克碑回到法国，遵左宗棠之命搜集了大量的制船图式和船厂图册，并询问了购买轮机和招聘洋匠等相关事宜，并将这些材料寄给了日意格，通过日意格转交给左宗棠。

1865年，赫德给总理衙门递交了《局外旁观论》的改革建议。随后，英国驻华使馆参赞威妥玛奉新任驻华公使阿礼国之命撰写《新议论略》一文。二人都建言清廷改革，并以威胁的口气说，不改革必然招致外国的侵犯。他们的建议虽然有让大清推动洋务事业、推动军事近代化、推动中国政治体制改革和民生实业发展的成分，但骨子里仍然是为英国在中国的殖民利益服务，作为大清雇员的赫德也希望帮助大清改革以更好地控制大清。建议呈递之前，洋务派实际上已经开始了小范围的改革。恭亲王对英国人的这两份改革建议也非常重视，并以此定了基调，奏请两宫太后以同治帝名义发下谕旨谕令沿海各省督抚发表意见，提出看法。沿江沿海的督抚大都经历了与西方列强的战争，在"借师助剿"镇压太平军的行动中，也发现了外国的船炮技术的先进性，因而都发表了相应同的看法和主张。除了两广总督瑞麟与浙江巡抚马新贻仍然采取不屑一顾的态度之外，其他七位督抚（左宗棠、曾国藩、李鸿章、官文、崇厚、蒋益澧和刘坤一）或者主张"斟酌仿行"，或者明确表示"中国欲自强，则莫如学习外国利器"。[1]

1866年4月3日，新任闽浙总督左宗棠行抵总督驻地福州，拜访了林则徐的故居，他很为自己能够到林则徐的故乡任职而感到自豪，对林则徐虎门销烟、抗击英军的壮举有一种由衷的敬佩之情，对十几年前与林则徐相谈于湘江的情形都涌在心头。左宗棠决心将林则徐未竟的事业发扬光大。经过两个多月深思熟虑的考虑，他于6月间毅然上书朝廷，向朝廷提出了创办福州船政局，仿制外国轮船，巩固海防的奏请。左宗棠在奏折中说：

> 窃维东南大利，在水而不在陆。自广东、福建而浙江、江南、山东、直隶、盛京，以迄东北，大海环其三面。江河以外，万水朝宗。无事之时，以之筹转漕，则千里犹在户庭；以之筹懋迁，则百货萃诸廛肆，匪独鱼、盐、蒲、蛤足以业贫民，舵艄、水手足以安游众也。有事之时，以之筹调发，则百粤之旅，可集三韩；以之筹转漕，则七省之储，可通一水。匪特巡洋缉盗有必设之防，用兵出奇有必争之道也。况我国家建都于燕，津、沽实为要镇。自海上用兵以来，泰西各国火轮兵船直达天津，藩篱竟成虚设，星驰飚举，无足当之"，
> 目前江浙海运，即有无船之虑，而漕政益难措手，是非设局急造轮船不为功。从前中外臣工屡议雇买代造，而未敢

1　王宏斌：《晚清海防——思想与制度研究》，商务印书馆2005年版，第58页。

轻议设局制造者，一则船厂择地之难也；一则轮船机器购觅之难也；一则外国师匠要约之难也；一则筹集巨款之难也；一则中国之人不习管驾，船成仍须雇用洋人之难也；一则轮船既成，煤炭薪工需费不訾，月需支给，又时须修造之难也；一则非常之举，谤议易兴，创议者一人，任事者一人，旁观者一人，事败垂成，公私均害之难也。有此数难，毋怪执咎无人，不敢一纾筹策，以徇公家之急。臣愚以为欲防海之害，而收其利，非整理水师不可；欲整理水师，非设局监造轮船不可。[1]

在这份奏折中，左宗棠还对将要设置船厂的地址、规模和人员的配置情况都一一作了说明。

左宗棠的这份奏折深得清廷的赞许，清廷在上谕中声称："中国自强之道，全在振奋精神，破除耳目近习，讲求利用实际。该督先拟于闽省择地设厂，购买机器，募雇洋匠，试造火轮船只，实系当今应办急务……"[2]朝廷的谕旨下达后，左宗棠就紧锣密鼓地开始了筹办福州船政局。

左宗棠从镇压太平军转向船政事业，诸多事宜他也是与德克碑进行筹商的，并邀请德克碑成了船政局的副监督，一样在镇压太平军行动中立有军功且通晓汉语的日意格为正监督。在品行上，德克碑这人有些贪婪，又有些小狡猾，用现在的观点看，就是聪明没有用到正地方。因此左宗棠对日意格赋予了更多的信任任用。

有一个事例或许能够说明问题。德克碑在卸任福州船政局职务时，突然给左宗棠写信要求补领福州船政局成立之前的薪水25000两银子。当时左宗棠已经调任陕甘总督，他不明就里，就含混地答

1 《左宗棠全集·奏稿》，岳麓书社1987年版，第60—62页。
2 中国史学会编：《中国近现代史资料丛刊：洋务运动》（第五册），第10页。

应了，并给继任船政大臣的沈葆桢写信要求照发这笔银两，但沈葆
桢却说德克碑在福州船政局应得的薪水已经领讫。但德克碑嚷嚷着
一直要求补发，并再一次给左宗棠写信。左宗棠看了信很是无可奈
何，知道德克碑这是吃定了自己，为了顾全面子，不食前言，只好
挪用自己的薪俸认赔。事后左宗棠在写给沈葆桢的信中把德克碑大
骂了一通，骂德克碑"嗜利成性"，不值得与这样的人斤斤计较；
信中还说，"惟船局一事，始终出力者，惟日意格，且平日行为诸
近情理"。从左宗棠对德克碑、日意格的评价看，左宗棠对德克碑
的市侩是很不满的。

关于德克碑要求左宗棠补薪一事，可能的事实是，在创办福州
船政局之前，德克碑与日意格大概都做过一些工作，左宗棠也向他
们表示，将来会给他们一定的报酬。沈葆桢接任船政大臣后，发给
他们的薪水是从福州船政局成立后算起的。德克碑为中国效力，本
来图的就是利益，所以他向左宗棠伸手要钱，并没有什么奇怪。

对于福州船政局的筹办，实际上左宗棠也是与德克碑、日意格
进行讨论决定的，由德克碑做出通盘的计划，绘制造船图式和船厂
建筑设计图册及购觅轮机，招延洋匠各事宜，逐项开载。船政局设
在福州马尾，也是左宗棠与德克碑、日意格共同勘定的。一切准备
成熟后，才由左宗棠上奏请准。

当然，左宗棠这样做，也是时事的不得已。在当时大清缺乏技
术人才和设施的情况下，要成立船政局，建造新式船舰，向洋人请
教、依赖外国人是一个必然的阶段。左宗棠是这样想的：只要多给
洋人一些优厚的报酬，什么事情都能解决，而且雇佣这些洋人都是
通过私人关系延揽的，毕竟德克碑与日意格都协助左宗棠镇压过太
平军，知根知底的，所以并没有通过国家间的外交途径。

左宗棠延揽德克碑等人都签订雇佣契约，原则上是船政局给他
们薪酬，他们则给船政局做事。当时，船政局给德克碑开出的条件

是：副监督享受与正监督一样的待遇，计月薪8978两，五年为期，督导技师、技工造船16艘，有洋人负责包制包教，待中国工人学会造船和驾驶技术后，另外奖励正副监督白银24000两，奖励其他洋技工约38人共60000两，并支付每人回国的旅费378两。

除此之外，左宗棠乃至后来的沈葆桢也考虑到德克碑等洋员对中国文字不通、生活习惯不同，便努力按照他们的生活方式予以照顾，在船政局为德克碑与日意格分别建造了两座洋楼，作为他们的办公和生活居所；对于"洋匠师"的作息之所，也单独予以安置，并在船政局建了法国天主教堂和英国基督教堂。沈葆桢曾经作诗联"孙子不叨门第荫，华夷皆问起居安"来说明在他船政任上和洋人天天打交道，关系很好。

应该说，左宗棠创办船政局时给予德克碑等洋员的待遇都是很高的，远远优于在镇压太平军之时的薪酬，但在当时不管是左宗棠还是后来的沈葆桢都是面临巨大压力的。

兴办船政，毕竟是大清推行洋务运动的崭新事业，况且设工厂又必须招聘洋员来主持业务，是一个创举，成功与否谁也不能预料。在传统观念仍然充斥朝廷的氛围里，守旧派们指责仿制洋轮为"失体"，如杨浚《闽中吟·船厂》诗，讥为"别有海外书，孔孟何须读"。郭仲年《马江叹》诗云："男儿志四方，胡为往马渎？孟云变于夷，今乃为夷仆。弃儒事机巧，竭力凿山谷。显然背伦常，日夜就异族。"骂得非常露骨。刘三才撰有《船政议》一篇，主张裁撤船政局改归商办，对聘用洋人尤为反对，说："以堂堂中国，师事鬼方。所设之官，非所习也；所用之费，非所出也。官非所习，则权皆操之夷人，而国威损；费非所出，则钱皆取诸厘税，而民力穷。"他们都说得振振有词，幸亏左宗棠以他的威望坚持原议，沈葆桢勇于任事应付有方，冒着风险硬干下去，而洋人德克碑等做出一些努力,才使船政事业的幼芽不致夭折。[1]

经过五年的努力,在日意格、德克碑等人的努力下,洋人所包制的大小兵船已完成 12 艘,与原定 16 艘的标准相差不远;洋员带教的中国技师大多也已学会自行制造与驾驶的技术,便于 1875 年底遣散了所有外籍员工。虽然说左宗棠与沈葆桢创办福州船政局借重于德克碑等洋员,花了不少钱,但对中国的船政建设有着积极贡献。船政的兴创,使中国近代造船工业发生根本性的变革,对中国近代海军的起步具有历史性的进步意义。

5. 左右为难的洋监督日意格

常捷军的组建以及在镇压太平军的行动中,可以说,法国人日意格斗时起到重大影响的人物,常捷军解散后,日意格帮助创立福州船政局,更是发挥了重大作用。在镇压太平军的行动中,日意格是率军亲自指挥作战的,他率军先后攻占了余姚、奉化、上虞等地。在上虞的战斗中,日意格也身负重伤,不得不回到法国养伤,伤愈后于 1864 年 4 月再一次动身来到中国。

日意格再返中国,正值戈登领导的常胜军行将解散之时。1864 年 6 月 5 日,返回中国的日意格先是拜访了他的老朋友巴夏礼。他在日记中写道:再访巴夏礼处,我见到了先前统领常胜军的军官戈登少校。他在发放了一笔数目可观的军饷后刚刚遣散了他的部队。江苏巡抚李鸿章留用了 150 名炮兵,其余 400 人则被改编为英租界的驻军。戈登以赞誉的口吻谈起李的部队,说他们在常州之役中表现得和他的部下同样的英勇。由于这一缘故,他开始着手遣散他的部队。

对戈登与李鸿章遣散常胜军,日意格也认为,在战事逐渐结束

---

1 中国人民政治协商会议福建省福州市委员会文史资料委员会编:《福州文史资料选辑》第二十二辑《船政文化篇》,第 74 页。

之时，仍然保留这样一支花费巨大且军纪涣散的军队是不必要的。
他说，戈登的这支部队耗费甚巨，其成员包括为数众多的前叛军的
散兵游勇。最近军官们是如此的声名狼藉，以至于欧洲人的声望只
会因为他们而大为受损。戈登曾向李鸿章建议随他一同去南京指挥
攻城，但被对方拒绝。已围攻南京很长时间的曾国藩执意要将占领
南京的荣誉全然归于他一身。倘若其他人前来与他协同攻城，将会
引起他的猜忌。这种敏感完全不顾国家利益，实在令人震惊。但是，
难道我们不也一直在我们的文武官员中遇到这种情形吗？每一个人
都想将所有的荣耀据为己有，并不得不为此而耗时费日地等待；而
假如甘于与他人同享荣耀，他本会迅速取得对国家至关紧要的成就。
眼下李鸿章正准备去援助闽浙总督左宗棠在浙省的军事行动，左并
不乐意他插手，但好像北京已发布了大意若此的旨令。据说在包括
长兴和湖州在内的太湖环形地带屯聚着约 15 万名叛军，李将在长
兴进袭他们的后方。[1]

　　看来，在战事尚未结束的福建浙江地区尽管仍有太平军的搅扰
活动，进剿仍然要持续一个时期，但日意格感到他和德克碑率领的
常捷军被裁撤的命运也为时不远了。他开始思考自己的出路。本来
日意格应该继续回到宁波海关税务司工作的，但是他决定面见左宗
棠一探虚实。因而，他在返回中国十余天后，便和德克碑一起拜见
了左宗棠。

　　当时，法国军队为协助镇压太平军的需要，武器弹药也在不断
地消耗，炮艇也不断地被太平军摧毁，虽然联军最终战胜了太平军，
但这期间炮艇的不断损失是联军也不能不正视的问题。法军远东舰
队司令饶勒斯与左宗棠商议在宁波设厂制造炮艇，当时左宗棠一来
正忙于战事，二来他虽然知道西方炮艇的威力，但是他很希望由中

　　1·夏春涛译：《日意格1864年关于中国内战的日记》，见庄建平主编：《近代史资料文库》第五卷，上海书店 2009 年版，第 2、3 页。

国人自己制造。

此时，虽然经历了阿思本舰队事件，但大清官场中与洋人多有接触的官员还是知道蒸汽舰船的威力的。遭遇了被李泰国的欺蒙，虽然东南一些沿江沿海省份仍有零星购买装备蒸汽军舰或武装轮船的事例，但大清国的有识之士还是希望中国能够自行制造这种类型船舰。而在法国方面，虽然失意于没有获得像阿思本舰队这样的大单，但希望与中国合作，联合制造军舰的心情却是迫切的。

左宗棠也很想让中国人制造蒸汽船舰，但是苦于当时战事没有结束，他还只能是设想而已。饶勒斯揣摩到左宗棠的这种心思，认为应该抢占先机，在与英国的竞争中先下手为强。因而在日意格再返中国之际，他想通过日意格与左宗棠的良好关系向左宗棠传递一个建议，即法国远东舰队愿意将设在宁波的船厂转交给左宗棠，双方合作建造船舰。当日意格代表饶勒斯向左宗棠说明此事后，左宗棠得知宁波船厂规模很小，只能进行船体合拢，无法制造轮机，便没了兴趣。

日意格在 6 月 15 日的日记中写道：

> 我代表饶勒斯司令官同左宗棠谈话，向他和盘托出了宁波造船厂一事，我们已在那里造出了 4 艘炮艇。他从初似乎感到满意，但当听说该造船厂迄今仅能制造船壳，螺旋推进器、引擎和大炮均不得不在法国购买后，他便一口回绝了。为了替自己辩解，他托称朝廷尚未就他制造炮艇的请求给以答复，接奉上谕需要等上好长一段时间，而在此期间，造船厂将被闲置，这会使舰队司令官感到不快。我认为，真正的原因是，鉴于浙省目前的财政状况，他不准备立即着手制造炮艇，担心一旦接手该造船厂，他将会因此而面临财政上的

压力。就我而论，他一直令人感到愉悦。他以十分溢美的言语列举了昔日我在宁波供职时的表现。当德克碑先生陈述他本人抱病在身，疲惫不堪，需要我助他一臂之力时，他当下吩咐我这么做。左的衙门相当破旧，……他的客厅一点也不比宁波道员的客厅体面。"[1]

左宗棠的拒绝，日意格认为是因为对太平军的进剿工作还没有结束，再者是财政上的困难。日意格与左宗棠的合作已经有一段时间，他没料到左宗棠会拒绝。他不知道，实际上从这一刻起，左宗棠已经开始酝酿中国自造轮船的历史。

拜见左宗棠之后的几个月里，虽然日意格与德克碑也配合清军对太平军残余进行清剿活动，但那都是小规模的战斗。到了这年底，他们领导的常捷军还是被左宗棠宣布解散了。而在日意格、德克碑配合左宗棠的军队进剿太平军的进程中，他们都没有想到左宗棠竟然找了几名中国工匠，土法上马，比葫芦画瓢，制造出了仅能坐两个人的蒸汽轮船，并在波光粼粼的西湖上成功试航。金秋十月，正是江南最惬意的时节，日意格与德克碑奉命到总督府与左宗棠商量裁撤常捷军之事，左便邀请二人观看了这艘小型蒸汽船的试航。

对于这次接见，日意格在日记中写道：

拜访左宗棠总督。他身穿礼服接待了我，甚至走到里面门厅的入门处来迎接我。我们谈了两个多小时。为了催促我回宁波，他让我看一只由一个中国人自行建造的小汽船。该船的轮廓与宁波的船只相仿，一前一后共装载两人。总的来讲，它拥有了引擎发动机的所有细节，足以示范汽船究竟是

---

1 夏春涛译：《日意格1864年关于中国内战的日记》，《近现代史资料文库》第五卷，第8页。

如何运行的，但也仅此而已。前几天，总督曾在西湖对该船
进行试航。他向我展示了用作设计的两件工具，说这是一名
60 岁的中国人制造的。我回答说："棒极了，这证明中国人
非常聪颖。"我向总督提出了两个要求，他都一一应允。第
一个要求是，我将告假 15 天，以便到宁波税务司任上述职；
其次，驻扎在宁波的库克的部队在我们部队之前遣散。由于
我们这支部队在接受遣散时有一定困难，我希望有关谈判能
够一直拖延到 11 月，这样军官们便可以多拿一个月的饷银。
他均表示同意。[1]

10 月 18 日，日意格、德克碑接到一个命令，这个命令决定了
常捷军的正式解散。左宗棠指示在湖州的总指挥蒋益澧到常捷军驻
地宣布解散命令，事前，日意格与德克碑还以为这位藩司大人是来
湖州巡视的。

19 日一大早，日意格与德克碑即率领全体官兵去迎接蒋益澧，
对这个在湖州的最高长官的到来，他们还是很重视。不只是日意格
等人如此，湖州的大小官员，除了满州将军和织造使外，全都穿着
华丽无比的服装，来到藩司将要抵达的上岸地点。蒋益澧是左宗棠
很信任的人物，所以闽浙之地的大小官员都对他非常尊敬。蒋益澧
的到来，湖州地方作了精心的安排，约 2000 名士兵排成了长列，
每隔 10 人便有一面旗帜，故而构成了一幅色彩斑斓的画面。日意
格与德克碑毕竟与清军合作过，因而也懂得了官场的迎来送往，对
这位顶头上司的到来不敢怠慢。他们率领的常捷军事先已作了一番
布置，在这一天也成为迎接清朝官大人精华画面中颇为出彩的一
部分。

---

1 夏春涛译：《日意格 1864 年关于中国内战的日记》，《近代史资料文库》第五卷，
第 47 页。

当天上午自11时，伴随着滑膛枪的一阵对空齐射，蒋益澧大人到达了目的地，登上了湖州堤岸。他身穿收复杭州后皇帝赐给他的黄马褂，在向下级官员微笑致意后，一一问候他的上级官员，日意格在自己的日记中记录下了这精彩的一幕：

> 蒋益澧同他们寒暄了片刻。武官们站在一个小官邸的外面，所有的文职官员则鱼贯而入。武官们和部队中的将领们一起站在门口。显而易见，中国仍未准备成为一个实实在在的军事大国。随后，藩司钻进了他的轿子，由铜锣、旌旗和两名马夫率着他的马在前面开路。当走到我们部队面前时，他下了轿，向我和军官们一一致意。各店铺均为藩司的仪仗队伍燃起了蜡烛。这是一种真正的凯旋，但这一仪式所欢迎的对象，即藩司本人，却是个粗俗奸诈之辈。中国在这一方面是个多么奇特的国家！藩司的父亲是个卑劣的坏家伙，并最终丢了脑袋。倘若不是四处蔓延的叛乱使他得以跻身于统治集团的最上层，那么他将永远成为公众所歧视的对象。而左宗棠总督的父亲则是位贫困潦倒很不走运的绅士，他唯一遗赠给自己儿子的是充满理性的良好的教育，朝廷最近颁布的一道敕令赞誉左是中国最有才干的人。我一回到兵营，就接到一份来自藩司的公文，它使我大为失望。藩司命令我率领部队即刻开往宁波，到达后立即予以解散。而就在几天前，他还说要等到11月1日才发布这道命令。我便去找他的侍从，表示我十分诧异，并告知按照总督与我们部队之间所达成的协议，军官们的饷银应发到下一个月，即11月19日。[1]

---

[1] 夏春涛译：《日意格1864年关于中国内战的日记》，《近代史资料文库》第五卷，第49页。

常捷军解散后,失去了常捷军职务的德克碑与日意格正感到失落,但也感到大势所趋,无可更改。两人都在思考着自己的前途,是回国还是留在中国。相比而言,日意格感到自己还算幸运,在宁波海关还有一个职务,他可以随时回海关继续担任他的税务司一职。

转眼间 1865 年的新春到了,按照中国的习俗,这两位洋大人先后拜访了左宗棠。拜见中,左宗棠的话语中流露出想制造轮船、巩固海防之意。果然,在春节的气氛还没有过去的时候,左宗棠就在给总理衙门的奏报中提出此事。他先是说了常捷军已经解散之事,然后说到,经历了列强侵我领土、太平军叛乱的教训,国家要长治久安,必须修明政事,勤练兵勇;除此而外,还应加紧仿制轮船,如此才能改变列强环伺我中华的局面。

左宗棠在给总理衙门发出奏报后,也给李鸿章写了封信,一来是想缓和一下两人的关系,二来是想询问通过什么途径可以购买到外国的蒸汽船。他说,"思欲雇用轮船,杜其入海,又恐暗相连结,无益而更害之",还特别指出"沿海一带不得解严,我无火轮之船,致彼族得居为奇货,为之奈何?"[1]

当月,左宗棠还给水师提督吴璧山写了一封信,流露出同样的心情:"东南滨海之邦,水师毫无可恃,制船、购炮,万不能不急为讲求"。他还说,对造船"上年在浙已筹度及之,俟台端抵闽后,当一一奉商也"[2]。

1866 年 6 月,怀着造船和购船的急切心情,当奏请设厂开办福州船政局的请求得到清廷批准后,左宗棠很快便召见了日意格。事实上,此时德克碑已经返回法国就造船事宜展开相关的活动。此时日意格还在宁波海关任职,当他将左宗棠准备筹建造船厂的计划

---

1 《左文襄公全集·书牍》卷七,台北文海出版社 1964 年版,第 28 页。
2 沈传经:《福州船政局》,四川人民出版社 1987 年版,第 37 页。

告知他的上司赫德，说明左宗棠计划聘请他帮助管理造船厂。赫德这个控制着中国海关的英国人当然不愿意将这个机会让给法国人，他不批准日意格辞职。随后，西方也立刻为左宗棠这个计划展开了激烈的竞夺。

在日意格与德克碑指挥的常捷军还没有解散之前，英法等强国就在为在中国增强自己的影响力而暗暗角力。阿思本舰队事件中，英国人试图控制中国军队，招致大清上下的反对而宣告失败，这个结果让法国暗自高兴。对于此事，日意格的看法是："阿思本的大失败，使中国离开了英国"，"这事件发展对法国是有利的。"[1]

我们知道，法国与英国一样也想更多地获得在华利益，增强对中国的影响力，1864年日意格代表法国远东舰队司令饶勒斯向左宗棠表明希望中法合作开办造船厂就有着这样的目的和动机。现在左宗棠计划开办中国人自己的造船厂，想聘请日意格、德克碑到即将成立的福州船政局做管理工作，日意格与德克碑自然也要征得法国政府的同意。

1866年夏天，当左宗棠的计划在西方的报纸刊登出来时，英国人对这一计划大泼冷水，说中国人制造船舰，很难成功，费工费时，购船最为合算省事。英国方面了解到清廷虽然批准了左宗棠的建议但是却不肯花钱开办近代工业的心理，大造舆论，"冀以阻挠成议"，但左宗棠决心已下，他向西方人表示，一定会使中国有自己的第一个近代造船厂。英国政府感到阻止和破坏行动不一定奏效，便改变了立场，试图控制这个造船厂。

1866年底，日意格再次向赫德表明，左宗棠正在筹备的福州船政局计划聘请他担任船厂的监督。赫德却当即表示，左宗棠的这个造船计划应该在"海关的保护下进行"。[2]日意格向他辞去在宁

---

1 [美]莱博：《一个法国监督在中国：左右为难的日意格》，第149、150页。
2 [美]莱博：《一个法国监督在中国：左右为难的日意格》，第179页。

波海关的职务，赫德却不答应，日意格只好将赫德这个居心叵测的计划转告给左宗棠。一贯对英国抱反感态度的左宗棠断然拒绝这个要求。赫德对法国在中国扩张影响所取得的进展深感不安，于是指使他的下属福州税务司、法国人美理登出面活动。美理登也表示愿意配合赫德的设想，将左宗棠筹办的造船厂设法纳入到海关的控制之下。

美理登在任税务司之前任过中文翻译，与日意格的认识也有几年的历史，曾赞许日意格"是一个有能力的和高尚的人"。可是他现在却成为日意格最有力的对手，而且造日意格的谣，说日意格反对让"英国人在船厂中有一个角色"。美理登毕竟有过从事外交的经验，他还向法国领事白来尼说，日意格是一个同情中国的人物，如此，白来尼就反对日意格介入左宗棠创办船厂筹办活动，更反对他到船厂任职。可是白来尼对赫德也是心存戒心的，白来尼断言："赫德反对法国在中国增加任何的影响，而以后私自怂恿美理登——他的一个税务司，去暗中败坏这个计划。"[1]

白来尼反对一个受英国影响的法国人——美理登到船厂供职，当然，他也想寻找一个合适的法国人任职。但是与此同时美理登却加紧了夺取船厂控制权的活动。

1867年初春，美理登给福州将军英桂写了一个《议试造轮船有欠妥协》的建议书，在文中他毛遂自荐，福建正在筹办的船厂要么停办，要么有他帮助才能成功。除了重弹"徒糜巨款，终无成功"、主张购船的老调外，还提出：（一）"福州一口，亦不必用此多船，如欲奉公缉盗，有三四只轮船分巡台、厦、本口已足，多造十二只，并无所用"，"倘或事已成局，万难中止，则拟请将船只减少，只造四条"；（二）"请管理船政人员随时将应用银两咨商本口税务

1 ［美］莱博：《一个法国监督在中国：左右为难的日意格》，第180页。

司核实勘估，按月咨报总税务司察核，转报总理衙门，庶几事有共商”[1]。

美理登所谓的建议，其实是很阴险的，除了试图从财政上控制船厂之外，还设想把福州船政局的造船水平设定在仅能"捕盗"这个水平。如此，西方殖民者就可以高枕无忧了。美理登的这个建议，傻子都看得明白，自然得不到响应。

实际上左宗棠已经不顾西方的反对，而与日意格、德克碑签订了雇聘合同。英桂也支持左宗棠这个决定，他在给朝廷的奏章中说，"美理登所云各节，名为中国节省经费，实则暗中阻挠……。因议造轮船之始，美理登原未预闻，及至腊月来闽接办税务司，即谋搀入……。然此事现与日意格、德克碑等既有成约，即有责成，美理登系局外之人，自未便复令干预。"[2]

得不到英桂的支持，美理登干脆撕破脸皮，到处宣称：奉有法国政府和驻华公使的"委其协同管理"的饬令，并有总税务司赫德的授权，总理衙门已经同意聘请他到福州船政局任职。主持总理衙门的恭亲王听到美理登这个恬不知耻的说法后很是恼怒，为此向赫德交涉。赫德宣称：此次闽省兴造轮船，尚无欲其入局之意。同年8月间，美理登从福州到厦门、香港、上海和北京进行紧张的活动，在与赫德等人策划之后，即公开向船政大臣沈葆桢提出：派他为正监督，将日意格、德克碑改为左、右副监督。[3]美理登的这一要求遭到继任船政大臣沈葆桢的拒绝，没能成功。

美理登屡屡受挫，而日意格、德克碑已经与左宗棠签订了雇聘合同，成了名副其实的大清雇员、晚清官场洋大人，他怎能咽下这口气？面对已经形成的船政局管理格局，他一面借助于英国不断暴

1　台湾银行经济研究所编印：《海防档·福州船厂》，台北中华书局1961年版，第65、66页。

2　台湾银行经济研究所编印：《海防档·福州船厂》，第64页。

3　林庆元：《福建船政局史稿》，福建人民出版社1986年版，第28页。

露的野心,一面向法国国内活动,仍然图谋实现掌控船政管理大权的愿望。而此时,日意格正面临着左右为难的选择。

船政局的创办毕竟是洋务运动中的新兴事业,左宗棠要想成功开办,在日益殖民地化的近代中国,只能在既要依赖西方技术人才设备,又要避免被西方控制的危险中艰难前行。

左宗棠要利用外国的人才使福州船政局得以顺利发展,虽然他冲破阻力在 1867 年初成功签订了雇聘合同,合同也算符合中国利益,但日意格在福州船政局任职,面临着赫德、美理登等人的阻挠,也面临着法国国内的干涉。况且,左宗棠希望通过日意格雇聘更多的法国人才,即便他知道法国同英国一样有控制中国的野心。

早在 1865 年春夏,左宗棠要德克碑回法国帮助了解筹备福州船政局相关的设备、设计方案时,德克碑就试图向法国政府说明中国正在筹办的福州船政局的重要性。当时德克碑回到法国后,通过自己在海军部的长官,要求觐见法国皇帝,说明正在中国开展的事宜,介绍左宗棠的造船计划,并希望获得法国政府的支持和帮助。他还有一个愿望,就是希望法国政府保留他们在中国政府服务期间的军籍和待遇。

当年夏天,德克碑成功见到了法国皇帝拿破仑三世,他要求获得一个支持船政局的正式文件,而法国政府这时并未确定对福州船政局的基本政策,所以法国皇帝只是口头上表示支持。日意格在 1866 年底给左宗棠的信里也对德克碑受到法国皇帝的引见有所叙述。信中写道:"卑镇克碑函开……于回国引见时,面奏法国皇上。蒙法国皇上以中外和好,卑镇克碑既愿报效中国,亦甚喜悦,奉准给予外国假,令来中国开厂造船,教导监造、驾驶多事务,须教导中国员匠技艺精娴,力图报效。当由法国内阁衙门知照驻京公使照料卑镇等办理。"[1]

不管是左宗棠还是日意格、德克碑，他们都希望法国政府对正在筹建的福州船政局予以支持，而左宗棠只是想获得资金或技术、人才的帮助，并不想被法国人控制，这样他们的想法就不可能获得法国政府的支持。

他们的设想首先遭到法国外交部的排斥。外交部系统的官员强烈反对在法国不能对中国船政事业产生重大影响的前提下，与福州船政局发生任何官方的关系，法国方面没有承担对船政局进行援助的义务。当然，日意格作为一个法国人，也是很希望法国政府对中国的船政事业产生影响的，这一点在他于上海要求法国驻上海领事白来尼在合同上签字予以担保之事上表现的尤为明显。日意格"希望自己国家卷入这个计划"[2]，在资金、人才等方面予以帮助。

1866年9月9日，日意格写信给白来尼，说明他"希望避免导致如阿思本舰队那样发生突然变化的问题"。他把船政计划看作"中国工业化的第一阶段，而不要有什么东西阻碍它的进步"[3]。

9月14日，左宗棠委派日意格和两位船政局的官员特意去上海拜见白来尼，再一次表示希望获得帮助。日意格甚至希望将法国皇帝的名字附在合同上，"希望法国政府在计划中扮演一种官方的角色，以便吸引法国方面的投资"。于希望福州船政局获得真正成功的左宗棠而言，这样做也乐见其成。

左宗棠、日意格的设想无疑是天真的。白来尼对此只愿意以第三者的身份，"证明日意格和德克碑的签字是可信的"。白来尼不愿意以官方身份签字，因为他"意识到日意格要法国卷入，保证计划的成功"，就是要法国承担船政失败的风险，而左宗棠却不愿接

---

1 林庆元：《福建船政局史稿》，第32页。

2 [美]莱博：《一个法国监督在中国：左右为难的日意格》，第166页。

3 林庆元：《福建船政局史稿》，第33页。

受法国的控制，法国政府当然不愿做这个冤大头，避之再三。日意格一离开领事馆，白来尼就给驻华公使和法国外交部写了封信，表明他的立场，认为在不能对中国产生影响力的情况下，法国卷入船厂的创办事宜是不合时宜的，并建议外交部和海军部，拒绝日意格和德克碑在船政局任职，反对他们与中方订立雇聘合同。新任驻华公使伯洛内同样担心："德克碑和日意格正在把法国拖进一种潜在的不光彩的地位。"[1]

1866年10月2日，伯洛内在给法国外交部的信函中对正在创办的福州船政局大肆攻击。他说左宗棠这个计划是粗劣的制定，清政府对此计划并不如日意格所说的那样感兴趣，总理衙门只把这个项目看作地方的项目之一。在不能绝对增强法国影响力的前提下，盲目的支持这一事业，冒险的投资和支持会给法国带来不必要的麻烦。[2]伯洛内甚至建议日意格和德克碑不要接受左宗棠安排给他们的职务。法国外交部接到伯洛内的信后，表示支持他的意见，表示法国不会参加这个项目。如果日意格、德克碑接受左宗棠的任职，那么法国方面将取消他们在法国军队的职务和待遇。

法国方面反对日意格在中国任职，这样他是否能成功续假便成为难题。按照法国军方的规定，到中国任职的法国现役军人，必须请假才能在中国任职。

1867年初，完成与左宗棠雇聘合同签字的日意格回到巴黎。为了改变法国对中国创办船厂的态变和要求续假，日意格于上年9月19日写信给他的老上级法国远东海军司令罗杰，要求用他的影响延长假期。日意格坚持不辞去海军职务，主要是"害怕他的辞职会伤害他们的关系和将来与船政局里欧洲雇用者打交道"。他还"感到他的地位的改变，对一个天真的法国平民来说，会减少他作为一

1　[美]莱博：《一个法国监督在中国：左右为难的日意格》，第168页。
2　[美]莱博：《一个法国监督在中国：左右为难的日意格》，第169页。

个领导者的影响"。日意格为了争取罗杰支持船厂计划，还强调：这个计划包括发展铁矿，有益于法国。铁矿的发展，使人们想起"中国工业化的开始"。日意格向罗杰保证，这个计划"无疑有益于法国的商业和工业的利益"。从这里我们可以看到，日意格支持船厂的创办从根本上说也是出自法国利益。[1]

日意格还在给罗杰的信中表示，"在中国要获得最符合于法国人的利益，不是靠向中国人强求无止境的特权，而应靠培植中国人对他们的好感和信任"。希望派出官方的代表到中国任职的想法是不正确的。

罗杰看了日意格的信后认为不无道理，对中国的影响是应该循序渐进，不能只依靠强权力量。他在收到日意格的信不久就写信给法国海军部部长，表示日意格的建议是有建设性的，他是法国所有军官的骄傲。[2]

虽然罗杰表示支持日意格，但法国国内对是否支持中国开办船政，是否派出官方的代表对左宗棠施加"影响"的讨论仍在继续。

1867年2月，日意格回到法国，他面对诸多的困难立即展开了积极的活动。当时法国外交部刚刚给海军部转来的一封信，是关于日意格在福州船政局任职，是否应该保留他在军队的职务和待遇。海军部将此信转给了罗杰，罗杰看了很是生气，即将此信交给了回国的日意格。日意格看信后情绪更是激动，他对罗杰说他要求就外交部的观点展开辩论，外交部所说的中国皇帝并没有支持左宗棠开办福州船政局纯属谎言，法国试图派出官员影响左宗棠的想法也是荒谬的。

日意格的积极活动，使法国海军部首先改变态度。在日意格、德克碑所领导的常捷军解散之前，法国军方就希望与左宗棠就造船

---

1 林庆元：《福建船政局史稿》，第34页。
2 [美]莱博：《一个法国监督在中国：左右为难的日意格》，第169页。

事宜展开合作，不过因当时左宗棠感到规模太小，又不想受法国的控制而作罢。现在，既然日意格回国说明了情况，法国海军部立即表现出了浓厚的兴趣；其次，英国人日益迫切地渴望插手船政局之事，也对法国军方是莫大的刺激；再者，左宗棠在中国国内的积极活动，也促使法国方面在逐渐改变态度。

1867年3月，左宗棠派出代表胡光墉拜访了法国驻上海领事白来尼，二人就开办船政局事进行了谈话。会谈中，胡光墉向白来尼阐述了三个要点：（一）中国皇帝支持这个计划，它不只是左宗棠个人的努力；（二）在法国政府不排除官方代表的前提下，中国希望与法国人合作，而不愿意与英国人共事，左宗棠更喜欢法国人而不喜欢中国曾经反对其扩张影响的英国人；（三）左宗棠对美理登的破坏活动十分愤怒，派胡光墉来调查美理登在法国的确切身份。胡光墉要求白来尼澄清：法国是否在这场斗争中支持美理登？美理登声称伯洛内和法国政府要他而反对日意格在船政局认知这个说法是否属实。[1]

胡光墉是出生于安徽的买办商人，在太平天国的运动中就帮助左宗棠购买军火，对西方很了解。左宗棠之所以派他与白来尼谈话，一来是想表明自己不受外人控制的坚决态度，二来是想利用胡光墉了解西方情势，用"以夷制夷"的办法促使法国人改变态度。胡光墉在谈话中说，英国人试图插手福州船政局的心情是很迫切的，只是左宗棠一直不肯接受。胡光墉的说法很快引起了白来尼的反应。"白来尼意识到这次会谈的重要性和中国人恼怒的程度"。[2] 他当时向胡光墉表示："美理登无论如何不能代表法国。法国人美理登为中国工作，不是为法国工作，而他的上司是中国福州海关。无疑，巴黎知道这个项目，但法国官方不支持美理登干扰日意格和德

---

1 林庆元：《福建船政局史稿》，第35、36页。
2 [美]莱博：《一个法国监督在中国：左右为难的日意格》，第182页。

克碑在中国任职的活动"。白来尼还向胡光墉保证，鉴于中国已与日意格、德克碑签订雇聘合同，法国方面将不再干预。随后，白来尼向法国外交部汇报了他与胡光墉的会谈情况，这样白来尼也继罗杰之后成为第二个支持日意格的人。

显然，白来尼态度的转变，除了胡光墉与左宗棠的努力外，英国试图插手福州船政局的愿望也深深地刺激了他。他在向法国外交部的报告中汇报了此事后，又给在法国的日意格写了封信。他在信中表明自己的态度和立场，反对让税务司美理登成为"英国人在船厂中扮演一种角色"。至此，形势急转直下，伯洛内也转而支持日意格。他正式照会海关总税务司赫德，声明法国不支持美理登到福州船政局任职。同时，罗杰经调查后，断定"这项目是真正的国家的一项目"。1867年7月10日，罗杰给海军部长热罗利写了一封信，态度很坚决地表示，希望军方"不要阻止日意格的工作"。他还写信给法国皇帝拿破仑三世，转达日意格的主张。罗杰还计划拜访左宗棠，可惜左宗棠已离开福州去西北担任陕甘总督了。这一切都表明法国海军部比外交部对创办船厂这个项目更有兴趣。后来法国远东舰队舰长韦尔隆秘密访问船厂，其重要动机之一就是"希望能获取重要情报"。事实证明，法国不断派出军官访问船厂，得到了船厂最详尽的政治和科技情报。法国驻北京使馆的武官康坦森在给法国陆军部的报告中承认，如果福州船政局的监督不是一名法国海军军官，他就不可能写出这样详细的报告。[1] 这就一语道出海军部支持日意格到福州船政局任职的重要原因。

既然法国海军部和外交部的一些人改变了态度，法国政府也不得不改变立场，同意不派出官方的代表到船政局任职，并接受左宗棠对日意格的任职要求，支持左宗棠与日意格已经签订的雇聘合

---

1 林庆元：《福建船政局史稿》，第37页。

同。在法国方面态度发生转变的时刻，继任船政大臣的沈葆桢也发表声明，态度鲜明地反对海关总税务司赫德插手船政局。

8月8日，沈葆桢还给总理衙门写了一个奏报说，美理登千方百计试图插手船政局事务都遭到了拒绝，但是他近来又无端造谣，诽谤生事，据说他之所以如此是得到了总税务司赫德的批准，因此请求总理衙门对此事予以过问，"万一赫德有所希冀，务恳据理折之，以杜其摇撼全局之端"。[1] 总理衙门收到奏报后，恭亲王即函告赫德，赫德不得不表示：他已经多次向美理登表示，不要插手船政局的事务。如此，赫德与美理登试图插手福州船政局的阴谋也宣告破产。

在晚清中国的洋员中，日意格是为数不多主张同中国保持良好关系的外国人之一，他不主张用强迫的方式使中国接受西方的殖民特权，而是应该与中国人通过合作的方式，逐渐获得中国人的信任。他在福州船政局任职，雇聘的外籍技术人员大多都是法国人，这无形中增强了法国在中国的影响力。

毋庸说日意格的主张是明智的，他回到法国后的努力活动，这种思想也在法国国内逐渐占了上风。在与外交部的斗争中，日意格曾经于1867年3月给法国皇帝拿破仑三世写了一封信，他反复建议对中国增加影响，而不是运用特权手段。他讲了中国正在筹办福州船政局对中国近代化的意义，这个计划得到了中国皇帝的支持，他得到左宗棠的邀请到局任职，将对法国带来好处。他还写道，如果他本人根据法国政府的意愿，不到船政局担任监督，那么，中国就有可能转向英国或者寻求他国的帮助。[2]

日意格的这些话，也打动了拿破仑三世。不久，他高兴地接见了日意格。后来，日意格在给沈葆桢的报告中写道，"六月二十四日引见法国皇上，垂询此情，甚蒙喜悦，谕令监督用心办理，并沐

---

1 台湾银行经济研究所编印：《海防档·福州船厂》，第68、69页。
2 [美]莱博：《一个法国监督在中国：左右为难的日意格》，第175页。

恩典，传谕各部尚书大臣，咨行驻扎中国提督，随时照应等因。且监督起程时，已见兵部尚书大臣以监督该工办好，许赏加一品功牌，以资鼓励。凡前有谣言，皆不足信。"[1]

这些举动虽宣告了赫德、美理登阴谋活动的失败，但法国政府之所以表示要在福州船政局排除官方代表，实际上是在与英国利益角逐中的无奈之举。法国很不希望英国在中国的势力进一步扩大，可是自身的实力又无法阻止英国的扩张，所以采取了以退为进的外交策略。

在同意日意格到船政局任职后，法国外交部向总理衙门发出了一个照会，美其名曰是表明法国政府的立场和态度，实际上是担心英国对法国的猜忌。在没有获得实际影响力的前提下，法国政府认为有必要排除那些不必要的猜忌。

法国外交部给总理衙门的照会内容主要有四点，基本上涵盖了法国政府就中国开办船政事业的态度和立场。主要是：一、同意日意格任船政局监督，准予中国雇聘法国技术人员及购买机器设备；二、法国政府不派出官方代表，不承担船厂成败的风险，不直接参与船政局事宜；三、为避免英国的猜忌，应该对此事予以说明；四、奉行不干预的政策。[2]

英法两国在船政局筹办问题上的利益纠葛，左宗棠看得最清楚，所以他努力排除被列强所控制和左右。他曾在总理衙门的奏报中说，"轮船为泰西独有之秘，彼之雄长，岛夷垄断互市之利者，所恃在此。法国君臣欣然愿以其秘输之中国，盖亦有故。法国商船较诸国为最少，其争利之见淡于英。法又与英国本非同教，英习耶苏，法习天主，仇隙素深。且暂时依违其间不敢立异者，特以英吉利首与中国通商，法乘之后，不欲显与为难耳。而其不甘久居英夷之下，

1 中国史学会编：《中国近现代史资料丛刊：洋务运动》（第五册），第 62、63 页。
2 林庆元：《福建船政局史稿》，第 40 页。

实在意中。现在日本习造轮船，亦系法国韦而宜监督。是其欲广轮船之制以夸主为名，仍不外好胜争利之本性可知。英国商船最多，深恐中国学成挠其生计，又阴谋叵测，必欲以此傲我所无。"[1]

1867年秋，日意格再一次返回中国，正式开始了他在福州船政局的职业生涯。

法国政府仍然觊觎着能够对福州船政局产生影响、甚至阻碍其命运的举动。在法国政府同意日意格接受左宗棠的雇聘的同时，他们就感到必须在中国的船政事务中增强自己的影响力，让中国政府感受到法国的存在。当日意格返回中国之时，法国外交部透露，准备在福州派驻领事，以便为在船政局工作的法国人服务。

1869年3月，在宁波任职的法国人席蒙被调到福州设立领事馆。他到福州后，公然宣称他的职责就是帮助法国人调停不合理的事情，为他们伸出公正的援助之手，还说这是一个法国政府赋予一个领事应有的权力和责任。他甚至要求福州船政局向他报告在船政局工作的欧洲雇员的情况，并进行登记。

当年6月，巴世栋继任席蒙之职，主掌福州领事馆。这个时年只有27岁的年轻人比席蒙更想插手船政事务，他以领事裁判权为名屡屡到船政局过问事务。他到任后不久，即到船政局会见沈葆桢，表示现在法国在福州的事务日渐增多，所以在此设立领事官员，赤裸裸地道出了法国的用心。

按说，一国的领事负责的都是通商事务，与船政局没有多大关联，但他居然要沈葆桢向他说明船政局的一切章程、外国人在这里的工作情况，并要求领事馆所谓的为法国人主持权益的公告贴在船政局内，这些非礼要求理所当然地遭到了沈葆桢的反对。但是巴世栋还是利用日意格与德克碑之间的矛盾制造了一起所谓的"领事裁

---

1 中国史学会编：《中国近现代史资料丛刊：洋务运动》（第五册），第28页。

判权"的事件。

日意格与德克碑在领导常捷军之时，德克碑的官阶是高于日意格的，当时德克碑是提督衔，而日意格只是总兵衔，但是到船政局之后他们的地位颠倒了过来。由于左宗棠同李鸿章一样，都喜欢使用会说汉语的外国人，这样方便沟通交流。德克碑的汉语水平很差，可以说斗大的汉字不识几个，而日意格却不同，他能够讲一口流利的汉语，也了解中国的风土人情，可以说是一个中国通，左宗棠当然喜欢跟这样的洋人沟通了。所以在船政局签订雇聘合同后，左宗棠将日意格提升为正监督，而德克碑则为副监督，这个安排很让德克碑不满，本来就功利心很强的德克碑便不很听日意格的指使，甚至还把船政局里反对日意格的人联合起来，共同对付日意格。巴世栋知道日意格与德克碑的矛盾后，也公然站到了德克碑的行列，参与到反对日意格的行动中来。

巴世栋关心的不是日意格与德克碑的矛盾，而是利用这一矛盾发挥自己的作用。巴世栋的所作所为完全背离了法国政府的"合作政策"，也使得巴世栋与日意格、沈葆桢产生了极大的矛盾，关系十分紧张。

1870年这一年是日意格、沈葆桢与巴世栋的矛盾最为恶劣的一年。就在这一年，发生了"天津教案"，法国的"合作政策"遇到了严重考验，这毕竟是中法关系中的一个波折。法国政府认识到，在船政局中实行"合作政策"会给他们带来更大的利益。当年3月2日，在沈葆桢、日意格与巴世栋关系最紧张时刻，法国远东海军司令摩笛派出远东舰队舰长韦尔隆到福州马尾秘密活动，调查日意格和巴世栋的矛盾，同时也企图收集重要情报。在韦尔隆逗留的两星期内，日意格极力向他表明，为了加深法国在中国的影响，他在船厂的角色是重要的。韦尔隆的活动大大改变了日意格的处境，巴世栋被冷落。不久，法国公使罗歇接到韦尔隆的报告，要福州领事回避会危及福州船政局的所有纠纷。公使提醒巴世栋，福州船政局雇用了一大批法国人。1870 年 10 月，日意格写信给新的远东海军司令杜白蕾称："中国正在考虑英国人承担对船厂的指导，如果这事情发生，这将是巴世栋的过失。"[1]

从日意格到福州船政任职的整个过程中，法国政府在对船政局的态度上具有两面性，但根本的一点，是法国始终没有放弃试图殖民中国，通过特权影响中国，达到控制中国的目的。新任远东舰队司令杜白蕾发现，日意格在中国的任职中已经发挥越来越重的作用，不想失去在中国利益的官僚诸公因此不得不支持日意格。

日意格毕竟是中国的一名雇员，他拿中国的俸银，接受中国官方安排的职务，肯定要履行职责，因而他也与在船政局工作的一些外国人产生了矛盾。法国政府也渐渐感到，虽然日意格引起一些欧洲雇员的不满，但正是因为日意格的存在才保证了他们能够在船政局正常工作，如果日意格离开了福州船政局，或者船政局聘请了他国的人员做监督，那么法国人有可能就会被新安排的外国监督解雇。如此，法国不但失去了影响中国的机会，而且也丧失了在经济上的利益。

杜白蕾在对船政局的了解中发现，日意格聘请的法国雇员大多都得到了很好的待遇，也获得了丰厚的报酬，而这些人将所获的报酬大部分都寄回了国内。杜白蕾曾经统计，在船政局工作的法国雇员每年将他们的收入寄回国内的数额竟然高达 30 万法郎，这还不算日意格和他的雇员们对中国官方所产生的影响而在法国进行的各种采购、交流等活动所产生的费用。

杜白蕾坦白地说，法国需要日意格在中国产生的影响以及给法国带来的利益，他不愿意看到这种利益失去。如何不让这些利益和

1　林庆元：《福建船政局史稿》，第 43 页。

影响失掉呢？杜白蕾认为，"日意格的职务似乎是法国去获得对中国影响的合法手段和途径。"由此可见，法国政府如果抛弃与中国洋务派的"合作"政策，持对抗的态度，也就意味着失去他们在中国洋务运动中所得到的经济利益。[1] 出于这样的目的和动机，法国政府在后来对日意格的在中国的任职以及他的管理活动就不再进行过多的干涉。因此，福州船政局在"天津教案"解决之后的一个时期里在对外关系上是相对平和的。也正是因为有这个和平的外部条件和国际环境，使得福州船政局能够得以较快的发展。

晚清推行的洋务运动，在列强利益竞夺的格局下如何应对与外国的关系，如何处理好控制与不被控制的关系十分重要。就西方列强而言，他们在中国的洋务视野中既扮演着控制，又表现出支持的角色。在双重面孔背后，一个不为人言说的玄机就是永远无法摆脱的利益诱使。

6. 船政局的改革与军事留学

日意格在福州船政局担任船政监督的二十多年里，不管是左宗棠还是沈葆桢等船政局官员都对这位洋大人是充分尊重的，也赋予了他很大的权力，以至于日意格对他们也感恩戴德。特别是左宗棠，日意格对他有着很深的感情。

1866 年底，左宗棠离开福州船政局时，日意格很有些不舍，表示仍希望由他主持船政。左宗棠说新的船政大臣自会专理船政，西北事务繁重，实在无暇顾及，以此表示了谢绝。他离开后，也向清廷上折表示，"身虽去闽，此事究属首先倡议，事成无可居之功，不成则无可遭之罪，如有谬误，应加议处"，自己"未尝置身事外"，表示他对船政负责，期于有成。[2]

1　林庆元：《福建船政局史稿》，第 45 页。
2　沈传经：《福州船政局》，四川人民出版社 1987 年版，第 60 页。

日意格投身到中国的船政事业中后,积极配合做好船政局工作。据合同规定:正副监督在中国船政大臣的领导下,负责督造轮船,管理中外工匠,合同要求中国工匠必须认真办事,各尽所长,在五年内完成制造轮船 16 艘。期间,日意格与德克碑及外国洋员还负有教导中国工匠学习英法语言文字,帮助掌握监造、驾驶技术的责任。

聘用合同还指出,"正副监工及各工匠等或不受节制,或练习办事不力,或工作取巧轻率,或打骂中国官员,或滋事不法,本监督等随时撤令回国,所立合同作为废纸。如有别项犯法事情,应照通商章程惩办"。

严格的聘用合同之下,作为正监督的日意格感到肩上沉甸甸的责任,他与左宗棠签订合同后,立即拟写了一份《条议十八条确折》,对工作计划、进度、工资福利以及奖惩做了更为明晰的规定,并发表了一个类似保证书的声明。保证书按照船政大臣的要求,在五年内完成制造任务,由船政大臣验收,待中国工匠掌握监造、驾驶技术达到要求后,即将外国工匠撤回国内。

日意格发表声明保证书后,即开始履行监督职责。他对中国工匠要求十分严格,强调整个船政局必须有军队一样的纪律,才能使完成各项任务有保障;如果没有"严密的军纪",整个事业就会垮掉,就完不成船政大臣交付的重托。

日意格受雇于船政局,他把自己和其他受雇的洋员都当作大清官场的一员,认为只有彼此融为一体,才能更好的完成任务。日意格对什么事都做到认真严格,巨细无遗,在工程质量上更是精益求精,反对因循守旧,得过且过。

在第一艘轮船"万年青"号的仿制过程中,由于中国工匠大多不熟悉制造,试制工作一再出现偏差,而日意格要求工人勇猛精进,发现错误要立即改正,"稍不中绳墨即弃而弗收,甚有工程甫半,忽思变更"，"万年青"号屡作屡改，最终达成试航标准。日意格这种孜孜以求、严于工程质量的管理作风，对近代中国企业自由疏散、急功近利的管理方式无异是一种鞭笞。

日意格不仅对中国工匠要求严格，即便是对待外国匠师、雇员也是一视同仁，从不因为他们是外国人而就纵容庇护。外国工匠中有一个叫白尔思巴的铁艺工匠，在工作中屡次违反规章制度，懒惰滋事，无故旷工成为家常便饭，工头斥责他，他反而辱骂工头。工头向日意格报告后，日意格不顾法国驻福州领事巴世栋以治外法权的名义进行阻挠，无视巴世栋对他的审判和罚款，依然按合同规定将白尔思巴解雇，令其撤离回国。

外籍雇员中还有一个叫达士博的总工程师，是日意格的得力助手，一度很得日意格的器重，可是当德克碑被调离船政局后，达士博没有被提到副监督的职位，这使他怀疑自己没有得到日意格与船政大臣的重用，便变得消极怠工，玩忽职守，对工作不负责任。当第一艘轮船"万年青"号仿制完成，准备下水驶向天津接受朝廷的检阅时，达士博拒绝上船工作。理由是船政局不应该安排中国人做领港员，他需要的是一个欧洲人来做领港员。当中国方面撤回港员并表达歉意时，达士博却仍然拒绝上船工作，达士博的这种做法让日意格非常气恼，他没有因为达士博曾经是他的得力助手而就迁就他，而是按照合同规定，依规将达士博解聘。法国驻福州领事巴世栋再次以领事裁判权来要挟，要求日意格收回决定，并设置法庭，在日意格缺席的情况下对他进行审判，谴责日意格作为一个法国人却不维护自己的同胞，反而处处以船政局官员的身份来对抗法国领事馆。

在日意格严格的管理中，他先后惩处了洋监工贝锦达、洋匠首卜爱德、洋匠西林·贝纳德、格里那、巴士佳、腊佛奴、佳格士等人，他们有的办事拖延，有的专横跋扈，都遭到了革职或驱离。日意格这种一视同仁的工作作风很得沈葆桢的赞赏，称赞他"实心实力，事事务求精详；又执法严明，绝不徇庇其下"，所以洋员、洋匠大都"懔遵约束，尽心教导"，从而保证了工程的顺利进行。

根据雇聘合同约定，合同期内日意格应负责中国工匠学习英法语言文字和掌握仿制、驾驶技术。为使中国工匠尽快掌握语言和技术，日意格向船政局提出建议，采取多种途径办学，把培养技术人才、提高工人素质放到船政局建设的首位上来。根据日意格的建议，福州船政局设立了福州船政学堂，学堂初名"求是堂艺局"，分为前后学堂。前学堂专习制造，最初只为造船而设，又称制造学堂，主要用法语讲课；后学堂最初仅习驾驶，因为讲课主要以英语讲授，所以称为"英语学堂"。1868年，后学堂又增设轮机学堂，由此又被称为管轮驾驶学堂。这个学堂的学生都是从上海和香港的外资工厂里招收有一定工作经验的青年。前后学堂教授语言不同，也决定了后来在海军留学选取专业问题上的价值取向，当时有一个普遍的认识，认为"制造各厂，法为最盛；而水师操练，英为最精"。[1]

船政学堂先是开设了英、法语言、数理化、地理、航行、驾驶及实操规则等专业，后来日意格从中国造船业的长远发展出发，又建议增设了设计、驾驶、轮机等专业。学生除了正常的理论学习还有实践制造课，如经纬仪制造组、光学器具、船学、罗盘针修理组等等，从而达到了"兴学课工"融为一体。

除了建立正式的学堂外，船政局还设了夜校（艺圃）主要对工匠进行外语及技术训练，白天工作，晚上则进行学习，教师也大都是外国人。

通过设立学堂，建立夜校，从工厂工人到厂长、领班、公投，在边学习边实践的氛围中逐渐成长。经过四五年的教学与实践，船

---

1 李喜所主编，刘集林等著：《中国留学通史》（晚清卷），广东教育出版社2010年9月版，第142页。

政局培养了第一批通晓外语、精通工艺的技术骨干和熟练工人，这其中当然有日意格不懈的付出和心血。1873 年，"日意格逐厂考校，挑出中国工匠艺徒之精熟技艺、通晓图说者为正工头，次者为副工头，洋师付与全图，即不复入厂，一任中国匠头督率中国匠徒放手制造，并令前学堂之学生，绘事院之画童分厂监之。数月以来，验其工程，均能一一吻合。此日意格教导制造之成效也"。

督促中国工匠学习仿造及学习驾驶技术，日意格更是亲临一线，周密设计，努力做到使工匠易学易做。考虑到中国工匠对轮船仿制技术茫然无知的现状，日意格采取直观易做的办法，"先令木匠将从前所盖栈房按段编门，平铺地板，令画匠绘 150 匹马力船式于地板之上，分行布线，细如蚕丝，凡船身所有斗榫衔接处，莫不有图，各不相混，曲直尺寸，志以洋文，令中国木匠一一辨认，俾按图仿造，可以不烦言而解"。[1]

在船政大臣的领导下，日意格的积极努力使得船政局的技术力量不断提高，工厂规模不断扩大，到 1872 年 4 月，船政局已开工三年，工厂规模已经扩大了三倍多，原计划仅设置铸铁、打铁、模子、水缸兼铸铜、轮机兼合拢等五个工厂，可根据实际的需要，为了做到精益求精，又增设了拉铁、锤铁、钟表、帆缆、火砖、舢板及轮机等相关的分厂；原来设置两所学堂，后来又添设了绘事院、驾驶学堂、管轮学堂、夜校四所。对此，在陕甘总督任上的左宗棠对船政局三年成绩做出评价说，"近来船式愈造愈精，原拟配炮三尊者今可配八尊，续造二百五十匹马力轮机竟配新式大洋炮十三尊，此成效之可考也"。"各厂匠作踊跃精进，西洋师匠所能者均亦能之；而艺局学徒一百四十余名既通英法语言文字，于泰西诸学尤易研求"，天文、算学、画图、管轮、驾驶诸艺童成绩列上等约七八十名，次

1　董方奎：《日意格与中国近代化》，见孔令仁、李德征主编：《中国近代化与洋务运动》，山东大学出版社 1992 年版，第 628 页。

亦三四十名。由此打下以机器造机器、以华人学华人、以新法变新法的基础。事实证明了华人质地聪颖犹胜泰西诸邦的西人议论。

日意格巨细无遗，严于对待工作，这也是他在船政局任上得到信任的结果，左宗棠在任时对他信任，沈葆桢接任后对他更是积极支持。前后两任船政大臣的信任，也使得日意格忠于职守，认真履行合同。

1869年6月，福州船政局仿制出的中国第一艘千吨级轮船"万年青"号，质量接近当时世界先进水平。1871年6月，第一台二汽缸竖式普通蒸汽机制造完工，成为船政局制造的第一台动力机器，且工艺水平不亚于外国。稍后，船政局还不断地制造出主机、辅机和仪表等船用机器设备。这些成就是与日意格的努力分不开的。此外，日意格在帮助船政局培养出国留学人才方面也做了大量工作。

1873年12月26日，沈葆桢会同陕甘总督左宗棠、闽浙总督李鹤年、福建巡抚王凯泰上奏朝廷，提出了分派留学生到英法两国学习军事的计划：

> 窃以为欲日起而有功，在循序而渐进，将窥其精微之奥，宜置之庄岳之间。前学堂习法国语言文字者也，当选其学生之天资颖异、学有根柢者，仍赴法国深究其造船之方，及其推陈出新之理。后学堂学习英国语言文字者，当选其有根柢者，仍赴英国深究其驶船之方，及其练兵制胜之理。速则三年，迟则五年，必事半而功倍。盖以升堂者求其入室，异于不得其门者矣。其学生中有学问优长，而身体荏弱，不胜入厂上船之任者，应令在学堂接充教习，俾指授后进天文地舆算学等书，三至五年后，由外国学成而归者，则以学堂后进之可

造者补之。斯人才源源而来，朝廷不乏于用。[1]

　　沈葆桢、左宗棠等人的这个联衔会奏是经过精心酝酿才呈给朝廷的。在此之前的 11 月 18 日，日意格在呈给沈葆桢有关船政教育成果的报告中，建议选派优秀学生赴欧留学，进一步深造，以堪大用。沈葆桢认为这个建议很好，经过一个多月考量，他决定与左宗棠等人联合会奏，奏折里对留学生的选派、留学国家、留学年限等等，都作了初步的设想和规划。

　　沈葆桢的奏章送到朝廷那里，很快得到了回复，朝廷将沈葆桢的奏章批转到总理衙门"建议具奏"，就是说要求他写一个更详细的奏报。与此同时，总理衙门又组织南、北洋通商大臣及左宗棠等就派遣船政学堂学生赴欧留学之事进行讨论。

　　当时李鸿章未给出明确答案。后来，李鸿章致函总理衙门，表示支持沈葆桢的建议。作为联衔会奏者，左宗棠当然是积极支持沈葆桢的，他在给总理衙门的信中不仅表示支持派遣海军学员留学英、法，还建议留学不必指定英、法两国，只要在某一科技领域居于领先的国家都可以派遣学生前往学习。左宗棠在给总理衙门的信函中说：

　　　　今幸闽厂工匠自能制造，学生日能精进，兹事可望有成。再议遣人赴泰西游历各处，藉资学习，互相考证，精益求精，不致废弃，则彼之聪明有尽，我之神智日开，以防外侮，以利民用，绰有余裕矣。就此一节而论，沈议遣赴英、法，曾议遣赴花旗，窃意既遣生徒赴西游学，则不必指定三处，尽可随时斟酌资遣。如布洛斯枪炮之制，晚出最精，其国颇啴

1　李喜所主编、刘集林等著：《中国留学通史》（晚清卷），第 144 页。

曾言，彼中新制水雷足破轮船，如中国肯挑二十余人同往学习制造，则水雷、后膛螺丝开花大炮，亦可于三年内学得……即此类推，则不独英、法、咪应遣人前往，此外尚可商量，明矣。"[1]

总理衙门奏请朝廷，请准派遣留学生出国学习海军。在此期间，沈葆桢组织日意格以及船政局的有关人员制定了一个详细的海军赴欧留学计划。沈葆桢认为，派遣海军学员出外留学，不同于先前朝廷派出的留美幼童，一定要求善求精。

沈葆桢主持制定的海军留学计划提出，留法学习制造的学生每年要有两个月的时间到各国的船厂铁厂了解生产工艺情况，增加自己的知识和见识，争取在四五年的时间里，成为熟悉海军各个环节全面发展的人才；对于留英学习驾驶的学生，除了每年要在学校学习外，也要有两个月的时间到大兵船上看海军操练。

具体到学习的科目，由日意格拟定的相关教育计划及章程一般被称为《日意格章程》，主要包括《法学章程》《艺童课序》《艺徒课序》以及《英学课序》等内容。这些课序内容如下：

针对留法学生：第一年，学习重学统论、画影勾股、水力重学、汽学、化学、轮机制造、法国语言等等；第二年学习轮机重学、材料配力之学、轮机制造法、水力重学、化学、房屋制造法、法国语言、画图；第三年学习轮机重学、轮机制造法、挖煤铁学、船上轮机学、铁路学、法国语言、画图。三年后，还要入造船厂、轮机水缸厂、枪炮厂实习。

针对留法艺徒：第一年，学习画影勾股、算学、代数、勾股、画学、法国语言等等；第二年，学习画影勾股、重学统论、汽学、

1　《上总理各国事务衙门》，《左宗棠全集·书信二》。

画图、法国语言；第三年学习重学统论、制造轮机学、水力重学、轮机重学、汽学、化学等等；对于第四年第五年的学习除了到工厂学习工艺外，其他的与留法学生相同。[1] 针对留英学生，日意格也制定了详细的计划。

沈葆桢原计划让法国人日意格为赴欧留学的监督，在很大程度上是参考了幼童留美的经验。在留学生监督的人选上，沈葆桢首先以容闳、陈兰彬为标准进行比较，没有比日意格更为合适的人选了。沈葆桢选择在局多年、能与船政学堂学生融洽相处又熟悉英法情况的日意格为留学生监督，并同时令其草拟了学生出洋学习条例、章程及费用清单函送李鸿章。

1875年，日意格回国。临行之前，沈葆桢托付他两件事情：一是代船政局采购法国造的挖泥机、轮船铁胁和新式轮机。二是带领船政学堂的刘步蟾、陈季同等五名高才生到英法游历。2月，带着沈葆桢的嘱托，日意格踏上了归国的行程。

关于此次赴欧游历的船政局五名高才生，巴斯蒂在《清末留欧学生》一文给予了很高的评价："这五人是船政学堂中最优秀的学生，他们的知识特别是数学方面表现出的才能，使与他们一起学习的外国士官非常吃惊"，"他们懂英语、法语，具有相当高水平的欧洲近代科学知识，当然，也具有一定的中国传统教养的根底"。福州船政学堂系统的教育基础为此行五人"求外国益精之学"打下了良好的基础，他们圆满完成了考察任务。这对于为海军留学一直筹备奔走的洋务派官员来说是一次莫大的激励，并使其感到派遣海军留学生的迫切性。与此同时，因日本侵台事件引发的海防危机使沿海各省督抚"造船"强海防的愿望越发强烈，由此普遍开始赞同与海防息息相关的海军留学。1875年5月总理衙门会奏中关于海

1　田正平：《留学生与中国教育近代化》，广东教育出版社1996年11月版，第53—55页。

军留学为"防患要着",应由各大臣随时筹办的内容明确了清廷对此事的基本立场,筹议多时的派遣留学生一事在此背景下加快了实施进程。

对于沈葆桢推荐日意格为留学生监督,李鸿章是有疑虑的。因为他对日意格尚不了解,因而半信半疑。

在1876年的头几个月里,李鸿章、沈葆桢、丁日昌以及接替丁日昌督船政的吴赞诚,频繁地往返函商,逐项落实出国留学计划。

也就在此时,与李鸿章关系很好的丁日昌得知李鸿章正在寻找合适的留学生监督人选,便推荐了自己的助手李凤苞担任。李凤苞为船政学堂考工,与沈葆桢也是相熟的,但是沈葆桢认为他不是最佳人选。其实李凤苞也看不上这个职务,当时他正丁忧在家,对于丁日昌的推荐,他当即表示不能接受这个使命。但李鸿章对他非常看好,说他学识丰富,对西洋文化、外交事务都非常熟悉,是不可多得的人才,让他充任留学生监督一职实在是非常合适的人选。在李鸿章、丁日昌的坚持下,李凤苞只好答应。而对沈葆桢推荐的日意格,李鸿章也不好拒绝,便决定由二人共同担任留学生监督。

留学生监督的人选确定后,李鸿章向总理衙门作了汇报。总理衙门表示支持,要他尽快促成留学之事。李鸿章遂让沈葆桢发电报召回了正在欧洲的日意格。日意格接到电报后,即踏上了返回中国的行程。1876年6月,日意格返回上海后,立即前往天津,分别向调任两江总督的沈葆桢和直隶总督李鸿章汇报在欧洲游历、参观的情况。

在天津,日意格还见到了被李鸿章任命为留学生正监督的李凤苞。但二人见面的谈话很不投机,李凤苞表示很不愿意跟日意格合作。李鸿章想出了一个折中的办法,由李凤苞带领一部分学生赴法,日意格带领一部分学生赴英。对这个计划,日意格很担忧。在船政学堂教习的日子里,日意格对这些学生的学习情况、性格、走向都已全然了解。突然要把学生们分开,实在不利于学生们的学习生活。于是日意格从大局出发,说尽管李凤苞不愿与其合作,但从学生的前途考虑还是不分开的好。李鸿章接受了日意格的建议,要他们以大局为重,共同把海军留学生送往欧洲。在天津,他们还共同制定了新的留学生章程,内容更加详细具体:

(一)设华、洋监督各一员,不分正副,会办出洋肄业事务,负责安排学生就学、聘请教习、管理经费等事宜。两监督和衷会办,互相监察。如万一有意见不合之处,应据实呈明通商大臣、船政大臣察夺。

(二)选派制造学生十四名,制造艺徒四名,由两监督带赴法国,学习制造。此项学生,既在学堂学习,以培根柢,又要赴厂学习工艺,以明理法。应究其造船之方及推陈出新之理,回国后能设计、制造新式战船。凡所习之艺均须极新极巧,倘仍习老样,则惟两监督是问。

(三)选派指挥、驾驶学生十二名,由两监督带赴英国学习驾驶兵船,并陆续送格林尼茨、抱士穆德大学肄业外,还可带赴各厂及炮台、兵船、矿厂考察,约共一年。然后,再上大兵船及大铁甲船学习水师各法,应探究其驾驶之方及练兵制胜之理,约两年定可有成。回国后要达到对铁甲巨舰的驾驶、调度、演练、指挥都不依靠洋员,亲自指挥驾驶自如。

(四)出洋学生每三个月由华、洋监督会同甄别一次,或公订专门洋员甄别,并由华监督酌量调考华文论说。其驻洋日期,以抵英、法都城日起,计满三年为限;未及三年之前四个月,由两监督考验,学成者送回供差。其中若有数人学业将成未成,须练习一年或半年者,届时会同案候裁夺。

（五）两监督及各项生徒自出洋以迄回华，凡一切肄业功课、游历见闻，以及日用晋接之事，均须详记日记，或用药水印出副本，或设循环簿递次互换，总以半年汇送船政大臣查核，将簿中所记，由船政抄咨南北洋大臣复核。

（六）此次所议章程，总以三年学成为限。若三年后，或从此停止，或另开局面，均由船政大臣、通商大臣令商主裁，外人不得干预。[1]

新的章程以日意格原来草拟的章程为蓝本，对留学生经费的筹措、管理、监督的职责、派遣学生的人数、年限、学习任务、要求、组织领导、物资经费、生活供应等，都作了详细的计划。

1877 年 1 月 13 日，沈葆桢与李鸿章联名上奏朝廷，二人在奏章中说：

近时轮机铁胁，一变前模，船身愈坚，用煤愈省，而行驶愈速。中国仿造，皆其初时旧式，良由师资不广，见闻不多。官厂艺徒虽已放手自制，止能循规蹈矩，不能继长增高。即使访询新式，孜孜效法，数年之后，西人别出新奇，中国又成故步，所谓随人作计终后人也。[2]

二人的奏章意思是说，要建立强大的海军，达到自强的目的，是不能够总跟在别人后面模仿的，而应该探究其不断发展的奥秘，掌握自强的主动权，而要达到这一点，必须要自己培养出一大批具有近代科学知识的人才。

当时，李鸿章并不掌管船政局的事，为什么沈葆桢要拉上他一

---

1 李喜所主编、刘集林等著：《中国留学通史》（晚清卷），第 148 页。
2 董守义：《清代留学运动史》，辽宁人民出版社 1985 年版，第 117、118 页。

同联名上奏呢？沈葆桢自从左宗棠手里接手福州船政学堂后，一直有一个心愿，就是派遣留学生到国外学习海军，但一直未能实现。李鸿章现在虽然不掌管船政方面的事情，可他在朝中的影响力和声望是无人能及。他有着一大堆的头衔：太子太保、文华殿大学士、直隶总督兼北洋大臣等等，除此之外，他又深受慈禧太后的信赖。在对外的交涉中，他与各国公使都很熟悉，有了这样一个人的支持事情就好办多了。

当然，李鸿章也有自己的盘算。此时，李鸿章也正在酝酿筹建北洋海军，虽然暂无学生可派，但他知道要筹建北洋海军也需要大量的海军人才。沈葆桢邀请他积极参与，他日后也可以利用这批人才。所以对于派遣海军留学之事，他也极力玉成。

沈葆桢与李鸿章的联名上奏，很快便得到了朝廷的答复，总理衙门也立即与英法两国协商。英、法两国先后于1877年1月26日和29日做出答复，同意接收中国军事留学生。至此，创议三年之久的派遣海军留学生计划终于上马。

1877年3月31日，第一届船政留学生登上福州船厂的"济安"号轮船，怀着"穷求洋人秒奥"的愿望，带着强盛中国的梦想，跨海越洋，奔赴欧洲，开始了中国海军留学的寻梦之旅。

这批留学生大部分都是由福州船政学堂中培养出来的，倾注了日意格的心血。在整个洋务运动时期，在所有受聘于中国的洋员中，日意格为中国近代化事业的发展以及后继人才的培养所做出的功绩可谓首屈一指。1886年初，第二届船政留学生学成回国，北洋大臣李鸿章、南洋大臣曾国荃、沈葆桢的接任者裴荫森等联名上奏朝廷，请求对日意格进行褒奖："自光绪三年第一届生徒出洋，迄今已九年之久，（日意格）凡酌派历届生徒分赴各厂肄业事宜，以及往来舟车，饮馔医药，无不一手经理，实属异常奋勉，且于中法有事时辞退月支薪水，仍照料生徒肄业，委曲周全，不避嫌怨，尤为难得。该洋员前曾蒙赏正一品衔暨一等宝星在案，现在宝星厘定新章，请换给二等宝星，借示鼓励等因。"[1]

经李鸿章等人的奏请，清廷再一次给予日意格奖赏，这既是李鸿章等人对日意格在中国船政事业所做贡献的肯定，又是对他为培养中国船政人才不懈努力而给予的褒奖。

1886年2月20日，回国后的日意格病死于法国戛纳。这个一生中大部分时光都与中国的船政事业结合在一起，最初曾经有过镇压太平军的历史，介入到中国的船政事业后积极为船政兴办出谋划策，积极履行职责的洋人，他是得到了中国人民的肯定的。

7. 变身为技术掮客的马格里

在晚清的洋员中，马格里同戈登一样，也是一位英国军官，都在英法联军侵略中国的行动中来到中国，也曾经参加过镇压太平军的行动。与戈登、日意格、德克碑不同的是，马格里更早地参与到中国的近代化变革中来。

马格里有机会得到李鸿章的赏识，较早地进入晚清官场，与他能像日意格一样能够使用汉语有一定关系。马格里的汉语是利用业余时间学习的，早在1862年2月，清廷同意以上海为试点"借师助剿"的时候，马格里跟随两个连队一起被派到上海，在以上海为半径30英里范围内协防。当时马格里的汉语水平还不流利，仅能进行一般的交流，但这为他接触晚清官场和士绅提供了条件。在上海期间，马格里先是认识了苏松粮道杨坊，二人在交往中很快成为朋友，杨坊建议他投身到清朝的官场中来，为清朝服务。

在与中国官员的接触中，马格里也明白，大清洋务初兴，正是使用外国人才的好时机。雄心勃勃的他也感到，要进入中国官场，

---

1 董方奎：《日意格与中国近代化》，见孔令仁、李德征主编《中国近代化与洋务运动》，第630页。

仅靠他的军医履历不可能有远大的前程，要想取得成就就必须另辟蹊径。因此，杨坊的建议使他怦然心动。此后，有一个众所周知的契机是在上海得以认识接替薛焕成为江苏巡抚的李鸿章。他们是怎么认识的不得而知，也可能是杨坊的推荐，但他与李鸿章的接触中很快便引起李鸿章的重视。当时常胜军统领华尔死后，列强与清廷甚至江苏地方都在为选用一个什么样的继承人而争执不休，李鸿章不喜欢同华尔一起出生入死的白齐文，感到此人难以驾驭。但因为美国公使蒲安臣与英国公使卜鲁斯的推荐，再者被士迪佛立推荐为常胜军统领的戈登还没有得到英国方面的批准，所以便由白齐文担任统领之职。此时，李鸿章便提出一个要求，由马格里作为白齐文的军事秘书，方能允许白齐文担任常胜军统领之职。而马格里正为进入中国官场寻找路径，得到李鸿章的推荐，他认为这是效力李鸿章的重要机会，因而决定辞去英军中的职务来为清朝效力。马格里的传记作者鲍尔杰在谈及马格里的这一决定时写道："他绝非草率地迈出了这一步。他仔细考虑了他在英国军队中的位置，它可能提供的机会以及它的局限性，最后他冷静而勇敢地作出了决定：在中国军队中他将获得更符合他的志趣并更有前途的生涯……他的举动证明了比肯斯菲尔德勋爵的那句格言：冒险仍然属于有冒险精神的人。"[1]

　　成为白齐文的军事秘书，实际上是李鸿章让马格里起到监视白齐文的目的。马格里当然也明白这一点，他努力给李鸿章留下好印象，经常打白齐文的小报告，监视白齐文的活动。在这些伎俩上，对中国官场了然于胸的马格里做得非常成功，因而当白齐文殴打杨坊并抢夺军需款的事件发生后，李鸿章与杨坊更想让马格里担任常胜军统领。鲍尔杰在《马格里爵士传》中说，"中国人倾向于马格

---

[1] 卢宜宜：《十九世纪晚期中国的西方技术掮客》，《中国科技史料》第18卷，1997年第3期。

里是因为他能讲中文,与他们打交道时谦恭有礼并且愿意作出妥协。毫无疑问,如果士迪佛立将军当时赞同而不是反对对马格里的任命,他也肯定会接受这一职务。"马格里对常胜军统领之职垂涎已久,但由于士迪佛立和英、美公使的反对,使得戈登成为白齐文的继任者。

马格里在扮演监视白齐文的角色中,由于与李鸿章多有接触,很快便得到了李鸿章的赏识。这期间,马格里实际上就已经成为李鸿章的私人助手。李鸿章在去上海之时,带去了6500名淮军,李鸿章在与常胜军的合作中,亲见洋人利器精良,打击太平军得心应手,遂有师夷之长技,把自己的带过来的淮军发展壮大的想法。李鸿章开始购买西方武器弹药,将军队武装起来,但是武装军队需要花大价钱,这对李鸿章来说有些力不从心。马格里看到这种情况,便向李鸿章提出建议设立兵工厂,自己生产枪炮、弹药,这样能够更好地把淮军壮大起来,李鸿章听取了马格里的建议,于是让马格里在上海附近的松江建起了一个车间。关于这个生产车间的建立,马格里在日记里写道:

获准离开英国军队后,我加入了李鸿章的部属。我的第一个行动就是向他指出他为弹药付出的价钱何其过分,以及如果他着手做他应该做的事情,即重新装备他统帅下的军队,将需要为购买弹药拿出的庞大数目。为买一发从英国炮舰上偷来的十二磅重的普通炮弹就要花30两银子,而10000个质量低劣的雷管要价竟达19两银子,或六英镑。我向他指出欧洲国家有大规模的设施来制造这些东西,而中国如果真正了解她自身的利益所在就应该也拥有自己的这类设施。李鸿章充分认识到了我这一提议的意义,但他担心靠中国的劳动力无法做到这些。我便设法向他表明这是可以做到的，并且过了一阵子后做出了一发炮弹一些引信，以及摩擦管。在为这些新的设施播下种子的同时，我又负责了两团步兵及一连炮兵。当英国将军士迪佛立下一次来参观的时候，李鸿章在事先未告诉他来源的情况下把它们陈列在他面前并询问他的意见。这些意见非常积极而肯定，以至于李鸿章立刻授命我雇五十名工人并在旁边的一座庙里开始工作。一切都是在没有一台机械、一个铁炉，或者更确切地说除了一把锤子和一个锉刀之外一无所有的情况下开始的。我们用附近地里的泥土拼凑出了一个熔化装置。等到造出的火炮有了足够的水准并且准备了足够的弹药后，我邀请道台来观看打靶练习。它的效果如此之好，以至于不久之后我就被要求上阵。我照办了，并且在一支当地部队的协助下成功地攻下了芳泾（音）和泗东（音）镇。[1]

马格里生产的枪炮、弹药在镇压太平军行动中迅速地发挥作用，使得李鸿章对马格里更加信任。1863年12月，苏州太平军内出现纳王郜永宽等诸王的叛降事件，从而使李鸿章顺利地占领了苏州，他随即命马格里将设在上海松江的兵工厂搬迁到苏州街，以叛将纳王府邸作为厂址，改称"苏州洋炮局"。

在苏州，李鸿章与马格里对兵工厂进行了扩大建设，他们添置了一些先进的设备，也聘请了技术人员，使得兵工厂焕然一新。兵工厂在搬迁的时候，正是总理衙门的决定遣散通过总税务司李泰国在英国购买的所谓"阿思本舰队"之时。该舰队配备有一套制造枪

---

1 卢宜宜：《十九世纪晚期中国的西方技术掮客》，《中国科技史料》第18卷，1997年第3期。

炮、子弹的设备，打算同船舰一起驶回英国变卖，马格里得到这个消息后，极力鼓动李鸿章将那套设备买下来，供苏州洋炮局使用。事后李鸿章一度对这一决定是否明智产生过怀疑。鲍尔杰在《马格里爵士传》中说：

> 当李鸿章看到躺在地上的一箱箱一块块的铁件和钢件，他冷笑着说这些东西毫无用处，钱被白扔掉了。马格里请他耐心等一阵子，在有人去请他之前先不要再来。他随即动手把车间组装了起来。一切弄停当之后，他请巡抚（李鸿章）来为军工厂剪彩。他事先向手下人布置好了，只等他一打铃就把所有的机器一起开动起来。李鸿章进门之后，马格里先给了他足够的时间观看静默无声的车间，然后他给出了信号。一瞬间所有的机器同时运转了起来。李鸿章对此留下了极其深刻的印象，并且这件事情无疑大大提高了马格里在他眼中的声望。

苏州洋炮局的投产，成为近代中国第一个采用机器生产的军工企业。采用新设备后，他的生产能力较以前得以较大提升，据说每周可制造枪弹和炮弹 1500 到 2000 发，此外还可生产若干铜帽、引线以及好几门田鸡炮（短炸炮）。不过苏州洋炮局的机器并不齐全，规模仍然十分有限。李鸿章曾经奏称："臣处所设西洋炮局，其机器仅值万余金，不全之器甚多，只可量力陆续添购。"[1]

1865 年 4 月，李鸿章接北上督师剿捻的曾国藩署理两江总督，他前往南京之时，让马格里将兵工厂也搬到了南京，改名"金陵机器制造局"，然而李鸿章到南京赴任后不到一年，他也被清廷一纸

---

[1] 李时岳、胡滨：《从闭关到开放：晚清"洋务"热透视》，人民出版社 1988 年版，第 41 页。

谕令调到北方去镇压捻军。离开之前，李鸿章做了人事安排，让马格里和刘佐禹在他离开期间共同负责制造局的日产工作以及与外国的交涉事宜。李鸿章的这一任命既体现了对马格里、刘佐禹二人的信任，也可以说是马格里作为李鸿章幕僚生涯的顶点。马格里将这一使命担任了半年时间，直到曾国藩回到两江总督任上。

改称为金陵机器制造局的兵工厂搬迁到南京后，规模再一次扩大，此后逐年添置了新设备，生产能力又提高到一个新的水平。到1869年，金陵机器制造局已经能够制造大炮、炮车、炮弹、枪子以及各种军用品，所需要的经费也从淮军饷项内拨给，每年约有5万两的样子。金陵机器制造局所生产的装备、弹药最初仅供李鸿章的淮军使用，尽管淮军在不断扩大，但军备仍能得到满足。1870年李鸿章任直隶总督兼北洋大臣后，金陵机器制造局生产的武器也逐渐运往北洋海军使用，后也扩大到供应江防及南洋各军中来。

但是，马格里在金陵机器制造局的任职中，长期混迹于清朝官场，也学会了官场的投机钻营：他和总办刘佐禹不和，二人互相排挤，相互攻讦，俨然学会了官场的流俗之气。马格里在金陵机器制造局作威作福，仅他的卫队就有30多人。因为是洋人，与他关系较好的李鸿章、曾国藩很多事情也都迁就他。马格里曾经成功地给曾国藩的夫人治愈过一次疾病，使得二人的关系更加密切，因此马格里也积极地将他的一些欧洲朋友介绍给曾国藩。马格里有一个很大的西方朋友圈，从马格里的往来书信中可知，这个已经熟谙中国官场、喜欢社交的人常常会为他的欧洲朋友如何跟曾国藩打交道而出谋划策。曾国藩喜欢古董，而希望认识曾国藩的英国拓海君凯佩尔将军也喜欢中国古董，马格里便建议他可以通过这一爱好与曾国藩交往，果然，曾国藩收到开佩尔赠送的古董后大为高兴。

虽然马格里混迹于晚清官场，也不免流俗，但他在1873年之前的任职中还算尽职。因为他明白经营一座兵工厂绝非易事，他之所以流俗于官场，也许正是他的精明之处，这样正可以更好地应付各种事宜。也正是因为这样，给机器局供货的商人们感到马格里并不是一个很好应付的人，机器局的员工也感到不好好工作肯定难以过关。他之所以能够得到李鸿章的迁就、纵容，与他在工作中不断地跟踪西方军工业的最新发展动态，并不断地拿出新产品来也有很大的关系。马格里的一个朋友曾经这样说道：

> 在制造现代枪械方面，马格里一直因为缺乏掌握技术的外国工头和专业书籍而头痛，他经常提到他为获取信息而作的种种努力，因为一旦他在专业问题上表现出无知，将对他的地位造成致命的后果。中国人至少在好几年的时间里都以为军工厂造出的所有东西都是马格里自己的发明！这大大增加了他的威望。

由于对马格里在金陵机器制造局里作威作福、盛气凌人的迁就与纵容，李鸿章在马格里与总办刘佐禹的矛盾中，偏袒了马格里。在这期间，刘佐禹对马格里流俗的官场习气大为不满，不断地向李鸿章报告马格里仗着洋人身份欺压中国员工，当李鸿章质询马格里时，马格里直接辩解说，刘佐禹干涉他的工作，使他无法正常管理工人。

1872年10月，李鸿章召马格里前往天津，商议筹建火箭和水雷分厂，并派他赴欧洲购买机器和招募洋匠。他乘机逼迫李鸿章将刘佐禹调离金陵机器局，李鸿章也认为刘佐禹"人甚蒙懂，管局十年，只知赚钱，不解制造"，撤去了刘佐禹的职务。1873年9月，马格里启程前往欧洲，在英、法等国停留了半年多的时间，于次年3月回到中国。"1874年，他从欧洲回到中国以后，专横更甚往日"。

在企业的决策上，一般说洋务企业的总办、督办不能擅自做主，必须听从上一级的指挥。马格里利用李鸿章对他的言听计从，实际上大权独揽，超越本应只负责指导、督查责权的督办身份，凌驾于一切人之上，这引起了李鸿章和金陵机器制造局上下的不满。1874年11月，李鸿章任命段寿虎为金陵机器局总办，将马格里降为工头。马格里当即拒绝接受，并以辞职相要挟。[1]

1875年1月，马格里的辞呈还没有得到李鸿章的答复，由金陵制造局制造、架设在天津大沽炮台的两门大炮在操练时发生爆炸，当场炸死了几名士兵，重伤者十三人。不久，金陵制造局又发生严重生产事故。据《申报》报道："是日午，该局工匠正在作工之际，忽因石磨偶与铁器家伙相碰，钻出一星之火，落在火箭之上，顿时箭发，直射火药桶内，但闻霹雳一声，势如山崩地裂，连人带屋冲上云霄，顿时烧毁房屋数间，工匠三人亦炸为飞灰。"[2]

大沽演炮炸膛事件经调查系金陵制造局玩忽职守造成的，为此李鸿章召见了马格里，要他当面说明情况。但马格里接到命令后，迟迟没有动身，一直拖延到5月间才到达天津，面对李鸿章的质询，起初马格里拒绝承认有失职行为，并要求重新检查演试。19日，他亲自试放大沽南炮台的大炮，结果仍然发生了爆炸。这时他在事实面前无法抵赖，不得不承认大炮的钢质不良并有裂缝，但仍寻找种种借口推卸责任。李鸿章于7月7日下令撤销马格里在金陵机器局的职务。此后金陵机器局一直由中国人主持，未再任用洋人担任监督。李鸿章于1877年致函吴春帆（赞诚）说：金陵机器制造局"未用洋匠，全赖龚仰蘧（照瑗）有三分内行，指挥调度"[3]。

马格里被撤职后，出于他与李鸿章、曾国藩的私人关系，李鸿

1　李时岳、胡滨：《从闭关到开放：晚清"洋务"热透视》，第41页。

2　许亚洲：《中国首位"洋厂长"马格里》，《文史精华》2000年第8期。

3　李时岳、胡滨：《从闭关到开放：晚清"洋务"热透视》，第43页。

章并没有放下他不管，虽然未来何去何从有着很大的不确定性，但他很快便迎来一个好消息。当时，正值清廷交涉马嘉理案结束，英国公使威妥玛曾经提出要清廷派一名专使到英国赔礼道歉，清廷与李鸿章都答应了这个要求。清廷要派专使到英国，到英国赔礼道歉，李鸿章想到了郭嵩焘。因为郭嵩焘也是一个洋务派人物，二人可谓是老熟人，但是郭嵩焘不懂外语，李鸿章便推荐了马格里担任郭嵩焘的英文秘书。郭嵩焘此行英国还有一个重要使命，就是应英国的要求在英国筹建驻英公使馆，由郭嵩焘担任首任公使。马格里跟随郭嵩焘于1876年12月离开中国前往英国，此后的三十年里，他一直在伦敦的中国公使馆里占据着一个相当重要的位置。

马格里在中国驻英使馆的生涯里，先后跟随郭嵩焘、曾纪泽，逐渐担任公使馆要职，他充分获得了上司的信任。他在驻英使馆期间参与抓捕孙中山的事件，虽然使他在自己的国家声名狼藉，名誉上遭受损失，革命党人也视他为清廷的走狗，但是为此更获得了清廷的信任。

抓捕孙中山的时候，马格里已在公使馆任职二十年了。他不再是二十年前在李鸿章手下那个乖戾的马格里，不会像当年在金陵制造局那样因不成熟的胡搅蛮缠而丢掉了大好前程。马格里最初进入使馆时工作是不称职的，但是郭嵩焘碍于李鸿章的脸面没有解雇这个成事不足败事有余的家伙。郭嵩焘在日记里写道，"夏弗斯伯里商禁鸦片烟一节，开示马格里应答之词，……讵是日马格里编造无数言语，而所开示之词，竟无一语及之。"

郭嵩焘的这则日记是说马格里在办理外交事务时公然违背公使的意旨，胡言乱语，因而引得郭嵩焘不满。他引起郭嵩焘不满的还有1877年2月间发生的一件外交事件。"议禁鸦片烟公会教士丹拿来，传夏弗斯伯里言，以初三日马格里传言竟无一合者，恐补刊新闻纸，益使人疑。其中惟荷兰国本拟禁烟，而误为种烟，情节过为违悖，无以对荷兰人，必得改正。丹拿能为此言，马格里乃至尽反吾所指授之言而自发议论，顽然不顾，使人茫然不解其心意之所属。"[1]

违背上级的旨意而自行其事，这完全是官场大忌。马格里仍然坚持他在金陵制造局的老脾气而我行我素，他把禁烟说成是种烟，对这个会引起外交纠纷的错误，郭嵩焘虽然不满，但也只是训斥了他几句。后来，郭嵩焘向李鸿章的信中汇报了马格里的工作情况。李鸿章也知道，将这个大麻烦硬塞给外交公使很有些过意不去，便好言让他悉心帮助。郭嵩焘没办法，只好让副使刘锡鸿细心帮助。自此，马格里这个外交工作的门外汉才逐渐进入角色。

马格里后来引起郭嵩焘重视的一件事，是他为郭嵩焘和刘锡鸿讲解西洋年鉴《哥达年鉴》的时候颇为尽力，郭嵩焘才发现马格里也是一个可以造就之人。到了曾纪泽继任郭嵩焘之位，马格里的才能开始得到充分施展。

作为曾国藩的长子，除了早年深受家庭严格的家教，举止有规矩以外，曾纪泽和他老爸一样也是个洋务通，还通晓英语。且他较郭嵩焘而言更有容人之量，所以马格里能够与他更好地合作。后来在诸多的外交活动，他们彼此合作，曾纪泽也显示了高于郭嵩焘驾驭下属的本领。他充分发挥马格里的长处而避其短，况且他本人通晓英语，自然不会出现郭嵩焘所说的指鹿为马的现象。曾纪泽这些优势使郭嵩焘自叹弗如，他后来检讨说，"然其弊皆坐不通语言，是以出充西洋公使，以通语言文字为第一要义。"[2]

曾纪泽是一个十分优秀的人，马格里耳闻目染，工作自然也较过去更为卖力。曾纪泽外交生涯中最出彩的一笔当属伊犁事件的交涉，他把前任谈判代表崇厚在条约中丧失的权益重新争回。1881

1 周楠本：《中国第一个洋外交官》，《博览群书》2011年第7期。
2 王栻：《严复传》，上海人民出版社1976年版，第176页。

年2月24日，曾纪泽经过数月艰难谈判终于与俄方正式签订了《中俄伊犁条约》。俄国依旧将伊犁西境霍尔果斯河以西一万多平方公里领土划为己有，但中国正式收回了伊犁九城的主权和治权，大幅削减了俄国在华的政治和商贸特权，更重要的是收回了伊犁和阿克苏之间的特克斯河流域以及战略要地穆苏尔山口。

消息传来，左宗棠万分高兴，为此上书慈禧太后，希望任命曾纪泽为两江总督。连李鸿章这样的妥协派也称赞这是中国自办洋务以来所无之事。曾纪泽谈笑自若，举重若轻，为国家争回了宝贵的领土，时人形象地形容曾纪泽是"折冲樽俎，夺肉虎口"于杯盏交错之间。国际舆论也极为惊讶，美国人马士说，"左宗棠用雪和铁平定了喀什噶尔，而现在曾纪泽又光荣地用和平方式收回了伊犁；中国在她的许多历史上，向来都是惯用军事胜利的，但像曾纪泽这样不流血的外交胜利，在他的经验中却是一个创举。从这次经验中，帝国的大臣们吸取了教训。在一个距离双方同样远近的边界上，这个国家已经准备作战——正如它的劲敌也作好了准备一样；而且，因为有了准备，才发现外交毕竟还是一个更好的武器。但是，外交之所以能够取得胜利，只是因为帝国已经准备好有效地去使用武力，胜利是毫无疑问的"。曾纪泽利用外交武器，给国人、给俄国、给世界上了生动的一课，不能不说在晚清的外交史上是历史性的第一遭。

曾纪泽与俄国成功签订《中俄伊犁条约》，这其中也有马格里的功劳。这次出使俄国交涉伊犁问题，马格里作为曾纪泽的重要智囊一同前往。其中交涉过程的艰难，正如曾纪泽在给丁日昌信中所说："夫全权大臣（前任使俄全权大臣崇厚）与一国帝王（沙皇）面订之件，忽欲翻异。施之至弱极小之邦，然且未肯帖然顺从，况以俄之强大，理所不能折，势所不能诎者乎？总署、京官、左帅、俄人各有意见，纪泽纵有画策，于无可著棋之局，觅一劫路，其奈意见纷歧，道旁筑室，助成者鲜，而促毁者多，盖不蹈地山覆辙不止也。"[1]

马格里作为曾纪泽的重要智囊，他在随同出使俄国之前，就与英国外务大臣密切相商，请英国方面在外交上声援中国的这次外交谈判，在谈判"遇有争辩相持之际，望英使之驻俄都者从旁婉劝俄廷"。[2]

马格里的积极活动，得到了英国外交部的允准。当然，英国也是出于自身利益，当时英国基于在印度、中亚的利益很需要中国牵制俄国，所以表现出积极声援的姿态。曾纪泽率马格里等智囊在俄国谈判之时，与英、法驻俄公使一直保持着密切联络。这种不利于俄国的国际外交形势，使得曾纪泽很好地掌控了这场外交斗争的主动权，才有了"探虎口而索已投之食"的外交胜利。

在这场外交谈判中，马格里的出色的表现，在曾纪泽的日记中多有记载，可以寻到一些痕迹。"七月初二日：清臣来，久谈。与之展阅中、西地图，考核伊犁、塔尔巴哈台、喀什噶尔诸境。日意格来，同谈。……饭后，……阅英人所刻地图良久。""九月初五日：至清臣室，与日意格查对地图极久。……阅中国舆图良久。"[3]

曾纪泽日记中的"清臣"是马格里的表字，同僚和朋友间经常称呼他的这个别名。作为船政留学生监督的日意格当时也作为曾纪泽的随员一同赴俄，显然在出使俄国的谈判队伍中很需要他这样的在中法之间能够起牵线协调作用的"洋参谋"。对这两位洋人，郭嵩焘曾经作过比较："日意格随沈幼丹办事有年，一切体式优于马格理（里）远矣。"（郭嵩焘：《伦敦与巴黎日记》，光绪三年四月初三日）然而曾纪泽二人并用，各取其长。光绪六年（1880年）

1　曾纪泽：《曾纪泽遗集》，岳麓书社1983年版，第172页。
2　曾纪泽：《出使英法俄国日记》，光绪六年四月廿五日，岳麓书社2008年版。
3　郭双林：《西潮激荡下的晚清地理学》，北京大学出版社2000年版。

八月十二日曾纪泽记："摘录初五谕旨，因纪泽致俄外部文牍，未将应驳诸务全行商改，俄派使赴华，……至清臣、日意格处，将前此所拟商改全约之牍，修饰数处。"这是说俄国企图绕过中国钦差这个强硬谈判对手，直接去北京找总理衙门的大臣去谈，于是曾纪泽赶紧找马格里和日意格商量适当的应对办法，同时要求朝廷坚持在俄都圣彼得堡谈判。[1]

经过协商，俄国谈判代表不得不放弃试图维持原约的阴谋诡计，同意商改条款。《伊犁条约》的签订，曾纪泽没有独揽功劳，他坦言马格里、日意格在其中发挥了重要作用。他为此给朝廷上折，请求给马格里、日意格奖赏。根据曾纪泽的奏报，马格里被赐三等宝星。英国政府对他也予以褒赞。曾纪泽到总理衙门任职后，驻英公使的遗缺由薛福成接任，马格里继续在公使馆担任要职。

马格里配合薛福成办理外交的活动也可圈可点。在中英就中缅边界和商务问题的谈判中，缅甸是英国的殖民地，英国当然要维护自己在缅甸的利益，再者在侵犯领土的问题上，英国一贯的做法是先占领后谈判，英国在侵吞缅甸的同时，也波及中国云南领土，如何收复失地便成为大清的一块心病。1893年，清廷谕令薛福成与英人交涉。马格里熟悉英国情形，便陪同薛福成一起交涉。作为一个英国人，马格里成功推动了中缅边界勘定条款的签订，维护了中国主权。薛福成在自己的日记中写道：

> 二十四日，马格里来信云：……英虽战胜缅甸，此地不归英属，昔曾侯已明告外部，今中国若不欲失管辖之权（此地即穆雷江之北，厄勒瓦谛江之东），现在必须竭力索问。此处即出翡翠之地，虽非尽中国人，却皆中国一类之人；风

1　周楠本：《中国第一个洋外交官》，《博览群书》2011年第7期。

俗教化衣服，皆与中国同。中国可云：'向归我辖，现仍欲管辖下去'，必能有效。从前中国四面皆有属地。今则俄在北边，既辖黑龙江大股之地，又欲觊觎喀什噶尔之西；朝鲜已为自主之国；日本灭琉球；英人踞缅甸；法人取越南；暹罗不肯再进贡中国。中国所有属地，仅余西藏而已。非中国之不能管辖各地，实由中国于边界之事太不加意，甚可诧也。[1]

1894年3月1日，中英《续议滇缅界商务条款》正式签订。对于这一条约，薛福成在《议定滇缅界务商务条约疏》中向朝廷自承："西面则稍拓野人山内昔马等地，暨收回铁壁、天马等关，南面则稍拓宛顶边外之地，潞江以东科干之地，暨收回车里、孟连两土司全权。边圉既安，觊觎渐戢。……加以大金沙江行船，乘便利于境外，播声威于寰中，似稍足变旧规而张国体。"在《滇缅分界大概情形疏》中，一方面他对滇缅边界达成的协议持有保留意见，曾向朝廷呈述自己心境："适探知欧格讷与印督尚多方播煽，欲阻成议，事机呼吸，变态万端，此议虽未满臣初志，不能不审势而量力，见风而收帆。"另一方面，他对条约展现的"始变前规，稍展旧界"的政治意义又作了具体阐述："虽获地无多，而裨益有五：风示各国，俾勿藐视，一也；隐备印度，泯其窥伺，二也；保护土司，免受诱胁，三也；捍卫滇边，防彼蚕进，四也；援用公法，稍获明效，五也。"[2]

在中英关于中缅勘界问题的谈判中，马格里虽然是一个英国人，但是他始终没忘自己是大清的雇员，他与薛福成一道坚持中国的立场，很得薛福成的赞赏。但是这个坚持立场的外籍中国外交官，也有其愚忠的一面，他在后来抓捕孙中山的行动中，丧失了"遍布英

1 薛福成《出使英法意比四国日记》，光绪十七年十二月二十四日，岳麓书社2008年版。
2 丁凤麟：《薛福成评传》，南京大学出版社1998年版，第293页。

国的宽厚的公德精神",从而使他的声名在英国备受指责。但虽然如此,他始终没有忘记他是大清的一名外交官。1885年,马格里被英国政府授予爵士荣誉,由此可知,他确实在中英之间发挥了重要作用。1905年底,马格里从中国公使馆退休,六个月后,他在苏格兰病逝。

第二章

进入"狗逮猫宁"时代

1. 不通外文吃大亏

1863 年到 1864 年间，镇压太平天国军队的使命完成之后，洋大人们参与到的军队改革与洋务运动中来，也是大清朝不得已而为之的举动。大清的许多官员内心世界里都包含着纠结的成分，但是，一次次的被动挨打，如果仍然抱持延续几千年的"天朝上国"的优越感，并不能改变落后挨打的局面。这一点，推动洋务运动的恭亲王感触最深。

1860 年英法联军攻进北京城的时候，与外交交涉所遭遇的尴尬与困难已经使他开始思考改革问题。

10 月 24 日，是与大英帝国签订《北京条约》的日子。这意味着战事的结束，京城的老百姓也大着胆子走出家门，探头探脑地观望、探听关于战后的局势。这天一大早，恭亲王奕䜣轻车简从来到位于前门附近的礼部大堂。他在给咸丰帝的奏折中说，自己只带了几名护卫和十名善扑营兵前往礼部，以此表明大清对签约的坦诚；而额尔金则前呼后拥，所带护卫甚多，相比之下，诚诈自然分明，"觉该夷桀骜情状，为之顿减。然譬诸犬羊，时吠时驯，何足以为喜怒"。[1]

恭亲王奕䜣到来两个小时后，英国全权代表额尔金才姗姗来迟。英国《泰晤士报》记者曾经目睹了当时的情景：当天上午，"额尔金勋爵与克兰忒爵士在北京英军各团的 600 名士兵和 100 名军官的护送下进入了安定门。英军总司令跟他的司令部和参谋部成员骑马走在额尔金勋爵的前面，后者坐在一项由 16 个中国人抬的轿子里。轿夫们穿着由额尔金勋爵订制的衣服。由罗伯特·内皮尔爵士指挥的第二步兵师的士兵排列在街道的两旁。在额尔金勋爵经过之后，他们隔着一段距离跟随在后面，同时占领了沿街两旁的所有战略要地，以防中方的伏击。……额尔金到达礼部大堂门口时，这支队伍停了下来。一支由 100 名士兵组成的卫队走进了大门，在里面的院子里列队站好。然后，额尔金勋爵的轿子被抬了进去，克兰忒爵士骑着马跟在后面，所有其他的军官都是步行进入礼部大堂的。当英国特使从轿子里出来时，卫队的士兵们都举起了武器，以示致敬"。[2]随后，乐队奏起了英国国歌。

额尔金进入礼部大堂，他见到恭亲王奕䜣后，用英国礼节礼貌性地问了声："Good morning（上午好）"。恭亲王不明白额尔金叽里咕噜说的什么，只听到是"狗逮猫宁"，他不明就里，暗自思忖：英法联军可不就像两只凶狠的鬣狗，而大清正像一只温顺的猫吗。当英国翻译官巴夏礼上前说："亲王阁下，额尔金勋爵是问您上午好"，如迷雾中的恭亲王不免感到好笑，他再次感受到了与外

1 蒋孟引：《第二次鸦片战争》，第 213 页。
2 沈弘编译：《遗失在西方的中国史：〈伦敦新闻画报〉记录的晚清 1842—1873》下册，北京时代华文书局 2014 年版，（英中和约，The Peace with China）。

事务大臣"和"总理各外国事务大臣"。这样的官称也正符合奕诉正在担当的角色。况且在清代官制中，负责某一方面事务的大臣已经有"总理"某某事务的名号，如"总理行营事务""总理练兵事务"等。奕诉认为，设立"总理各国事务衙门"这样一个对外交涉的机构既可以满足对外交涉的需要，且不违背大清祖制。

基于这样的认识，1861年1月11日恭亲王奕诉与一同受命负责同列强交涉议和的文祥、桂良等联合向咸丰帝上了《通筹夷务全局酌拟章程六条折》。

文祥是道光二十五年（1845年）考取的进士，咸丰帝出走热河时，他被任命署理步军统领，随恭亲王奕诉留京主持议和。桂良则是恭亲王的岳丈，他在外交议和、与洋人打交道方面有一定经验，《北京条约》签订之前曾经奉命与列强进行过交涉。三人在与列强的交涉中都感触颇深，因而联名上了这道奏折。

他们在奏折中很有策略地分析了大清国屡屡被动挨打的原因，就是抱着传统的华夷观念一成不变，对当时世界大势茫然无知。西方的技术、器物都优于中国，中国要改变落后挨打的局面，首要就是建立外交。奕诉等人在奏折中说："夷情之强悍萌于嘉庆年间，迨江宁换约，鸱张弥甚。至本年直入京城，要挟狂悖，夷祸之烈极矣。"[1]

奕诉等人指出，过去对于夷患都是"专意用剿"，但这并不是十分行之有效的办法，蛮夷总是今天剿了明天又来，甚至产生更大的破坏活动。奏折中对夷情作了分析：在西方列强中，英国人最为蛮横无理，俄国人则十分贪婪，法国、美国阴附英俄为虎作伥。英法联军进入北京之前，大清对夷狄不管是剿是抚，都还有一些主动权，"至夷兵入城，战守一无足恃，则剿亦害，抚亦害，就两者轻

---

1 中国史学会编：《中国近代史资料丛刊：洋务运动》第一册，第5页。

重论之，不得不权宜办理，以救目前之急。"[1]

奏折中对列强的分析基本客观，故对外夷目前只能安抚，不能轻易地通过战争手段来解决，如果不顾敌我形势而"轻于一试"，"如不胜其忿而与之为仇，则有旦夕之变"[2]。

奕䜣认为，设立总理各国事务衙门符合大清与列强交往的实际情况。他指出，朝野中有人认为办理洋务"不利我土地人民"是片面和错误的。西方国家的工业化发展、以通商贸易为手段的向世界扩张，固然有掠夺与聚敛财富的成分，有占领殖民地、领土扩张的成分，但这只是一个方面，这种片面的认识是不全面的。设立专门的机构，正视、研究西方各国，与它们建立对等的国家关系，不是更有利于缓和大清与西方的矛盾吗？

奕䜣建议设立总理衙门，也反对端华、肃顺等保守派一味排外思想的倾向。第二次鸦片战争中，由于肃顺等人顽固排外，使英法政治、经济触角伸展受阻，列强看到只要肃顺集团继续专权，西方就不能认为"中国人民已确实承认了条约，各省当局看到国家重臣和实际掌权的人是偏向于不友好的，他们也就形成了和我们不友好的倾向"[3]。

奕䜣等人将列强步步进逼的罪责全部推给导致这场战争的端华、肃顺集团，还说联军之所以攻进北京城，完全是大清对列强怀忿忿之心轻于一试的结果。并苦口婆心地对咸丰帝说，如再坚持这一政策，北幸木兰、移宫热河也非圣安之地。唯一的抉择只能是对夷主"抚"。怎么抚呢？就是设立专门的夷务机构，负责办理与洋人的各种交涉事宜。根据既往的交涉经验，洋人是很重视条约关系的。

1　《筹办夷务始末（咸丰朝）》第八册，第 2674 页。

2　中国史学会编：《中国近代史资料丛刊：洋务运动》第一册，第 5 页。

3　严中平译：《一八六一年北京政变前后中英反革命的勾结》，《历史教学》1952 年第 2 期。

　　奕䜣等人还指出，设立总理衙门也是应对国内外局势的需要，他们认为洪秀全领导的太平天国运动才是清廷的心腹之患，而"俄国壤地相接，有蚕食上国之志，肘腋之忧也；英国志在通商，暴虐无人理，不为限制则无以自立，肢体之患也。"从而提出了"灭发捻为先，治俄次之，治英又次之"[1]的战略目标。

　　设立总理衙门，作为以后办理外交的对策措施，奕䜣把它视为"自图振兴"的基本国策。奏折中还附带了设立总理衙门的章程六条，首要的一条就是"请设立总理各国事务衙门，以专责成"。具体的理由和设想是，过去办理对外事务，都是由各省督抚向军机处统一奏报，交给两广总督处理，"近年各路军报络绎，外国事务头绪纷繁，驻京之后，若不悉心经理，专一其事，必致办理延缓，未能悉协机宜。"[2]

　　章程的其余五条为："南北口岸请分设大臣，以期易顾"；"新添各口关税，请分饬各省，就近拣派公正廉明之地方官管理，以期裕课"，"各省办理国外事件，请饬该将军、督抚互相知照，以免歧误"；"认识外国文字、通解外国言语之人，请饬广东、上海各派二人来京差委，以备询问"；"各海口内外商情并各国新闻纸，请饬按月咨报总理处，以凭核办。"[3]

　　刚刚经历了英法联军攻进北京、火烧圆明园的劫难，咸丰帝心有余悸，迟迟不能回銮，使他有一种颠沛流离的伤感。奕䜣的奏折中提出成立总理各国事务衙门的目的是处理好夷务，使大清恢复正常的局面，这对于咸丰帝来说正是深为期待的。

　　自以"巡幸木兰"的名义逃亡热河以后，咸丰帝通过奕䜣等人的奏折对京城的困乱状况也有所了解。残暴的英法联军进入北京城，

　　1　翦伯赞、郑天挺：《中国通史参考资料（近代部分）》，中华书局1980年版，第326、327页。

　　2　中国史学会编：《中国近代史资料丛刊：洋务运动》第一册，第6页。

　　3　吴福环：《清季总理衙门研究》，新疆大学出版社1995年版，第10、11页。

京师已经失去了秩序，富绅大户纷纷逃离，各级衙门的官员也作鸟兽散，使得国家机器陷入瘫痪局面。强盗、土匪也趁机作乱，咸丰帝急于回銮，所以希望奕䜣能够尽快处理好夷务。

1861年1月13日，咸丰帝阅览了奕䜣等人的奏折朱批道："惠亲王、总理行营王大臣、御前大臣、军机大臣妥速议奏。"惠亲王绵愉等人遵旨详细阅读之后，认为奕䜣等人所议各条切中形势，可以"按照原议各条办理"。咸丰帝遂于1861年1月20日颁发上谕，正式予以批准施行。但是朱谕比原奏多了"通商"二字，机构名称成了"总理各国通商事务衙门"。

咸丰帝的谕批为什么会出现这样的状况呢？这个命名实际上代表了肃顺等人的意志。肃顺是军机大臣，"铁帽子王"郑亲王济尔哈朗的七世孙，他得到了先祖的余荫，没有刻苦读书，却很早就得到了朝廷内廷的职位。这个人很会溜须拍马，所以到了咸丰朝时，他不几年就成了深为倚重的御前大臣。英法联军进攻北京，咸丰帝逃亡热河，肃顺更是以署领侍卫内大臣统领行在一切事务。在总理衙门这一机构成立的问题上，他很想也加以钳制，限制这个机构的权限，将之降低到五口通商事务办事处这样没有权力或资格参加对内对外决策的临时性机构。这样的限制，奕䜣当然不能同意，不删除"通商"二字，就意味着得不到外交权力，更不会引起外国人的重视。

当然，《北京条约》的签订也使奕䜣感到要使列强与大清互相理解和合作，避免不必要的纠葛，就必须通过外交的努力赢得他们的合作。因而他据理力争，强调通商事宜，上海、天津已有南北洋通商大臣驻扎专理，总理衙门在京不便遥控。更重要的是，洋人虽然唯利是图，但却是很重视外交规则，把外交当作通商来办理，必然会使列强认为这是对他们的轻视。"今既知设有总理衙门，则各国与中国交涉事件，该夷皆恃臣等为之总理，藉以通达其情。若见照会文移内有'通商'二字，必疑臣等专办通商，不与理事"[1]，造成不必要的疑虑和误会，要求去掉"通商"二字。咸丰帝看他态度坚定，言词恳切，终于批了"依议"二字。

关于总理衙门权限，奕䜣奏议：遇有机密与重大事项，各该大臣、将军、督抚、府尹在向总理衙门垂询、商办的同时，亦应具奏朝廷。对此，咸丰帝批谕却是："至各省机密事件，（自）应照例奏而不咨；如事关总理衙门者，即由军机处随时录送知照，亦甚便捷，著无庸由各口先行咨报总理衙门，以归划一。"[2] 这是咸丰帝仿照嘉庆四年为限制军机处权限，规定各省、各部院陈奏事件，不许奏报军机处。他此举也是有意限制总理衙门，不令其与各省发生直接关系，以防皇权受其僭越。

咸丰帝这样做是担心奕䜣坐大，难以制约，但是奕䜣坚持己见，并在奏折中向咸丰帝表示："俟军务肃清、外国事务较简，即行裁撤，仍归军机处办理，以符旧制"[3]。奕䜣这个承诺等于化解了咸丰帝心中的疑虑，他只好在奏折上批了"依议"二字。自此，总理各国事务衙门得以成立。

1861 年 3 月 11 日，奕䜣派员前往礼部将铸好的"钦命总理各国事务衙门"的牌子领回，并照会英法各国公使，该机构正式投入运作。总理各国事务衙门的成立，虽然是应对当时外交形势的不得已，这一机构的成立意味着清廷对传统闭关锁国、盲目排外政策的抛弃，也意味着大清通过外交机构解决争端，走向国际外交正常化的过程。随着这一机构在日后外交事务的发挥作用越来越重要，清廷再想恢复旧制，撤销这一机构已经变得不可能了。

总理衙门六条章程中有"认识外国文字、通解外国语言之人，

1　吴福环：《清季总理衙门研究》，第 11 页。

2　《筹办夷务始末》（咸丰朝）第八册，第 2721 页。

3　《筹办夷务始末》（咸丰朝）第八册，第 2692 页。

请饬广东、上海各派二人来京差委"的条文，这是清廷首次提出学习外国语言的设想。

为什么要学习外国语言呢？首当其冲的当然是横亘在中外之间的语言障碍。我们知道，第二次鸦片战争之前的中国鲜有会使用外国语的人，使得外国人在交涉中目中无人，滥施淫威。说起来还有一段尴尬的故事。第二次鸦片战争中，当英法联军攻破天津，逼近京师之际，受命主持和局的恭亲王奕䜣不得已硬着头皮出面与列强交涉，此外，咸丰帝还让怡亲王载垣为钦差大臣与英法公使交涉。

1860年9月载垣被派出之时，英法联军已经兵进通州。在通州，载垣等人奉旨屈从英、法两国提出的赔偿兵费、公使进京等要求，战事眼看就要结束。谁知9月18日，时任英国使团中文秘书的巴夏礼，却提出了换约时须亲见皇帝面递国书、皇帝盖玺的条约批准书亦须当场交给英国使节的要求。而这正是咸丰帝忌讳的事情，载垣、桂良等人没有得到允准是不敢答应的，当即表示"关系国体，万难应允"，双方为此争执了一天，没有取得任何结果。

载垣等人上奏章向咸丰帝作了汇报，咸丰帝当然也是不能接受，他告谕军机大臣："如欲亲递国书，必须按照中国礼节，拜跪如仪，方可允行。"咸丰帝表示"设该夷固执前说，不知悔悟，惟有与之决战。"[1]咸丰帝还让僧格林沁做好战备。如果英法联军兵过张家湾，就应当全力抗击，不再考虑议和之事。

得到这样的谕示，怡亲王载垣立即通知驻守通州东南张家湾的僧格林沁做好战备。可是，僧格林沁竟然违反外交原则，扣押了巴夏礼等谈判成员。

原来，僧格林沁接到咸丰帝让他做好战备的谕令后，巴夏礼却向载垣、僧格林沁提出蛮横要求，要求将张家湾的清军全行撤退。

1　徐立亭：《咸丰同治帝》，第132页。

张家湾是咸丰帝的底线，他也有谕令，一旦联军过了张家湾就要全力抵抗，不再考虑与敌议和。现在巴夏礼却提出这么无理的要求，载垣怎能答应？

巴夏礼在要求清军撤退张家湾的同时，又提出了亲递国书的要求，并且表示要按西方的礼制觐见皇上。巴夏礼甚至还说，如果不让亲递国书就是中国不愿和好。巴夏礼的狂悖要求让载垣、僧格林沁都难以接受，因此僧格林沁一生气就将巴夏礼扣押了起来，当时被扣押的英国人还有英国翻译洛奇以及随员26名、法国人13名。

怡亲王载垣也支持扣押巴夏礼，他上奏咸丰帝说："该夷巴夏礼善能用兵，各夷均听其指使，现已就擒，该夷兵心必乱，乘此剿办，谅可必操胜算。"[1]载垣认为这是"擒贼先擒王"的兵家之道，但他想得太简单了，没料到此后的战事更是一败涂地。无奈之下，他便让关在北京刑部北监的巴夏礼写"退兵书"，但巴夏礼所写的"退兵书"又让他们瞠目，"该书只写英文，不写汉文"，而偌大个北京城，竟找不出一个懂英文的人。

恭亲王奕䜣得知密云县丞黄惠廉略微懂一些英文，便赶紧将其召来。黄惠廉看了巴夏礼所写的信对恭亲王说，巴夏礼是告知联军：大清希望停战以及其个人的签名而已。这番折腾，却使中英之间的战和之局又延宕了数日。

这封信经僧格林沁之手传递了出去，但是恭亲王等人无论如何也不会知道巴夏礼"退兵书"文字里所隐藏的秘密。从参与通州之役的英国人所著的《1860年对华战争纪实》一书中可知，黄惠廉并没有看懂巴夏礼所写的文字！巴夏礼既不想让自己的信误导了英国公使，也不想让某个会一点儿英文的中国人看出来他写的是什么，因此他在通常写日期的地方玩了一个小花招，把信息传了出去："10

1　刘华明等著：《慈禧全传》第51页。

月 2 日，巴夏礼来书求救；书尾以印度文作暗记，'此为中国人逼写'"。[1] 巴夏礼的信并非如黄惠廉所言，只不过是大清要求停战以及巴夏礼的签字和日期而已。黄惠廉为什么会这样说呢？《第二次鸦片战争》一书的作者蒋孟引认为，大概是黄惠廉并不能辨认全文，但又不想在恭亲王面前表现得太无知，就随便乱说。

这种因语言不通而出现的问题层出不穷。清廷与列强签订的《北京条约》中指出，两国交涉均应使用英文和法文，暂时附以中文，待大清选派学生学习外文后，即停附中文照会，尔后各种文件和交涉事项都以外文为主。所以当时的谈判代表在交涉时，因不懂洋文而被哄骗被欺瞒就的事情见怪不怪。法国人在《北京条约》中加入了关于外国人在华特权、传教的条约，就是仗着清朝很少有人懂得外文的缘故。

有清一朝，自入关后也像历史上的中原王朝一样，以天朝上国自居，不愿意与外国交往，互通有无。1797 年，英国派代表马嘎尔尼以给乾隆皇帝祝寿为名来到中国，实则是希望与天朝贸易通商，加强外交关系，但遭到了乾隆皇帝的拒绝，之后的嘉庆帝、道光帝也是如此。两次鸦片战争的结果，迫使清廷与洋人的交往日益增多，但是由于语言的障碍加上政治与意识形态的不同，致使歧异与误会不断发生。

当时一些会说汉语的西方传教士其实对汉语也并非全然精通，这些情况都使得如何在对外交往中突破语言障碍、顺利沟通成为很迫切的事情。

总理衙门已经挂牌成立，要使这一机构真正运作起来，也需要尽快地打破中外双方的语言障碍。恭亲王奕䜣感到，要办好中外交涉，当务之急是设立学馆，培养专门的翻译人才。正是在这样的背

---

1 季压西、陈伟民：《来华外国人与近代不平等条约》，第484页。

景下，培养掌握外国语言文字人才的同文馆诞生了。

奕䜣在给朝廷的奏折中说，要办好外交事宜，必先了解外国的民风、政情。但是，中西语言不通，大清少有认识西洋文字的人，怎能办理好对外交涉呢？大清曾有过设立俄罗斯文馆的成例，这是值得借鉴的，"闻广东、上海商人，有专习英、佛（法）、咪（美）三国文字语言之人，请饬各省督抚挑选诚实可靠者，每省各派二人，共派四人，携带各国书籍来京，并于八旗中挑选天资聪慧、年在十三四以下者各四五人，俾资学习。其派来之人，仿照俄罗斯馆教习之例，厚其薪水，两年后分别勤惰，其有成效者给以奖叙。俟八旗学习之人于文字言语悉能通晓，即行停止。俄罗斯语言文字，仍请饬令该馆妥议章程，认真督课。所有学习各国文字之人，如能纯熟，即奏请给以优奖，庶不致日久废弛。"[1]

奕䜣的奏折送到仍在热河的咸丰帝的手里，这个有亡国之痛的年轻人急欲回銮的心情迫切，也希望奕䜣尽快办好交涉，便朱批让惠亲王绵愉以及总理行营大臣、御前大臣尽快商议，向朝廷奏明。绵愉在回奏中也说，恭亲王奕䜣等所奏情形属实。据此，咸丰帝便降旨批准，并让大学士桂良、户部左侍郎文祥协同管理。这件大事从提议到批准，只用了短短一个星期，可谓急如星火，刻不容缓。

同一天发出的廷寄中，对筹办外文学馆也有明确指示："准予八旗中挑人学习外国言语文字，知照俄罗斯馆，妥议章程，认真督课。如能熟习各国文字，即奏请奖励。"[2]谕旨一锤定音，昭示着中国第一所致力于培养对外交涉翻译人才的外语学校将走向历史前台。

1　高时良编：《中国近代教育史资料汇编：洋务运动时期教育》，上海教育出版社1992年版，第3页。

2　张功臣：《洋人旧事：影响近代中国历史的外国人》，新华出版社2008年版，第120页。

2. 从同文馆起步

虽然清廷批准筹办外文学馆，但是这一学习外国语言的教育机构并没有立即成立。原因很简单，在咸丰帝病重的时候，肃顺、载垣等人仍然不断地掣肘，使得外文学馆的开办举步维艰。但是根据条约，外国公使驻京成为现实。在总理衙门成立两周后，即3月25日，法国驻华公使布尔布隆就来到了北京，开始了外国公使驻京的历史。3月26日，英国驻华公使卜鲁斯也入驻北京。

外国公使的陆续到京，使主持总理衙门的恭亲王奕䜣等官僚更感到了培养外语人才的紧迫性。曾经就读于同文馆的现代戏曲理论家齐如山对此有相当清晰的描述：

> 衙门中当然常有与外国人当面商议的事情，外国使臣多懂中国话，而中国官员都不懂外国话，每逢会议，衙门大臣说完一段话，该公使已经懂得很清，当翻译官在翻译的时候，他早斟酌了回答之语。其回答的言词，中国官员又一字不懂，译成中国话传回来之后，中国官员须立刻回答，就是临时斟酌也不能太久，总而言之，没有考虑的余地。于是交涉事件，往往因此吃亏。[1]

语言障碍给近代中国对外交涉带来的巨大负面影响，使恭亲王奕䜣等直接参与外交活动的大员们切切实实地感受着培养外语人才的重要性、迫切性。这一点在祺祥政变后，奕䜣在给朝廷的奏折中再一次得到体现，"欲悉各国情形，必先谙其语言文字，方不受欺蒙……中国迄无熟悉外国语言文字之人，恐无以悉其底蕴"。[2]更何况1858年《天津条约》规定三年之后一切中外条约一律只用英

---

1 齐如山：《齐如山回忆录》，中国戏剧出版社1989年版，第34页。
2 中国史学会编：《中国近代史资料丛刊：洋务运动》第二册，第7页。

文不用中文。

奕䜣奏请成立这个外国语学堂是对西方势力对华欺压的一种回应，更是中国近代教育史上的一次变革。恭亲王奕䜣等希望通过它培养出能够广泛、深入地了解世界的外语人才，夺回外交主动权。

恭亲王最初在奏请开馆学习外语时，并没有给这个学馆起名字，直到1862年8月20日的奏折中才正式称"即以此学为同文馆"。因该馆设在北京，为与此后相继成立的上海、广州同文馆区别，而被称为"京师同文馆"。这个名字，后来任京师同文馆总教习的丁韪良给出了这样的解释："同文馆这个名字，迄今仍在使用，意为'具有综合学科的学校'，清朝官员们终于认识到除了语言文字之外，还需要有其他种类的学问。"

其实，丁韪良犯了望文生义的毛病，时任广东巡抚刘瑞芬在给《英字指南》一书作序的一段话道出了"同文馆"名字的真谛："昔孙搴、祖珽、刘世清之辈，并以能通洋语见遇时主，位列显要，少坪有志用世，其出而襄圣代同文之化，可拭目矣"。即要用汉语去同化其他语言，一直达到那种"书同文、车同轨"的境界去。[1]

事情到了1862年夏秋之际，才终于有了着落。此时，经历了祺祥政变的恭亲王奕䜣不仅掌管军机处，还成为总理衙门领班大臣。也许是经历了第二次鸦片战争，与洋人交涉遭遇的诸多尴尬与困难，使恭亲王对于西洋事务格外留心。他推动洋务事业，支持曾国藩、李鸿章、左宗棠等地方实力派开办军工企业，开展对外交流。而要使洋务事业有条不紊地进行，更需要熟悉外国语的人才。

培养外语人才，设馆办学，既要馆舍，又要有师资力量、招募学生，这些对于恭亲王来说都是感到头疼之事。虽然说恭亲王起初在给咸丰帝的奏折里已经有了设馆以及师资、招生学员的规划，但

---

1 季压西、陈伟民：《从"同文三馆"起步：语言障碍与晚清近代化进程》，第9、10页。

那只是笼统的初步想法，而具体实践中却面临着很大的困难。

对于生源，同文馆在设立之初就已经确立了"外语应自少儿学起"的原则，恭亲王奕䜣在给朝廷的奏折中先是提出"年在十三四岁以下者"，后来又提出"年在十五岁上下者"[1]可以到馆学习。但是恭亲王起初只重视满族学生的培养。民族成分的限制，造成了招生的困难。再者，当时的传统观念，风气未开，谈夷色变，跟夷人打交道学习外国人都被认为是不光彩的事。

齐如山曾回忆当时人们对同文馆的看法，他说："馆是成立了，但招不到学生，因为风气未开，无人肯入，大家以为学了洋文，便是降了外国。在汉人一方面，政府无法控制，招学生太费事，于是由八旗官学中挑选，虽然是奉官调学生，但有人情可托的学生谁也不去，所挑选者，大多数都是没有人情，或笨而不用功的学生。因为这种的学生，向来功课成绩不好，八旗官学虽腐败，这种学生也站不住，或将被革，倘到同文馆，或者还可以混一个时期。这是最初招生的情形，而且还有一层：这些学生入了同文馆以后，亲戚朋友对于本人，因为他是小孩，还没有什么鄙视，对于学生们的家庭，可就大瞧不起了，说他堕落，有许多人便同他们断绝亲戚关系，断绝来往。甚而至于人家很好的儿媳妇，因她家中弟弟入了同文馆，便一家瞧不起这个媳妇，而且因之便受了公婆之气。社会的思想，对于这件事情看得这样的严重，大家子弟不但不愿入，而且不敢入，因之后来之招生就更难了。"[2]

招生困难还不是主要的，最大的难题是这个外国语学校找不到老师。设馆办学，原本计划是在广州、上海等口岸，选择那些与外国人接触较多、会说外国语的中国商人中遴选，但广州方面回话说

1　朱有瓛主编：《中国近代学制史料》第一辑，上册，华东师范大学出版社1983年版，第5—7页。

2　季压西、陈伟民：《从"同文三馆"起步：语言障碍与晚清近代化进程》，第37页。

找不到合适的人选，而上海方面则说，虽有其人，但语不甚精。

其实，在当时的广州与上海，已经不乏会使用英、法语言之人，但对于仍视科举为正途的地方大员们来说，这些会说外语的商人不是科举正途出身，他们不愿意推荐。广州、上海最先对外开放，一口咬定说派不出来外语人才，似乎站不住脚。但现实是，会说外语与外语教学并非是完全一回事。

当时广东、上海商人们的外语能力多局限于口语，而不会书面语，自然无法满足恭亲王奕䜣所要求的"通解外国语言"的要求，来做同文馆的教习自然更成问题了。况且，经济上的因素也决定了这些商人不愿去充当薪水微薄的教习。无人来京充当外语教习，同文馆因此拖了一年多也未能开办。

眼看着一年多的时光过去，同文馆教习迟迟不能落定，总理衙门不得不接受英国驻华公使馆参赞威妥玛的建议，聘用外国人来当外语教习。在今天看来，学外语请外国人来任教是很自然的事情，外籍教员是名牌学校的一块金字招牌，但在当时却被视为是一种耻辱，这些洋人刚刚用洋枪洋炮把大清皇帝逼得逃离了紫禁城，又一把火烧了"万园之园"的圆明园，这于中国人来说是何等大的苦痛。一方面要在轰鸣的枪炮声中你死我活地厮杀，一方面却要恭恭敬敬地请这些洋鬼子做自己子弟的老师，这让人情何以堪呢？

恭亲王奕䜣转不过这个弯，朝野上下的许多人都转不过这个弯。奏请开办学馆，也有条约逼迫的成分，奕䜣不愿回想这个尴尬的结局。现在，却要开口请洋人做教习，如何开得了口。但是，大清要洋务自强，也想在对外交涉中摆脱长期依赖外国译员的被动局面，就不能不忍辱负重，屈下身来请洋人来帮忙。奕䜣了解到当时的一个现象，各国在华人员竞相花重金聘请中国人做他们的汉语老师。既然外国人肯花大价钱请中国人当老师，为什么中国人不可以请外国人来当同文馆教习呢？再者，在过去大清设立俄罗斯文馆之时，也曾经聘请过俄罗斯人当教习。因而恭亲王在奏折中说，"查旧例，俄罗斯文馆准挑取俄罗斯佐领下另档之人"，后来还从俄国宣教团的学生和教士中选过教习。[1]

恭亲王奕䜣在威妥玛的建议下，决定聘请英国圣公会传教士包尔腾到馆任教。包尔腾这个人，恭亲王奕䜣多少也有些了解。自主持总理衙门后，奕䜣经常要与外国人打交道，他知道不懂一些洋文多有不便，便把包尔腾请到家中做自己的家庭教师，同时也让其子载澄一块儿跟着学英文。要说载澄此人，不过是个花花太岁罢了，他连汉语都说不利落，哪里还有工夫学外文，于是边学边忘，最后凡遇到洋人，不管对方说什么，他只管回答"噎死"（yes）了事。[2]

包尔腾作为一个传教士，1853年来华，初在上海传教，第二次鸦片战争中来到北京。威妥玛推荐他，倒不是说此人的外语水平和教学能力有多么高，而是因为其他人都坚持必须给高薪方肯任教，而包尔腾却不同。威妥玛说，包尔腾当同文馆教习"只图薪水，不图官职"，要价也不高，只要求在试办期间付银300两作为薪酬就可以了，第二年再根据其教学效果决定续聘之事。一旦续聘则应支付其年薪千两左右，因为只有这样才能保障他专心授课，没有后顾之忧。总理衙门认为包尔腾的要价并不高，还算可以接受，因而答应了他的要求。

恭亲王奕䜣决定聘请洋教士是不得已，而实际上当时西方人对受聘到同文馆任教反应也十分冷淡，那么洋教士为什么宁肯自己掏腰包，吃苦受累，千方百计招收中国学生进教会学堂学习，而对京师同文馆这样一个官方创办、更能够使自己增强影响的学堂却不积极，而要价甚高呢？一种可能是总理衙门只是在较小的范围内征求意见、物色人选，主要依靠的是英国驻华外交人员；而外交人员本

---

1 季压西、陈伟民：《从"同文三馆"起步：语言障碍与晚清近代化进程》，第42页。
2 张功臣：《洋人旧事：影响近代中国历史的外国人》，第122页。

身对这件事看得很重，不敢乱举荐，因此给人一种外国人特别是传教士并不积极来参与同文馆的教学工作的印象。[1]

当然，包尔腾愿意到同文馆任教也是另有企图，他的使命是在中国传教，他认为在同文馆授课正是可以向中国学生传播福音的大好机会。老实说，恭亲王同意包尔腾到同文馆任教也是出于不得已。他知道包尔腾在翻译方面有些才能，但汉语口语却说得不甚流利。他的传教士身份，他试图传播福音的动机，都让总理衙门不放心。

《天津条约》迟迟没有批准换约，一个重要的原因就是朝廷内外都坚决反对外国人进入北京，而反对的理由之一就是担心洋教士在北京传教，认为如果京师重地放任外国人常久居住，“则彼将坚筑垣墉，暗列火炮，洋楼则以渐而增，不得不听其侵占。丑类则接踵而至，不得不任其蔓延。潜引奸民，广传邪教”[2]，现在外国人在中国广设教堂，目的就是广为传教，“近年沿海地方业为所惑，即粤逆（指太平军）亦藉耶稣以煽人心，京师首善之区，若遭蛊诱，则衣冠礼乐之族，夷于禽兽”。[3]

包尔腾既然答应到同文馆任教，在政治上谨小慎微的清廷官员也附加了一个条件：“只学语言文字，不许传教”，当然这一政策并不只是针对包尔腾而言。1863 年，恭亲王奕䜣委托法国公使馆临时代办哥士耆、俄国公使巴留捷克帮助聘请法文与俄文教习，因为同文馆里也开设了法文与俄文课程。两位公使帮助聘来法国传教士司默灵、俄国驻华领事馆翻译白琳前来任教。总理衙门鉴于司默灵的传教士身份而提出要求，若到同文馆，不准其传教，如果违犯，立即辞回。1863 年 3 月 28 日，清廷批准在广东开办同文分馆。也做出明文规定：“惟该馆学生专习外国语言文字，不准西人藉端影

1　季压西、陈伟民：《从“同文三馆”起步：语言障碍与晚清近代化进程》，第 43 页。
2　《筹办夷务始末（咸丰朝）》第三册，第 958 页。
3　《筹办夷务始末（咸丰朝）》第三册，第 953 页。

射，将天主教暗中传习。"[1]

1862 年 7 月 11 日，在京城一个名叫东堂子胡同的巷子里，一间被粉刷一新的教室，传来学生们朗朗的读书声，只是路过的中国人根本无法听懂这些孩子们呜哩哇啦究竟读的是什么罢了。这里与总理衙门一墙之隔，选这么一个地方，就是为了避免外界来此寻事，也方便总理衙门随时监督考核。关于校舍，曾任总教习的丁韪良印象深刻，他回忆道：

> 1866 年（同治五年），因增聘教习的到来，同文馆新建了一批房屋，此后又陆续增建了一些。它们全都是只有一层的平房，按照北京标准的式样建造，地面用砖砌成，屋内外的装饰也很少。每一座主要的房子前面都有一个用砖石铺砌而成的院子，两旁有较矮小的厢房。全馆共有七处这样的四合院，此外还有两排低矮的房屋。这些房屋跟四合院中的厢房便被用作住馆学生和三四十名馆役的寝室。那些房屋整体看起来就像是一个军营或一个集中营。[2]

对同文馆的正式开办，恭亲王奕䜣寄予厚望。在学馆成立的第二年，知县桂文灿上了一个"筹远虑重海防"的条陈，谈到要培养外交人才。此时，恭亲王奕䜣在给朝廷的奏折中自豪地说，"欲取通晓外国情形之人，不必远求，上年臣衙门奏开同文馆挑选八旗学生学习外国语言文字，即为储此一项人材"。[3]同文馆真有点儿像恭亲王的一个宠物，既宠溺又小心呵护。

1863 年 4 月，俄罗斯文馆并入同文馆。这个早在 1708 年就已

---

1 朱有瓛主编：《中国近代学制史料》第一辑，上册，第 256 页。
2 [美]丁韪良：《花甲记忆：一位美国传教士眼中的晚清帝国》，第 208 页。
3 季压西、陈伟民：《从"同文三馆"起步：语言障碍与晚清近代化进程》，第 45、46 页。

设立、由理藩院管理的学馆是为应对中俄边衅渐起，应付频繁的对俄交涉而设。朝廷先后延聘来华俄商与通晓俄语的中国先生开馆授课，学生最多时达 24 人。到雍正初年，俄文馆人才济济，朝廷录用的通译多从此出，一名俄语教习还曾与馆中的中国教习富勒赫和马查合作，将一本俄语语法书译成满文和汉文，取名《俄罗斯翻译捷要全书》，这是中国人最早使用的俄语教科书。

后来因为疏于管理，俄罗斯文馆渐渐没落，到嘉庆帝当政的 1805 年，被派往中俄最大商贸集散地库伦（今蒙古国乌兰巴托）充当翻译的几名学生中，竟无一人能与俄人对话。更荒唐的是，到了咸丰时代，俄罗斯文馆连翻译理藩院与俄国的一般文书这样简单的工作也难以胜任了。

这种情况正如丁韪良所说，"多年来，俄文馆中只有中国教习，并无学生。在被并入同文馆时，那儿只有一名不懂俄文的老教习。他没有带来任何学生和书籍，而且他本人也很快就被一个俄国人教习所取代。这使得原有的俄文馆对于同文馆的贡献徒有虚名"。[1]

俄文馆并入同文馆后，俄文馆里那个不懂俄文的老教习被新聘请的俄国驻华使馆翻译波波夫所替代。

波波夫先后就读于俄国喀山大学和彼得堡大学，他曾经从师于俄国汉学界领袖瓦西里·帕夫洛维奇·瓦西里耶夫教授。他的这位老师曾在中国生活十年，1850 年回国时已出版《汉俄辞典》《中国历史》《中国文化史概论》等一系列著作、译稿，带回数千册中国图书，先后培育了上百名汉学家和东方问题专家。波波夫在瓦西里耶夫的指导下，学习过汉语、满语，中国文献的翻译以及佛教史、儒教史等丰富的汉学内容，像他的老师一样也成为一名中国通。因学业优异，波波夫被派来中国工作，推荐他充任俄文教习的是俄国

---

1 ［美］丁韪良：《花甲记忆：一位美国传教士眼中的晚清帝国》，第 200 页。

驻华公使巴留捷克。[1]

俄罗斯文馆并入同文馆后,同文馆又在此基础上设立了法文馆。法文馆教习是荷兰人司默灵,他和包尔腾一样也是一位传教士,于1854年来华。由于他的传教士身份,总理衙门一样对他不放心。司默灵虽然有法国公使馆临时代办哥士耆的推荐,但总理衙门除了命令他禁止传教外,还是对他进行了考察,确定其在馆并无传教倾向才决定正式聘为法文教习。司默灵在同文馆任教有五年的时间,后此去教职赴蒙古传教。

同文馆成立后,附设俄文、法文馆,成为学习英、法、俄三国语言文字的专门学校。同文三馆,每馆各有生源10人。这些来自满蒙八旗的子弟,经由各旗的推荐,经过总理衙门的遴选,作为大清第一批"降"了洋人的人,成为晚清洋务改革、对外交流的一颗"种子"。

3. 一个有想法的传教士

同文馆教习包尔腾在馆教学一年后,不忘其传教身份的他便辞去教职,继续他的传教生涯。英国公使馆参赞威妥玛又向恭亲王奕䜣推荐了同为英国人的傅兰雅。受父亲的影响,傅兰雅从小就对中国产生了浓厚的兴趣,他阅读了大量的有关中国的书籍,并常和同学们谈论自己心目中那无比神圣神秘的中国。为此,同学们给他取了个"傅亲中"的绰号。成年后,他得到政府助学金到伦敦海布莱师范学院就读,毕业后成为英国圣公会的一名传教士。1863年3月,他受圣公会的派遣,远渡重洋到香港圣保罗书院任教职工作,从此开始其在中国长达34年的生涯。

傅兰雅对中国充满兴趣,因而他也很想提高自己的汉语水平,

---

1 张功臣:《洋人旧事:影响近代中国历史的外国人》,第123、124页。

学说北京话，更多地了解中国。正是怀着这样的愿望，1863年，他毅然辞去圣保罗书院的工作只身来到了北京。这时，正逢包尔腾去职，经威妥玛的推荐，傅兰雅接受了同文馆教习一职，每天授课两个小时，年薪1000两白银。在北京，傅兰雅不仅很快学会了北京话，而且结识了当时在北京的许多中外知名人物。恭亲王奕䜣、总理衙门大臣文祥、英国驻华公使卜鲁斯、美国驻华公使蒲安臣、头等参赞卫三畏、海关总税务司赫德都成为他很好的朋友。

结识了上流人物，傅兰雅踌躇满志，打算在北京大干一场，然而，他在同文馆的教习生涯也有一年多，英国圣公会就让他南下上海，因为此时的傅兰雅已经熟练地掌握了汉语，英国圣公会让傅兰雅到上海英华书院出任校长。这所由英国圣公会与中外商人合办的学校办学目的不外是传播福音，在中国培养一批信徒和牧师，但肩负圣公会厚望的傅兰雅没有按照教会对他的指示致力于基督教化中国，而是采取了与教会传教相悖的传教方式，这引起了圣公会的不满。傅兰雅在英华书院的聘任合同到期后，双方便没有签订续聘合同。1868年5月，傅兰雅经人推荐到江南制造局翻译馆任翻译，并主持馆务工作。

傅兰雅1865年离开同文馆后，总理衙门请来了美国传教士丁韪良到馆任教。在当时来华的传教士中，丁韪良是一个异数。

丁韪良于1827年4月10日出生在美国印第安纳州利凡尼亚的一个基督教世家。他后来成为一位传教士并注重教育以及学术研究，应该说与家庭的影响有很大关系。他先后毕业于印第安纳州立大学和新阿尔巴尼神学院，获得自然科学与神学两个学位。1850年4月，丁韪良第一次来到中国，在香港作短暂停留后到宁波传教，并在宁波学习中国官话和宁波方言，研读四书五经。

在宁波期间，丁韪良创办了两所私塾，每所私塾约有20名学生，所使用的教材有郭士蜡等传教士编写的宗教及世俗书，丁韪良自撰的《天道溯源》也在其中。1858 年，他作为美国谈判代表的译员参与了《天津条约》的谈判，条约中规定有保护基督教教士来华传教的条款。这个条款写入条约，丁韪良起了很大作用。

《天津条约》谈判后，丁韪良又进京参与了中美《天津条约》的换约谈判。1860 年，丁韪良离开宁波回到美国，开始其当传教士以来的第一次休假。1862 年，丁韪良再次来华，又开始了他的传教生涯，这一次他的传教活动是从上海开始的，进而扩展到北京等地。期间丁韪良翻译了美国著名律师惠顿所著的《万国公法》，经总理衙门审定后予以出版。

丁韪良利用译书的机会，逐渐结识了总理衙门的官员，他的名声也渐为清廷所闻。恭亲王奕䜣很赞赏他在中西文化方面的造诣，因而送了他一个"冠西"的雅号。

傅兰雅离开同文馆之时，空出来的教习职位正让恭亲王头疼，他向美国驻华公使蒲安臣以及英国驻华公使馆参赞威妥玛请求帮忙再予以推荐，他们一致推荐了丁韪良。用海关总税务司赫德的话说："今天我的老师批评了这里各个外国人的汉语，他认为丁韪良是最好的——无论是说官话还是说土话都行。"[1]

在蒲安臣与威妥玛的推荐下，丁韪良同意离开正在创办的教会学校崇实馆而出任京师同文馆的英文教习。他接受这个职位，一个主要的原因就是经济上的考虑。因为接受这个职位可以使丁韪良获得较为丰厚的经济收入，这笔收入不仅对于他的家庭而且对于他的传教活动都是很需要的。当时美国长老会因为南北战争的影响财政十分困难，而不得不压缩在华的传教活动经费，这让丁韪良也深受影响。

在同文馆任教，丁韪良每年可得银 1000 两，合 1330 美元，并

---

1 [美]司马富、费正清等编：《赫德日记：1863—1866》，陈绛译，中国海关出版社 2005 年版，第 142 页。

且可以提前预支半年的薪水，这笔收入甚至都快赶上 1863 年 10 月
北京长老会计划的整个预算总额 1459 美元了。这对于一个除了传
教之外还要担负家庭开支、担负孩子在美国念书的人来说，自然是
很大的诱惑，所以他曾直截了当地说，"我并不认为我的责任是拒
绝它"。丁韪良还说，"我是出于做好事和减轻财政困难而接受聘
任的"。[1] 他所说的"做好事"其实质是想希望藉此达到影响中国
上层人物的目的。

丁韪良接任教习一职时，当时英文馆里只有十余个学生，虽然
经过包尔腾、傅兰雅等人的教导，但这些孩子的接受能力很差，在
丁韪良到任时，他们只能磕磕巴巴说一两个简单的英文单词，丁韪
良只好从 ABC 重新教起。

虽然每天只需要授课两个小时，但丁韪良在同文馆干了半年
后，甚觉无味，他感到让自己这个科班出身的传教士教授小孩子英
语未免太大材小用，就好比是让一名建筑工程师去做搬运砖瓦泥灰
之类没有技术含量的工作，因而他向总理衙门提出辞职。总理衙门
了解丁韪良的教学能力，自然不肯让他辞职。恭亲王奕䜣忙派主管
京师同文馆的大臣谭廷襄和董恂前来安抚。二人与丁韪良进行了一
番长谈。

"你为什么要辞职？是否嫌薪水太低？"

"不。"丁韪良答道："跟我付出的时间相比，薪水并
不低。"

"是否有人冒犯了你？"

"根本不是，学生及所有其他人都很宽容友好。"

"那是为了什么呢？你为何请求辞职？"

1　王维俭：《丁韪良和京师同文馆》，见汪熙主编《中美关系史论丛》，复旦大学出
版社 1985 年版，第 197 页。

丁韪良回答:"坦率地说,照管十个只学习英语的男孩子,对我来说是太没出息了。我觉得自己是在虚度光阴。"

"假如这是你要辞职的原因,那你就想错了,你不会永远只教十名学生。还有,你得想一下这些学生的最终前程。我们的年纪越来越大,他们当中的有些人说不定会被委派取代我们的职位。皇帝也会感到想学外语,谁知道你的学生会不会被找去教皇帝英语呢?"[1]

谭廷襄与董恂的劝慰打动了丁韪良,使他感到了在同文馆任教习将大有可为。当然,丁韪良内心也潜藏着他不为外人言说的野心。"我之所以继续留在同文馆,也是因为决心要开拓比在北京街边教堂传道影响更为广泛的领域"。[2]

丁韪良打消了辞职的念头,可是同文馆很快又陷入了困难和危机。造成这种局面的起因是总理衙门计划在同文馆添设天文、算学等新学,扩大招生范围满足洋务的需要,但是这却招致了保守派的反对和攻击。

丁韪良到馆任教后,当时在馆学习的首批学生已经学满三年,按照当初的规定要进行一次考试,这也是对同文馆开办后学生学习成果的一次考核。同文馆的考试计有四种:每月初一日举行的月课、每季初一日举行的季考和每年十月举行的岁考,由各馆教习主持定时面试;每三年一次的大考,则由总理衙门执行。按总理衙门当初奏议,每届大考,优者授予九至七品官职,次等者留馆或降级学习,劣者除名。

大考陆陆续续进行了十天,英、法、俄三馆学生均须参加。初试是把外国照会译成汉文;复试是将某条约中的片段译成外文;最

1　[美]丁韪良:《花甲记忆:一个美国传教士眼中的晚清帝国》,第201页。

2　季压西、陈伟民:《从"同文三馆"起步:语言障碍与晚清近代化进程》,第58、59页。

后口试，考官密出汉语条子，令学生口译成外语。可是这次大考，学生的成绩并不理想，奕䜣向朝廷奏报说，"臣等在大堂公同面试……因洋文非臣等所习，特饬总税务司赫德与各馆外国教习会同阅看，分别名次高下……其翻译各文虽未能通体贯串，亦尚有相符之处，外国语言亦多吻合。"[1]

"亦多吻合""尚有相符之处"等语用词含混，显然有敷衍皇上之嫌，因为那些孩子的表现实在太差，奕䜣等又不懂外语，洋教习们只好敷衍了事。显然，这次考试并不尽人意。但总理衙门却根据考试结果对学生们进行了奖优罚劣处理，并把几名认为是不堪造就的学生予以退回原籍。经此考试，有一个积极的动向是为扩大招生、立本为信起到了很好的宣传作用。

经过这次考试，总理衙门感到，学生们如果单单学习外语很难适应办理洋务的需要。如此，这些孩子将来也难当大任，因而很有必要开设新馆，扩大学习范围，多方面汲取西学才是洋务自强的需要。

带着这样的设想，1866年12月11日，恭亲王奕䜣上奏清廷，请求在已有的英、法、俄三馆之外，添设天文、算学馆，且招收对象不再限于八旗子弟，而是扩大到满汉举人、五贡生员以及正途出身五品以下京外各官。无疑，这是对传统的科举制度的一种变革。奕䜣的奏折中说此举是学习西学，培养新型人才，适应洋务自强的需要。西方人制造机器、火器以及行船、行军，无一不从天文算学中来，因而中国要自强，必须开设这样的学馆。

恭亲王等人的奏折呈递朝廷，但却再次遭到了朝中保守派的反对，认为这是舍中法而取西法，且拜洋人为师实乃奇耻大辱。1867年1月，恭亲王奕䜣再次上奏朝廷坚持要求开办天文、算学馆，并

---

1 张功臣：《洋人旧事：影响近代中国历史的外国人》，第127页。

将翰林院编修、进士等也纳入招生范围，这引起了更大的非议。

1867年3月5日，山东道监察御史张盛藻上奏折表示反对。他说，自强之法在于"整纲纪、明政刑、严赏罚，求贤养民，练兵筹饷诸大端"。而国家的强大在于臣民有"气节"，只要臣民有"气节"，就能"御灾而灾可平"，"御寇而寇可灭"。如果朝廷让具有科考正途身份的人放弃功名，去学习外国人的那些"奇技淫巧"，甚至还许给科举士子以功名利禄，鼓励他们学习西人之学，实在是重名利而轻气节的举动。慈禧太后支持推动洋务，因而她以同治帝名义发布上谕，科举正途的士子也应该知晓天文算学，不得视为"奇技淫巧"，正途人员应做到儒学与天文算学无所偏废，也是"借西法以印证中法，并非舍圣道而入歧途"。[1]清廷虽然驳回了张盛藻的折子，但争论并未平息。

1867年3月20日，一贯以强调义理、精神闻世的理学大师大学士倭仁也上奏朝廷说，"天文、算学为益甚微，西人教习正途，所损甚大"而加以反对。倭仁强调，治国之道，在于礼仪道德，不在于阴谋诡计。国家富强的根本在于人心，而不在于学习外国人所为的"技巧"，且"师事夷人"则将令士人"变而从夷，正气为之不伸，邪氛因而弥炽，数年后不尽驱中国之众咸归于夷不止"，[2]习西方历算，"所成就者不过术数之士"，不能起衰振弱。

1867年6月23日，遇缺即选直隶知州杨廷熙也上折反对设立天文、算学馆，并要求撤销同文馆，甚至对奕䜣设立同文馆的原奏折罗织了十大罪名，"臣月余以来，日夜研思同文馆原奏，觉其事、其理、其言、其心，有不可解者十焉"。[3]

在倭任、张盛藻、杨廷熙等人的干扰下，同文馆招生变得十分

1 《筹办夷务始末（同治朝）》第五册，第2002页。
2 《筹办夷务始末（同治朝）》第五册，第2009、2010页。
3 《筹办夷务始末（同治朝）》第五册，第2063、2064页。

困难。他们"聚党私议，约法阻拦，甚且以无稽谣言煽惑人心"，使添设的天文、算学馆"无复有投考者"。[1]

在天文、算学馆于6月间举行的招生考试中，虽然有98人参加了报考，但实到只有72人，且参加考试的大都是年老而穷困潦倒的书生，多为冲着总理衙门承诺的优待薪米而来。这次考试勉强录取30人，到1868年7月因成绩太差而被退学者20人，仅余李逢春等10名较优秀者。

开办天文、算学馆遭遇挫折的时刻，丁韪良再次返回美国，因为在开办天文算学馆的计划中，给丁韪良安排的是政治经济学和国际法课程的教学，为胜任教课任务，总理衙门特意批准他回美国入耶鲁大学进行国际法的研修。

在他离开的一年多时间里，由海关总税务司赫德向总理衙门推荐了一名叫额布廉的英国人顶替丁韪良在同文馆教习英文课。额布廉是海关的一名职员，并无传教的愿望，所以他授课倒也认真。法文教习则请来刚刚来华的法国人李壁谐客串，新设算学则由中国学者李善兰到馆授课。

李善兰是浙江海宁人，1811年出生于书香门第，他自幼就读于私塾，良好的家庭教育以及江浙一带受风气之先的环境，使他少年时代便与科学结缘。9岁那年，李善兰发现父亲的书架上有一本中国古代数学名著《九章算术》，感到十分新奇有趣，从此迷上了数学。15岁时，李善兰已经通习利玛窦、徐光启所译的《几何原本》前六卷，在《九章算学》的基础上吸取《几何原本》的新思想，使得他的数学造诣日渐精深。成年后，他参加乡试，虽然因为八股文做得不好而落第，但他并不灰心，而是更增加了对数学的兴趣。

李善兰在而立之年刻印了《方圆阐幽》《弧矢启秘》和《对数

1　张功臣：《洋人旧事：影响近代中国历史的外国人》，第131页。

探源》三种数学著作，成为远近闻名的学者。他致力于数学研究，也是由于鸦片战争中国被动挨打、科学救国思想的激发。1852 年，李善兰来到上海，在墨海书馆将自己的数学著作给来华的外国传教士展阅，受到书馆教习伟烈亚力的称赞，从此他开始与外国人合作翻译西方科学著作。他与人合作翻译了大量数学、牛顿力学及植物学方面的著作，像"微积分""方程式""植物学""代数"等等。

1866 年恭亲王奕訢奏请添设天文、算学馆之时，时任广东巡抚郭嵩焘就上书举荐李善兰为天文算学总教习。郭嵩焘的奏折中共举荐十人，其中他赞扬李善兰"淹通算术，尤精西法"，提议此人到馆任教，也方便与西人一起讲习讨论。由于当时李善兰忙于在南京出书，所以到 1868 年才到同文馆任教。

在 1868 年这一年，李善兰、李壁谐、额布廉三人组成了同文馆里新的教习阵容，这也意味着同文馆的教职之席不再是传教士一统天下了。然而，尽管他们努力教学，在保守主义拼死抵抗的时代，他们的努力并没能改变同文馆日渐冷清的命运。

面对京师同文馆日渐冷清的现状，作为教习的额布廉指出，需要提高外国教习在京师同文馆的地位和发言权："我们热切地希望在掌管学习上能有一定的发言权……应授予我们一种荣誉性官员"。额布廉还引述了英国驻华公使阿礼国的话说："我认为外国教习在总理衙门应当有一个高级的官衔"。[1] 额布廉和阿礼国的意思就是希望由洋人来接管这所学校。

4. 同文馆的洋教习们

额布廉与阿礼国都希望由外国人来接管同文馆，当然是想增强西方的影响力。当这些建议和要求传到海关总税务司赫德耳中，立

1　季压西、陈伟民：《从"同文三馆"起步：语言障碍与晚清近代化进程》，第 60 页。

即引起了赫德的重视。

赫德在 1835 年 2 月 20 日出生于北爱尔兰人阿尔马郡一个名叫伯塔唐的镇子里，父辈以经营酒店为生，虽然规模不大，但也可以使一家人平淡度日。赫德出生后，为生计考虑，他们全家曾迁移到伯塔唐北面的米尔顿，并在那里开始经营一家酒厂。后来一场大火把酒厂烧了个精光，他们家不得不再次举家迁移，迁到了希尔斯堡。

1850 年，15 岁的赫德考进了贝尔法斯特的最高学府——皇后学院。在校三年中，赫德一直居于优秀生的行列，多次获得学校的奖励。对于皇后学院，他一直到晚年还不时表露出内心的深厚感情。后来在他结束了中国海关总税务司的任职之后，他在写给同学的一封信中，还满怀感情地这样说道："当我在中国期间，凡是归功于我个人的每一项成绩，我都把它看作是学院的功劳，看作是对曾经和我在一起学习的青年的酬谢，看作是对指定我到中国去的教授的充分肯定。"在赫德去世的当年，他的遗孀在给皇后大学副校长的信中也透露了与赫德自己所表达的同样的感情。[1]

1854 年，正当大学毕业的赫德为选择什么样的职业而着急时，英国外交部在爱尔兰皇后学院开始招收到中国和日本工作的领事馆人员。当时，英国驻广州领事官包令接替文翰的位置，升任香港总督，兼任英国驻华全权公使和中国商务监督。包令笃信功利主义哲学家边沁的自由贸易主张，想进一步打开中国的市场。他多次上书英国外交部，要求加强英国政府在中国和日本的代表人员设置，把远东各通商口岸真正变成为指导商务与传教的中心。这个意见打动了英国外务大臣克拉瑞顿（克拉伦登伯爵第四，人称"克拉伦登"），英国外交部因此决定在贝尔法斯特皇后学院招收领事馆工作人员。于是，是年才只有 19 岁的赫德成为驻中国领事馆的工作人员。

---

1 王宏斌：《赫德爵士传：大清海关洋总管》，第 6 页。

初到中国的赫德面临着中国语言的难题，他对中国汉语的认识可以说是空白，而只有学好汉语才能更好地适应领事馆的工作，在来中国的轮船上他就意识到这个问题。他知道自己的首要任务是学习语言，他必须抓紧一切时间学习汉语。在旅行途中，他从词典、商人和船长那里开始接触汉语，对于中国语言的复杂性已有所了解。他请了一名官话讲得很好的汉语老师，每天坚持学习六七个小时。汉语老师使用的教材是《论语》《孟子》《诗经》等儒家经典。赫德一边学习汉语知识，一边了解中国的哲学、政治、道德、教育等文化观念。在学习过程中，他得到了英国领事麦都思等人的帮助，从他们那里得到了许多中英文书籍，如《麦都士中英文词典》《中国对话》等。1855 年，赫德还开始学习宁波地方话。

《红楼梦》作为中国文学的经典之一，对于语言还很生疏的赫德来说，要领悟它是何其艰难，但他还是把它通读了一遍。读完之后，他感觉很有趣。也使他的汉语阅读能力有了很大进步。1856 年，赫德继续学习汉语，自我感觉已能胜任翻译工作，他在日记中他这样写道："掌握汉语和中国文学比什么都困难，但是，我决心成为这方面的专家。"[1]

赫德一边学习汉语，一边工作，他先后在英国驻宁波、广州领事馆担任翻译，逐渐成了一个中国通。第二次鸦片战争中，广州也设立了海关，赫德受英国政府之命到海关工作。当时的海关主要领导都是外国人，海关税务司由英国人李泰国担任，副税务司就是赫德。英法联军进入北京时，海关税务司李泰国认为清朝会灭亡，他不愿自己遭殃，便以养病为由，请假回到了英国。这样，海关税务司的实际工作便落在了赫德手里。

早在 1861 年夏天，还是代理总税务司的赫德到北京拜访奕䜣。

1　王宏斌：《赫德爵士传：大清海关洋总管》，第 18、19 页。

当时他听恭亲王说计划设立总理衙门，在其之下设立京师同文馆，就被这个计划所吸引。他为此曾经感慨地说，"我不认为中国没有进步。在政府的支持下，人们正在努力学习外国语言和技艺，这样就会采取一些促进中外相互了解的行动"。[1]

赫德当时虽然已经对设立同文馆表现出了莫大的兴趣，但他还只是顶替回英国休假的李泰国暂时代理海关税务司罢了；加上海关事务十分繁忙，因而他并无精力和条件支持这一事业。1862年秋天，赫德再度来到北京，拜会恭亲王奕䜣，从奕䜣的口中得知同文馆已经开始试办，他很为此感到高兴，但是此时海关事务仍然占据着他全部的时间和精力，使他无暇顾及。1863年，李泰国因为阿思本舰队事件引起中方的不满，赫德随他一同前往北京活动。舰队事宜的谈判错综复杂，所以他仍无法分身参与同文馆的建设。直到他取代李泰国成为海关总税务司，在北京定居后，他才有时间和精力开始关注同文馆。

恭亲王奏请在京师同文馆中添设天文、算学馆，扩大招生范围，也有赫德的建议和推动。赫德对同文馆的关注，是因为海关事务千头万绪，需要的是人才，特别是翻译人才，他很想从同文馆中挑选一些优秀的学生充实到海关，利用京师同文馆为他控制的海关服务。"我们应该为中国政府和缔约各国尽量培养一批能够接任我们工作的中国人；但是，只有时间才能说明到底是从现有的、懂外语的人中挑选，还是更可能从同文馆的学生中产生"。[2]后来，从同文馆结业的一些学生果然被安排到海关从事翻译工作。

当然，当时的同文馆在很大程度上也要依赖于海关。对于财政捉襟见肘的清廷来说，同文馆的财政几乎完全依赖于海关，从同文馆成立那一刻起就开始使用海关税款。正如恭亲王在朝廷的奏折中

---

1 季压西、陈伟民：《从"同文三馆"起步：语言障碍与晚清近代化进程》，第61页。
2 [英]魏尔特：《赫德与中国海关》上册，第469页。

所言，现今府库财政紧张，可用于支出的款项实在是太少了，考虑再三，"惟于南北各海口外国所纳船钞项下，酌提三成，由海关按照三个月一结奏报之期，委员批解臣衙门交纳，以资应用"。[1]

晚清的中国海关掌握在洋人的手里，因此，用海关的钱也只得依赖洋人的"恩典"。既然海关税务司署掌握着同文馆财政供给的大权，因而，身为总税务司的赫德便对同文馆产生巨大的影响。可以说，洋教习的招聘之权在1865年之后实际上便掌握在赫德手里，总理衙门对洋教习失去了任免之权，"对于后任不许推荐，有外国新到人员，亦不许直接来谋教习之职，必须有总税务司推荐"。对此，赫德在1865年12月22日的日记里曾经写道："同文馆里由我雇聘三或四名教习，海关支付薪俸，总理衙门提供住宅"。[2]

从财政到人员雇聘，赫德都试图增加自己的影响力。对于教习额布廉所说的同文馆正在走向冷清的局面，赫德也深有同感，他也认为应该增强洋教习的身份和地位。同文馆日渐冷清的局面使他认为，长此以往同文馆有可能要完蛋了。

1869年6月25日，美国驻华公使劳文罗斯在给美国国务卿汉密尔顿·费什的报告中谈到了当时同文馆（即同文学院）的情况："我自去秋到北京以后，即留心探访同文学院的情形，才知并无此院。丁冠西（丁韪良）博士已回美国；天文学教授方根拔先生正在待命，已定行止；英文教授额伯连（额布廉）先生，仅有两个学生拟用英文教授；法文教员李璧谐先生有学生八名，年龄是二十二岁到四十五岁，拟用法文教授；俄使馆翻译伯林先生，有俄文班学生十八人。学生每月领受津贴十元，实际上只是三十个年岁多达中年的贫民，在此学习欧洲语文，对于科学艺术，根本无法了解。这仅是一个语言学校，名为同文馆者而已：成于1862年，旨在养成本

1　朱有瓛主编：《中国近代学制史料》第一辑，上册，第7页。
2　[美]司马富、费正清等编：《赫德日记：1863—1866》，第434页。

国翻译人才。"[1]

赫德觉得必须改变这种局面，否则自己对京师同文馆所抱的希望有可能要落空，自己花在学馆上面的心血也要付诸东流。但是此时他正忙于海关里更为重要的中外交涉活动，没有更多的精力和时间兼顾到同文馆的事情。

赫德想到了他的老朋友、正在美国耶鲁大学进修的丁韪良。丁韪良在宁波传教时就与赫德相识。当时赫德还只是一个助理翻译，丁韪良比他早四年来到中国；赫德那会儿还在努力学习汉语，而丁韪良却已经能够说一口流利的汉语了。虽然国籍不同，但宁波的相识使两人一见如故，很快成为朋友。赫德认为丁韪良应该在同文馆的建设上发挥更大作用，因而他迫不及待地给丁韪良写信，催促他尽快回到中国。

丁韪良回忆说，"我收到赫德先生的一封信，在信中他催促我尽快返回中国。他告诉我清政府对同文馆的工作不甚满意。实际上，它很可能要被迫解散。我回信说自己对前景并未丧失信心——即使同文馆被关闭，也是可以使之重开的，或者说'即使削弱到了尽头，它的全部价值依然丝毫未损'"。[2]

带着重振同文馆的信心，丁韪良于1869年9月回到北京。后来，他在回忆录中描述了赫德让他主持馆务的过程："1869年9月，当休假回到中国，我拜访了赫德，向他了解同文馆的情况。他说：'它依然存在。'接着又补充说，他已决定让我来主持馆务，并每年从海关税收中拨出一笔钱给我，以维持同文馆的正常运转。'我将不拒绝出来修剪一下灯芯。'我回答说，'但条件是你必须提供灯油。'也就是说我可以出任总教习，但财政方面不归我管。在我的坚持下，赫德同意由他来掌管同文馆的财政，此后25年，

1　朱有瓛主编：《中国近代学制史料》第一辑，上册，第210页。
2　季压西、陈伟民：《从"同文三馆"起步：语言障碍与晚清近代化进程》，第63页。

他始终如一地履行了这个协议对他所规定的职责。……对于同文馆来说，他堪称是同文馆之父，而我则是个奶妈"。[1]

在赫德建议下，别妻离子再一次回到中国的丁韪良，将出席总教习一职。对他而言，个人意味不言自明。这个类似于同文馆校长的职务，对总理衙门来说是还未曾有过，这比仅仅在同文馆教英文离丁韪良所说的"比街头教堂更大的影响"又深入了一步。因而他对这个职位非常满意，也非常重视。

对赫德提名丁韪良任总教习一职，总理衙门是什么态度呢？有一点可以肯定，包括恭亲王奕䜣在内的总理衙门官员对丁韪良都熟知，他翻译《万国公法》之事，连两宫皇太后与年少的同治皇帝都有所耳闻，朝廷对他是抱有好感的。

从这个层面看，赫德的提名似乎并无悬念。但是，不知出于什么原因，在授予他总教习职务之前，总理衙门对其进行了一场考试。考试内容既不是汉语或者其他语种，也不是国际法、教育法，而是考他的数学程度，也许这是基于天文、算学馆的考虑。但丁韪良对这次考试心里一直感到纳闷。这纸考题是谁出的？答卷又由谁来评判？这似乎给丁韪良一个感觉，总教习一职并非没有竞争者，但经过这次考试，丁韪良就任总教习一职也变得名正言顺。

5. 转型新式学堂

1869 年 11 月 26 日，丁韪良正式出任同文馆总教习一职。当天的就职典礼非常隆重，总理衙门以及美国驻华使馆的官员都有参加。对于这个就职典礼，丁韪良回忆："与会者有总理衙门各大臣以及美国驻华代办卫三畏博士，赫德虽没到场，但却送来一张贺笺，祝我日进光明。一共有四十来个学生，出使欧洲的斌提州（椿）分

1　[美]丁韪良：《花甲记忆：一个美国传教士眼中的晚清帝国》，第 198 页。

班引见，长袍缨冠，致敬为礼，煞是有趣。我的就职演说是用中文的：大学士宝（鋆）是颇负诗名的，当时很受感动，即兴赋诗一首，写在两卷美丽的纸上，送给我作为纪念。"[1]

宝鋆以学识和巧智闻名于朝野，当天的赋诗写了什么已无从得知，但他在恭亲王奕䜣后来被罢职时随口咏诵的一首七律，却经丁韪良的记载保留了下来。诗云："笑沐天恩四季春，年年欢梦不知年；猎鲸渔父望洋叹，梦醒黄粱咒逝川；丢马塞翁安非福？劝进失意且保全。"从丁韪良对此诗的理解程度，可见其在中国文化方面有相当造诣。[2]

对于丁韪良出任总教习的职责职权，总理衙门在上奏朝廷的奏折中似乎没有明确指出，但从此后他所从事的各项事务中可以发现他的职责主要包括制定课程计划、督察各馆功课、聘用教习、组织教科书翻译、制订招生办法、筹建教学设施以及每三年以主持编订《同文馆题名录》的方式向总理衙门汇报同文馆的主要发展状况等等。

同文馆的开办以讲授西方语言文字为主，也讲授西学，由于清廷负责馆务的官员对西学以及相关的管理业务并不熟悉，实际的管理权力操纵在丁韪良的手里，再加上同文馆的财政由赫德负责筹措，使得丁韪良的权力很大。

丁韪良出任总教习后，也不负各方所望，是一个令各方满意的人选。他懂汉语，会熟练地说北方官话，对中国文学、历史甚至民情都了然于胸，又在美国受过系统、正规的高等教育。在既往的工作中，他是一个高度负责、能够团结清廷官员的人，因而也很得总理衙门的信任。他出任总教习一职又得到为同文馆提供资金保障的赫德的全力支持，所以他一上任很快就使同文馆进入正常的轨道。

---

1 朱有瓛主编：《中国近代学制史料》第一辑，上册，第 168 页。
2 张功臣：《洋人旧事：影响近代中国历史的外国人》，第 135 页。

他大胆地引进了甄别淘汰制，查明学生的学习进度和水平，对于那些不及格或者不认真学习的学生一律除名；他为同文馆配备了各种教科书，拟定了中国教育史上第一个分年课程表；他使得同文馆的规模逐渐扩大，并添加了大量的教学器材和设施，使得同文馆成为近代中国第一个融教学与实践为一体的新式学馆。

同文馆的发展自 1869 年后以一种崭新的面貌呈现，令总理衙门与赫德都非常满意。赫德称赞说，"我很高兴地说，学校在发展，我们现在有 70 多名北京的学生，12 名广东学生，7 名江浙学生，共计约 100 名；德贞博士刚被任命为解剖学和生理学教习，并将为培养中国真正的医疗人才打下基础。学生们学习英语、法语、德语、俄语、数学、自然生理学和化学。今年还有两位教授要加入京师同文馆的教师队伍。同文馆已经经历了一番苦斗，但它迟早会是一大成功的"。[1]

由此看来，丁韪良就任总教习后，同文馆在他与赫德这两个洋人的主导下，正在书写着它新的篇章。尤为值得提的是，丁韪良在改革同文馆招生制度、扩充同文馆规模的同时，还制订了较为完备的教学计划。

1876 年，丁韪良按照学生资质的不同，分别制定了八年和五年不同修业年限的两份课程表。

八年课程表的制定主要是针对那些汉语水平较高、天资聪明而好学的学生，对于他们不是简单的学习外文，而应涉及多个新学科。即在掌握外语的同时，也要掌握自然科学方面的知识，具体设置为：第一年学习基础外语，浅解辞句，讲解浅书；二年：讲解浅书，练习句法，翻译条子；三年：讲各国地图，读各国史略，翻译选编；四年：数理启蒙，代数学，翻译公文；五年：讲求格物，几何原本，

1 季压西、陈伟民：《从"同文三馆"起步：语言障碍与晚清近代化进程》，第64、65页。

平三角、弧三角，练习译书；六年：讲求机器，微分积分，航海测算，练习译书；七年：讲求化学，天文测算，万国公法，练习译书；八年：天文测算，地理金石，富国策，练习译书。

五年课程表则是为那些年龄稍长、不学习洋文、靠译本来学习天文算学之人而设计的。具体内容为：

首年：数理启蒙，九章算法，代数学；二年：学四元解，几何原本，平三角，弧三角；三年：格物入门，兼讲化学，重学测算；四年：微分积分，航海测算，天文测算，讲求机器；五年：万国公法，富国策，天文测算，地理金石。此外，汉文经学因自始至终是学生必修课，故未曾列入，而医学虽未列入，但亦是学生学习之科目。丁韪良的八年课程表得到了总理衙门的批准，总理衙门并命令将该课程表翻译成洋文，"以汉洋合璧刷印三百本，交与馆生各执一本，俾知趋向"。[1]

同文馆八年课程的订立很具有指导意义，所以得到了总理衙门的批准和支持，其中也可以看出丁韪良对同文馆前途命运的寄望和努力。

丁韪良要求英语馆的学生能够用英文顺利地听讲所有课程而没有障碍。他认为英语是学习其他非英语课程的基础工具，由英语而及其他诸学；各年级的学生在语言的练习上则以联系艺术为主。

丁韪良制定课程的计划，八年为一个周期，外语教学贯彻始终。对于算学、物理、天文、算学等学科虽然在课程表上也占有很大比例，但与外语教学相比，这些课程则有较大的弹性，给出了较为灵活的要求，只是打基础而已，如果要学的很精，则要分途而立求之。如此，体现了同文馆以外语为本，外语精通了才能学习别艺的办学原则。

1　王文兵：《丁韪良与中国》，第82、83页。

不过，丁韪良制订的这份课程表究竟是针对同文馆的哪一馆的何种专业，由于史料所限很难确定，但是丁韪良对教学工作所做出的努力很值得肯定，因而，也深得大清官员们的信任。以至于后来，清廷也不再提让汉教习监督洋教习，防止他们在课堂上传教之事，对是否传教的问题也不再过问。丁韪良回忆："在我刚来同文馆任教时，教室里原有一块告示牌，上面写着众多规定，其中一条是禁止在课堂上教授《圣经》。我出任总教习以后，提调们撤掉了这块告示牌，让我自己决定该如何做"。[1]

在赫德的支持下，丁韪良在总教习任上履行职责后，同文馆的管理、教习结构也相对趋于稳定，在管理上形成了由管学大臣、提调、帮办、总教习、教习、副教习、助教等构成的管理层；在教习的设置上，教习一职除汉教习外，多由洋教习担任，特别是外语教习，皆为洋教习负责讲习授课。

特别需要指出的是，丁韪良任总教习后的同文馆，洋教习的聘请多与海关税务司署有着密切关系。由于同文馆的经费多来自海关，赫德掌握着同文馆的财政命脉，也正因如此，赫德掌握着同文馆中教习的聘请任用之权，这也可视为赫德支持同文馆的"题中之意"，目的当然是为充实海关，为自己服务。在同文馆任教的洋教习中，欧理斐、额布廉、吉德、马士、韩威礼、安哥联等等都有在同文馆任教，然后又服务于海关的经历。

在同文馆任教习的欧理斐是爱尔兰人，曾就读于赫德的母校爱尔兰皇后学院，获硕士学位。他是 1879 年入同文馆任教的，1895 年继任丁韪良的总教习一职，并由英文教习改授物理课程。1902 年到宁波任海关副税务司，后来历任南京、苏州、牛庄、奉天等地副税务司，且一度为海关总税务司署管理汉文案税务司。

---

[1] 季压西、陈伟民：《从"同文三馆"起步：语言障碍与晚清近代化进程》，第66、67页。

额布廉也是赫德的校友，他于 1868 年来同文馆任英文教习，后来成为海关总税务司的一名内勤人员。

吉德本是英国驻华使馆的一名会计，他于 1870 年辞职进入中国海关，1872 年奉赫德之命兼职同文馆英文教习，三年后又回到海关工作，历任汕头、琼州、上海、广州等地海关副税务司或税务司。

马士，美国人，1874 年进入中国海关，1884 年任同文馆英文教习，1896 年又回到海关工作。韩威礼、安哥联都是在海关工作后，然后到同文馆任英文教习，之后又回到海关工作。

从这些洋教习的经历来看，他们进入同文馆都与赫德控制的中国海关有关。赫德聘任同文馆洋教习有一个重要的条件，就是要听从他的调遣，接受他的控制。赫德在 1874 年 6 月 12 日曾经委托他设立在伦敦的办事处的负责人金登干帮助物色京师同文馆教习。当时，赫德特别提醒金登干说，"要使他清楚地了解，教习要听从我的命令，是隶司于总教习的。还要让他了解，续聘将取决于：1、受聘人仍符合聘请条件；2、同文馆或教习的职务继续存在。在教学提到更高阶段和飞得更高之前，这项工作只不过是一个普通教师的工作。总税务司在招聘方面并不比英国临时工雇主承担更多的责任"。[1]

虽然如此，但洋教习深知，到同文馆不但可以拿到高薪，将来汉语水平提高后在海关更可以得到赫德的重用。实际上外国教习到同文馆大多是希望向中国学生学习汉语，也许有人不信，但事实确实如此。据齐如山回忆，外国教习可以从学生中不断地提高自己的汉语能力。"虽然没有学些高深的学问，但因认识几位洋教习，我常常去找他们谈天，谈的当然非常之复杂，例如西洋大中小学的情形，各种艺术如戏剧等情形、政治的情形、工厂的情形、家族的情

1 陈霞飞主编：《中国海关密档：赫德、金登干函电汇编 1874—1907》第一卷，中华书局 1990 年版，第 66 页。

形、婚丧的情形、饮食的情形、农业的情形、海陆军的情形。彼时不但没有空军，且无飞机，总之社会中各种情形，无不谈到。我永远是很详细地问他们，他们也都很详细的解说，他们不但不嫌麻烦，而且都很高兴，因为他们借此可以学许多的中国话，若只靠他们请的教习教他们，那范围是很窄的"。[1]

这种以练习汉语为目的的派遣方式，严重影响同文馆的教学质量。作为近代中国的启蒙思想家、教育家、实业家郑观应曾批评京师同文馆聘用的洋教习大多数不过是滥竽充数罢了。维新派代表人物梁启超也反对这种对汉语一知半解的洋教习到馆任教。他说，"教习多用西人，西人言语不通，每发一言，必俟翻译辗转口述，强半失真，其不相宜一也；西人幼学，异于中土，故教法亦每不同，往往有华文一二语可明，而西人衍至数十言者。亦有西人自以为明晓，而华人犹不能解者，其不相宜二也；西人于中土学问，向无所知，其所以为教者，专在西学，故吾国之就学期间者，亦每拨弃本原，几成左衽，其不相宜三也；所聘西人，不专一国，各用所习，事杂言庞，其不相宜者四也；西人教习，即不通于用，而所领薪俸，又恒倍于华人，其不相宜五也"。[2]

面对诸多的批评和质疑，赫德并没有改变派遣方式。一时间使得同文馆也成了洋员来学习汉语的学馆，这些洋员熟练掌握了汉语后，又回到海关或充实到其他部门或行业，这也造成了同文馆教习更换频繁的怪现象，当然影响到同文馆的教学质量。恭亲王奕䜣也发现了这种情况，早在1865年4月29日和1865年12月22日，他曾经两次上折批评说，"惟该馆外国教习屡次更换，学生功课难免作辍，恐所学外国语言文字未尽娴熟"。[3]

1　齐如山：《齐如山回忆录》，第44页。
2　梁启超：《变法通议·论师范》，见《饮冰室合集》第一册，中华书局1989年版，第35、36页。
3　季压西、陈伟民：《从"同文三馆"起步：语言障碍与晚清近代化进程》，第78、79页。

同文馆洋教习滥竽充数者甚多，但也不乏专心执教之人。

1866年，赫德从欧洲休假归来，他为同文馆聘请了五名欧洲教员，但是从欧洲到中国辗转波折，有两个人中途就死了，一个到北京后也不久染病去世，只剩下法国人毕利干和德国人方根拔两人。

由于汉语水平不够，毕利干在北京学了数年汉语后，才于1871年到馆任化学教习。他为这门课程规定的教学内容是：从化学元素开始教起，概述非金属与金属两类，再分步讲解酸、碱、化合、分解等，使学生逐步提高水平。在1872年的化学岁考题中就有：

> 次硝强水，其代字若何？
>
> 天气助火，何故？
>
> 水系何物相合之质？
>
> 做轻磺气，其法若何？
>
> 磺强水其性情若何？

这些考题，当属于基础化学知识。到1878年，毕利干给学生出的化学题，程度已明显加深，如：

> 设有二炭四轻气、养气、轻气三气，以何法能将其气分之？
>
> 轻气与养气相感之理如何？
>
> 炼轻气之法如何？[1]

在化学的教学中，毕利干还通过实践活动使学生真正领会贯通。1876年，他在同文馆设立了近代中国第一间化学实验室，注重实

1　张功臣：《洋人旧事：影响近代中国历史的外国人》，第136页。

践与理论相结合，学生们也都很喜欢听他的课。有一次，一名学生听完他的化学课后，竟将一根磷棒藏在自己的上衣口袋里，当这名学生走出实验室后，身上却突然起了火，毕利干后来常乐此不疲地向学生和同事们讲起这个故事。

毕利干在同文馆任教25年，成为在馆年龄最长的洋教习之一。期间，他曾用中文编写了第一本化学教材《化学指南》，还译有《化学阐原》等一系列基础知识读本，是把西方近代化学介绍到中国的拓荒者。丁韪良认为，"在把近代化学引入作为炼金术老家的中国这件事上，他立下的功劳无疑是最大的"。[1]

毕利干不仅在化学方面有很深造诣，在语言、法律等方面也很有研究。除编有《汉法字汇》等书外，他还在刑部尚书王文韶的支持下，将《法国民法典》译成中文，定名为《法国律例》，这是近代中国第一部由官方支持、组织翻译的外国律典。此事后来成为清廷修改法律的重要参考。毕利干于1893年辞职回国，1896年病逝于巴黎。

赫德从欧洲延聘的洋教习的幸存者中，方根拔是一个怪人。他原籍德国，后改籍英国。之所以说方根拔是个怪人，因为他有着好强而又狂放不羁的性格，常常会引起其他教习的不满。他到北京后，时常以一种自我理论来排斥别人的观点。比如说，他认为空间压力的正确定义为"宇宙的未聚集或单独部分"，以此推翻牛顿的万有引力理论。他还坚持认为地球的形状并非如哥白尼所说的像个橘子，是个椭圆形的球体，而是像一枚柠檬，呈长椭圆形。为这些问题，他经常与人争论得面红耳赤。

关于方根拔之奇，多年后丁韪良还记得这样一件事：有一个夏日，方根拔在前往北京西山的路上遭遇暴雨，他满载书籍的车子被

---

1 张功臣：《洋人旧事：影响近代中国历史的外国人》，第137页。

突发的洪水冲走。当洪水退去之后，沿途好几英里的路边都可以见到他散落的书籍和手稿。当丁韪良前去安慰时，他痛心疾首地说："唉，那可恨的雨水，它毁了我二十年的心血，而让牛顿的统治又可以延长好几个世纪。"[1]

与不少传教士出身的教习不同，方根拔此人不信鬼神，不信什么上帝。他常常耻笑那些笃信耶稣的教习，以此来抬高自己。有着传教士与在华外交官双重身份的美国人卫三畏评价方根拔说，此人相信"无论在何处，上帝的力量都不足以伤害他"，而其他人则做不到。

老实说，方根拔还算是一个称职的教习，他在授课间往往生出许多奇思妙想，只是这些思想像电火花，须遇到相反的电极才会迸发闪烁。因此他非常喜欢与学生争论，常就电闪雷鸣、老天爷、星象等天文学问题发一些匪夷所思的高论。丁韪良在回忆录也说，"虽然他性格怪僻，但还是一个思维敏捷的人，且是个多面手，他的最大弱点在于太急于谋取生计"。[2]

方根拔性格怪僻，与人格格不入，丁韪良认为他很有点"那种实玛利人后裔的性格，即吹毛求疵，找碴撒泼"。方根拔的性格常常引起赫德不快，结果被赫德解聘。方根拔向上海领事法院控告赫德，该院的一个陪审团判罚被告交纳 1800 英镑。赫德不服，将此事闹到上诉法庭——英国枢密院那里，结果以原判决被撤销而结案。[3]

方根拔被解聘后，从此变得穷困潦倒，在中国无人聘用，只好返回英国。在英国，方根拔于穷困中完成《蒲安臣使节真相》一书，对蒲安臣、赫德插手中国外交的动机予以了披露和讽刺。

---

1 [美]丁韪良：《花甲记忆：一个美国传教士眼中的晚清帝国》，第 205 页。
2 [美]丁韪良：《花甲记忆：一个美国传教士眼中的晚清帝国》，第 205 页。
3 张功臣：《洋人旧事：影响近代中国历史的外国人》，第 138 页。

赫德控制下的同文馆,对于不听从命令的人予以排斥,方根拔事件并非个例,这种"衙门式"的管理方法使得同文馆出现管理混乱的现象,同文馆里的学生和教习也把这里当成混日子的地方。

1885年,总理衙门对同文馆进行了整顿,制定了《同文馆章程》十八条、《续增同文馆条规》八条。在招收学生方面有了改进,放宽了年龄限制,对于那些年龄大,有了进士、举人功名的人也可以入学。教习队伍新面孔逐渐增多,来源不再单单是传教士和海关税务司署任命的人员,从各国驻华公使馆或从国外直接延聘的教习也大有人在。

普法战争后,德国实力变得强大,同文馆还增设了德文馆,首任教习为第图晋;甲午中日之战后,又增设了东文馆,首任教习为杉几太郎。两人都是经赫德聘请到馆的。

1886年,丁韪良又条陈十项改革意见:一是添造馆舍房屋;二补算学教习缺;三建外科医院;四延长修业期限;五游学各国;六咨调粤沪学生;七扩展学生出路;八奖励洋教习;九建立天文台以及购备仪器;十增添膏火额缺等。[1]

同文馆整顿后,新教习不断充实到馆,外语教学也不断推进,总理衙门在给朝廷的一份奏折中说,"再,臣衙门同文馆奏定章程,遴选学生内通晓洋文者,作为七八九品翻译官,原以资谙习各国语言文字,储为舌人之选。比年该翻译等,学有成效者,颇不乏人,或调往边界,或奏带出洋,均能奉差无误,俾疆吏使臣各收指臂之益。"[2]

整顿后的同文馆由于引进多种新学,补充了教学设施和设备,招聘了一些有能力的教员,使得同文馆成为当时国内最先进的综合性西学学馆,同文馆还设立了印书处和藏书楼,印书处负责承担印

1　王文兵:《丁韪良与中国》,第86页。

2　中国史学会主编:《中国近代史资料丛刊:洋务运动》第二册,第90页。

制本馆翻译的图书和总理衙门的文件。

藏书楼可谓大学图书馆的雏形。1887 年刊印的《同文馆题名录》中，对此有具体记载："同文馆书阁存储洋汉书籍，用资查考；并有学生应用各种功课之书，以备分给各馆资查考之用。汉文经籍等书三百本，洋文一千七百本，各种功课之书、汉文算学等书一千本。除课读之书随时分给各馆外，其余任听教习、学生等借阅，注册存记，以免遗失"[1]。

此外，为实现教学实践的需要，1888 年同文馆建成了具有现代风格的观象台一座，这座观象台从提议到建设，可谓经历了 20 年的风雨历程。起初因为守旧派的压力和舆论以及所谓的"风水问题"，迟迟没有动工，直到 1885 后才开始建造，观象台高约五丈，共三层，上面的顶盖可四面转动，内设有地球仪、象限仪和浑天仪等等。同文馆教习常常带领学生登上观星台用仪器观测天象，可谓京城一景。

能够体现同文馆整顿后发展成就的，书籍翻译也是一项。虽然说从同文馆开馆初期因馆内教学需要就已经开始翻译西书，且不少书籍被选为数理、格致、化学、航海、天文等方面的教材，但整顿后的同文馆翻译书目更多，翻译能力更强。

《同文馆题名录》有载，同文馆设立后翻译的西书有《万国公法》《化学指南》《英文举隅》《富国策》《各国史略》《算学课艺》《坤象究原》《电理测微》等二十五种。这些西书中，颇具影响的是丁韪良主持编译的《格物测算》和《格物入门》。1868 年，《格物测算》被同文馆刊印。1899 年《格物入门》被京师大学堂以《重增格物入门》为名重新修订刊行，此书分为水、气、火、电、力等各卷。

---

1 张功臣：《洋人旧事：影响近代中国历史的外国人》，第 139 页。

《重增格物入门》着重于普及相关科学常识，多述常识性的知识点。如卷三《气学》中有一个问题，就阐述了火车这个新式交通工具的发明史；书中讲解的重点，还包含"瓦德之汽机胜于前者，于何见之？""以水力积气开凿山道，其机各式若何？"等等，在当时都是非常新颖、实用的内容。1889年同文馆出版《增订格物入门》时，北洋大臣李鸿章及户部右侍郎、同文馆管理事务大臣徐用仪以及总理衙门大臣董恂等洋务派官员，对丁韪良的学识和倡导的"实学"表示赞赏，表现出他们对同文馆的支持，对西学所持的开放心态。[1]

《增订格物入门》以图文并茂的形式，附以问答讲解，十分实用。光绪皇帝对此书很是欣赏。

整顿后的同文馆虽然在教学内容、规模、师资力量、配套等方面都有所进步与改观，但同文馆所处的时代毕竟是动荡、腐朽的晚清社会，同文馆给人更多的印象仍然是"放任"和"腐朽"，并不能满足时代变革的需要。因此，批评同文馆的言论也从来没有间断。在当时，新式教育仍然存在滞后性，不能满足时代需要，这种现象也具有普遍性。

管理官书局大臣孙家鼐于1896年在《议复开办京师大学堂折》中明确说道："三曰学问宜分科也。京、外同文、方言各馆，西学所教亦有算学格致诸端，徒以志趣太卑，浅尝辄止，历年既久，成就甚稀，不立专门，终无心得也。今拟分十科……五曰文学科，各国语言文字附焉。"[2]

当年6月12日，刑部左侍郎李端棻在《奏请推广学校折》中则认为像同文馆这样的学馆之所以没有取得较大的成就是因为"教

1　张功臣：《洋人旧事：影响近代中国历史的外国人》，第141页。
2　汤志钧、陈祖恩：《中国近代教育史资料汇编：戊戌时期教育》，上海教育出版社1993年版，第123页。

之道未尽"的缘故，换句话说就是没有发挥综合教学的作用。对于这种现状，也有人认为是经费投入不足。1898 年，美国传教士狄考文在撰文中称，"中国旧有之学堂，如同文馆方言馆之类，大率经费无多，规制未备，难云尽善"[1]

虽然如此，在洋务运动的波谷浪峰中砥砺进取，在晚清政治变革之"剧"与日常变革之"钝"的巨大落差中，同文馆一路挣扎、徘徊前行，还是涌现了一些像丁韪良那样为引进西学而筚路蓝缕，不断求索的人物。

同文馆从最初的奏请开办到义和团运动中被迫停办，近 40 年中，共聘请各国洋教习 54 名，他们中有不少成为近代中国历史上有影响的人物，比如说丁韪良，自他成为同文馆总教习后，同文馆即已成为在京传教士办学的一杆标尺。1887 年，一位参观同文馆的外国人称赞同文馆说，"或许是中国现存的传播西方科学和思想的最重要因素"。

总理衙门对丁韪良在同文馆的发展中所起的作用是予以肯定的。1885 年 12 月，清廷赏给丁韪良三品官衔。总理衙门在奏请对其予以赏赐的奏折中说，"臣等查同文馆总教习丁韪良，于同治四年充英文翻译教习，同治七年升授总教习之任，化学教习毕利干、法文教习华必乐，均于同治十年到馆，资格最深，馆课亦能谨慎，拟请赏给虚衔，以昭激劝。"[2]

此外，同文馆洋教习中，林乐知、满乐道、美国人马士都是值得提及的人物。正是由他们的努力，使得同文馆能够在风雨中前行，也培养出了一些时代变革中开风气之先的人物。

同文馆毕业生张德彝，后来成为一名出色的外交官，他曾侍光

1　季压西、陈伟民：《从"同文三馆"起步：语言障碍与晚清近代化进程》，第 107、108 页。
2　王文兵：《丁韪良与中国》，第 138、139 页。

绪帝读英文，先后成为驻英国使馆参赞、驻欧公使。当时从同文馆走出来的汪凤藻、杨兆鋆、陆征祥、吴宗濂、刘镜人、刘式训等等都是比较出色的外交官。

京师同文馆作为近代中国第一所外语学校，在晚清近代化的进程中，突破语言障碍，实现对外交流方面，可谓功不可没。正如毕乃德所言，"1876 年郭嵩焘被任命为中国第一任驻英外交代表，自此数年之中，中国在其他国家相继设立常驻使馆五六处，都须同文馆供给大量译员，中国外交界即以此等经过训练的人才为其骨干。同文馆学生除任外交译员外，亦多有被任为各省外交译员及顾问者"。如果从"本衙门设立同文馆令诸生学习西文西语，备翻译差委之用"这一根本目的来衡量同文馆的成败得失，可以得出结论，同文馆相当圆满地实现了总理衙门的办学目的。[1]

但是，随着时代的进步，总理衙门开办的这所最初只打算挑选四五人，在八旗子弟中培养通晓外语的人才，具有政治功利性质的外国语学堂，在变法和改革的呼声中，仅注重于语言文字、学习天文算学也不过是皮毛而已的同文馆已显得不合时宜了。

甲午之败，国家亟思图强。人们对西学的作用有了新的认识，朝野士大夫对整顿和改革同文馆提出了新的呼声。1898 年，御史陈其璋奏《请整顿同文馆疏》，其中更有刻薄的批评，他指责同文馆专为学习西方文字而设，培养学生不过百余人，而"岁费亦需巨万两，而所学者只算术、天文及各国语言文字。在外洋只称为小中学塾，不得称为大学堂"。[2]陈其璋的观点，颇有当年林则徐等"开眼看世界"的意味，只是到了此时，月转星移，人心思变，加之西学进入中国的脚步不断加快，"有眼之士"们对于同文馆的不满中，更多地夹杂了对新式学堂的呼唤与期待。

---

1 季压西、陈伟民：《从"同文三馆"起步：语言障碍与晚清近代化进程》，第110页。
2 高时良编：《中国近代教育史料汇编：洋务运动时期》，第30页。

1898 年的维新运动以失败而告终,光绪帝被幽禁于瀛台。康有为、梁启超等维新人士在慈禧太后的追杀下逃亡海外,谭嗣同等"六君子"血染菜市口,维新变法中的大多数新政措施被取消。幸运的是,变法中所倡议的创办新式大学堂一项被保留下来,这为同文馆的跨入新时代提供了契机。

同文馆不是以寿终正寝的方式离开历史舞台,而是在一场影响了清朝命运的大动荡中以"改嫁"的形式走进了现代。

1900 年,庚子国难,慈禧太后挟持光绪帝西逃的时候,同文馆作为培养与洋人交流的教学机构,成为义和团攻击的目标。义和团誓言,一定要捣毁同文馆这个"里通外国"的地方。当时的环境对学习外国语言者尤为险恶。拳民痛恨洋学校及读西学的学生,"曾有学生六人,随带铅笔一支,洋纸一张,皆死非命"[1],义和团专杀那些信洋教读洋书的人,把他们视为"二毛子",于是,满是"大毛子"和"二毛子"的京师同文馆,顿时成为义和团烧杀掳掠的目标。

齐如山后来回忆当时的情景时说,"大家都知道,西太后要利用义和拳匪毁灭光绪,派团练大臣刚毅、赵舒翘等大批练造拳匪。洋人固然都逃到交民巷去躲避,而学生中得点新知识、认为拳匪是强盗的人,大多数也纷纷逃避,回到南方的,回家乡的很多,同文馆自然就停办了。"后来,"同文馆也被占据了,可是拳匪头目下命令所用的印,即是同文馆总教习的洋文图章,这真可以说是极奇怪的事情。他(义和拳匪头目)也有理由。他说这是洪钧老祖赐的印信,上面文字是天文,所译平常人不认识。可也没有人敢告诉他那是洋文,倘若告诉,则自己非被杀害不可。馆中稍有价值的东西,被抢的很多,余下也就都烧了,同文馆从此被毁"。[2]

在同文馆受到冲击之时,维新运动中设立的京师大学堂也遭到

1 故宫博物院明清档案部编:《义和团档案史料》上册,中华书局 1959 年版,第 12 页。
2 齐如山:《齐如山回忆录》,第 44 页。

冲击。义和团和朝中的保守派认为接受新学之人都是汉奸,"同文馆、大学堂等所有师徒,均不饶放"。因而,义和团运动所发生的骚乱,同文馆、京师大学堂无一幸免。[1]

面对这样的混乱局面,当时的管学大臣许景澄因为与慈禧太后政见不一,已经成为慈禧太后的眼中钉肉中刺,但他出于保护新学的目的上奏折说,现在京师地面混乱,同文馆、京师大学堂师生都已告假四散,请求朝廷"将大学堂暂行裁撤",以免引起更多的麻烦。事实上,此时的大学堂已人去楼空。1898 年被任命为京师大学堂总教习的丁韪良带着一干洋教习躲进东交民巷的英国使馆内,拿起武器与拳民作战去了。

八国联军占领北京城后,同文馆被德国占领,京师大学堂则房屋尽被破坏,书籍、仪器、教学设施有的丢失,有的损坏。丁韪良在使馆解围后,曾亲自前往察看,看到破败的景象也只有无可奈何摇头叹息了。

《辛丑条约》签订后,慈禧与光绪从西安回銮,新任命的管学大臣张百熙建议恢复京师大学堂,并将同文馆归并到京师大学堂。1902 年 1 月 11 日,朝廷发布上谕,"所有从前设立之同文馆,毋庸隶外务部,著即归入大学堂,一并责成张百熙管理"。京师同文馆由此归并到大学堂,而且脱离了从总理衙门演变而来的外务部。1902 年 8 月 15 日钦定的《京师大学堂章程》第一章第六节提到:"同文馆归并之后,经费无着,变通办法,拟于预备、速成(包括仕学馆、师范馆)两科中设英、法、俄、德、日五国语言文字之专科,延聘外国教习讲授",并在第六章规定"各外国教习之外,仍须用中人通西学并各国语言文字者为副教习"。1903 年,张百熙提出了归并方案,"学生入馆肄业,由馆中随时考取。……但文理通而

---

1 张功臣:《洋人旧事:影响近代中国历史的外国人》,第 152、153 页。

年齿稚者，即堪收取，卒业之后，拟不予进士举人生员等名目，专备外务部及各国出使大臣、南北洋、各省督抚咨取译员之用，并另行给予文凭，准为各处学堂外国语言文字专科教习。其课程则入学之初，课以各国语言文字，兼授汉文。二三年后择其优者，授以法律交涉等类专科"。[1] 但是，这些计划当时并没有立即实施。从同文馆到京师大学堂译学馆，不只是名称的变更，而是顺应了时势发展的需要。

同文馆并入京师大学堂后，开课的京师大学堂重新任命丁韪良为总教习。丁韪良也踌躇满志地招揽旧部，准备继续实现他深入大清官场的鸿愿。然而丁韪良到校后不久，就因西洋教习要求补偿薪金与张百熙发生了矛盾，张百熙以"经费紧张"为由辞退了丁韪良和西洋教习，改聘日本教习前来任教。

对于此事，丁韪良在给《教务杂志》的一封信中称自己系"辞职"，试图掩盖被解职的真相。因双方签订的合同未到期，解聘事宜很费了一番周折，学部与美国驻华公使馆经多次交涉，最终以补偿18个月薪水方才了事。

丁韪良从京师大学堂离开后，回美国休息了半年时间，期间他接到了张之洞的邀请，再一次来到中国继续从事教书活动。在武昌三年届满后，他先回美国探亲然后又回到了北京，继续他的传教事业。

丁韪良于1916年12月在北京病逝，终年89岁。《民国时报》称：

> 丁韪良先生于日前寿终于京师，噩耗传来，沪人咸为之悼息。先生享年八十有九，居中国七十余年，一生事迹有功于华人者甚多，兹录英国季理裴先生所述丁先生事略以致哀

---

1 季压西、陈伟民：《从"同文三馆"起步：语言障碍与晚清近代化进程》，第113、114页。

悼：先生年十余，毕业美国大学，入华习汉书十余年，应美国公使馆译官之聘。时中国海禁初开，各国争订通商条约，先生主持正义，保全中国主权不少。嗣京师同文馆馆长，著《天道溯源》《性学举隅》《万国公法》《物理学》《心理学》等，意甚富，一时脍炙人口。灌输西学开中国风气之先者，马礼逊而后是以先生为第一人矣！及张文襄公督两湖，延先生创办大学未果，回京师任京师大学校长……尝自叹曰'吾奉上帝之命来华，此即吾父母之邦也，得老死于是足矣'，其爱中国有如此者……以先生一生才力皆牺牲于中国，视中国若其祖国，然孔子大同、基督博爱其如是乎？

《民国日报》述及丁韪良对同文馆的贡献时，评述说：丁韪良"为东西之媒介者，垂三十年，与西方皆曾导入光明……设非该校之设，西方思想之灌输入华，必更为延缓，致有不利于东西两方者矣！"[1]

---

1 王文兵：《丁韪良与中国》，第376页。

第三章

"洋首长"和中国海关

1. 海关监督李泰国

晚清时代,洋人把持的中国海关既是洋员进入中国官场的印证,更是清廷与列强推行合作政策的见证。与同文馆洋教习不同的是,洋人进入中国海关,具有强权性质,体现了侵略者的意志轨迹。

第一次鸦片战争后,根据《南京条约》的规定,海关行政虽然仍由清廷管理,但已经丧失了关税自主权。1853年小刀会起义,上海群众捣毁了维护外国人利益的机构,因为外国人在海关税收中有着很大的利益。于是,1854年英国驻上海领事阿礼国便提出中外合组海关的方案,当时的两江总督怡良答应了这个要求,经过谈判,规定江海关聘用英、美、法三国人员各一名,称为"司税"。由总理衙门任命为税务监督,共同管理江海关的征税事宜。江海关也就是今天的上海海关。1858年,英、法、美三国与清廷签订的《通商章程善后条款》中对这一规定作了修改,提出任凭负责外国通商事宜的总理大臣邀请英、美、法等国人帮办税务。这个提议表面上给足了清廷面子，取消了原来规定的外国领事对海关人员的提名，但是"任凭邀请"一语，实际上还是企图让外国人帮办税务，特别是势力很大的英国仍然想控制上海海关，理由是清廷在海关税收中没有经验，需要帮助"严防偷漏"，"任凭邀请"。在英国的压力下，清廷不得不承认自己的能力不足，需要邀请英、美、法各国"帮办税务"，此后"帮办税务"便以固定的形式确定下来。

英、美、法三国据此各提出一名本国人为税务监督，这三人是英国的威妥玛、美国的贾流意以及法国的史亚实，其中以英国人掌握实权。这成为外国人进入并控制中国海关的开始。1859 年，"税务监督"改称"税务司"，一直延用到民国时代。

威妥玛进入到当时的江海关后，他雇用了一批洋员，代替清朝的海关监督、征收关税、查缉走私。他们"被赋予充分权力以及所有必要的手段"使其"能检查船舶报告、货运舱口单、关税完结和结关准单，以发现任何方面发生的一切错误，违规和偷漏行为"，从而控制了江海关的管理权和关税征收权。从此，中国出现了一种前所未有的、形式上由中国政府管辖，实际上由洋员控制和管理的特殊的海关制度，即外籍税务司制度，俗称洋官制度。[1]

威妥玛进入中国海关一年多后，便回到了英国驻华公使馆任职。英国驻上海领事阿礼国又指派在领事馆任翻译的李泰国出任江海关税务监督。

李泰国出生在英国伦敦一个贵族世家，其祖上曾是伊丽莎白女王的花园监督，父亲李太郭曾娶打败拿破仑的名将纳尔逊海军中将的侄女为妻。李泰国十岁那年，他的父亲李太郭被任命为英国驻广州领事，也把李泰国带到了中国，让他学习汉语，为他了解中国创

---

1 文松：《近代中国海关洋员概略：以五任总税务司为例》，第 15 页。

造了条件。

1849 年，年仅 19 的李泰国已经成为英国商驻华务监督处的中文秘书部门的见习译员。1852 年，李泰国被调到英国驻广州领事馆当汉文副使，他得到了领事馆两任领事阿礼国、威妥玛的赏识。威妥玛决定离开海关之时，阿礼国和威妥玛都认为李泰国是这一空缺的理想人选。而当时为驻华商务监督的包令则极力推荐时任福州副领事的金执尔。

虽然中国海关被外国人所把持，但清廷上下很不乐意由外国官员来选择中国税务监督，认为这是对中国颜面的侮辱、对中国主权的侵犯，因而清廷很想把选择和任命的主动权操纵在自己手里。已经对中国官场情形有所了解的李泰国凭着自己能说一些汉语的本领，频频地与江苏布政使吉尔杭阿联系，溜须拍马地巴结这个有可能成为江苏巡抚的人。久而久之，吉尔杭阿便对李泰国有了信赖。在李泰国的要求下，吉尔杭阿极力地向阿礼国、包令和上海道台推荐李泰国。吉尔杭阿在给包令的推荐信中说，"现任英国副领事李泰国是位勤勤恳恳、吃苦耐劳、才华出众的官员，他熟悉中外的商业关系。若他能被任命继承威妥玛，对大家是有益的"。[1]

1855 年 6 月 8 日，李泰国辞去英国领事馆的职务，正式走马上任，成为大清官场的一员。李泰国到江海关后，他将西方行之有效的诸如报关、结关、缉私、科罚等一整套管理制度引进海关，使上海对外贸易和本地贸易在短时间内有了明显增长，实征税款开始源源不断地输入中国国库。他坚定的信念、勤奋的工作、不畏自己同胞的打击等行为，为他赢得了一个"小霸王"的绰号。

李泰国上任后，完全解决了外国人担任税务监督的地位问题，即税务监督被视为中国官员，由中国官员提名任命，税务监督的行

1　季压西、陈伟民：《来华外国人与不平等条约》，第 439 页。

动不受外国领事的司法约束。李泰国因忠于职守而受到外国商人的指责，这一点给当时的上海甚至清廷官员一种错觉，认为李泰国是可以信任的人。于是，清廷决定推广上海的洋关制度，让外国人来管理中国海关。

李泰国对海关进行了一些改革，增加了财政收入，建立了近代海关的雏形。他的这些努力使他赢得了清朝官员的信任，被认为是"自己人"。他与上海的许多地方官员都建立了密切的联系，他和先后担任江苏巡抚的赵德辙、薛焕，布政使王有龄、上海道台吴煦甚至两江总督及各口通商大臣都建立了关系。特别是兼管江海关的吴煦，作为李泰国的直接上司，两人关系甚为密切。

由此看来，李泰国是一个深谙大清官场之道的人。他积极与驻上海的清廷官员建立关系也是符合英国对华的利益。英国插手中国海关之初，曾为驻华公使的额尔金就设想，插手中国海关远不限于"帮办税务"，而应把它看作是对华关系的一座桥梁。这种设想在中英《天津条约》签订之前就已经形成了，继任额尔金之位的卜鲁斯是额尔金的亲弟弟，他也坚持这一设想。

基于共同的设想，他们一致同意既懂汉语又了解中国人情世故的李泰国出任海关税务监督。李泰国是一个很善于钻营之人，也希望为自己的祖国效劳而获取政治资本，他在就任税务监督五个月内就向英国驻华商务监督包令多次汇报了他与上海地方官员关于政治问题的谈话。

1858年6月，额尔金利用李泰国与上海官员的关系，打破了清廷一直拒绝的外国官员、商人与清朝中央一级地方官员接触的限制，安排英法联军派出的代表团顺利进入苏州城，把英法两国递给清廷的照会通过江苏巡抚赵德辙转达。对此事，额尔金的私人秘书俄理范在报告中说，"我们此行成功不但应将全部功劳归于李泰国的干练与妥善安排，而且随时可得到他的明智的忠告，这最使我们感到快慰……我们进（苏州）城时未受阻挠。由于李泰国与巡抚有旧交，一切都进行顺利"。[1]

第二次鸦片战争中，李泰国向英法联军提供清朝漕粮北运的情报，这份情报对联军制定攻打京师的方案有着很大作用，因而也得到了额尔金的信任，请他到天津参加议和，与桂良等中方代表谈判。谈判中，这位隶属于中国海关的洋员对桂良、花沙纳采取威逼手段，对英方所提之条约内容"立逼应允"。

在中英条约谈判中，他向桂良提出了往来公文用英文；准许传耶稣教；开放扬子江；凭护照进入内地；帮助查缉海盗；修订税则等要求。此外在议和过程中，李泰国从清朝官员处了解到中俄、中美条约的谈判，要把鸦片列为违禁品，这对于长期向中国输入鸦片贸易合法化的英国自然大为不利。因而，李泰国悄悄告知额尔金，额尔金立即与美、俄公使沟通，在条约中回避鸦片问题。李泰国的这种做法实则是为英国谋求鸦片贸易合法化开辟道路，结果如其所愿，而中国又丧失一次禁止鸦片的机会。

李泰国作为一名拿着清廷俸禄的洋员，却为英国谋取利益。还有一事也表现了他罔顾立场，为侵略者张目的丑恶嘴脸。

1858年10月，李泰国参加修订税则委员会的会议。在会议上，他表面上为中国说话，实际上却为英国做了三件事：一是把海关的档案和统计资料提供给了英方，使英方能制定出一份详细的减免税年表，规定了输华主要商品减低税率，规定进口税率减低到5%的标准；其二，根据额尔金的意志，把鸦片作为"洋药"也列入税率表中，并强迫清廷钦差大臣同意，从而为鸦片贸易合法化保驾护航；其三，为达到额尔金所提出的长期控制中国海关的目的，要求各通商口岸都推广实行洋员管理海关的上海模式。

1　陈诗启：《中国近代海关史（晚清部分）》，第47页。

这三件事中，如果说最后一项对海关改革尚有进步意义的话，而前两项对中国是极为有害的。5%的平均进口税率是当时各国最低的，因为这个税率，中国的关税收入从此可谓是入不敷出；鸦片贸易也从此合法，直到1906年在中国留学生与英国正义之士的抗议下才宣告禁止。

李泰国名为中国海关"帮办税务"，而却在行损害中国利益之事，甚至插手中国主权，后来发生的阿思本舰队事件也是一例。

第二次鸦片战争后，清廷基于巩固海防和镇压太平天国的需要，很希望向西方购买船炮。1861年，恭亲王奕䜣向朝廷奏请购买炮船，得到了清廷的批准，决定委托赫德帮助购买，运到中国时交付广东、江苏督抚，即聘人学习驾驶。

当恭亲王奕䜣将这个谕令告知时任海关副税务司的赫德时，赫德即致函回到英国休假（实际上是躲避太平天国战乱）的李泰国，转达清廷委托购买炮船一事。按说，李泰国只要按照指令行事就可以了，可是他很想控制这支即将组建的中国舰队。

1862年，当李泰国把七艘兵船购买后，他未经总理衙门同意，擅自在英国招募600多名官兵、水手，组成"英华舰队"，并任命英国皇家海军阿思本上校为舰队司令。李泰国的行动也得到了英国政府的支持。当年9月9日，英国外交大臣罗塞尔通知海军部，"建议阿思本应保证应募人员只在英籍官佐指挥下服役"，并通知了李泰国。

在英国政府的支持下，李泰国在1863年1月间与阿思本签订了13条合同，合同规定，阿思本为"中国现立外国水师"的总统（总司令）；经大清皇帝批准的洋枪队由外国人领导的中国军队、由外国人管理的船只，尽归阿思本指挥；阿思本仅接受李泰国传达的命令，不接受中方下达的谕令；对于中方下达谕令，李泰国认为不合理的，可以拒绝传达。

从这个合同条文看，李泰国不仅想控制将组建的中国舰队，连正在协助清军镇压太平军的常胜军、常捷军、常安军等中外混合编队，也试图掌控。不仅如此，李泰国还贪婪地设想由他自立银号，直接收纳中国海关税款，名义上是为舰队正常运营提供经费保障，实际上是想完全地控制中国海关。

李泰国的要求遭到总理衙门的反对，为此驻华公使卜鲁斯出面向奕䜣施加压力。恭亲王奕䜣回应：是否同意英国军官为中国效力，英国方面自然有权决定，但中国舰队军官以及常胜军这样的编队由何人统领、经费等问题自当由中国自行决定。

从1863年6月到11月，李泰国在英国驻华公使卜鲁斯的支持下，多次向总理衙门提出要求，要求清廷接受他提出的各项要求，而且态度傲慢、专横，一副殖民地老爷的姿态。他甚至还要求清廷在紫禁城范围内赐给他府第，撤销南北两通商大臣，授予他与总理衙门大臣同等地位的官阶，他为此还与总理衙门多次争吵。10月初，李泰国鼓动阿思本向总理衙门发出最后通牒，要求清廷立即批准"阿思本合同"，否则将解散舰队。

对阿思本的要求，恭亲王奕䜣当即怒了。一个小小的校级军官太不自量力了，他把信扔给老部下文祥。文祥一向脾性温和，但看了信，也不由得甩了句重话：大清国即使退到关外，也绝不屈服于阿思本的非理要求。李鸿章听说这件事后，给恭亲王写了封信说，不能让这支舰队参加南京的行动，认为此乃"李泰国心术险诈，目前不愿中国专权，即将来不准中国人接手"[1]。

奕䜣与列强的交往中，虽然常有妥协的一面，但他明白军队控制权对大清的重要性，失去了军权就等于受制于西方，因此无论如何中国兵权不能旁落外人之手。他坚决拒绝批准李泰国炮制的"阿

1 《李鸿章致总署函》，《海防档·购买船炮》第一册，台北艺文印书馆1957年版，第189页。

思本合同"。对此,新任英国驻华公使卜鲁斯威胁说,如果大清废除李泰国与阿思本的合同,那么大英帝国就降下英国国旗撤使回国。

中英双方都不愿意让步,当此僵持局面,美国驻华公使蒲安臣出面表示愿意在中英两国间进行斡旋。最后双方决定解散这艘舰队,将七艘军舰驶回英国拍卖;大清发给600名英国海军官兵路费,另外付阿思本一万两白银的劳务费。这样,闹得沸沸扬扬的"阿思本事件"才结束。

整个事件中,清朝支出白银173.2万两,收回106.8万两,损失66.4万两。但这次事件中,奕䜣外交手腕得到了展现,后来曾国藩在给奕䜣的回信中称对他"钦佩无似"。

在这次事件中,曾国藩和李鸿章向奕䜣多次提出建议。最初曾国藩还担心由他和李鸿章出面道出此次购买舰队的弊病会引起恭亲王的不满,因为向外国购买船舰组建舰队乃"恭邸数年苦心经营之事"。但奕䜣在阿思本舰队风波过后给曾国藩、李鸿章二人各写了一封信,说阿思本舰队事件他已采纳了他们的意见。

阿思本合同事件,清朝一买一卖,没了舰队却还要赔上费用,白白耗费了白银近70万两。虽然说窝囊事大清没少干,但此事清廷真是越想越气,好不容易弄个舰队,就这样夭折了!这件事后,李泰国的形象在中国人的心里一落千丈。

李泰国也感到,他实在没有继续在中国任职的脸面了,便识趣的请辞海关税务司之职,总理衙门也没有给他面子,毫不犹豫地同意请辞并勒令四个月内结清所有账目。这样,李泰国灰溜溜地离开了中国。

2. 赫德抓住了好机会

从业务的角度,李泰国对大清国海关作出了积极的贡献:他出任税务监督后,创设和引进了近代西方式的海关管理模式,促动了中国海关由封建自闭的传统模式向近代海关迈进。

李泰国出任税务监督之时，执法也较为严格，但他在中国沦为列强的半殖民地进程中，作为拿着大清俸银的雇员，却以殖民地老爷自居，对中国人凶蛮专横，上至钦差大臣下至上海地方官员，甚至平民百姓，都遭受国他的胁迫、威逼。

自 1858 年 6 月《天津条约》的签订，根据这一条约的附约《通商章程善后条约》，对海关行政问题进行改革，在江海关得以实施的"帮办税务"模式所取得的成效，使清廷乐观地认为洋人也是可以利用的。因而推广江海关模式，在各开放口岸设立新的海关，并邀请洋人帮办到各新开设的口岸海关，也就是从这时候起，税务司制度开始设立。

当时驻上海的清朝地方官也一厢情愿地认为李泰国是可以利用的人。此时上海已成为取代广州的对外关系的中心，上海地方官员负有了解外国情报以及处理中外交涉的职责，但是他们没有设立专门的情报机构，也缺乏对外交涉的人，因而认为李泰国是可以转圜的人物。

另外，《天津条约》签订后，英国公使很想赴京换约，而咸丰帝很担心列强借进京换约之名再生事端，便要求天津方面在大沽设防，但形势内紧外松。对此形势，上海道台吴煦说，"当此夷务吃紧之时，该夷（李泰国）尚有可用，不得不仍事羁縻"。[1]

吴煦想利用李泰国，而实际上却被李泰国利用。喜欢敛权的李泰国被总理衙门任命为总税务司后变得专横跋扈，更以殖民地老爷自居。最终"阿思本事件"成为总理衙门大为不满而解雇李泰国的导火索。李泰国离开后，中国海关被洋人控制的历史翻开了新的一页，进入赫德时代。

1　陈诗启：《中国近代海关史（晚清部分）》，第 49 页。

赫德在副总税务司任上之时已初露峥嵘，得到清廷与英国的赏识。从 1860 年到 1861 年初，太平天国在青年将领李秀成的努力下再度崛起，使得清朝统治处于十分危急的境地。上海道台吴煦在给上级的奏报中声称，江苏之地大多被太平军占据，"（上海）亦复贼氛四逼，浸成坐困之势，兼且各路梗阻，百货滞销，税捐因而两绌，兵饷益无所出，频有决裂之患。……处此一筹莫展之时，洵有朝不保夕之象。"[1]

面对此种危急形势，李泰国认为清朝有可能灭亡。"他（李泰国）不愿与一个可能就要覆亡的王朝紧密地联系在一起。他估计在一年内（他的假期恰巧就是一年。按：清朝文件载为十五个月），（大清）的生存和灭亡的问题就会决定"。在他致额尔金的私人信件中也谈到这一点："恭亲王派我任海关总税务司。但最近叛乱的力量庞大，以致威胁着这个王朝的生存。从这个事实并考虑到我的健康，我决定回国，作一年的休假，我打算乘下一班邮船启程。威妥玛来信说：北京现处在'可怕境地'之中。有些省份的情况混乱不堪，岌岌可危；如果曾国藩或其他官员真能攻克几个省份，那么大清王朝还可挽救；否则，帝国其余部分的崩溃只是时间问题而已。"在另一封信中，他还说："今晨消息，僧格林沁在济宁被困，……如果捻军把僧格林沁击溃，则北京殆矣！局势既然如此，我当然不能贸然负担起新的任务。在扩展海关制度之前，我认为谨慎的办法莫如'等着瞧'，看看今年会发生什么事情。根据现在的情况看来，这个朝代的命运将于今年有所分晓。如果明年大清王朝上升，我可放手工作；如果叛乱者得逞，我也将无憾。同时，我在回国后也有机会对现在的海关制度加以阐述。"[2]

李泰国的离开，给赫德展现自己提供了机会。1861 年 4 月，

1 太平天国历史博物馆编：《吴煦档案选编》第二辑，第 42 页。
2 陈诗启：《中国近代海关史（晚清部分）》，第 79 页。

李泰国离开之时，他向江苏巡抚推荐粤海新关副总税务司赫德署理总税务司职务。英国驻华公使卜鲁斯对赫德其人有一定印象。1859年 4 月，赫德曾向卜鲁斯提供关于清廷命令僧格林沁率领清军在天津修筑炮台企图阻止英法公使进京换约的情报。

卜鲁斯持支持由赫德来署理总税务司一职。当赫德接到指令到达北京之时，卜鲁斯立即把他推荐给了恭亲王奕䜣。卜鲁斯在给英国外交大臣罗塞尔的报告中说，"如果任何事情由于劝说而得实行，那就应该借助于中国行政机构人员的健全观点和正确行动去进行"，"因此，我认为一件重要的事，就是应该提供这种机会，让赫德去接近恭亲王和文祥这样地位极高的人物，而且给予他们一种良好的印象。""赫德先生准备了各种用以支持他的开明见解的文件和数字前来。这些见解通过书面的节略和经常整天持续不断的谈话，使文祥能够掌握"，"亲王变得非常友好和谦恭，所以他被强烈地要求留在北京，协助中国政府处理这些问题"，卜鲁斯据以推断："我相信下一次他将被中国政府留下来，并被看作是他们衙门的一个成员。"[1]

果然，赫德很快便赢得了恭亲王奕䜣与总理衙门的信任。1861年 6 月，赫德与总理衙门大臣会晤后，他着力帮助清廷解决了两个问题。

一个是土货出口又复进口的关税问题，即学界所称的"复进口税"问题。此税是指对外国船舶装运土货自一个口岸到另一个口岸所征的进口税，因为其税率为其出口税的一半，故又称"复进口半税"。也就是说，土货装船出口时，征出口正税，运到卸货口岸时，再征复进口半税，税率等于进口正税的一半的征收方式。

对于"复进口税"问题，赫德在其《外船运载土货往来论》中

---

1 陈诗启：《中国近代海关史（晚清部分）》，第 80、81 页。

举例说，华商用民船载运的土货按常关税应纳以出口税，复进他口，又纳一进口税，沿途还得经一关纳一关的税。如湖丝由内地至广东，应完纳三个常关的税，但每百斤应课税只有三两多。如由轮船载运，则应按条约规定的税则完税，出口时纳一出口税。进口时又纳一进口税，较常关税多两倍余。[1]

这种重复的征税方法让外商很不满，认为只要货物系外国轮船载运就属于对外贸易，因而轮船所载的土货，应根据《通商章程善后条约》规定的税则缴纳进出口税，此外就不必再征税了。对此，李泰国曾经规定，对于外船载运的土货应按洋货一样向江海关缴纳进口税，完税之后，江海关发给其免重征凭证，货物再转运至他口则不再缴税。这个举措遭到了其他海关的反对，也使得中外关系贸易摩擦不断。

针对这一问题，赫德在1861年7月4日向各口海关及中外发布通令，规定：一、免重征执照仅适用于某一口岸已交进口正税而运往另一口岸之洋货；其二，持有免重征凭证的土货进口时可豁免进口税，因为一口海关不能否认另一口海关所制发官方证件；三、对没有免重征执照的土货征收进口正税。[2]

这一通令统一了土货沿岸贸易的正税，但这个通令仍是暂时的。随后，赫德在《外国船载运土货往来之论》呈文中提出了自己的构想：外船运载的土货在出口时所缴纳的出口正税比民船运载的沿岸土货贸易在进出口按所缴纳的常关税与各地税关所的捐税要高，而且土货缴纳的出口正税，已经按约缴纳了子口半税，这样一来，外船运载的土货在进入别的口岸则不用复征第二次税。赫德还提出，外船运载的土货如果进入其他口岸，且在内地销售，则在进入之时，

1 严中平：《中国近代经济史（1840—1894）》上册，人民出版社1989年，第234页。

2 《海关总税务司署通令》第2号，1861年7月4日，《旧中国海关总税务司署通令选编（1861—1910）》第一卷，中国海关出版社2003年版，第3页。

输纳一子口税，作为复进口之税，完税之后进入内地销售，则免纳一切捐税。

对于这一设想，赫德进一步解释说，"如有外国船只载运土货出口，完纳出口税银，则可前往不论何国。而中国均无别税，如由广东出口之货运至上海入口，该货已在广东完纳出口税饷，而上海不征进口税，亦与运往外国相同，于中国无损。如有洋船载土货请领红单出口后，则中国欲征税饷，业经算清；若该船前往外国，则中国无从征第二次税。该船若复进中国别口，中国既已于出口时算清税银，准该货随意运往何处，又何用复征第二次之税！"[1]

赫德此说实际上是有利于外商的，而且他完全利用恭亲王奕䜣对贸易知识的无知，把国际贸易与国内贸易混为一谈。赫德还对恭亲王说，从事国内转运土货贸易的洋船，享受国际贸易中的关税待遇，土货复进口时不再征税，这对中国税收并没有什么危害。

赫德还对海关税和常关税作了比较，"内地船载出口，即应完出口之税，复载货入口，应完入口之税。沿途经过各关，则一关有一关之税；虽如此多款，而所纳税银比载洋船一次税饷较少。即如在未通商以前，湖丝由内地至广东应完三关之税，计银每百觔三两余；俟通商之时，湖丝载在洋船，每百觔应完税银十两。较比于内地贩运之税，多至二倍。"[2]

对于土货复入内地销售问题，赫德则说，"如土货复入内地，照内地税则输饷；则所征之税，总数比较新定税则所征之数或多、或少、或相等；如比新定税则之数或少、或相等，即毋庸更改新章而于税饷有益。如较多，则所输税银亦须摊于各货内售卖与中国，则是中国所产之物在外国购买较中国自行购买反而便宜，断无此理。再，照新定章程办理，土货在未完出口税之先应纳子口税（即出口

1 《筹办夷务始末（咸丰朝）》卷七十九，第 6314、6315 页。
2 《筹办夷务始末（咸丰朝）》卷七十九，第 6314 页。

税一半），即如湖丝在抵上海关卡之时应纳税银每百觔五两，方准过卡"。[1]赫德主张土货完纳出口税与复进口半税后，复入内地销售，免征内地一切税饷。

总理衙门认为赫德的建议从避免中外贸易摩擦的层面讲，"多有可采取之处"。在赫德建议的基础上，中外进行了多次磋商，于9月初达成了"土货复进口时缴纳一子口税"，即征缴2.5％的复进口半税，"免扣赔款"的方案。对于这个方案，中外双方都是满意的。对于清廷而言，这2.5％的复进口税的确定，对当时外船在土货贸易中税制混乱甚至逃税的现象是一种制约，也是一笔额外的关税收入。对于外商而言，为原先非法的沿海转运行为披上了一层合法的外衣。这一方案的实施，赫德赢得清廷的信任和高度评价，被恭亲王称为"我们的赫德"。

在着力解决土货复进口的关税问题的同时，对清廷购买船炮的问题，赫德也是献策献力。当时，总理衙门大臣对于新式船炮茫然无知，无从下手，特别是经费问题，更觉棘手。赫德为其筹划购船、筹费、募员，很得总理衙门的赏识。后来，李泰国在购买船炮问题上擅作主张，雇募阿思本为舰队司令引起清廷的反感，赫德从中转圜，使阿思本事件得以解决，这些都给总理衙门留下了良好印象，也为赫德与总理衙门的紧密合作打下了基础。

因为阿思本事件，李泰国不得不于1863年离职，赫德正式接任总税务司一职。由于总理衙门对他的好感，加之他对中国官场人情世故的谙熟，使得赫德在总税务司任上如鱼得水。

赫德执掌总税务司以后，大权在手，他很想扩大海关的势力范围，因而在中国各新开口岸设立海关。赫德这样做当然是为了扩大英国殖民利益，但清朝的官员大都还挺配合，不过有一个人除外，

---

1 《筹办夷务始末（咸丰朝）》卷七十九，第6315页。

那就是湖广总督官文。官文是满族人，他因为镇压太平天国有功被任命为湖广总督。作为一个武将，他有个缺点，即不懂地方治理，因此，湖南湖北的一切政事都由他的老婆、小妾和师爷代为处理，需要批准的事情，他只要画圈圈就可以了。官文虽然不懂得处理政务，但却懂得肥水不流外人田的道理。赫德要在汉口建海关，官文并不想将关税这一大财源拱手相让，对赫德虽然礼数周到，但建关一事免谈。赫德于是在汉口住了下来，不达目的誓不罢休。官文不胜其扰，派一个道台前来逐客。赫德告诉道台，他到汉口来建关是奉总理衙门之命行事，如果地方官刁难，他将向同治皇帝据实汇报。道台嘲讽地说："当今圣上的年号是祺祥，可不是什么同治。"赫德答道："我很奇怪大清的官员居然不知道自己皇帝的年号。"

赫德说完，还拿出从上海带来的《北华捷报》给道台看，这让道台大人很是吃惊，也自知失言，朝廷知道了也肯定是会责骂的。作为大清国的一名地方官，为什么会出现不知道新君登基年号的尴尬事？这有两方面的原因，一来由于消息闭塞，湖北的官员还不知道"祺祥政变"；二来在肃顺宗室集团当权时，官文只顾拍肃顺的马屁，很不把恭亲王奕䜣和新成立的总理衙门放在眼里，奕䜣也不可能主动地给官文说明此事。现在，当官文从武汉道台那里得知朝廷发生的新变化，他不能再对奕䜣大不敬了。奕䜣对赫德创办新海关是持支持态度的，官文等湖广官员立马见风使舵，由最初反对到积极支持，使得汉口建关之事很快完成。

随着赫德在各新口岸建关的成功以及总理衙门的信任，1863年11月，赫德被正式任命为总税务司，驻上海办公。两年后，总税务司由上海迁至北京设署，赫德从此长期驻在北京。名义上他是中国政府的"客卿"，总税务司署也算是隶属于总理衙门的机构，但实际上他既不对清廷的任何人负责，也不受清政府的管辖指挥，而且依仗其本国侵略势力，对清廷的内政外交横加干涉，施加影响，为其本国侵略利益服务。

关于这一点,《阿礼国传》的作者立嘉在其作品中说的很明白,他指出从英国第一任驻北京的公使卜鲁斯起就有意利用海关作为侵华的工具。他说:"当他(卜鲁斯)开始觉得海关可以成为条约国家对华外交的方便的助手时,他就扶植这个机构并鼓励它在政界从事隐蔽的活动。"后来的英国驻华公使阿礼国和威妥玛都十分重视赫德的作用,凡他们不能出面或者不便出面干预的事情,往往由赫德出来活动。赫德自己也说,"通过总税务司,打开一个通道,灌输各种改良的、有用的观念,这比之其他方法更好。"[1]

正是因为这样,赫德很坦然也很名正言顺的依靠本国的侵略势力和窃取的重要权力,对大清帝国的内政外交施加影响。在中国海关充当赫德助手的美籍税务司马士根据自己的所见所闻如实说:在当时,大清国"总理衙门还没有经验",所以"在一切国际问题上,从谈判条约直到解决土地争端,总是凭借北京总税务司的忠告和协助,而总督、巡抚和道台们则总是征询各口税务司的意见,以便照计而行。"[2]

大清官员对赫德的信任,使得赫德能够得心应手地为英国政府搜集情报。据英国人米契说,赫德当时所得到英国政府的信任,超过英国驻华公使,并说英国使馆从海关能获得一切所需要的情报。

但是,大清总理衙门以及恭亲王奕䜣、曾国藩、李鸿章都认为这是合作政策下的友善举动,况且赫德会按期将海关税收收入的一部分交给大清政府。另外,赫德在支持曾国藩、李鸿章镇压太平天国方面也表现得十分卖力。早在1861年"祺祥政变"成功之时,赫德就认为太平天国成不了气候,积极地帮助清军镇压太平天国军队,建议清廷购买船炮镇压太平军。即便是英军与清军在联合对抗

---

1 丁名楠等著:《帝国主义侵华史》,第一卷,人民出版社1973年版,第201页。

2 何文贤:《文明的冲突与整合:"同治中兴"时期中外关系重建》,第81、82页。

太平军中出现了矛盾，赫德也是积极调和。1863 年 8 月，赫德还是代理总税务司之时，帮助镇压太平军的常胜军最高指挥官戈登突然宣布，不参与同清军进行联合镇压太平军的行动，这使靠镇压太平军起家的曾国藩、李鸿章十分惊慌，也惊动了在北京的恭亲王奕䜣。戈登为什么会做出这样的决定呢？因为李鸿章、戈登在苏州同太平军的作战中进展得很不顺利，损失惨重，后因太平军将领献城，苏州在 1863 年 12 月 4 日才算被李鸿章、戈登胜利拿下。经此一战，戈登很想提高将士的战斗力，便向李鸿章提议给战士们增加军饷，李鸿章非但不同意，反而诛杀了在苏州献城的太平军将领，李鸿章这种背信弃义的举动让戈登非常反感，所以他决定不与清军合作。戈登的决定使得到消息的赫德非常着急，虽然他也认为李鸿章诛杀降将是背信弃义的做法，但他认为，为大局计，戈登仍然应该继续配合李鸿章作战。他认为联合镇压太平军，是符合英国的利益的，因此他多番劝说戈登，并要求李鸿章支付常胜军军费。在他的积极努力下，戈登与李鸿章才又联合起来。

危难之际的折冲樽俎，李鸿章怎能忘记，因而他对这位老外也心存好感。在慈禧太后因为镇压太平军有功要封赏李鸿章的时候，李鸿章不忘对他有襄助之功的英国人赫德。

1864 年，李鸿章很主动地给赫德请功了。他在给慈禧太后的奏折中说：英国人赫德"年来经理洋税，接济饷需，用资战胜，即与宣力行间无异"。臣与戈登联同攻剿太平军之时，"每遇紧要机宜，赫德无不赞助"，十分卖力，"实属著有劳绩。"[1]

在大清国的朝廷大员中，对赫德有好感的还有恭亲王奕䜣，他在给慈禧太后的奏折中也说："臣衙门所设总税务司赫德系英国人，办理各国之事，毫无窒碍。"[2]

---

1 王宏斌：《赫德爵士传：大清海关洋总管》，第 71 页。
2 王绍坊：《中国外交史：鸦片战争至辛亥革命时期（1840—1911）》，第 113 页。

基于这样的信赖,使得赫德有机会更多地向总理衙门施加影响,也使得大清更能够顺利地接受西方的"合作政策",甚至总理衙门几乎无事不征求他的意见。

赫德在中国的政治影响的增强,标志着英国在华势力的扩展。虽然如此,大清的洋务官员们并不在意。海关税务司作为中外合作的一个阵地,已经像样板一样,在许多领域都起到了示范作用。总理衙门的实权人物奕䜣、文祥等人也不因为权力旁落而感到遗憾。只要海关税务司按时不缺关税收缴,对外赔偿和对内开支有了保证,朝廷也乐得坐享其成。

当然,大清国这样做也是形势所迫。一来大清对外事务还不甚明了;二来国内动荡,大清朝廷需要把精力放在国内政治的整顿上;再者,西方推出这种模式,在名义上还是顾及到了大清国的面子的。

名义上,海关税务司直接对中国政府负责,各口岸税务司作为总税务司的代表,处于协助中国各口海关监督的地位,是各口海关管理的执行首脑,但是根据条约是处在中国海关监督之下的,充当着海关监督顾问的角色。用赫德自己的话说就是"要让海关监督在他所面临的每一个问题上,都感觉到外国税务司更有资格提出一个正确的意见",使得海关监督感到除此而外没有别的办法。这样,"税务司愈是处在幕后,他们就越能顺利地完成自己的任务,愈能减少成为众矢之的的机会"。赫德又是一个很会八面玲珑的人,在恭亲王奕䜣面前,他时常采用以退为进的手段使自己赢得清廷的信赖。况且,清廷在镇压国内反叛势力上,也需要他们的合作,赫德等人也表现得十分卖力,海关税务司自然能够顺利地把持在赫德手中。

3. 改革下的海关

1863年冬天,赫德接到总理衙门的正式任命,他的心情是愉悦的。真正意义上的成为大清海关的总税务司,这对他来说等于完全实现了在大清做官的梦想。正如他在日记里所说的那样，"我在十年前离开家，于是开始了一种我乐意做的工作——这是我在中学、大学时的决心——每年只有 170 英镑，现在我每年 4000 英镑，如果我喜欢，还可以得到更多。我是自立的，而且是海关总税务司，我一点也不骄傲。我意识到自己的缺点，我觉察到自己的不足，这比任何人的批评都重要。好了，我必须尽最大的努力。现在，我对待事情必须比过去的眼光更开阔，在某种程度上必须更好地保护自己。事实上，我的一个最大缺点就是自我保护。我不怕责任，而且我很沉着冷静。但我不管别人的事，我不想知道这些事，我经常放弃它们。现在，我活着的目的是什么？就是在中国做官。"[1]他不可能放弃"自我保护"那个缺点，他的人生目的"就是要在中国做官"。

为了在中国做官，赫德付出了巨大的努力，虽然他出任这个职务时受到了一些质疑和批评。西方有人认为赫德在"阿思本舰队"问题上，有讨好清廷、对李泰国落井下石的嫌疑。面对质疑，赫德起初也有些不安，但他很快便释然了。

人的理想是会随着环境的改变而改变的，因为每个人都有不断增长的欲望。此刻，赫德的梦想进一步升级，他觉得自己应该获得更多的权力，得到更多的信任。赫德接到正式任命后，他给自己定下了远大的目标。他要重新筹划海关的未来，他认为大清海关仍然处于开创阶段，在管理上还有很多工作需要理顺。管理需要规划，要有明确的计划和目标，最重要的是树立自己在海关的绝对权威。他在日记中写道：

> 我得立即继续尽我的最大努力；不过我现在必须以比从

1 ［美］司马富、费正清等编：《赫德日记：1863—1866 年》，1863 年 12 月 24 日。

前更加开阔的眼光看待事物；而且我还必须更加显示出自己的权威。的确，我的一个大毛病就是缺乏自信。我不怕负责任，我冷静稳重；但是我不与人交往，甘愿默默无闻，而且总是屈从让人。现在，我活着的目的是什么，在中国担负公职活动的目的又是什么？

我必须迅速使新关更趋完善，配备好的税务司，好的办事人员，让他们全都工作得宜；关税务须征收得宜；公事务须彻底办好；商人不但不应有不满海关的理由，而且必须协助海关；必须使他经营方便，而且以此增加营业，而营业的增加结果将使帝国国库充实。

我必须知道有关中国人、沿海省份、租税和关税的更多情况——为了这一切对我很有用处，使我自己免得落入"圈套"。

我必须努力尽我所能，影响中国人，唤起他们对待外国人更为友好的情感：处事正确；以这样的方式，辨明是非，并且使和平获得保证。

我必须尽自己力所能及，在叛乱现在正被镇压下去之时，防止帝国的人们（中国人）的排外情绪有任何滋长，或受到任何怂恿。

我必须尽力弄清我们西方文明的成果中，哪些将对中国最为有利：通过什么方法使这些变革能够最有希望得到引进。

我必须在我的全体下属面前，树立起良好品行的楷模。

我必须帮助那些投身于所有工作中最崇高工作的人们，传布福音，宣讲基督教义——这一最高尚最纯洁的道德，最能予人慰藉的宗教，在所有感化作用中以其纯洁而全面给人最为深刻的教化。[1]

赫德在日记中明确表达了希望中国通过改革实现强盛的愿望:

> 有两件事是肯定无疑的:人们将接受任何一个有足够力量推倒现政府的政府;现政府若不开始彻底改革,面临西方人,将不可能维持下去。政府要存在下去,就必须做到这一点:它必须使自己强大,它必须实行中央集权。然而,它反对中央集权;而且又过于腐烂,无法做到使自己强大起来——也就是说,为了使自己强大,就必须有钱,而为了得到钱,就必须改革税制;而使任何税制改革取得成效,就必须让官员高薪养廉。目前,他们(清朝官员)的薪棒不够,的确很少有人去领取。他们赖以生活和致富的,是搜刮老百姓。[2]

怀着这样的目标和愿望,赫德引进西方先进的管理办法,结合他在海关工作中发现的问题,建立了一套完备的主要包括人事行政管理和业务管理在内的中国近代海关制度。

赫德所创立的海关制度将海关机构分为税务、海务两大部门。税务作为海关的核心部门又分为内班、外班、华员三个部门。每个部门都有明确的分工和相应的等级与职位。“内班专门办理海关征税等机要内部事务,设有税务司、副税务司,一二三等九级帮办(每一等均分前中后三级);外班负责对船舶货物实施监管、查验,是海关与过关船货直接打交道的部门,设有验估、验货、铃字手、稽查员三类九等。华属即中国关员,分通事、帮办通事、额外通事、

1　〔美〕司马富、费正清等编:《赫德日记:1863—1866 年》,1863 年 12 月 24 日。
2　〔美〕司马富、费正清等编:《赫德日记:1863—1866 年》,1865 年 1 月 25 日。

不列等通事四类八等"。[1]

赫德在此基础上还建立了严格的海关洋员与华员录用制度，凡是新人进入海关必须通过考核。规定，应聘海关工作必须是年轻人，内班应聘者年龄应在19—23岁之间；外班年龄不应超过30岁，必须是未婚之人；内班人员须有普通高等文化，身体健康；外班人员也要身体健康，有良好的品行方可进入。

对于华员的选用，赫德在1868年下达的一个通令中做了专门的规定："继续雇佣华员通事的原因有三：1、洋员不通汉语，尤其本地方言；2、为节约开支，次要之抄写工作交与薪俸适中之本地人从事；3、同文通事有望成为递补中国税务部门干练可靠之本地官员。"[2]

在华员的任用上，必须经过英语会话、听写、抄写、算数、口语官话、本地方言、汉语写作、海关及税则有关规章制度知识等方面的考核。既然要建一个廉洁的海关，赫德还认为高薪养廉是一个好办法。当然，他也是联想到清朝官场的腐败现象而不得不采取的措施。

对于海关人员的薪资，他设计了三种构成，即基本薪金、福利补助和刺激性薪资。对于基本薪资，他按职员在海关工作的难易、重要性，根据工作绩效进行分配。规定"税务司薪资在3000至9000海关两不等，副税务司薪资在3000至3600海关两不等，帮办根据等级不同在900至3000海关两之间；外班人员的薪俸也根据职别和等级的不同，设定为：总巡1200至2400海关两不等，验货960至1200海关两之间，铃字手600至840海关两不等；华属人员的薪资设置亦是如此：同文通事900至2400海关两不等，

1 唐燕、伍小明：《赫德与近代中国海关行政管理制度》，《人文论谭》2010年版，第260页。

2 《旧中国海关总税务司署通令选编（1861—1910）》第一卷，第63页。

帮办同文通事 360 至 900 海关两不等，额外同文通事 240 至 360 海关两不等。"[1]

基本薪金并不是一成不变的，赫德还推行按工龄递增的模式，规定洋员每两年增长薪资一次，对于华员每三年增资一次。对于薪资中的福利补贴成分，则主要包括加班费、节假日劳动津贴、病事假补贴、住房补贴、教育和训练津贴、退休津贴、免费医疗、员工医药生育补助、子女学费补助等等。[2]

所谓薪资中的刺激性薪资则主要从日常考核、年终考核以及奖惩制度来体现。日常考核主要是把海关职员的工作进程都纳入上级主管官员的监督之下，发现问题，解决问题。除此之外，对职员的考核还建立了巡查制度。赫德常常亲临各关口巡查工作，他的巡查相当认真，"在总税务司访问期间，要求全体人员到场，亲自当面陈述工作、解释问题、提出建议或申斥。"[3]

至于年终考核，赫德将它视为职员升迁的重要指标。考核的标准主要分为才、能、德、知四大类，赫德按部门、等级、职位的高低，制订出具有差异性的年终考核标准。通过对每位职员的工作业绩、品行、学识、才能等诸多方面以考核报告的形式由隶属税务司及部门的直接主管评写，然后交由总税务司署人事科同意审核，评定出最优、优、中、劣、最劣五个等级，据此发放刺激性薪资和作为升迁的标准。

赫德把奖优罚劣作为刺激性薪资的重要组成部分，也将此视为海关廉洁的重要保障，为激励那些工作热情、有突出贡献的关员，赫德定期都要发放优秀职员酬劳金；此外还规定，"凡华洋人员勤

1　《旧中国海关总税务司署通令选编（1861—1910）》第一卷，第 85—89 页。
2　总税务司署造册处：《中国海关起源发展和活动文件汇编》，第二卷，海关总税务司署统计科 1940 年版，第 15—20 页。
3　总税务司署造册处：《中国海关起源发展和活动文件汇编》，第一卷，海关总税务司署统计科 1940 年版，第 171 页。

劳卓著，或有特殊功绩者，总税务司呈请关务署转呈财政部发给奖章、奖状，或颁给海关奖章，或由总税务司传令嘉奖。"[1]

对于那些长期在海关工作且工作年限超过25年的职员，都予以奖励，对"有特别功绩者，不论其服务年限是否满足25年，总税务司都特别呈请颁给奖章，以示鼓励。"[2]

以此相对应，为了减少海关职员的腐败、渎职和违规行为，创建海关的良好形象，赫德还建立了申诫、停止晋级、姓名降列本级的最末一位、降级、免职、撤职、辞退等七种惩戒制度，这些制度都在很大程度上提高了职员工作的积极性，认识到了犯错、渎职等行为带来的后果，保障了海关工作的顺利进行。

赫德建立人事行政管理与业务管理在内的中国近代海关制度，也是其试图完全控制中国海关的需要。他推行的这些制度固然有利于提高职员的整体素质，就新的认识选拔制度而言，"不仅保证海关能够选拔到有真才实能的关员，促进各项业务的开展和提高，而且使海关在相当程度上减少了当时中国一般政府机关通行的、仅凭当局显要之推荐或由亲戚故旧之援引即可安插位置的官场风气，使海关行政能少受政治势力之影响或私人关系之掣肘，保证海关行政的廉洁、高效。"[3]

赫德对海关进行改革，当然是希望职员能够安心于海关工作。但这些制度的建立、职员的录用和升迁、奖惩的决定权都操纵在他的手里，他重用洋员、轻视华员，华员的职务大都屈于洋员之下，再者，在整个行政体系中，他仍改不掉任人唯亲的弊端，从而使海关成了他的"私有衙门"。

1　陈诗启：《中国近代海关史（晚清部分）》，第92页。
2　唐燕、伍小明：《赫德与近代中国海关行政管理制度》，《人文论谭》2010年版，第262页。
3　黄臻、赵峥、火树贤：《历史镜鉴：旧中国海关戒律》，中国海关出版社2001版，第57页。

尽管如此，赫德在大清官场上与其前任李泰国有着截然不同的行事风格，虽然他想把海关打造成一家之言的"私有衙门"，但他不会像李泰国那样武断、刚愎自用，毫无遮掩地为西方的侵略利益张目。相比之下，赫德会更多地顾及到清廷的颜面。

赫德向总理衙门呈递《通商各口募用外国人帮办税务章程》的开篇中说，"我们要清清楚楚而且经常记在心里的就是，海关是一个中国的而不是外国的机关"，所有的成员，包括总税务司本人在内，都"身受俸禄且是中国的臣仆"。赫德在《章程》中强调，海关外籍职员不能像其他机构的在华外国人那样存在优越感的想象，而"对于那些和他们本国不同的习俗笼统地加以藐视，借以显示出他们的文明高人一等"。他要求海关职员对待中国人要尊重他们的民族习惯，对待海关里的中国职员，他把他们看成自己的兄弟或者同胞看待；既应"对中国官员表示礼貌"，又应"对中国老百姓表示友谊"。这样做是为了"逐渐摒除（中国人）通常在许多地方对外国人表示的排斥情绪"。[1]

在赫德的改革中，他明确了海关与清廷的关系。他在《章程》中说，海关对中国政府负责，总税务司有绝对的人事及行政管理权，"总税务司是唯一有权将人员予以录用或革职、升级或降级，或从一地调往它地者"。[2]各口岸税务司作为总税务司的代表，处于协助各口岸中国海关监督的位置。他应具有外国人与中国人进行贸易所应遵照有关章程的一种正确知识，应当熟悉那些外国人的生活习惯、愿望、情感等，而且要比其他外国人更加熟悉中国人的性格、情况和权利，各海关税务司要成为该领域的专家，只有这样才能更好地控制海关。

这就是赫德的改革，他无时无刻不在强调自己的领导权，强调

---

1 卢汉超：《中国第一客卿：鹭宾·赫德传》，第 50 页。
2 王宏斌：《赫德爵士传：大清海关洋总管》，第 81、82 页。

外国人的优势地位；他也明白，把虚荣和脸面留给中国，让外国人
得到实惠，更有利于巩固自己在海关的地位。

4. 金登干：赫德在伦敦的代理人

赫德既赢得了清廷的信任，也博得了各国的好感，更使得英国
在中国的影响力日益变大。赫德利用他"游戏中外"的平衡术在海
关与中外各种场合应对自如，在他担任海关总税务司的几十年间，
很少有人就人事问题向他发难，也未引起国际外交风波。

曾经在海关任职的英国人莱特对赫德权力与才能有过这样评
述："在他在职的全部时期，他把个人的注意力全部而直接地放在
所有来往函件、官方交往以及和总理衙门、京师高级官员、外国使
团的协商，所有干部的任命、提升和辞退，所有处理海关经费的决
定以及所有组织和协调海关业务活动的安排上面。除此而外，他还
和各口税务司以及各界人士保持广泛的公私通讯和接触。随着业务
的增加，他的工作量也日益增长。但是，不管负担怎样增加，也不
管他的健康怎样下降，他从不把那些他认为必须自己处理的事以及
最好由他来做的事交给别人。"[1]

随着清廷对他的信任日深，这个大清正部级高官的洋人也更方
便地为英国效力。1868年，同文馆洋教习方根拔在英国与驻上海
领事法院同时起诉赫德诽谤，赫德又反诉到英国枢密院司法委员会。

赫德由于事务繁忙，便指派金登干为他此案的代理人，在上海
和伦敦参与诉讼活动。此案延宕数年，最终法院作出裁定赫德有权
决定方根拔在同文馆的去留。之后，赫德感到他需要了解中英之间
的有关情报，因此他在伦敦需要像金登干这样的代理人，在与方根
拔的诉讼中，金登干的不懈努力使赫德心存感激。

---

1 王宏斌：《赫德爵士传：大清海关洋总管》，第88页。

金登干 1833 年出生于苏格兰爱丁堡一个知名的西部高原家族。由于他的父系五代都是军人，金登干的童年是在军营里度过的。他十二岁那年到齐廷汉姆学院读书，在那里学习了六年后，他决定出国留学，先是到法国布洛涅大学学习了一年，然后赴德国就读于海德尔贝格大学。这段学习经历使他熟练掌握了法语和德语，从而为他从事外交活动打下了语言基础。

1862 年，本在英国财政部工作的金登干经由财政部首脑特里威廉爵士的推荐，进入李泰国在伦敦设立的代理机构工作。1863 年，因为阿思本舰队事件，金登干随李泰国来到上海，从此他开始了在海关的工作生涯。当年 12 月，阿思本舰队宣告解散，李泰国回英国处理舰队的解散事宜，金登干也结束了在海关的工作，回到英国。

金登干再次进入中国海关是在 1866 年。在处理阿思本舰队事宜时，金登干的办事干练就给赫德留下良好印象，因而赫德借回英国休假归来之际，将金登干带回了中国，同行的还有五名同文馆教习。此时的金登干已经熟练地掌握了汉语，他到北京后先是出任赫德秘书，随后赫德又命他为总税务司署稽核账目。任上，他多次往返于各国处理一些受总理衙门与赫德委派的秘密外交任务。

1868 年，金登干因母亲病故，回国料理丧事。此时正好方根拔在英国起诉赫德，赫德便委托他为代理人，经过三年多的奔走，赫德胜诉。在这个案件的应诉中，金登干表现出来的努力与忠诚深得赫德的赞许。赫德在给金登干的信中也对他大加称赞："我知道没有任何人像你这样适合于在此地担任我的秘书长。……任何一个不熟悉的人留在家里（指伦敦）对我都没有用处，除非这个人是一个了解中国的人，一个我完全信赖的人，并且在私人关系上忠诚于我的人。"

中国海关驻伦敦办事处在李泰国时代就已设立，当时主要是接受总理衙门的指令，为购买船舰而设立。后来，李泰国因为阿思本舰队事件遭到总理衙门的不满，不得不辞职离开中国，办事处也随之关闭。赫德继任总税务司后，基于与英国事务的需要，他认为有必要重新开设这一机构。

开设伦敦办事处，赫德想到了金登干。他在给金登干的信中下达了具体指令，"我想还是把我们的办事处设在你说的那个区为好，不要设在'伦敦城'。你的任务有两类：1、购买和发运巴切勒迄今为止已订购的物资；2、处理经常可能碰到的和交你办的机密工作。"[1]

赫德信中所提到的巴切勒是一位商人，在此之前，他也充当着赫德代理人的角色。赫德交给巴切勒的主要任务是替中国海关采购物资设备，但是赫德觉得此事关涉海关甚至两国外交，也关系到大清内政改革相关的事务，交给一个商人显然不合适，于是他解雇了巴切勒，指定金登干接替此职务。

赫德在伦敦重设办事处，他对办事处的名称颇费了一番思量，最后决定叫"大清海关总税务司署驻伦敦办事处"。对于金登干的身份以什么样的名义出现也思考了很久，正如赫德所言，"我拿不准究竟给你什么名义好。起先，我曾想用'供应税务司'，但觉得这名义可能妨碍你办理第二类工作，所以决定放弃了；后来我又想用'中国专员'这个名义，但这名义含义太广，会引起人们猜测。我现已决定给你的职务定名为'伦敦办事处主任'。加上我给你的办事处所起的名称——大清海关总税务司驻伦敦办事处，既不会使你名不副实，也没有理由认为你无权办理除采购和销售以外的事务。"[2]所以想来想去，"你（金登干）的办事处只是中国海关总税务司署驻伦敦办事处，你是负责该办事处的税务司；由于你这个税务司并不跟北京的上司在一起，所以，为了简单明了起见，就称'无

1 王宏斌：《赫德爵士传：大清海关洋总管》，第126页。
2 陈霞飞主编：《中国海关密档：赫德、金登干函电汇编1874—1907》第一卷，第1页。

总理衙门听了赫德的吹嘘，颇为心动，便让赫德前往天津与李鸿章相商。老实说，虽然阿思本舰队因为李泰国的弄权而宣告解散，但此后赫德也有让中国重组舰队的想法，当然他也有掌控中国舰队的动机，因而他见到李鸿章又是一番吹嘘。正想创建中国海军、巩固海防的李鸿章听了赫德的介绍，便给总理衙门去函，决定购买四艘这样的炮舰。

于是，赫德便让金登干多方了解，决定让阿姆斯特朗公司负责建造。金登干从价格到质量，从技术检验到运输交货都颇费周折，进行了积极的协商、谈判。

在购舰中，金登干与赫德关于佣金问题的看法值得一提。佣金就是推销商品的回扣，这个问题在当时的英国颇为盛行，许多中间商人就是靠吃回扣而生活的。金登干在军火谈判中就公开提出过这方面的要求。实际上，金登干在为大清购买炮弹的活动中，他曾经得到过大笔佣金。现在，大清要购买炮舰，这意味着按照商业上的游戏规则，金登干又将得到一大笔佣金。

金登干告诉赫德："我见到伦道尔时，问他这些价格是否现金净价，他说是的。我随即向他解释说，我期望得到如同这些船是通过商业代理人卖给中国政府时所付的通常的佣金。给中国政府的发票可按合同价格开出，所以对合同造价不会有明显的减少，他说，他们不反对就此事达成某种协议：对于船只他们只能给一小笔佣金，但对于大炮可多给些佣金。我要求他明确地理解，不得在价格上附加任何东西来抵补佣金。我们的目的是以尽可能低的合同价格，为中国政府买到以最好材料和最佳工艺制成的产品，而本办事处的设立，一方面是为政府做保证。我说，在相似条件下给予商业代理人的报酬，也应该给我们，那才公平。因为我必须在可行的范围内减少我办事处的开支，而且这一点也是合情合理的。"[1]

为得到佣金，金登干建议设立一个"S"帐户，方便阿姆斯特朗公司支付佣金。当然，这笔钱也用于伦敦办事处的日常开销。金登干去信请求赫德谈一下他对佣金问题的看法。但是，赫德收到信后很长时间都没有给金登干回信，一来海关事务繁忙，二来他在思考究竟应不应该收取中间的佣金。但在这期间，金登干已经收取了帮助购买炮弹和炮艇的佣金。

直到1876年1月26日赫德才答复，他准备单独另外复信，回应关于佣金问题的询问。4月21日他在复信中只简单地说："我还是没有找到时间来写我所承诺的关于阿姆斯特朗公司答应提成的信，但在此我要说，我的直觉是反对你提出的花掉这笔钱的一切办法。"[2]

1877年5月，郭嵩焘代表清廷出使英国，一方面是因为马嘉理案终结，以道歉使的身份向英国道歉；一方面是作为大清的首任驻英公使常驻伦敦。此时，金登干才向赫德说明了已经收取佣金之事，并说明收取的佣金用于迎接、招待郭嵩焘使团和部分用于继续购买船炮的活动经费上。

金登干收取佣金的行为令赫德非常不满，况且郭嵩焘出使英国，福州船政局监督日意格也随同前往，他会对英国的军火和船舰企业进行考察，询问相关的信息和报价，还将前往德国和法国了解相关情况，准备为清廷购买军火和船舰开辟新的渠道。这个动向使赫德向金登干表示，不能再收取佣金，反对接受佣金的主张。赫德仍然想给清廷留下好印象，进而实现他控制中国海军的梦想。

佣金问题成为赫德与金登干帮助清廷购买军火和船舰的一个插曲。而在这个插曲谢幕之前，1876年11月，两艘炮舰先期建造完成，

---

1 陈霞飞主编：《中国海关密档：赫德、金登干函电汇编1874—1907》第一卷，第274页。
2 王宏斌：《赫德爵士传：大清海关洋总管》，第132页。

李鸿章经过验收后表示满意，向总理衙门奏报说，"所有炮位、轮机、器具等件，均属精致灵捷"，其二十六吨半之炮"运炮装子全用水力机器，实系近时新式，堪为海口战守利器"。[1]1877年6月，另外两艘炮舰也建造完成，顺利抵华，四艘炮舰分别被命名为"龙骧""虎威""飞霆""策电"号。1878年，四艘炮舰分别驻守大沽、北塘两海口。

清廷购买的这四艘炮舰驻守天津，引起了江南沿海一些大员的注意，他们纷纷上奏朝廷要求购买。经总理衙门批准后，金登干又两次向阿姆斯特朗公司订购了七艘炮艇，购回后分别命名为"镇东""镇西""镇南""镇北""镇中""海镜清""镇边"号，从而改变了中国长期以来"有海无防"的局面。

采购军火只是金登干在伦敦办事处工作的一个缩影，他所从事的活动涉及晚清政治、外交、经济、军事等各个方面。金登干在办事处任职长达三十余年。在这三十余年里，伦敦办事处由一个临时性的代办机构发展成为一个各项制度完善的中国海关驻伦敦办事处，逐渐成为晚清中国海关的重要组成部分。

金登干帮助清廷购买军火，组织中国海关参加国际博览会，参与中法议和谈判，为清廷举借外债奔走，虽然对近代中国的进步有一定影响，但从根本上说，他所从事这些活动的出发点是为维护总税务司及英国的在华利益，是为英国的对华政策服务的。为了维护这些利益，他甚至不惜以牺牲中国主权作为代价，他参与的活动给中国带来的危害远远大于进步意义。

5. 海关出了个德璀琳

赫德改革大清海关，甚至在英国伦敦委派代理人，既有取悦清

1 杨国宇：《近代中国海军》，海潮出版社1994年版，第143页。

廷的意味，也有牢牢地控制中国海关的思想动机。赫德自 28 岁时正式担任总税务司，从此把持中国海关五十多年。在这期间，相对于大清王朝的江河日下，他所控制的海关的权力却在日渐增大，羽翼不断丰满，臻于极致，在他卸任之前已形成了一个庞大的海关帝国。

赫德所控制的中国海关吸取了英国行政体系的管理制度，形成了以英人为主，美、法、德、俄、意、日等国际洋员控制的海关网络。海关每年为大清王朝提供税银 3000 万两，约占中国整个财政收入的三分之一。由于清廷对他的信任，他一度是说一不二的主。他号称要创建廉洁高效的海关机构，曾经拒绝给广州的牧师朋友之子安排职位，但是为了更好地将权力控制在手里，他也难以免俗地要任人唯亲。

1867 年，赫德安排自己的弟弟赫政进入中国海关，做了几年的文案税务司，从 1872 年起先后任牛庄、天津、烟台、汉口、上海、福州、广州、淡水、台南等各关税务司；1876 年中国参加在美国费城举行的国际博览会，赫德极力推荐赫政参与其事，目的当然是为其弟步入权力上层铺路；果然，1885 年英国政府计划让赫德出任驻华公使，不愿让海关帝国大权旁落的赫德便推荐赫政出任总税务司一职，但因遭到法、德等国的反对而只好作罢。虽然如此，赫政还是做到了副总税务司的高位。

一面要创建廉洁的海关机构，一面又不能克服任人唯亲的官场裙带习气，即便是这样，赫德在把持海关税务署的历史进程中，仍然会遇到与他竞争权力的人，这个人就是德国籍洋员德璀琳。

德璀琳 1842 年生于德国北威州尤利西市，他八岁的时候，身为皇家公证师的父亲去世，从此家道中落，他的母亲带着孩子们回到了娘家。他的外祖父是瑞典人，曾是亚琛卫成步兵部队的少校，退休后在亚琛生活，说起来也算是军人家庭。耳濡目染，德璀琳从小就形成了对军事的热爱，虽然没有参军，但他不乏冒险和进取精神。

德璀琳进入中国海关是在 1865 年，之后一直在海关工作，直到 1904 年。此间除了回国休假与执行特殊任务，德璀琳一直将自己的事业和家庭深深地扎根在天津。他进入海关后，初在烟台、淡水任四等帮办；1867 年在天津税务司任三等帮办，两年后任二等帮办；1870 年在淡水海关任代理税务司，第二年升任头等帮办；1872 年署镇江海关税务司。此间，按赫德的指令，他与葛德立、杜威德、汉南、包腊等税务司组成代表团代表中国参加在维也纳举办的国际博览会。1875 年他被派往牛庄（营口）海关税务司，1876 年任东海关税务司，此时李鸿章奉命赴烟台就马嘉理案与英方展开谈判，二人从此结识，这使他的事业发展步入一个新的开端。1877 年 9 月，德璀琳被调往天津任津海关税务司，从此他还扮演着李鸿章的顾问角色。

大清海关聘用的大多是洋员，根据《天津条约》附件《海关税则及章程》规定，中国海关可从要约国公民中选拔人员，协助管理海关事宜。德国与英、法、美、俄等国一样也属于同大清缔结条约的要约国，当时的德国已经崛起，为适应不断涌入中国各通商口岸的大量德国商人和船队进入中国从事贸易，有必要招募德国籍海关雇员参与海关管理，德璀琳便这样被招募到海关工作。当时进入海关的德国籍雇员不过 10 人，而进入内班的只有德璀琳一人。

德璀琳进入海关之时，赫德以海关为平台，正在帮助清廷开展一系列的洋务活动：在海务方面，积极开展在沿海与内河的港口建设、船务管理等工作；在军事方面，积极帮助总理衙门构建军事近代化；在教育方面，帮助总理衙门改造同文馆，海关不仅为同文馆提供经费，而且还帮助聘任外籍教习；在外交方面，赫德一直敦促清廷向外派出公使，并与各国建立正常的外交关系。这样的局面下，赫德也很需要一些像金登干那样有才能、办事干练的人来配合他的工作。正如赫德在给美国公使蒲安臣的求助信中所说的那样："如果您能帮我从美国招聘三个年轻人，年纪在18岁至22岁之间，受过大学教育，我将非常感激。我所要的人至少要有一般良好的才能，良好的社会地位，工作勤奋"。[1]

德璀琳进入海关后，从一个负责征税的内班职员，经过七年的努力，在没有亲友做靠山的情况下能够晋升到海关税务司，说明他是付出了相当的努力的。七年时间从内班职员晋升到海关税务司，除了勤奋工作并刻苦学习汉语之外，别无他途。

赫德在1864年发给各税务司的一个通令中说，"为提高海关效率，诸税务司应以身作则，关心汉文学习，能学之人都学汉文。汉文并不枯燥乏味，一旦贯通汉文，日后将于个人有益，于海关有用"，而且"能使吾等对为之服务之中国及与共命运之中国人民增进认识和产生兴趣"。[2]

1869年，赫德在总税务司署通令中再次阐述了海关职员学习汉语的重要性，他说："任何政府部门之雇员均应讲雇佣国语言。中国海关监督时有来信，要求勿调派不懂汉语之税务司至其所在口岸。全体关员学会汉语似能保海关继续存在，亦因关员能操汉语而抬高自身价值，使海关有望凭以博得中国官员称道。……经验证明，不论何一级别之主事，中国当局更乐于与能操汉语之人相处，因此雇用不能操汉语之税务司，令译员在困境中左右局势，显属反常，此类意见绝不可取"。赫德还说，"熟谙汉语之人必能对中国之民族秉性有更确切之认识，对彼等在中国政府管辖下之地位及职责有更深切之体会"。[3]

---

1 [英]魏尔特：《赫德与中国海关》上册，第361、362页。
2 《旧中国海关总税务司署通令选编（1861—1910）》第一卷，第31页。
3 《旧中国海关总税务司署通令选编（1861—1910）》第一卷，第81、82页。

在 1869 年的海关章程中，也明确指出，"汉文知识不足，在处理特殊事务时需要译员帮助者，不能任命为税务司"；在总税务司署第 26 号通令中，赫德很有感情地表达了对学习汉语的寄望：我所"寄予厚望"的，是"有如此众多有教养有才能之在华雇员，发愤学习汉语"。如果"不学汉文不得担任税务司职务，只留任原职"，赫德以此告诫职员，不学汉语不如学汉文者之事实，"促使关员努力学习汉文"。这是因为，"缺乏学习汉文之能力者"，"不得不承认自己确实落后于在中国海关中得到升职者"。[1]

赫德要求海关职员都关心学习汉语，在当时是十分必要的。海关初创之时，只有李泰国、赫德等少数几个人能讲汉语，更不用说对中国风土人情、官场习俗的了解了。李泰国在任税务监督及后来的总税务司任上，虽然颇为能干，执法也严格，但在民族的认同上却是一个固步自封的人，他虽然学过汉语，但却不主张海关职员都学习汉语。继任者赫德虽然精通汉语，了解中国风土人情与文化，也希望与中国官员搞好关系，但作为海关最高领导者，他不可能凡事亲历亲为，因而他希望通过海关职员都学习汉语，增强他们在华工作的能力。

这样的背景下，野心勃勃的德璀琳进入海关后，渴望在中国一展鸿图的他便开始努力地学习汉语。赫德在日记中评价德璀琳的汉语能力说，最初见到德璀琳时，"他看上去是一个愉快聪明的年轻人；但是他有些口齿不清，说中国话总是带着土音"，[2] 但德璀琳到中国仅半年时间，就能够说一口流利的中国话了。这说明德璀琳学习汉语是付出极大的努力的，也有一定的语言天赋。

据德璀琳的后代讲，他认识一万多个汉字，熟悉《康熙字典》，如果他的后代所言不虚，那他的汉语表达能力要高于一些中国人，

1　《旧中国海关总税务司署通令选编（1861—1910）》第一卷，第 93 页。
2　[美] 司马富、费正清等编：《赫德日记：1863—1866》，第 420 页。

而这也使得他能够与清朝要员李鸿章毫无障碍地自由畅谈。德璀琳在津海关的下属还记述"这位天津海关税务司常被召到衙门里去"，经常与李鸿章长谈。看来，积极地学习汉语，了解中国文化和风土人情，对他融入中国社会和官场，进而开拓自己在中国的事业起到了重要的推进作用。

德璀琳在中国官场的逐渐得心应手，从而也成为赫德的竞争对手，两人虽然是上下级关系，但彼此心照不宣，两人的"野心"决定了他们在中国海关既是合作又是竞争的关系。

在工作中他们是上下级关系，虽然一个代表着德国利益，一个代表着英国利益，但要保证海关的正常运行，合作必不可免。除此而外，他们都参与了大量的与中国外交、政治、军事、经济、文化、教育等密切相关的洋务活动，插手了中国的军火买卖、创办海军、创设电讯、开办邮政、铁路建设、筹措外债、开办新式学堂等等。在参与这些活动中，他们都想得到清朝的重视，都想为自身或其国家谋取利益，凡视野所及，无不跃跃欲试。

正是这种关系使得他们在工作中明争暗斗、互相防备。曾在海关税务司署工作的庆丕对赫德与德璀琳的关系这样评价说，总税务司不喜欢有李鸿章撑腰的德璀琳，这在海关是一个公开的秘密。但实事求是地说，起初的时候，二人的关系还算融洽，德璀琳进入海关之初，赫德对他还算欣赏。

德璀琳进入海关后，有幸在 1865 年 10 月见到了赫德。此时他只在海关工作了半年，而赫德已经正式成为海关总税务司，声名显赫而手握重权。德国人崇拜权威的特性使德璀琳见到赫德后既兴奋又激动，这一点赫德也有察觉。赫德在 10 月 22 日与 24 日的日记中都提到了德璀琳，10 月 22 日的日记中他记述对德璀琳的初步印象是这个年轻人很聪明，两天后，又说德璀琳是一个聪明人。德璀琳给赫德的印象是"安静、可靠、专心、有涵养、头脑清楚、勤奋、易于相处的人，如果他或他的妻子有什么社交才能——歌唱、表演、修饰或者长相漂亮，那就更好了"[1]。从这个情况看，初次见面的印象，德璀琳颇让赫德满意。

此外，工作中的一些迹象也印证了起初赫德对德璀琳的欣赏。我们知道，到海关工作的洋员，除了那些有背景有关系的人，一般都会安排到南方的新开口岸，经过几年的工作后再逐渐调回到北方的海关，被调往北方的海关被视为是对这些洋员的一种奖励。德璀琳一开始就是在海关税务司署工作的，之后由于他的努力和一口流利的汉语而被调往淡水（台北）海关，不及二年又升任津海关任三等帮办。在津海关工作了三年又升为二等帮办。直到1870年成为代理淡水海关税务司，随后又正式被任命为海关税务司。

1873年初，德璀琳第一次回国度假。次年，赫德利用德璀琳回国休假之机指派他参加了当年在维也纳举行的国际博览会。在维也纳，德璀琳认识了一位姑娘，二人一见钟情，并迅速成婚。得此消息，赫德特意发电报给德璀琳，批准他可以在家休假到明年春天再回中国。

让德璀琳率领中国代表团参加国际博览会，并体恤地延长他的假期，说明赫德对他这位属下是关心和体贴的。在维也纳举办的国际博览会，中国虽然是第一次参会，但代表团的组织很有成效，中国展品在这次博览会上也获得各国好评。奥地利政府特意给与会的德璀琳等人发了勋章，德璀琳还因此获得了清廷授予的三品官衔。

德璀琳在《烟台条约》的谈判、创办邮政、率领中国代表团参加国际博览会等活动或事件进程中表现出个人能力，也日益扩大了自己的影响力，特别是得到直隶总督李鸿章的信任。但是随着德璀琳影响力的不断扩大，他的野心也日益膨胀，并以李鸿章为靠山，

1　陈霞飞主编：《中国海关密档：赫德、金登干函电汇编1874—1907》第一卷，第6页。

逐渐插手被赫德视为是危及到了自身和英国利益的事情，如鸦片贸易改革、举借外债等等，都日益显露出他维护德国利益的倾向。这些事情引起了赫德的不安与警觉,进而二人的关系也开始紧张起来。

19世纪70年代俄国强占中国伊犁，清廷几经交涉无果，于1878年派崇厚为谈判代表，出使俄国谈判交收伊犁问题。按照惯例，清廷都会请海关派员协助谈判。当年9月，正在欧洲休假的赫德却给代行其职的妻弟裴士楷发来电报，要求他不要派遣德璀琳随崇厚出使，防止德璀琳从中作乱。

1880年，在聘用英国军官琅威理担任北洋海军教习的问题上，李鸿章绕过赫德并通过德璀琳直接联系了琅威理，这引起了赫德的不满，因而大加阻挠。赫德电示在伦敦的代理人金登干警告琅威理说，如果赫德没有批准而琅威理却接受了这个任务，那将是个大错。同时，他让金登干告知驻英公使曾纪泽：琅威理的地位应当由总税务司代表李鸿章或总理衙门予以明确确认。最终，琅威理向金登干表示，不通过赫德他就不接受任命。[1]

1882年，德璀琳插手清廷派员赴欧学习轮驾并订购炮舰一事，更让赫德气恼。本来，赫德是计划让清廷派员到英国学习并订购炮舰，但是德璀琳当年春天却利用第二次回国休假之际，专门跑到德国一家名叫"什切青"的造船公司进行考察，赫德在给金登干的信中表露了他的担心："什切青装甲舰只一出现，我们在天津将会陷于困境；简直或许完全由德国官兵（低薪俸）驾驶来此，而中国有可能全部雇用他们"。[2]如此，大英帝国有可能丧失对北洋海军的影响。

最让赫德感到危机感的是德璀琳到天津海关后对李鸿章的影响力日益剧增。两个都精通汉语的洋员在颇为自负的李鸿章面前，李

1　陈霞飞主编：《中国海关密档：赫德、金登干函电汇编1874—1907》第二卷，第306页。
2　陈霞飞主编：《中国海关密档：赫德、金登干函电汇编1874—1907》第一卷，第5、6页。

鸿章颇为欣赏更能替他着想的德璀琳，而赫德却不同，他更希望抛开李鸿章对清廷施加自己的影响。当然，李鸿章对德璀琳信任，还因为他是一个善于在官场周旋的人，就连赫德也不得不承认，德璀琳比其他洋员要善于广泛地结识中国官员，"德璀琳是个第一流的人物，他做了出色的工作，当然他有德国人的习性，但他首先是为中国办事，并且他比其他大多数人对我更忠诚，他对李（鸿章）的影响自然比任何人都大，而李（鸿章）目前在中国比任何其他人的进取心都大"。

正如赫德所言，李鸿章担任直隶总督兼北洋大臣后，已经成为清廷官场中炙手可热的人物，而德璀琳对其所产生的影响，这不能不让赫德感到担心。赫德在给金登干的信中流露出他的这种担心："李鸿章是目前的重要人物，而德璀琳是他的得力助手。1870年以来的德国很可能是中国要模仿的国家，因此，克虏伯的枪炮和德国的铁路占有优势地位。"[1]

赫德的担忧后来得到了验证。1883年8月2日，赫德再给金登干的信中又说："有一次人家告诉我，德璀琳劝李听从我的劝告，但把事情交给别人去办，我给李送去了伦尼浮坞的详细说明等资料，现在报纸上说什切青将提供一座浮坞！这就是已经证明了的。"[2]而这种优势，使德璀琳为德国谋取利益创造了条件。在写给金登干的这段话上，赫德加了"保密"二字。

赫德面临着德璀琳的有力竞争，他一面标榜和展现自己的包容、大度，一面设法把德璀琳从李鸿章的身边调走。他宣称，"很多人告诉我要警惕等等，这虽然有时会激起我短暂的妒忌之情，但我的准则是永远不扮演'占着茅坑不拉屎'的角色，我在北京不能办成

1 陈霞飞主编：《中国海关密档：赫德、金登干函电汇编1874—1907》第二卷，第638页。
2 陈霞飞主编：《中国海关密档：赫德、金登干函电汇编1874—1907》第三卷，第321页。

的事，如果有别人在别处为中国办成，我应感到高兴"。[1]

这话当然是指的德璀琳对李鸿章所产生的影响力而言。但是到了1884年，赫德认为问题严重到必须要着手解决的地步，恰在这时，德璀琳第二次回国度假归来，赫德立即把他调到了广州。然而，这个善于与人结交的德国人在去广州的路上结识了法国海军舰长福禄诺。当时，中法海战后，清廷又经历了北宁之败，不得不与法国展开谈判，福禄诺通过德璀琳向李鸿章发出了一封信，说出了法国的和谈条件，德璀琳也据此通过李鸿章向总理衙门提出要求，要求把自己调回天津"办理要务"，参与中法和谈。

德璀琳最终实现了这个愿望，这更让赫德如芒在背，但也无可奈何。他在给金登干的信中写道，"他行动快到那么一个程度，以至在有耐力的竞争者能赶上他之前，他已到达目的地了"。[2]此后，应李鸿章的要求，德璀琳并未像其他海关税务司那样在海关各口岸循环任职，成为了赫德手下唯一一个不能随意调动的人。

在中法越南问题的谈判中，虽然后来赫德与金登干成功排挤了李鸿章与德璀琳，促成了《中法越南条约十条》的签订，使得赫德在国内外的声名大震。也就在此时，驻华公使巴夏礼在北京病逝。

赫德与巴夏礼相识于1858年，当年广州城被英法联军占领。赫德作为一名翻译被调到广州在英法联军军事委员会工作。作为一名初出茅庐的青年，他流利的汉语能力很得巴夏礼的赏识，可惜他们相处的时间太短，赫德没有获得提拔的机会。第二年，赫德就到海关工作了，两天接触并不多的人，于赫德而言，他不会联想到巴夏礼之死与自己的命运有什么联系。

但是英国外交部却有多重考虑，基于赫德参与外交谈判的能力以及他在海关税务司署绝对的统治权，英国外交副大臣庞斯福德认

1　陈霞飞主编：《中国海关密档：赫德、金登干函电汇编1874—1907》第二卷，第638页。
2　陈霞飞主编：《中国海关密档：赫德、金登干函电汇编1874—1907》第三卷，第130页。

为，赫德是继任驻华公使的不二人选，就连英国女王也评价说，"我很高兴，我们将要有这样一个人作为我们下一任驻中国的公使，他曾安排过一些这样微妙的谈判"[1]。

让赫德继任驻华公使，这项任命让他既高兴又有些忧愁，一方面，他认为这一任命"使我有机会来做也许是有益的工作并体面地结束我在中国的经历"；另一方面，他又担心自己苦心经营的海关有可能权力旁落他人之手而心有不甘。打算离开海关的他很不舍地在给下属所发的通告中表达了自己的心迹："我为割断我们的海关业务上的联系感到遗憾。亲爱的多年在一起共事的同事们，当我在很悲痛地和很亲切地写这个告别词的时候，你们每一个人自己都会很好地体会我的心情是怎样的。"[2]

在给英国外交部的信中，赫德也流露了这种不舍的心迹："我所指挥的这个机构名字叫海关，但它的范围是广泛的，它的目标是要在每一个可能的方面为中国做好事。对于一个改革的政府的所有的分支机构，对于这个帝国所有的工业的改良，海关确实是个潜在的中心，而头等重要的事是它的领导权已经由于谈论我的辞退打开了一个缺口，它必须留在英国人的手中。"[3]

为此，赫德曾经希望让自己的弟弟赫政来接替总税务司之职，继续打造他的"赫氏帝国"。在赫德向英国和清廷总理衙门提出这一建议之时，德璀琳作为海关总税务司继任人选的活动也在悄然酝酿。李鸿章向清廷奏称应该由德璀琳继任赫德之职。由德璀琳那样一个人物掌握了海关总税务司大权，又有李鸿章的支持，赫德想在公使馆里任意操纵中国海关事务那是绝对不可能的。他认为他的离开海关对自己、对家庭、对英国都是不利的。是就任公使，还是留

1　卢汉超：《中国第一客卿：鹭宾·赫德传》，第 138 页。

2　总税务司署造册处：《中国海关起源发展和活动文件汇编》，第 270 页。

3　王宏斌：《赫德爵士传：大清海关洋总管》，第 247 页。

任总税务司？赫德一时拿不定主意，于是他找丁韪良商量。丁韪良认为赫德离开海关可能出现混乱，另外他就任新职，位置尴尬。由于他过去的经历，很容易被猜忌，无法使中、英双方都满意。丁韪良的一席话使他茅塞顿开，立即下决心辞掉公使的职务。[1]

赫德辞去即将到手的公使职务，并在给金登干的信中说，"我所畏惧的倒不是他将取代我的地位，而是德国的势力将因而增长，英国的势力却将衰退"。[2]

看来，赫德与德璀琳的竞争既是两人权力斗争的表现，又是西方列强为各自国家利益和扩大势力范围而发生的竞夺。虽然赫德对此冠冕堂皇地宣称，"我的愿望就是把事情办好，不管由谁来做，也不管谁获得荣誉"[3]，但在关乎到权力的争夺，两个具有同等强势性格的人注定不会彼此相让。由于赫德有总理衙门的支持且又是海关总税务司署的最高当权者，使得德璀琳常常处于弱势地位，但是直到两个人都离开海关位置，也从来没有发生过公开的争吵。作为赫德下属和大清海关的一名洋员，德璀琳面子上仍然保持着对赫德的顺从与尊重。

6. 总税务司继位人选风波

赫德在海关总税务司署一晃几十年过去，随着他年龄的不断增加，身体也如薄暮西山的大清王朝般每况愈下，而只有"谈起海关事务，他才会像服用了春药一般，眼睛发亮，热血沸涨"。这样的情况下，海关总税务司的继任人选再一次摆在了清廷与列强面前。

遗憾的是，海关总税务司继承人选并没有形成制度化，赫德后期控制的海关更有些"家天下"的味道。我们知道在过去，赫德继

---

1 王宏斌：《赫德爵士传：大清海关洋总管》，第 246 页。
2 陈霞飞主编：《中国海关密档：赫德、金登干函电汇编1874—1907》第三卷，第 550 页。
3 陈霞飞主编：《中国海关密档：赫德、金登干函电汇编1874—1907》第三卷，第 479 页。

李泰国成为总税务司，是清廷与赫德共同努力的结果。李泰国因阿思本舰队事件触怒了清廷，清廷欲辞退李泰国，英国予以干涉，但总理衙门没有任由英国摆布，而使在双方纠缠不清的情况下，让李泰国自行辞职，从而任命了低调、世故的赫德。这个状况说明在税务司的任免上，无论是制度设计还是现实操作，清廷还是具有一定的影响力的。但由于清廷在外交上的软弱和列强在海关系统存在着巨大的利益，终究摆脱不了列强干涉的影子，这样一来，迫在眉睫的继任人选问题便成为中外双方利用的砝码，特别是拥有巨大特权利益的英国。

在赫德控制海关的近半个世纪的时间里，他对中西方都有一定的影响力，出于对他的尊重，中国和英国都希望赫德推荐一个合适的人选。但是，也许是出于对权力的迷恋，赫德仍把海关视为自己的"私有财产"，他希望继续做海关的"太上皇"，因而推荐了自己的妻弟裴士楷。

1897年4月，本打算退休回国颐养天年的裴士楷从广东经香港，偶遇英国驻华公使窦纳乐，两人的谈话使他对中国海关的职务突然有一些不舍。裴士楷后来回忆他们当时的谈话内容说，"赫德很快将退休，而公使希望由我来接替他的职位，无论他什么时候打电报召我回来，我都应做好准备。"[1]

1897年的8月间，已经回到国内的裴士楷收到了赫德的来信。关于这封信的内容，裴士楷回忆说，"英国政府考虑到他（赫德）在华时间很长，并希望尽快回国，英国政府希望他退休之前安排好继任人选。其中窦纳乐和赫德已经提出'每一个可能或不可能的人选'，其中包括在北京的贺璧理。赫德已经决定要我返回中国，他计划于1898年3月离职回国，由我来接替他的职位并过渡到他最

---

[1] Some Notes of His Career in China by Sir Robert R. Bredon, Now Deputy Inspector General, Imperial Chinese Customs, May 31, 1907, F.O.371／385。英国外交部档案。

终退休，他对我说英国政府告诉驻华使馆要全力支持我。"[1]

面对窦纳乐的言之凿凿以及赫德来信，裴士楷认为这也许是英国政府的意见，便来到英国外交部询问，但是外交部次长助理伯蒂却给了他一个充满外交辞令的答复，既没有回答赫德何时离职，也没有表明英国政府的态度。过了一周后，伯蒂又给裴士楷来函，信中才说明了赫德将要离职的时间，并表示英国政府全力支持裴士楷继任总税务司一职。于是，裴士楷打点行装，决定再返中国。

裴士楷到中国后，发现赫德的身体仍然良好，他继续控制着海关，也没有退休的迹象。赫德毕竟是自己的姐夫，裴士楷也不能表达什么意图，他所能做的就是静静地等待机会。虽然如此，他还是对曾经向他作出承诺的驻华公使窦纳乐表达了不满。

裴士楷既来中国，赫德也具有安抚意味地给他安排了一个副总税务司的职位。但由于窦纳乐曾经向裴士楷作出过承诺，他便想把此事负责到底。窦纳乐多次找赫德谈话，劝说赫德离职，此举引起了赫德的不满，并对自己的妻弟产生了误会。裴士楷后来回忆说：

1898年1月，我被任命为海关副总税务司。1898年3月赫德向清廷申请离开，推荐我继任总税务司一职。他被礼貌地告知不能离职，且必须留在那个位置上，过一两年再申请离职。看来，他想离职但却没有得到批准，当然他最终接受了这个结果。然而如果非常必要的话，他会再次申请。在中国，除非他至少申请三次，否则清廷不会同意他离职（但是，赫德误会了我，认为我在逼他离职。这在窦纳乐跟他谈了多次之后，他更加坚信他的看法。在他没回家之前，已经对窦

1 Some Notes of His Career in China by Sir Robert R. Bredon, Now Deputy Inspector General, Imperial Chinese Customs, May 31, 1907, F.O. 371 / 385。英国外交部档案。

纳乐的举动不满。我对他的态度并不感到惊讶）。[1]

赫德认为窦纳乐与裴士楷的行为是在抢班夺权，更对窦纳乐干涉海关事务表达不满。在继任人选的问题上，窦纳乐也向总理衙门表示，总税务司的人选必须要由英国人来担任，言外之意，赫德离职之后非裴士楷莫属。

赫德很担心窦纳乐的举动令清廷对自己不信任，甚至招致列强各国对海关利权的争夺。自窦纳乐向总理衙门提出继任人选的要求后，总理衙门总是以一种怀疑的眼光看待赫德，他国公使也常对赫德说一些风凉话。为此，赫德曾向金登干抱怨说，"各国公使所谓的支持并不是真的支持我。我希望各国公使不要管我的事，至少不要干涉海关，也不要给海关制造麻烦。"[2]

1900 年义和团冲进北京城，赫德与裴士楷被困京师，这对难兄难弟在这次事件中解除了猜疑，但继任人选的问题也发生了新的变化。

义和团冲进北京城，赫德与裴士楷等洋员自然要躲避这一危及生命、财产安全的排外事件。事件发生后，赫德与裴士楷的下落不明，海关权力也出现真空。当时中英双方都不知道赫德、裴士楷是生是死，经紧急磋商，便由戴乐尔代理临时海关，如果出现最坏的结果，则由贺璧理继任；英国方面还提到了安哥联、杜威德二人作为继任人选，但安哥联被困天津，而杜威德却与南京、上海地方官有着良好的关系，英国担心此人不能很好地维护英国利益。对于贺璧理，各方都是支持的，"在征求意见的时候，中国协会、各商会和驻华的领事机构也都赞成贺璧理。"金登干在与其他海关成员商

1　Sir Robert R. Bredon to Sir Edward Grey, PeKing, Feb.1909, F.O. 371/631。英国外交部档案。

2　陈霞飞主编：《中国海关密档：赫德、金登干函电汇编1874—1907》第六卷，第1043页。

议后也认为，"考虑到英国政府、国际贸易、持股人和海关的利益，贺璧理先生无疑是总税务司一职的最佳人选。"[1]

义和团冲进北京城之时，如果赫德不幸遇难，贺璧理极有可能成为继任者，但随着八国联军攻进北京，赫德又重新出现了。此时，海关大楼和海关的许多档案都被毁掉了，海关不得不临时搬到上海办公，赫德与小部分人仍然留在北京。

义和团事件平息后，海关又逐渐恢复了它往日的秩序，这让贺璧理感到相当的失望。裴士楷回忆说：

1900秋天我在上海，得知造册处税务司戴乐尔因为义和团事件得到英国驻上海领事推荐和两江总督的授权，以海关总税务司的身份主持海关事务，我还得知贺璧理当时在伦敦，因为有英国外交部的授权，他正志得意满地准备接替总税务司一职，主持海关工作。在赫德和我的命运未可知的时候，戴乐尔的声望与他现在位置居于我之下，他认为是不公平的。我承认他做了很多工作，同时也给了我反对，义和团事件发生之后，赫德与我重新出现，使贺璧理失去了梦寐以求的机会，这使他们感到相当的失望。[2]

在这种失望的情绪中，贺璧理与戴乐尔结成了联盟，反对裴士楷继任总税务司。对此，1904年9月18日，赫德在金登干的信中写道："目前我正将总署的工作和工作人员移回北京。裴士楷不愿意。现在他在日本，他与戴乐尔不睦，因他在上海蔑视戴乐尔，裴士楷给贺璧理和其他人写信约定去拜访溥伦亲王而没给戴乐尔写信。我听说外交部的意见仍反对裴士楷作为我的继任者，但我已把他带了出来，我在道义上有义务要任命他，那时将有一番吵闹。"[3]

在这种权力斗争中，英国外交部也由过去的支持裴士楷转而支

1　[英]魏尔特：《赫德与中国海关》下册，第407页。

2　Sir Robert R. Bredon to Sir Edward Grey, PeKing, Feb.1909, F.O. 371 / 631。英国外交部档案。

3　陈霞飞主编：《中国海关密档：赫德、金登干函电汇编1874—1907》第七卷，第723页。

持贺璧理，这让赫德很有些无所适从。他既为英国政府态度的反复无常感到不满，又担心在这场继任人权力斗争中愿望落空，不免对裴士楷产生同情。他在给金登干的信中写道："总署（海关）的整个班子都迁回来了——裴士楷除外，他想在上海完成他感兴趣的各式各样的事。此外，他不愿回来后担任原职。但只要我还留在这里，他势必担任原职，而我现在还不准备离去。发生这种海关内部纠纷是件讨厌的事，但他自然有他的意图考虑他的前途，而我抓住这个职位不放的情况大概不是他所希望的。"但赫德希望在他离开后，由裴士楷继任的心情却是真诚的，他又说："当我真的离去的时候，应该由他来接任，为了开导和安慰他，我能说的就是这些。"[1]

英国外交部就总税务司继任者人选问题上的态度转变，那么除了贺璧理的人气之外，还有什么因素使英国外交部反对裴士楷继任总税务司呢？裴士楷在回忆中写道：

上海的中英商约谈判期间，清廷任命盛宣怀主持谈判。贺璧理、戴乐尔没有得到提名，但驻华公使萨道义却希望他们参与，这让盛宣怀很不满，因为他提名我，而盛宣怀对他们两人并不了解。盛宣怀坚持让我参与商约谈判，因为在过去我曾协助他做过一些谈判工作。但贺璧理、戴乐尔一直反对我进入谈判小组，这让我的处境相当尴尬。总之最后北京和英国都反对我。此后直到1903年，我与英国政府方面的实质接触都有限，就是与萨道义进行谈话，一次在1900年，一次在1902年11月。我问他是否有从外交部方面传出的有关我的消息，他两次都回答我说没听到什么好的消息，也没听

1　陈霞飞主编：《中国海关密档：赫德、金登干函电汇编1874—1907》第七卷，第747页。

到对我不利的消息。[1]

英国外交部反对裴士楷作为继任人选，是因为英国政府认为裴士楷与中国政府走的较近，会袒护了中国的利益。其外交部备忘录中说："在商约谈判中，裴士楷有很好的理由如他宣称的那样，在商约谈判中被给予信任。……最有利于他的关键是，裴士楷的行事作风被普通的中国官员所接受，尽管他与贺璧理相比，交往中不够庄重、有尊严，而且他在商务谈判中更是积极维护中国的利益。"无疑，这成为英国反对裴士楷的重要原因。

英国外交部一改过去的态度，转而支持贺璧理出任总税务司，而在1906年却不断传出贺璧理的身体状况可能不适合作为继任人选的传闻。《泰晤士报》驻华记者莫理循作为贺璧理的好友，对此表示了担心，他在给其上司瓦·姬乐尔的信中描述：听说贺璧理正在患一种怪病，一种昏睡病，这种状况，以至于许多人认为，在继任人选的问题上可以完全不考虑他。对此传言，英国外交部还专门做了求证，得知贺璧理身体状况确实不佳。

贺璧理身患怪病的传闻，在1905年初也传到赫德的耳朵里。当时贺璧理正在英国，赫德便给金登干去信，想了解贺璧理的病情，他接连追问："你看到贺璧理了吗？阿理嗣和他一起旅行回国，应该知道近况如何。我听说他说话，吃饭或写东西时就会睡着，他的身体已坏得不成样子了。局外人对这种奇怪现象感到有趣，也对这种怪事发生在一位中国官方的代表、一位高级税务司和条约谈判人身上感到有趣！而另一方面，海关人员和朋友们看到他这样垮下来感到悲痛。在亚琛的治疗结果是否有益？我听一位医生说，这些症

1 Some Notes of His Career in China by Sir Robert R. Bredon, Now Deputy Inspector General, Imperial Chinese Customs, May 31, 1907, F.O. 371/385。英国外交部档案。

状都表明不是脓肿而是肝癌，多么可怕！"[1]

3月间，贺璧理回到上海。此时，也不断有媒体传出贺璧理身体有恙的报道。4月2日，赫德再次向金登干提到贺璧理的病情问题。他说："贺璧理已回到上海，但我没收到他的信。我想那份剪报是从《曼彻斯特卫报》上剪下来的。裴士楷也收到过并念给我听过，但近来人们说他身体很糟糕，可能患有肝癌，虽有英国外交部的提名，但各国公使和总理衙门可能因此而反对他继任。另外英国反对裴士楷为继任人，会使一些国家的使馆，或许也会使衙门倾向于支持他。现在，中国人和各使馆都要我坚持干下去，避开那不幸的日子的来临。庆亲王建议我提出另一个人以为那不幸的日子做准备——为什么不找个中国人呢？"[2]

面对诸多的传闻，贺璧理自然知道这将对自己造成不利。1906年11月16日，贺璧理在给新任驻华公使朱尔典的信中对传言进行了批驳。他认为一些人唯恐天下不乱，前两年到处是赫德身体状况很差的传言，现在这种流言让他也深受其害。他在信中说，"目前伦敦涉及我的谣言说我身体不好。我已写信告知他们不要相信谣言，也努力查找谣言从哪里来。尽管从个人角度我肯定这两件事是同一人所为，但反对另一个人而采用卑鄙的、见不得人的手段，污损对方的名誉，这会给对方带来巨大损害。"[3]

在贺璧理回英国的一段时间里，他确实身体欠佳，也曾到法国接受治疗，但他的病情并非如传闻中所说的那么严重，他活到1939年，在海关工作到1910年4月退休，但传闻直接造成了他继任总税务司的愿望落空。

外间的传闻造成了贺璧理难以继任总税务司之职，而赫德推荐

---

1 陈霞飞主编：《中国海关密档：赫德、金登干函电汇编1874—1907》第七卷，第788、789页。
2 陈霞飞主编：《中国海关密档：赫德、金登干函电汇编1874—1907》第七卷，第804页。
3 Mr. Hippisley to Sir John Jordan, Nov.16th 1906, F.O. 371/385。英国外交部档案。

他的妻弟裴士楷也正遭到英国的反对。这样一来，赫德就仍需要在总税务司任上继续工作。但赫德很想离职回国，把手头的工作交由裴士楷打理，以便潜移默化地促成权力交接的现实。

1906年6月，赫德到北戴河疗养，他在给金登干的信中明确地表达了希望裴士楷接任其职的意图，"我正在把工作交给裴士楷手中，等我回来时也不打算收回来，而是将径自着手做回国的准备工作"。赫德打算从北戴河回来就回国的消息一如贺璧理重病的传言一样，很快便传播开来，当时的《大公报》报道说，"传闻海关税务司赫德氏欲俟海关问题了结后请假回国。闻中国政府已电日本政府，暂委日本使臣代理中国海关所属之邮政事宜，未知确否。"[1]

赫德要辞职回国的消息也很快传到英国，加上有传闻说，清廷自《辛丑条约》后由总理衙门改设的外务部正致电日本使臣，意欲让日本使臣暂代中国海关。这样，海关的继任人选问题更引起了英国国内的关注。

英国的关注相当急迫，这其中有一个重要的原因。1906年清廷外务部向海关税务司发来札文，内称：

为札行事。光绪三十二年四月十六日奉上谕：户部尚书铁良著派充督办税务大臣，外务部右侍郎唐绍仪着派充会办大臣。所有海关所用华洋人员统归节制。钦此。相应札行总税务司查照钦遵，并转饬各关税务司一体遵照可也。须至札者。光绪三十二年四月十八日。[2]

这个札文宣告了税务处的成立。户部尚书铁良被任命为督办税务大臣，外务部右侍郎唐绍仪被任命为会办税务大臣，也意味着清廷意图设立税务处控制海关的决心非常明显。如果说之前中英之间在继任总税务司人选的问题上还是在打太极拳，现在面对新的状况，

1　《大公报》1906年6月30日，第1430号。
2　陈诗启：《中国近代海关史（晚清部分）》，第475页。

英国与西方一方面要求清廷撤回上谕，另一方面，英国加快了选择能够代表其利益的合继任者的步伐。

1906年8月4日，英国驻华代办康乃吉向外交大臣格雷汇报说，裴士楷可能被中国政府承认继任总税务司之职，理由是"贺璧理身体状况不好，不适宜担任"。报告中，康乃吉认为，赫德的好友、英福公司总董事白莱喜也是合适的人选，赫德对此也无异议。

随后，格雷致电康乃吉说："在他（赫德）退休之前，我们很乐意他会选择谁继任，他的安排将给予未来海关稳定的前景，中国海关也会继承他所从事的重要事业。"

格雷给康乃吉的回电是委婉的，包含着两层意思：一是赫德退休前应推举出继任者，但这个人选必须维护英国的利益，所以裴士楷不是合适人选；二是在继任者未决定之前，赫德应继续担任总税务司职务。

8月20日，格雷再次给康乃吉发电指示，在未找出合适人选之前，希望劝说赫德继续在总税务司任上干下去。

8月30日，赫德从北戴河归来。康乃吉即向他转达了英国政府的意见，赫德则同意未正式决定总税务司人选之前将继续留任。

9月18日，赫德在给金登干的信中表达了他继续留任的态度："外交部给我来信，考虑到形势的艰巨和我在公众与列强当中有信誉，希望我坚持干下去，并答应我如有必要给予支持。因此，我猜想我只得干到复活节，这六个月里将会看到新部门——税务处——经历坚定而顺利的过程安顿下来。当我在职期内，我认为不会发生变动，而我留任在任上越久，后来发生变动的可能性就越少。"[1]但是，赫德又表示，他想干到10月就辞职，希望在回国之前把继任人选确定下来。

---

1 陈霞飞主编：《中国海关密档：赫德、金登干函电汇编1874—1907》第七卷，第985页。

9月10日，新任英国驻华公使朱尔典到达北京，正式履职。他到北京后，在一周内就同赫德进行了四次会面，朱尔典没有与他谈清廷设税务处之事，而是希望他在任上多干些时日。在两人的多次会面中，朱尔典就继任人选问题征询了赫德的意见。

对税务司人选问题，赫德感到很为难。10月14日，他在给金登干的信中说，"我的一个困难是继任人问题：我感觉，既然过去常常把裴士楷叫过来，从道义上理应提名裴士楷，然而就我所知，外交部并不想要他而愿意接受我推荐的别的任何人，而中国和其他国家则反对一个由英国正式提名的人，它们大概会联合起来支持一个公然使英国感到讨厌的人！怎么办？"[1]

赫德明白，清廷会支持裴士楷接任的，因为他的个人能力、行事风格以及在立场上有些倾向于中国，但这一人选却遭到了英国的反对。

如果清廷一味地坚持由裴士楷继任，则有可能在外交上刺激英国，激化矛盾，况且清廷内部对裴士楷继任问题意见并不统一。英国急于选出符合英国利益的人选，因而采取逼迫的手段，要求清廷不支持裴士楷继任。面对逼迫，清廷只好改变立场，以此缓解外交压力，避免过度刺激到英国。

10月23日，税务处会办税务大臣唐绍仪宣布不考虑裴士楷为继任者，建议从海关之外提出人选。

在唐绍仪宣布大清的立场和态度之时，英国进一步加快了排斥裴士楷、选择继任人的步伐。11月1日，英国外交大臣格雷向朱尔典发来指示，必须全力阻止裴士楷继任。格雷并要求朱尔典加紧推动挑选继任候选人。据此，驻华使馆的当务之急就是选择合适的人选，取代裴士楷。英国政府原来属意的贺璧理因身体状况传闻不

1　陈霞飞主编：《中国海关密档：赫德、金登干函电汇编1874—1907》第七卷，第1000页。

断，无疑也不是合适人选。这使朱尔典感到要选出"十全十美"的人，就像一个厨子做了一道菜，要达到各方都满意谈何容易。

没有合适的人选，事情似乎拖延下来。僵持之中，仍在总税务司任上的赫德心里清楚，他以年老之躯虽然坚持留任，可以暂时规避给各方带来的麻烦，但身体状况的一日不如一日，使他明白拖延并非长久之计。1906 年 12 月 15 日，赫德在给金登干的信中说：

> 可怕的问题出现了——我离职后局面又将如何？我认为，我留任时间越长，目前的工作程序和方法就会越巩固。但是我不能永远干下去，只要我一去职，这是迟早的事，继任人问题的困难不仅将出现，而且将愈来愈困难。现在就走开，继任问题相对而言比较好办，可是工作程序不稳定；晚些走开，工作程序将会确定下来，但继任问题越来越困难。[1]

1907 年 2 月 8 日，赫德给海关税务司发了一个通令："因关务日益繁忙，必须更多起用华员，内外班华员今后承担较大部分工作。"[2]

12 月 4 日，英国外交大臣格雷在给朱尔典的信中进一步证实了清廷不再支持裴士楷的立场，电文中说：中国驻英公使言说，"清廷已最终决定赫德退休时不会任命裴士楷继任，他们认为考虑决定谁将成为赫德继任者的时机未到。当然，公使肯定继任者将是名英国人，他们同意此人不会是裴士楷。我对这个消息表示满意，因为我上次跟中国公使说了我私下得到消息，海关中一些最好的税务司不满意在裴士楷手下工作。"但是，中国公使又表示，这件事仅限于私人交流，不便于以公开的官方形式对外公布。

1908 年 1 月 27 日，赫德请假得到税务处的批准，"先行暂准给假一年"，等到身体调养好，假期满后仍要返华工作，并赏给赫

---

1 陈霞飞主编《中国海关密档：赫德、金登干函电汇编 1874—1907》第七卷，第 1017 页。
2 孙修福：《中国近代海关史大事记》，中国海关出版社 2005 年版，第 151 页。

德尚书衔，赏给裴士楷布政使衔。如此，赫德离职休假期间，裴士楷代理总税务司确定无疑。

1908年4月20日，海关总署呈文税务处，一切经办事宜，"已于本日交由署总税务司裴士楷接管，并经行知各银行：此后各项存款，在总税务司假期内，均听署总税务司动拨"。[1]

在赫德请假病休的1908年到整个1909年，税务处遭受列强特别是英国的巨大压力，要求清廷在总税务司人选问题上尽快做出决定，这当然是要清廷在这个问题上不要再拖延，也表明了英国已经开始表达对赫德可能回任的不满。这个压力主要来自英国外交部、驻华公使以及海关内部的税务司。

1910年初，英国驻华临时代办麻穆勒拜会了清廷外务部大臣梁敦彦。这次会见后，麻穆勒于2月4日致电格雷说，"奉命与梁敦彦会面，从他口中得知安格联将被任命为副总税务司的消息，并且清政府支持废除副总税务司一职，不过希望在赫德完全退休以后"。

1910年，赫德已经77岁了，年老力绌，经历了三次瘫痪之痛的他身体大不如前。赫德电函税务处称，"病仍未愈，势难就道，恳请开缺"。税务处接到电报后奏请朝廷，要求再行赏给赫德一年病假，让他专心调养，不用开缺，并称赫德上一次请假，税务处已经奏明让裴士楷暂时代理海关事务，"现在臣处整理税务，合无仰恳恩施，给予升衔，由臣等令该员裴士楷在臣处另备差遣。所遗副总税务司一缺，臣等详加参访，查有江汉关税务司安格联堪以充补；倘总税务司赫德此次再蒙赏假一年，即以该员安格联暂行代理总税务司，以专责成。"这个决定于1910年3月23日交给裴士楷，并以谕旨形式由安格联转给赫德。这个决定让裴士楷很无奈，他只好

---

[1] 陈诗启：《中国近代海关史（晚清部分）》，第522页。

于 4 月 15 日移交署理总税务司职务给安格联，并申明"从今天起，本署总税务司退出海关"。[1]

清廷答应让安格联代替裴士楷代理总税务司一职，裴士楷另行任用。在裴士楷、贺璧理、安哥联三人中，英国是最属意安格联的。安格联进入海关第九年升任税务司，对于此人，赫德曾经说，"安格联是我们人员中最有希望和前途的人"。但是，由于赫德与裴士楷的姻亲关系，他并没有让安格联继任总税务司的打算。然而，英国国内和在华的英国上层是支持安格联的，在他们的努力下，继任人选问题似乎一切都尘埃落定，安格联执掌海关已是必然，然而事情远没有那么简单。

赫德得知安格联暂代总税务司之职，他很有些无可奈何地说，"这是值得庆贺的"。两个月后，他又感伤地说，"我日益衰弱了，我怕中国再也看不到我了"。面对安格联将要取代他执掌和苦心经营半个多世纪的海关，他不顾身体状况恶化，"扬言要返回中国"。他于 3 月 23 日向中国方面来信说，他拟于 5 月 9 日乘北德轮船"约克"号返回中国。

《泰晤士报》驻华记者莫理循得此消息，立即向驻华公使朱尔典作了汇报，并希望外交部规劝赫德，"如果他果真要返回中国，外交部需要同（清廷）外务部联系，他们将忍痛告诉赫德爵士，鉴于此事关系重大，他年老体弱，不能再委以管理海关的重任"。[2]

莫理循与安格联有着良好的私人关系，因而他是支持安格联、反对赫德回任的。但是，此时清廷并没有回绝赫德的决定，只是希望他安心治病，并延长了他的假期，在其回任之前，总税务司一职由安格联代理。

---

1 陈诗启：《中国近代海关史（晚清部分）》，第 525 页。
2 骆惠敏编：《清末民初政情内幕：〈泰晤士报〉驻京记者袁世凯政治顾问乔·厄·莫理循书信集》，上册，知识出版社 1986 年版，第 715 页。

事实上，此时还有一个令英国和安格联不能安下心来的动向。1910 年 3 月，麻穆勒向外交大臣格雷汇报了与清廷外务大臣梁敦彦的再次会面情况，表示虽然如英国政府所愿，清廷已经表示了不再让裴士楷担任海关职务。但是，清廷税务处却没有告知英国而单方面决定聘请裴士楷为税务处的高级顾问，在英国看来，这项任命意味着清廷并没有把裴士楷逐出海关，仍然给了他染指海关的机会。麻穆勒说，清廷任命裴士楷为税务处顾问，此事是"清朝政府单方面决定的，因此，我特意拜会梁敦彦询问舆论传言裴士楷为税务处顾问一事是否属实，梁回答确有其事，我已表达了抗议。因为这项任命违背了此前 2 月 4 日做出的保证，而且违背了 1908 年 2 月 19 日承诺精神。梁敦彦则说'承诺'只是表示裴士楷不再担任海关职务，并没有涉及到税务处的职务范围。我说我清楚地记得听说的传言，裴士楷在税务处的任命将使他有权力控制海关……梁敦彦解释这个职位没有权力控制海关，只是一个荣誉性职务。他的这个解释我表示不能理解，不是合理的理由"，而梁敦彦则指责英国对中国干涉太多。随后，"我拜会了军机大臣那桐，但他表示还在同其他大臣商讨此事，对英国政府和驻华舆论的关注会加以重视"。[1]

格雷收到麻穆勒的电报，即电示要他向清廷施加更大压力，坚决反对裴士楷担任税务处顾问之职。英国人此举当然有些"除恶务尽"的意味，他们反对裴士楷担任此职，就是要他与海关不再有任何瓜葛，不给其染指海关事务，成为海关"太上皇"的机会。

面对英国的压力，梁敦彦最终承诺放弃聘用裴士楷为税务处顾问。这个结果让裴士楷既气愤又无奈，也感受到他在海关任职的问题上英国反对势力的强大。也许是想挽回局面，他于 4 月间辞职回国活动，希望能够实现复职的愿望。

1　Mr. Max Miller to Sir Edward Grey Peking, March21, 1910, F.O.371 / 862。英国外交部档案。

裴士楷辞职，是否意味着安格联继任总税务司就毫无悬念了呢？且不说裴士楷回国活动会不会给安格联带来威胁，而实质上他就任之时所面临的就是一个矛盾重生的局面。赫德请假离职之时，留下许多的问题需要处理；再者，安格联就任时，并不像赫德那样能够赢得各方的信任。赫德执掌海关达半个世纪之久，各国对他的信任以及其树立起来的权威保证了海关的稳定和壮大，安格联作为英国扶植起来的继任者，无论是能力和声望都不及赫德之项背。要得到各国的支持，要坐稳代理职位并最终成为总税务司的继任者，他还有很长的路要走。安格联也深知地位不稳，所以，一有风吹草动就及时向本国政府汇报情况。

1911年3月与6月，如风中之烛的赫德连续两次向清廷请求续假。6月间是赫德第三次请假，只提"可否再恳续假一年，以资调摄"，而不提"开缺"了。这显然是因为裴士楷的调动、安格联暂代总税务司以及海关形势巨变而引起的。税务处意识到这是赫德意图挽救局面，于是因势就便，具折奏请："今（赫德）因病未痊愈，尚难回华供职，委系实在情形。合无仰恳天恩，再赏假一年，俾得安心静养。至总税务司一缺，事繁责重，上年经臣等奏请以副总税务司安格联暂行代理在案。该员任事年余，措施优裕，拟即请以安格联署理总税务司篆务（政务），以资熟手，而专责成。"[1]

1911年9月20日，总税务司赫德在英国病逝。赫德亡故的消息，由驻英公使刘玉麟电告税务处，税务处钦奉上谕："该总税务司供职中国，所有通商各口设关征税事宜，均由其经手代办，以及办理船厅、设同文馆、赴各国赛会、设立邮政，从始规画，悉臻妥协，遇有交涉，时备咨询。在中国五十年，实资帮助。……遽闻溘逝，轸惜殊深！加恩赏加太子太保衔，伊子赫承先赏换双龙二等第三宝

---

1 陈诗启：《中国近代海关史（晚清部分）》，第530页。

星，以示优异。"[1]

对赫德之死，清廷盖棺定论。赫德作为大清海关的最高长官，他同洋务派在海关内外把西方的新事物带给了中国，使晚清帝国有了一些清新气息，如果清廷能好好利用这一点，将大大地促进近代中国的进步。但正如学者费正清所言，赫德是"维多利亚女王时代那些创立帝国殖民地的总督之一，只不过他的业绩是在中国"（《步入中国仕途：1854—1863年赫德日记》序言）。赫德虽然没有被维多利亚女王正式任命为殖民地总督，但他却是没有总督官衔的总督，他极力扶植腐朽的清朝统治，紧密地和清朝最高统治者——满族统治者结合起来，结果，维护了清朝的腐败的统治，也维护了列强、特别是英国的在华利益。海关被作为英国对华关系的基石，这种关系可以说是英国对中国的半统治关系。由于这方面的急剧发展，而海关又趁列强争夺中国的权益日趋激烈的机会，扩大了它的权力。这样，中国被步步推向半殖民地的深渊，清朝统治也没有得到拯救；但海关外籍税务司制度却在列强庇护下继续维持数十年。赫德在海关的许多措施起了很大作用。[2]

赫德死后，安格联名正言顺地成为大清海关的第三任总税务司。斯时正值辛亥革命爆发，安格联在炮火连天的革命声浪中正式就任总税务司，而此刻，心有不甘的裴士楷仍在英国活动，但他的活动却只能招致英国的反感。本来，清廷顾及他对中国曾经有过贡献，顶着压力，仍然给他官爵，但因裴士楷不满于名誉上的任命而只好作罢。

1　陈诗启《从总税务司职位的争夺看中国近代海关的作用》,《历史研究》1991年第2期。
2　陈诗启：《中国近代海关史（晚清部分）》，第533页。

第四章

洋务事业中的赫德

1. 洋务运动与"局外旁观论

经历两次鸦片战争，清朝统治者一要面对国内动荡的局势，二要面对列强的进逼，痛定思痛，感到要维持自己的统治，必须重建统治秩序。于是，以恭亲王为首的洋务派开始了购买洋枪洋炮、学习外国军事、学习外国语言等一系列的洋务活动。

虽然说自总理衙门成立的那一刻，就标志着洋务的开端，但在当时对西方打交道一味妥协、迁就的局面是必须要打破的。因而，在"祺祥政变"成功后的当年冬天，奕䜣向两宫皇太后提出了"自强"的主张。实际上，在咸丰帝逃往热河后，奕䜣就在给咸丰帝的奏章中说："窃臣等酌拟大局章程六条，其要在于审敌防边，以弭后患。然治其标而未探其源也。探源之策，在于自强，自强之术，

212

必先练兵。"[1] 奕䜣成为晚清中国第一个提出"自强"主张的人。但是，当时咸丰帝在热河如惊弓之鸟，一病不起，根本无心顾及，因而也根本没有向奕䜣下放权力。而今，政变成功，奕䜣旧话重提，慈禧太后很快便同意了奕䜣的奏请。

奕䜣主张"自强"的首要目标是使国家富强，怎样才能实现这一目标呢？奕䜣的设想是利用西方的先进科学技术，最主要的是利用和学习西方的先进军备和军事技术，他把这视为"自强"的第一要务。由此，以武装和训练军队、引进先进装备为目的的"自强"成为慈禧太后垂帘听政后同治朝的国策，也拉开了洋务运动的大幕。

洋务派官员推行洋务，希望通过学习"西人之长技""以夷制夷"来实现中国"自强"的共同目的，使得第二次鸦片战争后的晚清中国形成了强大的洋务派阵营。中央有奕䜣、文祥、桂良，地方有曾国藩、李鸿章等洋务大员。他们在"祺祥政变"后掀起了第一波以"自强"为目标的洋务运动。

洋务运动毕竟是中国近代史上的崭新事业，在风气未开的中国，在"外国只能学习中国，中国不能学习外国"的传统士大夫与顽固派这潭死水中，无疑是投入了一块巨石，洋务运动遭到抵制自是难免。

推行洋务运动，无论是练兵、制器，还是购船买炮、学习西方的军事技术，无一例外的都要睁眼看世界，同洋人打交道。当时的中国对西方世界的认识和了解几乎一片空白，正如赫德所言，"一万个中国人里没有一个人了解外国的任何事物""十万个中国人里没有一个人了解外国的革新和发明"，"一百万人里找没有一个人对于西方情况或机械的优越性有所认识"。"在中国真正认识到西方机械价值的一二十个人里，却没有一个人准备勇敢地自由采用"。

---

1 《筹办夷务始末（咸丰朝）》卷七十二，中华书局1979年版，第2700页。

那里存在着"反对革新的真正的和自然的困难"[1]

中国学习西方，列强也将这视为扩展在华经济利益、巩固条约特权的基石，特别是在华拥有巨大利益的英国。面对大多数人对西方观念的排斥，他们很希望寻求一条解决之道，正如英国驻广州领事罗伯逊说："事实上中国的前途是很黑暗的，除非外边给他强有力的援助，否则这座房子就会倒坍下来，而我们最好的利益也就此埋入废墟"。[2]为了自己的利益，列强也不希望清廷倒台，只是希望他们能够变乖。当时对清廷来说最感到紧迫的形势就是太平天国的巨大威胁，而列强在对太平天国的了解中发现，洪秀全之流虽然号称信奉基督，但远非清朝皇帝那样听话。在这样的情况下，列强们决定采取新的对华政策，推出了所谓的共同扶持大清的"合作政策"。

"合作政策"还有一重用意，即改变中国人对外国的坏印象，毕竟此前发生了火烧圆明园，签订不平等条约等事件，使得外国人在中国人的心目中成为恶魔的化身。要改变这种形象，他们开始处处乔装改变自己的形象，甚至把自己装扮成可信赖的朋友。美国是侵略中国的最大帮凶，当时的美国国务卿西华德感到，要改变美国在中国人心目中的形象，必须以一种"善意"的形象示人。为此，1862年3月，西华德给当时新任驻华大使蒲安臣发出了这样的训令：

在中国，对于一切重大问题要协商合作；在维护我们的条约权利所必需的范围内保卫条约口岸；在纯粹的行政方面，并在世界性的基础之上，支持在外国人管理下的那个海关，赞助中国政府在维持秩序方面的努力；在条约口岸内，既不要求，也不占用租界，不用任何方式干涉中国政府对于它自己的人民的管辖，也永不威胁中

1　陈诗启：《中国近代海关史（晚清部分）》，第270页。
2　[美]费正清、刘广京编：《剑桥中国晚清史》上册，第462页。

华帝国的领土完整。[1]

英国也积极响应"合作政策",扶植脆弱的清廷,使其不至于垮台,使条约得到履行。扶植清廷,帮助开办洋务最重要的是可以扩大英国的在华影响力。但是,英国与中国毕竟刚刚经历了鸦片战争,现在英国又扶植清廷开办洋务,英国国内有人支持,也有人反对,出现了不同的声音。英国的工商者特别是对华贸易集团从自身的经济利益、扩大贸易、积累资本的立场出发,希望英国政府逼迫清廷进行迅猛的洋务改革进行更大范围的开放,允许英国人在中国修建铁路、开矿;在上海、福州、厦门、天津、香港等地的英国商会甚至提出,清廷应进行"实业上和政治上的革命",扫除一切障碍。

英国商界的要求并没有得到英国政府的回应,政府诸公特别是驻华公使们比较清楚:对于一个排外的国度,过度地刺激只能是欲速则不达。李泰国在帮助中国购买船舰活动中试图控制中国,就遭到了清廷的排斥。对此,驻华公使卜鲁斯也批评李泰国是急躁冒进,"李泰国希冀将中国变为英国的属国,在这些海域中代表着西方文明,并强迫它采纳19世纪的物质进步。如果设想一支舰队和500名兵员足以实现所期望的目标,而其他列强又将甘愿久居于下位,这只能说明他完全没有理解中国,也没有理解其他列强的敏感之处。"[2]

赫德也认为李泰国的急躁冒进不可取,他说,"如果说,为了未能立即重视建筑铁路、架设电报线路、洽谈外国借款、引进外国人所使用的各种设备,就认为当前的中国政府没有希望,这在我看来是既不合逻辑,也不合情理的。""经验将使中国政府最后深信,只有信守它承担的义务,并以开明的精神履行这种义务,才能更好地和外国相处。但经验的取得需要时间,在给中国政府一些时间的

1 [美]马士:《中华帝国对外关系史》第二卷,第470页。
2 陈诗启:《中国近代海关史(晚清部分)》,第271页。

同时，如果我们要使中国政府在经验中取得教益，必须做一些合理的实事，而不是粗暴地发号施令"。[1]

那么，面对中国正在进行的洋务运动，急欲扩大影响力、维护其条约特权利益的英国应该怎么办呢？作为西方殖民者的代表，赫德对中国正在开展的洋务运动表现出相当的关注。他自出任总税务司以来，不断地赢得清廷的信任。此时的赫德还不到 30 岁，一个并无过硬背景的英国人，却能跻身于清廷中的高位，由昔日的"夷人""洋鬼子"变身为"洋大人"，被恭亲王奕䜣视为"朋友"，重要的原因便是面对当时尚未开化的中国，他学会了理解并深谙中国的民族感情、人文观念和风土人情。

在进入中国官场以后，与大清官员的接触中，赫德也发现，中国人大多采用的是圆融的处事方式，隐忍个性、不动声色，也就是儒家所说的"中庸之道"。赫德也吸取个中的精髓，用心交友，尽量不在官场中树敌，并与"朋友"的方式，努力赢得信任，他时时以谦逊、谨慎的姿态面对周遭的一切，不会像李泰国那样以殖民地老爷自居，既不冒犯"天意"，也不得罪"官爷"。即便是面对大清的土豪与士绅，赫德也努力表现出"谦和"之态。他甚至有"中国的官员就像中国赶大车的人"、"如果这条路不通，没有关系，走另一条路"的感悟。也正是因为这样的感悟，才使他把持中国海关 50 多年，成为他稳坐权力高层的法宝。

赫德游刃有余的官场处事之道，使得大清官场上大多数人对他不反感，恭亲王奕䜣评价他"为人谨慎圆通，又富经验"。当然，他又在官场中常常标榜自己是一个"中国的臣仆"，在很多事情上自应帮助中国，也正是如此，恭亲王奕䜣常常会说"咱们的赫德"，把他视为值得信赖、引为知己的洋朋友。在很多朝廷大事上，总理

1　[英]伯尔考维茨：《中国通与英国外交部》，第 47、48 页。

衙门也喜欢向他请教，为了便于随时垂询，赫德被正式任命为海关总税务司后，清廷让海关总税务司署迁至北京，这样既便于赫德与总理衙门进行沟通，也方便赫德与各国公使的联系。当时的驻华公使卜鲁斯曾夸赞赫德之所以能够接近恭亲王，是"由于他的机敏、善意和谦逊"，这也为他成为代表英国对华施加影响的不二人选。

赫德关注大清洋务改革，他很有预见性地感到中国的这一改革可能遭遇阻力。早在清廷镇压太平军，即将攻陷南京之时，赫德就认为这场旷日持久的内战平息后，清廷内顽固的排外势力可能抬头。本来，清廷同意"借师助剿"以及推动洋务就是功利心驱使。如果面对保守势力的阻挠，这将导致中国的对外关系甚至正在开展的洋务事业发生逆转。因此，在当时赫德就产生了推动中外关系、推动洋务事业向前推进的愿望，他在日记中写道，"我必须尽我所能在这些中国人中促使其对外国人有更为友好的感情,树立正确的方式,以及由此保持正直与确保和平。既然太平天国叛乱正被镇压，我必须尽力防止帝国官员中增长或怂恿增长排外情绪"，"我必须努力查明哪些西方文明的产物最有利于中国，用什么方式使这些不同的事物最有效地传入，我必须支持那些从事传播福音、传授基督教等最高尚工作的人们。"[1]

基于这样的愿望，1865 年 5 月，赫德草拟了一个扶植、改造清廷的大致规划。主要有八个方面，一是使海关进入良好的发展状态；二是劝告清廷设立一支小型舰队，"军官由英国人担任，船员为英国人，作为中国常规海军的核心"；三、"劝说总理衙门在北京保留四个营的士兵（每营 2500 人），由外国教练负责训练，接受外国总教练的指挥"，"以此与地方武装对比，使其更直接地受制于总理衙门，在各口岸发挥作用"；四、敦促清廷向欧洲派遣使

1 ［美］司马富、费正清等编：《赫德日记：1863—1866》，1863 年 12 月 23 日。

臣；五、发展中国的采矿业和通讯业；六、促使中国人摒弃木船，
"采用轮船和汽船进行贸易"；七、将"极为实用"的著作译成汉
文；八、从海关内部开始，给所有中国官吏以较高的薪俸，以"终
止其敲诈勒索，保持政府的清廉"。[1]

就在赫德努力做这些规划之时，即将改任英国驻美公使的卜鲁
斯也表示希望赫德对中国正在进行的洋务改革施加必要的影响。

这些因素促动赫德构思一个能够帮助清廷推动改革的方案。5
月间草拟的粗略规划已为他起草方案拟定了大致的轮廓，但要完成
一个真正让清廷感动的改革方案有相当的难度，既要得到官方的支
持，又要应对各种可能存在的困难。从 8 月开始，他就开始进入酝酿、
写作阶段。期间，总理衙门大臣董恂对方案的完成起了很大作用。

董恂是江苏扬州人，曾经历事道光、咸丰、同治、光绪四朝。
作为恭亲王信赖的洋务大员，他也深知大清的内忧外患，因而很喜
欢接受新生事物，也常常与赫德走动、联系，因而也成为赫德撰写
方案忠实的聆听者和建议者。

1865 年 10 月 11 日，赫德专程来到总理衙门向董恂请教，说
了正在撰写推动大清改革的建议方案，当时，总理衙门大臣宝鋆也
在座。"我向董询讲述我的《局外旁观论》，想打动他。宝鋆坐着
聆听，他有机会听到他以前从未遇过的方式处理的事。我希望我说
的对他有益。他说，'要是能有一个像康熙这样的皇上和像李亭这
样的政治家，该多好呀！等等。'他还说，亲王必定多年来接近年
轻的皇上，想说服他，整顿局面；而文祥没有他过去所常有的勇气，
等等"。[2]

两天后，董恂到海关税务司署造访赫德，提出希望一睹改革计
划草稿，赫德便将草稿拿出来递给董恂，请他指教。董恂看了草稿

---

1 陈诗启：《中国近代海关史（晚清部分）》，第 276 页。
2 [美]司马富、费正清等编：《赫德日记：1863—1866》，第 417 页。

方案，认为很有见地。赫德事后回忆，"我给他看《局外旁观论》
草稿。它似乎给他非常深刻的印象。他说它会触犯一些人，而且会
引起怀疑；但是他劝我尽管如此，还是将它交上去"。[1]

交谈中，董恂还告诉赫德，在他之前，实际上当时的思想家、
曾为李鸿章幕僚的冯桂芬已经提出过类似的改革建议。由此看来，
恭亲王奕䜣主持的总理衙门自推动洋务运动始，已经十分留意朝野
内外的改革建议，只是碍于体制和守旧势力的反对未敢贸然表态，
而是希望借外人之口讲出大清改革成为必然之路的心声。既然赫德
有推动改革的意愿，便顺理成章地成为总理衙门锁定的对象。

当月 17 日，赫德将写好的改革方案草稿提交总理衙门，接待
他的人是宝鋆，赫德期待着他的方案会引起轰动。当月底，总理衙
门便予以了回复。将草稿退还给赫德，要求他将草稿表述不尽详细
之处，详作补充，因为恭亲王奕䜣等人打算将这份方案"送给外面
的人——亦即督抚等等，以便得到他们的启发和批复——目的在于
让局外人了解总理衙门肩负重任，只要它不退缩，他们就不会横加
干涉，增加它工作困难"。

总理衙门的回应，于赫德而言，像肌体内注入了一支兴奋剂，
使他万分激动，他说，"我料想它将由上谕公布。无论如何，我现
在正被用来帮助中国的进步主张者！我希望他们不会诡计多端，将
我当成他们利用的工具！"[2]

显然，赫德希望他的方案能使如一潭死水的大清有所触动，他
愿做投入水中的一块石头，溅起阵阵浪花，泛出层层涟漪。

11 月 6 日，那天的北京城刮着大风，这昭示着一年一度的冬
天的到来，但赫德还是顶着寒风来到了总理衙门。赫德正式向清廷
递交了题为《局外旁观论》的改革计划书，计划书洋洋洒洒 4000

1　[美]司马富、费正清等编：《赫德日记：1863—1866》，第 418 页。

2　[美]司马富、费正清等编：《赫德日记：1863—1866》，第 424 页。

后作了奏报，清廷下旨命沿海各督抚及南北洋大臣认真研究，将意见复奏朝廷。事实上，在朝廷发给沿海督抚及南北洋大臣的廷寄中，总理衙门已经为两份改革方案定了大致的基调。虽说总理衙门也知道赫德与威妥玛所提方案有维护其侵略利益的目的，但也感到两位洋大人的言论，特别是对中国文武制度、财政等问题的议论还是切中时弊的，其建言效仿西法铸钱、造船、军火、兵法等也颇有可以采纳之处。至于"所论外交各情，如中国遣使分驻各国，亦系应办之事"。所以"此事关系中外情形甚重，该督抚大臣等务当共体时艰，勿泥成见，知己知彼，保国保民，详慎筹划，不可稍涉疏略，是为至要！"[1]

沿海督抚收到朝廷的谕旨后，对于这两件改革计划书又是什么态度呢？在督抚洋务体制下，沿海地方官并不是都给总理衙门面子，除了曾国藩、李鸿章、崇厚、官文、刘坤一、左宗棠、瑞麟、马新贻等人复奏朝廷发表看法外，大部分官吏并未发表看法。即便是复奏的官员，观点也有很大差别。

官文、瑞麟、马新贻三人的观点仍然趋于保守，认为这是赫德、威妥玛的阴谋。曾国藩、李鸿章、沈葆桢等都看出了这种阴谋，主张募雇洋匠，购置机器，自己兴办，以期"权操诸我"。支持洋务事业的左宗棠对这两个方案充满警惕和敌意，复奏说，"此次威妥玛、赫德所递论议说帖，悖慢之词，殊堪发指。威妥玛所论与赫德同，可知即赫德之意。我之待赫德不为不优，而竟敢如此。彼固英人耳，其心惟利是视，于我何有？"[2]

左宗棠认为赫德的动机有三：一是看到大清已经平定了太平天国，担心无以挟持，不能引起朝廷重视；二是想在中国购船买跑的行动中得到好处；三是在西洋各国对华的利益竞夺中，为英国"先

1 《筹办夷务始末（同治朝）》第五册，卷四十，第1666页。
2 《筹办夷务始末（同治朝）》第五册，卷四十二，第1770、1771页。

存以笼其利"。[1]

三口通商大臣崇厚也许是与外国人接触较多，看法较为积极，认为派遣公使这样的事情应该尽快进行。至于对外事务，他说，赫德、威妥玛的建议，说出了大清官场一些人一味排外的实情，建议朝廷下严令杜绝地方官吏阳奉阴违、不守约法的行为，应该理解并遵守国际约法秩序。

在给朝廷复奏的官员中，时为广东巡抚的郭嵩焘的看法颇具洞见，他特意致函恭亲王奕䜣，指出对付西方"当因洋人之所利，顺其势而利导之"。江西巡抚刘坤一的观点与郭嵩焘有些相近，他还特意拿李鸿章正在南京创办的枪炮厂以及购买外国船舰作例子指出，"现闻署两江督臣李鸿章购造（轮船）数只，颇有成效可观。应令沿海各省及湖北省，无惜重资购造，务尽其妙而夺所长。"[2]

虽然清廷内对赫德的《局外旁观论》以及威妥玛的《新议略论》意见不一，但这两个改革建议毕竟是总理衙门定了基调的，经过这次讨论，以"自强"为目的的洋务运动在大清内部比较广泛地开展起来了。在1865年之前，洋务派开展洋务活动还仅局限在恭亲王奕䜣、曾国藩、李鸿章等极少数官僚中进行，到了1865年，由于威妥玛和赫德所提出的改革方案使清廷预感到外国胁制的危机，促动了自强的紧迫感，客观上促动了洋务运动的大范围开展。

2. 破灭的"总海防司"美梦

众所周知，赫德的一生中除了正常的海关工作以外，还参与了大量与中国政治、经济、军事、外交、文化教育等密切相关的活动。他插手中国的军火买卖、创办海军、创设电讯、邮政、煤矿、铁路、铸币厂、筹借外债、派驻外交使节等等，很多事务都有其插手的影

1 《筹办夷务始末（同治朝）》，第五册，卷四十二，第1771页。
2 陈诗启：《中国近代海关史（晚清部分）》，第280页。

223

子。在军火买卖中，赫德除指派其在伦敦的代理人金登干帮助清廷购买"蚊子船"外，还参与了大型军舰的购买活动。

1877年，"飞霆""策电"号炮舰向清廷交货后，金登干致函赫德说，目前船舰技术的发展对铁甲舰和"蚊子船"越来越不利。阿姆斯特朗公司已经设计出一种新型巡洋舰，是铁甲舰与"蚊子船"的克星。金登干在给赫德的信中还附加了有关巡洋舰的资料，鼓动其向清廷推荐这一新型舰艇。信中还说，如果清廷接受这一建议，海关无疑将在中国军事方面再次起到影响作用。

金登干的建议，令赫德怦然心动，这也暗合他一直期待的：让清廷重新组建舰队，进而增强自己影响力并控制大清海军的愿望。1878年，日本意欲吞并琉球的步伐进一步加剧，日本已公然阻止琉球向中国进贡，而这背后很有侵略中国的意味。这使清廷感到加强海防的紧迫性。

7月8日，正在巴黎休假的赫德突然接到总理衙门的来电，要赫德了解铁甲舰的价格。此时，经过一场海防大讨论的清廷正在加紧筹建海军的步伐。清廷认为，在已有"蚊子船"的基础上，再添置大型铁甲舰很有利于巩固海防。当时日本已经购买了铁甲舰"扶桑"号，为与之抗衡，购买铁甲舰也成为一种呼声。

清廷意欲购买铁甲舰的举动与赫德多次力劝清廷建立小型舰队的愿望是相一致的，但也产生了冲突，赫德希望组建的舰队、购买船舰等事宜都应经由其手。金登干所言英国新型巡洋舰有诸多好处，赫德便劝说总理衙门，铁甲舰价格昂贵，且无大用处，劝中国不要购买。

1879年4月，日本吞并琉球，改为冲绳县，这一举动再次推动了清廷急欲购买铁甲舰的愿望。李鸿章在上奏朝廷的奏章中说，"夫军事未有不能战而能守者，况南北洋滨海数千里，口岸丛杂，势不能处处设防，非购置铁甲等船，练成数军，决胜海上，不足臻以战为守之妙。"[1]

作为福建人的沈葆桢，长期在南方工作。他这个一生与船舰、海防结缘的人，目睹日本日甚一日的海上威胁，而大清却没有自己的铁甲舰，每每思之，常使他夜不能寐。他也怀着急切的心情上奏两宫皇太后，"伏望皇太后圣断施行，早日定计，事机呼吸，迟则噬脐"。[2] 所以，清廷命李鸿章、沈葆桢妥速筹购铁甲舰。

李鸿章感到购买铁甲舰为当务之急，而是时的驻德公使李凤苞向李鸿章报告说，"近日各国议停造铁甲，如可缓办，尤为合算"[3]，并说，购买铁甲舰需要有相应的船坞修理和炮台庇护条件，更重要的是要有水雷和快船相配合。这对正在组建的中国海军来说，是不具备的。

10月25日，赫德专门跑到天津再次向李鸿章推荐购买巡洋舰。他对李鸿章说，"亦以先购快船，再办铁甲为是"，赫德拿出事先准备好的资料和相关图样给李鸿章看，资料显示："船长二百英尺，宽三十英尺，吃水十五尺，每半时（应为每点钟）行十五海里。新式机器，首尾各置二十五吨大炮一尊，左右各新炮数林。并带水雷小轮船一只，船头水线下暗设坚固冲锋，可碰敌船。若订两只，需银六十五万两，后年夏间工成来华，据云可保追赶碰坏极好之铁甲船"。

听了赫德的介绍，李鸿章又向驻天津的法国海军军官了解相关情况。答复说，被称之为"巡洋舰"的新式快船，确实具有冲锋、碰撞的功能，目的是在战时添碰船之力。这也使李鸿章感到："此项快船，既载大炮，又有冲锋，行驶果如此迅速，实属合用。"他

1　《筹议购船选将折》，《李文忠（鸿章）公全集·奏稿》卷三十五，台北文海出版社1965年版，第28页。

2　沈瑜庆：《涛园集》，《近代中国史料丛刊》第六辑，台北文海出版社1967年影印版，第173、174页。

3　中国史学会编：《中国近代史资料丛刊：洋务运动》第二册，第421页。

改变了先订购铁甲舰的想法，授权赫德着手购买此舰。赫德即电告金登干与阿姆斯特朗公司联系，先定购两只，要求在 1881 年春夏间交付中国。[1]

11 月 30 日，李鸿章将先行购买巡洋舰之事报告了总理衙门，说他经过详细的了解，采纳了李凤苞与赫德意见。并说赫德与李凤苞所说的快船实际上是一种轻型巡洋舰，由于有的快碰船具有撞击敌船的作用，故又称"碰快船"。

李鸿章委托赫德订购的两艘巡洋舰即"超勇"和"扬威"号。这两艘巡洋舰建成下水后，如何回国成了问题。鉴于之前订购舰只都是由外国人护送回国，然后留下一部分人负责培训中国海军官兵。为了中国海军得到锻炼，这一次李鸿章提出应由大清水师官兵前往英国接船。

前面说过，赫德热心为大清购置船炮，实有控制中国海军之虞，当初大清委托赫德订购"蚊子船"时，他提出了一个秘密计划：让金登干为他物色业务熟练的管驾、管轮、炮手等人员，"这些人员将组成两艘海防舰只的军官队伍，这两艘海防舰将由我亲自挑选的两个人来指挥，这两个人将获得中国海军舰长职位，掌管阿姆斯特朗公司所建造的炮艇，训练合格的水兵，定期检验舰艇、大炮和机械，使水兵和舰艇经常处于战备状态。可能组成两支舰队，每队由一位中国高级官员协同一位海防司（正如一位海关税务司协同一位道台那样）领导。这两位海防司就是海防舰的舰长，他们在我管辖的一个新衙门当差，这个大概将要设置的新衙门称作海防总署，我的官衔简称为总海防司，我的上司是总理衙门和负责海岸防务的两位总督。这项计划现已上奏皇上，交军机处审议，非常可能获得批

1　中国史学会编：《中国近代史资料丛刊：洋务运动》第三册，第 298—300 页。

准"。"这些人员如果派出，将在我手下当差，类似海关工作人员。"[1]

看来，这正是赫德热衷于为中国购买船舰的"题中之意"，显然，他想把中国海军建设成类似于海关那样以他为首的外国人控制的机构。这个计划过于大胆和天真。

赫德的想法遭到了李鸿章的反对。1877年，在护送"飞霆""策电"号炮舰时，由于中国没有人会驾驶，赫德暗自得意，也很有些踌躇满志。他很想通过外籍军官来增加自己的权力。当时，赫德就通过金登干与英国海军军官进行了接触。生于1843年的琅威理曾与1863年随阿思本舰队来到中国，因舰队解散而回到英国。后来在护送"飞霆""策电"号炮舰来中国时，因为出色地完成了任务，得到了赫德的信任，也引起了李鸿章的主意。

现在，赫德也希望由琅威理帮助护送巡洋舰，这也是他完成"海防司"梦想的一个重要组成部分，赫德要打造由外国人指挥并控制的海军舰队，他认为购买巡洋舰还不够，还应该配备性能优越的鱼雷艇。正如他日记中描述的那样，他为自己的梦想暗自激动：

我们这里好像正处在即将采取几项前进措施的前夕，有些事似乎要重新交给我掌管，有点像1863年春的情况。当时李泰国的垮台不仅毁了他自己，也使我受到挫折，致使'中国进步'停滞数年之久。可叹的是，我已经失去了对工作的兴趣，现在的干劲还不到我当年的十分之一，要不是考虑到我的消失会引起一场'令人厌恶的喧嚣'，我本来几乎决心让位于一位年轻有为的新人。如今，我的健康状况已大为好转，我设想还能在这里干上五年。[2]

赫德的如意盘算最终还是被李鸿章打破了，李鸿章坚持要中国海军官兵亲自前往英国接船，并通过德璀琳向已经回国的琅威理发

1　陈霞飞主编：《中国海关密档：赫德、金登干函电汇编1874—1907》第二卷，第230、231页。

2　陈霞飞主编：《中国海关密档：赫德、金登干函电汇编1874—1907》第二卷，第276页。

出了邀请信，希望他到中国出任教习，并帮助护送中国巡洋舰回国。

琅威理接信后，即征求了英国海军部意见，海军部表示不反对他到中国去，只是不能算在中国服役。这个答复让琅威理没了主意，便找金登干商量。金登干作为赫德的代理人，应该说对赫德是绝对忠诚的，他劝琅威理在没有得到赫德的推荐的情况下，不要接受李鸿章的邀请。

为此，金登干还写信给赫德说："但愿我所做的符合您的愿望。显然琅威理很想出国，我的一句话有利于总督的计划的话，便可举足轻重。我们在海军部运用某种影响就可以获准琅威理来华服务（算作海军服役期），对这点我觉得颇有信心；但是没有您的帮助，我怀疑中国公使能不能做到。您写封信说明让琅威理这样一个英国海军军官在您手下担任这样一个职务在政治上和其他方面的重要性，审慎地利用这封信，会大大有助于取得这一结果。这个职位没人比他更合适了。"[1]在金登干看来，赫德应该设法控制大清海军的人事权。而延聘琅威理是实现这种梦想的重要一步，这也正符合赫德的意图。此后，金登干多次写信与赫德就延聘琅威理之事筹划，相商。

赫德想控制海军的人事权，他还想拉拢曾经镇压太平军的常胜军统领戈登。他认为戈登也是他实现总海防司计划的理想人物。"我发出的电报是邀请戈登来华"，"如戈登仍在英国，你就去看望他，替我邀请他来这里，只要来一个月看看形势，然后他再决定去或留。现在有大干一番好事的机会，中国请他来承担这项工作。干这工作，将为中国做了一件好事，为英国做了一件好事，为世界做了一件好事！我希望并恳求他不要拒绝来中国。职务、任期、条件等等都可在这里商定，会安排得使他和我都感到满意。"[2]

金登干接到赫德的指令，于1880年6月同戈登取得了联系，

1 陈霞飞主编：《中国海关密档：赫德、金登干函电汇编1874—1907》第二卷，第306页。
2 陈霞飞主编：《中国海关密档：赫德、金登干函电汇编1874—1907》第二卷，第346页。

戈登也同意到中国去。6 月 11 日，金登干在给赫德的信中说，"戈登上校对我经由东线拍发的试探性电报的答复是'寄往孟买'。我是五日收到复电的，由于所有报纸都载有戈登将去桑给巴尔的报导，我决定通过印度欧洲电路立即将您给他的信息电告他。电报要拍得只他自己能懂，要略去人名和地址，在'我受命请你来中国'一句中用'这里'代替'中国'。6 日星期天我接到他的回答后当即发电转给了您。今天《旗帜报》的一则电讯说'戈登上校决定前往中国而不去桑给巴尔'。我通过海底电路通知戈登我已收到了他的电报，并请他把他的行期电告我。"[1]

但戈登到中国后并没能帮助赫德实现愿望。戈登在镇压太平天国时虽然因为李鸿章杀降事件二人曾经有过不快，但二人在长期的合作中也建立了良好的私人关系。他这次到中国后，并没有与赫德见面，而是直接拜访了李鸿章。遗憾的是，由于戈登在与总理衙门的会谈中不合时宜的观点，并未引起总理衙门的重视。这以后，赫德与戈登也产生了误会和矛盾，最终戈登怀着愤懑的心情离开了中国。

赫德希望借助戈登来实现其"总海防司"梦想，然而戈登的离开中国，无疑给他当头浇了一瓢凉水。戈登离开后，赫德把全部希望寄托在琅威理身上，李鸿章也试图单方面与琅威理建立联系。李鸿章还向英国驻天津领事福士特表达了希望琅威理来华帮助建设海军的愿望。

1882 年 5 月，英国驻华公使威妥玛返回英国途径天津，李鸿章当时虽然因为母亲去世在家守孝，但仍然挂念着让琅威理来华的事情，他让留学归来的海军副将刘步蟾和英文翻译罗丰禄向威妥玛询问此事的进展情况，并希望威妥玛回国后能够鼎力相助，促成此

---

1 陈霞飞主编：《中国海关密档：赫德、金登干函电汇编 1874—1907》第二卷，第 357 页。

事。威妥玛当时虽然也连连表示当尽力相助，可是此事并无进展。

为什么会是这样的呢？于琅威理本人而言，他虽然也想来华，帮助中国操练海军，将之训练成一支可观的劲旅。但他也提出了一些条件：一是他必须具有调派兵勇之权；二是根据英国海军部的惯例，他需要向海军部请假，得到批准后方能成行；三是琅威理仍然希望保留他在海军的资历。此时他已经在英国海军中服役多年，资历已深，再经过三五年，就有可能升到提督官衔，这个相当于一省军事高官的职位对他来说还是相当诱人的。因此，他既想接受清廷的聘请又希望与英国海军部协商,能够保留他在英国海军部的资历，或者把他在华服役的年限算到英国海军部服役的年限，这样，他服役归来就不会影响他的升迁；再者，琅威理还有一个特别的要求，就是不希望李鸿章将此事告知德璀琳，而坚持他的雇聘必须要有赫德的推荐方能成行。

琅威理的这些要求，清廷与李鸿章基于现实的需要，虽然表示愿意多方配合积极协调，但是关于他继续保留在英国海军部的资历问题以及他是否能最终来华，都需要英国海军部的批准。而英国海军部却有着相当的顾虑，一时之间还难以做出决定。借聘英国现役高级军官来华服役毕竟是一件大事，也关系到英国的利益，必须慎重地作出抉择。一来是英国不愿其现职军官到中国服役，免得将来中国与他国发生战事时他国因此而对英国指责；二来琅威理希望保留年资，但他到中国服役，即应留职停薪，将其年资予以暂停，如果承认琅威理在中国服役的年资，则是对英国法令的破坏，所以，关于他借聘之事，一时间陷于胶着状态。[1]

在这样的局面中，赫德的"总海防司"美梦也泡了汤。关于"超勇""扬威"号两艘巡洋舰的接船问题，虽然没有琅威理的帮助，

1　王家俭：《洋员与北洋海防建设》，天津古籍出版社2004年版，第72、73页。

但在李鸿章的要求下，1881年初清廷派出264名中国接船官兵前往英国。当年7月，两艘巡洋舰建造完成，并试航成功。8月3日，驻英公使曾纪泽亲自前往纽约斯港与中国官兵把大清国旗插上军舰，接收了两舰。

8月17日，"超勇""扬威"号巡洋舰在中国官兵和英国教习的驾驶下踏上了归国的行程，历时61天，两艘巡洋舰越过万里重洋安然抵达天津。李鸿章在天津大沽对两舰进行了验收，对两舰很满意，请旨给接船有功人员奖赏。这次成功接舰，就连一直反对中国海军官兵接船的赫德、金登干也不得不表示："水手都是很优秀的人，他们以及中国的旗帜在欧洲的水域出现，将使人们大吃一惊"。[1]"巡洋舰于10月15日抵香港，现正缓慢地沿海岸北上，在广州、福州和上海停靠以炫耀一番。李中堂因太后（慈安皇太后）葬礼现在北京，他看到中国水手未经保险而把两艘船驶回，大为高兴。"[2]

中国官兵的成功接舰，打破了近代中国海军从未参与过任何远洋航行的历史。从此以后，"欧洲诸国始知中国亦有水师，群起而尊敬之"。这次航行也打破了赫德试图通过外籍军官控制中国海军实现其"总海防司计划"的美梦。

这一事件的发生使赫德感到，清廷的一些官员如李鸿章、左宗棠对他是不信任的，也使他有一种危机感，而还有一种危机感是来自德璀琳对他权力和影响力的竞争，德璀琳很受李鸿章的信任是众所周知的事情。赫德不止一次的提到，"有些海关高级职员希望地位升的很高"。尽管赫德在公开场合冠冕堂皇地夸奖德璀琳工作出色，是不可多得的人才，但骨子里对他是嫉妒的，尤其看到德璀琳对李鸿章的影响越来越大，他不无妒意地说："英国官员们既不像

---

1 陈霞飞主编：《中国海关密档：赫德、金登干函电汇编1874—1907》第二卷，第465页。

2 陈霞飞主编：《中国海关密档：赫德、金登干函电汇编1874—1907》第二卷，第647页。

鸽子那样善良，又不像蛇一样的狡猾。去他们的吧！别国人可不是这样！"[1]

赫德一心想取得对中国海军的控制权，然而在李鸿章坚持下，中国官兵到欧洲的接船成功，不仅锻炼了中国海军，也使得赫德"总海防司计划"宣告泡汤，他抱怨英国政府没有给予他更多的支持，他为英国人在中国筹建海军进程中影响力的减弱而惋惜，他说，"我们这里正面临着一次危机，中国的水师几乎肯定要交给李（鸿章）来统辖，而他发现在战时不能依靠英国官员支持他并帮他打仗，因此他正在慎重考虑。他可能任命美国水师提督薛斐尔任总司令，再在他下面混杂安排一些德国人和美国人。假如我们政府的政策允许我们单独去碰运气，我们英国人本来是可以获得有利地位的。可是，像现在这样，我们在中国拥有最大的利益，而对他的影响将减到最小的程度。而且，当我们最少可能滥用我们的影响并用它来反对我们，而在所有的来华人员中，我们是唯一仍处于能被这种指向我们的权力所损害的民族。"[2]由此可见，口口声声要做中国仆人的赫德，他的行动并不是为了中国，而为了自己与英国的利益倒是真的。

在为中国购买船舰的行动中，赫德除了觊觎海军的人事权外，他还想把大清的军购大权都掌握在自己的手里。1876年，因"马嘉理案"出使英国的郭嵩焘引起了赫德与金登干的注意，他在给赫德的信中说，"现在他们在伦敦有了中国公使，他们可能通过他订货。如果他们这样做，我认为我们对这种事就不应该参与，因为我敢肯定他们必定失败。……据我所知，郭一直在接待来访的造船商和其他人。如果他完全听信他们的话，总理衙门就会从他那里不断地收到许多设计和估算方案"。[3]

1 王宏斌：《赫德爵士传：大清海关洋总管》，第206页。
2 陈霞飞主编：《中国海关密档：赫德、金登干函电汇编1874—1907》第二卷，第632页。
3 陈霞飞主编：《中国海关密档：赫德、金登干函电汇编1874—1907》第一卷，第210页。

为防止郭嵩焘在伦敦插手购买船舰事宜，赫德叮嘱金登干要保守秘密，不要让中国公使随便进出伦敦办事处，防止走漏消息而影响他们的购船大权。在郭嵩焘的使团中，马格里作为中国驻英使馆参赞和翻译随行，到伦敦后，马格里常随郭嵩焘参加一些外交和参观军工企业的活动，这引起了赫德的主意。赫德在1877年1月写信叮嘱金登干："当心马格里这个人，要看住他，不要给他任何'面子'。我从各方面听说，他是反对我们的。一般说来，我是宁愿使用人而不愿忽视人的；现在这件事，我认为最明智的办法是反其道而行之。不要让他随意出入你的办事处，不要信任他，也不要让他知道我的消息。"[1]

后来，担任福州船政局船政监督的日意格在李鸿章的授意下前往英国，在英国军界活动，广泛接触海军界人士，这引起了赫德与金登干的极大反感。在他们的压力下，日意格的活动受到限制。1878年，在赫德与金登干准备为大清第三次订购炮艇时，金登干得知李凤苞正在了解此事，他电告赫德说，"我估计李凤苞将会从中国了解到有我们经手购买船舰的消息，那么假如郭嵩焘或者他人向我询问此事，我该如何回答？"[2]赫德给金登干回信说，购舰这事，"要由你亲自办，我不希望郭氏或日意格或李凤苞等等等等插手。"[3]从这些情况看，赫德意欲控制船舰订购大权的愿望十分强烈。

购买铁甲舰一直是李鸿章的愿望，但赫德一直反对。1879年在李鸿章委托赫德向阿姆斯特朗公司订购了两艘巡洋舰后，赫德很希望清廷按照他的意愿行事，但李鸿章却故意避开赫德而让驻德公使李凤苞来购买铁甲舰。到1881年底，李鸿章已经很少通过赫德、金登干来购买船舰了，这都是对赫德"总海防司"梦想的沉重打击。

1 陈霞飞主编：《中国海关密档：赫德、金登干函电汇编1874—1907》第一卷，第487页。
2 陈霞飞主编：《中国海关密档：赫德、金登干函电汇编1874—1907》第二卷，第93页。
3 陈霞飞主编：《中国海关密档：赫德、金登干函电汇编1874—1907》第二卷，第94页。

经历了控制海军人事权和独掌军购大权的失败，赫德并没有放弃对中国海军控制权的觊觎。相反地，他表现得更为激烈。1883年，赫德对总理衙门没有任命他为总海防司仍心存不满，说，"他们若是这么办，我将在五年的时间里把他们的海军搞得真正可观。让这样能做一番伟业的机会失掉是可惜的，若是看到这项工作落入德国或美国人的手中，那就更加遗憾了。"[1]这再一次印证了赫德所炮制的"总海防司计划"不过是为自己和英国谋利益罢了。

也就在当年，他又提出"海防衙门"由他来担任"总监"的计划，但是这一动议在提交总理衙门之后，却传言总理衙门与李鸿章属意德璀琳与格雷森，准备让二人参与筹建海防衙门。

格雷森虽然也是英国人，从某种程度上说，却是赫德的竞争对手，他从1871年进入中国海关，在1881年曾随中国官员到英国接回了订购的两艘巡洋舰，这件事让赫德很不高兴。他在信中说："我听说撞碰船（巡洋舰）已抵达上海，并进了船坞，格雷森的那条船需要清洗一下……有人告诉我说，格雷森每遇上机会就讲这两艘船的坏话……有些人爬上来后，就过河拆桥，想到这件事上还有这类的事在等着我，我感到难过。但由于我很能沉着对待，我可以说总会有轮到我嘲笑的时候！"[2]

赫德又借题发挥，大谈人类道德与品性，"格雷森没有经受住考验，事业上的成功惯坏了他。据说他变得傲慢狂妄、目空一切、盛气凌人、爱讲下流话等等，他的和蔼可亲隐藏着过河拆桥的企图，我觉得很惋惜，因为他有些非常好的品质，并且熟悉他的工作。毕竟社会地位创造奇迹：一个出身于正直家庭的人，尽管命运总是那么残酷，他永远也不会干卑鄙的事；而一个没有继承优雅品质的人，当福星高照使他感到自己不受拘束时，他就会置一切高尚、诚实的

---

1 陈霞飞主编：《中国海关密档：赫德、金登干函电汇编1874—1907》第三卷，第294页。
2 陈霞飞主编：《中国海关密档：赫德、金登干函电汇编1874—1907》第二卷，第656页。

行为于度外。一个在上面亲热地吻你的人，将会在下面残忍地踢你一脚。我想这或许是大自然的补偿方法之一吧！甚至学识渊博也不能克服一个人本来的脾性。我不得不给李鸿章写了几封信，警告他不要被格雷森的小题大做所吓倒"。[1] 但是，这次成功接舰回国，却使李鸿章对格雷森更加信任，所以便有了李鸿章委托德璀琳、格雷森二人帮助筹建海军衙门的传言。

当赫德得到这个消息时，内心立即不安起来，他说，"使我烦恼的是，不通过我来办意味着削弱英国的影响，而别国的影响却在增长。"[2] 他在给金登干的信中说，"你知道最近这25年来，我一直使中国陆、海军的职位如不保留在英国人手中，至少也不让它们落入可能对英国的利益施加敌对影响的人的手中。如果发生后者的情况，结果很可能对中国不利。……我特地不让新建的海军由非英国人来领导，尽管有法国、德国和美国的军官，不但用他们的本领来当教官，而且用他们的刺刀来为伟大的李鸿章作战效劳，我还是保持了英国人对中国海军的领导权。两年前，海军几乎从我的指缝中滑掉，幸好琅威理答应效劳。与其说这是为了薪金和职位，不如说是为了把领导权掌握在适当的人的手中"。[3]

赫德所说的适当的人，当然指的是代表英国利益，因此他仍不惜一切手段地向清廷推荐英国的海军人才。我们知道，海军军官来华需要经过英国海军部的同意方可放行。所以，这也使琅威理难以成行。但在赫德与清廷的努力下，琅威理最终成行。

虽然，琅威理自1882年后两度来华任职，但他一样也未能帮助赫德实现控制中国海军的梦想。愿望屡屡难以实现，赫德极为失望，从此以后，他就"不再为中国组建国防军而努力了。或许他开

1　王宏斌：《赫德爵士传：大清海关洋总管》，第206页。

2　陈霞飞主编：《中国海关密档：赫德、金登干函电汇编1874—1907》第三卷，第479页。

3　陈霞飞主编：《中国海关密档：赫德、金登干函电汇编1874—1907》第三卷，第509、510页。

均利而无所不利者也。"[1]

虽然在鸦片战争后，西方的邮递形式已经开始涌入中国，首先是在通商口岸设立正式的通信机关，各国竞相效仿英国，一时间外国"客邮"遍布大清口岸，但"各国在华'客邮'，既侵犯中国主权，又任意走私"。[2]

面对混乱的邮递局面，1861年赫德第一次到北京时就向总理衙门提出，大清应建立家邮政局，以结束邮政事业中存在的混乱与竞争。这样既可增加政府财政收入，也可以维护中国在邮政事业中的主权。当时，赫德提出这一建议，他还没有一个清晰的规划，再者总理衙门当时还不准备承担他们已经承诺下来的事情以外的任何风险，特别是这将会使他们与有权有势的官员，与驿站以及民局这样的私营投资业产生冲突。他们知道，海关外籍税务司的设立是不可避免的。这是条约的要求，也是作为偿付赔款的必不可少的手段。但是，下令开设一个国家机构，而这个机构的设立，又一定会对数百与此相关的官吏和数千名民局雇员的职位与收入造成不利的影响，等于下令开设某种条件不成熟的机构。明智的做法是把它推迟到更为方便的时候。[3]然而，作为一个初入中国政坛的外来者，一个充满进步思想的年轻人，他相信他设想的这一切终会实现。

当时有一个现象是，列强根据第二次鸦片战争签订的《天津条约》《北京条约》，强迫清廷承担"保护各国驻华使领馆信差自由来往于中国沿海各地的责任"。根据条约，英国公使拥有选择沿海任何一个地方来收发他的信函的绝对自由。他们还可以雇佣专门的信使，这些信使将得到与大清帝国雇佣的信使同样的保护和旅行装备。然而，由于清廷担心因失误而引起外交纠纷，于是"自1865

---

1 夏东元编：《郑观应集》下册，上海人民出版社1988年版，第669页。
2 徐建国：《赫德与近代中国邮政制度的确立与初步发展》，《历史教学》2009年第10期。
3 [英]魏尔特：《赫德与中国海关》上册，第423页。

年总税务司署移设北京后，总理衙门就打算把递送各国使领馆文件工作交英人赫德办理"。自 1866 年 12 月起，北京、上海、镇江、天津海关先后设立邮务处，海关开始兼办邮政。[1] 这等于大清试办邮政的开端。

1867 年初，赫德公布了邮件封发时刻表和邮寄资费，收寄范围局限于海关内的公私新建和使馆的文件、信函等。从 1868 年又开始在天津开始收集外侨的信函。但是，海关试办邮局的最初十年，赫德也曾试图使邮政事业合法化，希望得到清廷的批准。但由于政府官僚、外国客邮、民间新局等各方利益交错，加以阻挠，使得这一事业发展缓慢。

1876 年，因"马嘉理案"而签订《烟台条约》之时，总理衙门请赫德向英国驻华公使威妥玛说明清廷准备同意设立国家邮政局，南北洋大臣都表示支持，希望威妥玛也予以支持。清廷并表示，可以将开办邮政和造币厂两事列入条约之中。

当赫德向威妥玛说明此事时，遭到了威妥玛的反对，结果没有成功。赫德对此一直耿耿于怀，对威妥玛抱怨不已，他在后来写给金登干的信中说，"我听说威妥玛告诉西华德（参与《烟台条约》谈判的英方代表），他反对接受造币厂和邮政条款是因为它把太多的东西——太大的权利和太多的官职的恩赐——放到我的手里"。多年以后，赫德对此仍不能释怀，说："办理邮政……有几次差不多要成功了，尤其是 1876 年签订《烟台条约》的时候。可惜那时跟我作对的人故意不声不响，因此仿照西法办理国家邮政和造币厂这两件事都不曾订入《烟台条约》。"[2]

当时，威妥玛虽然没有支持，但李鸿章却对赫德说，可以先试办海关邮政局，待试办成功后，他向朝廷上奏改为国家邮政局。随

1 邮电史编辑室编：《中国近代邮电史》，人民邮电出版社 1984 年版，第 23 页。
2 卢汉超：《中国第一客卿：鹭宾·赫德传》，第 159 页。

后，李鸿章向总理衙门建议，由赫德主持，先在北京、天津、烟台、牛庄、上海等口岸依广州之法开办邮政。

1878年初，清廷批复同意由海关主持在指定地点开办，这意味着试办邮政的扩大化。这些地方开设邮政局后，即开始收寄普通民众的信件。在此期间，赫德试办的邮局以快速、高效、便民的特点，给民众留下良好印象。

1896年3月20日，光绪帝正式颁布谕旨，"饬即成立全国邮政，委由赫德主持"。海关主持下的大清邮政正式开办。此时赫德已是年逾花甲之人，他得到朝廷的谕旨，内心感慨万千。他上奏说，看到皇上准许开办邮政的圣旨，"恭读之下，惶悚莫名，伏念总税务司拟议此章，屈指三十余载，于今钦奉谕旨饬办。窃维忝承宠命，实周任重责大，自顾衰老，深惧弗胜"，感慨之余，赫德也觉得邮政局历经周折，开办已经很晚了。他在给金登干的信中说，"邮政局业务到手太迟了，不尽合我意，但这是一件好事情，而且是由我创办的，'稳扎稳打'是我的座右铭"。[1]他对自己的属下葛显礼说，"想到中国官员需要多么久的事件才说出一个办字，真令人生气"。但是最能表达感慨之情的是他对英国驻华公使欧格讷说过的一句话："三十年的旧话，二十年的经验，最后终于成功了"。[2]

从1866年开始设立邮务处到1896年，大清官方邮政经历了从"摸着石头过河"到正式开办的30年路程。此间，为促使国家邮政的开办，赫德做出了不懈的努力，当然这与他采取缓进的策略以及想方设法获取支持等措施的运用有很大关系。

作为一个中国通，赫德知道，要成功开办邮政，重要的是获得民众的支持。前面说过，在邮政局开办之前有着一种重要的民间邮递机构，即民信局。民信局由于来自民间，适用于商民，因而得到

---

1 陈霞飞主编：《中国海关密档：赫德、金登干函电汇编1874—1907》第六卷，第448页。
2 中国近代经济史资料丛刊编委会主编：《中国海关与邮政》，第70页。

民众信任，从而导致商民对邮政开办持排斥态度，"在昔，人民对于邮局深滋疑虑，不愿与邮局有何交接"。再者，开办邮局等于砸了民信局的饭碗，赫德必须排除敌意。1897年2月时，广州和黄埔各设立了邮局，"该局开办之初，曾遭到各阶层的反对——这个反对运动或多或少是由本地已有的邮件递送机构组织起来的，它们进行了积极的煽动"。如果行动过激而造成与民局的尖锐对立，"激起当时深具潜势力、遍布全国的此一民营信业之联合反抗，则结局如何，实不易估计"。[1]

针对这种状况，赫德鉴于商民对民信局的信赖，他对民信局的吞并采取了渐进的方式，在最初阶段，官局不但承认信局的独立地位和活动自由，而且还与信局合作，甚至假以优惠的待遇，利用信局的力量，暂时解决它对内地和边远地区的力所不及。例如，邮章中规定，民信局收寄内地信件可以按信局自己的规定，自行收费，而在设有官局的口岸，它们甚至可以享受官局免费代寄信局包件的优待。但是随着官邮局势力的扩充，对民局的排挤限制就逐渐提上日程。对民间信局的邮件不但取消了原来的优待，而且进一步限制民局享受轮船公司和铁路运输的便利，企图通过这一系列的限制措施达到官局取代民局的目的。[2]

赫德采取缓进的策略开办邮政，重要的原因是守旧势力的排斥。晚清时代，风气未开，虽然经历了"洋枪洋炮"的被动开放国门，但很多守旧官僚还停留在"谈夷色变"阶段，仍然认为抛弃华夏根本而将洋人的东西搬到中国是很可耻的事情，对西方的一切新生事物都持排斥态度，"小之如御史徐道焜，有各海关附设邮政局所议章程，须防流弊之奏；大之如两广总督谭锺麟，有邮政局琐碎烦苛，

1 徐建国：《赫德与近代中国邮政制度的确立与初步发展》，《历史教学》2009年第10期。

2 汪敬虞：《赫德与近代中西关系》，人民出版社1987年版，第328页。

众怨沸腾，无裨饷需，徒伤政体之奏。闽浙总督边宝泉有邮政琐碎烦苛，商民胥怨，严搜重罚，尤为纷扰之电"。[1]

应该说，传统势力对邮政局的创办与运营，所带来的阻力与破坏是巨大的，它不仅影响到普通民众，甚而还影响到邮政在一些地区的正常开办。1878 年，清廷同意在天津等口岸开办邮政后，在天津到镇江的邮路上，由于当时山东巡抚和地方势力的怂恿，在该路线常发生邮差被拦截、扣留、邮件被丢弃的事件。

此外，邮政也是西方列强竞相插足的地方，用赫德的话说，这里是另一个战场，这里的活动充满着矛盾和勾心斗角。西方列强也竞相以"客邮"开展非法走私活动。喝得曾就此奏明清廷说，"英、法、俄、德、美、日等国邮局任便扩充之情势，金谓侵占邮务姑且不论，乃竟揽寄应税包裹，使奸商得以乘隙偷漏。"[2]这种现象被海关发现，要求照章纳税时，一些国家竟声称："本国挂号邮件向无经关过验之章，不知何从照办。"有的国家根本没有设立邮局而进行非法邮递。1877 年，美国旗昌洋行的克宁汉就被日本派为汉口的邮政代办。可以想象，如果出现非法的走私活动，海关是根本无法查考的。[3]

列强要维护他们的非法利益，就要与中国国家邮局的创办分庭抗礼。赫德在上海试办邮局后，英国租界工部局设立的邮局并没有撤销，而是宣称要以独立的邮局身份存在，甚至申请要加入国际邮局联盟。在赫德积极推动邮局创办的同时，英、美、德、法、俄、日等国都觊觎着大清邮政的人事权，甚至干预邮政事务。1897 年，赫德在给金登干的信中说，"我希望邮政内部事务处于高效率的状态，并且建立起一套发展的原则。但是总理衙门里面缺乏主心骨，加上各国使馆进行干预的势头，使人感到十分棘手。"12 月 5 日，

1 徐建国：《赫德与近代中国邮政制度的确立与初步发展》，《历史教学》2009 年第 10 期。
2 中国近代经济史资料丛刊编委会主编：《中国海关与邮政》，第 156 页。
3 汪敬虞：《赫德与近代中西关系》，第 333 页。

他再一次给金登干写信说："我的困难，绝大部分来自各国使馆——他们不希望中国进步，或者说，他们反对由一个英国人设计的进步方案！"[1]

面对重重困难，赫德说，"我们应该效法的是龟行，而不是兔走"。对应到办理邮政，他认为重要的是先站稳脚跟，然后循序渐进地推进这项事业。他循序渐进的策略是，让中国人自己认识到开办邮政的好处，这"比起在一个讨厌的交涉里加以规定，更可以得到健全的发展和拥护"。赫德还说："时间会对我们有利，只要耐心和谨慎地办理，那就不但不怕失败和出乱子，而且还可以得到巩固和发展。"[2]

为获取官方的支持，赫德委派葛显礼着手具体事务的办理。葛显礼在海关工作 30 余年，除任各重要海关的税务司外，还担任海关总署造册处税务司，他是海关洋员中对开办邮政最"热心"的一个。在邮政还在试办之时，葛显礼四处游说，说开办邮政可以限制客邮，挽回主权。葛显礼在抨击日本客邮时说，"美国驻汉口代理领事克宁汉，是旗昌公司的代理人，他最近被日本政府派为日本在汉口的邮政代办，是一种不合理的特权，中国当局应当予以纠正。……从私营信局的数目判断，官方邮局可以获利，对人民也是一件好事"。[3]葛显礼还说："中国虽然久已有了很好的驿递制度，但是不替商人带信件，因此商人只好通过私营企业传递信件，这种传递信件的办法迟缓，不经常，花钱多，而且不可靠"；"中国过去已经仿行了西方的许多新政，例如造船厂和兵工厂等等，现在继续仿照西法设立像邮政局这样的机构也已经是时候了"。经过努力，葛显礼发现中国人对国家设立邮政的观念正在成熟。

---

1 汪敬虞：《赫德与近代中西关系》，第 335 页。

2 汪敬虞：《赫德与近代中西关系》，第 329 页。

3 中国近代经济史资料丛刊编委会主编：《中国海关与邮政》，第 2 页。

1885 年 2 月 4 日，葛显礼在给赫德的报告中说，"现在有许多中国官方和其他人士深深认识到邮政的好处和设立国家邮政局来代替各国在华邮政机构的必要性，他们当然不喜欢这些外国机构"[1]。"开办邮政也是对于人民的好事，是增加国家收入的一个来源"[2]"中国为了维持自己的体面起见，也应当开办邮政来满足这个需要，而不是让别的国家去办"。"只要中国在邮政问题上肯负起责任来，通商各国大半都会认为满意，因为由海关管理邮政，可以保证至少也会像领事馆现在办理的那么有效率"[3]。

1885 年，葛显礼率领一干海关官员翻译了香港邮政条规 123 条。起初这一动议是葛显礼的华文文案李圭提出的，此时李圭还有一重身份是浙江宁绍台道薛福成的洋务委员。香港邮政条规翻译后，李圭即将此译稿抄送薛福成。薛福成曾经是李鸿章的重要幕僚，一直关心洋务。他在浙江的工作不仅要督察宁波、绍兴、台州三地的官员，还要监督军事防御。当时，宁波还是清廷开埠的重要口岸，也负有监督镇江、宁波两大海关的税收工作，这样的多重身份，使他常常要与在浙江的外国人接触。在浙江任上，当他从葛显礼的口中得知开办邮政的诸多好处时，便表现出了浓厚的兴趣。随后，葛显礼提出了开办邮政的十五条建议，薛福成立即表示支持，并将葛显礼的建议呈递两江总督曾国荃。最终这个建议也送达总理衙门的官员手里。

对于葛显礼提出的开办国家邮政的十五条建议，总理衙门向各督抚征询意见，李鸿章、赫德都认为，大清应该尽快正式开办邮政。李鸿章就葛显礼的建议发表意见说，各国在华设立邮政本与万国通例不符，中外条约亦无准设之款，葛显礼"所禀甚为有见"。赫德

1 中国近代经济史资料丛刊编委会主编：《中国海关与邮政》，第 32 页。
2 中国近代经济史资料丛刊编委会主编：《中国海关与邮政》，第 3 页。
3 中国近代经济史资料丛刊编委会主编：《中国海关与邮政》，第 28 页。

也认为，开办邮政已到了刻不容缓的地步，但是存在一个问题，他认为，葛显礼所说的只要把各国在华邮政机构接管过来就不用花多少钱可以开办国家邮政的说法过于天真。

赫德打了个比方，"正如只有船和机器而没有蒸汽，如果只有设置邮政局的计划和政府同意的官样文章而不给我'蒸汽'，我也没有把握使这个机构在各方面都能完成国家邮政局对公众应尽的任务。……我需要的'蒸汽'就是经费"。[1]赫德的言外之意，是需要大清官方的真正支持。

赫德向葛显礼表示，"必须慎重地考虑经费问题"。他直截了当地说，"我相信现在试办中的邮递工作每年要大致开支两三万两，如果我们不用这笔钱，各地领事馆和海关都不办邮递业务，而把北京和十九个通商口岸的业务交给另行设立的邮政局办理，那么开支一定更大"[2]，因此必须保证有钱有人。

在给葛显礼的指令中，赫德还指出，邮政局的开办，"不是商业投机，而是政府的措施，开办以后，就必须继续向前发展，因此应当事先由政府保证，不管（邮政）收入多少，一定按期提供经费，以备开支，这样做才妥当，而且也是必要的"。[3]赫德坚持这个要求。后来在1896年2月的《总理衙门议办邮政折》中，才确定"官邮政局岁入暨开支款目，由总税务司按结申报臣衙门汇核奏报"。虽不是专门拨款，但也可由政府财政"实报实销"了。

赫德等人的积极努力，不仅使得邮政局得以开办，开办后还保障了邮政局的正常运营。从1896年邮政局正式成为国家的正式机关起。赫德更认识到，要引进新的邮政体系，必须得到地方官府的支持，要求各地在新设局所时，应向该地州、县长官呈递《邮政章

---

1 中国近代经济史资料丛刊编委会主编：《中国海关与邮政》第50页。
2 中国近代经济史资料丛刊编委会主编：《中国海关与邮政》，第46页。
3 中国近代经济史资料丛刊编委会主编：《中国海关与邮政》，第50、51页。

程》，向地方讲明办理邮政的好处，"托其竭力保护"，这样既可压制守旧思想对邮政事业的排斥，又可防止民信局的干扰破坏。

经过一番耐心细致的工作，到 1904 年时，地方官员已经逐渐转向支持邮政，"至于各官府中，亦无不确欲成全邮政，其情形已无可疑。即如山西、河南、湖北，以及他省大员，均经自行出有剀切晓谕，内将邮政声名宗旨及所办系属则家内政各节，业经明示众知。凡遇新设邮局地方，若请该处颁发告示，遍贴城厢，亦当不甚费手"。[1]

赫德取得地方的支持，使得邮政事业中出现的地方民众阻挠邮政开展的事件得以解决。1907 年 2 月，天津发生的两起邮政案件在官方的介入下得以圆满解决：静海县追回被抢劫的全部邮件；滦县邮局被盗钱款得到赔偿，并严令追拿盗犯；在江苏阜宁，曾经发生书院学生和军校学生到当地邮局闹事的事件，在地方官府的介入下，使得邮局损失得到赔偿。为防微杜渐，山东、山西、河南各地官方还先后发出告示，禁止公众到邮政部门寻衅闹事。1901 年，山西巡抚保护邮政的告示指出，发展邮政利国利民，要求民众予以支持，"尔等于太原邮政局开设后，所有往来信函书籍包裹等类，均可照《邮政章程》购备邮票粘贴递寄，必能价廉寄速"，"尔等民等当必争相转告，乐于奉行，其有不法匪徒，胆敢到局喧哗滋扰者，则是故违功令，自干刑辟，定当拘获重惩不贷"。[2]

清廷正式批准设立国家邮政局后，赫德主持建立了一系列的规章制度。1899 年制定的《大清邮政章程》分为 26 章 166 条，对邮政的相关问题作了具体规定。在此制度的基础上，赫德还主持制订了业务、人事、财务、物资采购供应等一系列的规章制度，这些制

度虽然借鉴了西方的邮政运营管理模式，但又根据中国的实际情况作了调整，适应晚清社会的需要。

在业务方面，主要有《开办邮政章程》《汇票章程》《挂号章程》《挂号函件处理规则》《代寄包裹挂号章程》《代寄包裹保险章程》；在人事制度方面，引进了西方的人事制度管理模式，对职员的录用、分级、定薪、晋级、休假、养恤等都作了明细规定，对封建王朝的行政用人制度是一种变革；在财务管理方面，赫德建立了统收统支、高度集中的管理模式，财政权统一集中在赫德手里，对内对外支付款项都要出具汇票，由赫德核定批准，地方各局作为一个核算单位，但并不是独立的核算单位，赫德对这些支局建立了盈余上交、遇亏则申请补助的原则，有利于协调各支局的健康发展。

开办邮政，虽然当初赫德希望清廷在财政上也予以支持，但清廷的财政资助表现出相当的困难，赫德只好让"海关仍然定期支付邮政局的费用。到了1911年，邮政局发展到能够保证其经济独立时，海关才停止资助"。[1]

赫德把邮政局纳入海关之下，他还把与之相关的电讯、邮汇、储金等事业都传入中国，随着这些业务的传入，赫德在中国的权力进一步扩大了。

4."胁迫与协助"中国创办实业

在洋务运动的推进中，帮助中国兴办现代工矿交通企业，赫德也把此视为"为中国办好事"的主要内容。赫德在向总理衙门呈递的《局外旁观论》中，赫德提出了四项"外国可教"而中国"应学"之"善法"，其中有三条是兴办中国现代企业，即"做轮车以利人行，造船以便涉险，电机以速通讯"。赫德在这些方面表现出了极

---

[1] 徐建国：《赫德语近代中国邮政制度的确立与初步发展》，《历史教学》2009年第10期。

大的兴趣，当然也有扩大自己权力的成分。

赫德正式出任总税务司之前，就已经产生了创办中国现代企业的想法。他提出的"造船以便涉险"实际上就是希望中国人自办航运企业。1861 年，李泰国回国休假之时，赫德暂代总税务司，他就致函总理衙门希望清廷批准中国商人经营新式航运。

1866 年，赫德拟定了《华商买用洋商火轮夹板等项船只章程》，再次奏请总理衙门。赫德在这个章程中强调中国商办轮船在航行口岸和缴纳税捐方面应和外国在华轮运企业享受同等待遇。他的呈报中说，这是为了避免轮船"混入各口"，为了杜绝假冒"而归核实"。但是，从主导方面看，显然他是以保护中国新式航运企业自许的。[1]

赫德的《局外旁观论》中，"做轮车以利人行"是建议朝廷修建铁路、制造火车、方便运输和出行。虽然说洋务运动此时已在开展，但对于修筑铁路的问题，朝廷上下经过多番讨论，都对修筑铁路持反对态度，认为洋人修筑铁路，目的不过是以"轮车补轮船之不足"达到进一步侵吞中国利权的目的。1867 年，李鸿章在给朝廷的奏折中说，他"议铜线、铁路一条，此西事有大利于彼，有大害于我，而铁路比铜线尤甚"，其理由是："铁路凿我山川，害我田庐，碍我风水，占我商民生计"。[2]此时的李鸿章是持反对态度的，阿思本舰队招惹的麻烦以及镇压太平天国中白齐文的反叛事件仍让他记忆犹新。所以他此时对洋人做事情是排斥的，但也认为，"铁路只有绝对掌握在中国人手里，方能对中国有利。"[3]

李鸿章奏折中所言的"铜线"指的是赫德《局外旁观论》所言"电机以速通信"方面。对于这些事业的遭到阻挠，赫德很想说服清廷中的当权派，他甚至说，"除非我亲眼看到中国的煤矿在开采，

1　汪敬虞：《赫德与近代中西关系》，第 277 页。
2　《筹办夷务始末（同治朝）》第六册，卷五十五，第 2259 页。
3　[美]泰勒丹涅特著，姚曾廙译：《美国人在东亚》，第 502 页。

铁路在运行，电讯在扩展，否则，我决不会满意地离开中国的。"[1]
这是赫德意图在海关之外涉足中国实业的心声。

由此也可以看出，赫德所关注的外国可教之善法，并非局限于
轮船、铁路、通讯三项。煤矿的开采也是他渴望全力所及、想方设
法插手的领域。可以说，中国最早创办的第一批煤矿都有赫德插手
的影子，所有矿师都是出自海关或者经由赫德的推荐。

1875 年，湖北广济兴国煤矿创办，矿师郭师敦及洋匠三名都
是由赫德代为雇聘。众所周知，开矿先要采矿，起初湖北开采煤铁
局曾经聘请英籍矿师马立师到兴国（今阳新）半壁山一带勘查煤矿，
马立师虽然在富池口一带开了一些小煤窿，但却没有发现大的煤矿，
过了半年。开采煤铁局认为马立师不谙地学，就把他"炒了鱿鱼"。
也就在这时候，准备回国休假的赫德说可以代为雇聘矿师。1876
年秋冬之际，赫德休假归来，带回了英国矿师郭师敦，主持湖北开
采煤铁局的盛宣怀经过了解，很快与郭师敦签订了雇聘合同，同时
给他派了两名助手，让他到湖北兴国一带找矿。

郭师敦的到来，在当时可谓高薪技术人才，从当时的聘用合同
也可以看到高薪并非夸张，聘用合同写道："该矿师薪水应照后开给
之数给发，第一年应给薪水关平银三千三百三十六两，第二年应给
薪水关平银三千六百六十两，第三年应给薪水三千九百两"；"该
矿师郭师敦外出勘矿盘费应报销外，议给每月鹰洋七十元；副手洋
匠两位，派克、谭克各给鹰洋四十元，以为津贴伙食、床铺、碗盏，
平时服药，除受病迫需延医开方购药外，其余杂费一应在内……"[2]

在湖北开采煤铁局官员的陪同下，郭师敦以及两名助手从兴国
半壁山、富池口开始勘探，陆续到龙港、鸡笼山、银山等地，足迹

1 汪敬虞：《赫德与近代中西关系》，第 278 页。
2 陈旭麓等主编：《盛宣怀档案资料选辑之二：湖北开采煤铁总局·荆门矿务总局》，
上海人民出版社 1981 年版，第 162、163 页。

几乎走遍兴国全境，不仅发现了大量的煤矿和五金矿，后又在临近的大冶县发现了丰富的铁矿。根据郭师敦的发现，盛宣怀立即呈文当时的湖北巡抚、翁同龢二哥翁同爵，兴办了"湖北铁厂"。

郭师敦在勘探矿源中的出色表现，很让赫德赞赏，并将其纳入海关的编制之中，实际上也是想增强自己在采矿实业的影响力。

赫德插手采矿实业，在台湾基隆煤矿的开办上表现最为突出。洋务运动大范围的开展起来时，曾经帮助曾国藩、李鸿章兴办洋务的丁日昌署理福建巡抚后，尝到了洋务甜头的他更是大办洋务，并准备扩大台湾基隆煤矿的开矿规模。

台湾基隆煤矿在 1867 年就开始开采，但因管理不善达不到预期产量。想扩大产量就必须找到像湖北兴国煤矿那样有经验的矿师。对此，早在 1874 年 10 月赫德在给金登干的信中就表现出他的热心：

给我找一个有经验的矿师，考察台湾煤矿，对它们的开采，科学地作出建议，同时对矿场经营能否赚钱实际地作出裁定。（我用这些形容词和副词，为的是使你了解，我们需要的这一个人必须是有学问的，同时又是有实际经验的，——他要有研究，又要能工作；而我之所以用'赚钱'这个字，为的是使你了解，我们要这个人，以这样的方式进行工作，能保证矿场不赔本。）我告诉你，要动脑筋，赶快行动起来，因为铁现在是热的（这就是说，中国人正要我们搞这个基隆煤矿，我不愿意让他们有时间再改变主意。……我希望这封信到达你处之前，你找的人已经出发前来中国。[1]

要金登干找矿师，赫德要他"秘而不宣"所以有一定难度，但金登干还是通过好友找到了一名叫翟萨的矿师，翟萨给金登干的印象是，"他看来是一位有经验的煤矿经理，因此也就足以胜任中国

1 陈霞飞主编：《中国海关密档：赫德、金登干函电汇编 1874—1907》第一卷，第 139、140 页。

现有的露天煤矿工作"。[1]这个"看煤洋人"到中国后，先在海关工作了一年，然后才进入基隆煤矿，翟萨到基隆煤矿后，很快成为一个有影响力的人物。丁日昌在台湾推进的洋务事业，还包括铁路和电报，这都使赫德认为应该插手经办，他做出了两方面的动作，一是让金登干继续帮助寻找人才；二是提供资金的帮助。

在人才援助方面，金登干根据指示在英国物色建筑电报方面的人才。他找到了毕诗礼，希望他"尽可能搜集有关电报（建设和维修）方面的任何情报。我（金）告诉他（毕诗礼），因为中国人已着手铺设从台湾至福州的电缆，他们还可能建其他线路；而假如要求海关承担某项此类工程，这种情报将十分有用。"[2]

在资金援助方面，赫德在1877年11月曾电告金登干，将向金融机构做一笔20万两银子的贷款，"我们将把这笔贷款用于：1.架设一条从淡水到台湾府的电报路线，或者再从那里架设到渔翁岛（澎湖）的军港；2.建造一条从台湾府到打狗（今高雄）的铁路；3.疏浚打狗港，从兴办工业的观点看来，这些都是有利的。我愿设法为这样的工程筹款，并尽我之所能协助丁抚台（丁日昌）"。[3]

看到自己插手的洋务实业正在行动起来，赫德在给金登干的信中高兴地说，"我们这里正为公事忙得不可开交，也为社交穷于应付"；"李鸿章刚刚在他的天津的衙门里建起了小型煤气厂，蒸馏罐和管道都是按照外国样品在天津兵工厂制造的，这又是一步"；"好博逊（海关人员）现正忙着他在基隆开矿事宜"；"吴淞铁路现在通车了"；"福州当局已经自动把马尾罗星塔的电报线从高水位线的不利位置移到了山上一个比较有利的位置。"；"这样，煤气、矿山、铁路、电报线路、觐见、驻外代表机构、扩充海关、增

1 陈霞飞主编：《中国海关密档：赫德、金登干函电汇编1874—1907》第一卷，第172页。
2 陈霞飞主编：《中国海关密档：赫德、金登干函电汇编1874—1907》第一卷，第183页。
3 陈诗启：《中国近代海关史（晚清部分）》，第296页。

设口岸、商轮、军舰等等事项全都在'进行中'了。我确实认为中国开始动起来了，我真高兴我所提出要办的事项有这么多已经办成了。现在我们只缺少造币厂了。"[1]

促动洋务事业的发展，赫德一样有扩大权力，为英国谋取利益的动机，但更多的是他在中西方博弈中做出的"聪明选择"。1873年8月，赫德对他的亲信说过这样一句话，"你必须在胁迫与协助之间进行选择。"

赫德说这番话正是西方列强开始窥伺中国铁路修筑权益之时。当然，赫德也希望西方对中国的改革形势，在协助与胁迫之间做出"聪明选择"。众所周知，两次鸦片战争中一系列的不平等条约，西方列强的目的是在中国获取经济、外交、政治、文化等方面的特权。洋务运动中，西方不仅窥伺工矿交通领域的铁路修筑权，而且外国资本也大量地涌入航运、电讯以及工矿企业。当时，旗昌、太古等航运业，香港黄埔、耶松、祥生等船舶修造业，这些企业都是外国资本向中国输出。它们的出现既无条约依据，又没有得到清廷的批准，完全是强权性质的强行进入。这种状况应该说是一种胁迫性的经济活动，这种行为无疑也引起了清廷的反感，使朝廷中的保守派对洋人参与的各种洋务活动更加排斥。因而，赫德对他的亲信说了"在胁迫与协助之间进行选择"的话，他进而又说："如果你决定帮助中国进步，你还要在协助和不介入之间进行选择。据我们看，最有可能取得成功的计划（指兴办铁路的计划），是在中枢采取官方的不介入，而在有关的地区采取商人的活动的政策，因为申请中枢的批准，会受到禁拒，而径直在地方活动，有时反而会当作既成事实而得到承认。"

赫德把当时一批英国商人在上海擅自修建淞沪之间的铁路说成

1　陈霞飞主编：《中国海关密档：赫德、金登干函电汇编 1874—1907》第一卷，第483、484 页。

是官方不介入因而得到成功的例证，在他看来，不通过驻华公使与清廷交涉，径由商人在地方上搞起来，这就叫做"官方的不介入"。但是，这个原则有时也贯彻不下去，原因是："采取地方的行动，又有一种危险，那就是如果开始没有官方的批准，在眼看就要成功的时候，一个官方命令下来，一切就会落空"。[1]

说到这里，赫德又有精彩之言，算是针对现象的应对之策。他说："因此，你必须要么就对中央政府进行胁迫，要么放任自流。要知道，只要你坚定地提出要求，不管对中国有多大伤害，中央政府都会加以承诺；而如果采取友好建议的态度，那就不管它对中国多么有用，中央政府也会加以拒绝。"[2]

作为一个身处大清官场几十年的洋大人，赫德就像一个行医多年的郎中，把准了晚清王朝的脉搏，了解了晚清官场的性格。国门被洋枪洋炮轰开，胁迫之下签订的一系列不平等条约，使大清形成一种习惯：哪怕是对大清多么有利的改革建议或计划，只要是采取友好的态度来劝说，都会被拒绝；而一旦采取强硬胁迫的态度，不管对中国造成怎样的伤害，哪怕是割地赔款也会被接受。因此，面对种种现象，在"胁迫与协助之间选择"也是一种无奈。

赫德对中国洋务事业的推动，虽然有胁迫性质，有为其殖民利益服务的水分，但赫德对中国洋务实业的兴办，毕竟是有所帮助的，这一点毋庸讳言，我们仍从铁路的修筑说起吧。

1868 年，《天津条约》，条约十年期限已满，又到了中国与各国修约的时间。也许是前几次战争被打怕了，慈禧太后很担心因此再生事端，便派赫德协助清廷官员进行修约谈判。在中英修约谈判中，根据英国商人的要求，英国政府很想获得在中国的铁路修筑权，但是谈判的结果，清廷没有答应英国的要求，以至于修订的条

---

1 汪敬虞：《赫德与近代中西关系》，第 281、282 页。
2 [美] 费正清编：《总税务司在北京》，1975 年英文版，第 120 页。

约没有得到英国的批准。

在整个修约谈判中，应该说赫德处于两难，一方面他是一个英国人，另一方面他又拿着清廷的俸银，做着清朝的高官；英国希望赫德为本国谋取最大的在华利益，而清廷则认为赫德既然是天朝的雇员，就应该按照天朝的指令行事。面对中英矛盾和利益纠葛，他只好巧妙周旋。后来，中英在烟台就马嘉理事件谈判时，赫德在给金登干的信中说："我还是把这两片布（中西关系）按照我认为稳妥的方式拼在一起，并把它们缝起来了。要是我让另一个人把线头剪断，那他剪掉打结的那一头时，缝头就会散开。"[1]

中英修约，赫德没有采取胁迫的方式，使清廷没有接受英国商人提出的铁路修筑权，这在当时也可以视为赫德做出的一个"聪明选择"。因为当时，西方国家对在中国修筑铁路权的要求还不像19世纪80年代那样那么迫切，而中国对西方侵犯中国路权的态度却比后来表现得坚决。

对于修约谈判，赫德与驻华公使阿礼国应该说都有些许遗憾的成分。1869年，阿礼国说过这样的话："我和我在北京的同僚所作的努力，并没有说服中国政府，也未能打消他们对这些方面任何初步措施的反对意见。"阿礼国所说的"同僚"，应该也包括把持中国海关的赫德。而赫德则说，新定的条约中"没有一个字谈到铁路和电讯"，[2] 在这句话的下面赫德着重加了重点号，又在句子的后面加了一个惊叹号，这表明了他对新约的不满意，也是在表明英国政府在这个问题上也不满意。

进入19世纪70年代，西方列强加剧了对中国铁路权的攫取。自1872年起，一部分外商未经清廷同意，擅自在华成立公司，在上海与吴淞之间修筑铁路；1873年，一部分商人则利用同治帝大

1 陈霞飞主编：《中国海关密档：赫德、金登干函电汇编1874—1907》第一卷，第414页。
2 [美]费正清编：《总税务司在北京》，第40页。

婚之机，以所谓的为婚礼献礼为由头，要求获取铁路的修建权。这些情况，赫德看在眼里，他认为这些不谙中国官场之道的外国商人不经他之手就采取行动的做法，注定要碰壁。在他看来，这些商人没有在"胁迫与协助之间"作出"聪明选择"，他甚至扬言，所谓的向皇帝献礼的"婚礼铁路"，只是一种类似于强权的小动作，难以实现愿望和目的。对于上海——无锡间那个铁路的修建，极有可能胎死腹中，赫德甚至以一种并不想介入其事的姿态说，"我不想把修建铁路揽过来，我乐于看到它们的引进。就我来说，地盘是敞开的。谁有能力引进，不论哪一个来都可以——对我来讲，都是一样。"[1]

然而，赫德在作出这番表态之后，眼睛却在关注着事情的进展和动向。1874 年 1 月 27 日，赫德给金登干写信说，"我主要急于知道那些对中国有影响的消息，无论是直接的还是间接的"；"你要盯住拉庞尔和克虏伯，如果他们朝着这个方向挪动，就用密码电告。"[2]

赫德信中所说的拉庞尔是英国兰逊·拉庞尔公司的老板，他希望通过以给皇帝献礼的方式来获取中国铁路的修筑权；克虏伯则是德国一家大型钢铁企业的主人，希望在中国获得军火销售的订单和铁路的修筑。聪明的赫德一方面在玩着不介入的把戏，一方面又关注事情的发展动向，这真是一个官场洋大人的精彩表演。

进入 80 年代，洋务实业的发展又发生新的变化。清廷在一些地方督抚的推动下，逐步开始了自建铁路的尝试，自 1876 年开平矿务局成立之后，其主持人唐廷枢就向李鸿章提出修建铁路的必要性。他说，"若有铁路运煤，便可多开一井"，况且从运费和修理

---

1 汪敬虞：《赫德与近代中西关系》，第 284 页。
2 陈霞飞主编：《中国海关密档：赫德、金登干函电汇编 1874—1907》第一卷，第 5 页。

车辆等各种费用通盘考虑来看，行走火车肯定"有盈无缺"。[1] 但是由于资金困难，清廷在 1880 年建成了一条单轨铁路——"唐胥铁路"。中法战争后，取代恭亲王奕䜣掌控总理衙门的醇亲王奕譞"亲历北洋各口"了解情况，他从防务的立场出发，认为"调兵运械，贵在便捷"，一向反对修筑铁路的他，也开始支持修建铁路。清廷中的多数官员认为应该自建，"而外洋各国，一闻中国开办铁路之信，无不争先恐后，竭力营谋"。见于 1886 年上海《申报》的一则消息写道："前者闻有德国商人专为此事进京招揽，又有传言谓怡和洋行业经包定，又有谓此项工程法人必欲承办，不肯让人；又有人言美国商人亦愿承充是役，甚而至于东洋亦有承充中国铁路工程之说。"[2]

清廷希望自建，而西方国家争相窥伺中国铁路的修筑权，在这样一个关键时刻，赫德从英国的利益出发，发出了让清廷也作出聪明选择的议论。他对金登干说："这样的申请在我这里有一打以上。在这种情况下，你的行动要十分正当，你可以说，信件都要通过我，而我惟一的回答是：就我所知，中国政府对于铁路的引进还没有作出任何决定。"[3]

赫德为什么要清廷作出聪明选择呢？他认为清廷应该选择英国，原因很简单，就是因为在中国拥有巨大利益的英国还没有得到这个权利。因为这时"德国人、美国人、法国人和英国人全都挂了号，但是谁都没有得分"。

在所有觊觎中国铁路修筑权的国家中，最让赫德引为警惕的是德国。但赫德毕竟是清廷的雇员，即便他对德国有所警惕，但也不会明明白白地说出来，而是努力给人一种置身事外的态度，他说，

1 张国辉：《洋务运动与中国近代企业》，中国社会科学出版社 1979 年版，第 252 页。
2 汪敬虞：《赫德与近代中西关系》，第 285 页。
3 [美] 费正清编：《总税务司在北京》，第 629 页。

"谈到克虏伯或者其他任何人得到铁路的合同而把海关排斥在外，即使发生这样的事情，我也是不在意的。""虽然一种妒嫉的心情在一瞬间也许会偶尔发生，但是我决不扮演'狗在马槽'的角色，这是我的常规。"[1]

赫德这番口是心非的表白很有些酸溜溜的感觉，言语之间终掩盖不了他内心对克虏伯枪炮和德国铁路快速发展的嫉妒之情。因此，在 80 年代中期列强各国竞相窥伺中国铁路修筑权的时刻，赫德一边作出一幅"置身事外"的表白，一边又暗中关注德国资本组织可能进入中国的动向。他说，作为德国资本家组织代表的"辛迪加——我是要留心的，但是有诱惑力者自然成功"。显然，他不希望像德国辛迪加那样具有实力的他国资本来参与中国的实业活动。当他得知德国的资本组织辛迪加在中国的活动没有取得成效而准备撤退之时，他在 1886 年 4 月以一种自我安慰的心情告诉金登干说："德国辛迪加来到北京，看了看情况，毫无所获。他们在一个礼拜以前离开了——不失为聪明人。法国人在天津，听说在那里待三年"。[2]

两个多月后，上海的一家英文报纸写道："德国辛迪加派去中国的代表提出了一些报告"，这些报告表明"铁路是有利可图的"，但是，他们还是"没有得到丝毫结果"。报告提醒人们："必须小心注意英国的竞争"[3]。小心"英国的竞争"，赫德认为这是德国辛迪加的"聪明选择"。

对德国的警惕，也使得赫德与同在海关任职的德国人德璀琳之间产生了竞争。中日甲午战争后，赫德以防止日本染指中国路矿为借口，为英国资本进入开平煤矿和开平铁路提出了一个庞大的计划。他以清廷的名义宣称：中国可以将开平煤矿和天津的铁路作为抵押，

1　汪敬虞：《赫德与近代中西关系》，第 285 页。
2　陈霞飞主编：《中国海关密档：赫德、金登干函电汇编1874—1907》第四卷，第 323 页。
3　汪敬虞：《赫德与近代中西关系》，第 286 页。

向英国资本家或金融机构借款三十万英镑；中国还可以批准成立华洋董事会，以外国人为主共同管理中国的煤矿和铁路。

接着，赫德又对这个计划加以具体规划。1895年2月10日，赫德在给金登干的密信中说，"染指路权利益和操纵将来的事业"，"汇丰银行可以出面经办，伦道尔为伦敦董事会主席，总税务司和德璀琳税务司分任中国混合董事会正副主席兼常务董事，再从中国政府取得展筑铁路的全部利权，我们就大有可为了。请迅即与伦道尔及汇丰银行密商并电复。事关机密，在最后办妥前，切不可泄漏任何消息"。[1]

尽管此事在秘密地进行，并在这个计划中也为德璀琳留下了机会，但是德璀琳却有自己的盘算，他在赫德计划之外也搞了一个"仿照海关制度管理中国铁路的计划"，在德国进行活动。德皇威廉二世也被德璀琳的计划所吸引，曾单独召见他长谈约一个小时。此外，他还曾与英国财政部首席秘书斯宾瑞司和英国驻德大使弗兰克·拉赛尔爵士等会谈过。[2]

在德璀琳的计划中，他所要组织的辛迪加（当时的资本垄断组织）预计投入资本500万两，而德璀琳计划中所要攫取的目标除了开平煤矿，还觊觎唐山到山海关一线的铁路修筑权，甚至想夺取李鸿章手中的中国铁路公司的全部大权。

德璀琳的计划，打破了赫德的如意算盘。尽管赫德为自己设定的计划作了精彩的描述，他说，"铁路值五百万两，每年收入约六十万两，经常费用三十万两，煤矿尚无统计数字，但现在经营得很好，如英国拒绝，竞争者将获得一切"。[3] 本来，英国伦道尔财团对赫德的计划是持积极支持态度的，赫德也把其视为财政支柱，

1 中国近代经济史资料丛刊编辑委员会主编：《中国海关与中日战争》，第146、147页。
2 陈诗启：《中国近代海关史（晚清部分）》，第423页。
3 汪敬虞：《赫德与近代中西关系》，第288页。

但德璀琳计划的出现使得伦道尔财团变得犹豫不定，财团负责人伦道尔给赫德回信说，"如果德国竞争者获得一切，将使我们觉得有理由不敢再信任中国，因为中国明明知道首相为阻止日本而作的努力完全是德国单独破坏的。"[1]

财团的意思很明确，英国想阻止日本染指路矿，但德国却破坏了英国的这一行动，清廷明明知道的德国的行为却不去阻止。在此情况下，英国资本的注入显然不合时宜。赫德看过伦道尔的信后，没有坚持，只好放弃计划，又极力粉饰自己想增强在中国铁路、煤矿事业中影响力的想法。赫德给伦道尔回信说，"铁路事原是德璀琳的主意，我不愿在他本人所想办的之外再多所主张。他虽有偏袒德国的倾向，但对其他国家的利益并不是不顾到的。而且目前主要应考虑怎样对中国最有利，他所主张的办法就这一点看也无可非议。"[2]

赫德放弃了自己的计划，但德璀琳想通过德国资本的注入从而攫取中国铁路利权的梦想并没有实现，因为清廷委派盛宣怀来担任铁路总公司总办，并没有使德璀琳所希望的如赫德把持海关那样由他来控制中国铁路大权。

不管是赫德还是德璀琳，他们炮制以阻止日本染指路权为名的所谓"管理中国路权"计划，让清廷做出"聪明选择"，骨子里却包含着为本国和其个人攫取利益的用心。不仅在铁路和路矿方面，在银行和电讯方面，赫德同样在"胁迫与协助之间"以"聪明选择"的方式渴望实现其不可告人的目的。

赫德欲图插手中国银行始于1887年。当年3月，他的属下——宁波海关税务司康发达提出了一项包括设立官办银行在内的兴办实业的建议。康发达通过宁波道台转给南北洋大臣，又转给总理衙门，

1　中国近代经济史资料丛刊编辑委员会主编：《中国海关与中日战争》，第149页。
2　汪敬虞：《赫德与近代中西关系》，第289页。

这个建议是赫德授意所为。

1896年，当中国第一家新式银行——中国通商银行在上海滩开始筹办之时，主持这项事务的盛宣怀计划银行资本从外国募借，这也是修筑铁路、开办实业的需要。盛宣怀在给清廷的奏折中说开办银行是"通华商之气脉，杜洋商之挟持"，奏请得到了清廷的批准。盛宣怀原本打算"先借用部款1000万两（有南北洋拨官款三百万两）召集商股700万两，借洋债2000万两"[1]，由官、商并立举办。但是，借洋债各国"皆谓抵押不指海关，仅指铁路，国家不实保，必须造成铁路，方能抵押"。[2]

赫德得此消息，立即向总理衙门呈递了一个银行章程，要求以"海关为根本"来筹办，再一次企图用"取资官本"的名义把银行纳入海关的控制之下，在各国当时竞相要求合办的情况下，也是想把中国通商银行纳入到英国资本的控制之内。

在电讯的发展中，赫德的"聪明选择"更加露骨。1874年日本侵犯中国台湾的事件发生之后，福建当局申请在台湾淡水和福建厦门之间敷设电线以加强联系，得到清廷的准许。福建境内福州至厦门一段的架线工程由丹麦的大北公司承办。由于英国没有能够插手其间，这件事也叫赫德看红了眼。

7月25日，赫德在给金登干的信中有些失意意味地写道："福建当局已授权建立从台湾府到淡水的陆上电报线、从淡水到尖峰的海底电缆，然后再接陆地电报线到福建的总督衙门，这就是日本远征的最初结果。奇怪的是，一个日本人能够第一次得到引见（日本使臣副岛觐见同治皇帝一事），并且引进了第一条电线。"[3]他对"我们的朋友"清朝政府多少有些失望的情绪。因为，"当你请求他们

---

1 《愚斋存稿》卷二十九，第27页。

2 《愚斋存稿》卷二十五，第36页。

3 陈霞飞主编：《中国海关密档：赫德、金登干函电汇编1874—1907》第一卷，第106页。

的时候，他们什么也不干；而当你命令他们的时候，他们什么都干"。
在发了一通议论之后，这才上了正题："英国在中国正失去了最令
人神往的机会。——为了她的资本，她的子孙，为了威望，为了稳
住自己，防备所有的外来者，为了保全在全世界的领导地位，看到
每一个机会白白地溜走了，实在叫人丧气！但是，有什么办法？我
们的好日子一去不复返了。"[1] 这就是赫德在中国实业发展中所展
现的"聪明选择"的真相。

5. 大清的财政该整顿了

把持大清海关的赫德，不仅以帮助大清改革的面貌示人，还以
一个理财家的形象出现在晚清中国的政坛上。在他向总理衙门呈递
的《局外旁观论》中，除了对当时的局势和如何改变局势提出了自
己的看法和建议外，他还对大清财政提出了相应的改进办法。

赫德在《局外旁观论》中说："然无财非因民间真无财，亦非
因理财所得之少，惟官之下取于民者多，而上输于国者少，民力亦
肯多输，难在无财，是以各项钱粮均应整顿。"[2]

在赫德看来，田赋、盐课，包括海关、常关税收以及厘金在内
的税饷，是影响大清财政的重要原因，加之"官之下取于民者多，
而上输于国者少"；再者，两次鸦片战争以来的内忧外患，使清廷
的财政开支大增。虽然第二次鸦片战争后到中法战争爆发前，清廷
处于一个相对"和平"的阶段，但国内发生的太平天国、捻军起义
等农民战争却动摇了清廷的财政基础。长江中下游向来被清廷视为
财政收入的重要地区，太平天国控制这一地区后，断绝了清廷的主
要财源。田赋、盐课、关税等都无法正常征收，财政收入大减。同

1　汪敬虞：《赫德与近代中西关系》，第 292、293 页。
2　王健编：《西法东渐：外国人与中国法的近代变革》，中国政法大学出版社 2001 年版，
第 6 页。

时，农民战争为地方政府找到了借口，纷纷以"防剿"为名截留地方税收，不上缴中央，使中央和财政日趋紧张。因而，财政问题亟待整顿。

赫德的建议切合清廷财政困难的现实，自然很得统治上层的欢迎。后来，赫德受到慈禧太后召见，这位挥霍无度的老佛爷认为赫德建议很好。回忆起 1902 年慈禧太后从西安回銮后接见他的情形，赫德不免有些得意，"皇太后谈话的声音悦耳而娇柔，对我很是恭维……谈到对财政改革的建议，慈禧太后认为这是给予大清的一个正确的忠告和真实的指导"。[1]

赫德虽然向清廷提出了整顿财政的建议，但他的建议并没有得以很好地付诸实施。尽管如此，在赫德任职海关的几十年里，他的活动以及他后来不断提出的具体措施和清廷就盐课、田赋、税饷等财政税收对他的委托，都有他关于财政整顿的影子。

盐课也就是盐税，盐课自公元前 21 世纪的中国夏朝就已经开始成为政府财政的一部分，到了晚清更是成为政府财政收入的重要来源。对于盐课，赫德在《局外旁观论》中只说了一句"盐课一项，无私盐之处甚少，而办盐课之员，未尝无财。"[2] 但是，该怎样改革，他在此后有关财政税收的文件中并没有提出，不过从他的私人信件中，可以一窥其对盐课改革的关注。赫德在 1895 年 9 月 15 日给金登干的信中表达了希望掌控盐课与铁路财源的心迹：

目前流传着又在考虑盐务、铁路等等和一大堆其他问题的风闻，但是没有人知道这些问题如何解决。我曾建议总理衙门把一切事情掌握在自己手里，通过我作为总办来管理。事实上，这是为实现一个目标按一条路线、一个计划共同努力的唯一办法，也是能取得成功的唯一做法。但是有些人胆小怕事，还有些人自以为是，结果谁

1　汪敬虞：《赫德与近代中西关系》，第 303 页。
2　陈霞飞主编：《中国海关密档：赫德、金登干函电汇编1874—1907》第七卷，第 328 页。

也不管！但是，帝国仍维系在一起，也不知怎的，似乎靠老天就能渡过难关。[1]

赫德给金登干写这封信是因为甲午战争中国战败，根据《马关条约》的约定，清廷需要向日本赔款 2 亿两白银、中国割让辽东半岛（后因三国干涉还辽未能得逞）、台湾及附属岛屿，并要求清廷增开沙市、重庆、苏州、杭州为商埠，允许日本在中国通商口岸投资办工厂。对条约中的 2 亿两白银，使得本就入不敷出的大清财政更为困难，清廷只得大举借贷外债。

西方各国虽然都争相为中国提供借款，进而达到影响并控制中国的目的。但巨额的借款是需要担保的。在西方各国看来，最为可靠的就是税收。以财政税收作为担保，穷途末路的清廷已是无计可施，最初答应以海关关税作为担保，并于 1895 年成功获得了第一笔借款——俄法借款。

根据《马关条约》规定，2 亿两白银的赔款限 7 年内分 8 次偿还，第一、二次偿还额均为 5000 万两，规定分别于订约后的 1895 年 9 月以前及 1896 年 3 月偿还。第一次俄法借款还给日本后，到 1896 年春，第二笔 5000 万两的赔款又要到期。第二笔借款应英德两国要求，向两国借贷，但是这时中国关税的十分之七已经抵押，如果再大举借贷外债，只能将常关税、厘金、盐课等作抵押。

既然西方要求将大清税收做抵押担保，各国便很想控制大清财政，金登干给赫德发电报说："法、俄政府正逼迫中国任用俄国人继您充任总税务司，因为俄、法两国目前对中国的债权地位，正如同您被派为总税务司时英、法两国的地位一样。并说在两年以前，俄、法两国在德国支持下，曾通知总理衙门，三国政府认为您留任非常不适宜，要求撤换。"[2]

---

1 陈霞飞主编：《中国海关密档：赫德、金登干函电汇编1874—1907》第六卷，第349页。
2 中国近代经济史资料丛刊编辑委员会主编：《中国海关与英德续借款》，第25页。

在这样的情况，清廷便想将税收大权交由赫德掌控。毕竟赫德是外国人，又是清廷的雇员。1896年5月17日，赫德在给金登干的信中又说道，"昨天我被问到是否愿意接管内地烟土的税收，同时，如果可能的话，还有港口的常关税、厘金、盐课，一股脑都可以提供给我来管。"[1]

几个月后，光绪帝还专门让翁同龢与赫德进行了一次晤谈，会谈的内容仍然是希望赫德来办理盐课等事，并说随后田赋、厘金都会交由他办理。

清廷为什么让赫德代为掌管大清的税收呢？此时赫德已经在海关当了30多年的总税务司，清廷大员对他虽说不上推心置腹，但毅然就像"女婿"入门，把他当作"自家人"了。由这个历经咸丰、同治、光绪三朝的"臣子"来管理大清税收，至少要比交给列强手里要令人放心一些，也不致失去太多"颜面"。

赫德对此也很有同感，他说，中国税收"如由我主持，仍旧是由一个中国机关自办；反之，另外成立机构，例如由俄法管理盐务，就将成为一个纯粹的外国机构，影响中国政权的完整"[2]。像海关一样，在税收上维持表面上的中国色彩，名正言顺地把内地税收大权掌控到手便成为赫德又一攫取权力的目标。

1898年，清廷向英、德的续借款，英国迫使清廷以海关税收作为担保外，另将苏州、上海、九江、浙江、湖北等江南大部分地区的盐课交归管理，这是赫德期盼已久的管理包括盐课在内的内地税收的开始，清廷并答应将扩大它的管理范围。

1898年2月21日，当清廷与英德两国的续借款合同（这是清廷向列强的第三笔借款）签订后，赫德按耐不住内心的喜悦说："总理衙门已听取我的意见，当以由我管理盐务和厘金，以每年约500

1　[美]费正清编：《总税务司在北京》，第1033页。
2　卢汉超：《中国第一客卿：鹭宾·赫德传》，第179页。

万两的收入作为借款担保，并允将来扩大管理范围。此事除在政治上的重要性以外，并可认为是改革财政的开端，也是中国复兴的先决条件，前途大有希望。"[1]

赫德渴望将内地税收大权掌控在自己手中，1900年八国联军进入北京更给他提供了机会。当时，各国向清廷提出巨额的赔款数字和非理要求，赫德给金登干的信中很担忧地说，"赔款谈判正在进行，但进展非常缓慢。据认为结局将是，法国人管邮政——德国人管盐税局——英国人管海关；但是也有人认为将设立（国际）管理委员会代替或监督。这种前景——对我们来说我并不喜欢，但是这样持续下去或许对中国有好处。我将在此地待下去，以防任何紧急时刻需要"[2]。

赫德的担忧当然有自己与英国的影响力受到遏制的隐忧。但是，面对《辛丑条约》的巨额赔款，前几次大借款都已以大清海关税收作抵押，各国都把目光转向内地税收的抵押上来的时候，赫德急于掌控内地税收大权的欲望更到了锱铢必计的地步。赫德承认，他向清廷建议，在考虑增加盐课、田赋、厘金等税收的基础上计划增添房捐、印花税、调整土产鸦片税来增加财源。赫德也由此进一步扩张了权力，他对中国财政的控制空前加强。在《辛丑条约》赔款初定时，赫德为自己不断成功的权力经营，竟然得意地说，"修改一般税则工作留待后议……海关又出头了"，"各使馆终于发现不能忽略海关。因此，我们在承担此项任务下，将比过去的权力更为强大！"[3]

赫德除了假整顿之名把盐课纳入自己的管理权限之内，在他图谋控制中国内地财政计划中，也把田赋的征收与改革视为海关工作

1　中国近代经济史资料丛刊编辑委员会主编：《中国海关与英德续借款》，第36页。

2　陈霞飞主编：《中国海关密档：赫德、金登干函电汇编1874—1907》第七卷，第179页。

3　中国近代经济史资料丛刊编辑委员会主编：《中国海关与义和团运动》，第20页。

的一项内容。他在《局外旁观论》中说，"地丁一项，本系甚轻，无人耕地，自无地粮，既耕地，粮本轻，或可照土产贵贱，分别征多征少，浮耗当去而正供增。"[1]

当时清朝的大部分税收来源于田赋，但因为连年的战争，镇压太平军及匪患已经耗去了户部存银，加上作战省份无法向朝廷输送税银，中央财政实际上已经完全瘫痪，自然不会接受赫德《局外旁观论》中"浮耗当去"的建议。1884 年，烟台海关税务司德益向赫德提出了《筹增进款善策节略》的建议，认为应该"将田赋及漕粮能否加征之处，查明核办"，又提出"饬查各州县所拼种之地，实系照册完纳钱粮"[2]的步骤，来逐渐完善田赋税收。

德益的这个建议，赫德很为重视。接下来的 1885—1887 年间，赫德同德益不断地进行研究，又经过 20 多年的酝酿，1904 年 3 月赫德拟定了一个针对清廷财政改革的《筹饷节略》，这个节略主要是为应对庚子赔款和日俄战争中中国财政的艰难困境而提出的。《辛丑条约》后，赫德管辖下的各种税收多用于赔款，海关税收以及一部分国内税收已被用来偿还那些强加的、数额巨大、清偿起来遥遥无期的债务。对清廷来说，海关原来所具有的提供财源的作用已经变得很微弱。1904 年前，赫德曾经提出过整顿税收的节略，其中地丁、钱粮的整顿就列为重要的一环。1904 年的《筹饷节略》，赫德旧话重提，并给出了具体的实施举措。

《筹饷节略》认为，中国每年征收的关税、盐课、田赋等项税收也不过八千万两的样子，但这些银子尚不够支付赔款，必须另外想办法筹措款项才是应对办法。最近朝中虽然有不少人出谋划策，但整顿田赋可以说是比较稳妥的办法。赫德说：中国土地面积估计约为八十亿亩，可完钱粮之地，以一半计之，再令每亩完银一钱，

1　《筹办夷务始末（同治朝）》，第五册，卷四十，第 1667 页。
2　汪敬虞：《赫德与近代中西关系》，第 305 页。

则实征田赋，应有四亿两之数。这个数目，五倍于当时清王朝的全部税收。而且"一日有此地，即一日有此款，较之他项进款，确有把握，确可经久。国家凭此定大计应办各事之款，有盈无绌。"有此一项，关、盐、厘、税，俱可一概停征。他认为清朝田赋的征收，是"取民者多，归公者少"。[1]总而言之，赫德认为，与西方国家相比，中国的田赋征收偏低，仅仅每亩收取几十文，至多不过百文。[2]因此必须加以整顿。

那么应该怎么整顿呢？赫德给出的办法是，可以先在某省某县进行试点，核定地亩，重新登记，每亩收银200文；在某县如果试点完成，再扩大到其他各县，一省完成，则扩大到其他各省，直至全国。这项改革计划在三年里完成。

《筹饷节略》提出，改革田赋制度是基于中国战事多发，"东方兵衅已开"的不得已，而战事多发的根本原因在于"积弱所致"。因此，必须"筹饷"，改革田赋制度，为练兵打仗提供饷源。为达到鼓励民心的目的，赫德还在当时的《警钟时报》上接二连三地发表文章，为这一政策制造声势。他说，"练兵之要先须筹饷"，"筹饷"的来源以"关税、盐课、地丁"三项为主要对象。其中尤以"地丁一事为较有把握"，中国地大物博，"若令每亩完二百个铜钱之赋，按二千个为银一两计之"，那么估计可以征得税银"八百兆两"，因此在田赋上做文章大有可为，且"百姓亦不受丝毫扰累"。[3]

他指出，他的这个整顿建议只是一个大致的改革办法，认为这项改革在开始的时候，章程越简单越好，具体执行须在以后的实施过程中可以逐渐完善。但是，关于对经办人员的培训，他却做了详细具体的规划。

1 汪敬虞：《赫德与近代中西关系》，第306页。
2 《〈筹饷节略〉驳议》，《东方杂志》第一卷，第四期。
3 《总税务司赫德拟呈筹饷节略》，《警钟时报》1904年3月25日。

他在文中说，如果选定某县作为试点，"请选派明干候补人员十员随同该县办理，以储日后遣往他处办理此事之材"；选派人员"应限三个月内办妥，至三个月底，所派之十员每日在县署会同办公，身历目睹，必已明晰，即应分遣赴本府所辖各他县会同各该县照第一县办法，限三个月内办清，仍于分遣时各派候补官十员，分随学办至第二期三个月底，即可谓本省一府之事办结"；自"第二期后应将随同学办之一百员，分遣本省内各他府所辖之县，责成会同各该县照办，至三期三个月底即可谓本省一省开办之事办结"；试办的第一年，某省试点完成后，"即应将随学历办之一百员分赴附近五省，照原省办法，由各县开办，仍由各该省派遣候补人员随同学习，如此办理"；[1] 到第三年推广全国。

从赫德对培训人员的规划来看，自第一个县作为试点到全国推广，他所谓选派整顿田赋的工作人员，实际上是另起炉灶，抛却原来地方官方的经办人员，从新组织了一套新办人员进行培训，方可上岗。我们知道，在甲午战争之后，清廷基于各国都想控制清廷的税收大权，而清廷又不想被各国控制，便想将税收大权交到赫德手里。当赫德感到田赋的征收大权有可能会落到自己手里，因而也想把田赋的征收也打造成海关税务司那样的模式，对新办人员进行组织和培训，目的实际上是为他掌握田赋征收大权进行人员和机构上的准备。

以"筹饷"之名对田赋进行整顿，赫德既然认为"取民者多，归公者少"，便要求对各地官员进行整饬，各省、州、县积极配合田赋整顿人员认真办理。另外，"由户部随时特派部员前往各省选择数县抽查"[2]，以推进田赋整顿工作的顺利推进。

赫德的《筹饷节略》公诸于世后，很快在朝野间引起极大关注，

---

1 汪敬虞：《赫德与近代中西关系》，第 307 页。
2 《总税务司赫德拟呈筹饷节略》，《警钟时报》1904 年 3 月 26 日。

当时的许多报纸纷纷发表评论，予以跟踪报道。《警钟时报》专门刊发《总税务司筹饷节略之交议》《书赫德筹饷节略后》等文，对这一整顿建议进行了评论。

对这一整顿建议，清廷的大多数官员却持反对态度。认为此议在中国并不可行。当然，这一建议是站在中央政府的立场上说的，为此慈禧太后还给赫德写了封密信，对他的方案表示赞赏。可是当慈禧太后以光绪帝名义发布谕令让各省督抚"按照所陈各节体察情形、悉心会商、逐条核复"及要求各州县在三个月内呈报推进的情况时，各省督抚大都对此"节略"表示反对。

湖广总督张之洞反对的声音最强烈也最响亮。1904 年 10 月 16 日，赫德在给金登干的信中表达了一种悲观的情绪，他在信中先是谈了日俄战争正在进行的状况，说慈禧太后特意召见了他，二人谈了日俄战争日本可能会战败，接着谈了田赋的事情。赫德信中还说，虽然慈禧太后支持《筹饷节略》，支持对田赋的整顿，但"田赋（整顿）的建议仍在讨论之中。我听说张之洞正在竭尽全力对我进行诽谤，说什么一个英国的代理人企图引进这一方案，必然在全国引起纠纷变乱，从而必然引起英国在长江一带的干预，最终达到控制长江的目的"。[1]

以张之洞为代表的地方实力派纷纷反对，使得局势对赫德十分不利。11 月 6 日，赫德在给金登干的信中情绪更加悲观，他说了一大通《筹饷节略》带来的美好前景，"但是，（地方）官员在掌权，他们从各个方面进行阻挠。我恐怕在我这一生注定看不到一个良好的开端。"[2]

清廷地方大员的反对声浪足以影响朝廷的决策，而英国对赫德的《筹饷节略》也没有予以积极回应，甚至有媒体向他泼来冷水和

1 陈霞飞主编：《中国海关密档：赫德、金登干函电汇编1874—1907》第七卷，第732页。
2 汪敬虞：《赫德与近代中西关系》，第308页。

指责。伦敦《泰晤士报》宣称，赫德提出的《筹饷节略》如果通过整顿田赋、整顿财政使中国强大起来，那么中国就有可能要威胁西方世界。这是典型的"黄祸论"，对此赫德则反驳说，"我现在执行的，只是 1861 年英国外交部付托给我的任务"。"这就是，使中国强起来足以保卫自己，不致由于它的衰弱成为土地掠夺者继续看中的目标。"[1]

毫不讳言，赫德对英国国内舆论的反驳有自我粉饰的意味，但正如其所言，他所执行的是 1861 年英国外交部托付给他的任务，这种任务就是增强英国对中国的影响力，从而也扩大自己的权力。现在，他炮制的《筹饷节略》因为遭到国内外的反对，不得不化为泡影。

在赫德对晚清盐课、田赋的关注中，以厘金和常关税为主的所谓"税饷"的征收，他也认为是整顿改革的对象。赫德认为，在大清的税收中，厘金存在的问题最为突出。

厘金作为中国近代史上一种重要的商业税制，肇始于 1853 年清廷镇压太平军的历史环境中。最初，它只是一种临时性的筹饷措施。太平军自揭竿而起到 1853 年短短的三年时间，其武装力量便波及到了广西、湖南、湖北、江西、安徽、江苏等 18 个省区，使得本就江河日下的大清更处于风雨飘摇的境地。为镇压太平军，清廷军费开支连年激增，使得国库空虚达到了极点。中央财政枯竭，而与太平军作战的省份，田赋、盐课已不能正常征收，清廷陷入了"各处添兵，即各处需饷。兼之盐引停运，关税难征，地丁钱粮复间因兵荒而蠲免缓征，国家经费有常，入少出多，势必日形支绌；而逆匪蔓延，又不知何时平定？有饷无兵，尚可招募；有兵无饷，

1　[美]费正清编：《总税务司在北京》，第 1414 页。

更难支持"[1]的困境。

危难局面使得正在与太平军作战的各省官员更是一筹莫展。在这样情况下，长期推行捐例此时已是"缓不及急，少不济用"的清廷，迫切需要开辟新的财源以解财政危机。

1853年5月，当时在江北大营帮办军务的刑部侍郎雷以諴采纳幕僚钱江的建议，在江苏扬州仙女庙、邵伯等地劝谕米行，捐厘助饷，这就是厘金的开始。还别说，这一招还真管用，正如雷以諴在上奏咸丰帝的奏章中所说的，"曾饬委员于附近扬州城之仙女庙、邵伯、宜陵、张网沟各镇，略仿前总督林则徐一文愿之法，劝谕米行捐厘助饷，每米一石捐钱五十文，计一升仅捐半文，于民生毫无关碍，而聚之则多。计自去岁九月至今，只此数镇米行几捐至二万贯，既不扰民，又不累商。敷月以来，商民相安，如同无事。"[2]

雷以諴的捐厘助饷之法，咸丰帝认为有利于缓解财政危机，遂令在江南之地施行，后又推广全国。

厘金初创之时，主要有两种形式：一是坐厘，亦称板厘，为交易税性质，主要是对置买外地货物到店发售，对坐商进行征税；二是行厘，亦叫活厘，为内地通过税性质，即系贩往外地货物缴纳过路之税，抽税于行商。

厘金作为一种具有通过税性质，又兼具出产税和营业税性质的税收，其开征后得以不断发展、推广，一定程度上反映了中国近代商品经济和市场的发展，但其在发展中，出现了"无地不设卡，无物不抽厘"的现象，使厘金成为抽农剥商、阻碍中国工商业发展的恶税。

起初，厘金不仅征及土货，也逐渐推行到运入内地的外国进口

---

1 王树敏、王延熙辑：《皇朝道咸同光奏议》卷三十七，台北文海出版社1969年版，第1985页。

2 中国第一历史档案馆编：《清政府镇压太平天国档案史料》第十三册，社会科学文献出版社1994年版，第305、306页。

货，这对急于开拓中国市场的西方资本主义商人们来说，简直是一道不能容忍的障碍。因此，厘金不仅遭到中国商人的反对，外商也迫切要求取得内地免税特权。

1858 年中英《天津条约》签订后，外国商人取得了缴纳子口半税以豁免厘金和其他内地通过税的特权。这个特权便利于外国商品在中国内地的推销和中国土产的出口，但是根据条约规定，这一特权仅使用于"英商已在内地买货，欲运赴口下载，或在口有洋货欲售内地"。而对中国商人在内地买货出口或在口有洋货销往内地，则不能享受特权。这对于外商来说，当然不能满意，因此一直到 19 世纪 70 年代初，以英商为代表的外商仍然抱怨厘金压迫商贸往来，他们抱怨"英国货的内地半税单照只是在英国人手中有效，在中国商人手中就不被尊重了"。他们"所要求的是：无论在中国本地人或外人手中的外国货物，只要有表示已经缴纳中国海关（进口税）2.5%的子口税的内地半税单照，就全部免交厘金。"

就在此时，赫德开始了整顿厘金的活动，1872 年初，赫德向总理衙门提出"中国商人可以持有洋货内地半税单照"的建议。他还提议"华商洋商一律请领三联银单买土货运口"，由于文祥的反对，总理衙门答应这一特许"只有九江和宁波两个口岸实行"。[1]

后来因为"马嘉理案"，中英在烟台的谈判中赫德旧话重提。当时，总理衙门责成赫德对于往来通商口岸的货物征税问题拟定办法呈报，并提出了三个问题要其答复：如果中国添开通商口岸，是否能诱致所有各有约国默认厘金的继续征课？第二，如果中国开放新口岸，是否某些不同意继续举办厘金的国家，就不要求援引最惠国条款，往来于各该口岸，是否这样中国又要被迫作特权让与而本身一无所获？第三，是否能获得所有各有约国的一致同意，采行一

1　[英] 伯尔考维茨：《中国通与英国外交部》，第 13 页。

项完纳正、子两税的单一章程，以资保证各口海关办事程序的划一？[1]

据此，赫德提出了一个《遵拟整顿通商各口货物抽征事宜节略》作为答复，他首先分析了中外商人的怨言：外国人认为，条约制度下，"份内应得之事未得"；而中国商人认为，外国人"常有其分内不应做之事而做者"。比如在通商口岸，中国商人抱怨，"华商船货进口应照本口岸章程输纳厘税，而洋商常有以洋商船只装运华商货物"而却不按照中国口岸章程纳税，如此也使得一些遵纪守法的华商不如奸商那样获得商利；但洋商则认为，商船悬挂何国旗号，就按何国的税则纳税，即便洋船装载的是中国货，也应该按洋船来纳税；又比如在内地，中国商人抱怨说，"洋商代华商运土货出内地，因其非往外国之土货，本应逢关纳税，过卡抽厘，而洋商惟凭运照运送货物，不但内地关卡有亏税厘，即彼无运照，运土货之华商较华商买名包运之生意难做矣"。[2]

对于中外商人的怨言，赫德认为根源在于中外所订之条约。这些条约不但允许外国人做中国的生意，而且允许外国在中国贸易时"不照此国民人所遵守之章程贸易，而准照新式章程另式税则"。这样，中外商人在同一处贸易，却执行的是新旧两样章程，难免有"避重就轻之弊"，所以中外商人互有怨言。归根结底，赫德说这是"各事因之不一而起也"。[3]

那么，针对这种情况该怎么办呢？赫德提出了貌似公正的"分事不分人"原则。他建议，中国商人亦像外商那样按照新式章程从事贸易，但是，如果完全按照这个原则进行，清廷的财政收入就会大减，总理衙门也不会接受。在他的建议中，又折衷了一下，即在

1　[英]莱特：《中国关税沿革史》，商务印书馆1963年版，第265页。
2　赫德：《这些从泰国来》附录二，天津古籍出版社2005年版，第161、162页。
3　赫德：《这些从泰国来》附录二，第163页。

进出口贸易中，选择少数与外商贸易有关系的货物，一律按外商所执行的新式章程纳税，不享受子口半税的待遇。赫德说，"通商口岸货物不止数百类之多，其中不过八九样与通商贸易有关系，其余数百样，或为中国出产，或为外国出产，在中国流通与外国贸易皆无甚关系通商贸易者，若能将此数样有关于外国贸易者之货色按照外国意，于关税外不复征其内地税厘，并其他之数百样货色，按照中国意办理，不致免纳内地税厘，则两面各得所欲得之事，如此拟议其章，乃觉平允易订"。[1]

至于哪些货物于外国通商贸易有关系，在赫德所提节略中，他列举了十项货物。即进口的布匹、丝绒、铜、铁、洋糖和出口的茶叶、丝、稠、棉花、土糖各五项。这些货物当时所纳的关税占全部海关税收的一半以上。赫德还说，与通商贸易有关系的货物一律纳子口半税，和通商贸易关系不大的，一律纳税金。这样一来，赫德的建议等于满足了中外双方的愿望，算得上是"两全其美"。

赫德的建议在《烟台条约》中应该说只实现了一半，即洋货运入内地的半税单照，"不分华、洋商人均可请领"，但土货出口仍禁止华商享受子口半税之特惠。如此，在这个范围之内，厘金算是保留了下来，但也为列强商品输入内地提供了更有利的条件，并且厘金也很快成为赫德控制的对象。

甲午之后，迫于《马关条约》的巨额赔款压力，清廷急需向列强借款。在1898年的续借款中，清廷不惜将苏州、上海、九江、浙东等处的货厘和汉口、芜湖等口岸的盐厘作抵押。借款合同提出，作为借款抵押的各口岸厘金"应即行派委总税务司代征"，以"尽先为抵偿还"。[2] 此举开了外国人控制中国厘金税收的先例。

在清廷与英、德两国签订借款合同之前的1898年2月13日，

1 汪敬虞：《赫德与近代中西关系》，第310页。
2 王铁崖编：《中外旧约章汇编》，第734、735页。

赫德在给金登干的信中说道，"总理衙门告诉我，'如果你能比现在征收得更多一些，那我们就不顾所有财政官员的建议，而把厘金（的征收权）放在你的手里，同时，也有充分的理由扩大你的控制权'。"2月27日，即借款合同签订的前一天，赫德又说："厘金之（由海关）管理，事非等闲，特别是所有的省地方当局都在反对。但是，它也预示着财政改革的开始，这也是我经常希望加以协助的事情。它现在来到了，我担心的是，到我的手中，是太晚了。"[1]

既然赫德将控制厘金税收视为对中国改革的一个方面，借款合同签订后，3月6日，他就向总理衙门提出了一个通盘的计划，即从海关里选拔人员派往各口岸的厘金征收所"专为经理"税厘之事。赫德的计划得到了总理衙门的批准。他仿佛看到了一种美好的前景：

最近两个星期来的工作极为繁重，但是我现在又能开始喘口气了。看着种植和栽培这棵厘金树将是很有趣的。我从各方面听说，从张之洞以下的各省地方官都很害怕。他们不仅预计我会赶走所有的老手（我并不打算那么办），而且担心将来厘金收得多了，我将发现他们过去的不法行为（我们等着瞧吧）！[2]

继掌控厘金税收之后，内地常关税的征收也逐渐纳入赫德之手。得到这项权力后，赫德心情是复杂的，既有获得权力的兴奋，又有面对竞争和困难的隐忧。1901年9月8日，他在给金登干的信中说，"常关从11月份起归总署管辖这将是一个很重的负担，不好管理。我必须坚持到此项工作开始或开办，但我开始感觉到，只要我多待一天，就会有新的困难——新的不合——出现在我的面前。实际上，可以这样说，我已待得过久而招人讨厌了：中国人不愿让我走，但我感觉老了，而这个职位需要一个充满自信的年轻人，一个灼伤手

---

1 汪敬虞：《赫德与近代中西关系》，第311、312页。
2 陈霞飞主编：《中国海关密档：赫德、金登干函电汇编1874—1907》第六卷，第837页。

指也毫不退缩的人！"[1]

赫德说这句话的时候，距他离开中国已不足七年，离他去世也不过十年光景。他的确老了，在他离世后不久，中华民国取代了晚清，虽然此后民国政府裁撤了厘金和子口税制度，但列强以中国不能如期偿还外债为由，将中国所有关税完全移交外国银行。中国税收仍然没有实现真正的自主，国家财政仍然困难，中国在苦难中仍然走过了很长一个时期。

6. 中国的改革还会前行

1894 年爆发的中日甲午战争是对中日两国近代化成果的一次大检阅，结果日本在海上和陆上都取得了决定性的胜利，清军不堪一击，李鸿章数年苦心经营的北洋海军全军覆灭。清廷被迫与日本签订《马关条约》，割地赔款、开埠通商、准许日本在华设厂，丧失了许多的领土和主权。其他列强也趁机捞取好处，进一步扩大其侵略权益。甲午之败，给妄自尊大的清王朝以巨大的震动和打击。

甲午战争的失败，令整个中华民族都感到这是一种奇耻大辱，这一战，也唤醒了民族的自强意识。除了朝廷中那些贪图享乐的保守派外，包括康有为、梁启超在内的一批有识之士激烈批评守旧派，主张朝廷效法西方的政治制度，进行维新变法。

赫德很希望中国顺应这种潮流。作为一个外国人，他虽然有一些利益和权谋的野心，但是他自进入大清海关后，就认为中国应该按照西方的模式进行改革和改良。他说，"我自从 1861 年首次到达北京以来，就敦促总理衙门向着西方所理解的'进步'一词前进"。

从 1865 年他向总理衙门呈递《局外旁观论》到 1904 年提出改革财政税收的《筹饷节略》近四十年间，他提出的各种改革建议多

---

1 陈霞飞主编：《中国海关密档：赫德、金登干函电汇编 1874—1907》第七卷，第 234 页。

到不胜枚举。然而回顾赫德改革建议,有一个特点:在甲午战前,他反对激进的革命运动,主张自上而下的改良,认为中国人的改革需要获得外国人的教导和支持。

中法战争正在进行的 1884 年 4 月,北宁之败使赫德认为和谈有了希望,就向他的亲信透露说:"中国现在很可能会有真正的起步前进。由于有这样的希望,我现在手中有一份备忘录,一旦法国的威胁过去,我就要抛出来。这个备忘录建议采取一些措施,诸如为外交人员和军事人员提供科学的教育,开采矿山,修建铁路,雇用外籍工程师和制服水灾,设立邮政、国家银行和铸币厂,改良海军和陆军等等。它可能产生效果,也可能成为死胎。无论如何,它是在开始准备,它是有所需要,它迟早要行动起来,而且很可能现在就会取得成功。"[1]

1891 年 5 月,赫德在给金登干的信中说:"中国肯定要前进,在这个过渡时期的某些特点将变得越来越突出,'中国人的中国'是面上的总的表情。只要他们不吞并海关,这些爱国者只会有助于进步。但是如果他们要把我们赶走,我担心他们只会到处成为殊死斗争两败俱伤的人!我们的存在,使他们保留他们的地位,帮助发展他们中间的有益东西而阻止不利东西的成长。"[2]

甲午战争开始之前,赫德感到中日之战不可避免,也知道中国难以取胜,他说,"这场纠纷,也许会产生某些好结果,它的陆军和海军,并没它自己所想象的实力,如果这次能够吃一次亏、学一回乖,因而造成认真的改革,也未尝不是一件好事"。[3]1895 年初,李鸿章还在日本进行艰难的谈判,赫德感到,这是要求中国改良的又一次契机,他在给金登干的信中写道,"通过总税务司打开一条

1 汪敬虞:《赫德与近代中西关系》,第 376 页。
2 陈霞飞主编:《中国海关密档:赫德、金登干函电汇编 1874—1907》第五卷,第 371 页。
3 卢汉超:《中国第一客卿:鹭宾·赫德传》,第 166、167 页。

通道,灌输各种改良的、有用的观念,这比之其他地方要好的多"[1]。

在赫德看来,通过外国人或外国的支持,这是中国进步的一个途径。实际上也是为他在中国进一步获取权力张目,他为此雄心勃勃。赫德希望中国进行改良,而不是革命式的变革,他对中国的形势作了分析:中国走什么样的道路?"有两派看法。一派是严格的保守主义者,这是多数派。它的信徒们继续向后看,向先哲的智慧和祖宗的成例看。他们真诚地相信:违背了这一点,就会产生破坏;而回到这一点来,就会得到复生,也就是他们所理解的改良。另一派人数少得多,但它正在增长。它接受现实,承认变化之所自来,注视外方的生活,寻求这些东西由外国引进以嫁接于中国的可能性。不单纯因为它们是新的东西就视为新奇而加以谴责,也不仅仅因为它们是外来的东西就视为异端而加以排斥。这第二派无疑是有希望和前途的一派。它将对所有的事情进行试探,一旦认定它是好的东西,就坚持下去不放手。但是,这一派本身又分成两派:一派主张采取各种方法使中国强盛到足以用他自己的武器以对付外国人,另一派则主张接受中外的交往,至于伴随而来的不可避免的东西,则可以尽量使它发生最好的作用,不一定必然是有害的。光绪皇帝可能属于第二派里面的后一派。不幸的很,他的同党们所标榜的破除偶像的倾向,造成混乱——破坏总比创造要容易得多——因此,当极端改良主义的车轮离开了进步的新轨道时,局面的变化就把那些不能容人的保守派中主张报复的一方推向前台。"[2]

从赫德的言论中,中国要改良,但由于保守派的掣肘,使改革变得困难,从另一方面讲,他认为中国的政治进步需要通过外国和外国人移植西方的先进经验到中国,但这个过程,由于西方入侵的教训,绝大多数人的感情高于理智。他们普遍把西方的先进的政治、

1 汪敬虞:《赫德与近代中西关系》,第 375 页。
2 汪敬虞:《赫德与近代中西关系》,第 377 页。

经济、军事和科学技术、文化观念与侵略不加区别的联系在一起，统统拒之于国门之外，使得进步人士在反对中国的腐朽势力时找不到群众基础，得不到支持，结果是新的危机出现时纷纷张皇失措，当危机过后复又浑浑噩噩。

赫德当然看透了这种形势，在中日甲午战争爆发时，作为清廷的雇员，他在理智上为日本的维新进步点赞，在情感上为中国的被动挨打感叹。战争开始时，他亲眼目睹了清军战备松弛、一片混乱的景象。1894 年 8 月 26 日，赫德在给金登干的信中说出了他的这种观感："近来北京多雨，街道非常泥泞，昨天我到总理衙门去时，路上看见我们的炮兵把一批大炮放在街上让它陷在泥辙里没人管，这样应付战争如何能希望胜利"[1]，"我虽然一直认为中国本身肯定会以健康的方式通过革命的过程，尽管步伐缓慢，在较远的将来是会走出一条路来的。但我相信若是它被日本打败，倒可以把进步的车轮从泥沼中拔出来，让中国摆脱束缚，朝着正确的方向前进；另一方面，中国如果取胜就会把进步拖后几个世纪！日本人在近 30 年里所做的事情值得高度赞扬，他们在朝鲜所推行的改革也引起我们极大的同情和得到我们的祝愿……不过，怎么说这是中国国运攸关的事情，它应该得到支持。可悲的是，当一个人正在尽力支持中国时，他却不得不赞同日本人的目标和方法！"[2]

甲午战争的失败，赫德直言这是由于清廷官员的腐朽、不作为造成的。就在战争烽火迫在眉睫的时刻，这群模棱两可、办事拖延、脑子里全是权力和铜臭的家伙，还在相互猜忌、不合作。这种近乎麻木的情感和人性需要强烈的刺激，非外力的强烈刺激不足以改变这个被封建习气浸染了几千年的国度。赫德不免既失望又同情。

1895 年 2 月，当时北洋海军被困威海卫，清朝陆军也在辽东

1　卢汉超：《中国第一客卿：鹭宾·赫德传》，第 167 页。
2　王宏斌：《赫德爵士传：大清海关洋总管》，第 336 页。

战场上屡屡失败。这样的局面使得清廷在战与和之间徘徊不定，赫德的同情与悲悯之心更甚。但是大清的官员似乎又没人能够理解他这个局外人的心绪，他只能继续给金登干写信，以解愁绪。赫德在2月3日给金登干的信中写道：

这个硕大无比的巨人有时跳将起来，大声喊叫，打哈欠，伸懒腰，显然是睡醒了，打算干一番大事业。但过了一阵，这个巨人坐下来呷一口茶，抽一袋烟，耷拉下脑袋，又昏昏入睡了！这真是怪事，使大部分人为之痛心。对我来说，这是一场美妙的进化戏剧，很多幕、场是异常有趣的。但是，地球一直在宇宙间旋转，太阳是中心，繁星在夜间闪耀，人类正沿着平稳的发展路程前进，前因后果，自然选择，适者生存，一切都在有规律而和谐地运动，显示出造物主在每一项安排上的智慧和人类在一切环境中的自由意志。[1]

赫德认为甲午战争中国屡屡处于被动地位，按照进化论的规律来看，也是有因果和轨迹的。他在信中又写道：

就是这样，当纸牌搭成的房子一幢连一幢地倒塌下来，舵手错误地把船头触上礁石或者把船向回驶去时，我只是说：'没有关系，再试一次，我们还没有接近终了，为此要勇敢地活下去！'我面对所有这些痛苦和愚昧，当然是以悲愤心情表示同情。不过，这是自然的因果，因为不是你我所造成的，我们也无法加以控制，更不用说消灭它的影响了。我们应该去做的事，就是尽我们最大的能力尽到我们当时的职责，并且忍耐。[2]

也就在当月，威海卫的陷落，战事更加对大清不利。此前，因为列强调停不利，清廷已经先派德国人德璀琳，后又派张荫桓、邵友濂赴日议和。但是赫德也发现：北京有一股倾向主战的力量正在形成，经常听到各种有关中国人爱国情绪激昂，要求抗战救国的声

1　陈霞飞主编：《中国海关密档：赫德、金登干函电汇编 1874—1907》第六卷，第 231 页。
2　王宏斌：《赫德爵士传：大清海关洋总管》，第 337 页。

音。赫德在这时候很想向主战的光绪帝说一说自己的想法，"你们如果能立刻回心转意，作一切必要的改革，那么你们就应当不惜任何代价求和；如果你们坚决要打，那么就委任统帅，做出计划，万众一心坚决打到底"。[1]

老实说，赫德并不希望战争进行下去，他希望年轻的光绪帝能够按照他的思路，通过外国人的帮助和引导，来实现富强的目标。当然，他又担心这场战争日本在华势力的过度膨胀而影响到英国的利益，也冲击到自己在海关的权力。可以说他怀着复杂的感情关注着这场战争。

不管是战是和，赫德都想增强自己在光绪帝心中的影响力。在他眼里，年轻的光绪帝应该是一个支持改良的人，只是改良的思想需要恰当的时机罢了。

赫德之所以把光绪帝视为支持改良的人，因为赫德在甲午战争之前就与帝师翁同龢多有接触，并赢得了他的好感和信任。早在1888年，赫德将海关印行的"西学启蒙书"16种赠送给翁同龢一套，翁同龢看了大为赞赏，通过接触，翁同龢称赞赫德是外国人中"熟于孟子，旁及墨子"，通晓中国风土人情的人物，而赫德也把翁同龢视作能推动中国改良、影响光绪帝的新派人物。

清廷先后派德璀琳、张荫桓等人赴日要求议和，日本方面的反应是冷淡的。无奈，清廷只好派李鸿章为全权大臣赴日议和，李鸿章代表清廷签订了丧权辱国的《马关条约》。消息传来，正在北京参加会试的学子们群情激昂，以康有为为代表的进步青年联名上书光绪皇帝，提出"拒和、迁都、变法"的主张。康有为等人的主张虽然没能阻挡住清廷批准《马关条约》，但一直在关注着这场战争和《马关条约》动向的赫德认为，这是中国变革的脚步正在走来，

1　卢汉超：《中国第一客卿：鹭宾·赫德传》，第 169 页。

但是赫德担心《马关条约》换约后，待一切风平浪静，清廷又会回到麻木和守旧状态。

甲午战争的失败，赫德将此视为是外力对清廷的强有力的刺激。站在他的立场上，赫德并不希望看到日本在远东称霸，他在想，日本对中国的打击，在失败的教训面前，中国能够觉醒。在战争还在进行的时候，他很担心日本会攻占北京，进而把他从海关赶走，或者把他囚禁起来，换成日本人来控制海关。想到一个堂堂的大清帝国海关的总税务司或者说大英帝国的一个男爵，将要遭受日本的凌辱，他当然不希望这成为现实；现在，《马关条约》已经签订，尽管民间渴望变革的呼声此起彼伏，可是，被弹丸小国打败、在国际上颜面尽失的朝廷仍然没有改革的迹象。

赫德凭着自己在中国多年的闻见和政治敏感度，他已察觉到列强蜂拥而上瓜分中国的可能性，而英国维持多年的优势行将失去，至少它已经没有两次鸦片战争时那种赫赫声势了；在侵华诸国中也不再处于那种无可置疑的领先地位。这种颓势也是必将影响到他执掌的海关，影响到他总税务司的职位了。

《马关条约》的签订，赫德希望中国痛定思痛，推动改革。他很担心大清依然麻木如昨，他在给金登干的信中说出了他的担忧：

和约已签字，李已回国，但我怕的是革新很可能又是一纸空文。很多要求革新的中国人今天感到惋惜的是日本没有打到这里，因为，他们说，总的看来中国并不认为自己会打败，因此它将同以前那样我行我素。赔款借债大概会使海关立足于中国到下个世纪中叶，如果中国能维持完整到那么久的话。除非银价上升，否则这海关生涯除了工作的兴趣和生活过得去之外，将很少有诱人的魅力。中国如不认真着手革新，我就没有必要在这里久留下去了。我相信，如果我提出要求，他们是会把海军交给我的；为什么他们不在十或二十年前这样办呢？如今为时太晚了，这是对我而不是对中国而言。[1]

复杂的情感交织着，赫德不知道甲午之痛会不会成为大清振作的动力。对此，金登干却认为这是中国历史的惯性和定律。金登干说，中国的"教师"是它的敌人，只有在挨打之后，才能看到敌人的优势，才会学习。

金登干的说法，赫德虽有同感，但中国的路中国人具体会怎么走，他仍然感到迷茫。1895 年 7 月 7 日，赫德在处理完一天的公务，晚上匆匆给金登干写了封回信，信中说："我猜想日本人这种'廉价劳动力'首先会赶走欧洲籍教习；其次，他们的教学将在学生中引起竞争的热潮，而他们的方法也会为中国管理官员们所接受，从而证明解决中国应如何变革的问题。眼下看着这个不幸的政府如此孤立无援，其未来的前途又是多么无望，实在令人心碎。"[2]

在赫德颇有些悲天悯人的情绪中，他也发现了清廷中的一些积极变化。首先是人事上的变动，他看到那个贪腐成性的庆亲王在失势，中法海战中被慈禧太后撸下来的恭亲王奕䜣又重新回到权力舞台。尽管维新派此时还没有形成气候，1895 年的人事变动不过是换汤不换药的老官僚代替旧官僚，但他仍然认为从唯物论的观点看，事物总是发展变化的：

迄今为止，张（指张之洞）肯定巩固了他的地位。总理衙门刚刚失去了孙毓汶、徐用仪和廖寿恒，得到了翁同龢和李鸿藻；我大致认为庆亲王的地位也很不稳，因为恭亲王看来要清除所有在 1884 年取代他本人和他一派的那些人。迄今人心思乱，我不愿意预言人能够成什么事，时势胜于人，时势会带来进步，但是进步可能在很大程度上意味着没有人敢于低声耳语，而政府哄编蛮子的故伎，不可能平安无事一味干下去。我遗憾地认为，这或许正是恭亲

1 陈霞飞主编：《中国海关密档：赫德、金登干函电汇编 1874—1907》第六卷，第 273 页。
2 陈霞飞主编：《中国海关密档：赫德、金登干函电汇编 1874—1907》第六卷，第 322 页。

王最深信无疑的！[1]

另一个迹象是，"公车上书"失败后，"强学会"这样的组织成立。强学会的宗旨是"专为中国富强而立"，以通声气、聚图书、讲专门、成人才为己任，并开办《强学报》，以孔子纪年，"托古以改今制"，倡导维新变法。该组织不仅得到了张之洞、翁同龢、李鸿藻等人的支持，美国传教士李佳白与英国传教士李提摩太也参加了这一组织，这使赫德感到了一种新的气象。他说，李佳白和李提摩太参加了强学会这样有益的组织，"他两人已掌握住一些翰林，并使他们对外国事物发生兴趣并达到渴望学习和应用的程度，这样就会在士大夫阶层中逐渐形成一种公共舆论，使他们成为要求维新的官员们的同盟者而不是敌人。但收获期非常遥远。"[2]

但是，朝中保守派的阻挠又使赫德感到进步的前景仍很渺茫。他的疑虑并非空穴来风，自甲午战后，慈禧与光绪帝的政见不合日渐显露，使当时的政治环境日趋严峻，这也使赫德认为，李提摩太与李佳白加入强学会，不是二人在利用维新志士，而是维新志士在利用这两个人。混迹中国官场几十年的赫德谙熟中国政治，他认为李提摩太与李佳白想通过维新志士使中国进步的想法有些天真，"目前在中国人士当中有些可疑气氛，如果发生政变是不会使我感到惊讶的。有一些人支持皇上，另外一些人则支持太后；看来这两位大权在握的人物，有一位即将把另一位逼向绝境。追随李佳白与李提摩太的翰林之所以那样做，现已发现是有其政治目的的；他们正在利用二李，而不是被二李所利用。据说李佳白已想脱身，躲开灭顶之灾，但李提摩太是一个热衷者，他更相信他的希望，而不相信眼前的事实。这两人都是值得赞许的人物，只是他两人改革中国政治、重新组织其机构，简言之坚决支持这个政府的想法，真是太

1 王宏斌：《赫德爵士传：大清海关总管》，第338、339页。
2 陈霞飞主编：《中国海关密档：赫德、金登干函电汇编1874—1907》第六卷，第370页。

可笑了。"[1]

如果说，1895 年清廷内出现的人事变动和上海强学会的成立，使赫德看到了一些改革的希望的话，而进入 1896 年，清廷给赫德留下的印象更像是一个谜，让人琢磨不定。朝廷中，光绪帝好像是握着了大清的权柄，可是却常有慈禧太后发布懿旨的事；恭亲王从表面上看恢复了权力，可是感觉权力仍然距离他很远；李鸿章因为签订《马关条约》，朝野之间弹劾、谩骂之声屡屡不绝，光绪帝责备他丧权误国，却又让他作为全权大臣出使俄国，参加沙皇的加冕大典。对这感觉有些混乱的局面，赫德描述说，"中国有一个政府，而且也时不时感觉到它的存在，但是与其说它是个实体，莫如说它是一团气体，要想抓住它时，却找不到它在什么地方。"[2]

赫德原本想象通过一种外力的刺激，清廷肯定会痛定思痛推进改革。可是中日战争过去一年多了，却仍然没有一个全面的改革计划。虽然说经过甲午之败，光绪帝也声称希望朝野上下，艰苦一心，革除积弊，奋发图强，可是 1896 年这一年并没有什么大的动向。

屋漏不修任凭风摧雨打。在赫德看来，这是清廷的麻木与无知，他很担心这个王朝能否继续维持下去，他说，"未来的发展随形势而转移。政府不拟订任何全面计划，只是让事情一点一点地自己改进。就中国人民所关切的改进而言，这将意味着终于有了改进，但是我不相信这个王朝能生存下去。全世界的科学、发现和发明都随便中国采用，然而中国并没有随着时代的脚步前进，它就像在肯塔基山洞里的鱼一样瞎，既看不见有光，也不会利用光。"[3]

1896 年，赫德所期待的中国发生一场循序渐进的改革局面并没有出现。进入 1897 年，中国政治除了"帝党"与"后党"暗藏

1 陈霞飞主编：《中国海关密档：赫德、金登干函电汇编 1874—1907》第六卷，第 390 页。
2 王宏斌：《赫德爵士传：大清海关洋总管》，第 340 页。
3 王宏斌：《赫德爵士传：大清海关洋总管》，第 341 页。

的随时都有可能爆发的党争，仍然没有改革的动向。因为甲午之败，清廷的腐朽已经全然暴露于世界列强面前，进而产生了列强瓜分中国的局面。德国侵占胶州湾，俄国也向中国旅顺、大连伸出了强索之手，这使赫德进一步感到中国正处于灭国的边缘。如果此时加紧改革，亡羊补牢也许为时不晚，也就在德国占领胶州湾的11月，帝师翁同龢因借款事匆匆来访，他们谈了很多，借款、海关、胶州湾事件，也谈赫德所关注的政治改革。赫德对翁同龢说，如果你们决心从明天开始就真正地着手改革，今天的损失是无关紧要的；然而若是根本无意于推动改革，今天的损失就毫无意义，只是向狼群投掷一片片的肉，使它们暂时不追上来，直到把马累死为止。

当赫德说这番话的时候，也在嚷嚷着要光绪帝推动变法的康有为却已经为死水一潭的朝政失望透顶，他第五次上书光绪帝却遭到反对派的压制，他打了铺盖卷准备动身上路回家，以后不陪着朝中这帮迂腐的老夫子玩了。可是康有为并没有走，他一样也在等待着机会。但就赫德而言，他渴望清廷变革的心情这一刻却是真诚的，他对翁同龢说的话像老朋友一样很有些推心置腹，作为一个被雇佣来的高级打工仔，他不愿意看到中国被瓜分的现实。

在与翁同龢的谈话中，他分析了中国积贫积弱的现实，他说，中国贫弱，他国有吞并之野心，建议朝廷推行变法，用洋人，不要胆小怕事，要放手推行新政。1898年1月15日，因借款事、俄国索要大连湾事，翁同龢与赫德再次会面，希望他代为帮忙解围。赫德答应予以协助。谈话中，赫德再一次谈到中国的改革问题，"四十余年，食毛践土，极思助中国自强，前后书数十上，无一准行者，大约疑我不实不公耳。今中国危矣，虽欲言无可言矣。即如日本偿款，当时我献策，将海关洋税全扣，每年二千万，十年可了，而张大人驳我。我又献策，我可借银五千万磅，除还日本外尚余一千……百磅，中国可办他事，而俄、法出而担借以挠我。试观今日还债两倍于本，较吾策孰得孰失耶？胶事办此榜样，各国生心，英国实欲中国兴旺，商务有益。今有此样，恐各国割据，则亦未免要挟矣。又我再作《旁观末论》呈阅，我亦知中国万不能行，特尽我心耳。"赫德感叹道，"我言若行，三十年可无大变故"，翁同龢为赫德所希望改革的心情而感动，他说，"有心哉斯人也"[1]。

赫德希望中国改革，认为这是他身在朝局的尽心之言，但是面对朝廷党争，他又知道让大庆改革是有很多困难的。与翁同龢1月谈话后，他在给金登干的信中说，"中国人同过去一样，根本谈不上进步。只要他们能够朝着正确的方向做出一件事，这条船可能就会得救了——但是他们不做！他们宁可任其随波漂流！"言语之间，仍然流露出无奈之情。但是，此时的一个积极信号又使赫德看到了希望。

1898年春，光绪帝召集军机处、总理衙门商讨应该如何应对危局，认为变法是必然的趋势。在光绪帝颁下的诏书中，也出现了"改革"的字样。赫德对此评论说，"中国是在走向光明，但是用的是自己的方式，目前还没有希望取得好结果，虽然有可能为之奠定基础。最近颁下的几道谕旨中有一道第一次承认朝廷面临新的事物，说是'风气日新'和'变通旧制'，必须维新变革。我认为政府的目的是移花接木，而不是种植一些对土壤和周围的环境都很陌生的品种。从长远着想，这种政策倒不坏，但是人们担心的是，在嫁接到结出果实之前，这棵树就可能砍伐掉了——尽管一般说来，帝国当然不会在一天之内被消灭。"[2]

6月11日，光绪帝颁下《明定国是诏》宣布变法开始。当日，发布的诏书中说，"数年以来，中外臣工，讲求时务，多主变法自强。迩者诏书数下，如开特科，裁冗兵，改武科制度，立大小学堂，

1　贾熟村：《赫德与翁同龢》，《东方论坛》2010年第5期。
2　陈霞飞主编：《中国海关密档：赫德、金登干函电汇编1874—1907》第六卷，第818页。

问，所发生的一切都是由她本人和她的党羽策划和安排的。她是一位了不起的女人，她推翻皇帝的政变，正像她耍手腕使他登基一样地使人吃惊。"[1]

10月9日，赫德再次给金登干写信说，"慈禧太后凶残而镇静地继续前进，她办事和坚持的能力都令人惊讶。皇帝的下落和处境看来谁都无法确知。现在和今后一段时期的局势是非常严重的，但是这位老夫人精明之极而能量之大，公众对她自有公论。"[2]

赫德给金登干写信之时，赫德得知科举制已经恢复，新设的变法机构被封闭，旧日的反动全都恢复了，整个北京城笼罩在恐怖之下。他很有一些担忧地于11日再次给金登干写信："慈禧太后废除了皇帝所做的一切事情。旧科举制已恢复，报纸被查禁，写文章的人可能受到惩罚，新设的机构被封闭，旧衙门又开了门，官场无常，人心惶惶！"[3]

在对朝局的关注中，赫德也对形势做出新的判断，两天后他又写道："现在慈禧太后就是政府，可怜的小皇帝也不得不缄口不语。我认为改革不会被扼杀，但是这位老夫人的所作所为会推迟改革，同时也会出现一些其他的困难，中国大概要因此而四分五裂。多么令人不安和沮丧！与此同时，总理衙门催促我加紧扩大邮政业务和办印花税等工作，但是要我吹肥皂泡却连肥皂都不给。为此我的情绪很低，后悔我在五年前没有退出，可是我必须苦笑着忍受。"[4]

维新变法仅仅持续百天便宣告失败，富于阅历的赫德既感到意外也不意外，在列强各国急于侵吞中国利益的当时，他认为这是俄国的影响力在加强，英、日的影响在减弱，因为守旧派都是亲俄的，他为此感到忧虑，他更预感到清朝将恢复到昔日的老样子。

---

1 陈霞飞主编：《中国海关密档：赫德、金登干函电汇编1874—1907》第六卷，第892页。
2 赵长天：《孤独的外来者：大清海关总税务司赫德》，文汇出版社2003年版，第228页。
3 陈霞飞主编：《中国海关密档：赫德、金登干函电汇编1874—1907》第九卷，第225页。
4 赵长天：《孤独的外来者：大清海关总税务司赫德》，第228页。

赫德的预感没有错，政变之后，维新派或被杀或作鸟兽散，新政被砍得七零八落，除了由同文馆发展而来的京师大学堂得以幸存外，新的变法机构都被封闭，科举制也悄然恢复。慈禧太后发动政变之后，还有一些事情出乎赫德的预料之外。

1898 年冬到整个 1899 年，北京城流传着许多传言，传言先是说光绪帝病了，病情很重，接着又有传言为保证江山后继有人，朝廷正在考察皇室里的几个年轻人，取代光绪帝作为新皇帝。

另选新皇帝取代光绪帝，是慈禧太后图谋长期垂帘听政而实施的阴谋手段，尽管慈禧太后的阴谋遭到了列强的干涉，但热衷于权力斗争的清廷不但无心进行改革，反而使得列强的瓜分步伐进一步加剧了。自"胶州湾事件"后，旅顺港、大连湾、广州湾、威海卫等地先后被列强强占。

此情此景，赫德连连为中国的命运而担忧。11 月 6 日，赫德在给金登干的信中说，"一想到经过这么多年的背井离乡，辛勤工作，却一事无成，中国的前景还是受到这么大的威胁，真有些伤心！"[1]

赫德为中国担忧着，但他相信形势会好转，慈禧太后虽然反对新政，然而渴望稳定朝局的心情却是急切的，赫德在细心地观察着局势的变化。11 月 20 日，他再次给金登干写信谈了北京的形势："我认为这里的形势有好转。慈禧太后在稳定局面，虽然她重新听政把皇帝的维新计划砸得粉碎，但是还不能肯定改革真的已经遭到破坏。她刚刚任用张翼（开平矿务局的总办）负责直隶省的矿务，从而开创一个大型的企业（德璀琳和葛德立当然会与此有关），对于开发中国的矿藏大有好处。总理衙门责怪我开展邮政办得不够快。慈禧太后新下的一道谕旨说：'我们与其改弦更张不如忠于职守。唯官员与百姓恪守成规，克尽厥责，则国家幸甚！'这倒是实话。

1　陈霞飞主编：《中国海关密档：赫德、金登干函电汇编 1874—1907》第六卷，第 905 页。

我决没有感到无望，但我的工作担子太重。如果我有四位副总税务司，由他们负责海关、邮局、厘金和灯塔工作，并且能像我这样地工作，我才能感到满意和安宁。事实上我都喘不过气来了！"[1]

1898年，赫德就这样在忙碌而复杂的情感中度过了。进入1899年，他虽然期盼形势好转，但并没有看到改革迹象。1899年春，赫德在给金登干的信中写道，"可怜的中国，甚至到现在"，"他们还没有认识到真正改革的必要。他们会被连续打击和威吓到放弃所有的东西。可是不管什么忠告、什么警告，都无法激励他们挺直脊梁骨，磨利爪子。""虽然面对这么多令人担心和害怕的事，政府仍然还在睡下去，还在臆想着老办法是最好的，继续劲头十足地做着许多守旧的事——但是没有用处，劳而无功在这里看着他们怎样让时间白白地过去而毫无改善，失去一个又一个从泥潭中跳到坚实的土地上的机会，真是令人恼火。"[2]

然而，清廷的腐朽，沉迷于权力斗争的泥潭，以及列强各国对中国瓜分的加剧，必然也激起了中国人民的反抗。1900年，义和团运动之火点燃了中国，此后经历八国联军侵入北京、清廷签订《辛丑条约》等事件，在巨大的国难面前，改革的呼声更成为一种潮流。

7、谋划"重建中国"

自1899年起，取名为"义和团"的组织以山东和直隶为中心，爆发了一场反洋教运动，使得西方各国十分震惊。1900年3月10日，英、美、德、法、意大利五国公使联合起来，共同向发出照会：如果不能以坚决的态度镇压义和团，那么各国为了他们的侨民的生命财产安全而采取必要的措施或者联合军事行动。

这次照会半个月后，英国军舰"仙女"号和"快捷"号由上海

1　陈霞飞主编：《中国海关密档：赫德、金登干函电汇编1874—1907》第六卷，第911页。
2　[英]魏尔特：《赫德与中国海关》下册，第368、369页。

驶抵大沽。4月6日，英、美、德、法四国公使奉其政府密令再次发出联合照会，限令清廷在两月以内"悉将义和团匪一律剿除，否则将派水陆各军，驰入山东直隶两省，代为剿平。"[1]4月12日，俄、英、法、英等国军舰群集大沽口外海面，向中国炫耀武力。

列强故伎重演，派军舰向清廷施压。慈禧太后对此又气又恨，虽然想报复洋人，但感到国力不支，又采取了妥协的方针。4月13日，慈禧太后以光绪帝名义再发上谕，谕令直隶总督立即取缔义和团。第二天，将这个上谕发布在了《京报》上，列强们看到这个上谕，知道大清朝慈禧太后这个老太婆是害怕了，很是满意。英国驻华公使窦纳乐不无得意地说，清廷终于开始镇压义和团这一反基督教团体。虽然清廷向列强们表示了妥协，又开始转向镇压义和团的倾向。但是，义和团在列强向中国派出军舰向中国示威期间，义和团势力却向京津呈现出更加迅猛的发展势头。如此一来，列强于4月26日再次联合照会总理衙门，要求清廷尽快办理，否则各国将自行派兵。

5月28日，各国公使决定以"保护使馆"的名义调兵到京，在各国的压力下，清廷只好勉强答应。6月10日，英、美、法、日、俄、德、意、奥八国组成联军向北京进发，但遭到义和团的拦阻；义和团于6月20日起，围攻了东交民巷的外国使馆和在西什库的天主教北教堂。由于义和团的打杀、驱逐、排斥洋人，使得洋人纷纷躲进了外国使馆。

6月13日，赫德在海关内的房子也被义和团焚毁，他也只好躲进外国使馆。从这一天起到8月24日，赫德在东交民巷度过了他一生中最危难的两个月。使馆被围困中，与外界隔绝的赫德不得不停下手中的工作。他既有一种惶惑不安之感，又为中国的混乱局

<hr />

[1] 中国史学会编：《中国近代史资料丛刊：义和团》第三册，第169页。

面担忧。此间他曾经有回国的打算，但犹豫再三，最终还是决定留在中国。至于为什么留在已是混乱不堪的中国，赫德说，"我留下来，还能为海关、为中国和为公众利益继续工作。我认为，在这个时候，我，也只有我，能在这三个方面起些作用。"[1] 其实，精明的赫德明白，如果中国的局势得到控制，那么对于他来说又将是一次攫取权力的好机会，于是决定留下来。正如他所言："离开中国将是憾事，因为考虑到中国人对我工作的赏识，经过这次事件，我的地位肯定会更重要。"[2]

在此之前，《北美评论》杂志社曾经希望他写一篇关于中国时局的评论文章。他虽然对中国局势一直在关注着，但由于海关与海关之外的其他事务过于繁忙，使他一直难以有时间写这样的文章，被困在使馆里，听到外面隆隆的炮声，忧虑之情再次袭来。

8 月 4 日到 14 日这十天的时间里，他竟然寻找不到一支像样的笔来，只好将就着用铅笔写成了一篇关于义和团的评论文章，取名叫《北京使馆：一次全国性的暴动和国际插曲》。

1900 年 11 月，赫德的《北京使馆：一次全国性的暴动和国际插曲》发表在英国《双周评论》上。同年 12 月，英国《环宇》杂志对此文又予以全文转载，这篇文章主要阐述了从德国强占胶州湾引发的国际瓜分狂潮、维新运动以及义和团的兴起、八国联军占领北京期间所发生的遭遇和观感。文章对义和团围攻使馆期间外国人的遭遇记述尤为详细，文章对义和团的爆发、如何应对目前的局势和未来的中国问题发表了自己的看法。他认为义和团运动的爆发是中国人的民族情感的一种展现，认为这是中国未来大变革的历史序曲，他在文中写道，"今天的这段插曲不是没有意义的，那是一个要发生变革的世纪的序曲，是远东未来历史的主调，公元 2000 年

---

1 陈霞飞主编：《中国海关密档：赫德、金登干函电汇编 1874—1907》第七卷，第 86 页。
2 陈霞飞主编：《中国海关密档：赫德、金登干函电汇编 1874—1907》第七卷，第 103 页。

的中国将大大不同于 1900 年的中国！民族情感是一个恒久性的因素，而不应该把它排除掉；而在中国的一种普遍的感情是：以中国的制度自豪，轻视外国的一切。与外国发生条约关系并没有改变这一点，如果有任何影响的话，那只是加强了这种感情；而未来也不会不受到这种感情的影响。"[1]

在赫德看来，中国人的骨子里有一种深厚的民族爱国情感，这种情感并不因为列强的强索、压迫而减弱，反而变成了一种加速变革的催化剂。

在八国联军占领北京、列强在利益纠葛这个大问题面前，如何处理中国，这是列强各国都深为关注的。赫德认为，目前处理中国问题有瓜分中国、改朝换代与继续维持清廷的统治三种方式。

对于瓜分中国，赫德认为既有利也有弊，但绝不是解决问题的好方法。在中国长久以来的工作、生活，使他深知中国人的"民族情感是一个恒久的因素"，"中国人的情感和中国人的愿望这类东西……永远也无法根除，而且要永远在事物的深处生存下去，昂扬沸腾并且发挥作用"[2]。基于这些复杂的因素，赫德感到，这个号称"龙的传人"的民族，决不会甘心永远屈居于凌辱的地位，一朝崛起，然后向瓜分他的国家寻求报复。基于此，瓜分中国绝不是长久之计，在国际政治上也难以行得通。

至于改朝换代，建立一个新王朝。被传统保守思想禁锢了几千年的中国还没有出现真正能带领人民走向变革的人。其实，在赫德的思想意识里，除了清廷外，还找不到列强各国所能接受的代理人。因而，赫德在文章中又说，即使列强们勉强扶植起维护自己利益的新朝廷，但这个带有傀儡和殖民印记的新王朝是否能够得到民族感情浓厚的人民的支持、拥戴，不能不说是一个很大的疑问。

1　王宏斌：《赫德爵士传：大清海关洋总管》，第 366 页。
2　卢汉超：《中国第一客卿：鹭宾·赫德传》，第 201 页。

对于继续维持清廷的统治这个方案，毕竟列强用炮舰政策同这个腐朽、混乱的王朝"合作"了已有半个多世纪。在合作中，清廷基本上还是恭顺的，因而，他认为维持清廷统治是最现实而有效地办法，"把现存的王朝作为一个正在活动着的东西接受下来，并且一句话，竭力利用它"。既然瓜分中国或者建立一个新王朝都不是应对中国问题的最佳方案，赫德认为只有继续维持清廷的统治这一条途径了。他还认为，列强各国在中国的竞夺控制不好有可能把各国推向战争的危险，这是不符合各国的利益的，尤其是大英帝国的利益。

赫德发表此文时，八国联军已占领北京，慈禧太后挟持光绪帝仓皇出逃至西安。各国正为对中国的命运而争执的面红耳赤，他很希望自己的观点引起各国的重视。他撰写此文后便委托金登干要求尽快发表，给即将开始的谈判以积极的影响。他知道，各国期待的是最佳的对华政策。

既然赫德认为瓜分中国不可取，他就在文中试图告诉列强各国不可取的因素。赫德在《北京使馆：一次全国性的暴动和国际插曲》一文中说，中国是一个自大的民族，尽然这个号称龙的民族已经沉睡了很久，但列强的刺激使他终将醒来，"中国是中国人的中国，把外国人赶出去"这是每一个中国人被激怒的情感。义和团运动的爆发虽然有官方纵容的因素，但这也是这个民族爱国主义的自发运动，其目的是促使中国强大，不受外侮欺负，根除外国宗教，驱逐"优越感"的外国人。虽然在外力的破坏下失败了，但义和团运动并非完全意义上的失败，"它证明了全体人民将如何响应号召，也进一步表明了谨小慎微的官方限定义和团团民只使用刀和矛那是不够的，必须以毛瑟枪和克虏伯大炮来补充或者代替刀矛。将来的义和团爱国者将拥有用金钱所能买到的最好的武器"。[1]

这里暂且抛开赫德的真实立场不谈,可以肯定的是,赫德的观点有一定的前瞻性,后来相继发生的辛亥革命、五四爱国运动以及新民主主义革命无不被视为爱国主义的延续,无不从义和团运动中吸取了经验和教训。

基于对中国人这种民族情感的认识,赫德认为,瓜分中国的路子行不通。他说,"瓜分这个办法就像其他办法一样,有它的优点,也有它的缺点,但面对如此多的人口,绝不能期待这是个一劳永逸的解决办法,一旦瓜分,动乱、苦难和不稳定就会世世代代延续下去。"[2]如果"把瓜分的做法看成是一种权利,认为是公平的,甚至是慈悲的,对此,每一个不怀偏见的人都必须公开反对之。"这意思是说,"瓜分"并不能解决对于中国的安全统治问题。[3]

瓜分中国不可取,建立一个新的王朝,在当时的中国又缺少一个可以被全中国接受的有名望的人物,这甚至将造成四分五裂,使中国陷入严重的无政府状态,那样,各国的在华利益也将严重受到威胁。所以,他认为各国应该继续支持清廷的王朝统治。

值得提及的是,在赫德的文中,他虽然有维护列强利益的成分,但为了达到影响列强的目的,他也肯定了义和团的正义性。他当时虽然被困东交民巷外国使馆,但他仍然相信世界上没有哪一种力量能够征服中国人民的民族情感和独立意志。此文的发表,在英国社会却遭到了一片反对之声,甚至一些人指责赫德是站在中国的立场对义和团这一运动进行报道和理解的,谴责他对于义和团过于热诚。[4]

即便赫德最信任的金登干也对此文予以了批评,后来赫德写信

1 赫德:《这些从秦国来:中国问题论集》,第33、34页。
2 赫德:《这些从秦国来:中国问题论集》,第31页。
3 赫德:《这些从秦国来:中国问题论集》,第62页。
4 [英]魏尔特:《赫德与中国海关》下册,第413页。

回复道："你关于《插曲》一文所激起的反应及对该文批评的来电，已于几天前收到。我寄给你的文章，是在枪炮声中用铅笔写成的。当时我们不知道是否能脱出险境，因而文章可能含有较多感情用事的内容，不宜发表。但既已发表，人们就要读，就要讨论。我可以想象，所有那些敏感的问题，都会招致尖锐的批评。"[1]

继第一篇文章之后，赫德从解除围困的使馆里走出来，在英国商人基鲁尔夫的寓所里完成了第二篇文章，取名为《中国及其对外贸易》。赫德写此文的目的"不是为中国人开脱，而纯粹是为了解释通商如何影响中国人"，他希望此文能够帮助西方了解中国。此文 1901 年刊登在《北美周报》上，文中重点就解决赔款和贸易问题就行了阐述。

对于赔款，赫德认为，每一个声索国都应该把自己放到中国的现实状况上来，"在修订税率问题上，应该适当考虑到中国的财政需要，但同时应该注意避免由于负担过重而使贸易受到损害。至于新规定或新增条款，那应该征询有关的地方上的意见，特别是在涉及到内地贸易的一切问题上，更应该征询各省政府的意见，并且应该研究和照顾它们的不同情况和不同要求；因为要想使贸易繁荣而健康，单单做到一方所要求的一切，那是不够的，应该对双方都予以最充分的考虑。"[2]

对于贸易，赫德在文中直言，中国人并不认为贸易会给中国带来多大好处，即便是恭亲王奕䜣、文祥这样的曾经倡导洋务的大佬也是如此。赫德举例说，有人曾问文祥，外贸带来的税收该是中国政府感到"惬意"的东西吧。文祥则反驳说，"正相反，每一项增收都意味着一个新的地方上的苦难呢，我们宁可向自己老百姓征税，付相等的数额来摆脱你们。"1869 年，阿礼国在与文祥进行修约

---

1 陈霞飞主编：《中国海关密档：赫德、金登干函电汇编 1874—1907》第七卷，第 118 页。
2 王宏斌：《赫德爵士传：大清海关洋总管》，第 371、372 页。

谈判时，文祥曾经对阿礼国说，"取消你们的治外法权，你们的商人和传教士可以走遍中国，否则我们将要把你们和我们的种种麻烦限制在通商口岸"。[1]赫德说，文祥作为清廷中最明智、最开放、对外国人很友好的洋务官员，他的见解尚且如此，其他的官员和中国人会是一种什么样的情形呢？

因此，赫德强调，西方人必须了解中国，从而慢慢地引导中国，才能使中国正常地履行条约。赫德认为，中国必须重新认识它的对外关系，对于义和团事件，中国人应该向西方道歉、赔款以及接受西方的安排；对内要做好制度安排和重建工作，实行改革，解决债务，告知地方政府要保护好外国商人和传教士等外侨的生命财产安全。但是要做好这些都需要时间，西方也应该予以引导，帮助中国政府去计划、开办和执行；有多少事必须由各个列强强派或指明办理，这必须视有关问题的性质、它与整体问题的联系，以及信守约言和办事能力的信赖程度而定；但是中国的诚意必须予以肯定，而且只有在当地的办法不为过多的外国限制和过多的干涉所妨碍的情况下，才能够期望成功履行义务。"谈判者们是否具有对一个问题的两方面都能看透的眼力以及为真正办好一件如此重要的事情所需要的忍耐力，这要到以后才能见分晓，但愿这个机会能充分地加以利用而不要错过。"[2]

赫德在撰写《中国及其对外贸易》之后，他又着手写了一篇题为《中国和重建》的政论性文章，这篇文章在 11 月份完成，1901年 1 月发表在《双周评论》上。此文应该说是对前两文的进一步阐述和发挥。文中对之前的瓜分中国说与改朝换代说进行了进一步的辩驳。对于前者，他说："中国如被瓜分，全国就将协同一致来反对参与瓜分的那几个外国统治者，那样一来，即使无政府状态不是

---

1 卢汉超：《中国第一客卿：鹭宾·赫德传》，第 202 页。
2 王宏斌：《赫德爵士传：大清海关洋总管》，第 372 页。

连年不断、年年发生，平静或者说是表面上的平静也只不过是不可避免的爆发前的一种准备，由此早晚会在各地发生突然的叛乱，表现出民族感情的存在和力量。这样做划得来吗？从利害得失的简单道理来考虑，这样一种解决办法应予以谴责，而作为一项正义、公平，或甚至博爱的问题来看，每一个不抱偏见的人都一定会声明予以反对。"对于后者，"想给中国人另外创立一个朝代，这种解决办法如果说与瓜分有什么区别，那就是比瓜分更加没有希望"，即使各国能够共同选定一个新皇帝，这个具有外国统治意味的新皇帝也肯定得不到人民的服从。赫德断言，改朝换代"企图强加给中国人民一个新王朝是比瓜分更无指望的办法"，一样都是"毫无用处、定遭失败"。[1]

既然瓜分和改朝换代都行不通，那只有继续维持清廷的统治一途了，这也是唯一的良策。赫德强调：如此，"有利于迅速恢复法制、秩序和平静，使生活及商业关系安全和有益的惟一可行的办法是，让现有的王朝照样存在下去，当它的气数已尽时，让中国人自己来处理它"[2]。赫德认为只有继续支持清廷，推动重建工作才符合西方的利益。

此文中，对义和团的评价，由于第一篇文章发表后遭到英国国内的批评和列强各国的指责，赫德这一次在措辞上有所缓和，但仍然维持了他的基本立场。赫德认为，中国目前出现的局面是列强入侵引起了其内部民族情绪激变的结果。义和团运动的爆发，也关涉到英国的利益。在外国的压力下，中国也在反对和谴责这个运动，但是，应该知道，这个运动也成为中国和高官们借助反对西方的力量，尽管他没有成功。在西方的打击下，他们也将受到惩罚，但是中国人民却是支持义和团的行动的。后来，没有了官方的支持，义

---

1 赫德：《这些从秦国来：中国问题论集》，第63页。
2 赫德：《这些从秦国来：中国问题论集》，第63页。

和团勇不再公开夸耀他们的华美腰带了，但是他们仍然留在北京，而在北京周围的乡间，他们则仍然在集众操练。对于此种情形，赫德用一种半反问的语调说，"谈判可能会使中国政府保证不赞成甚至采取有力行动来对付这些爱国者，但是，这样一种保证可以遵守到什么程度呢？中国必定要强大起来，它必定要依靠它的人民以增强自己的力量。种种禁止性的规定能达到目的吗？德国的铁拳难道不是企图对它的军事发展加以限制的结果吗？或者，种种惩罚性的措施能有用处吗？在殉道者的血液中难道不是有一种像不死鸟一样的力量吗？我们可以不把死去了的团民看做是殉道者，但是他的活着的伙伴们会有什么感觉呢？"[1]

面对一个民族感情不断增强的国家，赫德不主张使用强权性质的高压政策。他说，炮舰和高压政策固然可以是西方获得成功，但这种行为必须做到绝对而彻底。事实上，这种做法并不能取得完全成功，特权效果也往往是局部、部分和暂时的，当有一天，绳索被切断，反抗呼啸而来，特权者将无法预知事情的结果。因此，他认为义和团事件的发生告诉西方，"唯有合理的行动和同情的待遇可以在目前争取到朋友，为将来播下良好关系的种子"。[2]

赫德再次强调，西方必须了解中国，慢慢地引导中国，设法改善中西关系，这样中国才能够更好地履行条约义务，这也是赫德《中国与重建》一文的中心目标。

赫德将此文寄给金登干的时候，"正式谈判还没开始，各国公使馆正在磋商，待他们取得一致意见后，谈判就可进行。我想，中国人会接受并签字，不会拖延。在被惩罚的人的名单中，刚毅、李秉衡和毓贤都已死去。李中堂说，'如果像这样快地一个个死掉，还有谁会剩下来受处罚呢？'困难在于端郡王，如果要他的脑袋，

---

1 王宏斌：《赫德爵士传：大清海关洋总管》，第374页。

2 王宏斌：《赫德爵士传：大清海关洋总管》，第375页。

他是大阿哥或皇位继承人的父亲，怎样取得他的头呢？"[1]

那么该如何改善中西关系呢？赫德考虑到自己首先是一个英国人，在一片反华大合唱的氛围中，他不能再遭受指责。况且义和团围困使馆之时，他饱受了八个星期的苦，经历了生与死的考验，因而，他的立场不免地要偏向西方。

赫德希望清廷在他的指导之下进行内政和外交的重建，在内政方面，清廷在军队、法制、交通、教育、政治等方面都需要进行适度地改良。他在大清官场几十年耳闻目睹，大清国军备废弛、吏治腐败，必须进行改革，用高薪养廉的办法来杜绝腐败，学习外国的军事经验来提高军事水平，但他又反对列强向中国出售先进武器，认为这样会助长中国人的尚武精神，因为他感觉到"或迟或早，中国将会以健康的、强大的、经验老到的姿态呈现于世界，并拥有这个世界强加给他的军事力量。"[2]改革内政，赫德还认为应该像日本那样，建立新的司法制度，通过增加新学科来改良科举制度。在外交方面，赫德指出，重要的是中国保持与外国的友好交往，"中国是众多独立国家中的一员，以平等的关系进行对外交往必不可免"。[3]但是，当时的中外关系是建立在炮舰政策和不平等条约基础上的，通过条约强权，规定了西方的特权、利益，使得中外关系强行被捆绑在了一起。

虽然赫德在文中也承认，中西条约关系是一种不平等的外交成果，对中国有伤害，造成了利权的丧失，但是赫德并不主张列强放弃在中国的特权，而是要求清廷遵守条约义务，这就是赫德的重建计划。其本质与当时美国政府提出的，得到英、法等国家呼应或默认的"门户开放"政策相一致。

---

1 陈霞飞主编：《中国海关密档：赫德、金登干函电汇编1874—1907：》第七卷，第112页。

2 赫德：《这些从秦国来：中国问题论集》，第115页。

3 赫德：《这些从秦国来：中国问题论集》，第122页。

所谓"门户开放"政策，因为美国政府中的一些人与赫德一样认为瓜分并不能使中国真正的屈服，反而会造成更激烈的反抗，义和团运动的爆发就是如此。况且瓜分狂潮一旦造成清王朝的覆亡，新政权的建立，列强在华利益很可能遭到颠覆。"门户开放"政策的中心目标，正如美国发给列强各国的照会中所说的三个主张那样：第一，各列强在中国任何所谓"利益范围"或租借地内之任何条约口岸，或任何既得利益，互不干涉；第二，对于运往各列强势力范围或租借地等一切口岸（不含自由港）的货物，都适用中国现行关税率征税，税款由清国征收；第三，各国在其"势力范围"的各口岸，不得对他国船舶征收高于该国船舶之港口税，对于过往铁路、口岸的货物，所收运费也不得高于本国国民运输同等的运费。[1]

赫德希望维持清廷的统治，藉此维护各国获取在华利益的目标。他清楚，经过鸦片战争以来的内忧外患，清廷已经像一艘破烂不堪的行船，要使它不致沉没，就要对他进行"改良"式的修修补补。文中说，各国对待中国应"宽容地解决现实问题，使将来的中国或许还能为某些事情感谢我们，而不寻求报复"。[2] 这就是赫德所谓的"改革"的真实想法，维持列强的侵略利益，使清廷成为列强各国可以共同役使的工具。

1901 年 2 月，赫德又在《双周评论》上发表第四篇政论文章《中国与非中国》，此文也写作于 1900 年 11 月，原题为《中国与西方》，后来考虑到"西方"不包含日本，日本也是侵略中国的主要国家之一，所以改名为《中国与非中国》。文章仍从义和团问题引入，纵论整个中外关系。文章开篇以中国人的口气说话，以这样的形式告诉列强对中国并非了解，然后再举外国入侵的理由，指出二者的立场不同，所以矛盾和冲突面前二者很少能互相谅解。

---

1 刘培华：《近代中外关系史》下册，第 100 页。
2 陈霞飞主编：《中国海关密档：赫德、金登干函电汇编 1874—1907》第七卷，第 124 页。

赫德引用英国作家阿勒希思·克劳斯曾经撰写的《衰退中的中国》一文里关于如何对付中国的六条办法。即：进一步开放口岸；保证外国人在华安全，允许外国人在华游历；废除厘金；加强驻华公使力量；反对清廷做出有损于他国的领土割让；保证沿海贸易等等。[1]

老实说，赫德并不完全赞同克劳斯的观点。比如要求清廷保证外国人安全问题，赫德认为清廷正在努力这样做，除了新近发生的义和团事件外，在这方面做得并不比其他大国差；对于厘金的废除问题，克劳斯认为以提高值百抽五的税率来换取中国废除厘金的损失，而赫德则认为，提高税率并不能弥补中国废除厘金的损失，海关税收不过是中国财政的一部分，而各省所征收的各种厘金不仅针对外国商品，更主要是针对本国产品的。除非开辟新的财源，否则废除厘金对财政本就困难的大清无疑是雪上加霜；克劳斯认为迫使清廷接受了六个条件，英国的利益就可以得到保证，而赫德则认为这是一种过于乐观的想法。

从克劳斯的观点引述，赫德认为列强对中国的了解还太肤浅，要对中国存在的问题像医生那样开出治病的良方，就要多了解中国。因此，他在文章中大谈中国人的特点，说中国人温顺而勤劳，他们能学会任何事物。他们讲究礼节，崇拜天才；他们坚信公理，以为公理可以战胜强权；他们喜爱文学，到处有文人结社，吟诗唱和；他们有一套完整的伦理体系，乐于行善，慷慨好施；他们认为报恩是美德，有恩必报；他们认为好的名声价值高于金钱；他们温文尔雅，讲究谦让；他们孝敬父母，忠于国家，等等。当然赫德也说中国是一个背着沉重历史包袱的民族，保守而骄傲。中国历史有自身的发展规律，任何外部力量都无法改变中国的民族凝固力。中国的

1　卢汉超：《中国第一客卿：鹭宾·赫德传》，第204页。

历史、中国人的民族情感是无法消灭的。[1]

文章的最后，赫德还以一种预见未来却又有些无可奈何的心情写道："在这些'短视'的日子里，这样一种历史哲学或许会被人耻笑，他的信徒会被讥为不切实际，但是，此文得以幸存，自今而后的读者，终有一日会确信'谁笑到最后，谁笑的最好'这句话是何等正确，而草药往往是医治疾病的最佳良方。"[2]

在赫德既有预见性又有一些迷惘的心境中，他于 1900 年 12 月应邀又为《德意志评论》撰写了《义和团，1900 年》这篇文章，发表于 1901 年 3 月。随后又在英文《环宇》杂志上予以转载。此文在《中国与非中国》的基础上进一步展开。他老调重弹说了大清的闭关锁国，视外国人为蛮夷，但鸦片战争打破了清国的这种优越感，被迫签订了一系列不平等条约，鸦片战争以来的六十年里，中国经历了天津教案、马嘉理事件、中法战争、宗主国地位被颠覆、中日战争以及之后的列强瓜分中国等等。"六十年的条约关系，最终导致了义和团运动，怎样来说明这样一种结局呢？"赫德在文中予以了解答，他说，"事实上，不正常的情况才是一切弊端的根源，这就是，外国商人享有特权地位，不受中国的司法管辖；传教上也同样超脱了中国法律的束缚，他们的到来促使各种流弊滋生；外国官员根据条约采取了其他地方闻所未闻的行动。所有这些不正常现象产生的总体效果就是给中国人一种耻辱和不公平的感觉，以及一种创伤。"[3]

正是列强对中国的疯狂强索和一切不合理特权促使了中国人爱国主义情感的总爆发。既然不合理特权和侵略行径是排外运动爆发的原因，赫德认为就应该重视中国人的这种情感，加以认真对待和

---

1 王宏斌：《赫德爵士传：大清海关洋总管》，第 378 页。
2 卢汉超：《中国第一客卿：鹭宾·赫德传》，第 206 页。
3 赫德：《这些从秦国来：中国问题论集》，第 89 页。

补救。接着，赫德又说，正确的方法是懂得中国的民族性格，顺其性而用之，他大谈中国人天生骄傲，并且说，中国人也有迷信的一面。他举例说，1898年中国春节发生日蚀，传说这是不利于帝王的凶兆，这一年果然因为维新变法发生了政变，光绪帝被幽禁；1900年发生的义和团排外事件、八国联军侵占北京，在迷信的国人看来都是有征兆的。虽然他认为中国人迷信的思想根深蒂固，但是他也承认中国有中国的规律，中国人永恒的创造力和民族情感都是无法扼杀的。因此，他警告外国人对待中国人应该以一种"友好""了解"的心态对待，"善待"那个行将崩溃的朝廷。

赫德写完这篇文章的时候，本想封笔，可是仍感觉心中还有一些话没有说完，他很想以《中国与列强》为题再写一篇文章，可是他担心再次遭到列强的指责，经过反复考虑，他以《中国的变法和列强》为题写了第六篇文章。这篇文章正在写作的时候，《双周评论》编辑部建议将他已经发表的前五篇文章汇编成书，要赫德拟一个书名。赫德在回信中别出心裁地根据《圣经》中取出"这些从秦国来"的句子作为书名，副题是"中国问题论集"。秦国是中国的古称，在《圣经》第49章有一段描述：上帝对救世主说，"众海岛啊，当听我言。……我必使我的众山成为大道，我的大路也被修高。看哪，这些从远方来，这些从北方来，从西方来，这些从秦国来。天哪，应当欢呼。大地啊，应当快乐。众山哪，应当放声歌唱。因为耶和华已经安慰他的百姓，也要怜恤他困苦之民。"[1]

赫德给自己的合集起了书名后，又作了一个简短的序言，赫德说，"收入本卷的五篇文章以探索和进步的精神论述当今一个首要的问题，即如何对待中国。这些文章现在收集成册再度出版以飨所有认为这些文章有用或对之感兴趣的读者。这些文章不敢自称论述

---

1 王宏斌：《赫德爵士传：大清海关洋总管》，第379页。

详尽，也不敢说尽善尽美，但其主旨在于促进共同谅解"。[1]

《这些从秦国来》论文集的出版，引起西方舆论界的普遍重视。此书虽然没有将他的第六篇文章收入集子，但《中国的改革与列强》于 1901 年 5 月在《双周评论》发表后，再次引发关注。

1901 年 9 月，《辛丑条约》签订，经历了逃亡之苦的慈禧太后，也感到变法推行新政势在必行，早在这年初，他就发布了一道文告，宣称"变法一事，关系甚众"，"朝廷立意坚定，志在必行"，条约签订后，慈禧太后对内要给人民一个交代，她也急切地表达改革；对外却更加的媚外。当此之时，赫德认为他期待已久的改革运动将走向中国的历史舞台，他由衷地写道，"由皇帝掌舵而皇太后提供动力，尊严得以保存，国家之航船将重新起航，起航这天的命令将是：'全速前进'！"[2]

预感到中国将推行改革的赫德，立即赶写了一个关于中国如何变法的简短建议，取名为《更新节略》呈递给了慈禧太后，其目的是希望清廷"更新"朝政，赫德在《节略》中说"若问如何国事可以整顿，应知始终不外乎实事求是一语。虽头绪纷繁，难于措手，而最要最易者，系定一开办之日，于大纲细目中，择其紧要者，次第举行。唯无论如何更张，断无止境，只可抠定主见，如行路然，认定一途，毅然前往而已。"[3]

赫德的建议认为，国家改革不外乎内政和外交两端，既没有提到国家政体改革的问题，也没有涉及自由、平等的观念，只是一些具体建议。在众多的建议中，虽然有一些新的想法，但大多数内容都是老调重弹。他主张保留东方文明中的优秀文化，摈弃落后的观念和思想，积极学习西方的先进文明成果。赫德认为，大清的改革

---

1 陈霞飞主编：《中国海关密档：赫德、金登干函电汇编1874—1907》第七卷，第188页。
2 赫德：《这些从秦国来：中国问题论集》，第139页。
3 中国近代经济史资料丛刊编辑委员会主编：《中国海关与义和团运动》，第47页。

应在维护清王室的君主专制政体下对教育、军事、工商、吏治、外交等方面进行整顿。

在教育方面，赫德主张，可以在科举体制下设立新学科，他说，"即如中国取士一事，所重之学与取进之法，均属甚善，唯须知尚有各种新学，西国所长，中国所短，均应设法增添。若能另设新学科，于进士殿试后考试新学，即凭之与以官阶，如此则旧学不废，而新学可成。"[1]赫德认为，以新学作为授官的主要途径，设立译书局，吸取外国先进的思想文化；广设新式学堂，培养新式人才；选派留学生到国外学习先进军事、科学技术等都是改革教育的方法。

在军事方面，赫德认为兵不在多而在精，他主张通过外国人加强练兵，设立军事学堂培养人才。但是他又害怕先进的军事唤醒中国人的尚武精神，因而他主张练兵达到弹压地方武装叛乱就可以，可见赫德是想把军事改革与维护西方利益联系在一起的。

在工商方面，赫德主张废除原有禁令，允许商民自由开矿，自由开办轮船、铁路、实业工厂等等，"凡商民见为有利可图者，即任其自谋自立，毋庸派官督办。惟此等事，虽不必由官管辖，然亦须定有善章，设立专署，以便商民报明举办某事，均能划一办理。"[2]

吏治方面，赫德针对官场腐败情形，再次提出了"高薪养廉"的建议，并主张裁汰冗员，改革官制。

外交方面，力图保持中外友好的局面，清廷必须遵守与各国签订的条约，他说，"其外交一端，原无难办之处，只需讲信修睦，诚意相孚，凡属约章，若有不妥之处，固应商议改正，惟于未改之前，必须一一遵守原约，毫厘不爽"。[3]赫德主张中外双方都应该遵守条约，若任何一方违背条约都应该受到应有的惩罚，这样才符

1 中国近代经济史资料丛刊编辑委员会主编：《中国海关与义和团运动》，第47页。
2 中国近代经济史资料丛刊编辑委员会主编：《中国海关与义和团运动》，第48页。
3 中国近代经济史资料丛刊编辑委员会主编：《中国海关与义和团运动》，第47页。

合近代国际法的要求。

在赫德提出建议之时，清廷中的一些朝臣和地方大员也纷纷建言改革。慈禧太后也表示，"随时设法，择要举办"[1]但面对列强的索要多端以及国内政治社会的动荡，历史没有给它一个稳健的改革条件，况且，清廷并没有真正改革的决心，只单纯地做一些修补，并不能改变其统治的腐朽没落。在清末新政改革中，后来"皇族内阁"的出现，使所谓的"改革"不过是为了维护其王朝统治的"骗局"暴露无遗。此间，革命运动的烽火迭起，也使得赫德改良清王朝，使中国"强大"起来的计划宣告破产。

---

1 李书纬：《少年行：1840—1911晚清留学生历史现场》，广东人民出版社2016年版，第285页。

第五章

军事变革中的"洋大人"

1. 海防"洋老师"琅威理

在晚清洋务运动中，军事自强也是一项重要内容。要军事自强，清廷先后兴办了一批近代军事工业，促进了陆军向近代化迈进，并创建了近代新式海军，而在这些历史进程中，洋员也在发生重要的作用。

在洋务运动之前，大清军队主要由满人的八旗兵和汉人的绿营兵以及旧式水师组成。但八旗兵入关后慢慢腐化堕落，三藩之乱时，即以绿营为主力。到乾隆朝时，大部分战事便都由绿营出兵作战。乾隆朝到第一次鸦片战争前，国内基本上没有发生什么大的动荡，太平日久，绿营也逐渐腐化堕落，且长期以来疏于训练，战斗力极为低下，所以面对鸦片战争西方的坚船利炮只能是一败涂地。特别是在西方的近代海军面前，清廷的水师装备落后，自然毫无招架之力。即便是面对太平天国这样的农民起义队伍，清军也没能在战乱中取胜，以致江南的半壁江山也落入太平军之手。不得已，清廷只好"借师助剿"镇压太平军。在与洋人的合作中，李鸿章等地方大员目睹了西式武器的威力，1863年，李鸿章在与英国人戈登所率领的常胜军的合作中，常胜军仅用四个小时便攻破了被太平军占领的太仓。此役后，李鸿章在给曾国藩的信中说，"西洋炸炮，战守攻具，天下无敌"，"若火器能与西洋相埒平中国有余，敌外国亦无不足。"近几年来，俄国和日本已经获得了西方技术，他们的大炮和轮船也渐渐地变得有用了，所以能使他们与英法进行竞争，"中土若于此加意，百年之后，长可自立"。[1]

李鸿章渴望军事自强。在此前后，他也学着常胜军的样子，对他所率领的淮军进行了改造，购买西式武器、组建洋枪洋炮队，这可视为清军向近代化迈进的开端。

洋务运动的兴起，开始促动大清军事的近代化，在中央，清廷扩大并改善了神机营的装备，配备了西方新式武器，希望使朝廷直管的这支军队能胜任守卫京师的重任；在地方，一些大员开办了军工厂，聘请洋员指导生产制造新式武器、装备，并在武汉、福州、广州三地聘用外国教官操练八旗兵和绿营兵。

在军事自强的推进中，海防建设也逐渐进入清廷的视野。我们知道，两次鸦片战争所以失败，重要因素是大清有海无防，没有近代化的新式海军，只有旧式水师。林则徐1839年以钦差大臣身份到广东查禁鸦片时曾节制广东水师，为加强海防，防范英国侵略者的武装挑衅，他从美国商人手里购进一艘1050吨的商船，改造成兵船，并捐资仿造了三艘西船，但这根本无法满足海防的需要。后来，在联合西方"借师助剿"镇压太平军的行动中，清廷为挽救分崩离析的局面，也曾经委托海关总税务司李泰国向西方购买船舰，

1　[美]费正清、刘广京等编：《剑桥中国晚清史》上卷，第537页。

但这次购舰活动还仅局限于镇压太平军的需要，并没有想到创建海军这一层面。由于李泰国擅自任命英国人阿思本为舰队司令，并试图把这支舰队控制在英国人手里而遭到清廷上下的反对，舰队被迫解散，所购船舰也驶回英国变卖。

1867年，美国军舰在中国台湾岛南部的恒春登陆，进攻当地高山族居民；1869年，英国借口"修约"，蛮横要求修改《天津条约》《北京条约》扩大特权。1870年的"天津教案"的发生更令清政府分外难堪。英、美、法等七国军舰集中开到天津、烟台一带逞威。事件发生后，清廷迫于列强们炮舰的威慑，向法国赔偿白银50万两，另派崇厚为专使钦差，到法国赔礼道歉。此后，俄国也悍然出兵占领中国的伊犁地区。1875年发生的马嘉理案，英国人武装威逼，迫使清廷签订了中英《烟台条约》。此间，就连一海之隔的弹丸小国日本也步步紧逼。1871年，日本册封臣属于清王朝的琉球国王为"藩王"，挑起了中日关于"琉球归属问题"的争端。1872年，日本又兵发台湾。息事宁人的清廷不得已赔偿了日本白银50万两……。

一个个触目惊心的现实，使得清廷不得不思考海防问题。曾经奏请设立福州船政局的左宗棠直言，大清国海防空虚，致使西方列强无所顾忌，火轮兵船直达天津，大清却又无力抵御。对此局面，左宗棠在给朝廷的奏章中作了深入的分析，他认为，在西方列强的坚船利炮面前，中国海船则呈现日渐减少的趋势。仅存的海船也是船式粗笨，在西方军舰面前不堪一击。西方有先进的铁甲舰，中国却没有，这使得中国的海防处于"有海无防"的局面。这样，西方列强就没有任何阻挡地可以长驱直入。

针对严峻的海上外患，左宗棠直言："欲防海之害而收其利，非整理水师不可；欲整理水师，非设局监造轮船不可"。[1]左宗棠特别留心注意到，西洋各国的舰船技术越来越先进，而且东邻日本也开始仿造轮船，并派人到英国学习造船技术；他断定日本在数年之后必有大成。因此他建议朝廷大力发展中国的造船工业，只有掌握了火轮兵船技术，外国人就不敢轻举妄动。

在左宗棠的多次恳请之下，清廷终于在1866年批准创办了福州船政局（下设有造船厂和船政学堂），这是中国近代海军海防事业的第一个造舰育才大基地。海防运动从此正式开始。

但中国自造军舰发展海军的道路并不平坦。1872年内阁学士宋晋以"糜费太重"为由奏请朝廷停止建造军舰，并为此引起了一番争论。

在海防建设中，李鸿章也是走在历史前面的。为解决经费之难和财源之缺，李鸿章于1872年创办了轮船招商局，他说："西洋富强之策，商务与船政互为表里，以兵船之力卫商船，必先以商船之税养兵船"，因而"今倡办华轮，实为国体、商情、财政、兵力展拓之基局"。用今天的话来讲，李鸿章是在努力探索一条军用与民用相结合的海军发展道路。

1874年，美国军舰侵犯台湾，朝廷由此认识到筹办海军的重要性。经过与左宗棠、奕䜣、李鸿章等人的讨论，朝廷决定派李鸿章、沈葆桢筹办北洋、南洋海防事宜。在讨论中，李鸿章指出："各国皆系岛夷，以水为家，船炮精练已久，非中国水师所能骤及。中土陆多于水，仍以陆军为立国根基。若陆军训练得力，敌兵登岸后尚可鏖战；炮台布置得法，敌船进口时尚可拒守。"[2]李鸿章在淮军的建设中尝到了甜头。因而他主张陆军都应该像淮军那样，经过

1　中国史学会编：《中国近代史资料丛刊：洋务运动》第五册，第24页，又见《左宗棠全集》（奏稿）第三册，第63页。

2　许华：《海权与近代中国的历史命运》，《福建论坛（人文社会科学版）》1998年第5期。

认真挑选，组建洋枪炮队。

李鸿章在与左宗棠、奕䜣等人的讨论中，仍然觉得海军不像陆军那么重要，但他的建议反映了一种日益关注的心情，即迫切需要保证沿海，包括紧邻东三省和华北的朝鲜的安全。他建议设立北、东、南三洋海军，并认为各洋海军均须拥有大铁甲船二艘，"一处有事，六船联络，专为洋面游击之师，而以余船附丽之，声势较壮"。鉴于筹办海防需款甚巨与清廷"财用极绌"的矛盾现实，他断言"欲图振作，必统天下全局，通盘合筹，而后定计"。[1]

在人才缺失的晚清，巩固海防，创建中国近代海军，比整顿八旗兵、绿营兵更需要外国人的帮助。当时的一些进步人士也认识到了这一点。第一次鸦片战争后，思想家魏源就指出，可以向法国、美国聘请洋员数名帮助仿造轮船，并教练行船及射炮诸法。可惜，闭关锁国的道光帝没有听取魏源的建议。

咸丰帝即位后，也没有吸取教训、听取建议。经历了第二次鸦片战争的清廷才在被动挨打的局面下，同意雇请洋员，帮助练兵、造船、造炮。从此后，相当数量的洋员、洋匠开始进入大清的北洋水师、绿营、八旗军、军工厂、造船厂等军事领域，成为大清军中的一员。而在军事洋员的招募中，英国人琅威理也是值得提及的一个。他与赫德一样，也是晚清军事建设中影响较大的人物，他在中国曾有两次出任北洋海军总查的经历，仿照英国皇家海军的模式，对北洋海军进行组织和训练。琅威理在任六年，可谓成绩斐然。

琅威理应聘来华，正值大清创办海军遭遇困难。船舰枪炮方面存在不足，尚可以通过赫德、金登干等人购买，或者让福州船政局、江南制造局制造；然而，在驾驶与操作船炮器械和管理方面人才短缺的难题，却不是短期能够造就的。而随着西方军事近代化的推进，

---

1 吴汝纶编：《李文忠公（鸿章）全集》卷二十四，第19页。

与此同时，梦想控制中国海军的赫德也在北京积极活动。中法战争期间，英国政府让琅威理辞去在华职务，赫德对海军部的决定很为不满，也为琅威理得不到国内重视而替琅威理抱不平。赫德给金登干写信说，如果海军不及时授予琅威理上校舰长之职，这对琅威理是不公正待遇。不料，海军部却以"中立""避嫌"之名，要求琅威理去职。加之清廷没有允诺聘用合同中所承诺的官职，所以造成了琅威理去职。赫德在信中还说，他对琅威理从北洋海军辞职感到非常失望，表示不愿插手此事。

赫德在琅威理去职的问题上发了一通牢骚。可是当他得知清廷想重整海军，再者，在聘用洋教习的问题上，自式百龄被解聘后，德国、美国、法国都加紧了这方面的活动。事态的新动向，使赫德频频致电英国海军部和琅威理，希望其继续来华任职。英国外交部也向海军部施加压力。英国海军部不得不做出让步，允许琅威理来华任职。

需要说明的是，中法海战期间，琅威理虽然有因英国"中立"政策和对清廷承诺的职位未兑现表现不满的成分，但琅威理并非真的想辞职。1884年4月，琅威理提出辞呈后，并没有立即回国，而是延宕了数日才离开。当时他暂居烟台，李鸿章已经停止给他发放薪资，但他仍然关注着北洋事务，专门撰写了《舢板操章程》，寄给北洋海军提督丁汝昌，丁汝昌看了大为感动，说，"洋员之在水师最得实益者，琅总查为第一……平日认真训练，订立章程，与英国一例，曾无暇暑。即在吃饭之时，亦复手心互用，不肯稍懈。去秋退处烟台，已经禀辞薪水，尚手订舢板操章，阅两月成书寄旅。此等心肠，后来者万不能逮"。[1]

在丁汝昌的心目中，琅威理是不可多得的人才。而最令丁汝昌

---

1 谢忠岳编：《北洋海军资料汇编》（上），中华全国图书馆文献缩微复制中心 1994 年版，第 56、57 页。

感动的还是琅威理在离开中国前写给他的一封信。信中琅威理很有一种遗憾之情的表示，水师现在已达到一半的成绩，但他却未能竟其功而要回到英国，对此实在是惴惴不安。北洋水师若能守住现状，将来还有希望发展下去。若是改变现状，则将前功尽弃。接着他信中又说，本来想继续为中国效力，无奈碍于英国政府法律，实为不得不辞也。如果中国能与他订立合同，让他可以得到在英国所应得到的终生俸禄与荣誉，他将愿意留下来为中国继续效力，即使为中国冲锋陷阵，也惟命是从。现在，身虽离去，但心却常留于此。此次返英之后，将升为总兵，并带领大船，对于英国现有的新法与规章将会细加留意，以使日后中国有用得着他的时候，他即可以为中国效劳。琅威理还表示，他之所以如此，绝非是为贪图中国的厚禄，而是对于未能完成工作的一片心意而已。

丁汝昌看完此信，即与旅顺营务处道员袁保龄联系，并将信中内容转述给袁，认为琅威理的信正代表了他的内心，这片情谊难能可贵令人感动。格雷森离开时曾给予优厚的奖励，也希望李鸿章能念及琅威理的勤奋与才能，给他予以荣誉和奖励，并咨文英国政府对琅威理的才能和勤奋予以表彰。如此，英国政府和琅威理都会感到体面，将来如再有外国人效命于中国，则一定会能得到才艺出众和名实相符之人。丁汝昌还请袁保龄将他的意见转达给李鸿章。[1]

1885 年，当英国海军部同意琅威理来华后，他很快便接受了清廷的邀请。当年 12 月 1 日，琅威理由英国启程，于第二年春天抵达中国。琅威理抵达天津时，受到了李鸿章与丁汝昌的热烈欢迎，北洋海军列队举行了欢迎式。琅威理的到来，不管是李鸿章、丁汝昌还是北洋官兵，都感到欢欣鼓舞。当时，醇亲王奕譞正准备巡阅北洋海防，李鸿章与整个北洋海军都在积极准备，接受检阅。可海

1　王家俭：《洋员与北洋海防建设》，第 77、78 页。

军的操练却仍然是令人头痛的事情，从太平军投效到李鸿章麾下的丁汝昌，让他指挥陆军还可以，可是面对新建海军，他实在不知该如何指挥一支舰队，哪怕是一艘舰船。即便是留学归来的刘步蟾、林泰曾等闽系军官也没有操练一支舰队的经验。北洋如此，曾国荃所领导的南洋海军也是如此，他一样只有陆军作战、指挥、操练经验，而对海军却是一个门外汉。琅威理的到来就不同了，这使李鸿章、曾国荃等北、南洋海军的最高首脑感到在琅威理的训练与督导之下，中国海军一定会大有希望。

果然，琅威理的再次来华，北洋海军变得有规可循。虽然距离醇亲王奕譞巡阅只有不到三个月的时间，但在他的勤加操练之下，北洋海军的演练让醇亲王、李鸿章大为满意，就连在旅顺、大沽、烟台等地的英法海军也对之啧啧称赞。

奕譞上奏朝廷，琅威理训练水师"布阵整齐，旗语灯号，如响斯应"，如果"各将弁讲求操习，持久不懈，可期渐成劲旅"，请求予以嘉奖。[1]1886年6月2日，清廷降旨嘉奖水师洋员，以琅威理"教演水师尤为出力"而且"具备各种海军作业的经验，是为任何级别的军官所绝对不及的"[2]，因此，除赏给二等第三宝星外，并加赏赐给提督衔，从此北洋海军有了"丁琅二提督"的说法。琅威理此次来华，历时四年余，于1890年因"争旗事件"再度辞职回国。

中法海战后，琅威理接受邀请，来华后即在海军执行任务，但是他与李鸿章之间所应订立的雇聘合同却迟迟没有签订。一来是琅威理自视是受清廷的邀请，且在新成立的海军衙门内担任训练全国海军的要职，并非单单李鸿章所在的北洋所雇聘，雇聘合同理应与清朝中央签订；二来李鸿章只不过是想让琅威理担任北洋海军的总查一职，这是一个相当于总教习的官衔，与琅威理的愿望有一段差

---

1 戚俊杰、刘玉明主编：《北洋海军研究》，天津古籍出版社1999年版，第441、442页。
2 戚其章：《琅威理与北洋海军》，《近代史研究》1998年第6期。

距。

醇亲王奕譞巡阅海防后，奏请清廷对琅威理明令嘉奖并赏赐提督官衔，他才感到一些平衡。此后，又经李鸿章的几次催促以及赫德、欧格讷等人的劝说，李、琅二人才在 1886 年 7 月正式签订合同，完成他第二次来华任职的聘任手续。

相较而言，琅威理第二次来华任职，较 1882 年那一次来华在待遇上有所提升，薪金由原来的每月 600 两增加到 700 两平库银；在职责上，除负责大清海军的操练外，也赋予他建议奖惩之权，但是李鸿章也要求他必须在五年内依照欧洲海军模式，将大清海军训练成具有国际水准的军队；在中国发生战事时，除英国之外，琅威理必须帮同中国作战。对后一条件，英国外交部和海军部引起了很大分歧。英国外交部认为，中法海战结束，两国也签订了《中法越南条约十条》，中国与列强在短时间内不会再有发生战争的可能，不妨暂且接受清廷提出的帮同作战的要求。英国海军则坚决反对，双方公文往返，多次辩论。到 1887 年，英国海军部勉强同意外交部的建议，暂且接受中方的要求，如果真的战争一旦爆发，另外再作打算。这样，琅威理在雇聘合同之下，算是正式开始了他在中国的第二次总查生涯。至此，作为迫切想在海军中增强英国影响力的赫德也大感欣慰，他在给金登干的信中说，"琅威理此即将会有个光辉的开始，只要他好好地干，二十年后他会在中国成为比我今天还要伟大的人物"。[1]

琅威理在中法海战之时离职，赫德曾对他一年多的工作成绩做出评价："最近这十八个月，琅威理工作非常出色。他具备各种海军作业的经验，是为任何级别的军官所绝对不及的：教练水兵、培训军官、船舰驾驶术、射击技术、鱼雷作业、金工活、修筑堡垒、

1　王家俭：《洋员与北洋海防建设》，第 68 页。

各种操练、演习等等。在这里，他已使人感到他的重要性，通过他必须为中国做的工作，增加了他作为一名英国海军军官的价值，并使他为英国服务的能力增长十倍，使他的专业技术和才能得到了充分施展的机会。"[1]

任职之初，琅威理对北洋海军的状况颇为不满，他决定对海军进行全面的整顿。尽管存在诸多困难，但他还是全身心地投入工作，就连他的前任格雷森也不得不承认他工作很努力。1883 年 2 月，琅威理写信给金登干说明整顿工作可能面临的苦难，2 月 9 日，金登干将此情况报告给了赫德，他在给赫德的信中说，"我收到琅威理的一封信，他在信中痛心地抱怨巡洋舰被玩忽的状况，他说，'整顿将是非常费力的工作，因为有许多弊病要清除，并且现有的人员质量极差。'他已决定再次打电报给夫人，（鉴于整顿工作的复杂）叫她不要来华"[2]。赫德当然了解中国的状况，也了解中国官场的积习，所以也认识到琅威理在工作中所可能遭遇的困难，他回信给金登干说：琅威理"正在令人恼火的情况下学着忍耐。他身边的每个人都是'占着毛坑不拉屎'的！不过，我想我能劝他坚持下去，并且耐心地等待"[3]。当然，"琅威理不会让事情马马虎虎地进行，并将格守严格的海军纪律和礼仪"。在工作中，琅威理对官兵严格要求，一丝不苟，增加训练的强度，这样一来，北洋海军的训练渐入佳境。

琅威理训练官兵，必言传身教，以身作则。有一次，琅威理在舰上作业时不小心从船梯上摔了下来，造成身体多处受伤。他在工作中作风严厉，舰上员弁、水手没有不敬畏听命的，所以水师中流传"不怕丁军门，就怕琅副将"之谣。

1　戚俊杰、刘玉明主编：《北洋海军研究》，第 443 页。
2　罗尔纲：《晚清兵志》第三册，中华书局 1997 年版，第 209 页。
3　罗尔纲：《晚清兵志》第三册，第 263 页。

琅威理对工作的高度负责精神，还表现在：凡是不利于水师的事，他都要干预；凡是有利于水师的事，他都要建议。金登干说他是一个"喜欢把一切事情揽入自己之手"[1]的人，因为这样会得罪很多人。然而，由此正可看出琅威理的性格，这也正是他品格中的最可贵部分。有一次琅威理发现供应给水师的煤炭与登记数量不符，竟短缺达40吨之多。琅威理与丁汝昌商定，此后凡是运煤到舰上，都要有专人重新过磅，具实登记，杜绝弄虚作假的行为。后来，还专门设计了一种驳煤船图样，发交大沽船坞制造。关于旅顺基地的建设，他十分关心，亲去查验，发现口门有浅处，潮落时兵船出进容易搁浅，虽明知此工程乃德国退伍军官汉纳根大尉所主持，仍然直率地指出，并建议到春融将该处挖尽，以保出进军港船只的安全。

天津海关税务司德璀琳很受李鸿章的信任，时时插手水师的事，曾建议铁甲船到香港船坞改造龙骨，琅威理认为这样很不妥，他深知中国海军经费筹措困难，每花一笔钱必力求节约。再者也容易泄露军事秘密。他亲自带同机器厂洋匠前往勘验，确定机器厂自行改造。"超勇""扬威"两艘快船需添电灯，到外洋购买花费巨大，他向李鸿章面陈，请由海光寺制造局承造。福州船政局所造"龙威"兵船机器屡坏，他认为，"若将就留用，船行大帮，一船出病，各船停候，耗费不轻"，必"为海军日后靡费大累"，主张"未便收留"。后经福州船政局加以改修，出海驶验合法，始同意收留。可见，为了中国海军的发展，他是多么尽心尽力，不管对什么人，都能够做到破除情面，即使得罪人也在所不惜。[2]

在常人看来，琅威理作为一名英国军官，必然会像李泰国、赫德那样事事为英国利益着想，甚至不惜以控制中国海军作为目的。但琅威理有其正直的一面，他以自己的职业为荣，恪守职责，并要

1　陈霞飞主编：《中国海关密档：赫德、金登干函电汇编1874—1907》第四卷，第276页。
2　戚俊杰、刘玉明主编：《北洋海军研究》，第443页。

做出出色的成绩，所以他在处理北洋海军各项事务时，坚持的一个根本原则就是不能违背职业道德，甚至自觉不自觉地超越一些外国人狭隘的民族利益。当他接到运送炮舰回中国的任务时，他几次向阿姆斯特朗公司提出炮舰在设计上存在的问题，强调"为了更为安全和有效，要做某些改进，尽管会导致延期和花费"[1]。琅威理甚至还为此与英国工程师伦道尔进行激烈的争辩，使得阿姆斯特朗公司只好接受他的建议。

琅威理除在对中国海军做训练、整顿工作之外，其他有关海军的重大事宜，清廷也把他视为海军方面的专家，多方请教、征询意见。大清海军衙门的成立、旅顺及威海的海军基地建设、北洋各军港的炮台建设、北洋海军章程的制定等等，无不有他的心血，琅威理也忠实地就其所知，尽心尽力。

1887年，琅威理受命赴欧接收"致远""靖远""经远""来远"四艘巡洋舰回中国，途经新加坡，当时新加坡华人社会领袖陈金钟在树林园设宴款待北洋舰队邓世昌、叶祖珪、林永升、邱宝仁四位管带及琅威理一行。11月18日，新加坡《叻报》报道说：琅威理（军门）系英人，不讲华语，"因以英语略申己意"。琅威理向华侨表示："中国海军已有自行操纵船炮之能力，欧人动谓中国之管驾官如无西人以辅之，即不能驾驶，则属偏见。"又说，"中国海防已渐加强……盖十年前中国与今日之中国大有不同。若再阅十年二十年，必可与各大国争雄于天下也。中国情形，先如睡而后初醒，整军经武，昼夜不遑，而其存心非欲结怨于人，抑或食人土地也。不过欲以自强起见，保护吾民耳"[2]。

言语之间，琅威理颇有对中国海军的勉励和寄望之情，然而，琅威理在华的出色表现，也为他在军中埋下危机，由于少数高层将

---

1 陈霞飞主编：《中国海关密档：赫德、金登干函电汇编1874—1907》第八卷，第176页。
2 王家俭：《洋员与北洋海防建设》，第82、83页。

官对他的不满和妒忌，便设法加以排斥。1890年发生的"争旗事件"，终而导致琅威理愤而离职。

2. "争旗事件"与琅威理去职

1890年春，北洋海军正式成军不及二年，琅威理却突然辞职而去，一时间成为中外关注的热点新闻。关于他的辞职，一般认为是此间发生在香港的升旗事件而造成的。这固然是一个原因，而实则却有着更深层次的远因。

1889年底，海军提督丁汝昌率舰队南巡，于第二年6月前分两批抵达香港。2月24日，丁汝昌带领"致远""经远""济远""来远"四舰到南海一带操练，便致电李鸿章，留"定远""镇远""超勇""扬威"四舰在香港操修，让琅威理与林泰曾、刘步蟾督率妥办。

然而，3月6日，"定远"管带刘步蟾传令降下提督旗换升总兵旗，表明自己是舰上最高长官。当时，琅威理身为"水师副统领""赏加提督衔"，他认为提督离去，副督尚在，刘步蟾升总兵旗，乃是对自己的藐视和挑衅。琅威理责问刘步蟾："丁提督离职，有我副职在，为什么撤下提督旗？"刘步蟾答："按海军惯例应当如此。"琅威理认为这是对自己的污辱，故致电李鸿章，对自己的地位提出质问。李鸿章复电："琅威理昨电请示应升何旗，章程内未载，似可酌制四色长方旗，与海军提督有别。"[1]

5月间，舰队北返。琅威理即于6月初前往天津，面见李鸿章讨论此事，但二人话不投机，不欢而散。6月18日，琅威理致电英国海军大臣汉密尔，向其表达了意欲辞职离开中国的想法。

琅威理向其国内发电两天后，英国《泰晤士报》便发布了琅威理准备辞职的消息，同时，在天津出版的英文报纸《中国时报》也

---

[1] 何立波：《鲜为人知的北洋水师"总教头"琅威理》，《军事史林》2014年第12期。

刊出琅威理辞职的新闻。随后，琅威理向李鸿章请辞，李鸿章并未予以挽留而是接受了辞呈，从而也使中英关系陷入了低谷。

琅威理的辞职，很快也引起了中外报界的热议。上海《申报》可能是对此事并不清楚，认为琅威理辞职是因为其"遇下骄傲寡恩，不为人所服，故特辞退"。此前曾经报道琅威理辞职消息的《中国时报》则又发表评论，认为琅威理辞职系不能忍受欺骗所致。琅威理第二次来华受聘之时，曾向李鸿章提出，要他做事，就必须在海军中行使权力，无职无权很难开展工作。琅威理来华后，朝廷的赏赐，实际上已经证明琅威理与丁汝昌拥有同样的地位，并赋予其在军中联合指挥的职务，凡是军官的会报以及海军中命令的发布都由二人作出。但是，待北洋海军训练作出成效后，现在李鸿章很有些卸磨杀驴意味地对琅威理的提督地位予以否认。回想当初的承诺，不能不说是一种欺骗。刘步蟾升旗事件就是骗局下预谋的结果，此举显示了清廷反对任何外国军官去指挥中国军队，情形与1863年阿思本舰队事件别无二致。

毫不讳言，琅威理虽然有清朝皇帝赐予的提督官衔，但其赋予的只是代表荣誉的虚衔，实质上并未给予决断之权，充其量不过是李鸿章的奴仆罢了。

当时上海的《北华捷报》对此事也大加报道，除了发布新闻外还发表了三篇篇幅很长的社论，借此事件对中国大肆攻击。

7月4日发表的第一篇文章言辞相当激烈。首先他们认为中国人之逼迫琅威理去职，乃是一种过河拆桥的行为。外国人以其辛劳与忠诚，所换得的乃是忘恩与负义，外国军官除非不愿尽忠职守，并且愿与中国的军官同流合污，否则即会遭受妒嫉、阴谋与排挤。毫无疑问，自从琅威理来华，北洋海军方才大有起色。现在琅威理已去，可以预见北洋海军的混乱与堕落即将开始。文章认为琅威理与丁汝昌在北洋海军中具有同等地位，北洋海军由他们二人联合指挥。威理在英国海军中也具有较高的军衔和职位，他不可能作为中国人的一个僚属。此一原则乃自 1863 年即行订立，虽经恭亲王各方努力亦未改变。最后则对李鸿章大表不满，认为琅威理为其部下所辱，还是小事，设使李鸿章能够加以适当的处置，事情即可很快地过去。不意李鸿章却对其下级军官加以袒护，所以造成了琅威理的愤然离职。

第二篇报道发表在 7 月 31 日，认为琅威理事件表明中国意欲将其所聘用的外国人员完全驱逐。中国人排斥外国人的现象是一直存在的。当然，中国人有权作此决定，无人能够对之加以遏止。如果他们认为现在可以摆脱外国的顾问，即应该他们自己去尝试。论及"琅是自己解职而非中国人解聘"之说，该报亦加以驳斥，认为那是欺人之谈。作为一名为大清服务的外籍军官被他的中国下属当面撤下象征权威的旗帜，这是一件多么令人难堪之事。

第三篇是在 8 月 15 日，再度强调琅威理在北洋海军中的地位，认为琅既非为丁提督之海军教习，亦非其顾问，而实系该舰队的副司令官。琅威理到中国服务是因为李鸿章的请求、英国外交部的劝说才答应帮助中国训练海军的。文章指责说，"有许多理由令人相信，琅之免职乃是反对外人在中国服务的一种反动，此事我们并不以为奇。当得知丁提督离港赴海南时，一部分军官已预先安排好将琅赶走。当然，有如此一位廉洁负责的外国军官在此等地位，自然难使中国的军官觉得高兴"。[1]

在中外媒体对琅威理去职表现出极大关注的同时，当时的媒体也发表了一些读者来信。就读者的观点和态度主要表现在三个方面：一种认为琅威理与丁汝昌在北洋海军中的地位相等，即所说的"联合指挥官"；第二种认为琅威理实系北洋海军的"副司令官"；第

1　戚其章：《晚清海军兴衰史》，人民出版社 1998 年版，第 339、340 页。

三种认为琅威理所谓的"总查"不过是北洋海军的顾问或者称为"副将"也或者"总教习"罢了。既非"提督",也不是海军指挥官,地位自然不能同丁汝昌并列。

三种意见中,可以肯定的是,北洋海军的实际运作中,丁汝昌与琅威理的地位其实并不对等。因为丁汝昌为实授提督,而琅威理只是赏赐的提督衔,只是一个象征性的荣誉官衔,并非实缺;第三种争论,说琅威理为北洋海军的"副司令官"倒是有一些根据。从李鸿章所呈报的北洋海防经费清单中可以发现,琅威理第一次任职期间被称为"水师总查",第二次任职期间则改称为"水师副统领"。按"副统领"的本来意义,是可以理解为"副司令官"的。但是,《北洋海军章程》内并无有关"副统领"的规定,这样琅威理的"副统领"职衔也只是虚衔而已。所以,第三种意见说的倒属实情。

1890年11月27日,驻英公使薛福成复照英国外交部,对琅威理辞职事作出解释,内称:"接海军衙门兼北洋大臣文内开:琅威理请派水师实缺以代虚衔,若不准给,定须告退。查此项实职给与外国官员实属尚来所未有,是以未能答允,只得准其告退。"由此不难看出,双方矛盾的焦点,说到底,乃是"实缺"与"虚衔"之争。[1]

虽然如此,但带来的后果却是严重的,在外交方面,使中英关系陷入了低谷。当琅威理的辞职报告在递交李鸿章之时,也发电致英国海军部,海军部大臣认为琅威理受其部下侮辱,而李鸿章非但不予主持公道,反而说出"琅氏仅总督聘请或承认,而非为中国政府"的话,实在太过无礼。海军部于是决定批准琅威理辞职,命其尽快辞职回国。巧合的是,北洋海军所聘请的英国水雷教习罗觉斯的在华聘期此时刚好届满,清廷电令薛福成与英国外交部交涉。英

---

1 戚俊杰、刘玉明主编:《北洋海军研究》,第449页。

国外交部将这个电函转达给海军部，海军部立即予以拒绝，表示除非中国方面对琅威理被辱事件给出满意的答案，否则不能同意罗觉斯续聘为中国服务。

在英国海军部为琅威理鸣不平的同时，英国外交部一面训令驻华公使华尔身提出调查报告，一面照会驻英公使薛福成，要求中国就琅威理案作出解释。6 月 18 日，华尔身向英国外交部提交调查方案，对于琅威理辞职之事，认为是北洋海军的高级军官刘步蟾等人不承认琅威理的提督地位而引起的，且李鸿章又不能主持公道，所以琅威理只好辞职，别无他法。华尔身在报告中还说，李鸿章鉴于北洋海军的实际需要，不久必将会向英国方面提出请求，再派员到中国接替琅威理职务帮助教练海军，建议在琅威理没有得到合理解决之前，英国不应接受李鸿章的请求。

在中国方面，当英国外交部照会刚刚到任驻英公使任上的薛福成，要求中国方面作出合理解释。薛福成在 8 月 19 日致电李鸿章询问此事能否有所转圜，告知他此事处理不好将会影响到中英外交关系。但是李鸿章并没有把此事放在心上，而是致电薛福成说，琅威理辞职乃是因为其要求中国朝廷授予他提督实权，朝廷难以接受这个要求，也不会为琅威理的要挟所折服，认为此事与外交并无关系，要求薛福成向英方作出解释。

薛福成收到李鸿章的电报，很为他的专断感到无奈，但是他又不便向英国作出这样的解释，只好将此事拖延。中国方面迟迟未作答复，英国海军部和外交部对此非常不满，海军部要求外交部改变对华政策，向清廷施加压力。英国外交部经过一番考虑之后，决定遵照海军部的意见，召回全部在华的英国军官，并于 9 月 22 日照会薛福成，除拒绝罗觉斯的续聘以及对李鸿章表示不满外，对琅威理事件未得到满意的说复以及确保英国的军官不再遭受类似遭遇之前，将不考虑选择接替人选之事。[1]

琅威理的离去，伤害最大的当属北洋海军。我们知道，作为海军最高指挥官的丁汝昌对海军管理、训练是一个门外汉，故平时的海军训练、管理工作实际上是由琅威理在负责。琅威理是一个对工作非常负责的人，他办事勤谨认真，治军也很严格，在训练北洋海军时，要求官兵严格遵守条令，他仿照英国海军的治军模式，在条令、礼仪、操练方法上都颇有贡献。他的离去使大清立即失去了一位能督导海军的人，从而也是军纪开始涣散，训练几近松懈，乃至对北洋海军的发展带来极为不利的影响。

琅威理的去职，海关总税务司赫德相当的失望。他一直在关注着事情的进展，琅威理提交辞呈后不久，赫德在 6 月 22 日给金登干的信中说，"琅威理已辞职，我使军舰掌握在英国人手中保持了如此之久，现在可能要转到他人手中了。琅威理工作很有成绩，但是他不会随机应变——他征求别人意见时，暴露自己的思想感情，表明他的意图，因而终于自断退路！我始终不知道英国使馆是否将另派人前来：我看到最近一些报纸提到庆（劳伦斯·庆）已有变动，并作为海军上校身份退役——我就想到由于琅威理打算辞职的消息约在两个月前已为人们所知，劳伦斯·庆可能前来接替。中国不会听忠告，遭到不幸才会好好吸取教训。我想，如今我要和海军离得远远的！"[2]

7 月 13 日，赫德又说，"琅威理'破釜沉舟'而不得不辞职是合乎逻辑的，但他以个性取代策略，是以小失大！如果他给中国人的是另一种'盒子'的话，那么，划'火柴'必然不会引起大火。"[3]

后来，看到琅威理的读者投书，赫德更为不满，他说，"琅威

---

1 王家俭：《洋员与北洋海防建设》，第 88、89 页。

2 陈霞飞主编：《中国海关密档：赫德、金登干函电汇编 1874—1907》第五卷，第 222 页。

3 陈霞飞主编：《中国海关密档：赫德、金登干函电汇编 1874—1907》第五卷，第 230 页。

理已经辞职，他的辞职曾获得海军及公众的赞扬，而我却不然，我认为他是以个性取代策略。我不能肯定一个人处于某种地位有作出那种决定的权利。"[1]赫德认为琅威理给读者所说的简直是一个"非常古老的故事"。试问："琅的辞职确证到什么聪明，而又如何去证明？"因此，他以为"琅的最大错误即是他从未说出整个的故事"。在赫德看来，琅的辞职未免过于轻率，虽然他的行动似乎很谨慎。事实上，当他在香港为着降旗而大发脾气之时，他已下定决心要与大众，特别是海军的大众作对。"所以正如我以前所说的，他使政策屈服于人格。"[2]

虽然赫德对琅威理的离去多有微词，但对他的能力还是肯定的。赫德说，"琅威理走后，中国人自己把海军搞得一团糟。琅威理在中国的时候，中国人也没有能很好地利用他。""我自己认为他没有什么地方高于常人，只是他有不平常的经验使他在某些方面成为海军军官中不多见的一个合适的人物"。[3]这一说法基本属实，因为在甲午战败后的清廷上谕中也说："琅威理前在北洋训练海军，颇著成效。自该员请假回国后，渐就废弛，以致本年战事未能得力。"[4]

正如赫德所言，琅威理的离职，丁汝昌失去了一个好帮手，此后至甲午战争爆发前，北洋水师再未聘请高级顾问。以刘步蟾为首的闽系军官们终于达到了挤走琅威理的目的。北洋水师却为此付出了极为沉重的代价，因为他们中还没有人具有取代琅威理的实力。他们作为受过正规训练的新型海军军官，非但没有将琅威理的敬业精神和先进的管理、训练方法学到手，反倒在封建毒素的侵蚀下沾染了许多不良习气，致使整个舰队日趋腐败。

甲午战争之后，"来远"舰帮带大副张哲溁回顾往事时说："前

1　陈霞飞主编：《中国海关密档：赫德、金登干函电汇编1874—1907》第五卷，第242页。
2　戚其章：《晚清海军兴衰史》，第344页。
3　陈霞飞主编：《中国海关密档：赫德、金登干函电汇编1874—1907》第六卷，第117页。
4　何立波：《鲜为人知的北洋水师"总教头"琅威理》，《军事史林》2014年第12期。

琅威理来军时，日夜操练，士卒欲求离船甚难。……自琅去后，渐放渐松，将士纷纷移眷，晚间住岸者，一船有半"，至于操练掺水、军令不应，更属常事。据北洋水师军官们甲午战争后披露："我军无事之秋，多尚虚文，未尝讲求战事。在防操练，不过故事虚行……平日操演炮靶、雷靶，惟船动而靶不动"，并"预量码数，设置浮标，遵标而行。码数已知，放固易中"。"徒求其演放整齐，所练仍属皮毛，毫无裨益"。[1]

《中国近代史资料丛刊：中日战争》第一册中对琅威理辞职后的北洋水师有详细的描述："琅威理去，操练尽弛。自左右翼总兵以下，争挈眷陆居，军士去船以嬉。每北洋封冻，海军岁例巡南洋，率淫赌于香港、上海。"[2]

这段文字的背后再现了北洋海军的腐化。在每年的冬季，是北洋海军最为快活得时节，因为要移防南方海港训练，但在南方的上海、香港等海港都是娼妓业发达、灯红酒绿的地方。已经丧失纪律约束的海军官兵常常会弃舰登岸寻欢作乐。当年的北洋舰队提督丁汝昌，是一位"风流首长"。不少驻守海防的士卒、舰上的水兵，则是"勇"字号嫖客。一次，丁汝昌率舰队南下上海时，曾经到名妓胡宝玉的香闺摆酒宴客。酒宴结束后，丁汝昌拿出一百两银子作为宴席的费用。但胡宝玉对娘姨等人讲，这笔钱是丁大人赏给她们的。结果，丁汝昌只好在次日再拿出三百两银子以作酒资。北洋舰队军官生活大都奢侈浮华，嫖赌是平常事。刘公岛上赌馆、烟馆林立，妓院有七十多家。不只在国内嫖，有逛妓院习惯的北洋官兵有一次竟然嫖到了日本。1886 年 7 月，北洋舰队第一次到访日本，在长崎港进行大修。8 月 13 日，舰上官兵登岸购物，补充给养。竟然有一些水兵偷偷地跑到城内的妓院内嫖妓，日本警察也是想敲

1　戚俊杰、刘玉明主编：《北洋海军研究》，第 450 页。
2　何立波：《鲜为人知的北洋水师"总教头"琅威理》，《军事史林》2014 年第 12 期。

诈一下中国水兵，二者便发生了冲突，结果造成日本警察和中国水兵各有伤亡。[1]

如此的军纪军风，如何应对来犯之敌？正如《中国近代史资料丛刊：中日战争》第一册所记述的那样，北洋海军军纪涣散的局面，早就引起了时人的忧虑。李鸿章的重要幕僚周馥曾经报告丁汝昌嫖妓的情况，但李鸿章一笑了之。

李鸿章说了这样一段话：此次日本长崎争杀，"肇自妓楼。约束之疏，万无一辞。若必归狱雨生（丁汝昌），以为恋慕妓风，借名驶往。则是揣测无根之说，前后情事全不符也。武人好色，乃其天性。但能贪慕功名，自然就我绳尺"。[2]

在李鸿章看来，军人武夫赌博、嫖妓是在所难免的事情，只要战场上能够冲锋陷阵就可以了。这样的纵容之法，造成后来北洋海军覆亡自然是在所难免。果然，甲午战争成为检验北洋海军的检阅场。

1894年7月，日军偷袭在朝鲜牙山口外丰岛附近的中国军舰，标志着中日甲午战争的爆发。此后，清军在战事中节节失利。9月间，北洋海军在黄海大东沟海域与日舰发生遭遇战，这一战，因北洋舰队装备老旧及战术指挥等问题，致使北洋海军遭受了重创。这一战，中国军舰沉没五艘，日舰虽然也受创严重，但无一艘沉没，由此暴露出大清海军指挥系统的存在问题。

连连失利的大清朝再次想到了已经回国数年的琅威理。此时，琅威理正在英国德文港担任后备舰队指挥官兼"毁灭"号舰长，指挥着皇家后备队的38艘军舰。清廷通过赫德与金登干再次向琅威理发出了邀请，金登干接到指令后，即与琅威理取得了联系，但是

1　中国史学会编：《中国近代史资料丛刊：中日战争》第一册，新知识出版社1956年版，第63页。

2　舟欲行、黄传会：《梦断龙旗：清末北洋海军纪实》，解放军文艺出版社2003年版，第267页。

他对于邀请他重返中国大摆架子，公开的理由是英国宣布中立，他不能以现役军人身份来华参战，只有在战后当英国政府许可时才能前往，但私下却提出了中国政府难以接受的苛刻条件，如必须由清帝以玺书形式颁给他海军最高职衔。当时，金登干在给赫德回信中说，"琅威理现在德文港任后备舰队指挥官兼任'毁灭'号舰长。当我把'密件'送去时，他正在海上游弋。他回信说：'您所提中国人邀请我去任职的问题颇费斟酌。只有使我确信这是为了这个国家的利益时，我才会答应去做。如果中国政府是诚心诚意地请我回去，同时我国政府也愿意我回去任职，我将不予拒绝，并在接受中国的邀请时提出我的条件。'"[1] 他始终不忘撤旗事件之辱。

后来，琅威理干脆以"不准备辞去在英国的海军职务"来以示拒绝到中国任职。金登干为了求证他真实的态度，只好给他复电询问，"你意指是在任何条件下都不辞职"，他的回电是，"在任何条件下均不辞职"。[2] 金登干要完成赫德交办的任务，便向赫德推荐了自己的表兄——皇家海军炮厂监督英格斯上校来华任职。琅威理在中国服务的时候，英格斯是他的对手——日本海军顾问，一手训练出日本的近代化舰队。日本政府曾封他为贵族，使他有足够的权力和地位，与日本的高级将领接触，日本海军从他的教导中得到了极大的好处。当他们认为自己有理由独立行动时，才体面地送他回英国，而他们不仅使舰队保持着英格斯离开时的面貌，而且更趋完善了。

1894 年 11 月 20 日，金登干约英格斯在军人联合俱乐部见面。英格斯说："他和日本海军的官方关系早已断了"，他愿意"割断旧日的情缘，在中国另结新欢。"[3] 他不愿作统帅而只是教练，以

1 陈霞飞主编：《中国海关密档：赫德、金登干函电汇编 1874—1907》第 6 卷，第 159 页。
2 陈霞飞主编：《中国海关密档：赫德、金登干函电汇编 1874—1907》第六卷，第 164 页。
3 姜鸣：《北洋海军总顾问琅威理》，《航海》1992 年第 6 期。

的礼服，在下午三点钟之前赶到德璀琳的家里，立即跟着他赶往总
督府。我们雇了两顶轿子。前面有一个人骑马开道，后面还有一个
人保护。每顶轿子都有四个轿夫，另外还有两个人在旁边跟随。总
共有十四个人跟随着我们前行。这一路不容易，不仅路途较远，路
也不好走，所以前面有人开道是非常必要的。从德璀琳府出来，轿
子先经过英国人和法国人的居民区（译者注：即"租界"），这儿
住着许多欧洲人，住宅大多是欧式楼房，内部非常舒适，院子里的
花园却有一种中国格调。走了大约一英里半，路旁开始出现一些简
陋的土坯房，再往前走才是天津老城。这里的居民非常贫穷，只有
少数砖房混杂在土坯房中，有些泥屋看上去快要倒塌了。间或有一
间砖瓦宅院就算是豪华的，中国的富人才能拥有这份奢侈。街道两
旁房子挨着房子，门挨着门，没有英法居民区那样的宽阔街道和花
园。一条条高低不平、坑坑洼洼的巷子里，有许多人做买卖、劳作
或游荡，……我注意到，他们看上去都很脏。天津是一座很大的城
市，因此它有阴暗面也是合乎情理的。街道继续向城市纵深处延伸，
这里有些房子外观要好一些，虽说不多。通过这些街道和小巷是一
次很长的旅行。……总督官邸是一套很大的用石材建的两层建筑，
绘有珍禽异兽和东方图案，房间很多，还有许多高大的附属建筑，
人们从大门外面看不出来里面住着仅次于皇帝的统治者。"[1]

当天下午四时，李鸿章出现在汉纳根的面前。他先与德璀琳寒
暄了一番，在德璀琳的介绍下，李鸿章像父亲一样慈祥地拍了拍汉
纳根的肩膀，开始询问汉纳根的一些情况：询问年龄、兄妹几人、
在军校学习多久、所学专业是什么、懂不懂海防工程，如是等等，
汉纳根一一作答。

通过了解，李鸿章对这个年轻的德国人颇为满意，决定聘用。

---

[1] 《汉纳根家书》1879年11月3日。《锦绣：国家商业地理文化读本》，2011年5月号。

李鸿章了解到汉纳根的汉语能力很差，这个对中外都喜欢用汉语交流的官员就叮嘱汉纳根说，希望你勤奋学习汉语，以后在与使节们会谈时，能够给我做翻译。一个月后，李鸿章与汉纳根正式签订了一份长达七年的雇聘合同。

年轻的汉纳根便成为李鸿章的军事顾问，他先是到天津武备学堂出任教官，成为继德璀琳之后对李鸿章产生影响的德国人。

对于一个人的成长轨迹而言，决定其命运的无外乎三个关键点：出生背景、就读学校、工作后从事的单位和职业，这三点决定着一个人进什么样的圈子，结交什么样的人。年轻的汉纳根这三点全占：出生在军人世家，父亲还是一位市长；自己很小的时候就到军校读书，后又成为德国军队炮兵中尉，德国当时也是世界上军事很强大的国家之一；经由德璀琳的推荐，自然而然地有机缘进入大清的官场。汉纳根在天津武备学堂任职，由于李鸿章的赏识，也为他积累了极广的人脉资源；再者，德国人与中国人一样，在婚姻关系中讲究门当户对。汉纳根父辈与德璀琳的父辈是世交，汉纳根来华后不久便被德璀琳看中，招为上门女婿，将他的大女儿嫁给了汉纳根，从"老叔"成了"老丈人"，也为汉纳根在中国的仕途打下了良好的前景。德璀琳一生无子，生了"五朵金花"，五个女儿都"善交际、爱运动"，特别是大女儿、汉纳根的夫人埃尔莎性格活泼，喜爱音乐，曾经学习过歌剧，她经常参加"天津业余剧团"的演出活动。1878年埃尔莎曾经参演英国流行的一出喜剧，这次演出获得了巨大成功，"被认为是地方演出的杰作"。[1]

当然，德璀琳在为女儿们选择夫婿的时候，也决不含糊。五个女婿都是中国近代史上在华外国人中的"大腕级"人物：大女婿就是汉纳根，做官做到大清的中将，经商又成为巨富；二女婿腊克是

1　[英]雷穆森：《天津：插图本史纲》，许逸凡等译，《天津历史资料》1964年第2期，第34页。

美国人，美丰银行的经理；三女婿包尔，奥地利人，曾任奥国驻天津领事；四女婿纳森是英国人，曾为开滦矿务局总经理；五女婿曾经担任英国驻华使馆的武官。德璀琳一家高贵的社会地位以及喜欢社交活动，使得"他的家庭在整整一代里成为天津的社交中心，从那儿，……散发出文雅而可敬的影响"。[1]

缘于德璀琳的呵护，李鸿章对汉纳根也是欣赏有加。签订雇聘合同后，他不仅成为天津武备学堂的洋教官，在李鸿章奉命筹设北洋海军的历史进程中，汉纳根也成为对海军建设卓有贡献的人物。

汉纳根在担任天津武备学堂的教习工作中，工作严谨，十分投入，给官兵们讲授步兵和炮兵的训练科目、练习射击、组织演习等等，无不尽心尽力。俗话说，"打虎亲兄弟，上阵父子兵"，汉纳根得到了远在德国的老爸伯纳德的无声支持。父子二人经常通过万里重洋通讯交流经验。

李鸿章对德国的军事技术和武器装备很是欣赏。汉纳根来华之前，李鸿章在淮军官兵到德国进修时，曾向清廷上《卞长胜等赴德国学习片》一折奏称："德国近年发奋为雄，其军政修明，船械精利，实与英俄各邦并峙。而该国距华较远，并无边界毗连，亦无传教及贩卖洋药等事""德国军器甚精，臣等近年购用不少"。李鸿章对德国的克虏伯大炮更为赞赏，他认为，"德国陆军甲于天下，而步队尤精于马炮各队……至炮位一项，英德两国新式最精。德国克虏伯后门钢炮击败法兵，尤为驰名。……此项炮位取准及远，精利无匹，在西洋各国最为著名利器。"[2]现在，汉纳根、德璀琳等德员对李鸿章的影响，使得他对德国军事技术和武器装备更加青睐。

在汉纳根的努力下，李鸿章于1880年从德国引进了当时最先

1　[英]雷穆森：《天津：插图本史纲》，许逸凡等译，《天津历史资料》1964年第2期，第43页。

2　游战洪：《德国军事技术对北洋海军的影响》，《中国科技史料》1998年第4期。

进的后膛枪"刺针枪"。此枪使用枪栓和纸包子弹，通过长长的刺针插入纸包，穿过火药，撞击弹头底部的雷汞来发火。"刺针枪"的射速高出前膛枪多倍。早在 1841 年德国军队就开始使用，到 1872 年，德国大约生产了 160 万支此种类型的枪支，成为德军中的重要武器。

李鸿章知道汉纳根在炮台建造上有很深造诣，旅顺建港之初，即派他赴旅顺口实地考察，准备修筑黄金山炮台。旅顺口位于辽东半岛的南端，东接黄海，西扼渤海湾，形势天然，位置险要。李鸿章鉴于旅顺口所具有的天然门户优势，准备用十年时间将这里打造成集炮台、营垒、船坞、仓库为一体的近代化军港。建设这座中国近代化军港的巨大工程，炮台作为一个重要的组成部分，李鸿章对炮台建设十分看重，因而决定与军港同步进行。

李鸿章让汉纳根发挥所长，在天津武备学堂任教的同时，着力于炮台、军港船坞的修建工作。汉纳根在华三十多年，其最大的贡献就是炮台和军港船坞的修建。大沽炮台、旅顺口炮台、威海炮台、刘公岛炮台等等无不经由其手。炮台式样新颖，设计巧妙，既坚固又性能优越，在当时堪称一流。

1880 年 2 月，李鸿章任命汉纳根为修茸大沽炮台的总工程师，接受任命之后，汉纳根在教习军队之外，几乎天天往返于天津大沽和北塘之间，他仔细勘察大沽的地质形势情况，考察原有的炮台。炮台在历史上虽然有过抗击英法联军的胜利，击沉击伤多艘侵略者的船舰，但在西方造船和军事工业快速发展的大势面前，这些老旧的炮台已经不能满足近代化战争的需要，很难抵御海上铁甲舰、巡洋舰的进攻。

汉纳根对原有的炮台、弹药库、军械库做了详细的考察，绘制了图纸，提出了新的修茸方案。考察中，汉纳根发现清军并没有真正意义上的工兵队伍，没有像样的施工设施和运输机械。在欧洲，作为工兵建制组成部分的机械作业已经相当普及，而在中国却还在利用民夫、使用锹、镐、绳子、筐、人拉肩扛的老办法。通过这次考察，他找到了炮台的许多不足之处，他结合传统的施工方式，从实战角度出发，对修建新的工事做了详细的计划。

汉纳根建议，要连接北塘与大沽炮台阵地，必须在海河入口处修建一座浮桥。战场上时间就是生命，减少运输时间可以起到提高安全保障的作用。考虑到河流临近海口风大浪大，为防止桥身晃动，汉纳根特别提出要在桥的两侧安装加固设施，以提高桥的稳定程度。他的设计及工程预算得到了李鸿章的批准，立即动工。1880年10月，浮桥建成。令汉纳根兴奋的是，这座桥受到了一致的赞赏。[1]

在开始修葺天津大沽炮台之时，李鸿章也让汉纳根开展了对旅顺口一系列炮台的建设工作。当然，这也与德璀琳的推荐有很大关系。作为天津海关税务司的德璀琳是一个消息灵通的人，当他得知李鸿章准备修建旅顺黄金山炮台时，他认为他的女婿汉纳根是不二人选。

实际上，德璀琳推荐汉纳根负责修建炮台，有着很大的私利成分。他知道旅顺军港是一个大工程，如果让汉纳根参与，将对他的仕途和事业都是巨大的改变；况且汉纳根学的就是这个专业，可以发挥他的才干。德璀琳心想，哪怕只是把德国现有的岸防基地和火炮设施原封不动地移到中国，也是巨大的成就。中国可以得到先进的武器，建成近代化的炮台，而德国可以向中国输出军火，增强德国在远东的影响力，而汉纳根参与其事更可以在中国牢牢地扎下根基。因而，德璀琳在1880年5月17日考察在何处建炮台及船坞时，再次推荐了汉纳根。

修建军港，包括船坞、炮台等附属性设施，以当时中国的科技

1　刘晋秋、刘悦：《李鸿章的军事顾问：汉纳根传》，文汇出版社2011年版，第59页。

状况、工业设施、工程人员的素质与经验，没有外国人的参与自然难以独立完成，这种局面也造成了列强间的竞争加剧，都想参与这一工程，因而也给工程的顺利开建增添了障碍。

在列强的激烈竞争下，李鸿章决定，旅顺军港基础设施以及库房、厂房、营垒的建设，在英、法技术专家的指导下由中国人自建；船坞则交由法国人承包；至于炮台，根据德璀琳对汉纳根的推荐，加之他在大沽炮台勘察、修葺工作中的表现，李鸿章决定旅顺口黄金山等一系列炮台的营建，仍由汉纳根主持。

旅顺口修建炮台，无以例外的是要做好地形勘测。汉纳根初到旅顺时，条件艰苦，他只能暂住在军舰上，军人的秉性，使他形成了一个规律。每天凌晨四点起床，先洗个海水澡，然后用淡水冲去盐渍，北上平板仪等测量设备，开始一天的工作，天不亮就启程，戴月而归。结束当天的测量和勘察后，他还要在夜灯下对白天的测量数据进行整理，计算出山的坐标方位、高程。用仪器测量值和立体几何计算出来的结果相互验证，以确保数字的准确性。再用等高线法绘制地形图，对地形地貌、山上的雨裂（被雨水冲刷出的雨沟称为雨裂）、地表的森林、农田、果园、草地、河流、建筑、坟茔、道路、桥梁直到独立石、独立树、独立房——进行标注，以便识图时能看出山的高低走势，选择适宜的施工路径，战时又可作为参照物指挥射击和部队移动。对于汉纳根来说，此刻，最主要的则是权衡利弊，确定修建防御阵地的最佳位置。[1]

经过勘察，汉纳根认为，黄金山是封锁外海海面火炮射击的理想阵地，分列旅顺口的黄金山、鸡冠山为海湾的天然屏障，炮台设在这里，利于射击、观察和随时通报。

汉纳根根据勘察的情况，写了一个修筑旅顺口炮台的计划以

1　刘晋秋、刘悦：《李鸿章的军事顾问：汉纳根传》，第66页。

及工程预算，呈报给了李鸿章，李鸿章阅后很快批准，并决定于1881 年初开始施工。施工初期，生活、居住、办公条件相当艰苦，汉纳根与协助他的洋员陆尔发等人只能暂住在一座破旧的庙宇里。

汉纳根在给父亲的家书中写道："庙内有三尊比真人略大的神像与我相伴，都是武将打扮，一尊穿绿衣的有一双红眼睛，一尊穿红衣的有一双黄眼睛，一尊穿黄衣的则是绿眼睛。夜晚，风从门窗的缝隙中吹进来，呜呜作响。"

虽然艰苦，但意志使然，使他仿佛看到了"一个宏伟的军事港湾，那里有一座难以攻克的防御性工事，那里面有数不清的船的桅杆、船厂和船坞还有漂亮壮观的码头、机械制造车间、火炮铸造车间、音乐学院、军事院校、煤矿、歌剧院。这一切都交织在一起出现在我的梦中，直到清晨雪花从破败的屋顶飘落到我的鼻尖上的时候我才从梦境中清醒过来。我这才意识到及时修补屋顶要比给一支强大的海军修建一个用于观看表演的舞台要现实得多，我终于从梦境中醒了过来。"[1]

比居住生活办公条件更为让汉纳根感到尴尬的是与地方官员合作的困难。1881 年秋天，李鸿章决定将旅顺工程扩大，让海防营务处道员黄瑞兰前往旅顺设立海防营务处工程局，主持炮台及拦水坝的修建工作。黄瑞兰此人贪鄙无能，根本不解工程，任用私人，随意挥霍，又凭借官势不以时价购买物料。此种官僚作风不仅引起当地民众的不满，怨声四起，且与洋员汉纳根也貌合神离，无法合作。在工程建设中，黄瑞兰很是马虎，花了将近一年的时间，耗银三万余两，表面上拦水大坝虽告合拢，可是由于其下的污泥并未全部清除，坝根基础未曾稳固，以致经常塌陷，贻患无穷。

1882 年初，李鸿章的母亲病故，按照传统习俗，他要回乡为

1　刘晋秋、刘悦：《李鸿章的军事顾问：汉纳根传》，第 67 页。

母亲守孝。当年 2 月,他辞去直隶总督兼北洋大臣,回籍家居。直隶总督由两广总督张树声署理。6 月,朝鲜内乱发生,李鸿章虽身在安徽,可仍然关注着时局的变化,他看到日本侵略朝鲜进而侵略中国的野心日甚一日,同时法国侵犯越南也影响着中国西南的安全。严重的局势面前,感到中国面临海防危机的李鸿章对旅顺建港更加重视,他特命营务处道员袁保龄到北洋各口查看海防情形,并于 6 月 30 日致函张树声,决定将"任性乖张"的黄瑞兰自旅撤回,而另委深明旅顺形势的袁保龄前往。[1]

袁保龄是咸同年间钦差大臣、漕运总督袁甲三的次子,也是袁世凯的叔父。黄瑞兰难当重任,李鸿章便以袁保龄"谙习戎机,博通经济,才具勤敏",调赴直隶委办海防营务处。袁保龄到任后,与汉纳根相处得很不错。二人的紧密合作,也使袁保龄对营务处工程局进行了大的改革,裁汰不作为的冗员,一扫昔日那种得过且过的作风。袁保龄也很赏识汉纳根的才能,充分给他权力和施展才能的机会,赋予他工程总监的职责:各炮台,乃至开山、挖河、筑路、导海等工程,都由他策划与监督;汉纳根甚至还经手创办了旅顺水陆兵弁医院,弥补了袁保龄在专业上的缺乏。汉纳根被重用,他投桃报李,也积极地从德国、英国、美国吸引更多的人才,使得工程顺利开展。

汉纳根的工作得到了清廷的好评,对黄金山顶炮台,李鸿章也甚为满意,在给朝廷的奏折中说:"旅顺口黄金山炮台,系延德弁汉纳根仿德国新式筑做,台形扁而小,兵房子、药房均藏台墙之内,敌炮难以攻入……前派洋员汉纳根协同局员,创建该口黄金山顶炮台一座,仿照德国新式,坚大玲珑,实为各路炮台未有之式,现甫

1 王家俭:《旅顺港建港始末》,《中国近代海军史论集》,台湾文史哲出版社 1984 年版,第 114—117 页。

就竣，计用银十二万余两。"[1]

除黄金山炮台之外，汉纳根又主持修筑了老驴嘴炮台、老虎尾炮台、威远炮台、蛮子营炮台、馒头山炮台、田鸡炮台等十余座，这些炮台与黄金山炮台相得益彰，在东海岸形成一张严密的防御火网，可以全方位地对来犯之敌进行射击，加以封锁。正因为汉纳根的尽心设计，督造，使得旅顺港在当时称为"固若金汤的防御"。

1886 年，汉纳根合同到期，李鸿章又聘请他负责威海卫炮台的设计与建造。从 1887 年到 1890 年，汉纳根又建造了 13 座炮台分布在威海卫港湾南北两岸、刘公岛、日岛等地，这些工程也被时人称为"东海屏障"。工程完工后，李鸿章在 1891 年检阅北洋海军时，特意察看了这些炮台，他看到这些炮台凭依天然的地理形势，建造坚固，足可以与大连湾各炮台相媲美；刘公岛上，汉纳根设计了坚固的地阱炮台，架设 24 门新式后膛炮。这种炮升降自如，非常灵便，具有阻击敌船而隐蔽性好的优点。当李鸿章看到刘公岛附近黄岛炮台时，认为此炮台"工力尤艰"。日岛上，"亦设地阱炮台，与南岸赵北嘴炮台相为犄角，锁钥极为谨严"[2]，禁不住连连称赞。

汉纳根在中国海防炮台建设工程中的贡献不但为中国人所欣赏，也引起了中外媒体的关注。1887 年 11 月 9 日的天津英文版《中国时报》对汉纳根修筑黄金山炮台予以了详细报道，报道说，中法海战中，法国海军提督孤拔之所以不敢轻举妄动向北进犯，就在于炮台之坚固，汉纳根所付出的心血和贡献展现了它的成效。

面对成绩和荣誉，汉纳根却保持着相当的清醒，他曾经说，旅顺口炮台有一个缺点，即陆路后防空虚，必须加强后路的防护力量，但清廷的那些迂腐的官员们则认为只要在炮台后面竖些木栅栏就可

1　游战洪：《德国军事技术对北洋海军的影响》，《中国科技史料》，1998 年第 4 期。

2　王记华：《晚清北洋海军威海卫基地要塞设防考略》，载戚俊杰、刘玉明主编：《北洋海军研究》第三辑，第 202 页。

以确保万事大吉。结果，汉纳根一手督造的这些被视为"固若金汤"的炮台在甲午战争中却被日军抄了后路而被悉数攻占。

汉纳根于1890年6月回德，在德生活了四年之久，于1894年6月再返中国，他先抵上海，后达天津。此时正值中日两国因朝鲜问题闹得不可开交、战争一触即发之际。李鸿章鉴于牙山驻军势单力孤，特从上海英商那里雇得"高升"号轮船一艘，运兵前往增援。汉纳根也于7月22日同船前往牙山。遗憾的是，行进途中"高升"号竟然被日舰击沉。中国官兵全沉于海，汉纳根亦受波及，但侥幸幸免于难。数日之后，方又乘船回到天津。

甲午海战，清军出师不利。李鸿章正为北洋海军的命运担忧，也知道丁汝昌难当指挥作战重任。当他得知汉纳根到来立时大喜过望，他以老长官的身份召见，任命汉纳根为北洋海军总查，要他协助丁汝昌作战。同年9月17日，中日大东沟之战，汉纳根受伤，幸无大碍，清廷以其督战出力，特为赏为提督衔，并赠宝星，作为对这个为中国出生入死的外国人的特别奖励。

4、暗争的触角伸向了大清海军

1877年9月，海关总税务司赫德把德璀琳从烟台海关调到天津海关任税务司，他无论如何也没有想到，德璀琳在与他权力竞争的路上会越走越远。深谙官场之道的德璀琳一到天津就赢得了李鸿章的信任，从而也开始了为李鸿章充当顾问的生涯。

在德璀琳既往的职业生涯中，李鸿章对他已有所了解。德璀琳曾为中国策划参加1873年的维也纳国际博览会与1876年的费城国际博览会，并奉赫德之命试办中国邮政。德璀琳参与这些事务都给清廷和李鸿章留下了良好的印象。

李鸿章对德璀琳印象深刻，还因为1877年发生的一件事。是年，李鸿章订购的首批炮艇回国抵达天津。李鸿章上舰验收，这个外行人邀请了海关洋员赫德与德璀琳一同验收。在验收过程中还发生了意外情况，这个插曲，赫德在给金登干的信中津津有味的写道，"正当李，在艇上视察的时候，勒·普里赞达吉把一支上了子弹的来福枪交给了他的一名水手，那个笨蛋竟然走了火，子弹紧挨着德璀琳的耳朵和李鸿章的头顶飞了过去。幸亏李鸿章当时正坐着，否则会被击中；而如果他被击中了，那后果想起来就太可怕了！"[1]虽然是一个意外的插曲，两个有惊无险的人却彼此印象深刻。

德璀琳到任天津后，正值李鸿章准备第二次向西方购买炮舰。1878年，李鸿章奏请总理衙门向朝廷说明购舰之事。要总理衙门饬令德璀琳电告回英休假的赫德与伦敦办事处负责人金登干，要他们向阿姆斯特朗公司了解先前购买的炮艇类型的价格有无变化，准备订购第二批炮艇。1879年，李鸿章从英国新订购的"镇北""镇南""镇西""镇东"四舰在英国海军军官琅威理等人的护送下，于10月间抵达天津。德璀琳负责接待他们，并陪同李鸿章验收。在验收过程中，德璀琳细致认真，很得李鸿章信任。

1880年，李鸿章受山东和广东两省巡抚之托，再次向英国订购三艘炮艇，作为前两次炮艇的补充，即第三批购船。这些船从英国驶回后，都是由德璀琳负责验收的。

在第二批与第三批炮艇的验收过程中，负责护送的英国海军军官很不把德璀琳放在眼里，并不积极配合。特别是第三批送船的船长、英国军官罗斯带船抵达天津后，不是喝酒就是发酒疯，德璀琳只好将此事向李鸿章与赫德作了汇报。

显然，德璀琳对英国军官不把他放在眼里的举动难以接受。赫德看了德璀琳的报告，他很清楚，要想为今后雇聘英国军官进入北洋海军铺平道路，是不能得罪李鸿章所深为倚重的这个德国人的。

---

1 陈霞飞主编：《中国海关密档：赫德、金登干函电汇编1874—1907》第一卷，第534、535页。

赫德在给金登干的信中说，"今后你如再聘用海军军官时，要向他们所有人讲清楚：他们必须拜访税务司和税务司的太太，'埃普西隆'号上的这一批人待人接物不大讲文明礼貌"[1]。

况且，赫德也是知道英国军人的秉性的，正如他在 1877 年陪同李鸿章接收第一批炮艇所看到的情形，"我从未见过像'阿尔法'"号和'贝塔'号（即龙骧和虎威号）炮艇上的水手们那副无精打彩的可怜相。一看他们的外表和举止便知，除了对勒·普里曼达吉以外，谁都不会屑于对他们中的任何一人表示出文明礼貌。如果'伽玛'号和'戴塔'号（飞霆、策电号）炮艇上的人是好样的，这里人人都会对他们客气相待，如果他们不好，这里谁也不会格外地使他们惬意。你忘记了，我们在中国是多么不得人心，我们的海军士兵在这里多么受中国老百姓的厌恶，他们（他们当中的一些坏家伙）曾经在中国'酗酒滋事'，而后又'溜问'欧洲。"[2]

赫德虽然是德璀琳的上司，但是他也明白，德璀琳在天津海关任职后已经成为李鸿章依赖的人。

德璀琳引起李鸿章的重视，老实说，他与赫德有着相同的心态，都想增强自己的权力，都想增强各自国家的影响力。但是，德璀琳不同于汉纳根，他对军事并没有多少专业知识。好在德璀琳这个人善于学习和观察，并且有德国人特有的办事严谨认真的态度，所以他能够赢得李鸿章的信任。

在李鸿章最初的购舰活动中，德璀琳只是李鸿章与赫德之间信息传递者的角色，还没有发挥出对购舰的影响和作用，这为赫德完成向英国购买船舰提供了机会。

当第三批从英国购回的炮艇先后抵华，分布于南、北洋后，在

---

1 陈霞飞主编：《中国海关密档：赫德、金登干函电汇编1874—1907》第二卷，第271、272页。

2 陈霞飞主编：《中国海关密档：赫德、金登干函电汇编1874—1907》第一卷，第534页。

实际的操演中，海军方面很快便将发现的一些问题报告给了李鸿章。诸如此类船炮大而船小，以致重心不稳，行动迟缓，难以适应出海作战。事实上，在英国的曾纪泽在登船验收时，也发现了这一问题，他也致电李鸿章作了报告。

此外，在第二批炮艇到达南洋后，时为两广总督的刘坤一也曾经登船检视。初步的印象是，这种蚊船虽然不足以遨游大洋，与敌争锋，但用以海口防御，倒也操纵自如，而其能够洞穿敌人的铁甲兵船，也可视为海防上的一大利器。但是，刘坤一认为这种船的不足之处有三点：一是这批船的船身都是用铁皮包裹，容易破损，加上包皮很薄，遇到冲击容易松动。在海水侵蚀下，又很容易生锈，有了破损，中国无法修补；二是炮大船小，船身长十丈有奇，而阔则不足三丈，且载炮大至五万四千余斤，承受的压力太重，放炮时如再加上火药胀力，以此短小的船身恐怕难以支撑；三是这种船所用之前膛炮，虽然在伸缩高低、装药置弹都用机器，但需要次第推移，相当费时，对于作战时分秒必争的局面有很大影响。[1]

当这些不利的因素反馈到李鸿章的耳朵里，他第一个反应是，赫德此人并不是一个值得信赖的人。随着炮艇的使用年限的不断增加，炮艇出现的维修费用也逐年增加，每当有人论及此事时，李鸿章便闭目摇头，似有悔意，但为时已晚，只能吃下这个哑巴亏而已。李鸿章知道，阿思本事件，中国就白白损失平库银70余万两，而所购之船也全部驶回英国低价变卖。现在，经李鸿章之手购买的11艘炮艇，也没有多大的用处，而等于又浪费了145万两白银。李鸿章深知，造成如此局面就是中国人对西方船舰知识的缺少认识。他很想找到一个可以信任的人，尽管总理衙门对赫德深为信赖，认为是一个忠实可靠的朋友。

1　王家俭：《洋员与北洋海防建设》，第63页。

李鸿章对赫德的态度则不然，几次购舰都不尽人意，再者二人在购舰方面的意见不同：李鸿章认为，大清应该购买铁甲舰，这样才能称得上真正的海军，但是赫德却不以为然，认为中国能有一支蚊炮船舰队，外加两艘巡洋舰便可以防守海口。观念的不同也使二人在合作上渐行渐远。

1880年后，李鸿章在购舰的问题上开始征求德璀琳的意见。德璀琳也是主张李鸿章购买铁甲舰的，他认为拥有了铁甲舰，才能增强大清海防的实力。这又遭到了赫德的反对，他亲自跑到天津面见李鸿章，向李鸿章吹嘘英国巡洋舰的好处，说英国阿姆斯特朗公司生产的巡洋快船如何如何具备优势。李鸿章心里并不能确定铁甲舰与巡洋舰究竟孰优孰劣，但是他明白，赫德与金登干建议购买巡洋舰是基于英国的立场却是不言自明的，所以他并不完全相信赫德对阿姆斯特朗公司生产的巡洋舰的吹嘘，而觉得德璀琳的意见倒是显得更中肯、可靠。

但是，鉴于当时经费的捉襟见肘，李鸿章只得先让赫德、金登干从英国订购巡洋舰，一面又让驻德公使李凤苞和使馆二等参赞徐建寅了解德国生产的铁甲舰的情况，并在1880年12月从德国订购了一艘铁甲舰"定远"号。

1881年，李鸿章委托赫德、金登干购买的"超勇""扬威"号巡洋舰抵达中国，这两艘巡洋舰在造价上虽然低于铁甲舰，但在实际的操演中很快又被证明此物并不实用。受李鸿章的委派随丁汝昌等到英国接回这两艘船的英国人章师敦干脆说，这两艘巡洋舰纯粹是骗人的东西。

经此次委托赫德、金登干与英国购舰，本就想甩开赫德的李鸿章，再次受骗使他对赫德非常失望，他感到要想买到真正能在大洋中与列强的坚船利炮抗衡的利器，非有铁甲舰不可。通过李凤苞对欧洲铁甲舰的了解以及德璀琳的建议，李鸿章在订购"定远"号铁甲舰的基础上，又于 1881 年订购了第二艘铁甲舰"镇远"号，从德国订购的这两艘铁甲舰，在当时各国的军备中是相当先进的。考虑到政府财政上的困难，李鸿章也知道不可能拥有大量的铁甲舰，因而在 1883 年又向德国订购了较为经济且在当时较为流行的装甲巡洋舰"济远"号。

1882 年春天，德璀琳受李鸿章的委托，利用回国度假之机，专门到订购生产铁甲舰的德国什切青船厂进行考察。虽说德璀琳到什切青考察也有为本国谋利益的成分，但这也无可厚非。况且也有李鸿章的差遣，一切都是那么的名正言顺。但德璀琳毕竟是赫德的下属，在军购的问题上，赫德又一直虎视眈眈，顶头上司会不会在以后的工作中为难自己，甚至借故把自己从海关赶走。深有城府的德璀琳便在回国期间，将考察的情况在向李鸿章汇报的同时，也通过金登干向赫德做了汇报，以示自己的忠诚。

德璀琳表面上恭顺，但由于获得李鸿章的信任，越来越多地插手赫德试图操弄于股掌之中的军火买卖以及北洋海军的创办。

为创办北洋海军，清廷从 1875 年开始向外国购舰以及福州船政局聘请洋员仿制洋船，到 1880 年，北洋海军已经拥有 25 艘各类型的船舰，北洋海防已经初具规模。在北洋海军的筹建中，李鸿章不只是把目光集中在旅顺建港的层面上来。

在旅顺建造炮台、船坞等一体化军港的同时，李鸿章也在着力加强大沽口炮台的防御力量，积极修补、修筑大沽口南北两岸炮台，至 1884 年，大沽南岸共设大小炮台 40 余座，北岸设有大炮台 2 座、平台 6 座，又命丁汝昌调派"镇东""镇西""镇北""镇中"等炮艇与炮台形成互为声援之势。李鸿章又考虑到随着船舰的日益增多，天津大沽口也应该在修筑炮台的基础上，增修大型船坞，方便船舰就近修理。

早在 1880 年，李鸿章准备向德国购买铁甲舰之时，他就曾经向朝廷说明此事，现在北洋海军船舰逐渐增多，损坏或出现故障市场要到福建、上海等地修理，路途远，而且往返耗费耗时，"设遇有事之秋，尤难克期猝办，实恐贻误军需。前因总税务司赫德有饬津海关税务司德璀琳酌修土坞，为冬藏灯船之议，遂饬前任津海关道郑藻如、候补道许钤身会同德璀琳在大沽海口选购民地，建造船坞一所。"[1]

李鸿章的奏请得到光绪帝的批准，于大沽海口选购民地110亩，建起一座船坞，命名为"北洋水师大沽船坞"，因为地址位于大沽海神庙，因而也称为"海神庙船坞"。大沽船坞自当年夏天开始兴建到当年底大致建成了起轮机厂房、马力房、抽水房、码头、起重架、绘图楼、办公房、库房、木厂、模具厂、铸铁厂、熟铁厂、熟铜厂、锅炉厂等等相配套的设施。到1886年，大沽船坞已经建设成为能够在同一时间内装配和修理六艘船舰的工厂，不仅可以修船，也具备造船的功能，这标志着大沽船坞已经成为一个具有相当规模的近代化船舶修造基地。

从1882年到1890年，大沽船坞共建造鱼雷艇、挖泥船18艘、造河驳船145艘，修理大小船舰70余艘等等。此外，大沽船坞还承接了修理大沽海口各防营需电炮械及电灯，承造炮台炮洞等海防防御工程。1886年，近代中国第一艘潜水艇在这里试制成功，开创了中国制造潜艇的先河。但遗憾的是，这艘试验成功的潜艇没有正式使用或继续研究，既没有留下资料也没有留下名称，建成后很快便销声匿迹了。

1890年后，大沽船坞除了继续修、造舰船外，还开始生产枪炮。1892年在船坞院内设立修炮厂并兼造水雷，大沽口水域布置的水雷大部分由该炮厂生产的。义和团事件发生后，八国联军侵入大沽

1 王家俭：《旅顺港建港始末》，《中国近代海军史论集》，台湾文史哲出版社1984年版，第114—117页。

口，大沽船坞被俄军侵占，正在船坞中维修的四艘鱼雷艇也被列强掠走，船坞也遭到极大破坏。后经清廷多次交涉，俄国才于1902年将船坞归还中国。辛亥革命后，大沽船坞划归北洋政府海军部管理，改名为"海军部大沽造船所"。

正如李鸿章所言，大沽船坞的建设关系到北洋海防军务，是当务之急的事情，因此李鸿章在获得清廷与海关财政支持外，特意邀请德璀琳参与其事。从地址的勘选到船坞的建设，"凡鸠工庀材饬由德璀琳核实经理，并于新关帮办中分派熟悉工务者，帮同筹画，概不另领薪俸"。工程的修建，所需要的工程材料与建造费用，都是经德璀琳核算后，由李鸿章转报天津海防支应局核发。工程的施工中，德璀琳不辞劳累，常常亲临一线，很让李鸿章赞赏。大沽船坞告成后，大大便利了北洋海军，"嗣后来往来各兵轮，无论事机缓急，工程大小，总可随时立应，殊于水师根本有裨。"[1]李鸿章查验后，特意奏请朝廷赏给德璀琳头等宝星，以示奖励。1882年，清廷授予德璀琳双龙三等第一宝星。这一工程的建成，李鸿章对德璀琳更是信任有加。

德璀琳除了参与北洋海军船舰的购买、大沽船坞的修建，并就军港与炮台建设推荐德国技术人员外，还积极插手北洋海军军务，对赫德试图控制中国海军的意图造成障碍。

在插手北洋军务方面，德璀琳所发挥的作用主要是为李鸿章出谋划策，帮助招募外籍教习、炮手等等。1879年，德璀琳受李鸿章的委托，让回国度假的海关副税务司格雷森为已交付给北洋的"龙骧""虎威"等炮艇招聘船上洋员，格雷森募来哥嘉等洋教习进入北洋海军。此后，在德璀琳的推荐下，格雷森也进入北洋海军成为教习，只是他能力平平，后被李鸿章所雇聘的琅威理所取代。

---

1 王家俭：《旅顺港建港始末》，《中国近代海军史论集》，第114—117页。

1880 年，李鸿章向英国订购的"超勇""扬威"号巡洋舰即将交付中国，德璀琳向中国建议，可以将烟台的炮艇及兵勇调到天津进行训练，以备将来巡洋舰抵达北洋时，安排到舰上驾驶。烟台的水兵已经由德国人瑞乃尔训练多年，一直未投入使用。德璀琳的建议，正好暗合李鸿章的急欲扩张北洋海军的意图。于是，李鸿章以"现在海防要紧，自宜分别缓急，统筹兼顾，北洋三口尤须联络一气，勿分畛域，该艇船久泊烟台，并无得力水陆军相为依荶，诚虑有事，适以资敌"为由，[1]很快将山东的艇船、水兵也都编入到北洋海军的序列之中。

"超勇""扬威"号巡洋舰交付中国，是如惯例仍由外国人护送还是由中国人驾驶回国，这是李鸿章感到头痛的大事。德璀琳认为这正是中国海军学习外国的绝好机会，他建议派丁汝昌与洋员格雷森率领 200 名水兵，先期乘坐兵船或者雇佣商船到英国接船，借机到船厂和兵工厂观摩学习，"以扩眼界而增学识"，此举不仅可以使中国海军增长见识，提升业务能力，而让这些官兵自行驾舰回国，更"较由外洋借弁兵来华，可省经费甚巨"[2]，真是一举两得之举。李鸿章接受了德璀琳的建议。

1880 年 12 月 23 日，海军提督丁汝昌率文案马毓藻、解茂承、医生江勇以到英国验收巡洋舰为名，登上一艘法国的轮船，前往英国。这是丁汝昌第一次出国，他的这次前行，李鸿章特意让洋员格雷森伴随同行。丁汝昌一行于 1881 年 2 月抵达英国。两个月后，清廷又派出邓世昌率领 240 名接舰官兵乘坐"海镜"号也抵达英国。在英国，丁汝昌得到英国女王的接见，被"待以优礼"。期间，他还与英国政府各部大臣和各国公使社交往来，并赴德、法等国参观

---

1 天津市档案馆、天津海关：《津海关秘档解译：天津近代历史记录》，中国海关出版社 2006 年版，第 186 页。

2 天津市档案馆、天津海关：《津海关秘档解译：天津近代历史记录》，第 187 页。

兵工厂，英国媒体对他的到来也予以报道。

1881 年 8 月 17 日，丁汝昌、邓世昌等大清海军官兵接收"超勇""扬威"号巡洋舰，升龙旗回国。大清海军一路途经大西洋、地中海、埃及、苏伊士运河、新加坡等地，再经香港、上海最后抵达大沽。此次航行令创立不久的清朝海军扬威海外，"阅历数万里，风涛行驶，教练熟悉，保护平稳，卓著勋劳，实为中国前此未有之事，足以张国体，而壮军声"欧洲诸国也由此"始知中国亦有水师，群起而尊敬之"。[1]巡洋舰由中国人自己接船回国，这不能不说有德璀琳运筹帷幄的功劳。

这次成功接船，令一直想控制中国海军的赫德与金登干既羡慕又妒嫉。1881 年 12 月，金登干在给赫德信中说："格雷森似乎有这样的想法，认为派中国船员去英国的整个方案应归功于李、德璀琳和他本人，我听他说过，在他带着李给您征求您同意这个方案的私人信件去北京之前，整个事情已由他们安排好了。我告诉格雷森说，您过去就有派中国船员来英国驶回第一批炮艇的想法，我则建议由中国的水手和司炉工驶回埃普西隆中队。"[2]

德璀琳不断增强的影响力，李鸿章对他的信任，很让赫德如芒在背。他说，德璀琳对中国的影响，英国在中国海军中的影响力正在减弱，"我们这里正面临着一次危机，中国的水师几乎肯定要交给李鸿章来统辖，而他发现在战时不能依靠英国官员支持他并帮他打仗。"[3]

因此李鸿章不得不考虑其他人选，"指挥权可能交给美水师提督薛斐尔，我能做到的最多的是使海军的编制带有世界性，这样可

1　王红、唐宏：《中国军舰的首次万里行》，《当代海军》2002 年 09 期。

2　陈霞飞主编：《中国海关密档：赫德、金登干函电汇编 1874—1907》第二卷，第 667、668 页。

3　陈霞飞主编：《中国海关密档：赫德、金登干函电汇编 1874—1907》第二卷，第 632 页。

以防止任何一个大国为了恶意的目的利用它"。[1]与此同时,其他列强则在积极运作试图插手中国海军,"法国人企图让李(鸿章)聘用戈威因和努瓦康担任水师最高的职位,美国人现在则在促使李任用水师提督薛斐尔,目前是哥嘉和格雷森在掌权,海关的控制是牢靠的。但挡着我的路的是:A. 英国的法律不许英国人在战时指挥作战(别国人可以)。B. 英国的政策(请看"佩奇事件"为证)对英国官员是那么嫉妒和阻挠,以致中国虽充分认识到我们的可靠、诚实和公正无偏见,却不被鼓励它去聘用我们。"[2]

李鸿章在德国订造铁甲舰后,在"定远""镇远"与"济远"三舰来华时,德国方面派遣海军四五百人为之护送。赫德得此消息,在给金登干的信中不无忧虑地说,"我担心什切青装甲舰只一出现,我们在天津将会陷入困境,舰只或许完全由德国官兵(低薪俸)驾驶来此,而中国有可能全部雇用他们"。[3]赫德很有些忧虑情绪地哀叹道,"假如我们政府的政策允许我们单独去碰运气,我们英国人本来是可以获得有利地位的。可是,像现在这样,我们在中国虽拥有最大的利益,而对它影的响即将减到最小的程度。而且,当我们最少可能滥用我们的影响或用它来反对别国时,我们却必须甘心看着我们的权力和威信转入他人手中,这些人的手肯定会滥用权力,并同样肯定会用它来反对我们,而在所有的来华人员中我们是唯一仍处于能被这种指向我们的权力所损害的民族。经过二十多年在某种程度上是世界性的、但基本上是英国和中国之间的工作之后,这真是令人厌恶的回忆!"。[4]

赫德与德璀琳都想努力增强自己和其国家在中国军队中的影响力,在这种暗自的角力中,有一个数据很能说明问题。

1　陈霞飞主编:《中国海关密档: 赫德、金登干函电汇编1874—1907》第二卷,第647页。
2　陈霞飞主编:《中国海关密档: 赫德、金登干函电汇编1874—1907》第二卷,第639页。
3　陈霞飞主编:《中国海关密档: 赫德、金登干函电汇编1874—1907》第三卷,第6页。
4　陈霞飞主编:《中国海关密档: 赫德、金登干函电汇编1874—1907》第二卷,第632页。

从 19 世纪 70 年代至甲午战争前夕，李鸿章为了海防建设的需要，曾先后聘用洋员 157 人。其中德籍 70 人，约占总人数的44.58%；英籍 68 人，约占总人数的 43.31%；美籍 10 人，约占总人数的 6.36%。其余法国 5 人，占 3.18%，丹麦 3 人，占 1.91%，奥国 1 人，占 0.63%；再从他们服务的职能看，英、德二国之洋员当时已达 138 人，占总数的 87.89%，可谓占了绝大多数。除少数的工程、矿务、外交、翻译人员之外，其中实以军事部门为最多。由于李鸿章的建军理念是"陆军法德国；海军法英国"，故英、德洋员亦于海、陆军的教育训练方面，各领风骚。英员任海军教习者先后虽有十余人，但在舰队服务者却居多数；德员任陆军教习者有 18 人，在海军服务者也有 37 人之多。[1]

可以看出，李鸿章一贯喜欢玩弄他"以夷制夷"的伎俩。李鸿章身边以德璀琳为首的一批亲德派，一直试图以德国人代替英国人，以削弱赫德和英国在海军中的影响并代之以德国人的控制。李鸿章也希望削弱赫德对中国的影响，但是，赫德怎肯轻易放弃对权力的渴望？在他的任职生涯中，自德璀琳到天津海关后，二人的暗争就一直进行着。但就李鸿章而言，在与西方的合作中，他也发现"自泰西各国竞起争雄，陆兵以德国为最精，水师以英国为最盛"，确立了海军师法英国、陆军师法德国的既定方针。从这个层面上说，赫德与德璀琳都试图影响并控制中国军队的想法不可能实现。

5. 马吉芬：投奔龙旗下

赫德与德璀琳的暗争，在很大程度上也体现了列强在华利益竞夺的意志。那么，曾经参加过甲午海战的美国人马吉芬来华又是一种什么样的动机呢？

---

1 戚俊杰、刘玉明主编：《北洋海军研究》，第 77 页。

马吉芬 1860 年出生于美国宾夕法尼亚州，祖籍英国苏格兰，从他的祖父那一代起便移民美国了。他的祖父和父亲都是军人，都参加过美国南北战争。军人家庭的熏陶使马吉芬从小就形成了不安分的性格。不甘于待在家乡的小镇上。及长，在杰弗逊学院的马吉芬，有一天心血来潮给州里的一位国会议员写了一封信，表达自己的想法，请求其推荐自己报考著名的安那波利斯海军学院。国会议员被这个充满理想的年轻人的精神所打动，表示乐意帮助他实现愿望。

1877 年，马吉芬如愿以偿。当他乘坐火车前往他热切期待的目的地时，他知道，四年之后他将成为美国海军中的一员，将站在一艘飘扬着美国国旗的军舰上。安那波利斯海军学院与马吉芬所曾经就读的其他学校大不相同，这是一个自成一体的世界，由严格的纪律约束着。这里住着来自各个州的年轻学员，他们有着不同的梦想。

在海军学院，马吉芬很快便显现出他的机灵和不安分的性格：他喜欢有操作技能的课程，相信实践出真知，对船舶驾驶、枪炮使用、领航和蒸汽轮机维护，他都得心应手，而理论课却一塌糊涂。马吉芬反对教官们填鸭式的教学，不愿受纪律约束。虽然如此，其长于实践的特点还是赢得了教官们的重视。

1882 年，马吉芬学业期满，他被安排到军舰上实习。他随舰出海提交的第一份报告的内容是改进军舰内火炮后退和复进的方法，使其在装填炮弹后，炮口能够被高效地推出到舷侧的炮孔外。他的建议受到肯定，并很快应用到内置火炮的旧式军舰上。另外一件事表明他还是一名勇敢的军人：学院里一位教授的房子着火了，危急关头，他冲进去抢救出了两个小孩。因为这件事，他受到了海军部长的表扬。[1]

---

1 张功臣：《洋人旧事：影响近代中国历史的外国人》，第 181 页。

经过两年的实习，马吉芬 1884 年顺利毕业。他幻想着他将如愿成为一名海军军官。但就在他毕业的当年，美国国会削减军费，并通过一项法案：鉴于美国海军的船舰数量有限，规定只有当军舰上有缺员时才能将学员递补上去。结果，与马吉芬一同毕业的学员中，只有 12 人侥幸录用，剩余的全部遣散。

马吉芬也在遣散之列，从学习到实习的七年时光，包含着他多少的梦想和期盼，然而，政府却只能给他们每人一千美元的安置费作为补偿。马吉芬多少有些沮丧。但是，这种低落的情绪没能持续多久，他听说中法战争爆发的消息，他的情绪再一次亢奋起来。他明白，自己毕竟在美国最好的海军学院训练过，这正是他实现理想的资本。

中法战争的爆发，清廷迫于形势，仓促应战。大清水师要与强大的法国海军在海上争锋，很需要强化自己军队的训练，在北洋海军任总教习的琅威理也因为国内政策的限制而不得不离职回国。也就在此时，马吉芬听说，李鸿章正在大练海军，招募洋员作为教练。这个消息让马吉芬很有些大喜过望，随即前往三藩市的中国领事馆查询，经证实这个消息属实时便很快决定前往中国。马吉芬很有到中国参战的想法，他想实现在美国没能实现的宏愿——在海洋中征战。[1]他想到了率领常胜军为中国而战的美国冒险家华尔。马吉芬说，"与其在这里荒废了本领，倒不如到黄龙旗下的部队去练一下身手"。

多年以后，他的一位朋友回忆说，他热爱自己的工作，教书十分卖劲，这期间他写信让家人把他"所有的关于枪炮使用、大地测量、船舶驾驶、数学、天文学、代数、几何学、球面三角学、二次曲线、积分学、机械学以及所有其他书脊上写着'海军研究所出版'的书，都寄到中国来"。从旧金山漂过浩瀚的太平洋抵达日本，再

---

1 王家俭：《洋员与北洋海防建设》，第 163 页。

转乘一艘美国船经过黄海，最后在大沽口登岸，这一程用去了两个多月。对于马吉芬这个从未出过远门、顶多也就到家乡附近镇子走走亲戚的24岁小伙子来说，是一件很刺激的事。在旧金山等船时，当地中国领事馆的一位官员为他起了"马吉芬"这个中文名字，他很快学会了用汉字书写它。对于中国，他的头脑里尽是东方乐园式的梦想，一路上所画的铅笔画里总有大象的身影，他还在给家人的信里承诺"回家的时候我给你们带两头"[1]。

1885年4月10日，马吉芬乘坐的"力士"号海轮缓缓抵达大沽口。他上岸后，在一家外国人的旅店里，他听闻中法战争告停的消息。而在他乘坐的轮船行驶在浩瀚的大洋里之时，他听说战争正在时断时续地进行，泊于福州马尾军港内的福建水师遭遇法国远东舰队的突袭，在半个多小时的仓促应战中，福建水师军舰被击沉9艘，阵亡700余人。事后，清廷只好与法国议和。

马吉芬感到，如果真如传闻中所说的战争结束了，那他只有到李鸿章麾下充当教习一途了。果然，马吉芬在天津得到确切消息：中法正在英国人赫德与金登干的调停下，正在进行积极谈判。金登干代表中国与法国政府签订了《议和草约》，草约将停战和撤军日期作为重要的谈判内容。[2]

马吉芬知道自己在中法战争结束的时刻，想要求李鸿章给他一份工作，无疑是一种铤而走险的赌博。他在美国驻天津领事巴拉密、副领事毕得格的带领下，前往拜见李鸿章。但在中国这个当权人物面前，他努力使自己保持镇静。当李鸿章与美国领事寒暄了一番之后，李鸿章把目光转向了马吉芬，他小心翼翼地藏起了自己的兴趣，通过一名翻译开始了对马吉芬的提问。

李鸿章问："你为什么到中国来？"

1　张功臣：《洋人旧事：影响近代中国历史的外国人》，第182页。
2　王绍坊：《中国外交史：鸦片战争至辛亥革命时期（1840—1911）》，第190页。

马吉芬回答: "到中国的部队服役作战。"

"你的希望是什么?"

"我希望您给我一个职务。"

"我没有什么位置可以给你。"

"我想您会有的——我经过大半个美国来到这里就是为了谋求一个职务。"

"你准备要什么工作?""我希望指挥新买来的鱼雷艇加入长江的防卫舰队。"

此时,李鸿章的眼神显露出一些冷静之外的温和,他说,"我知道该怎么办了,你能够接受 100 两白银一个月的薪水吗?"[1]

李鸿章与马吉芬的这番谈话,实际上李鸿章心里已经有了盘算。此时,李鸿章已经开始筹划成立海军衙门,经历中法海战,重整海军也迫在眉睫,开办不久的北洋水师学堂正急需懂得船舶驾驶和枪炮技术的教习。李鸿章感到眼前这个年轻的美国人,曾经毕业于美国海军学院的毕业生,也是可堪大用的人才。这番问话后,李鸿章思忖片刻,对同来的美国领事巴拉密、副领事毕得格说,如果马吉芬能够通过北洋水师学堂的多学科评估考试,就可以聘用他。关于这次考试,马吉芬在家书中道:

考试最初定在第二天,后来又推迟了一天。这天我被叫去坐在一群戴着花翎圆帽的人面前,接受了一次紧张的考试。我是勉强通过了。考题内容涉及船舶驾驶、枪炮使用、导航、航海天文学、代数、几何学、球面三角学、二次曲线、其他不同的曲线以及积分运算。每个专题的五道题我大概能回答三道,但第一组的五题我全答对了。因为每组题的时间大概只够我回答三道题。最后,一个考官说我不需要把题做完了,他对我已经很满意。我干得不错,明天他

---

1 [美]李·马吉芬:《他选择了中国》,张黎源译,山东画报出版社 2013 年版,第46页。

会把情况报告总督。他又看了我的第一份答卷——船舶驾驶,说我这部分成绩最好。[1]

经过考试,李鸿章决定将马吉芬留在北洋水师学堂任教,并很快完成了聘用合同。从此马吉芬开始了他在北洋海军的事业生涯。

从1885年到1890年4月,这五年里,马吉芬一直在北洋水师学堂任教。开始教习工作,他不敢掉以轻心,他一边授课,一边学习汉语。"我是这里唯一一个既要教船舶驾驶又要教枪炮使用的教员,所以理论和实践什么都要懂。"马吉芬努力使自己融入这个群体,在课堂上,他自我表白说。

马吉芬毕竟是在美国海军学院经过几年学习的,当他把在学院所学和实习期间的实践经验带给中国的水师学堂时,给北洋的学生们带来了一种新鲜气息。本来,李鸿章开办天津水师学堂对于储备人才寄予很大期望,他以福建船政学堂为例说,"从前闽省水师学生皆世家子弟,学成之后,皆任各轮船将领,荐保二三品官阶,并加勇号",对于"此间学生若果卓有成就,本大臣定当从优奏奖,破格录用"。[2]李鸿章想在学堂培养高级将领,因而对洋教习的聘用尤为重视。

学堂自开办后,先后由吴赞诚、吴仲翔、吕跃斗、严复出任总办。学制为五年,"学童在堂以五年为期,未满五年,不得告退及请假完婚,亦不准应童子试,致妨功课。"[3]学堂设立的学科分驾驶、管轮两科,课程分堂课(理论)、船课(实践)两种。驾驶学堂课程规定,分内堂课目、外场课目两部分。内堂课目计有国文(读经、论说)、英国语文文字(文法、信札)、国家读本(各国地理大要、中国地理、中国历史大要)、数学(代数、几何学、立体几何、三

1 张功臣:《洋人旧事:影响近代中国历史的外国人》,第183页。
2 张焘:《记北洋水师学堂及招考章程》,《洋务运动新教育思潮与教育论著选读》第四辑第八卷,中国环境科学出版社2006年版,第114页。
3 《天津河东政协文史资料》第七辑:《洋务运动在河东》,1994年内部资料版,第42页。

角）、天文学、航海学、海上测绘、丈量学、静力学、静水学等。
外场课目有：单人教练、步兵操法、信号学、成队教练、成营教练、
枪炮教练、升桅操练、炮弹及引信理法；[1] 管轮班课程也分为两部分，
堂课在基本学科的基础上增加汽学、力学、锅炉学、桥梁学、制图
学、轮机全书、煤质学、鱼雷原理等。

马吉芬对船舶驾驶最为擅长，他不但负责枪炮使用和蒸汽轮机
维护等有关操作技能的教学，他还负责讲授领航和航海天文学的课
程，以及训练学员如何构筑炮兵防卫工事等等，很得北洋水师学堂
总办和李鸿章的器重。

在北洋水师学堂任职期间，马吉芬于 1887 年赴英的接船之事
值得一提。这次所接之船是李鸿章 1885 年向英国订购的"致远"
与"靖远"号巡洋舰以及向德国订购的"经远"与"来远"号巡洋
舰。1886 年，四艘巡洋舰先后建成下水，李鸿章特命在北洋海军
任总查的琅威理再次带团前往英、德两国验收接船。这次接船的官
兵达 400 余人。他们于 1887 年春启程前往英、德，时经半载，四
艘巡洋舰方得于当年 9 月 12 日启程回国。12 月 10 日，四舰顺利
抵达厦门，海军提督丁汝昌率北洋舰队前往迎接。当时正值隆冬时
节，到了次年四月，四舰才抵达天津大沽口，李鸿章前往验收后，
旋即宣布将四舰编入北洋海军序列。

李鸿章派团赴欧接船活动，马吉芬也扮演着重要角色，但官方
的文件中却很少提及他参与此事，只能从他的家书和外国文献中寻
找蛛丝马迹。当时，驻英使馆随员余思诒的《接船日记》中提到了
马吉芬参与接船之事，是时马吉芬的职务是"大副"。丁汝昌向李
鸿章报告接船人员的电报内提到派遣马吉芬接舰的原因，是在回程
时，可以对接舰的官兵进行实地的教练；再者，可以在沿途充当水

1　《天津河东政协文史资料》第七辑：《洋务运动在河东》，第 40 页。

师官，对于接船之事加以协助。[1]

这次接船获得成功后，李鸿章赋予他更多的委派，让他带队去完成对朝鲜海岸线的勘测。1889 年，李鸿章和丁汝昌接受马吉芬的建议，在威海卫开办一所新型海军学堂，为海军培养更多的专门人才。1890 年，位于刘公岛的威海卫水师学堂正式建成，李鸿章出于对马吉芬的信任，特任命他为新学堂的总教习。威海卫水师学堂建成之初，规模较小，仅设驾驶一科，学生初为 36 人，多从上海及广东等地招募而来，年龄在 16 岁到 18 岁不等。

在威海卫水师学堂，马吉芬虽为总教习，但由于师资力量薄弱，他仍负实际的教学责任，但薪水和待遇却大为提高。马吉芬在这里教授航海学，并且兼任练船职务前后达五年之久。虽然没有什么特殊之处可以记载，但以他在美国安那波利斯海军学院的学习经历，对于他在中国所担任的工作，应该是能够胜任而得心应手的。

马吉芬的五年聘期后，李鸿章又与他签订了五年续聘合同。在教习任上前后十年，他尽忠职守，教学认真，再加上他的性格活泼幽默而坦率，与海军同僚及学生相处的比较融洽，而受到他们的爱戴。

1894 年，马吉芬已经 34 岁了，他在中国度过了十年的时光，此时他仍未结婚。从他留下的几张照片上来看，背景都是中国的字画，他梳着分头，留着胡须，怀里抱着一只长毛狗，他真真是一个快乐的单身汉。是年 7 月末，中日甲午战争爆发，当时马吉芬在威海卫水师学堂的聘期已满。马吉芬正准备回国探望朋友，再者也想回美国治病。在中国多年的工作中，他身体状况并不是很好。但是战争爆发的消息使他感到是自己展示自我价值的时候到了，他可以通过为中国参战展现自己。马吉芬随即决定取消回国计划，并志愿

---

1 王家俭：《洋员与北洋海防建设》，第 165 页。

加入中国军队参战。虽然在与中国海军官员的接触中，他为中国海军的状况感到忧心，他知道，中国海军自琅威理离开后正在堕落。他说，"官僚阶层，是中国最卑劣的一群。他们的目标或者传统不是变得勇敢、有男子气概，而是绞尽脑汁的去压迫、压榨，而他们则在压迫得来的好处中苟延残喘"。[1]

在德国人汉纳根于7月26日参加丰岛海战之后，马吉芬也参加了北洋海军的战斗。他被丁汝昌任命为"镇远"号铁甲舰的帮带，这个相当于副舰长的职务，是马吉芬在美国没能享受到的机遇，接到任命后，他立即随舰队参加了黄海中日海战。

9月17日，中日两国舰队在黄海大东沟海域发生遭遇，这里紧邻鸭绿江江口。在这之前的16日，丁汝昌奉命率领由战斗舰艇18艘组成的护航舰队，护送陆军4000人由大连乘运输船在大东沟登陆，赴援平壤。当陆军登陆后，舰队准备返航之时，却遭遇了巡弋而来的日本联合舰队，著名的大东沟海战就此爆发。对于此战，马吉芬向丁汝昌建议，应采取先发制人的策略。可是，让他不能理解的是，丁汝昌没有听取他的建议，而是坚持所谓的"避战保船""持重保守"的决策，认为只要日舰不主动发起攻击，就不要率先开战，以至于使北洋海军处于被动挨打的局面。

马吉芬后来在美国纽约面对《河岸》杂志的采访时，对大东沟之战中日双方的实力、战阵战术、战况、决策都作了详细的描述。对于中国海军在战略上的错误，弹药的不足以及少数军舰于战争开始后即临阵脱逃，特别是对于"定远""镇远"两舰面对日本五舰团团围攻之下，却失去方寸，只能乱战，感到无可奈何。他对记者斯托雷说，"毫无疑问，日本人面对这样一群懦夫无疑将是胜利者。但这还不是最糟糕的"，总兵林泰曾的行为更为无耻，在舰上，"我

1 [美]斯托雷：《马吉芬游击：大东沟海战中"镇远"舰的指挥官》，美国《河岸》杂志1895年7—12月刊。

不断地听到一个奇怪的声音从我下方的指挥塔里传出来","我觉得对那种声音最恰当的比喻就是狗吠,我很奇怪这到底是什么发出的,但我当时没空去询问这个。不久后我为了指挥战舰进入到指挥塔中,我惊讶地发现这竟然是尊敬的林总兵发出的!他正跪倒在地,以极快的语速用中文喃喃自语——祈祷着,或者说一边祈祷一边诅咒着——每一发炮弹击中军舰时他就像狗一样嚎叫起来。"[1]

大东沟之战,参加战斗的汉纳根、戴乐尔、马吉芬等洋员都身负重伤。其中,马吉芬伤势最重。除全身多处受伤外,双目几近失明,其作战的勇敢可以想见。马吉芬因作战负伤,卓有战绩,李鸿章特别奏请清廷授予他水师游击官衔,赏戴花翎,并赠予三等第一宝星,以示荣耀。

甲午战争以北洋水师全军覆没、清廷被迫签订《马关条约》割地赔款而告结。战争结束后,马吉芬即辞职返美,回到他的家乡宾夕法尼亚州,除求医疗伤外,还时常发表演讲将其所经历的大东沟海战经历公之于世。演讲中,他告知世人,甲午战争到底是一种什么样的战争,中国海军为什么会失败?经过媒体的不断报道和渲染,他在美国被视为一个不怕牺牲的英雄人物。然而,马吉芬的伤情虽然在不断地医治,但他的伤情并没有因为时间的推移而好转,以至于他常常要忍受伤痛的煎熬。

1897年2月12日,在北洋海军提督丁汝昌数年前自杀的同一天,他在医院里举枪饮弹结束了自己的生命,时年只有36岁。他在遗嘱里写道:"我的心属于中国,属于北洋水师。"根据他的遗嘱,他下葬之时,遗体穿北洋海军军服,棺椁上盖着他在中国带回的曾在"镇远"舰上高高飘扬的大清黄龙旗。

后来,马吉芬的父亲在他的墓碑上写了一行字:"谨立此碑以

---

1 [美]李·马吉芬:《他选择了中国》,第164页。

纪念，一位虽然深爱着自己的祖国，却把生命献给了另一面旗帜的勇士。"[1]

1　[美]李·马吉芬：《他选择了中国》，第 141 页。

第六章

工矿实业有"鬼子"

1. 大清洋务实业变奏

1866 年春，海关总税务司赫德作为当时的大龄晚婚青年要回国结婚，特地到总理衙门请假六个月。临行前，他对奕䜣说，中国可以派出一个考察团随他到西方各国游历一番，也了解一下西方的政情和社会状况，为中国的发展提供借鉴。

赫德的建议，奕䜣听后感到非常可行，认为很有利于洋务事业的推动。因而，一次临朝时他向两宫皇太后禀报了此事。朝议时，在讨论派谁去的问题上让奕䜣感到尴尬的是，朝臣们竟然互相推脱，没人愿意前往，大家都认为到西方去十分危险，担心性命之忧。这个说家中有八十岁老母需要赡养，那个说家中有八个月的幼儿需要照看，还有人说家中小妾怀孕八个月了，正待临产。总而言之，谁也不愿意前往。慈禧太后也不能强逼搞摊派。最后，奕䜣到同文馆找那些接受西学的学生商量，问谁愿意前往，同文馆里的学生也是默不作声，没人愿意去。大家都把漂洋过海远行视作畏途，即便是那些从同文馆里毕业、到总理衙门帮办外交的几个人也不愿意前往。

这样的局面让奕䜣很是尴尬，也就在这时，一位63岁的老人站了出来，他就是斌椿。英国人赫德到中国后，斌椿曾经给他做了几年中文教师并兼办文案。在与赫德的接触中，他对西方事务有所了解，也产生了兴趣。他看到无人愿意前往，便站了出来。说他虽然年老，但为解燃眉之急，慨然愿意前往。既然没有人愿意前去，斌椿又自告奋勇，奕䜣十分高兴，便同意了他的请求。于是，斌椿带领三位同文馆学生和他的儿子一行五人组成了近代中国第一支出洋考察团，开始了西洋各国的游历。

经过近四个月对英国、法国、美国等十余个国家的游历，斌椿一行开阔了眼界。在游历中，斌椿发现西方近代的科学技术、物质文明是中国所需要学习的。火车、轮船、电报、电梯、活字印刷、铁路隧道、蒸汽机、起重机、传真照片及一般摄影、显微镜及幻灯、大纺纱厂和兵工厂的生产情况等，这些对于老大帝国的中国都是前所未见的新鲜事物，这也使彬椿认识到，奕䜣为什么要提出"自强"学习西方的先进技术。

这次游历中，斌椿一行还参观了埃及大金字塔和古太阳神庙，观看了欧洲博览会和芭蕾舞剧；特别是在英国，白金汉宫的雄伟、大英博物馆的文明、国家议院、报社、高等学院、植物园、法国的凡尔赛宫、拿破仑大帝的凯旋门等等，所有这些都让斌椿一行感受到了与中国儒家传统文化迥然不同的西方文明。

斌椿回国后，将出国考察的所观所感写成《乘槎笔记》和《诗集》，考察团员张德彝著成《航海述奇》。斌椿一行通过东西文化的对比感到，当工业化潮流带动西方各国纷纷进入现代文明生活的时候——火车奔驰、轮船畅通、电线高架、通讯便利等等，中国人所沉醉的田园诗般静谧的自然经济生活与西方的近代文明相比，实在是落后了!

事实上,早在 1841 年 5 月,被革职的林则徐离开广东时,与岭南学者梁廷枏在码头依依惜别。看着林则徐的背影,梁廷枏倍感惆怅,决意以笔为剑,为让国人明白列强之"强"究竟强在何处。他开始撰写《海国四说》。对西方的历史地理政治、经济文化、工业发展等方面都作了介绍,试图唤醒中国民族工商业的沉梦。

同时,受林则徐的委托,魏源在林则徐《四洲志》基础上广搜资料,编写《海国图志》。书中也认为,落后的中国应该尽快发展自己的工商业、航运业、金融业、采矿业等等,还应接纳西方人来华贸易,开展中西贸易,要求西方也向中国开放市场等等。

20 多年后的欧洲之行,给斌椿一行留下的印象深刻,更认识到了大清国不光军事落后、科学技术落后,连关系到国计民生的实业发展也远远落后于西方。因而,他归来向恭亲王奕䜣建议,大清也应该向西方那样发展自己的工业、开发自己的工矿实业。当恭亲王听了斌椿对欧洲之行的观感,更坚定了他推动洋务"自强"的决心。

我们知道,洋务派所谓的洋务自强,功利的认为首要的是军事自强,因而怀着"师夷制夷"的用心,开始推动军事近代化。在洋员的帮助下,军事近代化在洋务变革中开始艰难起步。同时,近代实业的发展也备受关注,洋务派认识到,军事工业的发展如果没有高水平的民用工业做基础,军事工业不可能得到顺利发展,军事自强也就只能是一句空谈。因此,清廷在推动军事近代化的之后,路矿、纺织、运输等实业也很快展开。

实业发展同军事近代化一样,都需要大量掌握近代化知识的新式人才来承担。面对人才极度缺乏的状况,也只有依赖于洋员的招募。因此,晚清洋务派也逐渐的开始雇聘大批洋员以服务于实业的发展。他们主要分布在采矿、交通运输、新式农业、银行等各个领域。

民用工业中,当时发展较快的是纺织工业。1876 年,李鸿章看到外国洋布在中国倾销的现状，认为发展纺织业也是富国的一条措施，他在给沈葆桢的信中说，"英国洋布入中土，每年售银三千数百万，实为耗财之大端。既已家喻户晓，无从禁制，亟宜购机器纺织，期渐收回利源"。又说："自非逐渐设法仿造，自为运销，不足以分其利权。盖土货多销一分，即洋货少销一分，庶漏卮可期渐塞。"[1]

筹办织布事宜，李鸿章设想的是采取招商的办法。当年春，李鸿章派遣幕僚魏纶前往上海筹办织布事宜。但是魏纶在北洋系的洋务幕僚中不过是一个技术人员，与江南官场和上海工商业界都少有交集，因而他在上海期间既没有得到官方的支持，在商界的招股也毫无着落。

李鸿章此时面临着急于兴办机器织布但又缺乏可用之人的窘境。1878年10月，一个和官僚、买办都有联系的前四川候补道彭汝琮拜见当时在保定的李鸿章，请求其代为向朝廷奏请设立上海机器织布局。彭汝琮先是说了设立织布局的动机，并提交了一个设立织布局的大致章程，内容有八条，另外还有一个预算细目。彭汝琮说，中国"寓强于富，大要两端，外面所需于中国者，自行贩运；中国所需于外国者，自行制造。制造莫过于洋布、呢毡，二者皆用机器织成，而助机器以织洋布，则尤便于上海。"[2]按计划，纺织工厂将是一家兼营轧花、纺纱、织布的纺织厂，资本为白银50万两，布机共480台（后增至800台），扬言半年后，棉布年产量可由26万匹增至45万匹，预期赢利由9万两升至18万两，红利可达30%。[3]

彭汝琮还自称有集资把握，不需要官方在资金上予以帮助，这

1　夏东元：《洋务运动史》，华东师范大学出版社1996年版，第389页。

2　夏东元：《洋务运动史》，第273页。

3　温锐主编：《政府·市场与经济变迁：近世中国经济发展模式选择与实践国际学术研讨会论文集》，江西人民出版社2007年版，第182页。

对于早有办厂之意、但又为资金发愁的李鸿章来说，自然有一定的吸引力，不用说二人是一拍即合。李鸿章对这个计划大为赞赏，他在批示中除了答应对布厂尽力保护，还同意布厂出布在税收上予以优待，要求彭汝琮从熟悉洋务的人员中挑选可用之才，以便织布事业顺利开办。

根据李鸿章的要求，彭汝琮建议任命当时的太古洋行买办郑观应为会办，庚和隆洋行买办唐汝霖、同为太古洋行买办的卓培芳和候补知县长康为帮办。彭汝琮所提议的官商组合的人事结构，很符合当时洋务企业的特点，利用商人的号召力和资金来筹集公司经费，领导权仍牢牢地撑控在洋务官员之手。

彭汝琮的这个建议，李鸿章自然又是答应。1879 年 5 月，上海织布局开始动工兴建。但不久即出现分歧，彭汝琮与郑观应互相指责，最后郑观应向李鸿章请辞，并指责彭氏久未兑现筹集股本的承诺，更在厂址及订购机构等重大问题上犯严重错误，作风独裁浮躁。彭氏的所为动摇到股东的信心，1879 年 4 月，《申报》传出不少广东商人打算退股另起炉灶的消息，这无疑对刚成立的织布局是极其沉重的打击。

事情办成这个样子，李鸿章不能不大骂彭汝琮，骂此人荒诞不经，甚不靠谱，办起事情常常喜欢信口开河，毫无品行的自吹自擂。李鸿章说，彭汝琮去年冬天承诺说可以很快将织布局开办起来，本大臣就有些怀疑，不敢相信，众人对他一直指责。的确是"彭道（汝琮）作事虚伪，专意骗人，毫无实际，其心术品行，至穷老而不改，可鄙已极。"[1]据此，李鸿章要求彭汝琮辞职离局，上海机器织布局也宣告停顿。

彭汝琮离开后，李鸿章决定对正在筹办的上海织布局进行整顿。

1 夏东元编：《郑观应集》下册，第 528、529 页。

是年秋天，李鸿章委派浙江候补道戴景冯负责"就近兼理局务"。戴景冯接到命令后，又向李鸿章请求增派吴仲耆、龚寿图两人会同办理。但是这几个人都是官二代，吃喝玩乐可以，要他们负责筹办经营一个新式企业，还真没有这个能力。他们到上海后，向彭汝琮一样也没有什么影响力，自然得不到上海官商的支持，因此招商、筹建工作又是一筹莫展。

上海织布局筹建工作屡屡不能成功，使得李鸿章感到找一个真正懂洋务的人以及设法联络商人参与企业筹资这才是重中之重。他明白，要成功为织布局募集大批资金，使正在筹办的织布局得以顺利开展，不仅要找到在上海绅商界有一定名望，而且还应具有近代实业管理理念的人来担当重任。李鸿章要已经辞职的郑观应重新回局，当李鸿章向郑观应说了他的想法时，郑观应向李鸿章推荐了在上海商界有一定名望的经元善。他说，经元善不论是管理还是招募商贾都是理想人选。

1880年夏，在郑观应的推荐下，李鸿章委任正在直隶雄县办理账务的经元善为上海机器织布局会办，担任"驻局专办"的商董。织布局这次改组后，由郑观应、经元善主持上海织布局事宜，社会各界对这一人事变更表示赞同。当时，有媒体评价说，郑观应与经元善二人久居上海，"熟谙洋务商情，而洞达事理，且公正诚笃，朴实耐劳，于筹赈一事已见一斑，今爵相以此局委诸君，诚可谓得人也。"

新的管理层上任后，除了筹措商股外，人才的难题也困扰着郑观应与经元善等人。当时用洋机器织布毕竟是一项崭新的事业，要懂得机器的使用和丰富的纺织经验，因此郑观应直接向国外而不是在上海雇佣洋匠。在他看来，通过向国外寻找能人能达到"工巧而艺精"的目的。为此，他给中国驻美公使馆副使、留学生监督容闳写信，请"代选聘一在织布厂有历练、有名望之洋匠，来沪商办"。[1]容闳作为近代中国留学生第一人，毕竟在美国留学多年，且对近代科学技术多有了解，他立即向郑观应推荐了美国技师丹科。经容闳的介绍，丹科对前往中国也非常向往，他拿着容闳的推荐信来上海实地考察。丹科来华后，郑观应对他进行了一番考察，发觉他确实是一个可用之人，便与其确定了雇佣关系。上海织布局与丹科签订合同后，郑观应报请李鸿章让具有丰富管理经验的丹科管理局务并负责生产事宜，俨然一个主管生产副厂长的角色。此后，上海织布局又通过容闳聘请了美国纺织工程师哈顿。

根据雇聘合同，"其应办之事，自安置机器并纺纱一切事务均归经理"；丹科、哈顿"须竭力尽职，始终如一，不得稍有推诿。厂内寻常之事，哈顿应与洋总管丹科同本厂总办和衷妥商经理。遇有紧要事件，须由丹科、本厂总办请示督办批准后方可照行"。[2]上海织布局在洋总管的帮助下顺利投产，成为近代洋务运动的一项重要成果。

在李鸿章于上海开办织布局之时，时为陕甘总督的左宗棠也跃跃欲试。1878年，左宗棠奏请创办兰州织呢局。左宗棠到任时的陕甘，经济上"库贫如洗"，军费激增，经济社会与政治都面临着窘境；在当时，不仅有以陕甘回民起义动摇着清朝的统治，而且不断发生的"兵变"也使得统治上层矛盾重重，这让主政一方的左宗棠也感到一种严重的危机。要改变这种局面，左宗棠很需要经费发展军事，稳定地方。

当时，困扰着陕、甘经济民生发展的还有一个难题。同李鸿章所看到的江南之地被外国资本侵略的同时，陕甘虽地处内陆却也难以幸免。1875年，外国的毛制品和毛棉交制品向中国的疯狂倾销，

1 张国辉：《洋务运动与中国近代企业》，第277页。
2 赵入坤：《晚清近代企业的涉外雇佣》，《历史档案》2011年第2期。

使得甘肃的手工业也无以例外地受到了冲击，冲击最大的是毛纺、毛织业。"海禁开放，洋布输入极多，物美价廉，影响土产之生产"，"致毛毡之产销，沦为无人过问之趋势"。毛毡生产也是如此，"舶来品源源输入，我国固有之手工业多被摧毁，兰州毡房自不能幸免"。[1] 面对外国资本的疯狂掠夺，左宗棠感到应该创办中国的纺织工业。他开始策划创办兰州织呢局，以抵制洋呢的输入。

左宗棠想发展纺织工业，改善民生，也解决其军队经费不足的难题。作为其幕僚的赖长很懂得左宗棠的想法，他向左宗棠提议，可以用机器纺织本地羊毛，因为甘肃很多人以牧羊为生，有的是羊毛原料。左宗棠听了赖长的想法，就命他负责筹办织呢局事宜，赖长"以己意新造水机试制洋绒"，用自己设计制造的"水轮机"试制的呢片，"竟与洋绒相似，质薄而细，甚耐穿着，较之本地所织褐子，美观多矣。"[2] 赖长初步试验获得成功，让左宗棠万分高兴，他感到用机器织呢是可行的，但也感到"惟以意造而无师授，究费工力"。赖长又向左宗棠提出建议，可以"购办织呢、织布火机全付，到兰（州）仿制。"[3] 向外国购买机器，这意味着创办机器织呢厂正式被提上日程。

1877 年，左宗棠给上海采运局补用道胡雪岩写信，让他设法帮助购买机器和招募技师。胡雪岩虽说与洋人多有接触，对西方也多有了解，但是具体到纺织织呢，他还真是个外行。但是左宗棠之命，他不敢怠慢，立即找来与自己多有接触的德国商人、泰来洋行老板嗲喱吧帮助承办此事。

嗲喱吧感到代为招募洋员和采办机器事关重大，便去拜访德国驻华公使巴兰德说明此事，巴兰德认为，人员招募、机器采购都应

1　甘肃省银行经济研究室编：《甘肃之工业》，甘肃银行总行 1944 年版。
2　《左文襄公全集·书牍》，卷十九，台北文海出版社 1964 年版，第 58 页。
3　《左文襄公全集·书牍》，卷十九，第 59 页。

该从德国办理为宜。哆喱吧接受了巴兰德的建议，通过德国亚亨地区织呢技师石德洛末，延聘了李德、满德、白翁肯思泰等13名德国技师，同时采购各种机器设备60多架，主要有蒸汽机、织机、分毛机、顺毛机、压呢机、刮绒机、洗呢机、剔呢机、缠经线机、烘呢机、鬃刷机、熨呢机、卷呢机、刷呢机、纺锭等等。这些机器设备共分装成4000多箱，于1879年先从德国运至上海，后辗转从汉口转运到兰州。在国内的运输中，因为"路上费掉了好几个月的工夫。直到1879年10月，一部分机器才开始运到了兰州府"[1]。最后一批机器于1880年3月才运抵兰州。

机器运抵兰州后，左宗棠非常高兴，他认为"以中华所产羊毛，就中华织成呢片，普销内地，甘人自享其利，而衣褐远被各省"，而且从关内到新疆，百姓世代都可以享受到由此而带来的利益；他还设想以原料就地而取，"能使成本低廉，足以抵制洋呢入口"。[2]左宗棠要洋员负责机器的安装与调试。1880年11月，兰州织呢局正式开工，左宗棠任命石德洛末为总办，专理局务，任命李德、满德为总监工。

尽管兰州织呢局后来因经营不善而夭折，但左宗棠在任时兰州织呢局还是取得了一定的成果的。至于该局的规模与生产情况，左宗棠在1881年1月上奏给光绪帝的奏折中说："兰州织呢局结构宏敞，安设机器二十具，见开织者尚只十具，所成之呢渐见精致，中外师匠及本地艺徒率作兴事，日起有功。……蚕丝织呢等局雇用中外师匠及办理局务华洋各员弁，有实在出力著有成效者，应由刘锦棠、杨昌濬随时汇案奏请奖叙，以示激励，庶几人心竞奋，利无不兴矣。"[3]左宗棠把兰州织呢局视为"气象更新"之举，他为兴

---

1 孙毓棠编：《中国近代工业史资料1840—1895》第一辑下册，中华书局1962年版，第898、899页。

2 孙毓棠编：《中国近代工业史资料1840—1895》第一辑下册，第898页。

3 孙占元：《左宗棠评传》，南京大学出版社1995年版，第155页。

·

此利民善举可谓费尽苦心。

继李鸿章、左宗棠之后，张之洞也积极发展纺织实业。1890 年，张之洞在武昌文昌门外创办湖北织布官局。该局于 1892 年建成，安装英国布机 1000 张，纱锭 3 万枚，雇工 2000 余人，聘用英国籍工程师摩里斯为总管，德金生为织布局监工匠首。摩里斯在工作中对棉种的改良可谓对中国棉纺业的一大贡献。

在历史上，湖北植棉虽然已有近 700 年的历史，但在湖北织布官局开办之前，湖北的棉纺织一直都是传统的家庭手工作坊模式，对于棉花品种的要求也很低，"乡农栽种者，只供日常需要"，所产之棉多为土种粗绒，品种杂劣，花株矮小，且纤维质硬短粗，不能满足机器纺织特别是满足纺织细纱的需要。

摩里斯在织布局安装设备期间，特意到荆州一带考察棉种，发现鄂棉朵瓣细小，纤维短粗，不如美国棉花纤维匀细柔韧，成布光滑耐看，建议引进美棉。摩里斯还建议，为节约成本，可以考虑让棉农试种美棉。

张之洞听取了摩里斯的建议，给驻美公使崔国因发电，让他帮助代购美国棉种 10 吨，在湖北境内试种，对于棉农试种的棉花，要求"不经吏胥之手，随到随收，按照向来最高之棉花价值，每斤连子收买，从优给价"，"倘有胥役藉端需索，及有意压搁，克扣棉价等情弊，致民间以缴售领种为难，裹足不前者，查出该州县定干未便。"[1] 在张之洞的推动下，湖北的植棉业和棉纺工业得以快速发展。

众所周知，晚清时代，两次鸦片战争以及太平天国运动、捻军起义等事件的发生，使得晚清财政捉襟见肘，洋务派推动洋务实业，感到要扩大利源，必须把采矿业也作为洋务实业的重要内容加以发

---

1 孙毓棠编：《中国近代工业史资料 1840—1895》第一辑下册，第 924 页。

展。洋务派由此开始大量雇聘外国矿师、技师，从事矿产勘探与开采，积极开办煤、铁、金矿以及石油开采等等，矿区分布于台湾、直隶、湖北、山东、云南、黑龙江、甘肃、福建、安徽、辽宁等多个省份。

1890年，汉阳铁厂创办，因为要"大举制炼钢铁，事属创举大举，制炼钢铁，事属创办，中国工匠未经习练，一有差池贻误匪小，故必多募洋匠，藉资引导"。[1]同时，又派中国工匠赴比利时炼钢厂学习，从铁厂开始筹办到辛亥革命前夕，铁厂雇聘洋员达近百人，德国驻华公使时维礼在1890年的报告中说，张之洞开办的事业中，有5名德国、5名英国和1名比利时的工程师在工作；到1894年，有13名德国的、12名英国的、6名比利时的工程师和技师为张之洞工作。[2]时维礼的报告中包括了张之洞所开办的枪炮厂、棉纺厂等企业中所聘用的洋员。张之洞开办的汉阳铁厂前三任总监工分别是英国人贺伯生、比利时人白乃富、德国人德培；英国籍洋员约翰生曾经被聘为铁厂总设计师，在铁厂的设计和机器安装工作方面，功绩卓著；同为英国籍洋员的哈里生，曾主管铁厂耐火砖的制造。

1873年，轮船招商局创办。作为中国第一家近代航运企业，当时国内尚无能够单独驾驶大型轮船经验的航海人员，这方面的技术人才严重缺乏。招商局总办唐廷枢也只好向其他领域那样招聘洋员，并派华员跟随学习。"1878年他聘用3位英国工程师，1879年招商局外籍雇员增至9人，1883年更增至18人。"[3]

据《招商局史稿》所载，"查船主、大车、大副人等，以次递降，每船用洋人六七名"[4]招商局的轮船1873年只有6只，到甲午战争

1　孙毓棠编《中国近代工业史资料1840—1895》第三辑，中华书局1962年版，第375页。

2　[德]施丢克尔：《十九世纪的德国与中国》，第285页。

3　聂宝璋辑：《中国近代航运史资料》第一辑下册，上海人民出版社1983年版，第1226页。

4　聂宝璋辑：《中国近代航运史资料》第一辑下册，第1227页。

前夕已经达到 26 只，按照这个数字计算，1894 年招商局所雇聘的洋员已经达到 182 人之多。当时，英籍洋员蔚霞是在招商局工作年限最长的，他从 1876 年就被聘入职，先后担任过轮机长、大车等职，1885 年补总船主之缺，从此在总船主位置上工作数十年；英国人"麦克埃勒总工程师，到 1897 年 10 月 1 日已在该局干了十七年，魏尔则为该局机务监督"。哈里斯初到招商局是做会计员，干了 12 年，"而当总经理出缺时，他曾代理过三四次"。[1] 如此等等，不一类足。

洋务实业中，铁路作为最基本的交通设施。虽然，它在争议中艰难前行，但它便于货物运输，促进工商业发展，甚至利于军事的特点还是很受洋务派青睐的。但在当时，铁路之学在中国还属于空白，而且修筑铁路也没有所需要的钢轨、机车、客车等物资，自己又不能制造；再者，晚清中国也缺乏这一领域的工程师、站长、机修工、司机等技术和管理人员。两江总督刘坤一曾经感慨中国铁路事业的落后局面，"惟铁路系中国创举，熟手不多，不能不用洋人"，因此，"今选诚实西人精通铁路者充当首领，各项以洋人提纲，华人副之，效则任用，否则辞退。规划悉视泰西，权柄仍在中国，使彼无所挟持。"[2] 这就是说，中国势必在铁路工程建设和运行管理中需要大量雇佣外国人，帮助管理，帮助运营，帮助培育人才。这样，洋员于铁路事业中也在发挥作用。

2. 金达与中国运煤铁路

晚清实业中，铁路与采矿业的发展，让英国人金达百思不得其解，大清朝廷和它的子民们竟然有开矿、筑路，破坏风水和地气的见解。

---

1 聂宝璋辑：《中国近代航运史资料》第一辑下册，第 1410 页。
2 欧阳辅之编：《刘忠诚公（坤一）遗集·奏疏》卷二十四，台北文海出版社 1973 版，第 24 页。

在洋务运动之前，清廷还没有认识到开采矿藏的意义。但是，西方在第二次工业革命中不仅向中国倾销其工业产品，也在积极地寻找制造这些产品的能源与资源，要求在中国建立矿场，开采煤、铁等矿藏。对这些超出条约范围的要求，清廷最初是持回避和拒绝态度的。洋务运动开始后，清廷开设的机器制造局、购买的外国船舰也都需要大量的煤、铁资源，却不得不依赖于洋煤的进口；再者，经历了第二次鸦片战争及太平天国运动，清廷财政困难，也不得不寻求新的财源。这样，采矿业便在外强经济侵略与清廷的内在需求下逐渐兴起。

总理衙门成立后的最初几年，在华的一些外国人以及清廷的洋务派官员不断有人提出开采矿藏、扩大利源的建议。1862 年，时任英国驻华使馆翻译官柏卓安向总理衙门建议用新式方法开采中国煤矿以满足外轮需要；1864 年，美国驻华公使蒲安臣说，"中国沿海的（外国）轮船每年消煤达四十万吨，必款四百万两"；次年，赫德在《局外旁观论》、威妥玛在《新议略论》中都劝告清廷，希望中国允许外国人在中国建立矿场，开采煤矿。而在洋务派开展的洋务事业方面，所使用的土煤质劣，外国煤又价格太高，洋务派深刻地认识到开办煤矿的紧迫性。

在呼声和趋势面前，李鸿章 1873 年在给清廷的奏折中说，"船炮机器之用，非铁不成，非煤不济，英国所以雄强于西土者，惟借此二端耳。闽、沪各厂，日需外洋煤铁极夥，中土所产，多不合用，即洋船来各口者，亦须运用洋煤。设有闭关绝市之时，不但各铁厂废工坐困，即已成轮船，无煤则寸步不行，可忧孰甚。"[1]

李鸿章很清楚，洋务实业的开展，需用外国煤铁日多，一旦中外关系紧张，外国对华采取禁运措施，各铁厂就会出现"废工坐困"、

1 《李文忠公（鸿章）全集·奏稿》卷十九，第49页。

轮船无煤可燃而寸步难行的局面。中国煤、铁资源丰富，外商垂涎已久，处心积虑地想攫取中国的煤、铁开采权。如果朝廷能够"遴派妥员，召觅商人，购买机器开采，价值必视洋煤轻减，通商各口，皆可就近广为运售，而洋煤不阻自绝，船厂亦应用不穷。"[1]借用洋人的办法、机器、管理方式开采煤铁"此等日用必须之物，采炼得法，销路必畅，利源自开，榷其余利，且可养船练兵，于富国强兵之计，殊有关系。"[2]

面对呼声和建言，清廷在1874年发布谕旨，决定在直隶磁州和台湾基隆先行试办煤矿。据此，李鸿章于1876年派轮船招商局总办唐廷枢带领英国采矿工程师马立师到唐山开平一带勘测煤铁矿的蕴藏量。探查发现，开平煤矿蕴藏丰富，且品质优良。李鸿章旋即奏明朝廷开办开平煤矿。

1877年，开平矿务局成立，成为继轮船招商局之后的又一家大型民用企业。开平矿务局于1881年正式投产，到1885年达到年产煤18万余吨。开平矿务局所产煤炭投放市场后，立即与外煤展开了在天津市场的竞争，并迅速占领了天津市场。为方便运输，开平矿务局于1881年筑成唐山至胥各庄的铁路，次年开始通车。这是近代中国第一条铁路，这条铁路成为日后整个华北铁路系统的开端。

开平矿务局也成为最早使用机器开采的大型煤矿，它不仅开启了中国煤炭生产的现代化历程，也是实施中国现代化企业制度的开端。开平煤矿从创办那一刻起，就采用现代企业经营管理模式，避免了以前官督商办企业的许多弊端。唐廷枢对此深有体会，他曾向李鸿章建议，开平矿务局虽然属于官督商办性质，但归根结底仍由商人经营，经营上似仍应遵照工商业的运营规则。对于管理，唐廷

---

1 《李文忠公（鸿章）全集·奏稿》卷十九，第49页。
2 《李文忠公（鸿章）全集·奏稿》卷十九，第49页。

枢要求开平矿务局不应像其他官督商办企业那样由官府派驻委员及
文案、书差等，以节省经费。

李鸿章答应了唐廷枢的请求，也认为只有摈弃过去官办企业的
积习，开平矿务局才能像新式企业那样进行经营管理；此外，李鸿
章要求"各厂司事人等，应于商股内选充，不得引用私人"[1]。要
注意节约开支，"厂内督工司事工匠人等均量材酌给薪水，除薪水、
饭食、油、烛、纸张等项开销公账外，无须局费、公费等名目；其
余酬应一切，无论何人皆不准擅用公款分文，违者议罚"[2]。

有了李鸿章的保证，开平矿务局开始按照资本主义企业的运作
模式开始运营。在开平矿务局的运营中，唐廷枢还雇聘了许多洋员，
从矿脉的勘测到机器设备的安装、使用、维护，都由外国的专业人
员来进行管理和指导。

1879 年，开平矿务局有洋员 9 名，而到 1883 年达到 18 人，
这些洋员中最值得提及的是英籍工程师金达。1881 年，金达为缓
解矿务局运煤困难的问题，研制成功中国第一台铁路机车"中国火
箭"号，开辟了从唐山到胥各庄的运煤铁路，对中国早期铁路的建
设贡献良多。

中国铁路的建设，虽然因运煤而生，但它的建设却经历了一个
曲折的历程。早在 1863 年，英国铁路工程师斯蒂文生曾向清廷提
出在中国修建铁路的设想，劝清廷有计划地修筑铁路，他为此设计
了几条干线：以汉口为中心，开发从汉口往西经四川、云南到达
印度，往东到达上海，往南到达广州的铁路干线；开发从镇江经过
天津、北京，从上海到宁波的铁路干线；在南方，开发从福州到内
地的铁路干线，认为"这样一来，中国的四个重要通商口岸，也是

1 熊性美、阎光华主编：《开平煤矿矿权史料》，南开大学出版社 2004 年版，第 12 页。
2 中国史学会编：《中国近代史资料丛刊：洋务运动》第七册，第 134 页。

最重要的商业中心将由铁路互相沟通。"[1]

同时，设在上海的以英商为主的27家洋行，也联名向时任江苏巡抚的李鸿章提出，希望取得从上海到苏州间的铁路修筑权帮助修建铁路，只要同意沿线"买受地基，豁免一切钱粮"，"即由此路以扫逆氛，其便捷清利未有过此者"，[2]这遭到了李鸿章的断然拒绝。李鸿章明确表态，"只有中国人自己创办和管理的铁路才会对中国人有利；并且中国人坚决反对在内地雇佣许多外国人；而一旦因为筑路，中国人民的土地被剥夺的时候，将会引起极大的反对。他甚至上奏希望清廷拒绝任何这类建议；他甚至还说他认为有反对外国人追求铁路让与权的企图的责任，因为这种让与权将使他们在中国取得过分的势力"。[3]

英国商团遭到李鸿章的拒绝后，又通过驻华公使卜鲁斯向总理衙门施压，但一样遭到拒绝。李鸿章和清廷拒绝的原因，一来是担心西方借此侵犯中国利权；二来清廷尚未认识到铁路在国计民生中的重要性，极为保守的观念使他们认为隆隆的火车震动和行驶，破坏了地气，打扰了地下的亡灵。

1865年2月17日，总理衙门饬令各将军提督，严拒外人请办电讯、铁路等事宜，理由是，"山川险阻，皆中国扼要之区，如开设铁路，洋人可以任便往来，较之尽东其亩，与大局更有关系"。[4]李鸿章观念也未改变，他认为修筑铁路耗资巨大，伤财害民，应当拒绝。大学士、湖广总督官文认为，列强之所以力劝修筑铁路，意欲使中国无处不在其控制之下，以震慑国人。

到李鸿章后来开办煤矿时，他和清廷一些洋务官员才开始认识

---

1 [英]肯德：《中国铁路发展史》，生活·读书·新知三联书店1958年版，第7页。

2 宓汝成：《帝国主义与中国铁路》，人民出版社1986年版，第31页。

3 [英]肯德：《中国铁路发展史》，第3、4页。

4 "中央研究院"近代史研究所编：《海防档·丁·电线》，"中央研究院"近代史研究所1957年版，第5页。

到修筑铁路的长处。1874年，李鸿章曾向恭亲王奕䜣力陈修筑铁路的好处，希望他劝说两宫皇太后下谕旨同意修筑铁路。奕䜣虽然表示赞同，但碍于保守势力的阻挠，他答复李鸿章说"两宫皇太后也不能定此大计"[1]。1877年3月，出使英国的郭嵩焘在给李鸿章的信函中一再赞扬所见火车的便利，建议中国修筑铁路，称"英国富强，实基于此"。李鸿章见郭嵩焘字里行间详述铁路之利，更为动心。

开办煤矿的创办中，有一个重要的问题就是煤的运输问题，李鸿章、唐廷枢为此很伤脑筋。英国工程师建议修建一条从唐山到胥各庄的运煤铁路，但鉴于当时吴淞铁路的失败，李鸿章很有些踌躇。当他向清廷奏明此事，皇室生怕火车"震动陵寝"也是不准，事实上，拟建的唐胥铁路距离清皇陵有百公里之遥。

种种原因，李鸿章退而求其次，奏明朝廷，拟修建的唐胥铁路可以仿照台北的煤矿修建马拉车的小铁路一条，李鸿章上奏说，这条铁路不用机车，改用骡马拖拽，保证不惊扰先皇圣灵。有了活人让死人的保证，清廷才默认修筑。1880年初，唐胥铁路正式开建，资金由开平矿务局筹集，该线全长11公里，采用每码30磅的轻型钢轨、1435毫米的标准轨距。唐胥铁路是中国自办铁路的开端，但技术上完全依赖于外国工程师。也就是从这时候起，英籍洋员金达正式登上了中国铁路建设的历史舞台。

金达出生于1852年，是首批到开平矿务局工作的外籍工程师之一。他来中国之前，曾经先后到法国、俄国、加拿大接受系统的工程教育，参加过修筑俄国乌拉尔铁路和日本东京至横滨铁路，到中国后一度在海关任职。

1877年6月，经津海关税务司德璀琳的推荐，金达被聘到开

---

1 李守孔：《李鸿章传》，台北学生书局1978年版，第162页。

平矿务局任工程师，在煤矿的开办中，他向李鸿章、唐廷枢建议修
筑铁路，解决运煤之急，得到了唐、李二人的赞同，并被任命为唐
胥铁路总工程师。唐胥铁路修建之初，清廷官员考虑到政府财政紧
张，修路资金不足的难题，主张这段铁路采用窄轨，这遭到了金达
的反对。金达联想到他在日本修筑铁路时，日本采用窄轨所带来的
种种弊端，认为中国铁路一旦使用窄轨，待将来铁路形成规模，再
想改成标准轨距谈何容易。因而，唐胥铁路的修筑，金达坚持要求
使用标准轨距。

英国人肯德的《中国铁路发展史》一书中说，"金达了解到这
个问题必须力争的重要性。他认为这条矿山铁路一定会成为他日巨
大的铁路系统中的一段，因而他决定尽他所能，不让中国人蒙受节
省观念的祸害，力劝采用标准轨距。"[1]

1881年，唐胥铁路建成通车。这一铁路的修筑也为英国铁路
工程产品进入中国打开了通道。在建设唐胥铁路的同时，金达也向
唐廷枢建议，不能使用马拉火车，应该研制动力火车头。他不能忍
受在自己修筑的铁路上只能用骡、马来拉车的局面。金达的建议得
到了唐廷枢的支持，让他秘密研制，他亲自设计了中国第一台蒸汽
机车图纸，指导开平矿务局的工匠制造成了中国第一台蒸汽机车，
即"中国火箭"号，开创了中国铁路制造蒸汽机车的先河。据记载：
"金达氏乃利用开矿机器之旧废锅炉，改造一小机车。……其力能
引百余吨，驶行于唐胥间。是为我国驶行机车铁路之始"[2]。

1882年，"中国火箭"号，载着一批洋务官员在轨道上以每
小时20英里的速度行驶，证实了机车比骡马劲头更大，速度更快。
这让李鸿章大为高兴，决定将轨道改成铁路，但他并没有将这一成
果告知朝廷，而是让这条铁路由机车牵引着秘密运行了五年。为什

1　宓汝成编：《近代中国铁路史资料》上册，文海出版社印行1977年版，第125页。
2　宓汝成编：《近代中国铁路史资料》上册，第121页。

么要这样做呢？李鸿章在下一个赌注，"把他的赌注押在这条路线上，而以它的成功来证明他的办法是正确的……直到他能够利用它的成功来作为修筑更多的铁路的理由时为止"。[1]

机会终于来了。1885年，大清为巩固海防而成立了海军衙门，李鸿章奉旨会办近代化海军。借此之际，李鸿章奏请朝廷将铁路事务划归海军衙门办理。1886年的一天，李鸿章通过德璀琳，与金达就中国铁路的发展问题进行了一次晤谈，这次谈话的结果是，李鸿章奏请清廷批准将铁路从胥各庄延伸到芦台，并说服当时掌控总理衙门并兼任海军大臣的醇亲王奕譞，奕譞支持他的这一动议。

1887年3月18日，醇亲王奕譞、离英返国帮办海军事务的曾纪泽以加强海防的名义上奏清廷，请求将唐胥铁路延伸到天津（即津榆铁路）。李鸿章、金达等人发展铁路的思想，经醇亲王、曾纪泽之口说出，"轮船铁路，于调兵运饷、利商便民诸大端，为益甚多，而于边疆之防务，小民生计实无危险窒碍之处"。自大沽北塘以北五百余里，防卫空虚，"如有铁路相通，遇警则朝发夕至，屯一路之兵，能抵数路之用，而养兵之费，亦因之节省"。北洋水师所需的开平煤，如有铁路半天即可送到。如中外爆发战争，只需收回火车，拆断铁路，即可防止铁路为外人所用。[2]

老实说，清廷对于如何运载开平煤、如何利商利民并不感兴趣，对于铁路建成能快速运兵运饷利于海防却很为关注。因此，奏折上达后，很快获得批准："开矿务处，均次第依照兴办。"

李鸿章为促使铁路尽快修筑，指示开平矿务局公开招股100万两，在各地报纸上刊登招商章程，吸纳商股。此条铁路建成后，正式被清廷接管，并成立"中国铁路公司"，后改名为"天津铁路公

---

1 熊性美、阎光华主编：《开平煤矿矿权史料》，第20—22页。
2 杨松、邓力群原编，荣孟源重编：《中国近代史资料选编》，生活·读书·新知三联书店1954年版，第268—270页。

司"。1888年12月，唐山至天津的铁路通车，李鸿章率众官员登车验收，现代化铁路带给他的再次是深深的震撼。他在奏折中说，从天津至唐山有260里路，一个半时辰即可到达，便利为轮船所不及，一台机车可以带动三四十辆货车，往来便捷。此外，运输之权掌握在中国人手里，对于国防更是十分重要。商业贸易可以无所不至，荒凉之地也可因此变为经济中心。铁路才是今天中国强大的最紧迫的事情。[1]

1894年，这条铁路又向东延伸到山海关和关外的绥中。这条被外人视为"中国铁路世纪的正式开始"的铁路，它的建成英国人金达功不可没。

中国因为运煤而始建铁路，当时资金、人才都成为难题，金达在帮助中国修筑铁路的历史进程中，不但发现人才，也积极培育人才，先后启用了邝孙谋、詹天佑等人，并把他们培养成中国最优秀的铁路工程师。

1890年，李鸿章也感到修建铁路，培养人才迫在眉睫。他在其创办的天津北洋武备学堂中设立了铁路班，聘请德国人包尔为教习，帮助培养人才，这是中国自办铁路教育的开端。1892年冬天，在这里接受培训的12名学员毕业，分配到各铁路参加工程建设工作。1893年，包尔辞去教习之职回国，李鸿章特意上奏朝廷予以嘉奖，并奏请另聘德国人沙勒继任教习。

对于北洋武备学堂设立铁路班之事，金达认为并不能达到培养专业人才的目的。因此，他在1893年11月上书李鸿章，认为将铁路班附设在武备学堂内，由于"合堂事多人众，工程师耳目难周，该学生等所习技艺，亦未能精通"，因此建议在山海关设立专门铁

1　江沛：《清末国人的铁路认识及论争述评》，《城市史研究》第26辑，天津社会科学院出版社2010年版。

路学堂"方足以收实效而重久远"[1]，金达还附上了对建立学堂所需要的规划和经费预算、章程等等。

但是，金达的这个建议，并没有引起李鸿章的重视，而只是以"所有盖房用人各节，需费颇多，金达拟定之银恐必不敷"作为答复，便将此事搁置了起来。按说，金达在开平矿务局的表现以及他这个顺应时势的建议，对他有所欣赏的李鸿章应该接受才是；再说，对当时人才缺乏的状况，李鸿章也有切身的感受，可为什么会出现把他的建议搁置起来的事情呢？

个中隐情，推敲起来，却也有着诸多的因由。从表面上看，李鸿章不主张办独立铁路学堂的理由是经费问题，认为金达并没有造出一个可能遇到困难的合理预算。李鸿章感到，如果独立开办铁路学堂，实际上要比金达的预算开支会大得多。如果突然冒出来一些开支，则难以应付。按照金达的预算，聘请洋教习、中国教员、招募学生、日常的管理与开支、杂役的雇佣、一切器具的采购、房屋租赁等等，合计每月需费银 780 两，全年需开支白银 9360 两。

金达自到中国后，从海关到开平矿务局，多年的工作以及与洋务官员的接触，他自信对开办洋务实业的许多细节还是比较了解的。他参照 1882 年天津电报学堂的经费支出情况，拟定铁路学堂的预算。当时天津电报学堂的费用开支情况，从 1882 年 3 月到 12 月，学堂各项开支为：委员汉教习司事夫役人等薪粮，银 1964 两；洋教习二名费用，银 3358 两；学生衣履、膏火、奖赏等费用，银 731 两；委员、司事、中外教习、学生等办公费用，银 1852 两；书籍、笔墨等费用，银 228 两；[2] 据此，天津电报学堂每年大致全年需银 9760 两。金达拟定的铁路学堂初步计划招生 20 名学生，而

---

1 张雪永：《政治漩涡中的教育：山海关北洋铁路官学堂创建研究》，《西南交通大学学报（社会科学版）》2013 年第 1 期。

2 高时良主编：《中国近代教育史资料汇编：洋务运动时期教育》，第 561 页。

电报学堂则有 40 名学生。从这个情况看，铁路学堂的预算难称"不敷"。虽然 1893 年作为直隶及北洋大臣的李鸿章要负责慈禧太后筹备六十大寿要挪用筑路经费，但对于开办铁路学堂这样的事情，还不至于拿不出钱来。

李鸿章将金达的建议搁置起来，实际上不为外人所道的原因，是列强对华利益的竞夺不能不让他有所顾虑。金达在上书中提议开设独立铁路学堂，加速培养铁路人才，以适应关东铁路的建设，这一出发点其实正可迎合李鸿章的思路，但是 19 世纪 90 年代初，俄国正筹划兴建西伯利亚大铁路，并计划将铁路延伸到中国。这个计划一旦实施，势必对清廷的"龙兴之地"东北造成威胁，李鸿章密切关注着俄国的动向。早在 1890 年 5 月，李鸿章派金达对东北南部地区进行勘测。随后，金达放下矿务局的工作，率领勘测队途径锦州、吉林、宁古塔到达珲春，然后通过边境，经黑龙江滨海地区抵达海参崴，原路返回，完成了李鸿章的任务。[1] 根据金达的勘测，李鸿章以"速征调，利边防，实关国家根本大计"为由，奏请清廷暂缓修筑津通线，建议将铁路从天津向关外方向延伸，经山海关、沈阳、长春延伸到珲春，修筑关东铁路。李鸿章的建议得到了清廷的批准，并决定由李鸿章督办在山海关设立北洋官铁路局，每年拨银 200 万两。金达上书设立铁道学堂之时，关内部分即将修完。

在俄国觊觎将西伯利亚大铁路向中国延伸的同时，英国也在窥伺东北的利权。俄国鉴于英国企图插手修建关东铁路的情况，就决然在 1891 年 3 月正式宣布修建西伯利亚铁路直达海参崴的计划。同时，俄国就中国修建关东铁路向清廷"严重交涉，力行阻碍，图缓时期"[2]，并在 1892 年由车里雅宾斯克也向东展筑。

1893 年，关东铁路因仅修到接近山海关处，所以金达在上书

1　[英]肯德：《中国铁路发展史》，第 41 页。
2　[苏]罗曼诺夫：《俄帝侵略满洲史》，民联译，商务印书馆 1937 年版，第 42 页。

李鸿章时，主张学堂在山海关暂时租房开课，"以免首尾不应之虞。待各桥工完竣后，再将铁路学堂迁移奉天要地"，并说："现闻俄国加工赶造铁路，其居心实不可问。而中国亦宜赶紧造至吉林为要务。须多用精壮执事，工期速成，屈指一二年内，便可造到千余里之遥。"[1] 看来，金达完全是遵循李鸿章的抗俄思路而建议开设独立铁路学堂的。

但是，由于中国修筑关东铁路引起俄、法、日、美、英等国的关注，李鸿章陷入了错综复杂的外交交涉之中。俄国一边向东展筑铁路，一面让俄国驻华公使在北京活动，企图阻止修筑计划的实施；法国很希望在资金和技术上介入，从而在利权上得到好处。早在芦汉铁路筹议之时，法国就已按耐不住，试图插手，不过因该段铁路缓建而只好作罢。关东铁路得到清廷的批准后，得到消息的法国立即令其代理公使林椿向总理衙门表示法国商人帮助修建该路。法国驻天津总领事白藻泰也数次拜访李鸿章要求承建关东铁路。

在俄、法、英试图竞夺东北利益之时，日、美则在朝鲜争夺铁路修建权，这更加剧了东北铁路修建的复杂性。如此局面，李鸿章不能不小心谨慎从事。虽然说金达作为一个英国人，并无太多的政府背景，但由于法、俄和英国的敌对关系，如果接受金达的建议，很可能成为法、俄干涉筑路的口实。1890 年，李鸿章让金达在东北进行的铁路勘测活动，虽然是在密令下进行，但是，"俄情报机关早已获悉这个勘测出发前的活动。中国人这个活动的不受欢迎是可以想象的。的确这件事情的影响所及促使了俄国人不得不赶快实行他们的计划……那时候俄国人在北京不断进行阻碍李鸿章的计划，以争取时间完成他们的计划。事实上，那个局面已经发展成为

---

1 张雪永：《政治漩涡中的教育：山海关北洋铁路官学堂创建研究》，《西南交通大学学报》（社会科学版）2013 年第 1 期。

中俄两国东部边境前进的竞赛。"[1]

金达对李鸿章提出设立铁路学堂的建议，虽然是出于对中国的善意，但客观上已超越了其工程师的本分。此外，金达上书中批评了天津武备学堂铁路班的德国教习，不主张学生学习德语，而此时德国已与法、俄结成同盟。如果说李鸿章是担忧可能发生的外交纠纷而对金达的建议表示冷淡，也是合乎逻辑的。

事情的发展确实如此。1897 年之后，清廷决定续修因甲午战争停工的关内外铁路，并仍以金达为工程师。此举遭到俄国的激烈反对，围绕金达的去留，俄、英之间甚至发生了正面对抗，并导致了两国在东北铁路上长达数年的争夺，深刻影响了远东局势。[2]

1896 年 5 月，金达上书津芦铁路总办胡燏棻，附呈《在华学成之铁路华工程局章程》十六条，再次提出设立铁路学堂的建议，他上书说，"目下中国所急需者，首在多储人才……今朝廷业经定意推广铁路，核计目下人才虽修路五百里亦不敷用。即乏人才，仅靠外国员司办理诚非得计，成路迅速实难专靠洋工程师数人。"[3]因此，必须培养华人工程师，以适应铁路发展的需要。在他的建议下，中国第一所铁道学堂——山海关北洋铁路官学堂（西南交通大学的前身）诞生了。

金达凭借专业的技能、敬业的工作态度深得清廷的信赖。在津芦铁路的勘测与修筑中，李鸿章再次委任他为总工程师。津芦铁路自 1896 年 1 月开工后，仅用了 18 个月就建成通车。1897 年，又修筑了丰台到卢沟桥的支线。建设中，金达采用了当时被视为重型钢轨的 43 公斤每米的钢轨，还从国外进口了大批新型机车。津芦

1 [英]肯德：《中国铁路发展史》，第 38 页。
2 张雪永：《政治漩涡中的教育：山海关北洋铁路官学堂创建研究》，《西南交通大学学报》（社会科学版）2013 年第 1 期。
3 西南交通大学校史编辑室编：《西南交通大学校史 1896—1949》第一卷，西南交通大学出版社 1996 年版，第 13 页。

铁路修筑中虽然因为造价高达白银 414 万两，但 150 公里的铁路路程却由过去的乘坐马车需要两天的颠簸，缩短到四个小时平安舒适到达。津芦铁路的修筑没令清廷失望，其修筑速度之高，施工质量之好，投资回报之快，即便用今天的眼光来看，也颇为令人惊叹。

3. 被盗卖的开平煤矿

开平煤矿的发展中，津海关税务司德璀琳利用李鸿章对他的信任，也不断地将参与之手伸进这个颇具影响力的官督商办企业，并试图达到对这一巨大利源的控制。开平煤矿开办之初，德璀琳推荐了金达成为矿务局总工程师。此后，在人员推荐、矿务局运营都有他活动的影子。

1877 年，德璀琳成为津海关税务司时，正值开平矿务局成立。此时，他就对开平矿务局表现出关注之情。在当年的海关年报里，他非常详细地讲述了开平煤矿的蕴藏量和开采量等详细情况，他希望介入开平煤矿的愿望已经暴露无遗。

1892 年 10 月，开平矿务局总办唐廷枢病逝，曾在醇亲王门下做仆役的张翼接替总办之职。但张翼毕竟是未经历练的仆役出身，对洋务事业一无所知，这给德璀琳介入开平煤矿提供了良机。他主动给张翼提供各种建议，加上李鸿章对他的信任，很快在开平煤矿产生了影响力。

1894 年，中日甲午战争爆发，日本趁机掠夺中国矿权，为保护矿产，李鸿章任命德璀琳为开平矿务局及津榆铁路临时会办，这为德璀琳控制开平矿务局提供了平台。此后，德璀琳与张翼建立了良好的私人关系。德璀琳成为临时会办后，起初对于开平矿务局事务倒也尽心尽力，按照唐廷枢制定的经营思路，他们继续寻找便于运输的运煤码头，唐廷枢曾说，秦皇岛是天然良港，适合作为大批量的运煤港口。

据此，张翼和德璀琳曾经于 1896 年派遣在开平煤矿任职的英籍工程师鲍尔温到秦皇岛港湾一带进行水文、地理方面的勘测。鲍尔温考察的结果，验证了这里的确是建码头的理想港湾。

1897 年，张翼与德璀琳、贺璧理乘津榆铁路专列前往秦皇岛，在沙河站下车后，分骑毛驴沿岸踏勘，认为秦皇岛南临渤海，北依燕山，实在是建港的天然之地。如果一旦建港，于运输、军事、商务都是大有裨益的。况且秦皇岛距离京师咫尺之遥，"铁道一旦有事，不独兵丁之征调，军火之转运，朝发夕至，呼应灵通，而且水陆相依，有大气盘旋之势"，如果"设立码头则地情与水势均宜，不至如大沽各处之受病，且以旅顺比较，该岛实甚便而甚近"[1]。当年 2 月，张翼、德璀琳派"永平"号轮船载运客货于秦皇岛——烟台之间往返试航获得成功。

经过多次勘测和试航后，张翼向清廷上奏说秦皇岛建港，此事不单关系到国家的用兵大计，且"关中外之利权，若出自国家，固滋唇舌，且遂行和盘托出，亦启戒心"。"津海与山海两关巨万税金将归无有，我惟有以秦皇岛补救"。[2]认为，秦皇岛建港后不仅可以改善商务，还可以设关收税，增加财政收入。

张翼在奏折中还说，德璀琳是兴建码头不可多得的好帮手，此人很有些才能，也熟悉各国情形，在海关任职三十余年，对北洋事务也算尽心尽力。驻德公使许景澄、吕海寰对他都很信任，视为可以倚重之人，"其为人公正，不肯唯利是趋，且办事朴诚，是以中国官商知之者多相嘉许，在洋员中尤为难得"。[3]

清廷在接到张翼的奏折后，认为张翼的奏折有一定远见，但也担心列强像瓜分胶州湾、旅顺港那样侵犯秦皇岛，犹豫再三，还是

1 王彦威、王亮编：《清季外交史料》第三册，王敬立校，卷一四〇，书目文献出版社 1987 年版，第 2307 页。
2 王彦威、王亮编：《清季外交史料》第三册，王敬立校，卷一四〇，第 2307 页。
3 熊性美、阎光华主编：《开平煤矿矿权史料》，第 25 页。

决定先由开平矿务局在秦皇岛试办码头，主要以运输煤炭，附带运送旅客、杂货、邮政文件等等，并允许北洋海军驻扎。随后，德璀琳与张翼为码头的建设开始积极筹划。

1897 年 4 月间，德璀琳在天津见到了曾与自己共事多年的英国人葛德立，葛德立此行的目的是为英国商人墨林在中国开展业务牵线搭桥，并充当翻译角色。葛德立与墨林得知开平矿务局正在筹划建设秦皇岛码头，便说，可以代为提供资金、技术和人才。德璀琳便把墨林介绍给了张翼。

经过几次晤谈，墨林为开平矿务局代聘了英国白利工程公司工程师秀士来华帮助建设秦皇岛码头。秀士来华后，也对秦皇岛港湾进行了详细的勘测，他对比 1870 年法国海军测量的秦皇岛港湾水深等数据，肯定了之前鲍尔温、张翼、德璀琳等人的考察结果。认为具有大规模建港的天然条件。秀士根据考察，绘了详图，并对如何修建堤坝和码头船坞也做了详细的规划和预算。预算认为：码头如为运煤而建，则需费 100 万元；如为军民两用码头，则需费 600 万元，甚至更多。

修建码头，开平矿务局遇到了资金难题，于是在德璀琳的撮合下，英商墨林提供资金 20 万英镑（折合白银 140 万两）帮助修建码头和开办新码头。秦皇岛码头的试办，为促使秦皇岛辟为通商口岸开创了条件。

1898 年 3 月，总理衙门向清廷上奏折《秦皇岛自开口岸折》称，"兹查直隶抚宁县北戴河至海滨秦皇岛，隆冬不封，每年津河（海河）冻后，开平船由此运煤，邮政包封亦附此出入，与津榆铁路甚近。若将秦皇岛开作通商口岸，与津榆铁路相近，殊于商务有益。如蒙谕允，即由臣等咨行北洋大臣、顺天府尹先将应办事宜速筹备，定期开办。"当天，光绪帝朱批批准了此议。同年 4 月 2 日，总理衙门饬令总税务司赫德："秦皇岛等处添开通商口岸，以裨商务各折，朱批'依议钦此'，相应抄录原卷，恭录谕旨，札行总税务司查照钦遵妥筹办理可也。"[1] 由此，秦皇岛被正式确定为通商口岸，对外开放。

秦皇岛开埠后，总税务司赫德向总理衙门建议，基于设关征税的考虑，又因秦皇岛距天津较近，可由津海关或者北洋大臣派员驻扎。津海关道即行在秦皇岛设立"秦皇岛分关"。1899年2月，赫德命德璀琳在秦皇岛设立"税务司公署"，任命其为秦皇岛开埠的税务司，天津海关税务司仍由其担任。德璀琳接到任命后，划定了秦皇岛通商口岸的界限："戴河口往内三里之处起，至东北秦皇岛地方止，原为将教堂等购买之地、盖造之房均归通商地界内"，以"秦皇岛以西设立码头，限定商船起卸处所"。[2] 来往船只、货物，根据税例，征收关税。

在秦皇岛码头设立上，德璀琳的积极参与，使得秦皇岛顺利开埠。但在开平煤矿矿权的争夺上，作为近代中国的一个国际公案，却使他的形象一落千丈。

开平煤矿矿权的争夺也源于列强对华采矿权的觊觎。甲午之败，清廷的虚弱无能完全暴露无遗。列强趁势掀起瓜分中国的狂潮，在中国划分势力范围，掠夺路权、矿权。因签订《马关条约》李鸿章的失势，使得德璀琳更多地开始考虑个人的实际利益，再者，在海关同总税务司赫德的权力暗逐中，德璀琳也感到在赫德铁腕控制的海关自己不可能有更大的发展前途，他也不满足于李鸿章赋予他的开平煤矿及津榆铁路临时会办这个并无实权的职务，他渴望将中国矿业的开采权控制在自己手里。

失意于邮政总局局长和海关总税务司权力之争的德璀琳也希望

1　黄景海：《秦皇岛港史（古、近代部分）》，人民交通出版社1985年版，第14页。
2　李国亮、尹春明：《晚清秦皇岛自开商埠及港口筹建始末再探》，《兰台世界》2016年第3期。

清廷像设立海关总税务司署那样，也设立专门的矿务机构，由自己来出任"总矿务司"。德璀琳心里清楚，出任这个职务，不仅可以使自己的影响力大为提升，在这个职务的背后更有着巨大的利益，但要获得这样一个职务，必须获得清廷的信任并得到在中国拥有巨大利益的英国的支持。

因而，在开平矿务局计划筹建秦皇岛码头时，他献力献策，并联合英国商人墨林提供资金和人才帮助。在全球的英国殖民地经营采矿业多年的墨林也清楚，要想在中国获得成功，并进而将采矿大权掌控在自己手里，必须得到"与中国官场有联系的极其重要的人物"的帮助。于是，两个同样野心勃勃而又有互补资源的人便心照不宣地联合在了一起。

德璀琳希望清廷设立中央矿务总司，这对墨林来说也是极大的诱惑。墨林希望德璀琳与自己加强合作，他说，"我准备如已说妥的那样为中央矿务总局一事与你合作，你将在中国做领导人，我的公司将提供专家和资金，利润与你平分"。[1]但是，德璀琳又感到这个计划太庞大了，不可能得到清廷的批准，二人便把目标缩小在张翼控制的直隶和热河范围内。

德璀琳亲自跑到直隶、东北等地进行勘查，并上折说设立矿务总司于大清如何如何有好处，希望由其统归负责筹办，并依照海关之例拟定了矿务总司章程。但是德璀琳这个踌躇满志的决定并没有得到清廷的批准，他只好再次缩小目标，决定拉拢张翼与墨林合作，先控制开平煤矿，进而实现自己的愿望。当时，德璀琳与墨林合作，还有一个重要原因是基于对抗俄国潜在的威胁。

早在1896年，李鸿章代表清廷参加沙皇尼古拉二世的加冕典礼，并顺访欧美等强国考察实业，与列强商议"照镑加税"等问题。

---

1 熊性美、阎光华主编：《开平煤矿矿权史料》，第48页。

李鸿章这次出访，德璀琳作为李鸿章的顾问一同出访，实际上是作为德国的内线。在俄国，李鸿章以同意"借地筑路"为代价，与俄国签订《中俄密约》，共同对付日本，但此举却为列强侵犯中国利权打开了方便之门。条约签订后，俄、英两国商定以长城为界划定各自的势力范围，沙俄意欲控制东北和华北。德璀琳很担心俄国也控制开平矿务局，使自己的愿望落空。为此他多次与墨林讨论成立国际财团办理中国的采矿事宜。他希望"任何金融交易都是国际性质的"，因为他怕"如果是一个国家，就会引起政治纠纷"，"俄国方面由于最近签订铁路协定，一定要提出反对，因为他们显然不愿在他们的边界附近或势力范围之内和英国资本打交道"。[1]

出于种种原因，德璀琳与墨林合作后，都试图控制开平煤矿。在八国联军进犯天津、威胁北京之前，开平煤矿的生产经营都取得相当大的经济效益。张翼接替唐廷枢职位之后，他虽然不懂近代企业的经营与管理，但开平煤矿的生产能力与规模仍在不断扩大，相继开辟了秦皇岛码头及其他相关的生产、运输设施，企业规模的扩大，带来的是资金上的巨大缺口，"彼时开平矿局资本不继，负债一百二十万两"[2]。所以，在德璀琳的撮合下，张翼也希望与墨林合作。

继秦皇岛建港向墨林借款20万英镑之后，墨林争取对开平煤矿投入更大的投资，即着手组建东方孚迪加公司，作为向开平煤矿投资的国际财团。同时，德璀琳向墨林提出要求，要他派一名矿务工程师到开平矿务局工作，名义上是张翼的技术顾问，实际上充当德璀琳与墨林的秘密代表。

1898年9月，正当清廷维新变法夭折之际，墨林派美国工程师胡佛来华，出任开平矿务局工程师一职，他到任后，立即对开平

1 熊性美、阎光华主编：《开平煤矿矿权史料》，第61页。
2 魏鸿文等编：《开滦煤矿之恨史》，上海市煤业同业公会1931年刊印，第8页。

矿务局的经营状况、资产负债等情况进行了非常详细的调查。经过调查，胡佛评估，拥有土地、矿山、铁路、运煤船、货栈和码头等资源和设施的开平矿务局资产总值已达百万英镑，这还不包括开平煤矿所蕴藏的丰富资源。胡佛在给德璀琳与墨林的秘密报告中说，"这项产业肯定值得投资一百万镑；这个企业决不是一项投机事业，而是一个会产生非常高的盈利的实业企业"[1]。

根据胡佛的调查报告，德璀琳与墨林更坚定了投资并控制开平矿务局的信心。1900年初，墨林带着东方辛迪加财团吞并开平煤矿的秘密使命再次来到中国，与德璀琳、胡佛等人打着中外合办开平煤矿的旗号，积极活动诱使张翼上钩。当然，张翼迫于资金的压力，也不得不与墨林合作。但从当时的情况看，不论开平矿务局使用多少外国资金，清廷所坚持的既定原则是不允许外国人在中国进行独立地管理与采购矿业。如果不发生后来的义和团运动导致开采停顿，矿井被淹，便不会发生后来矿权旁落的局面。

由于时机和清廷的政策所限，在义和团运动之前，德璀琳在与墨林的图谋中，还只是试图通过引进国际资本（主要是英国资本），来对抗俄国势力在中国北方扩张，他希望通过与英国人的合作，将开平煤矿置于英国的保护之下，进而也将开平煤矿的技术和行政管理大权尽归自己掌控。但是，八国联军入侵镇压义和团运动并占领了天津和唐山，使得德璀琳与墨林都不再满足于原来的想法。同时，张翼也很希望通过外国人来保护中国矿权，不致被列强侵吞。

1900年6月间，在天津的租界内不断有传言说，有中国人给清军和义和团送信，帮助义和团打杀外国侨民。当时张翼家里聚集着300多名中国人避难，此外他家里还养着许多鸽子，因而张翼被诬为养鸽子是方便给清军和义和团提供情报。很快，张翼便被英兵

1　熊性美、阎光华主编：《开平煤矿矿权史料》，第41页。

到开平的事情越办越糟糕，左右不了局势的他先是在上海躲了一阵子，躲是躲不过去的。万难之际，他想到曾在英国留过学的严复，严复了解英国的风土人情，也对英国的法律有较深的了解，但他进入开平矿务局后并未能挽回利权；而在德璀琳方面，他费尽心力帮助英国财团将开平煤矿攫取到手，根据胡佛的保证和副约，他本以为自己作为中国方面的"全权代表"从此可以掌控开平矿务局的管理大权，但是想不到的结果却使他被胡佛这个年纪轻轻的美国人给涮了。最后实际到手的只有五万英镑，除了还给开平旧股东的三十万英镑以外，新开平公司囊括了开平矿务局的所有股权。

更令德璀琳气难平的是，新开平公司的董事都为英国辛迪加财团的代表，他们不承认合约所规定的中国董事部，这等于德璀琳苦苦想得到的管理大权并没有捞到。当开平矿务局矿权旁落之事暴露于天下之时，德璀琳不得不与张翼、严复等人一起到英国打官司。

在历时四年的诉讼中，中国花费 400 万两白银，最终获得所谓的"胜诉"。官司虽然打赢了，但英国法院却宣称，"副约"因签署"移交合约"而签订，是"移交合约"的补充，不能视作独立执行的合同，故而不能判决强制执行。因此，这一官司"名为胜诉，实为败诉"。在诉讼过程中，开平矿务局为促使德璀琳帮助中国打官司，每月都给他几百两白银作为车马费。开平矿案的暴露，也意味着德璀琳的职业生涯走到尽头。海关总税务司赫德以德璀琳从开平矿务局秘密领取车马费为由，将他解雇。

德璀琳等人盗卖开平煤矿矿权的行径，是一起典型的官商勾结、以虚假入股形式盗卖国有控股企业，造成国家财产严重损失的恶性事件。但在列强环伺、瓜分、争夺中国利权的现实环境中，这并不是一个单一的个案。德璀琳的行为是强权掠夺中国利益的印证，开平矿权旁落事件也说明：无论何时，只有国家主权独立，才是维护国家和人民利益的根本保证。

4. 翁婿二人的"珠联璧合"

德璀琳试图控制开平煤矿，为自己谋取利益，因而出现了盗卖开平煤矿的恶劣行径。但这一事件并没有给德璀琳带来多少利益，反而使自己丢掉了津海关税务司的职务。之后，他很有些不光彩地在天津度过了自己的余生。1908 年，德璀琳将自己的四女儿嫁给主张同中国人"友好"的新任开平矿务有限公司总办——英国人纳森，总算又让开平的管理权落入自家人的手里，这对希望掌控开平矿务局管理权的德璀琳来说，多少是个慰籍。

让德璀琳有一些慰籍感的是，他这个在大清官场上摸爬滚打几十年的外国人，在任天津海关之时甚至开平事件而不得不退出官场舞台后，可以借助自己在官场上积累的人脉与资源为自己和儿女们谋取利益。德璀琳在任上甚至离职后屡屡为他的大女婿汉纳根捞取好处就是很好的例证，翁婿二人"珠联璧合"导演了一幕幕牟取利益的丑剧。

汉纳根自甲午海战中受伤后，因为伤势并不太严重，经过几个月的治疗、休养，很快痊愈。在天津养伤期间，他不停地思考自己的前途，也在思考着清军面对弹丸小国的日本，为什么会一败涂地。对于自己的前途，汉纳根仍把希望寄托在军旅生涯上，他很希望清廷组织一支真正意义上的新式军队，一改过去那种腐朽、被动挨打的局面。

在过去修筑炮台、训练军队的过程中，汉纳根有足够的机会接触清军的一些官员，作为清廷高层的洋员，他在工作中发现北洋海军高官带头腐败，将领之间一人腐败，则群起效尤，致使战斗力严重丧失。

汉纳根看到"军中任人唯亲，拉帮结派。北洋军官多为闽人，主要将领近二十人中除了丁汝昌和邓世昌之外，几乎全是福建人。

总兵刘步蟾任用乡人，看不起丁汝昌，还时常责备丁汝昌不能团结人……近五年来，总督大人都在致力于水师的操练，一开始只是为了巩固北方海防，后来则牵扯许多中国人很看重的枝节，随之而来产生的许多权利双收的职位甚至谁获得皇帝手谕，都会引发同僚的关注与嫉妒"。[1]

从朝廷到军队，派系林立，尔虞我诈，互相猜忌，对外国人的排斥更是变本加厉。朋党、乡谊，精心编织的关系网远重于建制上应有的团结，故而会出现甲午海战一败涂地的尴尬局面。

甲午之败，清廷痛定思痛，也想振作，但并未摆脱固有的朝权、朋党之争。1894 年底，汉纳根提出创练新军的建议，他说，甲午之败说明清军的战斗力"平内患则有余，御外侮则不足"，因为日本人早就知道旧式军队不足恃，故自明治维新开始整治军队编练新军，"通国之兵皆经精练，号令听于一人，器械皆用一律"[2]。中国经历了甲午之败，更应如此。

清廷接受汉纳根的建议，决定编练新军，任命汉纳根为新式陆军的总教习。接到任命，汉纳根既喜又忧，内心十分矛盾。他何尝不想大干一场，但他清楚，要创建一支装备先进、能适应近代战争的新式军队，会遇到各种困难和阻力。

当时，建立新军面临着三大问题：募兵方式、资金、外籍军官的指挥权，简言之则是权和钱的问题。再者，汉纳根建议的雇佣兵模式，这在一定程度上冲击到了旧式官僚的利益，因而，要创建新军可谓问题和矛盾多多。

汉纳根主张彻底改组清军的编制，全面采用德式装备和训练方法，由外国人指挥的新军。毫不讳言，他也明白，新式军队的创建于他个人而言也是一个难得的机遇，如果清廷同意从德国采购武器

1　刘晋秋、刘悦：《李鸿章的军事顾问：汉纳根传》，第 158 页。
2　中国史学会编：《中国近代史资料丛刊：中日战争》第三册，第 178 页。

弹药，他将可以从中得到一笔可观的收入。

汉纳根的建议遭到了清廷中大多数人的反对。后来，他意识到动作太大的话则欲速而不达，又采用折衷的办法建议将计划组建10万人的新军减少到3万人。这次建议后，清廷命他与胡燏棻组建一支"定武军"，但定武军组建后，很快被袁世凯接管，改称"新建陆军"。袁世凯是主张编练新军的重要人物，而此时，汉纳根却不满于清廷官员的权力倾轧而辞职回国，他也因此与改革派袁世凯擦肩而过，没能在中国近代军事史上发挥更大的作用。

甲午之败后，列强在中国掀起的瓜分狂潮却再次给了汉纳根觊觎利益的机会。先是1895年，德国向清廷提出要求在天津、汉口设立租借地，作为三国干涉还辽的回报。接着，德国又在1897年11月14日以"巨野教案"为借口出兵强占了胶州湾，并于次年3月胁迫清廷签订了《胶澳租借条约》。条约中规定，中国将胶州湾租与德国，租期99年；德国有权建造由胶州湾到济南的铁路，并享有铁路沿线30里以内的采矿权。

这些使汉纳根感到，在中国开展商业或实业将大有可为，德国人特有的精细使他开始了积极的准备工作。1898年4月，汉纳根参加了新成立的德中联合会。德中联合会的主要成员有国会议员、达官显贵以及资历雄厚的资本家、实业家等等。在他看来，将来投身中国商界，这些人将可能成为合作伙伴，有可能成为竞争对手，必须接近和了解他们。

德中联合会成立的目的是在中国获取煤矿或者其他矿藏的开采权，建立工业。汉纳根加入联合会，即开始了涉足中国实业的行动。他很了解中国的国情，知道人情世故很重要，他很想利用自己的老岳父德璀琳的关系。此时的德璀琳在清朝的影响力正如日中天。他在清朝官场上有很多朋友，于汉纳根来说这都是宝贵的无形资产。他知道，凭着岳父的地位很容易了解到清廷的重大项目的建设计划，近水楼台先得月，为汉纳根开点小灶也不在话下。

既然有可利用的条件，汉纳根在加入德中联合会不久就与德璀琳的一位亲戚保罗·鲍尔合作在中国组建了中德工业与煤矿公司，两人的合作也是基于实现最大化的家族利益。

1898年4月27日，汉纳根给保罗·鲍尔写信说，您现在受聘于德璀琳先生，为德中联合会的辛迪加效劳，您的薪酬为每月100两白银，由德璀琳先生支付；您目前担任德璀琳先生的私人助理并听从他的吩咐；您要在到达中国后给辛迪加（财团）写出每周报告，尽量与德璀琳先生联署；您受德璀琳的委托，登记所有辛迪加事务的所有通讯，并保存副本；您受德璀琳先生的委托负责中国辛迪加事务的账目，并将结算清单寄给我；为保密起见，您在公开场合以德璀琳私人助理的身份出现，特别是德璀琳先生提醒您的时候要格外注意。[1]

保罗·鲍尔接到汉纳根的信后，于5月初动身前往中国。次年，汉纳根又来到他梦想着实现"理想"的中国，这是他第三次来华。他来华后，先是凭着岳父的关系开了一个赌马场。赌马场就是通过赛马比赛来一赌输赢。德璀琳与汉纳根都有这种爱好，但这不过是业余的一种爱好罢了，汉纳根并没有把精力放在这个兴趣之上。

1902年，汉纳根成立了"大广公司"也称"汉纳根洋行"，他利用老岳父德璀琳的关系把目光瞄向天津的市政建设上来。天津自开埠后，世界各国各种风格的建筑如雨后春笋般地涌现，人口也快速增长，但是城市卫生状况与开埠的"文明地位"极不相称，诺大一座城市没有一座公共厕所，也没有一个完善的排水系统，污水横流，到处是又脏又臭的露天沟渠。改变这座城市的排污系统，德璀琳也有这种心愿。现在，自家女婿希望参与，当然是盈利的驱动，

---

1 刘晋秋、刘悦：《李鸿章的军事顾问：汉纳根传》，第169页。

德璀琳凭着自己的老面子找到了刚刚继任直隶总督的袁世凯，袁世凯正想在天津有一番作为，便同意汉纳根承接了天津地下排水系统工程。

承接天津地下排水系统工程后，汉纳根在施工中遇到了很多困难和麻烦。适应施工的大型机器的缺乏还不是主要的，而重要的问题和纠纷是在施工中要占用或经过的路段的民房、土地、墓地，与相关利益人所发生的争执。

汉纳根可能也不会明白，中国百姓受传统观念的影响，不仅视土地为生命，对于施工可能经过的房屋、坟地，认为是动了他们的风水，动了地气，如此一来很可能给个人和家庭带来厄运，因此很不能接受。汉纳根毕竟在中国生活已有二十多年，他也尊重中国的风土人情观念，施工之前都会向民众讲明利害。他以大广公司和天津地方政府的名义贴出告示，告知民众，排污工程对生活环境改善、预防疾病、保持健康，有着很大的重要性。汉纳根还向民众承诺，对施工中涉及所有有关事主都会按规定给予合理的补偿。经过积极的努力，终于使工程得以顺利实施。这一工程自完工后，一直延用到新中国成立才被改造。

德璀琳、汉纳根翁婿二人"珠联璧合"，还参与了天津海河工程与天津近代公路的建设，这些工程对天津近代化发展起到了有力的推动。

我们知道，德璀琳在天津海关税务司任上，曾经把手伸向开平矿务局，并发生了倒卖矿务局所有产业的罪恶行径，而汉纳根在承接天津排水工程之前，就把目光瞄向了中国的采矿业，他把目光瞄向直隶西部太行山东麓的井陉煤矿。当然，他投身这一行业，也是德璀琳的建议。

汉纳根决定投资采矿业，他对经营煤矿所具备的条件做了分析，总结了自己的几点优势：拥有资金实力，熟悉中国风土人情，有从国外采购挖掘及运输设备的便利条件。当然，他也对可能出现的风险和问题作了评估，知道煤矿采挖是一个高风险的行业，瓦斯爆炸、跑水、冒顶、塌方等任何事故的发生都可能使自己的投资一瞬间化为乌有。

汉纳根联想到多年前帮助中国修建炮台以及教习军队的经历，对如何规避风险以及处理事故有着深刻的认识。他清楚，要想成功经营煤矿业，科学管理是关键，德璀琳也把自己从开平矿务局了解到的管理经验告诉他，说煤矿管理百分之九十的风险都是可以规避和可预见的，至于事故的发生大都是不合理的违规操作，作为一个管理者必须亲临一线，熟悉每一道工序，了解每一个可能出现的问题，并有相应的保护措施。

听了德璀琳的建议，汉纳根决定大干一场，他利用德璀琳与自己在晚清官场积累的人脉关系，竟然顺利地拿到了投资井陉煤矿的合法手续。

井陉煤矿在历史上已有开采建矿的文字记载。唐朝开成年间，留学而来的日本和尚园仁在游历太行山山麓时留下"遍山皆有石炭，远运诸州，冬来取暖"的记载。到了宋朝明道元年又有"废真定府石炭务"，设立了管理煤炭的专门机构。到了明清，关于井陉煤矿开发的文字记载更是不胜枚举。从相关的文字记述来看，也说明井陉有着丰富的煤炭资源储量。虽然如此，但在近代以前，井陉煤田的开发都局限于传统的手工开采模式，风险大，又频发事故，产量也十分低下，"炭井入地二三十丈不等，掏取之辈每有水处淹死者，有土落压死者"。据统计，当时一个窑工在井下每班劳动几个小时，平均日产煤只有 250 斤左右。[1]

传统煤矿产能低、又频发事故的状况引起了中外有士人士的关

---

1 井陉矿务局志编审委员会编：《井陉矿务局志》，河北人民出版社1993年版，第54页。

注；再者甲午之后开办实业较之洋务运动更成为潮流，煤矿实业的发展引起了很多人的兴趣。

1898年初，井陉县文生张凤起租用横戏村马会廷土地18亩做矿区，准备开办煤矿，并获直隶总督王文韶的批准。煤矿开工后，因资金不足、工艺落后，仅仅营业了一年时间便不得不暂时停产。第二年，张凤起感到要煤矿提高产量，就必须扩大股本，改用机器生产。于是，他亲自到天津招股，筹集资金并设法购买机器。也就在此时，张凤起经李鸿章的介绍认识了汉纳根，张凤起想扩大资本、采用机器生产的想法与汉纳根试图进军采矿业的愿望不谋而合，二人很快便订立合办合同草约十二条，设立井陉县横戏村煤矿公司，由井陉县府、德国驻天津领事盖印转呈路矿总局审批。但在审批过程中，发生了义和团运动，在排外声浪中，井陉煤矿也暂时停办。

《辛丑条约》签订后，德国驻华公使来到由总理衙门转变而来的清廷外务部，要求批准中德合办井陉煤矿。因开平矿被倒卖，在官场上有惊无险的张翼因为捐钱重修颐和园，很得慈禧太后的欢心，在她回銮后，将其升任内阁学士兼矿务大臣。汉纳根开办井陉煤矿，早已向张翼通了关节，因而批示可以进行试办，试办期限十个月，查勘矿地十里之内是否有无可采之煤，绘图禀明再决定是否开办。

对汉纳根来说，得此指令，等于拿到了开矿的通行证，他一面派遣矿师勘矿绘图，一面购置机器，建造厂房，开挖矿井，又一面使试办期限尽量延长。1903年，汉纳根、张凤起才正式禀请矿务大臣张翼批准正式合办。张翼看了二人所呈递的合办合同与奏定章程，认为尚属相符，准予合办。当年7月，当张翼将汉纳根、张凤起所呈递的合同并图纸呈递给直隶总督袁世凯时，遭到了袁世凯的批驳。此时的袁世凯接任直隶总督兼北洋大臣已有两年多时间。他接任这一掌控外交交涉、通商、海防、电报、路矿、海关关税等重要职务之时，联想到德璀琳借合办之名，将开平煤矿盗卖的现实，很为列强掠夺中国丰富的矿产资源感到不满。

此时，开平煤矿虽经袁世凯努力抗争，委派张翼、德璀琳赴英诉讼，但仍然没能收回开平矿权。开平矿权的被外国窃取，是直隶乃至中国实业的一大损失。袁世凯感慨，"直隶各矿悉被倒卖，坐令利权旁落，臣忝任畿疆，何堪当此重咎"。[1] 尽然，中外合办矿务已是大势所趋，但在国家屡弱的情况下，外强侵占矿务也是再所难免，但如何尽可能地避免利权外溢，收回利权，袁世凯认为自己作为一方大员，当不能不尽力尽责。

袁世凯在收到张翼呈递的合办合同及相关文件后，认真审阅，他很快发现汉纳根与张凤起合办合同中的遗漏危害之处。他严厉斥责张翼纵容包庇，擅自允许中外开矿，要求将合同重新发回补充修订。

从袁世凯第一次批驳合办合同到 1905 年 6 月的两年间里，他连续五次批驳了张、汉二人呈请的办矿合同，坚持不予发放开矿执照。

袁世凯的五次批驳，处处抓住合同的关键要害，维护了中国的煤矿主权利益。在煤矿的开矿范围上，根据清廷的矿务章程规定，所开矿地不可超过 20 方里，而井陉煤矿图纸标注地段太过广大；在矿地的纳税方面，"开矿执照所领之矿地，在十方里以内，经缴照费银一百两，多一方里，加费十两，并向地方官呈缴第一年每亩之额租"。而该合办合同并没有载明缴纳钱粮地税的详细份额；在股权比例方面，根据矿章所定，中外合资开矿应由华商控股，洋商的股份不得超出华商，"具禀时应声明洋股实数若干，无得含混，并不准于搭洋股外另借洋款"。[2] 反观张、汉二人的合办合同，既

---

1 天津图书馆、天津社会科学院历史研究所编：《袁世凯奏议》，天津古籍出版社1987 年版，第 652 页。

2 "中央研究院"近代史研究所编：《矿务档（一般矿政、直隶）》，"中央研究院"近代史研究所 1960 年版，第 597 页。

有向德国借款，又有德国垫资，中国入股多少没有明确，这等于把矿地卖给了德国。据此袁世凯要求张、汉二人提供详细的资金来源、银行票据保单、购买机器厂房等详细凭单以账目罗列，不得蒙混过关。

面对袁世凯严厉的批驳，汉纳根试图通过外交途径向清廷施压，进而使袁世凯妥协，袁世凯顶住外交压力于1905年7月向张凤起、汉纳根发出最后一次批驳，直指合同要害。袁世凯说，查验张凤起与汉纳根合办合同所列资金账目，只是笼统的开列，并没有明确华款与洋款的具体数目"是前用之股本十万两，既难确切查验，其续添股本五万两，究为华款洋款，真伪亦难究诘"。[1]另外，对于矿地的边界，根据该县的复核，边界并没有明确的界定，一旦出现纠纷就很难核定。袁世凯并发出查禁令，他要求张翼和正定府不得在行任由该商在未取得正式执照之前违章擅自开采，并饬令查封了井陉煤矿，粉碎了张、汉二人借合伙开办煤矿之名实则倒卖国有矿产的企图。

井陉煤矿被袁世凯查封，使得合办合同的谈判陷入僵局。实际上，在袁世凯查办井陉煤矿的过程中，也在思考者如何收回矿权，由中国自办。他了解得知，井陉煤矿有着丰富的矿藏，且煤质很好，如果由政府大规模地开发的话，对于整个直隶乃至华北的用煤都将带来很大的帮助，也能帮助政府解决财政困难。但是，开采井陉煤矿如由中国自办，采用传统的土法效益低下，且可能带来很多风险，要想获得大的效益，只有采用先进的机器设备来开采和运输。但在中国经济困难、技术落后的条件下，只有利用外资，引进先进技术，采用中外合办的模式。要借款合办，还要尽力保护中国矿权，不使井陉像开平煤矿那样矿权旁落。

---

1 "中央研究院"近代史研究所编：《矿务档（一般矿政、直隶）》，第619—625页。

袁世凯几经斟酌，决定由官方主导，与外资合办井陉煤矿，他首先取消了张凤起的矿权，将井陉煤矿的矿权改为官方所有。然后，委派曾经留学美国，通晓外交事务的天津海关道梁敦彦和矿政调查局总矿师邝荣光作为直隶总督的全权代表，直接和汉纳根重新议定合办事宜。自 1905 年起，袁世凯与汉纳根正式商谈合办合同，反反复复两年之久，拟定草约合同十八条，初步确定了中德合办井陉煤矿的基本原则。因涉事极多，出现纠纷不能明确，具体细节尚待继续商谈。

1907 年，袁世凯调任外务部尚书，梁敦彦、邝荣光也随之调离。此时，汉纳根也积极活动。虽然他的老岳父因为开平煤矿被免去了天津海关税务司的职务，但汉纳根却凭着自己和老岳父多年经营下来的老关系，成功地把关系搞到慈禧太后那里。汉纳根到了北京，拜见了已如风中残烛的慈禧太后，说了他与中国合办煤矿所遇到的困难，慈禧对汉纳根早有了解，也知道他在甲午之战中的英勇事迹，对他就有几分赞赏，便面谕袁世凯对其开矿之事兴方便之门。

袁世凯得此旨意，便同新任直隶总督杨士骧在他们已经商谈合同十八条的基础上加快谈判步伐。1908 年 8 月，双方正式签订《直隶井陉矿务局与井陉矿务有限公司合办合同》十七条，由农工商部立案发给开矿的正式执照。

这份合同的签订，带有鲜明的时代特征，民办官保。合同的签订有官方、重要的是袁世凯所控制的北洋集团的背景，"煤矿要从营业额中抽百分之五，报效北洋"。也正是因为如此，井陉煤矿"在运费和杂税方面都享有很多特权"[1]，从而使井陉煤矿披上了一层保护伞，获利颇丰。在北洋集团和井陉煤矿的利益链条中，可以说北洋与汉纳根都是赢家。这也使汉纳根有信心为煤矿引进先进的机

---

1 刘晋秋、刘悦：《李鸿章的军事顾问：汉纳根传》，第 196 页。

械设备和管理制度，进一步的提高产煤量。

在井陉煤矿的管理中，汉纳根长期吃住在矿上，为的是使企业更好地运营和管理，提高运营和生产效率。对于煤矿的每一道工序每一个生产环节，汉纳根都做到谙熟于心。他在北戴河修建的别墅建成后，每逢盛夏，他的夫人和孩子们都要到别墅避暑，但是汉纳根却很少给自己放假。尽然井陉煤矿距离北戴河并不算太远，但他和夫人、孩子之间却常常只能通过书信传递亲情。

虽然有北洋背景，但汉纳根在利益面前，终改不了他贪婪的一面。为获取更大的利益，他启用袁世凯的把兄弟徐世昌之弟徐世纲为售煤处买办；利用自己与黎元洪的师生关系，让后来的北洋政府特准他在矿区修建轻便铁路方便煤炭向外运输；汉纳根还与懂业务、善经营的高星桥长期搭档，加上黎元洪的眷顾。汉纳根迅速跻身晚清民国富豪榜，他的仆从都称他为"韩大人"，每日里过着王侯一样的生活。

5. 蔚霞：一个充满争议的洋员

1872 年，作为晚清重要洋务成果的轮船招商局的创立，也有洋员活动的影子。从最初的开创到辛亥革命前夕，在轮船招商局工作的洋员先后达 200 人之多，他们与华员一起，开创了轮船招商局的第一次辉煌。

轮船招商局的创立是洋务派因应洋务运动的发展而设立的。1870 年，清廷令李鸿章接替曾国藩出任直隶总督，"掀开了自强运动历史新的一页。李鸿章调到如此接近北京的地方，事实上成为一名全国性的官员"[1]。

李鸿章成为直隶总督，列朝中封疆大吏之首，而且得到淮系旧

1　［美］刘广京、朱昌峻合编：《中国近代化的起始：李鸿章评传》，陈绛译，上海古籍出版社 1995 年版，第 13 页。

属的拥戴和支持，使其在晚清政坛上成为炙手可热的人物。李鸿章
虽然一跃成为清廷大佬，大权在握，但在洋务运动刚刚起步的时代，
他仍面临着许多问题。

当时洋务派虽然已经兴办了安庆军械所、上海洋枪局、苏州洋
炮局、江南制造局、金陵制造局、福州船政局等军工企业，但这些
企业都是官方所办，耗资很大，且没有考虑到运营成本，以致财政
上捉襟见肘的清廷无力支撑。李鸿章上任后，他面临的问题是必须
为这些企业寻找资本，为军工企业寻找一条出路。他考虑到了兴办
民用企业，"以民养军"，来改变尴尬的局面；再者，经历了第二
次鸦片战争的大清虽然在国际环境上处于一个相对和平的时期，但
列强环伺，外国资本和势力不断向中国渗透。虽然对外贸易的不断
增长也刺激了轮船航运业的发展，但外商却不断在华设立轮船公司。
从 1859 年到 1872 年，外商先后在华创办了琼记、旗昌等九家轮船
公司，投资总额达 523 万两，不仅吸附了大量华商资本，而且对中
国旧式船运业造成了极大的冲击。在外资的不断渗透面前，是停滞
不前还是迎难而上，李鸿章和中国航业界也作出深深地思考。此外，
外国轮船的不断在中国江海水域游弋，对中国沙船漕运业也是严重
挑战。[1]

严峻的局势面前，认识到西方国家"船坚炮利"背后拥有雄厚
"财富"基础的洋务派发展民用工业，借以推动洋务的发展，李鸿
章提出了"轮船招商"的发展之路。

事实上，李鸿章提出这一发展之路，是因应保守派对洋务事业
的攻讦而做出的。1872 年 1 月 23 日，保守派官僚、内阁学士宋晋
上奏清廷，要求停止造船。他说，现在国家财政困难，但福州船政
局连年造船，已耗费四五百万两，实在是"糜费太重"。在财政如

1　张后铨：《招商局近代人物传》，社会科学文献出版社 2015 年版，第 4 页。

此艰难之时，却"殚竭脂膏以争此未必果胜之事，殊为无益"。建议朝廷下旨将福州船政局和上海制造局"暂行停止"。

宋晋的建议一旦被朝廷批准，则关系到洋务事业的大局，李鸿章又与船政大臣沈葆桢是好友，对宋晋的攻击岂能坐视？曾国藩、李鸿章、沈葆桢、左宗棠纷纷上奏反驳宋晋的"裁撤"论。

最早反驳宋晋的是曾国藩，他也可以说是最早提出"轮船招商"的倡议者，但是他在2月间提出，闽厂除继续制造兵轮外，还可制造四五艘商船，"平时则租与商人装货"，并可配运漕粮。这可视为曾国藩轮船招商的雏形。但是，他提出这个建议仅仅一个月后就病故了。曾国藩死后，李鸿章作为曾的门生，继续提出"轮船招商"的建议。左宗棠、沈葆桢也向朝廷提出建议。

5月间，左宗棠、沈葆桢先后上奏表示反对停止造船。6月20日，李鸿章上《筹议制造轮船未可裁撤折》。在奏折中，他先是纵论当时的形势，"合地球东西南朔九万里之遥，胥聚于中国，此三千余年一大变局也"。李鸿章通过中外力量的悬殊对比，向朝廷表明，自强之道在于学习西方的先进技术，要改变朝中一些人安于现状、忘记国耻的麻木心态，重要的在于学习西方的经验，况且西方的坚船利炮确有可以借鉴之处："若我果深通其法，愈学愈精，愈推愈广，安见百数十年后不能攘夷而自立耶？"李鸿章还以日本明治维新为例，说明日本学习西方，才有了近年来的逐渐崛起，直逼中国。他进而指出，朝中的一些士大夫沉湎于章句之学而无视世界格局的变化，忘记了鸦片战争给中国带来的创伤和巨痛，这样下去将"何以创巨而痛深，后千百年之何以安内而制外？此停止轮船之议所由起也。"李鸿章认为御史宋晋所提出的"裁撤论"，实属误国误民之举，这关系到国家的生死存亡："国家诸费皆可省，惟养兵设防、练习枪炮、制造兵轮之费尤不可省。求省费则必摒除一切，国无与立，终不得强矣。"[1]

李鸿章在《筹议制造轮船未可裁撤折》中，指出创办民用轮船公司是"求富"为国家增加财源的重要办法，但也认识到各口岸的轮船生意都被外商抢占，大清要想设立此类实业，外商必然会加紧对中国口岸轮运业的掠夺，所以"华商自立公司，自建行栈，自筹保险"肯定会存在困难，但"天下大事，枢机莫不在于人。此事若要办成，自需有体恤商人，熟悉商情，且公廉明干，并为众商所深信之人"来担当重任。

基于这样的设想，12 月 23 日，李鸿章上《试办招商轮船折》，指出自己在当年夏天验收海运的机会，令浙局总办海运委员朱其昂等人拟定轮船招商章程，准备轮船招商。

为什么会选中朱其昂呢？作为江苏宝山人的朱其昂，是以沙船为其世业的上海富商，在当时的航运界颇有声望。经过盛宣怀的推荐，二人得以认识。朱其昂在担任海运委员时尽心尽力，遇到沙船商有矛盾纠纷时，总是"经常费尽心机解决这些难题，并提出建议，发出指示，因而赢得了船主及力夫的称赞，从而是一位难得的官员"。经由盛宣怀的推荐，李鸿章也感到，南洋无熟悉情形、肯担当大事的商人，"筑室道谋，顾虑必多"，只能由上海商人领办。

朱其昂得到李鸿章的指令后，与人反复磋商，终于拟定《轮船招商节略并各项条规》（即招商局章程）二十条，明确规定，轮船招商局在招商过程中，要杜绝洋人借名入股，也不准将股份转让给洋人，以保证企业的民族性。但招商局可通融雇用洋人，在轮船进出口时，由洋人引水员"帮同驾驶，以免搁浅"。[2]章程的拟定，和漕粮海运直接相关。轮船承运漕粮均按照江浙沙宁船章程办理，在纳税方面享受外国轮船同等的待遇。轮船运米到津后，先行上栈，

---

1 吴汝纶编：《李文忠公全书·奏稿》卷十九，第 46 页。
2 倪玉平：《招商局与清代漕粮海运关系新说》，《史学月刊》2008 年第 5 期。

在天津紫竹林一带修造栈房，费用先向江浙海运总局借支，于水脚项下陆续扣还。[1] 这个章程，总理衙门表示支持。12 月 26 日，清廷批准了李鸿章的奏议，这标志着中国第一家轮运企业的正式开办，被命名为"轮船招商局"。

轮船招商局的开办与运营，在人才缺乏的时代，无一例外地要利用外国的技术人才。作为英籍洋员的蔚霞就是这样走进中国的，他出生于 1846 年，1876 年受聘入局，成为在轮船招商局工作年限最长的洋员。

蔚霞进入轮船招商局后，先是担任大铁（轮机长），1885 年暂补总船长之职，1887 年任大车兼署总船长，同年正式升任总船长一职，一直到 1910 年底辞职回国。蔚霞担任总船长期间，权力很大，招商局的船务，各船船长的任命、奖惩都有其决定。他辞职离开轮船招商局之时，盛宣怀称赞他为招商局贡献良多，建议清廷授予蔚霞"宝星"。邮传部也认为，蔚霞"在局办公三十五年，竭尽忠诚，著有成绩……任事最久，出力最多，不无微劳"。[2] 因此，清廷于 1911 年 4 月 24 日授予他三等宝星。在他离开之时，轮船招商局还特别置办礼物相送，以示对蔚霞在局工作多年的感谢。

蔚霞离开中国回到英国后，在一僻静清幽的乡野买了一块地，建造了自己的居所，他虽然离开了中国，仍然不忘在招商局的岁月，他为此特意给盛宣怀写信以表达怀念之情，"蒙为请得高贵宝星，感恩无既。仆极不能忘情于贵国及贵国之招商局。回忆仆在局效力之初，仅以小小结构，继而日益昌盛，遂成今日规模，仆躬与其事，荣幸何如"。[3]

作为洋员的蔚霞对中国的怀念，应该说，招商局对他的礼遇、

1　"中央研究院"近代史研究所编：《海防档·购买船炮》第三册，第 911—915 页。
2　张后铨：《招商局近代人物传》，第 257 页。
3　汪熙、陈绛编：《盛宣怀档案资料选辑之八：轮船招商局》，上海人民出版社 2002 年版，第 1030 页。

重用有很大关系，特别是作为督办的盛宣怀始终对他予以信任。蔚霞被委任为总船长一职后，招商局各船长的调配、新船的购买、旧船的修理、海事的处理等等，都纳入其权限范围之内。盛宣怀对他信任的，重要原因是他对技术、业务较为熟悉。1887 年，盛宣怀在一次招商局会议上说，"蔚霞于修船事尚熟悉，可与约明，以后凡遇局船有须更动、大修事件，请其会议考究修法，以期集思广益；如所议修法实属有益，每次可酌量其裨益之大小，定酬劳之多寡"。[1]这等于为蔚霞在招商局的权利、待遇定了个调子，此后招商局便根据盛宣怀的提议行事。

蔚霞在管理招商局各船的日常事务的同时，还参与了一些重大海事的处理。1887 年 7 月 20 日，"保大"号轮船在山东荣成海域搁礁，当时海上的雾气很重，"保大"号不能辨别方向，故而搁浅在了成山头的一片礁石上。这块礁石"紧靠成山头灯塔之北"。附近海域地理形势复杂，礁多，暗流，浓雾，常常是行船不敢轻易经此而过。当地有民谣说："成山头，成山头，十个船工九个愁。"

"保大"号是轮船招商局的轮船，建造于 1875 年，第二年下水轮运。建造这艘轮船花费约 14 万两白银，因为其"舱阔船坚，利于行走"，所以一直在上海、烟台、天津之间承担着运输的重任。1885 年中法战争后，大清整顿海军，醇亲王奕譞、北洋大臣李鸿章检阅海军，曾经调用此船承载陪同的检阅官员（当时奕譞、李鸿章乘坐"海晏"号轮船）），检阅后，李鸿章曾对此船船长及船员给予奖励。

要说荣成成头山海域，"保大"号经常经此路过。船长毕德生也自信很有行驶经验。7 月 19 日早 8 点，"保大"号从上海出发，向烟台方向行驶。事发之前，船长毕德生根据罗盘推断，船舶已过

---

1 汪熙、陈绛编：《盛宣怀档案资料选辑之八：轮船招商局》，第 249 页。

成山头，虽然当时已是晚上，但他观测天气，当时星月明亮，他认为可以平安通过，故而回舱就寝。20日凌晨2点，值班大副唤醒毕德生说，海上"遇有霞雾"。但是，毕德生出舱察看时，雾气却已经散去，毕德生复又回舱休息。也仅过了一个时辰，夜雾又浓重起来，雾气笼罩了整个海面，"忽闻篷面声响，虽未有人叫唤，即速走出看视，见船已在石排上。"当时的值班大副说："在大雾里贴近成山头行驶，伊及打望者一旦见石，虽即转舵左向西北以避，已无及矣。失事时，船每点钟行十英里，上石之后遂不动矣。"

事故发生后，"保大"号一边开展自救，一边设法通知地方。李鸿章和轮船招商局得知消息后，立即派蔚霞于7月27日带领潜水员、帮工等等，乘"拱北"号轮船抵达烟台，又于28日抵达成山，即展开援救工作。"蔚霞即刻率同木匠、铁匠及铁柜小工、游水人等上船，取出铜钱、洋药，做至晚上才止。保大上洋人水手及物件等均过至拱北轮船"。[1]到7月30日，海面上起了大风，援救工作不得不停止。除此之外，1893年7月，蔚霞还参与了搁浅轮船"海昌"号的善后工作。

轮船招商局赋予蔚霞行政管理之权，他多次对船员的渎职行为进行处罚。1888年8月，"普济"号轮船主法利从烟台驶往上海途中，喝得酩酊大醉，根据轮船招商局的管理章程，此等严重过错是会被招商局解聘辞退的，蔚霞在处理此事时，综合考虑到法利的表现，与总办马建忠商议决定对法利做出降职留任处理。另外，在"拱北"号援救"保大"号轮船后，因该船船长没有详细向上级汇报，蔚霞即给予该船主四个月降半薪的处罚。可见，蔚霞对洋船长的处罚是很严厉的。

蔚霞在轮船招商局对船只的修理维护，很能为招商局着想。有一年，"芜湖"趸船船主对蔚霞说，要申请将该船驶往船坞修理，蔚霞检验该船后答复说，小毛病毋庸进入船坞修理，就近修理即可，这就为招商局节省了一笔修船费用。

蔚霞在轮船招商局也能让那些学有所长的职员发挥自己的作用。1890年3月，当马建忠听信"新裕"号船长的话，准备将有能力、工作又积极的洋员克兰木斯革职解聘时，蔚霞即面见马建忠，劝说不要解聘此人。克兰木斯在招商局多年，办事能力很强，熟悉各项业务，如果将克兰木斯革职只能使"新裕"号船长高兴，但却使此船的管理更加混乱。在蔚霞的建议下，招商局保住了一个富有经验的有用之才。蔚霞在招商局工作，还有协助海关和招商局检查各轮船是否走私军火的责任。对此，盛宣怀也对蔚霞的"严密查察"大为赞赏。

在1894年和1900年招商局两次换旗中，蔚霞都出力甚多。1894年换旗时，"由蔚霞名下具领轮船四五艘，出名保护，往来行驶，悉获安全。事后论思，于局事实有功绩可记。其时该总船主亲赴天津帮同料理，调派轮船，运输大宗军械，前往韩境，接济前敌华兵，几于躬预行间，为我国家效用"[1]。

蔚霞在局35年，虽然深得盛宣怀的信任和赞誉，但作为招商局帮办的郑观应却对其有着不同的评价。郑观应同当时的大多数知识分子一样，对外国在华人员抱持着警惕和戒备心理。

郑观应评价蔚霞时说，此人并非驾驶出身，对轮船驾驶是个门外汉，也不熟悉下属各船主的技艺特长，让他当总船长，不但船主不服气，就连各国也耻笑中国聘人不当。郑观应还认为蔚霞在担任总船长期间存在营私舞弊的嫌疑，他与身为总管车的英国人吉列文是姻亲关系，因此蔚霞常常袒护吉列文的违法行为，二人狼狈为奸。

---

1 张后铨：《招商局近代人物传》，第259页。

蔚霞回英国休假之时，"其事有应交副总船主鼐德所管者，蔚霞亦交吉列文管理，盖恐外人知其内事私弊也"。[1]

郑观应虽然认为蔚霞存在营私舞弊的嫌疑，但官微言轻，盛宣怀并不把他的话放在心上，他也只能是无可奈何。郑观应不但怀疑蔚霞徇私舞弊，还认为其财产来路不明，总船主月薪七百余两之多，乃本局享有高薪之人，但"招商局在外国所造之船和在沪所修之船并水脚回头，一切九五折皆不归局，故总船主虽富有数十万，尚为洋商看轻，想亦因其不正欤？"[2]

郑观应认为蔚霞利用职权在招商局营私舞弊，因此他也对蔚霞极不信任。1894年4月，龚照瑗被任命为驻英法意比四国公使，前往英国赴任。当时，轮船招商局正准备从英国订购轮船，当郑观应将定造新船资料交给龚照瑗的时候，他说船系蔚霞联系英国公司订购，请龚公使在验收时一定要亲往查看，这样做是可以和厂家直接联系，船价自然较蔚霞经手要便宜许多。

为引起盛宣怀的注意，郑观应还在1894年7月提交了一个报告，说根据他的调查了解，所订购船只当时的公平标价是3.1万英镑，这个价格已经不菲，而蔚霞提供的报价却要每艘高出近万英镑。蔚霞此举实乃维护其兄的利益罢了。因为他的兄长就在这家船厂工作，凡是订购船只和配件，大多都是蔚霞委托其兄代办。郑观应在给盛宣怀的报告中还说，蔚霞与其兄暗中合作，竟以招商局的名义越权行事，之前，"托蔚霞查问太古所装西江船长扩快慢，吃水深浅如何"，可是，蔚霞不与招商局商量，也不问太古的船样及价格，却独自绘出图样，也不问价格，却以轮船招商局的名义，让其兄代为订造。

郑观应不但不信任蔚霞，而且还对他很有些不屑。认为，"蔚

1　夏东元编：《郑观应集》下册，第 860—862 页。
2　汪熙、陈绛编：《盛宣怀档案资料选辑之八：轮船招商局》，第 489 页。

霞非驾驶出身，不能上堂理论，亦一憾事也"。[1] 最让郑观应感到不满的是，蔚霞自正式担任总船长后，很有些大清官员的作派，很多事情上都任人唯亲，打造自己的家天下，他使用洋员和华员，不管能力高低，只看听不听话。

在郑观应的印象中，"拱北"号轮船主、瑞典人皮里山大是一个行事稳妥的洋员，但是他因1892年曾经向盛宣怀汇报蔚霞虚报订购船只价格，引起蔚霞的忌恨与不满，因而找了个理由将皮里山大辞退。据此，郑观应认为，蔚霞所提拔和重用的船主，往往不重视他是否是个人才，"而先视其人之能受其钤制与否"。[2]

蔚霞在华拿的是高薪，但是，郑观应认为高薪换来的安逸却使蔚霞丧失了对工作的敬业负责态度。"闻蔚霞富将百万，近年办事更不认真，去年所修之船，应三个礼拜方可完工，今只两个礼拜苟且了事"。更让郑观应不能容忍的是，他认为蔚霞视招商局的财产如儿戏，他说，蔚霞为发泄个人不满情绪，竟然雇请匠人凿破"新丰"号轮船上的锅炉。董事们虽屡次要求将其辞退，董事会还专门开会讨论此事，指责蔚霞心怀叵测，居心险恶，建议"应即将该船主遣撤，以示惩儆"。但轮船招商局迟迟没有作出回应。[3]

既然蔚霞在郑观应的眼里如此的不堪，那么从招商局督办一路升到邮传部大臣的盛宣怀为什么一直没有对蔚霞做出惩戒，而却对其大加赞誉呢？有一个问题不能不让人讶异：轮船招商局作为官督商办企业，因为有政府撑腰，督办的用人、理财之权把清末衙门里的贪赃枉法、贿赂公行的腐朽行为也带进了近代化特性的资本主义企业。营私舞弊首先在大清官员中成了风气，在当时的官督商办企业中，很多都与盛宣怀有着一定的姻亲或者朋友关系。

1　夏东元编：《郑观应集》下册，第827页。
2　汪熙、陈绛编：《盛宣怀档案资料选辑之八：轮船招商局》，第508—511页。
3　张后铨：《招商局近代人物传》，第262页。

在当时的中国电报局中，各地分支机构负责人竟然是盛宣怀的叔父、堂弟、堂侄、姻亲、外甥、女婿等人来担任。盛庚（盛宣怀叔父）长期主管宁波的轮、电两局；无锡电报局的主管人盛宇怀（盛宣怀堂兄）临死时要求由他的儿子盛棣颐继任；盛宣怀的父亲盛康说："棣颐年甫十七，可暂委殿颐代管并携同棣颐在锡学习。"如此的家天下，恐怕只有晚清官场上才有的奇谈。在轮船招商局，广州分局长期为唐廷枢的兄弟所把持，汉口分局控制在盛宣怀的姻亲施紫卿手里，天津分局则控制在李鸿章的故旧麦佐之手里，由他们"兄授其弟，父传其子，恬不以为怪"。[1]如此局面，难怪郑观应会痛心疾首地说，"招商局腐败极矣，弊端极多，买煤有弊；买船有弊；揽载水脚，短报有弊；轮船栈房，出入客货有弊；用物有弊；修码头，不开标有弊；分局上下浮开有弊；种种弊端不胜枚举！"[2]大清官员如此，又怎么会关心一个洋员利用手中的权力来一徇私利呢？

---

1 李孤帆：《招商局三大案》，现代书局 1933 年版，第 52、136 页。
2 汪熙：《论晚清的官督商办》，《历史学》1979 年第 1 期，第 102—105 页。

第七章

骚动的"西风"

1. 传播西学的金楷理

晚清洋员在推动中国军事、近代科学技术、实业等领域向前迈进的同时，也推动了西学的东渐。晚清中国，清廷的一些有识之士目睹了中国几次被动挨打的现实，一反传统虚骄的心理，提出了"师夷长技以制夷"的主张。

在大清的许多官员看来，"师夷"就是为了"制夷"，要"制夷"又不得不"师夷"。在这种矛盾的心态中，中国开始了向西方学习的艰难历程。向西方学习，师法西方，并不意味着所有的中国人都认识到了自己的落伍。在大多数中国人的观念里，古代中国辉煌的文明成就，"天朝上国"令"四夷"臣服的帝国威望，根深蒂固的优越感并没有因为洋枪洋炮的打击而丧失。人们一时还难以从尊己卑人的自大心理中摆脱出来。

优越感的惯性使大多数人仍然沉浸在天朝的虚妄之中。就连李鸿章这样的洋务大佬也说，"中国文武制度，事事远出西人之上，独火器万不能及"。对西方情况比较了解的郑观应也说，西方"礼乐教化，远逊中华"。被容闳称为"清代第一流人物"的曾国藩则说，"外国之所长，度不过技巧制造、船坚炮利而已。以夷狄之不知礼义，安有政治之足言？即有政治，亦不过犯上作乱、逐君弑君、蔑纲常、逆伦理而已，又安足法"[1]。

面对盛行的虚骄之气，带有"文化侵略"印记的西学，以传教士、西方外交官、洋员等为代表的群体，他们在中国，或以传教或以开启民智或文化扩张的种种目的，拉开了西学东渐的大幕。

西学东渐，晚清洋员在其中发挥了重要的作用，金楷理、赫德、李提摩太、傅兰雅、林乐知、丁韪良等等都是值得提及的人物。就拿美籍洋员金楷理来说，他最初只是以传教的身份来到中国的，却鬼使神差的进入大清官场，成为向中国传播西学的一位智者。

金楷理1839年1月出生于德国萨克森州一个小镇，年轻时随家人移居美国，后考入美国罗切斯特大学，这是美国浸礼会资助的一所大学。他大学毕业后，应召于1866年来华，开始传教工作。但是金楷理来到中国后传教工作开展得很不顺利，因为当时江南百姓时有排斥洋教事件的发生。

1867年，金楷理所在的布道站被宁波百姓拆除，正当他为自己的前途担忧之际，却得到了江南制造局的邀请。鉴于他中西贯通的语言能力，他被聘为江南制造局的教习之职，即后来的广方言馆。并参与译书馆的译书工作。此间，他译书23种。1875年，金楷理又调离江南制造局到福州船政局再任教习，并被清廷授予四品官衔。

金楷理到江南制造局任教习之时，制造局翻译馆正在筹建，当

1　刘福祥：《智者的迷惘》，吉林文史出版社1990年版，第9页。

然，这也是适应洋务发展的需要。主导成立江南制造局的曾国藩等洋务大僚明白，推行洋务运动，要实现富国强兵的目的，重要的是学习西方先进的科学技术。作为洋务运动的开创人物，奕䜣在创办同文馆时说，"思洋人制造机器、火器等件，以及行船、行军，无一不自天文、算学中来，现在上海、浙江等处，讲求轮船各项，若不从根本上用着实功夫，即学皮毛，仍无裨于实用"。[1]

洋务派既然认识到了学习西方科学技术的重要性，认识到了学一些皮毛，无补于实用，除开办同文馆外，翻译西书也成为重中之重。当时，曾国藩主导的江南制造局、李鸿章创办的枪炮厂等相继成立，如何培养掌握近代科技的人才，更迫切的成为现实问题，江南制造局在聘请洋教习帮助培养人才外，设立翻译馆介绍西方的先进科学技术也在酝酿之中。

1867年，曾国藩会同李鸿章将江南制造局由虹口迁至高昌庙，扩大了投资，完善了建制，成为当时中国最大的军工企业。企业的发展比以往更需要人才和技术，跟随曾国藩多年的徐寿、华蘅芳向曾国藩建议，在江南制造局设立翻译馆。同为江苏无锡人的徐寿与华蘅芳在曾国藩安庆设局时，就参与其事，他们通晓西学，成为曾国藩得心应手的人物，也开始着手翻译了一些近代西方的科学著作。此后，江南制造局发展壮大，徐寿便提出，"将西国要书译出，不独自增识见，并可刊印传播，以便国人尽知，必于国家大有裨益。"[2]

徐寿的建议，曾国藩大为赞同，立即通过各种渠道聘请了当时在华的傅兰雅、伟烈亚力、金楷理、林乐知等外国传教士与学者帮助筹建翻译馆，与中国学者徐寿、华蘅芳等人一起翻译西书。

1868年6月，江南制造局翻译馆正式成立。中国学者徐寿、

1　朱有瓛主编：《中国近代学制史料》第一辑上册，第13页。
2　傅兰雅：《江南制造局翻译西书事略》，见张静庐辑注：《中国近代出版史料初编》，群联出版社1953年版，第12页。

华蘅芳、徐建寅等与英国人傅兰雅，美国人金楷理、林乐知，日本人藤田丰人先后到馆任职。徐寿担任化学、汽机方面的翻译，华蘅芳担任算学、地质方面的翻译，而外国学者主要是以口译的形式。据熊月之统计，江南制造局翻译馆的译员，可考的共有59人，其中外国学者9人，中国学者50人。翻译馆"自开办以来，其所罗致之人才，充各科之主任者，颇极一时之选，而要皆为邃于汉学之西方学者"。[1]

金楷理在江南制造局的教学与译书工作都尽心尽力，由于他出色的表现以及他为中国翻译大量西方的自然科学、军事、船政等方面的书籍，江南制造局又推荐他参与外交工作。

1879年，徐寿的二儿子徐建寅以驻德使馆二等参赞的身份被派往欧洲进行考察。在江南制造局的工作中，无论是徐寿还是徐建寅都对金楷理多有了解。便奏请清廷让金楷理以顾问身份一同前往。赴欧期间，金楷理经常陪同徐建寅参观工厂，为购买机器提供帮助外，还承担起联络德国外交部和报馆工作。虽然这些应该属于翻译馆的本务，但金楷理尤其感兴趣的还是到各国考察兵船。因为在江南制造局译书期间，他翻译最多的是军事方面的著作，对这方面的知识也最为丰富。他经常将参考资料译成中文，其中主要有各国战舰的资料，在驻德使馆参赞刘孚翊的协助下完成译稿，后来提供给许景澄正式出版。

自跟随徐建寅赴欧后，金楷理一直在欧洲诸国的中国使馆工作，直到1903年退休。退休后，金楷理又曾在中国驻意大利使馆工作了一段时期，充当中国公使顾问，他把自己毕生的精力都贡献给了中国。在传播西方近代科学知识方面，他最大的贡献就是译书。

金楷理译书，在江南制造局时期为最。所译之书有军事科学、

1 李喜所主编、张静等著：《五千年中外文化交流史》第三卷，世界知识出版社2002年版，第163页。

船政、自然科学、社会科学四类。我们知道，洋务派设立江南制造局的主要目的是以西法达到军事自强的目的。因此，他翻译的书多以军事为主，也很受欢迎。金楷理翻译的这方面书籍，在江南制造局发售书中发行量位居前茅。他翻译的军事著作主要有《兵船炮法》《克虏伯炮说》《克虏伯炮准心法》《克虏伯炮饼药法》《克虏伯炮弹造法》《攻守炮法》《营垒图说》《行军指要》等。《兵船炮法》于 1876 年出版，共 16 卷。有 180 幅插图，为教科书体例。卷一详细论述枪炮起源，水战用炮、造炮的物料与模壳、造炮的鼓铸工程、车钻工程，如何考察、试验新炮，炮退（炮向前、炮身向后）之故、炮环之由、炮件之制、炮体之式、模铸炮管、抽加炮耳等内容。讲述了作战时炮该如何收藏，如果炮被敌人占有，该如何废弃；卷二论述炮架的作用、质料、形势、利病、炮口的昂俯、位置高低、火药的缘起，制造、查收火药的各种试验方法，怎样收藏火药等内容；卷三主要讲述炮弹造法，查验实弹、炸弹的方法、炮弹的种类、形式、透力，由陆营到炮船的火箭的造法、作用及旋风火箭、药引的种类等内容；卷四论述炮弹下坠速度、抛物线原理、炮弹击于水面相激跃起击中敌船等内容；卷五介绍来复枪缘起、来复线式、弹式、来复弹的速度，并指出弹有偏差；卷六论述两弹如何同时发击透铁甲、测算敌船距炮远近、用炮要法、水战要旨、各炮怎样同击一处、炮弹透力、炮船与敌船作战时该如何行驶等内容。[1]

至于《行海要术》《御风要术》与《海道图说》等，则属于船政类译书。《行海要术》有四卷，书中详细记述了纪行法，即轮船在海上航行如何既不绕远，又规避危险；同时对海洋经纬度的测量，行海时如何考定时刻，遇到各种恒风、飓风时该如何行驶等等。正如书中所言，"凡行海者，欲令所行之路既不迁远，又免危险，则

---

1 刘新慧、王亚华：《金楷理与西学传播》，《泉州师专学报》1997 年第 3 期

须深明行海之理。凡船近海岸，又值大风阴晦，则探水之法尤宜慎重，须将风帆少减，令船缓行，以便频频探测"；"测量者借天空各曜，以定地球各处之经纬也"。[1]

金楷理翻译的《御风要术》则系统介绍了南北两半球及世界各大海洋的飓风发生情况，以及如何规避。

《海道图说》共十五卷，该书用地图加文字说明的方式记述了行船时可能遇见的各种地理形势和行船方法。该书后来成为大清海军的行海指南。

在自然科学方面，金楷理翻译的《光学》《测候丛谈》《绘地法原》等都是影响深远的书。《光学》一书分上下两卷，系金楷理与赵元益合译，全书共 507 节。上卷为几何、光学，下卷为波动光学。上卷包括 22 章，系统介绍了光的直线传播原理、小孔成像、影、照度、光速、光行差、光的反射和凹凸各种镜面成像、眼睛和视觉的光学原理。下卷包括 34 章，内容包括光的本质、牛顿的光之微粒说、光的波动性、透光三棱体、光的色散、光与色、光谱及其应用、光的衍射、干涉、偏振。《光学》下卷附录为"视学诸器图说"，共 8 章。该书所用光学术语有许多已为现代译法所直接接受，如光学、光线、显微镜、发光体等。而绝大部分光学术语也为现代译法提供了良好的参照系，如透光质——透明介质、阻光质——不透明介质等等不胜枚举。《光学》是 19 世纪西方近代光学在中国传播的主要代表作，并首次将衍射、干涉和偏振现象产生的原理及应用等波动光学的知识传入中国，在中国近代物理学史上具有重要意义。[2]

《测候丛谈》则是一部介绍西方气象学的译著，由金楷理口译，华蘅芳笔述。全书共四卷，第一卷，日光为热之源；第二卷，论风；

1 《行海要术》第一册，江南制造局印本。
2 李伟：《中国近代翻译史》，齐鲁书社 2005 年版，第 107 页。

第三卷，论推算天气中的各事之变数；第四卷，论空气含水之量。该书既介绍了气象理论知识，有系统介绍了气象测量方法、实验仪器、欧洲气象学家以及物理学家在气象学方面的发现和实验成果，还以插图的方式解释了气象现象。

在社会科学方面，金楷理主持编译了《西国近事汇编》一刊。这是一份连续出版的国际性、综合性、新闻性期刊，主要内容是根据英国《泰晤士报》所刊登的西国大事而编译成刊。

《西国近事汇编》于1873年创办，1900年1月21日停刊。该刊传播的内容涵盖西洋各国，囊括百科，可谓了解西洋各国的即时性"百科全书"，是同治光绪年间中国知识分子、开明人士了解世界大事的主要刊物，是孕育改良思想的重要素材。维新派康有为、梁启超将此视为改良中国的必读之物。康有为回忆自己在1879年（即22岁）时，"既而得《西国近事汇编》、李圭《环游地球新录》及西书数种览之，薄游香港，览西人宫室之瑰丽，道路之整洁，巡捕之严密，乃始知西人治国有法度，不得以古旧之夷狄视之。……渐收西学之书，为讲西学之基矣。"梁启超推荐这本书说："欲知近今各国情状，则制造局新译《西国近事汇编》最可读，为其翻译西报事实颇多也。"[1]

需要指出的是，金楷理主编的《西国近事汇编》也是最早将马克思、社会主义思想传入中国的刊物。法国巴黎公社失败后，马克思主义传播迅速扩大，为无产阶级政党在一些国家的建立奠定了基础。德国社会民主党的成立，成为第一个马克思主义政党。《西国近事汇编》报道了这一大事件。

1878年5月9日，《西国近事汇编》报道了德国社会民主党首领在美被捕的情况，"美国非拉特尔费亚省来信，谓美有数处民

1　刘新慧、王亚华：《金楷理与西学传播》，《泉州师专学报》1997年第3期。

心不靖，恐康密尼人（共产主义者）乱党夏间起事。国内有无赖之人为奸徒唆使行凶，以偿其贫富适均之愿。此党人啸聚甚众，恐各省同时发作。计旧金山人数最多。余则山鲁危省、昔卡谷省、新星纳替省、纽约克省、喷昔尔阜尼亚之煤矿处。巡捕在各大城内加意逻察。喷昔尔阜尼亚监督司之文斯于教会聚时语人曰：乱事每起于微，而后渐滋大不可制。今乱党以体恤工人为名，实即康密尼党唆令作工之人与富贵人为难。去年工人滋闹，尚无头绪，今有数处康密尼人练演为兵。此种人为教训约束所不及，须用武以制之，或用教会以开导之。监督说出热心，众为感动。乱党初起，必先在旧金山，以曹类众也。纽约城内有康密尼人之为首者，名梅戬。前在巴黎斯乱党中最为狡黠，今擒获。令出银为押。美按察作色严谕曰：康密尼人乱种，非可行于美国，美国断不容也。"[1]

社会主义政党的出现，美国当局把"康密尼人"定性为"乱党"，害怕这一组织借体恤工人为由，趁机起来教唆工人与有产者作对，来达到均贫富的目的。《西国近事汇编》在报道中提到的"康密尼党"就是指的是德国社会民主党。1881年11月5日至12月2日，《西国近事汇编》又报道了德国民主党人被逐出国门之事。报道说，"德国民党（社会民主党）为国有逐出柏林者一百五十五人，汉倍克（汉堡）者一百五十五人，拉泼雪茄（莱比锡），者七十人，共四百二十人。皆有家属妻子赖以养赡，自被逐后，分往英、美"。[2]

《西国近事汇编》不仅首次报道了"第一个马克思主义政党"——德国社会民主党。还多次报道了"共产主义者"和"马克思主义的政党"在德国和美国的斗争情况。在对德国、俄国、西班牙和美国等国的工人运动和"康密尼党"运动的报道中，该刊频频

1　皮明麻：《近代中国社会主义思想觅踪》，吉林文史出版社1991年版，第17页。

2　原付川等：《〈西国近事汇编〉及其社会主义思想的传播》，《理论导刊》2010年第7期，第108页。

使用"按名公晰""以均有无""富室积产""以赡贫困"和"贫富适均"等提法，而这些提法是对早期社会主义思想的精确概括。由此可见，《西国近事汇编》是中国最早报道西方工人运动和德国社会民主党活动的期刊，也是中国最早传播西方社会主义思想的周刊，在社会主义思想传播史和中国期刊传播史上均具有开创性的地位。[1] 金楷理作为《西国近事汇编》的主编之一，为中国的觉醒其贡献是值得肯定的。

2. 傅兰雅的"中国心"

江南制造局翻译馆的译书工作，傅兰雅这个苏格兰穷牧师的儿子，怀着到中国传教的目的，也误打误撞地进入大清官场，成为具有大清"公务员"身份的一名洋员。

傅兰雅到中国后，没能实现其传教愿望，先是到同文馆任教。同文馆虽然有禁止教习传教的禁令，但是，不忘传教愿望的傅兰雅在进入同文馆不久，还是给英国圣公会写了封信，表示希望在华继续进行他热爱的传教事业，并获得了包尔腾等人的推荐。1863 年12 月间，美国圣公会给傅兰雅写了封信："鉴于乔治·史密斯和包尔腾先生对你的大力举荐，你对基督教教义的严格遵守，及你已经掌握了汉语但又摆脱了他们的粗俗，我们接受你作为一名非神职的传教士。我们希望你至少每一季度都要给我们保持书信往来，或呈上与传教有关的事件的报道。"[2]

英国圣公会给傅拉雅的信采用了相当委婉的说法，他们并不认为傅兰雅具有作为独立牧师的资格，但又希望他在中国的工作中，做一些有利于传教事业的事情，所以回信中折衷地表示接受傅兰雅

---

1 原付川等：《〈西国近事汇编〉及其社会主义思想的传播》，《理论导刊》2010 年第 7 期，第 109 页。

2 Ferdinand Dagenais, John Fryer's Calendar: Correspondence, Publications, and Miscellaneous Papers, 1999, Dec, 10, 1863。

为传教士。傅兰雅接到了来信相当高兴，他认为他将成为英国圣公会在中国的一个代理人，他打算在中国长期生活下去，并打算将他的妻子安娜接到中国完婚。

1864 年初，曾在同文馆任教习的包尔腾要回英国休养，傅兰雅便希望在包尔腾再返中国之际把他的妻子安娜也带到中国来。但包尔腾因故推迟了回英国的日期，而安娜却已经安排好了到中国的行程，如果等包尔腾回到英国后帮助把安娜接来，那么傅兰雅与安娜的婚期则要推迟到 1865 年。傅兰雅只好决定让安娜只身来华，不幸的是，安娜在来中国的途中遭遇轮船船长的裹挟。

傅兰雅后来记述说，"尽管我不能拿出绝对的结论性的证据，但我完全相信，由于某种烈性春药所致，在航程的大部分时间里，我的妻子被船长控制，他巧妙地骗取了她的信任，致使她成为他的猎物。"[1] 此事对傅兰雅造成很大的打击，但作为一个有修养的人，他还是计划同安娜结婚。他知道安娜也是受害者，但这却遭到了英国圣公会的指责，认为傅兰雅与这么一位就基督来看是品行不端的女人结婚，将使对英国圣公会的亵渎，傅兰雅也有失传教士的水准。1865 年 2 月 27 日，英国圣公会再次给傅兰雅写信说：

我们给你写信是因为我们相信，虽然撒旦利用了你及与你有关的事件，但你自身基督修养是仍然存在的，圣公会之所以对你不满，是因为你不该不计后果，如此迅速地同一位品行不端、基督教品格不坚定的女人结婚。你至少应当等待一个时期，再观察她一段时间再说。现在，既然你已经与她完婚，考虑到教会的声誉，你应当断绝与教会的联系。因为要我们继续聘用一名有如此品行污点的妻子的人员是不可能的。如果你想继续留在中国，建议你去找一个世俗

1　Ferdinand Dagenais, John Fryer's Calendar: Correspondence, Publications, and Miscellaneous Papers, 1999, Jul, 4, 1865。

性工作，如此你仍有机会将基督事业推进到中国人当中去。[1]

收到圣公会的信，傅兰雅很有些气愤，但他还是强压怒火申述自己和妻子都是受害者。但为表达他对教会的忠诚，他还是把新婚不久的妻子送回了英国。然而，圣公会并没有因此而有所谅解，而是说，至于傅兰雅是否留在中国另觅位置进行世俗性服务还是返回英国，悉听尊便。

傅兰雅仍然希望圣公会能够谅解，表示他和他的妻子都是受害者。圣公会终于表现出一点宽容，要求傅兰雅离开同文馆到上海去管理一所教会参与筹建的学校。老实说，傅兰雅对这个要求很不情愿，但他还是于 1865 年 10 月到了英华书院出任院长一职。

英华书院是在上海的传教士、商人及中国官绅共同发起创办的，招收华人富家子弟，讲授英文、中文以及其他课程。英华书院是当时上海高标准的一所新式学校。学校办学之初，就决定收取学费每年银两 50 两。英华书院培养的学生中有日后成为著名启蒙思想家的郑观应。

身为传教士，傅兰雅并不忘传教的宗旨。在英华书院期间，他每个星期日都要讲解《圣经》，有 10 个至 25 个学生来听布道。但傅兰雅却不赞成在学校内直接传教，认为应该潜移默化地进行。否则，书院过分强调宗教色彩，会把学生吓走。他的做法遭到圣公会多名传教士的反对。[2]

此时，傅兰雅很想辞掉英华书院的教职工作，并多次产生了返回英国、回乡定居的想法。他说，"回到家乡寻找一个僻静的小村居住，找一份轻松的营生，拿一笔过得去的薪金，娶一个可爱的女人操持家务，这是多么惬意的事！"他曾为自己描画了这样一幅图

1　Ferdinand Dagenais, John Fryer's Calendar: Correspondence, Publications, and Miscellaneous Papers, 1999, Feb, 27, 1865, from Venn to Fryer: CMS withdraws Fryer's appointment.

2　尚智丛：《传教士与西学东渐》，山西教育出版社 2008 年版，第 205 页。

景，并不是真的要这样去做，而是用来驱散日常生活中的失意和沮丧。他清醒地认识到，"像我这样在国外待了六年的人，即使回国，也无异于去了一个陌生的国度。我在中国养成习惯，没有两三年是难以改掉的。长期滞留中国的人，回到英国是不会幸福的"。

但是，傅兰雅和大多数中国人一样有着"衣锦还乡"的情结。他认为，没有取得成就，毫无建树的回国，等于是向圣公会那些人承认自己的失败；他感到，自己年轻，趁中国正在开展洋务运动的大好时机，应该好好的大干一番，况且中国也是需要像他这样对中西方都有较深认识和了解的人的。1866年，他在写给朋友的一封信中说，"我命该在中国待下来，我已学了六年汉语，懂三种方言，了解了书写的一般规律，假如我把这一切扔掉，就等于我把时间白白抛弃了。另外，我在英国又能找到什么工作呢？而中国目前才刚刚向西方文明开放，每年它都会出现相当大的进步。两三年之后，我的有关中国的知识就将成为无价之宝，人们会说我人才难得。"[1]

傅兰雅选择了留在中国，他决定利用他在中国积累的人脉关系，开创自己的未来。

1868年5月，傅兰雅在英华书院的任期届满，鉴于在传教问题上的巨大分歧，董事会决定不再延聘。这时摆在傅兰雅面前的有四种选择：一、到上海广方言馆担任教习；二、到上海租界工部局当翻译，年薪200美元；三、到江南制造局当翻译，年薪800美元；四、专致于传教，成为一个名副其实的传教士。[2]

老实说，传教一直是傅兰雅的意愿，因而他仍然试图为循序渐进地进行基督教传播的观点而为自己辩驳。傅兰雅说，"名义上我是英国国教的一员，但在中国期间，我的宗教视野扩展了，所以我倾向于很自由的思想……"。他希望成为一名传教士，为此甚至写

---

1 张功臣：《洋人旧事：影响近代中国历史的外国人》，第102页。
2 熊月之：《西学东渐与晚清社会》，中国人民大学出版社2011年版，第571页。

信给其他的传教机构，申述自己的遭遇，希望得到传教工作的机会。具有讽刺意味的是，号称"大爱"、"爱人如己"、拯救人类的基督教会的头头脑脑们竟然都不愿意同这么一位与"品行不端"的女人结婚的人有所联系。1868年1月22日，傅兰雅在写给美国圣公会主教卫三畏的信中再次表达了希望传教的愿望："关于我在另外地方工作的事情，业已协商，但是鉴于我来到中国的初衷是进行宗教活动，假如我能得到一个固定职务，我能把全部时间献身于耶稣基督事业，我感到从事纯世俗工作，总是不相宜的。"遗憾的是，傅兰雅的主动示和并没有引起重视。一次又一次的遭到冷遇，他决定在中国选择"世俗性工作"，接受清朝官员的邀请到江南制造局翻译馆从事译书工作。

实际上到江南制造局翻译馆工作之前，傅兰雅一边在英华书院任职，一边从1866年11月开始兼任《上海新报》编辑。此间，他已经主持编译了不少西学文章。《上海新报》是近代上海第一家报纸。1867年，傅兰雅编译了合信的《博物新编》、裨治文的《联邦志略》、祎理哲的《地球说略》、伟烈亚力的《重学》等书。1867年，京师同文馆开设算学专业，上海有不少人建议《上海新报》刊载有关西方数学的内容，《上海新报》膺其请，从9月19日起，连载《西算学》，介绍西方数学的基本知识。1868年4月，傅兰雅因决定受聘于江南制造局翻译馆，辞了《上海新报》编辑之职。[1]

1868年5月底，傅兰雅正式到江南制造局翻译馆任职。对于这份新工作他充满信心，也把此视为进入清廷管理上层的阶梯。他在给表姐的信中写道，在中国，"我已找到一份新的工作，工作还算满意。这真是我莫大的安慰。……我现在的工作令我非常快乐。我一直很喜欢科学，但没有时间和机会去学习。而现在学习是我的

1　熊月之：《西学东渐与晚清社会》，第571页。

责任也是令人高兴的事情。我非常认真的学习科学，虽然可能永远不会成为科学家，但我立志要掌握一些科学领域知识。我已经开始学习并同时翻译三部著作。上午翻译开煤采矿的内容，下午是化学，晚上是声学。……我希望中国政府能任命我带领一群年轻人到欧洲去认真地考察学习我们的各种制造艺术。我现在的工作只是'小而琐碎的事情'，我还有很长的路要走"。傅兰雅希望在工作中获得清朝官员的认可，并像赫德那样获得荣誉和地位。他在给弟弟的信中写道："我的目标是将来得到中国政府的任命，在伦敦建立一所中文学院……为我自己在中国留下良好、持久的名声，那也将成为傅兰雅家族的荣誉。"

在江南制造局翻译馆的筹建中，傅兰雅帮助做了一些事情。这年3月，他还在英华书院教职任上，江南制造局官员前来拜访他，希望他帮助在英国订购一批科技图书、化学实验仪器等等。徐建寅还邀请他合译了《运规约指》一书。正式任职之前，傅兰雅已经与江南制造局签定了"译书合约"。合约从6月20日起生效，为期三年，期满后再行续定。

傅兰雅离经叛道地从他原本希望的传教事业转向"纯世俗性工作"。他到职后，也给他的牧师父亲写了封信，他告诉他的父亲他在江南制造局的情况，"充任中国政府的科技著作翻译官，是一个令人愉快的职业，它受人尊敬，无比光荣，而且有用。我打算将这一职位当作在中国谋求更高官衔的跳板。我的志向无边，我的职位完全是独立的——什么领事馆、海关，都无权管辖我。"[1]

傅兰雅以充满理想和光荣的心绪开始了新工作。他相当的卖力，当然也是想获得职位的提升。再者，他知道自己距离江南制造局所需要的科学知识素养还有很大差距，这也使他不得不下苦功夫努力

1 张功臣：《洋人旧事：影响近代中国历史的外国人》，第105页。

钻研，他给父亲的信中又说，"我以严肃认真的态度从头开始。……上午，我研究煤炭及其开矿，下午则学化学，晚上学声学"。同时他特别注意以一种"屈尊俯就"的态度与翻译馆的中国同事相处，和他们交朋友，以至于他觉得自己"已是半个中国人了"。他还感叹道："在这儿住了八年，我已不再思恋家乡……我的最好的朋友都是中国人。"[1]

傅兰雅努力工作，试图获得清朝官场的信任，他的努力遭到了同在翻译馆的其他洋员的反感，把他视为"叛徒"，这使他渐渐地断绝了与西方人的来往，但傅兰雅要想通过自己的努力获得官场的信任也并非易事。他很想谋得一官半职，得到大清皇帝的亲谕，命他奉旨在伦敦开办一所中国学院，"率领一群年轻人去欧洲考察西方的各种艺术和制器"。

不可否认，傅兰雅最初的努力，带有一定的功名利禄心，但是凭心而论，他的目的还是为了让中国拥有更多的人才，让中国更加富强，从而步入世界强国之林。但事实上，清廷所做的一些举动，让傅兰雅大失所望。容闳、曾国藩推动的幼童赴美留学，因反对派的破坏而落了个学业未成而却被中途召回的尴尬局面，清廷虽然推动了洋务运动，但他认为这种所谓的"自强"运动，具有很强的功利心态，并没有使中国真正的进步。[2]

诸多的举措和事件，使得傅兰雅经历了一个从希望到失望的过程，在这一过程中，使他逐渐认识到了科学技术是国家富强文明的前提，只有科学技术才能使中国真正的富强。在仍视西学为"异类"的时代，傅兰雅开始感到"极有希望帮助这个古老民族走向强盛，使之跨入西方人引以为豪的向文明进军"的轨道，他渐渐地对他所从事的翻译事业产生了神圣的使命感。

---

1 张功臣：《洋人旧事：影响近代中国历史的外国人》，第106页。
2 尚智丛：《传教士与西学东渐》，第207页。

傅兰雅在江南制造局翻译馆译书长达 28 年。期间，1873 年受制造局的委派回英国考察钢铁、机械制造技术，回中国后，他将妻子安娜带到了中国。1878 年，他将妻儿送回英国，并在英国休养了一段时间，其余时间，他都把精力投入到中国的译书事业中。江南制造局搬到高昌庙后，由于地处偏远的郊区，远离租界，局中所聘洋员只有为数不多的几个人。傅兰雅住在局里，虽然生活单调，但他坚持译书不懈，对于当时的生活状况，他在日记中写道："西人常居局内，专理译书之事，故人远处，无暇往来，而且水土为灾，不胜异乡之感，终朝一事，难禁闷懑之怀，然多年敏慎，风雨无虚者何也？盖以为吾人于此，分所当耳。况上天之意，必以此法裨益中国，安可任意因循违乎天耶！是故朝斯夕斯忍耐，自甘所以顺天心耳。"[1]

傅兰雅在江南制造局的译书数量是最多的，他先后翻译了 77 种，占整个翻译馆译书数量的三成之多。他翻译的西书多从英国直接订购，他所译的化学、国际法学、政治学等著作，在当时都有着很高的学术价值。

傅兰雅对翻译馆所作的贡献，赢得了中国知识分子的尊敬，也受到了清廷的嘉奖。1876 年 4 月 13 日，经两江总督沈葆桢、直隶总督李鸿章联名具奏，清廷授予他三品官衔。同时被加衔的还有金楷理、林乐知，分别为四品和五品。1899 年 5 月 20 日，经两江总督刘坤一保奏，清廷又颁给傅兰雅"三等第一宝星"。刘坤一在奏折中对傅兰雅褒奖有加，内云："教习、翻译各项事宜，每借资洋员之力。查有三品衔英国儒士傅兰雅，学博品端，志趣超卓，聘充上海制造局教习二十余年，所译格致、工艺等书百十种，传布最广，裨益良多"。[2]

---

1 傅兰雅：《江南制造局翻译西书事略》，见《格致汇编》第六卷，1880 年 7 月。
2 熊月之：《西学东渐与晚清社会》，第 573、574 页。

繁忙、枯燥而又单调的译书之余，致力于让中国科技强国的傅兰雅还做了三件大事：创办《格致汇编》；发起并参与管理格致书院，开办格致书室，这是近代中国第一家科技书店；在益智书汇担任教科书总编辑。

格致书院创办于 1874 年，是主要研究、教习物理、化学等西方现代自然科学知识的学院。1873 年 3 月，时任英国驻上海领事麦华陀提出在上海建立一所专供中国人讲求科学技术的学校，拟定名"宏文书院"，这就是格致书院。麦华陀是著名传教士麦都思的儿子，大概因其地位和影响，此议一出，不但在驻沪传教士和各类西方人中引起热烈反响，而且中国士绅也积极回应。

3 月 24 日，麦华陀召集各路人士开会，讨论创设格致书院之事。会上决定成立董事会，选出麦华陀等四人为董事，唐廷枢为华人理事。建院中，李鸿章、傅兰雅都积极筹措经费，使得书院顺利开办。

1876 年 6 月 22 日，格致书院正式开院。书院坐落于公共租界内北海路，甚为宽敞，内设书房、知新堂等，摆有各种科学书籍和实验仪器，诸如地球仪、温度计、电报、化学实验器具等，李鸿章亲手书写的"格致书院"匾额高高悬挂。[1] 傅兰雅是继麦华陀之后的第二任西方董事。

格致书院创办过程中，傅兰雅得知丁韪良、艾约瑟等人在北京创办的《中西见闻录》停刊，便于 1875 年 11 月发布一则启示，宣布在上海创办了一份专门介绍自然科学知识的月刊《格致汇编》。"一方面要促进探究的精神，一方面要在大清帝国传播通俗实用的科学知识。它将为介绍已经出版的科学译著服务，刊载科学课程的短篇解说和科学讲演稿，并作为本邦受教育人士问询、获取其感兴趣的科学信息的媒介。"[2]

1　尚智丛：《传教士与西学东渐》，第 147 页。
2　张功臣：《洋人旧事：影响近代中国历史的外国人》，第 108 页。

《格致汇编》不同于《中西闻见录》融新闻、科普、文学为一体的综合性特点，而是一份地道的科普杂志。内容主要包括：自然科学基础知识、工艺技术、科技人物传记等等。除介绍自然科学等知识外，傅兰雅还结合他在《上海新报》任职时的经验，开辟一些诸如"算学奇题""互相问答"和"格物杂说"等专栏，报道西方科学技术的运用；在刊物上连载译著，介绍自然科学、工艺技术等方面的专业著作；报道汤若望、瓦特、富兰克林等科学家的人物事迹。

傅兰雅利用在江南制造局工作的优势，邀请徐寿、华蘅芳、贾步纬和徐寿之子徐建寅、洋员金楷理、林乐知等人为刊物的作者。傅兰雅在刊物上直接选登了他们的一些译著，如《电气镀金略法》《入水衣全论》《回特活德钢炮论》《海战指要》《测候诸器说》《石板印法》等，这些著作都是因为载入《格致汇编》而流传下来的。经常为刊物写文章的还有艾约瑟、巴心田等名人，以及上海圣约翰书院的卜舫济、苏州博习书院的潘慎文、京师同文馆格致教习欧礼斐和、登州文会馆校长狄考文等几位在中国从事教育和文字工作的外国传教士。《格致汇编》断断续续出版十多年，并曾多次增补重印，受到当时渴望学习西方科学技术的中国知识分子的欢迎，全赖这支站在时代前沿的作者队伍支撑。[1]

在管理格致书院与主编《格致汇编》的过程中，傅兰雅本着为更好地传播西方科技，独立创办了格致书室。该书室创办于1885年，傅兰雅在述其创办缘由时说，"近来格致风行，译书日广，好学之士争览者多。惟以局刻家刻购求颇艰，故设格致书室，便人采取。凡已译西学卷帙及中华格致类书，均拟办售。又西学书中所用器具材料，亦能定沽。意在畅行格致，愿中西共出一辙，是以不惮烦劳，乐公同人之好。"傅兰雅对经营格致书室充满信心，他说："对西

---

1 张功臣：《洋人旧事：影响近代中国历史的外国人》，第109页。

方知识的需求显示了中国人的头脑正在快速转变，这值得称赞。购买书籍越便利，需求越多——尤其是现在科举考试中增加了对数学和其他科技知识的考核。"[1]

格致书室的经营范围很广，不单有各种图书，还有地图以及物理、化学等学科的相关仪器等等，堪称科技类的现代化书店。傅兰雅经营格致书店，也在天津、汉口、汕头、福州、香港等地设立分销机构，并在全国的主要城市设立了读者直邮服务，并言明邮寄书刊不收取邮资，从而使格致书室形成多元化的经营格局。

傅兰雅的努力获得了很好的回报。1888 年，格致书室已经开办三年，通过各种销售途径售出图书 15 万册，书款近 2 万元，到 1897 年，销售额更是高达 15 万元。上海的西文报纸对格致书室大加称赞，称其是"中国青年多年来学习的麦加（圣地）"。[2]

在科学普及方面，傅兰雅投入精力所做的第三件事是在益智书会担任教科书总编辑。1877 年，益智书会在上海成立，傅兰雅被委任为这一机构的委员兼负责干事。当时，益智书会决定出版初级和高级两套教科书。初级由傅兰雅负责编写，高级由林乐知负责编写。编写这两套教科书包含有数学、物理、化学、博物、天文、地理、历史、哲学等多个学科，编写要求是结合中国风土人情，达到学生、教习都可使用，教内、教外学生也可使用，科学与宗教相结合的原则。

对于教材的编写却要生搬硬套地融入一些宗教的内容，这让傅兰雅大为反感，他要求排除宗教的内容，但他的意见未获通过。他为此想撂挑子辞职，益智书会只好答应他编写不含宗教内容的教科书。

1879 年，傅兰雅被推荐为益智书会的总编辑，开始正式编写

1　[美]戴吉礼主编：《傅兰雅档案》，弘侠译，广西师范大学出版社 2010 年版，第 97 页。
2　[美]贝奈特：《傅兰雅译著考略》，哈佛大学 1967 年版，第 63—65 页。

教材。到1890年,益智书会出版和审定合乎学校使用的书籍达98种,其中傅兰雅独自编写了42种。他编译的教材很得益智书会的赞赏。

1896年,傅兰雅结束在中国三十多年的职业生涯,到美国定居,离开这片土地,他的心里多少有些不舍。他在中国取得了巨大的成就,他翻译的图书很多,推进中国的科技近代化功不可没,他做事认真,为人随和,在清朝官员和知识分子中逐渐建立了良好的人际和威望。他被公认为中国的西学大师,李鸿章等洋务官员经常向他请教,学校有西学考试也请他主持。在晚清的上海,只要一提起"傅先生",可谓无人不知、无人不晓。当然,在中国的任职也为他积累了巨大的财富,早已今非昔比,成为腰缠万贯的富翁了。

虽然傅兰雅在中国获得了荣誉和尊敬,但他的心中常常流露出一种莫可名状的遗憾之情。他开始在中国的事业后,传播西学,努力使中国进步,但是几十年的耳闻目睹,他发现中国积习太重,种种因素的掣肘,使得中国进步缓慢。甲午战争的结局更使他感到,要使中国进步,既迫在眉睫又需要一个长时间的过程。他说,"外国的武器,外国的操练,外国的兵舰都已试用过了,可是都没有用处,因为没有现成的合适的人员来使用它们。这种人是无法用金钱购买的,他们必须先接受训练和进行教育。……不难看出,中国人最大的需要是道德或精神的复兴,智力的复兴次之。只有智力的开发而不伴随道德的或精神的成就,决不能满足中国永久的需要,甚至也不能帮助她从容应付眼前的危机"。[1]

源于这样的心情,加上要顾及到子女的教育问题的傅兰雅定居美国后,仍然关心着中国的形势。他到美国后,应邀到伯克利大学任教,讲授东方语言文学。授课中,他不断地向美国学生介绍中国的语言文字、历史、地理、文学、艺术、建筑等等。他以所见所闻,

1 顾长声:《从马礼逊到司徒雷登》,上海人民出版社1985年版,第244页。

向西方讲述他对中国人、对中国文化的独到理解。

傅兰雅虽然身在美国，但心却在中国。他的家里保留着一大批关于中国问题的剪报，他想通过这些加深对中国的了解，也尽自己所能继续多灾多难的中国。1897年夏天，傅兰雅再一次到访中国。他在上海住了近两个月的时间，并将英国传教士秀耀春推荐到江南制造局翻译馆以接替自己先前的工作。1901年，他来中国帮助联系中国学生留美事宜，回国时带了王宠惠、陈锦涛等九名北洋大学的学生到伯克利大学留学。1908年，他作为加州大学的特派员，来中国调查教育情况。他考察了各地的新式学校以后，认为中国的教育界应该聘请一些既可信赖、又富能力的外国教育家到中国帮助管理学校。他还利用来华的短暂时间，整理、出版他在江南制造局翻译馆的译稿，在离开中国以后，他为江南制造局翻译的书籍竟有14部之多。

傅兰雅帮助北洋大学留学生到美国留学，因此被聘为这批学生的监督，负责照顾他们的学习和生活。为了帮助中国学生留美，他此前写了《美国加邦大书院图说》，介绍伯克利的情况。此后专门编了一套教材，供中国留学生使用，1909年，他受美国政府教育部门委托写了一本《接纳中国学生留学美国章程》，介绍美国大学制度、招生情况、中国学生留美情况，并提了一些建议。这本书对于中国学生留美很有参考作用。此外，他对于被派到美国工作的中国人，也尽己所能提供帮助。1997年，曾与傅兰雅在江南制造局同事的上海人王树善被派到美国旧金山领事馆任职，旧金山与伯克利毗邻。傅兰雅给王树善以多方面的帮助，带他到美国工矿企业参观，并与他合作，将他们在江南制造局翻译馆没能译完的《开矿器法图说》译完出版。两江总督刘坤一在此书的序中称赞："是书为美国开矿工程家俺特雷所著，乃荟萃西国各处求矿、开矿、运矿及矿井中起水、通风，一切应用之器具、机器，与夫轧碎矿块、舂碾成粉、淘澄金类之质，所用各种之器、各家之造法、各处之用法，均能直抉其利弊之所在而反复言之，盖从阅历试验而得，非徒托空言也。"[1]

傅兰雅心系中国，在中国他看到盲童的无助与不幸，就有帮助中国创办盲童学校的想法，但因为种种原因一直未能如愿。定居美国后，他仍挂记着这件事。1911年3月，他捐银六万两创建上海盲童学校。学校最初设在北四川路，1912年11月正式开学，这是中国第一所正规盲童学校。1915年，学校迁至爱丁堡路（今虹桥路）。为了开展中国的盲童教育，他编写了《教育瞽人理法论》一书，介绍欧美等国盲人教育情况，美国免瞽会的发展，盲文及其学习方法，预防、医治幼儿眼病的知识，并介绍了中国广州、福州、汉口、北京、上海等地瞽院的情况。据他估计，晚清中国有盲人五十万至一百万。为了帮助中国的盲人教育，他特命自己最小的儿子傅步兰在美国学习盲童教育，然后将他派到上海，负责管理上海盲童学校。[2]

后来，中国民主人士黄炎培先生到美参加国际博览会特意拜访了傅兰雅。当时傅兰雅已经赋闲在家，他见到黄炎培动情地说，"我几十年生活，全靠中国人民养我。我必须想一办法报答中国人民。我看，中国学校一种一种都办起来了。有一种残废的人最苦，中国还没有这种学校，就是盲童学校"。他在中国办盲童学校，派儿子到中国教育盲童，就是为了报答中国人民。[3]

一个蓝眼睛、大鼻子的英国人，自青年时到中国后，把他一生最宝贵的青春年华献给了中国。即便是后来离开中国后，他仍然关注着中国，关心着中国的命运，并把自己的积蓄奉献给中国。本来怀着传教的目的，在遭到西方基督的排斥后，他依然投身"纯世俗

---

1 刘坤一：《开矿器法图说·序》，江南制造局1899年版。
2 熊月之：《西学东渐与晚清社会》，第585页。
3 黄炎培：《八十年来》，文史资料出版社1982年版，第74页。

性事业"，围绕着中国文明、自强，用一个西方人的视野、行动，为中国书写着不一样的华章，他的精神卓然自立，光彩夺目。

3. 呼吁改革的"洋大人"

洋人李提摩太在中国被称为"鬼子大人"，使他既有一种自豪也有一些说不出的无奈之情。这个既有尊重又包含着揶揄意味的称呼，可谓晚清西风东渐背景下的一种奇特印记。

李提摩太被称为"鬼子大人"有这样一个故事。1876年到1879年，华北地区连年大旱，造成整个北方河流干涸，赤地千里，饿殍遍野，人相为食。正在中国传教的李提摩太目睹严重的灾情，他多方奔走，积极呼号，多方筹措善款，并把西方行之有效的开矿、修路等措施向地方政府宣传，希望缓解灾害危机。

李提摩太筹措善款，救济灾民的善举，在视洋人为"蛮夷"的时代，让很多人不解。在时人的观念里，洋教士是与诱拐儿童、挖眼掏心、炼制丹药甚至采生折割、把人变成怪物，运到国外展览等恶行联系在一起的。灾民们望着眼前这位高鼻子蓝眼睛的外国人，不知如何表达自己的感激之情，只好连声称他为"鬼子大人"。

"鬼子"是当时国内民众对洋人的恶称，"大人"却又有对长官长辈和德行高尚之人尊称、敬畏的成分。观念中为非作歹的传教士与现实中这位放赈救灾的传教士发生了冲突，憨厚朴实、感念这种善行的北方人便将"鬼子"与"大人"联结在了一起，称之为"鬼子大人"。

"鬼子大人"的称谓颇为耐人寻味。事实上，李提摩太在近代中国甚至新中国成立后到80年代，对他的评议是颇有争议的。在晚清时代，基于他对中国历史进程所做的贡献，清朝的高官大吏们把他看作"豪杰之士"，洋务派称他为"中华良友"，广学会同仁颂之为"道德伟人，博爱君子"，大清皇帝赐予他头品顶戴、二等双龙宝星并诰封三代的殊荣。在他的故乡英国，威尔士大学授予他法律和逻辑学博士，美国佐治亚大学授予他神学博士学位，美国布朗大学授予荣誉博士学位，这些都说明当时在中国、英国、美国对他的成就是认可的。可是在他去世后很长一段时间里，从建国到80年代，他在中国的评价，归入了反面教员一类，被认定为一个典型的为帝国主义服务的传教士，甚至诋毁为"一只狡黠的带着面具的狐狸"、"一个披着羊皮的狼"。[1]那么被称为"鬼子大人"的李提摩太到底是一个什么样人物呢？

李提摩太1845年出生于英国威尔士卡玛孙郡一个叫法尔德普林的小村，他的父母都信奉基督教，家庭环境使然，使得李提摩太从小就饱受基督教义的浸染。但由于家境的贫寒使他的少年时光并不一帆风顺，从小学到大学，他曾经几次辍学，李提摩太通过半工半读的方式完成了学业，并积极地参加宗教活动。1869年，李提摩太从威尔士的一所神学院毕业，同年被浸礼会封为牧师，奉派来华，开始了他的传教生涯。

李提摩太来华传教之前，英国浸礼会已经于1860年派传教士来华传教。浸礼会派出的教士是霍尔博士和克劳斯牧师，他们计划在烟台建设一个传教基地，后来，麦克米甘、金顿、劳顿等教士也先后加入其中。霍尔到烟台后不及一年便染病去世，克劳斯也因为身体健康问题而回到英国，随后麦克米甘、金顿也先后回国。李提摩太到中国后，仅剩劳顿牧师一人在苦苦支撑。李提摩太来华后四个月，劳顿牧师也因病去世，他不得不一个人撑起烟台这个传教据点。这样，李提摩太事实上成为浸礼会在中国的唯一代表。

奉命在中国传教，李提摩太对当时中国人的宗教信仰、伦理道德、文化背景、生活方式并不了解，他一边学习汉语，一边熟悉中

---

1 谢骏：《李提摩太在晚清东西文化传播中的历史作用》，《浙江传媒学院学报》2012年第2期。

国的环境。

要熟悉中国环境，李提摩太在 1870 年到 1871 年间开始了了解中国的旅行。他在英格兰圣经会一名教士的陪同下开始了艰难的旅行。在山东主要城镇、直隶、东北、朝鲜的旅行中，李提摩太发现山东半岛没有传教士，他主张从信徒中选择一人，建立一个完全自给自足、自我管理、独立传教的教堂。

旅行中，李提摩太也真切地体会到了中国的贫穷和民众的愚昧无知，对中国社会、民情有了一个感性的认识，为他的传教事业打下了基础。旅行归来，李提摩太先是奉命到东北传教，随后又回山东传教。1874 年，他将活动的地点移至青州。1876 年到 1879 年的华北旱灾，李提摩太投身赈灾活动，先后到山东、山西发放了十二万两赈灾款。

通过赈灾活动，也使李提摩太吸纳了一大批信徒。但这些信徒都来自社会的底层，而社会上层的人士并没有参与到他的传教活动中来，这使他认识到自己的传教活动并不成功。"在烟台的前两年，我尽力尝试以街头布道的形式传播福音，但取得的成就却不值得一提。"李提摩太在传教上遭遇的困难，使他在思考着可能的办法。"来华之前，他相信基督教能够改造中国人的心灵，进而在其精神家园占统治地位。在接触晚清社会之后，他才意识到自己的理想与中国社会现实之间的差距，认识到传播基督教的主要障碍并非中西文化差异，而是在于普通民众低下的文化水平以及赤贫如洗的生活状况"。[1]

对中国现实的认识，使李提摩太感到只有通过上层路线，通过与大清官员、士绅的接触，树立声望，才能使中国人减少对基督教义的误解。他开始主动地结交丁宝桢、曾国荃、左宗棠、李鸿章等

1 刘树森：《李提摩太与〈回头看记略〉——中译美国小说的起源》，《美国研究》，1999 年第 1 期。

官场中的大员。他通过对中国社会的了解，不断地向他所结识的官员上条陈，提出改革建议。通过这种努力，不仅使李提摩太结识了不少的当朝权贵，并得到他们的赏识，也为中国上层人士了解基督教、消除误解、减少摩擦，有效保护传教士和信徒的传教活动与生计，提供了条件。

李提摩太传教观念的转变，对他产生影响的，李鸿章是一个关键人物。李鸿章与李提摩太相识于1875年，因为马嘉理案，李鸿章赴烟台与英国公使威妥玛谈判，当时李提摩太在浸礼会于烟台开设的医院里工作。李鸿章的一些卫兵因患热病到医院诊治，李提摩太便将一些奎宁丸和止痛药送给了他们，使得这些士兵很快康复，李鸿章特意召见表示感谢。初次见面，李提摩太给李鸿章留下了良好印象。

1880年，中俄伊犁交涉升级。李提摩太写了篇《和议论》的建议，主张中俄通过继续和谈的路子化解危机。他打算将这个建议呈送总理衙门，路过天津受到李鸿章的接待。在二人的谈话中，李鸿章说，"你的教徒无非吃教，一旦教会无钱养活他们，自然散伙。我知道信奉耶稣教的中国人，没有真正的读书人在内"。这番话对李提摩太触动很大，他觉得自己应该对中国的读书人作些研究，应该用科学知识赢得中国知识分子的信任。来华之前，他对近代科学知识所知并不很多，为了弥补这一缺陷，他花1000英镑购买各种科技书籍、科学仪器及标本进行自修。不久，他便能就以下各题，向中国官绅作深入浅出的宣讲：一、哥白尼所发现的天体秘密；二、化学的奥秘；三、机器的效能，诸如车床、刨床、缝衣机等；四、蒸汽机带给人类的福利，诸如火车、工厂的原动力；五、电力的奇迹，诸如发电机、电报；六、光学的贡献，诸如摄影机、幻灯等。医学与解剖的进步与奇迹。[1]

1891 年 10 月，李提摩太到上海担任同文书会（后名广学会）总干事，开始了他在华生活的新的一页。上任以后，他对广学会工作进行一系列的改革，使其有了明显的起色。第一，他强调广学会的工作对象，应以中国的士绅和官员为重点，对中国上层社会进行了具体的调查和研究；第二，扩大、加强业已开展的有奖征文工作，曾征得英商汉璧礼的支持，在北京、苏州、广州等地，进行影响广泛的征文活动；第三，强化了广学会会刊《万国公报》对维新变法的宣传意识；第四，加大了广学会宣传变法书籍的出版。《泰西新史揽要》《中东战纪本末》等名著，都是在他主持广学会工作以后出版的。与此同时，他本人加强了对中国上层人物和关键人物的联系与活动，与李鸿章、张之洞、曾国荃、左宗棠、翁同龢、孙家鼐、康有为、梁启超、孙中山等人都有接触。张之洞曾经资助他大笔经费，李鸿章对他相当器重，梁启超当过他的中文秘书。甲午战争期间、戊戌变法期间、义和团运动期间，他都积极活动于上层人员之间，企图影响政局的发展，结果都未如愿。义和团运动以后，他提出利用山西的赔款银五十万两在山西开设学堂，讲授中西学问。山西大学堂缘此办成，李提摩太成为这个学堂的首任西学专斋总理。利用庚子赔款在中国办学堂，这是首倡，它对近代中国文化教育的发展，有过很大的影响。[2]

李提摩太在中国的生涯，使他看到了中国的贫穷落后、民众闭塞，与西方相比巨大的经济、社会落差，但也使他看到了中国几千年来深厚的文化积淀。他说，"以中国文化而论，在未受基督教化国中，算为最高尚文明的大邦"。他赞赏孔子"三人行必有我师焉"的观点，认为这是中国古代文化的求实精神与容纳外来文化的所表

1　熊月之：《西学东渐与晚清社会》，第 588 页。
2　熊月之：《西学东渐与晚清社会》，第 589、590 页。

现出的博大胸襟。他羡慕这种文化的繁荣与传承。李提摩太也发现中国社会与文化有极端保守的一面，他提出，中国自汉唐以来，风俗政教，"莫不拘于成见，桎梏亿兆之性灵，塞聪蔽明，一锢而莫之能释"，传统的体制与文化观念使得中国的知识分子"徒抱遗经，穷年占毕，无非咀嚼古人之糟粕，凡古人所未言而未行者，无论其于天下益焉否也，皆窃窃然怪之"。抱着这种一成不变的想法，不思进取，甘居人后，"谓中国习俗相沿，积重难返，恐非一时遽能改易"。[1]

李提摩太以肯定的眼光与开阔的胸襟看待中国社会和文化，也以平和的态度，批判传统文化的墨守陈规，他希望中西方用和平的方式进行交流，他试图寻找一种实现政制、社会、文化变革，又能促进基督教在中国传播的新路径来改变中国。

基于这样的动机，李提摩太自19世纪80年代起，开始积极地传播西学，宣传变法。在文化与语言存在巨大差异的现实面前，李提摩太不断地在刊物上介绍西方以及翻译西方的先进科学知识，开阔中国人的视野；启迪心智，促进中国传统社会向现代文明转型。

1881年11月12日到1882年1月28日，李提摩太在《万国公报》上连载他的长文《近事要务》系统地介绍他的变法主张，内容涵盖天文、地理、物理、化学等多个学科，涉及工业、农业、教育、卫生等各个领域以及宗教、政制、道德、外交、立法等关系国家前途和民族命运的问题。李提摩太的建议植根中国灾害深重、民不聊生的社会现实，提出了诸如设法改造自然、改良社会、开矿设厂、发展交通、开办银行、促进外交、扩大贸易等主张。

1882年，供职于《万国公报》的中国知识分子沈敏桂认为李提摩太的意见很多是对中国国计民生大有裨益之事，为中国应办之

---

1 夏东元编：《郑观应集》上册，第484页。

要务。于是，以"匏隐氏"笔名，在《万国公报》上连载《近事要务衍义》，对李氏所提建议，进行演绎、发挥。[1]

传播西学，李提摩太译作最多，影响最大的时期是在李鸿章的推荐下担任天津《时报》主笔到戊戌变法发生这八年。此间，他翻译编撰、出版了《泰西新史揽要》《百年一觉》《八星之一总论》《论生利分利之别》《新政策》等十几种书籍。这些书籍后来都被广学会出版，其中既有介绍世界历史、地理、社会政治状况的书籍，也有西方军事、自然科学方面的译作。

李提摩太翻译西书，他也想引起清廷官员的重视，其也有为个人、其国家谋取利益的动机。1886年冬天，李提摩太迁居北京生活。交涉伊犁条约有功的曾纪泽从驻欧公使任上被升任为总理衙门大臣。是时，曾纪泽很想为他子侄辈们寻找一位英文老师，便找到了刚刚移居北京的李提摩太。从此二人接下了深厚的友谊，曾纪泽出使西方多年，毕竟是对西方世界多有了解的人物。他当时正在积极地向醇亲王奕譞提议修筑铁路，但从其兄手中夺取总理衙门及军机处大权的奕譞毕竟是个保守派，他担心修了铁路，会影响那些从事运输业的骡马夫的生计，便询问曾纪泽，一旦修了铁路，骡马夫的生计问题该如何解决？修筑铁路会不会引来外国人侵吞中国利益等问题。

这些问题，曾纪泽并未事先考虑，而对奕譞的询问，一时语塞，曾纪泽从总理衙门回到家中向李提摩太谈及此事，因他对此事早已细心留意，便一一回答，这让曾纪泽茅塞顿开，从此后，常在总理衙门夸赞李提摩太对中国情况的了解。

1895年2月，面对正在进行的甲午战争，虽然大清连连失利，但朝野中的很多人都反对与日本议和，提议整军备战。一些开明人

1　熊月之：《西学东渐与晚清社会》，第591页。

士更是呼吁大清变革自强。作为外国人的李提摩太也在关注着时局的变化。2月5日,他在前往南京时,面见署理两江总督的张之洞谈了自己的看法。

当时的谈话中,李提摩太说,战事必须尽快结束,否则中国将无从着手。改革要端,第一为兴办教育(张之洞听到此点,频频点头,表示赞成),次则朝廷必须振作,对于百姓,尤须爱护,使人人富裕(张之洞听到此处,面露惊讶的神情)。天意让中国进行变法改革,朝廷就应该顺应这个天意。

张之洞说:"日本无理开衅,破坏和平,中国决不屈服。日本逞凶,将如拿破仑治下的法国,终将民穷时匮。……究应如何议和?但中国万难允许日本要求。各国难道坐视不顾吗?"

李提摩太又说:"钧座如真愿负责主和,不难联合南方八省,向朝廷进言,使北京的分歧意见,趋于一致(张氏听到此处,面露笑容,暗示自己有力量可以办到)。上天既使钧座身居显要,为朝廷尽忠,自当主张和平,努力改革内改。"[1]

十余天后,李提摩太再次拜见,他向张之洞递交了应对时局的设想:

一、中国应授权某一强国,许其在若干年内,代理中国对外交涉一切;二、此一强国应对中国介绍各种改革方案,使其实现;三、执行改革方案的强国可以指派专家监督中国铁路、矿产及实业之经营;四、大清皇帝照旧有权任免官吏;五、在双方协定满期时,该强国应将代管之一切资产,负责交还中国。[2]

李提摩太所说的"某一强国"指的就是英国,他为本国谋取利益的私心在此暴露无遗。张之洞看了这一建议,说改革是大势所趋,但中国绝不会仰人鼻息,成为某一国的被保护国。李提摩太的设想

1 熊月之:《西学东渐与晚清社会》,第608页。
2 姚崧龄:《影响我国维新的几个外国人》,台湾传记文学出版社1971年版,第102页。

没有得到张之洞的回应，他随之又向李鸿章兜售他的设想，他给李鸿章发了一个电报说，他有个好办法，不仅可以救中国的现在，也可以救中国的未来；但条件是大清要获取这一方案，必须支付百万酬金来购买。正为甲午战事是战是和拿不定主意的慈禧太后与光绪帝在京城也听到这一消息，即发谕令要李鸿章找李提摩太询问办法，据情酌办。

李鸿章不敢怠慢，即给李提摩太发电报询问究竟是什么好办法。2 月 29 日，李提摩太给李鸿章发电报说："为酌拟华、英相助之约，救目前兼救将来，无一损而有百益事：一曰订立华英互助密约，英许护华不再失地。异日英或与他国失和，华亦允助英。二曰华整饬水师、陆军、学校、赋税，英许同心裹议，改归至善。又许遴荐妥实干员，助臻郅治。倘华欲集思广益，增延他国通材，英亦不阻。三曰华许英择要代筑铁路，开五金矿、煤矿、立工程厂，期以二十年。英许华按廉价购归自便。四曰华许有益通商者，如增口岸、核税厘之类，彼此从长熟计。英许决不损华岁入之络。"[1]

李提摩太的这个所谓的好办法想当然是想让英国借中日战争之机索取更多的在华特权，他甚至还恐吓说，这个方案，请总理衙门与英国驻华公使尽快密商，"或疑此策已晚，然及今行之，不第杜将来外患，且略裨现在和议。况安内防外、富国足民之道，胥基于此，何东祸之足忧？否则敌人扼吭拊背，肆行要挟，割地索银外，甚或别有觊觎，苟且和矣，如后顾何？"[2]

但是，李鸿章看到李提摩太所提方案，清廷已决定派使臣赴日议和，他为本国借端谋利的想法没能实现。虽然如此，李提摩太仍没放弃努力。他趁张荫桓、邵友濂赴日议和途经上海之机，特意前往拜见，再次提出自己的主张，说中国正面临着列强瓜分的危险，

1 熊月之：《西学东渐与晚清社会》，第 609 页。
2 林乐知：《中东战纪本末》卷三，上海广学会 1900 年版。

必须要寻找一个强国作为保护国，所不同的是，这一次李提摩太还提出了中国应加快改革的想法。主要有四点：一、派亲贵二人担任对日议和全权代表。除赔款外，不应允许其他要求；二、争取强国，缔结同盟，以利改革；三、大清皇帝应每日接见总税务司赫德，咨询意见。各省督抚应将用外籍专家顾问；四、中国应联络列强，组织万国公断法庭，仲裁国际纷争，避免战争。[1]

对李提摩太希望中国借中日战争之际推动变革的主张，张荫桓很是赞赏，但对于其提出的派亲贵赴日议和的想法，认为朝廷已不可能派出亲贵赴日议和，国内的改革在目前的情势下也很难推动。张荫桓感慨地说，本人曾建议派亲贵出洋，希望恭亲王奕䜣率团前往，但却遭到了朝中御史们的攻击和指责。恭亲王本人也不愿意前往。"足下所提办法，十之八九，本人均极赞同，只恨太晚。中国派往各国使臣，很少有观察锐敏的人。中国使臣在外国备受招待，中国政府对于驻北京各国公使，毫无应酬联络。除非有极端变化，在北京将无事可做"。[2]

张荫桓所言让李提摩太顿感失望，然而《马关条约》签订之后，两个支持改革的人都先后加入维新派的阵营。《马关条约》的签订，李鸿章被千夫所指，弹劾、责骂，从而也使他走下了权力的舞台。虽然如此，李提摩太还是在这年9月间拜访了已失去北洋、直隶权柄的李鸿章。此时，经历议和的奇耻大辱，李鸿章也是希望变革的，李提摩太拜访李鸿章，二人一番长谈。李提摩太提出中国眼下应办当办的三件大事：一、应派遣翰林百人，及皇室亲贵十人，出洋考察；二、各省生员，应受新式学堂教育；三、应在北京成立演讲会，按时演讲世界大势。[3]

1　熊月之：《西学东渐与晚清社会》，第610页。
2　姚崧龄：《影响我国维新的几个外国人》，台湾传记文学出版社1971年版，第103页。
3　熊月之：《西学东渐与晚清社会》，第610页。

建议虽好，可惜李鸿章已经失去了在清朝中央说话的权利，此后的半年时间里，李提摩太不放弃努力地拜访了翁同龢、恭亲王奕䜣、李鸿藻、孙家鼐等朝中大员，倡言变法。李提摩太还将自己编撰、出版的《新政策》《泰西新史概要》等书赠送给翁同龢。在这些书的序言里，李提摩太都提出了变法主张。翁同龢看后，认为李提摩太所说的教民、养民、安民、新民之说很有见地。李提摩太还专门拟写了一个条陈，希望翁同龢代为呈递光绪皇帝。李提摩太的条陈主要有七点：

一、皇帝应聘外国顾问二人；二、内阁八部尚书，满汉占一半，其余一半，应聘熟知世界大势的外国进步人士充任；三、迅速改革币制，巩固财政基础；四、迅速兴筑铁路，开发矿源，创办工厂；五、成立教育专部，全国设立新式普通学堂及专门学堂；六、成立情报机构，雇佣有经验的外国新闻记者；协助中国编辑人员，编译书籍，发刊报纸杂志，介绍新知识，启发民智；七、训练陆海军，巩固国防。[1]

七点建议，在后来的维新变法运动中，除了聘请外国人的部分没有完全兑现，其他各项光绪皇帝的上谕中都有体现。维新变法开始后，清廷曾聘请李提摩太出任正在筹办的京师大学堂的教务长一职，他也许是并不屑于这个并不能对朝廷的政治决策产生影响的小职务。但他支持维新变法的心情却是真诚的，与维新派进行了广泛的接触。他为康有为创办的《万国公报》在京师产生影响暗暗高兴："《京报》一直独家把持着京城，但是现在另外有一张名叫《万国公报》的报纸出现了，它取了我们的 Review of the Times 的中译名同样的名称，这是对我们的奉承。它最早出版的几份，只不过重印我会出的报纸罢了。"[2]

1　熊月之：《西学东渐与晚清社会》，第 611 页。
2　余亚莉：《〈万国公报〉和它的读者》，《新闻界》2013 年第 19 期。

在维新变法的最后时刻，光绪皇帝决定聘请李提摩太和伊藤博文为政治顾问，光绪帝本来计划在 9 月 23 日召见李提摩太咨询变法事宜，可是慈禧太后却在 9 月 21 日发动了政变。光绪帝被幽禁，维新派大都作鸟兽散，接见李提摩太的事情自然也成为泡影。当时，李提摩太曾与梁启超、谭嗣同密商将光绪帝解救出来，决定分头与各国驻华使馆联系，但谭嗣同等"六君子"被捕，营救活动未能成功，梁启超也逃亡日本。在京师的李提摩太感到难以有所作为，便在上海暂居。

维新变法失败，于李提摩太而言，他仍然期待着改革出现转机。1899 年，他再赴北京，游说朝廷中的当权派，并拜访赫德，希望赫德对慈禧太后施加影响，赫德回答说，朝廷正反对维新，提倡改革实非其时。义和团运动爆发后，八国联军侵占北京，李提摩太向李鸿章、庆亲王奕劻再次兜售他的改革建议，但未获得支持，这使他不免怀念起那些维新派们，也对维新变法做出反思，认为维新派缺乏政治经验，操之过急。"惜乎求新首领诸君子，筹之未熟，操之太急，欲将一切旧法全行废弃。而不知调护新旧之间，取旧法之善者，并行而不悖，于是守旧之徒，得以乘间抵隙，以大反其前辙，卒致白云苍狗，变幻纷乘，碧血青磷，赍恨千古。"[1]

维新之败，李提摩太在《万国公报》上发表《说锢》一文，认为中国的改革要成功必须做好三件事：一是皇太后与皇上的团结，母子二人应向相而行，大清国历代先皇帝家有旧章则，制不遵则乱，皇太后辅佐皇上推行新政；二是"帝党"与"后党"的合作。而现实的问题是两党各怀心计，相互掣肘，如此又如何在危难之秋挽大清于狂澜之中；三是中国的儒教与西方的基督相和。一直以来，中国上下视儒学为正统，视基督为异端，虽然维新派，倡言改革，也

---

1 熊月之：《西学东渐与晚清社会》，第 612 页。

主张引用西方之法，但却不知道西法与基督有着密切的关系。如果中国上下能够尊重基督教在中国的传播，不排斥外国教士，既可以巩固中外邦交，也有利于推动改革。

1898 年 12 月 15 日，李提摩太在写给香港的友人谢缵泰的信中再次提到维新变法的失败，认为失败的原因是中国人盲目的排外思想，不认为西方的帮助是善意，"他们心中所期望的西学西法，是海陆军的战术、枪炮的制造，想用西法抵抗西人，时有排外的思想，要把外人逐出中国"，"无论是中国是列国，若不维持和平，想用武力强权，为政治根本，未有不失败者，但愿中国在改革时期，要和辑人民，不外常常讲求如何和睦，中外以诚实相交，这样，那一切幸福必相因继续的而来了。"[1]

李提摩太是一个很有争议性的人物。在晚清中国，他积极传播西学，批评大清陈腐的政治制度，希望推动中国变革。他在中国的生涯里，也努力推动教育，希望培育新人。从总体上来说，他的行动有利于中国的觉醒与进步；但他为侵略者张目，试图维护列强在中国的侵略特权的思想和言行，又为中国人民所不齿。在李提摩太身上，他的矛盾特质，如果称他为"大人"不妥当，单纯称他为"鬼子"也不合适。山西人称他为"鬼子大人"，既有褒又有贬，应该理解为李提摩太是"鬼子与大人"的结合体。

4. 同情维新的莫理循

1898 年，维新派推行维新运动，历百日终遭反对派的破坏而夭折。这一运动的发生以及而后发生的政变，也引起了曾经作为袁世凯政治顾问的莫理循的关注。

莫理循 1862 年出生于澳大利亚维多利亚州季隆城，他先后在

---

1 [英]苏惠廉：《李提摩太传》，梅益盛、周云路译，广学会 1924 年版，第 73 页。

墨尔本大学和英国爱丁堡大学研修医学，并于 1887 年毕业。莫理循与中国结缘，始于 1894 年到中国的旅行。是年，莫理循沿长江到中国内地游历，这是一次探险之旅，从上海到重庆，又从重庆向南深入到缅甸仰光，整个行程达 3000 多英里。

期间，莫理循乘坐一叶小舟闯过激流的三峡，感受到船工的智慧和胆量，也欣赏了两岸绮丽的风光；他徒步走过崎岖的山路，目睹了中国西南古朴的民风和逶迤、起伏的山川。也感受着因为灾荒给人民留下的凄凉；他对西方传教士在中国的活动有褒有贬，对中国一些地方的官员有颂扬也有批评。

这次探险的旅程，使莫理循以一个外来者的身份了解了中国的风土人情和社会状况。随后，他将他的这一经历写成《一个澳大利亚人在中国》一书，该书引起极大的反响，莫理循也因此声名大噪。

莫理循声名远播也引起了英国《泰晤士报》的注意。报社总编莫伯利·贝尔特意召见他，希望他到中国做驻地记者。

英国《泰晤士报》向来被认为是英帝国对外推行殖民侵略政策的重要喉舌，并在很大程度上影响着英国政府殖民政策的制定。莫理循被召见之时，经历了甲午之败的中国正被列强各国蚕食，为竞夺中国利益，列强各国互相对峙，勾心斗角。我们知道，英帝国最先凭借鸦片和洋枪洋炮轰开了中国的大门，签订了不平等条约，自此也成为在华的最大利益国，但是，面对各国竞相争夺中国利益的局面，英国深感其在华经济和政治利益受到严重威胁和挑战。作为为政府政策摇旗呐喊的一份报纸，急须派出了解中国政治、风土人情的人做为记者，以便更加深入地了解中国、了解形势。因此，莫理循被《泰晤士报》看中。当该报总编莫伯利·贝尔召见他的时候，莫理循对他前往中国并不热情，而是希望被派到泰国。因为当时他正在研究英法两国在泰国的利益冲突。贝尔同意了莫理循的请求。他在泰国工作了一年多。其间，他重访云南，并做了相关的报道。

他的报道让英国外交部深为重视。于是，在 1897 年 2 月，莫理循被正式指派到北京做驻地记者。

1897 年 3 月 15 日，莫理循从泰国来到中国，开始了他在中国的生涯。他在回忆录中写道，"我的新生活开始了"。初到北京，人生地不熟，为获取有价值的新闻，他从社交入手，在他的回忆录中，他描述了初到北京时广泛开展社交的状况。他认为他一开始就得到了海关税务司赫德与英国驻华公使窦纳乐的帮助，并很快与在华的英国外交官甘伯乐、戈颁、俄国驻华公使巴甫洛夫、德国公使海靖、日本公使矢野文雄等建立了关系，并与清朝官场的许多大员结为好友。

莫理循在中国的记者生涯持续到 1912 年，之后他开始担任袁世凯与北洋政府的政治顾问，直到 1920 年去世。莫理循到中国担任驻京记者，毕竟所服务的是一家要符合英国立场的报纸，因而他也把中国看成是列强各国争夺利益的场所。在列强瓜分与侵略中国的狂潮中，他不满足于作为一名记者，而是把自己看成是一名参与者。

自俄国强占旅顺、大连湾后，他就积极地报道俄国所干的坏事，利用自己的声望，发动遏制俄国在华影响力的运动，并积极鼓动英、日反俄，积极煽动日本对俄战争。日俄战争爆发后，莫理循又强烈反对日本接受俄国提出的和平条件。但是，莫理循目睹在中国发生的连年不断的战乱场面，他又矛盾地对中国充满同情，反对日本对中国的侵略。他对维新变法的失败感到惋惜，希望中国的新政改革能够真正前行。

莫理循反对日本同情中国的主张与《泰晤士报》所遵循的英国政策、方针相冲突，因而莫理循与自己的上司姬乐尔发生矛盾，以致关系破裂，愤然离开了《泰晤士报》。莫理循对中国充满同情，早在 1898 年发生的戊戌变法，使他感到中国将充满希望。

众所周知，维新变法的发生，始自列强瓜分中国的局势，正如康有为所言，甲午之后，中国已是"瓜分豆剖，渐露机牙，恐惧回惶"之状。在危难的情势面前，维新派提出维新变法的主张，得到光绪帝为首的帝党的响应。从1898年6月第一道变法诏书到9月21日慈禧太后发动政变，短短百余天里，光绪帝发布了多个变法政令，内容涉及政治、经济、军事、工商、文化、交通等多个方面，维新变法以日本明治维新为参照，借鉴近代西方的变革理念，可谓一场救亡图存的政治运动。然而，慈禧太后发动政变，维新志士被诛杀或者逃亡海外，标志着这场运动的失败。光绪帝与维新派发动维新变法之时，莫理循正在全身心地投入到协助英国同俄国争夺在华利益的行动之中。他没有"闲暇"时间去关注这场运动，对于这场运动的失败，他认为是亲俄的守旧派和亲日的维新派之间的发生的一场权利争夺战。对于这场运动，英国殖民者站在与俄国争夺在华霸权的立场认为，变法的失败并不符合英帝国的利益。"图谋引导维新运动沿着有利于英国对华侵略的方向发展，通过变法增强亲英派政治力量，遏制沙俄在华扩张势力，逐步改造清政权，使其成为英国统治中国的工具"；而俄国却为慈禧太后残酷镇压、屠杀维新派拍手称快。"英俄对戊戌政变持截然相反的态度反映出这次政变具有英俄在华争夺霸权的色彩"。[1]莫理循同英帝国有着相同的立场，他对维新变法的失败表现出相当的同情之心。

维新变法期间，日本政治家伊藤博文曾以游历之名来华活动，受到了希望讨教经验的光绪帝的秘密召见。莫理循得知这一情况后，将光绪帝与伊藤博文的谈话内容发给了《泰晤士报》，对伊藤博文向光绪帝提出的迁都、改善税收、修筑铁路等建议，莫理循认为这是中国摆脱外国瓜分的好建议，特别是对迁都之议尤为赞成。

1　高鸿志：《英国与维新运动》，《安徽大学学报（哲学社会科学版）》1998年第5期。

以慈禧太后为首的反对派破坏了维新变法，使得莫理循对顽固的保守势力更加厌恶。他说，他对后党没有什么好印象，"解决当前困难的最好办法是慈禧太后的死亡"；维新变法虽然失败，他和中国人民对改革的遭受失败既失望又无奈，他在给友人的信中写道："请记住，我和所有其他人一样赞成变法维新。当我想到中国大众的时候，我心目中所指的毋宁是内地的千万大众，并非受到外国影响而处境有所改善的那成千上万沿海居民"。[1]

此间，曾经积极支持维新派的总理衙门大臣兼路矿总局会办张荫桓也成为慈禧太后追杀的对象，英国驻华公使窦纳乐得此消息，立即写信给李鸿章，表示：处决张荫桓这样一位在西方各国都享有声誉的官员，将会带来很坏的结果，要求李鸿章阻止这一行动。日本驻华公使临时代办林权助也到李鸿章的住所，扬言"如杀张，将引起列强之干涉"。[2]

英、日两国的干预，守旧派只好妥协。清廷声言，张荫桓虽非康梁党人，但朝廷中屡屡有人参奏，此人声名恶劣，因此将其交由刑部看管，听后讨论发落。9 月底，张荫桓被流放新疆。

莫理循得知张荫桓将被流放的消息，立即鼓动英国公使馆参赞格维纳等人密谋把张荫桓从流放途中解救到公使馆保护起来。莫理循还希望得到公使窦纳乐的帮助。

窦纳乐考虑到这一计划涉及中英两国外交，不愿帮助，张荫桓本人也拒绝接受这种粗暴的干涉，使得这一密谋并没有付诸行动。莫理循冒着破坏外交的风险营救张荫桓，除因张在外交上的亲英立场外，还因张荫桓 1897 年代表清廷出席英国维多利亚女王即位 60 周年庆典时，成为第一个被女王政府封为爵士的中国官员。两年后，

1　骆惠敏编：《清末民初政情内幕：〈泰晤士报〉驻京记者袁世凯政治顾问乔·厄·莫理循书信集》上册，第 112 页。
2　中国史学会编：《中国近代史资料丛刊：戊戌变法》第三册，第 577 页。

张荫桓还是在他的流放地被保守派用野蛮的方式处死了。

维新变法失败后不及两年，中国又发生了义和团运动。由于义和团的盲目排外性，也导致了八国联军侵略中国、慈禧太后挟持光绪帝仓皇逃亡西安的沉痛事件。

经此危难，变革再次成为朝野上下的呼声。流亡西安的慈禧太后为给人民一个交代，也不得不推行所谓的"新政"。在此前后，莫理循也在关注着义和团运动，关注着八国联军的侵略暴行，也在关注着中国的新政改革。

1901 年，在西安的慈禧太后以一种支持"变革"的姿态，宣布实行新政，1906 年又发布了仿行宪政诏令，对于新政，莫理循与当时许多国内外政治家、外交家、在中国的洋人以不同的视野，观察着新政改革。他保持着相当的乐观，并采取了一些积极的行动。慈禧太后推行新政，信誓旦旦地说，"惟有变法自强，为国家之命脉，亦即中国民生的转机"[1]，从而使得一些主张改革的大员如张之洞、袁世凯、刘坤一等人纷纷呈递奏折，提出自己的改革主张，著名的"江楚会奏三疏"正是在这样的背景下，由张之洞、刘坤一联合会奏发出的，成为晚清最后十年新政的范本。"江楚会奏三疏"即《变通政治人才为先遵旨筹议折》《遵旨筹议变法谨以整顿中法十二条折》《遵旨筹议变法谨以采用西法十二条折》，它们的中心思想是，只有变法学习西方，才能积聚大量的经国人才，军事才能强大，教案才不会发生，与各国签订的条约才能公平，矿务才能开辟，洋人也不敢在中国横行，乱党也才会平息。[2]

慈禧阅罢，认为里边有很多建议是可以实行的。当年 4 月，慈禧太后就谕令设立了督办政务处，由奕劻、李鸿章等重臣负责督理。自此，慈禧太后主导的新政开始上演。虽然慈禧太后在人们的眼中

1 窦坤：《莫理循与清末民初的中国》，福建教育出版社 2005 年版，第 99 页。
2 李书纬：《少年行：1840—1911 晚清留学生历史现场》，第 284、285 页。

是一个专横、阴险、敛权的女人，但是实事求是地说，庚子之后的新政并非全无可取之处。慈禧太后推行的新政与康党的维新变法相较有很大的区别。它既能够使朝廷中的保守派和洋务派都能接受，也更适合当时中国的国情实际，更具有实践意义。

庚子之后的新政，在政治上借鉴了戊戌年维新派裁汰冗员的思路，设立外务部、商务部、学部、巡警部、邮传部等新的政府部门，意在变革传统的六部体制；经济上，在维新派提出的奖励工商、发展实业的基础上，制定了《商人通例》《公司律》《破产律》《商会简明章程》等多部经济法律，为工商业的发展提供了保障；军事上，在维新派整顿团练、改革八旗兵的基础上，提出编练新军，建设现代化军队的新主张；文化教育上，在袁世凯、张之洞的积极推动下，废除了延续几千年的科举制度，使新式教育和国外留学成为潮流。

清末新政虽然与戊戌之后的守旧状态相比，其政策虽然已大有改变，但仍然抱持着"不易者，三纲五常"的态度，面对中国各地掀起的反对不平等条约、收回路权与矿权运动以及立宪派与革命派为实现君主立宪还是实现共和政体而发生的激烈斗争；日俄战争中，日本战胜俄国，朝野普遍认为这是立宪国战胜君主国，只有加快实行立宪中国才能强大，清廷才能自保。因此，从1905年以后，清廷在继续改革的同时，开始了预备立宪的工作，表面上也给人一种不同既往的活力和新气象。

莫理循注意到了这新的变化，他由过去注重列强瓜分中国和英国在华利益的报道，开始了对中国新气象的观察，乐观地认为"所有这些新变化正在全帝国展开"。[1]

1905年6月，莫理循应《泰晤士报》的要求，作为该报代表

---

1 窦坤：《莫理循与清末民初的中国》，第99页。

到美国参加朴茨茅斯会议。会议在 8 月 9 日举行，参加会议的莫理循在会议还没有结束就离开了美国回到伦敦，因为他反对在俄国军队被全部击溃之前就实现和平。从朴茨茅斯回到伦敦后，他向英国民众热情赞扬了中国正在迎来一个美好前景，他热情洋溢地主张对中国新的精神状态采取"温和对待"的诉求，给英国新任外交大臣爱德华·格雷"留下了很深的印象"，以致在处理与中国相干的外交事务时态度有所松动。故而姬乐尔在信中埋怨莫理循说："自从他（格雷）就职以来，在租让权，特别是有关海关问题上，在他看来当然是一些公然毁约的行为，他对中国采取了过分忍让的仁慈政策，在这方面受到你的影响可不算小"[1]。

1906 年三四月间，莫理循从伦敦回到中国，他先是在广东、福建、上海等地做了考察，然后回到北京。"考察的结果表明世界在过去对中国过度的恐惧是没有道理的"。"义和团运动时期的中国和现在中国是无法相比的。因为现在中国政府没有任何排外运动，与外国人和平共处。她知道，一点点的骚动就会导致尴尬和恐惧。"他描述了外国人的心理变化，"义和团运动前是忽视（危险的）征兆，低估不安全因素，现在的趋势是过度怀疑、夸大（不安全因素）"。他通过一些传教士和他的一些友人旅行的实例说明这种心理是不正确的："旅行者在清帝国各地旅行很安全。美英圣经会代理人和中国内陆传教团的教士带回的报告令人高兴，温盖特将军在中国旅行时受到招待"[2]。

返回北京后，莫理循突然被一种"新发现"所吸引。从到美国参加会议回到北京也才半年多的光景，北京却出现了许多新变化："有了碎石子铺的马路、有极好的警察、有良好的秩序、有马车、

1　骆惠敏编：《清末民初政情内幕：〈泰晤士报〉驻京记者袁世凯政治顾问乔·厄·莫理循书信集》上册，第 466 页。
2　窦坤：《莫理循与清末民初的中国》，第 97 页。

有外国式的住房、有电话和电灯，今天的北京已经不是仅仅几年前你所知道的北京了。中国能够不激起任何骚动便废除了建立那么久的科举制度，中国就能够实现无论多么激烈的变革。"[1]

莫理循从英国回到北京后，他对中国、对日本甚至对英国态度上发生的转变，姬乐尔说他是一百八十度的大转弯。莫理循自己则说，"我承认有前后矛盾之处，那是在 1905 年我在英国时所相信的和 1906 年我返回中国后所看到的情况。"莫理循再返中国后发现的新变化，这个中国在民族精神上激励着他："目前在中国，民族精神正在兴起，其激昂的程度同 1860 年以后若干年里在日本出现的一样"，他主张英国"应该鼓励这种精神"。美国政府的排华政策使中国人民掀起了抵制美货运动，莫理循认为"中国绝对有权力那样做，她以合乎潮流的精神和体面的做法，指挥了这次以牙还牙的运动"。[2]

莫理循态度的转变还因为日本继俄国之后对东三省的掠夺行径。当然，他也认为日本对中国的掠夺与侵略，是对英国在华利益的严重威胁。日俄战争后，根据《朴茨茅斯和约》规定，俄国承认日本在朝鲜的统治，同意把旅顺口和大连湾的租借权及附属特权让与日本，将库页岛割给日本。中国东北被日俄瓜分，东北南半部成了日本的势力范围。日俄战争已给东北人民带来了沉重的灾难。战后，日本又从经济、文化等方面实施侵略和掠夺，日本通过"满铁"对东北的铁路、进出口贸易、煤矿、森林资源进行疯狂地占领和掠夺，并且扶植日本私人资本在东北扩张。经济掠夺的同时，它对东北人民施行奴化教育，进行文化侵略，通过学校、报刊、图书馆、神社和寺院进行殖民主义宣传，力图泯灭东北人民的爱国心和民族

1　骆惠敏编：《清末民初政情内幕：〈泰晤士报〉驻京记者袁世凯政治顾问乔·厄·莫理循书信集》上册，第 473 页。

2　窦坤：《莫理循与清末民初的中国》，第 100 页。

自信心。但莫理循并没有从这些方面揭露日本。

1906 年 6 月，莫理循怀着对东北关注之情专门前往调查。在那里，他耳闻目睹日军烧杀淫掠的残暴行经，日本向东北倾销商品，输入那些假商标的冒牌外国商品，日本商民在东北的骄横，所有这一切都历历在目，都给莫理循以极大的感触。他在 7 月 31 日给姬乐尔的信中写道："在满洲的所有外国人，连中国人也一样，对日本人普遍憎恶和怀疑，这很难说是夸大之词，"之后他举了不少例子说明，从这些罗列的话中可以感受到，莫理循是在一种愤懑与痛苦的状态下写就的："日本人正在向满洲输入贴着假商标的冒牌外国货，轮盘赌、骗子、浪人和妓女。奉天大约有两千个妓女，虽然官方只承认有一千人。她们在街上拉中国客人。满洲到处都是日本妓女，甚至在满旅边界地带也有。那里没有公理和正义，日本人犯了罪也总是对的。"[1]

在莫理循的理想中，既然英国和日本结盟，英国就应当"大有作为"，"做些在同中国的关系上有利于我们的事，扩大对华贸易，增强在华影响"，但日本对东北的垄断性惊夺以及运用不道德手段倾销冒牌货，日本人的骄横等等卑劣行径莫理循无法忍受，他认为日本的所作所为使英国的地位受到威胁。因此他开始抨击日本，并开始从积极、肯定的角度看待和评说清廷的"新政"改革。[2]

清廷所推行的新政改革，列强并不支持，日、俄明显地采取敌视态度，作为英国喉舌的《泰晤士报》也明显地采取消极的态度，认为这一变革，与腐败的清廷而言注定会失败。莫理循认为这种观念是错误的，他断言中国的发展和变革将对外国有利，他说，中国"号召进步，要筑铁路，要增加军队，然而本国款项不足，得向外

1 骆惠敏编：《清末民初政情内幕：〈泰晤士报〉驻京记者袁世凯政治顾问乔·厄·莫理循书信集》上册，第 473 页。
2 窦坤：《莫理循与清末民初的中国》，第 101、102 页。

国筹借，很多省份需要钱……于是'中国人的中国'的最后结果可能是外国资本的大量涌入"。所以外国政府应该打消对中国的变化所持的怀疑或观望态度，改而欢迎和支持中国的变革；中国人民抵制美货、要求收回主权的运动和参政要求、参政意识的高涨，以及中国政府在租让权、海关、鸦片等问题上渐趋强硬的政策，正是中华民族民族意识复兴的集中体现。他指责英国对待中国的消极态度："这个国家正在发生变化，然而英国报界的趋向依然是抓住每个机会去诋毁中国，用污蔑性的词汇训斥中国，对待中国的态度还像义和团闹乱子以前一样。"[1]

为见证自己观点的正确性，莫理循于1906年12月26日到1907年3月、1908年1月16日到4月11日，又分别对中国的长江流域、西南、西北、华北、华南等地区进行了大量的实地考察，他广泛地接触了所经各地的地方官员、普通百姓、领事官员、传教士等各阶层人士。在考察中，莫理循用心地观察着中国社会，关注社会问题和改革成效，并对中国的下层社会充满同情。他沿途留意当时的妇女缠足问题、妓女问题，吸食鸦片仍然是一个普遍现象，并考察了各地的教育、军事、市政建设、咨议局、禁烟以及路矿建设等问题。

1908年的考察行将结束的时候，他在自己的日记里列出了中国正在进步的19条"证据"：

教育的发展，现已有1100所学堂和传教士创办的数量更多的中小学校及大、专院校，并且有了体操和公共体育；外国样式的公共建筑出现在各种学堂、大学、中央各部甚至在王府和宫廷里；电灯、电话和自行车的出现；外国的敞篷轿车正在取代中国的旧式马车和轿子，甚至亲王和王妃、公主们也驾这种车；街道修筑得很好，

1　窦坤：《莫理循与清末民初的中国》，第103页。

与正在改进中的街道两旁的建筑相接；令人惊奇的是亲王们也会外出吃饭，和朋友们按照外国的方式坐在一起；教育和考试系统的改革；军队列操由外国的军事音乐作前奏；士兵穿外国式的制服，行军时要唱歌；饭馆里有了外国食物；新的礼节和礼貌；英文小说被介绍进来；警政的改善，警察很有礼貌地解答人们的咨询，张贴无人认领的死者的照片；北京的监狱条件有所改善；碎石子铺的路，人们的房屋有所改善；很多地方有了动物园；妇女也可以受教育了；人们反对吸食鸦片；出版业发展迅速，广告需求多。[1]

在深入中国内地的广泛的考察之后，莫理循得出了一个结论：中国要实现经济繁荣，必须进行自上而下的改革，但改革要有一个稳定、和平的政治社会环境。莫理循认为中国的改革希望寄托在新生力量身上，他对清廷中保守势力并无好感，在他看来，腐朽的保守派无力也不可能承担起重建中国的重任，而只有觉醒的中国人民、尤其是那些受过西方教育的进步人士和具有远大政治抱负和先进思想的汉族官吏，才是推进改革的中流砥柱。

莫理循批判清廷中的皇室贵族说，让载洵这么一个肥胖而声名狼籍的家伙，一个可怜的寄生虫出任海军部尚书，只能是说明清政府无能。莫理循认定：清廷是世界上最糜烂、最不可救药的腐败政权。她对自己的人民漠不关心，麻木不仁；各级官员关心的只是怎样从人民手中搜刮财富供自己享受，他们的子弟大多游手好闲，生活奢糜；中国为什么在列强的坚船利炮面前一次又一次的被动挨打？大清社会为什么会存在一些弊端与恶习，诸如娼妓、屡禁不止的抽鸦片等等。在莫理循看来，这都是清廷的无能与腐朽造成的。他认为，"我们可以放心地把信心寄托于中国人民的未来，尽管我们可能还不得不谴责、威胁和恫吓这个腐败的政府"。西方应该相信中国正

1　《莫理循日记》1908 年 3 月 31 日。

在进步，我们对这种进步应表现热情、支持的态度，"我表达的'热情'，是对能做出任何事业的人民，而我提出的批评一向是对挡在必将到来的改革道路上的政府和官僚阶级"。[1]

本来，莫理循对清廷推行的新政改革是持乐观估计的。1906年到1908年的两次中国社会考察也见证了改革的成效，然而，慈禧太后与光绪皇帝去世后，晚清新政改革的推动却变得更加迟缓。1910年10月21日，英国驻华公使馆医生德来格在给莫理循的信中说，"腐败、投机、贿赂和卖官鬻爵等现象还在继续，领干薪挂名在册的军队在膨胀。所有这一切都使政府感到越来越难以偿还外债。人民不会再忍受多久。资政院的权力变得越来越大，其方式完全出人意料之外，缩短预备立宪的期限和立即召开国会的呼声在高涨。在所有这些压力之下，政府正在衰亡。我相信人民会有他们自己的解决办法，这将是一场不流血的革命；尽管他们在开始时可能会犯些错误，但是我认为这是拯救国家的惟一办法……现在财政问题比其他任何事都重要。在这方面，不能依靠来自上面的改革，只能依靠人民，他们是官僚阶层的敌人。现在的趋势是人民准备以暴力扫除高层的腐败和日益增加的拿高薪的冗员现象……我现在很同情迅速建立立宪政府的运动；如果事态如他们所做的那样发展，我想我们很快将面临一个十分糟糕的选择。"[2]

此时，作为《泰晤士报》编辑的濮兰德也认为，中国的宪政改革自慈禧太后与光绪皇帝去世后，已经完全没了希望。10月25日，濮兰德在给莫理循的信中认为，莫理循10月10日在伦敦作家俱乐部发表的题为《中国的觉醒》的演讲中，忽视了一个重要问题，即"中国官僚阶层的根深蒂固、无可救药的腐败之风"。濮兰德认为，中

1　骆惠敏编：《清末民初政情内幕：〈泰晤士报〉驻京记者袁世凯政治顾问乔·厄·莫理循书信集》上册，第471页。

2　[澳大利亚] 西里尔·珀尔：《北京的莫理循》，福建教育出版社2003年版，第311页。

国之所以改革停滞不前，这些因素是巨大的障碍，中国的情况与俄国有些相似。濮兰德说，"我同意你对中国人民的评价，但问题是在灾难来临之前，他们是否有时间和宽限去根除国家躯体的疾病。在我看来，这才是远东问题的根本所在"。在濮兰德看来，无能的清廷、腐朽的官僚已经使中国的改革丧失希望了，因为它已没有足够的时间，中国即将面临大灾难，政权会被颠覆。[1]

德来格、濮兰德给莫理循写信，当然有反对他对清廷新政改革乐观估计的成分，认为莫理循这是在同情和美化清廷。事实上，对于新政改革，莫理循自日俄战争后，也意识到了腐败的清廷不可能是推进中国变革的真正动力，而可能成为改革路上的绊脚石。早在1906年，莫理循在给姬乐尔的信中写道，"人民正奔走呼号要求改革，而改革是一定会到来的。但是对于挡住进步道路的反动官僚应该怎样办？"[2]

随着立宪运动的蓬勃发展，特别是各省咨议局的成立，莫理循更预感到了清廷已是风中之烛覆亡不可避免。虽然莫理循也认为中国的希望寄托在觉醒的中国人民身上，但在如何搬开清廷这块"绊脚石"的问题上，莫理循并不主张运用革命党人的革命方式。中国连年战乱，社会民生动荡，他很希望中国在一个相对和平稳定的环境中推进改革，他很反感以孙中山为首的革命党人的革命行为，莫理循甚至说，孙中山是一个令人讨厌的煽动者、阴谋家，是个"无知的人，他喜欢说大话和他的无知一样"。[3]

在莫理循看来，孙中山所领导的革命行动必然会给中国带来更大的混乱和动荡。这不但不能解决社会和民族矛盾，反而使已经取

---

1 《莫理循日记》1910年10月25日。
2 骆惠敏编：《清末民初政情内幕：〈泰晤士报〉驻京记者袁世凯政治顾问乔·厄·莫理循书信集》上册，第471—473页。
3 骆惠敏编：《清末民初政情内幕：〈泰晤士报〉驻京记者袁世凯政治顾问乔·厄·莫理循书信集》上册，第512页。

得的改革成果遭到损害。莫理循希望用改良的方式，通过实现立宪政府来使中国获得新生。那么，谁适合担当这个历史重任呢？他断定，只有那些接受过西方教育的知识分子和拥有实力、具有先进思想的汉族官僚才有此资格。

在晚清的实力派官员中，莫理循认为袁世凯是堪当重任的一员。莫理循推崇袁世凯，是因为他与袁世凯多有接触，认为袁才是清廷中为数不多的改革人物。甲午之后，清廷命袁世凯在天津督练新军，他不负众望，把新式陆军训练成当时中国最精锐的军队，他因此也声誉鹊起；义和团运动中，袁世凯与张之洞、刘坤一筹划"东南互保"，使得南方没有像北方那样出现动荡，也保护列强各国的在华利益，得到列强的信任，对他寄予厚望。

1901年底起，袁世凯被清廷实授直隶总督兼北洋大臣，此后他更是锐意改革，建立了近代警察制度，提倡工商实业，开办新式学堂。1905年后，袁世凯与张之洞等人推动官制改革，实行责任内阁制，他进而被提升为军机大臣、外务部尚书，一时间南有张之洞，北有袁世凯，二人成为中外关注的朝廷大吏。

袁世凯推行改革，他也十分注重在列强各国特别是英美两国中的形象，因而也与莫理循建立了良好的私人关系。莫理循也经常收集袁世凯的事迹，在《泰晤士报》上加以报道。莫理循曾回忆说，"我们所有在京人员关注着这一强有力人物的生涯。"他们形成一个共识：袁世凯终将成为中国最有权势的人。莫理循在1902年3月2日前往直隶省城保定拜见了袁世凯，于4日发出了采访袁世凯的电文。《泰晤士报》于7日予以刊登。莫理循在电文中着重报道了袁世凯为收回天津所做的工作，说袁世凯是一个爱国的官员。义和团运动时期，八国联军攻占天津后，在那里建立了临时政府——暂时津郡城厢内外地方事务总统衙门，俗称天津都统衙门，并把天津划分了八个区，由各国分管。1901年11月，袁世凯署理直隶总督兼北洋大臣。他到任后的第一项工作，就是委任唐绍仪与列强交涉取消都统衙门，收回天津行政管理权，经过唐绍仪据理力争，1902年8月25日，袁世凯和联军将领举行了交接仪式。莫理循在保定访问袁世凯时，正是袁与八国联军交涉收回天津的时刻。保定会见之后，莫理循和袁世凯二人交往日多，直至1916年袁世凯逝世都未曾中断。[1]

袁世凯权力与威望日隆，使得清廷中的保守派对他十分妒嫉。1906年底，保守派为削弱袁世凯对军队的控制，将袁世凯控制的几个镇的军队指挥大权收归兵部。给袁世凯留下的只有两个镇。这个举动给外界的观感是，袁世凯权力经此剥夺，很难东山再起。但莫理循却不以为然，他根据了解到的信息判定，袁世凯的地位并没有因此而受到削弱，他"除了直接指挥的两个师（镇）以外，通过由他提名委任的部下，他在新军中甚至对最远的地区——广州——仍然是最有影响的人"。[2]

莫理循与袁世凯的密切接触，使他感到袁世凯不仅具有定国安邦、维系中国社会稳定的实力和手段，更具有晚清大多数官僚所不具备的与时俱进、放眼世界的政治眼光，这正是他所认为的可以推进中国改革的"新生力量"。

袁世凯在莫理循心中所塑造成的高大形象，所以使他在积极地关注着袁世凯，他对袁世凯在晚清政治中的权威和地位深信不疑。1909年1月2日，摄政王载沣以宣统帝名义下旨说，"军机大臣、外务部尚书袁世凯，夙承先朝，屡加擢用，朕御极后，复予懋赏，正以其才可用，俾效驱驰。不意袁世凯现患足疾，步履维艰，难胜职任。袁世凯著即开缺回籍养疴，以示体恤之至意"[3]，强行让袁世

1　窦坤：《莫理循与清末民初的中国》，第117页。

2　骆惠敏编：《清末民初政情内幕：〈泰晤士报〉驻京记者袁世凯政治顾问乔·厄·莫理循书信集》上册，第483页。

3　《宣统政纪》见《清实录》第六十册，中华书局1987年版，第74页。

凯回老家休养。载沣表面上很是关切，但是"足疾"两个字，嘲讽之情溢于言表——反正达到剥夺权力的目的就够了。

载沣将袁世凯开缺回籍，在很多人看来这是袁世凯政治生涯的终结，姬乐尔甚至还为此攻击莫理循对中国状况过于乐观，以致分不清形势，但莫理循仍然坚持自己的观点。袁世凯被开缺后，莫理循仍然在《泰晤士报》上发文肯定袁世凯的新政功绩，对清廷打击这样一位进步人物感到不满："未来令人心焦，袁世凯是满族特权和太监的对手。他被罢职对其他人包括总督和各级官员们，特别是唐绍仪，都是影响。"然而，他还是对袁世凯充满信心。袁世凯也曾"大为感动"。1911年4月，莫理循致函蔡廷干："试图把中国和中国人的事情向欧洲人广为报道。《泰晤士报》有其他欧洲大政治家的传略，但除了有关中国大城市和省一级当权者单调无味的记录以外，没有掌握任何中国政治家有价值的资料"。他希望蔡廷干为他提供一份袁世凯的生平概况，甚至向袁世凯的儿子袁克定打听袁世凯在戊戌维新时期的活动。他于6月写成了一份关于袁世凯生平的长篇备忘录，从袁世凯出生到他赴朝鲜，一直叙述到他被罢黜后的隐居生活，可以说是关于袁世凯传记的较早资料。他在这份备忘录的结尾写道："不时地，会有一些传闻，说他可能要复职……袁世凯当然会恢复自己的权力。"[1] 后来，莫理循将此文发表在《泰晤士报》上，成为他推崇和宣扬袁世凯的重要材料，也表现了他对袁世凯的坚定支持。

1911年，辛亥革命的枪声震惊中外，革命党人要求清宣统皇帝逊位，实现共和国体。对于这场革命，莫理循并不认为革命党能主导中国。他说，"我深信，袁重新掌权已为期不远，我斗胆揣测，袁将接替荫昌掌管陆军部，其后升为内阁协理大臣，以接替即将退

1　窦坤：《莫理循与清末民初的中国》，第118页。

休之那桐……我还冒昧预测,上述变动将在 10 月间资政院再次举
行会议之前实现"[1]。

莫理循像众多的国内外媒体记者一样关注着这场变革,他更加
明显地赞赏中国人民的觉醒意识,他希望中国从此走向繁荣。他在
给《泰晤士报》的新闻报道中,更多地注入了中国的民族觉醒将打
造一个社会稳定、经济繁荣的中国的内容。他认为,中国的经济繁
荣对英国并无妨害,但中国要繁荣,就必须铲除腐朽的思想、腐败
的政体,他还认为中国应该在英国的引导下,用英国的政治模式来
加速改造。1912 年,莫理循被袁世凯聘任为政治顾问后,他开始
直接插手中国政治事务,试图用他的名望和思维模式,将中国变革
的方向引向他设想和所期望的路径。

5. 林乐知的"儒学教育"与"释放妇女"

1860 年,在第二次鸦片战争的硝烟中踏上中国土地的林乐知,
恐怕他自己也不会想到,怀着传教的初衷,却成为大清的雇员,而
且在中国一待就是四十年,直到他生命的尽头。中国是他追梦的地
方,也是他生命得以升华的所在。在中国的四十多年里,他翻译了
诸如《欧罗巴史》《格致启蒙化学》《列国陆军制》等国外的历史、
地理、军事、自然科学等著作外,还致力于中国教育的发展,致力
于中国社会问题的研究,同时也与中国妇女解放运动结下了不解之
缘。

林乐知 1836 年生于美国佐治亚州,早年父母双亡,由姨父母
养大成人,少年在家乡读书,即加入了基督教。1858 年毕业于佐
治亚的一所大学。1860 年 7 月抵华开始传教。按照基督教美国监
理会的意图,林乐知抵华后应到杭州去开展传教工作,但当时的杭

---

1 骆惠敏编:《清末民初政情内幕:〈泰晤士报〉驻京记者袁世凯政治顾问乔·厄·莫
理循书信集》上册,第 731 页。

州，清军与太平军正在打仗，他曾试图进入杭州但因战事无法入城，只好前往南京。他见到太平天国干王洪仁玕，表达了希望传播福音的愿望，但信奉基督教的太平天国并不欢迎外国人传教，林乐知只好离开南京，返回上海。

1861 年，美国发生南北战争，林乐知与美国南方监理会失去了联系，传教活动经费也随之断绝，他只好在上海靠出租、变卖教会产业，做煤、米、棉花生意来维持生计。正在他感到前路迷惘之际，1864 年 4 月，经时为李鸿章幕僚冯桂芬、上海道台应宝时的推荐，他被聘为上海广方言馆英文教习。这是他在中国第一次从事教育活动。六个月后，教职被留美归国学生黄胜取代。1867 年，黄胜以孝养告退，林乐知再次被聘为英文教习。1868 年，他创办《教会新报》。1870 年初，广方言馆移入江南制造局内，与翻译馆同处一楼。1871 年，他又被聘为翻译馆译员，此后十年，他身兼教习、译员、编辑，传教士四职，上午教书，下午译书，晚上办报，礼拜日说教。1881 年，林乐知辞去广方言馆和翻译馆职务，自办中西书院。广学会成立以后，他成为骨干力量。[1]

林乐知在广方言馆与江南制造局翻译馆做译员，一干就是十余年，正如当时的《万国公报》所言，"美国牧师林乐知先生孜孜以教育人才为心，在广方言馆制造局设教十余年，其所造之人殊为不少，而先生犹恐教有未广而欲开大学堂"。[2]

在广方言馆与制造局任译员的生涯里，林乐知仍然不时地进行传教活动。特殊的工作经历，使他感到开办教育既可以帮助中国，又有利于他的传教活动。1876 年 11 月，林乐知在《万国公报》转载上海《益报》刊登的一篇论文和上海同文馆课程内容。林乐知为这篇文章写了个按语，发表了自己的看法，认为中国教育不能限制

1　熊月之：《西学东渐与晚清社会》，第 615 页。
2　《书林乐知先生西学课程后》，《万国公报》1881 年第 14 本，第 8613、8614 页。

在某一个领域，而应该让更多的人们获得各种不同的学科训练。他相信，上海同文馆是一个培养大批人才的机构，它可把西方国家的知识介绍到中国来。1876年5月，《万国公报》为德国汉学家花之安的《教化论》一书发表了序言，这个出自林乐知之手的序言公然声称，中国的传统教育无论是在有用的技能或者道德方面均不能提供指导，这就是中国缺少像西方那种能推动科技和道德进步的人员的原因。[1]

怀着推动中国教育的信念，林乐知在1881年辞去清朝的官方职务，开始筹办中西书院。

林乐知在当年试办了中西书院第一分院，地点设在法租界八仙桥；第二年又设立了第二分院，地点设在美国租界。之后，又将这两家书院合并，在"美淞路购地十三亩，零计契价银三万九千二百二百一十一元，建造大书院一座，并住宅一所及围墙垫地，连学生坐房并厨房下房共数十间，计工料洋二万一千一百四十一元九角五分，此次西国善士共助洋六万一千零十三元八角，劝募中国官绅富商助洋一千四百零，甲申年（1884年）正月始得落成屋舍宽敞，规模宏大，两分院归并大书院"。[2]中西书院的试办，时人评价说，这是非常之人的非常创举。

1884年2月，中西书院正式开办，招收学生140名。林乐知自任校长，并担任英语、自然科学、数学方面的教学。课程安排上力求中西兼顾，"中学课程，因诸生年岁大小不同，难以预拟，因材而绝名分班次。凡肄业诸生，以十二岁以上者学习西学，如有聪明子弟十岁以上者亦可，即八九岁者，亦准来馆读书，迨年稍长，再习西学。并有女师教授女生课程，同然兼教女红针线。来院诸生理应衣服清洁，读书勤敏，确遵师训，毋得怠惰。至西书、石板、

1　李济深等：《戊戌百年祭》，华文出版社1993年版，第175页。
2　林乐知：《中西书院规条》，《万国公报》1891年，第18本，第11807页。

墨水、铅笔等，院主代办偿还价值价；中书纸墨笔砚，诸生自备。"[1]
林乐知毕竟是个传教士，他开办书院也不忘兼顾他的传教事业。课
程安排虽为言明《圣经》为必听之课，但也说，诸生可以在历百日
听讲《圣经》，但不会勉强。

林乐知虽然对中国儒家学说持批评态度，但也感到中国儒学历
史悠久，有着深厚的文化积淀。如果学生们能正确地理解这些遗产，
对中国文明、改革的推动倒也不是坏事，他在给朋友的信中写道：
"中国的经典著作对中国的学者来说是必不可少的，我们不再考虑
摒弃它们，而是考虑像在欧洲和美国引用希腊和拉丁文化那样对待
中国的传统文化。"所以林乐知开办中西书院，在课程的设置上，
力求达到中西兼顾。

林乐知认为，中国此前的学校不是偏重中学就是偏重西学。如
普通书院偏重中学，而一些教会学校，则偏重西学。这两者都不适
应中国文明进步的需要。他的中国助手沈毓桂的话在很大程度上可
以说代表着他的观念："当今之世，专尚中学固不可也，要必赖西
学以辅之；专习西学亦不可也，要必赖中学以襄之"。[2]

书院开办之后，林乐知考虑到目的是教书育人，对于生源，他
努力做到统筹兼顾，对那些天资聪明而又家境贫寒的学生尽量给予
照顾和捐助，使学校体现人性化关怀。要做到这些，经费的来源则
成为一大问题，林乐知设法获得中国人的赞助，他毕竟有过在广方
言馆和制造局的任职经历，他很快获得一些官员、文人和商人的援
助，这些人都与外国人有过接触，对林乐知中西结合的办学方针也
非常赞赏。

中西书院在课程的设置上虽然力求达到中西兼顾，认为儒学是
不容忽视的文化遗产，但他主张学习其精华，去其糟粕，他很反感

1　林乐知：《中西书院课程条规》，《万国公报》1881年，第14本，第8577页。
2　熊月之：《西学东渐与晚清社会》，第617页。

科举制度的八股取士。在中国的传统教育体系里，科举制度是传统
儒学教育的重要组成部分，也是维系皇权专制的纽带，由于根深蒂
固的观念所致。通过科举考试、八股取士成为中国旧知识分子的最
大诱惑。林乐知对此予以了强烈的抨击。他认为，中国历代王朝的
取士制度，只注重那些八股经文、条对和一些浮词策论，而不注重
实学，这种传统而腐朽的科举取士制度正是中国落后、积贫积弱的
祸根，他说，"乃自唐以来，竞尚词华，罔事实学，诗赋时文骈妍
抽秘，虽使才踵屈宋艺，逐章胡究，不知其所为用者安在，犹复尊
之以盛名，歆之以厚禄。至今天下才智之士锢塞，明日钻研于试帖
之时文之中，以至老死而不知所止，中国之积弱岂不坐此哉？"[1]

在林乐知看来，中国的科举制度、八股取士实在是一无是处，
必须进行彻底的改革。只有废除科举制度，崇尚八股取士的风气才
会得以扭转，进而基督教与近代科学才会在中国生根发芽，这也是
林乐知创办中西书院教学方法上采用中西兼顾的原意之一。但开办
一所中西书院，根本改变不了中国科举取士的风气和中国教育严重
落后的局面。

林乐知甚至认为一个缺乏教育的国度，简直是与禽兽无异。人
之所以区别于禽兽，是因为其接受教育，禽兽只是自然界中有生命
周期的行尸走肉罢了，无所谓接受教育；人却不同，人可以得到良
好的教育，在教育中得到成长和启发。林乐知说，人类不同于动植
物又不同于禽兽的重大区别就在于，"若人则于自然生理之外，别
有思想，别有能力，能自主以养其所欲，给其所求，是皆出于人生
固有之特性也"，因此要引导人类这一特性是教育的首要任务。

那么，在科举制度根深蒂固、新式教育严重滞后的中国，该如
何开展教育呢？正如他开办中西书院，在制造局翻译近代自然科学、

---

1 《万国公报》1874 年 12 月，第 1 本，第 689 页。

先进思想、文化著述那样，他强调学习西学要循序渐进，尤其要重视中国的启蒙教育，教育与学问只有由浅入深、由近及远才能使教育得到发展。

林乐知详细介绍了西方循序渐进、由浅入深，德、智、体全面发展的教育理念：西方的启蒙教育是从幼稚园开始的，"小孩未读书之前，先便察物，就其目所能见、手所能抚、耳所能闻之物，皆便记其名字及其造法、用法，故至读书识字之时，能收驾轻就熟之效也"。蒙学之后，"使读地理、历史、数学、文法诸书，以课造之。又从而进之，则有理学、格致、律法、政治等书，皆所以养成人类之资格，使其品行、知识、体力、心灵皆成为完全而不缺，庶可望其能自知，而非如木偶之徒具形骸；能自主，而非如傀儡之任人提拔；能自治，而非如野蛮之近于禽兽；更能自立，而不为他人之奴隶，不受古人之束缚矣"[1]。

林乐知在对中国教育的建议中，他主张循序渐进、由浅入深，从蒙学开始。在他关于教育的建议中，他尤其重视初学、公学以及女性的教育问题。他认为，开展蒙学之外，初学、公学的建立都是完善教育的重要内容。他甚至还建议，国家应建立相应的章程，建立起从初学到大学的一整套教育体系。对于女性的教育问题，"女人无学，终不能得真实之兴盛，西国教化之成为文明，未始不由于振兴女学之功"[2]。

林乐知主张中西兼顾，兴办中国教育，但作为基督教徒的他也有功利的一面，他认为中国教育应与西方基督紧密结合。他直言，中国不信基督而学习西学，则后果不堪设想，他片面的认为，西方的强大就是由崇信基督的缘故，"旷观天下大局学问之兴，贤才之多，

1　林乐知：《维新之正路》，见《全地五大洲女俗通考》，第十集下卷，第十四章，第8页。上海华美书局刊印，上海广学会编行，1903年版。
2　林乐知：《维新之正路》，见《全地五大洲女俗通考》，第十集下卷，第十四章，第10页。

甲兵之强，莫如从耶稣之国。天下之国众矣，而偏让从耶稣之国独兴，何哉？固有耶稣道为之本，所谓君子务本，本立道而生也"。[1]

尽然，林乐知的教育理念有一定的功利性，宣扬基督是万物之源，是国家发展的根本。但其在中国开办教育，崇尚中西兼顾的教育理念，他对中国教育近代化所做出的贡献，还是值得肯定的。

林乐知不仅重视女性教育，他还对中国妇女问题十分关注。在他刚来中国之时，读过一本《在中华帝国的旅途》的书，感到与西方的女权独立不同，中国妇女正处于被压迫的从属地位，要改变她们，必须对她们进行感化。

在中国传教的过程中，林乐知也很快发现中国女性是很容易被感化的一个群体："她们对真理更虔诚、认真。因为男人们只不过是听听而已，随后就忘了，他们比起女性来似乎缺少同情心，心肠比较硬。尽管这些妇女现在恪守的还是中国的传统信仰，甚至还相信迷信，但是她们的心地比较好，富有同情心。"抓住这个特点，用基督教义去感化她们，尽而让他们也感化其家庭成员，西方的基督在中国将大有可为。

怀着对中国妇女的同情以及传播基督的矛盾心态，林乐知对中国妇女问题进行了研究，也对中西方妇女进行了对比。

在他大量的关于妇女问题的文章中，他指出，中国妇女社会地位低下，丑恶与愚昧的女俗严重禁锢着她们的肉体和心灵。而在中国妇女还未从"三从四德"的阴霾中解放和觉醒之时，西方女性与男人一样享有平等的社会地位。西方女性也懂得如何争取和维护自己的合法权利。林乐知以美国女性为例，介绍了西方女性的生活状况。

林乐知在《万国公报》发表的《美女可贵说》一文指出，美国

1　林乐知：《续养贤能论》，《万国公报》1879年，第11本，第6688页。

男女享有平等的财产权利，都拥有自主权，都受到法律的保护，都可以受到法律的保护，都可以从父母或他人那里得到平等的财产和馈赠。"按照邦律，非必皆同然，亦有相同者，夫死子归母养，产由母掌。夫妇离异之律各邦不同不可谓为已足，然核其总意，夫妻平等，财产的归属，皆以公道处之"。[1]

除此而外，林乐知还指出，美国女性已经享有参与政治、选举的权利。他在《全地五大洲女俗通考》中，详细介绍了西方女性参与社会的能力。美国妇女可以平等地参与工作、就业、参加各种有益的社会活动、从事研究等等。

如果将林乐知的妇女观比作一顶价值高昂的王冠，那么他关于女性教育的言论则是这王冠上一颗光泽晶莹的珍珠。他指出，在美国，女性与男性享有平等的接受教育的权利。"美女孩读书，公学备之，如男孩，然且初学课程同升入中学后，读文法书、写字作论，或男女同堂分班，或别立女学，惟其师及学中之器具，则亦同。女学生在学连读，至可升入上学而止，年约十七八岁，其数仍不亚于男学，或有更多者，盖男子将出学谋生，女子则求益进亦，固不能免之事也。"[2]

反观中国女性，却仍然生活在"男尊女卑"传统社会的炼狱里，无论是在家庭还是身处社会，她们永远是卑微的代言，她们遭受缠足之害，她们"无才便是德"，她们受幽闭之苦，太多的苦难像一座座大山压在身上，而她们却浑然不觉。千年陋俗也是体制纲常所致，中国封建王朝的律法制度，更是男权的代言：丈夫殴打妻子，没有重伤则无罪；妻子殴打丈夫，无论轻重，一律治罪；丈夫可以休妻，妻子则不能休夫；男子多取妻妾，女子则要保护名节，如此等等。传统的观念把男性视为家中的权威和传承，女子出嫁后则视

---

1 林乐知：《美女可贵说》，《万国公报》1899年6—7月，第29本，第18534页。
2 林乐知：《美女可贵说》，《万国公报》1899年6—7月，第29本，第18534页。

为"泼出去的水","女子之嫁也,母命之日,往之汝家,必敬必戒,无违夫子。此可见女子以夫家为其家,既嫁之后,未分家之前,皆不能成家之望也。"[1]

林乐知认为,中国社会对妇女的歧视非常的不人道,同中国儒学所倡导的"仁慈""友善"等观念极为不符,是极大的讽刺。他更痛恨中国妇女的缠足陋习对身心的戕害。林乐知在《万国公报》上发表的文章中说,妇女缠足是中国最残酷的恶俗,也是中国汉族男权视为满足淫欲、享乐的工具。从四五岁就把女孩的双脚用一条裹脚布紧紧地缠绕、弄残,"以小为美"的观念,政府却极尽纵容之能事,唯独中国才有此陋习。林乐知看到缠足陋习,既是中国传统文化中的一种陋习,又因中国女性不知反抗、没有接受新式教育所致。所以他认为,可以通过开办女学到学堂接受新式教育使女性走向解放,进而也可以打破狭隘的传统观念:"小家容有大足之女人,大家决无不小足之女,不但为饰观起见,亦因遗嫁之难。为父母者,恒念及放足之女,他日长大,必难以嫁人,故迟疑而不能决也。不知女人不学与女人缠足二端,相反而适相成,向来缠足之女,虽一字不识,亦易于嫁人;今日不缠足或放足之女,如能读书识字,在学堂卒业成才之后,亦必易于嫁人矣。日本高等学堂卒业之女生,貌虽不扬,而人争娶之,此非其明证乎"。[2]

中国社会存在了数千年之久的一夫多妻制度也为林乐知所不齿,他不明白为什么中国男人可以拥有三妻四妾,而女人稍有红杏出墙之嫌疑就要遭到社会的谴责和唾弃;他更不明白,为什么女人去世男人可以续娶,而男人过世女人却要为男人守一世的活寡。

目睹种种现象,林乐知呼吁:中国女性要获得解放,根本的一

---

1 林乐知:《家规女俗》,见《全地五大洲女俗通考》,第十集上卷,第40、41页。

2 林乐知:《论薄待妇女》,见《全地五大洲女俗通考》,第十集上卷,上海华美书局刊印,上海广学会发行,1903年版,第31、32页。

点是兴办女学，使女性成为社会的有用之才。他认为兴办女学也是一个国家的文明标志，一个国家要想使它变得文明发达，不但要通过教育使男人变得文明有涵养，也应该通过教化、教育使女子也成为文明之人。反之，这个国家就不能称之为文明礼仪之邦。林乐知认为一个国家的文明程度很大程度上取决于妇女的文明教化程度。

"女人之学与不学，其关系于家国天下者。此家女人识字，彼家女人不识字，岂非有大分别？在其中乎，同一国也，此国女人识字者多，彼国女人不识字者多，岂非有大分别？在其中乎，中国女人受害已久，自孔子以来，二千余年圣训百世不能改，中国百世不能兴，即女人亦百世不能有盼望矣。女人至今无长进之盼望，中国之教化，安能有长进之景象乎？"[1]因此，只有大力兴办女学才是中国的希望。

兴办女学，林乐知以自己在创办中西书院时开办中西女塾为例来说明其对中国兴旺所带来的好处。中国女性大都是可以通过教育塑造之人才，如果政府颁布政令，广开女子学校，让女性都接受教育，中国的情况将大为可观。中国女性大多都没有接受教育，自然不知为其尊严、地位抗争，"今入西塾，得与西女相周旋，亲炙其嘉言懿行，方自觉其地位之可耻。女人而不学，贱之者视同牛马，即贵之者亦等于奴仆而已，安得成为完人乎？嗣是以后，不但西塾中有成才之女生，且有成为塾师，愿任播道以救并世之女人者矣，岂非女学有益之明证乎？"[2]

1900年的庚子国难使得自强、变法更成为呼声，林乐知再度呼吁，应抓住这一历史契机，大力地兴办教育、开办女学、增长女性见识，使中国真正的文明富强。他说，拳匪之乱，八股联军如北京，给中国带来的教训是沉痛的，中国当汲取教训，推动变法改革，

　　1　林乐知：《女俗为教化之标准》，见《全地五大洲女俗通考》，第十集下卷，上海华美书局刊印，上海广学会编行1903年版，第38页。

　　2　林乐知：《女俗为教化之标准》，见《全地五大洲女俗通考》，第十集下卷，第39页。

"二十周之首年，适有拳匪之乱，事平之后，当轴鉴于前祸，亟图变法，以图自强，以创设学堂为首务，于京师及各省城立大学堂，此外中小学堂亦克期兴办，期于必成，但自鄙见论之，当趁机会，添设各等女塾，使与男人，同步长进于学问之途，其效验必大有可观矣。"[1]

需要指出的是，林乐知倡导中国兴办女学，"释放妇女"而不是解放妇女。"释放"一词，说明他认为中国妇女受传统儒教的禁锢，想用基督教的教义来改变中国妇女和中国的教育问题，骨子里仍然不忘其传教的目的。他甚至说中国教育只有与西方基督结合起来，中国教育才能真正兴旺发达，这话虽然有些荒谬，但客观地说，他的观点对中国教育改革，对中国妇女问题的解放，利大于弊。

---

1 林乐知:《女俗为教化之标准》，见《全地五大洲女俗通考》，第十集下卷，第39页。

参考文献

一、史料

北京太平天国历史研究会编：《太平天国史译丛》，雍家源译，中华书局1985年版。

蔡尔康、[美]林乐知编译：《李鸿章历聘欧美记》，湖南省新华书店1982年版。

陈霞飞主编：《中国海关密档：赫德、金登干函电汇编1874—1907》，中华书局1995年版。

陈旭麓等主编：《盛宣怀档案资料选辑之二：湖北开采煤铁总局·荆门矿务总局》，上海人民出版社1981年版。

陈旭麓等主编：《盛宣怀档案资料选辑之七：义和团运动》，上海人民出版社2001年版。

《〈筹饷节略〉驳议》，《东方杂志》第一卷，第四期。

[美]戴吉礼主编：《傅兰雅档案》，广西师范大学出版社2010年版。

德龄：《瀛台泣血记》，云南人民出版社1980年版。

邓承修：《语冰阁奏议·中越勘界往来电稿》，1918年铅印本。

[美]丁韪良：《花甲记忆》，广西师范大学出版社2004年版。

[美]丁韪良：《北京被围目击记》，英文版。

[日]东亚同文会编：《对华回忆录》，胡锡年译，商务印书馆1959年版。

[英]额尔金：《额尔金勋爵的信件和日记选》，汪洪章、陈以侃译，中西书局2011年版。

[美]司马富、费正清等编：《赫德日记：1863—1866》，陈绛译，中国海关出版社2003年版。

[美]费正清编：《总税务司在北京》，1975年英文版。

傅兰雅：《江南制造局翻译西书事略》，《格致汇编》第六卷，1880年7月。

甘肃省银行经济研究室编：《甘肃之工业》，甘肃银行总行1944年版。

高时良、黄仁贤：《中国近代教育史资料汇编·洋务运动时期教育》，上海教育出版社2007版。

顾钧、宫泽真一主编：《美国耶鲁大学图书馆藏卫三畏未刊往来书信集》，广西师范大学出版社2012年版。

顾廷龙、戴逸主编：《李鸿章全集》，安徽教育出版社2007年版。

故宫博物院文献馆编：《清光绪朝中日交涉史料》，故宫博物院1932年版。

故宫博物院明清档案部编：《义和团档案史料》，中华书局1959年版。

郭廷以、王聿均编：《中法越南交涉档》，台北"中央研究院"近代史研究所1959年版。

郭嵩焘：《伦敦与巴黎日记》，岳麓书社2008年版。

海关总署《旧中国海关总税务司署通令选编》编译委员会编：《旧中国海关总税务司署通令选编（1861—1910）》，中国海关出版社2003年版。

《汉纳根家书》1879年11月3日，《锦绣》杂志2011年5月号。

[英]赫德：《这些从秦国来》，叶凤美译，天津古籍出版社2005年版。

胡滨译：《英国蓝皮书有关义和团运动资料选译》，中华书局1980年版。

黄炎培：《八十年来》，文史资料出版社1982年版。

黄国安、萧德浩、杨立冰编：《近代中越关系史资料选编》，广西人民出版社1988年版。

黄月波等编：《中外条约汇编》，商务印书馆1936年版。

黄臻、赵峥、火树贤：《历史镜鉴：旧中国海关戒律》，中国海关出版社2001版。

贾桢等编：《筹办夷务始末》（咸丰朝），中华书局1979年版。

[英]加内特·沃尔斯利：《1860年对华战争纪实》，江先发译，中华书局2013年版。

翦伯赞、郑天挺主编：《中国通史参考资料（近代部分）》，中华书局1980年版。

[美]金楷理、李凤苞：《行海要术》，江南制造局印本1890年版。

金毓黻等编：《太平天国史料》，中华书局1955年版。

井陉矿务局志审委员会编：《井陉矿务局志》，河北人民出版社1993年版。

静吾、仲丁编：《吴煦档案中的太平天国史料选辑》，生活·读书·新知三联书店1958年版。

[美]凯瑟琳·F·布鲁纳、费正清等编：《赫德日记：赫德与中国早期现代化》，陈绛译，中国海关出版社2005年版。

[美]克莱德：《美国对华政策选读》，生活·读书·新知三联书店1956年版。

[英]雷穆森：《天津：插图本史纲》，许逸凡等译，《天津历史资料》1964年第2期。

李根源辑：《永昌府文征》，云南美术出版社 2001 年版。

李国荣主编，中国第一历史档案馆编：《庚子事变清宫档案汇编》，中国人民大学出版社 2003 年版。

李鸿章著：《李鸿章全集》，时代文艺出版社 1998 年版。

[美] 李·马吉芬：《他选择了中国》，张黎源译，山东画报出版社 2013 年版。

[英] 李泰国：《我们在中国的利益》(Our Interests in China) 英文版。

梁启超：《饮冰室合集》，中华书局 1989 年版。

廖一中、罗真容整理：《李兴锐日记》，中华书局 1987 年版。

[英] 呤唎：《太平天国革命亲历记》，王维周译，上海古籍出版社 1985 年版。

林乐知：《中东战纪本末》，上海广学会 1900 年版。

林乐知：《全地五大洲女俗通考》，上海华美书局刊印，1903 年版。

[日] 陆奥宗光：《蹇蹇录》，伊舍石译，商务印书馆 1963 年版。

[澳] 骆惠敏编，刘桂梁译：《清末民初政情内幕：泰晤士报驻京记者、袁世凯政治顾问乔·厄·莫里循书信集》，知识出版社 1986 年版。

《美国内阁对华急件集》：《蒲安臣致西华德的信》，1862 年 3 月 7 日。

聂宝璋辑：《中国近代航运史资料》，上海人民出版社 1983 年版。

欧阳辅之：《刘忠诚公（坤一）遗集》，台北文海出版社 1973 年版。

齐如山：《齐如山回忆录》，中国戏剧出版社 1989 年版。

戚其章主编：《中国近代史资料丛刊续编：中日战争》，中华书局 1989 年版。

[日] 桥本海关：《清日战争实记》，山东画报出版社 2017 年版。

上海社会科学院历史研究所编译：《太平军在上海》，上海人民出版社 1983 年版。

沈弘：《遗失在西方的中国史：〈伦敦新闻画报〉记录的晚清 1842—1873》，北京时代华文书局 2014 年版。

沈云龙主编：《近代中国史料丛刊》，台北文海出版社 1967 年版。

沈云龙主编：《近代中国史料丛刊续编》，台北文海出版社 1984 年版。

盛宣怀：《愚斋存稿》，文海出版社 1975 年版。

[美] 斯托雷：《马吉芬游击：大东沟海战中“镇远”舰的指挥官》，美国《河岸》杂志 1895 年 7—12 月刊。

[英] 斯坦利·莱恩·普尔、弗雷德里克·维克多·狄更斯：《巴夏礼在中国》，金莹译，广西师范大学出版社 2008 年版。

[英] 苏惠廉：《李提摩太传》，梅益盛、周云路译，广学会 1924 年版。

孙毓棠编：《中国近代工业史资料 1840—1895》，中华书局 1962 年版。

孙瑞芹译：《德国外交文件有关中国交涉史料选译》，商务印书馆 1960 年版。

台北故宫博物院编：《清光绪朝中法交涉史料》，台北文海出版社 1967 年版。

台北"中央研究院"近代史研究所编：《海防档·购买船炮》，台北艺文印书馆 1957 年版。

台北"中央研究院"近代史研究所编：《海防档·丁·电线》，"中央研究院"近代史研究所 1957 年版。

台北"中央研究院"近代史研究所编：《矿务档（一般矿政、直隶）》，"中央研究院"近代史研究所 1960 年版。

台北"中央研究院"近代史研究所编：《中美关系史料（咸丰朝）》，台北 1968 年版。

台湾银行经济研究所编印：《海防档·福州船厂》，台北中华书局 1961 年版。

太平天国历史博物馆编：《太平天国文书汇编》，中华书局 1979 年版。

太平天国史博物馆编：《吴煦档案选编》，江苏人民出版社 1983 年版。

汤志钧、陈祖恩：《中国近代教育史资料汇编：戊戌时期教育》，上海教育出版社 1993 版。

天津社会科学院历史研究所编：《1901 年美国对华外交档案》，刘心显、刘海岩译，齐鲁书社 1983 年版。

政协天津市河东区文史资料委员会编：《天津河东政协文史资料》第七辑《洋务运动在河东》，1994 年。

天津图书馆、天津社会科学院历史研究所编，廖一中、罗真容整理：《袁世凯奏议》，天津古籍出版社 1987 年版。

天津市档案馆、天津海关编：《津海关秘档解译：天津近代历史记录》，中国海关出版社 2006 年版。

万国公报馆：《万国公报》（1874—1911）。

王尔敏、陈善伟编：《清末议定中外商约交涉》，香港中文大学出版社 1993 年版。

[美] 卫三畏：《中国总论》，陈俱译，上海古籍出版社 2005 年版。

[苏] 维特、[美] 亚尔莫林斯基：《维特伯爵回忆录》，傅正译，商务印书馆 1976 年版。

翁同龢：《翁同龢日记》，陈义杰点校，中华书局 1989 年版。

王树敏、王延熙辑：《皇朝道咸同光奏议》，台北文海出版社 1969 年版。

王铁崖编：《中外旧约章汇编》，生活·读书·新知三联书店 1957 年版。

汪熙、陈绛编：《盛宣怀档案资料选辑之八：轮船招商局》，上海人民出版社 2002 年版。

王彦威、王亮编：《清季外交史料》全五册，王敬立校，书目文献出版社 1987 年版。

吴汝纶编：《李文忠公全集》，台北文海出版社 1965 年版。

夏东元编：《郑观应集》，上海人民出版社 1988 年版。

萧德浩、吴国强编：《邓承修勘界资料汇编·邓承修勘界日记》，广西人民出版社 1990 年版。

萧德浩、黄铮编：《中越边界历史资料选编》，社会科学文献出版社 1993 年版。

谢忠岳编：《北洋海军资料汇编》，中华全国图书馆文献缩微复制中心 1994年版。

熊性美、阎光华主编：《开平煤矿矿权史料》，南开大学出版社 2004 年版。

薛福成：《出使英法意比四国日记》，岳麓书社 2008 年版。

杨书霖编：《左文襄公全集》，台北文海出版社 1964 年版。

杨松、邓力群原编，荣孟源重编：《中国近代史资料选编》，生活·读书·新知三联书店 1954 年版。

姚贤镐：《中国近代对外贸易史资料》，中华书局 1962 年版。

《英国议会文件：1850—1855 进入广州城通信汇编》，英文版。

《英国外交部的一般信件》：《罗伯逊致哈曼德的信》，1862 年 1 月 19 日。

曾纪泽：《曾纪泽遗集》，岳麓书社 1983 年版。

曾纪泽：《出使英法俄国日记》，岳麓书社 1985 年版。

张明林主编：《李鸿章全集》，时代文艺出版社 1998 年版。

张之洞：《张文襄公全集》，台北文海出版社 1963 年版。

张静庐辑注：《中国近代出版史料初编》，群联出版社 1953 年版。

（清）志刚：《初使泰西记》，岳麓书社 1985 年版。

张蓉初译：《红档杂志：有关中国交涉史料选译》，生活·读书·新知三联书店 1957 年版。

《张荫桓致翁同龢函》，《近代史资料》1962 年第 3 期。

中国第一历史档案馆编：《清政府镇压太平天国档案史料》，社会科学文献出版社 1994 年版。

中国近代经济史资料丛刊编辑委员会主编：《中国海关与邮政》，科学出版社 1961 年版。

中国近代经济史资料丛刊编辑委员会主编：《中国海关与中法战争》，中华书局 1983 年版。

中国近代经济史资料丛刊编辑委员会主编：《中国海关与中日战争》科学出版社 1961 年版。

中国近代经济史资料丛刊编辑委员会主编：《中国海关与义和团运动》，中华书局 1983 年版。

中国近代经济史资料丛刊编辑委员会主编：《中国海关与英德续借款》，中华书局 1883 年版。

中国近代经济史资料丛刊编辑委员会主编：《中国海关与缅藏问题》，中华书局 1983 年版。

中国近代经济史资料丛刊编辑委员会主编:《辛丑和约订立以后的商约谈判》,中华书局 1994 年版。

中国史学会编:《鸦片战争》,上海神州国光社 1954 年版。

中国史学会编:《中国近代史资料丛刊:第二次鸦片战争》,上海人民出版社 1978 年版。

中国史学会编:《中国近代史资料丛刊:太平天国》,上海人民出版社 1957 年版。

中国史学会编:《中国近代史资料丛刊:洋务运动》,上海人民出版社 1961 年版。

中国史学会编:《中国近代史资料丛刊:中法战争》,上海人民出版社 1957 年版。

中国史学会编:《中国近代史资料丛刊:中日战争》,新知识出版社 1956 年版。

中国史学会编:《中国近代史资料丛刊:戊戌变法》,上海人民出版社 1957 年版。

中国史学会编:《中国近代史资料丛刊:义和团》,上海人民出版社 1957 年版。

中国人民政治协商会议福建省福州市委员会文史资料委员会编:《福州文史资料选辑》,2003 年内部资料版。

中国社会科学院近代史资料编辑组编:《杨儒庚辛存稿》,中国社会科学出版社 1980 年版。

中华书局编辑部、李书源整理:《筹办夷务始末(同治朝)》,中华书局 2008 年版。

中华书局整理:《清实录》,中华书局 1987 年版。

总税务司署造册处:《中国海关起源发展和活动文件汇编》,海关总税务司署统计科 1940 版。

《总税务司赫德拟呈筹饷节略》,《警钟时报》1904 年 3 月 25 日。

朱有瓛主编:《中国近代学制史料》第一辑上册,华东师范大学出版社 1983 年版。

朱士嘉编:《十九世纪美国侵华档案史料选辑》,中华书局 1959 年版。

朱寿朋编:《光绪朝东华录》,中华书局 1958 年版。

庄建平主编:《近代史资料文库》,上海书店 2009 年版。

(清)左宗棠撰,刘泱泱等校:《左宗棠全集》,岳麓书社 1987 年版。

[日]佐佐木正哉:《鸦片战争后之中英抗争》(资料篇)、近代中国研究会(东京)1964 年版。

Banquet to His Excellency Anson Burlingame, and His Associates of The Chinese

Embassy, New York: Sun Book and Job Printing House, 1868.

British Documents on Foreign Affairs: Reports and Papers from the Foreign Office Confidential Print, Part I, Series E, Vol.20.

Correspondence Relative to the Earl of Elgin's Special Missions to China and Japan, 1857–1859.

Mr.Burlingame to Mr.Seward,Dee, 17th 1867,U.S.Foreign Relations 1868.

Samuel Wells Williams. Our Relations with the Chinese Empire. Florida:HardPress Publishing,1877.

二、专著

[苏]鲍里斯·罗曼诺夫：《俄国在满洲 1892—1906》，陶文钊译，商务印书馆 1980 版。

[英]伯纳特 .M. 艾伦：《戈登在中国》，孙梁编译，上海古籍出版社 1995 年版。

[英]伯尔考维茨：《中国通与英国外交部》，商务印书馆 1959 年版。

[美]贝奈特：《傅兰雅译著考略》，哈佛大学 1967 年。

陈诗启：《中国近代海关史》，人民出版社 1993 年版。

戴逸等著：《甲午战争与东亚政治》，中国社会科学出版社 1994 年版。

邓蜀生：《美国历史与美国人》，人民出版社 1993 年版。

丁凤麟：《薛福成评传》，南京大学出版社 1998 年版。

丁名楠等：《帝国主义侵华史》，人民出版社 1992 年版。

董丛林：《李鸿章的外交生涯》，团结出版社 2008 年版。

董蔡时：《太平天国在苏州》，江苏人民出版社 1981 年版。

董守义：《清代留学运动史》，辽宁人民出版社 1985 年版。

董守义：《中国第一次近代化运动的倡导者：恭亲王奕訢大传》，辽宁人民出版社 1989 年版。

窦坤：《莫理循与清末民初的中国》，福建教育出版社 2005 年版。

窦宗一：《李鸿章年（日）谱》，台北文海出版社 1980 年版。

樊百川：《淮军史》，四川人民出版社 1994 年版。

冯天瑜、何晓明：《张之洞评传》，南京大学出版社 1991 年版。

冯元魁：《光绪帝》，吉林文史出版社 1993 年版。

[美]费正清：《中国的世界秩序》，杜继东译，中国社会科学出版社 2010 年版。

[美]费正清、刘广京等编：《剑桥中国晚清史》，中国社会科学出版社 1985 年版。

顾长声：《从马礼逊到司徒雷登》，上海人民出版社 1985 年版。

郭双林：《西潮激荡下的晚清地理学》，北京大学出版社 2000 年版。

何大进：《晚清中美关系与社会变革》，江西人民出版社 1998 年版。

何文贤：《文明的冲突与整合："同治中兴"时期中外关系重建》，厦门大学出版社 2006 年版。

黄景海：《秦皇岛港史（古、近代部分）》，人民交通出版社 1985 年版。

黄宇和：《两广总督叶名琛》，中华书局 1984 年版。

季压西、陈伟民：《从"同文三馆"起步》，学苑出版社 2007 年版。

季压西、陈伟民：《来华外国人与近代不平等条约》，学苑出版社 2007 年版。

简又文：《太平天国典制通考》，香港简氏猛进书屋 1958 年版。

蒋孟引：《第二次鸦片战争》，生活·读书·新知三联书店 1965 年版。

江沛：《清末国人的铁路认识及论争述评》，《城市史研究》第 26 辑，天津社会科学院出版社 2010 年版。

[英] 考斯丁：《大不列颠与中国，1833—1860 年》，英国牛津 1937 年英文版。

[英] 肯德：《中国铁路发展史》，生活·读书·新知三联书店 1958 年版。

[美] 孔华润：《美国对中国的反应》，张静尔译，复旦大学出版社 1989 年版。

孔令仁主编：《中国近代化与洋务运动》，山东大学出版社 1992 年版。

[英] 莱特：《中国关税沿革史》，商务印书馆 1963 年版。

李定一：《中美早期外交史》，北京大学出版社 1997 年版。

李德征等：《义和团运动史》，人民出版社 1981 年版。

李孤帆：《招商局三大案》，现代书局 1933 年版。

李济深等：《戊戌百年祭》，华文出版社 1998 年版。

李书纬：《少年行：1840—1911 晚清留学生历史现场》，广东人民出版社 2016 年版。

李书纬：《晚清外交七十年：同光中兴之与狼共舞》，东方出版社 2018 年版。

李守孔：《李鸿章传》，台北学生书局 1978 年版。

李时岳、胡滨：《从闭关到开放：晚清"洋务"热透视》，人民出版社 1988 年版。

李伟：《中国近代翻译史》，齐鲁书社 2005 年版。

李喜所主编、张静等著：《五千年中外文化交流史》第三卷，世界知识出版社 2002 年版。

李喜所主编，刘集林等著：《中国留学通史》，广东教育出版社 2010 年 9 月版。

梁碧莹：《艰难的外交：晚清中国驻美公使研究》，天津古籍出版社 2004 年版。

廖宗麟：《中法战争史》，天津古籍出版社 2002 年版。

刘大年：《美国侵华史》，人民出版社 1951 年版。

刘福祥：《智者的迷惘》，吉林文史出版社 1990 年版。

[美] 刘广京、朱昌峻合编：《中国近代化的起始：李鸿章评传》，陈绛译，

上海古籍出版社 1995 年版。

刘华明等：《慈禧全传》，印刷工业出版社 2001 年版。

刘晋秋、刘悦：《李鸿章的军事顾问：汉纳根传》，文汇出版社 2011 年版。

刘培华：《近代中外关系史》，北京大学出版社 1986 年版。

刘仁坤等：《太平天国兴亡》，哈尔滨出版社 2000 年版。

林庆元：《福建船政局史稿》，福建人民出版社 1986 年版。

卢汉超：《中国第一客卿：鹭宾·赫德传》，上海社会科学院出版社 2009 年版。

罗尔纲：《晚清兵志》，中华书局 1997 年版。

[苏] 罗曼诺夫：《帝俄侵略满州史》，民耿译，商务印书馆 1937 年版。

吕昭义：《英属印度与中国西南边疆（1774—1911）》，中国社会科学出版社 1996 年版。

[美] 马士：《中华帝国对外关系史》，张汇文等译，商务印书馆 1963 年版。

茅家琦主编：《太平天国通史》，南京大学出版社 1991 年版。

茅家琦：《太平天国对外关系史》，人民出版社 1984 年版。

茅家琦：《太平天国与列强》，广西人民出版社 1992 年 8 月版。

茅海建：《苦命天子：咸丰皇帝奕詝》，生活·读书·新知三联书店 2013 年版。

茅海建：《近代的尺度：两次鸦片战争军事与外交》，生活·读书·新知三联书店 2011 年版。

宓汝成：《帝国主义与中国铁路》，人民出版社 1986 年版。

闵锐武：《蒲安臣使团研究》，中国文史出版社 2002 年版。

牟安世：《义和团抵抗列强瓜分史》，经济管理出版社 1997 年版。

穆景元：《日俄战争史》，辽宁大学出版社 1993 年版。

[美] 欧内斯特·梅、小詹姆斯·汤姆逊：《美中关系史论》，齐文颖等译，中国社会科学出版社 1991 年版。

皮明麻：《近代中国社会主义思想觅踪》，吉林文史出版社 1991 年版。

戚俊杰、刘玉明主编：《北洋海军研究》，天津古籍出版社 2006 年 8 月版。

戚其章：《晚清海军兴衰史》，人民出版社 1998 年版。

戚其章：《甲午战争国际关系史》，人民出版社 1994 年版。

戚其章：《甲午战争史》，上海人民出版社 2005 年版。

乔明顺：《中美关系第一页：1844 年〈望厦条约〉签订的前前后后》，社会科学文献出版社 1991 年版。

尚智丛：《传教士与西学东渐》山西教育出版社 2008 年版。

邵循正：《中法越南关系始末》，河北教育出版社 2002 年版。

[德] 施丢克尔：《十九世纪的德国与中国》，乔松译，生活·读书·新知三联书店 1963 年版。

[美]史密斯：《十九世纪中国的雇佣军：外国雇佣兵与清帝国官员》，汝企和译，中国社会科学出版社 2003 年版。

[美]史景迁：《改变中国：在中国的西方顾问》，温洽溢译，广西师范大学出版社 2014 年版。

史学双周刊社：《义和团运动史论丛》，生活·读书·新知三联书店 1956 年版。

沈传经：《福州船政局》，四川人民出版社 1987 年版。

孙克复编著：《甲午中日战争外交史》，辽宁大学出版社 1989 年版。

孙孝恩、丁琪：《光绪传》，人民出版社 1997 年版。

孙修福：《中国近代海关史大事记》，中国海关出版社 2005 年版。

孙燕京：《大西北上空的阴霾》，中国人民大学出版社 1993 年版。

孙占元：《左宗棠评传》，南京大学出版社 1995 年版。

[美]泰勒·丹涅特：《美国人在东亚：十九世纪美国对中国、日本、朝鲜政策的批判的研究》，商务印书馆 1959 年版。

[日]藤村道生：《日清战争》，米庆余译，上海译文出版社 1981 年版。

汤仁泽：《经世悲欢：崇厚传》，上海社会科学院出版社 2009 年版。

田海林：《中国近代思想史》，山东大学出版社 1999 年版。

田正平：《留学生与中国教育近代化》，广东教育出版社 1996 年 11 月版。

王柽：《邮政》，商务印书馆 1935 年版。

王宏斌：《晚清海防——思想与制度研究》，商务印书馆出版社 2005 年版。

王宏斌：《赫德爵士传：大清海关洋总管》，文化艺术出版社 2000 年版

王家俭：《洋员与北洋海防建设》，天津古籍出版社 2004 年版。

王健编：《西法东渐：外国人与中国法的近代变革》，中国政法大学出版社 2001 年版。

汪敬虞：《赫德与近代中西关系》，人民出版社 1987 年版。

汪荣祖：《走向世界的挫折：郭嵩焘与道咸同光时代》，中华书局 2006 年版。

王栻：《严复传》，上海人民出版社 1976 年版。

王绍坊：《中国外交史：鸦片战争至辛亥革命时期（1840—1911）》，河南人民出版社 1988 年版。

王绳祖：《中英关系史论丛》，人民出版社 1981 年版。

王文兵：《丁韪良与中国》，外语教学与研究出版社 2008 年版。

王玺：《中英开平矿权交涉》，台北"中央研究院"近代史研究所 1962 年版。

汪熙主编：《中美关系史论丛》，复旦大学出版社 1985 年版。

王晓秋：《近代中日关系史研究》，中国社会科学出版社 1997 年版。

王芸生：《六十年来中国与日本》，生活·读书·新知三联书店 1980 年版。

[英]魏尔特：《赫德与中国海关》，李秀风等译，厦门大学出版社 1993 年版。

魏鸿文等编：《开滦煤矿之恨史》，上海市煤业同业公会刊印，1931年。

文松：《近代中国海关洋员概略：以五任总税务司为例》，中国海关出版社2006年版。

温锐主编：《政府·市场与经济变迁：近世中国经济发展模式选择与实践国际学术研讨会论文集》，江西人民出版社2007年版。

吴福环：《清季总理衙门研究》，新疆大学出版社1995年版。

吴云：《二罍轩尺牍》，文海出版社1968年版。

西南交通大学校史编辑室编：《西南交通大学校史1896—1949》第一卷，西南交通大学出版社1996年版。

[澳]西里尔·珀尔：《北京的莫理循》，檀东鍟、窦坤译，福建教育出版社2003年版。

夏东元：《洋务运动史》，上海人民出版社1961年版。

萧一山：《清代通史》，中华书局1986年版。

[日]信夫清三郎：《日本外交史》，天津社会科学院日本问题研究所译，商务印书馆1980年版。

邢超：《戊戌变法真相》，中国青年出版社2015年版。

熊月之：《西学东渐与晚清社会》，中国人民大学出版社2011年版。

徐立亭：《咸丰同治帝》，吉林文史出版社1993年6月版。

[美]徐中约：《中国近代史：1600—2000中国的奋斗》，计秋枫等译，世界图书出版公司2008年版。

严中平：《中国近代经济史（1840—1894）》上册，人民出版社1989年版。

杨国宇：《近代中国海军》，海潮出版社1994年版。

杨公素：《晚清外交史》，北京大学出版社1991年版。

姚崧龄：《影响我国维新的几个外国人》，台湾传记文学出版社1971年版。

[日]依田熹家：《日本帝国主义和中国》，卞立强等译，北京大学出版社1989年版。

邮电史编辑室编：《中国近代邮电史》，人民邮电出版社1984年版。

（清）佚名：《蕉窗雨话》，时务图书馆1914年版。

于乃仁、于希谦编：《马嘉理事件始末》，德宏民族出版社1992年版。

喻大华：《道光皇帝》，长江文艺出版社2009年版。

苑书义：《李鸿章传》，人民出版社1991年版。

曾永玲：《郭嵩焘大传》，辽宁人民出版社1989年版。

赵长天：《孤独的外来者：大清海关总税务司赫德》，文汇出版社2003年版。

张功臣：《洋人旧事：影响近代中国历史的外国人》，新华出版社2008年版。

张国辉：《洋务运动与中国近代企业》，中国社会科学出版社1979年版。

张海鹏主编，马勇著：《中国近代通史》第四卷《从戊戌维新到义和团1895—1900》，江苏人民出版社 2006 年版。

张后铨：《招商局近代人物传》，社会科学文献出版社 2015 年版。

张明金：《清末民初的战争》，解放军文艺出版社 2001 年版。

中国社会科学院近代史研究所：《沙俄侵华史》，中国社会科学出版社 2007年版。

张一文：《太平天国军事史》，广西人民出版社 1994 年版。

张志勇：《赫德与晚清中英外交》，上海书店出版社 2012 年版。

郑洁：《李鸿章的外交之道》，陕西师范大学出版社 2002 年版。

朱东安：《曾国藩集团与晚清政局》，华文出版社 2003 年版。

朱荣基编著：《近代中国海关及其档案》，海天出版社 1996 年版。

左景伊：《左宗棠传》，华夏出版社 1997 年版。

Frederick Wells Williams, *Anson Burlingame and the First Chinese Mission to Foreign Powers*.

Geoffrey Parker, *The Cambridge history of warfare*, Cambridge university press, 2005.

Leibo,Steven A, *A French Adviser to Imperial China: The Dilemma of Prosper Giquel*.

Taeho Kim B A, *The dynamics of sino—russian military cooperation.1989—1994: motives, processes, and implications for east asian security*, Theohio state university, 1995.

三、论文

陈开科：《耆英与第二次鸦片战争中的中俄交涉》，《近代史研究》2009 年第 4 期。

陈诗启：《从总税务司职位的争夺看中国近代海关的作用》，《历史研究》1991 年第 2 期。

崔志海：《关于美国第一次退还部分庚款的几个问题》，《近代史研究》2004 年第 1 期。

董海樱：《金登干与中法议和》，《中山大学学刊》第十六卷，1995 年第 4 期。

费志杰：《李鸿章苏州杀降事件还原》，《清史研究》2012 年第 4 期。

原付川等：《〈西国近事汇编〉及其社会主义思想的传播》，《理论导刊》2010 年第 7 期。

高鸿志：《英国与维新运动》，《安徽大学学报（哲学社会科学版）》1998年第 5 期。

关捷：《奕䜣在甲午战争期间外交活动考察》，《满族研究》2009 年第 1 期。

何立波：《鲜为人知的北洋水师"总教头"琅威理》，《军事史林》2014 年第 12 期。

贺玪：《左宗棠与常捷军》，《衡阳师范学院学报》2001 年第 4 期。

贾熟村：《赫德与翁同龢》，《东方论坛：青岛大学学报（社会科学版）》2010 年第 5 期。

姜鸣：《北洋海军总顾问琅威理》，《航海》1992 年第 6 期。

雷颐：《在理与力之间：李鸿章与秘鲁华工案和英国马嘉理案》，《寻根》2005 年第 6 期。

李国亮、尹春明：《晚清秦皇岛自开商埠及港口筹建始末再探》，《兰台世界》2016 年第 3 期。

刘新慧、王亚华：《金楷理与西学传播》，《泉州师专学报》1997 年 03 期。

刘树森：《李提摩太与〈回头看记略〉——中译美国小说的起源》，《美国研究》1999 年第 1 期。

卢宜宜：《十九世纪晚期中国的西方技术掮客》，《中国科技史料》第 18 卷，1997 年第 3 期。

茅海建：《关于广州反入城斗争的几个问题》，《近代史研究》1992 年第 6 期。

茅海建：《"公车上书"补证考》，《近代史研究》2005 年第 3 期。

戚其章：《琅威理与北洋海军》，《近代史研究》1998 年第 6 期。

屈春海、倪晓一：《马嘉理被杀案件的审理》，《历史档案》2007 年第 4 期。

唐燕、伍小明：《赫德与近代中国海关行政管理制度》，《人文论谭》第九辑，武汉出版社 2010 年版。

王红、唐宏：《中国军舰的首次万里行》，《当代海军》2002 年 09 期。

王家俭：《旅顺港建港始末》，《中国近代海军史论集》，台湾文史哲出版社 1984 年版。

汪林茂：《中外关系史上的重要突破和转折：1873 年外使向清帝面递国书交涉事件简论》，《史学集刊》2000 年第 3 期。

王宇博：《甲午战争期间赫德与英国远东政策》，《江苏社会科学》2000 年第 5 期。

谢骏：《李提摩太在晚清东西文化传播中的历史作用》，《浙江传媒学院学报》2012 年第 2 期。

谢振治：《赫德与 1902 年中英商约谈判》，《经济与社会发展》2008 年第 6 期。

许亚洲：《中国首位"洋厂长"马格里》，《文史精华》2000 年第 8 期。

徐建国：《赫德与近代中国邮政制度的确立与初步发展》，《历史教学》2009 年第 10 期。

严中平译：《一八六一年北京政变前后中英反革命的勾结》，《历史教学》1952 年第 2 期。

严中平：《太平天国初期英国的侵华政策》，《新建设》1952 年 9 月号。

游战洪：《德国军事技术对北洋海军的影响》，《中国科技史料》1998 年第 4 期。

余亚莉：《〈万国公报〉和它的读者》，《新闻界》2013 年第 19 期。

赵入坤：《晚清近代企业的涉外雇佣》，《历史档案》2011 年第 2 期。

张畅：《华洋之间：德璀琳与近代中国——兼论近代来华侨民》，南开大学博士 2007 年学位论文。

张富强：《李鸿章与常胜军关系新议》，《江海学刊》1990 年第 4 期。

周楠本：《中国第一个洋外交官》，《博览群书》2011 年第 7 期。

周元春：《晚清督抚与"借师助剿"关系》，《文史月刊》2012 年第 11 期。

张雪永：《政治漩涡中的教育：山海关北洋铁路官学堂创建研究》，《西南交通大学学报（社会科学版）》2013 年第 1 期。

张志勇：《李泰国与第二次鸦片战争》，《北方论丛》2015 年第 4 期。

张志勇：《赫德与 1868—1869 年的中英修约》，《中国社会科学院近代史研究所青年学术论坛卷》（2005 年卷）。

张志勇：《赫德与中英滇案交涉》，《中国社会科学院近代史研究所青年学术论坛卷》（2006 年卷）。